변호인의 조력을 받을 권리

미국 연방대법원 판례 시리즈 Ⅱ (영문대역 및 개정판)

변호인의 조력을 받을 권리

RIGHT TO COUNSEL

RIGHT TO COUNSEL

머리말

영국에서 성립된 대립당사자주의 형사재판 제도(adversary system)는 법률적 지식과 숙련을 지닌 기소측 변호사와, 법률에 문외한인 피고인이 법정에서 - 배심에 의한 정식사실심리에서는 배심 앞에서 - 서로를 상대로 논쟁을 벌이고 증거를 제시하면서 주장을 펴 나가는 절차였다. 대립당사자주의 절차로 하여금 정당한 결과를 산출할 능력을 지닌 것이 되게 하기 위하여는 피고인도 기소측하고 마찬가지로 변호인을 통하여 정식사실심리를 수행하도록 보장해 줄 필요가 있었다.

민사사건들과 경죄 사건들에서는 비교적 일찍이 변호인의 조력을 받을 권리가 인정되었으나, 반역죄와 중죄 사건 등에 있어서는 국왕의 이익이 우선시 되었던 탓으로 오래도록 권리가 인정되지 아니하였다. 압제에 대한 저항 정신을 지닌 채 미국으로 건너간 영국인들은 모국에서의 경험을 바탕삼아 변호인의 조력을 받을 권리를 주들의 헌법, 헌장, 권리선언, 입법, 또는 관행을 통하여 모든 형사적 소송추행들에 확장시켰다. 1791년에 변호인의 조력 조항은 연방헌법 수정 제6조에 의하여 연방 권리장전에 편입되었다.

20세기 전반기 이후 이 조항에 대한 연방대법원의 활발한 해석은 권리의 범위와 내용을 구체화하였다. 변호인의 조력을 받을 권리는 피고인 스스로 변호인을 선임할 권리만이 아니라 가난한 사람의 경우에는 국가로부터 무료로 변호인을 지정받을 권리를 포함하는 것이 되었다. 그 권리는 범죄의 종류 여하에 상관없이 구금형이 선고되는 모든 사건의, 정식사실심리에는 물론이고 정식사실심리 이전의 구금신문 단계에까지 적용된다. 변호인의 조력이라 함은 형식적 대변이 아닌 합리적으로 효과적인 대변(reasonably effective representation)을 의미하는 것으로 풀이된다.

개인의 권리와 자유의 성취에 있어서, 그리고 인권보장을 본질적 요소로 하는 민주주의 국가제도의 성립과 발전에 있어서 변호인의 조력을 받을 권리는 실로 중요한 역할을 수행해 왔다. 지난 수 세기의 역사적 경로 끝에 오늘날 변호인의 조력은 여타의 모든 권리의 향유와 보전을 위한 전제조건으로서의 지위를 점하는 것이 되어 있다.

우리 헌법은 여러 번의 개정을 거치면서도 변호인의 조력을 받을 권리를 권리장전 조항의 한 가지로 일관되게 규정해 오고 있다. 이 권리의 연원이 된 영미에서의 경험과 탐구들은 당연히 우리 헌법조항과 법률규정의 운용과 해석에 있어서도 직간접의 토대를 이룬다. 특히 미국 연방대법원 주요판례들은 그 권리의 역사성과 의미에 대한 이해를 깊게 하는 데 불가결하다.

그 동안 틈틈이 번역한 것들 중 변호인의 조력을 받을 권리로 묶을 수 있는 20여 개를 골라 미국 연방대법원 판례시리즈 II 로 내게 되었다. 판례 몇 개를 더 추가했으면 하는 마음이 없지 않지만, 시간 관계상 그것은 다음으로 미루어야 하겠다.

주경야독이나마 할 수 있음은 공부하기를 좋이 여기는 관이회(觀頤會)의 벗들에 힘입어서이다. 분야가 다른데도 불구하고 긴 원고를 일독하는 수고를 들이면서 교정을 도와준 회원들에게 감사를 드린다. 가족들에게와 미국 Nashville의 John Kramp 씨 부부에게도 감사의 뜻을 표한다.

RIGHT TO COUNSEL

차 례

RIGHT TO COUNSEL

RIGHT TO COUNSEL

변호인의 조력을 받을 권리

POWELL v. ALABAMA, 287 U. S. 45 (1932)

앨라배마주 대법원에 내린 사건기록 송부명령

NOS. 98, 99, and 100
변론 1932년 10월 10일
판결 1932년 11월 7일

요약해설

1. 개요

Powell v. Alabama, 287 U. S. 45(1932)는 7 대 2로 판결되었다. 법원의 의견을 서덜랜드(SUTHERLAND) 판사가 썼고, 반대의견을 맥레이놀즈(McREYNOLDS) 판사의 찬동 아래 뷰틀러(BUTLER) 판사는 냈다. 공정한 정식사실심리를 받을 권리의 내포인 변호인의 조력을 받을 권리의 및 적법절차의 양자 사이의 관계를 다루었다. 변호인의 대변을 사형이 가능한 사건에서 빈궁한 피고인들이 누리지 못함으로써 정식사실심리가 불공정한 것이 될 수 있는 경우에 그들을 위하여 변호인을 주 법원들은 지정해야 함이 적법절차의 요구라고 판결하였다.

2. Powell 판결 시점까지의 변호인의 조력을 받을 권리의 생성과 전개

영국의 법정에서 배심제도와 대립당사자주의가 성립됨에 따라 기소 측은 변호사를 통하여 배심 앞에서 죄수를 신문하고 유죄의 증거를 제시하였고, 죄수는 기소 측 변호사의 주장을 논박하면서 맞붙어 싸웠다.[1] 정식사실심리에서 기소측하고의 동등한 지위를 피고인에게도 부여할 필요가 인정됨에 따라 변호인의 조력을 받을 권리가 생겨났는데, 그러나 영국 보통법에서의 변호인의 조력을 받을 권리는 큰 제약을 지닌 것이었다. 민사사건 당사자들에게와 경죄(misdemeanors) 피고인들에게는 보다 일찍이 변호인의 조력을 받을 권리가 보장되었으나, 튜더 왕조와 스튜어트 왕조 시대에 국왕의 이익이 강하게 결부된 사건에서는 여전히 국가의 이익이 피고인의 이익에 우선하였다. 그리하여 반역죄(treason)로 및 그 밖의 중죄(felony)로 대배심 기소된 사람에게는 그 사람 자신이 제기할 수 있는 법률문제들(legal questions)에 관한

1) 배심 앞에서의 정식사실심리의 모습에 대한 설명으로는 박승옥, 미국 인권판례 시리즈, Twining v. New Jersey, 211 U. S. 78, 102–103 (1908)에 인용된 Stephen, 1 History of the Criminal Law 325를 보라.

것을 제외하고는 무죄의 일반적 문제에 관하여 변호인의 조력이 거부되었다. 명예혁명 뒤인 1695년에 윌리엄 3세 재위 7년의 제정법(7 Will. 3, c. 3, § 1)에 의해서야 반역죄 규칙은 폐지되었고, 반역죄 이외의 중죄에 관하여는 1836년에 윌리엄 4세 재위 6년에서 7년 사이의 제정법(6 & 7 Will. 4, c. 114, §§ I and II)에 의해서야 변호인의 조력이 허용되었다. 그나마 변호인의 조력이 허용되는 경우에도 방어는 변호인 또는 피고인 중 한 쪽에 의해서만 수행될 수 있을 뿐, 두 사람 모두가 정식사실심리에 참여할 수는 없었다.[2)]

비난을 받아오던 반역죄에 및 중죄에 관한 보통법 규칙은 아메리카 식민지에서 주 헌법들에, 펜 헌장(Penn Charter; 1701년 펜실베니아주)에, 권리선언(the Declaration of Rights; 1776년 델라웨어주)에, 또는 입법에 의하여 배척되어 1776년의 시점에서는 변호인을 허용받을 권리를 모든 형사적 절차추행에 있어서 누구나 지님이 확립되었다. "…… 자신의 방어를 위하여 변호인의 조력을 받을 권리를 모든 형사적 절차추행에 있어서 범인으로 주장되는 사람은 향유한다(In all criminal prosecutions, the accused shall enjoy the right …… to have the Assistance of Counsel for his defence)."고 1791년의 연방헌법 수정 제6조는 규정함으로써 변호인 조력조항을 권리장전에 편입하였고, 시기를, 형태를 및 범위를 달리하면서도 가난한 피고인들을 위한 변호인 지정을 여러 주들은 보장하였다.[3)]

그러나 연방헌법 수정 제6조의 의미에 관한 일반적 가정은 그 조항이 보호하는 권리에는 변호인을 고용할 권리(right to employ counsel)만이 포함될 뿐, 변호인을 지정받을 권리(right to have counsel assigned)는 포함되지 않는다는 것이었다. 연방항소 제도의 수립이 늦어지고 연방법원들에서의 인신보호영장(Habeas Corpus) 구제절차에 엄격한 제한들이 적용됨에 따라, 연방헌법 수정 제6조의 비준(1791년) 이래 그 조항에 대한 연방대법원의 포괄적 해석은 나오지 아니하고 있었다. 그리하여 변호인의 조력을 받을 연방헌법상의 권리의 내포의 및 그 침해에 대한 구제수단의 문제는 20세기에 들어서서도 한참 동안 미답의 영역으로 남아 있었다. Powell v. Alabama, 287 U. S. 47 (1932)는 사형에 해당되는 주(state) 형사적 소송추행들에 있어서 연방헌법 수

2) 영국에서의 변호인의 조력을 받을 권리의 생성과 확대과정에 관한 설명으로는 Powell v. Alabama, 287 U. S. 45, 60-61 (1932); Betts v. Brady, 316 U. S. 455, 466 (1942) 등을 보라.

3) Powell v. Alabama, 287 U. S. 45, 61-65 (1932)를; Macmillan and Free Press, Encyclopedia of the American Constitution (1986), p. 1585를 참조하라. 미국 초기의 가난한 피고인을 위한 변호인 지정의 실태에 관하여서와, 보다 뒤늦은 영국에서의 변호인 지정에 관하여 Betts v. Brady, 316 U. S. 455, 467, 470, nn. 20, 28 (1942)을 보라.

정 제14조의 적법절차 조항(Due Process Clause)을 통하여 보장되는 변호인의 조력을 받을 권리에 대하여 연방대법원이 자신의 해설을 시작한 최초의 사건이었는데, 주 법원에서 변호인의 지정이 사실상 거부됨으로써 그 조력을 거부당한 피고인은 적법절차의 침해를 이유로 구제를 기할 수 있음이 판시되었다.[4]

3. 사실관계(287 U. S., at 49–58.)

앨라배마 주에는 가족들을 및 친지들을 가지고 있지 않은 어린 나이의 문맹의 흑인들인 피고인들은 1931년 3월 앨라배마주 스콧츠보로(Scottsboro) 근처의 화물기차에서 두 명의 백인 여성들을 강간하였다는 혐의로 체포되어 6일만에 주 법원에 대배심기소되었다. 대배심기소 당일에 이루어진 기소인부 신문을 위하여 지역 법조단(bar) 회원 전원을 변호인으로 지정한다고 주 법원은 말하였으나, 구체적으로 누구를 어떤 범위에서 지정하는 것인지 명확히 하지 않았다. 무죄답변을 기소인부 신문에서 피고인들은 냈다. 기소 뒤 6일만에 열린 정식사실심리 기일 아침에 피고인들을 위하여 다른 지역(테네시주)에서 온 변호사 한 명이 출석하였으나, 그는 사건에 관심을 가진 사람들의 부탁으로 온 것일 뿐 변호인으로서 출석하는 것은 아님을, 그리고 자신이 현지의 법에 관하여 익숙하지 않은 상태이고 변론을 위한 준비가 되어 있지 아니하며 보수를 받은 것도 아님을, 그러므로 피고인들을 정식으로 자신이 변론하지는 않을 것임을 피력하였다. 기소인부 신문을 위하여 법조단 회원들 전원을 자신이 지정한 바 있다고, 그러므로 만약 변호인이 출석하지 않으면 피고인들을 법조단 회원들이 계속 도울 것으로 자신은 기대한다고 법원은 말하였다. 그러나 이번에도 변호인이 특정되지 아니하였던 까닭에, 피고인들을 법조단 소속 변호사들이 변론할 것인지 여부는 단지 추측의 문제였거나 법원 쪽의 기대의 문제였을 뿐이었다. 이렇듯 법원의 표현이 불명확하였고 지정이 집단적으로 이루어짐으로써 지역 법조단의 변호사들은 책임에 관한 명확한 인식을 부여받지도 개별적 의무감을 각인받지도 못하였다. 피고인들을 위하여 지역 법조단 회원들 두 명이 출석하였으나, 사건을 검토할 기회를 갖지 못한 채 단지 정식사실심리 직전에 30분 동안 피고인들을 만나 상담하였을 뿐이었다. 피고인들은 세 개의 그룹으로 분리되

---

4) Macmillan and Free Press, 앞의 책, p.1586.

어 정식사실심리를 받았고, 정식사실심리는 각각 하루만에 끝났다. 배심들은 피고인들 중 8명에 대하여 유죄판정을 내림과 함께 형량을 사형으로 평결하였고, 나머지 1명에 대하여는 의견 불일치로 평결을 내리지 못하였다. 새로운 정식사실심리를 구하는 신청들을 기각하고 판결을 평결에 따라 정식사실심리 법원은 선고하였다. 체포 이후 판결 선고에 이르기까지 모든 절차는 긴장되고 적대적이며 흥분한 군중의 감정에 둘러싸인 가운데 군대의 호위 아래서 이루어졌다. 유죄판결을 받은 8명이 항소하였는데, 앨라배마주 대법원은 7명에 대하여는 1심법원의 판결을 인가하고 1명에 대하여는 소년이라는 이유로 1심판결을 파기하였다. 연방대법원은 그 7명이 제기한 사건기록 송부명령 청구를 받아들여 사건을 자신 앞에 가져왔다.

4. 쟁점

주 법원에 기소된 사형이 가능한 사건(a capital case)에서 방어를 위하여 변호인의 조력을 받을 피고인의 권리가 연방헌법 수정 제14조의 적법절차에 포함되어 있는지, 그리하여 피고인이 변호인을 선임할 수 없고 그 자신의 방어를 충분히 수행할 능력이 없을 경우, 변호인의 지정이 적법절차의 필수조건인지, 나아가 변호인의 지정이 불분명한 점 등을 포함한 이 사건의 사실관계 아래서 그 적법절차가 침해되었는지 여부가 쟁점이 되었다.[5)]

5. 서덜랜드(SUTHERLAND) 판사가 쓴 법원의 의견의 요지

공정한 정식사실심리의 필수적 부대권리(incident)를 무죄로 추정되는 피고인들로 하여금 박탈당하지 않도록 조치를 취해야 함은 법원의 임무이다. 변호인의 조력을 받을 권리가 인정될 경우에 피고인에게는 그 자신 선택의 변호인을 확보할 공정한 기회가 부여되어야 한다. 이 사건에서의 변호인 지정은 너무나 불분명하였거나 정

5) 만약 이 사건이 연방법에 의거하여 연방법원에 기소된 연방사건이었다면 피고인들은 곧바로 연방헌법 수정 제6조의 변호인의 조력 조항("In all criminal prosecutions, the accused shall enjoy the right to . . . have the Assistance of Counsel for his defence")에 대한 침해를 주장할 수 있을 것이었으나, 이 사건은 주 법에 의거하여 주 법원에 기소된 사건이었던 관계로 연방헌법 수정 제6조는 그 자체로는 이 사건에 적용될 수가 없었다. 그리하여 피고인들은 주들을 규율하는 수정 제14조의 적법절차 조항(". . . nor shall any state deprive any person of life, liberty, or property, without due process of law")에 대한 침해를 주장하였다.

식사실심리에 너무나 임박한 것이었던 까닭에, 효과적인 및 실질적인 조력에 대한 박탈에 그것은 해당하였다. (287 U. S., at 52–53.)

피고인들을 겨냥한 절차들 중 아마도 가장 중대한 기간 동안, 즉 상담이, 철저한 조사가 및 준비가 절대로 중요한 기소인부 신문부터 정식사실심리의 시작까지의 기간 동안, 실질적인 의미에서 변호인의 조력을 피고인들은 가지지 못했다. (287 U. S., at 57.)

형사사건들의 신속한 처리는 권유되고 장려되어야 한다. 그러나 그 결과에 도달하는 데 있어서, 변호인을 찾아 상담하기 위한 및 그의 항변사유를 준비하기 위한 충분한 시간을 가질 권리를 중대 범죄로 기소된 피고인은 박탈당해서는 안 된다. (287 U. S., at 59.)

본래 영국에서 반역죄(treason)로나 중죄(felony)로 기소된 사람은 그 사람 자신이 제기할 수 있는 법률문제들(legal questions)에 관한 것을 제외하고는 변호인의 조력을 거부당하였음에 반하여 민사사건의 당사자들은과 경죄(misdemeanors) 피고인들은 변호인의 조력을 받을 권리를 완전히 보장받고 있었다. 1688년 명예혁명 뒤에 반역죄에 관한 규칙은 폐지되었으나, 반역죄 이외의 중죄에 관하여는 1836년 의회의 법률에 의하여 중죄 일반에 대하여 완전한 권리가 허용되기까지 위 규칙이 고수되었다. (287 U. S., at 60–61.)

열세 개의 아메리카 식민지들 중 적어도 열두 개에서 주 헌법들에, 펜 헌장(Penn Charter; 1701년 펜실베니아주)에, 권리선언(the Declaration of Rights; 1776년 델라웨어주)에, 또는 입법에 의하여 위 영국의 보통법 규칙은 확정적으로 배척되어, "모든 형사적 절차추행에 있어서" 모든 사람은 변호인을 허용받을 권리가 있음이 확립되었다. (287 U. S., at 61–65.)

특정의 경우들에 있어서 적법절차가 준수되었는지 여부를 판정하는 데에 적용되어 온 한 가지 기준은 독립선언(the Declaration of Independence) 이전의 영국의 보통법 아래서와 제정법 아래서 무엇이 절차의 확립된 관행들이었으며 양식들(settled usages and modes of preceeding)이었는지를, 다만 미국이 한 개의 국가가 된 이후에 그것이 이 나라에서 준수되어 오고 있음으로써 선조들의 시민적 정치적 조건들에 부적합하였던 것이 아님이 판명된 것이어야 한다는 조건의 적용 아래, 확인해 보는 것이다. 위에서 드러나듯, 위 영국규칙은 이 기준을 충족하지 못하며, 따라서 적법절차가 아니다. (287 U. S., at 65.)

관련된 권리가 "우리의 모든 시민적 정치적 제도의 토대에 놓여 있는 자유의 및 정의의 기본적 원칙들"을 위배하지 않는 채로는 부정될 수 없는 성격의 것이라는 사실은 그 권리가 연방헌법 수정 제14조의 적법절차 조항에 포함되는가의 문제를 판정하는 데 우선시되어야 할 명령적인 항목이다. 이러한 기본적 성격을 변호인의 조력을 받을 권리는 갖는다.

고지(notice)는 및 청문(hearing)은 집행력 있는 판결의 선고에 없어서는 안 될 선행조치들이고, 따라서 사건의 관할권을 가진 법적으로 자격 있는 법원이에 더불어 적법절차의 기본 요소들을 그것들은 구성한다. "청문을 열고 나서야 비난을 가하는 한 개의 법(a law which hears before it condemns)"을 "국법(the law of the land)"이라 함은 의미한다. "연방 구성원 어느 누구가도 무시해서는 안 될 자유정부의 개념 그 자체에 내재하는 불가변적 정의의 원칙들(immutable principles of justice)"에 적법한 고지의 필요는 및 청문될 기회의 필요는 해당된다. 법정에서 자신의 기일을 갖지 않은 채로는 어느 누구는도 신체적으로 구속되지 않는다는 원칙은 출석을 위하여 그가 소환되어야 함을, 그리고 청문될 기회를 그가 가져야 함을 뜻한다. (287 U. S., at 67-68.)

변호인의 조력을 받을 권리를, 그 권리를 주장하는 당사자에 의하여 요구되고 준비될 경우 항상 청문(a hearing)은 포함한다. 청문될 권리(The right to be heard)는 만약 변호인을 통하여 청문될 권리(the right to be heard by counsel)를 포함하지 않는다면 쓸모가 없다. 민사든 형사든 어떤 사건에서든 당사자를 청문함에 있어서 당사자에 의하여 선임되는 및 그를 위하여 출석하는 변호인을 통하기를 자의적으로 거부한다면, 그것은 청문을 박탈하는 것이고 헌법적 의미에서의 적법절차를 박탈하는 것이 된다. (287 U. S., at 68-69.)

이 사건의 사실관계에 비추어, 변호인을 얻을 상당한 시간을과 기회를 피고인들에게 부여할 의무에 대한 정식사실심리 법원의 불이행은 적법절차의 박탈이었다. 사형이 가능한 사건에서 피고인이 변호인을 선임할 수 없고 무지로, 의지박약(feeble-mindedness)으로, 문맹으로, 기타의 이유로 인하여 그 자신의 방어를 충분히 수행할 능력이 없을 경우, 신청이 있든 없든 적법절차의 필수 조건으로서 변호인을 그에게 지정해 주어야 함이 법원의 의무이다; 변호인 지정이 그 시기에나 상황에 비추어 사건의 준비에서와 정식사실심리에서 효과적인 조력을 줌을 불가능하게 할 정도인 경우에 그 의무는 이행된 것이 아니다. 원심판결은 파기되었다. (287 U. S., at 71, 73.)

6. Powell 판결 이후의 변호인의 조력을 받을 권리의 확장을 가져온 주요판례들 개관

1) 생명과 자유를 박탈하기 위한 연방 재판권의 요건; 인신보호영장에 기한 구제

Johnson v. Zerbst, 304 U. S. 458 (1938)은 변호인 조력의 보장이 피고인에게서 생명을과 자유를 빼앗기 위한 연방법원의 재판권의 필수요소임을과, 변호인의 조력의 박탈 가운데서 유죄판정을 받아 구금된 사람은 그 재판권 결여를 이유로 인신보호영장에 기한 구제를 청구할 수 있음을 판시한 최초의 판례가 되었다.

2) 사형이 가능한 주법원 사건에서의 기소인부 절차와 예비심문 절차 및 사형에 해당되지 않는 주 중죄사건

변호인의 조력을 받을 권리를 사형이 가능한 주법원 사건에서 정식사실심리 이전의 기소인부(arraignment) 절차에 Hamilton v. Alabama, 368 U. S. 52 (1961)은 확장시켰고, 사형에 해당되는 주법원 사건에서의 치안판사의 예비심문(preliminary hearing) 절차에 White v. Maryland, 373 U. S. 59 (1963)은 확장시켰다. 주 법원에 기소된 사형에 해당되지 않는 중죄사건의 경우에는 변호인의 결여로 인하여 피고인이 심각한 불이익을 입었음이 증명되는 특별한 상황에서만 변호인 제공을 요구한다고 보았던 21년 전의 Betts v. Brady, 316 U. S. 455 (1942) 판결을 Gideon v. Wainwright, 372 U. S. 335 (1963)은 폐기하고서, 사형에 해당되지 않는 사건에서도 주 법원에 중죄(felony) 혐의로 기소된 가난한 피고인을 위한 변호인의 지정은 원칙적으로 연방헌법 수정 제14조의 적법절차의 요구임을 판시하였다.

3) 항소심의 경우

변호인의 조력을 피고인이 지불할 수 있느냐 없느냐에 따라 주 항소법원에서 제공받는 심리의 종류를 구분짓는 것은 연방헌법 수정 제14조의 평등보호 조항에와 공정한 절차 보호 조항에 위배됨을 Douglas v. California, 372 U. S. 353 (1963)은 판시하였다. 항소를 무가치한 것으로 판단할 경우에 피고인의 변호인의 조력을 받을 권리를 보호하기 위하여 항소심의 지정 변호인이 취해야 할 조치들과 절차를 Anders v. California, 386 U. S. 738 (1967)은, Penson v. Ohio, 488 U. S. 75 (1988)은 및 Smith v. Robbins, No. 98-1037 (2000)은 고찰하였다.

4) 대립당사자주의 절차의 개시 시점

변호인의 조력을 받을 권리를 기소평결(finding of indictment) 등에 의한 대립당사자주의 절차의 개시 시점 이후에 실시되는 피고인에 대한 비밀신문에 Massiah v. United States, 377 U. S. 201 (1964)는, Brewer v. Williams, 430 U. S. 387 (1977)은, United States v. Henry, 447 U. S. 264 (1980)은, Maine v. Moulton, 474 U. S. 159 (1985)는 적용하였다.

5) 초점 기준과 구금신문 기준

사형에 해당하는 주법원 사건에서 변호인의 조력을 받을 권리가 적용되는 시간적 범위를, Hamilton 판결의 기소인부 신문 단계에보다도 및 White 판결의 치안판사의 예비심문(preliminary hearing) 단계에보다도 더욱 앞당겨, 경찰구금에 놓인 특정의 용의자에게 초점을 경찰수사가 두기 시작하는 시점에로 Escobedo v. Illinois, 378 U. S. 438 (1964)는 확장시켰다. 경찰 구금신문 일반에 - 수사의 초점 여부에 관계없이 - 변호인의 조력을 받을 권리가 적용되어야 한다고 Miranda v. Arizona, 384 U. S. 436 (1966)은 판시하였다.

6) 소년절차

소년법(Juvenile Code)에 의한 소년비행(juvenile delinquency) 절차에 변호인의 조력을 받을 권리가 적용됨을 In re Gault, 387 U. S. 1 (1967)은 판시하였다.

7) 구금형의 요건

중죄(felonies)에, 경죄(misdemeanors)에, 경범죄(petty offenses) 중 어디에 사건이 해당되

는지에 상관없이, 그리고 배심에 의한 정식사실심리가 요구되는 사건인지 여부에 상관없이, 피고인에게 변호인의 조력이 부여되지 않은 상태에서는 구금형(imprisonment)으로써 처벌할 수 없음을 Argersinger v. Hamlin, 407 U. S. 25 (1972)는 및 Scott v. Illinois, 440 U. S. 367 (1979)는 판시하였다.

8) 변호인의 대변을 거부할 권리

피고인은 자발적인 분별 있는 선택에 의하여 변호인의 대변을 통하지 아니하고서 자기 스스로를 대변할 독립적인 헌법상의 권리가 있음이, 따라서 변호인의 지정을 피고인의 의사에 반하여 법원은 강제할 수 없음이 Faretta v. California, 422 U. S. 806 (1975)에서 판시되었다.

9) 피고인의 증언 도중에 선포된 휴정기간

자신을 위한 증인으로서 증언 중인 피고인으로 하여금 장시간인 일박의(an overnight) 휴정 기간 중에 그의 변호사를 찾아 상담하지 못하도록 금지하는 명령이 변호인의 조력을 받을 권리에 대한 침해임을 Geders v. United States, 425 U. S. 80 (1976)은 판시하였다. 이에 반하여 피고인인 증인의 증언 도중에 선포된 15분의 휴정 기간 중에 변호인하고의 대화를 금지하는 것은 변호인의 조력을 받을 권리에 대한 침해가 아니라고 Perry v. Leeke, 488 U. S. 272 (1989)은 판시하였다.

10) 효과적인(effective) 조력을 받을 권리

United States v. Cronic, 466 U. S. 648 (1984), Strickland v. Washington, 466 U. S. 668 (1984) 및 Glover v. United States, No. 99-8576 (2001) 등에서 변호인의 조력을 받을 권리는 무의미한 조력을이 아닌 효과적인(effective) 조력을 받을 권리를 의미함이, 비록 형식적으로는 변호인이 지정되어 있다 하더라도 효과적인 조력을 그에게서 제공받지 못하는 경우에는 변호인의 조력을 받을 권리가 침해될 수 있음이 판시되었다.

11) 이익충돌

Wheat v. United States, 486 U. S. 153 (1988)에서 변호인은 이익충돌의 위험으로부터 자유로운 변호인이어야 함이 판시되었다.

7. 변호인의 조력을 받을 권리에 대한 침해의 문제가 연방대법원에 쟁점으로 제기되는 경로의 유형들

연방법원의 정식사실심리에서 변호인의 조력이 침해된 탓으로 유죄판정이 내려졌음을 주장하는 피고인의 경우에는 직접 연방헌법 수정 제6조의 변호인 조력조항[6]을 원용하여 권리항소를 또는 사건기록 송부명령 청구(재량항소)를 제기할 수 있다. Massiah v. United States, Geders v. United States, United States v. Cronic, Wheat v. United States, Glover v. United States 등이 그 유형의 사례들이다.

이에 반하여, 주 법원의 정식사실심리에서 권리침해를 당했음을 주장하는 경우에 연방헌법 수정 제6조를 피고인은 직접 원용할 수 없으므로, 주들에게 적용되는 연방헌법 수정 제14조의 적법절차 조항을 원용한다. 연방헌법 수정 제6조의 변호인 조력조항은 결과적으로 연방헌법 수정 제14조의 적법절차 조항을 통하여 주들에게도 적용이 있게 된다. Powell v. Alabama, Crooker v. California, Spano v. New York, Carnley v. Cochran, Gideon v. Wainwright, White v. Maryland, Haynes v. Washington, Escobedo v. Illinois, Scott v. Illinois, Maine v. Moulton 등이 그 유형의 사례들이다. 때로는 연방헌법 수정 제14조의 평등보호 조항[7]이, 그리고적법절차 조항에 내재하는 공정한 절차 조항이 원용되는데, Douglas v. California 등이 그 예이다.

유죄판정에 기하여 구금된 수형자가 자신의 유죄판정이 변호인의 조력의 박탈 가운데서 내려진 것임을 주장하여 사후적으로(collaterally) 구제를 기하는 방법으로는 인신보호영장(Habeas Corpus)에 기한 구제절차가 있다. 인신보호영장에 의한 석방을 연방법원에 또는 주 법원에 청구하고 그 항소절차에 따라 연방대법원에 이르는 유형이다. Johnson v. Zerbst, Betts v. Brady, Cicenia v. Lagay, Argersinger v. Hamlin, Brewer v. Williams, Strickland v. Washington, Perry v. Leeke, Smith v. Robbins 등이 그 예이다.

6) 모든 형사적 절차추행에 있어서 범인으로 주장되는 사람은 …… 자신의 방어를 위하여 변호인의 조력을 받을 권리를 향유한다(In all criminal prosecutions, the accused shall enjoy the right …… to have the Assistance of Counsel for his defence).

7) 법의 평등한 보호를 그 재판권 내에 있는 어떤 사람에게도 어떤 주도 …… 거절해서는 안 된다(nor shall any state …… deny to any person within its jurisdiction the equal protection of the laws).

Mr. Justice SUTHERLAND delivered the opinion of the Court.

These cases were argued together and submitted for decision as one case.

The petitioners, hereinafter referred to as defendants, are negroes charged with the crime of rape, committed upon the persons of two white girls. The crime is said to have been committed on March 25, 1931. The indictment was returned in a state court of first instance on March 31, and the record recites that on the same day the defendants were arraigned and entered pleas of not guilty. There is a further recital to the effect that upon the arraignment they were represented by counsel. But no counsel had been employed, and aside from a statement made by the trial judge several days later during a colloquy immediately preceding the trial, the record does not disclose when, or under what circumstances, an appointment of counsel was made, or who was appointed. During the colloquy referred to, the trial judge, in response to a question, said that he had appointed all the members of the bar for the purpose of arraigning the defendants and then of course anticipated that the members of the bar would continue to help the defendants if no counsel appeared. Upon the argument here both sides accepted that as a correct statement of the facts concerning the matter.

There was a severance upon the request of the state, and the defendants were tried in three several groups, as indicated above. As each of the three cases was called for trial, each defendant was arraigned, and, having the «287 U. S., 50» indictment read to him, entered a plea of not guilty. Whether the original arraignment and pleas were regarded as ineffective is not shown.

법원의 의견을 서덜랜드(SUTHERLAND) 판사가 냈다.

이 사건들은 함께 변론되었으며, 한 개의 사건으로서 판결해 달라는 의견진술이 있었다.

이하에서 피고인들(defendants)이라고 지칭되는 청구인들(petitioners)은 두 명의 백인 소녀들의 신체들 위에 자행되었다는 강간 범죄혐의로 고발된 흑인들이다. 범행은 1931년 3월 25일에 가해진 것으로 주장되고 있다. 대배심기소장은 3월 31일 주 1심법원 한 곳(a state court of first instance)에 접수되었는데, 바로 그 날 기소인부 신문을 받고서 무죄답변들을 피고인들이 한 것으로 기록은 적고 있다. 기소인부 신문에서 변호인에 의하여 그들이 대변되었다는 취지의 추가적인 설명 부분이 있다. 그러나 변호인은 선임된 바 없었고, 수 일 뒤 정식사실심리 직전의 대담 도중에 정식사실심리 판사에 의하여 이루어진 한 번의 진술을 빼고는 언제 또는 어떤 상황 아래서 변호인에 대한 지정이 있었는지, 또는 누가 지정되었는지 기록은 밝히고 있지 않다. 피고인들을 기소인부 신문할 목적으로 법조단 회원들 전원을 자신이 지정하여 놓았다고, 그러므로 이번에 변호인이 출석하지 않는다면 법조단 회원들이 계속 피고인들을 도울 것으로 자신은 당연히 기대한다고 위 언급된 대담 도중에 질문에 답하여 정식사실심리 판사는 말하였다. 여기서의 변론에서 그것을 그 사항에 관련한 정확한 진술로 쌍방은 받아들였다.

주(the state)의 요청에 따라 사건의 분리가 있었고 위에 표시된 대로 세 개의 개별 그룹으로 피고인들은 정식사실심리되었다. 세 개의 사건들이 각각 정식사실심리에 들어감에 따라 피고인 각자는 기소인부 신문을 받았고, 공소장이 «287 U. S., 50» 그에게 낭독되자 무죄답변을 하였다. 당초의 기소인부 신문이 및 답변들이 무효로 간주되었는지 여부는 제시되어 있지 않다. 세 개의 정식사실심리들은 저마다

Each of the three trials was completed within a single day. Under the Alabama statute the punishment for rape is to be fixed by the jury, and in its discretion may be from ten years imprisonment to death. The juries found defendants guilty and imposed the death penalty upon all. The trial court overruled motions for new trials and sentenced the defendants in accordance with the verdicts. The judgments were affirmed by the state supreme court. Chief Justice Anderson thought the defendants had not been accorded a fair trial and strongly dissented. 224 Ala. 524; id. 531; id. 540; 141 So. 215, 195, 201.

In this court the judgments are assailed upon the grounds that the defendants, and each of them, were denied due process of law and the equal protection of the laws, in contravention of the Fourteenth Amendment, specifically as follows: (1) They were not given a fair, impartial, and deliberate trial; (2) they were denied the right of counsel, with the accustomed incidents of consultation and opportunity of preparation for trial; and (3) they were tried before juries from which qualified members of their own race were systematically excluded. These questions were properly raised and saved in the courts below.

The only one of the assignments which we shall consider is the second, in respect of the denial of counsel; and it becomes unnecessary to discuss the facts of the case or the circumstances surrounding the prosecution except in so far as they reflect light upon that question.

The record shows that on the day when the offense is said to have been committed, these defendants, together with a number of other negroes, were upon a freight train on its way through Alabama. On the same train were seven white boys and the two white girls. A fight took «287 U. S., 51» place between the negroes and the white boys, in the course of which the white

단 한 번의 기일에 끝났다. 앨라배마주 제정법에 따르면 강간죄의 형량은 배심에 의하여 결정되게 되어 있는데, 배심의 재량 내에서 10년의 구금형부터 사형까지가 될 수 있다. 배심들은 피고인들을 유죄로 판정하고 전원에게 사형을 부과하였다. 새로운 정식사실심리들을 구하는 신청들을 정식사실심리 법원은 기각하고 평결들에 일치하는 형량을 피고인들에게 선고하였다. 판결주문들은 주 대법원에 의하여 인가되었다. 공정한 정식사실심리를 피고인들이 부여받지 못한 것으로 법원장 앤더슨(Anderson) 판사는 생각하였고 강력하게 반대하였다. 224 Ala. 524; id. 531; id. 540; 141 So. 215, 195, 201.

적법절차(due process of law)를 및 법의 평등한 보호(the equal protection of the laws)를 연방헌법 수정 제14조에 어긋나게 피고인들이 그리고 그 각자가 거부당했다는 이유로 이 법원에서 원심판결들은 공격되고 있는데, 구체적으로는 이러하다. (1) 그들에게는 공정한, 공평한 및 신중한 정식사실심리가 부여되지 않았다는 것이고; (2) 그들에게는 상담(consultation)이라는, 그리고 정식사실심리를 준비할 기회라는 그 통상적 부수사항들에 더불어 변호인의 조력을 받을 권리가 거부되었다는 것이고; 그리고 (3) 그들 자신의 인종에 속하는 자격 있는 후보자들이 체계적으로 배제된 채로 구성된 배심들 앞에서 그들이 정식사실심리되었다는 것이다. 하급법원들에서 적절하게 이 문제들은 제기되었고, 그리하여 기회는 상실되지 않았다.

위 항목들 중 우리가 검토할 유일한 한 가지는 두 번째에, 즉 변호인의 박탈에 관련된 것이다; 따라서 사건의 사실관계들을 논의하는 것은 또는 소송추행(prosecution)을 둘러싼 상황들을 논의하는 것은 위 문제에 빛을 던져 주는 한도 내에서의 것을 제외하고는 불필요해 진다.

범행이 저질러졌다고 주장되는 날 앨라배마주를 통과하는 한 대의 화물열차 위에 이 피고인들은 다른 흑인들 여러 명과 함께 있었음을 기록은 보여준다. 바로 그 기차에는 일곱 명의 백인 소년들이 및 두 명의 백인 소녀들이 타고 있었다. 흑인들의 및 백인 소년들의 «287 U. S., 51» 사이에 싸움이 발생하였고, 그 과정에서 질리(Gilley)라는 이름의 소년을 제외하고는 기차 밖으로 백인 소년들은 내던져졌다. 싸움

boys, with the exception of one named Gilley, were thrown off the train. A message was sent ahead, reporting the fight and asking that every negro be gotten off the train. The participants in the fight, and the two girls, were in an open gondola car. The two girls testified that each of them was assaulted by six different negroes in turn, and they identified the seven defendants as having been among the number. None of the white boys was called to testify, with the exception of Gilley, who was called in rebuttal.

Before the train reached Scottsboro, Ala., a sheriff's posse seized the defendants and two other negroes. Both girls and the negroes then were taken to Scottsboro, the county seat. Word of their coming and of the alleged assault had preceded them, and they were met at Scottsboro by a large crowd. It does not sufficiently appear that the defendants were seriously threatened with, or that they were actually in danger of, mob violence; but it does appear that the attitude of the community was one of great hostility. The sheriff thought it necessary to call for the militia to assist in safeguarding the prisoners. Chief Justice Anderson pointed out in his opinion that every step taken from the arrest and arraignment to the sentence was accompanied by the military. Soldiers took the defendants to Gadsden for safe-keeping, brought them back to Scottsboro for arraignment, returned them to Gadsden for safe-keeping while awaiting trial, escorted them to Scottsboro for trial a few days later, and guarded the courthouse and grounds at every stage of the proceedings. It is perfectly apparent that the proceedings, from beginning to end, took place in an atmosphere of tense, hostile, and excited public sentiment. During the entire time, the defendants were closely confined or were under military guard. The record does not disclose their ages, except that one of them was nineteen; but the «287 U. S., 52» record clearly indicates that most, if not all, of them were youthful, and they are constantly referred to as "the boys." They were ignorant and illiterate. All of them were residents

을 신고하면서 흑인들 전원을 기차에서 하차시킬 것을 요청하는 전보가 발송되었다. 한 대의 열린 무개화차에 싸움 가담자들은 및 두 명의 소녀들은 있었다. 여섯 명의 서로 다른 흑인들에 의하여 차례로 자신들 각자가 폭행당했다고 두 소녀들은 증언하고서, 그 숫자에 포함되어 있었던 범인들로서 일곱 명의 피고인들을 지목하였다. 반박 증인으로 소환된 질리를 제외하고는 백인 소년들은 아무도 증언하도록 소환되지 않았다.

피고인들을 및 그 밖의 두 명의 흑인들을 앨라배마주 스콧츠보로에 기차가 닿기 전에 집행관의 보안대는 체포하였다. 두 소녀들은 및 흑인들은 그리하여 카운티 소재지인 스콧츠보로로 옮겨졌다. 그들의 도착에 관한, 그리고 그 주장된 폭행에 관한 소문이 그들이보다도 앞서 갔고, 그리하여 스콧츠보로에서 수많은 군중에게 그들은 부딪치게 되었다. 군중의 폭력에 의하여 그들이 심각하게 위협을 당했음은, 또는 실제로 군중의 폭력의 위험에 그들이 놓였음은 충분히 나타나 있지 않다; 그러나 지역사회의 태도가 커다란 적대감에 찬 것이었음은 나타나 있다. 죄수들을 보호하는 데 조력을 줄 군대를 부를 필요가 있다고 집행관은 생각하였다. 체포 및 기소인부 절차로부터 판결 선고에 이르기까지 그 취해진 모든 절차가 군대의 호위 가운데 이루어졌음을 법원장 앤더슨(Anderson) 판사는 자신의 의견에서 지적하였다. 보호를 위하여 피고인들을 갯즈덴(Gadsden)에 병사들은 데려갔다가 기소인부 신문을 위하여 다시 스콧츠보로로 데려왔고, 정식사실심리를 기다리는 동안 보호를 위하여 다시 갯즈덴으로 데려갔으며, 며칠 뒤 정식사실심리를 위하여 그들을 스콧츠보로로 호송하였는데, 절차들의 모든 단계에서 법원건물을과 마당들을 이들은 지켰다. 처음부터 끝까지 긴장되고 적대적이며 흥분한 대중의 감정적 분위기 속에서 절차들은 이루어졌음이 완전히 명백하다. 그 전체 기간 동안 피고인들은 빈틈없이 감금되거나 군대의 감시 아래에 있었다. 그들 중 한 명이 열아홉 살이라는 것을 빼고는 그들의 나이를 기록은 밝히지 않고 있다; 그러나 그들 «287 U. S., 52» 전원은 아닐망정 대부분이 어리다는 것을 기록은 뚜렷이 보여주고 있고 또 그들은 일관되게 "소년들(the boys)"이라고 불리고 있다. 그들은 무지하였고 문맹이었다. 그들은 모두 다른 주들의 주민들로서 다른 주들에만 가족들이나 친구들은 살고 있었다.

of other states, where alone members of their families or friends resided.

However guilty defendants, upon due inquiry, might prove to have been, they were, until convicted, presumed to be innocent. It was the duty of the court having their cases in charge to see that they were denied no necessary incident of a fair trial. With any error of the state court involving alleged contravention of the state statutes or Constitution we, of course, have nothing to do. The sole inquiry which we are permitted to make is whether the federal Constitution was contravened (Rogers v. Peck, 199 U. S. 425, 434; Hebert v. Louisiana, 272 U. S. 312, 316); and as to that, we confine ourselves, as already suggested, to the inquiry whether the defendants were in substance denied the right of counsel, and if so, whether such denial infringes the due process clause of the Fourteenth Amendment.

First. The record shows that immediately upon the return of the indictment defendants were arraigned and pleaded not guilty. Apparently they were not asked whether they had, or were able to employ, counsel, or wished to have counsel appointed; or whether they had friends or relatives who might assist in that regard if communicated with. That it would not have been an idle ceremony to have given the defendants reasonable opportunity to communicate with their families and endeavor to obtain counsel is demonstrated by the fact that very soon after conviction, able counsel appeared in their behalf. This was pointed out by Chief Justice Anderson in the course of his dissenting opinion. "They were nonresidents," he said, "and had little time or opportunity to get in touch with their families and friends who were scattered throughout two other states, and time has dem- «287 U. S., 53» onstrated that they could or would have been represented by able counsel had a better opportunity been given by a reasonable delay in the trial of the cases judging from the number and activity of counsel that appeared immediately or shortly after their conviction." 224 Ala., at pp. 554-555; 141 So. 201.

피고인들이 유죄였음이 적절한 심리 끝에 제아무리 밝혀질 수 있었을지언정, 그들은 유죄로 판정되기까지는 무죄로 추정되고 있었다. 그들로 하여금 공정한 정식사실심리의 필수적 부대권리(incident)를 한 가지라도 박탈당하지 않도록 조치를 취해야 함은 그들의 사건을 담당한 법원의 임무였다. 주 제정법들(state statutes)에 대한 또는 주 헌법(state constitution)에 대한 그 주장된 위반행위를 포함하는 주 법원의 어떤 오류에도 우리는 당연히 아무런 상관이 없다. 우리에게 허용되는 유일한 심리는 연방헌법(the federal Constitution)이 침해되었는지 여부이다(Rogers v. Peck, 199 U. S. 425, 434; Hebert v. Louisiana, 272 U. S. 312, 316); 그리고 그것에 관련하여 이미 제의된 바처럼, 변호인의 조력을 받을 권리를 피고인들이 실질적으로 박탈당했는지 여부에 대한, 그리고 박탈당했다면 연방헌법 수정 제14조의 적법절차 조항을 그러한 박탈이 침해하는 것인지 여부에 대한 심리에 우리 자신을 우리는 한정한다.

첫째. 대배심기소장의 접수가 있자 피고인들은 즉시 기소인부 신문을 받고 무죄답변을 냈음을 기록은 보여준다. 그들이 변호인을 고용하였는지 또는 고용할 수 있는지, 또는 변호인을 지정해 주기를 바라는지 여부에 관하여; 만약 연락이 된다면 그 점에 관련하여 조력을 줄 수 있는 친구들을이나 친척들을 가지고 있는지 여부에 관하여 언뜻 보기에 그들은 질문을 받은 바가 없다. 가족들하고의 연락을 취할, 그리하여 변호인을 얻고자 노력할 상당한 기회를 주었더라면 그것이 부질없는 허례가 되지는 않았으리라는 점은 그 유죄판정 뒤에 곧바로 유능한 변호인단이 그들을 위하여 출석하였다는 사실에 의하여 증명된다. 이 점은 법원장 앤더슨(Anderson) 판사에 의하여 그의 반대의견의 서술 과정에서 지적되었다. "그들은 비거주자들(non-residents)이었고, 그리하여 상이한 두 개의 다른 주들에 걸쳐 흩어져 있는 가족들 및 친구들과 접촉할 시간을이나 기회를 가지지 못하였는 바, 한편 유죄판정 «287 U. S., 53» 직후에 내지는 잠시 후에 출석한 변호인단의 숫자에와 활동에 비추어 판단하건대, 그 사건들의 정식사실심리에서의 상당한 연기에 의하여 더 나은 기회가 부여되었더라면 그들이 유능한 변호단인에 의하여 대변될 수 있었거나 대변되었으리라는 것을 시간은 증명해 주었다."고 그는 말하였다. 224 Ala., at pp.554-555; 141 So. 201.

It is hardly necessary to say that the right to counsel being conceded, a defendant should be afforded a fair opportunity to secure counsel of his own choice. Not only was that not done here, but such designation of counsel as was attempted was either so indefinite or so close upon the trial as to amount to a denial of effective and substantial aid in that regard. This will be amply demonstrated by a brief review of the record.

April 6, six days after indictment, the trials began. When the first case was called, the court inquired whether the parties were ready for trial. The state's attorney replied that he was ready to proceed. No one answered for the defendants or appeared to represent or defend them. Mr. Roddy, a Tennessee lawyer not a member of the local bar, addressed the court, saying that he had not been employed, but that people who were interested had spoken to him about the case. He was asked by the court whether he intended to appear for the defendants, and answered that he would like to appear along with counsel that the court might appoint. The record then proceeds:

"The Court: If you appear for these defendants, then I will not appoint counsel; if local counsel are willing to appear and assist you under the circumstances all right, but I will not appoint them.

"Mr. Roddy: Your Honor has appointed counsel, is that correct?

"The Court: I appointed all the members of the bar for the purpose of arraigning the defendants and then of course I anticipated them to continue to help them if no counsel appears. «287 U. S., 54»

"Mr. Roddy: Then I don't appear then as counsel but I do want to stay in and not be ruled out in this case.

"The Court: Of course I would not do that-

"Mr. Roddy: I just appear here through the courtesy of Your Honor.

변호인의 조력을 받을 권리가 인정될 경우에 그 자신 선택의 변호인을 확보할 공정한 기회를 피고인이 부여받아야 함은 말할 필요가 전혀 없다. 이 사건에서는 그것이 이루어지지 못하였을 뿐만 아니라, 그 시도된 것으로서의 변호인 지정은 너무나 불분명하였거나 정식사실심리에 너무나 임박한 것이었던 까닭에, 그 점에 있어서 효과적인 및 실질적인 조력에 대한 박탈에 그것은 해당하였다. 기록에 대한 한 번의 간략한 검토에 의해서 이것은 충분히 증명될 것이다.

대배심기소 엿새 뒤인 4월 6일에 정식사실심리는 시작되었다. 당사자들이 정식사실심리를 받을 준비가 되어 있는지를 첫 사건이 호명되었을 때 법원은 물었다. 절차를 진행할 준비가 되어 있다고 주측(The State's) 변호사는 대답하였다. 피고인들을 위하여는 아무도 답변하지 않았고, 그들을 대변하기 위하여 또는 방어하기 위하여 아무도 출석하지 않았다. 그 지역 법조단 회원이 아닌, 테네시주 변호사인 로디 씨(Mr. Roddy)가 법원에 대하여 자세를 취하면서, 자신은 선임된 것이 아니라고, 관심을 가진 사람들이 그 사건에 관하여 그에게 말한 바 있다고 말하였다. 피고인들을 위하여 출석할 의향이 있는지 법원의 질문을 그는 받았는데, 법원이 지정하는 변호인단과 함께라면 출석하고 싶다고 그는 대답하였다. 여기서 이렇게 기록은 진행되고 있다:

"법원: 만약 이 피고인들을 위하여 귀하가 출석한다면 그 경우에 저는 변호인을 지정하지 않을 것입니다; 만약 지역 변호인단이 기꺼이 출석하여 제반 상황들 아래서 당신을 돕고자 한다면 그것은 괜찮지만, 그러나 저는 그들을 지정하지는 않을 것입니다.

"변호사 로디: 판사님께서는 변호인을 지정하신 건가요? 그것이 맞습니까?

"법원: 피고인들을 기소인부 신문하기 위한 목적으로 법조단 회원 전원을 저는 지정하였는데, 변호인이 출석하지 않으면 그들을 돕기를 그들이 계속할 것으로 그때 저는 당연히 기대하였습니다. «287 U. S., 54»

"변호사 로디: 그렇다면 저는 변호인으로서 출석하는 것은 아니며, 다만 저는 법정에 남아 이 사건에서 배제되지 않기를 원합니다.

"법원: 물론 저는 그렇게 하지는 않을 것입니다 -

"변호사 로디: 저는 판사님의 호의에 의해 여기에 출석할 뿐입니다.

"The Court: Of course I give you that right ……."

And then, apparently addressing all the lawyers present, the court inquired:

"…… Well are you all willing to assist?

"Mr. Moody: Your Honor appointed us all and we have been proceeding along every line we know about it under Your Honor's appointment.

"The Court: The only thing I am trying to do is, if counsel appears for these defendants I don't want to impose on you all, but if you feel like counsel from Chattanooga-

"Mr. Moody: I see his situation of course and I have not run out of anything yet. Of course, if Your Honor purposes to appoint us, Mr. Parks, I am willing to go on with it. Most of the bar have been down and conferred with these defendants in this case; they did not know what else to do.

"The Court: The thing, I did not want to impose on the members of the bar if counsel unqualifiedly appears; if you all feel like Mr. Roddy is only interested in a limited way to assist, then I don't care to appoint-

"Mr. Parks: Your Honor, I don't feel like you ought to impose on any member of the local bar if the defendants are represented by counsel.

"The Court: That is what I was trying to ascertain, Mr. Parks.

"Mr. Parks: Of course if they have counsel, I don't see the necessity of the Court appointing anybody; if they haven't counsel, of course I think it is up to the Court to appoint counsel to represent them. «287 U. S., 55»

"The Court: I think you are right about it Mr. Parks and that is the reason I was trying to get an expression from Mr. Roddy.

"법원: 물론 그 권리를 당신에게 저는 부여합니다; …… . "

그 때에 언뜻 보기에 출석 변호사들 전원을 향하여 법원은 물었다:

"…… 자, 귀하들은 모두들 기꺼이 조력할 생각이십니까?

"변호사 무디(Moody): 저희들 전원을 판사님은 지정하였고, 판사님의 지정에 따라 그 것에 관하여 저희가 아는 모든 진로를 따라 절차를 저희는 밟아 나가고 있는 중입니다.

"법원: 제가 하고자 하고 있는 유일한 것은, 이 피고인들을 위하여 변호인단이 출석한다면 당신들 전원에게 부담을 지우고 싶지 않지만, 그러나 만약 당신들이 차타누가 출신의 변호인단을 바란다면 -

"변호사 무디: 물론 그의 상황을 저는 알고 있으며, 아직 아무 것을도 저는 끝내지 못했습니다. 물론 판사님께서 저희들을 지정하실 목적이라면, 파크스 변호사님, 저는 기꺼이 이에 따를 것입니다. 법조단 회원들 대부분이 내려와 있고 이 사건에서 이 피고인들과 협의한 터입니다; 그 밖에 더 할 것이 무엇인지 그들은 알지 못하였습니다.

"법원: 중요한 것은, 만약 변호인단이 조건 없이 출석한다면 법조단 회원들에게 의무를 지우기를 저는 바라지 않았다는 것입니다; 만일 로디 변호사님이 모종의 제한된 방법으로 돕는 데에만 관심이 있기를 당신들 모두가 바란다면, 그 경우에 저는 지명하지 않을 -

"변호사 파크스: 판사님, 변호인단에 의하여 피고인들이 대변된다면 지역 법조단 회원 누구에게 의무를 판사님께서 과할 필요가 있을 것으로는 생각하지 않습니다.

"법원: 그것이 제가 확인하고자 하고 있었던 점입니다. 파크스 변호사님.

"변호사 파크스: 물론 변호인을 그들이 가지고 있다면 누군가를 법원이 지정할 필요성을 저는 발견할 수 없지만; 만약 변호인을 그들이 가지고 있지 않다면 그들을 대변할 변호인을 지정하는 것은 당연히 법원이 할 일이라고 저는 생각합니다. [287 U. S., 55]

"'법원: 파크스 변호사님, 저는 그 점에 관하여 당신이 옳다고 생각하는 바, 그래서 그것이 로디 변호사님으로부터 의견표명을 제가 얻고자 하였던 이유입니다.

"Mr. Roddy: I think Mr. Parks is entirely right about it, if I was paid down here and employed, it would be a different thing, but I have not prepared this case for trial and have only been called into it by people who are interested in these boys from Chattanooga. Now, they have not given me an opportunity to prepare the case and I am not familiar with the procedure in Alabama, but I merely came down here as a friend of the people who are interested and not as paid counsel, and certainly I haven't any money to pay them and nobody I am interested in had me to come down here has put up any fund of money to come down here and pay counsel. If they should do it I would be glad to turn it over-a counsel but I am merely here at the solicitation of people who have become interested in this case without any payment of fee and without any preparation for trial and I think the boys would be better off if I step entirely out of the case according to my way of looking at it and according to my lack of preparation for it and not being familiar with the procedure in Alabama ……."

Mr. Roddy later observed:

"If there is anything I can do to be of help to them, I will be glad to do it; I am interested to that extent.

"The Court: Well gentlemen, if Mr. Roddy only appears as assistant that way, I think it is proper that I appoint members of this bar to represent them, I expect that is right. If Mr. Roddy will appear, I wouldn't of course, I would not appoint anybody. I don't see, Mr. Roddy, how I can make a qualified appointment or a limited appointment. Of course, I don't mean to cut off your assistance in any way-Well gentlemen, I think you understand it. «287 U. S., 56»

"Mr. Moody: I am willing to go ahead and help Mr. Roddy in anything I

"변호사 로디: 그 점에 관하여 파크스 변호사님이 전적으로 옳다고 저는 보며, 제가 보수를 받고서 여기에 내려왔고 선임이 되었다면 그것은 별개의 경우이겠지만, 그러나 정식사실심리를 위하여 이 사건을 저는 준비한 바가 없고, 사건을 살펴보도록 이 소년들에게 관심을 가진 사람들에게서 요청을 받고서 차타누가로부터 저는 왔을 뿐입니다. 그런데 사건을 준비할 기회를 저에게 그들은 주지 않았고, 앨라배마주에 있어서는 절차에 저는 익숙하지 않으며, 보수를 받는 변호인으로서가 아니라 단지 관심을 지닌 사람들의 친구 한 명으로서 여기에 저는 내려왔을 뿐이고, 물론 그들에게 제가 지불할 돈이 있는 것도 아니고, 제가 관심을 가진 사람들로서 저로 하여금 여기에 내려오게 한 사람들 중 아무도 여기에 내려올, 그리고 변호인에게 지불할 기금을 마련한 바가 없습니다. 만약 그 사람들이 그것을 한다면 저는 기꺼이 그것을 숙고하겠는 바 — 한 사람의 변호사이기는 하지만, 그러나 단지 이 사건에 관심을 지니게 된 사람들의 요청에 따라 보수의 지불 없이 그리고 정식사실심리를 위한 준비 없이 여기에 저는 있을 뿐이므로 이 사건을 바라보는 저의 방식으로 보아 그리고 저의 준비 결여의 점으로 보아 그리고 앨라배마주 절차에 있어서의 저의 익숙하지 않은 점으로 보아 , …… 제가 이 사건에서 완전히 빠지는 것이 소년들을 위하여 더 나을 것이라고 생각합니다."

변호사 로디는 나중에 진술하였다:

"만약 그들에게 도움이 되기 위하여 제가 할 수 있는 것이 조금이라도 있다면 기꺼이 그것을 저는 하겠습니다; 저는 그 정도의 관심은 지니고 있습니다.

"법원: 좋습니다 여러분, 만약 그 방법으로 조력자로서만 로디 변호사님이 출석한다면 그들을 대변하도록 이 법조단 회원들을 지정하는 것이 타당하다고 저는 생각하는 바, 그것이 옳으리라고 저는 기대합니다. 만약 로디 변호사님이 출석할 것이라면 물론 당연히 아무를도 저는 지정하지 않을 것입니다. 로디 변호사님, 조건부 지정을 내지는 제한부 지정을 어떻게 할 수 있는지 저는 모르겠습니다. 물론 어떤 방식으로든 당신의 조력을 제가 제약한다는 의미는 아닙니다 - 자, 여러분, 그것을 귀하들이 이해하시리라 저는 생각합니다. «287 U. S., 56»

"변호사 무디: 그 일에 관하여 할 수 있는 어떤 일에 있어서든 상황 조건에 따라

can do about it, under the circumstances.

"The Court: All right, all the lawyers that will; of course I would not require a lawyer to appear if-

"Mr. Moody: I am willing to go ahead and help Mr. Roddy in anything I can do about it, under the circumstances.

"The Court: All right, all the lawyers that will, of course, I would not require a lawyer to appear if-

"Mr. Moody: I am willing to do that for him as a member of the bar; I will go ahead and help do anything I can do.

"The Court: All right."

And in this casual fashion the matter of counsel in a capital case was disposed of.

It thus will be seen that until the very morning of the trial no lawyer had been named or definitely designated to represent the defendants. Prior to that time, the trial judge had "appointed all the members of the bar" for the limited "purpose of arraigning the defendants." Whether they would represent the defendants thereafter, if no counsel appeared in their behalf, was a matter of speculation only, or, as the judge indicated, of mere anticipation on the part of the court. Such a designation, even if made for all purposes, would, in our opinion, have fallen far short of meeting, in any proper sense, a requirement for the appointment of counsel. How many lawyers were members of the bar does not appear; but, in the very nature of things, whether many or few, they would not, thus collectively named, have been given that clear appreciation of responsibility or impressed with that individual sense of duty which should and naturally would accompany the appointment of a selected member of the bar, specifically named and assigned.

로디 변호사님을 앞으로도 계속하여 기꺼이 저는 돕겠습니다.

“법원: 좋습니다. 모든 변호사들이 그렇게 하실 것입니다; 물론 변호사의 출석을 제가 요구하지 않을 경우라 함은 만약 ……

“변호사 무디: 법조단 회원의 한 명으로서 그를 위하여 기꺼이 그것을 저는 하겠습니다; 제가 할 수 있는 어떤 것을이든 앞으로도 계속하여 저는 돕겠습니다.

“법원: 좋습니다.”

그리하여 사형이 가능한 사건에서 이 같은 약식의 방법으로 변호인의 문제가 처리되었던 것이다.

여기에서, 정식사실심리 바로 당일 아침까지도 피고인들을 대변할 변호사가 선임되어 있지도 명확하게 지정되어 있지도 아니하였음이 확인될 것이다. 그 시각 이전까지 정식사실심리 판사는 “피고인들을 기소인부 신문할” 그 제한된 목적을 위하여 “법조단 회원들 전원을 지정”한 상태였다. 만약 피고인들을 위하여 변호인이 출석하지 않을 경우에 그 이후에도 피고인들을 그들이 대변할 것인지 여부는 단지 추측의 문제였을 뿐이거나, 판사가 드러냈듯이 법원 쪽의 기대의 문제였을 뿐이었다. 우리의 의견으로 이 같은 지정은, 설령 그것이 그 모든 목적들을 위하여 이루어진 것이었다 하더라도, 조금이라도 적합한 의미에 있어서는 변호인 지정을 위한 요건을 충족하기에 크게 미달했을 만한 것이었다. 몇 명의 변호사들이 법조단 회원들이었는지는 나타나 있지 않다; 그러나 사안의 성질에 비추어 많든 적든, 이처럼 집단적으로 지정됨으로써, 만약 특별히 지정되고 배정된 법조단의 선별된 회원에 대한 지정의 경우였더라면 마땅히 뒤따랐어야 할, 그리고 자연스럽게 뒤따랐을 그 명확한 책임 인식을 그들은 부여받지도, 그 개별적 의무감을 각인받지도 못하였을 것이었다.

That this action of the trial judge in respect of appointment of counsel was little more than an expansive gesture, imposing no substantial or definite obligation upon any one, is borne out by the fact that prior to the calling of the case for trial on April 6, a leading member of the local bar accepted employment on the side of the prosecution «287 U. S., 57» and actively participated in the trial. It is true that he said that before doing so he had understood Mr. Roddy would be employed as counsel for the defendants. This the lawyer is question, of his own accord, frankly stated to the court; and no doubt he acted with the utmost good faith. Probably other members of the bar had a like understanding. In any event, the circumstance lends emphasis to the conclusion that during perhaps the most critical period of the proceedings against these defendants, that is to say, from the time of their arraignment until the beginning of their trial, when consultation, thorough-going investigation and preparation were vitally important, the defendants did not have the aid of counsel in any real sense, although they were as much entitled to such aid during that period as at the trial itself. People ex rel. Burgess v. Riseley, 66 How. Pr. (N. Y.) 67; Batchelor v. State, 189 Ind. 69, 76; 125 N. E. 773.

Nor do we think the situation was helped by what occurred on the morning of the trial. At that time, as appears from the colloquy printed above, Mr. Roddy stated to the court that he did not appear as counsel, but that he would like to appear along with counsel that the court might appoint; that he had not been given an opportunity to prepare the case; that he was not familiar with the procedure in Alabama, but merely came down as a friend of the people who were interested; that he thought the boys would be better off if he should step entirely out of the case. Mr. Moody, a member of the local bar, expressed a willingness to help Mr. Roddy in anything he could do under the circumstances. To this the court responded: "All right, all the lawyers that will; of course I would not require a lawyer to appear if-." And Mr.

실질적인 내지는 확정적인 의무를 아무에게도 부과하지 못하는 과대망상적인 제스처에 변호인 지정에 관한 정식사실심리 판사의 이 조치가 불과하였음은 4월 6일 정식사실심리를 위한 그 사건의 호명 이전에 그 지역 법조단의 지도적 회원 한 명이 검찰측의 선임을 수락하여 정식사실심리에 적극적으로 «287 U. S., 57» 참여하였다는 사실에 의하여 입증된다. 그가 그렇게 하기 이전에 피고인들을 위한 변호인으로 변호사 로디가 고용될 것으로 자신은 이해하고 있었다고 그가 말한 것은 사실이다. 문제의 변호사는 이것을 자진하여 솔직하게 법원에 진술하였다; 그리고 최상의 성실성을 지니고서 그가 행동하였음은 의문이 없다. 아마도 이에 비슷한 이해(understanding)를 법조단의 다른 회원들은도 지녔을 것이다. 어쨌든, 이 피고인들을 겨냥한 절차들 중 아마도 가장 중대한 기간 동안에, 즉 상담이, 철저한 조사가 및 준비가 절대로 중요한 그들의 기소인부 신문부터 그들의 정식사실심리 시작까지의 기간 동안에, 피고인들에게는 그 기간 중에도 정식사실심리 그 자체에서처럼 그 같은 조력을 받을 권리가 있었음에도 불구하고, 조금이라도 실질적인 의미에서는 변호인의 조력을 그들이 가지지 못했다는 결론에 대하여 강조를 제반 상황들은 부여한다. People ex rel. Burgess v. Risley, 66 How. Pr. (N. Y.) 67; Batchelor v. State, 189 Ind. 69, 76; 125 N. E. 773.

정식사실심리 당일 아침에 있었던 일에 의하여 상황이 도움을 입었다고도 우리는 생각하지 않는다. 위에 인쇄된 대담으로부터 드러나듯이, 자신이 변호인으로서 출석하는 것이 아니라 법원이 지정하는 변호인들과 함께 출석하였으면 함을; 사건을 준비할 기회를 자신이 부여받지 못한 상태임을; 자신이 앨라배마주 절차에 익숙하지 못하며, 단지 관심을 지닌 사람들의 친구로서 내려왔을 뿐임을; 자신이 사건에서 완전히 빠지는 것이 소년들에게 더 나을 것으로 생각함을 그 당시에 변호사 로디는 법원에 진술하였다. 제반 상황들 아래서 자신이 할 수 있는 어떤 것을이든 기꺼이 변호사 로디를 돕겠다는 의사를 지역 법조단 회원의 한 명인 변호사 무디는 표명하였다. 이에 대하여 "좋습니다. 모든 변호사들이 그렇게 하실 것입니다; 물론 변호사의 출석을 제가 요구하지 않을 경우라 함은 만약 …… "이라고 법원은 응답하였다. 그러자 "법조단 회원의 한 명으로서 그를 위하여 기꺼이 그것을 저는 하겠

Moody continued: "I am willing to do that for him as a member of the bar; I will go ahead and help do anything I can do." With this dubious understanding, the trials immediately proceeded. The defendants, young, igno- «287 U. S., 58» rant, illiterate, surrounded by hostile sentiment, haled back and forth under guard of soldiers, charged with an atrocious crime regarded with especial horror in the community where they were to be tried, were thus put in peril of their lives within a few moments after counsel for the first time charged with any degree of responsibility began to represent them.

It is not enough to assume that counsel thus precipitated into the case thought there was no defense, and exercised their best judgment in proceeding to trial without preparation. Neither they nor the court could say what a prompt and thorough-going investigation might disclose as to the facts. No attempt was made to investigate. No opportunity to do so was given. Defendants were immediately hurried to trial. Chief Justice Anderson, after disclaiming any intention to criticize harshly counsel who attempted to represent defendants at the trials, said: "...... The record indicates that the appearance was rather pro forma than zealous and active ......" Under the circumstances disclosed, we hold that defendants were not accorded the right of counsel in any substantial sense. To decide otherwise, would simply be to ignore actualities. This conclusion finds ample support in the reasoning of an overwhelming array of state decisions, among which we cite the following: Sheppard v. State, 165 Ga. 460, 464; 141 S. E. 196; Reliford v. State, 140 Ga. 777; 79 S. E. 1128; McArver v. State, 114 Ga. 514; 40 S. E. 779; Sanchez v. State, 199 Ind. 235, 246; 157 N. E. 1; Batchelor v. State, 189 Ind. 69, 76; 125 N. E. 773; Mitchell v. Commonwealth, 225 Ky. 83; 7 S. W. (2d) 823; Jackson v. Commonwealth, 215 Ky. 800; 287 S. W. 17; State v. Collins, 104 La. 629; 29 So. 180; State v. Pool, 50 La. Ann. 449; 23 So. 503; People ex rel. Burgess v. Risley, 66 How. Pr. (N. Y.) 67; State ex rel. Tucker v. Davis, 9 Okla. Cr.

습니다; 앞으로도 계속하여 제가 할 수 있는 어떤 것을이든 저는 돕겠습니다."라고 변호사 무디는 계속 말하였다. 이처럼 모호한 이해를 지닌 채로 즉시 정식사실심리들은 진행되었다. 어리고 무지하고 문맹인 «287 U. S., 58» 채로 적대감정에 둘러싸여 군인들의 감시 아래 이리저리 끌려 다닌, 재판을 받게 된 지역사회에서 특별히 공포스러운 일로 간주되는 흉악 범죄로 기소된 피고인들은 이렇듯 조금이나마의 책임이 부여된 변호인단이 처음으로 그들을 대변하기 시작한 지 얼마 안 된 시간 내에 자신들의 목숨을 잃을 위험에 처해졌던 것이다.

아무런 항변사유가도 없다고 이렇게 사건에 밀어 넣어진 변호인단이 생각하였던 것으로, 그리하여 준비 없이 정식사실심리에 나아감에 있어서 그들의 최선의 판단력을 변호인단이 행사하였던 것으로 추정하는 것으로는 충분하지 않다. 사실관계에 관하여 무엇을 즉각적이고 철저한 조사가 밝혀줄 수 있을지는 그들은도 법원은도 말할 수 없었다. 조사를 진행하려는 어떤 시도는도 이루어지지 않았다. 그렇게 할 어떤 기회가도 부여되지 않았다. 즉각적으로 정식사실심리에 서둘러 피고인들은 넣어졌다. 그 정식사실심리들에서 피고인들을 대변하고자 시도한 변호인단을 모질게 비판할 의도가 없음을 밝히고 나서 이렇게 법원장 앤더슨(Anderson) 판사는 말하였다: "…… 그 출석은 열성적이고 적극적인 것이었다기보다는 형식을 위한(pro forma) 것이었음을 기록은 보여준다…… . " 그 드러난 제반 상황들 아래서 조금이라도 실질적인 의미에 있어서의 변호인의 조력을 받을 권리를 피고인들은 부여받지 못하였다고 우리는 본다. 다르게 판단하는 것은 오직 실제 상황들을 무시하는 것이 될 것이다. 충분한 근거를 일련의 압도적인 주 법원 판결들의 추론에서 이러한 결론은 발견하는 바, 그 가운데 아래의 것들을 우리는 인용한다: Sheppard v. State, 165 Ga. 460, 464; 141 S. E. 196; Reliford v. State, 140 Ga. 777; 79 S. E. 1128; McArver v. State, 114 Ga. 514; 40 S. E. 779; Sanchez v. State, 199 Ind. 235, 246; 157 N. E. l; Batchelor v. State, 189 Ind. 69, 76; 125 N. E. 773; Mitchell v. Commonwealth, 225 Ky. 83; 7 S. W. (2d) 823; Jackson v. Commonwealth, 215 Ky. 800; 287 S. W. 17; State v. Collins, 104 La. 629; 29 So. 180; State v. Pool, 50 La. Ann. 449; 23 So. 503; People ex rel. Burgess v. Risley, 66 How. Pr. (N. Y.) 67; State ex rel. Tucker v. Davis, 9 Okla. Cr.

94; 130 Pac. 962; Commonwealth v. O'Keefe, 298 Pa. 169; «287 U. S., 59» 148 Atl. 73; Shaffer v. Territory, 14 Ariz. 329, 333; 127 Pac. 746.

It is true that great and inexcusable delay in the enforcement of our criminal law is one of the grave evils of our time. Continuances are frequently granted for unnecessarily long periods of time, and delays incident to the disposition of motions for new trial and hearings upon appeal have come in many cases to be a distinct reproach to the administration of justice. The prompt disposition of criminal cases is to be commended and encouraged. But in reaching that result a defendant, charged with a serious crime, must not be stripped of his right to have sufficient time to advise with counsel and prepare his defense. To do that is not to proceed promptly in the calm spirit of regulated justice but to go forward with the haste of the mob.

As the court said in Commonwealth v. O'Keefe, 298 Pa. 169, 173; 148 Atl. 73:

"It is vain to give the accused a day in court, with no opportunity to prepare for it, or to guarantee him counsel without giving the latter any opportunity to acquaint himself with the facts or law of the case. ……

"A prompt and vigorous administration of the criminal law is commendable and we have no desire to clog the wheels of justice. What we here decide is that to force a defendant, charged with a serious misdemeanor, to trial within five hours of his arrest, is not due process of law, regardless of the merits of the case."

Compare Reliford v. State, 140 Ga. 777, 778; 79 S. E. 1128.

Second. The Constitution of Alabama (Const. 1901, 6) provides that in all criminal prosecutions the accused shall enjoy the right to have the assistance of counsel; and a state statute (Code 1923, 5567) requires the court in a capi-

94; 130 Pac. 962; Commonwealth v. O'Keefe, 298 Pa. 169; «287 U. S., 59» 148 Atl. 73; Shaffer v. Territory, 14 Ariz. 329, 333; 127 Pac. 746.

우리 형사법의 운영에 있어서의 중대하고도 변명할 수 없는 지체가 우리 시대의 심각한 폐해들 가운데 하나임은 사실이다. 심리의 연기속행들은 불필요할 만큼 긴 시간 동안 빈번히 허가되고, 새로운 정식사실심리를 구하는, 그리고 항소에 기한 청문들(hearings upon appeal)을 구하는 신청들의 판단에 수반되는 지체들은 많은 사건들에서 재판 운영에 대한 한 가지 두드러진 비난의 근거가 되기에 이르렀다. 형사사건들의 신속한 처리는 권유되고 장려되어야 한다. 그러나 그 결과에 도달하는 데 있어서, 변호인을 찾아 상담하고 그의 항변사유를 준비하기 위한 충분한 시간을 가질 그의 권리를 중대 범죄로 기소된 피고인이 박탈당해서는 안 된다. 그렇게 하는 것은 규칙 바른 법관의 냉정한 정신 속에서 기민하게 나아가는 것이 아니라 군중의 성급함을 지니고서 나아가는 것이다.

Commonwealth v. O'Keefe, 298 Pa. 169, 173; 148 Atl. 73에서 법원이 말하였듯이:

"법정에서의 한 번의 기일을 범인으로 주장되는 사람에게 주면서도 그것을 준비할 기회를 주지 않는다면, 또는 변호인을 그에게 보장하면서도 사건의 사실관계 내지 법을 파악할 기회를 변호인에게 주지 않는다면, 그것은 공허하다. ……

"형사법의 신속하고 정열적인 운영은 칭찬할 만한 일인 바, 그러므로 우리는 정의의 바퀴들을 막히게 할 생각이 없다. 우리가 여기서 판단하는 바는, 중경죄(a serious misdemeanor)로 기소된 피고인을 그의 체포로부터 다섯 시간 이내에 정식사실심리에 집어넣는 것은 사건의 실체적 사항에 무관하게 적법절차(due process of law)가 아니라는 것이다."

Reliford v. State, 140 Ga. 777, 778; 79 S. E. 1128을 비교하라.

둘째. 변호인의 조력을 받을 권리를 모든 형사적 절차추행에 있어서 범인으로 주장되는 사람은 향유한다고 앨라배마주 헌법은 규정한다; 그리고 사형이 가능한 사건에서 변호인을 피고인이 고용할 «287 U. S., 60» 수 없는 경우에 그를 위하여

tal case, where the defendant «287 U. S., 60» is unable to employ counsel, to appoint counsel for him. The state Supreme Court held that these provisions had not been infringed, and with that holding we are powerless to interfere. The question, however, which it is our duty, and within our power, to decide, is whether the denial of the assistance of counsel contravenes the due process clause of the Fourteenth Amendment to the Federal Constitution.

If recognition of the right of a defendant charged with a felony to have the aid of counsel depended upon the existence of a similar right at common law as it existed in England when our Constitution was adopted, there would be great difficulty in maintaining it as necessary to due process. Originally, in England, a person charged with treason or felony was denied the aid of counsel, except in respect of legal questions which the accused himself might suggest. At the same time parties in civil cases and persons accused of misdemeanors were entitled to the full assistance of counsel. After the revolution of 1688, the rule was abolished as to treason, but was otherwise steadily adhered to until 1836, when by act of Parliament the full right was granted in respect of felonies generally. 1 Cooley's Const. Lim., 8th ed., 698, et seq., and notes.

An affirmation of the right to the aid of counsel in petty offenses, and its denial in the case of crimes of the gravest character, where such aid is most needed, is so outrageous and so obviously a perversion of all sense of proportion that the rule was constantly, vigorously and sometimes passionately assailed by English statesmen and lawyers. As early as 1758, Blackstone, although recognizing that the rule was settled at common law, denounced it as not in keeping with the rest of the humane treatment of prisoners by the English law. "For upon what face of reason," he says, "can that assistance be denied «287 U. S., 61» to save the life of a man, which yet is allowed him in prosecutions for every petty trespass?" 4 Blackstone 355. One of the grounds

변호인을 지정하도록 법원에게 주 제정법은 요구한다. 이 규정들은 침해되어 있지 아니하다고 주 대법원은 판시하였고, 그 판시에 대하여 우리는 간섭할 권한이 없다. 그러나 우리가 책무로서 결정해야 할 우리의 권한 범위 내에 있는 문제는 연방헌법 수정 제14조의 적법절차 조항을 변호인의 조력의 박탈이 침해하는지 여부이다.

만약 우리의 연방헌법 채택 당시의 영국에 존재한 것으로서의 보통법(common law)에 있어서의 이에 유사한 권리의 존재 여부에 중죄(a felony)로 기소된 피고인의 변호인의 조력을 받을 권리에 대한 인정이 좌우된다면, 그것을 적법절차에 필수의 것으로 주장하는 데에는 큰 곤란이 있게 될 것이다. 당초에 영국에서는 반역죄(treason)로나 중죄로 기소된 사람에게는 변호인의 조력이 거부되었는 바, 다만 범인으로 주장되는 사람 그 자신이 제시할 수 있는 법률문제들(legal questions)에 관한 것은 이에서 제외되었다. 동시에, 민사 사건들의 당사자들에게는, 그리고 경죄들(misdemeanors)의 범인으로 주장되는 사람들에게는 변호인의 완전한 조력을 받을 권리가 부여되었다. 1688년 명예혁명 뒤에 그 규칙은 반역죄에 관하여는 폐지되었으나, 다른 것에 관하여는 1836년 영국의회 법률에 의하여 중죄들에 대하여 일반적으로 완전한 권리가 허용되기까지 끈질기게 고수되었다. 1 Cooley's Const. Lim., 8th ed., 698, et seq., and notes.

경미한 범죄들(petty offenses)에 있어서는 변호인의 조력을 받을 권리를 긍정하면서도, 이 같은 조력을 가장 필요로 하는 가장 중대한 성격의 범죄에 있어서는 이를 부정하는 것은 너무나도 언어도단이라서, 그리고 너무나도 명백하게 모든 균형 감각에 있어서의 도착(a perversion)에 해당되는 것이라서 그 규칙은 영국의 정치가들에 및 법률가들에 의하여 끊임없이, 강력하게, 그리고 때로는 열정적으로 비난되었다. 그 규칙이 보통법에 정립되어 있음을 인정하면서도, 죄수들에 대한 영국법의 여타의 인간적 처우에 그것은 부합되지 않는다고 일찍이 1758년에 블랙스톤(Blackstone)은 비난하였다. "왜냐하면 모든 사소한(petty) 법 위반에 대한 기소사건들에 있어서는 범인으로 주장되는 사람에게 허용되는 변호인의 조력이 «287 U. S., 61» 오히려 사람의 목숨을 구하고자 할 때는 부정될 수 있는 그 어떤 뻔뻔한 이유가 있을 수 있다

upon which Lord Coke defended the rule was that in felonies the court itself was counsel for the prisoner. 1 Cooley's Const. Lim., supra. But how can a judge, whose functions are purely judicial, effectively discharge the obligations of counsel for the accused? He can and should see to it that in the proceedings before the court the accused shall be dealt with justly and fairly. He cannot investigate the facts, advise and direct the defense, or participate in those necessary conferences between counsel and accused which sometimes partake of the inviolable character of the confessional.

The rule was rejected by the colonies. Before the adoption of the Federal Constitution, the Constitution of Maryland had declared "That, in all criminal prosecutions, every man hath a right …… to be allowed counsel;……" (Art. XIX, Constitution of 1776). The Constitution of Massachusetts, adopted in 1780 (Part the First, Art. XII), the Constitution of New Hampshire, adopted in 1784 (Part I, Art. XV), the Constitution of New York of 1777 (Art. XXXIV), and the Constitution of Pennsylvania of 1776 (Art. IX), had also declared to the same effect. And in the case of Pennsylvania, as early as 1701, the Penn Charter (Art. V) declared that "all Criminals shall have the same Privileges of Witnesses and Council as their Prosecutors"; and there was also a provision in the Pennsylvania statute of May 31, 1718 (Dallas, Laws of Pennsylvania, 1700-1781, Vol. 1, p. 134), that in capital cases learned counsel should be assigned to the prisoners.

In Delaware, the Constitution of 1776 (Art. 25), adopted the common law of England, but expressly excepted such parts as were repugnant to the rights and privileges contained in the Declaration of Rights; and the Declaration of Rights, which was adopted on September «287 U. S., 62» 11, 1776, provided (Art. 14), "That in all Prosecutions for criminal Offences, every Man hath a Right …… to be allowed Counsel ……." In addition, Penn'

는 말인가?"라고 그는 말한다. 4 Blackstone 355. 그 규칙을 코우크경(Lord Coke)이 옹호한 논거들 중 하나는 중죄 사건에서는 법원 자신이 죄수를 위한 변호인이라는 것이었다. 1 Cooley's Const. Lim., supra. 그러나 범인으로 주장되는 사람을 위한 변호인의 책무사항들을, 순전히 재판관의 역할을 그 기능으로 하는 판사가 어떻게 효과적으로 수행할 수 있을 것인가? 법원 앞에서의 절차들에 있어서 범인으로 주장되는 사람으로 하여금 정당하고 공정하게 다루어지도록 그는 조치를 취할 수 있고 조치를 취해야 한다. 사실관계를 그는 조사할 수 없고, 항변사유를 그는 조언할 수도 지시할 수도 없고, 또는 때때로 고해실의 불가침적 성격을 띠는 변호인의 및 범인으로 주장되는 사람의 양자 사이의 그 불가결한 상담들에 그는 참여할 수 없다.

그 규칙은 식민지들에 의하여 거부되었다. "변호인을 허용받을 권리를 …… 모든 형사적 절차추행에 있어서 모든 사람은 가진다; …… "라고 연방헌법의 채택 이전에 메릴랜드주 헌법은 선언하였다. (Art. XIX, Constitution of 1776). 같은 취지를 1780년에 채택된 매사추세츠주 헌법(Part the First, Art. XII)은, 1784년에 채택된 뉴햄프셔주 헌법(Part I, Art. XV)은, 1777년의 뉴욕주 헌법(Art. XXXIV)은, 그리고 1776년의 펜실베니아주 헌법((Art. IX)은 다같이 선언하였다. 그리고 펜실베니아주의 경우 "증인들에 관하여와 자문위원회에 관하여 고발인들이하고의 동등한 특권들을 모든 범죄자들은 지닌다."고 일찍이 1701년에 펜 헌장(the Penn Charter)(Art. V)은 선언하였다; 그리고 1718년 5월 31일자 펜실베니아주 제정법((Dallas, Laws of Pennsylvania, 1700-1781, Vol. 1, p. 134)에도, 사형이 가능한 사건들에 있어서 학식 있는 변호인이 죄수에게 지정되어야 한다는 규정이 있었다.

델라웨어주의 경우에 영국의 보통법을 1776년 헌법(Art. 25)은 채택하였으나 권리선언(the Declaration of Rights)에 포함된 권리들에와 특권들에 저촉되는 부분들은 명시적으로 제외하였다; "변호인을 허용받을 권리 …… 를 형사 범죄들에 «287 U. S., 62» 대한 모든 절차추행에 있어서 모든 사람은 가진다 ……" 고 1776년 9월 11일에 채택된 권리선언(the Declaration of Rights)은 규정하였다(Art. 14). 이에 더하여, 이미 언급한 펜 헌장은 델라웨어주에 적용되고 있었다. 모든 범인들에게는 변호인에 관하여

s Charter, already referred to, was applicable in Delaware. The original Constitution of New Jersey of 1776 (Art. XVI) contained a provision like that of the Penn Charter, to the effect that all criminals should be admitted to the same privileges of counsel as their prosecutors. The original Constitution of North Carolina (1776) did not contain the guaranty, but c. 115, § 85, Sess. Laws, N. Car., 1777 (N. Car. Rev. Laws, 1715-1796, Vol. 1, 316), provided: "…… That every person accused of any crime or misdemeanor whatsoever, shall be entitled to council in all matters which may be necessary for his defence, as well to facts as to law ……." Similarly, in South Carolina the original Constitution of 1776 did not contain the provision as to counsel, but it was provided as early as 1731 (Act of August 20, 1731, § XLIII, Grimke, S. Car. Pub. Laws, 1682- 1790, p. 130) that every person charged with treason, murder, felony, or other capital offense, should be admitted to make full defense by counsel learned in the law. In Virginia there was no constitutional provision on the subject, but as early as August, 1734 (c. VII, § III, Laws of Va., 8th Geo. II, Hening's Stat. at Large, Vol. 4, p. 404), there was an act declaring that in all trials for capital offenses the prisoner, upon his petition to the court, should be allowed counsel.

The original Constitution of Connecticut (Art. I, § 9) contained a provision that "in all criminal prosecutions, the accused shall have a right to be heard by himself and by counsel"; but this Constitution was not adopted until 1818. However, it appears that the English common-law rule had been rejected in practice long prior to 1796. See Zephaniah Swift's "A System of the Laws of the State of Connecticut," printed at Windham by John «287 U. S., 63» Byrne, 1795-1796, Vol. II, Bk. 5, "Of Crimes and Punishments," c. XXIV, "Of Trials," pp. 398-399.1)[1)]

1) This ancient work, consisting of six books, has long been out of print. A copy of it is preserved in the locked files of the Library of Congress. The following extract from the pages cited is both interesting and instructive:
"The attorney for the state then proceeds to lay before the jury, all the evidence against the prisoner, without any

그들에 대한 고발인측하고의 동등한 특권들이 인정된다는 취지의 펜 헌장의 것에 비슷한 규정을 1776년의 최초의 뉴저지주 헌법(Art. XVI)은 포함하였다. 이 보장을 최초의 노스캐럴라이나주 헌법(1776년)은 포함하고 있지 않았으나, "…… 법(law)에 관하여서하고 마찬가지로 사실관계(facts)에 관하여서도 자신의 방어를 위하여 필요할 수 있는 모든 사항들에 있어서 자문위원회의 자문을 받을 권리를 조금이라도 범죄(crime)의 또는 경죄(misdemeanor)의 내지는 기타의 범인으로 주장되는 사람은 누구든지 가진다 ……;"라고 1777년 노스캐럴라이나주 회기별 법률집 제85절 제115장(c. 115, § 85, Sess. Laws, N. Car., 1777) (N. Car. Rev. Laws, 1715-1796, Vol. 1, 316)은 규정하였다. 이에 비슷하게 사우스캐럴라이나주에 있어서 변호인에 관하여 규정을 1776년 최초의 헌법은 담지 않았으나, 반역죄(treason), 살인죄(murder)로, 중죄(felony)로, 기타 사형이 가능한 범죄(capital offense)로 기소된 모든 사람은 법에 식견을 갖춘 변호인에 의한 완전한 방어를 하도록 허용되어야 한다고 그보다 앞선 1731년(Act of August 20, 1731, § XLIII, Grimke, S. Car. Pub. Laws, 1682-1790, p. 130)에서 규정하였다. 버지니아주에 있어서는 이 주제에 관하여 헌법 규정이 없었지만, 일찍이 1734년 8월에 사형이 가능한 범죄들에 대한 모든 정식사실심리들에서 죄수에게는 법원에 대한 그의 신청에 의하여 변호인이 허용되어야 한다고 선언하는 한 개의 법률이 있었다(c. VII, § III, Laws of Va. 8th Geo. II, Hening's Stat. at Large, Vol. 4, p. 404).

"모든 형사적 절차추행에 있어서 범인으로 주장되는 사람은 그 혼자서의 힘으로 그리고 변호인을 통하여 청문될 권리를 가진다."는 규정을 코네티컷주 최초의 헌법(Art. I, § 9)은 담고 있었다; 다만 이 헌법은 1818년에야 채택되었다. 그러나 실제로는 1796년보다 훨씬 이전에 영국의 보통법 규칙은 배제되어 있었다. Zephaniah Swift's "A System of the Laws of the State of Connecticut," printed at Windham by John «287 U. S., 63» Byrne, 1795-1796, Vol. II, Bk. 5, "Of Crimes and Punishments," c. XXIV, "Of Trials," pp. 398-399을 보라.*1)

1) 이 오래된 저술은 여섯 권으로 이루어진 것인데, 오래 전에 절판되었다. 그 한 질이 연방의회 도서관 보관용 파일에 보관되어 있다. 인용된 페이지들에서 따온 아래의 발췌 부분은 흥미로우면서도 교훈적이다:
"그 때에 주측 변호사가 나가서 죄수에게 불리한 모든 증거를 배심 앞에 제시하는데, 조금이라도 논평들을이나 주장들을은 하지 않는다. 그러면 죄수는 혼자서 또는 변호인을 통하여(by himself or counsel), 그 자신에게 불리한 증거를 탄핵하거나 무효화하기 위한 증인들을 내세우도록; 그리고 민사사건들에서와 똑 같은 자유를 지니고서 그 자신의 무

The original Constitution of Georgia (1777) did not contain a guarantee in respect of counsel, but the Constitution of 1798 (Art. III, § 8) provided that "…… no person shall be debarred from advocating or defending his cause before any court or tribunal, either by himself or counsel, or both." What the practice was prior to 1798 we are unable to discover. The first Constitution adopted by Rhode Island was in 1842, and this Constitution contained the usual guaranty in respect of the assistance of counsel in criminal prosecutions. As early as 1798 it was provided by statute, in the very language of the Sixth Amendment to the federal Constitution, that "in all criminal prosecutions, the accused shall enjoy the right …… to have the assistance of counsel for his defence «287 U. S., 64» ……." An Act Declaratory of certain Rights of the People of this State, § 6, Rev. Pub. Laws, Rhode Island and Providence Plantations, 1798. Furthermore, while the statute itself is not available, it is

---

remarks or arguments. The prisoner by himself or counsel, is then allowed to produce witnesses to counteract and obviate the testimony against him; and to exculpate himself with the same freedom as in civil cases. We have never admitted that cruel and illiberal principle of the common law of England that when a man is on trial for his life, he shall be refused counsel, and denied those means of defense, which are allowed, when the most trifling pittance of property is in question. The flimsy pretence, that the court are to be counsel for the prisoner will only highten our indignation at the practice: for it is apparent to the least consideration, that a court can never furnish a person accused of a crime with the advice, and assistance necessary to make his defense. This doctrine might with propriety have been advanced, at the time when by the common law of England, no witnesses could be adduced on the part of the prisoner, to manifest his innocence, for he could then make no preparation for his defense. One cannot read without horror and astonishment, the abominable maxims of law, which de-《287 U. S., 64》-prived persons accused, and on trial for crimes, of the assistance of counsel, except as to points of law, and the advantage of witnesses to exculpate themselves from the charge. It seems by the ancient practice, that whenever a person was accused of a crime, every expedient was adopted to convict him and every privilege denied him, to prove his innocence. In England, however, as the law now stands, prisoners are allowed the full advantage of witnesses, but excepting in a few cases, the common law is enforced, in denying them counsel, except as to points of law.

"Our ancestors, when they first enacted their laws respecting crimes, influenced by the illiberal principles which they had imbibed in their native country, denied counsel to prisoners to plead for them to anything but points of law. It is manifest that there is as much necessity for counsel to investigate matters of fact, as points of law, if truth is to be discovered.

"The legislature has become so thoroughly convinced of the impropriety and injustice of shackling and restricting a prisoner with respect to his defence, that they have abolished all those odious laws, and every person when he is accused of a crime, is entitled to every possible privilege in making his defence, and manifesting his innocence, by the instrumentality of counsel, and the testimony of witnesses."

The early statutes of Connecticut, upon examination, do not seem to be as clear as this last paragraph would indicate; but Mr. Swift, writing in 1796, was in a better position to know how the statutes had been interpreted and applied in actual practice than the reader of to-day; and we see no reason to reject his statement.

최초의 조지아주 헌법(1777년)은 변호인에 관한 한 개의 보장을 담지 않았으나, "…… 어느 누구는도 어떤 법원 또는 재판소 앞에서도 그 스스로 또는 변호인을 통하여 또는 두 가지 모두에 의하여 자신의 청구원인을 옹호함이 내지는 방어함이 금지되어서는 안 된다."고 1798년 헌법(Art. III, § 8)은 규정하였다. 1798년 이전에 실무관행이 어떤 것이었는지 우리는 알아낼 수가 없다. 로드아일랜드주에 의하여 채택된 최초의 헌법은 1842년에 있었는데, 형사적 소송추행들에서의 변호인의 조력에 관한 일반적 보장을 이 헌법은 담았다. 일찍이 1798년에 제정법에 의하여 연방헌법 수정 제6조의 바로 그 문구로 "…… 자신의 방어를 위하여 변호인의 조력을 받을 권리를 모든 형사적 절차추행에 있어서 범인으로 주장되는 사람은 향유한다."는 «287 U. S. 64» 것이 규정되었다. An Act Declaratory of certain Rights of the People of this State, § 6, Rev. Pub. Laws, Rhode Island and Providence Plantations, 1798. 더욱이, 제정법 자체는 입수가 불가능하지만, 그 자신을 위하여 답변할 변호사 한 명을 누구든지 대배심기소된 사람은 고용할 수 있는 것으로 1688년에 또는 1689년에 식민지 의회(the colonial assembly)가 입법하였음은 역사적 사실로 기록되어 있다. 1

죄를 입증하도록 허용된다. 가장 무가치한 재산 한 오라기가 문제인 때에도 변호인이 및 방어 수단들이 허용되는 마당에 사람이 자신의 목숨을 건 정식사실심리에 당하여서는 변호인을 거부당하고 방어수단들을 박탈당해야 한다는 저 영국 보통법의 잔인하고 저속한 원칙을 우리는 결코 받아들인 바가 없다. 법원이 죄수를 위한 변호인이어야 한다는 그 속 보이는 주장은 그 실무관행에 대한 우리의 분노를 높여주기만 할 것이다 : 왜냐하면 범죄를 저지른 것으로 주장된 사람에게 조언을 제공하는 것은 내지는 그의 항변사유를 구성하는 데 필요한 조력을 제공하는 것을 법원으로서는 결코 할 수가 없음은 조금만 생각해 보더라도 명백하기 때문이다. 이 교의는 영국 보통법에 의하여 죄수측에서 자신의 무죄를 밝히기 위한 어떤 증인을도 원용할 수 없었던 때였더라면 그 제기가 적절하였을 수도 있겠는데, 왜냐하면 그 당시에는 자신의 항변사유의 준비를 그는 할 수 없었기 때문이다. 범인으로 주장되어 범죄 혐의로 정식사실심리에 놓인 사람들에게서 법률문제에 관한 것을 제외하고는 《287 U. S., 64 》 변호인의 조력을 빼앗았던, 그리고 그 자신들을 혐의로부터 벗겨내기 위한 증인들의 이익을 박탈하였던 그 가증스런 법 격언들은 경포와 경악 없이는 읽을 수 없다. 옛 실무에서는 사람이 범죄로 기소될 때는 언제나, 그에게 유죄를 인정하기 위하여는 모든 방편이 채택되고 그의 무죄를 증명하는 데에는 모든 특권이 그에게 부정되었던 것으로 보인다. 그러나 지금의 법이 시행되는 영국에 있어서 죄수들은 증인들에 관하여서는 완전한 이익을 허용받고 있으나, 몇 가지의 사건들을 제외하고는 법률문제들에 관한 것 이외에는 죄수들에게서 변호인을 박탈하는 보통법이 시행되고 있다.

"범죄들에 관하여 자신들의 법들을 최초로 제정함에 있어서 자신들의 모국에서 흡입하였던 그 저속한 원칙들에 영향을 받은 나머지, 법률문제들 이외의 어떤 것에 대해서도 죄수들 위하여 답변할 변호인을 그들에게 우리의 선조들은 인정하지 않았다. 만약 진실이 발견되어야 한다면, 법률문제들에하고 마찬가지로 사실관계에 대하여도 변호인이 조사해야 할 필요가 있음은 명확하다.

"죄수의 항변사유에 관하여 그를 속박하고 제한하는 일의 부당함을과 불의함을 입법부는 철저히 깨닫게 되어 그 추악한 모든 법들을 폐기하였으며, 그리하여 범죄로 기소되면 변호인이라는 도구에 의하여 및 증인들의 증언에 의하여 자신의 항변사유를 주장하는 데 있어서, 그리하여 자신의 무죄를 밝히는 데 있어서, 가능한 모든 특권을 누릴 권리를 누구이든지 갖게 되었다."

조사해 본 결과 코네티컷주의 초기의 제정법들은 이 마지막 절이 제시하는 것만큼 명확해 보이지는 않는다; 그러나 1796년에 저술한 쉽트 씨(Mr. Swift)는 그 제정법들이 어떻게 해석되었는지와 실제의 실무관행에서 어떻게 적용되었는지 오늘의 독자가보다는 더 잘 알 수 있는 위치에 있었다; 따라서 우리는 그의 서술을 반박할 근거가 없다.

recorded as a matter of history that in 1668 or 1669 the colonial assembly enacted that any person who was indicted might employ an attorney to plead in his behalf. 1 Arnold, History of Rhode Island, 336.

It thus appears that in at least twelve of the thirteen colonies the rule of the English common law, in the respect now under consideration, had been definitely rejected and the right to counsel fully recognized in all «287 U. S., 65» criminal prosecutions, save that in one or two instances the right was limited to capital offenses or to the more serious crimes; and this court seems to have been of the opinion that this was true in all the colonies. In Holden v. Hardy, 169 U. S. 366, 386, Mr. Justice Brown, writing for the court, said:

"The earlier practice of the common law, which denied the benefit of witnesses to a person accused of felony, had been abolished by statute, though, so far as it deprived him of the assistance of counsel and compulsory process for the attendance of his witnesses, it had not been changed in England. But to the credit of her American colonies, let it be said that so oppressive a doctrine had never obtained a foothold there."

One test which has been applied to determine whether due process of law has been accorded in given instances is to ascertain what were the settled usages and modes of proceeding under the common and statute law of England before the Declaration of Independence, subject, however, to the qualification that they be shown not to have been unsuited to the civil and political conditions of our ancestors by having been followed in this country after it became a nation. Lowe v. Kansas, 163 U. S. 81, 85. Compare Murray's Lessee v. Hoboken Land & Improvement Co., 18 How. 272, 276-277; Twining v. New Jersey, 211 U. S. 78, 100-101. Plainly, as appears from the foregoing, this test, as thus qualified, has not been met in the present case.

We do not overlook the case of Hurtado v. California, 110 U. S. 516,

Arnold, History of Rhode Island, 336.

이처럼 열세 개의 식민지들 중 적어도 열두 개에서는 지금 검토에 놓인 사항에 관하여 영국의 보통법 규칙은 확정적으로 배척되었던 것으로, 그리고 한두 가지 경우들에 있어서 사형이 내려질 «287 U. S., 65» 수 있는 범죄로 또는 그보다 더 중대한 범죄들로 그 권리가 제한되었다는 점을 제외하고는, 변호인의 조력을 받을 권리는 모든 형사적 절차추행에 있어서 완전히 인정된 것으로 보인다; 그리고 이것이 모든 식민지들에 해당되었다는 의견을 당원은 견지해 온 것으로 보인다. Holden v. Hardy, 169 U. S. 366, 386에서 브라운(Brown) 판사는 법원을 대표하여 쓰면서 이렇게 말하였다:

"증인들의 이익을 중죄 범인으로 주장되는 사람에게서 박탈한 이전의 보통법 실무관행은 제정법에 의하여 폐지되어 있었는 바, 다만 변호인의 조력을 그에게서 박탈한 한도 내에서는, 그리고 그 자신의 증인들의 출석을 위한 강제적 절차를 박탈한 한도 내에서는 그 실무관행은 영국에서 바뀌지 않고 있는 터였다. 그다지도 억압적이던 교의가 영국의 아메리카 식민지들에서는 결코 발판을 얻지 못하였음은 그들에게 명예로운 일로 일컬어져야 한다."

특정의 경우들에 있어서 적법절차가 준수되었는지 여부를 판정하는 데에 적용되어 온 한 가지 기준은 독립선언(the Declaration of Independence) 이전의 영국의 보통법 아래서와 제정법 아래서 무엇이 절차의 확립된 관행들이었으며 양식들(settled usages and modes of preceeding)이었는지를, 다만 이 나라가 한 개의 국가가 된 이후에 그것이 이 나라에서 준수되어 오고 있음으로써 우리 선조들의 시민적 정치적 조건들에 부적합하였던 것이 아님이 판명된 것이어야 한다는 조건의 적용 아래, 확인해 보는 것이다. Lowe v. Kansas, 163 U. S. 81, 85. 나아가 Murray's Lessee v. Hoboken Land & Improvement Co., 18 How. 272, 276-277을; Twining v. New Jersey, 211 U. S. 78, 100-101을 비교하라. 전술한 바로부터 드러나듯, 현재의 사건에서는 그렇게 조건 달린 것으로서의 이 기준은 충족되지 못하였음이 명백하다.

대배심(a grand jury)에 의한 정식기소장(an indictment)을 주(a state)에 의한 살인죄 기소

where this court determined that due process of law does not require an indictment by a grand jury as a prerequisite to prosecution by a state for murder. In support of that conclusion the court (pp. 534-535) referred to the fact that the Fifth Amendment, in addition to containing the due process of law clause, pro- «287 U. S., 66» vides in explicit terms that "no person shall be held to answer for a capital, or otherwise infamous crime, unless on a presentment or indictment of a Grand Jury, ……" and said that since no part of this important amendment could be regarded as superfluous, the obvious inference is that in the sense of the Constitution due process of law was not intended to include, ex vi termini, the institution and procedure of a grand jury in any case; and that the same phrase, employed in the Fourteenth Amendment to restrain the action of the states, was to be interpreted as having been used in the same sense and with no greater extent; and that if it had been the purpose of that Amendment to perpetuate the institution of the grand jury in the states, it would have embodied, as did the Fifth Amendment, an express declaration to that effect.

The Sixth Amendment, in terms, provides that in all criminal prosecutions the accused shall enjoy the right "to have the Assistance of Counsel for his defence." In the face of the reasoning of the Hurtado Case, if it stood alone, it would be difficult to justify the conclusion that the right to counsel, being thus specifically granted by the Sixth Amendment, was also within the intendement of the due process of law clause. But the Hurtado Case does not stand alone. In the later case of Chicago, Burlington & Quincy R. Co. v. Chicago, 166 U. S. 226, 241, this court held that a judgment of a state court, even though authorized by statute, by which private property was taken for public use without just compensation, was in violation of the due process of law required by the Fourteenth Amendment, notwithstanding that the Fifth Amendment explicitly declares that private property shall not be taken for

의 필수요건으로서 적법절차는 요구하지 않는다고 당원이 판결하였던 Hurtado v. California, 110 U. S. 516을 우리는 간과하지 않는다. 그 결론의 근거로서, 연방헌법 수정 제5조는 적법절차 조항(due process of law clause)을 담고 있는 것에 더하여 «287 U. S., 66» 명확한 문구로써 "대배심에 의한 고발에 내지는 정식기소에 기함이 없이는 사형이 가능한 범죄에 대하여 또는 그 밖의 파렴치한 범죄에 대하여 처벌을 받도록 어느 누구는도 판결되어서는 안 된다…… "고 규정하고 있다는 사실을 당원은 언급하고서(pp. 534–535), 나아가 이 중요한 연방헌법 수정조항은 그 어느 부분이도 불필요한 것으로 다루어질 수 없다고, 그러므로 표현 그 자체에 비추어(ex vi termini) 어떤 경우에도 대배심(a grand jury)의 제도를과 절차를 포함하도록 연방헌법의 의미에 있어서의 적법절차는 의도되지 않았다는 데에 그 명백한 추론은 있다고; 또한 주들의 행위를 제한하기 위하여 연방헌법 수정 제14조에서 사용된 그 동일한 표현은 그 동일한 의미로 사용된 것으로 해석되어야 할 뿐, 조금이라도 더 넓은 범위를 지니는 것으로 해석되어서는 안 된다는 데 그 추론은 있다고; 나아가 만약 대배심 제도를 주들에 있어서 영속시키는 것이 그 수정조항의 목적이었다면 그것은 연방헌법 수정 제5조가 그랬던 것처럼 그 취지의 명시적 선언을 구체화했을 것이라는 데 그 추론은 있다고 당원은 말하였다.

"자신의 방어를 위하여 변호인의 조력을 받을(to have the Assistance of Counsel for his defence)" 권리를 모든 형사적 절차추행에 있어서 범인으로 주장되는 사람은 향유한다고 연방헌법 수정 제6조는 명문으로 규정한다. 만약 Hurtado 판결에 대하여 필적할 만한 것이 없다면, Hurtado 판결의 추론을 면전에 둔 채로는 변호인의 조력을 받을 권리가 이처럼 연방헌법 수정 제6조에 의하여 명시적으로 부여되어 있으면서도 또한 적법절차 조항(due process of law clause)의 목적 범위 내에도 있었다는 결론을 정당화 하는 데에는 어려움이 있을 것이다. 그러나 Hurtado 사건은 필적할 만한 판결이 없는 것이 아니다. 나중의 시카고 사건인 Burlington & Quincy R. Co. v. Chicago, 166 U. S. 226, 241에서, 주 법원이 내린 판결주문은 비록 제정법에 의하여 권한이 부여된 것이라 하더라도 이에 의하여 사유재산(private property)이 공공의 사용(public use)을 위하여 정당한 보상(just compensation) 없이 박탈된 경우에는, 정당한 보상 없이는 공공의 사용을 위하여 사유재산을 박탈하지 못한다고 연방헌법 수정 제5조

public use without just compensation. This holding was followed in Norwood v. Baker, 172 U. S. 269, 277; Smyth v. Ames, 169 U. S. 466, 524; and San Diego Land Co. v. National City, 174 U. S. 739, 754. «287 U. S., 67»

Likewise, this court has considered that freedom of speech and of the press are rights protected by the due process clause of the Fourteenth Amendment, although in the First Amendment, Congress is prohibited in specific terms from abridging the right. Gitlow v. New York, 268 U. S. 652, 666; Stromberg v. California, 283 U. S. 359, 368; Near v. Minnesota, 283 U. S. 697, 707.

These later cases establish that notwithstanding the sweeping character of the language in the Hurtado Case, the rule laid down is not without exceptions. The rule is an aid to construction, and in some instances may be conclusive; but it must yield to more compelling considerations whenever such considerations exist. The fact that the right involved is of such a character that it cannot be denied without violating those "fundamental principles of liberty and justice which lie at the base of all our civil and political institutions" (Hebert v. Louisiana, 272 U. S. 312, 316), is obviously one of those compelling considerations which must prevail in determining whether it is embraced within the due process clause of the Fourteenth Amendment, although it be specifically dealt with in another part of the Federal Constitution. Evidently this court, in the later cases enumerated, regarded the rights there under consideration as of this fundamental character. That some such distinction must be observed is foreshadowed in Twining v. New Jersey, 211 U. S. 78, 99, where Mr. Justice Moody, speaking for the court, said that: " ...... It is possible that some of the personal rights safeguarded by the first eight Amendments against national action may also be safeguarded against state action, because a denial of them would be a denial of due process of law. Chicago, Burlington & Quincy R. Co v. Chicago, 166 U. S. 226. If this is

가 명백하게 선언하는 것에 상관없이, 연방헌법 수정 제14조에 의하여 요구되는 적법절차(due process of law)에 위배된다고 당원은 판시하였다. Norwood v. Baker, 172 U. S. 269, 277에서; Smyth v. Ames, 169 U. S. 466, 524에서; 그리고 San Diego Land Co. v. National City, 174 U. S. 739, 754에서 이 판시는 이어졌다. «287 U. S., 67»

마찬가지로, 비록 언론의 및 출판의 권리를 연방의회가 제약하는 것은 연방헌법 수정 제1조에서 명시적 문구들로써 금지되어 있음에도 불구하고, 언론의 및 출판의 자유는 연방헌법 수정 제14조의 적법절차 조항에 의하여 보호되는 권리들이라고 당원은 간주해 왔다. Gitlow v. New York, 268 U. S. 652, 666; Stromberg v. California, 283 U. S. 359, 368; Near v. Minnesota, 283 U. S. 697, 707.

Hurtado 사건에서의 표현의 포괄적 성격에도 불구하고 거기서 정립된 규칙은 예외들이 없지 않음을 이 나중의 사건들은 입증한다. 규칙은 해석에 대한 조력자이고, 어떤 경우에는 결정적인(conclusive) 것일 수 있다; 그러나 보다 더 강제적인(compelling) 고려요소들이 존재할 때는 그것은 언제든지 이에 양보하여야 한다. 관련된 권리가 "우리의 모든 시민적 정치적 제도들의 토대에 놓여 있는 자유의 및 정의의 기본적 원칙들"(Hebert v. Louisiana, 272 U. S. 312, 316)을 침해하지 않는 채로는 부정될 수 없는 성격의 것이라는 사실은 설령 그 권리가 연방헌법의 여타의 부분에서 구체적으로 다루어져 있다 하더라도 연방헌법 수정 제14조의 적법절차 조항 내에 그것이 포함되는지 여부의 문제를 판정하는 데 우선시되지 않으면 안 될 그 강제적인 고려요소들 가운데 한 가지임이 분명하다. 그 고찰에 놓인 권리들을 이러한 기본적 성격의 것들로 그 열거된 나중의 사건들에서 명백히 당원은 보았다. 모종의 이 같은 구분이 준수되지 않으면 안 됨은 Twining v. New Jersey, 211 U. S. 78, 99에 의하여 암시되는데, 그 사건에서 무디(Moody) 판사는 법원을 대표하여 말하면서 이렇게 판시하였다: "…… 첫 여덟 개 연방헌법 수정조항들에 의하여 연방 행위(national action)에 대처하기 위하여 보장된 개인적 권리들 중 몇 가지는 주 행위(state action)에 대처하기 위하여도 보장될 수 있음이 가능한 바, 왜냐하면 그것들에 대한 박탈은 적법절차에 대한 박탈일 것이기 때문이다. Chicago, Burlington & Quincy R. Co. v. Chicago, 166 U. S. 226. 만약 이것이 그러하다면 그것은 그 권리들이 첫 여덟 개 수정조항들에 열거되어 있기 때문이 아니라, 그것들이 적법절차의 개념 안에 «287 U.

so, it is not because those rights are enumerated in the first eight Amendments, but because they are of such a nature that they are included in «287 U. S., 68» the conception of due process of law." While the question has never been categorically determined by this court, a consideration of the nature of the right and a review of the expressions of this and other courts makes it clear that the right to the aid of counsel is of this fundamental character.

It never has been doubted by this court, or any other so far as we know, that notice and hearing are preliminary steps essential to the passing of an enforceable judgment, and that they, together with a legally competent tribunal having jurisdiction of the case, constitute basic elements of the constitutional requirement of due process of law. The words of Webster, so often quoted, that by "the law of the land" is intended "a law which hears before it condemns," have been repeated in varying forms of expression in a multitude of decisions. In Holden v. Hardy, 169 U. S. 366, 389, the necessity of due notice and an opportunity of being heard is described as among the "immutable principles of justice which inhere in the very idea of free government which no member of the Union may disregard." And Mr. Justice Field, in an earlier case, Galpin v. Page, 18 Wall. 350, 368-369, said that the rule that no one shall be personally bound until he has had his day in court was as old as the law, and it meant that he must be cited to appear and afforded an opportunity to be heard. "Judgment without such citation and opportunity wants all the attributes of a judicial determination; it is judicial usurpation and oppression, and never can be upheld where justice is justly administered." Citations to the same effect might be indefinitely multiplied, but there is no occasion for doing so.

What, then, does a hearing include? Historically and in practice, in our own country at least, it has always included the right to the aid of counsel when desired and provided by the party asserting the right. The right «287

S., 68» 포함되는 성격의 것들이기 때문이다." 이 문제는 당원에 의하여 범주적으로 판단된 적이 결코 없지만, 변호인의 조력을 받을 권리가 이러한 기본적 성격의 것임을 그 권리의 성격에 대한 고찰은과 당원의 및 여타 법원들의 표명들에 대한 검토는 명확히 해 준다.

고지(notice)는 및 청문(hearing)은 집행력 있는 판결주문의 선고에 없어서는 안 될 예비적 조치들임은, 그리하여 적법절차에 대한 헌법적 요구의 기본 요소들을 그것들은 사건의 관할권을 가진 법적으로 자격 있는 재판소가에 더불어 구성함은 당원에 의하여 또는 우리가 아는 한 다른 어떤 법원에 의해서도 결코 의심되어 본 적이 없다. "국법(the law of the land)"이라 함은 "청문을 열고 나서야 비난을 가하는 한 개의 법(a law which hears before it condemns)"을 의미한다는, 너무도 자주 인용되는 웹스터(Webster)의 구절은 수많은 판결들에서 다양한 표현 방식으로 되풀이되어 왔다. "연방 구성원 어느 누구가도 무시해서는 안 될 자유정부의 개념 그 자체에 내재하는 불가변적 정의의 원칙들(immutable principles of justice)"에 적법한 고지의 필요는 및 청문될 기회의 필요는 해당되는 것으로 Holden v. Hardy, 169 U. S. 366, 389에서 기술된다. 그리고 법정에서 자신의 기일을 가졌을 때까지는 어느 누구는도 신체적으로 구속되지 않는다는 원칙은 법이만큼이나 연원 깊은 것이라고 그보다 앞선 Galpin v. Page, 18 Wall. 350, 368-369에서 필드(Field) 판사는 말하였는데, 출석을 위하여 그가 소환되지 않으면 안 됨을, 그리고 청문될 기회를 그가 부여받지 않으면 안 됨을 그것은 의미하였다. "이러한 소환을과 기회를 주지 않은 채 내려진 판결주문은 한 개의 사법적 결정으로서의 모든 속성들을 결여하는 것이다; 그것은 사법적 권리침해이고 압제이며, 따라서 재판이 올바르게 운영되는 곳에서는 결코 유지될 수가 없는 것이다." 같은 취지의 것들에 대한 인용은 무한히 확대될 수 있겠지만, 그렇게 할 필요는 없다.

그렇다면 무엇을 청문(a hearing)은 포함하는가? 그 권리를 주장하는 당사자에 의하여 요구되고 제공될 경우 항상 변호인의 조력을 받을 권리를 역사적으로 및 실무관행에 있어서 적어도 우리나라에서만큼은 그것은 포함해 왔다. 만약 변호인을 통

U. S., 69» to be heard would be, in many cases, of little avail if it did not comprehend the right to be heard by counsel. Even the intelligent and educated layman has small and sometimes no skill in the science of law. If charged with crime, he is incapable, generally, of determining for himself whether the indictment is good or bad. He is unfamiliar with the rules of evidence. Left without the aid of counsel he may be put on trial without a proper charge, and convicted upon incompetent evidence, or evidence irrelevant to the issue or otherwise inadmissible. He lacks both the skill and knowledge adequately to prepare his defense, even though he have a perfect one. He requires the guiding hand of counsel at every step in the proceedings against him. Without it, though he be not guilty, he faces the danger of conviction because he does not know how to establish his innocence. If that be true of men of intelligence, how much more true is it of the ignorant and illiterate, or those of feeble intellect. If in any case, civil of criminal, a state or federal court were arbitrarily to refuse to hear a party by counsel, employed by and appearing for him, it reasonably may not be doubted that such a refusal would be a denial of a hearing, and, therefore, of due process in the constitutional sense.

The decisions all point to that conclusion. In Cooke v. United States, 267 U. S. 517, 537, it was held that where a contempt was not in open court, due process of law required charges and a reasonable opportunity to defend or explain. The court added, "We think this includes the assistance of counsel, if requested. ······" In numerous other cases the court, in determining that due process was accorded, has frequently stressed the fact that the defendant had the aid of counsel. See, for example, Felts v. Murphy, 201 U. S. 123, 129; Frank v. Mangum, 237 U. S. 309, 344; Kelley v. Oregon, 273 U. S. 589, 591. In Ex parte Hidekuni Iwata, 219 Fed. 610, 611, the federal dis- «287 U. S., 70» trict judge enumerated among the elements necessary to due process of

하여 «287 U. S., 69» 청문될 권리(the right to be heard by counsel)를 포함하지 않는다면 청문될 권리(the right to be heard)는 많은 경우에 쓸모가 없을 것이다. 심지어 지성을 갖추고 교육을 받았다 하더라도 문외한은 법률과학에 있어서 지니는 숙련이 적고, 때로는 전혀 없다. 범죄로 기소되면, 대배심기소(indictment)가 좋은지 나쁜지를 그는 일반적으로 그 혼자서 판단할 수 없다. 그는 증거규칙들에 생소하다. 변호인의 조력 없이 남겨지면, 그는 정당한 고발 없이 정식사실심리에 처해질 수 있고, 자격 없는 증거에 의하여, 또는 쟁점에 관계 없는 내지는 그 밖에 증거능력 없는 증거에 의하여 유죄로 판정될 수 있다. 심지어 완벽한 항변사유를 가지고 있는 경우라 하더라도 그 자신의 항변사유를 충분히 준비할 기술을 및 지식을 모두 그는 결여하고 있다. 변호인의 이끄는 손(the guiding hand)을 자신을 겨냥한 절차들에 있어서의 모든 단계에서마다 그는 필요로 한다. 그것 없이는, 설령 자신에게 죄가 없다 하더라도 어떻게 그 자신의 무죄를 증명하여야 할지를 알지 못하는 까닭에, 유죄판정의 위험에 그는 직면하게 된다. 지성을 갖춘 사람들의 경우가 그러하다면 무지하고 문맹인, 또는 빈약한 분별력을 지닌 사람들의 경우에는 얼마나 더 그러하겠는가? 민사든 형사든 어떤 사건에서든 당사자에 의하여 고용되는 및 그를 위하여 출석하는 변호인을 통하여 당사자를 청문하기를 주 법원이 또는 연방법원이 자의적으로 거부한다면, 이 같은 거부가 청문에 대한 박탈이 되리라는 것은, 그리고 이로써 헌법적 의미에서의 적법절차의 박탈이 되리라는 것은 합리적으로 의문시 될 수 없을 것이다.

그 결론을 판례들은 한결같이 나타낸다. Cooke v. United States, 267 U. S. 517, 537에서는 법정모독 행위가 공개 법정에서 이루어진 것이 아닐 경우에 공소사실들을, 그리고 이를 방어할 내지는 해명할 상당한 기회를 적법절차는 요구함이 판시되었다. "변호인에 대한 요청이 있을 경우에 이것은 변호인의 조력을 포함하는 것으로 우리는 생각한다 …… . "고 당원은 덧붙였다. 그 밖에도 수많은 사건들에서 적법절차가 준수되었다고 판정함에 있어서 변호인의 조력을 피고인이 받았다는 사실을 법원은 빈번히 강조해 왔다. 예컨대, Felts v. Murphy, 201 U. S. 123, 129를; Frank v. Mangum, 237 U. S. 309, 344를; Kelley v. Oregon, 273 U. S. 589, 591을 보라. 변호인의 조언을과 조력을 청문의 일정한 단계에서 확보하여 가질 기회를 «287 U. S., 70» 국외추방 사건에 있어서의 적법절차에 필요한 요소들의 한 가지로서 Ex law in a deportation case the opportunity at some stage of the hearing to secure and have the advice and assistance of counsel. In Ex parte Chin Loy You, 223 Fed. 833, also a deportation case, the district judge held that under the particular circumstances of the case the prisoner, having seasonably made demand, was entitled to confer with and have the aid of counsel. Pointing to the fact that the right to counsel as secured by the Sixth Amendment relates only to criminal prosecutions, judge said, " ...... but it is equally true that that provision was inserted in the Constitution because the assistance of counsel was recognized as essential to any fair trial of a case against a prisoner." In Ex parte Riggins, 134 F. 404, 418, a case involving the due process clause of the Fourteenth Amendment, the court said, by way of illustration, that if the state should deprive a person of the benefit of counsel, it would not be due process of law. Judge Cooley refers to the right of a person accused of crime to have counsel as perhaps his most important privilege, and after discussing the development of the English law upon that subject, says: "With us it is a universal principle of constitutional law, that the prisoner shall be allowed a defense by counsel." 1 Cooley's Const. Lim., 8th ed., 700. The same author, as appears from a chapter which he added to his edition of Story on the Constitution, regarded the right of the accused to the presence, advice and assistance of counsel as necessarily included in due process of law. 2 Story on the Constitution, 4th ed., § 1949, p. 668. The state decisions which refer to the matter, invariably recognize the right to the aid of counsel as fundamental in character. E. g., People v. Napthaly, 105 Cal. 641, 644; 39 Pac. 29; Cutts v. State, 54 Fla. 21, 23; 45 So. 491; Martin v. State, 51 Ga. 567, 568; Sheppard v. State, 165 Ga. 460, 464; 141 S. E. 196; State v. Moore, 61 Kan. 732, 734; 60 Pac. 748; «287 U. S., 71» State v. Ferris, 16 La. Ann. 424; State v. Simpson, 38 La. Ann. 23, 24; State v. Briggs, 58 W. Va. 291, 292; 52 S. E. 218.

parte Hidekuni Iwata, 219 Fed. 610, 611에서 연방지방법원 판사는 열거하였다. 사건의 특정 상황들 아래서 변호인을 찾아 상담하기를 및 그 조력을 받기를 죄수가 때맞추어 요구한 이상, 그는 그렇게 할 권리를 가진다고 마찬가지로 국외추방 사건인 Ex parte Chin Loy You, 223 Fed. 833에서 연방지방법원 판사는 판시하였다. 연방헌법 수정 제6조에 의하여 보장된 변호인의 조력을 받을 권리는 오직 형사적 소송추행들에만 관련을 지닌다는 사실을 지적하면서 판사는 말하였다. " …… 그러나 그 규정이 연방헌법에 삽입된 것은 죄수를 상대로 하는 사건에 대한 그 어떠한 공정한 정식사실심리에도 변호인의 조력이 필수의 것으로 인정되었기 때문임은 마찬가지로 진실이다." 만약 변호인의 이익을 개인에게서 주가 박탈한다면 그것은 적법절차가 아닐 것이라고 연방헌법 수정 제14조의 적법절차 조항을 포함한 사건인 Ex parte Riggins, 134 Fed. 404, 418에서 법원은 예증의 방법으로서 말하였다. 범인으로 주장되는 사람의 변호인을 가질 수 있는 권리를 필시 그의 가장 중요한 특권으로 쿨리(Cooley) 판사는 부르는데, 그 주제에 관한 영국법의 전개를 논한 다음 이렇게 말한다: "죄수에게 변호인에 의한 방어(a defense by counsel)가 허용되어야 함은 우리에게는 헌법의 보편적 원칙이다." 1 Cooley's Const. Lim., 8th ed., 700. 바로 그 저자가 간행한 『헌법 이야기(Story on the Constitution)』에 덧붙여진 한 개의 장(a chapter)에서 드러나듯이 변호인의 출석을과 조언을 및 조력을 받을 범인으로 주장되는 사람의 권리를 적법절차에 필수적으로 포함되는 것으로 그는 간주하였다. 2 Story on the Constitution, 4th ed., § 1949, p. 668. 변호인의 조력을 받을 권리가 성격상 기본적인 것임을 이 문제를 언급한 주 판결들은도 한결같이 인정한다. 예컨대, People v. Napthaly, 105 Cal. 641, 644; 39 Pac. 29; Cutts v. State, 54 Fla. 21, 23; 45 So. 491; Martin v. State, 51 Ga. 567, 568; Sheppard v. State, 165 Ga. 460, 464; 141 S. E.196; State v. Moore, 61 Kan. 732, 734; 60 Pac. 748; «287 U. S., 71» State v. Ferris, 16 La. Ann. 424; State v. Simson, 38 La. Ann. 23, 24; State v. Briggs, 58 W.Va. 291, 292; 52 S. E. 218 등이다.

In the light of the facts outlined in the forepart of this opinion- the ignorance and illiteracy of the defendants, their youth, the circumstances of public hostility, the imprisonment and the close surveillance of the defendants by the military forces, the fact that their friends and families were all in other states and communication with them necessarily difficult, and above all that they stood in deadly peril of their lives-we think the failure of the trial court to give them reasonable time and opportunity to secure counsel was a clear denial of due process.

But passing that, and assuming their inability, even if opportunity had been given, to employ counsel, as the trial court evidently did assume, we are of opinion that, under the circumstances just stated, the necessity of counsel was so vital and imperative that the failure of the trial court to make an effective appointment of counsel was likewise a denial of due process within the meaning of the Fourteenth Amendment. Whether this would be so in other criminal prosecutions, or under other circumstances, we need not determine. All that it is necessary now to decide, as we do decide, is that in a capital case, where the defendant is unable to employ counsel, and is incapable adequately of making his own defense because of ignorance, feeblemindedness, illiteracy, or the like, it is the duty of the court, whether requested or not, to assign counsel for him as a necessary requisite of due process of law; and that duty is not discharged by an assignment at such a time or under such circumstances as to preclude the giving of effective aid in the preparation and trial of the case. To hold otherwise would be to ignore the fundamental postulate, already adverted to, "that there are certain immutable principles of justice which inhere in the very idea of free government which «287 U. S., 72» no member of the Union may disregard." Holden v. Hardy, supra. In a case such as this, whatever may be the rule in other cases, the right to have counsel appointed, when necessary, is a logical corollary from the con-

이 의견의 앞 부분에 윤곽 그려진 사실관계에 — 피고인들의 무지와 문맹에, 그들의 나이어림에, 대중의 적대감이라는 상황들에, 군대에 의한 피고인들의 구금에 및 밀착 감시에, 그들의 친구들이 및 가족들이 모두 다른 주에 있어서 그들하고의 교통이 필연적으로 곤란하였다는, 그리고 그리고 무엇보다 목숨을 잃을 치명적인 위험 가운데에 그들이 서게 되었다는 사실에 — 비추어, 변호인을 확보할 상당한 시간을과 기회를 그들에게 정식사실심리 법원이 부여하지 아니한 점은 적법절차에 대한 명백한 박탈이었다고 우리는 생각한다.

그러나 그 점을 무시한다 하더라도, 그리고 정식사실심리 법원이 분명히 가정했듯이 설령 기회가 주어졌을지언정 그들이 변호인을 고용할 능력이 없었을 것으로 가정한다 하더라도, 방금 설명된 제반 상황들 아래서 변호인의 필요는 너무나 중요하고 명령적이었으므로, 유효한 변호인 지정을 정식사실심리 법원이 해 주지 못한 점은 마찬가지로 연방헌법 수정 제14조의 의미 내에서의 적법절차에 대한 박탈이었다는 것이 우리의 의견이다. 여타의 형사적 소송추행들에서, 또는 별개의 상황들 아래에서 이것이 그러할 것인지 여부를 우리는 판단할 필요가 없다. 지금 우리가 판단해야 할 필요가 있는 전부는, 지금 우리가 판단하고 있듯이, 사형이 가능한 사건에서 피고인이 변호인을 선임할 수 없고 무지로, 의지박약(feeble-mindedness)으로, 문맹으로, 또는 기타의 이유로 인하여 그 자신의 방어를 적절히 해낼 능력이 없을 경우에, 요청이 있든 없든 적법절차의 한 가지 필수적 요소로서 그를 위하여 변호인을 지정함이 법원의 의무라는 것이고; 그리고 사건의 준비에 있어서와 정식사실심리에 있어서의 효과적인 조력을 줌을 불가능하게 할 정도의 시점에서의, 그리고 그 같은 상황들 아래서의 변호인 지정에 의해서는 그 의무는 다해지지 않는다는 것이다. 다르게 판단하는 것은 "연방 구성원 어느 누구가도 무시해서는 안 될 자유정부의 개념 «287 U. S., 72» 그 자체에 내재하는 일정한 불가변적 정의의 원칙들(immutable principles of justice)이 있다," Holden v. Hardy, supra, 는 이미 언급된 기본적 원리를 무시하는 것이 될 것이다. 다른 사건들에 있어서는 그 어떤 것이 규칙일 수 있을지언정, 이 사건 류의 사건에 있어서 그 필요한 경우에 변호인을 지정받을 권리는 변호인을 통하여 청문될(to be heard by counsel) 헌법적 권리로부터 나오는 한 가

stitutional right to be heard by counsel. Compare Carpenter & Sprague v. Dane County, 9 Wis. 274; Dane County v. Smith, 13 Wis. 585, 586. Hendryx v. State, 130 Ind. 265, 268-269; 29 N. E. 1131; Cutts v. State, 54 Fla. 21, 23; 45 So. 491; People v. Goldenson, 76 Cal. 328, 344; 19 Pac. 161; Delk v. State, 99 Ga. 667, 669-670; 26 S. E. 752.

In Hendryx v. State, supra, there was no statute authorizing the assignment of an attorney to defend an indigent person accused of crime, but the court held that such an assignment was necessary to accomplish the ends of public justice, and that the court possessed the inherent power to make it. "Where a prisoner," the court said (p. 269), "without legal knowledge is confined in jail, absent from his friends, without the aid of legal advice or the means of investigating the charge against him, it is impossible to conceive of a fair trial where he is compelled to conduct his cause in court, without the aid of counsel . ······ Such a trial is not far removed from an exparte proceeding."

Let us suppose the extreme case of a prisoner charged with a capital offense, who is deaf and dumb, illiterate, and feeble-minded, unable to employ counsel, with the whole power of the state arrayed against him, prosecuted by counsel for the state without assignment of counsel for his defense, tried, convicted, and sentenced to death. Such a result, which, if carried into execution, would be little short of judicial murder, it cannot be doubted would be a gross violation of the guarantee of due process of law; and we venture to think that no appellate court, state or federal, would hesitate so to decide. See Stephenson v. State, 4 Ohio App. 128; Williams v. State, 163 Ark. 623, «287 U. S., 73» 628; 260 S. W. 721; Grogan v. Commonwealth, 222 Ky. 484, 485; 1 S. W.(2d) 779; Mullen v. State, 28 Okla. Cr. 218, 230; 230 Pac. 285; Williams v. Commonwealth, (Ky.), 110 S. W. 339, 340. The duty of the trial court to appoint counsel under such circumstances is clear, as it is clear under circumstances such as are disclosed by the record

지 논리적 추론이다. Carpenter & Sprague v. Dane County, 9 Wis. 274를; Dane County v. Smith, 13 Wis. 585, 586을 비교하라. Hendryx v. State, 130 Ind. 265, 268-269; 29 N. E. 1131; Cutts v. State, 54 Fla. 21, 23; 45 So. 491; People v. Goldenson, 76 Cal. 328, 344; 19 Pac. 161; Delk v. State, 99 Ga. 667, 669-670; 26 S. E. 752.

Hendryx v. State, supra에서, 범인으로 주장된 가난한 사람을 방어하기 위한 변호인의 지정을 허가하는 제정법이 전혀 없었음에도, 이 같은 지정은 공공 정의(public justice)의 목적들을 달성하기 위하여 필요하다고, 그리고 자신은 이를 지정할 고유 권한을 보유한다고 법원은 판시하였다. "법적 지식이 없는 죄수가 감옥에 감금되어 친구들이 없이 법적 조언이라는 조력을도 또는 자신에 대한 고소를 조사할 수단을도 지니고 있지 못할 경우에, 법정에서 자신의 소송을 변호인의 조력 없이 수행하도록 그가 강제된다면 공정한 정식사실심리를 상상하기는 불가능하다 ……. 이 같은 정식사실심리는 일방절차(ex parte preceeding)에 크게 다르지 않다."고 법원은 말하였다(p.269).

사형이 내려질 수 있는 범죄로 기소된, 귀머거리에 벙어리이고 문맹에 의지박약이면서 변호인을 고용할 수 없는, 그를 겨냥하여 주(state)의 전체 권력이 배열되어 있는, 그 자신의 방어를 위한 변호인 지정 없이 주측 변호인단에 의하여 기소된, 그리하여 정식사실심리가 이루어지고 유죄판정이 내려지고 사형이 선고된 한 명의 죄수라는 극단적인 경우를 가정해 보자. 만약 그것이 집행된다면 사법적 살인에하고도 별로 다르지 않을 이 같은 결과는 의문이 있을 수 없이 적법절차의 보장에 대한 중대한 침해일 것이다; 그러므로 주든 연방이든 항소법원은 그렇게 판결하기를 주저하지 않을 것으로 우리는 감히 생각한다. Stephenson v. State, 4 Ohio App. 128을; Williams v. State, 163 Ark. 623, «287 U. S., 73» 628을; 260 S. W. 721을; Grogan v. Commonwealth, 222 Ky. 484, 485를; 1 S. W. (2d) 779를; Mullen v. State, 28 Okla. Cr. 218, 230을; 230 Pac. 285를; Williams v. Commonwealth, (Ky.), 110 S. W. 339, 340을 보라. 이 같은 제반 상황들 아래서 변호인을 지정할 정식사실심리 법원의 의무가 명확함은 여기서의 기록에 의하여 드러난 제반 상황들 아래서 그 의무가 명확함과 같다; 그렇게 할 법원의 권한은 비록 제정법의 부재 가운데서라 하여 의

here; and its power to do so, even in the absence of a statute, can not be questioned. Attorneys are officers of the court, and are bound to render service when required by such an appointment. See Cooley, Const. Lim., supra, 700 and note.

The United States by statute and every state in the Union by express provision of law, or by the determination of its courts, make it the duty of the trial judge, where the accused is unable to employ counsel, to appoint counsel for him. In most states the rule applies broadly to all criminal prosecutions, in others it is limited to the more serious crimes, and in a very limited number, to capital cases. A rule adopted with such unanimous accord reflects, if it does not establish the inherent right to have counsel appointed at least in cases like the present, and lends convincing support to the conclusion we have reached as to the fundamental nature of that right.

The judgments must be reversed and the causes remanded for further proceedings not inconsistent with this opinion.

Judgments reversed.

문시 될 수 없다. 변호사들은 법원의 사관들이며, 이 같은 지정에 의하여 요구될 경우 서비스를 제공할 의무가 있다. Cooley, Const. Lim., supra, 700 and note를 보라.

변호인을 범인으로 주장되는 사람이 고용할 수 없을 경우에 그를 위하여 변호인을 지정함을 정식사실심리 판사의 의무로 미합중국은 제정법에 의하여, 그리고 연방 내의 모든 주는 법의 명시적 규정에 또는 자신의 법원들의 결정에 의하여 만들고 있다. 대부분의 주들에서 모든 형사적 소송추행들에 널리 그 규칙은 적용되고, 여타의 주들에서는 보다 더 중대한 범죄들에 그것은 한정되며, 그리고 극히 제한된 숫자의 주들에서는 사형이 가능한 사건들에 그것은 한정된다. 적어도 현재 류의 사건들에 있어서 변호인을 지정받을 고유의 권리를, 이 같은 만장일치의 합의로써 채택된 규칙은 설령 확립하지는 못하더라도 반영은 하는 것이고, 나아가 그 권리의 기본적 성격에 관하여 우리가 도달해 있는 결론에 설득력 있는 근거를 그것은 제공해 준다.

판결주문들은 파기되지 않으면 안 되고, 이 의견에 배치되지 않는 한도 내에서의 향후의 절차들을 위하여 사건들은 환송되지 않으면 안 된다.

판결주문들은 파기된다.

Mr. Justice BULTER, dissenting.

The Court putting aside-they are utterly without merit-all other claims that the constitutional rights of petitioners were infringed, grounds its opinion and judgment upon a single assertion of fact. It is that petitioners "were denied the right of counsel, with the accustomed incidents of consultation and opportunity of preparation for trial." If that is true, they were denied due process «287 U. S., 74» of law and are entitled to have the judgments against them reversed.

But no such denial is shown by the record.

Nine defendants including Patterson were accused in one indictment, and he was also separately indicted. Instead of trying them en masse, the State gave four trials and so lessened the danger of mistake and injustice that inevitably attends an attempt in a single trial to ascertain the guilt or innocence of many accused. Weems and Norris were tried first. Patterson was tried next on the separate indictment. Then five were tried. These eight were found guilty. The other defendant, Roy Wright, was tried last and not convicted. The convicted defendants took the three cases to the state Supreme Court, where the judgment as to Williams was reversed and those against the seven petitioners were affirmed.

There were three painstaking opinions, a different justice writing for the court in each case. 224 Ala. 524, 531, 540; 141 So. 215, 195, 201. Many of the numerous questions decided were raised at the trial and reflect upon defen-

뷰틀러(BULTER) 판사의 반대의견이다.

청구인들의 헌법적 권리들이 침해되었다는 여타의 주장들을 전적으로 실익 없는 것들로서 전부 도외시한 채 자신의 의견을과 판결주문을 단 한 가지 사실 주장 위에 이 법원은 근거 지우고 있다. 그것은 청구인들에게는 "상담이라는, 그리고 정식사실심리를 준비할 기회라는 그 통상적 부수사항들에 더불어 변호인의 조력을 받을 권리가 거부되었다."는 것이다. 그것이 사실이라면 적법절차를 그들은 «287 U. S., 74» 거부당한 것이고, 따라서 그들은 그 자신들에 대한 판결주문들을 파기받을 권리가 있다.

그러나 이 같은 박탈은 기록상으로 전혀 입증되어 있지 않다.

한 개의 대배심기소장으로 패터슨을 포함한 아홉 명의 피고인들이 기소되었는데, 이에 아울러 개별적으로도 그는 기소되었다. 주는 그들을 한꺼번에 정식사실심리하지 아니하고서 네 개의 정식사실심리들을 부여하였는 바, 다수 피고인들의 유죄를 또는 무죄를 단 한 개의 정식사실심리 안에서 확인하려는 시도에 불가피하게 수반되는 실수의 및 불법의 위험을 이로써 감소시켰다. 윔즈가 및 노리스가 첫 번째로 정식사실심리되었다. 별개의 대배심기소장에 의하여 그 다음 번으로 패터슨은 정식사실심리되었다. 그 다음에 다섯 명이 정식사실심리되었다. 이 여덟 명은 유죄로 판정되었다. 나머지 피고인인 로이 라이트는 맨 나중에 정식사실심리되었는데, 유죄판정이 나지 않았다. 유죄판정을 받은 피고인들은 그 세 개의 사건들을 주 대법원에 가져갔는데, 거기서 윌리엄즈에 대한 판결주문은 파기되었고 일곱 명의 청구인들에 대한 판결주문들은 인가되었다.

세 개의 고심한 의견들이 있었는 바, 법원의 의견을 쓴 판사는 사건마다 다르다. 224 Ala. 524, 531, 540; 141 So. 215, 195, 201. 판단이 내려진 여러 가지 문제들 중 다수는 정식사실심리에서 제기된 것들이며, 그리하여 피고인들의 변호인단에게 자신들의

dant's counsel much credit for zeal and diligence on behalf of their clients. Seven justices heard the cases. The chief justice, alone dissenting, did not find any contention for the accused sufficient in itself to warrant a reversal but alluded to a number of considerations which he deemed sufficient when taken together to warrant the conclusion that the defendants did not have a fair trial. The court said (p.553): "We think it a bit inaccurate to say Mr. Roddy appeared only as amicus curiae. [This refers to a remark in the dissenting opinion.] He expressly announced he was there from the beginning at the instance of friends of the accused; but not being paid counsel asked to appear not as employed counsel, but to aid local counsel appointed by the court, and was permitted so to appear. The defendants were represented as shown by the record and pursuant to appointment of the «287 U. S., 75» court by Hon. Milo Moody, an able member of the local of long and successful experience in the trial of criminal as well as civil cases. We do not regard the representation of the accused by counsel as pro forma. A very rigorous and rigid cross-examination was made of the state's witnesses, the alleged victims of rape, especially in the cases first tried. A reading of the records discloses why experienced counsel would not travel over all the same ground in each case."

The informality disclosed by the colloquy between court and counsel, which is quoted in the opinion of this Court and so heavily leaned on, is not entitled to any weight. It must be inferred from the record that Mr. Roddy at all times was in touch with the defendants and the people who procured him to act for them. Mr. Moody and others of the local bar also acted for defendants at the time of the first arraignment and, as appears from the part of the record that is quoted in the opinion, thereafter proceeded in the discharge of their duty including conferences with the defendants. There is not the slightest ground to suppose that Roddy or Moody were by fear or in any manner restrained from full performance of their duties. Indeed, it clearly appears

의뢰인들을 위한 열정으로와 노력으로 크게 명예가 되는 것들이다. 그 사건들을 일곱 명의 판사들이 심리하였다. 법원장은 혼자서 반대의견을 냈으나, 피고인들을 위하여 그 자체로서 파기를 뒷받침하기에 충분한 주장은 조금이라도 찾아내지 못한 채, 종합하여 판단할 경우 공정한 정식사실심리를 피고인들이 받지 못했다는 결론의 근거가 되기에 충분하다고 그로서는 간주한 여러 고려요소들을 언급하였을 뿐이다. 원심은 이렇게 판시하였다(p.553) : "단지 법정의 친구로서만 변호사 로디가 출석하였다고 말하는 것은 약간 부정확하다고 우리는 생각한다. [이것은 반대의견에서의 한 곳의 언급을 가리킨다.] 피고인의 친구들의 의뢰에 따라 자신이 그 곳에 있음을 처음부터 명백히 그는 밝혔다; 그러나 보수를 받는 변호인이 아니었기 때문에, 고용된 변호인으로서 출석하는 것이 아니라 법원에 의하여 지정되는 지역 변호인단을 조력하기 위하여 출석하겠다고 요청하였고, 그리하여 그렇게 출석하도록 허락되었다. 기록에 의하여 입증되는 바처럼 그리고 법원의 지정에 따라 «287 U. S., 75» 마일로 무디 변호사에 의하여 피고인들은대변되었는데, 그는 민사 사건들에서에 아울러 형사사건에서도 오랜 기간의 성공적인 경험을 지닌 지역 법조단의 유능한 회원이었다. 피고인에 대한 변호인단의 대변이 형식적인 것이었다고 우리는 간주하지 않는다. 그 주장된 강간 피해자들인 주측 증인들에 대하여 매우 정밀하고 엄정한 반대신문이, 특히 처음에 정식사실심리 된 사건들에서, 실시되었다. 각각의 사건에서 완전히 똑 같은 땅을 노련한 변호인단이 왜 돌아다니려 하지 않았는지를 기록들에 대한 독회는 보여준다."

이 법원의 의견에서 인용되고 매우 무겁게 의존된 법원의 및 변호인단의 양자 사이의 대담에 의하여 드러난 비공식성은 조금이라도 중요성을 누릴 자격이 없다. 피고인들을, 그리고 그로 하여금 피고인들을 위하여 활동하도록 주선한 사람들을 변호사 로디가 항상 접촉하였음은 기록으로부터 추론되지 않으면 안 된다. 변호사 무디가 및 지역 법조단의 다른 회원들이도 최초의 기소인부 신문 때에 피고인들을 위하여 활동하였고, 그리고 이 법원의 의견에 인용된 기록의 해당 부분에 나타나 있듯이, 그 이후로도 피고인들하고의 상담을 포함하여 계속 그들의 의무의 이행에 나아갔다. 공포에 의하여 또는 그 밖의 원인으로 인하여 그들의 의무의 완전한 이행으로부터 로디가 또는 무디가 제약되었다고 가정하는 데에는 최소한의 근거가도 없다. 아닌 게 아니라, 질서를 유지하기 위한 자신의 목적에 및 권한에 대한 정

that the State, by proper and adequate show of its purpose and power to preserve order, furnished adequate protection to them and the defendants.

When the first case was called for trial defendants' attorneys had already prepared and then submitted a motion for change of venue together with supporting papers. They were ready to and did at once introduce testimony of witnesses to sustain that demand. They had procured and were ready to offer evidence to show that the defendants Roy Wright and Eugene Williams were under age. The record shows that the State's evidence was ample to warrant a conviction. And three defendants each, while asserting his own innocence, testified that he «287 U. S., 76» saw others accused commit the crime charged. When regard is had to these and other disclosures that may have been and probably were made by petitioners to Roddy and Moody before the trial it would be difficult to think of anything that counsel erroneously did or omitted for their defense.

If there had been any lack of opportunity for preparation, trial counsel would have applied to the court for postponement. No such application was made. There was no suggestion, at the trial or in the motion for a new trial which they made, that Mr. Roddy or Mr. Moody was denied such opportunity or that they were not in fact fully prepared. The amended motion for new trial, by counsel who succeeded them, contains the first suggestion that defendants were denied counsel or opportunity to prepare for trial. But neither Mr. Roddy nor Mr. Moody has given any support to that claim. Their silence requires a finding that the claim is groundless for if it had any merit they would be bound to support it. And no one has come to suggest any lack of zeal or good faith on their part.

If correct, the ruling that the failure of the trial court to give petitioners time and opportunity to secure counsel was denied of due process is

당하고도 적절한 과시에 의하여 적절한 보호를 그들에게와 피고인들에게 주가 제공하였음은 명백하게 나타나 있다.

정식사실심리를 위하여 첫 사건이 호창되었을 때 재판지 변경을 위한 신청을 준비하여 근거 서류들을과 함께 피고인들의 변호인들은 이미 제출한 상태였다. 그 요구를 뒷받침하는 증인들의 증언을 제출할 준비를 그들은 갖추어 실제로 이를 동시에 제출하였다. 피고인 로이 라이트가 및 유진 윌리엄즈가 미성년자들임을 입증할 증거를 확보하여 신청할 준비를 그들은 마친 상태였다. 유죄판정을 뒷받침하기에 주측 증거는 충분하였음을 기록은 보여준다. 게다가 각자 자신의 무죄를 주장하면서도 «287 U. S., 76» 그 기소된 범행을 다른 피고인들이저지르는 것을 보았다고 세 명의 피고인들은 각기 증언하였다. 정식사실심리 이전에 청구인들에 의하여 로디와 무디에게 이루어졌을 수 있는, 그리고 필시 이루어졌을 이 같은, 그리고 그 이외의, 개시행위들(disclosures)에 주의가 기울여져야 한다면, 그들의 방어에 있어서 변호인들이 조금이라도 잘못을 저질렀다거나 빠뜨린 것이 있다고는 생각하기 어려울 것이다.

만약 조금이라도 준비를 위한 기회의 부족이 있었다면, 정식사실심리 변호인은 법원에 연기를 신청했을 것이다. 이 같은 신청은 이루어지지 않았다. 정식사실심리에서든 그들이 제기한 새로운 정식사실심리의 청구에서든, 이 같은 기회를 변호사 로디가 혹은 변호사 무디가 박탈당하였음을 내지는 실제로 그들이 충분히 준비를 갖추지 못했음을 보여주는 것은 아무 것도 없다. 변호인을 준비할, 또는 정식사실심리를 준비할 기회를 피고인들이 박탈당했다는 최초의 암시를 그들을 뒤이은 변호인의 새로운 정식사실심리를 위한 변경된 신청서는 담고 있다. 그러나 그 주장에 대하여 조금이라도 지지를 변호사 로디가도 또는 변호사 무디가도 보인 바 없다. 그 주장이 근거 없는 것이라는 판정을 그들의 침묵은 요구하는 바, 왜냐하면 만약 조금이라도 실익을 그것이 지닌 것이라면 그들은 그것을 지지할 의무가 있을 것이기 때문이다. 게다가 조금이라도 그들 쪽에서의 열정의 내지는 선의의 결여를 암시하고 나온 사람은 아무가도 없다.

설령 옳다고 하더라도, 변호인을 확보할 시간을과 기회를 청구인들에게 정식사실심리 법원이 주지 않은 점이 적법절차의 박탈이었다는 판정으로써 충분하고, 따

enough, and with this the opinion should end. But the Court goes on to declare that "the failure of the trial court to make an effective appointment of counsel was likewise a denial of due process within the meaning of the Fourteenth Amendment." This is an extension of federal authority into a field hitherto occupied exclusively by the several States. Nothing before the Court calls for a consideration of the point. It was not suggested below and petitioners do not ask for its decision here. The Court, without being called upon to consider it, adjudges without a hearing an important constitutional question concerning criminal procedure in state courts. «287 U. S., 77»

It is a wise rule firmly established by a long course of decisions here that constitutional questions-even when properly raised and argued- are to be decided only when necessary for a determination of the rights of the parties in controversy before it. Thus, in the Charles River Bridge case, 11 Pet. 420, the Court said (p. 553): "Many other questions, of the deepest importance, have been raised and elaborately discussed in the argument. It is not necessary, for the decision of this case, to express our opinion upon them; and the Court deem it proper to avoid volunteering an opinion on any question involving the construction of the constitution where the case itself does not bring the question directly before them, and make it their duty to decide upon it." And see Davidson v. New Orleans, 96 U. S. 97, 103, et seq. Hauenstein v. Lynham, 100 U. S. 483, 490. Blair v. United States, 250 U. S. 273, 279. Adkins v. Children's Hospital, 261 U. S. 525, 544.

The record wholly fails to reveal that petitioners have been deprived of any right guaranteed by the Federal Constitution, and I am of opinion that the judgment should be affirmed.

Mr. Justice McREYNOLDS concurs in this opinion.

라서 이로써 이 법원의 의견은 끝나야 한다. 그런데도 이 법원은 더 나아가 "유효한 변호인 지정을 정식사실심리 법원이 해 주지 못한 점은 마찬가지로 연방헌법 수정 제14조의 의미 내에서의 적법절차에 대한 박탈이었다."고 선언한다. 이것은 연방 권한의, 여태껏 각각의 주에 의하여 배타적으로 점유되어 온 영역에의 확장이다. 그 점에 대한 고찰을 이 법원 앞의 그 무엇이도 요구하지 않는다. 하급심 법원들에서 그것은 제의되지 않았고, 또한 여기서 그것의 결정을 청구인들은 요청하지 않는다. 그것을 고찰하도록 요구되지도 않으면서 주 법원들에 있어서의 형사절차에 관한 중대한 헌법 문제를 청문 없이 이 법원은 판결한다. «287 U. S., 77»

비록 정당하게 제기되고 주장되는 경우라 하더라도, 헌법 문제들은 오직 그 앞의 쟁송 당사자들의 권리들에 대한 결정을 위하여 필요할 때에만 판단되어야 함은 여기서 오랜 과정의 판결들에 의하여 확고하게 입증된 현명한 원칙이다. 그리하여 Charles River Bridge case, 11 Pet. 420에서 당원은 말하였다(p. 553): "가장 심원한 중요성을 지닌 여타의 많은 문제들이 변론에서 제기되고 공들여 토론되었다. 이 사건의 판결을 위하여는 그것들에 대한 우리의 견해를 표명함은 불필요하다; 그리고 사건 자체가 그 문제를 직접 그들 앞에 가져오는 것이 아닌, 따라서 그것에 관하여 판단 내림을 그들의 의무로 만드는 것이 아닌 경우에는 조금이라도 헌법의 해석을 포함하는 문제에 대하여는 자발적으로 의견을 내기를 회피함이 옳다고 당원은 여기는 바이다." 또한 Davidson v. New Orleans, 96 U. S. 97, 103, et seq.를; Haguenstein v. Lynham, 100 U. S. 483, 490을; Blair v. United States, 250 U. S. 273, 279를; Adkins v. Children's Hospital, 261 U. S. 525, 544를 보라.

조금이라도 연방헌법에 의하여 보장된 권리를 청구인들이 박탈당하였음을 기록은 전적으로 보여주지 못하고 있고, 따라서 나는 판결주문이 인가되어야 한다는 의견이다.

이 의견에 맥레이놀즈(McREYNOLDS) 판사는 찬동한다.

변호인의 조력을 받을 권리

Johnson v. Zerbst, 304 U. S. 458 (1938)

제5순회구 순회 연방항소법원에
내린 사건기록 송부명령 No.699

NO. 699
변론 1938년 4월 4일
판결 1938년 5월 23일

요약해설

1. 개요 및 쟁점

Johnson v. Zerbst, 304 U. S. 458 (1938)은 6 대 2로 판결되었다. 법원의 의견을 블랙(BLACK) 판사가 썼다. 맥레이놀즈(McREYNOLDS) 판사는과 뷰틀러(BUTLER) 판사는 다수의견에 반대하였다. 카르도조(CARDOZO) 판사는 사건의 이유에나 판결에 참여하지 않았다. 연방 형사사건들에서의 가난한 피고인들을 위한 변호인 지정이 재판권의 전제조건인지, 이를 결여한 정식사실심리는 인신보호영장에 의하여 무효화 될 수 있는지의 문제를 다루었다.

2. 사실관계 (304 U. S., at 458-462.)

청구인 외 1명은 사우스캐럴라이나 주에서 위조화폐 사용 및 소지 등의 혐의로 체포구금되었다. 이들은 교육을 받지 못한 가난한 사람들로서, 멀리 다른 주 도시들에서 살고 있다. 연방법원에의 대배심기소 뒤 이틀만에 열린 기소인부 신문에서와 정식사실심리에서 변호인의 조력을 받지 못한 채 그들 스스로 방어를 수행하였는데, 유죄판정에 이어 4년 6월의 감옥형이 선고되어 연방교도소에 이감되었다. 거기서 그들은 변호사를 불러 달라고 요청하였으나, 변호사하고의 연락은 허락되지 않았다. 항소 신청들을 유죄판정으로부터 110일이 지난 뒤에 청구인들이 제기하였으나 기한도과로 기각되었다.

연방 교도소에서 형기를 복역하던 도중 연방지방법원에 인신보호영장을 청구인은 청구하였다. 변호인의 조력을 받을 헌법적 권리를 박탈한 것만으로는 그 정식사실심리를 무효로 만들지도, 인신보호영장 절차에서 그 무효를 선언하는 것을 정당화하지도 못한다고, 그것들은 오직 항소에서만 치유될 수 있는 정식사실심리의 오류 내지 변칙에 불과하다고 판시하고서 인신보호영장을 연방지방법원 판사는 기각하였다. 이를 항소법원은 인가하였는데, 연방대법원은 사건기록 송부명령을 허가하여 사건을 자신 앞에 가져왔다.

3. 블랙(BLACK) 판사가 쓴 법원의 의견의 요지

변호인의 조력은 생명의 및 자유의 기본적 인권을 확보하기 위하여 필수라고 여겨진 연방헌법 수정 제6조의 보장들 가운데 하나이다. 변호인의 조력을 피고인이 받지 않는 한, 또는 이를 피고인이 포기하지 않는 한, 생명과 자유를 그에게서 박탈할 권한을과 권위를 모든 형사절차들에서 연방법원들로부터 그 수정조항은 유보시킨다. (304 U. S., at 462–463.)

헌법상의 기본적 권리들의 포기를 저지하는(against waiver) 모든 합리적인 추정(every reasonable presumption)을 법원들은 마음껏 누린다. 기본적 권리들의 상실에 있어서는 묵낙(acquiescence)은 추정되지 않는다. 변호인의 조력을 받을 권리에 대한 분별력 있는 포기가 있었는지 여부의 판정은 피고인의 배경을, 경험을, 그리고 행동을 포함하여 그 사건을 둘러싼 특정의 사실관계에와 상황들에 근거하지 않으면 안 된다. (304 U. S., at 464.)

변호인의 조력을 받을 권리를 범죄 혐의로 기소된 사람에게 연방헌법은 인정하고 있으므로 이 헌법적 명령의 준수는 피고인에게서 생명을이나 자유를 빼앗을 연방법원의 권한에 없어서는 안 될 재판권의 전제요건이다. 범인으로 주장되는 사람이 변호인에 의하여 대변되지 못하였으면, 그리고 그 자신의 헌법적 권리를 능력 있게및 분별력 있게 포기하지 않았으면, 그의 생명을이나 그의 자유를 그에게서 박탈하는 유효한 유죄판결을과 형의 선고를 저지하는 재판권상의 장해로서 연방헌법 수정 제6조는 위치한다. 정식사실심리의 시작 당시의 법원의 재판권은 변호인을 제공하지 아니함으로써 법원을 완전하게 만들지 못함에 따라서, 절차들의 과정에서 상실될 수 있다. 연방헌법 수정 제6조의 이 요구가 준수되지 않으면, 법원은 더 이상 절차를 진행할 재판권이 없다. 재판권 없는 법원에 의하여 선고된 유죄인정의 판결은 무효이고, 이에 따라 구금된 사람은 인신보호영장(habeas corpus)에 의하여 석방을 얻을 수 있다. 원심판결은 파기되었다. (304 U. S., at 467–468, 469.)

MR. JUSTICE BLACK delivered the opinion of the Court.

Petitioner, while imprisoned in a federal penitentiary, was denied habeas corpus by the District Court.[1] Later, «304 U. S., 459» that court granted petitioner a second hearing, prompted by "the peculiar circumstances surrounding the case and the desire of the court to afford opportunity to present any additional facts and views which petitioner desired to present." Upon consideration of the second petition, the court found that it did "not substantially differ from the" first, "and for the reasons stated in the decision in that case" the second petition was also denied.

Petitioner is serving sentence under a conviction in a United States District Court for possessing and uttering counterfeit money. It appears from the opinion of the District Judge denying habeas corpus that he believed petitioner was deprived, in the trial court, of his constitutional right under the provision of the Sixth Amendment that "In all criminal prosecutions, the accused shall enjoy the right …… to have the Assistance of Counsel for his defence."[2] However, he held that proceedings depriving petitioner of his constitutional right to assistance of counsel were not sufficient "to make the trial void and justify its annulment in a habeas corpus proceeding, but that they constituted trial errors or irregularities which could only be corrected on

1) 13 F. Supp. 253.

2) The Sixth Amendment of the Constitution provides that, "In all criminal prosecutions, the accused shall enjoy the right to a speedy and public trial, by an impartial jury of the State and district wherein the crime shall have been committed, which district shall have been previously ascertained by law, and to be informed of the nature and cause of the accusation; to be confronted with the witnesses against him; to have compulsory process for obtain–ing Witnesses in his favor, and to have the Assistance of Counsel for his defence."

법원의 의견을 블랙(BLACK) 판사가 냈다.

청구인은 연방 교도소 한 곳에 구금되어 있는 동안 연방지방법원에 의하여 인신보호영장이 거부되었다.[1] 나중에 «304 U. S., 459» "사건을 둘러싼 특별한 상황에, 및 조금이라도 청구인이 제출하기를 원하는 추가적 사실들을과 의견들을 제출하도록 기회를 주려는 법원의 희망에" 의하여 촉발되어, 두 번째 청문을 청구인에게 그 법원은 허가하였다. 두 번째 청구의 검토 끝에, 그것이 "첫 번째의 것에 실질적으로 다르지 않다."고 그 법원은 판단하였고, 그리하여 "그 사건에서의 판결에 설명된 이유들에 따라" 두 번째의 청구를도 그 법원은 기각하였다.

위조 화폐를 소지하고 유통시킨 데 대한 미합중국 지방법원 한 곳에서의 유죄판정에 따라서 형기를 청구인은 복역하는 중이다. 인신보호영장을 기각한 연방지방법원 판사의 의견에 따르면, "자신의 방어를 위하여 변호인의 조력을 받을 권리를 …… 모든 형사적 절차추행에 있어서 범인으로 주장되는 사람은 향유한다."는 연방헌법 수정 제6조에 기한 그의 헌법적 권리를 정식사실심리 법원에서 청구인이 박탈당했다고 그 판사는 믿었던 것으로 보인다.[2] 그러나 변호인의 조력을 받을 청구인의 헌법적 권리를 그에게서 박탈하는 절차들은 "그 정식사실심리를 무효로 만들기에는, 그리고 인신보호영장 절차에서 그것의 무효화를 정당화하기에는 충분하지 못하며, 오히려 오직 항소에 의해서만 치유될 수 있는 정식사실심리상의 오류들

---

1) 13 F. Supp. 253.

2) "범죄가 저질러진 주(the State)의, 및 범죄가 저질러지고 법에 의하여 미리 확정된 지방의 공정한 배심에 의하여 신속하고 공개된 정식사실심리를 받을 권리를, 기소의 성격을과 이유를 고지 받을 권리를, 자신에게 불리한 증인들하고의 대면을 거칠 권리를, 자신에게 유리한 증인을 확보할 강제절차를 가질 권리를, 그리고 자신의 방어를 위하여 변호인의 조력을 받을 권리를 모든 형사적 절차추행에 있어서 범인으로 주장되는 사람은 향유한다(In all criminal prosecutions, the accused shall enjoy the right to a speedy and public trial, by an impartial jury of the State and district wherein the crime shall have been committed, which district shall have been previously ascertained by law, and to be informed of the nature and cause of the accusation; to be confronted with the witnesses against him; to have compulsory process for obtaining Witnesses in his favor, and to have the Assistance of Counsel for his defence)."고 연방헌법 수정 제6조는 규정한다.

appeal."

The Court of Appeals affirmed,[3] and we granted certiorari due to the importance of the questions involved.[4]

The record discloses that:

Petitioner and one Bridwell were arrested in Charleston, South Carolina, November 21, 1934, charged with «304 U. S., 460» feloniously uttering and passing four counterfeit twenty-dollar Federal Reserve notes and possessing twenty-one such notes. Both were then enlisted men in the United States Marine Corps, on leave. They were bound over to await action of the United States Grand Jury, but were kept in jail due to inability to give bail. January 21, 1935, they were indicted; January 23, 1935, they were taken to court, and there first given notice of the indictment; immediately were arraigned, tried, convicted and sentenced that day to four and one-half years in the penitentiary, and January 25, were transported to the Federal Penitentiary in Atlanta. While counsel had represented them in the preliminary hearings before the commissioner in which they - some two months before their trial - were bound over to the Grand Jury, the accused were unable to employ counsel for their trial. Upon arraignment, both pleaded not guilty, said that they had no lawyer, and - in response to an inquiry of the court - stated that they were ready for trial. They were then tried, convicted and sentenced, without assistance of counsel.

"Both petitioners lived in distant cities of other states, and neither had relatives, friends, or acquaintances in Charleston. Both had little education, and were without funds. They testified that they had never been guilty of nor charged with any offense before, and there was no evidence in rebuttal of

3) 92 F. 2d 748.
4) 303 U. S. 629.

(trial errors)에 내지 변칙들(irregularities)에 그것들은 해당한다."고 그는 판시하였다.

이를 항소법원은 인가하였고,[3] 사건기록 송부명령을 그 관련된 문제들의 중요성에 따라 우리는 허가하였다.[4]

기록은 보여준다:

20 달러짜리 연방 준비은행권 네 장을 유통시킨, 그리고 그 같은 은행권 스물 한 장을 «304 U. S., 460» 소지한 중죄 혐의로 고발된 상태에서 1934년 11월 21일 사우스캐럴라이나주 찰스턴(Charleston)에서 청구인은 및 브리드웰(Bridwell)이라는 사람은 체포되었다. 두 사람 다 그 당시에 미합중국 해병대에 입대해 있는 사람들로서 휴가 중이었다. 그들은 연방 대배심의 처분을 기다리기로 서약하였으나, 보석금을 지불할 수 없음에 따라 감옥에 구금되어 있었다. 그들은 1935년 1월 21일 대배심기소되었다; 그들은 1935년 1월 23일 법원에 끌려가 거기서 처음으로 대배심기소에 관하여 통지를 받았으며; 그 즉시 기소인부 신문을 받고 정식사실심리되어 그 날 유죄로 판정되고 4년 6월의 교도소형이 선고되었다; 그리고 1월 25일 아틀란타 소재의 연방 교도소에 이감되었다. 그들의 정식사실심리로부터 약 두 달 전에 대배심에게 그들이 서약한 바 있는 보조판사(the commissioner) 앞에서의 예비심문들(preliminary hearings)에서는 그들을 변호인단이 대변하였었으나, 그들의 정식사실심리를 위해서는 변호인을 그들은 고용할 수 없었다. 무죄답변을 기소인부 신문에서 두 사람은 다 같이 냈고, 변호인을 자신들이 가지고 있지 않음을 말하고서, 그리고 — 법원의 질문에 답하여 — 자신들은 정식사실심리를 받을 준비가 되어 있다고 진술하였다. 그들은 그리하여 변호인의 조력 없이 정식사실심리되고 유죄로 판정되고 형을 선고받았다.

"다른 주들의 먼 도시들에서 청구인들 두 사람은 살았고, 찰스턴에는 친척들을, 친구들을 또는 친지들을 둘 중 누구가도 가지고 있지 않았다. 두 사람 다 교육을 받지 못하였고 돈이 없었다. 그들은 이전에 어떤 범죄로도 유죄판정을 받거나 기소된 적이 없다고 증언하였으며, 이러한 진술들에 대한 반박 증거는 없었다."[5] 변호인을

3) 92 F. 2d 748.
4) 303 U. S. 629.
5) 13 F. Supp. 253, 254에서의 지방법원 판사의 의견.

these statements."[5] In the habeas corpus hearing, petitioner's evidence developed that no request was directed to the trial judge to appoint counsel, but that such request was made to the District Attorney, who replied that, in the State of trial (South Carolina), the court did not appoint counsel unless the defendant was charged with a capital crime. The District Attorney denied that petitioner made request «304 U. S., 461» to him for counsel or that he had indicated petitioner had no right to counsel. The Assistant District Attorney testified that Bridwell "cross-examined the witnesses"; and, in his opinion, displayed more knowledge of procedure than the normal layman would possess. He did not recall whether Bridwell addressed the jury or not, but the clerk of the trial court testified "that Mr. Johnson [Bridwell?] conducted his defence about as well as the average layman usually does in cases of a similar nature." Concerning what he said to the jury and his cross-examination of witnesses, Bridwell testified "I tried to speak to the jury after the evidence was in during my trial over in the Eastern District of South Carolina. I told the jury, 'I don't consider myself a hoodlum as the District Attorney has made me out several times.' I told the jury that I was not a native of New York as the District Attorney stated, but was from Mississippi, and only stationed for government service in New York. I only said fifteen or twenty words. I said I didn't think I was a hoodlum, and could not have been one of very long standing because they didn't keep them in the Marine Corps.

"I objected to one witness' testimony. I didn't ask him any questions, I only objected to his whole testimony. After the prosecuting attorney was finished with the witness, he said, 'Your witness,' and I got up and objected to the testimony on the grounds that it was all false, and the Trial Judge said

5) Opinion of the District Judge, 13 F. Supp. 253, 254.

지정해 달라는 요청이 정식사실심리 판사(trial judge)에게 제기된 바 없음을, 단지 지방검사에게 그 같은 요청이 제기되었음을, 그런데 정식사실심리 장소인 (사우스캐럴라이나)주에서는 사형이 가능한 범죄로 피고인이 기소되지 않는 한 변호인을 법원은 지정하지 않는다고 그는 대답하였음을 인신보호영장 청문(habeas corpus hearing)에 있어서 청구인측 증거는 밝혀 주었다. 변호인을 바라는 요청을 자신에게 청구인이 «304 U. S., 461» 제기하였음을, 또는 변호인의 조력을 받을 권리를 청구인이 가지고 있지 않다고 자신이 표명했었음을 지방검사는 부인하였다. "증인들을" 브리드웰이 "반대신문 하"였다고; 그리고 자신의 의견으로는 절차에 관하여 일반적인 문외한이 지니는 것을보다도 더 많은 지식을 브리드웰이 보여주었다고 지방검사보(The Assistant District Attorney)는 증언하였다. 배심에게 브리드웰이 연설하였는지 연설하지 않았는지 그는 기억하지 못하였으나, "유사한 성격의 사건들에서 흔히 평균적인 문외한이 일반적으로 수행하는 것에 대략 같은 정도로 자신의 방어를 존슨 씨(Mr. Johnson)[브리드웰(Bridwell)?]는 수행하였습니다."라고 정식사실심리 법원의 서기는 증언하였다. 배심에게 자신이 말한 바에 관하여, 그리고 증인들에 대한 자신의 반대신문에 관하여 브리드웰은 증언하였다: "사우스캐럴라이나주 동부지구 관할 연방지방법원에서 저의 정식사실심리 도중에 증거가 제출된 후 배심에게 말하고자 저는 시도하였습니다. '저에 관하여 여러 차례 지방검사가 주장한 것처럼 제 자신을 불한당으로 저는 여기지 않습니다.'라고 저는 배심에게 말하였습니다. 지방검사가 말한 것처럼 뉴욕주 태생이 아니라 미시시피주 출신임을, 뉴욕주에는 단지 정부의 임무를 위하여 배치되어 있을 뿐임을 배심에게 저는 말하였습니다. 단지 열다섯에서 스무 개의 낱말을 저는 말했을 뿐입니다. 제 자신이 불한당이라고 저는 생각하지 않으며, 해병대에는 불한당들을 두지 않으므로, 제가 매우 오랜 경력의 불한당일 수는 없을 것이라고 저는 말했습니다.

"증인 한 명의 증언에 이의를 저는 제기하였습니다. 아무런 질문을도 그에게 저는 하지 않았고, 단지 그의 전체적 증언에 대하여 이의를 제기했을 뿐입니다. 자신의 증인신문을 끝낸 뒤 '당신의 증인신문 차례'라고 검찰측 변호사는 말하였고, 그러자 저는 일어서서 그 증언이 모두 허위라는 논거들에 따라서 그 증언에 대하여 이의하였는데, 제가 지닌 어떤 이의에 대해서든 증거를이나 반대증거를 제가 가져

any objection I had I would have to bring proof or disproof."

Reviewing the evidence on the petition for habeas corpus, the District Court said[6] that, after trial, petitioner and Johnson " …… were remanded to jail, where they asked the jailer to call a lawyer for them, but were not permitted to contact one. They did not, however, undertake to get any message to the judge. «304 U. S., 462»

"…… January 25th, they were transported by automobile to the Federal Penitentiary in Atlanta, Ga. arriving …… the same day.

"There, as is the custom, they were placed in isolation and so kept for sixteen days without being permitted to communicate with anyone except the officers of the institution, but they did see the officers daily. They made no request of the officers to be permitted to see a lawyer, nor did they ask the officers to present to the trial judge a motion for new trial or application for appeal or notice that they desired to move for a new trial or to take an appeal.

"On May 15, 1935, petitioners filed applications for appeal which were denied because filed too late."

The " …… time for filing a motion for new trial and for taking an appeal has been limited to three and five days."[7]

One. The Sixth Amendment guarantees that, "In all criminal prosecutions, the accused shall enjoy the right …… to have the Assistance of Counsel for his defence." This is one of the safeguards of the Sixth Amendment deemed necessary to insure fundamental human rights of life and liberty. Omitted from the Constitution as originally adopted, provisions of this and other

6) 13 F. Supp. 253, 254.

7) 13 F. Supp. at 256; see Rules of Practice and Procedure (Criminal Appeals Rules), adopted May 7, 1934, II, III.

와야 한다고 정식사실심리 판사는 말했습니다."

인신보호영장 청구에서 증거를 재심리하면서 지방법원은 말하였다[6]: 정식사실심리 뒤에 청구인은과 존슨은 "…… 감옥에 재유치되었고, 그들을 위하여 변호사를 불러 달라고 거기서 교도관에게 그들은 요청하였지만, 변호사에게 접촉하도록 그들은 허락되지 않았다. 그러나 조금이라도 판사에게 통신을 취하려고는 그들은 기도하지 않았다. «304 U. S., 462»

"…… 1월 25일, 그들은 자동차로 …… 조지아주 아틀란타 소재 연방교도소에 이송되어 그날 …… 도착하였다.

"그 곳에서 그들은 관행대로 격리에 처해졌고, 16일 동안 그렇게 구금되어 시설 공무원들하고 이외에는 누구하고도 교통이 허락되지 않았으나, 다만 그들은 날마다 시설 공무원들을 보기는 하였다. 조금이라도 변호사를 보도록 허가가 이루어지게 해 달라는 요청을 공무원들에게 그들은 한 바 없으며, 새로운 정식사실심리를 구하는 신청을 또는 항소의 신청을 정식사실심리 판사에게 제출해 달라고, 또는 새로운 정식사실심리를 신청하고자 또는 항소를 제기하고자 그들이 원한다는 통지를 정식사실심리 판사에게 제출해 달라고 공무원들에게 그들은 요청한 바도 없다.

"항소신청들을 1935년 5월 15일 청구인들은 제기하였으나, 그것들은 너무 늦게 제출되었기 때문에 기각되었다."

"…… 새로운 정식사실심리 신청의 및 항소의 제기를 위한 신청의 기간은 사흘로 및 닷새로 한정되어 있다."[7]

하나(One). "자신의 방어를 위하여 변호인의 조력을 받을 권리를 …… 모든 형사적 절차추행에 있어서 범인으로 주장되는 사람은 향유함"을 연방헌법 수정 제6조는 보장한다. 이것은 생명(life)의 및 자유(liberty)의 기본적 인권을 확보하기 위하여 필수라고 여겨진 연방헌법 수정 제6조의 보장들 가운데 하나이다. 최초에 채택된 것으로서의 연방헌법에는 누락되어 있었으나, 인간의 권리들(human rights)에 대한 자의

---

6) 13 F. Supp. 253, 254.
7) 13 F. Supp., at 256; 또한 Rules of Practice and Procedure (Criminal Appeals Rules), adopted May 7, 1934, II, III을 보라.

Amendments were submitted by the first Congress convened under that Constitution as essential barriers against arbitrary or unjust deprivation of human rights. The Sixth Amendment stands as a constant admonition that, if the constitutional safeguards it provides be lost, justice will not "still be done."[8] It embodies a realistic recognition of the obvious truth that the average defendant does not have the professional legal skill to protect «304 U. S., 463» himself when brought before a tribunal with power to take his life or liberty, wherein the prosecution is presented by experienced and learned counsel. That which is simple, orderly and necessary to the lawyer, to the untrained layman may appear intricate, complex and mysterious. Consistently with the wise policy of the Sixth Amendment and other parts of our fundamental charter, this Court has pointed to "…… the humane policy of the modern criminal law ……" which now provides that a defendant "…… if he be poor, …… may have counsel furnished him by the state …… not infrequently …… more able than the attorney for the state."[9]

The "…… right to be heard would be, in many cases, of little avail if it did not comprehend the right to be heard by counsel. Even the intelligent and educated layman has small and sometimes no skill in the science of law. If charged with crime, he is incapable, generally, of determining for himself whether the indictment is good or bad. He is unfamiliar with the rules of evidence. Left without the aid of counsel, he may be put on trial without a proper charge, and convicted upon incompetent evidence, or evidence irrelevant to the issue or otherwise inadmissible. He lacks both the skill and knowledge adequately to prepare his defence, even though he have a perfect one. He requires the guiding hand of counsel at every step in the proceed-

8) Cf. Palko v. Connecticut, 302 U. S. 319, 325.
9) Patton v. United States, 281 U. S. 276, 308.

적이고 부당한 박탈에 대비한 필수적 방벽들(essential barriers)로서 연방헌법에 따라 소집된 첫 연방의회에 의하여 이 수정조항의 및 그 밖의 수정조항들의 규정들은 제출되었다. 만약 그것이 제공하는 헌법적 보호장치들이 상실된다면 사법이 "여전히 시행되(still be done)"지는 못할 것이라는 점에 대하여 한결같은 훈계로서 연방헌법 수정 제6조는 위치한다.[8] 자신의 생명을이나 자유를 박탈할 권한을 가진 재판소 앞에 끌려올 때 자기 자신을 보호할 전문가적인 법적 숙련을 «304 U. S., 463» 평균적인 피고인은 가지고 있지 못한 반면, 숙련된 및 학식 있는 변호사에 의하여 검찰 측은 대변된다는 명백한 진실에 대한 현실적 인정을 그것은 구체화한다. 변호사에게는 단순하고 질서정연하며 필연인 것이, 훈련되지 않은 문외한에게는 난해하고 복잡하고 미궁의 것으로 보일 수 있다. 연방헌법 수정 제6조의 및 우리의 기본 헌장의 여타 부분의 그 현명한 정책에 일치되도록, 피고인이 "…… 만약 가난하면 …… 주에 의하여 그에게 제공되는, 그리고 …… 드물지 않게 …… 주측 변호사보다도 더 유능한 변호인을 가질 수 있다."고 이제 규정하는 "…… 현대 형사법의 인도주의적 정책 ……"을 당원은 지향해 왔다.[9]

"…… 만약 변호인을 통하여 청문될 권리를 포함하지 않는다면 청문될 권리(the right to be heard)는 많은 경우에 쓸모가 없을 것이다. 심지어 지성을 갖추고 교육을 받았다 하더라도 문외한은 법률과학에 있어서 지니는 숙련이 적고, 때로는 전혀 없다. 범죄로 기소되면, 대배심기소가 좋은지 나쁜지를 그는 일반적으로 그 혼자서는 판단할 수 없다. 그는 증거규칙들에 생소하다. 변호인의 조력 없이 남겨지면, 그는 정당한 고발 없이 정식사실심리에 처해질 수 있고, 자격 없는 증거에 의하여, 또는 쟁점에 관계 없는 내지는 그 밖에 증거능력 없는 증거에 의하여 유죄로 판정될 수 있다. 심지어 완벽한 항변사유를 가지고 있는 경우라 하더라도 그 자신의 항변사유를 충분히 준비할 기술을 및 지식을 모두 그는 결여하고 있다. 변호인의 이끄는 손(the guiding hand)을 자신을 겨냥한 절차들에 있어서의 모든 단계에서마다 그는 필요로 한다."[10] 범인으로 주장되는 사람이 변호인의 조력을 지니거나 또는 이를 포기

8) Palko v. Connecticut, 302 U. S. 319, 325을 참조하라.
9) Patton v. United States, 281 U. S. 276, 308.
10) Powell v. Alabama, 287 U. S. 45, 68, 69.

ings against him."[10] The Sixth Amendment withholds from federal courts,[11] in all criminal proceedings, the power and authority to deprive an accused of his life or liberty unless he has or waives the assistance of counsel. «304 U. S., 464»

Two. There is insistence here that petitioner waived this constitutional right. The District Court did not so find. It has been pointed out that "courts indulge every reasonable presumption against waiver" of fundamental constitutional rights,[12] and that we "do not presume acquiescence in the loss of fundamental rights."[13] A waiver is ordinarily an intentional relinquishment or abandonment of a known right or privilege. The determination of whether there has been an intelligent waiver of the right to counsel must depend, in each case, upon the particular facts and circumstances surrounding that case, including the background, experience, and conduct of the accused.

Patton v. United States, 281 U. S. 276, decided that an accused may, under certain circumstances, consent to a jury of eleven and waive the right to trial and verdict by a constitutional jury of twelve men. The question of waiver was there considered on direct appeal from the conviction, and not by collateral attack on habeas corpus. However, that decision may be helpful in indicating how, and in what manner, an accused may - before his trial results in final judgment and conviction - waive the right to assistance of counsel. The Patton Case noted approvingly a state court decision[14] pointing out that the humane policy of modern criminal law had altered conditions which had existed in the "days when the accused could not testify in his own behalf, [and] was not furnished Counsel," and which had made it possible to convict

10) Powell v. Alabama, 287 U. S. 45, 68, 69.
11) Cf., Barron v. The Mayor, 7 Pet. 243, 247; Edwards v. Elliott, 21 Wall. 532, 557
12) Aetna Ins. Co. v. Kennedy, 301 U. S. 389, 393; Hodges v. Easton, 106 U. S. 408, 412.
13) Ohio Bell Telephone Co. v. Public Utilities Comm'n, 301 U. S. 292, 307.
14) Hack v. State, 141 Wis. 346, 351; 124 N. W. 492.

하지 않는 한, 그에게서 생명을과 자유를 박탈할 권한을과 권위를 모든 형사절차들에 있어서 연방법원들로부터 연방헌법 수정 제6조는 유보시킨다.[11] «304 U. S., 464»

둘(Two). 여기에는 이 헌법적 권리를 청구인이 포기했다는 주장이 있다. 연방지방법원은 그렇게 인정하지 않았다. 헌법상의 기본적 권리들의 "포기를 저지하는 모든 합리적인 추정(every reasonable presumption)을 법원들은 마음껏 누린다."는 것이,[12] 그리고 "기본적 권리들의 상실에 있어서는 묵낙을" 우리는 "추정하지 않는다."는 것이 지적되어 왔다.[13] 포기라 함은 일반적으로, 이미 알려져 있는 권리에나 특권에 대한 의도적인 단념 내지 방기이다. 하나하나의 사건에서 범인으로 주장되는 사람의 배경을, 경험을, 그리고 행동을 포함하여 그 사건을 둘러싼 특정의 사실관계에와 상황들에, 변호인의 조력을 받을 권리에 대한 분별력 있는 포기가 있었는지 여부의 판정은 근거하지 않으면 안 된다.

범인으로 주장되는 사람은 일정한 상황 아래서 열한 명의 배심에 동의할 수 있다고, 그리하여 헌법상의 열두 명의 배심에 의한 정식사실심리를과 평결을 누릴 권리를 포기할 수 있다고 Patton v. United States, 281 U. S. 276은 판결하였다. 인신보호영장에 기한 사후적 공격(collateral attack)에 의해서가 아니라, 유죄판정에 대한 직접 항소에 의하여 거기서의 포기의 문제는 검토되었다. 그러나 어떻게, 그리고 어떤 방법으로 — 종국판결에와 유죄판정에 자신의 정식사실심리가 다다르기 전에 — 변호인의 조력을 받을 권리를 범인으로 주장되는 사람이 포기할 수 있는지를 제시하는 데 있어서 그 판결은 도움이 될 수 있다. "범인으로 주장되는 사람이 자기 자신을 위하여 증언할 수 없었던, [게다가] 변호인이 제공되지 아니하던 시절"에 존재했었던, 그리고 " …… 돈도 없고 변호인도 없고 증인들을 소환할 능력도 없는 상태에서 그 자신의 이야기를 하도록 허용되지 않은" 한 개인을 유죄로 판정함을 가능하게 만들었던 조건들을 현대 형사법의 인도주의적 정책이 변화시켜 왔음을 지적

11) Barron v. The Mayor, 7 Pet. 243, 247을; Edwards v. Elliott, 21 Wall. 532, 557을 참조하라.
12) Aetna Ins. Co. v. Kennedy, 301 U. S. 389, 393; Hodges v. Easton, 106 U. S. 408, 412.
13) Ohio Bell Telephone Co. v. Public Utilities Comm'n, 301 U. S. 292, 307.

a man when he was "without money, without counsel, without ability to summon witnesses and not permitted to tell his own story, ……" «304 U. S., 465»

The constitutional right of an accused to be represented by counsel invokes, of itself, the protection of a trial court in which the accused - whose life or liberty is at stake - is without counsel. This protecting duty imposes the serious and weighty responsibility upon the trial judge of determining whether there is an intelligent and competent waiver by the accused. While an accused may waive the right to counsel, whether there is a proper waiver should be clearly determined by the trial court, and it would be fitting and appropriate for that determination to appear upon the record.

Three. The District Court, holding petitioner could not obtain relief by habeas corpus, said:

"It is unfortunate if petitioners lost their right to a new trial through ignorance or negligence, but such misfortune cannot give this Court jurisdiction in a habeas corpus case to review and correct the errors complained of."

The purpose of the constitutional guaranty of a right to counsel is to protect an accused from conviction resulting from his own ignorance of his legal and constitutional rights, and the guaranty would be nullified by a determination that an accused's ignorant failure to claim his rights removes the protection of the Constitution. True, habeas corpus cannot be used as a means of reviewing errors of law and irregularities - not involving the question of jurisdiction - occurring during the course of trial;[15] and the "writ of habeas corpus cannot be used as a writ of error."[16] These principles, however, must be

15) Cf. Ex parte Watkins, 3 Pet.193; Knewal v. Egan, 268 U. S. 442; Harlan v. McGourin, 218 U. S. 442.
16) Woolsey v. Best, 299 U. S. 1, 2.

한 한 개의 주 법원 판결을 Patton 판결은 찬성의 취지로 특별히 언급하였다.[14)]
«304 U. S., 465»

그 자신의 생명이 내지는 자유가 위험에 놓인 범인으로 주장되는 사람이 변호인을 갖지 못한 경우에 있어서 정식사실심리 법원의 보호를, 변호인에 의하여 대변될 범인으로 주장되는 사람의 헌법적 권리는 그 자체로서 불러낸다. 범인으로 주장되는 사람에 의한 분별력 있고 능력 있는 포기가 있는지 여부를 판정할 중대하고도 무거운 책임을 정식사실심리 판사 위에 이 보호 의무는 부과한다. 범인으로 주장되는 사람은 변호인의 조력을 받을 권리를 포기할 수 있지만, 정당한 포기가 있는지 여부는 정식사실심리 법원에 의하여 명확하게 판정되어야 하며, 또한 그 판정은 기록에 나타나 있어야 함이 적절하고 적합할 것이다.

셋(Three). 인신보호영장에 의한 구제를 청구인이 얻을 수 없다고 판시하면서 연방지방법원은 말하였다:

"한 개의 새로운 정식사실심리를 받을 자신들의 권리를 만약 무지로나 태만으로 인하여 청구인들이 상실하였다면 그것은 불행스럽지만, 그러나 그 주장된 오류를 재심리하고 바로잡을 인신보호영장 사건에 있어서의 재판권을 이 법원에 이 같은 불행은 부여해 줄 수 없다."

변호인의 조력을 받을 권리에 대한 헌법적 보장의 목적은 범인으로 주장되는 사람을 그의 법적 및 헌법적 권리들에 대한 그 자신의 무지로부터 야기되는 유죄판정으로부터 보호하는 것인 바, 그런데도 연방헌법의 보호를 범인으로 주장되는 사람의 무지로 인한 그 자신의 권리들에 대한 주장 태만이 소멸시킨다는 판단에 의하여 그 보장은 무효화될 것이다. 참으로 정식사실심리 과정에서 발생하는 법적 오류들을과 변칙들(irregularities) — 재판권의 문제를 포함하지 않는 — 을 재심리하는 수단으로 인신보호영장(habeas corpus)은 사용될 수 없으며;[15)] 또한 "인신보호영장은 오심영장(a writ of error)으로는 사용될 수 없다."[16)] 그러나 인간의 생명에와 자유에 대한

14) Hack v. State, 141 Wis. 346, 351; 124 N. W. 492.
15) Ex parte Watkins, 3 Pet.193; Knewal v. Egan, 268 U. S. 442; Harlan v. McGourin, 218 U. S. 442 등을 참조하라.
16) Woolsey v. Best, 299 U. S. 1, 2.

construed and applied so as to preserve - not destroy - constitutional safeguards of human life and liberty. The scope of inquiry in habeas corpus proceedings has been broadened - not narrowed - since the adoption of the Sixth «304 U. S., 466» Amendment. In such a proceeding, "it would be clearly erroneous to confine the inquiry to the proceedings and judgment of the trial court,"[17] and the petitioned court has "power to inquire with regard to the jurisdiction of the inferior court, either in respect to the subject matter or to the person, even if such inquiry …… [involves] an examination of facts outside of, but not inconsistent with, the record."[18] Congress has expanded the rights of a petitioner for habeas corpus,[19] and the " …… effect is to substitute for the bare legal review that seems to have been the limit of judicial authority under the common law practice, and under the Act of 31 Car. II, c. 2, a more searching investigation, in which the applicant is put upon his oath to set forth the truth of the matter respecting the causes of his detention, and the court, upon determining the actual facts, is to 'dispose of the party as law and justice require.'

"There being no doubt of the authority of the Congress to thus liberalize the common law procedure on habeas corpus in order to safeguard the liberty of all persons within the jurisdiction of the United States against infringement through any violation of the Constitution or a law or treaty established thereunder, it results that, under the sections cited, a prisoner in custody pursuant to the final judgment of a state court of criminal jurisdiction may have a judicial inquiry in a court of the United States into the very truth and substance of the causes of his detention, although it may become necessary to look behind and beyond the record of his conviction to a sufficient extent to test the jurisdiction of the state court to proceed to a judgment against him

17) Frank v. Mangum, 237 U. S. 309, 327.
18) In re Mayfield, 141 U. S. 107, 116; Cuddy, Petitioner, 131 U. S. 280.
19) 28 U. S. C. ch. 14, § 451, et seq.

헌법적 보장들을 보전하기 위하여 — 파괴하기 위해서가 아니라 — 이 원칙들은 해석되지 않으면 안 되고 적용되지 않으면 안 된다. 인신보호영장 절차들에 있어서의 심리의 범위는 연방헌법 수정 제6조의 채택 이래 축소되어 온 것이 아니라 «304 U. S., 466» 확장되어 왔다. 이 같은 절차에서 "그 심리를 정식사실심리 법원의 절차들에 및 판결주문에 한정하는 것은 명백한 오류일 것"이고,[17] 따라서 청구를 접수한 법원은 "소송물(the subject matter)에 관련해서든 사람(the person)에 관련해서든 법원의 재판권에 관하여 조사할 권한이 있는 바, 설령 기록에 모순되지 않는 범위 내에서의 기록 이외의 사실관계들에 대한 검토를 그 같은 조사가 [포함하더라도] …… 그것은 그러하다."[18] 인신보호영장 청구인의 권리들을 연방의회는 확대하여 왔는 바,[19] 그리하여 그 "…… 결과는 보통법 소송절차(the common law practice)에 기한, 그리고 법률 찰스 2세 재위 31년 제정법 제2장 (31 Car. II, chap. 2)에 기한 사법권한의 한계였던 것으로 생각되는 그 가까스로의 법적 재심리를, 자신의 구금사유들에 관하여 사안의 진실을 밝히겠다는 그 자신의 맹세에 신청인이 처해지는, 그리고 실제 사실관계를 판정한 위에 '법이 및 정의가 요구하는 대로 당사자를 법원은 처분하' 게 되는 한 개의 보다 면밀한 심리로 대체한 것이었다.

"미합중국의 재판권 내에 있는 모든 사람들의 자유를 연방헌법에 대한, 또는 이에 따라 제정된 법에 내지 조약에 대한 위반행위를 통한 침해로부터 보호하기 위하여 인신보호 영장에 기한 보통법 절차를 이렇게 완화할 연방의회의 권한에 관하여는 조금도 의문이 없으므로, 형사 재판권을 가진 주 법원의 종국판결에 따라 구금에 놓인 죄수는, 설령 그에게 불리한 판결을 내리는 데 착수할 주 법원의 재판권을 분석하기에 충분한 정도까지는 그의 유죄판결 기록의 이면을과 그 건너편까지를 살피는 것이 필요하게 될 수 있다 하더라도, 그 인용된 절들에 의거하여 미합중국 법원에서 자신의 구금사유들의 진상에 및 실체에 대한 사법적 심리를 받을 수 있다는 결론이 된다 ……. «304 U. S., 467»

17) Frank v. Mangum, 237 U. S. 309, 327.
18) In re Mayfield, 141 U. S. 107, 116; Cuddy, Petitioner, 131 U. S. 280.
19) 28 U. S. C. ch. 14, § 451, et seq.

……. «304 U. S., 467»

"…… it is open to the courts of the United States upon an application for a writ of habeas corpus to look beyond forms and inquire into the very substance of the matter …….”[20]

Petitioner, convicted and sentenced without the assistance of counsel, contends that he was ignorant of his right to counsel, and incapable of preserving his legal and constitutional rights during trial. Urging that - after conviction - he was unable to obtain a lawyer; was ignorant of the proceedings to obtain new trial or appeal and the time limits governing both, and that he did not possess the requisite skill or knowledge properly to conduct an appeal, he says that it was - as a practical matter - impossible for him to obtain relief by appeal. If these contentions be true in fact, it necessarily follows that no legal procedural remedy is available to grant relief for a violation of constitutional rights unless the courts protect petitioner's rights by habeas corpus. Of the contention that the law provides no effective remedy for such a deprivation of rights affecting life and liberty, it may well be said - as in Mooney v. Holohan, 294 U. S. 103, 113 - that it "falls with the premise." To deprive a citizen of his only effective remedy would not only be contrary to the "rudimentary demands of justice,"[21] but destructive of a constitutional guaranty specifically designed to prevent injustice.

Since the Sixth Amendment constitutionally entitles one charged with crime to the assistance of counsel, compliance with this constitutional mandate is an essential jurisdictional prerequisite to a federal court's authority to deprive an accused of his life or liberty. When this «304 U. S., 468» right is properly waived, the assistance of counsel is no longer a necessary element

20) Frank v. Mangum, supra, 330, 331; cf., Moore v. Dempsey, 261 U. S. 86; Mooney v. Holohan, 294 U. S. 103; Hans Nielsen, Petitioner, 131 U. S. 176.

21) Cf., Mooney v. Holohan, supra, 112.

"…… 인신보호영장의 신청에 따라 형식들의 너머까지를 살펴보봄은 및 사안의 실체 그 자체를 심리함은 미합중국 법원들에게 열려 있다 ……."[20]

변호인의 조력을 받을 자신의 권리를 자신이 알지 못했다고, 따라서 정식사실심리 도중에 자신의 법적 헌법적 권리들을 자신은 보전할 수 없었다고 변호인의 조력 없이 유죄로 판정되고 형을 선고받은 청구인은 주장한다. 변호인을 자신이 선임할 수 없었다고; 새로운 정식사실심리를이나 항소를 얻는 절차들에 관하여, 그리고 그 두 가지를 지배하는 시간적 한계들에 관하여 자신이 알지 못하였다고; 항소를 적절히 수행하기 위한 필수적 기술을 내지 지식을 자신이 소유하지 못했다고 주장하면서, 항소에 의한 구제를 얻는 것이 — 사실상의 문제로서 — 그로서는 불가능했다고 유죄판정이 있고 난 뒤에 그는 말한다. 만일 이러한 주장들이 실제로 사실이라면, 청구인의 권리들을 인신보호영장에 의하여 법원들이 보호하지 않는 한, 헌법적 권리들에 대한 침해에 구제를 부여하기 위한 법적 절차적 구제수단은 전혀 이용할 수 없다는 결과가 필연적으로 도출된다. 생명을과 자유를 침해하는 그 같은 권리 박탈에 대하여 아무런 효과적 구제수단을도 법이 제공하지 않는다는 주장에 대하여는 Mooney v. Holohan, 294 U. S. 103, 113에서처럼 "전제가 잘못 되어 있다."고 말해지는 것도 당연하다. 그의 유일한 효과적 구제수단을 한 명의 시민에게서 박탈함은 "정의의 기본적 요구들"에 반할 뿐만 아니라,[21] 불의를 방지하기 위하여 명확하게 입안된 헌법적 보장을 파괴하는 것이기도 할 것이다.

변호인의 조력을 받을 권리를 범인으로 주장되는 사람에게 연방헌법 수정 제6조는 헌법적으로 인정하고 있으므로, 이 헌법적 명령의 준수는 그의 생명을이나 자유를 범인으로 주장되는 사람에게서 빼앗을 연방법원의 권한에 없어서는 안 될 재판권의 전제요건이다. 이 권리가 «304 U. S., 468» 정당하게 포기된 경우에는 변호인의 조력은 더 이상 유죄판정의 및 형의 선고에 나아가기 위한 법원의 재판권의 필

20) Frank v. Mangum, supra, 330, 331; cf. Moore v. Dempsey, 261 U. S. 86; Mooney v. Holohan, 294 U. S. 103; Hans Nielsen, Petitioner, 131 U. S. 176.
21) Mooney v. Holohan, supra, 112을 참조하라.

of the court's jurisdiction to proceed to conviction and sentence. If the accused, however, is not represented by counsel and has not competently and intelligently waived his constitutional right, the Sixth Amendment stands as a jurisdictional bar to a valid conviction and sentence depriving him of his life or his liberty. A court's jurisdiction at the beginning of trial may be lost "in the course of the proceedings" due to failure to complete the court - as the Sixth Amendment requires - by providing counsel for an accused who is unable to obtain counsel, who has not intelligently waived this constitutional guaranty, and whose life or liberty is at stake.[22] If this requirement of the Sixth Amendment is not complied with, the court no longer has jurisdiction to proceed. The judgment of conviction pronounced by a court without jurisdiction is void, and one imprisoned thereunder may obtain release by habeas corpus.[23] A judge of the United States - to whom a petition for habeas corpus is addressed - should be alert to examine "the facts for himself when if true as alleged they make the trial absolutely void."[24]

It must be remembered, however, that a judgment cannot be lightly set aside by collateral attack, even on habeas corpus. When collaterally attacked, the judgment of a court carries with it a presumption of regularity.[25] Where a defendant, without counsel, acquiesces in a trial resulting in his conviction and later seeks release by the extraordinary remedy of habeas corpus, the burden of proof rests upon him to establish that he did not competently and intelligently waive his constitutional «304 U. S., 469» right to assistance of counsel. If, in a habeas corpus hearing, he does meet this burden and convinces the court by a preponderance of evidence that he neither had counsel nor properly waived his constitutional right to counsel, it is the duty of the

22) Cf., Frank v. Mangum, supra, 327.
23) Hans Nielsen, Petitioner, supra.
24) Cf., Moore v. Dempsey, 261 U. S. 86, 92; Patton v. United States, 281 U. S. 276, 312, 313.
25) Cuddy, Petitioner, supra.

수 요소가 아니다. 그러나 만약 범인으로 주장되는 사람이 변호인에 의하여 대변되어 있지 아니하면, 그리고 자신의 헌법적 권리를 능력 있고 분별력 있게 포기하지 않았으면, 그의 생명을 내지 그의 자유를 그에게서 박탈하는 유효한 유죄판정을과 형의 선고를 저지하는 재판권상의 장해로서 연방헌법 수정 제6조는 위치한다. 정식사실심리 시작 당시에 존재한 법원의 재판권은 변호인을 선임할 능력이 없는, 이 헌법적 보장을 분별 있게 포기하지 아니한, 그리고 그 생명이나 자유가 위험에 놓인 범인으로 주장되는 사람을 위하여 — 연방헌법 수정 제6조가 요구하는 대로 — 변호인을 제공하지 아니함으로써 법원을 완전하게 만들지 못함에 따라 "절차들의 과정에서" 상실될 수가 있다.[22] 연방헌법 수정 제6조의 이 요구가 준수되지 않으면, 그 법원은 더 이상 절차를 진행할 재판권이 없다. 재판권 없는 법원에 의하여 선고된 유죄판정에 기한 판결주문은 무효이고, 이에 따라 구금된 사람은 인신보호영장에 의하여 석방을 얻을 수 있다.[23] "만약 그 주장된 대로가 진실이라면 정식사실심리를 절대적으로 무효로 만들 사실관계들을 그 스스로" 검토하는 데 인신보호영장 청구를 제기받은 미합중국 판사는 빈틈이 없어야 한다.[24]

그러나, 심지어 인신보호영장에 기해서도, 사후적 공격(collateral attack)에 의하여 한 개의 판결주문은 가벼이 무효화될 수 없음이 기억되지 않으면 안 된다. 사후적 공격이 있을 경우, 정규의 추정을 법원의 판결주문은 수반한다.[25] 변호인 없는 채로의 정식사실심리에 피고인이 순순히 동의하고 그 결과로 그에 대한 유죄판정이 내려지고, 그래 놓고서는 나중에 인신보호영장이라는 특별한 구제수단에 의하여 피고인이 석방을 구할 경우에, 변호인의 조력을 받을 그의 헌법적 권리를 그가 능력 있고 분별력 있게 포기한 바 없음을 증명할 «304 U. S., 469» 입증책임은 그에게 있다. 만약 이 책임을 인신보호영장 청문에서 그가 실제로 충족시키고, 그리하여 자신이 변호인을 가지지도 못했고 변호인의 조력을 받을 자신의 헌법적 권리를 적법하게 포기한 바도 없다는 데 대하여, 증거의 우세(a preponderance of evidence)에 의하여

22) Frank v. Mangum, supra, 327을 참조하라.
23) Hans Nielsen, Petitioner, supra.
24) Moore v. Dempsey, 261 U. S. 86, 92를; Patton v. United States, 281 U. S. 276, 312, 313을 참조하라.
25) Cuddy, Petitioner, supra.

court to grant the writ.

In this case, petitioner was convicted without enjoying the assistance of counsel. Believing habeas corpus was not an available remedy, the District Court below made no findings as to waiver by petitioner. In this state of the record, we deem it necessary to remand the cause. If - on remand - the District Court finds from all of the evidence that petitioner has sustained the burden of proof resting upon him and that he did not competently and intelligently waive his right to counsel, it will follow that the trial court did not have jurisdiction to proceed to judgment and conviction of petitioner, and he will therefore be entitled to have his petition granted. If petitioner fails to sustain this burden, he is not entitled to the writ.

The cause is reversed and remanded to the District Court for action in harmony with this opinion.

Reversed.

MR. JUSTICE REED concurs in the reversal.

MR. JUSTICE McREYNOLDS is of opinion that the judgment of the court below should be affirmed.

MR. JUSTICE BUTLER is of the opinion that the record shows that petitioner waived the right to have counsel, that the trial court had jurisdiction, and that the judgment of the Circuit Court of Appeals should be affirmed.

MR. JUSTICE CARDOZO took no part in the consideration or decision of this case.

법원을 그가 납득시키면, 영장을 허가함은 법원의 의무이다.

이 사건에서 청구인은 변호인의 조력의 향유 없이 유죄로 판정되었다. 인신보호영장은 이용 가능한 구제수단이 아니라고 믿었던 까닭에, 청구인에 의한 포기에 관하여 아무런 판단을도 원심 연방지방법원은 하지 않았다. 이 같은 기록의 상태에 있어서, 사건을 환송함이 불가피하다고 우리는 본다. 만약 그에게 지워진 입증책임을 청구인이 견뎌냈음을, 그리고 변호인의 조력을 받을 그의 권리를 그가 능력 있고 분별력 있게 포기하지 아니하였음을 환송심에서 연방지방법원이 증거 전체에 의거하여 인정할 경우에 정식사실심리 법원은 청구인에 대한 판결주문에와 유죄판정에 나아갈 재판권이 없었던 것이 될 것이고, 따라서 그는 자신의 청구를 허가받을 권리가 인정될 것이다. 만약 이 책임을 청구인이 견뎌내지 못하면 그는 영장을 발부받을 권리가 없다.

사건은 파기되고 이 의견에 부합하는 처분을 위하여 연방지방법원에 환송되는 바이다.

원심판결은 파기되는 바이다.

리드(REED) 판사는 파기에 찬동한다.

맥레이놀즈(McREYNOLDS) 판사는 원심법원의 판결주문이 인가되어야 한다는 의견이다.

뷰틀러(BUTLER) 판사는 변호인의 조력을 받을 권리를 청구인이 포기하였음을 기록이 보여주고 있다는, 정식사실심리 법원에 재판권이 있었다는, 따라서 순회 항소법원의 판결주문은 인가되어야 한다는 의견이다.

카르도조(CARDOZO) 판사는 이 사건의 이유에나 판결에 가담하지 않았다.

변호인의 조력을 받을 권리

Avery v. Alabama, 308 U. S. 444 (1940)

앨라배마주 대법원에 내린 사건기록 송부명령

NO. 124
변론 1939년 12월 7일
판결 1940년 1월 2일

요약해설

1. 개요 및 쟁점

Avery v. Alabama, 308 U. S. 444(1940)은 9 대 0으로 판결되었다. 법원의 의견을 블랙(BLACK) 판사가 썼다. 변호인단의 정식사실심리 연기속행(continuance) 신청을 기각한 적은 인구의 시골지역 카운티 순회법원의 결정이 변호인의 조력을 상담이라는, 그리고 정식사실심리를 위한 준비의 기회라는 그 통상적 부수사항들에 더불어 박탈했는지, 그리하여 연방헌법 수정 제14조의 적법절차를 침해했는지 여부가 다투어졌다.

2. 사실관계(308 U. S., at 445, 447–450.)

6년 전에 발생한 살인 사건으로 청구인은 체포되었다. 체포 당일인 월요일에 이루어진 기소인부 신문 때에 그를 방어하도록 변호사 두 명이 지정되었고, 무죄답변들을 청구인은 냈다. 청구인의 정식사실심리를 이틀 뒤인 수요일로 법원은 지정하였다가 하루를 더 늦춘 목요일로 변경하였다. 항변사유를 조사하고 준비할 시간을과 기회를 위한 연기속행 신청서를 변호인들은 제출하였으나, 예정대로 목요일에 배심 앞에서 정식사실심리는 진행되었다. 형량을 사형으로 한 유죄평결을 배심은 냈다.

연기속행 신청을 받아들이지 아니함으로써 변호인의 조력을 받을 청구인의 권리를 상담이라는, 그리고 정식사실심리를 위한 준비의 기회라는 그 통상적 부수사항들에 더불어 부정함으로써 연방헌법 수정 제14조에 의하여 보장된 법의 평등한 보호를과 적법절차를 정식사실심리 법원이 박탈하였다고 주장하면서 새로운 정식사실심리를 변호인단은 신청하였다. 새로운 정식사실심리를 구하는 신청은 청문 끝에 기각되었다. 청구인이 항소하였으나, 사건을 정식사실심리 법원이 연기하지 아니한 것은 재량권을 남용한 것이 아니었다고 주 대법원은 결론지었다. 연방대법원은 사건기록 송부명령 청구를 받아들여 사건을 자신 앞에 가져왔다.

3. 블랙(BLACK) 판사가 쓴 법원의 의견의 요지

변호인 지정의 및 정식사실심리의 그 둘 사이의 시간적 간격을 연방헌법은 지정하지 아니하고 있으므로, 변호인의 조력을 받을 헌법적 권리의 박탈을 한 번의 연기속행(continuance)이 거부된 상태라는 점만으로는 구성하지 않는다. 연기속행을 구하는 요청에 대한 처분은 그 시점에 제출되어 있는 사실관계에와 그 당시에 존재하는 조건들에 비추어 정식사실심리 판사의 재량에 의하여 결정되어야 할 절차적 성격의 문제이다. 그 재량의 행사는 일반적으로 재심사의 대상이 되지 않는다. 그러나 범인으로 주장되는 사람하고 대화할, 상담할, 그의 방어를 준비할 기회를 지정변호인에게서 박탈하여서는 안 된다. 단지 형식적인 지정에 의해서는 변호인의 조력에 대한 연방헌법의 보장은 충족될 수 없다.(308 U. S., at 446.)

청구인에게 유죄판정이 내려진 그 범죄는 시골지역인 카운티에서 발생하였다. 시골 카운티들의 순회법원에 내는 대배심기소장들은 대부분 법원의 고정된 개정기들 동안에 내지 회기들 동안에 제출되어 정식사실심리가 이루어진다. 시골 카운티들에서 증인들에 및 사건들에 관한 정보는 대도시들에 있어서보다 더 넓게 퍼지고 더 일반적으로 알려진다. 사건에 관한 조사를 카운티 소재지에서의 개정기 동안에 변호인들은 수행할 수 있었고, 정식사실심리 판사에 의하여 허용된 기간 동안의 사건의 검토는 및 준비는 변호인으로서 모든 노력을 다하기에 충분하였다. 변호인의 조력을 받을 헌법적 권리를 청구인에게서 정식사실심리 판사는 박탈하지 않았다. 원심판결은 인가되었다. (308 U. S., at 451–453.)

Mr. Justice BLACK delivered the opinion of the Court.

Petitioner was convicted of murder in the Circuit Court of Bibb County, Alabama; he was sentenced to death and the State Supreme Court affirmed.[1] The sole question presented is whether in violation of the Fourteenth Amendment "petitioner was denied the right of counsel, with the accustomed incidents of consultation and opportunity of preparation for trial", because after competent counsel were duly appointed their motion for continuance was denied. Vigilant concern for the maintenance of the constitutional right of an accused to assistance of counsel led us to grant certiorari.[2]

Had petitioner been denied any representation of counsel at all, such a clear violation of the Fourteenth Amendment's guarantee of assistance of counsel would have required reversal of his conviction.[3] But counsel were duly appointed for petitioner by the trial court as «308 U. S., 446» required both by Alabama law[4] and the Fourteenth Amendment.

Since the Constitution nowhere specifies any period which must intervene between the required appointment of counsel and trial, the fact, standing alone, that a continuance has been denied, does not constitute a denial of the constitutional right to assistance of counsel. In the course of trial, after due appointment of competent counsel, many procedural questions necessarily arise which must be decided by the trial judge in the light of facts then pre-

1) 237 Ala. 616; 188 So. 391.
2) Post, p. 540.
3) Powell v. Alabama, 287 U. S. 45; see Brown v. Mississippi, 297 U. S. 278, 286.
4) Code of Ala., 1923, § 5567.

법원의 의견을 블랙(Black) 판사가 냈다.

살인죄(murder)로 유죄판정을 앨라배마주 빕 카운티(Bibb County) 순회법원에서 청구인은 받았다; 그에게 사형이 선고되었고 이를 주 대법원은 인가하였다.[1] 제기된 유일한 문제는, 적절히 지정된 유능한 변호인단이 낸 연기속행(continuance)을 구하는 신청이 기각됨으로써 미합중국 연방헌법 수정 제14조의 위반 가운데서 "변호인의 조력을 받을 권리를 상담이라는, 그리고 정식사실심리를 위한 준비의 기회라는 그 통상적 부수사항들에 더불어 청구인이 박탈당했는지" 여부이다. 우리로 하여금 사건기록 송부명령을 허가하도록 변호인의 조력을 받을 범인으로 주장되는 사람의 헌법적 권리의 보전을 위한 주의 깊은 관심은 이끌었다.[2]

변호인의 대변을 만약 청구인이 완전히 박탈당했다면, 그에 대한 유죄판정의 파기를 연방헌법 수정 제14조의 변호인의 조력의 보장에 대한 이 같은 명백한 위반은 요구했을 것이다.[3] 그러나 앨라배마주 법에 및 연방헌법 수정 제14조에 의하여 «308 U. S., 446» 다 같이 요구되는 바에 따라[4] 피청구인을 위하여 정식사실심리 법원에 의하여 변호인은 적절히 지정되었다.

그 요구되는 변호인 지정의 및 정식사실심리의 양자 사이에 두어지지 않으면 안 될 간격을 연방헌법은 전혀 지정하지 아니하고 있으므로, 변호인의 조력을 받을 헌법적 권리에 대한 박탈을 한 번의 연기속행(continuance)이 거부된 상태라는 사실은 그 자체만으로는 구성하지 않는다. 적절한 변호인 지정 뒤의 정식사실심리의 과정에서는, 그 시점에 제출되어 있는 사실관계에 비추어서와 그 당시에 존재하는 조건들에 비추어 정식사실심리 판사에 의하여 결정되지 않으면 안 될 많은 절차적 문제

1) 237 Ala. 616, 188 So. 391.
2) 308 U. S. 540.
3) Powell v. Alabama, 287 U. S. 45; 또한 Brown v. Mississippi, 297 U. S. 278, 286을 보라.
4) Code of Ala., 1923, § 5567.

sented and conditions then existing. Disposition of a request for continuance is of this nature and is made in the discretion of the trial judge, the exercise of which will ordinarily not be reviewed.[5]

But the denial of opportunity for appointed counsel to confer, to consult with the accused and to prepare his defense, could convert the appointment of counsel into a sham and nothing more than a formal compliance with the Constitution's requirement that an accused be given the assistance of counsel.[6] The Constitution's guarantee of assistance of counsel cannot be satisfied by mere formal appointment.

In determining whether petitioner has been denied his constitutional right to assistance of counsel, we must remember that the Fourteenth Amendment does not limit the power of the States to try and deal with crimes committed within their borders,[7] and was not intended to bring to the test of a decision of this Court every ruling «308 U. S., 447» made in the course of a State trial.[8] Consistently with the preservation of constitutional balance between State and Federal sovereignty, this Court must respect and is reluctant to interfere with the States' determination of local social policy.[9] But where denial of the constitutional right to assistance of counsel is asserted, its peculiar sacredness[10] demands that we scrupulously review the record.[11]

The record shows-

Petitioner was convicted on an indictment filed in the Bibb County Circuit

5) Franklin v. South Carolina, 218 U. S. 161, 168; Isaacs v. United States, 159 U. S. 487, 489; see Minder v. Georgia, 183 U. S. 559, 561.
6) Cf. Powell v. Alabama, supra; Moore v. Dempsey, 261 U. S. 86, 91.
7) Leeper v. Texas, 139 U. S. 462, 467–8; Ughbanks v. Armstrong, 208 U. S. 481, 487; Minder v. Georgia, supra, 562.
8) Cf. Davidson v. New Orleans, 96 U. S. 97, 104; Walker v. Sauvinet, 92 U. S. 90, 92.
9) Green v. Frazier, 253 U. S. 233, 239, 240, 242; Nebbia v. New York, 291 U. S. 502, 537–8.
10) Cf. Lewis v. United States, 146 U. S. 370, 374, 375.
11) Norris v. Alabama, 294 U. S. 587, 590; Pierre v. Louisiana, 306 U. S. 354, 358.

들이 필연적으로 발생한다. 연기속행을 구하는 요청에 대한 처분은 이러한 성격의 것이고 그리하여 정식사실심리 판사의 재량 내에서 이루어지는 바, 그 재량의 행사는 일반적으로 재심사의 대상이 되지 않는다.[5]

그러나 범인으로 주장되는 사람하고 대화할, 상담할, 그의 방어를 준비할 기회를 지정 변호인에게서 박탈하는 것은 변호인 지정을 가짜의 것으로, 그리고 범인으로 주장되는 사람에게 변호인의 조력이 부여되어야 한다는 연방헌법의 요구에 대한 의례상의 준수에 지나지 않는 것으로 변질시킬 수 있다. 단지 형식적인 지정에 의해서는 변호인의 조력에 대한 연방헌법의 보장은 충족될 수 없다.[6]

변호인의 조력을 받을 그의 헌법적 권리를 청구인이 박탈당한 것인지 여부를 판정함에 있어서, 주들의 경계선들 내에서 저질러진 범죄들을 재판하고 취급할 주 자신들의 권한을 연방헌법 수정 제14조는 제한하지 아니함을,[7] 그리고 한 개의 주 정식사실심리 과정에서 이루어진 모든 결정(ruling)을 당원의 판단의 시험에 데려오려는 의도를 그 수정조항은 지니지 아니하였음을 «308 U. S., 447» 우리는 기억하지 않으면 안 된다.[8] 주(State)의 및 연방의 주권(sovereignty) 사이에서의 헌법적 균형의 보전에 일치하도록 지역적 사회정책에 대한 주들의 결정을 당원은 존중하지 않으면 안 되는 바, 그리하여 이에 간섭하기를 당원은 꺼린다.[9] 그러나 변호인의 조력을 받을 헌법적 권리가 주장될 경우에, 우리더러 기록을 주의 깊게 살피라고 그 특유의 신성함(peculiar sacredness)[10]은 요구한다.[11]

기록은 보여준다 -

1932년에 발생한 것으로 주장된 살인 혐의에 의거하여 빕 카운티 순회법원에 제

5) Franklin v. South Carolina, 218 U. S. 161, 168; Isaacs v. United States, 159 U. S. 487, 489; 또한 Minder v. Georgia, 183 U. S. 559, 561을 보라.
6) Powell v. Alabama, supra를; Moore v. Dempsey, 261 U. S. 86, 91을 비교하라.
7) Leeper v. Texas, 139 U. S. 462, 467; Ughbanks v. Armstrong, 208 U. S. 481, 487; Minder v. Georgia, supra, 562.
8) avidson v. New Orleans, 96 U. S. 97, 104; Walker v. Sauvinet, 92 U. S. 90, 92 등을 비교하라.
9) Green v. Frazier, 253 U. S. 233, 239, 240 S., 242; Nebbia v. New York, 291 U. S. 502, 537–8.
10) Lewis v. United States, 146 U. S. 370, 374 , 375 S.를 비교하라.
11) Norris v. Alabama, 294 U. S. 587, 590; Pierre v. Louisiana, 306 U. S. 354, 358.

Court for murder alleged to have occurred in 1932. He was found and arrested in Pittsburg, Pennsylvania, shortly before March 21, 1938. On that date, Monday, he was arraigned at a regular term of the Court; two practicing attorneys of the local bar were appointed to defend him; pleas of not guilty and not guilty by reason of insanity were entered and the presiding judge set his trial for Wednesday, March 23. The case was not reached Wednesday, but was called Thursday, the 24th, at which time his attorneys filed a motion for continuance, on the ground that they had not had sufficient time and opportunity since their appointment to investigate and prepare his defense. Affidavits of both attorneys accompanied the motion.

One attorney's affidavit alleged that he had not had time to investigate and prepare the defense because he had been actually engaged in another trial from the time of his appointment at 2 P. M., Monday, until 9 P. M. «308 U. S., 448» that evening; his presence had been required in the court room on Tuesday, March 22, due to employment in other cases set, but not actually tried; he had been detained in court Wednesday, March 23, waiting for petitioner's case to be called; but after his appointment he had talked with petitioner and "had serious doubts as to his sanity."

The affidavit by the other attorney stated that he too had not had proper time and opportunity to investigate petitioner's case because of his employment in other pending cases, some of which were not disposed of until Tuesday at 4:30 P. M.

No ruling on the motion for continuance appears in the record, but on Thursday, the 24th, the trial proceeded before a jury.

The foster parents of the person whose murder was charged and another witness testified that on the day of the killing deceased petitioner's wife from whom he was then separated, had started to a nearby neighbor's house to

기된 대배심기소에 따라 유죄판정을 청구인은 받았다. 1938년 3월 21일 직전에 펜실베니아주 피츠버그에서 그는 발견되고 체포되었다. 월요일이었던 그 날 그 법원 정규의 기일에서 기소인부 신문을 그는 받았다; 그를 방어하도록 지역 법조단 소속 개업 변호사 두 명이 지정되었다; 무죄답변들(pleas of not guilty)이 및 정신이상을 이유로 하는 무죄답변들(not guilty by reason of insanity)이 제출되었고 그의 정식사실심리를 3월 23일 수요일로 재판장은 지정하였다. 사건은 수요일에 다루어지지 못하여 목요일로 기일이 지정되었는데, 자신들의 지정 이래 그의 항변사유를 조사할 및 준비하기 위한 충분한 시간을과 기회를 가지지 못했음을 이유로 연기속행 신청서를 이번에는 그의 변호인들이 제출하였다. 변호인 두 명의 선서진술서들이 그 신청서에 첨부되었다.

다른 정식사실심리를 자신의 지정 시점인 월요일 오후 2시부터 그 날 저녁 9시까지 자신이 수행하고 있었기 때문에 이 사건의 항변사유를 조사하고 준비할 시간을 실제로는 가지지 못했다고 변호인 한 명의 선서진술서는 «308 U. S., 448» 주장하였다; 즉 3월 22일 화요일에는 기일이 잡혀 있던 - 그러나 실제로 정식사실심리가 열리지는 않은 - 다른 사건들에서의 수임관계에 따라 그의 법정출석이 요구되었었다; 3월 23일 수요일에는 청구인의 사건이 호창되기를 기다리면서 법정에 그는 묶여 있었다; 그러나 청구인하고의 대화를 그의 지정 뒤에 그는 나눈 바 있었고, "그의 정신 상태에 관하여 심각한 의문을 지니게 되었다."

그 계류 중인 다른 사건들에서의 수임관계로 인하여 청구인의 사건을 조사할 충분한 시간을과 기회를 그 자신은도 마찬가지로 가지지 못했다고, 그 사건들 중 일부는 화요일 오후 4시 30분까지도 처리되지 않았었다고 또 한 명의 변호인의 선서진술서는 진술하였다.

기록에 연기속행 신청에 대한 결정은 나와 있지 않지만, 24일 목요일에는 배심 앞에서 정식사실심리가 진행되었다.

그 살인 사건 발생 당일에 빨래통을 얻기 위하여 가까운 이웃집으로 청구인의 피살된 처 - 당시 청구인으로부터 별거하고 있었다 - 가 출발했었다고, 그 때 오른손에 권총을 든 채 그녀에게 청구인이 접근하였다고; 말다툼이 이어졌다고; 그녀가

get a washtub when petitioenr approached her with a pistol in his right hand; words ensued; she turned and ran and he shot her twice in the back; she fell and he shot her three more times. Petitioner denied that these witnesses were at the time in a position to see what occurred. Admitting he had come some three miles from his home to see his wife, he insisted that he had no pistol but that when he spoke to her she had a bucket of water and something else; they quarrelled; she then drew a pistol from under her sweater and he "got to tussling with her over the pistol, trying to take it away from her"; "shot her, behind the shoulder, and through the back, tussling with her," and then ran away. There is no suggestion in the record that there were any witnesses to the killing other than those who testified. The plea of insanity apparently was withdrawn.[12] «308 U. S., 449»

The jury returned a verdict of guilty with the death penalty. On the same day, the 24th, petitioner's counsel moved for new trial, setting up error in the failure to grant the requested continuance. This motion for new trial was continued from time to time until June 30. In the interim, a third attorney had been employed by petitioner's sister, and on June 30, petitioner's three lawyers filed an amendment to the motion for new trial, specifically setting out that the denial of a continuance had deprived petitioner of the equal protection of the laws and due process of law guaranteed by the Fourteenth Amendment, by denying him "the right of counsel, with the accustomed incidents of consultation and opportunity of preparation for trial."

When the motion for new trial was heard the only witnesses were petitioner's three attorneys. The third attorney, employed by petitioner's sister, testified only that he had been employed after the trial and verdict. The two attorneys who had represented petitioner at the trial substantially repeated

12) The opinion of the Supreme Court of Alabama notes: "Counsel first interposed a plea of not guilty, and another of not guilty by reason of insanity, but upon the trial withdrew the latter plea."

돌아서서 달렸고 그러자 그녀의 등을 그가 두 차례 쏘았다고; 그녀가 넘어졌고 그가 세 번 더 쏘았다고 공소장에 피살자로 되어 있는 사람의 수양부모들(foster parents)은과 한 명의 증인은 증언하였다. 그 당시에 그 발생한 일을 볼 수 있는 위치에 이 증인들이 있지 않았다고 청구인은 주장하였다. 처를 보기 위하여 약 3마일 떨어진 곳으로부터 자신이 왔었음을 시인하면서, 권총을 자신은 가지고 있지 않다고, 그리고 그녀에게 말을 자신이 걸었을 때 물 한 통을과 그 밖의 무엇인가를 그녀는 가지고 있었다고; 그들은 다투었다고; 그 때 스웨터 아래서 권총을 그녀가 뽑았고 그는 "그 권총을 그녀로부터 빼앗기 위하여 그녀하고 격투를 벌이게 되었"다고; "그녀와의 격투를 벌이는 과정에서 그녀를 어깨 뒤에서, 그리고 등을 관통하여 자신이쏘게 되었"다고, 그리고 나서 자신은 도주하였다고 그는 주장하였다. 기록상 그 살해 현장의 목격자들이 있었음을 시사해 주는 것은 증언을 한 사람들 말고는 전혀 없다. 정신이상의 답변(the plea of insanity)은 명시적으로 철회되었다.[12] «308 U. S., 449»

형량을 사형으로 한 유죄평결(a verdict of guilty with the death penalty)을 배심은 냈다. 새로운 정식사실심리를 같은 날인 24일 청구인의 변호인은 신청하였는데, 연기속행 신청을 받아들이지 아니한 점을 오류사항으로 주장하였다. 새로운 정식사실심리를 구하는 이 신청은 6월 30일까지 때때로 이어졌다. 그 중간에 청구인의 누이에 의하여 제3의 변호사 한 명이 선임되었고 6월 30일에는 새로운 정식사실심리를 구하는 보충신청서를 청구인의 세 명의 변호인들이 제출하였는데, 특히 연기속행의 거부가 "변호인의 조력을 받을 권리를 상담이라는, 그리고 정식사실심리를 위한 준비의 기회라는 그 통상적 부수사항들(accustomed incidents)에 더불어" 청구인에게 부정함으로써 연방헌법 수정 제14조에 의하여 보장된 법의 평등한 보호(the equal protection of the laws)를과 적법절차(due process of law)를 그에게서 박탈하였다고 상설하였다.

새로운 정식사실심리를 구하는 신청에 대하여 청문이 실시되었을 때, 유일한 증인들은 청구인의 세 명의 변호인들뿐이었다. 자신은 정식사실심리와 평결이 있은 뒤에서야 선임된 터라는 것만을 청구인의 누이에 의하여 선임된 세 번째 변호인은 증언하였다. 정식사실심리에서 청구인을 대변하였던 두 명의 변호인들은 사실상

12) 앨라배마주 대법원의 의견은 특별히 언급한다: "처음에는 무죄답변을 및 별도의 정신이상을 이유로 한 무죄답변을 변호인은 제출하였으나, 정식사실심리에서는 후자를 철회하였다."

what they had set out in their original affidavits. In some detail they testified that: they had conferred with petitioner after their appointment on Monday, March 21, but he gave them no helpful information available as a defense or names of any witnesses; between their appointment and the trial they made inquiries of people who lived in the community in which the petitioner had lived prior to the crime with which he was charged and in which the killing occurred and none of those questioned, including a brother of petitioner, could offer information or assistance helpful to the defense; they (the attorneys) had not prior to the trial conferred with local doctors, of whom there were four, as to petitioner's mental condition, had neither summoned any medical experts or other witnesses nor asked for compulsory process guaranteed an accused by the Alabama Constitution, Art. 1, § 6. And in response to inquiries «308 U. S., 450» made by the trial judge they stated that they had not made any request for leave of absence from the court to make further inquiry or investigation.

The motion for new trial was overruled.

Upon appeal, the Alabama Supreme Court gave full consideration to the motion for continuance although no ruling upon it was contained in the record and concluded that the trial court had not abused its discretion in failing to continue the case.[13)]

Under the particular circumstances appearing in this record, we do not think petitioner has been denied the benefit of assistance of counsel guaranteed to him by the Fourteenth Amendment. His appointed counsel, as the Supreme Court of Alabama recognized, have performed their "full duty intelligently and well." Not only did they present petitioner's defense in the trial court, but in conjunction with counsel later employed, they carried an appeal

---

13) Avery v. State of Alabama, supra.

그들의 당초의 선서진술서들에서 진술했던 바를 반복하였다. 그들은 어느 정도 자세히 증언하였다: 3월 21일 월요일 그들의 지정 이후에 청구인하고 그들은 대화하였으나, 항변사유로서 사용할 수 있는 유익한 정보를이나 증인들의 이름을 그들에게 그는 전혀 알려주지 않았다; 공소사실의 범죄 이전에 청구인이 살아온, 그 살인사건이 발생한 지역사회에 살고 있는 사람들에 대한 조사를 그들의 지정에서부터 정식사실심리까지의 사이에 그들은 실시했으나 방어에 유익한 정보를이나 조력을 청구인의 남동생 한 명을 포함하여 질의를 받은 어느 누구가도 제공해 줄 수 없었다; 그들(변호인들)은 정식사실심리 이전에 청구인의 정신상태에 관하여 개업의사들 - 그 지역에 4명이 있었다 - 하고 대화해 보지 못하였고, 의학 전문가들을이나 기타의 증인들을도 소환해 보지 못하였으며, 앨라배마주 헌법 Art. 1, § 6에 의하여 피고인에게 보장된 강제절차를 신청하지도 못하였다. 그리고 정식사실심리 판사에 «308 U. S., 450» 의하여 제기된 질문들에 답하기 위한 더 이상의 조회를이나 조사를 실시하고자 법원에 부재허가(leave of absence) 신청을 자신들이 구해 보지 않았다고 그들은 진술하였다.

새로운 정식사실심리를 구하는 신청은 기각되었다.

비록 기록에는 연기속행 신청에 대한 결정이 전혀 포함되어 있지 않지만 연기속행 신청에 대하여 충분한 검토를 항소심에서 앨라배주 대법원은 하고서 사건을 정식사실심리 법원이 연기하지 아니한 것은 재량권을 남용한 것이 아니었다고 결론지었다.[13)]

이 기록에 나타나 있는 특정의 상황들 아래서 연방헌법 수정 제14조에 의하여 청구인에게 보장된 변호인의 조력의 이익을 그가 박탈당한 것으로는 우리는 생각하지 않는다. 앨라배마주 대법원이 인정하였듯이 "그들의 완전한 의무를 이성적으로 훌륭하게(full duty intelligently and well)" 그의 지정 변호인단은 수행하여 왔다. 청구인의 항변사유를 정식사실심리 법원에 그들은 제기했을 뿐만 아니라, 나중에 선임된 변호인에게 협력하여 주 대법원에 항소를 그들은 제기하였고, 그 다음에는 우리의

13) Avery v. State of Alabama, supra.

to the State Supreme Court, and then brought the matter here for our review. Their appointment and the representation rendered under it were not mere formalities, but petitioner's counsel have-as was their solemn duty-contested every step of the way leading to final disposition of the case. Petitioner has thus been afforded the assistance of zealous and earnest counsel from arraignment to final argument in this Court.

The offense for which petitioner was convicted occurred in a County largely rural. The County seat, where court was held, has a population of less than a thousand.[14)] Indictments in the Bibb County Circuit Court, as in most rural Counties throughout the Nation, are most frequently returned and trials had during fixed terms or sessions of «308 U. S., 451» court.[15)] And these rural "Court Weeks" traditionally bring grand and petit jurors, witnesses, interested per- «308 U. S., 452» sons and spectators from every part of the County into the County seat for court.[16)] Unlike metropolitan centers, people in these

14) Vol. I, Fifteenth Census of the United States, 1930.

15) The first Constitution of Alabama (1819), Art. V, § 7, provided for the holding of a circuit court at least twice a year in each county, and this provision continues in the present constitution, Const. of Ala. (1901), Art. VI, § 144. While in recognition of modern social needs (see Pound, Criminal Justice in America, 1930, pp. 152, 88, 150, 163, 164, 178, 183, 189, 190) circuit courts now, by statute, entertain causes at substantially all times (Code, 1923, § 6667) the holding of formal court at specific terms or sessions is emphasized in the requirement that each cause be called at least twice a year and as often as is necessary to secure prompt trials. (Id., § 6668). Cf. Ala. Civ. Code, 1907, c. 62, Art. I, § 3234, specifically providing for holding of circuit court in Bibb County on the first Monday before the last Monday in February and August of each year. In general, the practice in Alabama accords with that in all sections of the country, e.g., see Compiled Laws of Colorado, 1921, § 5656, et seq., fixing specific terms of district courts, and § 5734–5766, fixing specific dates of county court terms; Idaho Code Ann. (1932) 1–706, et seq., requiring at least two terms each year for the district court in each county to be fixed by court order; Burns Indiana Stat. Ann. (1933) 4–332, et seq., fixing specific terms of circuit courts, 4–407 et seq., and 4–607, fixing specific terms of superior courts; Rev. Stat. of Maine (1930), c. 91, § 21, p. 1264, fixing specific trial terms for superior courts; Mich. Stat. Ann (Callaghan, 1938) § 27.546, et seq., providing for at least four terms of circuit court in each county organized for judicial purposes, at fixed times subject to change by court order (§ 27.547); Cahill's Consol. Laws of New York (1930), c. 31, § 84, providing that special and trial terms of supreme court be designated by the appellate division (see also § 150) and requiring that at least one special term and two trial terms must be held in each county annually, § 148; Rev. Stat. of Utah (1933), 20–3–6, 20–3–9, requiring at least three terms during each year for the district court at each county seat, at times to be fixed by the respective district judges; Public Laws of Vermont (1933), § 1374, p. 296, fixing stated terms for holding county courts. In Pennsylvania, courts of quarter sessions, "of oyer and terminer and …… jail delivery shall be holden four times, annually, in every county." 17 Purdon's Penn. Stat., §§ 331, 351, 371.

16) The system of circuit court terms continues today characteristics traceable to the original English Assizes. While financial and administrative matters have been dropped from the business historically committed to justices on

재심리를 위하여 그 문제를 여기에 그들은 가져왔다. 그들의 지정은과 이에 의거하여 이루어진 대변은 단순한 형식적 행위들이 아니었는 바, 청구인의 변호인단은 - 그들의 엄숙한 임무가 그랬던 것처럼 - 사건의 종국적 처분으로 닿는 길의 모든 단계를 다투었다. 이렇게 하여 열성적이고 진지한 조력을 기소인부 신문에서부터 이 법원에서의 최종 변론에 이르기까지 청구인은 제공받아 왔다.

청구인에게 유죄판정이 내려진 그 범죄는 대부분이 시골지역으로 이루어진 카운티 한 곳에서 발생하였다.[14] 1,000명 미만의 인구를 법정이 열린 그 카운티 소재지는 가지고 있다. 국가 전체를 통하여 대부분의 시골 카운티들이 그러하듯 빕 카운티 순회법원에 내는 대배심기소장들은 법원의 고정된 개정기들 동안에 내지 회기들 동안에 제출되어 정식사실심리가 이루어지는 경우가 가장 «308 U. S., 451» 빈번하다.[15] 그리하여 전통적으로 대배심의 및 소배심의 배심원들을, 증인들을, 이해관계인들을과 방청인들을 카운티 전역으로부터 «308 U. S., 452» 법원 소재지로

---

14) Vol. I, Fifteenth Census of the United States, 1930.

15) 개개 카운티마다 1년에 적어도 두 번 순회법정을 개최하도록 1819년 앨라배마주 제정헌법 Art. V, § 7은 규정하였고 현행헌법에서도 이 규정은 이어진다. Const. of Ala. (1901), Art. VI, § 144. 현대의 사회적 수요들을 감안하여 (Pound, Criminal Justice in America, 1930, pp. 152, 88, 150, 163, 164, 178, 183, 189, 190 등을 보라) 지금은 제정법에 따라 소송사건들을 순회법원들이 사실상 상시적으로 받아들이고 있기는 하지만 (Code, 1923, § 6667) 특정 개정기들에서의 내지는 회기들에서의 정식법정의 개최는 개개 사건의 기일이 1년에 적어도 두 번, 그리고 신속한 정식사실심리들을 확보하기 위하여 필요한 만큼 여러 번, 열려야 한다는 요구에 강조되어 있다. (Id., § 6668). 특별히 매년 2월의 및 8월의 마지막 월요일 이전 첫 번째 월요일의 빕 카운티에서의 순회법원의 개최를 규정하는 Ala. Civ. Code(앨라배마주 민사법전), 1907, c. 62, Art. I, § 3234를 비교하라. 일반적으로 이 나라 전체 지역들에서의 관행에 앨라배마주에서의 관행은 부합되는 바, 예컨대 지방법원들에 대한 특정 개정기들을 정하고 있는 Compiled Laws of Colorado(콜로라도주 통합 법률집), 1921, § 5656, et seq.을, 그리고 카운티 법원의 개정기들의 특정 날짜들을 정하고 있는 § 5734-5766을; 개개 카운티에서의 지방법원을 위한 1년에 적어도 두 번의 개정기들이 법원의 명령에 의하여 정해지도록 요구하는 Idaho Code Ann.(아이다호주 주석 법전) (1932) 1-706, et seq.를; 순회법원들의 특정 개정기들을 정하고 있는 Burns Indiana Stat. Ann.(인디애나주 주석 법률집) (1933) 4-332, et seq.를, 상위법원들의 특정 개정기들을 정하고 있는 4-407 et seq. 및 4-607을; 상위법원들을 위한 특정의 정식사실심리 개정기들을 정하고 있는 Rev. Stat. of Maine(메인주 현행 법률집) (1930), c. 91, § 21, p. 1264를; 개개 카운티에서의 사법적 목적들을 위하여 편성된 적어도 네 번의 정해진 시기의 순회법원 개정기들을 규정하되 법원의 명령에 따라 변경할 수 있게 하는 Mich. Stat. Ann.(미시간주 주석 법률집) (Callaghan, 1938) § 27.546, et seq. 및 § 27.547를; 1심법원의 특별 및 정식사실심리 개정기들이 항소부에 의하여 지정되도록 규정하는, 그리고 개개 카운티에서 해마다 적어도 한 번의 특별 개정기가 및 두 번의 정식사실심리 개정기들이 개최되지 않으면 안 된다고 요구하는 Cahill's Consol. Laws of New York(뉴욕주 통합 법률집) (1930), c. 31, § 84 (그리고 § 150도 아울러) 및 § 148을; 해마다 카운티 소재지에서의 지방법원을 위한, 해당 지방법원 판사들에 의하여 지정되는 적어도 세 번의 개정기들을 요구하는 Rev. Stat. of Utah(유타주 현행 법률집) (1933), 20-3-6, 20-3-9를; 카운티 법원들의 개최를 위한 정기의 개정기들을 정하고 있는 Public Laws of Vermont(버몬트주 공법집) (1933), § 1374, p. 296를 보라. 펜실베니아주에서는, "형사순회판사들은과 미결수 석방재판의" 사계법원들(courts of quarter sessions)은 "모든 카운티에서 1년에 4회 개최되어야 한다." 17 Purdon's Penn. Stat., §§ 331, 351, 371.

rural Counties know each other, and information concerning witnesses and events is more widespread and more generally known than in large cities. Because this was so, petitioner's attorneys were able to make the inquiries during Court Week at the County seat, to which they testified, and that they apparently withdrew the plea of insanity after this inquiry is significant. That the examination and preparation of the case, in the time permitted by the trial judge, had been adequate for counsel to exhaust its every angle is illuminated by the absence of any indication, on the motion and hearing for new trial, that they could have done more had additional time been granted.

«308 U. S., 453» Under the circumstances of this case we cannot say that the trial judge, who concluded a fairly conducted trial by carefully safeguarding petitioner's rights in a clear and fair charge, deprived petitioner of his constitutional right to assistance of counsel. The Supreme Court of Alabama having found that petitioner was afforded that right, its judgment is

Affirmed.

Eyre and later to judges of assize from the time of Henry II, our rural County Circuit courts still bear the earmarks of a "general review of the whole administration of the country." I Stephen's, "His. of the Cri. Law of Eng." (London), pp. 101, 106, 111. See, II Enc. of Soc. Sci., 283, 284, IV, 522. And the practice of promptly trying at any term all the then accused finds its historical roots in the commissions of gaol–delivery oyer and terminer of judges on Circuit or "Assize." I Stephen, supra, p. 105, et seq. These judges were empowered "to try every prisoner in the gaol, committed for any offense whatsoever." They proceeded upon prior indictments "as well as upon indictments taken before themselves." Stubbs's "Crown Circuit" (Dublin), 2, 5, 7, 9, 10. "And therefore it hath never been a question, but that the justices of gaol–delivery may take an indictment, try, and give judgment the same day." 2 Hale's "Pleas of the Crown" (1st Amer. ed.), 33. The Sheriff was commanded to see that the prisoners "together with their attachments, indictmenti, and all other muniments any ways concerning those prisoners …… (be present and that) all they, who will prosecute against those prisoners, be then and there to prosecute against them, as shall be just." Stubbs, supra, 4, 5. See 1 Holdsworth's "History of English Law" (927), pp. 49–51, 264 et seq.

시골의 이 "개정기들(Court Weeks)"은 불러온다.[16] 대도시 중심부들에서하고는 달리 이 시골 카운티들에 사는 사람들은 서로를 알고 있고, 따라서 증인들에와 사건들에 관한 정보는 대도시들에 있어서보다 더 넓게 퍼지고 더 일반적으로 알려진다. 이러하였던 까닭에 그들이 증언하였던 조사들을 카운티 소재지에서의 개정기 동안에 청구인의 변호인들은 수행할 수 있었고, 따라서 정신이상에 기한 무죄답변을 이 조사 뒤에 **그들이** 명시적으로 철회하였음은 중요하다. 새로운 정식사실심리를 구하는 신청에 및 청문조사에 비추어 설령 그들에게 추가적 시간이 허용되었더라도 더 이상의 것을 그들이 할 수 있었으리라는 것을 나타내는 아무런 징표가 없음에 의하여 정식사실심리 판사에 의하여 허용된 기간 동안의 사건의 검토가 및 준비가 변호인으로서 모든 노력을 다하기에 충분한 것이었음은 예증된다.

«308 U. S., 453» 이 사건의 상황들 아래서, 청구인의 권리들을 명확하고도 공정한 설시로써 주의 깊게 보장함으로써 그 공정하게 수행된 정식사실심리를 종결지은 정식사실심리 판사가 변호인의 조력을 받을 헌법적 권리를 청구인에게서 박탈했다고 우리는 말할 수 없다. 그 권리를 청구인이 부여받은 것으로 앨라배마주 대법원은 판단하였으므로 원심 판결주문은 인가된다.

---

16) 순회법원의 회기 제도가 오늘까지 간직하고 있는 특징들은 본래의 영국 순회재판들에까지 그 기원이 거슬러 올라갈 수 있다. 역사적으로 헨리 2세 때부터 에어 순회판사들(justices on Eyre)에게 그리고 나중에는 어사이즈 순회판사들(judges of assize)에게 맡겨진 업무로부터 재정적 및 행정적 사항들은 제외되어 왔음에도 불구하고, 여전히 "국가 경영 전반에 대한 일반적 재심사"의 특징들을 우리의 시골 카운티 순회법원들은 띠고 있다. I Stephen's, "His. of the Cri. Law of Eng." (London), pp. 101, 106, 111. 이에 관하여는 II Enc. of Soc. Sci., 283, 284, IV, 522를 보라. 그리하여 그 시점에 고발되어 있는 모든 사람들을 어느 개정기에서든 신속하게 재판하는 관행은 순회법원(Circuit)에 내지 "어사이즈(Assize)"에 대한 형사순회판사 임명서들(the commissions of gaol-delivery oyer and terminer of judges)에서 그 역사적 근거들이 찾아진다. I Stephen, supra, p. 105, et seq. 이 판사들은 "종류를 불문하고 모든 범죄 혐의로 수감된 감옥 내의 모든 죄수를 재판하도록" 권한이 부여되었다. "그 자신들 앞에서 제기된 대배심기소장들에 기해서하고 마찬가지로" 이전의 대배심기소장들에 기해서도 절차를 그들은 진행하였다. Stubbs's "Crown Circuit" (Dublin), 2, 5, 7, 9, 10. "그리하여 미결수석방 재판관들이 바로 그 당일에 대배심기소장을 접수하고 정식사실심리를 진행하고 판결을 내릴 수 있다는 데 대하여는 결코 문제가 제기된 적이 없다." 2 Hale's "Pleas of the Crown", (1st Amer. ed.), 33. 죄수들(prisoners)로 하여금 "합당한 바에 따라 …… 그들에 대한 압류서들을, 대배심기소장들을, 그리고 조금이라도 그들에 관련된 그 밖의 모든 권리증서들을 지닌 채로 (출석하게끔 그리고) 죄수들을 상대로 소추를 제기하고자 하는 모든 사람들로 하여금 그 때 거기에 그들을 소추하기 위하여 출석하게끔" 하도록 주봉행(州奉行; Sheriff)은 명령되었다." Stubbs, supra, 4, 5. 아울러 1 Holdsworth's "History of English Law" (1927), pp. 49-51, 264 et seq.를 보라.

변호인의 조력을 받을 권리

Betts v. Brady, 316 U. S. 455 (1942)

메릴랜드주 항소법원의 볼티모어시 출신
캐럴 T. 본드 판사에게 내린 사건기록
송부명령

NO. 837
변론 1942년 4월 13, 14일
판결 1942년 6월 1일

요약해설

1. 개요

Betts v. Brady, 316 U. S. 455 (1942)는 6 대 3으로 판결되었다. 법원의 의견을 로버츠(ROBERTS) 판사가 썼고 더글라스(DOUGLAS) 판사의 및 머피(MURPHY) 판사의 찬동 아래 반대의견을 블랙(BLACK) 판사가 냈다. 변호인의 조력의 및 적법절차의 둘 사이의 관계를 다루었으며, 21년 뒤에 Gideon v. Wainwright (1963)에서 전원일치의 법원에 의하여 폐기되었다.

2. 사실관계 (316 U. S., at 456–458.)

청구인은 강도죄로 주 순회법원에 대배심기소되었다. 가난한 처지에서 변호인을 선임하지 못한 채 기소인부 신문에 처해졌을 때 자신을 위하여 변호인을 지정해 달라고 판사에게 청구인은 요청하였으나, 살인의 및 강간의 기소사건들 이외의 사건에서 가난한 피고인들을 위한 변호인 지정은 지역의 실무관행이 아니라는 이유로 거부되었다. 청구인은 무죄답변을 내고서 배심 없는 정식사실심리를 택하였다. 정식사실심리 결과 청구인은 유죄가 인정되어 8년형이 선고되었다.

연방헌법 수정 제14조의 적법절차 조항에 의하여 보장된 변호인의 조력을 받을 권리를 자신이 박탈당했었다고 주장하면서 인신보호영장 청구를 주 순회법원 판사 한 명 앞으로 형기 복역 도중에 청구인은 냈다. 영장이 발부되고 청문이 실시되었으나 그의 주장은 기각되었고 청구인은 구금에 되돌려졌다. 인신보호영장을 구하는 청구를 주 항소법원의 법원장 판사 앞으로 수 개월 뒤에 청구인은 다시 제출하였다. 법원장 판사는 영장을 허가하였으나 청문 끝에 그 청구된 구제를 거부하고 청구인을 구금에 되돌려 보냈다. 주 항소법원의 법원장 판사를 상대로 한 사건기록 송부명령을 연방대법원에 청구인은 청구하였는데, 연방대법원은 이를 받아들여 사건을 자신 앞에 가져왔다.

3. 쟁점

연방헌법 수정 제14조의 적법절차 조항을 통하여 주(state) 행위에 대해서도 적용되게 된 연방헌법 수정 제6조의 변호인의 조력 조항을, 사형에 해당하는 살인의 및 강간의 기소사건들 이외의 사건에서는 가난한 피고인들을 위한 변호인을 지정하지 아니하는 지역의 실무에 의거하여 강도죄 사건의 정식사실심리에서 가난한 피고인에게 변호인을 지정하기를 주 법원이 거부한 처분이 침해했는지 여부가 쟁점이 되었다.[1)]

4. 로버츠(ROBERTS) 판사가 쓴 법원의 의견의 요지

공정한 정식사실심리에, 그리하여 적법절차에, 그토록 기본이 되는 한 개의 규칙을 연방헌법 수정 제6조에 의하여 연방법원들 위에 부과되는 그 제한이 표명하는지 여부의 문제에 대한, 그리하여 그 제한이 연방헌법 수정 제14조에 의하여 주들 위에 의무적인 것으로 만들어지는지 여부의 문제에 대한 관련 자료는 권리장전의 연방헌법에의 포함 이전에 식민지들에와 주들에 존속하였던, 그리고 오늘까지의 주들의 헌법적, 입법적 및 사법적 역사에 존속하는, 헌법적 및 제정법적 규정들에 의하여 제공된다. 그 당시의 보통법(common law)의 관행에 비출 때, 식민지 헌법들의 및 초기의 주 헌법들의 규정들의 취지는 형사적 소송추행들에 있어서 변호인에 의한 대변(representation)을 박탈하였던 규칙들을 없애고자 한 것이었지만, 그러나 주(the state)로 하여금 피고인을 위하여 변호인을 제공하도록 강제하기 위함은 아니었다. (316 U. S., at 465-466.)

대다수 주들에 있어서 변호인 지정은 공정한 정식사실심리(a fair trial)에 필수인 기

---

1) 변호인의 조력의 및 적법절차의 양자 사이의 관계를 일반적 차원에서 다루기를 피하고서, 그 둘 사이의 관계를, 변호인을 범인으로 주장된 빈궁한 사람에게 모든 형사사건에서 상황 여하에 상관없이 제공하도록 주에게 적법절차가 요구하는지 여부라는 한정된 맥락에서 로버츠(ROBERTS) 판사는 검토하였다. 316 U. S., at 464.
선결문제로서, 이 사건에 대한 연방대법원의 재판권의 존부를, 특히 원심판결이 한 개의 종국판결(a final judgement)인지, 그것이 법원법(Jud. Code) 제237절에 따라 사건기록 송부명령(certiorari)에 의하여 연방대법원의 재심리 대상이 될 수 있는 성격의 것인지의 관점에서 검토하도록 지정 변호인인 포르타스(Fortas) 변호사에게 연방대법원은 요구하였다. 316 U. S., at 358-361.

본적 권리가 아니라는 것이 시민들의, 그들의 대표자들의 및 그들의 법원들의 숙고를 거친 판단이었다. 그 문제는 일반적으로 입법 정책의 문제로 간주되어 왔다. 그러므로 주들로 하여금 그들 자신의 견해가 무엇이든 상관없이 그 같은 모든 사건에서 변호인을 제공하도록 연방헌법 수정 제14조에 편입된 적법절차의 개념이 의무지운다고는 말할 수 없다. (316 U. S., at 471.)

이 사건에서 단순한 쟁점은 주측 증언의 및 피고인측 증언의 진실성이었다. 피고인은 43세의 남자로서 그 한정된 쟁점의 정식사실심리에서 그 자신을 돌볼 보통의 지능을과 능력을 갖추고 있었다. 그는 이전에 한 번 형사법정에서 절도죄에 대하여 유죄로 답변하고 형기를 복역한 적이 있었으므로 형사재판 절차에 완전히 생소한 것은 아니었다. 만약 상황이 달랐더라면, 그리하여 변호인의 결여 때문에 심각한 불이익에 청구인이 놓였던 것으로 나타났다면, 변호인 지정의 거부는 유죄판결의 파기로 귀착하였을 것이다. 원심판결은 인가되어야 한다. (316 U. S., at 472–473.)

5. 블랙(BLACK) 판사의 반대의견의 요지

범죄의 성격에 비추어, 그리고 그의 정식사실심리의 및 유죄판결의 상황들에 비추어 연방헌법 아래서 그의 권리인 절차적 보호를 청구인이 박탈당하였다고 나는 생각한다. 이 사건이 연방법원으로부터 온 것이었다면 그것을 우리가 파기해야만 할 것임은 명백하다. 연방헌법 수정 제6조를 주들에게 적용될 수 있게 연방헌법 수정 제14조는 만들었다고 나는 믿는다. (316 U. S., at 475.)

만약 "보편적 정의관념에 충격을 주는" 또는 "공정성의 및 정의의 일반적이고 기본적인 개념들에 거슬리는" 방법으로 정식사실심리가 실시되면 적법절차는 박탈된다. "질서 있는 자유(ordered liberty)의 개념에 내재하는" 것이면서 "청문의 본질에 필수의" 것이면 무엇이든 적법절차의 헌법적 보장에 의하여 제공되는 절차적 보호의 범위 내에 있다. 형사절차에서 변호인의 조력을 받을 권리는 "기본적인(fundamental)" 것이다. (316 U. S., at 476.)

죄 없는 사람들을 단지 그들의 궁핍 때문에 더 증대된 유죄판결의 위험에 맡기는 관행은 "공정성(fairness)의 및 정의(right)의 일반적이고 기본적인 개념"에 조화될 수 없다. 중대한 범죄의 기소에 기한 절차들에서 변호인을 바라는 가난한 사람의 요청을 그에게 거부하는 것은 "보편적 정의관념(universal sense of justice)"에 충격을 주는 것으로 간주되어 왔다. 문명화된 공동사회에 있어서는 생명이나 자유가 위험에 처해진 시민이 변호인의 조력을 고용하기에 너무 가난하다는 이유로 변호인을 금지당해야 한다는 것은 생각될 수 없다. 조금이라도 이와 다른 관행은 법 아래서의 평등한 재판을 제공하기 위한 민주 사회의 약속을 무효화하는 것이다. (316 U. S., at 476-477.)

MR. JUSTICE ROBERTS delivered the opinion of the Court.

The petitioner was indicted for robbery in the Circuit Court of Carroll County, Maryland. Due to lack of funds, «316 U. S., 457» he was unable to employ counsel, and so informed the judge at his arraignment. He requested that counsel be appointed for him. The judge advised him that this would not be done, as it was not the practice in Carroll County to appoint counsel for indigent defendants, save in prosecutions for murder and rape.

Without waiving his asserted right to counsel, the petitioner pleaded not guilty and elected to be tried without a jury. At his request, witnesses were summoned in his behalf. He cross-examined the State's witnesses and examined his own. The latter gave testimony tending to establish an alibi. Although afforded the opportunity, he did not take the witness stand. The judge found him guilty, and imposed a sentence of eight years.

While serving his sentence, the petitioner filed with a judge of the Circuit Court for Washington County, Maryland, a petition for a writ of habeas corpus alleging that he had been deprived of the right to assistance of counsel guaranteed by the Fourteenth Amendment of the Federal Constitution. The writ issued, the cause was heard, his contention was rejected, and he was remanded to the custody of the prison warden.

Some months later, a petition for a writ of habeas corpus was presented to Hon. Carroll T. Bond, Chief Judge of the Court of Appeals of Maryland, setting up the same grounds for the prisoner's release as the former petition. The respondent answered, a hearing was afforded, at which an agreed statement

로버츠(ROBERTS) 판사가 법원의 의견을 냈다.

메릴랜드주 캐럴 카운티 순회법원에 강도죄로 청구인은 대배심기소되었다. 자금의 부족 때문에 «316 U. S., 457» 변호인을 고용할 수 없었고, 그리하여 자신의 기소인부 신문 때에 판사에게 그렇게 그는 알려 주었다. 자신을 위한 변호인을 지정받게 해 달라고 그는 요청하였다. 살인에 및 강간에 대한 기소사건들 이외의 사건에서 가난한 피고인들을 위하여 변호인을 지정함은 캐럴 카운티에서의 실무관행이 아니라고, 그러므로 이 일은 이루어질 수 없다고 그에게 판사는 조언하였다.

변호인의 조력을 받을 자신의 그 주장된 권리를 포기하지 않은 채 무죄로 청구인은 답변하였고, 배심 없이 정식사실심리되는 쪽을 택하였다. 그의 요청에 따라 그를 위하여 증인들이 소환되었다. 그는 주측 증인들을 반대신문하고 그 자신의 증인들을 신문하였다. 알리바이를 증명하는 데에 도움이 되는 증언을 피고인측 증인들은 하였다. 비록 기회가 부여되었으나, 증언대에 그는 서지 않았다. 그를 유죄로 판정하고서 8년의 형량을 판사는 선고하였다.

연방헌법 수정 제14조에 의하여 보장된 변호인의 조력을 받을 권리를 자신이 박탈당했었다고 자신의 형기를 복역하는 동안 주장하면서 메릴랜드주 워싱턴 카운티 순회법원 판사 한 명에게 인신보호영장(a writ of habeas corpus)을 구하는 청구를 청구인은 냈다. 영장이 발부되어 청구원인에 대하여 청문이 실시되었으나 그의 주장은 기각되었고 교도소장의 구금에 그는 되돌려졌다.

몇 달 뒤에 인신보호영장을 메릴랜드주 항소법원의 법원장 캐럴 T. 본드(Carroll T. Bond) 판사에게 구하는 청구서가 제출되었는데, 죄수를 석방할 사유들로서 먼저 번 청구에서와 똑 같은 이유들을 주장하였다. 피청구인이 답변하였고 청문이 실시되었는데, 거기서 당사자들의 변호사들에 의하여 사실문제에 관한 일치된 진술

of facts was offered by counsel for the parties, the evidence taken at the petitioner's trial was incorporated in the record, and the cause was argued. Judge Bond granted the writ, but, for reasons set forth in an opinion, denied the relief prayed and remanded the petitioner to the respondent's custody.

The petitioner applied to this court for certiorari directed to Judge Bond. The writ was issued on account of the importance of the jurisdictional questions involved «316 U. S., 458» and conflicting decisions[1] upon the constitutional question presented. In awarding the writ, we requested counsel to discuss the jurisdiction of this court, "particularly (1) whether the decision below is that of a court within the meaning of § 237[2] of the Judicial Code, and (2) whether state remedies, either by appeal or by application to other judges or any other state court, have been exhausted."

1. Sec. 237 of the Judicial Code declares this court competent to review, upon certiorari, "any cause wherein a final judgment …… has been rendered …… by the highest court" of a State "in which a decision could be had" on a federal question. Was Judge Bond's judgment that of a court within the meaning of the statute? Answer must be made in the light of the applicable law of Maryland.

Art. 4, § 6 of the State Constitution provides: "All Judges shall by virtue of their offices be Conservators of the Peace throughout the State; ……" Sec. 1 of Art. 42 of the Public General Laws of Maryland (Flack's 1939 Edition) invests the Court of Appeals and the Chief Judge thereof, the Circuit Courts for the respective counties, and the several judges thereof, the Superior Court of Baltimore City, the Court of Common Pleas of that city, the Circuit Court

1) In re McKnight, 52 F. 799; Wilson v. Lanagan, 99 F. 2d 544; Boyd v. O'Grady, 121 F. 2d 146; Carey v. Brady, 125 F. 2d 253; Commonwealth ex rel. Schultz v. Smith, 139 Pa. Super. Ct. 357, 11 A. 2d 656; Commonwealth ex rel. McGlinn v. Smith, 344 Pa. 41, 24 A. 2d 1.
2) 28 U. S. C. § 344(b).

서가 제출되고 청구인의 정식사실심리에서 채택되었던 증거가 기록에 편입되고 주장이 변론되었다. 영장을 본드(Bond) 판사는 허가하였으나 한 개의 의견에 설명된 이유들에 의거하여 그 청구된 구제를 거부하고 청구인을 피청구인의 구금에 되돌려 보냈다.

본드(Bond) 판사를 상대로 한 사건기록 송부명령을 이 법원에 청구인은 청구하였다. 그 관련된 재판권 문제의, 그리고 그 제기된 «316 U. S., 458» 헌법 문제에 관한 대립되는 결정들[1]의 중요성 때문에 사건기록 송부명령 영장은 발부되었다. 영장, 315 U. S. 791, 을 부여하면서 변호인더러 이 법원의 재판권을 논하도록, "특히 (1) 원심판결이 법원법(the Judicial Code) 제237절[2]의 의미 내에서의 한 개의 법원의 판결인지 여부를, 그리고 (2) 항소에 의하여 또는 다른 판사들에의 내지는 어떤 다른 주 법원에의 신청에 의하여 주(state) 구제수단들이 모두 다 거쳐졌는지 여부를" 논하도록 우리는 요구하였다.

1. 한 개의 연방법 문제(a federal question)에 관하여 "판결을 내릴 권한이 있는" 주(a state)의 "가장 높은 법원에 의하여 …… 종국판결(a final judgement)이 내려져 있는 …… " 어떤 사건에 대해서도 사건기록 송부명령(certiorari)에 의거하여 재심리할 재판권을 당원은 지닌다고 법원법 제237절은 선언한다. 본드(Bond) 판사의 판결이 그 제정법의 의미 내에서의 법원의 판결이었는가? 해답은 해당 메릴랜드주 법에 비추어서 내려지지 않으면 안 된다.

메릴랜드주 헌법 제4조 제6절은 규정한다: "모든 판사들은 자신들의 직무상으로(by virtue of their offices) 주 전체를 통하여(throughout the State) 치안의 보호자들이다; …… " 인신보호 영장들을 허가할, 그리고 이에 속하는 모든 사항들에 있어서 재판권을 행사할 권한을 항소법원에게와 그 법원장에게, 각각의 카운티들의 순회법원들에게와 그 판사들 각각에게, 볼티모어시 상위법원(the Superior Court of Baltimore City)에게, 그 도시의 민소법원(the Court of Common Pleas of that city)에게, 볼티모어시 순회법원에게와 제

1) In re McKnight, 52 F. 799; Wilson v. Lanagan, 99 F. 2d 544; Boyd v. O'Grady, 121 F. 2d 146; Carey v. Brady, 125 F. 2d 253; Commonwealth ex rel. Schultz v. Smith, 139 Pa. Super. Ct. 357, 11 A. 2d 656; Commonwealth ex rel. McGlinn v. Smith, 344 Pa. 41, 24 A. 2d 1.
2) 28 U. S. C. § 344(b).

and Circuit Court No. 2 of Baltimore City, the Baltimore City Court, and the judges of the said courts, out of court, and the Judge of the Court of Appeals from the City of Baltimore, with power to grant writs of habeas corpus and to exercise jurisdiction in all matters pertaining thereto. «316 U. S., 459»

Although it is settled that the grant to the Court of Appeals of the power to issue the writ is unconstitutional and void,[3] and although the statute does not confer on individual judges of the Court of Appeals the power to issue a writ and proceed thereon, nevertheless those judges, as conservators of the peace, have the power under the quoted section of the Constitution.[4] In any event, Judge Bond is the Chief Judge of the Court of Appeals and the judge of that court from the City of Baltimore, and, as such, is empowered to act.

Sections 2 to 6, inclusive, 9 to 12 inclusive, and 17 of the statute prescribe the procedure governing the issue of the writ, its service, the return, and the hearing. No question is made but that Judge Bond complied with these provisions. It is, therefore, apparent that, in all respects, he acted in a judicial capacity, and that, in his proper person, he was a judicial tribunal having jurisdiction, upon pleadings and proofs, to hear and to adjudicate the issue of the legality of the petitioner's detention. If Judge Bond had been sitting in term time as a member of a court, clothed with power to act as one of the members of that court, his judgment would be that of a court within the scope of § 237. Doubt that his judgment in the present instance is such arises out of our decision in McKnight v. James, 155 U. S. 685, where we refused to review the denial of a discharge by a judge of an inferior court of Ohio who issued the writ and heard the case at chambers. It appeared that the petitioner had addressed his petition to a judge of the Circuit Court, instead of the court itself, and that, for this reason, the order of the judge was not review-

3) State v. Glenn, 54 Md. 572, 596; Sevinskey v. Wagus, 76 Md. 335, 25 A. 468.
4) Ex parte O'Neill, 8 Md. 227; Ex parte Maulsby, 13 Md. 625.

2순회법원(the Circuit Court and Circuit Court No. 2 of Baltimore City)에게, 볼티모어시 시법원(the Baltimore City Court)에게, 그리고 법정 외에서 그 법원들의 판사들에게, 그리고 볼티모어시 출신 항소법원 판사에게 메릴랜드주 일반공법 제42조 제1절은 부여한다. «316 U. S., 459»

비록 그 영장을 발부할 권한의 항소법원에의 부여는 위헌무효인 것으로 확립되어 있음에도 불구하고,[3] 그리고 영장을 발부할, 그리고 이에 의거하여 절차를 진행할 권한을 항소법원의 개개 판사들에게 그 제정법은 부여하고 있지 않음에도 불구하고, 그 권한을 그 헌법의 인용된 절에 의거하여 그 판사들은 치안의 보호자들로서 갖는다.[4] 어쨌든 본드(Bond) 판사는 항소법원의 법원장이고 그 법원의 볼티모어시 출신 판사인 바, 따라서 그 지위로서 처분할 권한이 있다.

영장의 발부를, 그 송달을, 그 보고(return)를 및 청문을 규율하는 절차를 그 제정법 제2절 내지 제6절은, 제9절 내지 제12절은 및 제17절은 규정한다. 이 규정들을 본드(Bond) 판사가 준수하였음에 대하여는 의문이 제기되지 않는다. 따라서 모든 점에서 사법적 권한 내에서 그가 행동하였음은, 그리고 그가 바로 그 개인 자격으로 소장(pleadings)에와 증거들(proofs)에 의거하여 청구인의 구금의 적법성의 문제를 청문하고 판결할 재판권을 지닌 법원의 재판관 한 명이었음은 명백하다. 만약 한 개의 법원에 대한 한 명의 구성원으로서 개정기 중에 그 직위에 본드(Bond) 판사가 앉아 있었던 것이라면, 그리고 그 법원의 구성원들 중 한 사람으로서 판결할 권한을 부여받은 상태였다면, 그의 판결은 제237절의 범위 내에서의 법원의 판결일 것이다. McKnight v. James, 155 U. S. 685에서의 우리의 판결로부터, 현재의 사건에서의 그의 판결이 그 같은 것이라는 점에 대한 의심은 나오는데, 거기서는 영장을 발부하여 판사실에서 사건을 청문한 오하이오주 하급법원의 판사 한 명에 의한 석방 거부를 재심리하기를 우리는 거부하였다. 자신의 청구를 순회법원 자체 앞으로가 아닌 그 법원의 판사 한 명 앞으로 그 청구인은 제기했었던 것으로; 그리고 이 이유 때문에 그 판사의 명령은 오하이오주 대법원에 의한 재심리 대상이 될 수 없는 것으로

3) State v. Glenn, 54 Md. 572, 596; Sevinskey v. Wagus, 76 Md. 335, 25 A. 468.
4) Ex parte O'Neill, 8 Md. 227; Ex parte Maulsby, 13 Md. 625.

able by the Supreme Court of Ohio as it would have been had the writ been addressed «316 U. S., 460» to the Circuit Court, though heard by a single judge. The petitioner had not exhausted his state remedy since, though he could have obtained a decision by the highest Court of the State, he had avoided doing so, and then sought to come to this court directly from the order of the Circuit Judge on the theory that that judge's order was the final order of the highest court of the State which could decide his case. In a later decision, we referred to this and other cognate cases as deciding that appeals do not lie to this court from orders by judges at chambers,[5] but the fundamental reason for denying our jurisdiction was that the appellant had not exhausted state remedies.

In view of what has been said of the power of Judge Bond as a judicial tribunal to hear and finally decide the cause, and of the judicial quality of his action, we are of opinion that his judgment was that of a court within the intendment of § 237.

2. Did the judgment entered comply with the requirement of § 237 that it must be a final judgment rendered by the highest court in which a decision could be had? Again, answer must be made in the light of the applicable law of Maryland. The judgment was final in the sense that an order of a Maryland judge in a habeas corpus case, whatever the court to which he belongs, is not reviewable by any other court of Maryland except in specific instances named in statutes which are here inapplicable.[6] It is true that the order was not final, and the petitioner has not exhausted state remedies in the sense that, in Maryland, as in England, in many of the States, and in the federal courts, a prisoner may apply succes- «316 U. S., 461» sively to one judge

5) Craig v. Hecht, 263 U. S. 255, 276.

6) Bell v. State, 4 Gill. 301; Ex parte O'Neill, 8 Md. 227; In re Coston, 23 Md. 271; Coston v. Coston, 25 Md. 500; State v. Glenn, 54 Md. 572; Annapolis v. Howard, 80 Md. 244, 30 A. 910; Petition of Otho Jones, 179 Md. 240, 16 A. 2d 901.

나타났는데, 만약 순회법원 앞으로 영장청구가 제기되었었더라면 비록 판사 한 명에 의하여 «316 U. S., 460» 청문이 이루어졌더라도 그것은 재심리 대상이 되었을 것이었다. 그 자신의 주(state) 구제수단을 그 청구인은 모두 다 거치지 못하였던 것인 바, 왜냐하면 주 최종심급 법원에 의한 판결을 얻을 수 있었을 것임에도 불구하고 그렇게 하기를 그는 피하였던 것이고, 그런 다음에 그 순회 판사의 명령이 자신의 사건을 판결할 수 있는 주 최종심급 법원의 종국적 명령이라는 이론에 의거하여 곧바로 그 판사의 명령으로부터 당원에 오기를 그는 추구하였기 때문이다. 항소들은 판사실에서의 판사들의 명령들로부터는 당원에 접근할 수 없다고 판단한 것들로서 이 사건을, 그리고 여타의 유사한 사건들을 더 나중의 한 개의 판결에서 우리는 언급하였으나,[5] 우리의 재판권을 부정한 근본적 이유는 주(state) 구제수단들을 항소인이 다 거치지 않은 상태였다는 데 있었다.

사건을 청문할 및 종국적으로 판결할 사법부 재판관으로서의 본드(Bond) 판사의 권한에 관하여 그리고 그의 판결의 사법적 우량성에 관하여 논해 진 바에 비추어, 우리는 그의 판결이 제237절의 목적 내에서의 법원의 판결이라는 견해이다.

2. 한 개의 판결이 내려질 수 있는 최종심급 법원에 의하여 내려진 종국판결이지 않으면 안 된다는 제237절의 요건에 원심판결은 부합하였는가? 다시 그 해답은 해당 메릴랜드주 법에 비추어서 내려지지 않으면 안 된다. 인신보호영장 사건에 있어서의 메릴랜드주 판사 한 명이 내린 명령은 그가 소속된 법원 여하에 상관없이, 제정법들에 명시된 특정의 경우들 - 여기에는 적용되지 않는 - 을 제외하고는 다른 어떤 메릴랜드주 법원에 의해서도 재심리될 수 없다는 의미에서, 그 판결은 종국적인 것이었다.[6] 메릴랜드주에서는 영국에서처럼, 수많은 주들에서처럼, 그리고 연방법원들에서처럼 판사 한 명에 이어 또 다른 판사에게 그리고 법원 한 곳에 이어 또 다른 법원에게 연속적으로 신청을 죄수는 할 수 있다는, 따라서 자신의 권리를 모두 다 거친 것이 될 수가 없다는 의미에서는 «316 U. S., 461» 그 명령은 종국적인 것이

5) Craig v. Hecht, 263 U. S. 255, 276.

6) Bell v. State, 4 Gill. 301; Ex parte O'Neill, 8 Md. 227; In re Coston, 23 Md. 271; Coston v. Coston, 25 Md. 500; State v. Glenn, 54 Md. 572; Annapolis v. Howard, 80 Md. 244, 30 A. 910; Petition of Otho Jones, 179 Md. 240, 16 A. 2d 901.

after another and to one court after another without exhausting his right.[7] We think this circumstance does not deny to the judgment in a given case the quality of finality requisite to this court's jurisdiction. Although the judgment is final in the sense that it is not subject to review by any other court of the State, we may, in our discretion, refuse the writ when there is a higher court of the State to which another petition for the relief sought could be addressed,[8] but this is not such a case. To hold that, since successive applications to courts and judges of Maryland may be made as of right, the judgment in any case is not final would be to deny all recourse to this court in such cases.

Since Judge Bond's order was a final disposition by the highest court of Maryland in which a judgment could be had of the issue joined on the instant petition, we have jurisdiction to review it.

3. Was the petitioner's conviction and sentence a deprivation of his liberty without due process of law, in violation of the Fourteenth Amendment, because of the court's refusal to appoint counsel at his request?

The Sixth Amendment of the national Constitution applies only to trials in federal courts.[9] The due process clause of the Fourteenth Amendment does not incorporate, «316 U. S., 462» as such, the specific guarantees found in the Sixth Amendment,10) although a denial by a State of rights or privileges specifically embodied in that and others of the first eight amendments may,

7) Judge Bond intimates that § 3 of Art. 42, as amended by Laws 1941, c. 484 permits the use of a rule to show cause (cf. Holiday v. Johnston, 313 U. S. 342) or other form of preliminary inquiry to avoid the necessity of the issue of a writ and a hearing where a redundant petition is filed disclosing no new matter. See, Salinger v. Loisel, 265 U. S. 224, 231–232. He determined, however, in this case to issue the writ and afford a hearing.

8) Tenner v. Dulles, 314 U. S. 692.

9) United States v. Dawson, 15 How. 467, 487; Twitchell v. Pennsylvania, 7 Wall. 321, 325; Spies v. Illinois, 123 U. S. 131, 166; In re Sawyer, 124 U. S. 200, 219; Brooks v. Missouri, 124 U. S. 394, 397; Eilenbecker v. District Court, 134 U. S. 31, 34, 35; West v. Louisiana, 194 U. S. 258, 263; Howard v. Kentucky, 200 U. S. 164, 172.

10) Hurtado v. California, 110 U. S. 516; Macwell v. Dow, 176 U. S. 581; West v. Louisiana, 194 U. S. 258; Twining v. New Jersey, 211 U. S. 78; Frank v. Mangum, 237 U. S. 309; Snyder v. Massachusetts, 291 U. S. 97; Palko v. Connecticut, 302 U. S. 319.

아니었음은, 그리고 주 구제절차들을 청구인은 모두 다 거친 것이 아님은 사실이다.[7] 당원의 재판권에 필요한 종국성의 특질을 특정 사건에 있어서의 판결에 대하여 이 상황은 부정하지 않는다고 우리는 생각한다. 비록 다른 어떤 주 법원에 의한 재심리에도 놓이지 않는다는 의미에서 원심판결이 종국적인 것이라 하더라도, 그 추구된 구제를 위한 또 다른 청구가 제기될 수 있는 더 높은 법원이 있을 경우에는 영장을 우리의 재량 내에서 우리는 거부할 수 있지만,[8] 그러나 이 사건은 이 같은 사건이 아니다. 메릴랜드주 법원들에게와 판사들에게 연속적인 신청들이 권리로서 제기될 수 있음을 이유로 어떤 사건에서의 것이든 원심판결은 종국적이 아니라고 보는 것은 그 같은 사건들에 있어서 당원에의 모든 호소를 박탈하는 것이 될 것이다.

본드(Bond) 판사의 명령은 현재의 청구에 결합된 문제에 관하여 판결이 내려질 수 있는 메릴랜드주의 최종심급 법원에 의한 종국처분이었으므로, 그것을 재심리할 재판권을 우리는 갖는다.

3. 청구인에 대한 유죄판정은과 형의 선고는 그의 요청에 따른 변호인 지정에 대한 법원의 거부로 인한 연방헌법 수정 제14조의 위반 가운데서의, 적법절차에 의하지 아니한 그의 자유에 대한 박탈이었는가?

오직 연방법원들에서의 정식사실심리들에만 연방헌법 수정 제6조는 적용된다.[9] 연방헌법 수정 제6조에서 찾아지는 그 명시적 보장들을 «316 U. S., 462» 연방헌법 수정 제14조의 적법절차 조항은 그 자체로서는 통합하지 아니하는 바,[10] 다만 그 조항에, 그리고 그 밖의 첫 여덟 개 수정조항들에 명시적으로 구체화된 권리

7) 아무런 새로운 사항을도 보여주지 않는 중복되는 청구가 제기될 경우에 영장발부의 필요성을 피하기 위하여, 그리고 청문의 필요성을 피하기 위하여 청구원인을 증명해야 한다는 규칙(Holiday v. Johnston, 313 U. S. 342를 참조하라)의 사용을 또는 다른 형태의 예비조사를 1941년 법률집(Laws 1941), c. 484에 의하여 개정된 것으로서의 제42조 제3절은 허용한다고 본드(Bond) 판사는 암시한다. Salinger v. Loisel, 265 U. S. 224, 231–232을 보라. 그러나 이 사건에서 영장을 발부하기로, 그리고 청문을 제공하기로 그는 결정하였다.

8) Tenner v. Dulles, 314 U. S. 692.

9) United States v. Dawson, 15 How. 467, 487; Twitchell v. Pennsylvania, 7 Wall. 321, 325; Spies v. Illinois, 123 U. S. 131, 166; In re Sawyer, 124 U. S. 200, 219; Brooks v. Missouri, 124 U. S. 394, 397; Eilenbecker v. District Court, 134 U. S. 31, 34, 35; West v. Louisiana, 194 U. S. 258, 263; Howard v. Kentucky, 200 U. S. 164, 172.

10) Hurtado v. California, 110 U. S. 516; Macwell v. Dow, 176 U. S. 581; West v. Louisiana, 194 U. S. 258; Twining v. New Jersey, 211 U. S. 78; Frank v. Mangum, 237 U. S. 309; Snyder v. Massachusetts, 291 U. S. 97; Palko v. Connecticut, 302 U. S. 319.

in certain circumstances, or in connection with other elements, operate, in a given case, to deprive a litigant of due process of law in violation of the Fourteenth.[11] Due process of law is secured against invasion by the federal Government by the Fifth Amendment, and is safeguarded against state action in identical words by the Fourteenth. The phrase formulates a concept less rigid and more fluid than those envisaged in other specific and particular provisions of the Bill of Rights. Its application is less a matter of rule. Asserted denial is to be tested by an appraisal of the totality of facts in a given case. That which may, in one setting, constitute a denial of fundamental fairness, shocking to the universal sense of justice, may, in other circumstances and in the light of other considerations, fall short of such denial.[12] In the application of such a concept, there is always the danger of falling into the habit of formulating the guarantee into a set of hard and fast rules the application of which, in a given case, may be to ignore the qualifying factors therein disclosed.

The petitioner, in this instance, asks us, in effect, to apply a rule in the enforcement of the due process clause. He says the rule to be deduced from our former decisions is that, in every case, whatever the circumstances, one charged with crime who is unable to obtain counsel must be furnished counsel by the State. Expressions in the «316 U. S., 463» opinions of this court lend color to the argument,[13] but, as the petitioner admits, none of our decisions squarely adjudicates the question now presented.

In Powell v. Alabama, 287 U. S. 45, ignorant and friendless negro youths, strangers in the community, without friends or means to obtain counsel, were

11) Compare Twining v. New Jersey, 211 U. S. 78, 98; Powell v. Alabama, 287 U. S. 45; Palko v. Connecticut, 302 U. S. 319, 323 ff.

12) Compare Lisenba v. California, 314 U. S. 219, 236–237.

13) Powell v. Alabama, 287 U. S. 45, 73; Grosjean v. American Press Co., 297 U. S. 233, 243, 244; Johnson v. Zerbst, 304 U. S. 458, 462; Avery v. Alabama, 308 U. S. 444, 447.

들의 내지 특권들의 주에 의한 박탈은, 일정한 상황들에 있어서 또는 여타의 요소들에 결합하여, 특정 사건에서 연방헌법 수정 제14조에 대한 위반 가운데 적법절차를 당사자에게서 박탈하는 것으로 작용할 수 있을 뿐이다.[11] 적법절차는 연방정부에 의한 침해에 대처하여서는 연방헌법 수정 제5조에 의하여 보장되고, 주 행위에 대처하여서는 연방헌법 수정 제14조의 동일한 구절에 의하여 보호된다. 권리장전(the Bill of Rights)에 중 여타의 구체적인 특정의 규정들에 구상된 것들을보다도 덜 엄격하고 더 유연한 개념을 그 문구는 공식화한다. 그것의 적용은 한 개의 규칙사항(a matter of rule)으로서의 성격이 덜하다. 주장된 권리 박탈은 특정 사건에서의 사실관계 전체에 대한 평가에 의하여 분석되어야 한다. 한 가지 상황에서는 보편적 정의 관념에 충격을 주는 기본적 공정성에 대한 박탈을 성립시킬 수 있는 것이라 하더라도, 별개의 상황들 속에서는 그리고 다른 고려요소들에 비추었을 때에는 그 같은 박탈에 미치지 못할 수 있다.[12] 이같은 개념의 적용에 있어서는 그 보장을 한 묶음의 딱딱하고 고착된 일련의 규칙들이 되게끔 공식화하는 습관에 빠짐으로써 특정 사건 안에 드러난 제한적 요소들을 그 특정 사건에의 그 개념의 적용이 무시하는 것이 될 수 있는 위험이 항상 존재한다.

요컨대 적법절차 조항의 시행에 있어서 한 개의 규칙을 적용하라고 우리에게 이 사건에서 청구인은 요구하고 있다. 범죄로 기소되어 변호인을 선임할 수 없는 사람은 모든 사건에 있어서 상황 여하에 상관없이 주들에 의하여 변호인이 제공되지 않으면 안 된다는 데 우리의 선례들로부터 도출되어야 할 규칙은 있다고 그는 말한다. 당원의 의견들에서의 표현들은 [316 U. S. 463] 그 주장을 그럴 듯하게 하여 주지만,[13] 그러나 청구인이도 인정하듯이 지금 제기되는 문제를 정면으로 판단하는 당원의 선례들은 없다.

Powell v. Alabama, 287 U. S. 45에서 그 지역사회에 낯선 사람들로서 친구들도 없고 변호인을 선임할 돈도 없는 무지하고 의존할 곳 없는 흑인 소년들은 정식사실

---

11) Twining v. New Jersey, 211 U. S. 78, 98을; Powell v. Alabama, 287 U. S. 45를; Palko v. Connecticut, 302 U. S. 319, 323 ff을 비교하라.
12) Lisenba v. California, 314 U. S. 219, 236–237을 비교하라.
13) Powell v. Alabama, 287 U. S. 45, 73; Grosjean v. American Press Co., 297 U. S. 233, 243, 244; Johnson v. Zerbst, 304 U. S. 458, 462; Avery v. Alabama, 308 U. S. 444, 447.

hurried to trial for a capital offense without effective appointment of counsel on whom the burden of preparation and trial would rest, and without adequate opportunity to consult even the counsel casually appointed to represent them. This occurred in a State whose statute law required the appointment of counsel for indigent defendants prosecuted for the offense charged. Thus, the trial was conducted in disregard of every principle of fairness and in disregard of that which was declared by the law of the State a requisite of a fair trial. This court held the resulting convictions were without due process of law. It said that, in the light of all the facts, the failure of the trial court to afford the defendants reasonable time and opportunity to secure counsel was a clear denial of due process. The court stated further that "under the circumstances ······, the necessity of counsel was so vital and imperative that the failure of the trial court to make an effective appointment of counsel was likewise a denial of due process," but added: "Whether this would be so in other criminal prosecutions, or under other circumstances, we need not determine. All that it is necessary now to decide, as we do decide, is that, in a capital case, where the defendant is unable to employ counsel and is incapable adequately of making his own defense because of ignorance, feeble-mindedness, illiteracy, or the like, it is the duty of the court, whether requested or not, to assign «316 U. S., 464» counsel for him as a necessary requisite of due process of law, ······"

Likewise, in Avery v. Alabama, 308 U. S. 444, the state law required the appointment of counsel. The claim which we felt required examination, as in the Powell case, was that the purported compliance with this requirement amounted to mere lip service. Scrutiny of the record disclosed that counsel had been appointed, and the defendant had been afforded adequate opportunity to prepare his defense with the aid of counsel. We therefore overruled the contention that due process had been denied.

심리 준비의, 그리고 정식사실심리의 부담이 부여될 변호인에 대한 유효한 지정 없이, 그리고 심지어 그들을 대변하도록 임시로 지정된 변호인하고의 충분한 상담 기회조차 없이, 사형이 가능한 범죄로 서둘러 정식사실심리에 부쳐졌다. 그 범죄로 기소된 빈궁한 피고인들을 위한 변호인 지정을 그 제정법이 요구하는 주에서 이것은 발생하였다. 따라서 공정성의 모든 원칙에 대한, 나아가 공정한 정식사실심리의 한 가지 필수요소로서 주 법에 의하여 선언된 바에 대한 무시 가운데서 그 정식사실심리는 수행되었다. 적법절차를 거기서 나온 유죄판정들은 결여하였다고 당원은 판시하였다. 모든 사실관계들에 비추어 변호인을 확보하기 위한 상당한 시간을과 기회를 피고인들에게 부여할 의무에 대한 정식사실심리 법원의 불이행은 적법절차에 대한 명백한 박탈이었다고 당원은 말하였다. 더 나아가 "…… 그 상황들 아래서 변호인의 필요는 너무나 중요하고 명령적이었으므로, 유효한 변호인 지정을 정식사실심리 법원이 해 주지 못한 점은 마찬가지로 …… 적법절차에 대한 박탈"이었다고 당원은 말하였으나, 이렇게 덧붙였다: "여타의 형사적 소송추행들에서, 또는 별개의 상황들 아래에서 이것이 그러할 것인지 여부를 우리는 판단할 필요가 없다. 지금 우리가 판단해야 할 필요가 있는 전부는, 지금 우리가 판단하고 있듯이, 사형이 가능한 사건에서 피고인이 변호인을 선임할 수 없고 무지로, 의지박약으로, 문맹으로, 또는 기타의 이유로 인하여 그 자신의 방어를 적절히 해낼 능력이 없을 경우에, 요청이 있든 없든 적법절차의 한 가지 필수적 요소로서 «316 U. S., 464» 그를 위하여 변호인을 지정함이 법원의 의무라는 것이…… 다."

마찬가지로 변호인 지정을 Avery v. Alabama, 308 U. S. 444에서 주 법은 요구하였다. Powell 사건에서처럼 검토를 요구한다고 우리가 느꼈던 주장은 이 요구의 준수라는 것이 입발림에 불과한 것이라는 데 있었다. 변호인이 지정되어 있었음을, 그리하여 피고인에게 변호인의 조력에 더불어 자신의 방어를 준비할 충분한 기회가 부여되었음을 기록의 정사는 드러내 주었다. 그랬기 때문에 적법절차가 침해되었었다는 주장을 우리는 기각하였다.

In Smith v. O'Grady, 312 U. S. 329, the petition for habeas corpus alleged a failure to appoint counsel, but averred other facts which, if established, would prove that the trial was a mere sham and pretense, offensive to the concept of due process. There also, state law required the appointment of counsel for one on trial for the offense involved.

Those cases, which are the petitioner's chief reliance, do not rule this. The question we are now to decide is whether due process of law demands that, in every criminal case, whatever the circumstances, a State must furnish counsel to an indigent defendant. Is the furnishing of counsel in all cases whatever dictated by natural, inherent, and fundamental principles of fairness? The answer to the question may be found in the common understanding of those who have lived under the Anglo-American system of law. By the Sixth Amendment, the people ordained that, in all criminal prosecutions, the accused should "enjoy the right …… to have the assistance of counsel for his defence." We have construed the provision to require appointment of counsel in all cases where a defendant is unable to procure the services of an attorney, and where the right has not been intentionally and «316 U. S., 465» competently waived.[14] Though, as we have noted, the Amendment lays down no rule for the conduct of the States, the question recurs whether the constraint laid by the Amendment upon the national courts expresses a rule so fundamental and essential to a fair trial, and so to due process of law, that it is made obligatory upon the States by the Fourteenth Amendment. Relevant data on the subject are afforded by constitutional and statutory provisions subsisting in the colonies and the States prior to the inclusion of the Bill of Rights in the national Constitution, and in the constitutional, legislative, and judicial history of the States to the present date. These constitute the most authoritative sources for ascertaining the considered judgment of the

14) Johnson v. Zerbst, 304 U. S. 458.

Smith v. O'Grady, 312 U. S. 329에서 변호인 지정의 불이행을 인신보호영장 청구서는 주장하였으나, 만약 그 입증될 경우에는 적법절차의 개념에 위배되는 속임수에와 겉치레에 정식사실심리가 불과하였을 뿐임을 증명해 줄 여타의 사실관계들을 청구서는 주장하였다. 거기서도 주 법은 그 관련 범죄로 정식사실심리에 놓인 사람을 위한 변호인 지정을 요구하였다.

청구인의 주된 의지처인 위 선례들은 이 사건을 지배하지 않는다. 지금 우리가 판단해야 할 문제는 변호인을 모든 형사사건에서 상황 여하에 상관없이 가난한 피고인에게 제공하지 않으면 안 되도록 주에게 적법절차가 요구하는지 여부이다. 공정성의 자연스럽고 고유한 기본적 원칙들에 의하여 어떤 사건에서든지 모조리 변호인의 제공이 명령되어 있는가? 그 문제에 대한 해답은 영미법 체계 아래서 살아온 사람들의 상식적인 이해에서 찾아질 수 있다. 모든 형사사건에서 범인으로 주장되는 사람은 "자신의 방어를 위하여 변호인의 조력을 받을 …… 권리를 향유"하도록 연방헌법 수정 제6조로써 국민은 정하였다. 한 명의 변호사의 써비스를 피고인이 획득할 수 없는 경우이면서 그 권리가 의도적으로 및 능력 있게 포기되지 아니한 경우인 모든 사건들에 있어서 «316 U. S., 465» 변호인 지정을 요구하도록 그 규정을 우리는 해석하여 왔다.[14] 비록 우리가 특별히 언급한 대로 주들의 행동을 위해서는 아무런 원칙을도 그 수정조항은 정하지 아니함에도 불구하고, 공정한 정식사실심리에, 그리하여 적법절차에, 그토록 기본이 되는 한 개의 규칙을 그 수정조항에 의하여 연방법원들 위에 부과된 그 제한이 표명하는지, 그리하여 연방헌법 수정 제14조에 의하여 주들 위에 의무적인 것으로 그 제한이 만들어지는지 여부의 문제는 되풀이된다. 권리장전의 연방헌법에의 포함 이전에 식민지들에와 주들에 존속하였던, 그리고 오늘까지의 주들의 헌법적, 입법적 및 사법적 역사에 존속하는 헌법적 및 제정법적 규정들에 의하여 그 주제에 대한 관련 자료는 제공된다. 그 문제에 대한 주 시민들의 숙고를 거친 판단을 확인할 수 있는 가장 권위 있는 원천을 이것들은 이룬다.

14) Johnson v. Zerbst, 304 U. S. 458.

citizens of the States upon the question.

The Constitutions of the thirteen original States, as they were at the time of federal union, exhibit great diversity in respect of the right to have counsel in criminal cases. Rhode Island had no constitutional provision on the subject until 1843, North Carolina and South Carolina had none until 1868. Virginia has never had any. Maryland, in 1776, and New York, in 1777, adopted provisions to the effect that a defendant accused of crime should be "allowed" counsel. A constitutional mandate that the accused should have a right to be heard by himself and by his counsel was adopted by Pennsylvania in 1776, New Hampshire in 1774, by Delaware in 1782, and by Connecticut in 1818. In 1780, Massachusetts ordained that the defendant should have the right to be heard by himself or his counsel at his election. In 1798, Georgia provided that the accused might be heard by himself or counsel, or both. In 1776, New Jersey guaranteed the accused the same privileges of witnesses and counsel as their prosecutors "are or shall be entitled to." «316 U. S., 466»

The substance of these provisions of colonial and early state constitutions is explained by the contemporary common law. Originally, in England, a prisoner was not permitted to be heard by counsel upon the general issue of not guilty on any indictment for treason or felony.[15] The practice of English judges, however, was to permit counsel to advise with a defendant as to the conduct of his case and to represent him in collateral matters and as respects questions of law arising upon the trial.[16] In 1695, the rule was relaxed by statute[17] to the extent of permitting one accused of treason the privilege of

15) Chitty Criminal Law (5th Am. Ed.) Vol. 1, p. 406.
16) Chitty, supra, Vol. I, p. 407; Rex v. Parkins, 1 C. & P. 314.
17) 7 Will. 3, c. 3, § 1.

형사사건들에 있어서의 변호인을 가질 권리에 관하여 큰 다양성을 연방 결성 당시의 것들로서의 당초의 열세 개 주들의 헌법들은 드러낸다. 로드아일랜드주는 1843년까지 그 주제에 관하여 아무런 헌법 규정을도 가지지 않았고, 노스캐럴라이나주는 및 사우스캐럴라이나주는 1868년까지 아무 것을도 가지지 않았다. 버지니아주는 여태껏 아무 것을도 가져본 적이 없다. 범죄로 기소된 피고인에게는 변호인이 "허용되어야" 한다는 취지의 규정들을 메릴랜드주는 1776년에, 그리고 뉴욕주는 1777년에 채택하였다. 범인으로 주장되는 사람이 자기 혼자서의 힘으로 및 그의 변호인을 통하여 청문될 권리를 가져야 한다는 헌법적 명령은 펜실베니아주에 의하여 1776년에, 뉴햄프셔주에 의하여 1774년에, 델라웨어주에 의하여 1782년에, 그리고 코네티컷주에 의하여 1818년에 채택되었다. 그의 선택에 따라 그 혼자서의 힘으로 또는 변호인을 통하여 청문될 권리를 피고인은 가져야 한다고 1780년에 매사추세츠주는 정하였다. 범인으로 주장되는 사람은 그 혼자서의 힘으로 또는 변호인을 통하여 또는 두 가지 방법 모두에 의하여 청문될 수 있다고 1798년에 조지아주는 규정하였다. 증인들에 및 변호인단에 관하여 고발자들(prosecutors)에게 "부여되어 있거나 부여되어야 할" 특권들하고의 똑같은 특권들을 범인으로 주장되는 사람에게 1776년에 뉴저지주는 보장하였다. «316 U. S., 466»

식민지 헌법들의 및 초기의 주 헌법들의 이 같은 규정들의 요지는 그 시대의 보통법에 의하여 설명된다. 원래 영국에서는 조금이라도 반역죄에 또는 중죄에 대한 대배심 기소에 있어서 죄수는 무죄의 일반적 문제에 관하여 변호인을 통하여 청문을 받도록 결코 허용되지 않았다.[15] 그러나 영국 판사들의 실무관행은 변호인으로 하여금 피고인의 주장의 수행에 관하여 그를 조언하도록, 그리고 부수적 사항들에 있어서와 그리고 정식사실심리에서 발생하는 법률문제들에 관하여 그를 대변하도록 허용하는 것이었다.[16] 1695년에 그 규칙은 변호인을 통하여 청문될 특권을 반역죄로 기소된 사람에게 허용하는 정도까지는 제정법에 의하여 완화되었다.[17] 그러

15) Chitty Criminal Law (5th Am. Ed.) Vol. 1, p. 406.
16) Chitty, supra, Vol. I, p. 407; Rex v. Parkins, 1 C. & P. 314.
17) 7 Will. 3, c. 3, § 1.

being heard by counsel. The rule forbidding the participation of counsel stood, however, as to indictments for felony until 1836, when a statute accorded the right to defend by counsel against summary convictions and charges of felony.[18] In misdemeanor cases and, after 1695, in prosecutions for treason, the rule was that the defense must be conducted either by the defendant in person or by counsel, but that both might not participate in the trial.[19]

In the light of this common law practice, it is evident that the constitutional provisions to the effect that a defendant should be "allowed" counsel or should have a right "to be heard by himself and his counsel," or that he might be heard by "either or both," at his election, were intended to do away with the rules which denied representation, in whole or in part, by counsel in criminal prosecutions, but were not aimed to compel the State to provide counsel for a defendant. At the least, such a construction by State courts and legislators cannot be said to lack reasonable basis. «316 U. S., 467»

The statutes in force in the thirteen original States at the time of the adoption of the Bill of Rights are also illuminating. It is of interest that the matter of appointment of counsel for defendants, if dealt with at all, was dealt with by statute, rather than by constitutional provision. The contemporary legislation exhibits great diversity of policy.[20]

---

18) 6 & 7 Will. 4, c. 114, §§ I and II.

19) Rex v. White, 3 Camp. N. P. 97; Regina v. Boucher, 8 C. & P. 655.

20) Connecticut had no statute, although it was the custom of the courts to assign counsel in all criminal cases. Swift, "System of Laws, Connecticut," 1796, Vol. II, p. 392. In Delaware Penn's Laws of 1719, c. XXII, and in Pennsylvania the Act of May 31, 1718, § III (Mitchell and Flanders' Statutes at Large of Penna., 1682–1801, Vol. III, p. 201) provided for appointment only in case of "felonies of death." Georgia has never had any law on the subject. Maryland had no such law at the time of the adoption of the Bill of Rights. An Act of 1777 in Massachusetts gave the right to have counsel appointed in cases of treason or misprision of treason. Laws of the Commonwealth of Massachusetts from Nov. 28, 1780 to Feb. 28, 1807, c. LXXI, Vol. II, Appendix, p. 1049. By an Act of Feb. 8, 1791, New Hampshire required appointment in all cases where the punishment was death. Metcalf's Laws of New Hampshire, 1916, Vol. 5, pp. 596, 599. An Act of New Jersey of March 6, 1795, § 2, required appointment in the case of any person tried upon an indictment. Acts of the General Assembly of the Session of 1794, c. DXXXII, p. 1012. New York apparently had no statute on the subject. See Act, Feb. 20, 1787, Laws of New York, Sessions 1st to 20th (1798), Vol. I, pp. 356–7. An Act of 1777 of North Carolina made no provision for appointment, but accorded defendants the right to have counsel. Laws of North Carolina, 1789, pp. 40, 56. Rhode Island

나 변호인의 참여를 금지하는 규칙은 중죄 대배심 기소사건들에 관하여 1836년까지 유지되었는데, 변호인을 통하여 방어할 권리를 약식 유죄판정들에 및 중죄기소들에 대하여 그 때에 제정법이 부여하였다.[18] 경죄 사건들에서, 그리고 1695년 이후 반역죄 기소사건들에서, 원칙은 직접 피고인에 의하여 또는 변호인을 통하여 방어가 수행되어야만 한다는 것이면서, 그러나 두 사람 모두가 정식사실심리에 참여해서는 안 된다는 것이었다.[19]

이러한 보통법의 실무관행에 비추어, 피고인에게는 변호인이 "허용되어야" 한다는, 또는 그가 "그 혼자서의 힘으로 및 그의 변호인을 통하여" 청문될 권리를 가져야 한다는, 또는 그의 선택에 따라 "두 가지 방법 중 어느 한 쪽 또는 양쪽 방법 모두"에 의하여 청문될 수 있다는 취지의 헌법 규정들은 형사적 소송추행들에 있어서 전체로서든 부분으로서든 변호인에 의한 대변(representation)을 박탈하였던 규칙들을 없애려는 의도를 지닌 것들임은, 그러나 주(the state)로 하여금 피고인을 위하여 변호인을 제공하도록 강제하려는 데 목적을 둔 것들이 아님은 명백하다. 적어도 주(state) 법원들에 및 입법자들에 의한 이 같은 해석은 합리적 근거를 결여하였다고 말해질 수 없다.

«316 U. S., 467» 마찬가지로 빛을 권리장전(the Bill of Rights)의 채택 당시에 당초의 열세 개의 주들에서 시행되고 있던 제정법들은 제공한다. 피고인들을 위한 변호인 지정의 문제가 조금이라도 다루어졌더라도 그것은 헌법 규정에 의하여보다는 오히려 제정법에 의하여 다루어졌음은 중요하다. 정책에 있어서의 커다란 다양성을 그 당시의 입법은 보여준다.[20]

---

18) 6 & 7 Will. 4, c. 114, §§ I and II.

19) Rex v. White, 3 Camp. N. P. 97; Regina v. Boucher, 8 C. & P. 655.

20) 모든 형사사건들에서 변호인을 지정하는 것이 법원들의 관행이었음에도 불구하고 제정법을 코네티컷주는 가지지 않았다. Swift, "System of Laws, Connecticut," 1796, Vol. II, p. 392. 델라웨어주에서는 1719년 펜 법률집 12장((Penn's Laws of 1719, ch. XXII)이, 그리고 펜실베니아주에서는 "사형이 가능한 중죄(felonies of death)" 사건에서만 지정을 1718년 5월 31일자 법률 제3절(the Act of May 31, 1718, § III) (Mitchell and Flanders' Statutes at Large of Penna., 1682–1801, Vol. III, p. 201)이 규정하였다. 그 주제에 관하여 어떤 법률을도 조지아주는 가져본 적이 없다. 권리장전 채택 당시에 그 같은 법을 메릴랜드주는 가지고 있지 않았다. 매사추세츠주에서는 반역죄 또는 반역은닉죄(misprision of treason) 사건들에 있어서 변호인을 지정받을 권리를 1777년에 한 개의 법률이 부여하였다. Laws of the Commonwealth of Massachusetts from Nov. 28, 1780 to Feb. 28, 1807, Ch. LXXI, Vol. II, Appendix, p. 1049. 형벌이 사형인 모든 사건들에 있어서 지정을 1791년 2월 8일자 법률(an Act of Feb. 8, 1791)에 의하여 뉴햄프셔주는 요구하였다. Metcalf's Laws of New Hampshire, 1916, Vol. 5, pp. 596, 599. 대배심 기소(an indictment)에 의거하여 정식사실심리되는 어떤 사람의 사건에서도 지정을 뉴저지주의 1795년 3월 6일자 법률 제2절은요구하였다. Acts of the General Assembly of the Session of 1794, Ch. DXXXII, p. 1012. 그 주제에 관하여 아무런 제정법을 뉴욕주는 가지지 않았음이 명백하다. Act Feb. 20, 1787, Laws of New York, Sessions 1st to 20th (1798), Vol. I, pp.

The constitutions of all the States, presently in force, save that of Virginia, contain provisions with respect to the assistance of counsel in criminal trials. Those of nine «316 U. S., 468» States[21] may be said to embody a guarantee textually the same as that of the Sixth Amendment, or of like import. In the fundamental law of most States, however, the language used indicates only that a defendant is not to be denied the privilege of representation by counsel of his choice.[22]

In three States, the guarantee, whether or not in the exact phraseology of the Sixth Amendment, has been held to require appointment in all cases where the defendant «316 U. S., 469» is unable to procure counsel.[23] In six, the provision (one of which is like the Sixth Amendment) have been held not to require the appointment of counsel for indigent defendants.[24] In eight,

had no statute until 1798, when one was passed in the words of the Sixth Amendment. Laws 1798, p. 80. South Carolina, by Act of August 20, 1731, limited appointment to capital cases. Grimke's So. Car. Pub. Laws, 1682–1790, p. 130. Virginia, by Act of Oct. 1786, enacted with respect to one charged with treason or felony that "the court shall allow him counsel …… if he desire it." Hening's Statutes of Virginia, 1785–1788, Vol. 12, p. 343.

21) Georgia (Art. I, Par. V); Iowa (Art. I, § 10); Louisiana (Art. I, § 9); Michigan (Dec. of Rights, Art. II, § 19); Minnesota (Art. I, § 6); New Jersey (Art. I, § 8); North Carolina (Art. I, § 11); Rhode Island (Art. I, § 10); West Virginia (Art. III, § 14).

22) Some assert the right of a defendant "to appear and defend in person and by counsel." Arizona (Art. II, § 24); Colorado (Art. II, § 16); Illinois (Art. II, § 9); Missouri (Art. II, § 22); Montana (Art. III, § 16); New Mexico (Art. II, § 14); South Dakota (Art. VI, § 7); Utah (Art. I, § 12); Wyoming (Art. I, § 10). Others phrase the right as that "to be heard by himself and [his] counsel": Arkansas (Art. II, § 10); Delaware (Art. I, § 7); Indiana (Art. I, § 13); Kentucky (Bill of Rights, § 11); Pennsylvania (Art. I, § 9); Tennessee (Art. I, § 9); Vermont (Ch. I, Art. 10th); or "by himself and by counsel": Connecticut (Art. I, § 9); or "by himself and counsel": New Hampshire (Bill of Rights, 15th); Oklahoma (Art. II, § 20); Oregon (Art. I, § 11); Wisconsin (Art. I, § 7); or "by himself and counsel or either": Alabama (Art. I, § 6); "by himself or counsel or [by] both": Florida (Dec. of Rights, § 11); Mississippi (Art. III, § 26); South Carolina (Art. I, § 18); Texas (Art. I, § 10). The verbiage sometimes employed is: "to appear and defend in person and with counsel": California (Art. I, § 13), Idaho, (Art. I, § 13); North Dakota (Art. I, § 13); Ohio (Art. I, § 10); or "in person or by counsel"; Kansas (Bill of Rights, § 10); Nebraska (Art. I, § 11); Washington (Art. I, § 22). Nevada (Art. I, § 8) and New York (Art. I, § 6) add: "as in civil actions." Some constitutions formulate the right as one "to be heard by himself and his counsel at his election" or "himself and his counsel or either at his election": Massachusetts (Part I, § 12), Maine (Art. I, § 6). Maryland (Dec. of Rights, Art. 21) states the right as that "to be allowed counsel."

23) Elam v. Johnson, 48 Ga. 348; Delk v. State, 99 Ga. 667, 26 S. E. 752; Fugate v. Commonwealth, 254 Ky. 663, 72 S. W. 2d 47; Carperter v. Dane County, 9 Wis. 274.

24) Cutts v. State, 54 Fla. 21, 45 So. 491; McDonald v. Commonwealth, 173 Mass. 322, 53 N. E. 874; People v. Dudley, 173 Mich. 389, 138 N. W. 1044; People v. Williams, 225 Mich. 133, 195 N. W. 818; People v. Harris, 266 Mich. 317, 253 N. W. 312; People v. Crandell, 270 Mich. 124, 258 N. W. 224; Commonwealth v. Smith, 344 Pa. 41, 24 A. 2d 1; State v. Sweeney, 48 S. D. 248, 203 N. W. 460; State v. Yoes, 67 W. Va. 546, 68 S. E. 181; cf. Pardee v. Salt Lake County, 39 Utah 482, 118 P. 122.

형사 정식사실심리들에 있어서의 변호인의 조력에 관한 규정들을 버지니아주 헌법을 제외하고는 현재 시행되고 있는 모든 주 헌법들은 담고 있다. 연방헌법 수정 제6조의 것에 본문상으로 «316 U. S., 468» 똑 같은 내지는 비슷한 취지의 보장을 아홉 개의 주 «316 U. S., 468» 헌법들[21]은 포함한다고 할 수 있다. 그러나 단지 그 자신 선택의 변호인에 의한 대변의 특권을 피고인이 박탈당하지 않아야 함을 대다수 주들의 기본법에 있어서 그 사용된 문언은 나타낼 뿐이다.[22]

세 개의 주들에서 연방헌법 수정 제6조에 딱 들어맞는 문체로든 아니든 변호인을 피고인이 얻을 수 «316 U. S., 469» 없는 모든 사건에서 지정을 그 보장은 요구하는 것으로 판시되어 왔다.[23] 여섯 개의 주들에 있어서 가난한 피고인들을 위한 변호인 지정을 요구하지 않는 것으로 규정들 - 그 중 한 개는 연방헌법 수정 제6조에

356–7을 보라. 노스캐럴라이나주의 1777년의 법률은 지정을 위한 아무런 규정을도 두지 않았으나, 변호인을 가질 권리를 피고인들에게 부여하였다. Laws of North Carolina, 1789, pp. 40, 56. 로드아일랜드주는 1789년에 연방헌법 수정 제6조의 문구로 한 개의 제정법이 통과될 때까지 아무런 제정법을 가지지 않았다. Laws 1798, p. 80. 사형이 가능한 사건들로 지정을 1731년 8월 20일자 법률에 의하여 사우스캐럴라이나주는 제한하였다. Grimke's So. Car. Pub. Laws, 1682–1790, p. 130. 반역죄로 또는 중죄로 기소된 사람에 관하여 "만약 그가 원하면 …… 그에게 변호인을 법원은 허용하여야 한다."고 버지니아주는 1786년 10월 법률로써 규정하였다. Hening's Statutes of Virginia, 1785–1788, Vol. 12, p. 343.

21) Georgia (Art. I, 1, Par. V); Iowa (Art. I, § 10); Louisiana (Art. I, § 9); Michigan (Dec. of Rights, Art. II, § 19); Minne-sota (Art. I, § 6); New Jersey (Art. I, § 8); North Carolina (Art. I, § 11); Rhode Island (Art. I, § 10); West Virginia (Art. III, § 14).

22) 어떤 것들은 "본인 스스로 및 변호인을 통하여 출석하고 방어할" 피고인의 권리를 주장한다. Arizona (Art. II, § 24); Colorado (Art. II, § 16); Illinois (Art. II, § 9); Missouri (Art. II, § 22); Montana (Art. III, § 16); New Mexico (Art. II, § 14); South Dakota (Art. VI, § 7); Utah (Art. I, § 12); Wyoming (Art. I, § 10). 다른 주들은 그 권리를 "그 혼자서의 힘으로 및 (그의) 변호인을 통하여 청문될" 권리로: Arkansas (Art. II, § 10); Delaware (Art. I, § 7); Indiana (Art. I, § 13); Kentucky (Bill of Rights, § 11): Pennsylvania (Art. I, § 9); Tennessee (Art. I, § 9); Vermont (Ch. I, Art. 10th); 또는 "그 혼자서의 힘으로 및 변호인을 통하여" 청문될 권리로: Connecticut (Art. I, § 9); 또는 "그 자신의 힘으로 및 변호인을 통하여" 청문될 권리로: New Hampshire (Bill of Rights, art. 15th); Oklahoma (Art. II, § 20); Oregon (Art. I, § 11); Wisconsin (Art. I, § 7); 또는 "그 혼자서의 힘으로 및 변호인을 통하여 또는 두 가지 중 한 가지 방법에 의하여" 청문될 권리로: Alabama (Art. I, § 6); "그 혼자서의 힘으로 또는 변호인을 통하여 또는 양쪽 방법 모두에 의하여" 청문될 권리로: Florida (Dec. of Rights, § 11); Mississippi (Art. III, § 26); South Carolina (Art. I, § 18); Texas (Art. I, § 10), 표현한다. 때때로 사용되는 표현은 : "본인 스스로 및 변호인하고 함께 출석하고 방어할": California (Art. I, § 13); Idaho (Art. I, § 13); North Dakota (Art. I, § 13); Ohio (Art. I, § 10); 또는 "본인 스스로 또는 변호인을 통하여" 출석하고 방어할: Kansas (Bill of Rights, § 10); Nebraska (Art. I, § 11); Washington (Art. I, § 22) 등이다. 네바다주(Art. I, § 8)와 뉴욕주(Art. I, § 6)는 "민사소송에서처럼"을 덧붙인다. 몇몇 헌법들은 그 권리를 "그의 선택에 따라 그 혼자서의 힘으로 또는 그의 변호인을 통하여" 또는 "그의 선택에 따라 그 자신의 힘으로 및 그의 변호인을 통하여 또는 두 가지 방법 중 한 쪽에 의하여" 청문될 권리로 구성한다: 그 권리를 "변호인을 허용받을" 권리로 매사추세츠주(Part I, § 12)는, 메인주(Art. I, § 6)는. 메릴랜드주(Dec. of Rights, Art. 21)는 표현한다.

23) Elam v. Johnson, 48 Ga. 348; Delk v. State, 99 Ga. 667, 26 S. E. 752; Fugate v. Commonwealth, 254 Ky. 663, 72 S. W. 2d 47; Carperter v. Dane County, 9 Wis. 274.

provisions, one of which is the same as that of the Sixth Amendment, have evidently not been viewed as requiring such appointment, since the courts have enforced statutes making appointment discretionary, or obligatory only in prosecutions for capital offenses or felonies.[25]

In twelve States, it seem to be understood that the constitutional provision does not require appointment of «316 U. S., 470» counsel, since statute of greater or less antiquity call for such appointment only in capital cases or cases of felony or other grave crime,[26] or refer the matter to the discretion of the court.[27] In eighteen States, the statutes now require the court to appoint in all cases where defendants are unable to procure counsel.[28] But this has

---

25) Alabama: Code (1940) Tit. 15, § 318; Campbell v. State, 182 Ala. 18, 62 So. 57; Gilchrist v. State, 234 Ala. 73, 173 So. 651; Clark v. State, 239 Ala. 380, 195 So. 260. Louisiana: Code Crim. Proc. (Dart, 1932) Tit. XIII, Art. 143; State v. Davis, 171 La. 449, 131 So. 295. Maryland: Annotated Code (Flack, 1939), Art. 26, Par. 7, p. 1060; cf. the decision below and Coates v. Maryland, 180 Md. 502, 25 A. 2d 676. Mississippi: Annotated Code (1930) Crim. Proc., c. 21, § 1262; Laws 1934, c. 303; Reed v. State, 143 Miss. 686, 109 So. 715; Robinson v. State, 178 Miss. 568, 173 So. 451. Rhode Island: General Laws 1938, c. 625, § 62; Acts & Resolves, 1891, c. 921, p. 165; State v. Hudson, 55 R. I. 141, 179 A. 130. South Carolina: Code 1932, Vol. 1, § 979; State v. Jones, 172 S. C. 129, 173 S. E. 77. Texas: Lopez v. State, 46 Tex. Cr. 473, 80 S. W. 1016; Faggett v. State, 122 Tex. Cr. 399, 55 S. W. 2d 842; Thomas v. State, 132 Tex. Cr. 549, 106 S. W. 2d 289; Austin v. State, 51 S. W. 249. Vermont: Public Laws (1933) c. 57, § 1424; c. 101, § 2327; c. 102, § 2370; State v. Gomez, 89 Vt. 490, 96 A. 190.

26) Arkansas: Steel & McCampbell's Compiled Laws of Arkansas Territory, 1835, "Crimes and Misdemeanors," § 37, p. 194; Gantt's Digest of Ark. Stats. 1874, Crim. Proc. c. 43, Art. XII, § 1824, p. 410; Pope's Digest (1937), Vol. 1, c. 43, § 3877, p. 1180. Delaware: Penn's Laws, c. XXII (1719); Rev. Code (1935) c. 114, 4305–6. Kansas: Gen. Stats. 1868, c. 82, § 160, p. 845; Gen. Stats.1935, c. 62, § 1304, p. 1449. Maine: Act of March 8, 1826, § 6, p. 146; R. S. Apr. 17, 1857, c. 134, § 12, p. 713; R. S. 1930, c. 146, § 14, p. 1655. Minnesota: Act of March 5, 1869, G. L. 1869, c. LXXII, § 1; Mason's Minn.Stats. (1927) Vol. 2, c. 94, § 9957. Missouri: Casselberry's Rev. Stats. 1845, pp. 434, 443–4, 458; Rev. Stats. (1939) Crim. Proc. § 4003. Nebraska: Gen. Stats. 1873, c. 58, § 437, p. 821; Comp.Stat. (1929) Crim. Proc. Art. 18, § 29–1803. New Hampshire: R. S. 1843, Tit. XXVII, c. 225, p. 457; Pub. Laws (1926), c. 368, Laws 1937, c. 22. Washington: Territorial Stats. 1881, c. LXXXV, § 1063; Rem. Rev. Stats. Vol. 4, c. 2, § 2305.

27) Arizona: Code (1939) Art. 9, §§ 44–904, 44–905. Colorado: Colo. Stats. Annotated (1935), Vol. 2, c. 48, § 502, p. 1148. Maryland: Laws 1886, c. 46, p. 66; Anno.Code (Flack, 1939), Art. 26, par. 7.

28) California, Penal Code, Deering (1937), Pt. 2, Tit. 6, c. 1, § 987; Idaho, Code Anno. (1932) § 19–1412; Illinois, R. S. 1935, c. 38, ¶ 754; Iowa, Code 1939, c. 640, § 13773; Kansas, Laws 1941, c. 291; Michigan, Statutes Ann. § 28.1253; Montana, Rev. Codes Ann. (1935) c. 73, § 11886; Nevada, Comp. Laws (1929) Cr. L. & Proc. § 10883; New Jersey, N. J. Stat. Ann. § 2:190–3; New York, Thompson's Laws (1939) Pt. II, Code of Crim. Proc. § 308; North Dakota, Comp. Laws (1913) Vol. II, § 8965; Ohio, Throckmorton's Code Ann. (1940) § 13439–2; Oklahoma, Stats. Ann. Tit. 22, § 1271; Oregon, Comp. Laws Ann. Vol. 3, § 26–804; South Dakota, Code (1939) § 34.1901; Tennessee, Michie's Code (1938) § 11734; Utah, R. S. (1938) Code Cr.Proc. § 105–22–12;

비슷하다 - 은 해석되어 왔다.[24] 여덟 개 주들에 있어서 그 같은 지정을 요구하는 것으로 그 규정들 — 그 중 한 개는 연방헌법 수정 제6조의 그것에 동일하다 — 은 여겨지지 않았음이 명백한 바, 왜냐하면 지정을 재량 사항으로 만드는 제정법들을, 또는 사형이 가능한(capital) 범죄들에 있어서나 중죄에 대한 기소사건들에 있어만 의무 사항으로 만드는 제정법들을 법원들은 시행하여 왔기 때문이다.[25]

열두 개의 주들에서는 변호인 지정을 헌법 규정이 요구하지 않는 것으로 이해되는 «316 U. S., 470» 듯한데, 왜냐하면 많든 적든 연륜 있는 제정법들은 그 같은 지정을 단지 사형이 가능한 사건들에서나 중죄(felony) 사건들에서 내지는 그 밖의 중대한 범죄 사건들에서만 요구하거나,[26] 그 문제를 법원의 재량에 맡기고 있기 때문이다.[27] 열여덟 개 주들에 있어서 변호인을 피고인들이 얻을 수 없는 모든 사건들에서 법원들로 하여금 변호인을 지정하도록 제정법들은 이제 요구하고 있다.[28] 그

---

24) Cutts v. State, 54 Fla. 21, 45 So. 491; McDonald v. Commonwealth, 173 Mass. 322, 53 N. E. 874; People v. Dudley, 173 Mich. 389, 138 N. W. 1044; People v. Williams, 225 Mich. 133, 195 N. W. 818; People v. Harris, 266 Mich. 317, 253 N. W. 312; People v. Crandell, 270 Mich. 124, 258 N. W. 224; Commonwealth v. Smith, 344 Pa. 41, 24 A. 2d 1; State v. Sweeney, 48 S.D. 248, 203 N. W. 460; State v. Yoes, 67 W.Va. 546, 68 S. E. 181; cf. Pardee v. Salt Lake County, 39 Utah 482, 118 P. 122.

25) Alabama: Code (1940) Tit. 15, § 318; Campbell v. State, 182 Ala. 18, 62 So. 57; Gilchrist v. State, 234 Ala. 73, 173 So. 651; Clark v. State, 239 Ala. 380, 195 So. 260. Louisiana: Code Crim. Proc. (Dart, 1932) Tit. XIII, Art. 143; State v. Davis, 171 La. 449, 131 So. 295. Maryland: Annotated Code (Flack, 1939), Art. 26, Par. 7, p. 1060; 원심판결과 Coates v. Maryland, 180 Md. 502, 25 A. 2d 676을 비교하라. Mississippi: Annotated Code (1930) Crim. Proc., c. 21, § 1262; Laws 1934, c. 303; Reed v. State, 143 Miss. 686, 109 So. 715; Robinson v. State, 178 Miss. 568, 173 So. 451. Rhode Island: General Laws 1938, c. 625, § 62; Acts & Resolves, 1891, c. 921, p. 165; State v. Hudson, 55 R.I. 141, 179 A. 130. South Carolina: Code 1932, Vol. 1, § 979; State v. Jones, 172 S.C. 129, 173 S. E. 77. Texas: Lopez v. State, 46 Tex. Cr. 473, 80 S. W. 1016; Faggett v. State, 122 Tex. Cr. 399, 55 S. W. 2d 842; Thomas v. State, 132 Tex. Cr. 549, 106 S. W. 2d 289; Austin v. State, 51 S. W. 249. Vermont: Public Laws (1933) c. 57, § 1424; c. 101, § 2327; c. 102, § 2370; State v. Gomez, 89 Vt. 490, 96 A. 190.

26) Arkansas: Steel & McCampbell's Compiled Laws of Arkansas Territory, 1835, "Crimes and Misdemeanors," § 37, p. 194; Gantt's Digest of Ark. Stats. 1874, Crim. Proc. c. 43, Art. XII, § 1824, p. 410; Pope's Digest (1937), Vol. 1, c. 43, § 3877, p. 1180. Delaware: Penn's Laws, c. XXII (1719); Rev. Code (1935) c. 114, 4305–6. Kansas: Gen. Stats. 1868, c. 82, § 160, p. 845; Gen. Stats.1935, c. 62, § 1304, p. 1449. Maine: Act of March 8, 1826, § 6, p. 146; R. S. Apr. 17, 1857, c. 134, § 12, p. 713; R. S. 1030, c. 146, § 14, p. 1655. Minnesota: Act of March 5, 1869, G. L. 1869, c. LXXII, § 1; Mason's Minn. Stats. (1927) Vol. 2, c. 94, § 9957. Missouri: Casselberry's Rev. Stats. 1845, pp. 434, 443–4, 458; Rev. Stats. (1939) Crim. Proc. § 4003. Nebraska: Gen. Stats. 1873, c. 58, § 437, p. 821; Comp. Stat. (1929) Crim. Proc. Art. 18, § 29–1803. New Hampshire: R. S. 1843, Tit. XXVII, c. 225, p. 457; Pub. Laws (1926), c. 368, Laws 1937, c. 22. Washington: Territorial Stats. 1881, c. LXXXV, § 1063; Rem. Rev. Stats. Vol. 4, c. 2, § 2305.

27) Arizona: Code (1939) Art. 9, §§ 44–904, 44–906. Colorado: Colo. Stats. Annotated (1935), Vol. 2, c. 48, § 502, p. 1148. Maryland: Laws 1886, c. 46, p. 66; Anno.Code (Flack, 1939), Art. 26, par. 7.

28) California, Penal Code, Deering (1937), Pt. 2, Tit. 6, c. 1, § 987; Idaho, Code Anno. (1932) § 19–1412; Illinois, R. S. 1935, c. 38, ¶ 754; Iowa, Code 1939, c. 640, § 13773; Kansas, Laws 1941, c. 291; Michigan, Statutes

not always been «316 U. S., 471» the statutory requirement in some of those States.[29] And it seems to have been assumed by many legislatures that the matter was one for regulation from time to time as deemed necessary, since laws requiring appointment in all cases have been modified to require it only in the case of certain offenses.[30]

This material demonstrates that, in the great majority of the States, it has been the considered judgment of the people, their representatives, and their courts that appointment of counsel is not a fundamental right, essential to a fair trial. On the contrary, the matter has generally been deemed one of legislative policy. In the light of this evidence, we are unable to say that the concept of due process incorporated in the Fourteenth Amendment obligates the States, whatever may be their own views, to furnish counsel in every such case. Every court has power, if it deems «316 U. S., 472» proper, to appoint counsel where that course seems to be required in the interest of fairness.

Wyoming, R. S. (1931) § 33–501. Connecticut provides official public defenders available to all persons unable to retain counsel. G.S. (Revision of 1930), c. 335, § 6476.

At least as early as 1903 (3 Edw. 7, c. 38), England adopted a Poor Prisoners' Defence Act, under which a rule was adopted whereby an accused might defend by counsel assigned by the court. Bowen–Rowlands, Criminal Proceedings, London (1904) pp. 46–47. The existing statute is the Poor Prisoners' Defence Act (1930) 20 & 21 Geo. 5, c. 32. See Archbold's Criminal Pleading, Evidence and Practice, 30th Ed. (1938) p. 167. Under this act, a poor defendant is entitled as of right to counsel on a charge of murder, but assignment of counsel is discretionary in other cases.

29) See, e. g., earlier and more restricted statutes: Idaho, Terr. Laws, 2d Sess., 1864, c. II, p. 246; Iowa, Act of January 4, 1839, § 64; Korf v. Jasper County, 132 Ia. 682, 108 N. W. 1031; Michigan, Laws 1857, Act No. 109, p. 239; Montana, Act January 12, 1872, c. IX, § 196; Nevada, Comp. L. 1861–73, c. LIII. Changes in the statutes of other States might be cited. Compare Notes 20 and 28.

30) Louisiana. Compare Laws, 1855, Act No. 121; State v. Ferris, 16 La. Ann. 424; State v. Bridges, 109 La. 530, 33 So. 589, with La. Code Crim. Proc. (Dart) 1932, Tit. XIII, Art. 143. Nebraska. Compare Laws of 1869, p. 163, with Comp. Stats. (1929) § 29–1803. Washington. Compare Code of Washington Terr. (1881) c. LXXXV, § 1063, with Rem. Rev. Stats. Vol. 4, c. 2, § 2305. And compare Texas Code Crim. Proc. (1856), Pt. III, Arts. 466–7 with Vernon's Stats. (1936), Art. 1917, and Lopez v. State, 46 Tex. Cr. 473, 80 S. W. 1016, and Thomas v. State, 132 Tex. Cr. 549, 106 S. W. 2d 289.

러나 그 주들 가운데 일부에서는 이것이 항상 제정법상의 «316 U. S., 471» 요구였던 것은 아니다.[29] 그리고 다수의 입법기관들에 의하여 그 때 그 때의 필요하다고 여겨지는 바대로의 규율을 위한 문제로 그것은 간주되어 온 것으로 보이는 바, 왜냐하면 모든 사건들에서 지정을 요구하던 법들은 특정의 범죄들의 경우에만 그것을 요구하는 것으로 변경되어 왔기 때문이다.[30]

대다수 주들에 있어서 변호인 지정은 공정한 정식사실심리에 필수인 기본적 권리가 아니라는 것이 시민들의, 그들의 대표자들의 및 그들의 법원들의 숙고를 거친 판단이었음을 이 같은 자료는 논증한다. 오히려 그 반대로 그 문제는 일반적으로 입법 정책의 문제로 간주되어 왔다. 이러한 증거에 비추어, 주들로 하여금 그들 자신의 견해들이 그 무엇이든지 상관없이 그 같은 모든 사건들에서 변호인을 제공하도록 연방헌법 수정 제14조에 편입된 적법절차의 개념이 의무지운다고 우리는 말할 수 없다. 만약 적절하다고 판단하면 «316 U. S., 472» 공평의 이익 안에서 변호인 지정이 요구된다고 여겨질 경우에 모든 법원은 변호인을 지정할 권한이 있다.

Ann. § 28.1253; Montana, Rev. Codes Ann. (1935) c. 73, § 11886; Nevada, Comp. Laws (1929) Cr. L. & Proc. § 10883; New Jersey, N. J.Stat. Ann. § 2:190–3; New York, Thompson's Laws (1939) Pt. II, Code of Crim. Proc. § 308; North Dakota, Comp. Laws (1913) Vol. II, § 8965; Ohio, Throckmorton's Code Ann. (1940) § 13439–2; Oklahoma, Stats.Ann. Tit. 22, § 1271; Oregon, Comp. Laws Ann. Vol. 3, § 26–804; South Dakota, Code (1939) § 34.1901; Tennessee, Michie's Code (1938) § 11734; Utah, R. S. (1938) Code Cr.Proc. § 105–22–12; Wyoming, R. S. (1931) § 33–501. 변호인을 선임할 수 없는 모든 사람들이 이용할 수 있는 공식의 국선변호인들을 코네티컷주는 제공한다. G.S. (Revision of 1930), c. 335, § 6476.

적어도 1903년 (3 Edw. 7, c. 38)에 이르러 빈궁한죄수들의방어를위한법률(a Poor Prisoners' Defence Act)을 영국은 채택하였는 바, 범인으로 주장되는 사람은 법원에 의하여 배정된 변호인을 통하여 방어할 수 있다는 원칙이 이에 의거하여 채택되게 되었다. Bowen–Rowlands, Criminal Proceedings, London (1904) pp. 46–47. 현행의 제정법은 빈궁한죄수들의방어를위한법률(the Poor Prisoners' Defence Act) (1930) 20 & 21, Geo. 5, c. 32이다. Archbold's Criminal Pleading, Evidence and Practice, 30th Ed. (1938) p. 167을 보라. 이 법률 아래서 가난한 피고인은 살인죄 기소에 있어서 변호인을 지정받을 자격이 권리로서 부여되지만, 여타의 사건들에 있어서 변호인 지정은 재량 사항이다.

29) 예컨대 더 앞선 시기의 보다 더 제한적인 제정법들을 보라: Idaho, Terr.Laws, 2d Sess., 1864, c. II, p. 246; Iowa, Act of January 4, 1839, § 64; Korf v. Jasper County, 132 Ia. 682, 108 N. W. 1031; Michigan, Laws 1857, Act No. 109, p. 239; Montana, Act January 12, 1872, c. IX, § 196; Nevada, Comp. L. 1861–73, c. LIII, pp. 477, 493. 여타의 주들의 제정법들에 있어서의 변천도 인용될 수 있을 것이다. 주 20을 및 28을 비교하라.

30) Louisiana, Laws, 1855, Act No. 121; State v. Ferris, 16 La. Ann. 424; State v. Bridges, 109 La. 530, 33 So. 589 등을 La.Code Crim. Proc. (Dart) 1932, Tit. XIII, Art. 143에 비교하라. Nebraska, Laws of 1869, p. 163을 Comp. Stats. (1929) § 29–1803에 비교하라. Washington, Code of Washington Terr (1881), ch. LXXXV, § 1063을 Rem. Rev. Stats. Vol. 4, ch. 2, § 2305에 비교하라. 또한 Texas Code Crim. Proc. (1857), Pt. III, Arts. 466–7을 Vernon's Stats. (1936), Art. 1917 및 Lopez v. State, 46 Tex. Cr. 473, 80 S. W. 1016, 그리고 Thomas v. State, 132 Tex. Cr. 549, 106 S. W. 2d 289에 비교하라.

The practice of the courts of Maryland gives point to the principle that the States should not be straight-jacketed in this respect by a construction of the Fourteenth Amendment. Judge Bond's opinion states, and counsel at the bar confirmed the fact, that, in Maryland, the usual practice is for the defendant to waive a trial by jury. This the petitioner did in the present case. Such trials, as Judge Bond remarks, are much more informal than jury trials, and it is obvious that the judge can much better control the course of the trial, and is in a better position to see impartial justice done, than when the formalities of a jury trial are involved.[31)]

In this case, there was no question of the commission of a robbery. The State's case consisted of evidence identifying the petitioner as the perpetrator. The defense was an alibi. Petitioner called and examined witnesses to prove that he was at another place at the time of the commission of the offense. The simple issue was the veracity of the testimony for the State and that for the defendant. As Judge Bond says, the accused was not helpless, but was a man forty-three years old, of ordinary intelligence and ability to take care of his own interests on the trial of that narrow issue. He had once before been in a criminal court, pleaded guilty to larceny, and served a sentence, and was not wholly unfamiliar with criminal procedure. It is quite clear that, in Maryland, if the situation had been otherwise and it had appeared that the petitioner was, for any reason, at a serious disadvantage by reason of the lack «316 U. S., 473» of counsel, a refusal to appoint would have resulted in the reversal of a judgment of conviction. Only recently, the Court of Appeals has reversed a conviction because it was convinced on the whole record that an accused, tried without counsel, had been handicapped by the lack of representation.[32)]

---

31) Judge Bond adds: "Certainly, my own experience in criminal trials over which I have presided (over 2000, as I estimate it), has demonstrated to me that there are fair trials without counsel employed for the prisoner."

32) Coates v. State, 180 Md. 502, 25 A. 2d 676.

메릴랜드주 법원들의 실무관행은 이 점에 있어서 연방헌법 수정 제14조에 대한 해석에 의하여 주들이 구속되어서는 안 된다는 원칙이보다도 낫다. 배심에 의한 정식사실심리를 피고인이 포기하는 데 메릴랜드주에서의 일반적 실무관행은 있다고 본드 판사의 의견은 설명하고 있고, 그리고 그 사실을 법정에서의 변호인은 확인하였다. 이것을 청구인은 현재의 사건에서 하였던 것이다. 이 같은 정식사실심리들은 본드 판사가 말하듯이 배심에 의한 정식사실심리들이보다도 훨씬 더 약식이고, 따라서 정식사실심리의 과정을 훨씬 더 잘 판사는 통제할 수 있음이, 그리하여 공평한 재판이 이루어지도록 조치하는 데 있어서 배심에 의한 정식사실심리의 형식성이 포함된 경우에보다도 더 나은 위치에 판사는 있음이 명백하다.[31)]

이 사건에서 강도의 범행에 관하여는 의문이 없었다. 청구인이 범인임을 확인하는 증거로 주 측의 주장은 구성되어 있었다. 항변은 알리바이였다. 그 범죄의 범행시각에 다른 장소에 자신이 있었음을 증명하고자 증인들을 청구인은 불러내 신문하였다. 단순한 쟁점은 주측 증언의 및 피고인측 증언의 진실성이었다. 본드(Bond) 판사가 말하듯 피고인은 스스로 어떻게 할 수 없었던 것이 아니라 보통의 지능을 갖춘, 그리고 그 한정된 쟁점에 대한 정식사실심리에서 그 자신의 이익들을 돌볼 능력을 갖춘 43세의 남자였다. 그는 이전에 한 번 형사법정 한 곳에서 절도죄에 대하여 유죄로 답변하고 형기를 복역한 적이 있었고, 따라서 형사재판 절차에 완전히 생소한 것은 아니었다. 만약 상황이 이와 달랐더라면, 그리하여 변호인의 결여 때문에 어떤 이유에서든 심각한 불이익에 청구인이 놓였던 것으로 나타났다면, 메릴랜드주에 있어서 «316 U. S., 473» 변호인 지정에 대한 거부는 유죄판결에 대한 파기로 귀착하였을 것임이 매우 확실하다. 변호인 없이 정식사실심리 된 피고인이 대변의 결여 때문에 불리한 상황에 놓였었음을 기록 전체에 의거하여 확신하게 되었음을 이유로 한 개의 유죄판정을 바로 최근에 항소법원은 파기한 터이다.[32)]

---

31) 본드(Bond) 판사는 덧붙인다: "확실히 죄수들을 위하여 변호인이 사용되지 않고서도 공정한 정식사실심리들이 있음을 내가 주재해 온 형사 정식사실심리들(내가 계산하기로는 2,000을 넘는다)에 있어서의 나 자신의 경험은 나에게 증명해 주었다."

32) Coates v. State, 180 Md. 502, 25 A. 2d 676.

To deduce from the due process clause a rule binding upon the States in this matter would be to impose upon them, as Judge Bond points out, a requirement without distinction between criminal charges of different magnitude or in respect of courts of varying jurisdiction. As he says:

Charges of small crimes tried before justices of the peace and capital charges tried in the higher courts would equally require the appointment of counsel. Presumably it would be argued that trials in the Traffic Court would require it. And, indeed, it was said by petitioner's counsel both below and in this court that, as the Fourteenth Amendment extends the protection of due process to property as well as to life and liberty, if we hold with the petitioner, logic would require the furnishing of counsel in civil cases involving property.

As we have said, the Fourteenth Amendment prohibits the conviction and incarceration of one whose trial is offensive to the common and fundamental ideas of fairness and right, and, while want of counsel in a particular case may result in a conviction lacking in such fundamental fairness, we cannot say that the Amendment embodies an inexorable command that no trial for any offense, or in any court, can be fairly conducted and justice accorded a defendant who is not represented by counsel.

The judgment is

Affirmed. «316 U. S., 474»

이 문제에 있어서 주들을 구속하는 한 가지 규칙을 적법절차 조항으로부터 도출하는 것은, 본드(Bond) 판사가 지적하듯이, 상이한 중대성을 지닌 형사적 공소사실들 사이의 구분 없이, 또는 다양한 재판권의 법원들에 관한 구분 없이 한 가지 요구를 그들 위에 부과하는 것이 될 것이다. 그가 말하듯:

"변호인 지정을 치안판사들 앞에서 정식사실심리되는 작은 범죄들의 기소사건들이 및 보다 높은 법원들에서 정식사실심리되는 사형이 가능한 기소사건들이 똑같이 요구하게 될 것이다. 아마 교통법원에서의 정식사실심리들이도 그것을 요구한다고 주장될 것이다." 그리고 정말로, 적법절차의 보호를 생명에 및 자유에하고 마찬가지로 재산에 대하여까지 연방헌법 수정 제14조는 확장하고 있으므로, 만약 청구인에게 우리가 찬동한다면, 재산에 관련된 민사 사건들에 있어서 변호인의 제공을 논리는 요구할 것임이 원심법원에서와 이 법원에서 청구인의 변호인에 의하여 주장되었다.

우리가 말해 왔듯이 공정성의 및 정의의 일반적이고 기본적인 개념들에 정식사실심리가 거슬리는 경우의 그 사람에 대한 유죄판정을과 투옥을 연방헌법 수정 제14조는 금지하고 있고, 그리고 이러한 기본적 공정성을 결여한 유죄판정에 특정 사건에서의 변호인의 결여는 귀착할 수 있음에도 불구하고, 변호인에 의하여 대변되지 않는 피고인에게는 어떤 범죄에 대한 어떤 정식사실심리가도 어떤 법원에서도 공정하게 실시될 수 없다는, 따라서 그에게 처벌이 부여될 수 없다는 무자비한 명령을 그 수정조항이 포함한다고 우리는 말할 수는 없다.

원심판결은 인가되는 바이다. «316 U. S., 474»

MR. JUSTICE BLACK, dissenting, with whom MR. JUSTICE DOUGLAS and MR. JUSTICE MURPHY concur.

To hold that the petitioner had a constitutional right to counsel in this case does not require us to say that "no trial for any offense, or in any court, can be fairly conducted and justice accorded a defendant who is not represented by counsel." This case can be determined by a resolution of a narrower question: whether, in view of the nature of the offense and the circumstances of his trial and conviction, this petitioner was denied the procedural protection which is his right under the Federal Constitution. I think he was.

The petitioner, a farm hand, out of a job and on relief, was indicted in a Maryland state court on a charge of robbery. He was too poor to hire a lawyer. He so informed the court, and requested that counsel be appointed to defend him. His request was denied. Put to trial without a lawyer, he conducted his own defense, was found guilty, and was sentenced to eight years' imprisonment. The court below found that the petitioner had "at least an ordinary amount of intelligence." It is clear from his examination of witnesses that he was a man of little education.

If this case had come to us from a federal court, it is clear we should have to reverse it, because the Sixth Amendment makes the right to counsel in criminal cases inviolable by the Federal Government. I believe that the Fourteenth Amendment made the Sixth applicable to the states.[33] But this

33) Discussion of the Fourteenth Amendment by its sponsors in the Senate and House shows their purpose to make secure against invasion by the states the fundamental liberties and safeguards set out in the Bill of Rights. The

더글라스(DOUGLAS) 판사가와 머피(MURPHY) 판사가 찬동하는 블랙(BLACK) 판사의 반대의견이다.

이 사건에서 변호인의 조력을 받을 헌법적 권리를 청구인이 가졌다고 판시한다 하여 "변호인에 의하여 대변되지 않는 피고인에게는 어떤 범죄에 대한 어떤 정식사실심리가도 어떤 법원에서도 공정하게 실시될 수 없고, 따라서 그에게 처벌이 부여될 수 없다."고 우리로 하여금 말하도록 그것이 요구하는 것은 아니다. 보다 한정된 한 가지 문제에 대한 해결에 의하여 이 사건은 판단될 수 있다: 즉 범죄의 성격에 비추어, 그리고 연방헌법 아래서 그의 권리인 그 절차적 보호를 그의 정식사실심리의 및 유죄판정의 상황들에 비추어 이 청구인이 박탈당했는지 여부의 문제이다. 그가 박탈당했다고 나는 생각한다.

농장 노동자로서 일자리를 잃어 생활보호를 받고 있던 청구인은 강도 혐의로 메릴랜드주 법원 한 곳에 대배심기소되었다. 변호사를 고용하기에는 그는 너무 가난하였다. 법원에 그렇게 신고하면서 그를 방어해 줄 변호인을 지정받게 해 달라고 그는 요청하였다. 그의 요청은 거부되었다. 변호사를 갖지 못한 채 정식사실심리에 놓여 그는 그 스스로의 방어를 수행하였고 유죄로 판정되어 8년의 구금형이 선고되었다. "적어도 보통 정도의 지능"을 청구인은 소유하였음을 원심법원은 인정하였다. 그가 그다지 교육을 받지 못한 사람이었음은 증인들에 대한 그의 신문으로부터 명백하다.

이 사건이 연방법원으로부터 우리에게 올라온 것이었더라면 그것을 우리가 파기해야만 할 것임은 명백한 바, 왜냐하면 형사사건들에서 변호인의 조력을 받을 권리를 연방정부에 의하여 어겨져서는 안 되는 것으로 연방헌법 수정 제6조는 만들고 있기 때문이다. 연방헌법 수정 제6조를 주들에게 적용될 수 있게 연방헌법 수정 제14조가 만들었다고 나는 믿는다.[33] 그러나 이 견해는 비록 반대의견들(dissents)에

33) 권리장전에 상설된 기본적 자유들을과 보호수단들을 주들에 의한 침해에 대처하여 안전하게 만들고자 한 그들의 목

view, although often urged in dissents, has never been accepted by a majority of this Court «316 U. S., 475» and is not accepted today. A statement of the grounds supporting it is, therefore, unnecessary at this time. I believe, however, that, under the prevailing view of due process, as reflected in the opinion just announced, a view which gives this Court such vast supervisory powers that I am not prepared to accept it without grave doubts, the judgment below should be reversed.

This Court has just declared that due process of law is denied if a trial is conducted in such manner that it is "shocking to the universal sense of justice" or "offensive to the common and fundamental ideas of fairness and right." On another occasion, this Court has recognized that whatever is "implicit in the concept of ordered liberty" and "essential to the substance of a hearing" is within the procedural protection afforded by the constitutional guaranty of due process. Palko v. Connecticut, 302 U. S. 319, 325, 327.

The right to counsel in a criminal proceeding is "fundamental." Powell v. Alabama, 287 U. S. 45, 70; Grosjean v. American Press Co., 297 U. S. 233, 243-244. It is guarded from invasion by the Sixth Amendment, adopted to raise an effective barrier against arbitrary or unjust deprivation of liberty by the Federal Government. Johnson v. Zerbst, 304 U. S. 458, 462.

An historical evaluation of the right to a full hearing in criminal cases, and the dangers of denying it, were set out in the Powell case, where this Court said: "What …… does a hearing include? Historically and in practice, in our own country, at least, it has always included the right to the aid of counsel when desired and provided by the person asserting the right …… Even the

legislative history and subsequent course of the amendment to its final adoption have been discussed in Flack, "The Adoption of the Fourteenth Amendment." Flack cites the Congressional debates, committee reports, and other data on the subject. Whether the amendment accomplished the purpose its sponsors intended has been considered by this Court in the following decisions, among others: O'Neil v. Vermont, 144 U. S. 323, dissent, 337; Maxwell v. Dow, 176 U. S. 581, dissent, 605; Twining v. New Jersey, 211 U. S. 78, 98–99, dissent, 114.

서 자주 역설되고 있음에도 불구하고 결코 당원의 다수판사들에 의하여 받아들여진 적이 없고, «316 U. S., 475» 또한 오늘도 받아들여지고 있지 않다. 그러므로 그것을 뒷받침하는 근거들에 대한 설명은 지금으로서는 불필요하다. 그러나 방금 선언된 의견에 반영된 것으로서의 적법절차에 관한 그 지배적 견해 — 그토록 광대한 감독권한들을 당원에게 부여하는 까닭에 중대한 의심 없이 받아들일 준비가 나로서는 되어 있지 않은 한 개의 견해 — 에 따라 원심판결은 파기되어야 한다고 나는 믿는다.

만약 "보편적 정의관념에 충격을 주는" 또는 "공정성의 및 정의의 일반적이고 기본적인 개념들에 거슬리는" 방법으로 한 개의 정식사실심리가 실시될 경우에는 적법절차는 박탈된다고 이 법원은 방금 선언하였다. "질서 있는 자유(ordered liberty)의 개념에 내재하는" 것이면서 "청문의 실체에 필수의" 것이면 무엇은이든 적법절차의 헌법적 보장에 의하여 제공되는 절차적 보호의 범위 내에 있음을 다른 기회에 당원은 인정한 터이다. Palko v. Connecticut, 302 U. S. 319, 325, 327.

형사절차에서 변호인의 조력을 받을 권리는 "기본적(fundamental)"이다. Powell v. Alabama, 287 U. S. 45, 70; Grosjean v. American Press Co., 297 U. S. 233, 243-244. 연방정부에 의한 자의적이고 부당한 자유 박탈에 대비한 효과적인 방벽을 세우기 위하여 채택된 연방헌법 수정 제6조에 의하여 침해로부터 그것은 보호된다. Johnson v. Zerbst, 304 U. S. 458, 462.

형사사건들에서 완전한 청문을 누릴 권리에 대한, 그리고 그것을 박탈할 경우의 위험들에 대한 역사상 유명한 평가는 Powell 판결에서 제시되었는 바, 거기서 당원은 말하였다: "…… 무엇을 청문은 포함하는가? 그 권리를 주장하는 당사자에 의하여 요구되고 제공될 경우 항상 변호인의 조력을 받을 권리를 역사적으로 및 실무관

적을 상원에서의 및 하원에서의 그 후원자들에 의한 연방헌법 수정 제14조의 토론은 보여준다. 그 궁극적 채택에 이르기까지의 그 수정조항의 입법적 역사는 및 그 이후의 과정은 플랙(Flack)의 "연방헌법 수정 제14조의 채택(The Adoption of the Fourteenth Amendment)"에 논의되어 있다. 그 주제에 관한 연방의회에서의 토론들을, 위원회 보고서들을, 그리고 그 밖의 자료들을 플랙은 인용하고 있다. 그 수정조항의 후원자들이 의도했던 목적을 그 수정조항이 달성했는지 여부는 그 이후의 판결들에서 당원에 의하여 고찰되어 왔는 바, 특히 다음의 것들이 있다: O'Neil v. Vermont, 144 U. S. 323, 반대의견, 337; Maxwell v. Dow, 176 U. S. 581, 반대의견, 605; Twining v. New Jersey, 211 U. S. 78, 98, 99, 반대의견, 114.

in- «316 U. S., 476» telligent and educated layman ······ lacks both the skill and knowledge adequately to prepare his defense, even though he have a perfect one. He requires the guiding hand of counsel in every step in the proceedings against him. Without it, though he be not guilty, he faces the danger of conviction because he does not know how to establish his innocence." Powell v. Alabama, supra, 68-89. Cf. Johnson v. Zerbst, supra, 462-463.

A practice cannot be reconciled with "common and fundamental ideas of fairness and right," which subjects innocent men to increased dangers of conviction merely because of their poverty. Whether a man is innocent cannot be determined from a trial in which, as here, denial of counsel has made it impossible to conclude, with any satisfactory degree of certainty, that the defendant's case was adequately presented. No one questions that due process requires a hearing before conviction and sentence for the serious crime of robbery. As the Supreme Court of Wisconsin said, in 1859, " ······ would it not be a little like mockery to secure to a pauper these solemn constitutional guaranties for a fair and full trial of the matters with which he was charged, and yet say to him, when on trial, that he must employ his own counsel, who could alone render these guaranties of any real permanent value to him······. Why this great solicitude to secure him a fair trial if he cannot have the benefit of counsel?" Carpenter v. Dane County, 9 Wis. 274, 276-277.

Denial to the poor of the request for counsel in proceedings based on charges of serious crime has long been regarded as shocking to the "universal sense of justice" throughout this country. In 1854, for example, the Supreme Court of Indiana said: "It is not to be thought of, in a civilized community, for a moment, that any citizen put in jeopardy of life or liberty

행에 있어서 적어도 우리나라에서만큼은 그것은 포함해 왔다. 만약 변호인을 통하여 청문될 권리를 포함하지 않는다면 청문될 권리는 많은 경우에 쓸모가 없을 것이다. 심지어 지성을 갖추고 교육을 «316 U. S., 476» 받았다 하더라도 문외한은 …… 심지어 완벽한 항변사유를 가지고 있는 경우라 하더라도 그 자신의 항변사유를 충분히 준비할 기술을 및 지식을 모두 결여하고 있다. 변호인의 이끄는 손을 자신을 겨냥한 절차들에 있어서의 모든 단계에서마다 그는 필요로 한다. 그것 없이는, 설령 자신에게 죄가 없다 하더라도 어떻게 그 자신의 무죄를 증명하여야 할지를 알지 못하는 까닭에, 유죄판정의 위험에 그는 직면하게 된다." Powell v. Alabama, supra, 68-69. 또한 Johnson v. Zerbst, supra, 462-463을 비교하라.

죄 없는 사람들을 단지 그들의 궁핍을 이유로 더 증대된 유죄판정의 위험에 맡기는 관행은 "공정성의 및 정의의 일반적이고 기본적인 개념"에 조화될 수 없다. 피고인의 주장이 충분히 제시되었음을 조금이라도 만족스러운 확실성을 지니고서 결론지을 수 없도록 여기서처럼 변호인의 박탈이 만들어 버린 정식사실심리로부터는 한 사람이 무죄인지 여부는 판정될 수 없다. 강도죄라는 중한 범죄에 대한 유죄판정에 앞서서, 그리고 형의 선고에 앞서서 청문을 적법절차가 요구한다는 점에 대하여 의문을 아무가도 제기하지 않는다. 1859년에 위스콘신주 대법원이 말한 대로, "…… 기소를 그가 제기당한 사항들에 대한 공정하고 완전한 정식사실심리를 위한 이 엄숙한 헌법적 보장들을 빈궁한 사람에게 보증하고서는, 그에게 조금이라도 의미 있는 항구적 가치를 지닌 이 보장들을 변호인만이 제공할 수 있는 터에, 이에도 불구하고 정식사실심리에 처해져서는 그 자신의 변호인을 그가 선임해야만 한다고 그에게 말한다면, 어딘가 엉터리 같지 않겠는가? …… 만약 변호인의 이익을 그가 가질 수 없다면, 공정한 정식사실심리를 그에게 보장하려는 이 심대한 걱정은 무엇을 위함인가?" Carpenter v. Dane County, 9 Wis. 274, 276-277.

중대한 범죄의 기소사실들에 기한 절차들에서 변호인을 바라는 가난한 사람의 요청을 그에게 거부하는 것은 이 나라 전체를 통하여 오래도록 "보편적 정의관념(universal sense of justice)"에 충격을 주는 것으로 간주되어 왔다. 예컨대 1854년에 인디애나주 대법원은 말하였다: "문명화된 공동체에 있어서는 조금이라도 생명의 내지는 자유의 위험에 처해진 시민이 변호인의 조력을 고용하기에 너무 가난하다는 이

should be debarred of counsel because he was too poor to employ such aid. No Court could be respected, or respect itself, to sit and hear «316 U. S., 477» such a trial. The defence of the poor in such cases is a duty resting somewhere, which will be at once conceded as essential to the accused, to the Court, and to the public." Webb v. Baird, 6 Ind. 13, 18. And most of the other States have shown their agreement by constitutional provisions, statutes, or established practice judicially approved, which assure that no man shall be deprived of counsel merely because of his poverty.[34] Any other practice seems to me to defeat the promise of our democratic society to provide equal justice under the law.

APPENDIX

I. States which require that indigent defendants in noncapital, as well as capital, criminal cases be provided with counsel on request:

A. *By Statute.* ARIZONA: Revised Statutes of Arizona Territory, 1901, Penal Code, Pt. II, Title VII, § 858; Arizona Code Ann. 1939, Vol. III, § 44-904. ARKANSAS: Compiled Laws, Arkansas Territory, 1835, Crimes and Misdemeanors, § 37; Pope's Digest, 1937, Vol. I, c. 43, § 3877. CALIFORNIA: California Penal Code of 1872, § 987; Deering's Penal Code, 1937, § 987. IDAHO: Territorial Criminal Practice Act, 1864, § 267; Idaho Code, 1932, §§ 19-1412, 19-1413. ILLINOIS: Rev. Stat. 1874,

34) In thirty-five states, there is some clear legal requirement or an established practice that indigent defendants in serious noncapital as well as capital criminal cases (e. g., where the crime charged is a felony, a "penitentiary offense," an offense punishable by imprisonment for several years) be provided with counsel on request. In nine states, there are no clearly controlling statutory or constitutional provisions, and no decisive reported cases on the subject. In two states, there are dicta in judicial decisions indicating a probability that the holding of the court below in this case would be followed under similar circumstances. In only two states (including the one in which this case arose) has the practice here upheld by this Court been affirmatively sustained. Appended to this opinion is a list of the several states divided into these four categories.

유로 변호인을 금지당해야 한다는 것은 한 순간도 생각될 수 없다. 그 같은 정식사실심리를 주재하고 청문하는 법원이라면 결코 존중을 받을 수도 «316 U. S., 477» 스스로를 존중할 수도 없을 것이다. 이 같은 사건들에 있어서 빈궁한 사람의 방어는 범인으로 주장되는 사람에게, 법원에게 및 공중(the public)에게 동시에 불가결의 것으로 승인될 그 어딘가에 기초를 둔 한 가지 의무이다." Webb v. Baird, 6 Ind. 13, 18. 또한 오직 가난으로 인하여 변호인을 아무가도 박탈당하지 않도록 보장하는 데 있어서의 자신들의 동의를 그 나머지의 주들 대부분은 헌법 규정들에 의하여, 제정법들에 의하여, 또는 사법적으로 승인된 확립된 관행에 의하여 나타냈다. 법 아래서의 평등한 재판을 제공하기로 한 우리의 민주 사회의 약속을 조금이라도 다른 실무관행은 무효화하는 것이라고 내게는 생각된다.

부 록

I. 사형이 가능한 형사사건들에서하고 마찬가지로 사형에 해당되지 않는 형사사건들에 있어서도 빈궁한 피고인들에게 요청에 따라 변호인을 제공하도록 요구하는 주들:

A. *제정법에 의하는 주.* ARIZONA: Revised Statutes of Arizona Territory, 1901, Penal Code, Pt. II, Title VII, § 858; Arizona Code Ann.1939, Vol. III, § 44-904. ARKANSAS: Compiled Laws, Arkansas Territory, 1835, Crimes and Misdemeanors, § 37; Pope's Digest, 1937, Vol. I, c. 43, § 3877. CALIFORNIA: California Penal Code of 1872, § 987; Deering's Penal Code, 1937, § 987. IDAHO: Territorial Criminal Practice Act, 1864, § 267; Idaho Code, 1932, §§ 19-1412, 19-1413. ILLINOIS: Rev. Stat.1874, Criminal Code, § 422; Jones' Ill. Stat. Ann.1936, § 37.707. «316 U. S., 478» Laws, 1933, 430-431을 참조하라. 또한 Vise v. County of Hamilton, 19 Ill. 78, 79 (1857)을 보라. IOWA: Territorial Laws, 1839, Courts, p. 116, § 64; Iowa Code, 1939, § 13773. KANSAS: 1856년에 S. Doc. No. 23, 24th Cong., 1st Sess., 520 (C. 129, Art. V., § 4)로서 출판된 편집물

Criminal Code, § 422; Jones' Ill. Stat. Ann. 1936, § 37.707. «316 U. S., 478» Cf. Laws, 1933, 430-431. See also Vise v. County of Hamilton, 19 Ill. 78, 79 (1857). IOWA: Territorial Laws, 1839, Courts, § 64; Iowa Code, 1939, § 13773. KANSAS: See Compilation published in 1856 as S. Doc. No. 23, 34th Cong., 1st Sess., 520 (c. 129, Art. V, § 4). Laws, 1941, c. 291. LOUISIANA: Act of May 4, 1805, of the Territory of Orleans, § 35; Dart's Louisiana Code of Criminal Procedure, 1932, Title XIII, Art. 143. MINNESOTA: Minnesota General Laws, 1869, c. LXXII, § 1; Mason's Minnesota Statutes, 1927, §§ 9957, 10667. MISSOURI: Digest of Laws of Missouri Territory, 1818, Crimes and Misdemeanours, § 35; Rev. Stat. 1939, § 4003. MONTANA: Montana Territory Criminal Practice Act of 1872, § 196 (Laws of Montana, Codified Stat. 1871-1872, 220); Revised Code, 1935, § 11886. NEBRASKA: General Statutes, 1873, c. 58, § 437; Compiled Stat. 1929, § 29-1803. NEVADA: Act of November 26, 1861 (Compiled Laws, 1861-1873, Vol. I, 477, 493); Compiled Laws, 1929, Vol. 5, § 10883. NEW HAMPSHIRE: Laws, 1907, c. 136; Laws, 1937, c. 22. NEW JERSEY: Act of March 6, 1795, § 2; New Jersey Stat. § 2.190-3. NEW YORK: Code of Criminal Procedure, § 308 (enacted in 1881, still in force). See People v. Supervisors of Albany County, 28 How. Pr. 22, 24 (1864). NORTH DAKOTA: Dakota Territory Code of Procedure, 1863, § 249 (Rev. Codes, 1877, Criminal Procedure, 875); Compiled Laws, 1913, Vol. II, §§ 8965, 10721. OHIO: Act of February 26, 1816, § 14 (Chase, Statutes of Ohio, 1788-1833, Vol. II, 982); Throckmorton's Ohio Code Ann. 1940, Vol. II, § 13439-2. OKLAHOMA: Oklahoma Territorial Stat. 1890, c. 70, § 10; Stat. Ann. 1941 Supp., Title 22, § 464. OREGON: Act of October 19, 1864 (General Laws, 1845-1864, c. 37, § 381; Laws 1837, c. 406 (Compiled Laws Ann, Vol. III, § 26-804). SOUTH DAKOTA: Dakota Territory Code of Procedure, 1863, § 249 (Rev. Codes, 1877, Criminal Procedure 875); Code of 1939, Vol. II, § 34.1901. TENNESSEE: Code of

을 보라. Laws, 1941, c. 291. LOUISIANA: Act of May 4, 1805, of the Territory of Orleans, § 35; Dart's Louisiana Code of Criminal Procedure, 1932, Title XIII, Art. 143. MINNESOTA: Minnesota General Laws, 1869, c. LXXII, § 1; Mason's Minnesota Statutes, 1927, §§ 9957, 10667. MISSOURI: Digest of Laws of Missouri Territory, 1818, Crimes and Misdemeanours, p. 155, § 35; Rev. Stat.1939, § 4003, Mo. R. S. A. 4003. MONTANA: Montana Territory Criminal Practice Act of 1872, § 196 (Laws of Montana, Codified Stat.1871–1872, 220); Revised Code, 1935, § 11886. NEBRASKA: General Statutes, 1873, c. 58, § 437; Compiled Stat.1929, § 29-1803. NEVADA: Act of November 26, 1861 (Compiled Laws, 1861–1873, Vol. I, 477, 493); Compiled Laws, 1929, Vol. 5, § 10883. NEW HAMPSHIRE: Laws, 1907, c. 136; Laws, 1937, c. 22. NEW JERSEY: Act of March 6, 1795, § 2, Paterson's Laws 1800, p. 162; New Jersey Stat. Ann. § 2.190-3. NEW YORK: Code of Criminal Procedure, § 308 (1881년에 발효하여 현재까지 유효). People v. Supervisors of Albany County, 1864, 28 How. Pr. 22, 24을 보라. NORTH DAKOTA: Dakota Territory Code of Procedure, 1863, § 249 (Rev. Codes, 1877, Criminal Procedure, 835); Compiled Laws, 1913, Vol. II, §§ 8965, 10721. OHIO: Act of February 26, 1816, § 14 (Chase, Statutes of Ohio, 1788–1833, Vol. II, 982); Throckmorton's Ohio Code Ann.1940, Vol. II, § 13439-2. OKLAHOMA: Oklahoma Territorial Stat.1890, c. 70, § 10; Stat. Ann. 1941 Title 22, § 464. OREGON: Act of October 19, 1864, General Laws, 1845- 1864, c. 37, § 381; Laws 1937, c. 406 (Compiled Laws Ann., Vol. III, § 26– 804). SOUTH DAKOTA: Dakota Territory Code of Procedure, 1863, § 249 (Rev. Codes, 1877, Criminal Procedure 835); Code of 1939, Vol. II, § 34.1901. TENNESSEE: Code of 1857-1858, §§ 5205, 5206; Code of 1938, «316 U. S., 479» §§ 11733, 11734. UTAH: Laws of Territory of Utah, 1878, Criminal Procedure, § 181; Rev. Stat.1933, § 105-2212. WASHINGTON: Statutes of Territory of Washington, 1854, Criminal Practice Act, § 89; Remington's Revised Statutes, 1932, Vol. IV, §§ 2095, 2305. WYOMING: Laws of Wyoming Territory, 1869, Criminal Procedure, § 98; Rev. Stat.1931, § 33-501.

1857-1858, §§ 5205, 5206; Code of 1938, «316 U. S., 479» §§ 11733, 11734. UTAH: Laws of Territory of Utah, 1878, Criminal Procedure, § 181; Rev. Stat. 1933, § 105-22-12. WASHINGTON: Statutes of Territory of Washington, 1854, Criminal Practice Act, § 89; Remington's Revised Statutes, 1932, Vol. IV, §§ 2095, 2305. WYOMING: Laws of Wyoming Territory, 1869, Criminal Procedure, § 98; Rev. Stat. 1931, § 33-501.

B. *By judicial decision or established practice judicially approved.* CONNECTICUT: for an account of early practice in Connecticut, see Zephaniah Swift "A System of the Laws of the State of Connecticut," Vol. II, 392: "The chief justice then, before the prisoner is called upon to plead, asks the prisoner if he desires counsel, which, if requested, is always granted as a matter of course. On his naming counsel, the court will appoint or assign them. If, from any cause, the prisoner decline to request or name counsel and a trial is had, especially in the case of minors, the court will assign proper counsel. When counsel are assigned, the court will enquire of them whether they have advised with the prisoner, so that he is ready to plead, and if not, will allow them proper time for that purpose. But it is usually the case that the prisoner has previously employed and consulted counsel and, of course, is prepared to plead." See Powell v. Alabama, 287 U. S. 45, footnote, 63-64. See also Connecticut General Statutes, Revision of 1930, §§ 2267, 6476. FLORIDA: Cutts v. State, 54 Fla. 21, 23, 45 So. 491 (1907). See Compiled General Laws, 1927, § 8375 (capital crimes). INDIANA: Webb v. Baird, 6 Ind. 13, 18 (1854). See also Knox County Council v. State ex rel. McCormick, 217 Ind. 493, 497-498, 29 N. E. 2d 405 (1940); State v. Hilgemann, 218 Ind. 572, 34 N. E. 2d 129, 131 (1941). MICHIGAN: People v. Crandell, 270 Mich. 124, 127, 258 N. W. 224 (1935). PENNSYLVANIA: Commonwealth v. Richards, 111 Pa. Super. 124, 169

B. *판결에 또는 사법적으로 승인된 확립된 실무관행에 의하는 주*. CONNECTICUT: 코네티컷주 초기의 관행에 대한 설명으로, Zephaniah Swift "A System of the Laws of the State of Connecticut," Vol. II, 392을 보라: "그러면 답변하도록 죄수가 요구되기 이전에 변호인을 그가 원하는지 죄수에게 법원장은 묻는데, 만약 요청이 있으면 그것은 항상 당연사항으로서 허가된다. 변호인들의 이름을 그가 말하면 법원은 그들을 지정하거나 배정한다. 만약 변호인을 요청하기를 어떤 이유에서든 죄수가 거부하거나 이름을 말하기를 거부하면, 그리고 그 상태에서 정식사실심리가 열리면, 특히 미성년자들의 사건에서, 적당한 변호인을 법원은 배정한다. 변호인이 배정되면 죄수에게 조언을 그들이 한 상태인지, 그리하여 죄수가 답변할 준비가 되어 있는지를 그들에게 법원은 묻고, 만약 준비가 되어 있지 않으면 그 목적을 위한 적절한 시간을 그들에게 허용한다. 그러나 죄수가 미리 변호인을 고용하여 상담하였고 따라서 당연히 답변할 준비가 되어 있는 것이 보통이다." Powell v. Alabama, 287 U. S. 45, footnote, 63-64을 보라. 아울러 Connecticut General Statutes, Revision of 1930, § 2267, 6476을 보라. FLORIDA: Cutts v. State, 54 Fla. 21, 23, 45 So. 491 (1907). Compiled General Laws, 1927, § 8375 (사형이 가능한 범죄들)을 보라. INDIANA: Webb v. Baird, 6 Ind. 13, 18 (1854). 또한 Knox County Council v. State ex rel. McCormick, 217 Ind. 493, 497-498, 29 N. E. 2d 405 (1940)을; State v. Hilgemann, 218 Ind. 572, 34 N. E. 2d 129, 131 (1941)을 보라. MICHIGAN: People v. Crandell, 270 Mich. 124, 127, 258 N. W. 224 (1935). PENNSYLVANIA: Commonwealth v. Richards, 111 Pa.Super. 124, 169 A. 464 (1933). Commonwealth ex rel. McGlinn v. Smith, 344 Pa. 41, 49, 59, 24 A. 2d 1을 보라. VIRGINIA: Watkins v. Commonwealth, 174 Va. 518, 521-525, 6 S. E. 2d 670

A. 464 (1933). See Commonwealth ex rel. McGlinn v. Smith, 344 Pa. 41, 49, 59, 24 A. 2d 1. VIRGINIA: Watkins v. Commonwealth, 174 Va. 518, 521-525, 6 S. E. 2d 670 (1940). «316 U. S., 480» WEST VIRGINIA: State v. Kellison, 56 W. Va. 690, 692-693, 47 S. E. 166 (1904). WISCONSIN: Carpenter v. Dane County, 9 Wis. 274 (1859). See Stat. 1941, § 357.26.

C. *By constitutional provision.* GEORGIA: Constitution of 1865, Art. 1, Par. 8. See Martin v. Georgia, 51 Ga. 567, 568 (1874). KENTUCKY: Kentucky Constitution, § 11. See Fugate v. Commonwealth, 254 Ky. 663, 665, 72 S. W. 2d 47 (1934).

II. States which are without constitutional provision, statutes, or judicial decisions clearly establishing this requirement:

COLORADO: General Laws, 1877, §§ 913-916; Colorado Stat. Ann. 1935, Vol. 2, c. 48, §§ 502, 505, as amended by Laws of 1937, 498, § 1. See Abshier v. People, 87 Colo. 507, 517, 289 P. 1081. DELAWARE: See 6 Laws of Delaware 741; 7 id. 410; Rev. Code, 1935, §§ 4306, 4310. MAINE: See Rev. Stat. 1857, 713; Rev. Stat. 1930, C. 146, § 14. MASSACHUSETTS: See McDonald v. Commonwealth, 173 Mass. 322, 327, 53 N. E. 874 (1899). NEW MEXICO. NORTH CAROLINA. RHODE ISLAND: See State v. Hudson, 55 R. I. 141, 179 A. 130 (1935); General Laws, 1938, c. 625, § 62. SOUTH CAROLINA: See State v. Jones, 172 S. C. 129, 130, 173 S. E. 77 (1934); Code, 1932, Vol. I, § 980. VERMONT.

III. States in which dicta of judicial opinions are in harmony with the decision by the court below in this case:

ALABAMA: Gilchrist v. State, 234 Ala. 73, 74, 173 So. 651. MISSISSIPPI: Reed v. State, 143 Miss. 686, 689, 109 So. 715.

(1940) «316 U. S., 480» WEST VIRGINIA: State v. Kellison, 56 W.Va. 690, 692-693, 47 S. E. 166 (1904). WISCONSIN: Carpenter v. Dane County, 9 Wis. 274 (1859). 또한 Stat. 1941, § 357.26을 보라.

C. *헌법 규정에 의하는 주*. GEORGIA: Constitution of 1865, Art. 1, Par. 8. Martin v. Georgia, 51 Ga. 567, 568 (1874)을 보라. KENTUCKY: Kentucky Constitution, § 11. Fugate v. Commonwealth, 254 Ky. 663, 665, 72 S. W. 2d 47 (1934)을 보라.

II. 이 요구를 명확히 확립하는 헌법 규정이나 제정법 또는 판례들을 가지고 있지 않은 주:

COLORADO: General Laws, 1877, §§ 913-916; Colorado Stat. Ann.1935, Vol. 2, c. 48, §§ 502, 505, as amended by Laws of 1937, 498, § 1. Abshier v. People, 87 Colo. 507, 517, 289 P. 1081을 보라. DELAWARE: 6 Laws of Delaware 741; 7 id. 410; Rev.Code, 1935, §§ 4306, 4310을 보라. MAINE: Rev. Stat.1857, 713; Rev. Stat.1930, c. 146, § 14을 보라. MASSACHUSETTS: McDonald v. Commonwealth, 173 Mass. 322, 327, 53 N. E. 874 (1899)을 보라. NEW MEXICO. NORTH CAROLINA. RHODE ISLAND: State v. Hudson, 55 R.I. 141, 179 A. 130 (1935); General Laws, 1938, c. 625, § 62을 보라. SOUTH CAROLINA: State v. Jones, 172 S.C. 129, 130, 173 S. E. 77 (1934); Code, 1932, Vol. I, § 980을 보라. VERMONT.

III. 법원의 의견들에 들어 있는 방론이 이 사건에서의 원심 법원의 판결에 일치하는 주:

ALABAMA: Gilchrist v. State, 234 Ala. 73, 74, 173 So. 651. MISSISSIPPI: Reed v. State, 143 Miss. 686, 689, 109 So. 715.

IV. 사형에 해당되지 않는 사건들에서 빈궁한 피고인들을 위한 변호인의 요구가 확

IV. States in which the requirement of counsel for indigent defendants in noncapital cases has been affirmatively rejected:

MARYLAND: See, however, Coates v. State, 180 Md. 502, 25 A. 2d 676.

TEXAS: Gilley v. State, 114 Tex. Cr. 548, 26 S. W. 2d 1070. But cf. Brady v. State, 122 Tex. Cr. 275, 278, 54 S. W. 2d 513.

정적으로 배척된 주:

MARYLAND: 그러나 1942년 4월 22일 선고된 Coates v. State, 180 Md. 502, 25 A. 2d 676을 보라. TEXAS: Gilley v. State, 114 Tex. Cr. 548, 26 S. W. 2d 1070. 그러나 Brady v. State, 122 Tex. Cr. 275, 278, 54 S. W. 2d 513을 참조하라.

변호인의 조력을 받을 권리

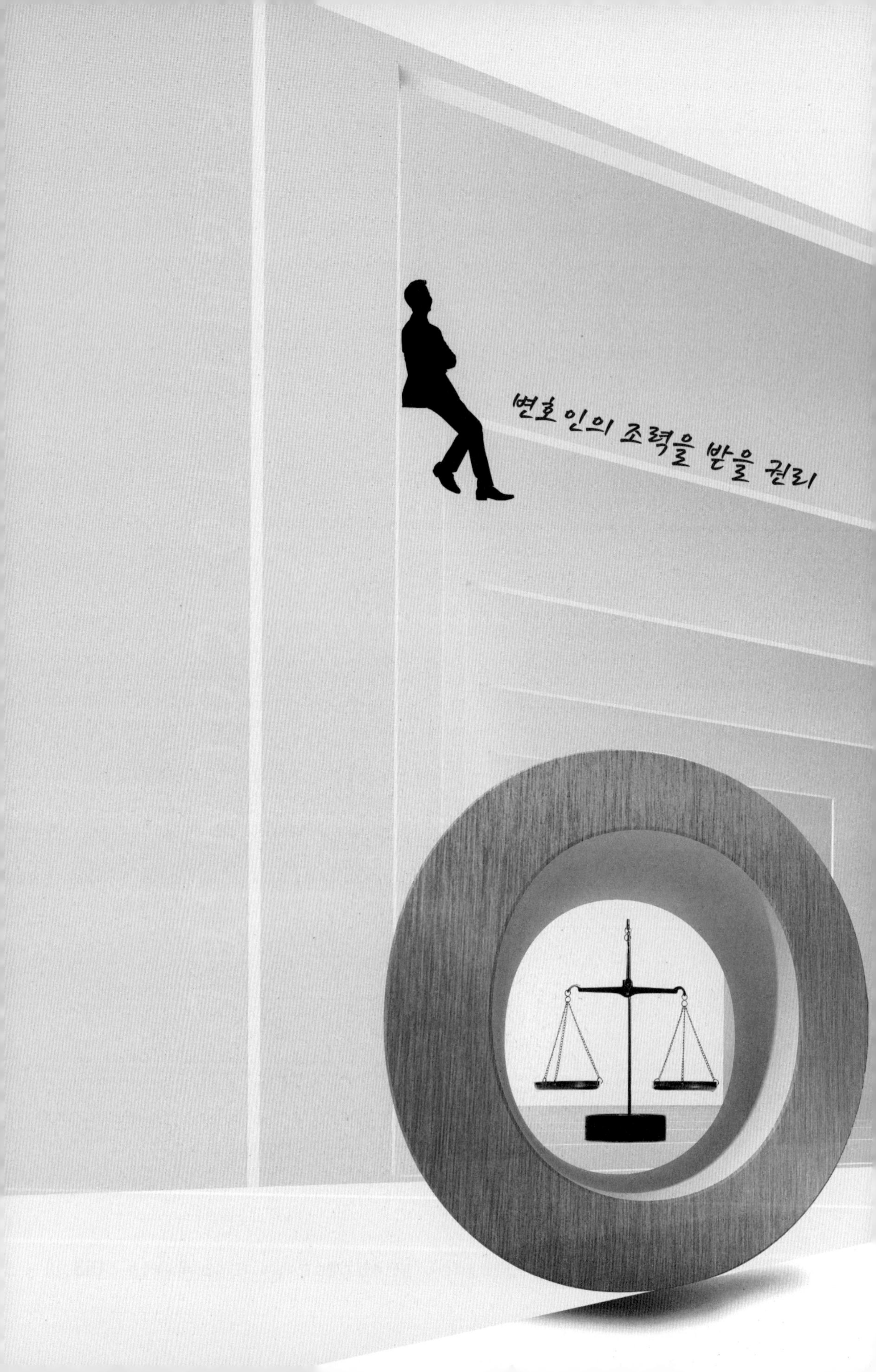

Crooker v. California, 357 U. S. 433 (1958)

캘리포니아주 대법원에 내린 사건기록 송부명령

NO. 178
변론 1958년 4월 2일
판결 1958년 6월 30일

요약해설

1. 개요

Crooker v. California, 357 U. S. 433 (1958)은 6 대 3으로 판결되었다. 법원의 의견을 클라크(CLARK) 판사가 썼고, 반대의견을 법원장 워렌(WARREN) 판사의, 블랙(BLACK) 판사의 및 브레넌(BRENNAN) 판사의 찬동 아래 더글라스(DOUGLAS) 판사는 냈다. 변호인의 조력의 및 적법절차의 양자 사이의 관계를 다루었다. 같은 날 선고된 Cicenia v. Lagay, 357 U. S. 504 (1958) 판결에 더불어 Escobedo v. Illinois, 378 U. S. 478 (1964)에서 폐기되었다.

2. 사실관계 및 쟁점 (357 U. S., at 434-437.)

애인을 살해한 혐의로 캘리포니아주 경찰에 청구인은 체포되었다. 변호인을 부르겠다는 청구인의 요구를 허용하기를 거부한 채로 구금신문을 계속하여 14시간 만에 자백을 수사경찰관들은 얻어냈다. 정식사실심리에서 증거로 그 자백은 허용되었고, 청구인은 유죄판정에 이어 사형이 선고되었다. 유죄판결을 캘리포니아주 대법원은 인가하였다. 연방대법원에 사건기록 송부명령을 청구인은 청구했는데, 변호인에게 연락하게 해 달라는 요청을 수사경찰이 거부함으로써, 그리고 그렇게 얻어진 자백을 정식사실심리 법원이 증거로 허용함으로써 적법절차를 침해하였다고 청구인은 주장하였다. 쟁점의 중대성을 인정하여 사건을 자신 앞에 연방대법원은 가져왔다.

3. 클라크(CLARK) 판사가 쓴 법원의 의견의 요지

로스쿨에 재학 중일 때 형사법을 청구인은 공부하였다; 거짓말 탐지기 시험을 받도록 요구되었을 때 그가 보인 반응은, 묵비의 권리를 자백에 훨씬 앞서서 청구인에게 경찰이 설명해 준 점은, 그의 답변 거부의 방식은 묵비의 권리에 대한 완전한 인식을 나타낸다. 청구인의 자백은 임의적인 것이 아니었다고 말할 수 없다. (357 U. S., at 438.)

변호인을 선임하겠다는 요청에 대한 주(state)의 거부는, 그토록 불이익을 그것에 의하여 피고인이 입어서 그 이후의 정식사실심리를 "정의의 개념 자체에 없어서는 안 될 그 기본적 공정성"의 부재로 오염시킬 정도이면 적법절차를 침해한다. 사건의 전체적 상황에 그 판정은 달려 있다. (357 U. S., at 439–440.)

여기서 청구인의 전체적 상황은 묵비할 자신의 권리를 알고 있는 로스쿨에서의 훈련을 지닌 대학졸업 학력의 남자에 의한 임의적인 자백이다. 이 같은 사실관계는 선례들에서 말한 불리한 영향(the prejudicial impact)에 근접하지도, 적법절차를 침해할 만큼 청구인이 그토록 "이용당하였음을(taken advantage of)" 증명하지도 않는다. (357 U. S., at 440.)

변호인을 접촉하겠다는 요청에 대한 주(state)의 모든 거절이, *사건의 상황들에 관계없이(without regard to the circumstances of the case)*, 헌법적 권리에 대한 침해가 되는 것은 아니다. 변호인을 부를 기회를 범인으로 주장되는 사람이 제공받기까지는 경찰 신문을 - *불공정한 것을은 물론이고 공정한 것을도(fair as well as unfair)* - 그런 식의 규칙은 사실상 차단할 것이다. 이 같은 규칙을 적법절차는 요구하지 않는다. 원심판결은 인가되었다. (357 U. S., at 440–441.)

4. 더글라스(DOUGLAS) 판사가 쓴 반대의견의 요지

자백이 추출된 시점 이전에 거듭 거듭 제기된 한 명의 변호사를 바라는 요구에 대한 거절은 연방헌법 수정 제14조에 의하여 시민에게 보장된 적법절차에 대한 박탈이다. 변호인의 조력을 가질 권리는 너무나 기본적이고 절대적이라서, 그 권리의 박탈로부터 발생하는 불이익의 양에 관한 점잖은 계산행위들에 법원들로 하여금 빠지도록 그것은 허용하지 않는다. 연방법원 사건에서 변호인의 필요에 관하여 해당되는 것은 주법원 사건에서도 똑같이 해당된다. (357 U. S., at 442.)

사형에 해당하지 않는 주(state) 형사 정식사실심리에서 변호인을 바라는 피고인의 요청은 거절될 수 있다고 한 Betts v. Brady, 316 U. S. 455 판결의 원칙을 사형이 가능한 사건에 확장시킬 근거는 전혀 없다. (357 U. S., at 442–443.)

정식사실심리 이전 단계에서 변호인을 가질 권리는 정식사실심리 자체에서 청문될 권리에 의미를 및 보호를 부여하기 위하여, 그리고 경찰의 강압적인 권한에 대한 한 가지 제약으로서, 필요하다. 법원은 방벽을 낮춰서는, 그리하여 강압적인 경찰 실무관행에 대처한 절차적 보호수단을 범인으로 주장되는 사람에게 거절해서는 안 된다. 범인으로 주장되는 사람은 필시 다른 어느 때보다도 그의 체포 직후에 더 변호인을 필요로 한다. 아무리 잘 교육받고 법에 잘 훈련되어 있더라도, 목숨을 강요할 수 있는 범죄로 체포되면, 법적 조언을 그는 필요로 한다. (357 U. S., at 443–446.)

변호인을 원하는 범인으로 주장되는 사람으로 하여금 체포의 순간 이후에는 언제든지 한 명의 변호인을 가지게 하도록 적법절차 조항에 표현된 문명의 요구들은 명령한다. (357 U. S., at 448.)

MR. JUSTICE CLARK delivered the opinion of the Court.

Petitioner, under sentence of death for the murder of his paramour, claims that his conviction in a California court violates Fourteenth Amendment due process of law because (1) the confession admitted into evidence over his objection had been coerced from him by state authorities, and (2) even if his confession was voluntary, it occurred while he was without counsel because of the previous denial of his request therefor. The Supreme Court of California affirmed the conviction. 47 Cal. 2d 348, 303 P. 2d 753. Certiorari was granted because of the serious due process implications that attend state denial of a request to employ an attorney. 354 U. S. 908 (1957).[1] We conclude, however, that no violation of constitutional right has occurred.

The record here clearly reveals that, prior to petitioner's confession, he asked for and was denied opportunity to call his lawyer. We first consider that denial in connection with petitioner's contention that his subsequent confession was involuntary in nature.

It is well established that the Fourteenth Amendment prohibits use of coerced confessions in state prosecutions. e. g., Brown v. Mississippi, 297 U. S. 278 (1936); Watts v. «357 U. S., 435» Indiana, 338 U. S. 49 (1949); Fikes v. Alabama, 352 U. S. 191 (1957). As in Thomas v. Arizona, 356 U. S. 390, and

1) The grant of certiorari was limited to two questions:

"1. Was the defendant denied due process of law by the refusal of the investigation officers to allow him to consult with an attorney upon demand being made to do so while he was in custody?

"2. Was the defendant denied due process of law by the admission into evidence of a confession which was taken from him while in custody and after he had been in such custody for fourteen hours and had not been allowed to consult with his attorney?"

법원의 의견을 클라크(CLARK) 판사가 냈다.

(1) 그의 이의를 누르고서 증거로 허용된 자백이 주 관헌들에 의하여 그에게서 강제된 것이었기 때문에, 그리고 (2) 설령 그의 자백이 임의의 것이었다 하더라도, 변호인을 바라는 그의 요청에 대한 앞에서의 거부로 인하여 변호인 없이 그가 있었던 동안에 그것은 이루어졌기 때문에, 연방헌법 수정 제14조의 적법절차 조항을 캘리포니아주 법원에서의 자신에 대한 유죄판정이 침해한다고 자신의 애인에 대한 살해를 이유로 사형선고 아래에 놓인 청구인은 주장한다. 유죄판정을 캘리포니아주 대법원은 인가하였다. 47 Cal. 2d 348, 303 P. 2d 753. 변호인을 선임하겠다는 요청에 대한 주(state)의 거부에 들어 있는 중대한 적법절차의 함축 때문에 사건기록 송부명령은 허가되었다. 354 U. S. 908 (1957).[1] 그러나 헌법적 권리의 침해는 발생하지 않았다고 우리는 결론짓는다.

자신의 변호인을 부를 기회를 그의 자백 이전에 청구인이 요구하였다가 거부당했음을 여기의 사건 기록은 명백히 보여준다. 그 거부를, 그의 그 이후의 자백은 성격상 비임의의 것이었다는 청구인의 주장에 관련하여, 우리는 먼저 살핀다.

강요된 자백들의 주(state) 기소사건들에서의 사용을 연방헌법 수정 제14조가 금지함은 잘 확립되어 있다. 예컨대, Brown v. Mississippi, 297 U. S. 278 (1936); Watts v. «357 U. S., 435» Indiana, 338 U. S. 49 (1949); Fikes v. Alabama, 352 U. S. 191 (1957) 등이다. 다 같이 이 개정기에 판결된 Thomas v. Arizona, 356 U. S. 390에서 및

1) 사건기록 송부명령의 허가는 두 가지 문제들에 한정되었다:
"1. 피고인이 구금되어 있는 동안 변호인을 찾아 상담하기 위하여 제기하는 요구에 따라 그렇게 하도록 그에게 허용하기를 수사경찰관들이 거부함으로써 적법절차를 피고인이 박탈당했는가?
"2. 구금 동안에, 그리고 그 같은 구금 상태에 14시간 동안 있으면서 자신의 변호인을 찾아 상담하도록 피고인이 허용되지 못한 뒤에, 그에게서 얻어진 자백의 증거로서의 허용에 의하여 적법절차를 피고인이 박탈당했는가?"

Payne v. Arkansas, 356 U. S. 560, we consider the undisputed facts in the record to ascertain whether the confession resulted from police coercion or the exercise of petitioner's own free will.

The victim's son discovered her body the morning of July 5, 1955, stabbed and strangled to death in the bedroom of her Los Angeles home. She was last known to be alive about 1 a.m. the same day, when she talked with a friend by telephone.

Petitioner was arrested in his apartment at 1:30 that afternoon, and subsequently was charged with the murder. He was then 31 years of age, a college graduate who had attended the first year of law school. While going to law school, he had been a house boy in the home of the victim. That position led to an illicit relationship with her, which she had attempted several times to terminate in the month preceding her death. The week of her death, after telling petitioner they had been found out, she had requested, and he had agreed, that he would never see her again.

Despite this understanding, he returned to her house late in the afternoon of July 4. Finding no one at home, he hid nearby for the ostensible purpose of discovering who was "threatening" her. From his hiding place, he watched the victim return home with an escort around midnight. Shortly thereafter, he saw the escort leave, and watched the victim talk on the telephone. He claims that he then left the vicinity to return to his apartment, never having entered the house that evening.

At the time of his arrest, petitioner was questioned about scratches that were evident on his neck and hands. He attributed the former to shaving and the latter to a traffic mishap on his way to the beach on July 4. However, he refused to reveal where the accident occurred. «357 U. S., 436» After his apartment was searched, petitioner was taken to the Los Angeles Police

Payne v. Arkansas, 356 U. S. 560에서처럼, 그 자백이 경찰의 강요로부터 나온 것인지, 청구인 자신의 자유의지의 행사로부터 나온 것인지 여부를 확인하기 위하여 기록에 들어 있는 다툼 없는 사실들을 우리는 살핀다.

그녀의 사체를 1955년 7월 5일 아침에 피해자의 아들은 발견하였는데, 칼에 찔리고 목이 졸린 채 그녀의 로스앤젤레스 주거의 침대에 죽어 있었다. 그녀가 마지막으로 생존해 있었음이 확인된 시각은 전화로 친구 한 명하고 그녀가 통화하였던 그 날 오후 1시경이었다.

그 날 오후 1:30에 그의 아파트에서 청구인은 체포되었고, 이에 이어 살인혐의로 기소되었다. 그는 당시 31세의 나이였고 대학 졸업자로서 로스쿨 1년을 다닌 바 있었다. 로스쿨에 다니는 동안 그는 피해자의 가정에서 잡일꾼이었었다. 그 처지가 그녀하고의 모종의 부정한 관계에 이르게 하였는데, 자신의 죽음 앞전 달에 그 관계를 끝내려고 몇 차례 그녀는 시도했었다. 자신들이 발각된 상태임을 그녀의 죽음이 발생한 그 주에 청구인에게 말하면서, 다시는 자신을 만나려 하지 말 것을 그에게 그녀는 요청하였고, 그도 동의하였었다.

이 양해에도 불구하고 7월 4일 오후 늦게 그녀의 집에 그는 돌아왔다. 집에 아무도 없음을 알고서 누가 그녀를 "협박하고 있는지" 알아낸다는 표면상의 목적을 위하여 그 부근에 그는 숨었다. 자신의 숨은 장소에서 자정 무렵 한 명의 호위자하고 함께 집에 피해자가 돌아오는 것을 그는 지켜보았다. 잠시 후 그 호위자가 떠나는 것을 그는 보았고 피해자가 전화로 말하는 것을 그는 지켜보았다. 그 때 그 근처를 떠나 자신의 아파트에 자신은 돌아갔다고, 그 날 저녁에 그 집에는 결코 들어간 적이 없다고 그는 주장한다.

자신의 목에 및 두 손에 난 뚜렷한 할퀸 자국들에 관하여 질문을 그의 체포 때에 청구인은 받았다. 앞의 것은 면도에, 뒤의 것은 7월 4일 해변으로 가던 길에서의 어떤 교통사고에 그는 돌렸다. 그러나 어디서 그 사고가 발생했는지 밝히기를 그는 거부하였다. «357 U. S., 436» 청구인의 아파트에 대하여 수색이 실시된 뒤에 로스앤젤레스 경찰서로 청구인은 옮겨졌는데, 거기서 그는 사진이 촬영되었고, 그리고

Station, where he was photographed and asked to take a lie detector test. He refused to submit to the test, and indicated that he wanted to call an attorney. At no time, however, does it appear that petitioner was offered the use of a telephone. Aside from sporadic questioning at his apartment, petitioner was interrogated for the first time from 8:30-9:30 P. M., the questioning being conducted by four officers and centering around his refusal of the lie detector test. During this time, he asked for an opportunity to get a lawyer, naming a specific attorney whom he thought might represent him, but was told that "after [the] investigation was concluded, he could call an attorney."

At 9:30 P. M., petitioner was transferred to the West Los Angeles Police Station, where five officers questioned him from 11 P. M. until shortly after midnight. He then was formally "booked," and given a physical examination by a police physician. The third and last questioning period was conducted by the same five men from approximately 1-2 a.m. July 6. For the next hour, petitioner wrote and signed a detailed confession of the murder. Afterward, he was taken to the victim's home to reenact the crime. At 5 a.m., he was put in jail and permitted to sleep.

That afternoon, a full day after his arrest, he was taken to the office of the Los Angeles County District Attorney to orally repeat the written confession. Petitioner balked at doing so, and again asked that his attorney be called. Thereupon, the District Attorney placed the call for him and listened to the conversation while petitioner talked on an extension phone with the attorney. Neither petitioner nor his attorney was aware that a tape recording was being made of everything that transpired in the office. The District Attorney interrupted at one point to deny that petitioner was forced to answer police questions, «357 U. S., 437» and later to advise that the most convenient time for the attorney to see petitioner would be at 7 P. M. back at the West Los Angeles Police Station. After the phone call, petitioner was returned to jail to

거짓말 탐지기 시험을 받아 보도록 요구되었다. 그 시험을 받기를 그는 거부하였고, 변호사 한 명을 부르고 싶다는 뜻을 나타냈다. 그러나 한 번이라도 전화의 사용을 청구인이 제공받은 것으로는 나타나 있지 않다. 그의 아파트에서의 산발적인 질문을 빼면, 오후 8:30부터 9:30까지 신문을 청구인은 처음으로 받았는데, 네 명의 경찰관들에 의하여 신문은 수행되었고, 주로 거짓말 탐지기 시험에 대한 그의 거부 부분에 집중되었다. 이 시간 동안 변호사를 선임할 기회를 요구하면서 자신을 대변할 수 있을 것으로 생각하는 특정한 변호사 한 명의 이름을 그는 말하였으나, "수사가 종결된 뒤에 변호인을 부를 수 있다."는 응답을 그는 들었다.

오후 9:30에 로스앤젤레스 서부경찰서로 청구인은 이송되었는데, 거기서는 그를 오후 11시부터 자정 조금 넘어서까지 다섯 명의 경찰관들이 신문하였다. 그는 그 다음에 정식으로 "용의자 체포절차에 처해지고(booked)" 경찰 의사 한 명에 의하여 신체검사가 실시되었다. 세 번째이면서 마지막이 된 신문 기간은 바로 그 다섯 명에 의하여 7월 6일 대략 오전 1-2시경부터 수행되었다. 그 다음 시간 동안 그 살해 행위에 대한 자세한 자백 진술서를 그는 작성하고 이에 서명하였다. 그 뒤에 범행을 재연하기 위하여 피해자의 집에 그는 끌려갔다. 오전 5시에 그는 감옥에 넣어졌고 자도록 허락되었다.

자백 진술서를 말로 되풀이하도록 로스앤젤레스 카운티의 지방검사 사무소로 체포 이후 꼬박 하루만인 그 날 오후에 그는 옮겨졌다. 그렇게 하기를 주저하면서, 자신의 변호인에게 전화를 걸어달라고 청구인은 다시 요구하였다. 이에 응하여 그에게 전화를 지방검사는 걸어주고서 변호인하고 한 대의 내선 전화기로 청구인이 말하는 동안 그 대화를 지방검사는 도청하였다. 그 사무실에서 일어나는 모든 것에 대하여 테이프 녹음이 진행되고 있음을 청구인은 및 그의 변호인은 아무도 알아차리지 못하였다. 경찰의 질문들에 답변하도록 청구인이 강제된 바 없다고 부인하기 위하여, 그리고 그 다음으로는 청구인을 변호인이 만날 수 있는 가장 편리한 시간은 로스앤젤레스 서부경찰서에 청구인이 «357 U. S., 437» 돌아가 있게 되는 오후 7시일 것임을 조언하기 위하여 한 지점에서 지방검사는 끼어들었다. 그 전화 통화 뒤에 감옥에 청구인은 송환되었고, 그 날 저녁에 변호인을 만났다. 그 시간 이후부

meet his attorney that evening. From that time forward, through both arraignment and trial, he was represented by his own counsel.

In the 14 hours between his arrest and confession, petitioner was given coffee and allowed to smoke whenever he liked. He also was given milk and a sandwich a few hours after his arrest. Before being transferred to the West Los Angeles Police Station, he was advised by a police lieutenant, "You don't have to say anything that you don't want to," and he in fact refused to answer many questions both before and after the transfer. At such times, he simply stated he "would rather not answer, or rather not make a statement about that."

The bare fact of police "detention and police examination in private of one in official state custody" does not render involuntary a confession by the one so detained. Brown v. Allen, 344 U. S. 443, 476 (1953). Neither does an admonition by the police to tell the truth, Spraf v. United States, 156 U. S. 51, 55-56 (1895), nor the failure of state authorities to comply with local statutes requiring that an accused promptly be brought before a magistrate.[2] Fikes v. Alabama, 352 U. S. 191 (1957).

Petitioner's claim of coercion, then, depends almost entirely on denial of his request to contact counsel.[3] This «357 U. S., 438» Court has not previously had occasion to determine the character of a confession obtained after such a denial. But we have held that confessions made by indigent defendants prior to state appointment of counsel are not thereby rendered involuntary, even in prosecutions where conviction without counsel would violate due process under the Fourteenth Amendment. Brown v. Allen, 344 U. S.

2) Section 849 of the California Penal Code provides that a person arrested without a warrant must be brought before the nearest or most accessible magistrate in the county of arrest "without unnecessary delay." Cal. Penal Code, 1956, § 849.

3) Even if within the scope of the limited grant of certiorari, claims of physical violence – "third degree" methods – were denied by witnesses for the State, and hence are not part of the undisputed portions of the record which we consider here. The ambiguous reply by one police officer, "I don't think we hurt you," in response to petitioner's «357 U. S., 438» assertion in the District Attorney's office that the officer struck him, cannot alter the contradicted state of the evidence when the same officer categorically denied the claim on cross-examination at the trial.

터 기소인부 절차 동안에와 정식사실심리 동안에 내내 그 자신의 변호인에 의하여 그는 대변되었다.

그의 체포의 및 자백의 양자 사이의 14시간 동안 청구인은 커피를 제공받았고, 그가 바라는 어느 때든지 담배를 피우도록 허용되었다. 아울러 우유를과 샌드위치를 그의 체포 수 시간 뒤에 그는 제공받았다. "말하기를 당신이 원하지 않는 어떤 것을도 당신은 말할 필요가 없습니다."라는 조언을 로스앤젤레스 서부경찰서로 옮겨지기 전에 경찰서 차석 한 명으로부터 그는 받았고, 실제로 그 이송 이전에도 이후에도 많은 질문들에 대하여 답변하기를 그는 거부하였다. 그럴 때에는 "차라리 답변하지 않겠소, 즉 그것에 관하여는 진술을 하지 않겠소."라고 그는 간단히 말했다.

"공식적인(official) 주(state) 구금에 있는 사람에 대한 경찰의 억류(detention)는 및 비공식적인 신문(examination in private)은" 그 자체만으로는 그렇게 억류된 사람에 의한 자백을 비임의의 것으로 만들지 않는다. Brown v. Allen, 344 U. S. 443, 476 (1953). 진실을 말하라는 경찰에 의한 권고는도, Sparf v. United States, 156 U. S. 51, 55-56 (1895), 범인으로 주장되는 사람을 즉시 치안판사 앞에 데려다 놓도록 요구하는 지역의 제정법들에 대한 주(state) 관헌들의 준수 불이행은도,[2] Fikes v. Alabama, 352 U. S. 191 (1957), 마찬가지다.

그러므로 변호인을 접촉하겠다는 그의 요구에 대한 거절에만 강요에 관한 청구인의 주장은 거의 완전히 의존한다.[3] 이같은 «357 U. S., 438» 거절 뒤에 얻어진 자백의 성격을 판정할 기회를 지금껏 당원은 가져보지 못했다. 그러나 범인으로 주장된 빈궁한 사람들에 의하여 이루어진 자백들은 주에 의한 변호인 지정 이전에 이루어졌다는 이유로 비임의적인 것이 되지는 않는다고 우리는 판시해 왔는 바, 심지어 유죄판정이 변호인 없는 상태에서 내려짐으로써 연방헌법 수정 제14조상의 적법절차를 침해하는 기소사건들에서조차도 그러하였다. Brown v. Allen, 344 U. S.

---

2) 영장 없이 체포된 사람을 그 체포된 카운티에서 가장 가까우면서 가장 만나기 쉬운 치안판사 앞에 "불필요한 지체 없이(without unnecessary delay)" 데려다 놓지 않으면 안 된다고 캘리포니아주 형법 제849절은 규정한다. Cal. Penal Code, 1956, § 849.

3) 설령 사건기록 송부명령의 제한된 허가 범위 내에서 보더라도, 주측 증인들에 의하여 육체적 폭력 – "고문(third degree)"– 의 주장은 부정되었고, 따라서 그것은 우리가 여기서 살피는 기록의 다툼 없는 부분이 아니다. 청구인을 경찰관 한 명이 때렸다는 «357 U. S., 438» 지방검사의 사무실에서의 청구인의 주장에 응수한, "당신을 우리가 해쳤다고 저는 생각하지 않습니다."라는 그 경찰관의 애매한 답변은 그 주장을 바로 그 경찰관이 정식사실심리에서의 반대신문에서 단언적으로(categorically) 부인한 경우에 증거의 대립상태(contradicted state of evidence)를 변경시킬 수 없다.

443, 474-476 (1953); Stroble v. California, 343 U. S. 181, 196-198 (1952); Gallegos v. Nebraska, 342 U. S. 55, 64-68 (1951). To be sure, coercion seems more likely to result from state denial of a specific request for opportunity to engage counsel than it does from state failure to appoint counsel immediately upon arrest. That greater possibility, however, is not decisive. It is negated here by petitioner's age, intelligence, and education. While in law school, he had studied criminal law; indeed, when asked to take the lie detector test, he informed the operator that the results of such a test would not be admissible at trial absent a stipulation by the parties. Supplementing that background is the police statement to petitioner well before his confession that he did not have to answer questions. Moreover, the manner of his refusals to answer indicates full awareness of the right to be silent. On this record, we are unable to say that petitioner's confession was anything other than voluntary.

We turn now to the contention that, even if the confession be voluntary, its use violates due process because it was obtained after denial of petitioner's request to contact his attorney. Petitioner reaches this position by reasoning first that he has been denied a due process right «357 U. S., 439» to representation and advice from his attorney,[4] and secondly that the use of any confession obtained from him during the time of such a denial would itself be barred by the Due Process Clause, even though freely made. We think petitioner fails to sustain the first point, and therefore we do not reach the second.

The right of an accused to counsel for his defense, though not firmly fixed in our common law heritage, is of significant importance to the preservation of liberty in this country. See 1 Cooley's Constitutional Limitations (8th ed. 1927) 696-700; 2 Story on the Constitution (4th ed. 1873) § 1794. That right,

4) At times petitioner appears to urge "a rule" barring use of a voluntary confession obtained after state denial of a request to contact counsel regardless of whether any violation of a due process right to counsel occurred. That contention is simply an appeal to the supervisory power of this Court over the administration of justice in the federal courts. See McNabb v. United States, 318 U. S. 332 (1943), which, significantly enough, petitioner cites. The short answer to such a contention here is that this conviction was had in a state, not a federal, court.

443, 474-476 (1953); Stroble v. California, 343 U. S. 181, 196-198 (1952); Gallegos v. Nebraska, 342 U. S. 55, 64-68 (1951). 확실히, 강압은 체포 후 곧바로 변호인을 지정할 의무에 대한 주측의 태만으로부터 발생할 가능성이보다는 변호인을 고용할 기회를 구하는 명시적인 요청에 대한 주측(state)의 거부로부터 발생할 가능성이 더 많은 것 같다. 그러나 그 같은 보다 더 큰 가능성은 결정적인 것이 아니다. 여기서 청구인의 나이에, 지능에 및 교육 수준에 의하여 그것은 무효화되고 있다. 로스쿨에 재학 중이던 동안에 형사법을 그는 공부하였었다; 아닌 게 아니라 거짓말 탐지기 시험을 받도록 요구되었을 때, 당사자들에 의한 약정 없이는 그 같은 시험의 결과들은 정식사실심리에서 증거로 허용될 수 없을 것임을 탐지기 조작자에게 그는 알려주었다. 그 배경을 보충해 주는 것은 그의 자백에 훨씬 앞서서 청구인에게 해 준, 질문들에 그는 답변할 필요가 없다는 경찰의 설명이다. 더군다나 묵비할 권리에 대한 완전한 인식을 그의 답변 거부행위들의 방식은 나타낸다. 이 기록상으로 청구인의 자백은 조금이라도 임의적인 것이 아니었다고 우리는 말할 수가 없다.

설령 그 자백이 임의적인 것이었다 하더라도 그것의 사용은 적법절차에 위배된다는, 왜냐하면 그것은 자신의 변호사를 접촉하겠다는 청구인의 요청에 대한 거절 뒤에 얻어진 것이기 때문이라는 주장을 이제 우리는 본다. 이 주장에 청구인이 «357 U. S., 439» 도달하는 데 있어서 근거로 삼은 추론은, 첫째로 자신의 변호인으로부터의 대변을 및 조언을 누릴 적법절차상의 권리를 자신은 박탈당한 상태라는 것이고,[4] 그리고 둘째로 이 같은 박탈 기간 동안에 그에게서 얻어진 어떤 자백에 대하여든 그 사용은, 심지어 그 자백이 자유롭게 이루어진 것이라 하더라도, 그 자체로 적법절차 조항에 의하여 금지될 것이라는 것이다. 첫 번째 논점을 청구인은 뒷받침하지 못하고 있다고 우리는 생각하는 바, 따라서 두 번째 논점에 우리는 이르지 않는다.

우리의 보통법(common-law) 유산에 자신의 방어를 위하여 변호인의 조력을 받을 범인으로 주장되는 사람의 권리는 확고히 정착되어 있지 않음에도 불구하고 이 나라에서는 자유의 보전에 의미심장한 중요성을 그것은 갖는다. 1 Cooley's

4) 변호인을 접촉하겠다는 요청에 대한 주(state)의 거절 뒤에 얻어진 임의적인 자백의 사용을, 조금이라도 변호인의 조력을 받을 적법절차 권리의 침해가 발생했는지 여부에 상관없이, 금지하는 "한 개의 규칙(a rule)"을 청구인은 때때로 역설하는 것처럼 보인다. 그 주장은 단지 연방법원들에 있어서의 재판운영에 대한 당원의 감독권한에의 호소일 뿐이다. 충분히 의미 있는 것으로서, 청구인이 인용하는 McNabb v. United States, 1943, 318 U. S. 332를 보라. 여기서의 그 같은 주장에 대한 간명한 대답은, 연방법원에서가 아니라 주 법원에서 이 유죄판정은 내려졌다는 것이다.

secured in state prosecutions by the Fourteenth Amendment guaranty of due process, includes not only the right to have an attorney appointed by the State in certain cases, but also the right of an accused to "a fair opportunity to secure counsel of his own choice." Powell v. Alabama, 287 U. S. 45, 53 (1932); Chandler v. Fretag, 348 U. S. 3 (1954).

Under these principles, state refusal of a request to engage counsel violates due process not only if the accused is deprived of counsel at trial on the merits, Chandler v. Fretag, supra, but also if he is deprived of counsel for any part of the pretrial proceedings, provided that he is so prejudiced thereby as to infect his subsequent trial with an absence of "that fundamental fairness essential to the very concept of justice." Lisenba v. People of California, 314 U. S. 219, 236 (1941). Cf. Moore v. Michigan, 355 U. S. «357 U. S., 440» 155, 160 (1957). The latter determination necessarily depends upon all the circumstances of the case.

In House v. Mayo, 324 U. S. 42 (1945), an uneducated man in his twenties, a stranger to the area, was brought before a court to be sentenced on two convictions previously returned against him. He was there presented for the first time with a burglary information filed by the State, asked for and was denied opportunity to engage counsel, and finally pleaded guilty to the information, thereby obviating any necessity for trial of the charge on the merits. We held that a due process right to counsel was denied.

In contrast, the sum total of the circumstances here during the time petitioner was without counsel is a voluntary confession by a college-educated man with law school training who knew of his right to keep silent. Such facts, while perhaps a violation of California law,[5] do not approach the prej-

5) Section 825 of the California Penal Code provides that, after an arrest, an attorney "may at the request of the prisoner or any relative of such prisoner, visit the person so arrested." Any officer in charge of the prisoner who wilfully

Constitutional Limitations (8th ed. 1927) 696-700을; 2 Story on the Constitution (4th ed. 1893) § 1794를 보라. 일정한 사건들에서 주에 의하여 지정된 변호사를 가질 권리를 연방헌법 수정 제14조의 적법절차 보장에 의하여 주법원 소송추행들에 확보된 그 권리는 포함할 뿐만 아니라 "그 자신 선택의 변호인을 확보할 공정한 기회"를 가질 범인으로 주장되는 사람의 권리를도 그것은 포함한다. Powell v. Alabama, 287 U. S. 45, 53 (1932); Chandler v. Fretag, 348 U. S. 3 (1954).

이 원칙들 아래서는 실체적 사항에 관한 정식사실심리에서 변호인을 범인으로 주장되는 사람이 박탈당하는 경우에만이 아니라, Chandler v. Fretag, supra, 변호인을 정식사실심리 이전 절차들의 어떤 부분에서든 그가 박탈당하는 경우에도, 만약 그것에 의하여 그토록 불이익을 그가 입어서 그의 이후의 정식사실심리를 "정의의 개념 자체에 없어서는 안 될 그 기본적 공정성"의 부재로써 그것이 오염시킬 정도이면, 변호인을 고용하겠다는 요청에 대한 주(state)의 거부는 적법절차를 침해한다. Lisenba v. People of California, 314 U. S. 219, 236 (1941). 또한 Moore v. Michigan, 355 U. S. «357 U. S., 440» 155, 160 (1957)을 참조하라. 필연적으로 사건의 전체적 상황에 뒷 부분의 판정은 달려 있다.

House v. Mayo, 324 U. S. 42 (1945)에서, 그 이전에 그에 대하여 내려져 있던 두 개의 유죄판정들에 의거하여 형의 선고를 받기 위하여 법정 앞에 지역에 낯선 20대의 무학력인 남자 한 명이 끌려왔다. 불법목적 침입 죄목으로 주에 의하여 제기된 검사기소장(information)을 거기서야 처음으로 그는 교부받았는데, 변호인을 선임할 기회를 그는 요청하였으나 거부되었고, 끝내 그 검사기소에 대하여 유죄로 답변하였으며, 이로써 공소사실에 대한 실체적 사항에 있어서의 정식사실심리의 필요를 그는 피하였다. 변호인의 조력을 받을 적법절차 권리가 박탈되었다고 우리는 판시하였다.

이에 반하여 여기서 변호인 없는 상태로 청구인이 있던 시간 동안의 전체적 상황은 묵비할 자신의 권리를 알고 있는 로스쿨에서의 훈련을 지닌 대학졸업 학력의 남자에 의한 임의적인 자백이다. 이 같은 사실관계는 혹여 캘리포니아주 법에 대한 위반일 수는 있는 반면,[5] House v. Mayo, supra에서의 불리한 영향(the prejudicial impact)에

---

5) 체포 이후에"죄수의 요청에 따라 또는 그 같은 죄수의 친척 아무나의 요청에 따라, 그렇게 체포된 사람을 변호사는 방문할 수 있다."고 캘리포니아주 형법 제825절은 규정한다. 변호사로 하여금 죄수를 만나도록 허락하기를 죄수를 담당

udicial impact in House v. Mayo, supra, and do not show petitioner to have been so "taken advantage of," Townsend v. Burke, 334 U. S. 736, 739 (1948), as to violate due process of law.

Petitioner, however, contends that a different rule should determine whether there has been a violation of right to counsel. He would have every state denial of a request to contact counsel be an infringement of the constitutional right *without regard to the circumstances of the case*. In the absence of any confession, plea or waiver - or other event prejudicial to the accused - such a doctrine would create a complete anomaly, since nothing would remain that could be corrected on new trial. «357 U. S., 441» Refusal by state authorities of the request to contact counsel necessarily would then be an absolute bar to conviction. On the other hand, where an event has occurred while the accused was without his counsel which fairly promises to adversely affect his chances, the doctrine suggested by petitioner would have a lesser, but still devastating, effect on enforcement of criminal law, for it would effectively preclude police questioning - *fair as well as unfair* - until the accused was afforded opportunity to call his attorney. Due process, a concept "less rigid and more fluid than those envisaged in other specific and particular provisions of the Bill of Rights," Betts v. Brady, 316 U. S. 455, 462 (1942), demands no such rule.[6)]

Affirmed.

---

refuses to let the attorney see the prisoner is made guilty of a misdemeanor. Cal. Penal Code, 1956, § 825.

6) It is suggested that this decision extends the rule of Betts v. Brady, 316 U. S. 455 (1942), to a capital case, thereby overruling, I should suppose, Powell v. Alabama, 287 U. S. 45, and related cases. But those decisions involve another problem, trial and conviction of the accused without counsel after state refusal to appoint an attorney for him. What due process requires in one situation may not be required in another, and this, of course, because the least change of circumstances may provide or eliminate fundamental fairness. The ruling here that due process does not always require immediate honoring of a request to obtain one's own counsel in the hours after arrest hardly means that the same concept of fundamental fairness does not require state appointment of counsel before an accused is put to trial, convicted and sentenced to death.

근접하지 못하고, 그리고 적법절차를 침해할 만큼 청구인이 그토록 "이용당하였음을(taken advantage of)," Townsend v. Burke, 334 U. S. 736, 739 (1948), 증명하지 않는다.

그러나 변호인의 조력을 받을 권리에 대한 침해가 있었는지 여부를 판정하는 기준은 다른 기준이 되어야 한다고 청구인은 주장한다. 그는 변호인을 접촉하겠다는 요청에 대한 주(state)의 모든 거절을, *사건의 상황들에 관계없이*, 헌법적 권리에 대한 침해가 되게 하였으면 한다. 조금이라도 자백의, 답변의 내지 포기의 — 또는 범인으로 주장되는 사람에게 불리한 그 밖의 부수상황의 — 부재 상태에서는 완전한 비정상을 이런 식의 이론은 낳을 것인데, 왜냐하면 새로운 정식사실심리에서 바로잡힐 수 있을 만한 것은 아무 것이도 남지 않을 것이기 때문이다. «357 U. S., 441» 그렇다면 변호인을 접촉하겠다는 요청에 대한 주 관헌들에 의한 거절은 필연적으로 유죄판정을 저지하는 절대적 장애가 될 것이다. 다른 한편으로는, 범인으로 주장되는 사람이 자신의 변호인 없이 있었던 사이에 그의 승소 가능성에 상당히 불리하게 영향을 미칠 가망이 있는 부수상황이 발생해 있는 경우에는, 형사법의 집행에 대하여 더 적은, 그러나 여전히 파괴적인 효과를 청구인에 의하여 제시된 이론은 미칠 것인 바, 왜냐하면 자신의 변호인을 부를 기회를 범인으로 주장되는 사람이 제공받기까지는 경찰신문을 - *불공정한 것을은 물론이고 공정한 것을도* - 그것은 사실상 차단할 것이기 때문이다. "권리장전 중 여타의 구체적인 특정의 규정들에 구상된 개념들이보다도 덜 엄격하고 더 유연한" 개념인 적법절차는, Betts v. Brady, 334 U. S. 736, 739 (1942), 이 같은 규칙을 요구하지 않는다.[6]

원심판결은 인가되었다.

하는 공무원이 고의로 거부하면 경죄(a misdemeanor)를 범한 것이 된다. Cal. Penal Code, 1956, § 825.

6) Betts v. Brady, 316 U. S. 455 (1942)의 원칙을 사형이 가능한 사건에 이 판결은 확장시키는 것이 아닌가 하는, 그리하여 추측컨대 이로써 Powell v. Alabama, 287 U. S. 45 판결을 및 그 관련 판결들을 폐기하는 것이 아닌가 하는 주장이 있다. 그러나 그 판결들은 피고인을 위하여 변호사를 지정하기를 주가 거절한 뒤에 변호인 없는 상태에서 이루어진 피고인에 대한 정식사실심리라는 및 유죄판정이라는 별개의 문제를 포함하는 것들이다. 한 가지 상황에서는 적법절차가 요구하는 것이도, 별개의 상황에서는, 그리고 물론 이 사건의 상황에서는, 요구되지 않을 수 있는 바, 왜냐하면 상황들의 최소한의 변화만으로도 기본적 공정성을 제공하거나 없애거나 할 수 있기 때문이다. 범인으로 주장되는 사람이 정식사실심리에 놓이기 전에, 유죄로 판정되고 사형을 선고받기 전에 주에 의한 변호인 지정을 바로 그 기본적 공정성의 개념이 요구하지 아니함을, 자기 자신의 변호인을 선임하겠다는 체포 이후 수 시간 이내의 요청에 대한 즉각적인 존중을 적법절차가 항상 요구하는 것은 아니라는 여기서의 판단은 결코 의미하지 않는다.

MR. JUSTICE DOUGLAS, with whom THE CHIEF JUSTICE, MR. JUSTICE BLACK and MR. JUSTICE BRENNAN concur, dissenting.

When petitioner was first arrested, and before any real interrogation took place, he asked that his attorney be present. "I had no objection to talking with them about whatever they had to talk about, but …… I wanted counsel with me ……. I wanted an attorney with me before I would talk with them." «357 U. S., 442»

That was petitioner's testimony; and it is verified by the testimony of Sergeant Gotch of the police.

"A. I stated to him that, after our investigation was concluded, he could call an attorney, and if he didn't have funds to hire an attorney, when he went to Court, a public defender would be assigned to handle his case.

"He then stated that he had a friend who had been an instructor at Pepperdine College that would probably handle the case for him. I asked him who the name was, and he said it was a man by the name of Simpson, who lived in Long Beach.

"Q. He asked you if he could call an attorney at that time, and you told him that he could call after your investigation was completed, is that right?

"A. I told him, after I was through with the investigation, he could make a call.

법원장 판사가, 블랙 판사가 및 브레넌 판사가 찬동하는 더글라스 판사의 반대의견이다.

자신의 변호사를 출석하게 해 달라고 처음에 체포되었을 때, 그리고 조금이라도 실질적인 신문이 실시되기 전에 청구인은 요청하였다. "무엇에 관하여든 그들이 말하지 않으면 안 되는 것에 관하여 그들하고 대화하는 데에 저는 조금도 이의가 없었지만, 그러나 …… 저에게 변호인이 함께 있기를 저는 원했습니다 ……. 그들에게 제가 말하고자 하기 전에 저에게 한 명의 변호사가 함께 있기를 저는 원했습니다." «357 U. S., 442»

그것이 청구인의 증언이었다; 그리고 경찰관 고치(Gotch) 경사의 증언에 의하여 그것은 확인된다.

"답. 변호인을 우리의 조사가 종결된 뒤에 그가 부를 수 있다고, 그리고 변호인을 고용할 자금을 그가 가지고 있지 않으면 법원에 그가 갈 때 그의 사건을 다루도록 그에게 국선변호인이 지정될 것이라고 그에게 저는 말했습니다.

"그러자 페퍼딘 대학에서 전임강사를 한 바 있는 친구가 있다고, 아마도 자신을 위하여 사건을 그가 맡아줄 것이라고 그는 말했습니다. 그의 이름이 무엇인지 그에게 저는 물었고, 그러자 그가 롱비치에서 사는 심슨이라는 이름의 남자라고 그는 말했습니다.

"문. 변호사를 자신이 부를 수 있는지 그 때에 당신에게 그가 물었다는 것이, 그러자 당신의 조사가 완결된 뒤에는 부를 수 있다고 그에게 당신은 말하였다는 것이, 그것이 맞습니까?

"답. 그에게 제가 말한 것은 조사를 제가 끝내고 나면 전화를 그가 걸 수 있다는 것이었습니다."

This demand for an attorney was made over and again prior to the time a confession was extracted from the accused. Its denial was, in my view, a denial of that due process of law guaranteed the citizen by the Fourteenth Amendment.

The Court finds no prejudice from the denial of the right to consult counsel; and it bases that finding on the age, intelligence, and education of petitioner. But it was said in Glasser v. United States, 315 U. S. 60, 76, "The right to have the assistance of counsel is too fundamental and absolute to allow courts to indulge in nice calculations as to the amount of prejudice arising from its denial." That was a federal prosecution. But what is true of the need for counsel is federal case is equally true in a state case.

Betts v. Brady, 316 U. S. 455, held that in a state criminal trial the request of the accused for counsel can be denied and a judgment of conviction sustained as not in «357 U. S., 443» violation of due process, where the offense is not a capital one, cf. Williams v. Kaiser, 323 U. S. 471, and the Court, on review, determines there was no fundamental unfairness resulting from the denial of counsel. The rule of Betts v. Brady, which never applied to a capital case, see Powell v. Alabama, 287 U. S. 45, is now made to do so. Assuming that Betts v. Brady was properly decided, there is no basis in reason for extending it to the denial of a request for counsel when the accused is arrested on a capital charge.

The Court properly concedes that the right to counsel extends to pretrial proceedings as well as to the trial itself. The need is as great then as at any time. The right to have counsel at the pretrial stage is often necessary to give meaning and protection to the right to be heard at the trial itself. See Chandler v. Fretag, 348 U. S. 3, 10. It may also be necessary as a restraint on

피고인에게서 자백이 추출된 시점 이전에 거듭 거듭 변호사를 바라는 이 요구는 제기되었다. 그것에 대한 거절은 나의 견해로는 연방헌법 수정 제14조에 의하여 시민에게 보장된 그 적법절차에 대한 박탈이다.

변호인을 찾아 상담할 권리의 박탈로부터 초래된 불이익을 이 법원은 인정하지 않는다; 그러면서 그 판단의 근거를 청구인의 연령 위에, 지능 위에, 그리고 교육수준 위에 이 법원은 둔다. 그러나 "변호인의 조력을 가질 권리는 너무나 기본적이고 절대적이라서 그 권리의 박탈로부터 발생하는 불이익의 양에 관한 점잖은 계산행위들에 법원들로 하여금 빠지도록 그것은 허용하지 않는다."고 Glasser v. United States, 315 U. S. 60, 76에서 판시되었다. 그것은 연방기소 사건이었다. 그러나 연방법원 사건에서 변호인의 필요에 관하여 해당되는 것은 주법원 사건에서도 똑같이 해당된다.

주 형사 정식사실심리에서 범죄가 사형이 가능한 것이 아닐 경우 변호인을 바라는 피고인의 요청은 거절될 수 있다고, 그리고 유죄판정에 기한 판결주문은 «357 U. S., 443» 적법절차에 위배되지 않는 것으로서 유지될 수 있다고 Betts v. Brady, 316 U. S. 455 판결은 판시하였는데, cf. Williams v. Kaiser, 323 U. S. 471, 또한 그 변호인 박탈로부터 기본적 불공정은 초래된 바 없다고 재검토에 의거하여 이 법원은 판단한다. 사형이 가능한 사건에는 결코 적용되지 않았던 Betts v. Brady 원칙, see Powell v. Alabama, 287 U. S. 45, 이 이제는 이에 적용되도록 만들어지고 있다. 설령 Betts v. Brady 사건이 정당하게 판결되었다고 가정하더라도, 사형에 해당하는 혐의사실로 범인으로 주장되는 사람이 체포될 경우에 그것을 변호인을 찾는 요청의 거절에 확장시킬 도리에 닿는 근거는 없다.

정식사실심리 자체에는 물론 정식사실심리 이전의 절차들에도 변호인의 조력을 받을 권리가 미침을 이 법원은 정당하게 시인한다. 그 어떤 시점에서하고도 마찬가지로 그 때에 그 필요는 크다. 정식사실심리 이전 단계에서 변호인을 가질 권리는 흔히 정식사실심리 자체에서 청문될 권리에 의미를과 보호를 부여하기 위하여 필요하다. Chandler v. Fretag, 348 U. S. 3, 10을 보라. 그것은 경찰의 강압적인 권한에

the coercive power of the police. The pattern of the third degree runs through our cases: a lone suspect unrepresented by counsel against whom the full coercive force of a secret inquisition is brought to bear. See Lisenba v. California, 314 U. S. 219; Ashcraft v. Tennessee, 322 U. S. 143; Haley v. Ohio, 332 U. S. 596; Watts v. Indiana, 338 U. S. 49; Leyra v. Denno, 347 U. S. 556. The third degree flourishes only in secrecy. One who feels the need of a lawyer and asks for one is asking for some protection which the law can give him against a coerced confession. No matter what care is taken, innocent people are convicted of crimes they did not commit, see Borchard, Convicting the Innocent (1932); Frank and Frank, Not Guilty (1957). We should not lower the barriers and deny the accused any procedural safeguard against coercive police practices.[7] The trial of the issue of coercion is «357 U. S., 444» seldom helpful. Law officers usually testify one way, the accused another. The citizen who has been the victim of these secret inquisitions has little chance to prove coercion. The mischief and abuse of the third degree will continue as long as an accused can be denied the right to counsel at this the most critical period of his ordeal.[8] For what takes «357 U. S., 445» place

7) The use of techniques that make man admit crimes they did not commit and embrace ideas they oppose is told in Communist Interrogation, Indoctrination and Exploitation of American Military «357 U. S., 444» and Civilian Prisoners, S. Rep. No. 2832, 84th Cong., 2d Sess.
Prof. Sam Bass Warner wrote in How Can The Third Degree Be Eliminated? 1 Bill of Rights Rev. 24, 25 (1940): "Everywhere the formula for successful detective work is that laid down by former Captain Fiaschetti of the New York City police: 'You get a bit of information, and then you grab the suspect and break him down. That is how detective work is done – a general formula.'"
See Report of Committee on Lawless Enforcement of Law, Am. Bar Assn., 1 Am. J. Police Sci. 575; The Third Degree, 4 Report to the National Commission on Law Observance and Enforcement (1931) 13; The Report of the President's Committee on Civil Rights (1947) 25 et seq.

8) Dean Roscoe Pound wrote in 1934 as follows about this problem:
"In the United States, the feeling of police and prosecutors that they ought to be able to interrogate suspected persons long ago led to a systematic development of extralegal or downright illegal examinations by officials, with every external appearance of legality. These examinations have become so much a matter of course that we may read in every morning paper how police or prosecutor examined (the word usually chosen is 'grilled') so and so for anywhere from ten to forty-eight or more consecutive hours, going at him in relays to wear him out and break him down. They are now taken to be the established practice. Prosecutors often conduct them with a pretence of authority when those subjected to them are ignorant, unadvised as to their rights, insignificant, or without means of employing counsel. Indeed, so bold have those who resort to those practices become that we now read in the newspapers how this man or that was held "*incommunicado*" in a police station or jail while the grilling process

대한 한 가지 제약으로서도 필요할 수 있다. 고문의 패턴은 우리의 선례들을 관통하여 흐르는 바; 즉, 비밀규문의 완전한 강압적인 힘이 동원되어 누르는, 변호인의 대변을 누리지 못하는, 한 명의 외로운 용의자이다. Lisenba v. California, 314 U. S. 219를; Ashcraft v. Tennessee, 322 U. S. 143을; Haley v. Ohio, 332 U. S. 596을; Watts v. Indiana, 338 U. S. 49를; Leyra v. Denno, 347 U. S. 556을 보라. 고문은 오직 비밀 속에서만 번성한다. 한 명의 변호사의 필요를 느끼고서 이를 요청하는 사람은 강요된 자백에 대처하여 법이 그에게 줄 수 있는 모종의 보호를 요청하고 있는 것이다. 그 어떤 주의가 제아무리 기울여지더라도, 그 자신들이 저지르지 않은 범죄에 대하여 유죄로 죄 없는 사람들이 판정된다. Borchard, Convicting the Innocent (1932)를; Frank and Frank, Not Guilty (1957)를 보라. 방벽을 낮춤으로써 조금이라도 강압적인 경찰 실무관행에 대처한 절차적 보호수단을 범인으로 주장되는 사람에게 우리는 거절해서는 안 된다.[7] 강요의 문제에 관한 정식사실심리는 «357 U. S., 444» 도움이 되는 경우가 드물다. 대개 경찰관들은 이 쪽으로 증언하고, 피고인은 저 쪽으로 증언한다. 이 같은 비밀규문들의 희생자가 되어 있는 시민은 강요를 증명할 가능성이 별로 없다. 변호인의 조력을 받을 권리를 자신의 시련의 이 가장 중대한 기간 동안에 범인으로 주장되는 사람이 박탈당할 수 있는 한, 고문의 해악은 및 폐해는 계속될 것이다.[8] 왜냐하면 경찰서의 «357 U. S., 445» 비밀 구

---

7) 사람들로 하여금 자신들이 저지르지 않은 범죄를 시인하도록, 그리고 자신들이 반대하는 사상을 받아들이도록 만드는 기법들의 사용은 Communist Interrogation, Indoctrination and Exploitation of American Military and «357 U. S., 444» Civilian Prisoners, S. Rep. No. 2832, 84th Cong., 2d Sess.에 설명되어 있다.
How Can The Third Degree Be Eliminated? 1 Bill of Rights Rev. 24, 25 (1940)에서 샘 배스 워너 교수는 이렇게 썼다: "어디서든 성공적인 수사 업무를 위한 공식은 전 뉴욕시 경찰서장 피아쉐티에 의하여 정리된 공식이다: '한 조각의 정보를 당신이 얻으면, 당신은 용의자를 잡아 쥐고서 분해하여 버린다. 그것이 수사업무가 이루어지는 방식 — 즉 한 개의 일반적인 공식이다.'"
Report of Committee on Lawless Enforcement of Law, Am. Bar Assn., 1 Am. J. Police Sci. 575를; The Third Degree, 4 Report to the National Commission on Law Observance and Enforcement (1931) 13을; The Report of the President's Committee on Civil Rights (1947) 25 et seq.를 보라.

8) 이 문제에 관하여 1934년에 로스코 파운드 학장은 이렇게 썼다:
"미합중국에서 오래 전에 모든 적법성의 외양을 갖춘 공무원들에 의한 법외 신문의 또는 노골적인 불법적 신문의 체계적 발전을, 용의자들을 자신들이 신문할 수 있어야 한다는 경찰의 및 검찰의 생각은 가져왔다. 이러한 신문은 너무나 당연한 일이 되어, 그를 닳아빠지게 하고 분해해 버리기 위하여 경찰관이 또는 검사가 그에게 교대로 다가가, 어떻게 대략 연속 10시간에서 48시간 또는 그 이상의 기간 동안을 여차여차 신문하였는지(일반적으로 선택되는 단어는 'grilled(구웠다)'이다) 매일 조간신문에서 우리는 읽을 수 있다. 확립된 관행으로 그것들은 이제 간주된다. 자신들에게 맡겨진 사람들이 무지하거나 그들의 권리들에 관하여 조언되지 못하거나 보잘 것 없거나 또는 변호인을 고용할 자금이 없을 경우에는 자주 권위자의 가면을 쓴 채로 그들을 검사들은 인도한다. 참으로 그러한 관행에 의존하는 사람들이 너무나 대담해진 까닭에, 그 굽는(grilling) 절차가 진행되고 있던 동안 이 사람이 저 사람이 경찰서에서 또는 감옥에서 어떻게 *'외부격리 상태*로 구류되었는지를 이제 신문지상에서 우리는 읽는다 …….

in the secret confines of the police station may be more critical than what takes place at the trial.

"If at any time, from the time of his arrest to final determination of his guilt or innocence, an accused really needs the help of an attorney, it is in the pretrial period ……. Indeed, the pretrial period is so full of hazards for the accused that, if unaided by competent legal advice, he may lose any legitimate «357 U. S., 446» defense he may have long before he is arraigned and put on trial." Note, Criminal Procedure - Right to Counsel Prior to Trial, 44 Ky. L. J. 103-104.

Or, as stated by a Committee headed by Prof. Zechariah Chafee, "A person accused of crime needs a lawyer right after his arrest probably more than at any other time."[9]

---

was going on …….

……

"No amount of thundering against the third degree and its derivatives and analogues will achieve anything. The temper of the public will not permit of strengthening the constitutional safeguards «357 U. S., 444» of the accused. For some time to come, the tendency is likely to be in the opposite direction. Indeed, a feeling that the public are with them is largely behind the boldness with which highhanded, secret, extralegal interrogations of persons held incommunicado are constantly carried on.

"My proposition is that the remedy for the third degree and its derivatives is to satisfy the reasonable demands of the police and the prosecutors for an interrogation of suspected persons, and thus do away with the excuse for extralegal questionings.

"I submit that there should be express provision for a legal examination of suspected or accused persons before a magistrate; that those to be examined should be allowed to have counsel present to safeguard their rights; that provision should be made for taking down the evidence so as to guarantee accuracy. As things are, it is not the least of the abuses of the system of extralegal interrogation that there is a constant conflict of evidence as to what the accused said and as to the circumstances under which he said or was coerced into saying it." 24 J. Crim. L. & C. 1014, 1016, 1017.

As recently stated by T. B. Smith, a distinguished Scottish lawyer:

"The opportunities for exerting pressure on a suspect to confess are greatest when there is no judicial supervision, no legal representation, and no public scrutiny. If an accused at his trial seeks to retract a confession allegedly extorted by third-degree methods, his word will stand alone against several police witnesses who may be expected to deny improper pressure. It is well known that, in the totalitarian states, extrajudicial pressure by brainwashing can eventually convince even the accused that he has committed the most improbable offenses, but when a confession has been extorted by less through third-degree methods, it is likely to be retracted at the trial. The accused may nevertheless by then have damaged his position irreparably." 32 Tulane L. Rev. 349, 354.

9) See Chafee, Documents on Fundamental Human Rights, Pamphlets 1-3 (1951-1952), p. 541.

The Scots view was recently stated by the Lord Justice General in Chalmers v. H. M. Advocate, 1954 Sess.Cas.

금실들에서 생기는 일은 정식사실심리에서 생기는 일이보다 더 중대할 수 있기 때문이다.

“만약 체포에서부터 유무죄의 최종 판정에 이르기까지 단 한 때라도 진정으로 한 명의 변호사의 도움을 범인으로 주장되는 사람이 필요로 한다면, 그것은 정식사실심리 이전 기간에서이다 ……. 아닌 게 아니라, 정식사실심리 이전 기간은 범인으로 주장되는 사람에게는 너무나 많은 위험으로 차 있어서, 만약 자격 있는 법적 조언에 의하여 조력되지 않으면, 기소인부신문에 놓이기 훨씬 전에, 그리고 «357 U. S., 446» 정식사실심리에 처해지기 훨씬 전에, 그가 가질 수 있는 모든 법적 항변사유를 그는 상실할 수 있다.” Note, Criminal Procedure — Right to Counsel Prior to Trial, 44 Ky. L. J. 103-104.

또는 즈카리야 체이피 교수가 이끄는 위원회 한 개에 의하여 공표된 대로, “범인으로 주장되는 사람은 필시 다른 어느 때에보다도 그의 체포 직후에 더 변호인을 필요로 한다.”[9] 이 청구인의 교육 수준을과 그 자신을 돌볼 수 있는 그의 능력을 이

……

“고문을과 그 파생물들을 및 그 유사물들을 비난하는 고함이 제 아무리 많더라도 결코 아무 것을도 그것은 성취하지 못할 것이다. 범인으로 주장되는 사람의 헌법적 보호수단들을 강화하는 것을 공중의 성마름은 용납하지 «357 U. S., 445» 않으려 할 것이다. 다가올 상당한 기간 동안 추세는 반대 방향이기 쉬울 것이다. 아닌 게 아니라, 외부격리 상태로 구금된 사람들에 대한 위압적이고 비밀스러운 법외 신문이 지속적으로 수행되어 가는 데 있어서 동반되는 대담성의 배후에는 대중이 자신들에게 함께 한다는 생각이 대부분 놓여 있다.

“나의 제안은, 용의자들에 대한 신문을 바라는 경찰의 및 검찰관들의 합리적 요구들을 충족시켜 주는 데에, 그리고 이로써 법외 신문들의 구실을 제거하는 데에 고문을 및 그 파생물들을 위한 구제수단은 있다는 것이다.

“용의자들에 대한, 내지는 범인으로 주장되는 사람들에 대한 치안판사 앞에서의 법적 신문을 위한 명시 규정이 있어야 한다고; 신문에 처해진 사람들은 그들의 권리들을 보호하기 위하여 변호인을 출석시키도록 허용되어야 한다고; 정확성을 보장하기 위하여 증언을 속기하도록 규정이 만들어져야 한다고 나는 말하고 싶다. 현재의 상황이 그러하듯, 범인으로 주장되는 사람이 말한 바에 관하여, 그리고 그가 말함에 있어서 또는 말하도록 강요됨에 있어서 처했던 상황에 관하여 지속적인 증거의 대립이 있음은 법외 신문 제도의 남용이 그 적잖은 이유이다.” 24 J. Crim. L. & C. 1014, 1016, 1017.

저명한 스코틀랜드 변호사인 T. B. 스미드(Smith)에 의하여 최근에 말해진 대로:

“자백하라는 압력을 용의자에게 행사할 수 있는 기회들은 법원의 감독이도, 법적 대변이도 공중의 정밀한 조사가도 없을 때에 가장 크다. 고문 방법에 의하여 강제되었다고 주장된 자백을 철회하기를 범인으로 주장되는 사람이 설령 자신의 정식사실심리에서 구하더라도, 부당한 압력을 부인할 것으로 예상될 수 있는 다수의 경찰관 증인들에 맞서 그의 말은 홀로 서 있을 것이다. 전체주의 국가들에 있어서의 세뇌에 의한 재판외적 압력은 그 가장 있을 성싶지 않은 범죄를마저도 그 자신이 저지른 것으로 그 범인으로 주장되는 사람으로 하여금 궁극적으로 확신시킬 수 있음은 잘 알려져 있지만, 그러나 보다 덜 철저한 고문 방법들에 의하여 자백이 강요되어 있을 경우에 그것은 정식사실심리에서 철회될 가망이 있다. 그러함에도 불구하고, 그 때까지는 자신의 처지를 회복할 수 없게끔 범인으로 주장되는 사람은 이미 손상시켜 버렸을 수 있다.” 32 Tulane L. Rev. 349, 354.

9) Chafee, Documents on Fundamental Human Rights, Pamphlets 1–3 (1951–1952), p. 541을 보라.
최근 Chalmers v. H. M. Advocate, 1954 Sess.Cas. 66, 78에서 고등법원장(the Lord Justice General)에 의하여 스코틀랜드의 의견은 공표되었다:

The Court speaks of the education of this petitioner and his ability to take care of himself. In an opinion written by Mr. Justice Sutherland, the Court said, "Even the intelligent and educated layman has small and sometimes no skill in the science of law ……. He requires the guiding hand of counsel at every step in the proceedings against him." Powell Alabama, 287 U. S. 45, 69. Mr. Justice Sutherland spoke of the trial itself. But what is true of the trial is true of the preparation for trial, and of the period commencing with the arrest of the accused. No matter how well educated, and how well trained in the law an accused may be, he is sorely in need of legal advice once he is arrested for an offense that may exact his life. «357 U. S., 447» The innocent as well as the guilty may be caught in a web of circumstantial evidence that is difficult to break. A man may be guilty of indiscretions, but not of the crime. He may be implicated by ambiguous circumstances difficult to explain away. He desperately needs a lawyer to help extricate him if he's innocent. He has the right to receive the benefit of the advice of his own counsel at the trial, as we held in Chandler v. Fretag, 348 U. S. 3, 9. That same right should extend to the pretrial stage.

The need of a lawyer in the pretrial investigation, if the constitutional rights of the accused are to be preserved, was stated by MR. JUSTICE BLACK, dissenting, in In re Groban, 352 U. S. 330, 340-343:

"The witness has no effective way to challenge his interrogator's testimony as to what was said and done at the secret inquisition. The officer's version frequently may reflect an inaccurate understanding of an accused's statements or, on occasion, may be deliberately distorted or falsified. While the accused may

66, 78: "The theory of our law is that, at the stage of initial investigation, the police may question anyone with a view to acquiring information which may lead to the detection of the criminal, but that, when the stage has been reached at which suspicion, or more than suspicion, has in their view centred upon some person as the likely perpetrator of the crime, further interrogation of that person becomes very dangerous, and, if carried too far, e. g., to the point of extracting a confession by what amounts to cross-examination, the evidence of that confession will almost certainly be excluded. Once the accused has been apprehended and charged, he has the statutory right to a private interview with a solicitor, and to be brought before a magistrate with all convenient speed, so that he may, if so advised, emit a declaration in presence of his solicitor under conditions which safeguard him against prejudice."

법원은 말한다. "심지어 지성을 갖추고 교육을 받았다 하더라도 문외한은 법률과학에 있어서 지니는 숙련이 적고, 때로는 전혀 없다…… 변호인의 이끄는 손(the guiding hand)을 자신을 겨냥한 절차들에 있어서의 모든 단계에서마다 그는 필요로 한다."고 서덜랜드(SUTHERLAND) 판사에 의하여 집필된 의견에서 당원은 말하였다. Powell v. Alabama, 287 U. S. 45, 69. 서덜랜드(SUTHERLAND) 판사는 정식사실심리 자체에 관하여 말하였다. 그러나 정식사실심리에 적용되는 것은 정식사실심리를 위한 준비에, 그리고 범인으로 주장되는 사람의 체포로써 시작되는 기간에 적용된다. 범인으로 주장되는 사람이 제아무리 잘 교육받고 제아무리 법에 잘 훈련되어 있더라도, 일단 자신의 목숨을 강요할 수 있는 범죄로 체포되면, 그는 법적 조언을 절실히 필요로 한다. «357 U. S., 447» 깨뜨리기 어려운 상황 증거의 그물에, 죄를 범한 사람은 물론이거니와 죄 없는 사람이도 붙들릴 수 있다. 어떤 사람은 무분별한 행동을 범하였을 뿐 범죄를 범한 것은 아닐 수 있다. 해명해 내기 어려운 애매한 상황들에 의하여 그는 연루될 수 있다. 만약 그가 죄가 없다면 그 자신을 풀어내도록 도와줄 한 명의 변호사를 절박하게 그는 필요로 한다. Chandler v. Fretag, 348 U. S. 3, 9에서 우리가 판시한 대로 그 자신의 변호인의 조언의 이익을 정식사실심리에서 그는 수령할 권리가 있다. 정식사실심리 이전의 단계에 바로 그 권리는 적용되어야 한다.

만약 범인으로 주장되는 사람의 헌법적 권리들이 보전되어야 할 것들이라면, 그 경우에 정식사실심리 이전의 수사에 있어서의 한 명의 변호사의 필요는 In re Groban, 352 U. S. 330, 340-343에서의 블랙(BLACK) 판사의 반대의견에 의하여 표명된 바 있다:

"그 비밀규문에서 무엇이 말해졌는지와 무엇이 행해졌는지에 관한 자신의 신문자의 증언을 공격할 아무런 효과적인 방법이 증인에게는 없다. 경찰관측의 설명은 빈번히, 범인으로 주장되는 사람의 진술들에 대한 부정확한 이해를 반영하는 것일 수 있고, 또는 경우에 따라서는 의도적으로 꼬여지거나 왜곡된 것일 수도 있다. 이

"초동 수사 단계에서 범인의 적발에 이끌어 줄 수 있는 정보를 획득하기 위하여 누구든지를 경찰은 신문할 수 있다는 데에; 그러나 그들의 견지에서 범인일 법한 자로서의 어떤 사람에게 혐의가 내지 혐의 이상의 것이 집중되는 단계에 도달했을 때는 그 사람에 대한 더 이상의 신문은 매우 위험하게 된다는 데에, 따라서 너무 멀리까지, 가령 반대신문에 해당되는 것에 의하여 자백을 끌어내는 지점까지 신문이 진행되면, 그 자백 증거는 거의 틀림없이 증거에서 배제될 것이라는 데에 우리의 법 이론은 있다. 일단 범인으로 주장되는 사람이 체포되었고 기소되었으면 자신을 불이익으로부터 보호해 주는 조건들 아래서 자신의 변호인이 출석한 가운데 그 조언에 따라 최초의 진술(a declaration)을 할 수 있도록 변호인(solicitor)하고의 비밀 접견을 누릴, 그리고 가장 알맞은 속도로 치안판사에게 데려다 놓일 제정법상의 권리를 그는 갖는다."

protest against these misrepresentations, his protestations will normally be in vain. This is particularly true when the officer is accompanied by several of his assistants and they all vouch for his story. But when the public, or even the suspect's counsel, is present, the hazards to the suspect from the officer's misunderstanding or twisting of his statements or conduct are greatly reduced.

"The presence of legal counsel or any person who is not an executive officer bent on enforcing the law provides still another protection to the witness. Behind closed doors, he can be coerced, tricked, or confused by officers into making statements which may be untrue or may hide the truth by creating misleading impressions. While the witness is in the custody of the interrogators, as a practical matter, he «357 U. S., 448» is subject to their uncontrolled will ……. Nothing would be better calculated to prevent misuse of official power in dealing with a witness or suspect than the scrutiny of his lawyer or friends, or even of disinterested bystanders."

The demands of our civilization expressed in the Due Process Clause require that the accused who wants a counsel should have one at any time after the moment of arrest.[10)]

---

10) Quite a few of the States provide that procedural safeguard against coercive police practices. The California Penal Code, § 825, provides:
"The defendant must in all cases be taken before the magistrate without unnecessary delay, and, in any event, within two days after his arrest, excluding Sundays and holidays; and after such arrest, any attorney at law entitled to practice in the courts of record of California, may at the request of the prisoner or any relative of such prisoner, visit the person so arrested. Any officer having charge of the prisoner so arrested who wilfully refuses or neglects to allow such attorney to visit a prisoner is guilty of a misdemeanor. Any officer having a prisoner in charge, who refuses to allow any attorney to visit the prisoner when proper application is made therefor shall forfeit and pay to the party aggrieved the sum of five hundred dollars, to be recovered by action in any court of competent jurisdiction."
Another type of statute is that contained in Kan. Gen. Stat., 1949, § 62–1304a, which provides:
"That any person held in restraint of his liberty pending trial or held for investigation in any jail or other place of confinement in this state, shall be permitted upon request to immediately confer privately with an attorney of his choice in the same room with such attorney and without any barriers between such person and his attorney, and without any listening in or recording devices."
For statutes similar to the Kansas Act, see Colo. Rev. Stat. Ann., 1953 (1957 Cum. Supp.), c. 39–1–1; Ill. Rev. Stat., 1955, c. 38, § 449.1; Vernon's Ann. Mo. Stat., 1953, § 544.170; Mont. Rev. Codes, 1947, § 93–2117; N. H. Rev. Stat. Ann., 1955, c. 594:16; N. C. Gen. Stat., 1953 (1957 Cum. Supp.), § 15–47; Page's Ohio Rev. Code Ann., 1954, § 2935.16. See also § 37 of the A. L. I. Model Code of Criminal Procedure.

러한 그릇된 이야기에 대하여 피고인은 항의할 수는 있지만, 그의 항의들은 보통은 소용이 없을 것이다. 경찰관이 자신의 여러 보조자들과 함께 하는 경우에, 그리하여 그의 이야기를 그들이 모두 입증할 경우에 이것은 특히 그렇다. 그러나 공중이, 또는 심지어 용의자의 변호인이, 출석하면 용의자의 진술들에 및 행동에 대한 경찰관의 오해로나 곡해로 인하여 그에게 가해지는 위험들은 크게 줄어든다.

"또 다른 보호를 증인에게 변호인의 출석은, 또는 법집행에 마음이 쏠린 담당 경찰관 이외의 누구든지의 출석은 제공한다. 문들이 닫힌 뒤에서는 그는 경찰관에 의하여 강제되거나 기망되거나 혼동될 수 있고, 그리하여 진실하지 않을 수 있는, 또는 오해를 주는 인상들을 만들어냄으로써 진실을 숨길 수도 있는 진술들을 그는 할 수 있다. 한 가지 실무상의 문제로서, 신문자들의 구금 안에 증인이 놓여 있는 동안 «357 U. S., 448» 그들의 자유로운 의지에 그는 종속되어 있다…… . 한 명의 증인을 또는 용의자를 취급하는 데 있어서의 공권력의 남용을 방지하기 위하여 구상된 것으로는 그의 변호사의 내지는 친구들의, 또는 심지어 관계없는 국외자들의 면밀한 음미가보다도 더 나은 것은 없다."

변호인을 원하는 범인으로 주장되는 사람으로 하여금 체포의 순간 이후에는 언제든지 변호인을 가지게 하도록 적법절차 조항에 표현된 우리 문명의 요구들은 명령한다.[10]

10) 강압적인 경찰 실무관행들을 막는 그 절차적 보호수단을 상당수의 주들은 규정한다. 캘리포니아주 형법전(California Penal Code) § 825는 규정한다:
"범인으로 주장되는 사람은 모든 사건들에서 불필요한 지체 없이, 그리고 어떤 경우에도 일요일을과 공휴일을 제외하고 체포 이후 이틀 이내에, 치안판사 앞에 데려다 놓이지 않으면 안 된다; 그리고 이 같은 체포 이후에는 캘리포니아주 정식기록법원들(courts of record)에서 개업할 자격 있는 변호사는 누구든지 죄수의 요청으로 또는 그러한 죄수의 친척 아무나의 요청으로 그렇게 체포된 사람을 방문할 수 있다. 그렇게 체포된 죄수를 담당하는 공무원 누구가든 그 같은 변호사로 하여금 죄수를 방문하도록 허락하기를 고의로 거부하거나 게을리 하면 경죄(a misdemeanor)를 범한 것이 된다. 죄수를 담당하는 공무원 누구가든, 죄수를 방문하기 위한 적법한 신청이 제기되어 있음에도 불구하고 어떤 변호사에게든 이를 허용하기를 거부하면, 합계 500 달러를 몰수당하고 피해 당사자에게 지급해야 하는 바, 자격 있는 재판권을 가진 법원 어디에서든지의 소송에 그 청구는 의한다."
다른 한 가지 형태의 제정법은 Kan. Gen. Stat., 1949, § 62-1304a에 포함되어 있는 것인데, 이렇게 규정한다:
"정식사실심리 중에 자신의 자유의 제약 속에 구속되어 있는 내지는 수사를 위하여 이 주의 감옥에 또는 그 밖의 구금 장소에 구속되어 있는 사람은 누구나 요청에 따라 즉시, 그 자신이 선택한 변호사하고 같은 방에서 그 자신의 및 그의 변호사의 둘 사이에 어떤 장벽이도 어떤 청취가도 녹음 장치들이도 없는 가운데서 비밀리에 대화하도록 허용되어야 한다."
캔자스주 법률에 유사한 제정법들로서는 Colo. Rev. Stat. Ann., 1953 (1957 Cum. Supp.), c. 39-1-1을; Ill. Rev. Stat., 1955, c. 38, § 449.1을; Vernon's Ann. Mo. Stat., 1953, § 544.170을; Mont. Rev. Codes, 1947, § 93-2117을; N. H. Rev. Stat. Ann., 1955, c. 594:16을; N. C. Gen. Stat., 1953 (1957 Cum. Supp.), § 15-47을; Page's Ohio Rev. Code Ann., 1954, § 2935.16을 보라. 또한 § 37 of the A. L. I. Model Code of Criminal Procedure을 보라.

변호인의 조력을 받을 권리

Cicenia v. Lagay, 357 U. S. 504 (1958)

제3순회구 연방항소법원에 내린 사건기록 송부명령

NO. 177
변론 1958년 4월 2일
판결 1958년 6월 30일

요약해설

1. 개요 및 쟁점

Cicenia v. Lagay, 357 U. S. 504 (1958)은 5 대 3으로 판결되었다. 법원의 의견을 할란(HARLAN) 판사가 썼고, 법원장 워렌(WARREN) 판사의 및 블랙(BLACK) 판사의 찬동 아래 반대의견을 더글라스(DOUGLAS) 판사는 냈다. 브레넌(BRENNAN) 판사는 이 사건의 이유에나 결론에 가담하지 않았다.

변호인의 조력의 침해 가운데서 얻어진 자백진술서가 증거에서 배제되지 않자 불항쟁 답변(plea of non vult)을 하고서 유죄판정을 피고인이 받은 경우에, 그 유죄판정이 무효인지 여부를 다루었다. 같은 날 선고된 Crooker v. California, 357 U. S. 433 (1958) 판결에 더불어 Escobedo v. Illinois, 378 U. S. 478 (1964)에서 폐기되었다.

2. 사실관계 (357 U. S., at 506–507.)

강도살인 사건의 용의자인 청구인은 변호인을 선임한 채로 뉴저지주 경찰에 출두하여 신문을 받게 되었다. 용의자의 및 변호인의 양자 사이의 만남을 금지한 가운데 신문을 계속하여 자백 진술서를 주 경찰은 받아냈다. 공범 두 명은도 범행을 자백하였다.

대배심기소장이 주 법원에 제출되자, 그 자백 진술서들을 정식사실심리 이전에 자신이 검토할 수 있도록 이를 제출할 것을 주에게 명령하든지 그 자백 진술서들을 증거에서 배제하든지 해 달라고 피고인은 요청하였으나 이를 주 법원은 거부하였다. 이에 항쟁을 포기하는 불항쟁 답변(plea of non vult)을 내고서 공범들에 더불어 종신형을 피고인은 선고받았다.

인신보호영장 절차를 주 법원에서 피고인은 밟기 시작하였는데, 자신의 불항쟁 답변은 그 강요된 자백 진술서의 존재에 의하여 유발된 것이고 변호인의 조력을 받을 권리의 침해에 의하여 이루어진 것이기 때문에, 그 답변에 터잡은 유죄판정은 주 헌법에든 연방헌법에든 그 어느 쪽에 의하여든 무효라고 주장하였다.

구제를 주 법원들이 거부하고 사건기록 송부명령 청구를 연방대법원이 기각하자 인신보호영장 절차를 다시 연방지방법원에서 피고인은 밟기 시작하였다. 설령 그 자백이 임의적인 것이었다 하더라도 주 경찰의 구금 동안 변호인하고의 상담이 거부되었으므로 연방헌법 수정 제14조의 적법절차 조항이 침해되었고 따라서 그 자백은 무효라는 데에, 자신의 불항쟁 답변은 그 자백에 토대를 두었으므로 이에 근거한 유죄판결 역시 무효라는 데에 피고인의 주장은 있었다. 인신보호영장을 연방지방법원은과 연방항소법원은 기각하였으나, 연방헌법 문제를 다루기 위하여 사건기록 송부명령을 연방대법원은 내렸다.

3. 할란(HARLAN) 판사가 쓴 법원의 의견의 요지

자신의 자백이 강제되었다는 점을 청구인은 입증하지 못하였다. 전체적 상황으로 미루어 청구인에 대한 유죄판결에 기본적인 불공정성이 수반되었다고 할 수 없다. 피고인에게 불이익(prejudice)이 있었다는 입증이 없는 이상, 주 경찰에서의 신문 동안 변호인하고의 상담이 거부되었다거나 답변에 앞서 자백 진술서를 검토할 기회가 피고인에게 부여되지 않았다는 것만으로는 연방헌법 수정 제14조의 적법절차 조항이 침해되었다고 할 수 없다.

연방법원 소송추행에서는 사건을 연방법원들에 대한 일반적인 감독권한에 따라 연방대법원이 처리할 수 있지만, 주 법원에 기소된 사건의 경우에는 그 자신의 형사재판 제도를 시행함에 있어서 최대한의 자유를 주들이 가져야 함이 연방제도의 본질이다. 변호인의 조력을 주 법원에서 거부당한 것만으로는 연방헌법 수정 제14조의 적법절차는 침해되지 않는다. 원심판결은 인가되었다. (357 U. S., at 508–511).

4. 더글라스(DOUGLAS) 판사의 반대의견의 요지

Crooker v. California, 357 U. S. 433, 441 (1958)에서의 반대의견에 표명된 이유들에 의거하여 원심판결은 파기되어야 한다. (357 U. S., at 512).

MR. JUSTICE HARLAN delivered the opinion of the Court.

We are asked to reverse, under the Due Process Clause of the Fourteenth Amendment to the Constitution of the United States, a state conviction which was entered upon a plea of non vult to an indictment for first degree murder.

In the evening of March 17, 1947, Charles Kittuah, the owner of a small dry goods store in Newark, New Jersey, was shot and killed during the course of a robbery. The crime remained unsolved until December 17, 1949, when the Newark police obtained information implicating the petitioner and two others, Armando Corvino and John DeMasi. Petitioner lived with his parents at Orange, New Jersey. Apparently acting at the request of the Newark police, the Orange police sought to locate petitioner at his home. When told that he was out, the police left word that he was to report at the Orange police headquarters the following day. Petitioner sought the advice of Frank A. Palmieri, a lawyer, who advised him to report as requested. Petitioner did so, accompanied by his father and brother. Upon arrival at the Orange police station at 9 a.m. on December 18, petitioner was separated from the others and taken by detectives to the Newark police headquarters. At approximately 2 P. M. the same day, petitioner's father, brother, and Mr. Palmieri, the lawyer, arrived at the Newark station. Mr. Palmieri immediately asked to see petitioner, but this request was refused by the police. He repeated this request at intervals throughout the afternoon and well into the evening, but without success. During this period petitioner, who was being questioned intermittently by the police, asked to see his lawyer. These requests were also

법원의 의견을 할란(HARLAN) 판사가 냈다.

1급 살인죄의 대배심기소장에 대한 불항쟁(non vult) 답변에 의거하여 내려진 주(a state) 유죄판정을 미합중국 헌법 수정 제14조의 적법절차 조항에 따라 파기하여 달라는 요청을 우리는 받고 있다.

1947년 3월 17일 저녁에 강도 피습 과정에서 총격을 받아 뉴저지주 뉴악 소재의 소규모 의류가게 주인인 찰스 키투아는 살해되었다. 1949년 12월 17일까지 미결로 그 범죄는 남아 있었는데, 청구인을 그리고 그 밖의 두 명인 아만도 코르비노를 및 존 드마시를 연루시켜 주는 정보를 그 날 뉴악 경찰은 입수하였다. 뉴저지주 오렌지에서 자신의 부모들에 더불어서 청구인은 살았다. 언뜻 보기에 뉴악 경찰의 요청에 따라 활동하면서, 청구인을 청구인의 집에서 오렌지 경찰은 찾아내고자 하였다. 그가 외출 중이라는 말을 듣고서 그 다음 날 오렌지 경찰서에 그가 출두해야 한다는 말을 경찰은 남겼다. 변호사인 프랭크 A. 팔미에리의 조언을 청구인은 구하였고, 요구대로 출두하라고 그는 조언하였다. 그렇게 청구인은 하였는데, 아버지를 및 어머니를 대동하였다. 12월 18일 오전 9시 오렌지 경찰서에 도착하자 다른 사람들로부터 청구인은 격리되었고 형사들에 의하여 뉴악 경찰본부로 옮겨졌다. 같은 날 오후 2시경 뉴악 경찰서에 청구인의 아버지가, 동생이 및 변호사 팔미에리가 도착하였다. 즉시 청구인을 보겠다고 팔미에리 변호사는 요청하였으나, 경찰에 의하여 이 요청은 거부되었다. 이 요청을 오후 내내, 그리하여 저녁이 되도록 틈틈이 그는 반복하였으나 성공을 거두지 못하였다. 이 기간 동안 자신의 변호사를 만나보겠다고 경찰에 의하여 오락가락 신문이 실시되고 있던 청구인은 요구하였다. 이 요청들은도 마찬가지로 거부되었다. 키투아의 살해에 대한 자백 진술서를 청구인이 작성하고 서명하고 난 오후 9시 30분에서야 변호인은 및 의뢰인은 대화가 허락되었다. 기록에 그 자백 진술서는 들어 있지 않다. «357 U. S., 506» denied. Lawyer and client were not permitted to confer until 9:30 P. M., by which time petitioner had made and signed a written confession to the murder of Kittuah. The confession is not in the record. «357 U. S., 506»

Petitioner was arraigned the next day, December 19, and subsequently indicted, along with Corvino and DeMasi, both of whom had also confessed to the murder. Thereafter, petitioner moved in the Essex County Court for an order requiring the State to produce for inspection before trial his confession and the confessions of his co-defendants and, alternatively, for an order suppressing his confession on the ground that it had been illegally obtained. The County Court denied the motion. The Superior Court of New Jersey dismissed the appeal, State v. Cicenia, 9 N. J. Super. 135, 75 A. 2d 476, and the Supreme Court of New Jersey affirmed the dismissal with modifications. 6 N. J. 296, 78 A. 2d 568. The State Supreme Court held that New Jersey had no procedure like that under Rule 41(e) of the Federal Rules of Criminal Procedure by which inadmissible evidence could be suppressed before trial; that, under New Jersey law, criminal defendants did not have an absolute right to inspect their confessions in advance of trial; and that the trial judge in this instance did not abuse his discretion in disallowing such an inspection.

Following his failure to suppress or obtain inspection of his confession petitioner, on the advice of his attorney, offered to plead non vult to the indictment. In New Jersey, such a plea is subject to discretionary acceptance by the trial court, State v. Martin, 92 N. J. L. 436, 106 A. 385, and carries a maximum sentence of life imprisonment. Petitioner's plea was accepted by the trial court, as were the similar pleas of Corvino and DeMasi, whose cases are not before us. Petitioner and his two co-defendants were thereupon sentenced to life imprisonment at hard labor.

Thereafter petitioner commenced habeas corpus proceedings in the New

기소인부 신문을 그 다음 날인 12월 19일 청구인은 받았고 그 뒤에 코르비노에 및 드마시에 더불어 대배심기소되었는데, 그 살인죄를 그 두 명은도 자백한 상태였다. 그의 자백 진술서를 및 그의 공동피고인들의 자백 진술서들을 정식사실심리 이전의 검토를 위하여 뉴저지주로 하여금 제출하도록 명하는 명령을, 그리고 이와는 택일적으로 그의 자백 진술서를 그것이 불법적으로 얻어졌다는 이유에 의거하여 증거에서 배제하라는 명령을 그 뒤에 에섹스 카운티 법원에 청구인은 신청하였다. 신청을 카운티 법원은 기각하였다. 항소를 뉴저지주 상위법원은 기각하였고, State v. Cicenia, 9 N. J. Super. 135, 75 A. 2d 476, 그 기각을 수정사항들을 덧붙여 뉴저지주 대법원은 인가하였다. 6 N. J. 296, 78 A. 2d 568. 증거로서 허용될 수 없는 증거가 정식사실심리 이전에 배제될 수 있는 근거인 연방형사소송규칙(the Federal Rules of Criminal Procedure) Rule 41(e)에 유사한 절차를 뉴저지주는 가지고 있지 않다고; 자신들의 자백 진술서들을 정식사실심리 이전에 미리 검토할 절대적인 권리를 뉴저지주법 아래서 형사 피고인들은 가지고 있지 않다고; 이 사건에서 이 같은 검토를 불허한 데 있어서 정식사실심리 판사는 남용하지 않았다고 뉴저지주 대법원은 판시하였다.

자신의 자백을 증거에서 배제시키는 데에, 또는 그것에 대한 검토를 확보하는 데에 실패한 뒤에, 대배심기소장에 대하여 불항쟁으로 답변하겠다고 자신의 변호인의 조언에 따라 청구인은 신청하였다. 정식사실심리 법원에 의한 재량적 승인을 뉴저지주에서 이 같은 답변은 필요로 하는 바, State v. Martin, 92 N. J. L. 436, 106 A. 385, 가장 많게는 종신형(life imprisonment)까지의 형량을 그 답변은 수반한다. 코르비노의 및 드마시의 비슷한 답변들이처럼 정식사실심리 법원에 의하여 청구인의 답변은 승인되었는데, 우리 앞에 그 두 명의 사건들은 있지 않다. 청구인에게 및 그의 두 명의 공동피고인들에게 이에 따라 중노동을 동반한 종신형이 선고되었다.

뉴저지주 법원들에서 인신보호영장 절차들에 그 후 청구인은 착수하였는데, 자

Jersey courts, alleging that his plea of non vult was actuated by the existence of the confession, and that the conviction entered upon such plea was «357 U. S., 507» vitiated under both the State and Federal Constitutions because the confession was coerced and because it had been taken in derogation of his right to the assistance of counsel. The County Court, the Superior Court, and the Supreme Court of New Jersey in turn denied relief,[1] and this Court denied certiorari. 350 U. S. 925. Petitioner then commenced in the District Court for New Jersey the federal habeas corpus proceeding before us attacking his conviction on the grounds stated above. The District Court discharged the writ, holding that petitioner had failed to establish the involuntariness of the confession and that the State's refusal to permit petitioner to communicate with counsel during the police inquiry did not deprive him of due process. Application of Cicenia, 148 F. Supp. 98. The Court of Appeals affirmed, 240 F. 2d 844, and we granted certiorari to consider the constitutional questions presented. 354 U. S. 908.[2] «357 U. S., 508»

An independent examination of the record satisfies us that the District Court was justified in concluding that petitioner failed to substantiate the charge that his confession was coerced. Petitioner does not now contend to the contrary. He continues to contend, however, that, under the Fourteenth

1) The opinions of the County Court and Superior Court are not reported. The State Supreme Court wrote no opinion.

2) Although the State does not contend that the case is not properly here, we have nevertheless felt obliged to consider our jurisdiction in view of the following circumstances: New Jersey has a rule that a defendant who pleads guilty waives the right to attack a confession on which such plea is based. See In re Domako, 20 N. J. Super. 314, 90 A. 2d 30, aff'd, 11 N. J. 591, 95 A. 2d 505. Following that rule, the Essex County Court held that petitioner could not attack his conviction on habeas corpus. On appeal the Superior Court did not advert to that question, but affirmed the County Court on the ground that, under New Jersey law, petitioner had no constitutional right to counsel prior to arraignment. See State v. Grillo, 11 N. J. 173, 93 A. 2d 328. The State Supreme Court gave no reasons for denying leave to appeal. Since the Superior Court had dealt with petitioner's constitutional claims on the merits, the two lower federal courts decided that they had the power to consider them. Cf. Brown v. Allen, 344 U. S. 443, 486; Hawk v. Olson, 326 U. S. 271, 278. We agree that jurisdiction exists. In the absence of a definitive New Jersey ruling that the Domako waiver principle applies to a plea of non vult, we shall not assume that the New Jersey Supreme Court's «357 U. S., 508» decision denying leave to appeal was based on that nonfederal ground. Cf. Stembridge v. Georgia, 343 U. S. 541. Our conclusion is strengthened by the fact that the Superior Court did not rely on the Domako rule, and by the absence of any challenge to our jurisdiction by the State.

백 진술서의 존재에 의하여 자신의 불항쟁 답변은 유발되었다고, 그런데 그 자백 진술서는 강요된 것이기 때문에, 그리고 변호인의 조력을 받을 «357 U. S., 507» 자신의 권리에 대한 침해 가운데서 그것은 얻어졌기 때문에, 이 같은 답변에 의거하여 내려진 유죄판정은 무효화된다고 그는 주장하였다. 구제를 뉴저지주 카운티법원은 상위법원은, 그리고 대법원은 차례로 거부하였고,[1] 사건기록 송부명령을 이 법원은 기각하였다. 350 U. S. 925. 그러자 지금 우리 앞에 있는 연방 인신보호영장 절차를 뉴저지주 관할 연방지방법원에서 청구인은 착수하였는데, 자신의 유죄판정을 위에서 설명된 이유들에 의거하여 그는 공격하였다. 영장을 연방지방법원은 기각하였는데, 그 자백의 비임의성을 청구인이 증명하지 못했다고, 또한 경찰신문 동안 변호인에게 교통하도록 청구인에게 허용하기를 주가 거부한 점이 적법절차를 그에게서 박탈한 것은 아니라고 연방지방법원은 판시하였다. 148 F. Supp. 98. 이를 연방항소법원은 인가하였고, 240 F. 2d 844, 그 제기된 헌법적 문제들을 고찰하기 위하여 사건기록 송부명령을 우리는 허가하였다. 354 U. S. 908.[2] «357 U. S., 508»

청구인의 자백이 강제되었다는 주장을 청구인이 입증하지 못하였다고 결론지은 데 있어서 연방지방법원이 정당하였음에 관하여 우리를 기록에 대한 독립적 검토는 납득시킨다. 그 반대의 취지로 청구인은 지금 주장하지 않는다. 그러나 설령 자신의 자백이 임의적인 것이었다 하더라도 뉴악 경찰본부에서의 자신의 구류 동안

1) 카운티법원의 및 상위법원의 의견들은 보고되어 있지 않다. 의견을 주 대법원은 쓰지 않았다.
2) 사건이 부당하게 여기에 와 있다고 주는 비록 주장하고 있지 않지만, 그러함에도 불구하고 다음의 상황들에 비추어 우리의 재판권을 우리가 검토해야 한다고 우리는 느껴 온 터이다: 유죄답변의 토대가 된 자백을 공격할 권리를 그러한 답변을 내는 피고인은 포기하는 규칙을 뉴저지주는 가지고 있다. In re Domako, 20 N. J. Super. 314, 90 A. 2d 30, aff'd, 11 N. J. 591, 95 A. 2d 505를 보라. 자신의 유죄판정을 인신보호영장 절차에서 청구인은 공격할 수 없다고 그 규칙에 따라 에섹스 카운티법원은 판시하였다. 그 문제를 항소심에서 상위법원은 논급하지 않았으나, 기소인부 절차 이전에 변호인의 조력을 받을 헌법적 권리를 뉴저지주법 아래서 청구인은 가지고 있지 않다는 이유로 카운티 법원을 상위법원은 인가하였다. State v. Grillo, 11 N. J. 173, 93 A. 2d 328을 보라. 항소허가를 기각하는 이유를 주 대법원은 밝히지 않았다. 실체적 사항에 관한 청구인의 헌법적 주장들을 상위법원은 다루었으므로, 그 문제들을 검토할 권한을 자신들이 지닌다고 두 하급 연방법원들은 판단하였다. Brown v. Allen, 344 U. S. 443, 486을; Hawk v. Olson, 326 U. S. 271, 278을 참조하라. 재판권이 존재한다는 데에 우리는 동의한다. 불항쟁 답변(a plea of non vult)에 Domako 판결의 포기 원칙이 적용된다는 취지의 뉴저지주의 확정적 판단은 없으므로, 항소허가를 기각한 뉴저지주 대법원의 «357 U. S., 508» 결정이 연방법 이외적(nonfederal) 근거에 토대를 둔 것이라고 우리는 추정하지 않을 것이다. Stembridge v. Georgia, 343 U. S. 541을 참조하라. Domako 원칙에 상위법원이 근거한 것이 아니라는 사실에 의하여, 그리고 우리의 재판권에 대한 주측의 이의의 부존재에 의하여 우리의 결론은 보강되고 있다.

Amendment, his confession, even though voluntary, was nevertheless vitiated by police refusal to permit him to confer with counsel during his detention at Newark police headquarters, and that, because his plea of non vult was based on the confession, the conviction must fall as well.[3)]

The contention that petitioner had a constitutional right to confer with counsel is disposed of by Crooker v. California, ante, p. 433, decided today. There, we held that California's failure to honor Crooker's request during a period of police interrogation to consult with a lawyer, as yet unretained, did not violate the Fourteenth Amendment. Because the present case, in which petitioner was denied an opportunity to confer with the lawyer whom he had already retained, sharply points up the constitutional issue involved, some additional observations are in order.

We share the strong distaste expressed by the two lower courts over the episode disclosed by this record. Cf. Stroble v. California, 343 U. S. 181, 197-198. Were this a federal prosecution, we would have little difficulty in «357 U. S., 509» dealing with what occurred under our general supervisory power over the administration of justice in the federal courts. See McNabb v. United States, 318 U. S. 332. But to hold that what happened here violated the Constitution of the United States is quite another matter.

The difficulties inherent in the problem require no extensive elaboration. Cf. Watts v. Indiana, 338 U. S. 49, 57-62 (opinion of Jackson, J.). On the one hand, it is indisputable that the right to counsel in criminal cases has a high place in our scheme of procedural safeguards. On the other hand, it can hardly be denied that adoption of petitioner's position would constrict state police activities in a manner that in many instances might impair their ability to solve

3) Since we conclude that the police refusal to allow petitioner to consult with his lawyer did not violate the Fourteenth Amendment, we need not consider the State's further contention that petitioner was not denied due process because the confession was never "used" against him, he having pleaded non vult to the indictment. But cf. Herman v. Claudy, 350 U. S. 116.

변호인을 찾아 상담하도록 허용하기를 경찰이 거부한 점으로 인하여 연방헌법 수정 제14조에 따라 여전히 그것은 무효화되었다고, 그리고 자신의 불항쟁 답변은 그 자백에 토대한 것이었기 때문에 그 유죄판결은 또한 파기되지 않으면 안 된다고 그는 계속 주장한다.[3)]

변호인을 찾아 상담할 헌법적 권리를 청구인이 지녔다는 주장은 오늘 판결된 Crooker v. California, ante, p. 433에 의하여 처리된다. 거기서 경찰신문의 어떤 기간 동안 한 명의 변호사 — 아직 선임되지 않은 상태였다 — 를 만나 상담하겠다는 크루커의 요청에 대한 캘리포니아주의 존중 불이행은 연방헌법 수정 제14조를 침해하지 않았다고 우리는 판시하였다. 자신이 이미 선임해 놓았던 변호인을 찾아 상담할 기회를 청구인이 거부당한 현재의 사건은 그 관련된 헌법 문제를 뚜렷이 부각시키기 때문에, 상당한 추가적 고찰이 당연하다.

이 기록에 의하여 밝혀진 에피소드에 대하여 두 하급법원들에 의하여 표명된 강한 혐오에 우리는 함께 한다. Stroble v. California, 343 U. S. 181, 197-198을 참조하라. 이것이 한 개의 연방법원 소송추행이라면 우리는 «357 U. S., 509» 연방법원들의 재판 운영에 대한 우리의 일반적 감독권한에 따라 그 일어난 일을 처리하는 데 별 곤란이 없을 것이다. McNabb v. United States, 318 U. S. 332을 보라. 그러나 미합중국 헌법을 여기서 일어난 일이 침해하였다고 보는 것은 전혀 별개의 문제이다.

광범위한 노작을 그 문제에 고유하게 들어 있는 곤란들은 요구하지 않는다. Watts v. Indiana, 338 U. S. 49, 57-62[잭슨(Jackson) 판사의 의견]을 참조하라. 한편으로 우리의 절차적 보호수단들의 체계에 있어서 높은 위치를 형사사건들에서 변호인의 조력을 받을 권리가 차지하고 있음은 다툼의 여지가 없다. 다른 한편으로 어려운 사건들을 해결할 주 경찰의 능력을 많은 경우에 손상시킬 수도 있는 모종의 방법으로 그들의 활동들을 청구인의 견해의 채용이 제약할 것이라는 점은 결코 부

3) 청구인으로 하여금 자신의 변호사를 찾아 상담하도록 허용하기를 거부한 경찰의 처분이 연방헌법 수정 제14조를 침해하지 않았다고 우리가 결론짓는 이상, 불항쟁 답변을 공소사실에 대하여 그가 하였던 까닭에 그 자백이 결코 그에게 불리하게 "사용된" 바 없다는 점에서도 적법절차를 청구인은 박탈당한 것이 아니라는 주측의 또 다른 주장에 대하여 우리는 고찰할 필요가 없다. 그러나 Herman v. Claudy, 350 U. S. 116을 참조하라.

difficult cases. A satisfactory formula for reconciling these competing concerns is not to be found in any broad pronouncement that one must yield to the other in all instances. Instead, as we point out in Crooker v. California, supra, this Court, in judging whether state prosecutions meet the requirements of due process, has sought to achieve a proper accommodation by considering a defendant's lack of counsel one pertinent element in determining from all the circumstances whether a conviction was attended by fundamental unfairness. See House v. Mayo, 324 U. S. 42, 45-46; Payne v. Arkansas, 356 U. S. 560, 567.

In contrast, petitioner would have us hold that any state denial of a defendant's request to confer with counsel during police questioning violates due process, irrespective of the particular circumstances involved. Such a holding, in its ultimate reach, would mean that state police could not interrogate a suspect before giving him an opportunity to secure counsel. Even in federal prosecutions, this Court has refrained from laying down any such inflexible rule. See McNabb v. United States, supra; Mallory v. United States, 354 U. S. 449. Still less should we impose this standard on each of the 48 States as a mat- «357 U. S., 510» ter of constitutional compulsion.4) It is well known that law enforcement problems vary widely from State to State, as well as among different communities within the same State. This Court has often recognized that it is of the "very essence of our federalism that the States should have the widest latitude in the administration of their own systems of criminal justice." Hoag v. New Jersey, 356 U. S. 464, 468. See Maxwell v. Dow, 176 U. S. 581; Twining v. New Jersey, 211 U. S. 78. The broad rule sought here and in Crooker would require us to apply the Fourteenth Amendment in a manner which would be foreign both to the spirit in which it was con-

---

4) New Jersey is not alone in its rule that an accused has no right to consult with counsel during the period between arrest and arraignment. See State v. Rogers, 143 Conn. 167, 120 A. 2d 409; Utah v. Sullivan, 227 F. 2d 511; People v. Kelly, 404 Ill. 281, 89 N. E. 2d 27. Most States have not had occasion to rule on the issue before us, and it is generally quite unclear in state law when the right to have counsel begins. See Beaney, The Right to Counsel in American Courts, 127–128; 3 A. L. R. 2d 1003, 1032 et seq.

정될 수 없다. 모든 경우에 한 쪽이 다른 쪽에 양보하지 않으면 안 된다는 노골적인 선언에서 이 경쟁적 관심사들을 조화시키기 위한 한 가지 만족스러운 공식은 결코 찾아져서는 안 된다. 그보다는, Crooker v. California, supra에서 우리가 지적하듯이, 적법절차의 요구를 주법원 소송추행들이 충족하는지 여부를 판단함에 있어서 한 명의 피고인에게의 한 명의 변호사의 결여를, 유죄판정에 기본적인 불공정성이 수반되었는지 여부를 전체적 상황으로부터 판단하는 한 가지 적절한 요소로 간주함으로써, 합당한 조절을 달성하고자 당원은 노력해 왔다. House v. Mayo, 324 U. S. 42, 45-46을; Payne v. Arkansas, 356 U. S. 560, 567을 보라.

이에 반하여 변호인을 찾아 상담하겠다는 피고인의 요청을 경찰신문 동안 주가 조금이라도 거부함은 그 관련된 특정 상황들에 무관하게 적법절차를 침해한다고 청구인은 우리로 하여금 판시하게 했으면 한다. 변호인을 확보할 기회를 용의자에게 주기 전에는 용의자를 주 경찰은 신문할 수 없음을 그 궁극의 도달점에 있어서 그 같은 판시는 의미할 것이다. 조금이라도 이 같은 경직된 규칙을 정하기를 연방법원 소송추행들에서조차 당원은 자제해 왔다. McNabb v. United States, supra를; Mallory v. United States, 354 U. S. 449를 보라. 헌법적 강제의 문제로서의 이 기준을 48개 주들 각각 위에 «357 U. S., 510» 우리가 부과해서는 더더욱 안 된다.4) 동일한 주 안의 여러 지역사회들 사이에서뿐만 아니라 주와 주 사이에서도 법집행의 문제들이 크게 차이가 남은 잘 알려져 있다. "가장 광범위한 자유를 그들 자신의 형사재판 제도들의 시행에 있어서 주들은 누려야 함이 우리 연방주의의 본질 자체"임을 당원은 자주 인정해 왔다. Hoag v. New Jersey, 356 U. S. 464, 468. 또한 Maxwell v. Dow, 176 U. S. 581을; Twining v. New Jersey, 211 U. S. 78을 보라. 연방헌법 수정 제14조를, 그것이 착상된 정신에게와 당원에 의하여 그것이 이행되어 온 방법에게 다 같이 생경한 것이 되게끔 적용하도록 여기서와 Crooker 사건에서 추구된 그 노골적 규칙은 우리에게 요구할 것이다.

4) 변호인을 찾아 상담할 권리를 체포의 및 기소인부 절차의 양자 사이의 기간 동안 범인으로 주장되는 사람은 가지지 않는다는 그 규칙에 있어서 뉴저지주는 혼자가 아니다. State v. Rogers, 143 Conn. 167, 120 A. 2d 409를; Utah v. Sullivan, 227 F. 2d 511을; People v. Kelly, 404 Ill. 281, 89 N. E. 2d 27을 보라. 우리 앞의 쟁점을 판단할 기회들을 대다수의 주들은 가지지 못한 터이므로, 변호인을 가질 권리가 언제 시작되는지는 주 법에 있어서 일반적으로 상당히 불명확하다. Beaney, The Right to Counsel in American Courts, 127–128; 3 A. L. R. 2d 1003, 1032 et seq을 보라.

ceived and the way in which it has been implemented by this Court.

Petitioner's remaining constitutional contention can be disposed of briefly. He argues that he was deprived of due process because New Jersey required him to plead to the indictment for murder without the opportunity to inspect his confession.

The Fourteenth Amendment does not reach so far. As stated by the Supreme Court of New Jersey in the earlier proceedings in this case, State v. Cicenia, 6 N. J. 296, at 299-301, 78 A. 2d 568, at 570-571, the rule in that State is that the trial judge has discretion whether or not to allow inspection before trial. This is consistent with the practice in many other jurisdictions. See, e. g., State v. Haas, 188 Md. 63, 51 A. 2d 647; People v. Skoyec, 183 Misc. 764, 50 N. Y. S. 2d 438; State v. Clark, 21 Wash. 2d 774, 153 P. 2d 297. In Leland v. Oregon, 343 U. S. 790, 801-802, «357 U. S., 511» this Court held that, in the absence of a showing of prejudice to the defendant, it was not a violation of due process for a State to deny counsel an opportunity before trial to inspect his client's confession. It is true that, in Leland, the confession was made available to the defense at the trial several days before its case was rested, whereas, here, petitioner pleaded non vult without an opportunity to see the confession. We think that the principle of that case is nonetheless applicable. As was said in Leland (343 U. S. at 801), although it may be the "better practice" for the prosecution to comply with a request for inspection, we cannot say that the discretionary refusal of the trial judge to permit inspection in this case offended the Fourteenth Amendment. Cf. Application of Tune, 230 F. 2d 883, 890-892.

Affirmed.

MR. JUSTICE BRENNAN took no part in the consideration or decision of this case.

청구인의 그 밖의 헌법적 주장은 간명하게 처리될 수 있다. 자신의 자백 진술서를 검토할 기회 없이 살인죄의 대배심기소에 답변하도록 자신에게 뉴저지주가 요구하였기 때문에 적법절차를 자신은 박탈당하였다고 그는 주장한다.

연방헌법 수정 제14조는 그렇게 멀리 닿지 않는다. 이 사건에서의 더 이른 절차들에서 뉴저지주 대법원에 의하여 설명되었듯이, State v. Cicenia, 6 N. J. 296, at 299-301, 78 A. 2d 568, at 570-571, 정식사실심리 이전의 검토를 허락할지 말지의 재량권을 정식사실심리 판사는 갖는다는 것이 그 주에서의 규칙이다. 그 밖의 많은 재판권들에 있어서의 관행에 이는 부합한다. 예컨대 State v. Haas, 188 Md. 63, 51 A. 2d 647을; People v. Skoyec, 183 Misc. 764, 50 N. Y. S. 2d 438을; State v. Clark, 21 Wash. 2d 774, 153 P. 2d 297을 보라. 의뢰인의 자백 진술서를 정식사실심리 이전에 «357 U. S., 511» 검토할 기회를 변호인에게서 주가 박탈한 것은, 피고인에게 가해진 불이익에 대한 입증의 부재 상태에서는, 적법절차에 대한 침해가 아니라고 Leland v. Oregon, 343 U. S. 790, 801-802에서 당원은 판시하였다. Leland 사건에서는 사건이 변론종결되기 수일 전의 정식사실심리에서 변호인 측에게 자백 진술서가 입수되었음에 반하여 여기서는 자백 진술서를 볼 기회 없이 불항쟁 답변을 청구인이 하였음은 사실이다. 이에도 불구하고 그 사건의 원칙은 적용된다고 우리는 생각한다. Leland 사건에서 말해졌듯이(343 U. S., at 801), 비록 검토를 위한 요청에 검찰이 응하는 쪽이 "더 나은 실무관행"일 수 있겠지만, 이 사건에서 그 검토를 허용함에 대한 정식사실심리 판사의 재량적 거부가 연방헌법 수정 제14조를 침해하였다고 우리는 말할 수 없다. Application of Tune, 230 F. 2d 883, 890-892를 참조하라.

원심판결은 인가되었다.

이 사건의 검토에도 판결에도 브레넌(BRENNAN) 판사는 가담하지 않았다.

MR. JUSTICE DOUGLAS, with whom THE CHIEF JUSTICE and MR. JUSTICE BLACK concur, dissenting.

Petitioner, pursuant to a request left by the police at his home on Saturday, December 17, appeared at headquarters in Orange, New Jersey at 9 a.m. on the 18th. He did so on the advice of his lawyer, Frank A. Palmieri. Petitioner's brother and father accompanied him on this visit, but were separated from him on arrival at the headquarters. Shortly thereafter, petitioner was taken to Newark, where he was interrogated by the police until 9:30 P. M., when he confessed. Between 2 P. M. and 9:30 P. M., Mr. Palmieri asked over and again to see his client, but his requests were not granted. On this phase of the case, the District Court said:

"Mr. Palmieri was not produced as a witness on the trial of this case, but his affidavit was admitted by «357 U. S., 512» stipulation. The contents of his affidavit and the testimony of petitioner's father and brother are at variance with the testimony of the Newark police as to the manner in which petitioner and his counsel were restrained from communicating with each other. According to petitioner's witnesses, Palmieri's pleas were met with blunt refusals and remarks such as 'We're working on him.' The police claim to have been much more decorous. But whether it was done flippantly or courteously, the fact remains that, for over seven hours, the Newark police formed an insuperable barrier between an accused who wanted to see his counsel and counsel who wanted to see his client. And it was during these seven hours that the police and an assistant prosecutor were able to obtain a detailed confession from petitioner." 148 F. Supp. 98, 99-100.

법원장이 및 블랙(BLACK) 판사가 찬동하는 더글라스(DOUGLAS) 판사의 반대의견이다.

12월 17일 토요일에 경찰에 의하여 자신의 집에 남겨진 요청에 따라 18일 오전 9시에 뉴저지주 오렌지 경찰본부에 청구인은 출두하였다. 그가 그렇게 한 것은 그의 변호사인 프랭크 A. 팔미에리의 조언에 따른 것이었다. 청구인의 남동생은 및 아버지는 이 출두에 그를 동행하였으나 경찰본부에의 도착 즉시 그로부터 격리되었다. 잠시 후 뉴악으로 청구인은 옮겨졌는데, 그가 자백하기에 이른 오후 9:30까지 경찰의 신문을 거기서 그는 받았다. 자신의 의뢰인을 보기를 오후 2시에서 9:30 사이에 팔미에리 변호사는 계속 되풀이하여 요청하였다; 그러나 그의 요청들은 받아들여지지 않았다. 사건의 이 국면에 관하여 연방지방법원은 말하였다:

"이 사건의 정식사실심리에서 증인으로 팔미에리 변호사는 신청되지 않았으나, 그의 선서진술서(affidavit)는 약정에 의하여 «357 U. S., 512» 증거로서 허용되었다. 서로의 교통을 청구인이 및 그의 변호인이 제약당한 방법에 관하여 그의 선서진술서의 내용들은, 그리고 청구인의 아버지의 및 동생의 증언의 내용들은 뉴악 경찰의 증언하고의 사이에 차이가 있다. 청구인측 증인들에 따르면 퉁명스러운 거절들에, 그리고 '우리는 그를 조사하는 중이오'라는 설명들에 팔미에리의 신청들은 부딪쳤다. 자신들이 훨씬 더 정중했다고 경찰은 주장한다. 그러나 그것이 경솔하게 행해졌건 예의바르게 행해졌건, 자신의 변호인을 보기를 원하는 범인으로 주장되는 사람의 및 자신의 의뢰인을 보기를 바라는 변호사의 그 둘 사이에 한 개의 넘을 수 없는 장벽을 일곱 시간이 넘는 동안 뉴악 경찰이 구성했다는 사실은 여전히 남는다. 게다가 상세한 자백을 청구인으로부터 경찰이 및 검사보(an assistant prosecutor)가 얻어낼 수 있었던 것은 바로 이 일곱 시간 동안이었다." 148 F. Supp. 98, 99-100.

The District Court reached, "without enthusiasm," the conclusion that petitioner's constitutional rights had not been impaired. Id., at 104. The Court of Appeals evinced the same lack of enthusiasm for the result. 240 F. 2d 844. Both lower courts felt that any correction of this unjust result should come from us. I regret that we have not taken this case, and the companion cases, as the occasion to bring our decisions into tune with the constitutional requirement for fair criminal proceedings against the citizen. I would reverse the judgment for the reasons stated in my dissent in Crooker v. California, ante, p. 441.

청구인의 헌법적 권리들이 침해되지 않았다는 결론에 도달함에 있어서 연방지방법원은 "열정을 지니지 않았다(without enthusiasm)." Id., at 104. 그 결론에 대하여 똑같은 열정의 결여를 연방항소법원은도 나타냈다. 240 F. 2d 844. 이 부당한 결과에 대한 조금이나마의 시정은 우리에게서 나와야 한다고 두 하급법원들은 다 같이 여겼다. 이 사건을 및 공범들의 사건을, 시민을 겨냥한 공정한 형사절차들을 위한 헌법적 요구에 우리의 판결들을 일치시키는 기회로 우리가 삼지 못한 점이 나는 유감이다. 원심판결을 Crooker v. California, ante, p. 441에서의 나의 반대의견에 표명된 이유들에 따라 나라면 파기했을 것이다.

변호인의 조력을 받을 권리

Spano v. New York, 360 U. S. 315 (1959)

앨라배마주 대법원에
내린 사건기록 송부명령

NO. 582
변론 1959년 4월 27일
판결 1959년 6월 22일

요약해설

1. 개요

Spano v. New York, 360 U. S. 315 (1959) 는 9 대 0으로 판결되었다. 법원의 의견을 법원장 워렌(WARREN) 판사가 썼고, 더글라스(DOUGLAS) 판사는 블랙(BLACK) 판사가와 브레넌(BRENNAN) 판사가 가담하는 보충의견을, 스튜어트(STEWART) 판사는 더글라스(DOUGLAS) 판사가와 브레넌(BRENNAN) 판사가 가담하는 보충의견을 썼다. 변호인의 조력을 받을 권리에 대한 침해 가운데서 속임수에 의하여 도출된 자백의 임의성을과 증거능력을 부정하였다.

2. 사실관계 (360 U. S., at 316–320.)

살인 용의자 빈센트 조셉 스파노(Vincent Joseph Spano)는 대배심에 의하여 1급 살인죄로 기소되었다. 친한 친구이면서 신참 경찰관인 브루노(Bruno)에게 전화를 걸어 사건 당시에 자신이 심하게 얻어 맞아 멍해진 상태였기 때문에 자신이 무엇을 하고 있는지, 피살자를 쏘고 있는지 알지 못하였다고 경찰에 출두하기에 앞서 청구인은 말하였다. 이를 상급자들에게 브루노는 알렸다.

답변하지 말라는 조언을 변호인으로부터 받은 스파노(Spano)는 경찰에 출두하여 신문을 받으면서 진술을 거부하였다. 스파노를 설득하는 데에 브루노를 이용하기로 경찰 상급자들은 결정하고서, 브루노 자신의 경찰관으로서의 직업을 상실하게 할 위험을 먼저 번의 스파노의 전화가 야기했다고 거짓으로 말하도록, 그리하여 브르노 자신의 처를 및 아이들을 위한 동정심을 유발하여 자백을 스파노에게서 얻어내도록 브루노에게 지시하였다. 브루노의 세 번의 시도를 물리쳤으나, 네 번째 호소에 마음이 움직여 마침내 총격을 시인하는 데 스파노는 동의하였다. 그 동안 여덟 시간에 걸쳐 검사에, 검사보에, 경찰관들에 의하여 신문이 실시되어 왔었고, 변호인을 만나게 해 달라는 스파노의 거듭된 요청은 거부되어 온 터였다. 뉴욕주 법원의 정식사실심리에서 변호인의 이의에도 불구하고 스파노의 자백은 증거로 허용되었다. 스파노에게 유죄판정이 내려지고 사형이 선고되었다. 유죄판정을 항소법원은 인가하였다. 스파노의 사건기록 송부명령 청구를 받아들여 사건을 자신 앞에 연방대법원은 가져왔다.

3. 쟁점

스파노의 자백을 증거로서 허용한 처분이 적법절차를과 변호인의 조력을 받을 권리 등을 침해했는지 여부가 다투어졌다.

4. 법원장 워렌(WARREN) 판사가 쓴 법원의 의견의 요지

여기서 얻어진 자백의 사용은 전통적 원칙들 아래서 연방헌법 수정 제14조에 어긋난다. 단지 비임의적 자백들의 내재적 신뢰성 결여에만 그것들의 사용에 대한 사회의 혐오가 의존하는 것은 아니다. 법을 집행하는 동안에 법을 경찰은 준수하지 않으면 안 된다는 뿌리 깊은 생각에도; 즉 궁극적으로, 범죄자들이라고 생각되는 사람들을 유죄로 판정하기 위하여 사용되는 불법적인 수단들에 의해서 생명이 및 자유가 위협을 당할 수 있음은 실제의 범죄자들 그 자신들에 의해서 그것들이 위협을 당할 수 있음과 같다는 생각에도 그것은 의존한다. (360 U. S., at 320–321.)

경찰관들의 압력에, 피로에 및 속임수로 유발된 동정심에 의하여 청구인의 의지는 억눌러졌다는 것이 대배심기소 이후의 배경에 나타난 전체적 상황(totality of circumstances)을 고찰한 끝에 내린 우리의 결론이다. 연방헌법 수정 제14조의 적법절차 조항에 따라 청구인에 대한 유죄판정은 유지될 수 없다. 원심판결은 파기되었다. (360 U. S., at 323–324.)

5. 더글라스(DOUGLAS) 판사의 보충의견의 요지

범인으로 주장되는 사람은 다른 어느 때에보다도 그의 체포 직후에 더 변호인을 필요로 한다. 사형이 가능한 사건에서 기소 이후 정식사실심리 이전에 경찰에 의하여 예비적인 방법으로 피고인은 조사되고 있었으므로 Powell v. Alabama, 287 U. S. 45에 따라 연방헌법 수정 제6조의 변호인의 조력을 받을 권리가 적용된다. 피고인의 변호인 요청을 거부한 채 비밀리에 경찰이 신문한 것은 이 권리의 침해에 해당한다. (360 U. S., at 325–326.)

6. 스튜어트(STEWART) 판사의 보충의견의 요지

자백이 도출된 시점에 있어서의 변호인의 부재만으로도 연방헌법 수정 제14조에 따라 그것을 증거능력 없는 것으로 만들기에 족하다. 절차의 모든 단계에서 변호인의 도움을 받을 절대적 권리를 사형이 가능한 사건에서 Powell v. Alabama, 287 U. S. 45에 따라 범인으로 주장되는 사람은 가진다. 정식사실심리되는 범죄가 무엇이든 범인으로 주장되는 사람이 스스로 선임한 변호인의 조력을 받을 권리는 절대적이다. (360 U. S., at 326–327.)

MR. CHIEF JUSTICE WARREN delivered the opinion of the Court.

This is another in the long line of cases presenting the question whether a confession was properly admitted into evidence under the Fourteenth Amendment. As in all such cases, we are forced to resolve a conflict between two fundamental interests of society - its interest in prompt and efficient law enforcement and its interest in preventing the rights of its individual members from being abridged by unconstitutional methods of law enforcement. «360 U. S., 316» Because of the delicate nature of the constitutional determination which we must make, we cannot escape the responsibility of making our own examination of the record. Norris v. Alabama, 294 U. S. 587.

The State's evidence reveals the following: Petitioner Vincent Joseph Spano is a derivative citizen of this country, having been born in Messina, Italy. He was 25 years old at the time of the shooting in question, and had graduated from junior high school. He had a record of regular employment. The shooting took place on January 22, 1957.

On that day, petitioner was drinking in a bar. The decedent, a former professional boxer weighing almost 200 pounds who had fought in Madison Square Garden, took some of petitioner's money from the bar. Petitioner followed him out of the bar to recover it. A fight ensued, with the decedent knocking petitioner down and then kicking him in the head three or four times. Shock from the force of these blow caused petitioner to vomit. After the bartender applied some ice to his head, petitioner left the bar, walked to his apartment, secured a gun, and walked eight or nine blocks to a candy

법원의 의견을 법원장 워렌(WARREN) 판사가 냈다.

이것은 연방헌법 수정 제14조 아래서 한 개의 자백이 정당하게 증거로서 허용되었는지 여부의 문제를 제기하는 길게 줄지은 선례들에 덧붙여진 또 하나의 사건이다. 이러한 사건들에서는 항상 그렇듯이, 사회의 두 가지 기본적 이익들 사이의 충돌을 우리는 해결하지 않으면 안 된다; 그 하나는 즉각적이고 효율적인 법집행에 대한 사회의 이익이고, 그리고 다른 하나는 위헌적인 법집행 수단들에 의하여 사회의 개개 구성원들의 권리가 박탈되지 않도록 방지함에 대한 사회의 이익이다. «360 U. S., 316» 우리가 내리지 않으면 안 될 헌법판단의 신중을 요하는 성격 때문에, 기록에 대한 우리 자신의 검토를 수행할 책임을 우리는 회피할 수 없다. Norris v. Alabama, 294 U. S. 587.

아래의 사실관계를 주측의(The State's) 증거는 보여 준다: 청구인 빈센트 조셉 스파노(Vincent Joseph Spano)는 외국에서 건너온 시민으로서, 이탈리아의 메시나 태생이다. 그는 문제의 총격 당시 25세였고 중학교를 졸업한 터였다. 한 번의 정식고용의 기록을 그는 가지고 있었다. 1957년 1월 22일에 총격은 발생하였다.

그 날 술집 한 곳에서 술을 청구인은 마시고 있었다. 망인은 매디슨 스퀘어 가든(Madison Square Garden)에서 뛴 전력이 있는 몸무게가 거의 200파운드나 나가는 전직 프로복싱 선수인데, 돈 얼마간을 청구인에게서 빼앗아 술집을 나갔다. 그것을 되찾으려고 술집을 나와 그를 청구인은 따라갔다. 싸움이 일어났는데, 청구인을 망인은 때려눕혔고, 그 다음에는 머리를 서너 차례 찼다. 이 가격들의 힘이 준 충격은 청구인으로 하여금 토하게 만들었다. 얼음을 그의 머리에 바텐더가 붙여준 뒤에 청구인은 술집을 떠나 그의 아파트로 걸어가 권총 한 자루를 지니고서 여덟 내지 아홉 블록을 걸어 망인이 자주 발견되었던 과자가게 한 곳에 들어섰다. 가게에 그가 들어

store where the decedent was frequently to be found. He entered the store in which decedent, three friends of decedent, at least two of whom were ex-convicts, and a boy who was supervising the store were present. He fired five shots, two of which entered the decedent's body, causing his death. The boy was the only eyewitness; the three friends of decedent did not see the person who fired the shot. Petitioner then disappeared for the next week or so.

On February 1, 1957, the Bronx County Grand Jury returned an indictment for first-degree murder against petitioner. Accordingly, a bench warrant was issued for his arrest, commanding that he be forthwith brought before the court to answer the indictment, or, if the court had adjourned for the term, that he be delivered into the «360 U. S., 317» custody of the Sheriff of Bronx County. See N. Y. Code Crim. Proc. § 301.

On February 3, 1957, petitioner called one Gaspar Bruno, a close friend of 8 or 10 years' standing who had attended school with him. Bruno was a fledgling police officer, having at that time not yet finished attending police academy. According to Bruno's testimony, petitioner told him "that he took a terrific beating, that the deceased hurt him real bad and he dropped him a couple of times and he was dazed; he didn't know what he was doing, and that he went and shot at him." Petitioner told Bruno that he intended to get a lawyer and give himself up. Bruno relayed this information to his superiors.

The following day, February 4, at 7:10 P. M., petitioner, accompanied by counsel, surrendered himself to the authorities in front of the Bronx County Building, where both the office of the Assistant District Attorney who ultimately prosecuted his case and the courtroom in which he was ultimately tried were located. His attorney had cautioned him to answer no questions, and left him in the custody of the officers. He was promptly taken to the office of the Assistant District Attorney, and, at 7:15 P. M., the questioning

서자 거기에는 망인이, 적어도 두 명의 전과자들을 포함한 망인의 친구들 세 명이, 그리고 가게를 관리하는 소년 한 명이 있었다. 다섯 발을 그는 쏘았는데, 그 중 두 발이 망인의 몸에 들어갔고 그의 사망의 원인이 되었다. 소년은 유일한 목격증인이었다; 총격을 가한 사람을 망인의 친구들 세 명은 보지 못하였다. 그 뒤로 그 다음 주 동안 가량을 청구인은 잠적하였다.

1급 살인죄의 대배심기소장을 청구인을 상대로 1957년 2월 1일 브롱크스 카운티(Bronx County) 대배심은 제출하였다. 이에 따라 그의 체포를 위한 구인장(a bench warrant)이 발부되었는데, 대배심기소장에 대하여 답변하도록 법원 앞에 그를 즉시 데려다 놓을 것을과 만약 그 기간을 법원이 연기할 경우에는 그를 브롱크스 카운티 집행관의 [360 U. S. 317] 구금에 넘길 것을 그것은 명령하였다. N. Y. Code Crim. Proc. § 301을 보라.

함께 학교를 다닌 바 있는 8년 내지 10년 지기의 가까운 친구인 개스파 브루노(Gaspar Bruno)라는 사람에게 전화를 1957년 2월 3일 청구인은 걸었다. 브루노는 신참 경찰관이었고, 그 당시에 아직 경찰학교를 마치지 못한 상태였다. 브루노의 증언에 따르면, "지독한 구타를 자신이 당했고, 그를 심하게 망인이 때렸고, 그를 여러 차례 그가 때려눕혔고, 그래서 그는 멍해졌고; 무엇을 자신이 하고 있는지, 그에게 가서 그를 자신이 쏘았는지 알지 못한다."고 그에게 청구인은 말하였다. 변호사 한 명을 선임하여 경찰에 자신이 출두할 생각이라고 브루노에게 청구인은 말했다. 이 정보를 자신의 상급자들에게 브루노는 전달하였다.

변호인을 대동한 채로 브롱크스 카운티 빌딩 앞에서 관헌들에게 다음 날인 2월 4일 오후 7:10에 청구인은 출두하였는데, 그 빌딩에는 궁극적으로 그의 사건을 기소한 지방검사보의 사무실이 및 궁극적으로 정식사실심리를 그가 받은 법정이 함께 들어 있었다. 그더러 어떤 질문들에도 답변하지 말도록 주의를 그의 변호사는 주었고, 그를 경찰관들의 구금에 넘겼다. 지방검사보 사무실에 그는 즉각 끌려갔고 오후 7:15에 신문이 시작되었는데, 지방검사보 골드스미드(Goldsmith)에, 차석(Lt.) 개넌(Gannon)에, 형사(Detective) 패럴(Farrell)에, 레러(Lehrer)에 및 모타(Motta)에 및 경사(Sgt.) 클

began, being conducted by Assistant District Attorney Goldsmith, Lt. Gannon, Detectives Farrell, Lehrer and Motta, and Sgt. Clarke. The record reveals that the questioning was both persistent and continuous. Petitioner, in accordance with his attorney's instructions, steadfastly refused to answer. Detective Motta testified: "He refused to talk to me." "He just looked up to the ceiling and refused to talk to me." Detective Farrell testified:

"Q. And you started to interrogate him?

"A. That is right.

* * * *

"Q. What did he say? «360 U. S., 318»

"A. He said 'you would have to see my attorney. I tell you nothing but my name.'

"Q. Did you continue to examine him?

"A. Verbally, yes, sir.

He asked one officer, Detective Ciccone, if he could speak to his attorney, but that request was denied. Detective Ciccone testified that he could not find the attorney's name in the telephone book.[1)] He was given two sandwiches, coffee and cake at 11 P. M.

At 12:15 a.m. on the morning of February 5, after five hours of questioning in which it became evident that petitioner was following his attorney's instructions, on the Assistant District Attorney's orders, petitioner was transferred to the 46th Squad, Ryer Avenue Police Station. The Assistant District

1) How this could be so when the attorney's name, Tobias Russo, was concededly in the telephone book does not appear. The trial judge sustained objections by the Assistant District Attorney to questions designed to delve into this mystery.

라크(Clark)에 의하여 신문은 이루어졌다. 신문은 집요하면서도 지속적인 것이었음을 기록은 보여준다. 자신의 변호인의 지시에 따라 답변을 청구인은 완강하게 거부하였다. 형사 모타는 증언하였다: "저에게 말하기를 그는 거부하였습니다." "오직 천장만을 바라보면서 저에게 말하기를 그는 거부하였습니다." 형사 패럴은 증언하였다:

"문. 그래서 그를 당신은 신문하기 시작했나요?

"답. 그렇습니다.

…….

"문. 무슨 말을 그는 했나요? «360 U. S., 318»

"답. '나의 변호인을 당신은 만나보아야 할 거요. 나의 이름을 외에는 아무 것을도 당신에게 나는 말하지 않겠소.' 라고 그는 말했습니다."

"문. 그를 계속 당신은 신문했나요?

"답. 말씀대로, 그렇습니다."

변호인하고 말할 수 있는지를 경찰관의 한 명인 형사 씨콘(Ciccone)에게 그는 물었으나, 그 요청은 거부되었다. 전화번호부에서 그 변호사의 이름을 찾을 수 없었다고 형사 씨콘은 증언하였다.[1] 샌드위치 두 개와 커피와 케이크를 오후 11시에 그는 제공받았다.

자신의 변호사의 지시들을 다섯 시간 동안의 신문 뒤에도 청구인이 좇고 있음이 명백해진 2월 5일 새벽 12:15에 지방검사보의 명령에 따라 라이어 애브뉴 경찰서 제46 수사반으로 청구인은 옮겨졌다. 위 경찰서로 지방검사보는도 가서 신문에 일정 부분 계속 참여하였다. 청구인은 12:30에 도착하였고, 신문은 12:40에 재개되었다. 형사 패럴의 증언에 의하여 신문의 성격은 드러난다:

1) 변호사의 이름 토비아스 루쏘가 명백히 전화번호부에 들어 있음에도 어떻게 이것이 그렇게 될 수 있는지는 확인되지 않고 있다. 이 미스터리를 파고들려는 신문행위들에 대한 지방검사보의 이의들을 정식사실심리 판사는 받아들였다.

Attorney also went to the police station and to some extent continued to participate in the interrogation. Petitioner arrived at 12:30, and questioning was resumed at 12:40. The character of the questioning is revealed by the testimony of Detective Farrell:

"Q. Who did you leave him in the room with?

"A. With Detective Lehrer and Sergeant Clarke came in and Mr. Goldsmith came in or Inspector Halk came in. It was back and forth. People just came in, spoke a few words to the defendant or they listened a few minutes and they left."

But petitioner persisted in his refusal to answer, and again requested permission to see his attorney, this time from Detective Lehrer. His request was again denied.

It was then that those in charge of the investigation decided that petitioner's close friend, Bruno, could be of «360 U. S., 319» use. He had been called out on the case around 10 or 11 P. M., although he was not connected with the 46th Squad or Precinct in any way. Although, in fact, his job was in no way threatened, Bruno was told to tell petitioner that petitioner's telephone call had gotten him "in a lot of trouble," and that he should seek to extract sympathy from petitioner for Bruno's pregnant wife and three children. Bruno developed this theme with petitioner without success, and petitioner, also without success, again sought to see his attorney, a request which Bruno relayed unavailingly to his superiors. After this first session with petitioner, Bruno was again directed by Lt. Gannon to play on petitioner's sympathies, but again no confession was forthcoming. But the Lieutenant a third time ordered Bruno falsely to importune his friend to confess, but again petitioner clung to his attorney's advice. Inevitably, in the fourth such session directed by the Lieutenant, lasting a full hour, petitioner succumbed to his

“문. 누구로 하여금 그 방 안에 그와 함께 있게 했나요?

“답. 형사 레러와 함께 있게 했는데 경사 클라크가 들어왔고, 골드스미드 씨가 들어왔고, 경위 호크가 들어왔어요. 들락 달락 했습니다. 사람들은 곧장 들어와서는 피고인에게 몇 마디 말을 하거나, 몇 분 정도 들어 보다가는 떠났습니다.”

그러나 자신의 답변거부를 청구인은 고집하였고, 자신의 변호인을 만나기 위한 허가를 다시 요청하였는데, 이번에는 형사 레러에게였다. 그의 요청은 다시 거부되었다.

청구인의 가까운 친구인 브루노가 소용이 있을 수 있을 것으로 그 수사를 맡은 사람들이 판단한 것은 그 «360 U. S., 319» 때였다. 제46 수사반 내지 구역에는 전혀 관련이 없음에도 불구하고 오후 10시 내지 11시경에 그 사건으로 그는 불려온 상태였다. 실제로는 그의 직장이 위험해 진 바 전혀 없음에도 불구하고, 청구인의 전화가 그를 “많은 곤란에” 빠뜨렸다고 청구인에게 말하도록, 그리하여 그의 임신한 처와 세 명의 자녀들에 대한 동정심을 청구인으로부터 끌어내 보도록 브루노는 지시받았다. 이러한 논지를 청구인에게 브루노는 폈으나 성과를 보지 못하였고, 그리고 다시금 변호인을 보기를 청구인은 원하였는데, 이를 자신의 상급자들에게 브루노가 전달했지만, 성과는 없었다. 청구인하고의 이 첫 번째 회합 뒤에 차석 개넌의 지시에 따라 청구인의 동정심을 브루노는 이용해 보았으나, 아무런 자백을도 얻을 수 없었다. 그러나 브루노더러 거짓말로 그의 친구를 끈덕지게 졸라 자백하게 만들라고 세 번째로 차석은 명령하였는데, 그러나 다시금 자신의 변호사의 조언을 청구인은 고수하였다. 차석에 의하여 지시된 네 번째의 꽉 찬 한 시간의 회합에서 자신의 친구의 거짓말들에 굴복하여 진술을 하기로 청구인은 부득이하게 동의하였다. 이에 따라 오전 3:25에 청구인이 신문을 받고 있는 호실에 지방검사보는, 한

friend's prevarications and agreed to make a statement. Accordingly, at 3:25 a.m., the Assistant District Attorney, a stenographer, and several other law enforcement officials entered the room where petitioner was being questioned, and took his statement in question and answer form with the Assistant District Attorney asking the questions. The statement was completed at 4:05 a.m.

But this was not the end. At 4:30 a.m., three detectives took petitioner to Police Headquarters in Manhattan. On the way, they attempted to find the bridge from which petitioner said he had thrown the murder weapon. They crossed the Triborough Bridge into Manhattan, arriving at Police Headquarters at 5 a.m., and left Manhattan for the Bronx at 5:40 a.m. via the Willis Avenue Bridge. When petitioner recognized neither bridge as the one from which he had thrown the weapon, they reentered Manhattan via the Third Avenue Bridge, which petitioner stated was the right one, and then returned to «360 U. S., 320» the Bronx well after 6 a.m. During that trip, the officers also elicited a statement from petitioner that the deceased was always "on [his] back," "always pushing" him, and that he was "not sorry" he had shot the deceased. All three detectives testified to that statement at the trial.

Court opened at 10 a.m. that morning, and petitioner was arraigned at 10:15.

At the trial, the confession was introduced in evidence over appropriate objections. The jury was instructed that it could rely on it only if it was found to be voluntary. The jury returned a guilty verdict, and petitioner was sentenced to death. The New York Court of Appeals affirmed the conviction over three dissents, 4 N. Y. 2d 256, 173 N. Y. S. 2d 793, 150 N. E. 2d 226, and we granted certiorari to resolve the serious problem presented under the Fourteenth Amendment. 358 U. S. 919.

명의 속기사는, 그 외에 몇 명의 경찰관들은 들어갔고, 그리하여 질문들을 지방검사보가 가하는 가운데서 문답 형식으로 된 그의 진술서를 이들은 받아냈다. 진술서는 오전 4:05에 완성되었다.

그러나 이것이 끝은 아니었다. 청구인을 오전 4:30에 맨하탄(Manhattan) 소재의 경찰본부로 세 명의 형사들은 데려갔다. 살인에 사용했던 무기를 내던졌었다고 청구인이 말한 다리를 찾고자 그 가는 길에 그들은 시도하였다. 트라이버러(Triborough) 다리를 건너 맨하탄으로 들어가 오전 5시에 경찰본부에 그들은 도착하였고, 오전 5:40에 맨하탄을 떠나 윌리스 애브뉴 다리를 경유하여 브롱크스로 가는 길에 올랐다. 양쪽 다리를 자신이 무기를 던졌던 곳으로 청구인이 인정하지 않자 써드 애브뉴 다리를 경유하여 맨하탄으로 그들은 다시 들어갔다가 그 다리가 맞다고 청구인이 말하자 브롱크스로 그들은 돌아왔는데, 오전 6시가 «360 U. S., 320» 훨씬 넘어 있었다. 망인은 항상 "[그의] 등에 올라탔고," 그를 "항상 밀어댔"으며, 그래서 망인을 쏜 데 대하여 그는 "후회스럽지 않다."는 진술을도 그 출입 동안 청구인으로부터 경찰관들은 이끌어냈다. 정식사실심리에서 그 진술에 대하여 세 명의 형사들은 모두 증언하였다.

그 날 오전 10시에 법정은 열렸고 10:15에 기소인부 신문을 청구인은 받았다.

그 자백은 정식사실심리에서 적절한 이의들을 누르고서 증거로 제출되었다. 오직 그것이 임의적인 것으로 판단될 경우에만 그것을 근거로 삼을 수 있다는 설시를 배심은 받았다. 유죄 평결을 배심은 냈고 청구인에게 사형이 선고되었다. 세 명의 반대를 누르고서 유죄판정을 뉴욕주 항소법원은 인가하였고, 4 N. Y. 2d 256, 173 N. Y. S. 2d 793, 150 N. E. 2d 226, 그리고 연방헌법 수정 제14조에 의거하여 제기된 중대한 문제를 해결하기 위하여 사건기록 송부명령을 우리는 내렸다. 358 U. S. 919.

Petitioner's first contention is that his absolute right to counsel in a capital case, Powell v. Alabama, 287 U. S. 45, became operative on the return of an indictment against him, for at that time he was in every sense a defendant in a criminal case, the grand jury having found sufficient cause to believe that he had committed the crime. He argues accordingly that, following indictment, no confession obtained in the absence of counsel can be used without violating the Fourteenth Amendment. He seeks to distinguish Crooker v. California, 357 U. S. 433, and Cicenia v. Lagay, 357 U. S. 504, on the ground that, in those cases, no indictment had been returned. We find it unnecessary to reach that contention, for we find use of the confession obtained here inconsistent with the Fourteenth Amendment under traditional principles.

The abhorrence of society to the use of involuntary confessions does not turn alone on their inherent untrustworthiness. It also turns on the deep-rooted feeling that the police must obey the law while enforcing the law; that, in the end, life and liberty can be as much endangered «360 U. S., 321» from illegal methods used to convict those thought to be criminals as from the actual criminals themselves. Accordingly, the actions of police in obtaining confessions have come under scrutiny in a long series of cases.[2] Those cases suggest that, in recent years, law enforcement officials have become increasingly aware of the burden which they share, along with our courts, in protecting fundamental rights of our citizenry, including that portion of our citizenry suspected of crime. The facts of no case recently in this Court have quite approached the brutal beatings in Brown v. Mississippi, 297 U. S. 278

2) E. g., Cicenia v. Lagay, 357 U. S. 504; Crooker v. California, 357 U. S. 433; Ashdown v. Utah, 357 U. S. 426; Payne v. Arkansas, 356 U. S. 560; Thomas v. Arizona, 356 U. S. 390; Fikes v. Alabama, 352 U. S. 191; Leyra v. Denno, 347 U. S. 556; Stein v. New York, 346 U. S. 156; Brown v. Allen, 344 U. S. 443; Stroble v. California, 343 U. S. 181; Gallegos v. Nebraska, 342 U. S. 55; Johnson v. Pennsylvania, 340 U. S. 881; Harris v. South Carolina, 338 U. S. 68; Turner v. Pennsylvania, 338 U. S. 62; Watts v. Indiana, 338 U. S. 49; Lee v. Mississippi, 332 U. S. 742; Haley v. Ohio, 332 U. S. 596; Malinski v. New York, 324 U. S. 401; Lyons v. Oklahoma, 322 U. S. 596; Ashcraft v. Tennessee, 322 U. S. 143; Ward v. Texas, 316 U. S. 547; Lisenba v. California, 314 U. S. 219; Vernon v. Alabama, 313 U. S. 547; Lomax v. Texas, 313 U. S. 544; White v. Texas, 310 U. S. 530; Canty v. Alabama, 309 U. S. 629; Chambers v. Florida, 309 U. S. 227; Brown v. Mississippi, 297 U. S. 278.

사형에 해당되는 사건에서 변호인의 조력을 받을 그의 절대적 권리, Powell v. Alabama, 287 U. S. 45, 는 그에 대한 대배심기소장의 제출 즉시로 효력을 지니는 것이 되었다는 데에, 왜냐하면 그 범죄를 그가 저질렀다고 믿을 충분한 근거를 대배심은 인정한 상태였으므로 그 시점에서 그는 모든 의미에서 형사사건에서의 피고인이었기 때문이라는 데에 청구인의 첫 번째 주장은 있다. 따라서 대배심기소 이후에 변호인의 부재 상태에서 얻어진 자백은 연방헌법 수정 제14조를 침해하지 않는 채로는 사용될 수 없다고 그는 주장한다. Crooker v. California, 357 U. S. 433에서는 및 Cicenia v. Lagay, 357 U. S. 504에서는 대배심기소장이 제출되지 않았다는 이유에서 그 사건들을 경우가 다른 것들로 취급하고자 그는 추구한다. 여기서 얻어진 자백의 사용은 전통적 원칙들 아래서 연방헌법 수정 제14조에 어긋난다고 우리는 보기 때문에, 그 주장에 도달할 필요가 없다고 우리는 본다.

단지 비임의적 자백들의 내재적 신뢰성 결여에만 그것들의 사용에 대한 사회의 혐오가 의존하는 것은 아니다. 법을 집행하는 동안에 법을 경찰은 준수하지 않으면 안 된다는 뿌리 깊은 생각에도; 즉, 실제의 범죄자들 그 자신들에 의해서 생명이 및 자유가 위협을 당할 수 있는 것만큼이나 «360 U. S., 321» 범죄자들이라고 생각되는 사람들을 유죄로 판정하기 위하여 사용되는 불법적인 수단들에 의해서도 똑같이 생명이 및 자유가 궁극적으로 위협을 당할 수 있다는 생각에도 그것은 의존한다. 따라서 길게 줄지은 일련의 선례들에서, 면밀한 정사(scrutiny)에 자백들을 획득함에 있어서의 경찰의 행동들은 놓여 왔다.[2] 우리 시민 - 범죄 혐의를 받는 시민 부분을 포함하여 - 의 기본적 권리들을 보호하는 데 있어서 우리의 법원들이하고 나란히 자신들이 분담하는 부담을 최근 연간에 법집행 공무원들은 갈수록 더 많이 인식하게 되었음을 그 선례들은 시사한다. Brown v. Mississippi, 297 U. S. 278 (1936)에서의 잔인한 구타에는, 또는 Ashcraft v. Tennessee, 322 U. S. 143 (1944)에 나타난 연

2) 예컨대, Cicenia v. Lagay, 357 U. S. 504; Crooker v. California, 357 U. S. 433; Ashdown v. Utah, 357 U. S. 426; Payne v. Arkansas, 356 U. S. 560; Thomas v. Arizona, 356 U. S. 390; Fikes v. Alabama, 352 U. S. 191; Leyra v. Denno, 347 U. S. 556; Stein v. New York, 346 U. S. 156; Brown v. Allen, 344 U. S. 443; Stroble v. California, 343 U. S. 181; Gallegos v. Nebraska, 342 U. S. 55; Johnson v. Pennsylvania, 340 U. S. 881; Harris v. South Carolina, 338 U. S. 68; Turner v. Pennsylvania, 338 U. S. 62; Watts v. Indiana, 338 U. S. 49; Lee v. Mississippi, 332 U. S. 742; Haley v. Ohio, 332 U. S. 596; Malinski v. New York, 324 U. S. 401; Lyons v. Oklahoma, 322 U. S. 596; Ashcraft v. Tennessee, 322 U. S. 143; Ward v. Texas, 316 U. S. 547; Lisenba v. California, 314 U. S. 219; Vernon v. Alabama, 313 U. S. 547; Lomax v. Texas, 313 U. S. 544; White v. Texas, 310 U. S. 530; Canty v. Alabama, 309 U. S. 629; Chambers v. Florida, 309 U. S. 227; Brown v. Mississippi, 297 U. S. 278 등이다.

(1936), or the 36 consecutive hours of questioning present in Ashcraft v. Tennessee, 322 U. S. 143 (1944). But as law enforcement officers become more responsible, and the methods used to extract confessions more sophisticated, our duty to enforce federal constitutional protections does not cease. It only becomes more difficult because of the more delicate judgments to be made. Our judgment here is that, on all the facts, this conviction cannot stand.

Petitioner was a foreign-born young man of 25 with no past history of law violation or of subjection to official interrogation, at least insofar as the record shows. He «360 U. S., 322» had progressed only one-half year into high school, and the record indicates that he had a history of emotional instability.[3)] He did not make a narrative statement, but was subject to the leading questions of a skillful prosecutor in a question and answer confession. He was subjected to questioning not by a few men, but by many. They included Assistant District Attorney Goldsmith, one Hyland of the District Attorney's Office, Deputy Inspector Halks,[4)] Lieutenant Gannon, Detective Ciccone, Detective Motta, Detective Lehrer, Detective Marshal, Detective Farrell, Detective Leira,[5)] Detective Murphy, Detective Murtha, Sergeant Clarke, Patrolman Bruno and Stenographer Baldwin. All played some part, and the effect of such massive official interrogation must have been felt. Petitioner was questioned for virtually eight straight hours before he confessed, with his only respite being a transfer to an arena presumably considered more appropriate by the police for the task at hand. Nor was the questioning conducted during normal business hours, but began in early evening, continued into the

3) Medical reports from New York City's Fordham Hospital introduced by defendant showed that he had suffered a cerebral concussion in 1955. He was described by a private physician in 1951 as "an extremely nervous tense individual who is emotionally unstable and maladjusted," and was found unacceptable for military service in 1951, primarily because of "psychiatric disorder." He failed the Army's AFQT-1 intelligence test. His mother had been in mental hospitals on three separate occasions.

4) His name is sometimes spelled "Hawks."

5) Although each is referred to separately in the record, it may be that Detectives Lehrer and Leira are the same person.

속 36시간 동안의 신문에는 최근의 당원에서 있었던 사건의 사실관계들은 전혀 근접한 바 없다. 그러나 법집행 공무원들의 책임이 더 커지는 만큼, 그리고 자백들을 끌어내기 위하여 사용되는 수단들이 더 교묘해지는 만큼, 연방헌법의 보호들을 시행할 우리의 책무는 멈추지 않는다. 내려져야 할 보다 더 조심스러운 판단들로 인하여 그것은 오직 더 어려워질 따름이다. 이 유죄판정은 모든 사실관계에 비추어 유지될 수 없다는 데에 여기서의 우리의 판단은 있다.

적어도 기록이 보여주는 한도 내에서는 청구인은 법을 위반한 전력이 없는, 또는 공식적인 신문에 처해진 전력이 없는 외국 태생의 25세의 젊은 사람이었다. 중학교를 «360 U. S., 322» 겨우 1년 반까지 그는 다녔을 뿐이고, 정서불안의 전력을 그가 지녔음을 기록은 보여준다.[3] 이야기식(narrative) 진술을 그는 한 것이 아니라, 문답식의 자백에서 노련한 검사의 선도적 질문에 처해졌다. 소수의 사람들에 의하여가 아니라 여러 명의 사람들에 의하여 그는 신문되었다. 지방검사보 골드스미드를, 지방검찰청의 하일랜드라는 사람을, 부경감(Deputy Inspector) 호크스(Halks)[4]를, 차석(Lieutenant) 개넌을, 형사 씨콘을, 형사 모타를, 형사 레러, 형사 마샬을, 형사 패럴을, 형사 레러(Leira)를[5], 형사(Detective) 머피를, 형사 머타를, 경사(Sergeant) 클라크를, 순경(Patrolman) 브루노(Bruno)를 및 속기사 볼드윈(Baldwin)을 그 사람들은 포함하였다. 나름의 역할을 모두가 수행하였는 바, 그러므로 이 같은 집단적인 공식적 신문의 효과는 지각되어 온 터임이 틀림없다. 자백하기에 앞서 사실상 여덟 시간 동안이나 줄곧 청구인은 신문되었고, 그의 유일한 휴식은 당면의 과제를 위하여 경찰에 의하여 필시 더 적합한 곳으로 여겨진 장소로 이송될 때 한 번뿐이었다. 신문은 정상적인 업무 시간 동안에 수행된 것이 아니라, 이른 저녁에 시작되어 밤까지 이어졌고, 그런데도 그다지 이른 시각이라고 할 수 없는 아침까지 결실을 거두지 못하였다. 마지막 시인들이 얻어지고서도 거의 동틀 무렵에 이르기까지 극(drama)은 끝이 나지 않았다. 이 같은 상황들에서는 천천히 쌓이는 피로가 그 역할을 실제로 수

3) 한 번의 뇌진탕을 1955년에 그가 입었음을 피고인에 의하여 제출된 뉴욕시 포드햄 병원의 진료기록들은 보여주었다. "정서적으로 불안하고 환경부적응의 극도로 신경과민인 사람"으로 1951년에 개인 의사에 의하여 그는 진단되었고, 1951년에 군복무 부적합자로 판정되었는데, 주로 "정신장애" 때문이었다. 육군 AFQT-1 지능검사에 그는 불합격하였다. 세 차례에 걸쳐 정신병원에 그의 모친은 수용된 바 있었다.

4) 그의 이름은 철자가 때때로 "Hawks"로 쓰인다.

5) 기록에는 각각이 개별적으로 언급되지만 형사 레러(Lehrer)는 및 레러(Leira)는 동일인물일 수 있다.

night, and did not bear fruition until the not-too-early morning. The drama was not played out, with the final admissions obtained, until almost sunrise. In such circumstances slowly mounting fatigue does, and is calculated to, play its part. The questioners persisted in the face of his repeated refusals to answer on the advice of his «360 U. S., 323» attorney, and they ignored his reasonable requests to contact the local attorney whom he had already retained and who had personally delivered him into the custody of these officers in obedience to the bench warrant.

The use of Bruno, characterized in this Court by counsel for the State as a "childhood friend" of petitioner's, is another factor which deserves mention in the totality of the situation. Bruno's was the one face visible to petitioner in which he could put some trust. There was a bond of friendship between them going back a decade into adolescence. It was with this material that the officers felt that they could overcome petitioner's will. They instructed Bruno falsely to state that petitioner's telephone call had gotten him into trouble, that his job was in jeopardy, and that loss of his job would be disastrous to his three children, his wife and his unborn child. And Bruno played this part of a worried father, harried by his superiors, in not one, but four different acts, the final one lasting an hour. Cf. Leyra v. Denno, 347 U. S. 556. Petitioner was apparently unaware of John Gay's famous couplet:

"An open foe may prove a curse,

But a pretended friend is worse,"

and he yielded to his false friend's entreaties.

We conclude that petitioner's will was overborne by official pressure, fatigue and sympathy falsely aroused after considering all the facts in their

행하는 것이고, 또 그 역할을 수행할 것으로 예상된다. 그의 변호사의 조언에 따른 그의 거듭된 답변 거부에도 «360 U. S., 323» 불구하고 신문자들은 그치지 않았고, 그가 이미 선임한 상태였던, 그리고 구인장에 복종하여 몸소 그를 경찰들의 구금에 넘겨준 바 있었던 그 개업 변호사를 접촉하기 위한 그의 정당한 요청을 그들은 무시하였다.

청구인의 "어릴 적부터의 친구"로 주측 변호사에 의하여 이 법원에서 성격규정되는 브루노의 사용은 전체적 상황(totality of situation)에 있어서 언급할 가치가 있는 또 하나의 요소이다. 브루노의 얼굴은 청구인으로서는 상당한 신뢰를 부여할 수 있어 보일 만한 얼굴이었다. 그들 사이에는 10년을 거슬러 사춘기에까지 미치는 친구 관계라는 유대가 있었다. 청구인의 의지를 자신들이 꺾을 수 있다고 경찰관들이 느낀 것은 이 자료를 그들이 지니고 있기 때문이었다. 그 자신을 곤경에 청구인의 전화가 빠뜨렸다고, 자신의 직업이 위험해졌다고, 그리고 자신의 직업 상실은 자신의 세 명의 자녀들에게와 자신의 처에게와 자신의 뱃속의 아기에게 비참한 일이 될 것이라고 브루노더러 거짓으로 말하도록 그들은 지시하였다. 그리하여 한 개의 막(one act)에서만이 아닌 네 개의 막들(four acts)에서 이렇게 겁에 질린 아버지 역을 그의 상관들의 독촉에 쫓겨 브루노는 연기하였는데, 마지막에서는 한 시간 동안이나 계속되었다. Leyra v. Denno, 347 U. S. 556을 참조하라. 존 게이(John Gay)의 그 유명한 이행연구(couplet)를 청구인은 알지 못하였음이 틀림없다:

"드러내 놓은 원수는 불행의 씨앗일 수 있지만,

그러나 가장된 친구는 그보다도 더 나쁘니,"

그리하여 그의 거짓 친구의 애원에 그는 굴복했던 것이다.

경찰관들의 압력에, 피로에 및 속임수로 유발된 동정심에 의하여 청구인의 의지는 억눌러졌다고, 대배심기소 이후의 배경(post-indictment setting)에 나타난 모든 사실

post-indictment setting.[6] Here, a grand jury had already found sufficient cause to require petitioner to face trial on a charge of first-degree murder, and the police had an eyewitness to the shooting. The police were not therefore merely trying to solve a crime, or even to absolve a suspect. Com- «360 U. S., 324» pare Crooker v. California, supra, and Cicenia v. Lagay, supra. They were rather concerned primarily with securing a statement from defendant on which they could convict him. The undeviating intent of the officers to extract a confession from petitioner is therefore patent. When such an intent is shown, this Court has held that the confession obtained must be examined with the most careful scrutiny, and has reversed a conviction on facts less compelling than these. Malinski v. New York, 324 U. S. 401. Accordingly, we hold that petitioner's conviction cannot stand under the Fourteenth Amendment.

The State suggests, however, that we are not free to reverse this conviction, since there is sufficient other evidence in the record from which the jury might have found guilt, relying on Stein v. New York, 346 U. S. 156. But Payne v. Arkansas, 356 U. S. 560, 568, authoritatively establishes that Stein did not hold that a conviction may be sustained on the basis of other evidence if a confession found to be involuntary by this Court was used, even though limiting instructions were given. Stein held only that, when a confession is not found by this Court to be involuntary, this Court will not reverse on the ground that the jury might have found it involuntary and might have relied on it. The judgment must be Reversed.

6) Lisenba v. California, 314 U. S. 219, is not to the contrary. There, while petitioner had already been arraigned on an incest charge, his later questioning and confession concerned a murder.

관계들을 고찰한 끝에 우리는 결론짓는다.[6] 1급 살인의 공소사실에 대하여 정식사실심리를 받도록 청구인에게 요구할 충분한 근거를 여기서 대배심은 이미 찾아낸 상태였고, 그리고 그 총격에 대한 한 명의 목격자를 경찰은 지니고 있었다. 그러므로 경찰은 단지 한 개의 범죄를 해결하고자 시도하고 있었던 것이도, 심지어 한 명의 용의자를 혐의에서 벗겨주고자 시도하고 있었던 것이도 아니었다. «360 U. S., 324» Crooker v. California, supra를 및 Cicenia v. Lagay, supra을 비교하라. 오히려 유죄를 피고인에게 씌우는 데 근거로 자신들이 삼을 수 있는 진술을 그에게서 확보하는 데에 일차적으로 그들은 관심이 있었다. 따라서 자백을 청구인으로부터 끌어내려는 경찰관들의 한결 같은 의도는 분명했다. 이 같은 의도가 입증될 경우, 그 얻어진 자백은 가장 주의 깊은 정사(scrutiny)로써 검토되지 않으면 안 된다고 당원은 판시한 터이고, 그리하여 이러한 사실관계에보다도 강제성이 덜한 사실관계에 기한 유죄판정을도 당원은 파기한 터이다. Malinski v. New York, 324 U. S. 401. 그러므로 연방헌법 수정 제14조에 따라 청구인의 유죄판정은 유지될 수 없다고 우리는 판시한다.

그런데도 우리가 마음대로 이 유죄판정을 파기해서는 안 된다고, 왜냐하면 유죄를 배심이 인정한 근거가 되었을 수 있는 그 밖의 충분한 증거가 기록에 있기 때문이라고, Stein v. New York, 346 U. S. 156에 의존하여 넌지시 주는 내비춘다. 그러나 비임의적인 것으로 당원에 의하여 확인된 자백이 설령 사용되었더라도 만약 제한을 가하는 설시들이 부여되었다면 여타의 증거에 의하여 유죄판정이 지지될 수 있다고 Stein 판결은 판시한 것이 아님을 Payne v. Arkansas, 356 U. S. 560, 568 판결은 권위 있게 확립한다. 한 개의 자백이 비임의적인 것으로 당원에 의하여 판단되지 않을 경우에는, 그것을 비임의적인 것으로 배심원들이 판단했을 수도 있다는 것 때문에, 그리하여 그것에 배심원들이 의존했을 수도 있다는 것 때문에 이를 당원이 파기하지는 않을 것임을 Stein 판결은 단지 판시했을 뿐이다. 판결주문은 파기되지 않으면 안 된다.

6) Lisenba v. California, 314 U. S. 219은 이에 반하지 않는다. 거기서는 근친상간 공소사실에 대하여 기소인부 신문을 청구인이 이미 받은 상태이기는 하였지만, 그의 나중의 신문은 및 자백은 살인에 대한 것이었다.

MR. JUSTICE DOUGLAS, with whom MR. JUSTICE BLACK and MR. JUSTICE BRENNAN join, concurring.

While I join the opinion of the Court, I add what, for me, is an even more important ground of decision.

We have often divided on whether state authorities may question a suspect for hours on end when he has no lawyer present and when he has demanded that he have the benefit of legal advice. See Crooker v. California, 357 U. S. 433, and cases cited. But here we deal not with a suspect, but with a man who has been formally charged «360 U. S., 325» with a crime. The question is whether, after the indictment and before the trial, the Government can interrogate the accused *in secret* when he asked for his lawyer and when his request was denied. This is a capital case, and, under the rule of Powell v. Alabama, 287 U. S. 45, the defendant was entitled to be represented by counsel. This representation by counsel is not restricted to the trial. As stated in Powell v. Alabama, supra, at 57:

"during perhaps the most critical period of the proceedings against these defendants, that is to say, from the time of their arraignment until the beginning of their trial, when consultation, thoroughgoing investigation, and preparation were vitally important, the defendants did not have the aid of counsel in any real sense, although they were as much entitled to such aid during that period as at the trial itself."

Depriving a person, formally charged with a crime, of counsel during the

블랙(BLACK) 판사가 및 브레넌(BRENNAN) 판사가 가담하는 더글라스(DOUGLAS) 판사의 보충의견이다.

이 법원의 의견에 가담하면서도, 내게는 보다 더 중요한 판단근거가 되는 바를 이에 나는 덧붙인다.

변호인을 용의자(a suspect)가 출석시키지 못하였을 때 그리고 그 상태에서 법적 조언의 이익을 누리기를 그가 요구하였을 때 그를 수 시간 동안 계속하여 주 관헌들이 신문해도 되는지 여부에 관하여 우리는 자주 의견이 쪼개져 왔다. Crooker v. California, 357 U. S. 433을 및 거기에 인용된 판례들을 보라. 그러나 한 명의 용의자를이 아니라 한 개의 범죄로 정식으로 기소되어 있는 한 명의 사람을 여기서 «360 U. S., 325» 우리는 다룬다. 문제는 대배심기소 이후 정식사실심리 이전에, 자신의 변호사를 범인으로 주장되는 사람이 요청하였음에도 불구하고 그의 요청이 거부된 상태에서 그를 *비밀리에*(in secret) 정부가 신문할 수 있는지 여부이다. 이것은 사형이 가능한 사건(a capital case)이다; 그리하여 변호인에 의하여 대변될 권리를 Powell v. Alabama, 287 U. S. 45에서 선언된 원칙에 따라 피고인은 지니고 있었다. 변호인에 의한 이 대변은 정식사실심리에 한정되지 않는다. Powell v. Alabama, supra, p. 57에서 설명되었듯이:

"이 피고인들을 겨냥한 절차들 중 아마도 가장 중대한 기간 동안에, 즉 상담이, 철저한 조사가 및 준비가 절대로 중요한 그들의 기소인부 신문부터 그들의 정식사실심리 시작까지의 기간 동안에, 피고인들에게는 그 기간 중에도 정식사실심리 그 자체에서처럼 그 같은 조력을 받을 권리가 있었음에도 불구하고, 조금이라도 실질적인 의미에서는 변호인의 조력을 그들은 가지지 못했다."

범죄 혐의로 정식으로 기소된 사람에게서 정식사실심리 이전의 기간 동안에 변

period prior to trial may be more damaging than denial of counsel during the trial itself.

We do not have here mere suspects who are being secretly interrogated by the police as in Crooker v. California, supra, nor witnesses who are being questioned in secret administrative or judicial proceedings as in In re Groban, 352 U. S. 330, and Anonymous Nos. 6 & 7 v. Baker, ante, p. 287. This is a case of an accused, who is scheduled to be tried by a judge and jury, being tried in a preliminary way by the police. This is a kangaroo court procedure whereby the police produce the vital evidence in the form of a confession which is useful or necessary to obtain a conviction. They in effect deny him effective representation by counsel. This seems to me to be a flagrant violation of the principle announced in Powell v. Alabama, supra, that the right of counsel extends to the preparation for trial, as well as to the trial itself. As Professor Chafee once said, "A person accused of crime «360 U. S., 326» needs a lawyer right after his arrest probably more than at any other time." Chafee, Documents on Fundamental Human Rights, Pamphlet 2 (1951-1952), p. 541. When he is deprived of that right after indictment and before trial, he may indeed be denied effective representation by counsel at the only stage when legal aid and advice would help him. This *secret inquisition* by the police when defendant asked for and was denied counsel was as serious an invasion of his constitutional rights as the denial of a continuance in order to employ counsel was held to be in Chandler v. Fretag, 348 U. S. 3, 10. What we said in Avery v. Alabama, 308 U. S. 444, 446, has relevance here:

"...... the denial of opportunity for appointed counsel to confer, to consult with the accused and to prepare his defense, could convert the appointment of counsel into a sham and nothing more than a formal compliance with the Constitution's requirement that an accused be given the assistance of counsel."

호인을 박탈하는 것은 정식사실심리 그 자체 동안의 변호인 박탈이보다도 더 해로울 수 있다.

Crooker v. California, supra에서처럼 단지 경찰에 의하여 비밀리에 신문되고 있는 용의자들을 우리는 여기서 가진 것이도, In re Groban, 352 U. S. 330에서처럼 및 Anonymous Nos. 6 & 7 v. Baker, ante, p. 287에서처럼 비밀의 행정절차에서 또는 재판절차에서 신문되고 있는 증인들을 우리는 여기서 가진 것이도 아니다. 이것은 판사에와 배심에 의하여 정식사실심리되도록 예정되어 있는, 그러면서 경찰에 의하여 예비적 방법으로 정식사실심리되고 있는, 범인으로 주장되는 사람의 사건이다. 이것은 유죄판정을 얻는 데 소용되는 내지는 필요한 결정적인 증거를 자백의 형태로 경찰이 만들어 내는 인민재판절차이다. 변호인에 의한 효과적 대변을 그에게서 결과적으로 그들은 박탈한다. 이것은 정식사실심리 자체에만이 아니라 이에 대한 준비에도 변호인의 조력을 받을 권리가 미친다는 Powell v. Alabama, supra에 선언된 원칙에 대한 극악한 침해라고 내게는 생각된다. 체이피(Chafee) 교수가 일찍이 말한 대로, “범인으로 주장되는 사람은 «360 U. S., 326» 필시 다른 어느 때에보다도 그의 체포 직후에 더 변호인을 필요로 한다.” Chafee, Documents on Fundamental Human Rights, Pamphlet 2 (1951–1952), p. 541. 그 권리를 기소 이후 정식사실심리 이전까지의 기간 동안에 그가 빼앗긴다면, 그를 법적 조력이 및 조언이 도울 수 있는 유일한 단계에서 변호인에 의한 효과적인 대변을 그는 참으로 거부당하는 것일 수 있다. Chandler v. Fretag, 348 U. S. 3, 10에서 변호인을 고용하기 위한 한 번의 연기속행(a continuance)의 거부에 대하여 판시된 바대로, 변호인을 피고인이 요청하였다가 거부된 경우의 경찰에 의한 이 *비밀규문*은 그의 헌법적 권리들에 대한 중대한 침해였다. Avery v. Alabama, 308 U. S. 444, 446에서 우리가 말한 바는 여기서도 타당하다:

“…… 범인으로 주장되는 사람하고 대화할, 상담할, 그의 방어를 준비할 기회를 지정 변호인에게서 박탈하는 것은 변호인 지정을 가짜의 것으로, 그리고 범인으로 주장되는 사람에게 변호인의 조력이 부여되어야 한다는 연방헌법의 요구에 대한 의례상의 준수에 지나지 않는 것으로 변질시킬 수 있다.”

I join with Judges Desmond, Fuld, and Van Voorhis of the New York Court of Appeals (4 N. Y. 2d 256, 266, 173 N. Y. S. 2d 793, 801, 150 N. E. 2d 226, 231-232), in asking, what use is a defendant's right to effective counsel at every stage of a criminal case if, while he is held awaiting trial, he can be questioned in the absence of counsel until he confesses? In that event, the secret trial in the police precincts effectively supplants the public trial guaranteed by the Bill of Rights.

정식사실심리를 기다리면서 피고인이 구류되어 있는 동안에 자백할 때까지 변호인의 부재 가운데서 만약 그가 신문될 수 있다고 한다면 효과적인 변호인의 조력을 형사사건의 모든 단계에서 받을 피고인의 권리가 무슨 소용이 있겠는가라고 묻는 데 있어서 뉴욕주 항소법원의 데스몬드(Desmond) 판사에게, 펄드(Fuld) 판사에게 및 반 보리스(Van Voorhis) 판사에게(4 N. Y. 2d 256, 266, 173 N. Y. S. 2d 793, 801, 150 N. E. 2d 226, 231-232) 나는 가담한다. 그렇게 될 경우에는 권리장전(the Bill of Rights)에 의하여 보장된 공개의 정식사실심리를 경찰 구역들에서 행해지는 비밀의 정식사실심리는 결과적으로 대체한다.

MR. JUSTICE STEWART, whom MR. JUSTICE DOUGLAS and MR. JUSTICE BRENNAN join, concurring.

While I concur in the opinion of the Court, it is my view that the absence of counsel when this confession was elicited was alone enough to render it inadmissible under the Fourteenth Amendment. «360 U. S., 327»

Let it be emphasized at the outset that this is not a case where the police were questioning a suspect in the course of investigating an unsolved crime. See Crooker v. California, 357 U. S. 433; Cicenia v. Lagay, 357 U. S. 504. When the petitioner surrendered to the New York authorities, he was under indictment for first degree murder.

Under our system of justice, an indictment is supposed to be followed by an arraignment and a trial. At every stage in those proceedings, the accused has an absolute right to a lawyer's help if the case is one in which a death sentence may be imposed. Powell v. Alabama, 287 U. S. 45. Indeed the right to the assistance of counsel whom the accused has himself retained is absolute, whatever the offense for which he is on trial. Chandler v. Fretag, 348 U. S. 3.

What followed the petitioner's surrender in this case was not arraignment in a court of law, but an all-night inquisition in a prosecutor's office, a police station, and an automobile. Throughout the night, the petitioner repeatedly asked to be allowed to send for his lawyer, and his requests were repeatedly denied. He finally was induced to make a confession. That confession was used to secure a verdict sending him to the electric chair.

더글라스(DOUGLAS) 판사가와 브레넌(BRENNAN) 판사가 가담하는 스튜어트(STEWART) 판사의 보충의견이다.

이 법원의 의견에 나는 찬동하면서도, 이 자백이 도출된 때의 변호인의 부재는 그 자체만으로도 연방헌법 수정 제14조에 따라 그것을 증거능력 없게 하기에 족하다는 것이 나의 의견이다. «360 U. S., 327»

우선 강조해 둘 것은 이 사건은 용의자를 미해결 범죄의 수사과정에서 경찰이 신문하고 있었던 사건이 아니라는 점이다. Crooker v. California, 357 U. S. 433을; Cicenia v. Lagay, 357 U. S. 504를 보라. 뉴욕주 관헌들에게 출두하였을 때 청구인은 1급 살인죄로 대배심기소된 상태였다.

우리의 재판 제도 아래서 대배심기소에는 기소인부 신문이 및 정식사실심리가 뒤따르게 되어 있다. 만약 그 사건이 사형이 부과될 수 있는 사건이면 변호사의 도움을 이 절차의 모든 단계에서 받을 절대적 권리를 범인으로 주장되는 사람은 가진다. Powell v. Alabama, 287 U. S. 45. 참으로, 범인으로 주장되는 사람 스스로가 선임한 변호인의 조력을 받을 권리는 절대적인 바, 그에게 정식사실심리가 실시되는 범죄가 무엇이든 그것은 상관이 없다. Chandler v. Fretag, 348 U. S. 3.

이 사건에서 청구인의 출두에 뒤이은 것은 법정에서의 기소인부 신문이 아니라, 검사 사무실에서의, 경찰서에서의, 그리고 자동차에서의 밤을 지샌 규문이었다. 자신의 변호사를 부르도록 허용해 달라고 밤새도록 되풀이하여 청구인은 요청하였고, 그의 요청들은 거듭 거부되었다. 끝내 자백하도록 그는 유인되었다. 그를 전기의자에 보내는 평결을 확보하기 위하여 그 자백은 사용되었다.

Our Constitution guarantees the assistance of counsel to a man on trial for his life in an orderly courtroom, presided over by a judge, open to the public, and protected by all the procedural safeguards of the law. Surely a Constitution which promises that much can vouchsafe no less to the same man under midnight inquisition in the squad room of a police station.

 Spano v. New York, 360 U. S. 315 (1959)

판사에 의하여 지휘되고 공중에게 열려 있으며 법의 모든 절차적 보호수단들에 의하여 보호되는 질서있는 법정에서의 변호인의 조력을 자신의 목숨이 걸린 정식 사실심리에 놓인 사람에게 우리 헌법은 보장한다. 확실히 그만큼의 것을 경찰서 한 곳 수사대의 방에서 한밤의 규문에 놓인 바로 그 사람에게, 그 정도로 많은 것을 약속하는 헌법은 보장할 수 있다.

변호인의 조력을 받을 권리

Hamilton v. Alabama, 368 U. S. 52 (1961)

앨라배마주 대법원에 내린 사건기록 송부명령

NO. 32
변론 1961년 10월 17일
판결 1961년 11월 13일

요약해설

1. 개요

Hamilton v. Alabama, 368 U. S. 52 (1961)은 9 대 0으로 판결되었다. 법원의 의견을 더글라스(DOUGLAS) 판사가 썼다. 사형이 가능한 주법원 사건에서의 변호인의 조력을 받을 권리를 정식사실심리 이전의 기소인부(arraignment) 절차에 적용하였다. 이에 이어 2년 뒤의 White v. Maryland, 373 U. S. 59 (1963)에서는 기소인부 신문에 앞선 치안판사의 예비심문(preliminary hearing)에도 변호인의 조력을 받을 권리가 적용된다고 판시하였다.

2. 사실관계 (368 U. S., at 52–53.)

청구인은 처음에 불법목적 침입죄로 대배심기소되었고, 법원 지정의 변호인을 그 기소인부 신문 때에 출석시켰다. 그 뒤에 동일한 사건에 관련된 현재의 강간목적 야간 주거침입 대배심기소장이 제출되었다. 법원에 의하여 지정된 바 있는 그의 변호인은 새로이 기소인부 신문이 있을 것임을 고지 받았다. 그러나 이 새로운 기소인부 신문 당시에는 변호인 지정이 연장되지 아니하였고, 그리하여 변호인은 출석하지 않았다. 청구인은 변호인 없이 무죄의 답변을 냈고, 유죄판정에 이어 사형이 선고되었다. 항소는 기각되었고, 연방대법원에 낸 사건기록 송부명령 청구는 역시 기각되었다. 별도로 자기오심영장(coram nobis)에 의거하여 구제를 주 대법원에 청구인은 신청하였으나 기각되었다.[1] 청구인의 사건기록 송부명령 청구를 받아들여 사건을 자신 앞에 연방대법원은 가져왔다.

앨라배마주 법률상 기소인부 절차는 정신이상의 항변을, 소송각하 항변을, 특정

1) "무죄답변을 제출한 때에 변호인의 부재로 인하여 어떤 방식으로든 불이익을 당하"였다는 데 대한 입증이 내지 그 노력이 없다는 데 기각 사유는 있었다.

의 인종을 대배심에서 계획적으로 배제한 데 따른 각하 신청을, 그 밖에 대배심이 부적당하게 뽑혔다는 이유에 기한 각하 신청을 제기해야 하는 단계이며, 그 이후에는 기회를 상실하게 된다.

3. 쟁점

사형에 해당하는 사건에서의 기소인부 신문이 변호인의 조력을 요하는 중대한(critical) 단계인 경우에, 그 기소인부신문 절차에서 변호인의 조력을 피고인이 받지 못하였음을 이유로 유죄판정을 파기하는 데에 불이익(prejudice)의 증명이 요구되는지 여부가 다투어졌다.

4. 더글라스(DOUGLAS) 판사가 쓴 법원의 의견의 요지

사형이 가능한 형사사건에 있어서 범인으로 주장되는 사람은 변호인의 이끄는 손(the guiding hand)을 자신을 겨냥한 절차들에 있어서의 모든 단계에서마다 필요로 한다. 사형이 가능한 공소사실에 대하여 변호인의 이익을 누리지 못한 채로 개인이 답변한 경우에, 결과적으로 불이익(prejudice)이 생겼는지 여부를 판정하기 위하여 법원이 멈추어서는 안 된다. 피고인으로 하여금 그 이용가능한 모든 항변들을 알 수 있게, 그리하여 분별력 있게 답변할 수 있게 해 줄 수 있는 것은 변호인의 출석만이다. 원심판결은 파기되었다. (368 U. S., at 54-55.)

MR. JUSTICE DOUGLAS delivered the opinion of the Court.

This is a capital case, petitioner having been sentenced to death on a count of an indictment charging breaking and entering a dwelling at night with intent to ravish.[1] Petitioner appealed, claiming he had been denied counsel at the time of arraignment. The Alabama Supreme Court, although stating that the right to counsel under the State and Federal Constitutions included the right to «368 U. S., 53» counsel at the time of arraignment, did not reach the merits of the claim because to do so would require impeaching the minute entries at the trial,[2] which may not be done in Alabama on an appeal. 270 Ala. 184, 116 So. 2d 906. When petitioner sought certiorari here, Alabama responded saying that his remedy to attack the judgment with extrinsic evidence was by way of coram nobis. We denied certiorari. 363 U. S. 852.

Petitioner thereupon proceeded by way of coram nobis in the Alabama courts. The Supreme Court of Alabama, while recognizing that petitioner had a right under state law, 15 Ala. Code § 318, to be represented by counsel at the time of his arraignment, denied relief because there was no showing or effort to show that petitioner was "disadvantaged in any way by the absence of counsel[3] when he interposed his plea of not guilty." 271 Ala. 88, 93, 122

1) Another count charged breaking and entering with intent to steal.

2) The minute entries indicated that petitioner had counsel at the arraignment.

3) Petitioner was first indicted for burglary, and, when arraigned, had counsel present. Later, the present indictment, relating to the same incident, was returned. His counsel, who had been appointed, was advised that petitioner would be rearraigned. But no lawyer appeared at this arraignment, and we read the Alabama Supreme Court

법원의 의견을 더글라스(DOUGLAS) 판사가 냈다.

이것은 사형이 가능한 사건인 바, 강간 목적으로 주거 한 곳을 밤에 실력에 의하여 침입한 행위(breaking and entering)를 기소한 대배심기소장의 한 가지 소인(a count)에 대하여 사형을 청구인은 선고받은 상태이다.[1] 청구인은 항소하였는데, 기소인부 신문 당시에 변호인을 자신이 거부당했었다고 주장하였다. 기소인부 신문 때에 변호인의 조력을 받을 권리를 주 헌법 아래서의 및 연방헌법 아래서의 변호인의 조력을 받을 권리가 포함한다고 앨라배마주 대법원은 말하면서도 «368 U. S., 53» 그 주장의 실체적 사항에는 이르지 않았는데, 왜냐하면 그렇게 하는 것은 정식사실심리에서의 시시콜콜한 기재사항들을 문제삼도록 요구할 것이기 때문이라는 것이었고,[2] 그런 일은 앨라배마주의 경우 항소심에서는 이루어질 수 없는 것이기 때문이라는 것이었다. 270 Ala. 184, 116 So. 2d 906. 여기서 사건기록 송부명령을 청구인이 구하였을 때, 원심판결을 외부증거(extrinsic evidence)로써 청구인이 공격할 수 있는 구제수단은 자기오심영장(coram nobis)에 의한 것이라고 그 응답으로서 앨라배마주는 말하였다. 사건기록 송부명령신청을 우리는 기각하였다. 363 U. S. 852.

이에 따라 앨라배마주 법원들에서 자기오심영장(coram nobis)에 의하여 소송을 청구인은 진행하였다. 그의 기소인부 신문 때에 변호인에 의하여 대변될 권리를 주법 15 Ala. Code § 318에 따라 청구인이 가짐을 앨라배마주 대법원은 인정하면서도, 청구인이 "그 무죄답변을 제출한 때에 변호인의 부재[3]로 인하여 어떤 방식으로든 불이익을 입"었음에 대한 입증이 내지 그 노력이 없다는 이유로 구제를 그 법원

1) 절취 목적으로 실력에 의하여 침입한 행위(breaking and entering)를 또 한 가지 소인은 기소하였다.
2) 변호인을 기소인부 신문 때 청구인이 가졌음을 그 시시콜콜한 기재사항들은 보여 주었다.
3) 처음에는 불법목적 침입죄(burglary)로 청구인은 대배심기소되었고, 변호인을 기소인부 신문 때에 청구인은 출석시켰다. 그 뒤에 동일한 사건에 관하여 현재의 대배심기소장이 제출되었다. 청구인에게 다시 기소인부 신문이 실시될 것임을 지정되어 있었던 그의 변호인은 고지 받았다. 그러나 이 기소인부 신문에는 어떤 변호사가도 출석하지 않았고, 따라서 앞의 변호인 지정이 연장되지 않았음을 의미하는 것으로 앨라배마주 대법원의 의견을 우리는 해석한다.

So. 2d 602, 607. The case is here on certiorari, 364 U. S. 931.

Arraignment under Alabama law is a critical stage in a criminal proceeding. It is then that the defense of insanity must be pleaded (15 Ala. Code § 423), or the opportunity is lost. Morrell v. State, 136 Ala. 44, 34 So. 208. Thereafter, that plea may not be made except in the discretion of the trial judge, and his refusal to accept it is "not revisable" on appeal. Rohn v. State, 186 Ala. 5, 8, 65 So. 42, 43. Cf. Garrett v. State, 248 Ala. 612, 614-615, 29 So. 2d 8, 9. Pleas in abatement must also be made at the time of arraignment. 15 Ala. Code § 279. It is then «368 U. S., 54» that motions to quash based on systematic exclusion of one race from grand juries (Reeves v. State, 264 Ala. 476, 88 So. 2d 561), or on the ground that the grand jury was otherwise improperly drawn (Whitehead v. State, 206 Ala. 288, 90 So. 351), must be made.

Whatever may be the function and importance of arraignment in other jurisdictions,[4] we have said enough to show that, in Alabama, it is a critical stage in a criminal proceeding. What happens there may affect the whole trial. Available defenses may be as irretrievably lost, if not then and there asserted, as they are when an accused represented by counsel waives a right for strategic purposes. Cf. Canizio v. New York, 327 U. S. 82, 85-86. In Powell v. Alabama, 287 U. S. 45, 69, the Court said that an accused in a capital case "requires the guiding hand of counsel at every step in the proceed-

opinion to mean that the earlier appointment did not carry over.

4) Arraignment has differing consequences in the various jurisdictions. Under federal law, an arraignment is a sine qua non to the trial itself – the preliminary stage where the accused is informed of the indictment and pleads to it, thereby formulating the issue to be tried. Crain v. United States, 162 U. S. 625, 644; Rules 10 and 11, Federal Rules of Criminal Procedure. That view has led some States to hold that arraignment is the first step in a trial (at least in case of felonies) at which the accused is entitled to an attorney. People v. Kurant, 331 Ill. 470, 163 N. E. 411.
In other States, arraignment is not "a part of the trial," but "a mere formal preliminary step to an answer or plea." Ex parte Jeffcoat, 109 Fla. 207, 210, 146 So. 827, 828.
An arraignment normally, however, affords an opportunity of the accused to plead, as a condition precedent to a trial. Fowler v. State, 155 Tex. Cr. R. 35, 230 S. W. 2d 810. N. J. Rules of Practice, Rule 8:4-2.

은 거부하였다. 271 Ala. 88, 93, 122 So. 2d 602, 607. 사건기록 송부명령, 364 U. S. 931, 에 의하여 여기에 사건은 있다.

앨라배마주 법 아래서의 기소인부 절차는 형사절차에서의 중대한 단계이다. 정신이상(insanity)의 항변이 제출되지 않으면 안 되는 때는 그 때인 바(15 Ala. Code § 423), 만약 그렇게 하지 않으면 기회는 상실된다. Morrell v. State, 136 Ala. 44, 34 So. 208. 그 뒤에는 정식사실심리 판사의 재량에 의하지 않는 한 그 항변은 제출될 수 없으며, 그것을 받아들이는 데 대한 그의 거부는 항소심에서 "변경될 수 없다." Rohn v. State, 186 Ala. 5, 8, 65 So. 42, 43. 또한 Garrett v. State, 248 Ala. 612, 614-615, 29 So. 2d 8, 9를 참조하라. 소송각하 항변들(Pleas in abatement)은 역시 기소인부 때에 제기되지 않으면 안 된다. 15 Ala. Code § 279. 한 가지 인종의 대배심들로부터의 «368 U. S., 54» 계획적 배제에 따른 각하 신청(Reeves v. State, 264 Ala. 476, 88 So. 2d 561)이, 또는 그 밖의 방법으로 대배심이 부적당하게 뽑혔다는 이유에 기한 각하 신청들(Whitehead v. State, 206 Ala. 288, 90 So. 351)이 제기되지 않으면 안 되는 것은 이 때이다.

여타의 재판권 영역들에 있어서의 기소인부 절차의 기능이 및 중요성이 무엇이든,[4] 앨라배마주에서 그것은 형사절차에서의 중대한 단계임을 밝히기에 충분할 만큼 우리는 말한 터이다. 전체 정식사실심리에 영향을 거기에서 일어나는 사항은 끼칠 수 있다. 유효한 항변사유들은 만약 그 때 그 곳에서 주장되지 않으면 돌이킬 수 없게 상실될 수 있는 바, 마치 변호인의 대변을 받으면서 전략적 목적들을 위하여 어떤 권리를 범인으로 주장되는 사람이 포기하는 경우에 그것들이 돌이킬 수 없게 상실되는 것에 같다. Canizio v. New York, 327 U. S. 82, 85-86을 참조하라. 사형이 가능한 형사사건에서의 경우, "자신을 겨냥한 절차들에 있어서의 모든 단계에서마다 변호인의 이끄는 손(the guiding hand)을" 범인으로 주장되는 사람은 "필요로 한다.

4) 상이한 중요성들을 여러 재판권 영역들에서 기소인부 절차는 지닌다. 연방법 아래서 기소인부 절차는 정식사실심리 그 자체에 없어서는 안 될 바(sine qua non)로서, 범인으로 주장되는 사람이 대배심기소를 통지받고 이에 대하여 답변하는, 그리하여 정식사실심리가 이루어질 쟁점을 구성하는 그 예비적 단계이다. Crain v. United States, 162 U. S. 625, 644; Rules 10 and 11, Federal Rules of Criminal Procedure. 기소인부 절차를 한 개의 정식사실심리에 있어서 범인으로 주장되는 사람이 한 명의 변호사를 가질 권리가 있는 첫 번째 단계라고 몇몇 주들로 하여금 (적어도 중죄들의 경우에) 판시하도록 그 입장은 이끌었다. People v. Kurant, 331 Ill. 470, 163 N. E. 411.
다른 주들에 있어서 기소인부 절차는 "정식사실심리의 일부"가 아닌, "단지 답변을이나 항변을 위한 형식적 예비단계"일 뿐이다. Ex parte Jeffcoat, 109 Fla. 207, 210, 146 So. 827, 828.
그러나 보통은 정식사실심리에 선행하는 한 가지 조건으로서 피고인으로 하여금 답변할 수 있도록 기회를 기소인부 절차는 제공한다. Fowler v. State, 155 Tex. Cr. R. 35, 230 S. W. 2d 810. N. J. Rules of Practice, Rule 8:4-2.

ings against him. Without it, though he be not guilty, he faces the danger of conviction because he does not know how to establish his innocence." The guiding hand of counsel is needed at the trial "lest the unwary concede that which only bewilderment or ignorance could justify or pay a penalty which is greater than the law of the State exacts for the «368 U. S., 55» offense which they in fact and in law committed." Tomkins v. Missouri, 323 U. S. 485, 489. But the same pitfalls or like ones face an accused in Alabama who is arraigned without having counsel at his side. When one pleads to a capital charge without benefit of counsel, we do not stop to determine whether prejudice resulted. Williams v. Kaiser, 323 U. S. 471, 475-476; House v. Mayo, 324 U. S. 42, 45-46; Uveges v. Pennsylvania, 335 U. S. 437, 442. In this case, as in those, the degree of prejudice can never be known. Only the presence of counsel could have enabled this accused to know all the defenses available to him and to plead intelligently.

Reversed.

그것 없이는, 설령 자신에게 죄가 없다 하더라도 어떻게 그 자신의 무죄를 증명하여야 할지를 알지 못하는 까닭에, 유죄판정의 위험에 그는 직면하게 된다."고 당원은 Powell v. Alabama, 287 U. S. 45, 69에서 말하였다. "당황이 또는 무지만이 정당화할 수 있었던 사항을 경솔한 사람이 시인하는 일이 없도록 하기 위하여, 또는 사실에 있어서와 법률에 있어서 그 저지른 범죄에 대하여 주 법이 부과하는 것을보다도 더 큰 처벌을 그들이 치르는 일이 없도록" 하기 위하여, Tomkins v. Missouri, 323 U. S. 485, 489, «368 U. S., 55» 정식사실심리 변호인의 이끄는 손은 요구된다. 그러나 앨라배마주에서는 변호인을 그 자신 곁에 가지지 않은 채 기소인부 신문에 놓인 피고인을 바로 그 함정들이 또는 이에 유사한 것들이 대면한다. 사형이 가능한 공소사실에 대하여 변호인의 이익을 누리지 못한 채로 개인이 답변할 때, 결과적으로 불이익(prejudice)이 생겼는지 여부를 판정하기 위하여 우리는 멈추지 않는다. Williams v. Kaiser, 323 U. S. 471, 475-476; House v. Mayo, 324 U. S. 42, 45-46; Uveges v. Pennsylvania, 335 U. S. 437, 442. 그 사건들에서처럼 이 사건들에서도 불이익의 정도는 결코 확인될 수 없다. 이 피고인으로 하여금 그 자신의 이용가능한 모든 항변들을 알 수 있도록, 그리하여 분별력 있게 답변할 수 있도록 오직 변호인의 출석만이 해 주었을 것이다.

원심판결을 파기하는 바이다.

변호인의 조력을 받을 권리

Carnley v. Cochran, 369 U. S. 506 (1962)

플로리다주 대법원에
내린 사건기록 송부명령

NO. 158
변론 1962년 2월 20-21일
판결 1962년 4월 30일

요약해설

1. 개요 및 쟁점

Carnley v. Cochran, 369 U. S. 506 (1962)은 7 대 0으로 판결되었다. 법원의 의견을 브레넌(BRENNAN) 판사가 썼고, 보충의견을 블랙(BLACK) 판사가와 더글라스(DOUGLAS) 판사가 냈다. 프랑크푸르터(FRANKFURTER) 판사는 이 사건의 결정에 참여하지 않았고, 화이트(WHITE) 판사는 이 사건의 심리에나 결정에 참여하지 않았다.

사형에 해당되지 않는 중대한 사건에서의 변호인의 조력을 받을 권리의 박탈이 적법절차에 위배되는지 여부를 및 그 권리가 포기된 것으로 인정되기 위한 요건을 다루었다.

2. 사실관계 (369 U. S., at 506–512.)

사형에 해당되지 않는 중대한 범죄로 플로리다주 법원에 피고인은 기소되었다. 피고인은 문맹으로서 방어를 수행할 능력이 없었다. 배심에 의한 정식사실심리가 실시되었을 때, 피고인은 변호인의 조력을 받지도 못하였고, 기소의 근거법률 여하에 따라서는 치료기관에의 위탁의, 판결의 집행정지의, 보호관찰의 등 특별규정들의 적용을 받을 수 있음을 알지도 못하였다. 또한 증언할 의무가 자신에게는 없음을 알지 못한 채, 그리고 증언할 경우에는 반대신문에서 불리한 증거가 제출될 수 있음을 알지 못한 채 스스로 증언하는 쪽을 피고인은 택하였다. 그러자 피고인의 증언을 탄핵하기 위한 검찰측 증거로 피고인의 형사기록이 제출되었다. 배심원 후보들에 대한 기피사유를 조사할 권리를 및 배심원들에 대한 설시사항을 제안하고 설시내용에 대하여 이의할 수 있는 권리를 피고인에게 정식사실심리 판사는 설명해 주지 않았다. 피고인은 정식사실심리 동안 한 번도 이의를 제기하지 못하였고 증인들에게 반대신문을도 제대로 할 수 없었다. 피고인은 유죄로 판정되었다. 그 정식사실심리에서 적법절차를 침해당했음을 주장하면서 인신보호영장을 플로리다주 대법원에 청구인은 청구하였다. 임시 인신보호영장이 발부되었으나, 영장은 청문 없이 취소되었다. 청구인의 사건기록 송부명령 청구를 받아들여 사건을 자신 앞에 연방대법원은 가져왔다.

3. 브레넌(BRENNAN) 판사가 쓴 법원의 의견의 요지

청구인의 사건은 변호인의 조력이, 그에 의하여 분별력 있고 이해력 있게 포기된 상태가 아닌 한, 연방헌법 수정 제14조에 의하여 그에게 보장된 권리였던 사건이다. 변호인을 정식사실심리 판사가 제의하였음을, 그런데도 이를 청구인이 거부하였음을 기록은 보여주지 않는다. 변호인의 조력이 헌법적 필수 요건의 한 가지인 경우 변호인을 제공받을 권리는 피고인이 변호인을 요청했는지 여부에 좌우되지 않는다. 피고인의 권리 포기를 변호인이 출석하지 않았다는 사실 자체로부터 추정할 수는 없다. 포기를 기록에 언급이 없음에 근거하여 추정하는 것은 허용될 수 없다. 변호인을 제의받고서도 그 제의를 분별력 있고 이해력 있게 피고인이 거절하였음을 기록이 증명하든지 그것을 증명하는 주장이 및 증거가 있든지 하지 않으면 안 된다. 피고인의 경우 정식사실심리가 변호인 없이 이루어짐으로써 헌법적으로 약점이 있음이 명백하고 유효한 권리 포기에 관한 증명은커녕 주장이조차 없다. 원심판결은 파기환송되었다. (369 U. S., at 512-517.)

MR. JUSTICE BRENNAN delivered the opinion of the Court.

The petitioner, who was not afforded the assistance of counsel for his defense at his trial, claims that, for this reason, his conviction by a jury in the Court of Record for Escambia County, Florida, deprived him of rights guaranteed by the Fourteenth Amendment. He obtained a provisional writ of habeas corpus from the Florida Supreme Court on his petition asserting that claim. «369 U. S., 507» However, that court, on the petition, the respondent's return and the petitioner's reply - but without any hearing - discharged the writ. 123 So. 2d 249. Since an important constitutional right is involved, we granted certiorari and appointed counsel to represent the petitioner in this Court. 366 U. S. 958, 368 U. S. 806.

The assistance of counsel might well have materially aided the petitioner in coping with several aspects of the case. He was charged with the non-capital offenses of incestuous sexual intercourse with his 13-year-old daughter and, in a separate count relating to the same acts, fondling a minor child, that is, assault in a lewd, lascivious and indecent manner, upon a female child under the age of 14. At the time of trial, two sets of Florida criminal statutes contained language reaching such behavior. Sections 741.22 and 800.04, Florida Statutes, 1959, were generally criminal provisions separately defining the two offenses of incest and assault in a lewd, lascivious, and indecent manner. In addition, both offenses were included within the later enacted Chapter 801 of the Florida Statutes - Florida's so-called Child Molester Act - if the victim was

법원의 의견을 브레넌(BRENNAN) 판사가 냈다.

연방헌법 수정 제14조에 의하여 보장된 권리들을 플로리다주 에스캄비아 카운티 정식기록법원(the Court of Record for Escambia County)의 정식사실심리에서의 배심에 의한 자신의 유죄판정이 자신에게서 박탈하였다고, 자신의 방어를 위한 변호인의 조력을 자신의 정식사실심리에서 제공받지 못하였던 청구인은 그 점을 이유로 주장한다. 임시 인신보호영장을 그 주장을 제기한 자신의 청구에 의거하여 플로리다주 대법원으로부터 그는 얻었다. «369 U. S., 507» 그러나 청구서(petition)에, 피청구인의 답변(return)에, 청구인의 재항변(reply)에 의거하여 — 그러나 청문은 열지 않은 채로 — 영장을 그 법원은 취소하였다. 123 So. 2d 249. 한 가지 중대한 헌법적 권리가 관련되어 있으므로 사건기록 송부명령을 허가하고서 당원에서 청구인을 대변하도록 변호인을 우리는 지정하였다. 366 U. S. 958, 368 U. S. 806.

사건의 여러 측면들에 대처하는 데 있어서 변호인의 조력은 청구인을 실질적으로 조력했을 것이도 당연하였다. 자신의 13세 된 딸하고의 근친상간이라는, 그리고 바로 그 행위들에 관련된 별개의 소인(count)인 미성년자에 대한 추행이라는, 즉 14세 미만의 여자아이에 대한 외설하고 음란하며 음탕한 방법에 의한 폭행이라는, 사형에 해당되지 않는(non-capital) 범죄들로 그는 기소되었다. 이 같은 행위에 적용되는 규정을 정식사실심리 당시 두 갈래의 플로리다주 형사 제정법들이 담고 있었다. 1959년의 플로리다주 제정법집(the Florida Statutes, 1959) 741.22절은 및 800.04절은 근친상간을 및 외설하고 음란하며 음탕한 방법에 의한 폭행을 등 두 가지 범죄들을 따로따로 규정하는 일반적인 형사법 규정들이었다. 그 이외에도 만약 피해자가 14세 이하의 나이일 경우에는 보다 더 최근에 제정된 플로리다주 제정법집 801장 — 플로리다주의 이른바 아동학대방지법(Child Molester Act) — 안에 그 범죄들은 둘 다 포

14 years of age or younger.[1] The Florida Supreme Court «369 U. S., 508» plainly conceived the petitioner's prosecution for both offenses as having been under the Child Molester Act. 123 So. 2d at 250. While that is an obviously plausible view, a lawyer, but not a layman, might have perceived that, because the Child Molester Act was invoked against the petitioner in respect of conduct elsewhere specifically defined as criminal, the 1954 decision of the Florida Supreme Court in Copeland v. State, 76 So. 2d 137, raised doubts, under the Florida Constitution, of the validity of a prosecution based on the Act.[2] The picture is further complicated by the fact that the Child Molester Act had included no reference to incest prior to an amendment made subsequent to the petitioner's alleged offense.[3]

Establishing the basis of the petitioner's prosecution was vitally important for the protection of his rights. If the Child Molester Act was validly applied against the «369 U. S., 509» petitioner, counsel could have materially assisted

---

1) Fla. Stat., 1959, § 741.22:
"Punishment for incest. – Persons within the degrees of consanguinity within which marriages are prohibited or declared by law to be incestuous and void, who intermarry or commit adultery or fornication with each other, shall be punished by imprisonment in the state prison not exceeding twenty years, or in the county jail not exceeding one year."
Fla. Stat., 1959, § 800.04:
"Lewd, lascivious or indecent assault or act upon or in presence of child. – Any person who shall handle, fondle or make an assault upon any male or female child under the age of fourteen years in a lewd, lascivious or indecent manner, or who shall knowingly commit any lewd or lascivious act in the presence of such child, without intent to commit rape where such child is female, shall be deemed guilty of «369 U. S., 508» a felony and punished by imprisonment in the state prison or county jail for not more than ten years."
Fla. Stat., 1959, § 801.02:
"Definitions. – An offense under the provisions of this chapter shall include attempted rape, sodomy, attempted sodomy, crimes against nature, attempted crimes against nature, lewd and lascivious behavior, incest and attempted incest, assault (when a sexual act is completed or attempted) and assault and battery (when a sexual act is completed or attempted), when said acts are committed against, to, or with a person fourteen years of age or under."

2) In the Copeland case, supra, the Florida Supreme Court held that the inclusion of rape in the Child Molester Act – with its attendant alteration in the consequences of that offense when committed against a child of 14 or younger – ran afoul of the State Constitution because the Act embraced 11 distinct crimes separately dealt with in other statutes, because the Act failed to set forth at length the general rape provisions which were pro tanto amended, and because the title of the Act failed to give notice that the consequences of rape had been changed. But see Buchanan v. State, 111 So. 2d 51, in which the District Court of Appeal upheld the Child Molester Act as applied to lewd and lascivious conduct.

3) Florida Laws, E. S. 1957, c. 57–1990.

함되었다.[1] 두 가지 범죄들에 «369 U. S., 508» 기한 청구인의 기소를 모두 아동학대방지법(the Child Molester Act)에 근거하여 제기된 것으로 플로리다주 대법원은 이해하였음이 분명하다. 123 So. 2d, at 250. 그것은 분명히 한 가지 그럴 듯한 견해이기는 하지만, 별도의 곳에 특례적으로 범죄적 행위로 규정되어 있는 행위에 관련하여 그 청구인에게 아동학대방지법이 발동되었음을 이유로, 그 법에 기한 기소의 타당성에 대하여 플로리다주 헌법에 따라 의문들을 1954년 Copeland v. State, 76 So. 2d 137에서의 플로리다주 대법원의 판결은 제기하였음을, 문외한 아닌 변호사였다면 지각할 수도 있었을 것이다.[2] 청구인이 저지른 것으로 주장된 그 범행 이후에 이루어진 개정 이전에는 근친상간에 대하여 아무런 언급을 아동학대방지법이 포함하지 않았었다는 사실에 의하여 상황은 더욱 복잡해진다.[3]

청구인에 대한 기소의 근거를 확정하는 것은 그의 권리들의 보호를 위하여 절대로 중요하였다. 만약 청구인을 겨냥하여 유효하게 아동학대방지법이 «369 U. S., 509» 적용되었다면, 그 법에 따라 기소된 피고인들의 처분을 지배하는 그 법의 특례적 규정들을 변호인은 그를 위하여 원용함으로써 그를 실질적으로 조력할 수 있

---

1) Fla.Stat., 1959, § 741.22:
"근친상간에 대한 처벌. — 결혼이 금지되는, 또는 결혼이 근친상간적이고 무효라고 법에 의하여 선언되어 있는 촌수 이내의 혈족들로서 상호간에 근친결혼한 내지는 간통을이나 간음을 범한 사람들은 주 감옥에서의 20년 이하의 또는 카운티(county) 감옥에서의 1년 이하의 구금형으로 처벌된다."
Fla.Stat., 1959, § 800.04:
"아동에 대한, 또는 아동 면전에서의 외설하거나 음란하거나 음탕한 폭행 또는 행위 — 외설하거나 음란하거나 음탕한 방법으로 14세 미만의 남아 또는 여아 누구든지를 만지거나 애무하거나 폭행한 자, 또는 그 같은 아동의 면전에서, 이 같은 아동이 여아일 경우에는 강간을 범할 의사 없이, 인지 상태에서 조금이라도 외설하거나 음란한 행위를 한 자는 누구든지 중죄(a felony)를 범한 것으로 «369 U. S., 508» 간주되고 주 감옥에서의 또는 카운티 감옥에서의 10년 이하의 구금형으로 처벌된다."
Fla.Stat., 1959, § 801.02:
"정의. — 이 장의 규정들 아래서의 범죄는 14세 이하인 사람에 대하여 범해진, 그러한 사람에게 범해진 또는 그러한 사람에 더불어 범해진 경우의 강간미수(attempted rape)를, 수간(sodomy)을, 수간미수(attempted sodomy)을, 계간(crimes against nature)을, 계간미수(attempted crimes against nature)를, 외설하고 음란한 행위를, 근친상간을 및 그 미수를, 폭행(성적 행위가 완료되거나 시도된 때)를 및 구타(성적 행위가 완료되거나 시도된 때)를 포함한다."

2) 별개의 제정법들에서 별도로 다루어진 11개의 개별 범죄들을 아동학대방지법이 포함하였기 때문에, 그리고 그 범위 내에서(pro tanto) 개정된 일반적 강간 규정들을 그 법률이 자세히 설명하지 않았기 때문에, 그리고 강간의 결과들이 변경되었음을 그 법률의 제목이 고지하지 않았기 때문에 아동학대방지법에의 강간의 포함은 — 14세 이하의 아동에게 저질러진 경우의 그 범죄의 결과들에 있어서의 그 법률의 부수적 변경에 더불어 — 주 헌법에 저촉된다고 Copeland case, supra에서 플로리다주 대법원은 판시하였다. 그러나 외설하고 음란한 행위에 적용된 것으로서의 아동학대방지법을 지방 항소법원이 지지한 Buchanan v. State, 111 So. 2d 51을 보라.

3) Florida Laws, E. S.1957, c. 57-1990.

him by invoking on his behalf the special provisions of that law governing the disposition of defendants charged under it. Sections 741.22 and 800.04 authorize only jail sentences. In contrast, the Child Molester Act empowers the sentencing judge in a proper case to commit the convicted defendant to a Florida state hospital for treatment and rehabilitation.[4] That law also permits the accused to «369 U. S., 510» petition for a psychiatric or psychological examination for the purpose of assisting the court in the trial of the case.[5]

There are thus present considerations of a sort often deemed sufficient to require the conclusion that a trial for crime without defense counsel did not measure up to the requirements of the Fourteenth Amendment. See, e. g.,

---

4) Fla. Stat., 1959, § 801.03(1):

"Powers and duties of judge after convictions. —

"(1) When any person has been convicted of an offense within the meaning of this chapter, it shall be within the power and jurisdiction of the trial judge to:

"(a) Sentence said person to a term of years not to exceed twenty-five years in the state prison at Raiford.

"(b) Commit such person for treatment and rehabilitation to the Florida state hospital, or to the hospital or the state institution to which he would be sent as provided by law because of his age or color provided the hospital or institution possesses a maximum security facility as prescribed by the board of commissioners of state institutions. When, as provided for in this law, there shall have been created and established a Florida research and treatment center then the trial judge shall, instead of committing a person to the Florida state hospital, commit such person instead to the Florida research and treatment center. In any such case the court may, in its discretion, stay further criminal proceedings or defer the imposition of sentence pending the discharge of such person from further treatment in accordance with the procedure as outlined in this chapter."

Fla. Stat., 1959, § 801.08:

"Execution of judgment may be suspended; probation; requirements. —

"(1) The trial judge under whose jurisdiction a conviction is obtained may suspend the execution of judgment and place the defendant upon probation.

"(2) The trial court placing a defendant on probation may at any time revoke the order placing such defendant on probation and impose such sentence or commitment as might have been imposed at the time of conviction. [Footnote 4 continued on p. 510] «369 U. S., 510»

"(3) No defendant shall be placed on probation or continue on probation until the court is satisfied that the defendant will take regular psychiatric, psychotherapeutic or counseling help, and the individual helping the defendant shall make written reports at intervals of not more than six months to the court and the probation officer in charge of the case. The costs, fees and charges for treatment of a defendant on probation shall not be a charge of the county where the defendant was tried."

5) Fla. Stat., 1959, § 801.10:

"Examination; petition for, court order. – When any person is charged with an offense within the purview of this chapter, said person may petition the court for a psychiatric and psychological examination as heretofore set out and the written report shall be filed with the clerk of the court having jurisdiction of the offense for the purpose of assisting the court in the trial of the case. The court may, of its own initiative, or upon petition of an interested person, order such examination and report as heretofore set out."

었을 것이다. 단지 감옥형들만을 741.22절은 및 800.04절은 허용한다. 이에 대조되게 유죄로 판정된 피고인의 치료를 및 사회복귀를 위하여 플로리다 주립 병원 한 곳에 그를 위탁할 수 있는 권한을 적절한 사건에서 판결 선고 판사에게 아동학대방지법은 부여한다.[4] 그 사건의 정식사실심리에서 «369 U. S., 510» 법원을 조력하기 위하여 정신의학적 내지 심리학적 검사를 피고인이 역시도 청구할 수 있도록 그 법은 허용하고 있다.[5]

범죄 사건에 대한 변호인 없는 상태에서의 정식사실심리가 연방헌법 수정 제14조의 요구들에 부합되지 못하였다는 결론을 요구하기에 충분하다고 흔히 간주되는 종류의 고려요소들은 이런 식으로 현출된다. 예컨대 Chewning v. Cunningham, 368 U. S. 443, 446-447을; Reynolds v. Cochran, 365 U. S. 525, 531-532를; McNeal v. Culver, 365 U. S. 109, 114-116을; Rice v. Olson, 324 U. S. 786, 789-791을 보라.

---

4) Fla. Stat., 1959, § 801.03 (1):

"유죄판정들 이후의 판사의 권한사항 및 의무사항. —

"(1) 누구든지 이 장의 의미 내에서의 범죄에 대하여 유죄로 판정되고 나면 아래 사항은 정식사실심리 판사의 권한 내에 및 재판권 내에 있다:

"(a) 전술한 사람을 레이포드(Raiford) 소재 주 감옥에서의 20년 이하의 형기에 처하는 것.

"(b) 이 같은 사람의 치료를 및 사회복귀를 위하여 그를 플로리다 주립병원에, 또는 그의 연령을이나 피부색을 이유로 법에 의하여 규정된 대로 그가 보내질 병원에 내지는 주 시설에 — 주 시설들의 감독관들의 위원회에 의하여 규정된 바에 따라 최대한의 안전 설비를 그 병원이 내지는 시설이갖추었음을 전제로 — 위탁하는 것. 이 법의 규정에 따라 플로리다 주립의 연구 및 치료 센터가 창설되어 설립되고 났을 때는, 정식사실심리 판사는 그 같은 사람을 플로리다 주립병원에 위탁하여서는 안 되고 플로리다 주립의 연구 및 치료 센터에 위탁하여야 한다. 조금이라도 이 같은 경우에 법원은 자신의 재량으로 이 장에 윤곽이 그려진 절차에 따라 그 같은 사람의 더 이상의 치료로부터의 면제 때까지 더 이상의 형사절차들을 중지시키거나 선고의 부과를 연기할 수 있다."

Fla. Stat., 1959, § 801.08:

"판결주문의 집행은 정지될 수 있음; 보호관찰(probation); 요건들. —

"(1) 자신의 관할권 아래서 유죄판정이 내려진 경우에 그 정식사실심리 판사는 그 판결주문의 집행을 정지하고 피고인을 보호관찰에 둘 수 있다.

"(2) 피고인을 보호관찰에 처하는 정식사실심리 법원은 언제든지 그 같은 피고인을 보호관찰에 두는 명령을 취소하고 유죄판정 당시에 부과될 수 있었던 형을 내지는 구금을 부과할 수 있다. [각주 4는 p. 510에 계속됨] «369 U. S., 510»

"(3) 규칙적인 정신의학적, 정신치료학적 또는 상담에 의한 도움을 피고인이 받을 것이라는 데 대하여, 그리고 피고인을 돕는 그 개인이 법원에게와 그 사건을 담당한 보호관찰 공무원에게 6월 이하의 간격으로 서면 보고서들을 제출할 것이라는 데 대하여 법원이 납득하기 전에는, 피고인은 어느 누구도 보호관찰에 처해져서는 내지는 보호관찰이 지속되어서는 안 된다. 보호관찰에 놓인 피고인의 처우를 위한 비용은, 요금은 및 보수는 피고인이 정식사실심리된 장소인 카운티(county)의 부담이어서는 안 된다."

5) Fla. Stat., 1959, 801.10:

"검사(examination); 청구, 법원의 명령. — 누구든지 이 장의 범위 내의 범죄로 기소될 경우, 전술한 사람은 지금까지 상술된 정신의학적 및 심리학적 검사를 법원에 청구할 수 있고, 그 사건의 정식사실심리에 있어서 법원을 조력하기 위하여 그 범죄에 대한 관할권을 가진 법원의 서기에게 서면 보고서가 제출되어야 한다. 지금까지 설명된 바 같은 검사를 및 보고를 법원은 그 자신의 직권으로 또는 이해관계인의 청구에 따라 명령할 수 있다."

Chewning v. Cunningham, 368 U. S. 443, 446-447; Reynolds v. Cochran, 365 U. S. 525, 531-532; McNeal v. Culver, 365 U. S. 109, 114-116; Rice v. Olson, 324 U. S. 786, 789-791.

Other aspects of this record also support petitioner's claim of the unfairness of trying him without affording him the help of a lawyer. As must generally be the case, the trial judge could not effectively discharge the roles of both judge and defense counsel. Here, the record shows that the trial judge made efforts to assist the petitioner, but there were important omissions in the guidance he gave. He did not fully apprise the petitioner of vital «369 U. S., 511» procedural rights of which laymen could not be expected to know but to which defense counsel doubtless would have called attention. The omissions are significant. See, e. g., Cash v. Culver, 358 U. S. 633, 637-638; Gibbs v. Burke, 337 U. S. 773, 776-778; Hudson v. North Carolina, 363 U. S. 697, 702-703. Despite the allegation in respondent's return that "the petitioners were carefully instructed by the trial court with regard to the rights guaranteed by both the *Constitution of Florida* and the *Constitution of the United States*,[6] and with regard to the procedures to be followed during the course of the trial," it appears that, while petitioner was advised that he need not testify, he was not told what consequences might follow if he did testify. He chose to testify, and his criminal record was brought out on his cross-examination. For defense lawyers, it is commonplace to weigh the risk to the accused of the revelation on cross-examination of a prior criminal record when advising an accused whether to take the stand in his own behalf; for petitioner, the question had to be decided in ignorance of this important consideration. Nor does it appear that the trial judge advised the petitioner of his right to examine prospective jurors on voir dire, or of his right to submit proposed instructions to the jury, or of his right to object to the instructions that were given.

6) Emphasis in original.

변호사의 도움을 청구인에게 제공하지 않은 채 그를 정식사실심리한 불공평에 관한 청구인의 주장을 이 기록의 여타의 측면들은 마찬가지로 뒷받침해 준다. 일반적으로 그렇지 않으면 안 되듯이, 판사로서의 역할을과 변호인으로서의 역할을 등 두 가지 전부를 그 정식사실심리 판사는 효과적으로 이행할 수 없었다. 청구인을 조력하기 위한 노력을 정식사실심리 판사는 기울였음을, 그러나 그가 준 안내에는 중대한 누락사항들이 있었음을 여기서의 기록은 보여준다. 문외한들로서는 알 것으로 기대될 수 «369 U. S., 511» 없는 반면 변호인에게라면 틀림없이 주의를 불렀을, 없어서는 안 될 절차상의 권리들에 관하여 청구인에게 충분히 그는 알려주지 않았다. 그 누락사항들은 중대하다. 예컨대 Cash v. Culver, 358 U. S. 633, 637-638을; Gibbs v. Burke, 337 U. S. 773, 776-778을; Hudson v. North Carolina, 363 U. S. 697, 702-703을 보라. "*플로리다주 헌법(Constitution of Florida)에 및 연방헌법(Constitution of the United States)에*[6] 등 양쪽에 의하여 보장된 권리들에 관하여, 그리고 정식사실심리 동안 준수되어야 할 절차들에 관하여 청구인에게 정식사실심리 법원에 의하여 주의 깊게 설명이 이루어졌다."는 피청구인의 답변서에서의 주장에도 불구하고, 청구인은 그가 꼭 증언해야 할 필요가 없음은 조언되었지만 만약 그가 실제로 증언하면 어떤 결과들이 뒤따를 수 있는지는 설명되지 않았음이 분명하다. 증언하기로 그는 선택하였고, 그러자 그에 대한 반대신문(cross-examination)에서 그의 범죄기록이 제출되었다. 그 자신을 위하여 피고인이 증언대에 서야 할지 여부를 그에게 조언할 때는 이전의 범죄기록의 반대신문에서의 폭로가 피고인에게 미치는 위험을 저울질하는 것은 변호인들에게 있어서는 다반사이다; 청구인에게 있어서 이 중대한 고려요소에 대한 무지 속에서 그 문제는 결정되지 않으면 안 되었다. 또한 예비심문(voir dire)에서 장래의 배심원들을 심문할 그의 권리에 관하여, 배심에 대한 그 제안된 설시사항들을 제출할 그의 권리에 관하여, 또는 그 이루어진 설시들에 이의할 그의 권리에 관하여도 청구인에게 정식사실심리 판사는 알려 준 것으로 보이지 않는다.

6) 강조는 원문.

Other circumstances attending this case only serve to accentuate the unfairness of trial without counsel. Petitioner is illiterate. He did not interpose a single objection during the trial. The only two witnesses against him were his daughter and a 15-year-old son. Although both petitioner and his wife testified that they had experienced disciplinary problems with the children, and thus clearly revealed a possibly significant avenue for impeachment of «369 U. S., 512» the children's testimony, there was no cross-examination worthy of the name.[7)]

We hold that petitioner's case was one in which the assistance of counsel, unless intelligently and understand- «369 U. S., 513» ingly waived by him, was a right guaranteed him by the Fourteenth Amendment.

We must therefore consider whether the petitioner did intelligently and understandingly waive the assistance of counsel. The record does not show

---

7) The wife testified: "We tried to be firm with them, but it seemed like the more firm we got, these two older kids, they couldn't stand the pressure, so they would, every time that their Daddy would get after them or something or other about some of their doings, well, that oldest boy would say, "Well, Daddy, you will sure regret it. I will get even with you one way or the other," and also the girl would get mad and flirtified and she would almost have the same opinion."

The entire cross-examination of both witnesses by petitioner and by his wife, who was a codefendant, is as follows:

"CROSS EXAMINATION BY MR. WILLARD CARNLEY:

"Q. Carol Jean, you say your mother, she went and made arrangements to get the casket for your sister?

"A. Yes.

"Q. You are right sure now that she did?

"A. I am sure.

"Q. Well, I will tell the Court, my wife was out at Mr. Joe Gayfer's house

"THE COURT: Wait a minute, sir, you are testifying. You will have a chance to testify when the State rests. Any questions you wish to ask your daughter, you are welcome to do it.

"CROSS EXAMINATION BY MRS. PEARL CARNLEY:

"Q. Carol Jean, don't you recall after you got age of maturity that Mother tried to tell you right from wrong and always teach you right from wrong?

"A. Yes, you have taught me right from wrong.

"THEREUPON the witness was excused.

"CROSS EXAMINATION BY MRS. CARNLEY:

"Q. J. W., at this period of time, did you realize whenever we was up there at Century of your Dad's sickness from the time we moved up there until it was springtime, and after he was sick from his stomach that he taken a serious attack down by reason of his employment?

"A. Yes, I realize he said he was sick. He was supposed to be sick. I know that.

"THEREUPON the witness was excused."

오직 변호인 없이 이루어진 정식사실심리의 불공평을 부각시키는 데 이 사건에 수반되어 있는 여타의 상황들은 보탬이 될 뿐이다. 청구인은 문맹이다. 그는 정식사실심리 동안 단 한 번도 이의를 제기하지 않았다. 그에게 불리한 단 두 명의 증인들은 그의 딸과 그리고 15세 된 아들이었다. 비록 자녀들하고의 사이에서 자신들이 훈육상의 문제들을 경험했다고 청구인이 및 그의 아내가 다 같이 다 증언하였음에도 불구하고, 그리하여 이렇게 자녀들의 증언에 대한 탄핵을 위한 아마도 의미 있는 통로를 «369 U. S., 512» 분명히 드러내 주었음에도 불구하고, 명칭에 어울릴 만한 반대신문은 전혀 없었다.[7)]

청구인의 사건은 변호인의 조력이, 그에 의하여 분별력 있고 이해력 있게 포기된 상태가 «369 U. S., 513» 아닌 한, 연방헌법 수정 제14조에 의하여 그에게 보장된 한 가지 권리였던 사건이었다고 우리는 본다.

따라서 변호인의 조력을 참으로 분별력 있고 이해력 있게 청구인이 포기하였는지 여부를 우리는 살피지 않으면 안 된다. 변호인을 정식사실심리 판사가 제의하였음을, 그런데도 이를 청구인이 거부하였음을 기록은 보여주지 않는다. Moore v.

---

7) 처는 증언하였다: "저희는 그들에게 엄격하려고 했지만, 그러나 저희가 더 엄격해질수록 이 두 큰애들은 그 압력을 견디지 못하는 것 같았고, 그래서 그들을이나 그들의 어떤 행동들 중 이러저러한 부분을 그들의 아빠가 꾸짖으려고 하면 그들은 그 때마다 글쎄, 제일 큰 아들은, '좋아요, 아빠, 아빠는 틀림없이 후회할 거예요. 저는 어떻게 해서든 아빠에게 복수할 거예요.'라고 말하곤 했고, 딸도 발광을 하곤 하면서 새롱거렸고, 딸도 거의 같은 생각을 가지곤 했습니다."
증인들 두 명 모두에 대한 청구인에 의한, 그리고 공동피고인인 그의 처에 의한 전체의 반대신문은 이러하다:
"윌러드 칸리(WILLARD CARNLEY) 씨에 의한 반대신문:
"문. 캐럴 진(Carol Jean), 네 엄마가 가서 네 누이를 위한 작은 상자를 얻을 준비를 하였다고 너는 말하는 것이니?
"답. 네.
"문. 엄마가 그렇게 한 것에 대하여 너는 지금 확실하니?
"답. 확실해요. "문. 자, 저는 법원에게 말하겠습니다만, 제 처는 조우 게이퍼(Joe Gayfer) 씨 집에 가 있었습니다 —
"법원: 잠깐 멈추십시오. 그것은 귀하가 증언하는 것이 됩니다. 주(the State)가 그칠 때에 증언할 기회를 귀하는 가질 것입니다. 무엇이든지 따님에게 귀하가 묻고 싶은 사항들을 얼마든지 질문하셔도 됩니다.
"퍼얼 칸리 부인(MRS. PEARL CARNLEY)에 의한 반대신문:
"문. 캐럴 진(Carol Jean), 네가 성숙한 나이가 된 뒤에 엄마는 네게 옳은 것과 옳지 않은 것을 말해 주려고, 그리고 언제나 옳은 것과 옳지 않은 것을 가르치고자 한 것을 기억하지 않니?
"답. 기억해요, 엄마는 옳은 것과 옳지 않은 것을 저에게 가르쳐 왔지요.
"거기서 증인은 돌아가도록 허락되었다."
"칸리 부인에 의한 반대신문:
"문. J. W., 이 시기 동안 우리가 거기 쎈츄리에 올라가 있었을 때 내내 우리가 그리 이사 간 때부터 봄이 될 때까지 네 아빠의 병환에 관하여, 그리고 아빠가 위(stomach)에 병환을 앓은 뒤에 취직 때문에 심한 발작을 겪었던 것을, 알았니?
"답. 네, 아빠가 아프다고 말한 것을 기억해요. 아빠는 아팠을 거예요. 저는 그것을 알아요.
"거기서 증인은 돌아가도록 허락되었다."

that the trial judge offered, and the petitioner declined, counsel. Cf. Moore v. Michigan, 355 U. S. 155, 160-161. Nevertheless, the State Supreme Court imputed to petitioner the waiver of the benefit of counsel on a ground stated in the court's opinion as follows: "If the record shows that defendant did not have counsel ……, it will be presumed that defendant waived the benefit of counsel ……." 123 So. 2d at 251. This might mean that the petitioner could have suffered no constitutional deprivation if he had not formally requested counsel, and that failure to make such a request is to be presumed unless the record shows the contrary. But it is settled that where the assistance of counsel is a constitutional requisite, the right to be furnished counsel does not depend on a request.[8)] In McNeal v. Culver, supra, the petitioner's allegation that he had requested counsel was countered by a denial in the return that "petitioner's constitutional rights were violated by the court's alleged refusal to appoint counsel in his behalf," and the State Supreme Court noted that the record was silent as to any request. We held that when the Constitution grants protection against criminal proceedings without the assistance of counsel, counsel must be furnished "whether or not the accused requested the appointment of counsel. Uveges v. Pennsylvania, 335 U. S. 437, 441." 365 U. S. at 111, n. 1. See Rice v. Olson, supra, at 788; Gibbs v. Burke, supra, at 780. «369 U. S., 514»

However, the Florida Supreme Court may not have meant that the constitutional right to counsel depends upon a formal request. The court may have meant that, from the very fact that no counsel was present, it would be assumed that the trial judge made an offer of counsel which the petitioner declined.[9)] Or, it may have meant that it would assume simply that petitioner

---

8) For this reason, there is no occasion to hold a hearing in this case to settle the fact issue raised by the petition and return as to whether the petitioner requested counsel.

9) Or that the trial judge was justified in believing that the accused knew perfectly well of his right to counsel, and that it was unnecessary to make an explicit offer and to secure to accused's rejection of the offer.

Michigan, 355 U. S. 155, 160-161을 참조하라. 그런데도 불구하고 자신의 의견에 진술된 다음 같은 이유를 들어 변호인의 이익의 포기를 청구인의 탓으로 주 대법원은 돌렸다: "설령 …… 변호인을 피고인이 가지지 않았음을 기록이 보여준다 하더라도 ……. 변호인의 이익을 청구인은포기한 것으로 추정될 것이다." 123 So. 2d, at 251. 만약 변호인을 청구인이 정식으로 요청하지 않았다면 헌법적 박탈을 그는 당했을 수가 없는 것으로, 그리고 그 반대의 사실을 기록이 보여주지 않는 한 이 같은 요청은 제기된 바 없는 것으로 추정됨을 이것은 의미할 수도 있을 것이다. 그러나 변호인의 조력이 헌법적 필수요건의 한 가지일 경우 변호인을 제공받을 권리는 요청에 좌우되지 않는 것으로 확립되어 있다.[8] McNeal v. Culver, supra에서, "청구인을 위하여 변호인을 지정하는 데 대한 법원의 그 주장된 거부에 의하여 그의 헌법적 권리들이 침해되었다."는 점에 대한 답변서에서의 부인(a denial)에 의하여 변호인을 자신이 요청하였었다는 청구인의 주장은 반박되었고, 그리고 조금이라도 요청이 있었는지에 관하여 기록이 침묵하고 있음을 주 대법원은 특별히 언급하였다. 변호인의 조력을 결여한 형사절차들에 대처하여 보호를 연방헌법이 부여할 때에는 "변호인 지정을 피고인이 요청했든 안 했든, Uveges v. Pennsylvania, 335 U. S. 437, 441," 변호인은 제공되지 않으면 안 된다고 우리는 판시하였다. 365 U. S., at 111, n. 1. 아울러 Rice v. Olson, supra, at 788을; Gibbs v. Burke, supra, at 780을 보라. «369 U. S., 514»

그러나 변호인의 조력을 받을 헌법적 권리가 정식의 요청에 좌우됨을 플로리다 주 대법원이 뜻한 것은 아니었을 수도 있다. 변호인이 출석하지 않았다는 바로 그 사실로 미루어, 변호인에 대한 제의를 정식사실심리 판사가 했지만 이를 청구인이 거절한 것으로 추정됨을 그 법원은 뜻한 것이었을 수도 있다.[9] 또는 변호인의 조력을 받을 자신의 권리를 알면서도 청구인이 자진하여 그것 없이 때운 것으로 추정하

8) 이 이유 때문에 이 사건에서는 변호인을 청구인이 요청했는지 여부에 관하여 청구서에 및 답변서에 의하여 제기된 사실문제를 확정하기 위한 청문을 실시할 필요가 없다.

9) 또는 변호인의 조력을 받을 자신의 권리를 피고인이 완전히 잘 알고 있다고 믿은 데 있어서, 따라서 명시적인 제의를 할 필요가, 그리하여 그 제의에 대한 피고인의 거절을 확보할 필요가 없다고 믿은 데 있어서 정식사실심리 판사가 정당화되었다는 것일 수도 있다.

knew of his right to counsel and was willing to forego it. Of course, the validity of such presumptions is immediately called in question, because the accused has no way of protecting against them during his trial except by requesting counsel - a formality upon which we have just said his right may not be made to depend. Nor is it an answer to say that he may counter such presumptions on collateral attack by showing - if he can - that he had not in fact agreed, or been willing, to be tried without counsel. To cast such a burden on the accused is wholly at war with the standard of proof of waiver of the right to counsel which we laid down in Johnson v. Zerbst, 304 U. S. 458, 464-465:

"It has been pointed out that 'courts indulge every reasonable presumption against waiver' of fundamental constitutional rights, and that we 'do not presume acquiescence in the loss of fundamental rights.'"

* * * *

"The constitutional right of an accused to be represented by counsel invokes, of itself, the protection of a trial court, in which the accused - whose life or liberty is at stake - is without counsel. This protecting duty imposes the serious and weighty «369 U. S., 515» responsibility upon the trial judge of determining whether there is an intelligent and competent waiver by the accused. While an accused may waive the right to counsel, whether there is a proper waiver should be clearly determined by the trial court, and it would be fitting and appropriate for that determination to appear upon the record."

We have held the principles declared in Johnson v. Zerbst equally applicable to asserted waivers of the right to counsel in state criminal proceedings. In Rice v. Olson, supra, the petitioner had pleaded guilty to a burglary charge. He did not claim that he had requested counsel, but alleged that he

겠다는 것을 단순히 그 법원은 의미하였을 수도 있다. 물론 이 같은 추정들의 타당성에 대하여는 즉각 의문이 환기되는 바, 왜냐하면 자신의 정식사실심리 동안 그 추정들에 대처하여 보호를 피고인이 받는 방법으로서는 변호인을 요청하는 것 — 그것은 피고인의 권리가 이에 좌우되게 만들어져서는 안 된다고 우리가 금방 말한 바 있는 한 개의 형식(a formality)이다 — 에 의하는 것 말고는 없기 때문이다. 또한 변호인 없이 정식사실심리되는 데에 자신이 실제로 동의했던 것이 아님을, 또는 자진해서 그렇게 했던 것이 아님을 증명할 수 있다면 증명함으로써 사후적 공격(collateral attack)에서 그 같은 추정들을 그가 반박할 수 있다고 말하는 것은 마찬가지로 해결책이 아니다. 이러한 부담을 피고인 위에 던지는 것은 Johnson v. Zerbst, 304 U. S. 458, 464-465에서 우리가 규정한 변호인의 조력을 받을 권리에 대한 포기의 증명 기준에 완전히 어긋난다:

"헌법상의 기본적 권리들의 '포기를 저지하는 모든 합리적인 추정(every reasonable presumption)을 법원들은 마음껏 누린다.'는 것이, 그리고 '기본적 권리들의 상실에 있어서는 묵낙을' 우리는 '추정하지 않는다.'는 것이 지적되어 왔다

…….

"그 자신의 생명이 내지는 자유가 위험에 놓인 범인으로 주장되는 사람이 변호인을 갖지 못한 경우에 있어서 정식사실심리 법원의 보호를, 변호인에 의하여 대변될 범인으로 주장되는 사람의 헌법적 권리는 그 자체로서 불러낸다. 범인으로 주장되는 사람에 의한 분별력 있고 «369 U. S., 515» 능력 있는 포기가 있는지 여부를 판정할 중대하고도 무거운 책임을 정식사실심리 판사 위에 이 보호 의무는 부과한다. 범인으로 주장되는 사람은 변호인의 조력을 받을 권리를 포기할 수 있지만, 정당한 포기가 있는지 여부는 정식사실심리 법원에 의하여 명확하게 판정되어야 하며, 또한 그 판정은 기록에 나타나 있어야 함이 적절하고 적합할 것이다."

주(state) 형사절차들에서의 변호인의 조력을 받을 권리에 대하여 있었다고 주장된 포기들에도 Johnson v. Zerbst에서 선언된 원칙들은 똑같이 적용될 수 있다고 우리는 판시해 왔다. Rice v. Olson, supra에서 불법목적 침입(burglary) 공소사실에 대하여 유죄로 청구인은 답변하였다. 변호인을 자신이 요청했었다고는 그는 주장하지

had not been advised of his right to the assistance of counsel, and that he had not waived that right. In affirming the denial of relief, the State Supreme Court wrote that "'It is not necessary that there be a formal waiver; and a waiver will ordinarily be implied where accused appears without counsel and fails to request that counsel be assigned to him, particularly where accused voluntarily pleads guilty.'" We held that, even when there had been a guilty plea, such an implication, treated as a conclusive presumption, was "inconsistent with our interpretation of the scope of the Fourteenth Amendment," and that "[a] defendant who pleads guilty is entitled to the benefit of counsel, and a request for counsel is not necessary." 324 U. S., at 788. However, we recognized in Rice v. Olson that, although the Fourteenth Amendment would not countenance any presumption of waiver from the appearance of the accused without counsel and the silence of the record as to a request, the entry of the guilty plea might have raised a fact issue as to whether the accused did not intelligently and understandingly waive his constitutional right. We held that a hearing was required since the facts were in «369 U. S., 516» dispute. In the present case, however, there was no guilty plea, and the return to the writ does not allege an affirmative waiver.[10] Therefore, there is no disputed fact question requiring a hearing. Presuming waiver from a silent record is impermissible. The record must show, or there must be an allegation and evidence which show, that an accused was offered counsel but intelligently and understandingly rejected the offer. Anything less is not waiver.

Neither Bute v. Illinois, 333 U. S. 640, nor Moore v. Michigan, supra, is in any way inconsistent with our holding and disposition here. In Bute, in which the petitioner pleaded guilty without having requested counsel, it was

10) Petitioner's allegation that he requested counsel is, obviously, tantamount to a denial of waiver. The return's denial of a request is not, however, for reasons already canvassed, the equivalent of an allegation of waiver.
The return alleged that the trial judge instructed petitioner as to his constitutional rights, but this allegation claimed support in the transcript, inspection of which reveals no instruction as to any constitutional right except the right not to testify.

않았고, 변호인의 조력을 받을 자신의 권리에 관하여 조언되지 않았음을 그는 주장하였으며, 그리고 그 권리를 자신이 포기한 바 없음을 그는 주장하였다. "'정식의 포기가 있어야 할 필요가 있는 것은 아니다; 그리고 변호인 없이 피고인이 출석하는 경우에, 그리하여 자신에게 변호인이 지정되게 해 달라고 피고인이 요청하지 않는 경우에, 특히 자발적으로 유죄로 피고인이 답변하는 경우에, 포기는 일반적으로 함축된다.'"고 구제의 거부를 인가하면서 주 대법원은 썼다. 심지어 유죄의 답변이 있었던 경우라 하더라도, 한 개의 종국적인 추정(a conclusive presumption)으로서 취급되는 이 같은 함축은 "연방헌법 수정 제14조의 범위에 관한 우리의 해석에 합치되지 않"는다고, 그리고 "유죄로 답변하는 피고인은 변호인의 이익을 누릴 권리가 있고 따라서 변호인을 위한 요청은 필요하지 않다."고 우리는 판시하였다. 324 U. S., at 788. 그러나 비록 변호인 없는 채로의 피고인의 출석에 의거해서는, 그리고 요청에 관한 기록의 침묵에 의거해서는 조금이라도 포기의 추정을 연방헌법 수정 제14조는 묵인하지 않을 것이라 하더라도, 자신의 헌법적 권리를 피고인이 분별력 있고 이해력 있게 포기한 것이 아닌지 여부에 관한 사실문제를 유죄답변의 기재는 제기했을 수도 있음을 Rice v. Olson에서 우리는 인정하였다. 사실관계들이 다툼 속에 있기 때문에 청문이 요구된다고 우리는 «369 U. S., 516» 판시하였다. 그러나 현재의 사건에서는 유죄답변이 없었고, 또한 단언적인 포기를 영장에 대한 답변서는 또한 주장하지 않는다.[10] 따라서 청문을 요하는 다툼 있는 사실문제가 없다. 포기를 말 없는 기록으로부터 추정함은 허용될 수 없다. 변호인을 피고인이 제의받고서도 그 제의를 분별력 있게 및 이해력 있게 거절하였음을 기록은 증명하지 않으면 안 되고, 또는 그것을 증명하는 주장이 및 증거가 있지 않으면 안 된다. 조금이라도 이에 미치지 못하는 것은 포기가 아니다.

Bute v. Illinois, 333 U. S. 640 판결은 및 Moore v. Michigan, supra 판결은 그 어느 것도 여기서의 우리의 판시에와 처분에 결코 모순되지 않는다. 변호인을 요청한 바 없이 유죄로 청구인이 답변한 Bute 사건에서는, 변호인의 조력을 받을 청구인의

---

10) 변호인을 자신이 요청했다는 청구인의 주장은 명백히 포기에 대한 부인에 동등하다. 그러나 요청에 대한 답변서에서의 부인은 이미 검토된 바 있는 이유들로 인하여 포기의 주장의 동등물(equivalent)이 아니다.
청구인의 헌법적 권리들에 관하여 청구인에게 정식사실심리 판사가 설명했다고 답변서는 주장하였는 바, 기록 전사등본 안에 그 근거가 있다고 이 주장은 주장하였으나, 증언하지 않을 권리를 이외에는 조금이라도 헌법적 권리에 관하여는 설명을 그 조사는 보여주지 않는다.

alleged that he had not been advised of his right of counsel. The Court held that there had been no denial of a constitutional right, but it expressly disclaimed a waiver rationale. It decided simply that the nature of the charge and the circumstances attending the reception of the guilty plea, as recited in that record, were not such as to call into play any constitutionally protected right to counsel. In Moore, the record showed clearly that the petitioner had expressly declined an offer of counsel by the trial judge, and we held that the accused had to show by a preponderance of the evidence that his acquiescence was not sufficiently understanding and intelligent to amount to an effective waiver. But no such burden can be imposed upon an accused unless the record - or a hea- «369 U. S., 517» ring, where required - reveals his affirmative acquiescence. Where, as in this case, the constitutional infirmity of trial without counsel is manifest, and there is not even an allegation, much less a showing, of affirmative waiver, the accused is entitled to relief from his unconstitutional conviction.

The judgment of the Florida Supreme Court is reversed, and the cause is remanded for proceedings not inconsistent with this opinion.

Reversed and remanded.

MR. JUSTICE HARLAN concurs in the result.

MR. JUSTICE FRANKFURTER took no part in the decision of this case.

MR. JUSTICE WHITE took no part in the consideration or decision of this case.

권리에 관하여 그가 조언을 받은 바 없다는 주장이 있었다. 헌법적 권리에 대한 박탈은 없었다고 당원은 판시하였지만, 그러나 포기의 논거를 당원은 명시적으로 부정하였다. 기소의 성격은, 그리고 그 기록에 열거된 것으로서의 유죄답변의 수령에 수반된 상황들은 조금이라도 헌법적으로 보호되는 변호인의 조력을 받을 권리를 작동시킬 만한 것은 아니었다고 당원은 간단히 판단하였다. Moore 사건에서는 정식사실심리 판사에 의한 변호인 제의를 청구인이 명시적으로 거부하였음을 기록은 분명하게 보여주었고, 그래서 그의 묵낙은 한 개의 유효한 포기에 해당할 만큼 충분히 이해력 및 분별력 있는 것이 아니었음을 증거의 우세(preponderance of the evidence)에 의하여 피고인은 증명해야만 한다고 우리는 판시하였다. 그러나 그의 단언적인 묵낙을 기록 — 또는 필요할 «369 U. S., 517» 경우에는 청문 — 이 드러내주지 않는 한, 피고인 위에 이 같은 부담은 부과될 수 없다. 이 사건에서처럼 변호인 없이 이루어진 정식사실심리의 헌법적 약점이 명백하고 나아가 단언적 포기에 대한 증명은커녕 주장이조차도 없는 경우에, 피고인은 자신의 위헌적 유죄판정으로부터의 구제를 누릴 권리가 있다.

플로리다주 대법원의 판결주문은 파기되고 이 의견에 저촉되지 않는 절차들을 위하여 사건은 환송된다.

원심판결은 파기되고 환송되는 바이다.

할란(HARLAN) 판사는 결론에 있어서 찬동한다.

프랑크푸르터(FRANKFURTER) 판사는 이 사건의 결정에 참여하지 않았다.

화이트(WHITE) 판사는 이 사건의 심리에나 결정에 참여하지 않았다.

MR. JUSTICE BLACK, concurring.

I concur in the Court's judgment of reversal, and agree for the reasons stated in its opinion that petitioner was, even under the constitutional doctrine announced in Betts v. Brady, 316 U. S. 455, entitled to be represented by counsel. That case, decided in 1942, held that an indigent defendant charged with crime in a state court did not have a right under the Federal Constitution to be provided with counsel unless this Court could say "by an appraisal of the totality of facts in a given case" that the refusal to provide counsel for the particular defendant constituted "a denial of fundamental fairness, shocking to the universal sense of justice ……." Id., at 462. I dissented from the Court's denial of counsel and its announcement of what I considered to be such an impossibly vague and unpredictable standard. Among other «369 U. S., 518» grounds, I thought the defendant in that case entitled to counsel because of my belief that the Fourteenth Amendment makes applicable to the States the Sixth Amendment's guarantee that "In all criminal prosecutions, the accused shall …… have the Assistance of Counsel for his defence." That is still my view.

Twenty years' experience in the state and federal courts with the Betts v. Brady rule has demonstrated its basic failure as a constitutional guide. Indeed, it has served not to guide, but to confuse, the courts as to when a person prosecuted by a State for crime is entitled to a lawyer. Little more could be expected, however, of a standard which imposes upon courts nothing more than the perplexing responsibility of appointing lawyers for an

블랙(BLACK) 판사의 보충의견이다.

원심파기의 이 법원 판결주문에 나는 찬동하며, 이 법원의 의견에 설명된 이유들에 따라, 심지어 Betts v. Brady, 316 U. S. 455에서 선언된 헌법적 이론 아래서조차도 청구인은 변호인에 의하여 대변될 권리가 있었다는 데 대하여 나는 동의한다. "…… 보편적 정의관념에 충격을 주는 기본적 공정성에 대한 박탈" Id., at 462, 을 특정의 피고인을 위한 변호인 제공의 거부가 성립시킨다고 "특정 사건에서의 사실관계 전체에 대한 평가에 의하여" 당원이 말할 수 있는 경우가 아닌 한, 변호인을 제공받을 연방헌법상의 권리를 주 법원에 범죄로 기소된 빈궁한 피고인은 가지지 않는다고 1942년에 판결된 그 사건은 판시하였다. 당원의 변호인 박탈에 대하여, 그리고 그 같은 믿기 어려울 정도로 모호하고 예측할 수 없는 기준이라고 내가 간주하는 바에 대한 당원의 선언에 대하여, 나는 반대하였다. 다른 근거들이도 «369 U. S., 518» 있지만, 특별히 "…… 자신의 방어를 위하여 변호인의 조력을 받을 권리를 모든 형사적 절차추행에 있어서 범인으로 주장되는 사람은 향유한다(In all criminal prosecutions, the accused shall enjoy the right …… to have the Assistance of Counsel for his defence)."는 연방헌법 수정 제6조의 보장으로 하여금 주들에게 적용되도록 연방헌법 수정 제14조가 만들어 준다는 나의 믿음에 의거하여, 변호인의 조력을 받을 권리를 그 사건에서의 피고인은 가진다고 나는 생각하였다. 그것은 여전히 나의 견해이다.

한 가지 헌법적 지침으로서의 그 원칙의 근본적인 실패를 주(the state)의 및 연방의 법원들에서 Betts v. Brady 원칙에 더불어 해 온 20년의 경험은 증명하였다. 변호인의 조력을 받을 권리를 범죄혐의로 주에 의하여 기소된 사람이 언제 가지는지에 관하여 법원들을 지도하는 데 공헌하기는커녕 혼란시키는 데 아닌 게 아니라 그것은 공헌해 왔다. 그러나 변호인을 범인으로 주장되는 사람에게 지정하지 않는 것은 "보편적 정의관념에 충격을 주는" 것이 될 것이라고 정식사실심리 판사가 믿을 경

accused when a trial judge believes that a failure to do so would be "shocking to the universal sense of justice." To be sure, in recent years, this Court has been fairly consistent in assuring indigent defendants the right to counsel. As the years have gone on, we have been compelled even under the Betts rule to reverse more and more state convictions either for new trial or for hearing to determine whether counsel had been erroneously denied[11)] - a result that, in my judgment, is due to a growing recognition of the fact that our Bill of Rights is correct in assuming that no layman should be compelled to defend himself in a criminal «369 U. S., 519» prosecution. But all defendants who have been convicted of crime without the benefit of counsel cannot possibly bring their cases to us. And one need only look at the records of the "right to counsel" cases since Betts v. Brady in both state and federal courts to understand the capriciousness with which the "shocking to the universal sense of justice" standard bestows its protection upon persons accused of crime.[12)] I think that now is the time to abandon this vague, fickle standard for determining the right to counsel of a person prosecuted for crime in a state court. We can do that by recognizing that defendants in state courts have, by reason of the Fourteenth Amendment, the same unequivocal right to counsel as defendants in federal courts have been held to have by virtue of the Sixth Amendment. Johnson v. Zerbst, 304 U. S. 458. For these and many other reasons, including those set out in McNeal v. Culver, 365 U. S. 109,

11) Chewning v. Cunningham, 368 U. S. 443; Hamilton v. Alabama, 368 U. S. 52; McNeal v. Culver, 365 U. S. 109; Hudson v. North Carolina, 363 U. S. 697; Cash v. Culver, 358 U. S. 633; Moore v. Michigan, 355 U. S. 155; Herman v. Claudy, 350 U. S. 116; Massey v. Moore, 348 U. S. 105; Gibbs v. Burke, 337 U. S. 773; Uveges v. Pennsylvania, 335 U. S. 437; Townsend v. Burke, 334 U. S. 736; Wade v. Mayo, 334 U. S. 672; Marino v. Ragen, 332 U. S. 561; De Meerleer v. Michigan, 329 U. S. 663; Tomkins v. Missouri, 323 U. S. 485; Williams v. Kaiser, 323 U. S. 471. But cf. Quicksall v. Michigan, 339 U. S. 660; Gryger v. Burke, 334 U. S. 728; Bute v. Illinois, 333 U. S. 640; Foster v. Illinois, 332 U. S. 134.

12) Compare, e. g., Flansburg v. Kaiser, 55 F. Supp. 959, aff'd on other grounds, 144 F. 2d 917, with Powell v. Alabama, 287 U. S. 45; Parker v. Ellis, 258 F. 2d 937, with Massey v. Moore, 348 U. S. 105; Henderson v. Bannan, 256 F. 2d 363, with United States ex rel. Savini v. Jackson, 250 F. 2d 349. Numerous other examples could, of course, be cited, including the contrast between the decisions cited in note 1 and the lower court decisions which they reversed, which had held that the denial of counsel had not been erroneous under the Betts v. Brady rule.

우에는 변호사들을 지정해야 한다는 그 까다롭기만 한 책임을 법원들에게 부과하는 한 개의 기준에게서는 그 이상의 것은 기대될 수 없을 것이다. 확실히, 변호인의 조력을 받을 권리를 빈궁한 피고인들에게 보장하는 데 있어서 근년에 당원은 상당히 일관되어 왔다. 해가 계속 지나가고 나자, 변호인 박탈이 오류였었는지 여부를 판정할 새로운 정식사실심리를 위해서든 청문을 위해서든, 점점 더 많은 주(state) 유죄판정들을 심지어 Betts 규칙 아래서조차도 파기하도록 우리는 강제되었는데[11] — 나의 판단으로 그것은 한 개의 형사 기소사건에서 그 혼자서 방어하게끔 문외한이 강제되지 않도록 보장할 임무를 떠맡은 데 있어서 우리의 권리장전(Bill of Rights)이 올바르다는 사실에 대한 점증하는 인식에 «369 U. S., 519» 힘입은 결과이다. 그러나 그들의 사건을 변호인의 이익 없이 유죄로 판정된 모든 피고인들이 우리에게 가져올 수 있는 것은 결코 아닐 것이다. 그리고 그 자신의 보호를 범죄로 기소된 사람들에게 "보편적 정의관념에 충격을 주는가"라는 기준이 부여하는 데 있어서 부려온 그 변덕을 이해하기 위하여 Betts v. Brady 판결 이래의 주 및 연방 양쪽 법원들에서의 "변호인의 조력을 받을 권리"에 관한 사건들의 기록들을 우리는 보기만 하면 된다.[12] 지금이 주 법원에 범죄로 기소된 사람의 변호인의 조력을 받을 권리를 판정하기 위한 이 모호하고 변덕스러운 기준을 버릴 때라고 나는 생각한다. 연방헌법 수정 제6조에 의거하여 연방법원들에서의 피고인들이 가지는 것으로 판시되어 온 바로 그 명백한 변호인의 조력을 받을 권리를 연방헌법 수정 제14조에 의거하여 주 법원들에서의 피고인들은 가짐을 인정함으로써 그것을 우리는 할 수 있다. Johnson v. Zerbst, 304 U. S. 458. 이러한 이유들에 아울러 더글라스(DOUGLAS) 판사에 의하여 정리되고 브레넌(BRENNAN) 판사에 의하여 가담된 바 있는 McNeal v.

11) Chewning v. Cunningham, 368 U. S. 443; Hamilton v. Alabama, 368 U. S. 52; McNeal v. Culver, 365 U. S. 109; Hudson v. North Carolina, 363 U. S. 697; Cash v. Culver, 358 U. S. 633; Moore v. Michigan, 355 U. S. 155; Herman v. Claudy, 350 U. S. 116; Massey v. Moore, 348 U. S. 105; Gibbs v. Burke, 337 U. S. 773; Uveges v. Pennsylvania, 335 U. S. 437; Townsend v. Burke, 334 U. S. 736; Wade v. Mayo, 334 U. S. 672; Marino v. Ragen, 332 U. S. 561; De Meerleer v. Michigan, 329 U. S. 663; Tomkins v. Missouri, 323 U. S. 485; Williams v. Kaiser, 323 U. S. 471. 그러나 Quicksall v. Michigan, 339 U. S. 660을; Gryger v. Burke, 334 U. S. 728을; Bute v. Illinois, 333 U. S. 640을; Foster v. Illinois, 332 U. S. 134를 참조하라.

12) 예컨대, Flansburg v. Kaiser, 55 F. Supp. 959, aff'd on other grounds, 144 F. 2d 917을 Powell v. Alabama, 287 U. S. 45에; Parker v. Ellis, 258 F. 2d 937을 Massey v. Moore, 348 U. S. 105에; Henderson v. Bannan, 256 F. 2d 363을 United States ex rel. Savini v. Jackson, 250 F. 2d 349에 비교하라. 물론, 주1)에서 인용된 판결들의 및 그것들이 파기한, 변호인의 박탈은 Betts v. Brady 원칙 아래서 오류가 아니었다고 판시했었던 하급법원 판결들의 양자 사이의 현저한 차이를 포함하는 그 밖의 많은 사례들이 인용될 수 있을 것이다.

117, by MR. JUSTICE DOUGLAS and joined in by MR. JUSTICE BRENNAN, I would overrule Betts v. Brady in this case. In so doing, we would simply return to the holding of this Court in Powell v. Alabama, 287 U. S. 45, 68-69, where it was stated with reference to prosecution for crime in the state courts that the "······ right to be heard would be, in many cases, of little avail if it did not comprehend the right to be heard by counsel." I am aware that this statement was made in a capital case, but the Fourteenth Amend- «369 U. S., 520» ment protects life, liberty, and property, and I would hold that defendants prosecuted for crime are entitled to counsel whether it is their life, their liberty, or their property which is at stake in a criminal prosecution.

THE CHIEF JUSTICE and MR. JUSTICE DOUGLAS, while joining the opinion of the Court, also join this opinion.

Culver, 365 U. S. 109, 117에서의 이유들을 포함하는 그 밖의 여러 가지 이유들에 의거하여, 나라면 이 사건에서 Betts v. Brady 판결을 폐기할 것이다. 그렇게 함에 있어서, 주 법원에서의 범죄 기소사건에 관하여, "…… 만약 변호인을 통하여 청문될 권리(the right to be heard by counsel)를 포함하지 않는다면 청문될 권리(the right to be heard)는 많은 경우에 쓸모가 없을 것"이라고 진술된 바 있는 Powell v. Alabama, 287 U. S. 45, 68-69에서의 당원의 판시에로 우리는 단지 돌아가는 것뿐일 것이다. 사형이 가능한(capital) 사건에서 이 판시가 이루어졌음을 나는 알지만, 그러나 «369 U. S., 520» 생명을, 자유를, 그리고 재산을 연방헌법 수정 제14조는 보호하는 바, 따라서 형사 기소에서 위험에 놓인 것이 그들의 생명이든 그들의 자유이든 그들의 재산이든, 범죄로 기소된 피고인들은 변호인의 조력을 받을 권리가 있다고 나는 볼 것이다.

법원장은 및 더글라스(DOUGLAS) 판사는 이 법원의 의견에 가담하면서 이 의견에도 가담한다.

MR. JUSTICE DOUGLAS, concurring.

While I join the opinion of the Court and the separate opinion of MR. JUSTICE BLACK, I wish to add a word to the reasons MR. JUSTICE BRENNAN and I gave in McNeal v. Culver, 365 U. S. 109, 117-119, for overruling Betts v. Brady, 316 U. S. 455.

Petitioner, an admitted illiterate,[13)] was forced to try his case to a six-man jury. There is no record of the proceedings at which the jury was impaneled. There is nothing to show that petitioner was told of his right to challenge individual veniremen, or the panel as a whole, or that he challenged anyone for cause or exercised any of the six peremptory challenges granted him by Florida law. Fla. Stat., 1959, § 913.08.

It is certain that he could have made no challenge to the panel as a whole. Such challenge must be in writing, «369 U. S., 521» Fla. Stats., 1959, § 913.01, and the Florida Supreme Court tells us he could not write. But even if he could, it is doubtful that he would have been able to show an improper method of selection or even discrimination, because he was confined for a

13) The Florida Supreme Court denied petitioner's application for a writ of habeas corpus without a hearing. With respect to the allegation that both petitioner and his wife were illiterate and unable to defend themselves, the court admitted that the record showed conclusively that they were in fact illiterate. It concluded, however, that illiteracy alone did not necessarily import ignorance of the ordinary things of life, such as how to get money from a bank. Apparently classifying the conduct of a defense to a felony charge as one of the "commonplace things of life," the court concluded there was no showing petitioner or his wife "suffered in the slightest from lack of intelligence." 123 So. 2d 249, 251. (Petitioner's wife joined in the proceedings below, but is not a party to the petition for certiorari.)

더글라스(DOUGLAS) 판사의 보충의견이다.

이 법원의 의견에 및 블랙(BLACK) 판사의 개별 의견에 나는 가담하면서도, McNeal v. Culver, 365 U. S. 109, 117-119에서 브레넌(BRENNAN) 판사가 및 내가 밝힌, Betts v. Brady, 316 U. S. 455를 폐기해야 할 이유에 한 마디를 나는 첨가하고 싶다.

한 명의 공인된 문맹(illiterate)인 청구인[13]은 여섯 명의 배심으로 하여금 자신의 사건을 정식사실심리하게 하도록 강제되었다. 명부에서 배심이 선발된 절차들에 관하여 아무런 기록이 없다. 개별적인 배심원들에 내지 전체로서의 배심총원에 대하여 기피할 자신의 권리를 청구인이 고지 받았음을, 또는 한 명에 대해서라도 이유부(理由附)로 그가 기피하였음을 내지는 플로리다주 제정법집, Fla.Stat., 1959, § 913.08, 에 의하여 그에게 부여된 여섯 명까지에 대한 무이유부(無理由附) 기피들(peremptory challenges)을 어느 한 명에 대해서라도 그가 행사하였음을 보여주는 것은 전혀 없다.

전체로서의 배심총원에 대하여 그가 기피했을 수 없음은 확실하다. 그 같은 기피는 서면으로 이루어지지 않으면 안 되는데, «369 U. S., 521» Fla.Stats., 1959, § 913.01, 그는 글을 쓸 수 없었다고 우리에게 플로리다주 대법원은 말한다. 그러나 설령 그가 글을 쓸 수 있었다 하더라도 부당한 선발 방법을 내지는 심지어 차별까지를 그가 증명할 수 있었을지는 의문인 바, 왜냐하면 정식사실심리 이전에 그는

13) 청구인의 인신보호영장 신청을 청문 없이 플로리다주 대법원은 기각하였다. 청구인은 및 그의 아내는 둘 다 문맹으로서 그들 자신을 방어할 능력이 없었다는 주장에 관련하여, 그들이 실제로 문맹이라는 점을 기록은 단적으로 증명하고 있음을 주 대법원은 인정하였다. 그러나 한 곳의 은행으로부터 어떻게 돈을 인출하는지 등의 생활의 일상적인 사항들에 대한 무지를 문맹 그 자체는 반드시 의미하지는 않는다고 그 법원은 결론지었다. 중죄고소에 대한 방어행위를 "생활의 일상적인 사항들" 가운데 한 가지로 분류하면서, 청구인이나 그의 처가 "분별력의 결여로 인하여 조금만큼이라도 손해를 입었다."는 점에 대한 증명이 없다고 그 법원은 결론지었다. 123 So. 2d 249, 251. (청구인의 처는 원심의 절차들에는 참가하였지만, 사건기록 송부명령 청구에 있어서는 당사자가 아니다.)

lengthy period prior to trial, five months of which were alleged to have been spent in solitary confinement. He did not have an opportunity, therefore, to gather the factual evidence necessary to sustain a possible challenge to the panel. The Florida statute, moreover, explicitly requires that the written challenge specify the facts on which it is based. Ibid.

Had petitioner been able to write, and had he access to the facts, he still would not, in all probability, have been able to build a legal argument sufficient to challenge the panel. He is a man of low intelligence. Some of the grounds for challenging the panel that might have been invoked by petitioner turn on difficult questions of state law, as where it is alleged that the legislature has passed a special, or local, law providing for the summoning and impaneling of grand and petit jurors. Article III, § 20, of the Florida Constitution prohibits such "special" laws. It is not always clear, though, whether a particular law is "special" or "general." See, e. g., Hysler v. State, 132 Fla. 200, 181 So. 350; 132 Fla. 209, 181 So. 354; State v. Pearson, 153 Fla. 314, 14 So. 2d 565. The sophisticated nature of the arguments necessary to attack a law as "special" would almost always be beyond the comprehension of one unlearned in the law.

In Florida, a plea of abatement is the usual manner of testing the legality of a jury list. In some cases, a proceeding in mandamus has been deemed a proper remedy, as where it is claimed that the county commissioners have erred in the manner in which they selected the panel. State ex rel. Jackson v. Jordan, 101 Fla. 616, 135 So. 138. Often, a simple oral challenge to an individual juror can achieve just as much, as where an accused contends a venireman «369 U. S., 522» does not have the "qualifications required by law." Fla. Stat., 1959, § 913.03(1). Yet obviously an illiterate cannot be expected to know these niceties of criminal procedure.

장기간 구금되었고 그 중 다섯 달을 독방의 구금 상태로 보냈다고 주장되었기 때문이다. 그러므로 배심총원에 대한 있을 수 있는 기피를 확증하는 데 필요한 사실증거를 수집할 기회를 그는 가지지 못하였다. 더군다나 서면 기피에는 그것이 근거로 삼는 사실들을 특정하도록 플로리다주 제정법은 명시적으로 요구한다. Ibid.

설령 청구인이 글을 쓸 수 있었다 하더라도, 그리고 사실관계들에 대하여 접근을 그가 가졌다 하더라도, 배심총원을 기피하기에 충분한 법적 주장을 그는 십중팔구 여전히 구성할 수 없었을 것이다. 그는 지능이 낮은 사람이다. 청구인에 의하여 동원되었을 만한 배심총원을 기피하는 근거들 중 일부는 난해한 주 법 문제들에 의존하는 바, 왜냐하면 대배심원들을과 소배심원들을 소환하고 선발하는 업무를 규정하는 한 개의 특례적인 내지는 지역적인 법률을 그 입법부는 통과시킨 것으로 주장되는 경우이기 때문이다. 이러한 "특례적인(special)" 법들을 플로리다주 헌법 제3조 § 20은 금지한다. 그렇지만 특정의 법이 "특례적인(special)" 것인지 "일반적인(general)" 것인지는 언제나 명확한 것은 아니다. 예를 들어 Hysler v. State, 132 Fla. 200, 181 So. 350을; 132 Fla. 209, 181 So. 354를; State v. Pearson, 153 Fla. 314, 14 So. 2d 565를 보라. 한 개의 법을 "특례적인" 것으로서 공격하는 데 필요한 주장들의 그 정교한 성격은 거의 항상 법에 숙달되지 못한 사람의 이해가 닿지 않는 곳에 있을 것이다.

플로리다주에서 각하신청(a plea of abatement)은 배심원 명단의 적법성을 다투는 일반적인 방법이다. 몇몇 사건들에서는 직무집행영장 절차(a proceeding in mandamus)가 적절한 구제수단으로 여겨져 왔는 바, 가령 배심총원을 선발하는 방법에 있어서 카운티(county)의 보조판사들(commissioners)이 오류를 저지른 것으로 주장되는 경우 등이다. State ex rel. Jackson v. Jordan, 101 Fla. 616, 135 So. 138. 바로 그만큼을 흔히 개별 배심원에 대한 단순한 구두상의(oral) 기피는도 달성할 수 있는데, 가령 «369 U. S., 522» "법에 의하여 요구되는 자격(qualification required by law)"을 지니지 않는다고 어떤 배심원에 대하여 피고인이 주장하는 경우 등이다. Fla. Stat., 1959, § 913.03(1). 그렇지만 명백히, 문맹인 사람은 형사절차의 이러한 미묘한 점들을 알 것으로 기대될 수 없다.

Assuming that an accused does decide to challenge prospective veniremen, either peremptorily or for cause, he must then decide how to secure the maximum benefit from his peremptory challenges. Florida statutes provide at least 12 independent grounds for a challenge for cause. Fla. Stat., 1959, § 913.03. Ignorance of a ground for challenge is no defense. Denmark v. State, 43 Fla. 182, 31 So. 269; McNish v. State, 47 Fla. 69, 36 So. 176; Webster v. State, 47 Fla. 108, 36 So. 584. Objections to qualifications of jurors not raised at the trial will not be considered on appeal. McNish v. State, supra; Crosby v. State, 90 Fla. 381, 106 So. 741.

Where the trial court excuses a juror on its own motion, the accused has a right to object. The objection must be timely made, and the grounds therefor clearly stated. It is too late to object once the juror has been excused. Ellis v. State, 25 Fla. 702, 6 So. 768. On appeal, the accused must be able to show that the action of the court was prejudicial, or constituted an abuse of discretion. Williams v. State, 45 Fla. 128, 34 So. 279; Peadon v. State, 46 Fla. 124, 35 So. 204.

The special difficulties facing an accused in a jury trial do not end with challenges to the panel or individual jurors. Florida prohibits the trial judge from commenting on the weight of the evidence, Lester v. State, 37 Fla. 382, 20 So. 232; Leavine v. State, 109 Fla. 447, 147 So. 897; Seward v. State, 59 So. 2d 529, or from expressing an opinion that the accused should be convicted, Wood v. State, 31 Fla. 221, 12 So. 539, lest he influence the jury in its decision. But if he did make such comment, and the accused took no exception, the error will be deemed waived on appeal (Surrency v. State, 48 Fla. 59, 37 So. «369 U. S., 523» 575; Smith v. State, 65 Fla. 56, 61 So. 120), except where the interests of justice would not be served. Kellum v. State, 104 So. 2d 99 (Fla. Ct. App. 3d Dist.).

무이유부(無理由附; peremptorily)로든 이유부(理由附; for cause)로든 장래의 배심원들을 기피하기로 피고인이 실제로 결정한다고 가정한다면, 그 경우 어떻게 최대한의 이익을 자신의 무이유부(無理由附) 기피들(peremptory challenges)로부터 확보할 것인지를 그는 결정하지 않으면 안 된다. 이유부 기피를 위하여 최소한 열두 가지의 독립적인 사유들을 플로리다주 제정법들은 규정한다. Fla.Stat., 1959, § 913.03. 기피사유들에 대한 무지는 항변사유가 아니다. Denmark v. State, 43 Fla. 182, 31 So. 269; McNish v. State, 47 Fla. 69, 36 So. 176; Webster v. State, 47 Fla. 108, 36 So. 584. 정식사실심리에서 제기되지 않은 배심원들의 자격조건들에 대한 이의들은 항소심에서는 심리되지 않는다. McNish v. State, supra; Crosby v. State, 90 Fla. 381, 106 So. 741.

어떤 배심원을 임무에서 정식사실심리 법원이 그 자신의 명령으로 면제시키면 피고인은 이의할 권리가 있다. 그 이의는 때에 맞추어 제기되지 않으면 안 되고, 그것을 위한 이유는 명확하게 진술되지 않으면 안 된다. 일단 그 배심원이 임무에서 면제되고 나면 이의를 해도 이미 늦다. Ellis v. State, 25 Fla. 702, 6 So. 768. 법원의 처분이 불이익을 끼쳤음을 내지는 재량권 남용을 구성하였음을 항소심에서 피고인은 증명할 수 있지 않으면 안 된다. Williams v. State, 45 Fla. 128, 34 So. 279; Peadon v. State, 46 Fla. 124, 35 So. 204.

배심에 의한 정식사실심리(a jury trial)에서 피고인이 직면하는 특별한 어려움들은 배심총원에 또는 개별 배심원들에 대한 기피로 끝나지 않는다. 혹여 배심의 결정에 있어서 배심에게 영향을 정식사실심리 판사가 끼칠까 염려하여, 증거의 가치에 관하여 논평하는 것을, Lester v. State, 37 Fla. 382, 20 So. 232; Leavine v. State, 109 Fla. 447, 147 So. 897; Seward v. State, 59 So. 2d 529, 그리고 피고인을 유죄로 판정하여야 한다는 의견을 표명하는 것을 플로리다주는 그에 대하여 금지한다. Wood v. State, 31 Fla. 221, 12 So. 539. 그러나 그 같은 논평을 그가 실제로 하였으면, 그런데도 피고인이 불복신청(exception)을 제기하지 아니하였으면, «369 U. S., 523» 사법의 이익들(the interests of justice)에 도움이 되지 않는 경우가 아닌 한, Kellum v. State, 104 So. 2d 99 (Fla.Ct.App.3d Dist.), 그 오류는 포기된 것으로 항소심에서 간주된다.(Surrency v. State, 48 Fla. 59, 37 So. 575; Smith v. State, 65 Fla. 56, 61 So. 120).

Hearsay evidence takes on added importance in jury trials. It is excluded if prejudicial. Owens v. State, 65 Fla. 483, 62 So. 651; Alvarez v. State, 75 Fla. 286, 78 So. 272. But, if admitted without objection, it is generally regarded as having been received by consent. Sims v. State, 59 Fla. 38, 52 So. 198. An objection after a question has been answered is sometimes held to come too late. Schley v. State, 48 Fla. 53, 37 So. 518; Williams v. State, 58 Fla. 138, 50 So. 749; Sims v. State, supra. Yet a motion to strike may achieve the same result. Dickens v. State, 50 Fla. 17, 38 So. 909. In a rapid-fire exchange of questions and answers by the prosecution and a witness, a defendant without the assistance of counsel will oftentime find himself helpless to object or even to conceive grounds on which an objection to hearsay will lie. Indeed, what constitutes hearsay is itself a difficult question, on which judges may not always agree. See, e. g., Royal v. State, 127 Fla. 320, 170 So. 450.

Once the evidence is in, an accused in Florida has the right to have the jury instructed on the law of the case before any final arguments are made.

The Judge's charge following immediately upon the conclusion of the evidence may enable the jury to obtain a clearer and more accurate conception of their duties in the particular case than if they were required to wait until after the argument of counsel to hear the law of the case from the judge. Smithie v. State, 88 Fla. 70, 76, 101 So. 276, 278. This right is waived by a failure to take exception to the procedure adopted by the court. Defects in the instructions of the court will likewise be deemed waived, where the accused fails to make timely objection. White v. State, 122 So. 2d 340 (Fla. Ct. App. 2d Dist.); Williams v. State, 117 So. 2d 473. «369 U. S., 524»

Intricate procedural rules are not restricted to criminal trials in Florida.

배심에 의한 정식사실심리들에서 가중된 중요성을 전문증거(傳聞證據; Hearsay evidence)는 지닌다. 그것은 편파적인 것이면 배제된다. Owens v. State, 65 Fla. 483, 62 So. 651; Alvarez v. State, 75 Fla. 286, 78 So. 272. 그러나 이의 없이 허용되었으면 그것은 일반적으로 동의에 의하여 받아들여진 것으로 간주된다. Sims v. State, 59 Fla. 38, 52 So. 198. 한 개의 질문에 대하여 답변이 이루어지고 난 뒤의 이의는 때로는 너무 늦게 제기된 것으로 간주된다. Schley v. State, 48 Fla. 53, 37 So. 518; Williams v. State, 58 Fla. 138, 50 So. 749; Sims v. State, supra. 그러나 똑같은 결과를 기록에서 삭제해 달라는 신청(a motion to strike)은 달성할 수 있다. Dickens v. State, 50 Fla. 17, 38 So. 909. 검찰에 의한 및 한 명의 증인에 의한 질문들의 및 답변들의 속사포 같은 교환 속에서 이의하는 데 있어서, 그리고 심지어 전문(hearsay)에 대한 이의가 놓일 근거들을 이해하는 데 있어서마저도, 속수무책인 자기 자신을 변호인의 조력을 받지 못하는 피고인은 대개는 발견할 것이다. 참으로 무엇이 전문(hearsay)을 구성하는가는 판사들이도 항상 동의만 하는 것은 아닐 수 있는, 그 자체로서 어려운 문제이다. 예컨대, Royal v. State, 127 Fla. 320, 170 So. 450을 보라.

일단 증거가 제출되면 플로리다주에서의 피고인은 조금이라도 최종적인 변론들이 이루어지기 전에 그 사건의 법에 관하여 배심에게 설시가 이루어지게 할 권리가 있다.

"가령 사건의 법을 판사로부터 듣기 위하여 변호사들의 변론 뒤에까지 기다리도록 배심이 요구되는 경우에보다도, 특정 사건에서의 자신들의 책무사항들에 대한 보다 분명하고 보다 정확한 개념을 배심으로 하여금 얻을 수 있도록 입증의 종결에 곧바로 이어지는 판사의 설시는 해 줄 수 있다." Smithie v. State, 88 Fla. 70, 76, 101 So. 276, 278. 법원에 의하여 채택된 절차에 대하여 불복신청(exception)을 취하기를 태만히 함으로써 이 권리는 포기된다. 법원의 설시사항들에 있어서의 결함들은도 이의를 피고인이 때맞춰 제기하지 않으면 마찬가지로 포기된 것으로 간주될 것이다. White v. State, 122 So. 2d 340 (Fla.Ct.App. 2d Dist.); Williams v. State, 117 So. 2d 473. «369 U. S., 524»

플로리다주에서의 형사 정식사실심리에 난해한 절차규칙들은 한정되지 않는다.

Similar rules, equally as complex and confusing to the layman, may be found in the criminal statutes of the other States. I assume that they might not be applied with the same vigor against a layman defending himself as they would against one represented by a lawyer. Yet, even so, the rule of Betts v. Brady projected in a jury trial faces a layman with a labyrinth he can never understand nor negotiate.

As a result, the jury system - pride of the English-speaking world - becomes a trap for the layman because he is utterly without ability to make it serve the ends of justice.

문외한에게 마찬가지로 복잡하고 혼란을 주는 유사한 규칙들은 다른 주들의 형사제정법들에서도 발견될 수 있다. 그 스스로 방어를 수행하는 문외한을 대상으로 할 경우에는 변호사에 의하여 대변되는 사람을 대상으로 할 경우만큼의 똑 같은 효력을 지닌 채로 그것들은 적용되어서는 안 될 것으로 나는 생각한다. 그러나 설령 그렇다 하더라도 그가 결코 이해할 수도, 통과할 수도 없는 미로에 문외한을 배심에 의한 정식사실심리에 투입되는 Betts v. Brady 원칙은 직면시킨다.

그 결과로서 영어 사용권의 자랑인 배심 제도는 문외한에게는 덫이 되는 바, 왜냐하면 그것으로 하여금 사법의 목적에 기여하게끔 만들 수 있는 능력이 그에게는 전혀 없기 때문이다.

변호인의 조력을 받을 권리

Gideon v. Wainwright, 372 U. S. 335 (1963)

플로리다주 대법원에 내린 사건기록 송부명령

NO. 155
변론 1963년 1월 15일
판결 1963년 3월 18일

요약해설

1. 개요

Gideon v. Wainwright, 372 U. S. 335 (1963)은 9 대 0으로 판결되었다. 법원의 의견을 블랙(BLACK) 판사가 썼고, 보충의견을 더글라스(DOUGLAS) 판사가, 클라크(CLARK) 판사가 및 할란(HARLAN) 판사가 냈다.

Gideon v. Wainwright (1963) 판결 당시에 31년 전의 Powell v. Alabama, 287 U. S. 45 (1932) 판결에 따라서 사형에 해당하는 주법원 사건들에서는 항상, 그리고 사형에 해당되지 않는 주법원 사건들에서는 변호인의 박탈로 인하여 불공정한 정식사실심리가 이루어질 경우에 주법원 사건들에 있어서의 가난한 사람을 위한 변호인 지정은 요구되고 있었다. 이에 반하여 연방법원들에서는 사형에 해당되든 안 되든 중대한 형사 고소를 당한 가난한 피고인들을 위하여 연방헌법 수정 제6조에 따라 변호인을 지정해야 하였으므로, 가난한 피고인을 위한 변호인 지정에 있어서 연방법원의 및 주 법원의 양자 사이에 적잖은 차이를 결국 Powell 판결은 인정한 것이 되었다. 사형에 해당되든 안 되든 모든 주법원 사건들에서 중대한 형사 고소를 당한 가난한 피고인들을 위하여 변호인을 지정하도록 연방헌법 수정 제14조의 적법절차 조항이 요구한다고 Gideon 판결은 판시함으로써 연방헌법 수정 제6조의 변호인 조력 조항을 연방헌법 수정 제14조 내에 통합시켰고, 변호인의 조력을 받을 권리를 주 법원들의 및 연방법원들의 사이에서 이로써 일치되게 만들었다.[1)]

2. 사실관계 및 쟁점 (372 U. S., at 336–338.)

경죄(a misdemeanor)를 저지를 의도로 당구장을 실력으로써 침입한, 사형에는 해당

1) Kermit L. Hall, The Oxford Guide to United States Supreme Court Decisions, p.242를 참조하라.

되지 않는 중죄 혐의로 플로리다주 법원에 청구인은 기소되었다. 돈이 없었던 청구인은 변호사 없이 법원에 출석하여 변호인 지정을 요청하였다. 사형이 가능한 사건에서만 변호인이 지정된다는 이유로 그의 요청은 거부되었다. 배심 앞에서의 정식사실심리에 청구인은 처해져 스스로 방어를 수행한 끝에 유죄판정을 받고 5년형이 선고되었다. 변호인의 조력을 받을 권리를 박탈당했음을 주장하여 플로리다주 대법원에 인신보호영장을 청구인은 제기하였으나, 구제를 주 대법원은 거부하였다. Betts v. Brady, 316 U. S. 455 (1942) 판결 이래 주 법원에서의 변호인의 조력을 받을 연방헌법상의 권리의 문제가 논쟁의 및 다툼의 근원이 되어 왔음을 연방대법원은 지적하면서, 이 문제에 대한 재검토를 위하여 사건기록 송부명령을 허가하였다. 청구인을 대변할 변호인으로 포르타스(Fortas) 변호사를 연방대법원은 지정하고서 Betts v. Brady, 316 U. S. 455 판결이 폐기되어야 하는지 여부를 검토하도록 쌍방에게 지시하였다.

3. 블랙(BLACK) 판사가 쓴 법원의 의견의 요지

Betts v. Brady, 316 U. S. 455 (1942) 사건은 및 이 사건은 사실관계들이 및 상황들이 매우 가까우므로, 만약 Betts v. Brady 판결이 유지되는 것으로 남겨진다면, 청구인의 주장은 배척되어야 한다. 그러나 Betts v. Brady 판결은 폐기되어야 한다. (372 U. S., at 339.)

"…… 자신의 방어를 위하여 변호인의 조력을 받을 권리를 모든 형사적 절차추행에 있어서 범인으로 주장되는 사람은 향유한다(In all criminal prosecutions, the accused shall enjoy the right …… to have the Assistance of Counsel for his defence)."고 연방헌법 수정 제6조는 규정한다. 그 권리가 능력 있고 분별력 있게 포기된 상태가 아닌 한, 연방법원들에서 변호인을 고용할 수 없는 피고인들을 위하여 변호인이 제공되지 않으면 안 됨을 이것은 의미한다. (372 U. S., at 339-340.)

공정한 정식사실심리에, 그리하여 적법절차에, 그토록 기본이 되는 한 개의 규칙을 연방헌법 수정 제6조에 의하여 연방법원들 위에 부과된 그 제한이 표명하는지 여부에, 그리하여 연방헌법 수정 제14조에 의하여 주들 위에 의무적인 것으로 그 제한이 만들어지는지 여부에 연방헌법 수정 제14조에 의하여 주 법원들에서의 가난한 피고인들에게 이 권리가 적용되는지 여부는 달려 있다. 만약 가난한 형사 피고인을 위한 변호인 지정은 "공정한 정식사실심리에 필수인 기본적 권리"라고 결론짓는다면 연방법원에서 연방헌법 수정 제6조가 요구하는 것하고 똑같이 변호인 지정을 주 법원에서는 연방헌법 수정 제14조가 요구하는 것이 된다. (372 U. S., at 340.)

연방헌법 수정 제6조의 변호인의 보장은 이 기본적 권리들 가운데 하나가 아니라고 Betts 판결에서 당원이 결론지은 것은 잘못이었다. "이러한 기본적 성격을 변호인의 조력을 받을 권리는 갖는다."고 Betts v. Brady 판결이 있기 10년 전에 Powell v. Alabama, 287 U. S. 45, 68 (1932)에서 당원은 전원일치로 선언한 바 있었다. Grosjean v. American Press Co., 297 U. S. 233, 243-244 (1936)에서와 Johnson v. Zerbst, 304 U. S. 458, 462 (1938)에서, 그리고 Avery v. Alabama, 308 U. S. 444 (1940)에서 및 Smith v. O'Grady, 312 U. S. 329 [1941에서도 같은 취지가 선언되었다. (372 U. S., at 342–343.)] 새로운 선례들보다 더 건전한 이 더 오래된 선례들로 돌아가는 것은 공정한 재판 제도를 성취하기 위하여 수립된 헌법적 원칙들을 회복하는 것에 다름 아니다. (372 U. S., at 343–344.)

우리의 대립당사자주의(adversary) 형사재판 제도에서 법정에 끌려나온, 그러나 너무 가난하여 변호사를 고용할 수 없는 사람은 어느 누구든, 그를 위하여 변호인이 제공되지 않는다면, 공정한 정식사실심리를 보장받을 수 없다. 범죄혐의로 기소된 사람의 변호인의 조력을 받을 권리는 미국에서 기본이고 필수이다. 법 앞에 모든 피고인이 평등하게 서는 공정한 법정들 앞에서의 공정한 정식사실심리들을 보장하도록 설계된 절차적 및 실체적 보호수단들을 미국의 헌법들은 및 법들은 강조해 왔다. 범인으로 주장된 가난한 사람이 자신을 조력할 변호사 없이 자신의 고소인들을 대적해야 한다면, 이 고결한 이상은 실현될 수 없다. (372 U. S., at 344.)

Betts v. Brady 판결은 Powell v. Alabama 판결이 근거로 삼았던 건전한 지혜를 벗어난 것이었다. 원심판결은 파기되었다. (372 U. S., at 345.)

MR. JUSTICE BLACK delivered the opinion of the Court.

Petitioner was charged in a Florida state court with having broken and entered a poolroom with intent to commit a misdemeanor. This offense is a felony under «372 U. S., 337» Florida law. Appearing in court without funds and without a lawyer, petitioner asked the court to appoint counsel for him, whereupon the following colloquy took place:

"The COURT: Mr. Gideon, I am sorry, but I cannot appoint Counsel to represent you in this case. Under the laws of the State of Florida, the only time the Court can appoint Counsel to represent a Defendant is when that person is charged with a capital offense. I am sorry, but I will have to deny your request to appoint Counsel to defend you in this case."

"The DEFENDANT: The United States Supreme Court says I am entitled to be represented by Counsel."

Put to trial before a jury, Gideon conducted his defense about as well as could be expected from a layman. He made an opening statement to the jury, cross-examined the State's witnesses, presented witnesses in his own defense, declined to testify himself, and made a short argument "emphasizing his innocence to the charge contained in the Information filed in this case." The jury returned a verdict of guilty, and petitioner was sentenced to serve five years in the state prison. Later, petitioner filed in the Florida Supreme Court this habeas corpus petition attacking his conviction and sentence on the ground that the trial court's refusal to appoint counsel for him denied him

법원의 의견을 블랙(BLACK) 판사가 냈다.

경죄(a misdemeanor)를 저지를 의도로 당구장 한 곳을 실력에 의하여 침입한 혐의로 플로리다주 법원 한 곳에 청구인은 기소되었다. 이 범죄는 플로리다주 법 아래서 «372 U. S., 337» 한 가지 중죄(a felony)이다. 청구인은 돈이 없어 변호사 없이 출석하여 법원에 그 자신을 위하여 변호인을 지정해 달라고 요청하였는데, 이에 관하여 이러한 대담이 이루어졌다:

"법원: 기디언씨, 미안합니다만 이 사건에서 당신을 대변할 변호인을 저는 지정할 수 없습니다. 플로리다주 법들 아래서 피고인을 대변할 변호인을 법원이 지정할 수 있는 유일한 경우는 사형이 가능한 범죄로 사람이 기소되는 때입니다. 미안합니다만 이 사건에서 당신을 방어할 변호인을 지정해 달라는 당신의 요청을 저는 거부해야 할 것입니다."

"피고인: 저에게는 변호인에 의하여 대변될 권리가 있다고 미합중국 연방대법원은 말합니다."

배심 앞에서의 정식사실심리에 처해져 대략 한 명의 문외한에게서 기대될 수 있는 정도만큼 자신의 방어를 기디언은 잘 수행하였다. 그는 배심에게 모두진술(an opening statement)을 하고 주측 증인들을 반대신문하고 그 자신의 방어를 위한 증인들을 대고, 그 자신이 증언하는 것은 거부하고, "이 사건에서 제출된 검사기소장(Information)에 담긴 공소사실에 대한 자신의 무죄를 강조하는" 짤막한 변론을 하였다. 유죄평결을 배심은 제출하였고, 청구인은 주 감옥에서 5년을 복역하도록 형이 선고되었다. "헌법에 및 권리장전에 의거하여 미합중국 정부에 의하여 보장된" 권리들을 정식사실심리 법원의 그를 위한 변호인 지정의 거부가 그에게서 박탈했음을 이유로 자신에 대한 유죄판정을과 형의 선고를 공격하는 이 인신보호영장 청구

rights "guaranteed by the Constitution and the Bill of Rights by the United States Government."[1] Treating the petition for habeas corpus as properly before it, the State Supreme Court, "upon consideration thereof" but without an opinion, denied all relief. Since 1942, when Betts v. Brady, 316 U. S. 455, was decided by a divided «372 U. S., 338» Court, the problem of a defendant's federal constitutional right to counsel in a state court has been a continuing source of controversy and litigation in both state and federal courts.[2] To give this problem another review here, we granted certiorari. 370 U. S. 908. Since Gideon was proceeding in forma pauperis, we appointed counsel to represent him and requested both sides to discuss in their briefs and oral arguments the following: "Should this Court's holding in Betts v. Brady, 316 U. S. 455, be reconsidered?"

I

The facts upon which Betts claimed that he had been unconstitutionally denied the right to have counsel appointed to assist him are strikingly like the facts upon which Gideon here bases his federal constitutional claim. Betts was indicted for robbery in a Maryland state court. On arraignment, he told the trial judge of his lack of funds to hire a lawyer and asked the court to appoint one for him. Betts was advised that it was not the practice in that county to appoint counsel for indigent defendants except in murder and rape cases. He then pleaded not guilty, had witnesses summoned, cross-examined

1) Later, in the petition for habeas corpus, signed and apparently prepared by petitioner himself, he stated, "I, Clarence Earl Gideon, claim that I was denied the rights of the 4th, 5th and 14th amendments of the Bill of Rights."

2) Of the many such cases to reach this Court, recent examples are Carnley v. Cochran, 369 U. S. 506 (1962); Hudson v. North Carolina, 363 U. S. 697 (1960); Moore v. Michigan, 355 U. S. 155 (1957). Illustrative cases in the state courts are Artrip v. State, 136 So. 2d 574 (Ct. App. Ala.1962); Shafer v. Warden, 211 Md. 635, 126 A. 2d 573 (1956). For examples of commentary, see Allen, The Supreme Court, Federalism, and State Systems of Criminal Justice, 8 De Paul L.Rev. 213 (1959); Kamisar, The Right to Counsel and the Fourteenth Amendment: A Dialogue on "The Most Pervasive Right" of an Accused, 30 U. of Chi. L. Rev. 1 (1962); The Right to Counsel, 45 Minn. L. Rev. 693 (1961).

를 플로리다주 대법원에 나중에 청구인은 제기하였다.[1] 그 인신보호영장 청구가 자신 앞에 정당하게 제기된 것으로 주 대법원은 다루어 "그것의 고찰에 의거하여," 그러나 의견 없이, 모든 구제를 주 대법원은 거부하였다. 의견이 나뉜 당원에 의하여 Betts v. Brady, 316 U. S. 455 사건이 판결된 1942년 «372 U. S., 338» 이래 주 법원에서의 변호인의 조력을 받을 피고인의 연방헌법상의 권리의 문제는 주 법원들에서와 연방법원들에서 등 양쪽에서 끊임없는 논쟁의 및 쟁송의 한 가지 근원이 되어 왔다.[2] 이 문제에 대한 새로운 재심리를 부여하기 위하여 사건기록 송부명령을 우리는 허가하였다. 370 U. S. 908. 빈궁자 소송(*in forma pauperis*) 절차를 기디언이 취하고 있었으므로, 그를 대변하도록 변호인을 지정하고서, 다음 사항을 그들의 준비서면들에서와 구두변론들에서 토론하도록 쌍방에게 우리는 요청하였다: "Betts v. Brady, 316 U. S. 455에서의 당원의 판시는 재고되어야 하는가?"

I.

자신을 조력할 변호인을 지정받을 권리를 위헌적으로 박탈당하였다고 베츠(Betts)가 주장한 근거였던 사실관계들은 여기서 기디언이 자신의 연방헌법적 주장의 토대로 삼고 있는 사실관계들에 매우 비슷하다. 베츠는 강도 혐의로 메릴랜드주 법원 한 곳에 대배심기소되었다. 기소인부 신문에서 그는 변호사를 고용할 자신의 자금부족에 관하여 정식사실심리 판사에게 말하면서 자신을 위하여 변호인을 지정해 달라고 법원에 요청하였다. 살인 및 강간 사건들 이외에는 가난한 피고인들을 위하여 변호인을 지정하는 것은 그 카운티(county)에서의 실무관행이 아니라는 설명이 베츠에게 이루어졌다. 그러자 그는 무죄답변을 내고 증인들을 소환되게 하고 주측 증

1) "연방헌법 권리장전 수정 제4조의, 제5조의 및 제14조의 권리들을 박탈당했음을 나 클레런스 얼 기디언(Clarence Earl Gideon)은 주장한다."고 나중에 청구인 자신에 의하여 서명되고 외관상 그 자신에 의하여 작성된 인신보호영장 청구서에서 그는 진술하였다.

2) 당원에 도달한 이 같은 많은 사건들 중 최근의 예들로서는 Carnley v. Cochran, 369 U. S. 506 (1962)가; Hudson v. North Carolina, 363 U. S. 697 (1960)이; Moore v. Michigan, 355 U. S. 155 (1957)이 있다. 주 법원들에서의 실례가 되는 사건들은 Artrip v. State, 136 So. 2d 574 (Ct. App. Ala.1962)이고; Shafer v. Warden, 211 Md. 635, 126 A. 2d 573 (1956)이다. 해설서의 예들로서는 Allen, The Supreme Court, Federalism, and State Systems of Criminal Justice, 8 De Paul L. Rev. 213 (1959)를; Kamisar, The Right to Counsel and the Fourteenth Amendment: A Dialogue on "The Most Pervasive Right" of an Accused, 30 U. of Chi. L. Rev. 1 (1962)를; The Right to Counsel, 45 Minn. L. Rev. 693 (1961)을 보라.

the State's witnesses, examined his own, and chose not to testify himself. He was found guilty by the judge, sitting without a jury, and sentenced to eight years in prison. «372 U. S., 339» Like Gideon, Betts sought release by habeas corpus, alleging that he had been denied the right to assistance of counsel in violation of the Fourteenth Amendment. Betts was denied any relief, and, on review, this Court affirmed. It was held that a refusal to appoint counsel for an indigent defendant charged with a felony did not necessarily violate the Due Process Clause of the Fourteenth Amendment, which, for reasons given, the Court deemed to be the only applicable federal constitutional provision. The Court said:

"Asserted denial [of due process] is to be tested by an appraisal of the totality of facts in a given case. That which may, in one setting, constitute a denial of fundamental fairness, shocking to the universal sense of justice, may, in other circumstances, and in the light of other considerations, fall short of such denial." 316 U. S., at 462.

Treating due process as "a concept less rigid and more fluid than those envisaged in other specific and particular provisions of the Bill of Rights," the Court held that refusal to appoint counsel under the particular facts and circumstances in the Betts case was not so "offensive to the common and fundamental ideas of fairness" as to amount to a denial of due process. Since the facts and circumstances of the two cases are so nearly indistinguishable, we think the Betts v. Brady holding if left standing would require us to reject Gideon's claim that the Constitution guarantees him the assistance of counsel. Upon full reconsideration, we conclude that Betts v. Brady should be overruled.

인들을 반대신문하고 그 자신의 증인들을 신문하였고, 그 스스로는 증언하지 않는 쪽을 택하였다. 그는 판사에 의하여 – 배심 없이 판사가 심리하였기 때문이다 – 유죄로 판정되었고 8년의 감옥형이 선고되었다. «372 U. S., 339» 기디언이 그랬듯이, 연방헌법 수정 제14조에 어긋나게 변호인의 조력을 받을 권리를 자신이 박탈당했다고 주장하면서 인신보호영장에 의한 석방을 베츠는 추구하였다. 베츠에게는 모든 구제가 거부되었고, 이를 재심리 끝에 당원은 인가하였다. 그 적용 가능한 유일한 연방헌법 조항으로 간주된 연방헌법 수정 제14조의 적법절차 조항을, 중죄로 기소된 가난한 피고인을 위한 변호인 지정의 거부는, 그 설명된 이유에 의거하여, 반드시 침해하는 것은 아니라는 것이 그 판시였다. 당원은 말하였다:

"[적법절차에 대한] 주장된 권리 박탈은 특정 사건에서의 사실관계 전체에 대한 평가에 의하여 분석되어야 한다. 한 가지 상황에서는 보편적 정의관념에 충격을 주는 기본적 공정성에 대한 박탈을 성립시킬 수 있는 것이라 하더라도, 별개의 상황들 속에서는 그리고 다른 고려요소들에 비추었을 때에는 그 같은 박탈에 미치지 못할 수 있다." 316 U. S., at 462.

적법절차를 "권리장전(the Bill of Rights) 중 여타의 구체적인 특정의 규정들에 구상된 것들로보다도 덜 엄격하고 더 유연한 개념"으로 당원은 표현하면서, Betts 사건의 그 특정의 사실관계들 아래서와 상황들 아래서의 변호인 지정의 거부는 적법절차에 대한 박탈에 해당할 만큼 그토록 "공정성(fairness)의 일반적이고 기본적인 개념에 거슬리"는 것은 아니라고 당원은 판시하였다. 두 사건들의 사실관계들은 및 상황들은 구분될 수 없을 정도에 매우 가까우므로, 만약 Betts v. Brady 판결이 유지되는 것으로 남겨진다면, 변호인의 조력을 자신에게 연방헌법이 보장한다는 기디언의 주장을 배척하도록 우리에게 그 판결은 요구할 것으로 우리는 생각한다. Betts v. Brady 판결이 폐기되어야 한다고 충분한 숙고에 의거하여 우리는 결론짓는다.

II

The Sixth Amendment provides, "In all criminal prosecutions, the accused shall enjoy the right ······ to have the Assistance of Counsel for his defence." We have con- «372 U. S., 340» strued this to mean that, in federal courts, counsel must be provided for defendants unable to employ counsel unless the right is competently and intelligently waived.[3] Betts argued that this right is extended to indigent defendants in state courts by the Fourteenth Amendment. In response the Court stated that, while the Sixth Amendment laid down "no rule for the conduct of the States, the question recurs whether the constraint laid by the Amendment upon the national courts expresses a rule so fundamental and essential to a fair trial, and so, to due process of law, that it is made obligatory upon the States by the Fourteenth Amendment." 316 U. S., at 465. In order to decide whether the Sixth Amendment's guarantee of counsel is of this fundamental nature, the Court in Betts set out and considered "[r]elevant data on the subject ······ afforded by constitutional and statutory provisions subsisting in the colonies and the States prior to the inclusion of the Bill of Rights in the national Constitution, and in the constitutional, legislative, and judicial history of the States to the present date." 316 U. S., at 465. On the basis of this historical data, the Court concluded that "appointment of counsel is not a fundamental right, essential to a fair trial." 316 U. S., at 471. It was for this reason the Betts Court refused to accept the contention that the Sixth Amendment's guarantee of counsel for indigent federal defendants was extended to or, in the words of that Court, "made obligatory upon, the States by the Fourteenth Amendment." Plainly, had the Court concluded that appointment of counsel for an indigent criminal defendant was "a fundamental right, essential to a fair trial," it would have held that the Fourteenth Amendment requires appointment of counsel in a state court, just

3) Johnson v. Zerbst, 304 U. S. 458 (1938).

II.

"…… 자신의 방어를 위하여 변호인의 조력을 받을 권리를 모든 형사적 절차추행에 있어서 범인으로 주장되는 사람은 향유한다(In all criminal prosecutions, the accused shall enjoy the right …… to have the Assistance of Counsel for his defence)."고 연방헌법 수정 제6조는 규정한다. 능력 있게 및 분별력 있게 그 권리가 «372 U. S., 340» 포기된 상태가 아닌 한, 연방법원들에서 변호인을 고용할 수 없는 피고인들을 위하여 변호인이 제공되지 않으면 안 됨을 이것은 의미하는 것으로 우리는 해석해 왔다.[3] 연방헌법 수정 제14조에 의하여 주 법원들에서의 가난한 피고인들에게 이 권리는 적용된다고 베츠는 주장하였다. 이에 대한 응답으로서, 비록 "주들의 행동을 위해서는 아무런 원칙을도" 연방헌법 수정 제6조는 "정하지 아니함에도 불구하고, 공정한 정식사실심리에, 그리하여 적법절차에, 그토록 기본이 되는 한 개의 규칙을 그 수정조항에 의하여 연방법원들 위에 부과된 그 제한이 표명하는지, 그리하여 연방헌법 수정 제14조에 의하여 주들 위에 의무적인 것으로 그 제한이 만들어지는지 여부의 문제는 되풀이된다."고 당원은 말하였다. 316 U. S., at 465. 연방헌법 수정 제6조의 변호인의 보장이 이러한 기본적 성격의 것인지를 판정하기 위하여, "권리장전의 연방헌법에의 포함 이전에 식민지들에와 주들에 존속하였던, 그리고 오늘까지의 주들의 헌법적, 입법적 및 사법적 역사에 존속하는 헌법적 및 제정법적 규정들에 의하여 제공되 …… 는 [그] 주제에 대한 관련 자료"를 Betts 사건에서 당원은 설명하고 고찰하였다. 316 U. S., at 465. "변호인 지정은 공정한 정식사실심리(a fair trial)에 필수인 기본적 권리가 아니"라고 이 역사적 자료들에 의거하여 당원은 결론지었다. 316 U. S., at 471. 주들에게 연방헌법 수정 제6조의 가난한 연방 피고인들(federal defendants)을 위한 변호인의 보장이 적용된다는, 즉 그 법원의 표현을 빌자면 "연방헌법 수정 제14조에 의하여 주들 위에 의무적인 것으로 그것이 만들어진다."는 주장을 Betts 법원이 받아들이기를 거부한 것은 이 이유 때문이었다. 만약 가난한 형사 피고인을 위한 변호인 지정은 "공정한 정식사실심리에 필수인 기본적 권리"라고 당원이 결론지었더라면, 연방법원에서 연방헌법 수정 제6조가 요구하는 것에 똑같이 변호인 지정을 주 법원에서는 연방헌법 수정 제14조가 요구한다고 당원은

3) Johnson v. Zerbst, 304 U. S. 458 (1938).

as the Sixth Amendment requires in a federal court. «372 U. S., 341»

We think the Court in Betts had ample precedent for acknowledging that those guarantees of the Bill of Rights which are fundamental safeguards of liberty immune from federal abridgment are equally protected against state invasion by the Due Process Clause of the Fourteenth Amendment. This same principle was recognized, explained, and applied in Powell v. Alabama, 287 U. S. 45 (1932), a case upholding the right of counsel, where the Court held that, despite sweeping language to the contrary in Hurtado v. California, 110 U. S. 516 (1884), the Fourteenth Amendment "embraced" those "'fundamental principles of liberty and justice which lie at the base of all our civil and political institutions,'" even though they had been "specifically dealt with in another part of the federal Constitution." 287 U. S., at 67. In many cases other than Powell and Betts, this Court has looked to the fundamental nature of original Bill of Rights guarantees to decide whether the Fourteenth Amendment makes them obligatory on the States. Explicitly recognized to be of this "fundamental nature," and therefore made immune from state invasion by the Fourteenth, or some part of it, are the First Amendment's freedoms of speech, press, religion, assembly, association, and petition for redress of grievances.[4] For the same reason, though not always in precisely the same terminology, the Court has made obligatory on the States the Fifth Amendment's command that «372 U. S., 342» private property shall not be taken for public use without just compensation,[5] the Fourth

4) E. g., Gitlow v. New York, 268 U. S. 652, 666 (1925) (speech and press); Lovell v. City of Griffin, 303 U. S. 444, 450 (1938) (speech and press); Staub v. City of Baxley, 355 U. S. 313, 321 (1958) (speech); Grosjean v. American Press Co., 297 U. S. 233, 244 (1936) (press); Cantwell v. Connecticut, 310 U. S. 296, 303 (1940) (religion); De Jonge v. Oregon, 299 U. S. 353, 364 (1937) (assembly); Shelton v. Tucker, 364 U. S. 479, 486, 488 (1960) (association); Louisiana ex rel. Gremillion v. NAACP, 366 U. S. 293, 296 (1961) (association); Edwards v. South Carolina, 372 U. S. 229 (1963) (speech, assembly, petition for redress of grievances).

5) E. g., Chicago, B. & Q. R. Co. v. Chicago, 166 U. S. 226, 235–241 (1897); Smyth v. Ames, 169 U. S. 466, 522–526 (1898).

분명히 판시하였을 것이다. «372 U. S., 341»

연방에 의한 박탈로부터 면제된, 자유에 대한 기본적 보호수단들인 저 권리장전의 보장들은 연방헌법 수정 제14조의 적법절차 조항에 의하여 주(state)에 의한 박탈에 대처해서도 똑같이 보호됨을 인정하기 위한 충분한 선례를 Betts 사건에서의 당원은 가지고 있었다고 우리는 생각한다. 변호인의 조력을 받을 권리를 지지한 선례인 Powell v. Alabama, 287 U. S. 45 (1932)에서는 바로 이 원칙이 인정되고 설명되고 적용되었는 바, "'우리의 모든 시민적 정치적 제도들의 토대에 놓여 있는 자유의 및 정의의 기본적 원칙들(fundamental principles of liberty and justice that lie at the base of all our civil and political institutions)'"을 - 설령 그 권리들이 "연방헌법의 여타의 부분에서 구체적으로 다루어져 있"다 하더라도 - 연방헌법 수정 제14조는 "포함하고" 있다고, Hurtado v. California, 110 U. S. 516 (1884)에서의 포괄적 성격의 반대되는 표현에도 불구하고, 당원은 거기서 판시하였다. 287 U. S., at 67. 최초의 권리장전상의 보장들(original Bill of Rights guarantees)을 주들 위에 의무적인 것으로 연방헌법 수정 제14조가 만드는가를 판정하기 위하여 그 보장들의 기본적 성격(fundamental nature)을 Powell 사건에서와 Betts 사건에서 이외에도 많은 사건들에서 당원은 살펴 왔다. 이 "기본적 성격"을 지니는 것으로, 그리하여 주(state)의 침해로부터 면제되도록 연방헌법 수정 제14조에 의하여 또는 그 일부분에 의하여 만들어진 것으로 명확히 인정된 것은 연방헌법 수정 제1조의 말(speech)의, 출판의, 종교(religion)의, 집회(assembly)의, 결사(association)의, 및 고충의 구제를 위한 청구(petition for redress of grievances)의 자유들이다.[4] 비록 정확하게 똑 같은 용어로 항상 표현되는 것은 아님에도 불구하고 바로 동일한 이유로, 정당한 보상(just compensation) 없이는 사유재산(private property)은 공공의 사용을 위하여 박탈될 수 없다는 «372 U. S., 342» 연방헌법 수정 제5조의 명령을,[5] 부당한

4) 예컨대, Gitlow v. New York, 268 U. S. 652, 666 (1925) (말과 출판)이; Lovell v. City of Griffin, 303 U. S. 444, 450 (1938) (말과 출판)이; Staub v. City of Baxley, 355 U. S. 313, 321 (1958) (말)이; Grosjean v. American Press Co., 297 U. S. 233, 244 (1936) (출판)이; Cantwell v. Connecticut, 310 U. S. 296, 303 (1940) (종교)이; De Jonge v. Oregon, 299 U. S. 353, 364 (1937) (집회)이; Shelton v. Tucker, 364 U. S. 479, 486, 488 (1960) (결사)이; Louisiana ex rel. Gremillion v. NAACP, 366 U. S. 293, 296 (1961) (결사); Edwards v. Sou이th Carolina, 372 U. S. 229 (1963) (언론, 집회, 고충의 구제를 위한 청구)이 그것들이다.

5) 예컨대, Chicago, B. & Q. R. Co. v. Chicago, 166 U. S. 226, 235–241 (1897)이; Smyth v. Ames, 169 U. S. 466, 522–526 (1898)이 그것들이다.

Amendment's prohibition of unreasonable searches and seizures,[6] and the Eighth's ban on cruel and unusual punishment.[7] On the other hand, this Court in Palko v. Connecticut, 302 U. S. 319 (1937), refused to hold that the Fourteenth Amendment made the double jeopardy provision of the Fifth Amendment obligatory on the States. In so refusing, however, the Court, speaking through Mr. Justice Cardozo, was careful to emphasize that "immunities that are valid as against the federal government by force of the specific pledges of particular amendments have been found to be implicit in the concept of ordered liberty, and thus, through the Fourteenth Amendment, become valid as against the states," and that guarantees "in their origin …… effective against the federal government alone" had, by prior cases, "been taken over from the earlier articles of the federal bill of rights and brought within the Fourteenth Amendment by a process of absorption." 302 U. S., at 324-325, 326.

We accept Betts v. Brady's assumption, based as it was on our prior cases, that a provision of the Bill of Rights which is "fundamental and essential to a fair trial" is made obligatory upon the States by the Fourteenth Amendment. We think the Court in Betts was wrong, however, in concluding that the Sixth Amendment's guarantee of counsel is not one of these fundamental rights. Ten years before Betts v. Brady, this Court, after full consideration of all the historical data examined in Betts, had unequivocally declared that "the right to the aid of «372 U. S., 343» counsel is of this fundamental character." Powell v. Alabama, 287 U. S. 45, 68 (1932). While the Court, at the close of its Powell opinion, did, by its language, as this Court frequently does, limit its holding to the particular facts and circumstances of that case, its conclusions about the fundamental nature of the right to counsel are unmistakable.

6) E. g., Wolf v. Colorado, 338 U. S. 25, 27–28 (1949); Elkins v. United States, 364 U. S. 206, 213 (1960); Mapp v. Ohio, 367 U. S. 643, 655 (1961).

7) Robinson v. California, 370 U. S. 660, 666 (1962).

수색에 및 압수에 대한 연방헌법 수정 제4조의 금지를,[6] 그리고 잔인하고 이상한 형벌(cruel and unusual punishment)에 대한 연방헌법 수정 제8조의 금지[7])를 주들 위에 의무적인 것으로 당원은 만들어 왔다. 반면에, 연방헌법 수정 제5조의 이중위험 금지 규정(the double jeopardy provision)을 주들 위에 의무적인 것으로 연방헌법 수정 제14조가 만든다고 판단하기를 Palko v. Connecticut, 302 U. S. 319 (1937)에서 당원은 거부하였다. 그러나 그렇게 거부함에 있어서 당원은 카르도조(CARDOZO) 판사를 통하여 말하면서, "특정 수정조항들의 구체적 서약들(specific pledges)의 힘으로 연방정부에 대처한 것으로서(as against federal government) 유효한 면제들(immunities)은 질서 있는 자유(ordered liberty)의 개념에 내재하는 것으로 인정되어 왔고, 그리하여 연방헌법 수정 제14조를 통하여 주들에 대처한 것으로서도 유효한 것이 되었"다고, 그리하여 "근원에 있어서는 …… 연방정부에 대처해서만 유효했던" 그 보장들은 선례들에 의하여 "연방 권리장전의 초기 조항들로부터 인계되어 흡수(absorption)의 과정을 거쳐 연방헌법 수정 제14조의 범위 안에 넣어지게 되었다."고 강조하는 주의를 당원은 기울였다. 302 U. S., at 324-325, 326..

"공정한 정식사실심리에 기본적이고 필수적인" 권리장전상의 규정은 연방헌법 수정 제14조에 의하여 주들 위에 의무적인 것으로 만들어진다는 Betts v. Brady 판결의 가정을 우리의 선례들에 기초한 것으로서 우리는 받아들인다. 그러나 연방헌법 수정 제6조의 변호인의 보장은 이 기본적 권리들 가운데의 하나가 아니라고 Betts 판결에서 당원이 결론지은 것은 잘못이었다고 우리는 생각한다. Betts v. Brady 판결이 있기 10년 전에 Betts 사건에서 검토된 모든 역사적 자료들에 대한 충분한 검토 뒤에, "변호인의 조력을 받을 «372 U. S., 343» 권리는 이러한 기본적 성격의 것"임을 당원은 전원일치로 선언한 바 있었다. Powell v. Alabama, 287 U. S. 45, 68 (1932). 당원이 자주 그러하듯, Powell 판결의 자신의 의견 마무리 부분에서 그 나름의 표현법으로써 자신의 판시를 그 사건의 구체적 사실관계들에 및 상황들에 당원은 국한시키기는 하였지만, 변호인의 조력을 받을 권리의 기본적 성격에 관한 그 결론들은 의심의 여지가 없다. 변호인의 조력을 받을 권리의 기본적 성격에

6) 예컨대, Wolf v. Colorado, 338 U. S. 25, 27–28 (1949)이; Elkins v. United States, 364 U. S. 206, 213 (1960)이; Mapp v. Ohio, 367 U. S. 643, 655 (1961)이 그것들이다.
7) Robinson v. California, 370 U. S. 660, 666 (1962).

Several years later, in 1936, the Court reemphasized what it had said about the fundamental nature of the right to counsel in this language:

"We concluded that certain fundamental rights, safeguarded by the first eight amendments against federal action, were also safeguarded against state action by the due process of law clause of the Fourteenth Amendment, and among them the fundamental right of the accused to the aid of counsel in a criminal prosecution." Grosjean v. American Press Co., 297 U. S. 233, 243-244 (1936).

And again, in 1938 this Court said:

"[The assistance of counsel] is one of the safeguards of the Sixth Amendment deemed necessary to insure fundamental human rights of life and liberty ······. The Sixth Amendment stands as a constant admonition that, if the constitutional safeguards it provides be lost, justice will not 'still be done." Johnson v. Zerbst, 304 U. S. 458, 462 (1938). To the same effect, see Avery v. Alabama, 308 U. S. 444 (1940), and Smith v. O'Grady, 312 U. S. 329 (1941).

In light of these and many other prior decisions of this Court, it is not surprising that the Betts Court, when faced with the contention that "one charged with crime, who is unable to obtain counsel, must be furnished counsel by the State," conceded that "[e]xpressions in the opinions of this court lend color to the argument ······." 316 U. S., at 462-463. The fact is that, in deciding as it did - that "appointment of counsel is not a fundamental right, «372 U. S., 344» essential to a fair trial" - the Court in Betts v. Brady made an abrupt break with its own well considered precedents. In returning to these old precedents, sounder, we believe, than the new, we but restore constitutional principles established to achieve a fair system of justice. Not only these precedents, but also reason and reflection, require us to recognize

관하여 자신이 말했던 바를 수 년 뒤인 1936년에 다음의 표현으로 다시 당원은 강조하였다:

"최초의 여덟 개 수정조항에 의하여 연방의 행위에 대처하기 위하여 보장된 일정한 기본적 권리들은 연방헌법 수정 제14조의 적법절차 조항에 의하여 주(state) 행위에 대처하기 위하여도 보장된다고, 그리고 그것들 가운데는 형사 기소사건에서 변호인의 조력을 받을 범인으로 주장되는 사람의 기본적 권리가도 포함된다고 우리는 결론지었다." Grosjean v. American Press Co., 297 U. S. 233, 243-244 (1936).

그리고 다시 1938년에 당원은 말하였다:

"[변호인의 조력은] 생명(life)의 및 자유(liberty)의 기본적 인권을 확보하기 위하여 필수라고 여겨진 연방헌법 수정 제6조의 보장들 가운데 하나이다 …… 만약 그것이 제공하는 헌법적 보호장치들이 상실된다면 사법이 '여전히 시행되(still be done)'지는 못할 것이라는 점에 대하여 한결같은 훈계로서 연방헌법 수정 제6조는 위치한다." Johnson v. Zerbst, 304 U. S. 458, 462 (1938). 같은 취지의 것으로 Avery v. Alabama, 308 U. S. 444 (1940)을 및 Smith v. O'Grady, 312 U. S. 329 (1941)을 보라.

당원의 이 선례들에 및 그 밖의 많은 선례들에 비춰보면, "범죄혐의로 기소되어 변호인을 선임할 수 없는 사람에게는 …… 주들에 의하여 변호인이 제공되지 않으면 안 된다."는 주장에 직면하였을 때 "[당]원의 의견들에서의 표현들은 그 주장을 그럴 듯하게 하여 …… 준다," 316 U. S., at 462-463, 고 Betts 법원이 시인하였음은 놀라운 것이 아니다. 사실은, Betts v. Brady 판결에서 당원이 판단하였듯이 그렇게 — "변호인 지정은 공정한 정식사실심리에 필수인 «372 U. S., 344» 기본적 권리가 아니"라고 — 당원이 판단함에 있어서 그 자신의 훌륭히 고찰된 선례들로부터의 갑작스러운 단절을 당원은 지었다는 데 있다. 새로운 선례들에게보다도 더 건전하다고 우리가 믿는 이 더 오래된 선례들에게로 우리가 돌아감에 있어서 공정한 재판제도를 성취하기 위하여 수립된 헌법적 원칙들을 우리는 회복하는 것에 다름 아니다. 우리의 대립당사자주의(adversary) 형사재판 제도에서 법정에 끌려나온, 그러나 너무 가난하여 변호사를 고용할 수 없는 사람 누구나를 위하여 변호인이 제공되지

that, in our adversary system of criminal justice, any person haled into court, who is too poor to hire a lawyer, cannot be assured a fair trial unless counsel is provided for him. This seems to us to be an obvious truth. Governments, both state and federal, quite properly spend vast sums of money to establish machinery to try defendants accused of crime. Lawyers to prosecute are everywhere deemed essential to protect the public's interest in an orderly society. Similarly, there are few defendants charged with crime, few indeed, who fail to hire the best lawyers they can get to prepare and present their defenses. That government hires lawyers to prosecute and defendants who have the money hire lawyers to defend are the strongest indications of the widespread belief that lawyers in criminal courts are necessities, not luxuries. The right of one charged with crime to counsel may not be deemed fundamental and essential to fair trials in some countries, but it is in ours. From the very beginning, our state and national constitutions and laws have laid great emphasis on procedural and substantive safeguards designed to assure fair trials before impartial tribunals in which every defendant stands equal before the law. This noble ideal cannot be realized if the poor man charged with crime has to face his accusers without a lawyer to assist him. A defendant's need for a lawyer is nowhere better stated than in the moving words of Mr. Justice Sutherland in Powell v. Alabama:

"The right to be heard would be, in many cases, of little avail if it did not comprehend the right to be «372 U. S., 345» heard by counsel. Even the intelligent and educated layman has small and sometimes no skill in the science of law. If charged with crime, he is incapable, generally, of determining for himself whether the indictment is good or bad. He is unfamiliar with the rules of evidence. Left without the aid of counsel, he may be put on trial without a proper charge, and convicted upon incompetent evidence, or evi-

않는다면, 공정한 정식사실심리를 그가 보장받을 수 없음을 우리더러 인정하라고 이 선례들은 물론이고 이성(reason)은 및 숙고(reflection)는 또한 마찬가지로 요구한다. 이것은 우리에게 명백한 진실이라고 생각된다. 범인으로 주장되는 피고인들을 정식사실심리하는 기관을 설립하기 위하여 매우 적절히도 다대한 액수의 돈을 주 정부들은 및 연방정부는 다 같이 쓴다. 소송을 추행하는(prosecute) 변호사들은 어디서든 질서 있는 사회에 대한 공중의 이익을 보호하기 위하여 필수의 것으로 간주된다. 마찬가지로 범인으로 주장되는 피고인들로서 자신들의 항변사유들을 준비하고 제시하기 위하여 그들이 얻을 수 있는 최상의 변호사들을 고용하지 못하는 경우란 드물며, 그것도 참으로 드물다. 소송을 추행하기 위하여 변호사들을 정부가 고용한다는 사실은, 그리고 자신을 방어하기 위하여 변호사들을 돈 있는 피고인들이 고용한다는 사실은 형사 법정들에서의 변호사들이 사치품 아닌 필수품이라는 그 넓게 퍼져 있는 믿음에 대한 가장 강력한 징표들이다. 범죄혐의로 기소된 사람의 변호인의 조력을 받을 권리는 어떤 나라들에서는 공정한 정식사실심리들에 기본적인 또는 필수적인 것으로 여겨지지 않을지도 모르지만, 우리나라에서 그것은 기본이고 필수이다. 법 앞에 평등하게 모든 피고인이 서는 공정한 법정들 앞에서의 공정한 정식사실심리들을 보장하도록 설계된 절차적 및 실체적 보호수단들 위에 커다란 강조를 바로 그 출범 때부터 주를 및 연방을 막론하고 우리의 헌법들은 및 법들은 두어 왔다. 만약 자신을 조력할 변호사 없이 자신의 고소인들을 범인으로 주장되는 가난한 사람이 대적해야 한다면, 이 고결한 이상은 실현될 수 없다. 다른 어디에서보다 Powell v. Alabama 판결에서의 서덜랜드(SUTHERLAND) 판사의 감동적인 말에서 피고인에게 있어서의 변호사의 필요는 가장 잘 표명되었다:

"만약 변호인을 통하여 청문될 권리(the right to be heard by counsel)를 포함하지 않는다면 청문될 권리(the right to be heard)는 많은 경우에 «372 U. S., 345» 쓸모가 없을 것이다. 심지어 지성을 갖추고 교육을 받았다 하더라도 문외한은 법률과학에 있어서 지니는 숙련이 적고, 때로는 전혀 없다. 범죄로 기소되면, 대배심 기소(indictment)가 좋은지 나쁜지를 그는 일반적으로 그 혼자서는 판단할 수 없다. 그는 증거규칙들에 생소하다. 변호인의 조력 없이 남겨지면, 그는 정당한 고발 없이 정식사실심리에 처해질 수 있고, 자격 없는 증거에 의하여, 또는 쟁점에 관계 없는 내지는 그 밖에

dence irrelevant to the issue or otherwise inadmissible. He lacks both the skill and knowledge adequately to prepare his defense, even though he have a perfect one. He requires the guiding hand of counsel at every step in the proceedings against him. Without it, though he be not guilty, he faces the danger of conviction because he does not know how to establish his innocence." 287 U. S., at 68-69.

The Court in Betts v. Brady departed from the sound wisdom upon which the Court's holding in Powell v. Alabama rested. Florida, supported by two other States, has asked that Betts v. Brady be left intact. Twenty-two States, as friends of the Court, argue that Betts was "an anachronism when handed down," and that it should now be overruled. We agree.

The judgment is reversed, and the cause is remanded to the Supreme Court of Florida for further action not inconsistent with this opinion.

Reversed.

증거능력 없는 증거에 의하여 유죄로 판정될 수 있다. 심지어 완벽한 항변사유를 가지고 있는 경우라 하더라도 자신의 항변사유를 충분히 준비할 기술을 및 지식을 모두 그는 결여하고 있다. 변호인의 이끄는 손(the guiding hand)을 자신을 겨냥한 절차들에 있어서의 모든 단계마다에서 그는 필요로 한다. 그것 없이는, 설령 자신에게 죄가 없다 하더라도 어떻게 그 자신의 무죄를 증명하여야 할지를 알지 못하는 까닭에, 유죄판정의 위험에 그는 직면하게 된다." 287 U. S., at 68-69.

자신의 Powell v. Alabama 판결이 근거로 삼았던 건전한 지혜를 Betts v. Brady 판결에서 당원은 벗어났다. Betts v. Brady 판결은 그대로 두어져야 한다고 다른 두 개의 주들의 지지 가운데 플로리다주는 요청하고 있다. Betts 판결은 그 "내려진 때에 시대착오"였고 따라서 이제 폐기되어야 한다고 스물 두 개의 주들은 법정의 벗들로서 주장한다. 우리는 이에 동의한다.

원심판결 주문은 파기되고 사건은 이 의견에 저촉되지 않는 추후의 처분을 위하여 플로리다주 대법원에 환송된다.

원심판결은 파기되었다.

MR. JUSTICE DOUGLAS.

While I join the opinion of the Court, a brief historical resume of the relation between the Bill of Rights and the first section of the Fourteenth Amendment seems pertinent. Since the adoption of that Amendment, ten justices have felt that it protects from infringement by the States the privileges, protections, and safeguards granted by the Bill of Rights. «372 U. S., 346»

Justice Field, the first Justice Harlan, and probably Justice Brewer, took that position in O'Neil v. Vermont, 144 U. S. 323, 362-363, 370-371, as did Justices BLACK, DOUGLAS, Murphy and Rutledge in Adamson v. California, 332 U. S. 46, 71-72, 124. And see Poe v. Ullman, 367 U. S. 497, 515-522 (dissenting opinion). That view was also expressed by Justices Bradley and Swayne in the Slaughter-House Cases, 16 Wall. 36, 118-119, 122, and seemingly was accepted by Justice Clifford when he dissented with Justice Field in Walker v. Sauvinet, 92 U. S. 90, 92.[1] Unfortunately it has never commanded a Court. Yet, happily, all constitutional questions are always open. Erie R. Co. v. Tompkins, 304 U. S. 64. And what we do today does not foreclose the matter.

---

1) Justices Bradley, Swayne and Field emphasized that the first eight Amendments granted citizens of the United States certain privileges and immunities that were protected from abridgment by the States by the Fourteenth Amendment. See Slaughter-House Cases, supra, at 118-119; O'Neil v. Vermont, supra, at 363. Justices Harlan and Brewer accepted the same theory in the O'Neil case (see Id., at 370-371), though Justice Harlan indicated that all "persons," not merely "citizens," were given this protection. Ibid. In Twining v. New Jersey, 211 U. S. 78, 117, Justice Harlan's position was made clear:
"In my judgment, immunity from self-incrimination is protected against hostile state action not only by …… [the Privileges and Immunities Clause], but [also] by …… [the Due Process Clause]."
Justice Brewer, in joining the opinion of the Court, abandoned the view that the entire Bill of Rights applies to the States in Maxwell v. Dow, 176 U. S. 581.

더글라스(DOUGLAS) 판사의 의견이다.

이 법원의 의견에 나는 가담하는 바, 다만 권리장전의 및 연방헌법 수정 제14조 첫째 절의 양자 사이의 관계에 대한 간략한 역사적 요약이 적절할 것으로 생각된다. 권리장전에 의하여 부여된 특권들(privileges)을, 보장들(protections)을, 그리고 보호수단들(safeguards)을 주들에 의한 침해로부터 그 수정조항이 보호한다고 생각해 온 연방대법원 판사들은 그 수정조항의 채택 이래 열 명에 달한다. «372 U. S., 346»

그 입장을 O'Neil v. Vermont, 144 U. S. 323, 362-363, 370-371에서 필드(Field) 판사가, 첫 번째의(the first) 할란(Harlan) 판사가 및 아마도 브류어(Brewer) 판사가 취했는데, Adamson v. California, 332 U. S. 46, 71-72, 124에서 블랙(BLACK) 판사가, 더글라스(DOUGLAS) 판사가, 머피(Murphy) 판사가 및 루틀리지(Rutledge) 판사가 그랬던 것에 같다. 또한 Poe v. Ullman, 367 U. S. 497, 515-522 (반대의견)을 보라. 또한 Slaughter-House Cases, 16 Wall. 36, 118-119, 122에서 브래들리(Bradley) 판사에 및 스웨인(Swayne) 판사에 의하여도 그 입장은 표명되었고, Walker v. Sauvinet, 92 U. S. 90, 92에서 필드(Field) 판사에 더불어 다수의견에 클리포드(Clifford) 판사가 반대함에 있어서 그에 의하여 받아들여진 것으로 보인다.1) 불행하게도 그것은 법원에 대하여 명령을 내린 적이 결코 없다. 현재로서는 다행히도 모든 헌법 문제들은 언제나 미해결

1) 일정한 특권들을과 면제들을 미합중국 시민들에게 최초의 여덟 개 수정조항들은 부여하였음을, 연방헌법 수정 제14조에 의하여 주들의 침해로부터 그것들은 보호됨을 브래들리(BRADLEY) 판사는, 스웨인(Swayne) 판사는 및 필드(Field) 판사는 강조하였다. Slaughter-House Cases, supra, at 118-119를; O'Neil v. Vermont, supra, at 363을 보라. 바로 그 이론을 O'Neil 사건(id., at 370-371을 보라)에서 할란(HARLAN) 판사는 및 브류어(BREWER) 판사는 채용하였는데, 다만 이 보호를 "시민들(citizens)"이만이 아니라 모든 "사람들(persons)"이 부여받는다고 할란(HARLAN) 판사는 말하였다. Ibid. 할란(HARLAN) 판사의 입장은 Twining v. New Jersey, 211 U. S. 78, 117에서 명확한 것이 되었다: "나의 판단으로는 적대적인 주 행위에 대처하여 자기부죄(self-incrimination)로부터의 면제는 보호되는 바, …… [특권들 및 면제들 조항(the Privileges and Immunities Clause)]에 의해서만이 아니라 …… [적법절차 조항(the Due Process Clause)] 에 의해서이기도 하다."
권리장전 전체가 주들에게 적용된다는 견해를 Maxwell v. Dow, 176 U. S. 581에서 법원의 의견에 가담함에 있어서 브류어(BREWER) 판사는 버렸다.

My Brother HARLAN is of the view that a guarantee of the Bill of Rights that is made applicable to the States by reason of the Fourteenth Amendment is a lesser version of that same guarantee as applied to the Federal Government.[2] Mr. Justice Jackson shared that view.[3] «372 U. S., 347» But that view has not prevailed,[4] and rights protected against state invasion by the Due Process Clause of the Fourteenth Amendment are not watered-down versions of what the Bill of Rights guarantees.

2) See Roth v. United States, 354 U. S. 476, 501, 506; Smith v. California, 361 U. S. 147, 169.

3) Beauharnais v. Illinois, 343 U. S. 250, 288. Cf. the opinions of Justices Holmes and Brandeis in Gitlow v. New York, 268 U. S. 652, 672, and Whitney v. California, 274 U. S. 357, 372.

4) The cases are collected by MR. JUSTICE BLACK in Speiser v. Randall, 357 U. S. 513, 530. And see, Eaton v. Price, 364 U. S. 263, 274–276.

이다. Erie R. Co. v. Tompkins, 304 U. S. 64. 따라서 우리가 오늘 하는 일이 그 문제를 끝맺지는 못한다.

연방헌법 수정 제14조 덕분에 주들에게 적용되는 것으로 만들어진 권리장전의 한 가지 보장은 연방정부에 적용되는 것으로서의 동일한 보장의 축소형이라는 데 나의 동료 할란(HARLAN) 판사의 의견은 있다.[2] 그 견해를 잭슨(Jackson) 판사는 공유하였다.[3] «372 U. S., 347» 그러나 그 견해는 우세를 점한 적이 없는 바,[4] 연방헌법 수정 제14조의 적법절차 조항에 의하여 주(state)에 의한 침해로부터 보호되는 권리들은 권리장전이 보장하는 바의 물에 탄(watered-down) 변형들인 것이 아니다.

2) Roth v. United States, 354 U. S. 476, 501, 506을; Smith v. California, 361 U. S. 147, 169를 보라.
3) Beauharnais v. Illinois, 343 U. S. 250, 288. 아울러 Gitlow v. New York, 268 U. S. 652, 672에서의 및 Whitney v. California, 274 U. S. 357, 372에서의 홈즈(HOLMES) 판사의 및 브랜다이스(BRANDEIS) 판사의 의견들을 참조하라.
4) 그 사건들은 Speiser v. Randall, 357 U. S. 513, 530에서 블랙(BLACK) 판사에 의하여 정리되어 있다. 또한 Eaton v. Price, 364 U. S. 263, 274–276을 보라.

MR. JUSTICE CLARK, concurring in the result.

In Bute v. Illinois, 333 U. S. 640 (1948), this Court found no special circumstances requiring the appointment of counsel, but stated that, "if these charges had been capital charges, the court would have been required, both by the state statute and the decisions of this Court interpreting the Fourteenth Amendment, to take some such steps." Id., at 674. Prior to that case, I find no language in any cases in this Court indicating that appointment of counsel in all capital cases was required by the Fourteenth Amendment.[1] At the next Term of the Court, Mr. Justice Reed revealed that the Court was divided as to noncapital cases, but that "the due process clause …… requires counsel for all persons charged with serious crimes ……." Uveges v. Pennsylvania, 335 U. S. 437, 441 (1948). Finally, in Hamilton v. Alabama, 368 U. S. 52 (1961), we said that, "[w]hen one pleads to a capital charge without benefit of counsel, we do not stop to determine whether prejudice resulted." Id., at 55. «372 U. S., 348»

That the Sixth Amendment requires appointment of counsel in "all criminal prosecutions" is clear both from the language of the Amendment and from this Court's interpretation. See Johnson v. Zerbst, 304 U. S. 458 (1938). It is equally clear from the above cases, all decided after Betts v. Brady, 316 U. S.

1) It might, however, be said that there is such an implication in Avery v. Alabama, 308 U. S. 444 (1940), a capital case in which counsel had been appointed, but in which the petitioner claimed a denial of "effective" assistance. The Court, in affirming, noted that, "[h]ad petitioner been denied any representation of counsel at all, such a clear violation of the Fourteenth Amendment's guarantee of assistance of counsel would have required reversal of his conviction." Id., at 445. No "special circumstances" were recited by the Court, but, in citing Powell v. Alabama, 287 U. S. 45 (1932), as authority for its dictum, it appears that the Court did not rely solely on the capital nature of the offense.

결과에 있어서 찬성하는 클라크(CLARK) 판사의 의견이다.

변호인 지정을 요구하는 아무런 특별한 상황을도 Bute v. Illinois, 333 U. S. 640 (1948)에서 당원은 발견하지 못하였는 바, 그러함에도 불구하고 "만약 이 공소사실들이 사형이 가능한(capital) 것들이었다면 그 같은 조치들을 취하도록 주 제정법에 의하여서와 연방헌법 수정 제14조를 해석한 당원의 선례들에 의하여 다 같이 법원은 요구되었을 것"이라고 당원은 말하였다. Id., at 674. 사형이 가능한 모든 사건들에서 변호인 지정이 요구됨을 나타내는 문구를 그 판례 이전의 당원에서의 어떤 판례들에서도 나는 발견할 수 없다.[1] 사형에 해당되지 않는 사건들(noncapital cases)에 관하여 당원이 나뉘어 있음을, 그러나 "…… 중대한 범죄들(serious crimes)로 기소된 모든 사람들을 위하여 변호인을 적법절차 조항은 요구함"을 당원의 그 다음 번 개정기(Term)에 리드(Reed) 판사는 보여 주었다. Uveges v. Pennsylvania, 335 U. S. 437, 441 (1948). 끝으로 Hamilton v. Alabama, 368 U. S. 52 (1961)에서 "사형이 가능한 공소사실에 대하여 변호인의 이익을 누리지 못한 채로 개인이 답변할 때, 결과적으로 불이익(prejudice)이 생겼는지 여부를 판정하기 위하여 우리는 멈추지 않는다."라고 우리는 말하였다. Id., at 55. «372 U. S., 348»

변호인 지정을 "모든 형사적 소송추행들(all criminal prosecutions)"에서 연방헌법 수정 제6조가 요구함은 그 수정조항의 문언으로부터 및 당원의 해석으로부터 명백하다. Johnson v. Zerbst, 304 U. S. 458 (1938)을 보라. 전부가 Betts v. Brady, 316 U. S. 455 (1942) 이후에 판결된 위 판례들에 비추어, 이 같은 지정을 사형이 가능한 모든 소송

1) 다만, 변호인이 지정되었음에도 "효과적인(effective)" 조력에 대한 박탈을 청구인이 주장한, 사형이 가능한 사건이었던 Avery v. Alabama, 308 U. S. 444 (1940)에 그 같은 함축이 있다고 말해질 수는 있을 것이다. 원심판결을 인가함에 있어서, "[변]호인의 대변을 만약 청구인이 완전히 박탈당했다면, 그에 대한 유죄판정의 파기를 연방헌법 수정 제14조의 변호인의 조력의 보장에 대한 이 같은 명백한 위반은 요구했을 것이다."라고 당원은 특별히 언급하였다. Id., at 445. "특별한 상황(special circumstances)"은 당원에 의하여 상술되지 않았지만, Powell v. Alabama, 287 U. S. 45 (1932)을 자신의 방론의 근거로 인용함에 있어서 단지 그 범죄의 사형이 가능한 성격에만 당원이 의존했던 것은 아닌 것으로 보인다.

455 (1942), that the Fourteenth Amendment requires such appointment in all prosecutions for capital crimes. The Court's decision today, then, does no more than erase a distinction which has no basis in logic and an increasingly eroded basis in authority. In Kinsella v. United States ex rel. Singleton, 361 U. S. 234 (1960), we specifically rejected any constitutional distinction between capital and noncapital offenses as regards congressional power to provide for court-martial trials of civilian dependents of armed forces personnel. Having previously held that civilian dependents could not constitutionally be deprived of the protections of Article III and the Fifth and Sixth Amendments in capital cases, Reid v. Covert, 354 U. S. 1 (1957), we held that the same result must follow in noncapital cases. Indeed, our opinion there foreshadowed the decision today,[2] as we noted that:

"Obviously Fourteenth Amendment cases dealing with state action have no application here, but if «372 U. S., 349» they did, we believe that to deprive civilian dependents of the safeguards of a jury trial here …… would be as invalid under those cases as it would be in cases of a capital nature." 361 U. S., at 246-247.

I must conclude here, as in Kinsella, supra, that the Constitution makes no distinction between capital and noncapital cases. The Fourteenth Amendment requires due process of law for the deprival of "liberty," just as for deprival of "life," and there cannot constitutionally be a difference in the quality of the process based merely upon a supposed difference in the sanction involved. How can the Fourteenth Amendment tolerate a procedure

2) Portents of today's decision may be found as well in Griffin v. Illinois, 351 U. S. 12 (1956), and Ferguson v. Georgia, 365 U. S. 570 (1961). In Griffin, a noncapital case, we held that the petitioner's constitutional rights were violated by the State's procedure, which provided free transcripts for indigent defendants only in capital cases. In Ferguson, we struck down a state practice denying the appellant the effective assistance of counsel, cautioning that "[o]ur decision does not turn on the facts that the appellant was tried for a capital offense and was represented by employed counsel. The command of the Fourteenth Amendment also applies in the case of an accused tried for a noncapital offense, or represented by appointed counsel." 365 U. S., at 596.

추행들에서 연방헌법 수정 제14조가 요구함은 마찬가지로 명백하다. 그렇다면 이 법원의 오늘의 판결이 하고 있는 바는, 논리에서는 근거가 없고 권위에서는 더욱 더 침식되는 근거만을 지닌 한 가지 구분을 없애는 것에 불과하다. Kinsella v. United States ex rel. Singleton, 361 U. S. 234 (1960)에서, 군대 요원이 부양하는 민간인 가족들(civilian dependents)에 대한 군사법원의 정식사실심리(court-martial trials)를 규정할 연방의회의 권한에 관련하여 사형이 가능한 범죄의 및 사형에 해당되지 않는 범죄의 양자 사이의 어떤 헌법적 구분을도 우리는 명시적으로 거부하였다. 연방헌법 제3조의, 연방헌법 수정 제5조의 및 제6조의 보호를 민간인 가족들은 헌법적으로 박탈당할 수 없다고 일찍이 사형이 가능한 사건들에서 우리는 판시한 바 있었는데, Reid v. Covert, 354 U. S. 1 (1957), 사형에 해당되지 않는 사건들에서도 동일한 결과가 나오지 않으면 안 된다고 우리는 판시하였다. 사실, 오늘의 판결을 거기서의 우리의 의견은 미리 암시하였는 바,[2] 왜냐하면 우리는 특별히 이렇게 언급했기 때문이다:

"주(state) 행위를 다루는 연방헌법 수정 제14조의 사건들은 여기에 적용이 없음이 명백하지만, 그러나 설령 «372 U. S., 349» 그 적용이 있다 하더라도, 여기서 배심에 의한 정식사실심리(a jury trial)의 보호수단들을 민간인 가족들로부터 박탈하는 것은 …… 마치 사형이 가능한 성격의 사건들에 있어서 무효이듯 그 사건들 아래서도 무효일 것으로 우리는 믿는다." 361 U. S., at 246-247.

사형이 가능한(capital) 사건들의 및 사형에 해당되지 않는(noncapital) 사건들의 양자 사이에 어떤 구분을도 Kinsella, supra에서처럼 여기서 연방헌법은 짓고 있지 않다고 나는 결론짓지 않을 수 없다. "자유"의 박탈을 위하여 적법절차를 연방헌법 수정 제14조가 요구함은 바로 "생명"의 박탈을 위하여 요구함에 같은 바, 그러므로 단지 그 포함된 제재(sanction)에 있어서의 가정된 차이에 근거한 것만으로는 절차의 질에 있어서의 차이는 헌법적으로 있을 수 없다. 생명의 박탈이보다도 자유의 박탈이

2) Griffin v. Illinois, 351 U. S. 12 (1956)에서 및 Ferguson v. Georgia, 365 U. S. 570 (1961)에서도 오늘의 판결의 전조는 찾아질 수 있다. 사형에 해당되지 않은 사건인 Griffin 판결에서, 무료의 기록 전사등본을 가난한 피고인들에게 오직 사형이 가능한 사건들에서만 제공하는 주(the State's) 절차에 의하여 청구인의 연방헌법상의 권리들이 침해되었다고 우리는 보았다. Ferguson 사건에서 항소인에게 실질적인 변호인의 조력을 거부하는 주(a state) 실무를 우리는 폐기하면서, "사형이 가능한 범죄로 항소인이 정식사실심리되었다는, 그리고 고용된(employed) 변호인에 의하여 대변되었다는 사실관계에 우리의 판결은 달린 것은 아니다. 사형에 해당되지 않는 범죄로 정식사실심리를 받는 또는 지정된(appointed) 변호인에 의하여 대변되는 범인으로 주장되는 사람의 사건에도 연방헌법 수정 제14조의 명령은 적용된다."고 주의를 우리는 덧붙였다. 365 U. S., at 596.

which it condemns in capital cases on the ground that deprival of liberty may be less onerous than deprival of life - a value judgment not universally accepted[3] - or that only the latter deprival is irrevocable? I can find no acceptable rationalization for such a result, and I therefore concur in the judgment of the Court.

3) See, e. g., Barzun, In Favor of Capital Punishment, 31 American Scholar 181, 188–189 (1962).

덜 부담스러울 수 있다는 이유로 — 그것은 보편적으로 받아들여지고 있지 않은 가치판단이다[3] — 또는 되돌이킬 수 없는 것은 후자의 박탈만이라는 이유로, 사형이 가능한 사건들에서 그 자신이 비난하는 절차를 연방헌법 수정 제14조가 어떻게 용인할 수 있겠는가? 그 같은 결과를 위한 받아들일 수 있을 만한 합리화 사유를 나는 발견할 수 없으며 따라서 이 법원의 판결주문에 나는 찬동한다.

3) 예컨대, Barzun, In Favor of Capital Punishment, 31 American Scholar 181, 188–189 (1962)을 보라.

MR. JUSTICE HARLAN, concurring.

I agree that Betts v. Brady should be overruled, but consider it entitled to a more respectful burial than has been accorded, at least on the part of those of us who were not on the Court when that case was decided.

I cannot subscribe to the view that Betts v. Brady represented "an abrupt break with its own well considered precedents." Ante, p. 344. In 1932, in Powell v. Alabama, 287 U. S. 45, a capital case, this Court declared that, under the particular facts there presented - "the ignorance and illiteracy of the defendants, their youth, the circumstances of public hostility ······ and, above all, that they stood in deadly peril of their lives" (287 U. S., at 71) - the state court had a duty to assign counsel for «372 U. S., 350» the trial as a necessary requisite of due process of law. It is evident that these limiting facts were not added to the opinion as an afterthought; they were repeatedly emphasized, see 287 U. S., at 52, 57-58, 71, and were clearly regarded as important to the result.

Thus when this Court, a decade later, decided Betts v. Brady, it did no more than to admit of the possible existence of special circumstances in non-capital, as well as capital trials, while at the same time insisting that such circumstances be shown in order to establish a denial of due process. The right to appointed counsel had been recognized as being considerably broader in federal prosecutions, see Johnson v. Zerbst, 304 U. S. 458, but to have imposed these requirements on the States would indeed have been "an abrupt break" with the almost immediate past. The declaration that the right

할란(HARLAN) 판사의 보충의견이다.

Betts v. Brady 판결이 폐기되어야 한다는 데에 나는 동의하지만, 적어도 우리들 중 그 사건이 판결된 당시에 당원에 있지 않았던 사람들 쪽에게는 그것은 지금껏 부여되어 있는 것을보다는 더 정중한 매장을 누릴 자격을 지닌 것이었다고 나는 생각한다.

Betts v. Brady 판결이 "당원의 훌륭히 고찰된 선례들로부터의 갑작스러운 단절," Ante, p. 344, 에 해당한다는 견해에 나는 서명할 수 없다. 1932년에 사형이 가능한 사건인 Powell v. Alabama, 287 U. S. 45에서, 거기에 현출된 특정의 사실관계 ― "피고인들의 무지와 문맹, 그들의 나이어림, 대중의 적대감이라는 상황들 …… 그리고 무엇보다 그들이 목숨을 잃을 치명적인 위험 가운데에 서게 되었다는 사실"(287 U. S., at 71) ― 아래서는 적법절차의 한 가지 필수적 요건으로서 정식사실심리를 위한 «372 U. S., 350» 변호인을 주 법원은 지정할 의무가 있다고 당원은 선언하였다. 이러한 제한적 사실관계들은 그 의견에 한 개의 뒷 궁리로서 덧붙여졌던 것이 아님이 명백하다; 그것들은 반복적으로 강조되었고(287 U. S., at 52, 57-58, 71을 보라), 따라서 결과에 중요한 것으로 여겨졌음이 명백하다.

이렇게 하여 Betts v. Brady 사건을 10년 뒤에 당원이 판결하였을 때, 당원이 한 것은 단지 적법절차의 박탈을 입증하기 위하여는 특별한 상황(special circumstances)이 증명되어야 함을 역설하는 한편으로, 동시에, 사형이 가능한 사건들에서는 물론 사형에 해당되지 않는 사건들에서도 이 같은 특별한 상황의 존재 가능성을 인정한 것뿐이었다. 지정 변호인을 가질 권리는 연방법원 소송추행들에 있어서는 상당히 더 넓은 것으로 인정되어 왔었는 바(Johnson v. Zerbst, 304 U. S. 458을 보라), 그러나 이러한 요구사항들을 주들 위에 부과하였더라면 오히려 그것은 거의 직전 과거하고의 "갑작스러운 단절"이 되었을 것이다. Powell v. Alabama 사건에서 확립된 바 있는 것

to appointed counsel in state prosecutions, as established in Powell v. Alabama, was not limited to capital cases was in truth not a departure from, but an extension of, existing precedent.

The principles declared in Powell and in Betts, however, have had a troubled journey throughout the years that have followed first the one case and then the other. Even by the time of the Betts decision, dictum in at least one of the Court's opinions had indicated that there was an absolute right to the services of counsel in the trial of state capital cases.[1] Such dicta continued to appear in subsequent decisions,[2] and any lingering doubts were finally eliminated by the holding of Hamilton v. Alabama, 368 U. S. 52.

In noncapital cases, the "special circumstances" rule has continued to exist in form while its substance has been substantially and steadily eroded. In the first decade after Betts, there were cases in which the Court «372 U. S., 351» found special circumstances to be lacking, but usually by a sharply divided vote.[3] However, no such decision has been cited to us, and I have found none, after Quicksall v. Michigan, 339 U. S. 660, decided in 1950. At the same time, there have been not a few cases in which special circumstances were found in little or nothing more than the "complexity" of the legal questions presented, although those questions were often of only routine difficulty.[4] The Court has come to recognize, in other words, that the mere existence of a serious criminal charge constituted, in itself, special circumstances requiring the services of counsel at trial. In truth, the Betts v. Brady rule is no longer a reality.

This evolution, however, appears not to have been fully recognized by many state courts, in this instance charged with the front-line responsibility

1) Avery v. Alabama, 308 U. S. 444, 445.
2) E. g., Bute v. Illinois, 333 U. S. 640, 674; Uveges v. Pennsylvania, 335 U. S. 437, 441.
3) E. g., Foster v. Illinois, 332 U. S. 134; Bute v. Illinois, 333 U. S. 640; Gryger v. Burke, 334 U. S. 728.
4) E. g., Williams v. Kaiser, 323 U. S. 471; Hudson v. North Carolina, 363 U. S. 697; Chewning v. Cunningham, 368 U. S. 443.

으로서의 주법원 소송추행들에서의 지정 변호인을 가질 권리는 사형이 가능한 사건들에 한정되지 않는다는 선언은 실제로는 그 존속 중인 선례로부터의 한 개의 일탈이 아니라 한 개의 확장이었다.

그러나 떠들썩한 여정을 Powell 사건에서와 Betts 사건에서 선언된 원칙들은 먼저 Powell 사건에 뒤이은 기간 동안 내내, 그리고 Betts 사건에 뒤이은 기간 내내 밟아왔다. Betts 판결 당시에, 사형이 가능한 주법원 사건들의 정식사실심리에서는 변호인의 조력을 받을 절대적인 권리가 있음을 당원의 의견들 중 적어도 한 개에서의 방론(dictum)은 말한 바 있었다.[1] 이 같은 방론들은 뒤이은 판결들에서 계속 출현했고,[2] 조금이나마 미련이 남아있던 의문점들이마저도 Hamilton v. Alabama, 368 U. S. 52의 판시에 의하여 마침내 제거되었다.

사형에 해당되지 않는 사건들에 있어서 "특별한 상황(special circumstances)" 규칙은 그 실체에 있어서는 실제적으로 그리고 꾸준히 침식되어 오면서도, 형식에 있어서는 계속 존재하여 왔다. Betts 판결 이후 첫 10년 동안, 특별한 «372 U. S., 351» 상황들의 결여를 당원이 인정한 사건들이 있었지만, 그것은 대부분 뚜렷하게 양분된 표결에 의해서였다.[3] 그러나 1950년에 판결된 Quicksall v. Michigan, 339 U. S. 660 사건 이후 우리에게는 이 같은 판결은 아무 것이도 인용된 바 없고, 그리고 아무 것을도 나는 발견하지 못하였다. 동시에, 그 제기된 법적 문제들의 "복잡성(complexity)"에 지나지 않거나 이에 불과한 것들 가운데서 — 비록 그 문제들이란 흔히 일상적인 곤란을 지닌 것들에 불과함에도 — 특별한 상황이 인정되어 온 사건들이 꽤 많이 있다.[4] 달리 말하면, 정식사실심리 변호인의 복무행위들을 요구하는 특별한 상황을 중대한 공소사실의 존재는 그 자체만으로 구성한다고 당원은 인정하기에 이르렀다. 사실, Betts v. Brady 원칙은 더 이상 현실이 아니다.

그러나 이 경우에 있어서 헌법적 권리들의 시행을 위한 최전방을 책임지고 있는 많은 주 법원들에 의하여 이러한 전개는 충분히 인식되어 있지 않았던 것으로 보인

1) Avery v. Alabama, 308 U. S. 444, 445.
2) 예컨대, Bute v. Illinois, 333 U. S. 640, 674; Uveges v. Pennsylvania, 335 U. S. 437, 441이다.
3) 예컨대, Foster v. Illinois, 332 U. S. 134; Bute v. Illinois, 333 U. S. 640; Gryger v. Burke, 334 U. S. 728 등이다.
4) 예컨대, Williams v. Kaiser, 323 U. S. 471; Hudson v. North Carolina, 363 U. S. 697; Chewning v. Cunningham, 368 U. S. 443 등이다.

for the enforcement of constitutional rights.[5] To continue a rule which is honored by this Court only with lip service is not a healthy thing, and, in the long run, will do disservice to the federal system.

The special circumstances rule has been formally abandoned in capital cases, and the time has now come when it should be similarly abandoned in noncapital cases, at least as to offenses which, as the one involved here, carry the possibility of a substantial prison sentence. (Whether the rule should extend to *all* criminal cases need not now be decided.) This indeed does no more than to make explicit something that has long since been foreshadowed in our decisions. «372 U. S., 352»

In agreeing with the Court that the right to counsel in a case such as this should now be expressly recognized as a fundamental right embraced in the Fourteenth Amendment, I wish to make a further observation. When we hold a right or immunity, valid against the Federal Government, to be "implicit in the concept of ordered liberty"[6] and thus valid against the States, I do not read our past decisions to suggest that, by so holding, we automatically carry over an entire body of federal law and apply it in full sweep to the States. Any such concept would disregard the frequently wide disparity between the legitimate interests of the States and of the Federal Government, the divergent problems that they face, and the significantly different consequences of their actions. Cf. Roth v. United States, 354 U. S. 476, 496-508 (separate opinion of this writer). In what is done today, I do not understand the Court to depart from the principles laid down in Palko v. Connecticut, 302 U. S. 319, or to embrace the concept that the Fourteenth Amendment "incorporates" the Sixth Amendment as such.

On these premises I join in the judgment of the Court.

---

5) See, e. g., Commonwealth ex rel. Simon v. Maroney, 405 Pa. 562, 176 A. 2d 94 (1961); Shaffer v. Warden, 211 Md. 635, 126 A. 2d 573 (1956); Henderson v. Bannan, 256 F. 2d 363 (C. A. 6th Cir.1958).

6) Palko v. Connecticut, 302 U. S. 319, 325.

다.[5] 당원에 의하여 입발림으로만 존중되는 규칙을 유지하는 것은 건강한 일이 아니고 그리하여 그것은 종국에는 연방제도에 대하여 해를 끼칠 것이다.

특별한 상황 규칙은 사형이 가능한 사건들에서 정식으로 폐기되어 있고, 그리고 이제는 사형에 해당되지 않는 사건들에서도 마찬가지로, 적어도 여기에 포함된 것처럼 중대한 감옥형기의 가능성을 수반하는 범죄들에 관하여, 그것은 폐기되어야 할 때가 왔다.[*모든(all)* 형사사건들에 그 규칙이 확장되어야 할지 여부는 지금 판단될 필요가 없다.] 이것은 실로 우리의 판결들에서 미리 암시되어 온 지 오래인 것을 명확하게 만드는 것에 다름 아니다. «372 U. S., 352»

이 사건 류의 사건에서 변호인의 조력을 받을 권리는 이제 연방헌법 수정 제14조에 포함된 기본적 권리로서 명시적으로 인정되어야 한다는 데 대하여 이 법원에 동의함에 있어서, 한 가지 추가적 소견을 나는 말하고 싶다. 연방정부에 대처하여 유효한 권리를내지는 면제를 "질서 있는 자유(ordered liberty)의 개념에 내재하는 것으로"[6] 그리고 이에 따라서 주들에 대처하여 유효한 것으로 우리가 판단할 때, 그렇게 우리가 판시함으로써, 연방 법체 전부(an entire body of federal law)를 자동적으로 우리가 들어 옮겨 그것을 통째로 주들에게 적용해야 함을 우리의 과거의 판결들이 시사하는 것으로는 그것들을 나는 해석하지 않는다. 조금이라도 이 같은 개념은 주들의 적법한 이익의 및 연방정부의 적법한 이익들의양자 사이의 빈번히 현격한 불균형을, 그들이 직면한 상이한 문제들을, 그리고 그들의 행동의 주목할 만큼 상이한 결과들을 무시하는 것일 것이다. Roth v. United States, 354 U. S. 476, 496-508 (필자의 개별 의견)을 참조하라. 오늘 행해진 바 속에서, Palko v. Connecticut, 302 U. S. 319에서 규정된 원칙들로부터 이 법원이 이탈하는 것으로는, 또는 연방헌법 수정 제14조가 연방헌법 수정 제6조를 그 자체로서 "통합한다(incorporate)"는 개념을 이 법원이 받아들이는 것으로는 나는 이해하지 않는다.

이러한 전제 위에서 이 법원의 판결주문에 나는 가담한다.

---

5) 예컨대, Common wealth ex rel. Simon v. Maroney, 405 Pa. 562, 176 A. 2d 94 (1961); Shaffer v. Warden, 211 Md. 635, 126 A. 2d 573 (1956); Henderson v. Bannan, 256 F. 2d 363 (C. A. 6th Cir. 1958) 등을 보라.

6) Palko v. Connecticut, 302 U. S. 319, 325.[372 U. S. 353]

변호인의 조력을 받을 권리

Douglas v. California, 372 U. S. 353 (1963)

캘리포니아주 제2항소지구 주 항소 법원에 내린 사건기록 송부명령

NO. 34
변론 1962년 4월 17일
재변론을 위한 소송사건표 재등재 1962년 6월 25일
재변론 1963년 1월 16일
판결 1963년 3월 18일

요약해설

1. 개요

Douglas v. California, 372 U. S. 353 (1963)은 6 대 3으로 판결되었다. 법원의 의견을 더글라스(DOUGLAS) 판사가 썼고, 반대의견을 클라크(CLARK) 판사가, 그리고 스튜어트(STEWART) 판사의 가담 아래 할란(HARLAN) 판사가 각기 냈다. 변호인의 조력을 지불할 수 있느냐 없느냐에 따라 항소심 재심리에 차이를 둔 캘리포니아주 절차가 연방헌법 수정 제14조의 평등보호 조항에 및 공정한 절차 조항에 위배되는지 여부를 다루었다.

2. 사실관계 (372 U. S., at 353–355.)

강도를, 흉기소지 폭행(assault with a deadly weapon)을, 살인목적 폭행(assault with intent to commit murder)을 포함하는 13개의 중죄 혐의로 캘리포니아주 법원에 청구인들 두 사람은 검사기소(an information)되었다. 청구인들은 빈궁하였고, 주 법원에서의 병합 정식사실심리를 위하여 한 명의 국선변호인이 지정되었다. 정식사실심리의 시작 때에 연기속행(a continuance)을 국선변호인은 신청하였으나, 이 신청은 기각되었다. 청구인들은 그 국선변호인을 해임하고서, 서로 다른 변호인의 지정을 및 연기속행을 위한 신청을 반복하였으나 모두 기각되었다. 배심에 의한 정식사실심리에서 13개의 공소사실 전부에 대하여 청구인들에게 유죄판정이 내려지고 두 사람에게 다 같이 감옥형이 선고되었다. 캘리포니아주 지방 항소법원에 권리항소를 제기하고서 변호인의 조력을 청구인들은 요청하였다.

변호인을 바라는 빈궁한 사람의 요청이 있을 경우에 주 항소법원들은 "기록에 대한 독립적인 검토를 수행하여, …… 변호인을 지정함이 피고인에게 이익이 될지 내지는 항소법원에 도움이 될 것인지 여부를 판정할 수 있다. 이 같은 검토 이후에 만약 그들의 견해로 변호인을 지정하는 것이 피고인에게나 법원에게 도움이 될 것이면 항소법원들은 그렇게 해야 하고, 오직 그들의 판단으로 변호인 지정이 피고인에게나 법원에게나 그 어느 쪽에게도 아무런 가치가 없을 경우에 한하여 그 같은 지정을 항소법원들은 거부해야 한다."고 캘리포니아주 형사절차 규칙은 규정하고 있었다.

기록을 자신이 검토한 결과 변호인 지정에 의하여 아무런 소용에도 보탬이 될 수 없다는 결론에 이르렀음을 이유로 캘리포니아주 형사절차 규칙에 따라 변호인을 지정하기를 캘리포니아주 지방 항소법원은 거부하고서 항소를 기각하고 유죄 판정들을 인가하였다.

재량적 재심리(discretionary review)를 주 대법원에 청구인들은청구하였으나, 청문 없이 기각되었다. 사건기록 송부명령을 연방대법원은 허가하였다.

3. 쟁점

변호인의 조력을 피고인이 지불할 수 있느냐 없느냐에 따라 주 항소법원에서 제공받는 항소의 종류를 캘리포니아주 형사절차 규칙은 구분지었는데, 지불할 수 있으면 변호인의 준비서면의 및 구두변론의 이익을 모두 누린 뒤에 실체적 사항(merits)에 대한 심리에 나아가게 하였음에 반하여, 지불할 수 없으면, 변호인 지정을 설령 피고인이 요청하였더라도, 기록에 대한 독립적인 검토를 주 항소법원이 수행하여 변호인 지정이 피고인에게나 주 항소법원 자신에게 도움이 될 것으로 판정하여야만 변호인을 지정하게 하였다. 변호인 지정이 어느 쪽에도 도움이 되지 않는다는 판단이 내려지면 변호인 지정은 거부되므로 결국 변호인의 이익을 누리지 못한 가운데서 실체적 사항에 관하여 실익이 없다는 판단을 항소법원으로부터 받아 버리는 셈이 되었다. 연방헌법 수정 제14조의 평등보호 조항에 및 공정한 절차 보호 조항에 이 차별이 위배되는지 여부가 다투어졌다.

4. 더글라스(DOUGLAS) 판사가 쓴 법원의 의견의 요지

항소심에서의 빈궁한 사람에 대한 변호인의 박탈은 적어도 Griffin v. Illinois, 351

U. S. 12 (1956)에서 비난되었던 차별이만큼이나 불공평한 차별로 여겨질 것이다. 유죄로 판정된 피고인들 일부를 그들의 궁핍을 이유로 불리하게 차별하는 방식으로 항소심 재심리를 주는 허가해서는 안 된다. 개인이 가진 돈의 양에 그가 향유하는 항소의 종류가 달려 있을 경우에는 평등한 재판(equal justice)은 있을 수 없다. (372 U. S., at 355.)

부유한 사람들에게와 빈궁한 사람에게 다 같이 한 가지 권리사항으로서 부여된 형사 유죄판결에 대한 최초의 항소(first appeal)에서, 변호인의 이익을 누리지 못한 채 오직 하나뿐인 항소의 실체적 사항(merits)이 판단되어 있을 경우, 부유한 사람의 및 빈궁한 사람의 양자 사이에 위헌적인 금이 그어진 것이 된다. (372 U. S. 356–357.)

실체적 사항의 예비적 증명(a preliminary showing)을 하도록 빈궁한 사람이 강제될 경우, 공평한 절차에 그 항소권은 어울리지 않는다. 빈궁한 사람은 자신의 주장이 실익 없다는 예비적 판정에 의하여 이미 부담이 지워진 위에서 저 혼자서 해 나가도록 강제되는 반면, 권리로서 항소하는 부유한 사람은 변호인에 의한 기록 검토의, 법에 대한 연구의 및 그를 위한 주장들의 정리의 이익을 향유하는 곳에서는 연방헌법 수정 제14조에 의하여 요구되는 평등은 결여되어 있다. 캘리포니아주 지방 항소법원의 판결은 무효화되고 사건은 환송되었다. (372 U. S., at 357–358.)

MR. JUSTICE DOUGLAS delivered the opinion of the Court.

Petitioners, Bennie Will Meyes and William Douglas, were jointly tried and convicted in a California court on an information charging them with 13 felonies. A single «372 U. S. 354» public defender was appointed to represent them. At the commencement of the trial, the defender moved for a continuance, stating that the case was very complicated, that he was not as prepared as he felt he should be because he was handling a different defense every day, and that there was a conflict of interest between the petitioners, requiring the appointment of separate counsel for each of them. This motion was denied. Thereafter, petitioners dismissed the defender, claiming he was unprepared, and again renewed motions for separate counsel and for a continuance. These motions also were denied, and petitioners were ultimately convicted by a jury of all 13 felonies, which included robbery, assault with a deadly weapon, and assault with intent to commit murder. Both were given prison terms. Both appealed as of right to the California District Court of Appeal. That court affirmed their convictions. 187 Cal. App. 2d 802, 10 Cal. Rptr. 188. Both Meyes and Douglas then petitioned for further discretionary review in the California Supreme Court, but their petitions were denied without a hearing.[1] 187 Cal. App. 2d, at 813, 10 Cal. Rptr., at 195. We granted certiorari. 368 U. S. 815.

1) While the notation of a denial of hearing by the California Supreme Court indicates that only Meyes petitioned that Court for a hearing, and is silent as to Douglas' attempts at further review, the record shows that the petition for review was expressly filed on behalf of Douglas as well. Both Meyes and Douglas, therefore, have exhausted their state remedies and both cases are properly before us. 28 U. S. C. § 1257(3).

더글라스(DOUGLAS) 판사가 법원의 의견을 냈다.

베니 윌 메예즈(Bennie Will Meyes) 및 윌리엄 더글라스 등 청구인들은 자신들을 13개의 중죄 혐의로 기소하는 검사기소에 대하여 캘리포니아주 법원 한 곳에서 병합으로 정식사실심리를 받고 유죄로 판정되었다. 그들을 «372 U. S. 354» 대변하도록 한 명의 국선변호인이 지정되었다. 사건이 매우 복잡함을, 다른 변호사건 한 개를 매일 다루느라 준비를 갖춰야 할 것으로 자신이 느끼는 정도껏 준비가 되어 있지 않음을, 그리고 청구인 각자를 위한 서로 다른 변호인 지정을 필요로 하는 청구인들 사이의 이익충돌이 있음을 말하면서 연기속행(a continuance)을 정식사실심리 시작 때에 국선변호인은 신청하였다. 이 신청은 기각되었다. 그 국선변호인에게 준비가 갖추어져 있지 않다고 주장하면서 그를 그 뒤에 청구인들은 해임하고서, 각자의 변호인 지정을 및 연기속행을 구하는 신청들을 다시 제기하였다. 이 신청들은 역시 기각되었고, 그리하여 강도를, 흉기소지 폭행(assault with a deadly weapon)을, 살인목적 폭행(assault with intent to commit murder)을 포함하는 13개의 중죄 전부에 대하여 배심에 의하여 유죄로 청구인들은 끝내 판정되었다. 두 사람 모두에게 감옥형기가 선고되었다. 권리에 의거하여(as of right) 캘리포니아주 지방 항소법원에 두 사람은 모두 항소하였다. 그들에 대한 유죄판정들을 그 법원은 인가하였다. 187 Cal. App. 2d 802, 10 Cal. Rptr. 188. 추가적인 재량적 재심리(discretionary review)를 그 뒤에 캘리포니아주 대법원에 메예즈 및 더글라스 두 사람은 청구하였으나, 그들의 청구들은 청문 없이 기각되었다.[1] 187 Cal. App. 2d, at 813, 10 Cal. Rptr., at 195. 사건기록 송부명령을 우리는 허가하였다. 368 U. S. 815.

---

1) 청문을 그 법원에 메예즈만이 신청하였음을 캘리포니아주 대법원에 의한 청문 거부에 붙인 주석(the notation)은 나타내고 있고 뒤이은 재심리를 위한 더글라스의 시도에 관하여 그것은 말이 없기는 하지만, 분명히 더글라스를 위해서도 재심리를 위한 신청이 제기되었음을 기록은 보여준다. 따라서 자신들의 주(state) 구제절차를 메예즈 및 더글라스 두 사람은 다 모두 거친 것이고 따라서 두 사건들은 모두 정당하게 우리 앞에 있다. 28 U. S. C. § 1257(3).

Although several questions are presented in the petition for certiorari, we address ourselves to only one of them. The record shows that petitioners requested, and were denied, the assistance of counsel on appeal, even though it plainly appeared they were indigents. In denying petitioners' requests, the California District Court of Appeal stated that it had "gone through" the record «372 U. S. 355» and had come to the conclusion that "no good whatever could be served by appointment of counsel." 187 Cal. App. 2d 802, 812, 10 Cal. Rptr. 188, 195. The District Court of Appeal was acting in accordance with a California rule of criminal procedure which provides that state appellate courts, upon the request of an indigent for counsel, may make "an independent investigation of the record and determine whether it would be of advantage to the defendant or helpful to the appellate court to have counsel appointed ······. After such investigation, appellate courts should appoint counsel if in their opinion it would be helpful to the defendant or the court, and should deny the appointment of counsel only if in their judgment such appointment would be of no value to either the defendant or the court." People v. Hyde, 51 Cal. 2d 152, 154, 331 P. 2d 42, 43.

We agree, however, with Justice Traynor of the California Supreme Court, who said that the "[d]enial of counsel on appeal [to an indigent] would seem to be a discrimination at least as invidious as that condemned in Griffin v. Illinois ······." People v. Brown, 55 Cal. 2d 64, 71, 357 P. 2d 1072, 1076 (concurring opinion). In Griffin v. Illinois, 351 U. S. 12, we held that a State may not grant appellate review in such a way as to discriminate against some convicted defendants on account of their poverty. There, as in Draper v. Washington, post, p. 487, the right to a free transcript on appeal was in issue. Here the issue is whether or not an indigent shall be denied the assistance of counsel on appeal. In either case the evil is the same: discrimination against the indigent. For there can be no equal justice where the kind of an

비록 사건기록 송부명령 청구에 제기되어 있는 문제들은 여럿이지만, 그것들 중 오직 한 가지만을 본격적으로 우리는 다룬다. 변호인의 조력을 항소심에서 청구인들은 요청하였음을, 그리고 그들은 빈궁한 사람들임이 분명히 나타났음에도 불구하고 이를 거부당하였음을 기록은 보여준다. 자신이 기록을 "검토하기를 마쳤"다고, 그리하여 "변호인 지정에 의하여 아무런 소용에도 보탬이 «372 U. S. 355» 될 수 없다."는 결론에 자신이 이르렀다고 청구인들의 요청들을 거부함에 있어서캘리포니아주 지방 항소법원은 말하였다. 187 Cal. App. 2d 802, 812, 10 Cal. Rptr. 188, 195. 변호인을 바라는 빈궁한 사람의 요청이 있을 경우에 주 항소법원들은 "기록에 대한 독립적인 검토를 수행하여, …… 변호인을 지정함이 피고인에게 이익이 될 것인지 내지는 항소법원에 도움이 될 것인지 여부를 판정할 수 있다. 이 같은 검토 이후에 만약 그들의 견해로 변호인을 지정함이 피고인에게나 법원에게 도움이 될 것이면 항소법원들은 그렇게 해야 하고, 오직 그들의 판단으로 변호인 지정이 피고인에나 법원에게나 그 어느 쪽에게도 아무런 가치가 없을 경우에 한하여 그 같은 지정을 항소법원들은 거부해야 한다."고 규정하는 캘리포니아주 형사절차 규칙에 따라서 지방 항소법원은 행동하고 있었다. People v. Hyde, 51 Cal. 2d 152, 154, 331 P. 2d 42, 43.

그러나 "항소심에서의 [빈궁한 사람에 대한] 변호인의 박탈은 …… 적어도 Griffin v. Illinois에서 비난되었던 차별이만큼이나 불공평한 차별로 여겨질 것"이라고 말한 캘리포니아주 대법원의 트레이너(Traynor) 판사에게 우리는 동의한다. People v. Brown, 55 Cal. 2d 64, 71, 9 Cal. Rptr. 816, 357 P. 2d 1072, 1076 (보충의견). 유죄로 판정된 피고인들 일부를 그들의 궁핍을 이유로 불리하게 차별하는 그 같은 방식으로 항소심 재심리를 주가 허가해서는 안 된다고 Griffin v. Illinois, 351 U. S. 12에서 우리는 판시하였다. 거기서는 Draper v. Washington, post, p.487에서처럼 무료의 기록 전사등본(a free transcript)을 항소심에서 제공받을 권리가 쟁점이었다. 여기서의 문제는 변호인의 조력을 빈궁한 사람이 항소심에서 박탈당해야 하는지 당하지 않아야 하는지 여부이다. 어느 쪽이든 악폐는 동일하다; 즉 빈궁한 사람에 대한 차별이다. 왜냐하면 "그가 가진 돈의 양에" 한 개인이 향유하는 항소의 종류가

appeal a man enjoys "depends on the amount of money he has." Griffin v. Illinois, supra, at p. 19.

In spite of California's forward treatment of indigents, under its present practice, the type of an appeal a person is afforded in the District Court of Appeal hinges «372 U. S. 356» upon whether or not he can pay for the assistance of counsel. If he can, the appellate court passes on the merits of his case only after having the full benefit of written briefs and oral argument by counsel. If he cannot, the appellate court is forced to prejudge the merits before it can even determine whether counsel should be provided. At this stage in the proceedings, only the barren record speaks for the indigent, and, unless the printed pages show that an injustice has been committed, he is forced to go without a champion on appeal. Any real chance he may have had of showing that his appeal has hidden merit is deprived him when the court decides on an ex parte examination of the record that the assistance of counsel is not required.

We are not here concerned with problems that might arise from the denial of counsel for the preparation of a petition for discretionary or mandatory review beyond the stage in the appellate process at which the claims have once been presented by a lawyer and passed upon by an appellate court. We are dealing only with the *first appeal*, granted as a matter of right to rich and poor alike (Cal. Penal Code §§ 1235, 1237), from a criminal conviction. We need not now decide whether California would have to provide counsel for an indigent seeking a discretionary hearing from the California Supreme Court after the District Court of Appeal had sustained his conviction (see Cal. Const., Art. VI, § 4c; Cal. Rules on Appeal, Rules 28, 29), or whether counsel must be appointed for an indigent seeking review of an appellate affirmance of his conviction in this Court by appeal as of right or by petition for a writ of certiorari which lies within the Court's discretion. But it is appropriate to

달려 있을 경우에는 평등한 재판(equal justice)은 있을 수 없기 때문이다. Griffin v. Illinois, supra, at p. 19.

빈궁한 사람들에 대한 캘리포니아주의 진보적 처우에도 불구하고 그 주의 현행의 관행 아래서 지방 항소법원에서 개인이 제공받는 항소의 형태는 «372 U. S. 356» 변호인의 조력을 위하여 그가 지불할 수 있느냐 없느냐에 달려 있다. 만약 그가 지불할 수 있으면 변호인단에 의한 준비서면들의 및 구두변론의 완전한 이익을 누린 이후에만 그의 사건의 실체적 사항(merits)을 항소법원은 판단한다. 만약 그가 지불할 수 없으면 심지어 변호인이 제공되어야 할지 여부를조차 판단할 수 있기 전에 실체적 사항을 미리 판단하도록 항소법원은 강제된다. 그 절차들에 있어서의 이 단계에서는 빈궁한 사람을 대변하는 것은 오직 빈약한 기록만이고, 그리하여 불의(injustice)가 저질러졌음을 그 인쇄된 페이지들이 보여주지 못하는 한, 항소심에서 보호자 없이 지내도록 그는 강제된다. 변호인의 조력이 요구되지 않는다고 기록에 대한 일방검토에 의거하여 법원이 판정할 경우에는, 숨겨진 실익을 그의 항소가 가지고 있음을 증명하는 데 있어서 그가 가졌을 수 있는 어떤 참다운 가능성이도 그에게서 박탈된다.

일단 변호사에 의하여 그 주장들이 제기된 바 있는, 그리하여 항소법원에 의하여 판단이 내려지고 난 터인 그 항소심 절차에서의 단계를 넘어, 재량적(discretionary) 또는 의무적(mendatory) 재심리(review) 청구의 준비를 위한 변호인을 박탈함으로부터 생길 수 있는 문제들에는 여기서 우리는 관여하지 않는다. 오직 부유한 사람들에게와 빈궁한 사람에게 다 같이 권리사항으로서 부여된(Cal. Penal Code §§ 1235, 1237), 형사 유죄판결에 대한 *최초의 항소(first appeal)*를 우리는 다루고 있을 뿐이다. 피고인에 대한 유죄판정을 지방 항소법원이 유지하고 난 뒤에 캘리포니아주 대법원에서 재량적 청문(a discretionary hearing)을 구하는 빈궁한 사람을 위하여 변호인을 캘리포니아주가 제공해야 할 것인지 여부(Cal. Const., Art. VI, § 4c; Cal. Rules on Appeal, Rules 28, 29 등을 보라)는, 또는 자신의 유죄판정에 대한 항소심의 인가판결의 재심리를 당원에서 권리항소(appeal as of right)에 의하여 내지는 당원의 재량 범위 내에 있는 사건기록 송부 영장의 청구(petition for a writ of certiorari)에 의하여 구하는 빈궁한 사람을 위하여 변호인이 지정되지 않으면 안 되는지 여부는 지금 우리가 판단할 필요가 없다. 그러나 연방

observe that a State can, consistently with the Fourteenth Amendment, provide for differences so long as the result does not amount to a denial of due process or an "invidious discrimination." Williamson v. Lee Optical Co., 348 «372 U. S. 357» U. S. 483, 489; Griffin v. Illinois, supra, p. 18. Absolute equality is not required; lines can be and are drawn, and we often sustain them. See Tigner v. Texas, 310 U. S. 141; Goesaert v. Cleary, 335 U. S. 464. But where the merits of *the one and only appeal* an indigent has as of right are decided without benefit of counsel, we think an unconstitutional line has been drawn between rich and poor.

When an indigent is forced to run this gantlet of a preliminary showing of merit, the right to appeal does not comport with fair procedure. In the federal courts, on the other hand, an indigent must be afforded counsel on appeal whenever he challenges a certification that the appeal is not taken in good faith. Johnson v. United States, 352 U. S. 565. The federal courts must honor his request for counsel regardless of what they think the merits of the case may be; and "representation in the role of an advocate is required." Ellis v. United States, 356 U. S. 674, 675.[2] In California, however, once the court has "gone through" the record and denied counsel, the indigent has no recourse but to prosecute his appeal on his own, as best he can, no matter how meritorious his case may turn out to be. The present case, where counsel was denied petitioners on appeal, shows that the discrimination is not between "possibly good and obviously bad cases," but between cases where the rich man can require the court to listen to argument of counsel before deciding on the merits, but a poor man cannot. There is lacking «372 U. S. 358» that

2) "When society acts to deprive one of its members of his life, liberty or property, it takes its most awesome steps. No general respect for, nor adherence to, the law as a whole can well be expected without judicial recognition of the paramount need for prompt, eminently fair and sober criminal law procedures. The methods we employ in the enforcement of our criminal law have aptly been called the measures by which the quality of our civilization may be judged." Coppedge v. United States, 369 U. S. 438, 449.

헌법 수정 제14조에 합치되는 한도 내에서 변용을 한 개의 주(a State)가 고려하는 것은, 그 결과가 적법절차의 박탈에 또는 "불공평한 차별(invidious discrimination)에" 해당되지 않는 한, 가능하다고 말함이 적절하다. Williamson v. Lee Optical Co., 348 «372 U. S. 357» U. S. 483, 489; Griffin v. Illinois, supra, p. 18. 절대적 평등은 요구되지 않는다; 구분선들은 그어질 수 있고 그어져 있으며, 그리고 그것들을 자주 우리는 지지한다. Tigner v. Texas, 310 U. S. 141을; Goesaert v. Cleary, 335 U. S. 464를 보라. 그러나 빈궁한 사람이 권리로서(as of right) 가지는 *오직 하나뿐인 항소(the one and only appeal)*의 실체적 사항(merits)이 변호인의 이익 없이 판결되는 경우, 부유한 사람의 및 빈궁한 사람의 양자 사이에 위헌적인 구분선이 그어진 것으로 우리는 생각한다.

이 실체적 사항에 대한 예비적 증명(a preliminary showing)이라는 착선궤도(搾線軌道; gantlet)를 달리도록 빈궁한 사람이 강제될 경우, 공평한 절차에 그 항소권은 어울리지 않는다. 이에 반하여, 연방법원들에서는 항소가 선의로(in good faith) 제기된 것이 아니라는 확인(certification)을 빈궁한 사람이 다투기만 하면 언제든지 항소심에서 그에게 변호인이 제공되지 않으면 안 된다. Johnson v. United States, 352 U. S. 565. 사건의 실체적 사항(merits)을 무엇이라고 자신이 생각하는지에 무관하게, 변호인을 바라는 그의 요청을 연방법원들은 존중하지 않으면 안 되며; 그리하여 "한 명의 옹호자의 역할 속에서의 대변(representation)이 요구된다." Ellis v. United States, 356 U. S. 674, 675.[2] 그러나 캘리포니아주에 있어서는 기록을 "검토하기를 마치고 나서" 변호인을 일단 법원이 거부했으면, 빈궁한 사람의 주장이 제아무리 실익 있는 것으로 밝혀질 수 있을망정, 그는 할 수 있는 최선껏 그 스스로 자신의 항소를 추행하는 것 이외에는 호소할 방법이 없다. 차별은 "아마도 좋은 사건들의 및 명백히 나쁜 사건들의" 양자 사이에가 아니라, 법원더러 실체적 사항을 판단하기 전에 변호인의 변론을 들어 달라고 부유한 사람은 요구할 수 있음에 반하여 빈궁한 사람은 그렇게 할 수 없는 사건들 사이에 있음을 항소심에서 청구인들에게 변호인이 거부된 현재

2) "그의 생명을, 자유를 또는 재산을 그 구성원들 중 한 명에게서 박탈하기 위하여 사회가 행동할 때, 자신의 가장 무서운 발걸음을 사회는 내딛는다. 신속하고(prompt), 탁월하게 공정하며(eminently fair) 냉정한(sober) 형사법 절차들의 최고의 필요성에 대한 사법부의 인식 없이는 전체로서의 법에 대한 일반적인 존중은 내지는 충실은 그 어느 것도 결코 만족스럽게 기대될 수 없다. 우리 형사법의 운영에 있어서 우리가 사용하는 방법들은 우리의 문명의 질이 판단될 수 있는 척도라고 적절히 불려 왔다." Coppedge v. United States, 369 U. S. 438, 449.

equality demanded by the Fourteenth Amendment where the rich man, who appeals as of right, enjoys the benefit of counsel's examination into the record, research of the law, and marshalling of arguments on his behalf, while the indigent, already burdened by a preliminary determination that his case is without merit, is forced to shift for himself. The indigent, where the record is unclear or the errors are hidden, has only the right to a meaningless ritual, while the rich man has a meaningful appeal.

We vacate the judgment of the District Court of Appeal and remand the case to that court for further proceedings not inconsistent with this opinion.

It is so ordered.

의 사건은 보여준다. 빈궁한 사람은 «372 U. S. 358» 자신의 주장이 실익 없다는 예비적 판정에 의하여 이미 부담이 지워진 위에서 그 혼자서 이리저리 해 나가도록 강제되는 반면, 권리로서 항소하는 부유한 사람은 변호인의 기록 검토의, 법에 대한 연구의 및 그를 위한 주장들의 정리의 이익을 향유하는 곳에서는 저 연방헌법 수정 제14조에 의하여 요구되는 평등은 결여되어 있다. 의미 있는 항소를 부유한 사람은 누리는 반면, 기록이 불분명하고 오류들이 감추어져 있을 경우에 무의미한 의식(ritual)을 거칠 권리를 빈궁한 사람은 가질 뿐이다.

지방 항소법원의 판결주문을 무효화하고 이 의견에 배치되지 않는 뒤이은 절차를 위하여 사건을 그 법원에 우리는 환송한다.

그렇게 명한다.

MR. JUSTICE CLARK, dissenting.

I adhere to my vote in Griffin v. Illinois, 351 U. S. 12 (1956), but, as I have always understood that case, it does not control here. It had to do with the State's obligation to furnish a record to an indigent on appeal. There, we took pains to point out that the State was free to "find other means of affording adequate and effective appellate review to indigent defendants." Id., at 20. Here California has done just that in its procedure for furnishing attorneys for indigents on appeal. We all know that the overwhelming percentage of in forma pauperis appeals are frivolous. Statistics of this Court show that over 96% of the petitions filed here are of this variety.[1] California, in the light of a like experience, has provided that, upon the filing of an application for the appointment of counsel, the District Court of Appeal shall make "an independent investigation of the record «372 U. S. 359» and determine whether it would be of advantage to the defendant or helpful to the appellate court to have counsel appointed." People v. Hyde, 51 Cal. 2d 152, 154, 331 P. 2d 42, 43 (1958). California's courts did that here, and, after examining the record, certified that such an appointment would be neither advantageous to the petitioners nor helpful to the court. It therefore refused to go through the useless gesture of appointing an attorney. In my view, neither the Equal Protection Clause nor the Due Process Clause requires more. I cannot understand why the Court says that this procedure afforded petitioners "a meaningless ritual."

1) Statistics from the office of the Clerk of this Court reveal that, in the 1961 Term only 38 of 1,093 in forma pauperis petitions for certiorari were granted (3.4%). Of 44 in forma pauperis appeals, all but one were summarily dismissed (2.3%).

클라크(CLARK) 판사의 반대의견이다.

Griffin v. Illinois, 351 U. S. 12 (1956)에서의 나의 입장을 나는 고수하지만, 그러나 그 사건을 내가 항상 이해해 온 바로는 여기서 구속력을 **그것은** 지니지 않는다. 그 사건은 항소심에서 빈궁한 사람에게 기록을 제공할 주(State)의 의무에 관계가 있었다. "적절하고 실질적인 항소심 재심리를 빈궁한 피고인들에게 제공할 여타의 수단들을" 주는 자유로이 "찾아낼" 수 있음을 지적하는 수고를 거기서 우리는 기울였다. Id., at 20. 여기서 캘리포니아주가 한 것은 항소심에서의 빈궁한 사람들에게 변호인들을 제공하기 위한 자신의 절차에 있어서의 바로 그것이었다. 빈궁자 소송(*in forma pauperis*)으로 제기되는 항소들의 압도적 비율은 무가치한(frivolous) 것들임을 우리는 모두 알고 있다. 이 곳에 제기되는 청구들의 96% 이상이 이러한 종류의 것들임을 당원의 통계는 보여준다.[1] 이에 유사한 경험에 비추어, 변호인 지정을 위한 신청의 제기가 있으면 지방 항소법원은 "기록에 대한 독립적인 «372 U. S. 359» 검토를 수행하여, 변호인을 지정함이 피고인에게 이익이 될것인지 내지는 항소법원에 도움이 될 것인지 여부를 판정하여야 한다."고 캘리포니아주는 규정한 터이다. People v. Hyde, 51 Cal. 2d 152, 154, 331 P. 2d 42, 43 (1958). 그것을 여기서 캘리포니아주 법원들은 하였고, 그리하여 기록을 검토한 뒤에 그 같은 지정이 청구인들에게 이익이 되지도 법원에게 도움이 되지도 않을 것임을 확인하였다. 따라서 변호사를 지정하는 무익한 동작을 거치기를 그 법원은 거부하였다. 나의 견해로는 그 이상을 평등보호 조항(the Equal Protection Clause)은도 적법절차 조항(the Due Process Clause)은도 요구하지 않는다. "무의미한 의식(a meaningless ritual)"을 청구인들에게 이 절차가 제공하였다고 왜 이 법원은 말하는지 나는 이해할 수 없다. 변호사를 지정

1) 1961년 개정기에 빈궁자 소송으로 제기된 1,093건의 사건기록 송부명령 청구 가운데 38건만이 인용되었음을 당원의 서기국에서 나온 통계는 보여준다(3.4%). 빈궁자 소송으로 제기된 44건의 항소들 중 한 개를 제외한 전부가 약식으로 각하되었다(2.3%).

To appoint an attorney would not only have been utter extravagance and a waste of the State's funds, but as surely "meaningless" to petitioners.

With this new fetish for indigency, the Court piles an intolerable burden on the State's judicial machinery. Indeed, if the Court is correct it may be that we should first clean up our own house. We have afforded indigent litigants much less protection than has California. Last Term we received over 1,200 in forma pauperis applications in none of which had we appointed attorneys or required a record. Some were appeals of right. Still we denied the petitions or dismissed the appeals on the moving papers alone. At the same time we had hundreds of paid cases in which we permitted petitions or appeals to be filed with not only records but briefs by counsel, after which they were disposed of in due course. On the other hand, California furnishes the indigent a complete record, and, if counsel is requested, requires its appellate courts either to (1) appoint counsel or (2) make an independent investigation of that record and determine whether it would be of advantage to the defendant or helpful to the court to have counsel appointed. Unlike Lane v. Brown, decided today, post, p.477, decision in these matters is not placed in the unreviewable discretion «372 U. S. 360» of the Public Defender or appointed counsel but is made by the appellate court itself.[2)]

California's concern for the rights of indigents is clearly revealed in People v. Hyde, supra. There, although the Public Defender had not undertaken the prosecution of the appeal, the District Court of Appeal nevertheless referred

---

2) The crucial question here is, of course, the *effectiveness* of the appellate review which was unquestionably provided. In Lane v. Brown, post, p. 477, the unreviewable decision of the Public Defender precluded any appellate review under Indiana law. As to the fairness and effectiveness of the appellate review here as compared with Griffin v. Illinois, 351 U. S. 12 (1956), the State conceded the necessity of a transcript for adequate review of the alleged trial errors in that case. Id., at 16. Compare the statement of the District Court of Appeal in affirming here: "Further, the briefs filed by Meyes (which Douglas adopted) conform to the rules in all respects, are well written, present all possible points clearly and ably with abundant citation of pertinent authorities, and were no doubt prepared by one well versed in criminal law and procedure and in brief writing. There was no prejudicial error in not appointing counsel for defendants on the appeal." 187 Cal. App. 2d 802, 812, 10 Cal. Rptr. 188, 195.

하는 것은 전적인 사치이면서 주(State's) 재원에 대한 낭비였을 것이고, 그뿐만이 아니라 마찬가지로 확실하게 그것은 청구인들에게 "무의미하"였을 것이다.

빈궁을 위한 이 새로운 물신(物神; fetish)을 가지고서 주(State's) 사법 기관 위에 견딜 수 없는 짐을 이 법원은 쌓아 올리고 있다. 사실, 이 법원이 옳다면 우리 자신의 짐을 우리는 먼저 쓸어내야 하게 될지도 모른다. 캘리포니아주가 제공해 온 것을보다도 훨씬 더 적은 보호를 빈궁한 소송 당사자들에게 우리는 제공해 왔다. 1,200건이 넘는 빈궁자 소송의 신청들을 지난 개정기에 우리는 접수하였는 바, 그 중 한 곳에서도 변호사들을 지정하거나 기록을 요구한 바 없다. 일부는 권리항소들(appeals of right)이었다. 그런데도 애처로운 서류들만에 의거하여 우리는 청구들을 기각하거나 항소들을 각하하였다. 동시에, 기록들에 아울러 변호인에 의한 준비서면들이까지 첨부된 채로 청구들이나 항소들이 제기되도록 우리가 허용한 수백 건의 유료의(paid) 사건들을 우리는 가지고 있었는데, 그 뒤에 정규의 절차에서 그것들은 처분되었다. 반면에, 완전한 기록을 빈궁한 사람에게 캘리포니아주는 제공하고 있고, 그리하여 만약 변호인에 대한 요청이 있으면 그 항소법원들로 하여금 (1) 변호인을 지정하도록, 또는 (2) 그 기록에 대한 독립적인 검토를 수행하여 변호인을 지정함이 피고인에게 이익이 될 것인지 내지는 법원에 도움이 될 것인지 여부를 판정하도록 캘리포니아주는 요구한다. 오늘 판결되는 post, p.477에서와는 다르게, 이러한 문제들에 있어서의 판단은 재심리가 불가능한 국선변호인의 내지 지정 변호인의 «372 U. S. 360» 재량에 맡겨지는 것이 아니라, 항소법원 자신에 의하여 이루어진다.[2)]

People v. Hyde, supra에 빈궁한 사람들의 권리들을 위한 캘리포니아주의 배려는 분명하게 드러나 있다. 거기서는 비록 항소심의 소송추행을 국선변호인이 떠맡지는 않았으나, 그러함에도 불구하고 변호인 지정 신청서를 및 기록을 로스앤젤레

2) 물론 여기서의 결정적인 문제는, 의문의 여지없이 제공된 항소심 재심리의 *유효성*(*effectiveness*)이다.인디애나주 법 아래서의 모든 항소심 재심리를 Lane v. Brown, post, p. 477에서 재심리 불가능인 국선 변호인의 판단은 배제하였다. Griffin v. Illinois, 351 U. S. 12 (1956)에 비교된 것으로서의 여기서의 항소심 재심리의 공정성에 및 유효성에 관하여 말하자면, 그 사건에서 그 주장된 정식사실심리의 오류에 대한 충분한 재심리를 위한 기록 전사등본(a transcript)의 필요성을 주(the State)는 인정하였다. Id., at 16. 여기서 1심판결을 인가함에 있어서의 지방 항소법원의 진술을 비교하라: "그 외에도, 메예즈에 의하여 제출된[그리고 더글라스가 차용한] 준비서면들은 모든 점에서 그 규칙들에 부합하고 훌륭하게 작성되어 있고, 가능한 모든 요점들을 관련 판례들의 풍부한 인용에 더불어 명확하고 솜씨 있게 제시하고 있는 바, 따라서 틀림없이 형사법에와 형사절차에 그리고 준비서면 작성에 정통한 사람에 의하여 준비되었다. 항소심에서 피고인들을 위한 변호인을 지정하지 않음에 있어서 판결에 영향을 끼친 오류(prejudicial error)는 전혀 없었다." 187 Cal. App. 2d 802, 812, 10 Cal. Rptr. 188, 195.

the application for counsel and the record to the Los Angeles Bar Association. One of its members reviewed these papers, after which he certified that no meritorious ground for appeal was disclosed. Despite this, the California District Court of Appeal made its own independent examination of the record.

There is an old adage which my good Mother used to quote to me, i.e., "People who live in glass houses had best not throw stones." I dissent.

스 법률가협회(Los Angeles Bar Association)에 지방 항소법원은 회부하였다. 이 서류들을 그 회원들 중 한 명이 검토하였고, 항소를 위한 실익 있는 근거가 발견되지 않음을 그 뒤에 그는 확인하였다. 이에도 불구하고 기록에 대한 그 자신의 독립적인 검토를 캘리포니아주 지방 항소법원은 수행하였다.

나의 어머니가 내게 인용하곤 하시던 옛 격언이 한 개 있는데, 즉 "유리로 지은 집들에 사는 사람들은 결코 돌을 던져서는 안 된다."는 것이다. 이 법원에 나는 반대한다.

MR. JUSTICE HARLAN, whom MR. JUSTICE STEWART joins, dissenting.

In holding that an indigen t has an absolute right to appointed counsel on appeal of a state criminal conviction, the Court appears to rely both on the Equal Pro- «372 U. S. 361» tection Clause and on the guarantees of fair procedure inherent in the Due Process Clause of the Fourteenth Amendment, with obvious emphasis on "equal protection." In my view, the Equal Protection Clause is not apposite, and its application to cases like the present one can lead only to mischievous results. This case should be judged solely under the Due Process Clause, and I do not believe that the California procedure violates that provision.

EQUAL PROTECTION

To approach the present problem in terms of the Equal Protection Clause is, I submit, but to substitute resounding phrases for analysis. I dissented from this approach in Griffin v. Illinois, 351 U. S. 12, 29, 34-36,[1] and I am constrained to dissent from the implicit extension of the equal protection approach here - to a case in which the State denies no one an appeal, but seeks only to keep within reasonable bounds the instances in which appellate counsel will be assigned to indigents.

1) The majority in Griffin appeared to rely, as here, on a blend of the Equal Protection and Due Process Clauses in arriving at the result. So far as the result in that case rested on due process grounds, I fully accept the authority of Griffin.

스튜어트(STEWART) 판사가 가담하는 할란(HARLAN) 판사의 반대의견이다.

빈궁한 사람은 주(a state) 형사 유죄판정에 대한 항소에서 지정 변호인을 가질 절대적인 권리가 있다고 판시함에 있어서 연방헌법 수정 제14조의 평등보호 조항(the Equal Protection Clause)에, 그리고 «372 U. S. 361» 적법절차 조항(the Due Process Clause)에 내재하는 공정한 절차의 보장들(guarantees of fair procedure)에 다 같이 이 법원은 의존하는 것으로 보이는 바, 명백한 강조는 "평등보호"에 있다. 나의 견해로는 평등보호 조항은 부적합하며, 현재의 사건 류에의 그 조항의 적용은 오직 유해한 결과에 이를 수 있을 뿐이다. 이 사건은 오직 적법절차 조항에 기해서만 판단되어야 할 것인 바, 그 조항에 캘리포니아주 절차가 위배된다고 나는 믿지 않는다.

평등보호(EQUAL PROTECTION)

현재의 문제를 평등보호 조항의 견지에서 접근하는 것은, 미안한 말이지만, 울려 퍼지는 구절들로 분석을 대체하는 것이다. Griffin v. Illinois, 351 U. S. 12, 29, 34-36에서 이러한 접근법에 의견을 나는 달리하였는 바,[1] 또한 그 평등보호 접근법의 여기에의 — 아무에게서도 항소를 박탈하지 않으면서 다만 빈궁한 사람들에게 항소심 변호인이 지정될 경우들을 합리적인 범위 내로 유지하고자 주가 추구할 뿐인 사건에의 — 맹목적인 확장에 의견을 나는 달리하지 않을 수 없다.

1) 그 결론에 도달함에 있어서 여기서처럼 평등보호 조항의 및 적법절차 조항의 혼합에 Griffin 사건에서의 다수의견은 의존한 것으로 나타났다. 적법절차의 근거들에 그 사건에서의 결론이 의존한 한도 내에서 Griffin 판결의 권위를 나는 완전히 받아들인다.

The States, of course, are prohibited by the Equal Protection Clause from discriminating between "rich" and "poor" as such in the formulation and application of their laws. But it is a far different thing to suggest that this provision prevents the State from adopting a law of general applicability that may affect the poor more harshly than it does the rich, or, on the other hand, from making some effort to redress economic imbalances while not eliminating them entirely.

Every financial exaction which the State imposes on a uniform basis is more easily satisfied by the well-to-do than by the indigent. Yet I take it that no one would dispute the constitutional power of the State to levy a «372 U. S. 362» uniform sales tax, to charge tuition at a state university, to fix rates for the purchase of water from a municipal corporation, to impose a standard fine for criminal violations, or to establish minimum bail for various categories of offenses. Nor could it be contended that the State may not classify as crimes acts which the poor are more likely to commit than are the rich. And surely, there would be no basis for attacking a state law which provided benefits for the needy simply because those benefits fell short of the goods or services that others could purchase for themselves.

Laws such as these do not deny equal protection to the less fortunate for one essential reason: the Equal Protection Clause does not impose on the States "an affirmative duty to lift the handicaps flowing from differences in economic circumstances."[2] To so construe it would be to read into the Constitution a philosophy of leveling that would be foreign to many of our basic concepts of the proper relations between government and society. The State may have a moral obligation to eliminate the evils of poverty, but it is not required by the Equal Protection Clause to give to some whatever others can afford.

2) Griffin v. Illinois, supra, at 34 (dissenting opinion of this writer).

물론 자신들의 법들의 공식화에 있어서와 적용에 있어서 "부유한 사람"을과 "가난한 사람"을 *그것만으로*(as such) 주들이 차별하는 것은 평등보호 조항에 의하여 금지된다. 그러나 부유한 사람들에게보다는 가난한 사람에게 더 엄격하게 영향을 미치는 일반적 적용가능성을 지닌 한 개의 법을 채택하는 것을 주에 대하여 이 규정이 금지한다고, 또는 그 반대로 경제적 불균형들을 완전히 없애지는 않으면서도 이를 시정하기 위한 모종의 노력을 기울이는 것을 주에 대하여 이 규정이 금지한다고 제의하는 것은 전혀 다른 문제이다.

한 개의 균일한 기준 위에서 주가 부과하는 모든 금전적 강제징수는 빈궁한 사람들에보다는 부유한 사람들에 의하여 더 쉽게 이행된다. 그러나 한 개의 균일한 판매세를 부과할, 한 개의 주립대학교에서의 수업료를 부과할, «372 U. S. 362» 한 개의 시 자치체로부터의 물 구매를 위한 요금을 정할, 형사 범죄행위들에 대한 한 개의 법정의 벌금을 부과할, 또는 다양한 범주의 범죄들을 위한 보석금의 최하한을 제정할 주(the State)의 헌법적 권한에 대하여는 아무가도 다투지 않으리라고 나는 믿는다. 또한 부유한 사람들이보다 가난한 사람들이 더 저지르기 쉬운 행위들을 범죄들로 주(the State)가 규정해서는 안 된다는 것은 역시 주장될 수 없을 것이다. 그리고 이익들을 가난한 사람들에게 제공하는 주 법을, 단지 그러한 이익이 그 다른 사람들 스스로 구매할 수 있는 재화에나 용역에 미달한다는 이유만으로 공격하는 것은 분명히 아무런 근거가 없을 것이다.

행운이 덜한 사람들에게 평등보호를 이 같은 법들이 거부하는 것이 아닌 데에는 한 가지 절대적인 근거가 있다: 즉 "경제적 조건들에 있어서의 차이로부터 생겨나는 불리한 조건들을 제거할 확정적인 의무"를 주들 위에 평등보호 조항은 부과하지 않는다는 것이다.[2)] 그 의무를 부과하는 것으로 그 조항을 해석하는 것은 정부의 및 사회의 양자 사이의 올바른 관계에 관한 우리의 여러 가지 기본적 개념들에 적합하지 않은 수평운동(leveling)의 철학을 연방헌법 속에 읽어 넣는 것이 될 것이다. 주(The State)는 가난의 악폐들을 제거할 도덕적 의무를 가질 수는 있으나, 일부의 사람들이 할 수 있는 것을이면 무엇을이든지 다 그 나머지 사람들에게 해 주도록 평등보호 조항에 의하여 요구되는 것은 아니다.

---

2) Griffin v. Illinois, supra, at 34 (필자의 반대의견).

Thus it should be apparent that the present case, as with Draper v. Washington, post, p.487, and Lane v. Brown, post, p.477, both decided today, is not one properly regarded as arising under this clause. California does not discriminate between rich and poor in having a uniform policy permitting everyone to appeal and to retain counsel, and in having a separate rule dealing only with the standards for the appointment of counsel for those unable to retain their own attorneys. The sole classification established by this rule is between those cases that are believed to have merit and those regarded as frivolous. And, of course, no matter how far the state rule might go «372 U. S. 363» in providing counsel for indigents, it could never be expected to satisfy an affirmative duty - if one existed - to place the poor on the same level as those who can afford the best legal talent available.

Parenthetically, it should be noted that, if the present problem may be viewed as one of equal protection, so may the question of the right to appointed counsel at trial, and the Court's analysis of that right in Gideon v. Wainwright, ante, p. 335, decided today, is wholly unnecessary. The short way to dispose of Gideon v. Wainwright, in other words, would be simply to say that the State deprives to indigent of equal protection whenever it fails to furnish him with legal services, and perhaps with other services as well, equivalent to those that the affluent defendant can obtain.

The real question in this case, I submit, and the only one that permits of satisfactory analysis, is whether or not the state rule, as applied in this case, is consistent with the requirements of fair procedure guaranteed by the Due Process Clause. Of course, in considering this question, it must not be lost sight of that the State's responsibility under the Due Process Clause is to provide justice for all. Refusal to furnish criminal indigents with some things that others can afford may fall short of constitutional standards of fairness. The

이렇듯 현재의 사건은 Draper v. Washington, post, p.487, 및 Lane v. Brown, post, p.477 - 둘 다 오늘 판결되었다 - 의 경우가처럼 이 조항에 의거하여 생겨나는 것으로 정당하게 간주될 사건이 아님은 분명하다. 모든 사람들로 하여금 항소를 제기하도록, 그리고 변호인을 고용하도록 허용하는 균일한 정책을 가지는 데 있어서, 그리고 자기 자신의 변호사를 고용할 수 없는 사람들을 위한 변호인 지정을 위한 기준들*만(only)*을 다루는 별개의 규칙을 가지는 데 있어서, 부유한 사람을과 가난한 사람을 캘리포니아주는 차별하지 않는다. 이 규칙에 의하여 확립되는 단 한 가지 구분은, 실익을 지닌 것으로 믿어지는 사건들의 및 무가치한 것으로 간주되는 사건들의 양자 사이의 것뿐이다. 그리고 물론 변호인을 빈궁한 사람들에게 제공하는 데 있어서 «372 U. S. 363» 얼마나 멀리까지 주(state) 규칙이 갈 수 있든, 이용 가능한 최상의 법적 재능을 조달할 수 있는 사람들에의 똑 같은 수준 위에 가난한 사람들을 올려놓을 확정적인 의무 — 설령 의무라는 것이 있다 하더라도 — 를 충족시킬 것으로 그것이 기대될 수는 결코 없었다.

삽입하는 말로서, 만약 현재의 문제가 평등보호의 문제로 간주될 수 있다면, 정식사실심리에서 지정 변호인을 가질 권리의 문제가도 그렇게 간주될 수 있을 것이라는 점이, 그리하여 오늘 판결된 Gideon v. Wainwright, 372 U. S. 335에서의 그 권리에 대한 당원의 분석은 전적으로 불필요한 것이라는 점이 특별히 언급되어야 한다. 달리 말하자면, Gideon v. Wainwright 사건을 처리하는 지름길은, 단순히 부유한 피고인이 얻을 수 있는 것들에 상당하는 법적 원조를 아마도 다른 원조들에 아울러 가난한 사람에게 제공하지 않을 때마다 평등보호를 그에게서 주가 박탈하는 것이라고 말하는 것일 것이다.

미안한 말이지만 이 사건에서의 진실한 문제는, 그리고 충분한 분석의 여지가 있는 유일한 문제는, 적법절차 조항(Due Process Clause)에 의하여 보장된 공정한 절차(fair procedure)의 요구들에 이 사건에 적용되는 것으로서의 주 규칙이 일치하는가 일치하지 않는가 여부이다. 물론 이 문제를 고찰함에 있어서는 적법절차 조항 아래서의 주(the State)의 책임은 모든 사람에게 정의를 제공하는 것임이 망각되어서는 안 된다. 가난하지 않은 사람들이 조달할 수 있는 모종의 것들을 가난한 형사 피고인들에게 제공하기를 거부하는 것은 공정(fairness)의 헌법 기준들에 미달할 수 있다. 우리

problem before us is whether this is such a case.

DUE PROCESS

It bears reiteration that California's procedure of screening its criminal appeals to determine whether or not counsel ought to be appointed denies to no one the right to appeal. This is not a case, like Burns v. Ohio, 360 U. S. 252, in which a court rule or statute bars all consideration of the merits of an appeal unless docketing fees are prepaid. Nor is it like Griffin v. Illinois, supra, in which the State conceded that "petitioners needed a transcript «372 U. S. 364» in order to get adequate appellate review of their alleged trial errors." 351 U. S., at 16. Here it is this Court which finds, notwithstanding California's assertions to the contrary, that as a matter of constitutional law "adequate appellate review" is impossible unless counsel has been appointed. And while Griffin left it open to the States to devise "other means of affording adequate and effective appellate review to indigent defendants," 351 U. S., at 20, the present decision establishes what is seemingly an absolute rule under which the State may be left without any means of protecting itself against the employment of counsel in frivolous appeals.[3)]

It was precisely towards providing adequate appellate review - as part of what the Court concedes to be "California's forward treatment of indigents" - that the State formulated the system which the Court today strikes down. That system requires the state appellate courts to appoint counsel on appeal for any indigent defendant except "if, in their judgment, such appointment would be of no value to either the defendant or the court." People v. Hyde,

3) California law provides that if counsel is appointed on appeal, the court shall fix a reasonable fee to be paid by the State. California Penal Code § 1241. It is, of course, clear that this Court may not require the State to compel its attorneys to donate their services.

앞의 문제는 이 사건이 그 같은 사건인지 여부이다.

적법절차(DUE PROCESS)

변호인이 지정되어야 할 것인지 아닌지 여부를 판정하기 위하여 자신의 형사 항소사건들을 심사하는 캘리포니아주 절차가 항소의 권리를 어느 누구에게도 부정하지 아니함은 반복할 가치가 있다. 이것은 Burns v. Ohio, 360 U. S. 252가처럼 사건등록 요금(docketing fees)이 예납되지 않는 한 항소의 실체적 사항에 대한 모든 검토를 법원규칙이 내지 제정법이 금지하는 사건은 아니다. 또한 이것은 Griffin v. Illinois, supra가처럼 "청구인들은 그들에 대한 그 주장된 정식사실심리상의 오류에 대한 충분한 항소심 재심리를 «372 U. S. 364» 얻기 위하여 기록 전사등본(a transcript)을 필요로 하였다," 351 U. S., at 16, 고 주가 시인한 사건인 것도 아니다. 여기서, 변호인이 지정되어 있지 않으면 "충분한 항소심 재심리"가 불가능함을 이에 반대되는 캘리포니아주의 주장들에도 불구하고 한 개의 헌법 문제로서 판단하고 있는 것은 바로 이(this) 법원이다. 그리고 "충분하고 효과적인 항소심 재심리를 빈궁한 피고인들에게 제공할 여타의 수단들," 351 U. S., at 20, 을 고안하도록 주들에게 Griffin 사건은 열어 두었음에 반하여, 무가치한 항소들에 있어서의 변호인의 사용에 대처하여 스스로를 보호할 어떤 수단이도 없이 주(state)가 남겨질 수 있게 되는, 표면적으로는 절대적인 것이 되는 한 개의 규칙을 현재의 판결은 제정한다.[3)]

오늘 이 법원이 폐기하는 제도를 캘리포니아주가 공식화했던 것은 바로 충분한 항소심 재심리를 — "빈궁한 사람들에 대한 캘리포니아주의 진보적 처우"인 것으로 이 법원이 시인하는 바의 일부분으로서 — 제공함을 지향한 것이었다. 그 제도는 "주 항소법원들의 판단으로 그 같은 변호인 지정이 피고인에게나 법원에게나등 그 어느 쪽에게도 아무런 가치가 없을 경우"를 제외하고는 주 항소법원들로 하여금 항소심에서 모든 가난한 피고인을 위하여 변호인을 지정하도록 요구한다.

3) 만약 항소심에서 변호인이 지정되면 주에 의하여 지불될 적절한 보수를 법원은 정해야 한다고 캘리포니아주 법은 규정한다. California Penal Code § 1241. 물론 그들의 조력을 기부하도록 자신의 변호사들을 강요하라고 주(the State)에게 당원이 요구해서는 안 됨은 확실하다.

51 Cal. 2d 152, 154, 331 P. 2d 42, 43. This judgment can be reached only after an independent investigation of the trial record by the reviewing court. And even if counsel is denied, a full appeal on the merits is accorded to the indigent appellant, together with a statement of the reasons why counsel was not assigned. There is nothing in the present case, or in any other case that has been cited to us, to indicate that the system has resulted in injustice. Quite the contrary, there is every reason to believe that California appellate courts have made a painstaking effort to apply the rule fairly and to live up to the State Supreme Court's mandate. See, e. g., the discussion «372 U. S. 365» in People v. Vigil, 189 Cal. App. 2d 478, 480-482, 11 Cal. Rptr. 319, 321-322.

We have today held that in a case such as the one before us, there is an absolute right to the services of counsel at trial. Gideon v. Wainwright, ante, p. 335. But the appellate procedures involved here stand on an entirely different constitutional footing. First, appellate review is in itself not required by the Fourteenth Amendment, McKane v. Durston, 153 U. S. 684; see Griffin v. Illinois, supra, at 18, and thus the question presented is the narrow one whether the State's rules with respect to the appointment of counsel are so arbitrary or unreasonable, *in the context of the particular appellate procedure that it has established,* as to require their invalidation. *Second*, the kinds of questions that may arise on appeal are circumscribed by the record of the proceedings that led to the conviction; they do not encompass the large variety of tactical and strategic problems that must be resolved at the trial. *Third*, as California applies its rule, the indigent appellant receives the benefit of expert and conscientious legal appraisal of the merits of his case on the basis of the trial record, and whether or not he is assigned counsel, is guaranteed full consideration of his appeal. It would be painting with too broad a brush to conclude that, under these circumstances, an appeal is just like a trial.

People v. Hyde, 51 Cal. 2d 152, 154, 331 P. 2d 42, 43. 정식사실심리 기록에 대한 재심리 법원에 의한 독립적인 검토 이후에만 이 판단은 도달될 수 있다. 또한 심지어 변호인이 거부되더라도, 가난한 항소인에게 변호인이 임명되지 않은 이유에 대한 설명에 더불어 실체적 사항에 관한 완전한 항소가 부여된다. 현재의 사건에서, 또는 그 밖에 우리에게 인용되어 온 어떤 사건에서도, 불의에 그 제도가 귀착되었음을 나타내는 것은 조금도 없다. 오히려 정반대로 그 규칙을 공평하게 적용하기 위하여, 그리하여 주 대법원의 명령을 실천하기 위하여 수고로운 노력을 캘리포니아주 항소법원들은 기울여 왔다고 믿을 전적인 이유가 있다. 예컨대 «372 U. S. 365» People v. Vigil, 189 Cal. App. 2d 478, 480-482, 11 Cal. Rptr. 319, 321-322에서의 논쟁을 보라.

우리 앞의 사건 류에서는 정식사실심리에서 변호인의 조력을 받을 절대적인 권리가 있다고 우리는 오늘 판시하였다. Gideon v. Wainwright, ante, p.335. 그러나 전적으로 상이한 헌법적 기초 위에 여기에 포함된 항소심 절차들은 서 있다. *첫째로(First)*, 항소심 재심리는 그 자체로는 연방헌법 수정 제14조에 의하여 요구되지 않으며, McKane v. Durston, 153 U. S. 684; see Griffin v. Illinois, supra, at 18, 그리하여 그 제기되는 문제는 변호인 지정에 관한 주(State's) 규칙들이 *주가 제정한 그 특정의 항소심 절차의 맥락에서(in the context of the particular appellate procedure that it has established)* 그것들의 무효화를 요구할 만큼 그토록 자의적이거나 불합리한가라는 협소한 것이다. *둘째로(Second)*, 항소심에서 제기될 수 있는 문제들의 종류는 그 유죄판정으로 이끈 절차들에서의 기록에 의하여 한정된다; 정식사실심리에서 해결되지 않으면 안 될 다종다양한 전술적 전략적 문제들을 그것들은 포함하지 않는다. *셋째로(Third)*, 자신의 규칙을 캘리포니아주가 적용함에 따라 자신의 주장의 실체적 사항에 대한 숙련되고 성실한 법적 평가의 이익을 정식사실심리 기록의 토대 위에서 빈궁한 항소인은 받고, 그리하여 그에게는 변호인이 지정되든 안 되든 그의 항소에 대한 충분한 검토가 보장된다. 이러한 상황들 아래서 한 개의 항소가 한 개의 정식사실심리에 똑 같다고 결론짓는 것은 대강대강 색을 칠하는 것일 것이다.

What the Court finds constitutionally offensive in California's procedure bears a striking resemblance to the rules of this Court and many state courts of last resort on petitions for certiorari or for leave to appeal filed by indigent defendants pro se. Under the practice of this Court, only if it appears from the petition for certiorari that a case merits review is leave to proceed in forma pauperis granted, the case transferred to the Appellate Docket, and counsel appointed. Since our review is generally discretionary, and since we are often not even given the benefit of a record in the proceedings below, the dis- «372 U. S. 366» advantages to the indigent petitioner might be regarded as more substantial than in California. But as conscientiously committed as this Court is to the great principle of "Equal Justice Under Law," it has never deemed itself constitutionally required to appoint counsel to assist in the preparation of each of the more than 1,000 pro se petitions for certiorari currently being filed each Term. We should know from our own experience that appellate courts generally go out of their way to give fair consideration to those who are unrepresented.

The Court distinguishes our review from the present case on the grounds that the California rule relates to "the *first appeal*, granted as a matter of right." Ante, p.356. But I fail to see the significance of this difference. Surely, it cannot be contended that the requirements of fair procedure are exhausted once an indigent has been given one appellate review. Cf. Lane v. Brown, post, p.477. Nor can it well be suggested that having appointed counsel is more necessary to the fair administration of justice in an initial appeal taken as a matter of right, which the reviewing court on the full record has already determined to be frivolous, than in a petition asking a higher appellate court to exercise its discretion to consider what may be a substantial constitutional claim.

Further, there is no indication in this record, or in the state cases cited to

빈궁한 피고인들 본인 작성의(pro se) 사건기록 송부명령을 위한 또는 항소허가를 위한 신청들에 관한 당원의 및 여러 주 최종심 법원들의 규칙들에의 현저한 유사성을 캘리포니아주 절차에 있어서 헌법적으로 거슬린다고 이 법원이 판단하는 바는 띤다. 당원의 실무관행 아래서는 사건이 재심리할 가치가 있음이 사건기록 송부명령 청구서로부터 명백해 보일 경우에만 빈궁자 소송(*in forma pauperis*)을 진행하도록 허가가 부여되고 항소사건표에 사건이 옮겨지고 변호인이 지정된다. 우리의 재심리는 일반적으로 자유재량이므로, 또한 흔히 우리에게는 원심 절차들에서의 기록의 이익이조차 부여되지 않으므로, 빈궁한 «372 U. S. 366» 청구인에게 가해지는 불이익들은 캘리포니아주에서보다도 더 중대한 것으로 여겨질 수도 있을 것이다. 그러나 "법 아래서의 평등한 재판(Equal Justice Under Law)"의 대원칙에 성실하게 전념해 있는 가운데서도, 현재 매 개정기 동안 제기되는 1,000건 이상의 피고인 본인 작성의 사건기록 송부명령 청구 하나하나마다의 준비를 조력할 변호인을 지정하도록 헌법적으로 요구된다고 당원은 여긴 적이 없다. 대변을 누리지 않는 사람들에게 공평한 검토를 주기 위하여 항소법원들은 일반적으로 각별히 노력함을 우리 자신의 경험으로부터 우리는 알아야 한다.

캘리포니아주 규칙은 "권리사항으로서 부여되는 *최초의 항소(first appeal)*"에 관계되는 것이라는 이유로 현재의 사건에서의 우리의 재심리를 경우가 다른 것으로 이 법원은 구분짓는다. Ante, p.356. 그러나 이 구분의 의미를 나는 이해할 수 없다. 분명히, 한 번의 항소심 재심리를 빈궁한 사람이 일단 부여받았으면 이로써 공평한 절차의 요구사항들은 모두 이행된 터라고는 주장될 수 없다. Lane v. Brown, post, p.477을 참조하라. 아마도 한 개의 실질적인 헌법 주장일 수도 있는 바를 검토할 자신의 재량을 행사하여 주기를 더 상급의 항소법원에게 구하는 청구에 있어서보다는 완전한 기록에 의거하여 이미 무가치한 것이라고 재심리 법원이 판정한 바 있는 권리사항으로서 취해진 최초의 항소(an initial appeal)에 있어서, 지정 변호인을 가지는 것이 공정한 재판 운영에 더 필요하다고 당연히 제의될 수 있는 것은 도 아닐 것이다.

더군다나 캘리포니아주 절차들이 28 U. S. C. § 1915에 의하여 규정된 연방 형사

us, that the California procedure differs in any material respect from the screening of appeals in federal criminal cases that is prescribed by 28 U. S. C. § 1915. As recently as last Term, in Coppedge v. United States, 369 U. S. 438, we had occasion to pass upon the application of this statute. Although that decision established stringent restrictions on the power of federal courts to reject an application for leave to appeal in forma pauperis, it nonetheless recognized that the federal courts could prevent the needless expenditure of public funds by summarily disposing of frivolous appeals. Indeed, in some «372 U. S. 367» respects, California has outdone the federal system, since it provides a transcript and an appeal on the merits in all cases, no matter how frivolous.

I cannot agree that the Constitution prohibits a State in seeking to redress economic imbalances at its bar of justice and to provide indigents with full review, from taking reasonable steps to guard against needless expense. This is all that California has done. Accordingly, I would affirm the state judgment.[4)]

4) Petitioners also contend that they were denied the effective assistance of counsel at trial. This claim, in my view, is without merit. A reading of the record leaves little doubt that petitioners' dismissal of their appointed counsel and their efforts to obtain a continuance were designed to delay the proceedings and, in all likelihood, to manufacture an appealable issue. Moreover, the trial court acted well within constitutional bounds in denying the claim that there was a conflict of interest between Douglas and Meyes that required a separate appointed attorney for each.

사건들에서의 항소들에 대한 심사와는 조금이라도 중요한 점에서 다르다는 징후는 이 기록에도 또는 우리에게 인용된 주(state) 판례들에도 전혀 없다. 이 제정법의 적용에 관하여 판단할 기회를 가까이 지난 번 개정기(term)의 Coppedge v. United States, 369 U. S. 438에서 우리는 가졌었다. 비록 빈궁자 소송(*in forma pauperis*)으로 항소하기 위한 허가를 구하는 신청을 기각할 연방법원들의 권한 위에 엄격한 제한을 그 판결은 확립하였지만, 그러함에도 불구하고 연방법원들이 무가치한 항소들을 약식으로 처분함으로써 공공 자금의 불필요한 지출을 방지할 수 있음을 그것은 인정하였다. 아닌 게 아니라, 어떤 점들에 «372 U. S. 367» 있어서는 연방 제도를 캘리포니아주는 능가하였는 바, 왜냐하면 아무리 무가치하더라도 *모든(all)* 사건들에서 기록 전사등본(a transcript)을, 그리고 실체적 사항에 관한 항소를 캘리포니아주는 제공하기 때문이다.

주 자신의 법정에서의 경제적 불균형을 구제하기를 추구함에 있어서, 그리고 빈궁한 사람들에게 충분한 재심리를 제공하기를 추구함에 있어서 불필요한 지출을 방지하기 위한 합리적인 조치들을 주(a State)로 하여금 취하지 못하도록 연방헌법이 금지한다는 데에 나는 동의할 수 없다. 이것이 캘리포니아주가 해 놓은 전부이다. 따라서 나라면 주(state) 판결주문을 인가할 것이다.[4]

4) 실질적인 변호인의 조력을 정식사실심리에서 자신들이 거부당하였다는 점을도 청구인들은 주장한다. 이 주장은 나의 견해로는 실익이 없다. 지정 변호인에 대한 청구인들의 해임을 및 연기속행을 얻으려는 그들의 노력들은 절차들을 지연시키려는, 그리고 거의 십중팔구, 항소 가능한 쟁점을 만들려는 의도를 띤 것이었음에 대하여 의문을 기록의 일독은 별로 남기지 않는다. 더군다나 더글라스의 및 메예즈의 둘 사이에 각자를 위한 별도의 지정 변호인을 필요로 하는 이익충돌이 있다는 주장을 기각함에 있어서 정식사실심리 법원은 헌법적 한계들 내에서 훌륭하게 행동하였다.

변호인의 조력을 받을 권리

White v. Maryland, 373 U. S. 59 (1963)

메릴랜드주 항소법원에 내린 사건기록 송부명령

NO. 600
변론 1963년 4월 16일
판결 1963년 4월 29일

요약해설

1. 개요

White v. Maryland, 373 U. S. 59 (1963)은 9 대 0으로 판결되었다. 판결문은 집필자를 밝히지 않은 채 법원전체의 의견으로(per curiam) 작성되었다. 변호인의 조력을 받을 권리를 치안판사의 예비심문(preliminary hearing) 절차에 확장시켰다.

2. 사실관계 및 쟁점 (373 U. S., at 59–60.)

청구인은 주(state) 치안판사 앞에서의 예비심문에서는 변호인의 조력을 받지 못한 채 유죄의 답변을 하였으나, 그 뒤의 정식의 기소인부 절차에서는 변호인을 지정받아 무죄답변을 하였다. 그 예비심문에서의 유죄의 답변은 주 법원의 정식사실심리에서 증거로 사용되었고, 청구인은 유죄로 판정되었다. 연방헌법 수정 제14조의 적법절차를 예비심문에서의 변호인 박탈이 침해했음을 주장하여 항소를 청구인은 제기하였으나, 항소를 주 항소법원은 기각하였다. 위 쟁점을 다루기 위하여 사건기록 송부명령을 연방대법원은 내렸다.

3. 법원전체의 의견의 요지

그 예비심문은 Hamilton 사건에서의 기소인부 절차가만큼이나 중대한 단계이다. 왜냐하면 치안판사 앞에서 답변을 청구인은 냈고, 변호인을 그가 가지지 못한 때에 그 답변은 얻어졌기 때문이다. 그 같은 변호인 박탈은 연방헌법 수정 제14조의 적법절차를 침해한 것이다. 원심판결은 파기되었다. (373 U. S., at 60.)

PER CURIAM.

Petitioner, who was sentenced to death while his codefendant was given life, appealed to the Maryland Court of Appeals which affirmed his conviction. 227 Md. 615, 177 A. 2d 877. We granted certiorari "limited to the point of law raised in Hamilton v. Alabama, 368 U. S. 52." See 371 U. S. 909.

Petitioner was arrested on May 27, 1960, and brought before a magistrate on May 31, 1960, for a preliminary hearing. But that hearing was postponed and not actually held until August 9, 1960. At that time petitioner was not yet represented by a lawyer. When arraigned at that preliminary hearing he pleaded guilty. What Mary- «373 U. S., 60» land calls the "arraignment" was first held September 8, 1960; but since petitioner was not represented by counsel, his arraignment was postponed and counsel appointed for him on September 9, 1960. He was finally arraigned on November 25, 1960, and entered pleas of "not guilty" and "not guilty by reason of insanity." At his trial the plea of guilty made at the preliminary hearing on August 9, 1960, was introduced in evidence.* Since he did not have counsel at the time of the preliminary hearing, he argued that Hamilton v. Alabama, supra, applied. The Court of Appeals disagreed, saying that arraignment in Alabama is "a critical stage in a criminal proceeding" where rights are preserved or lost (368 U. S. 53-54), while under Maryland law there was "no requirement (nor any practical possibility under our present criminal procedure) to appoint coun-

* Although petitioner did not object to the introduction of this evidence at the trial (227 Md., at 619–620, 177 A. 2d, at 879), the rationale of Hamilton v. Alabama, supra, does not rest, as we shall see, on a showing of prejudice.

집필자를 밝히지 않는 법원전체의 의견이다.

자신의 공동피고인은 생명이 허용된 가운데, 자신은 사형을 선고받은 청구인은 메릴랜드주 항소법원에 항소하였고 청구인에 대한 유죄판정을 주 항소법원은 인가하였다. 227 Md. 615, 177 A. 2d 877. 우리는 "Hamilton v. Alabama, 368 U. S. 52에서 제기된 법 문제에 국한된" 사건기록 송부명령을 허가하였다. 371 U. S. 909을 보라.

청구인은 1960년 5월 27일 체포되고 1960년 5월 31일 예비심문(a preliminary hearing)을 위하여 치안판사 앞에 끌려갔다. 그러나 그 심문은 연기되어 실제로는 1960년 8월 9일이 되어서야 열렸다. 그 당시에 청구인은 아직 변호사에 의하여 대변되지 않았다. 그 예비심문에서 기소인부 신문이 실시되었을 때 유죄로 청구인은 답변하였다. "기소인부 절차(arraignment)"라고 «373 U. S., 60» 메릴랜드주가 부르는 절차는 최초로 1960년 9월 8일에 열렸다; 그러나 변호인에 의하여 청구인이 대변되지 못하였으므로 그의 기소인부 절차는 연기되었고 1960년 9월 9일 그를 위하여 변호인이 지정되었다. 궁극적으로 1960년 11월 25일에 기소인부 신문을 그는 받았는데, "무죄(not guilty)"의 및 "정신이상을 이유로 한 무죄(not guilty by reason of insanity)"의 답변을 냈다. 그의 정식사실심리에서 1960년 8월 9일의 예비심문 때에 이루어졌던 유죄 답변이 증거로 제출되었다.* 변호인을 예비심문 당시에 자신이 가지지 못했으므로 Hamilton v. Alabama, supra이 적용된다고 청구인은 주장하였다. 이에 주 항소법원은 동의하지 않았는 바, 앨라배마주에서의 기소인부 절차는 권리들이 보전되거나 상실되는 (368 U. S. 53–54), "형사절차에서의 중대한 단계(a critical stage)"임에 반하여, 메릴랜드주 법 아래서는 청구인을 위하여 "예비심문에서 변호인을 지정하라는 요구가도 (또한 우리의 현재의 형사절차 아래서는 변호인을 지정할 실제적인 가능성이도) 없으며 …… 답

* 비록 정식사실심리에서 이 증거의 제출에 청구인은 이의하지 않았지만 (227 Md., at 619–620, 177 A. 2d, at 879), 아래에서 보듯이 Hamilton v. Alabama, supra의 이론적 근거는 불이익의 증명에 좌우되지 않는다.

sel" for petitioner at the "preliminary hearing …… nor was it necessary for appellant to enter a plea at that time." 227 Md., at 625, 177 A. 2d, at 882.

Whatever may be the normal function of the "preliminary hearing" under Maryland law, it was in this case as "critical" a stage as arraignment under Alabama law. For petitioner entered a plea before the magistrate and that plea was taken at a time when he had no counsel.

We repeat what we said in Hamilton v. Alabama, supra, at 55, that we do not stop to determine whether prejudice resulted: "Only the presence of counsel could have enabled this accused to know all the defenses available to him and to plead intelligently." We therefore hold that Hamilton v. Alabama governs and that the judgment below must be and is

Reversed.

변을 그 시기에 항소인이 낼 필요가도 없다."고 주 항소법원은 말하였다. 227 Md., at 625, 177 A. 2d, at 882.

메릴랜드주 법 아래서의 "예비심문(preliminary hearing)"의 통상적인 기능이 무엇일 수 있든, 이 사건에서 그것은 앨라배마주 법 아래서의 기소인부 절차가만큼이나 "중대한" 단계였다. 왜냐하면 답변을 치안판사 앞에서 청구인은 냈고, 변호인을 그가 가지지 못한 때에 그 답변은 얻어졌기 때문이다.

결과적으로 불이익이 생겼는지 여부를 판정하기 위하여 멈추지 않는다고 하였던 Hamilton v. Alabama, supra, at 55에서 우리가 말했던 바를 우리는 반복한다: "이 피고인으로 하여금 그 자신의 이용가능한 모든 항변들을 알 수 있도록, 그리하여 분별력 있게 답변할 수 있도록 오직 변호인의 출석만이 해 주었을 것이다." 따라서 이 사건을 Hamilton v. Alabama 판결은 지배한다고, 이로써 원심 법원의 판결주문은 파기되지 않으면 안 된다고, 그리하여 파기된다고 우리는 판시한다.

변호인의 조력을 받을 권리

Haynes v. Washington, 373 U. S. 503 (1963)

워싱턴주 대법원에 내린 사건기록 송부명령

NO. 147
변론 1963년 2월 26-27일
판결 1963년 5월 27일

요약해설

1. 개요 및 쟁점

Haynes v. Washington, 373 U. S. 503 (1963)은 5 대 4로 판결되었다. 법원의 의견을 골드버그(GOLDBERG) 판사가 썼고, 반대의견을 할란(HARLAN) 판사의, 스튜어트(STEWART) 판사의, 화이트(WHITE) 판사의 가담 아래 클라크(CLARK) 판사는 냈다. 자백의 증거능력의 요건을 전통적인 적법절차의 임의성 기준 내지 전체적 상황 기준 아래서 다루었다. 구금신문을 변호인의 조력의 박탈 가운데서 실시하여 경찰이 얻어낸 자백을 정식사실심리에서 증거로서 허용하는 것이 적법절차의 침해를 구성하는지 여부가 쟁점이 되었다.

2. 사실관계 (373 U. S., at 504–507.)

주유소의 강탈 범행 직후에 경찰에 청구인은 체포되었다. 경찰서로 가는 도중에, 그리고 경찰서에서의 신문 도중에 범행을 청구인은 구두로 시인하였다. 그러나 체포 다음 날에 이르러 자백 진술서를 작성하고 이에 청구인이 서명하기까지 약 16시간 동안, 경찰에게 "협조"하여 강도 범행에의 가담을 시인하는 자백 진술서를 그가 작성하고 이에 서명해야만 전화를 걸 수 있다고 말하면서 변호사 및 처하고의 통화를 경찰은 금지하였다. 체포 이후 약 5일에서 7일 동안 경찰에 의하여 외부격리 상태로 청구인은 구류되었다.

정식사실심리에서 청구인에게 불리한 증거로 그 자백 진술서는 제출되었다. 그 자백 진술서의 증거로서의 허용은 적법절차에 위배됨을 주장하면서 이의를 청구인의 변호인이 제기하였으나, 이의를 정식사실심리 판사는 기각하였다. 자백의 임의성 여부는 배심의 판단에 맡겨졌고, 유죄평결을 배심은 냈다. 청구인은 구금형을 선고받고서 항소하였으나, 유죄판정을 주 대법원은 인가하였다. 적법절차의 박탈을 청구인의 자백 진술서의 증거로서의 허용이 구성했는지 여부를 살피기 위하여 사건기록 송부명령을 연방대법원은 내렸다.

3. 골드버그(GOLDBERG) 판사가 쓴 법원의 의견의 요지

자백의 증거능력의 참다운 기준은 자백이 자유로이, 임의로, 그리고 어떤 종류의 강요도 유인도 없이 이루어지는 것이다. 강요에 내지는 부당한 유인에 의하여 자백이 얻어졌는지 여부는 오직 그 부수적 상황들 전체에 대한 검토에 의해서만 판정될 수 있다. (373 U. S., at 513.)

범행에 대한 비임의적인 서면상의 시인(admission)을 이 사건의 전체적 상황은 증명한다. 외부격리 상태의 구류를 계속하겠다는 명시적인 위협을 헤인즈는 당하였고, 가족들에게 연락하고 만나게 해 주겠다는 약속에 유인되어 자백진술서를 헤인즈는 작성하고 서명하였다. 그러므로 그의 자백은 연방헌법 수정 제14조의 적법절차 조항(the Due Process Clause)이 요구하는 자유롭고 제약 없는 의지의 임의의 산물이라고 말할 수 없다. 사실관계 전체로 미루어 적법절차의 한계들은 침범되었다. 원심판결은 무효화되고, 사건은 환송되었다. (373 U. S., at 514–515, 520.)

MR. JUSTICE GOLDBERG delivered the opinion of the Court.

The petitioner, Raymond L. Haynes, was tried in a Superior Court of the State of Washington on a charge of robbery, found guilty by a jury, and sentenced to imprisonment "for a term of not more than 20 years." The Washington Supreme Court affirmed the conviction, with four of nine judges dissenting. 58 Wash. 2d 716, 364 P. 2d 935. Certiorari was granted, 370 U. S. 902, to consider whether the admission of the petitioner's written and signed confession into evidence against him at trial constituted a denial of due process of law.

Haynes contends that the confession was involuntary, and thus constitutionally inadmissible, because induced by police threats and promises. He testified at trial that, during the approximately 16-hour period between the time of his arrest and the making and signing of the written confession, he several times asked police to allow him to call an attorney and to call his wife. He said that such requests were uniformly refused, and that he was repeatedly told that he would not be allowed to call unless and until he "cooperated" with police and gave them a written and signed confession admitting participation in the robbery. He was not permitted to phone his wife, or, for that matter, anyone, either on the night of his arrest or the next day. The police persisted in their refusals to allow him contact with the outside world, he said, even after he signed one written confession and after a preliminary hearing before a magistrate, late on the day following his arrest. According to the petitioner, he was, in fact, held incommunicado by the

법원의 의견을 골드버그(GOLDBERG) 판사가 냈다.

청구인 레이먼드 L. 헤인즈(Raymond L. Haynes)는 워싱턴주 상위법원 한 곳(a Superior Court)에서 강도죄 공소사실로 정식사실심리되어 배심에 의하여 유죄로 판정되었고, "20년을 넘지 않는 기간"의 구금형을 선고받았다. 유죄판정을 아홉 명의 판사들 중 네 명의 반대 속에 워싱턴주 대법원은 인가하였다. 58 Wash. 2d 716, 364 P. 2d 935. 적법절차에 대한 박탈을 필기되고 서명된 청구인의 자백 진술서의 그에게 불리한 증거로서의 정식사실심리에서의 허용이 구성했는지 여부를 살피기 위하여 사건기록 송부명령, 370 U. S. 902, 은 허가되었다.

그 자백은 임의적인 것이 아니었다고, 왜냐하면 경찰의 위협에 및 약속들에 의하여 유도되었기 때문이라고, 따라서 그것은 헌법적으로 증거로서 허용될 수 없었다고 헤인즈는 주장한다. 자신의 체포에서부터 자백 진술서의 작성에와 서명에 이르기까지 사이의 거의 16시간 동안 자신으로 하여금 변호사를 부를 수 있도록 그리고 자신의 처에게 통화할 수 있도록 해 달라고 경찰에게 여러 차례 자신이 요청했었다고 정식사실심리에서 그는 증언하였다. 이러한 요청들은 한결같이 거부되었음을, 경찰에게 "협조"하여 강도 범행에의 가담을 시인하는 자백 진술서를 그가 작성하고 서명하지 않는 한, 그리고 그렇게 할 때까지는 전화를 걸도록 허용되지 않을 것이라는 대답을 되풀이하여 들었음을 그는 말하였다. 자신의 체포 당일 밤에도 그 다음 날에도, 자신의 처에게든 그 일로는 어느 누구에게든, 전화를 걸도록 그는 허용되지 않았다. 심지어 자백 진술서에 그가 서명하고 난 뒤에도, 그리고 그의 체포 다음 날 늦게서야 이루어진 치안판사 앞에서의 예비심문 이후에조차도, 그로 하여금 바깥세상을 접촉하도록 허용하는 데 대한 자신들의 거부행위들을 경찰은 고집하였다고 그는 말하였다. 청구인에 따르면 그의 체포 이후 약 5일에서 7일 동안 경

police until some five or seven days after his arrest.[1] «373 U. S., 505»

The State asserts that the petitioner's version of events is contradicted, that the confession was freely given, and that, in any event, the question of voluntariness was conclusively resolved against the petitioner by the verdict of the jury at trial. We consider each of these contentions in turn.

I

The petitioner was charged with robbing a gasoline service station in the City of Spokane, Washington, at about 9 P. M. on Thursday, December 19, 1957. He was arrested by Spokane police in the vicinity of the station within approximately one-half hour after the crime.[2] Though he orally admitted the robbery to officers while en route to the police station, he was, on arrival there, not charged with the crime, but instead booked for "investigation," or, as it is locally called, placed on the "small book." Concededly, prisoners held on the "small book" are permitted by police neither to make phone calls nor to have any visitors.[3]

Shortly after arriving at the station at about 10 P. M., the petitioner was questioned for about one-half hour by Lieutenant Wakeley of the Spokane police, during which period he again orally admitted the crime. He was then placed in a line-up and identified by witnesses as one of the robbers. Apparently nothing else was done that night.

---

1) Haynes makes no claim that he was physically abused, deprived of food or rest, or subjected to uninterrupted questioning for prolonged periods.

2) The petitioner's brother, Keith Haynes, had been arrested a few minutes earlier. Though also charged with, and convicted of, participation in the robbery of the service station, he does not seek review of his conviction here.

3) Apparently recognizing the questionable nature of such a practice, the Spokane police, we are told, have since abandoned use of the "small book" and the attendant restrictive practices.

찰에 의하여 사실상 외부격리 상태로 그는 구류되어 있었다.[1] «373 U. S., 505»

사건에 관한 청구인의 설명은 모순된다고, 자백은 자유로이 이루어졌다고, 그리고 어쨌든 임의성의 문제는 정식사실심리에서 배심의 평결에 의하여 청구인에게 불리하게 최종적으로 판정되었다고 주(The State)는 주장한다. 이 주장들 각각을 차례로 우리는 살핀다.

I

워싱턴주 스포케인시 소재 휘발유 주유소 한 곳을 1957년 12월 19일 목요일 오후 9시경 강탈하였다는 공소사실로 청구인은 기소되었다. 범죄 발생 이후 약 한 시간 반 이내에 그 주유소 부근에서 스포케인시 경찰에 그는 체포되었다.[2] 강도행위를 경찰서로 가는 도중에 구두로 경찰관들에게 그는 시인하였음에도 불구하고, 그가 거기에 도착하였을 때 그는 그 범죄로 기소된 것이 아니라, "수사(investigation)"를 위하여 용의자 체포절차에 처해졌는 바, 즉 그 지역에서 호칭되는 대로 표현하면 "작은 장부(small book)"에 그는 올려졌다. "작은 장부" 위에 실린 죄수들은 전화를 거는 것이도 방문객들을 만나는 것이도 경찰에 의하여 허용되지 않음은 명백하다.[3]

오후 10시경 경찰서에 도착한 직후, 스포케인시 경찰 차석 웨이클리의 신문을 한 시간 반 동안 청구인은 받았는데, 그 동안 다시 구두로 범행을 그는 시인하였다. 그 다음에 용의자열(a line-up)에 그는 세워졌고 증인들에 의하여 강도범인들 중 한 명으로 확인되었다. 외견상으로는 그 날 밤에는 더 이상의 것은 이루어지지 않았다.

1) 자신이 육체적으로 학대당했다거나 음식이나 휴식을 박탈당했다거나 장시간의 연속적 신문을 당하였다는 주장을 헤인즈는 하지 않고 있다.
2) 청구인의 동생 케이드 헤인즈(Keith Haynes)는 그보다 몇 분 전에 체포되어 있었다. 그 주유소 강탈에의 참여로 동생은 역시 기소되고 유죄판정이 내려졌으나, 자신의 유죄판정에 대한 재심리를 여기에서 그는 구하지 않는다.
3) 언뜻 보기에 이 같은 실무관행의 문제성을 깨닫고서, "작은 장부"의 및 거기에 뒤따르는 제약적인 실무관행의 사용을 그 이후로 스포케인시 경찰은 중단했다고 우리는 듣는다.

On the following morning, beginning at approximately 9:30 a.m., the petitioner was again questioned for about an hour and a half, this time by Detectives Peck and «373 U. S., 506» Cockburn. He once more orally admitted the robbery, and a written confession was transcribed. Shortly thereafter, he was taken to the office of the deputy prosecutor, where still another statement was taken and transcribed. Though Haynes refused to sign this second confession, he then did sign the earlier statement given to Detectives Peck and Cockburn.[4)] Later that same afternoon, he was taken before a magistrate for a preliminary hearing; this was at about 4 P. M. on December 20, the day after his arrest.

At the conclusion of the hearing, Haynes was transferred to the county jail, and, on either the following Tuesday or Thursday, was returned to the deputy prosecutor's office. He was again asked to sign the second statement which he had given there some four to six days earlier, but again refused to do so.

The written confession taken from Haynes by Detectives Peck and Cockburn on the morning after his arrest and signed by Haynes on the same day in the deputy prosecutor's office was introduced into evidence against the petitioner over proper and timely objection by his counsel that such use would violate due process of law. Under the Washington procedure then in effect,[5)] voluntariness of the confession was treated as a question of fact «373 U. S., 507» for ultimate determination by the jury. In overruling the petitioner's objection to use of the confession, the trial judge, however, made an

4) The written confession appears to indicate on its face that it was signed shortly before 2 P. M. on December 20, about 16 1/4 hours after Haynes was arrested. The State asserts in its brief, however, that the total time of detention prior to signing of the confession was "17 to 19" hours. We assume, for purposes here, that the 16-hour period is sufficiently accurate.

5) Washington has since revised its rules of practice to provide for a preliminary hearing by the trial court, out of the presence of the jury, on the issue of voluntariness of a confession. See 58 Wash. 2d at 720, 364 P. 2d at 937, and Rules of Pleading, Practice and Procedure, Wash. Rev. Code, Rule 101.20W, Vol. O, as amended, effective January 2, 1961.

다음 날 아침 오전 9:30경부터 약 한 시간 반 동안 청구인은 다시 신문되었는데, 이번에는 형사 펙(Peck)에 및 «373 U. S., 506» 칵번(Cockburn)에 의해서였다. 강도범행을 다시 한 번 구두로 그는 시인하였고, 그러자 이를 옮겨 적은 자백 진술서가 작성되었다. 그 조금 뒤에 부검사(the deputy prosecutor)의 사무소로 그는 옮겨졌고, 거기서 또 한 번의 진술이 속기되고 정식글자로 전사되었다. 이 두 번째 자백 진술서에 서명하기를 비록 헤인즈는 거부하였으나, 형사 펙 및 칵번에게 하였던 먼저 번의 자백 진술서에 그 뒤에 그는 서명하였다.[4] 그 날 오후 더 늦게 예비심문을 위하여 치안판사 앞에 그는 송치되었다; 그의 체포 다음 날인 12월 20일 오후 4시경에 이것은 이루어졌다.

심문이 종료되자 카운티 감옥에 헤인즈는 이송되었고, 그 다음 번 화요일엔가 목요일엔가 부검사의 사무소로 다시 보내졌다. 약 나흘 전에서 엿새 전 사이에 거기서 자신이 하였던 그 두 번째 진술에 서명하도록 거듭 요구되었으나, 그렇게 하기를 그는 다시 거부하였다.

그의 체포 다음 날 아침에 형사 펙에 및 칵번에 의하여 헤인즈에게서 청취된, 그리고 바로 그 날 부검사의 사무소에서 헤인즈에 의하여 서명된 그 자백 진술서는 청구인에게 불리한 증거로 제출되었는 바, 적법절차를 그 같은 사용은 침해하는 것이 될 것이라는 청구인의 변호인에 의한 적절하고도 때맞춘 이의는 기각되었다. 당시 시행된 워싱턴주 절차 아래서는[5] 자백의 임의성은 배심에 의한 최종적 판정에 종속하는 «373 U. S., 507» 사실문제로 취급되었다. 그러나 그 자백의 사용에 대한 청구인의 이의를 기각함에 있어서, 그것은 임의의 것이었다는, 따라서 "조건부로(conditionally)" 증거로서 허용될 수 있다는 일견하여 예비적인 판정을 정식사실심리판사는 내렸다. 58 Wash. 2d, at 719-720, 364 P. 2d, at 937을 보라. 임의성을 뒷받침

4) 문면상으로 12월 20일 오후 2시 조금 전에, 즉 헤인즈가 체포된 시각으로부터 약 16 1/4 시간 뒤에 서명되었음을 그 자백 진술서는 나타낸다. 그러나 그 자백 진술서의 서명에까지의 전체 구류 기간은 "17 내지 19" 시간이었다고 자신의 준비서면에서 주는 주장한다. 여기서의 목적상 16 시간이라는 기간은 충분히 정확하다고 우리는 가정한다.

5) 자백의 임의성 문제에 관하여 배심의 출석 없는 상태에서의 정식사실심리 법원에 의한 예비심문을 제공하도록 자신의 실무규칙들을 그 이후 워싱턴주는 개정하였다. 58 Wash. 2d, at 720, 364 P. 2d, at 937을 및 1961년 1월 2일 발효된 개정된 Rules of Pleading, Practice and Procedure, Wash. Rev. Code, Rule 101.20W, Vol. O를 보라.

apparently preliminary determination that it was voluntary, and "conditionally" admissible. See 58 Wash. 2d, at 719-720, 364 P. 2d at 937. The evidence going to voluntariness was heard before the jury, and the issue submitted to it. The jury returned a general verdict of guilty, and was not required to, and did not, indicate its view with respect to the voluntariness of the confession.

II

The State first contends that the petitioner's version of the circumstances surrounding the making and signing of his written confession is evidentially contradicted, and thus should be rejected by this Court. We have carefully reviewed the entire record, however, and find that Haynes' account is uncontradicted in its essential elements.

Haynes testified that, on the evening of his arrest, he made several specific requests of the police that he be permitted to call an attorney and to call his wife. Each such request, he said, was refused. He stated, however, that he was told he might make a call if he confessed:

"They kept wanting me to own up to robbing a Richfield Service Station, and I asked Mr. [Detective] Pike several times if I could call a lawyer, and he said, if I cooperated and gave him a statement ······, that I would be allowed to call, to make a phone call ······."

On cross-examination, Lieutenant Wakeley, the officer who interrogated the petitioner on the night of his arrest, first said that Haynes did not ask him for permission to call his wife, but merely inquired whether his wife would be notified of his arrest. Lieutenant Wakeley said that «373 U. S., 508» he

하는 증언은 배심 앞에서 청취되었고 그 문제는 배심에게 제출되었다. 유죄의 일반 평결(a general verdict of guilty)을 배심은 냈는데, 자백의 임의성에 관하여는 자신의 견해를 밝히도록 배심은 요구되지도 밝히지도 않았다.

II

첫째로, 그의 자백 진술서의 작성을 및 서명을 둘러싼 상황들에 관한 청구인의 설명은 증거상으로 대립된다고, 따라서 이 법원에 의하여 기각되어야 한다고 주는 주장한다. 그러나 전체 기록을 주의 깊게 우리는 재심리하였는 바, 헤인즈의 설명은 그 본질적 요소들에 있어서 대립이 없음을 우리는 확인한다.

자신이 변호사를 부르도록, 그리고 자신의 처를 부르도록 허용되어야 한다는 여러 번의 명시적인 요구들을 자신의 체포 당일 저녁에 경찰에게 하였다고 헤인즈는 증언하였다. 이 같은 요구 하나하나는 매번 거부되었다고 그는 말하였다. 그러나 만약 그가 자백하면 전화를 걸 수 있다는 말을 자신은 들었다고 그는 진술하였다:

"리치필드 주유소를 강탈하였음을 제가 자백하기를 그들은 계속 원하였으며, 그러자 변호사를 제가 부를 수 있는지 여러 번 [형사] 파이크(Pike) 씨에게 저는 물었고, 그러자 만약 그에게 협조하여 진술을 제가 하면 …… 제가 부르도록, 전화를 걸도록 허용될 것이라고 그는 말했습니다 ……."

그의 처를 부르기 위한 허락을 자신에게 처음에 헤인즈는 요청하지 않았다고, 단지 그의 처에게 그의 체포가 통지될 것인지만을 물었다고 청구인의 체포 당일 밤에 그를 신문하였던 차석 웨이클리(Lieutenant Wakeley)는 반대신문에서 말하였다. 그의 처에게 «373 U. S., 508» 통지가 이루어질 것임을 청구인에게 자신이 말해주었다고

told the petitioner that his wife would be notified.[6] Defense counsel, however, pursued the point and, only a moment later, Wakeley testified that Haynes "may have" asked permission to call his wife himself; Wakeley said he didn't "remember exactly whether he asked, or whether we wouldn't notify his wife." Wakeley then testified that he simply didn't "remember" whether Haynes asked to call his wife so that she might secure a lawyer for him; in addition, the lieutenant admitted that the petitioner might have asked to call his wife after the interrogation was completed. Detective Pike, also testifying at trial, said simply that he had not talked to Haynes on the evening of the arrest.

If this were the only evidence of police coercion and inducement in the record, we would face the problem of determining whether, in view of the testimony of Lieutenant Wakeley and Detective Pike, the petitioner's own testimony would be sufficient, on review by this Court, to establish the existence of impermissible police conduct barring use of the written confession ultimately obtained. We need not pursue such an inquiry, however, since the record contains other probative, convincing, and uncontradicted evidence.

The written confession introduced at trial was dictated and transcribed while Haynes was being questioned by Detectives Peck and Cockburn on the morning of December 20, the day after the robbery. Haynes testified:

"Q ······. [S]tate whether or not the officers at that time asked you to give them a statement. A. Yes. «373 U. S., 509»

"Q. And what was your answer to that? A. I wanted to call my wife.

"Q. And were you allowed to call your wife? A. No.

---

6) There is no indication that she was actually so notified. In fact, the petitioner's wife telephoned police at about noon on the day following the robbery, but was refused any information beyond the fact that her husband was being held. Though she identified herself and asked specifically why her husband was in jail, she was told simply "to get the morning paper and read it."

차석 웨이클리는 말하였다.[6] 그러나 그 점을 변호인은 추궁하였고, 그러자 그의 처에게 전화를 걸도록 허락을 헤인즈가 그 스스로 요청"했을 수도 있다."고 곧바로 웨이클리는 증언하였다; "그가 요청했는지, 또는 그의 처에게 저희가 알리지 않으려고 했는지 정확하게 기억하"지 못한다고 웨이클리는 말했다. 그리고 나서, 그의 처에게 전화를 걸도록, 그리하여 그녀로 하여금 그를 위하여 변호사를 확보할 수 있도록 해 달라고 헤인즈가 요청했는지 여부를 단지 "기억하지" 못한다고만 웨이클리는 증언하였다; 이에 아울러, 자신의 처를 부르겠다고 신문이 끝난 뒤에 청구인이 요청했을 수 있음을 차석은 시인하였다. 체포 당일 저녁에 헤인즈하고 자신은 대화한 적이 없다고만 형사 파이크는 역시 정식사실심리에서 증언하면서 말하였다.

만약 이것이 경찰의 강압의 및 유인의 기록상의 유일한 증거라면, 그 궁극적으로 얻어진 자백 진술서의 사용을 가로막는 허용될 수 없는 경찰행위(impermissible police conduct)의 존재를 증명하기에 차석 웨이클리의 및 형사 파이크의 증언에 비추어 청구인 자신의 증언이 충분한지 여부를 이 법원의 재심리에 의거하여 판정하는 문제에 우리는 직면할 것이다. 그러나 그 같은 심리를 우리는 수행할 필요가 없는 바, 왜냐하면 그 밖의 증명력 있는 및 설득력 있으며 반박되지 않은 증거를 기록은 담고 있기 때문이다.

정식사실심리에 제출된 자백 진술서는 강도 범행이 발생한 다음 날인 12월 20일 아침에 헤인즈가 형사 펙에 및 칵번에 의하여 신문되던 중에 구술되고 서면으로 옮겨진 것이다. 헤인즈는 증언하였다:

"문. …… 자신들에게 진술을 하라고 그 때에경찰관들이 요구했는지 안 했는지 말하시오. 답. 요구했습니다. «373 U. S., 509»

"문. 그러면 그것에 대한 당신의 답변은 무엇이었나요? 답. 저의 처를 부르기를 저는 원했습니다.

"문. 그래서 당신은 처를 부르도록 허락되었나요? 답. 아니오.

6) 통지를 그녀가 실제로 그렇게 받았다는 증거는 아무 것도 없다. 강도 범행이 발생한 다음 날 정오 무렵 경찰에 전화를 실제로 청구인의 처는 걸었으나, 그녀의 남편이 구류되어 있는 중이라는 사실 이외에는 어떤 정보도 거절되었다. 비록 자신의 신분을 그녀가 밝히고 왜 감옥에 그녀의 남편이 있는지 구체적으로 그녀가 물었음에도 불구하고, 단지 "조간 신문을 얻어서 그것을 읽"으라는 대답만을 그녀는 들었다.

"Q .... This was on Friday? A. Friday.

"Q. December 20th? A. Yes.

"Q. And was anything else said with respect to making a telephone call? A. Mr. Pike [sic] and the other officer both told me that, when I had made a statement and cooperated with them, that they would see to it that, as soon as I got booked, I could call my wife.

"Q. Well, that was the night before you were told that, wasn't it? A. I was told that the next day too, several times.

"Q. Who were the officers that were with you? A. Oh, not Mr. Pike. Mr. Cockburn and Mr. Peck, I believe.

"Q. In any event, Mr. Haynes, did you soon after that give them a statement? A. Well, not readily.

"Q. Did you give them a statement? A. Yes."

The transcribed statement itself discloses that, early in the interrogation, Haynes asked whether he might at least talk to the prosecutor before proceeding further. He was told: "We just want to get this down for our records, and then we will go to the prosecutor's office and he will ask the same questions that I am."

Whatever contradiction of Haynes' account of his interrogation on the night of his arrest might be found in the testimony of Lieutenant Wakeley and Detective Pike, his explicit description of the circumstances surrounding his questioning and the taking by Detectives Peck and Cockburn of the challenged confession on the following day remains testimonially undisputed. Though he took the stand at trial, Detective Cockburn did not deny that he or Detective Peck had told the petitioner that he might «373 U. S., 510» call his

"문…… . 이것은 화요일의 일인가요? 답. 금요일이었습니다.

"문. 12월 20일입니까? 답. 그렇습니다.

"문. 그리고 전화를 거는 것에 관하여 조금이라도 그 밖의 말이 있었나요? 답. 제가 진술을 하여 그들에게 협조하고 났을 때, 용의자 체포절차를 제가 거치는 즉시 저로 하여금 저의 처와 통화할 수 있도록 자신들이 조치해 주겠다고 저에게 파이크 씨[sic]는 및 그 다른 경찰관은 둘 다 말하였습니다.

"문. 그런데, 그 말을 당신이 들은 것은 그 전 날 밤이었지요, 안 그런가요? 답. 그 다음 날에도 여러 번 그 말을 들었습니다.

"문. 당신과 함께 있었던 경찰관들은 누구누구였나요? 답. 참, 파이크 씨는 아니었습니다. 제가 믿기로는 칵번 씨와 펙 씨였습니다.

"문. 어쨌든 헤인즈 씨, 당신은 그 바로 뒤에 그들에게 진술을 하였나요? 답. 글쎄요, 곧바로 하지는 않았습니다.

"문. 당신이 그들에게 진술을 하였나요? 답. 예."

적어도 자신이 검사에게 자신이 말할 수 있는지 여부를 신문의 초기 단계에서 더 나아가기에 앞서 헤인즈는 물었음을 서면으로 옮겨 적은 진술서 자체는 보여준다. 이러한 답변을 그는 들었다: "단지 우리의 기록들을 위하여 이것을 적어 두기를 우리는 원할 뿐이고, 그렇게 하고 나면 검사의 사무소에 우리는 갈 것이고, 그러면 지금 내가 묻고 있는 것하고의 똑같은 질문을 그는 할 것이오."

차석 웨이클리의 및 형사 파이크의 증언에서 그의 체포 당일 밤의 그의 신문에 관한 헤인즈의 설명의 모순점이 제아무리 발견될 수 있을망정, 그 다음 날 이루어진 그의 신문을 둘러싼, 그리고 이의 제기된 그 자백의 형사 펙에 및 칵번에 의한 속기를 둘러싼 상황들에 관한 그의 명확한 설명은 증거상으로 다툼의 여지가 없는 것으로 남는다. 비록 정식사실심리에서 증언대에 형사 칵번은 섰으나, «373 U. S., 510» 오직 경찰에 "협조"하여 경찰에게 진술을 청구인이 하여야만 그의 처를 부를 수 있을 것이라고 자신이 또는 형사 펙이 청구인에게 말했음을 그는 부인하지 않았

wife only if he "cooperated" and gave the police a statement. Cockburn said merely that he could not "remember" whether Haynes had asked to call his wife. He conceded that the petitioner "could have" made such a request. No legal alchemy can transmute such wholly equivocal testimony into a denial or refutation of the petitioner's specific recitation of events. Detective Peck did not testify, and no other evidence was presented to contradict the petitioner's testimony, either as part of the prosecution's case in chief or, even more importantly, by way of rebuttal subsequent to the petitioner's testimony. We cannot but attribute significance to the failure of the State, after listening to the petitioner's direct and explicit testimony, to attempt to contradict that crucial evidence; this testimonial void is the more meaningful in light of the availability and willing cooperation of the policemen who, if honestly able to do so, could have readily denied the defendant's claims. Similarly, no evidence was offered to contradict in any way the petitioner's testimony that, when first taken to the deputy prosecutor's office to sign the statement he had given to Detectives Peck and Cockburn, he again requested permission to call his wife, and was again refused.[7)]

Though the police were in possession of evidence more than adequate to justify his being charged without delay, it is uncontroverted that Haynes was not taken before a magistrate and granted a preliminary hearing until he had acceded to demands that he give and sign the written statement. Nor is there any indication in the record that, prior to signing the written confession, or even thereafter, «373 U. S., 511» Haynes was advised by authorities of his right to remain silent, warned that his answers might be used against him, or told of his rights respecting consultation with an attorney.

---

7) The petitioner's incommunicado detention was in contravention of an explicit Washington statute, Wash. Rev. Code, § 9.33.020(5), which prohibits and makes it a misdemeanor for police to "refuse permission to [an] ······ arrested person to communicate with his friends or with an attorney" when the refusal has as its purpose the obtaining of a confession.

다. 그의 처를 불러 달라고 헤인즈가 요청했었는지 여부를 자신은 "기억"할 수 없다고만 캌번은 말했다. 그 같은 요청을 청구인이 "했을 수는 있"음을 그는 시인하였다. 이처럼 전적으로 모호한 증언을 사건에 관한 청구인의 구체적 설명에 대한 부정으로 내지 반박으로 변형시킬 수 있는 법적 연금술(alchemy)은 전혀 없다. 형사 펙은 증언하지 않았고, 그리고 그 밖에는 검찰측 주요 주장사실의 일부로서든 또는 훨씬 더 중요하게는 청구인의 증언에 뒤이은 반박 수단으로서든, 청구인의 증언을 부정하기 위한 증거는 전혀 제출되지 않았다. 직접적이고도 명확한 청구인의 증언을 들은 뒤에도 그러한 결정적인 증언을 반박하려고 주가 시도하지 않은 점에 중요성이 있다고 우리는 생각하지 않을 수 없다; 정말로 그렇게 할 수만 있다면 기꺼이 피고인의 주장들을 반박할 경찰관들을 동원할 수 있었으리라는 점에 및 그들의 흔쾌한 협력을 얻을 수 있었으리라는 점에 비출 때 이 증명의 공백은 더욱 의미가 있다. 마찬가지로, 형사 펙에게 및 캌번에게 해 주었던 진술에 서명하기 위하여 부검사의 사무소에 청구인이 처음 송치되었을 때, 그의 처를 부르기 위한 허락을 그가 다시 요청하였다가 거듭 거부되었다는 청구인의 증언을 어떤 식으로든 반박하는 증거는 아무 것도 신청되지 않았다.[7]

그에 대한 지체 없는 기소를 정당화할 증거를 경찰은 넘치게 가지고 있었음에도 불구하고, 진술서를 작성하고 서명하라는 요구들에 헤인즈가 응했을 때에서야 치안판사 앞에 그가 송치되어 예비심문이 부여되었음은 다툼이 없다. 뿐만 아니라, 묵비 상태로 있을 그의 권리에 관하여 자백 진술서에 서명하기 전에, 또는 «373 U.S., 511» 심지어 그 뒤에나마, 헤인즈가 관헌들로부터 헤인즈가 고지 받았다는, 또는 그의 답변들이 그 자신에게 불리하게 사용될 수 있음을 경고 받았다는, 또는 변호인하고의 상담에 관한 그의 권리에 관하여 설명이 이루어졌다는 어떤 표지는도 기록에는 없다.

7) 자백을 획득할 목적으로 "[그]의 친지들에게 또는 변호사에게 교통하기 위한 허락을 한 명의 …… 체포된 자에게 거부하는 것"을 경찰에 대하여 금지하면서 이를 한 개의 경죄(a misdemeanor)로 하는 명시된 워싱턴주 제정법, Wash. Rev.Code, § 9.33.020(5)에 청구인의 외부 격리 상태의 구류는 위반되었다.

In addition, there is no contradiction of Haynes' testimony that, even after he submitted and supplied the written confession used at trial, the police nonetheless continued the incommunicado detention while persisting in efforts to secure still another signature on another statement.[8)] Upon being returned to the deputy prosecutor's office during the week following his arrest, and while still being held incommunicado, the petitioner was again asked to sign the second statement which he had given there several days earlier. He refused to do so, he said, because, as he then told the deputy prosecutor, "all the promises of all the officers I had talked to had not been fulfilled, and I had not been able to call my wife, and I would sign nothing under any conditions until I was allowed to call my wife to see about legal counsel." The State offered no evidence to rebut this testimony.[9)] Similarly uncontradicted is Haynes' testimony that it was not until «373 U. S., 512» during or after this second interview with the prosecutor on the Tuesday or Thursday - Haynes could not be quite certain - but, in any event, some five or seven days after his arrest, that he was first allowed to call his wife.

The contested written confession itself contains the following exchange:

"Q. Have we made you any threats or promises?

A. No.

"Q. Has [sic] any police officers made you any promises or threats?

---

8) While occurring after completion of the signed confession here challenged, such action not only tends to bear out petitioner's version of what happened earlier, but displays and confirms an official disregard by police of state law, see note 7, supra, and of the basic rights of the defendant. See Haley v. Ohio, 332 U. S. 596, 600 (opinion of Mr. Justice Douglas). The police "were rather concerned primarily with securing a statement from defendant on which they could convict him. The undeviating intent of the officers to extract a confession from petitioner is therefore patent. When such an intent is shown, this Court has held that the confession obtained must be examined with the most careful scrutiny ······." Spano v. New York, 360 U. S. 315, 324.

9) Though the deputy prosecutor himself appeared as a witness for the State at the trial, his testimony was in no way directed to this statement made in his office or the attendant circumstances, and he was not recalled to the stand after Haynes testified so that he might controvert the petitioner's version of events.

이에 더하여, 심지어 정식사실심리에서 사용된 그 자백 진술서를 헤인즈가 진술하여 제공한 뒤에조차, 그러함에도 불구하고 또 다른 진술서에 또 다른 서명을 확보하려는 노력을 지속하면서 여전히 외부격리 상태의 구류를 경찰은 계속하였다는 헤인즈의 증언에 대한 반박은 아무 것도 없다.[8] 그의 체포에 이은 그 다음 주 중에 부검사의 사무소에 다시 옮겨졌을 때, 그리고 여전히 외부격리 상태로 구류되어 있는 동안에, 수 일 전에 그 곳에서 자신이 했던 두 번째 진술에 서명하도록 청구인은 다시 요구되었다. 그렇게 하기를 자신은 거부하였다고, 왜냐하면 그 때에 부검사에게 그가 말한 바처럼, "제가 말을 했었던 모든 경찰관들의 모든 약속들은 이행된 바 없었고, 저의 처를 저는 부를 수 없었고, 따라서 법적인 변호인을 알아보도록 저의 처를 부르게끔 허용될 때까지는 결코 아무 것에도 저는 서명하지 않으려 하"였기 때문이라고 그는 말하였다. 이 증언을 반박하는 어떤 증거를도 주는 신청하지 못했다.[9] 마찬가지로 화요일인가 목요일인가의 — 헤인즈는 전혀 확신할 수 없었다 — 그렇지만 «373 U. S., 512» 어쨌든 자신의 체포 이후 5일 내지 7일 뒤의 검사하고의 이 두 번째 면담 동안에서야 또는 그 이후에서야, 자신의 처를 부르도록 처음으로 자신이 허용되었다는 헤인즈의 증언은 반박되지 않고 있다.

다음의 문답을 다투어지는 자백 진술서 자체는 담고 있다:

"문. 조금이라도 협박들을이나 약속들을 당신에게 우리가 한 바 있나요?

답. 아니오.

"문. 약속들을이나 협박들을 조금이라도 경찰관들이 당신에게 한 바 있나요?

---

8) 여기서 다투어지는 그 서명된 자백 진술서의 완성 뒤에 그 같은 행동이 일어나기는 했지만, 그보다 먼저 일어난 일에 관한 청구인의 설명을 증명하는 데 도움이 될 뿐 아니라, 주 법(note 7, supra을 보라)에 대한, 그리고 피고인의 기본적 권리들에 대한 경찰의 공식적인 무시를 보여주고 확인시켜 준다. Haley v.. Ohio, 332 U. S. 596, 600 (더글라스(DOUGLAS) 판사의 의견)을 보라. 경찰은 "오히려 유죄를 피고인에게 씌우는 데 근거로 자신들이 삼을 수 있는 진술을 그에게서 확보하는 데에 일차적으로 관심이 있었다. 따라서 청구인으로부터 자백을 끌어내려는 경찰관들의 한결같은 의도는 분명했다. 이 같은 의도가 입증될 경우, 그 얻어진 자백은 가장 주의 깊은 정사(scrutiny)로써 검토되지 않으면 안 된다고 당원은 판시한 바 있 …… 다." Spano v. New York, 360 U. S. 315, 324.

9) 비록 부검사 자신이 주측 증인의 한 명으로서 정식사실심리에 출석하였지만, 조금이라도 그의 사무소에서 이루어진 이 진술을 내지는 거기에 부수된 상황들을 그의 증언은 가리킨 것이 아니었고, 나아가 헤인즈가 증언한 뒤에 사건에 관한 청구인 쪽의 설명을 반박할 수 있도록 증언대에 그는 다시 소환되지도 않았다.

A. No - except that the Lieutenant promised me that, as soon as I was booked, that I could call my wife.

"Q. You are being held for investigation - you haven't been booked yet. When you are, you will be able to phone your wife."

The State argues that the quoted answers to the first two of these questions conclusively negative existence of coercion or inducement on the part of the police. The statement bears no such reading, however. The questions, on their face, disclose that the petitioner was told that "booking" was a prerequisite to calling his wife, and "booking" must mean booking on a charge of robbery. Since the police already had enough evidence to warrant charging the petitioner with the robbery - they had the petitioner's prior oral admissions, the circumstances surrounding his arrest, and his identification by witnesses - the only fair inference to be drawn under all the circumstances is that he would not be booked on the robbery charge until the police had secured the additional evidence they desired, the signed statement for which they were pressing. The quoted portions of the signed confession thus support the petitioner's version of events; under any view, they offer no viable or reliable contradiction.

Even were it otherwise, there would be substantial doubt as to the probative effect to be accorded recita- «373 U. S., 513» tions in the challenged confession that it was not involuntarily induced. Cf. Haley v. Ohio, 332 U. S. 596, 601 (opinion of MR. JUSTICE DOUGLAS). It would be anomalous indeed if such a statement, contained within the very document asserted to have been obtained by use of impermissible coercive pressures, was itself enough to create an evidentiary conflict precluding this Court's effective

답. 아니오 - 다만, 저에게 용의자 체포절차가 거쳐지자마자 저의 처를 제가 부를 수 있을 것이라고 차석이 약속한 것을 빼고서입니다.

"문. 당신은 수사를 위하여 구류되어 있는 중이고 - 당신은 아직 용의자 체포절차가 거쳐지지 않았습니다. 절차가 거쳐지면, 당신의 처에게 전화를 당신은 할 수 있을 것입니다."

경찰 쪽에서의 강압의 내지는 유인의 존재를 이 질문들에 중 처음 두 개의 질문들에 대한 그 인용된 답변들은 결정적으로 부정한다고 주(The State)는 주장한다. 그러나 그 같은 해석을 그 진술은 담고 있지 않다. 청구인에게 "용의자 체포절차를 거치는 것(booking)"이 그의 처에게 전화를 걸기 위한 한 가지 필수요건이라는 설명을 청구인이 들었음을 문면상 그 질문들은 보여주는데, "용의자 체포절차를 거치는 것"이라 함은 강도 혐의에 기한 체포절차를 의미하는 것이 아닐 수 없다. 청구인에 대한 강도죄 기소를 뒷받침할 충분한 증거를 경찰은 이미 가지고 있었으므로 — 청구인의 먼저 번의 구두시인들(oral admissions)을, 그의 체포를 둘러싼 상황들을, 그리고 목격자들에 의한 그에 대한 범인지목을 그들은 가지고 있었다 — 모든 상황들 아래서 도출될 수 있는 단 한 가지 타당한 추론은 경찰이 원하는 그 추가적 증거를, 즉 경찰이 얻어내고자 압박하는 중인 그 서명 진술서를 경찰이 확보하고 났을 때까지는 청구인에게는 강도 혐의에 의거하여 용의자 체포절차가 거쳐지지 않을 것이라는 것이었다. 이렇게 그 부수상황들에 대한 청구인측의 설명을 서명된 자백 진술서 중 인용된 부분들은 뒷받침한다; 살아남을 수 있을 만한 내지는 믿을 만한 모순을 어떤 견해 아래서도 그것들은 제공하지 않는다.

설령 그렇지 않더라도, 그 이의 제기된 자백 진술서에 들어 있는, 그것이 비임의적으로 유도된 것이 아니라는 그 낭독 부분에 부여될 «373 U. S., 513» 증명력(probative effect)에 관하여는 중대한 의문이 있을 것이다. Haley v. Ohio, 332 U. S. 596, 601 (더글라스(DOUGLAS) 판사의 의견)을 참조하라. 만약 허용될 수 없는 강제적 압력들의 사용에 의하여 얻어졌다고 주장되는 바로 그 문서에 담긴 이 같은 진술이, 그 헌법 문제에 대한 당원의 실질적인 재심리를 배제하는 증거의 대립(an evidentiary conflict)을 창출하기에 그 자체로서 충분한 것이었다면, 그것은 참으로 변칙일 것이다. 판

review of the constitutional issue. Common sense dictates the conclusion that, if the authorities were successful in compelling the totally incriminating confession of guilt, the very issue for determination, they would have little, if any, trouble securing the self-contained concession of voluntariness. Certainly we cannot accord any conclusive import to such an admission, particularly when, as here, it is immediately followed by recitations supporting the petitioner's version of events.

III

The uncontroverted portions of the record thus disclose that the petitioner's written confession was obtained in an atmosphere of substantial coercion and inducement created by statements and actions of state authorities. We have only recently held again that a confession obtained by police through the use of threats is violative of due process, and that "the question in each case is whether the defendant's will was overborne at the time he confessed," Lynumn v. Illinois, 372 U. S. 528, 534. "In short, the true test of admissibility is that the confession is made freely, voluntarily, and without compulsion or inducement of any sort." Wilson v. United States, 162 U. S. 613, 623. See also Bram v. United States, 168 U. S. 532. And, of course, whether the confession was obtained by coercion or improper inducement can be determined only by an examination of all of the attendant circumstances. See, e. g., Leyra «373 U. S., 514» v. Denno, 347 U. S. 556, 558.[10] Haynes' undisputed testimony as to the making and signing of the challenged confession used against him at trial permits no doubt that it was obtained under a totality of circumstances evidencing an involuntary written admission of guilt.

10) See also Fikes v. Alabama, 352 U. S. 191, 197–198; Gallagos v. Nebraska, 342 U. S. 55, 65 (opinion of Mr. Justice Reed).

단해야 할 바로 그 쟁점인 그 전적으로 부죄적인(incriminating) 범행의 자백을 강요하는 데 있어서 관헌들이 성공한다면, 그들은 그 독립적인(self-contained) 임의성의 특허(concession)를 확보하는 데 어려움이, 설령 있다 하더라도 별로 없을 것이라는 결론을 상식은 명령한다. 특히 여기서처럼 이 같은 시인 뒤에 부수상황들에 대한 청구인의 설명을 뒷받침하는 낭독이 곧바로 이어지는 경우에는, 조금이라도 결정적인 의미를 그 시인에 우리가 부여할 수 없음은 확실하다.

III

이렇게 주 관헌들의 진술들에 및 행동들에 의하여 창출된 실제상의 강요의 및 유인의 분위기 속에서 청구인의 자백 진술서는 얻어졌음을 기록의 다툼 없는 부분들은 보여준다. 협박행위들의 사용을 통하여 경찰에 의하여 얻어진 자백은 적법절차에 위배된다고, "개개 사건마다에서의 문제는 피고인이 자백한 당시에 그의 의지가 짓눌렸는지 여부"라고 바로 최근에 우리는 다시 판시하였다. Lynumn v. Illinois, 372 U. S. 528, 534. "요컨대, 증거능력의 참다운 기준은 자백이 자유로이, 임의로, 그리고 어떤 종류의 강요가도나 유인이도 없이 이루어지는 것이다." Wilson v. United States, 162 U. S. 613, 623. 또한 Bram v. United States, 168 U. S. 532를도 보라. 그리고 강요에나 부당한 유인에 의하여 자백이 얻어졌는지 여부는 오직 그 부수적 상황들 전체에 대한 검토에 의해서만 판정될 수 있음은 물론이다. 예컨대 Leyra «373 U. S., 514» v. Denno, 347 U. S. 556, 558을 보라.[10] 범행에 대한 비임의적인 서면상의 시인을 증명하는 전체적 상황들 아래서 그것이 얻어졌음에 관하여 의문을 정식사실심리에서 그에게 불리하게 사용된, 그 이의 제기된 자백 진술서의 작성에 및 서명에 관한 헤인즈의 명백한 증언은 용납하지 않는다.

10) 아울러 Fikes v. Alabama, 352 U. S. 191, 197-198을; Gallegos v. Nebraska, 342 U. S. 55, 65 (리드(REED) 판사의 의견)을 보라.

Here, as in Lynumn, supra, the petitioner was alone in the hands of the police, with no one to advise or aid him, and he had "no reason not to believe that the police had ample power to carry out their threats," 372 U. S., at 534, to continue, for a much longer period if need be, the incommunicado detention - as in fact was actually done. Neither the petitioner's prior contacts with the authorities nor the fact that he previously had made incriminating oral admissions negatives the existence and effectiveness of the coercive tactics used in securing the written confession introduced at trial. The petitioner at first resisted making a written statement, and gave in only after consistent denials of his requests to call his wife and the conditioning of such outside contact upon his accession to police demands. Confronted with the express threat of continued incommunicado detention, and induced by the promise of communication with and access to family, Haynes understandably chose to make and sign the damning written statement; given the unfair and inherently coercive context in which made, that choice cannot be said to be the voluntary product of a free and unconstrained will, as required by the Fourteenth Amendment.

We cannot blind ourselves to what experience unmistakably teaches: that, even apart from the express threat, the basic techniques present here - the secret and incommunicado detention and interrogation - are devices adapted and used to extort confessions from suspects. Of course, detection and solution of crime is at best, a diffi- «373 U. S., 515» cult and arduous task requiring determination and persistence on the part of all responsible officers charged with the duty of law enforcement. And certainly we do not mean to suggest that all interrogation of witnesses and suspects is impermissible. Such questioning is undoubtedly an essential tool in effective law enforcement. The line between proper and permissible police conduct and techniques and methods offensive to due process is, at best, a difficult one to draw, particu-

Lynumn, supra에서처럼 여기서 자신을 조언할 내지는 조력할 어떤 사람이도 없이 혼자서 경찰의 수중에 청구인은 있었고, 그리고 필요할 경우에는 — 실제로도 그렇게 시행되었듯이 — 외부격리 상태의 구류를 훨씬 더 오랜 기간 계속할 수 있다는 "그들의 위협을 실행에 옮길 충분한 권한을 경찰은 지닌다고 그로서는 믿지 않을 아무런 이유가 없었다." 372 U. S., at 534. 정식사실심리에 제출된 그 자백 진술서를 확보함에 있어서 사용된 강압적인 수법의 존재를 및 그 효과를, 청구인의 관헌들하고의 이전의 접촉들은도, 부죄적 구두시인들을 이전에 그가 한 바 있다는 사실은도 무효화하지 않는다. 자백 진술서를 작성하는 데에 처음에 청구인은 저항하였고, 자신의 처를 부르겠다는 그의 요청들에 대한 지속적인 거부행위들을 겪은 이후에서야, 그리고 그 같은 외부하고의 접촉이 경찰의 요구사항들에 대한 그의 동의에 조건지워진 이후에서야 청구인은 굴복하였다. 계속되는 외부격리 구류의 명시적인 위협에 직면하여, 그리고 가족들에게의 교통의 및 접근의 약속으로써 유인되어, 그 유죄를 증명하는 자백 진술서를 작성하고 서명하는 쪽을, 이해할 만하게도, 헤인즈는 택하였다; 그것이 이루어진 그 부당하고 본질적으로 강압적인 전후관계를 전제한다면, 그 선택은 연방헌법 수정 제14조에 의하여 요구되는 류의 자유롭고 제약 없는 의지의 임의의 산물이라고 말해질 수 없다.

경험이 명백히 가르치는 바에게 우리 자신을 우리는 가릴 수 없다: 즉, 심지어 명시적인 위협을 떠나서도, 여기에 현출된 그 기본적인 수법들 — 비밀이면서 외부격리 상태에서 이루어지는 구류 및 신문 — 은 자백들을 용의자들에게서 강요해 내기 위하여 적응되고 사용되는 수단들이다. 물론, 범죄의 탐지는 및 해결은 가장 좋게 말하더라도 법집행의 «373 U. S., 515» 책무를 위탁받은 모든 책임 있는 공무원들 쪽의 결단을 및 끈기를 요구하는 어렵고도 힘든 과업이다. 그리고 증인들에 및 용의자들에 대한 모든 신문이 허용될 수 없음을 우리는 제언하고자 함이 분명히 아니다. 이러한 신문은 효과적인 법집행에 있어서 확실히 불가결한 한 가지 도구이다. 알맞고도 무방한 경찰행위의, 그리고 적법절차에 위배되는 기술들 및 방법들의 그 양자 사이의 경계선은, 특히 범인으로 주장되는 사람의 마음 위에와 의지 위에 심리적으로 강압적인 압력들이 및 유인행위들이 미치는 영향에 관하여 정교한 판단

larly in cases such as this, where it is necessary to make fine judgments as to the effect of psychologically coercive pressures and inducements on the mind and will of an accused. But we cannot escape the demands of judging or of making the difficult appraisals inherent in determining whether constitutional rights have been violated. We are here impelled to the conclusion, from all of the facts presented, that the bounds of due process have been exceeded.

IV

Our conclusion is in no way foreclosed, as the State contends, by the fact that the state trial judge or the jury may have reached a different result on this issue.

It is well settled that the duty of constitutional adjudication resting upon this Court requires that the question whether the Due Process Clause of the Fourteenth Amendment has been violated by admission into evidence of a coerced confession be the subject of an independent determination here, see, e. g., Ashcraft v. Tennessee, 322 U. S. 143, 147-148; "we cannot escape the responsibility of making our own examination of the record," Spano v. New York, 360 U. S. 315, 316. While, for purposes of review in this Court, the determination of the trial judge or of the jury will ordinarily be taken to resolve evidentiary conflicts, and may be entitled to some weight even with respect to the ultimate conclusion on the crucial issue of voluntariness, we cannot avoid our re- «373 U. S., 516» sponsibilities by permitting ourselves to be "completely bound by state court determination of any issue essential to decision of a claim of federal right, else federal law could be frustrated by distorted factfinding." Stein v. New York, 346 U. S. 156, 181. As state courts

들을 내릴 필요가 있는 이 사건에 유사한 경우들에 있어서는, 가장 좋게 말하더라도 긋기 어려운 것이다. 그러나 헌법적 권리들이 침해되어 있는지 여부를 판정하는 데 본디 들어 있는 어려운 견적가격들을 판단해야 한다는 및 뽑아내야 한다는 요구사항들을 우리는 회피할 수 없다. 그 현출된 사실관계 전체로 미루어, 적법절차의 한계들이 침범되어 있다는 결론에 이르도록 여기서 우리는 강제된다.

IV

주가 주장하듯이 이 문제에 관하여 다른 결론에 주 법원의 정식사실심리 판사가나 배심이 도달했을 수 있다는 사실에 의하여 우리의 결론이 배제되는 것은 결코 아니다.

강요된 자백의 증거허용에 의하여 연방헌법 수정 제14조의 적법절차 조항(the Due Process Clause)이 침해되어 있는지 여부의 문제를 여기서의 *독립적인*(*independent*) 판단의 주제로 삼도록 당원 위에 놓여 있는 헌법 판단의 책무가 요구함은 충분히 확립되어 있는 바, 예컨대 Ashcraft v. Tennessee, 322 U. S. 143, 147-148을 보라; "기록에 대한 우리 자신의 검토를 수행할 책임을 우리는 회피할 수 없다." Spano v. New York, 360 U. S. 315, 316. 이 법원에서의 재심리의 목적상, 증거의 대립의 문제들을 해결하는 것으로 정식사실심리 판사의 내지는 배심의 판단은 일반적으로 간주될 것이지민, 또한 그것들은 심지어 그 중대한 임의성의 문제에 대한 궁극적 결론에 관하여조차 상당한 가치를 누릴 자격이 부여될 수 있는 것이기는 하지만, "조금이라도 «373 U. S., 516» 연방 권리(federal right)에 대한 주장의 판단에 불가결한 쟁점에 관하여 우리 자신으로 하여금 주 법원의 판단에 완전히 구속되도록" 허용함으로써 우리의 책무를 우리는 회피할 수는 없는 바, 만약 그렇지 않으면 뒤틀린 사실판단에 의하여 연방법은 좌절될 수가 있을 것이다." Stein v. New York, 346 U. S. 156, 181. 기본적인 및 핵심적인 권리들을 보호할 일차적인 책임을 이 사건 류의 소송들

are, in instances such as this, charged with the primary responsibility of protecting basic and essential rights, we accord an appropriate and substantial effect to their resolutions of conflicts in evidence as to the occurrence or nonoccurrence of factual events and happenings. This is particularly apposite because the trial judge and jury are closest to the trial scene, and thus afforded the best opportunity to evaluate contradictory testimony. But, as declared in Ward v. Texas, 316 U. S. 547, 550, "when, as in this case, the question is properly raised as to whether a defendant has been denied the due process of law ……, we cannot be precluded by the verdict of a jury from determining whether the circumstances under which the confession was made were such that its admission in evidence amounts to a denial of due process." To the same effect, see, e. g., Spano v. New York, 360 U. S. 315; Thomas v. Arizona, 356 U. S. 390, 393; Payne v. Arkansas, 356 U. S. 560, 562, 568; Ashcraft v. Tennessee, 322 U. S. 143, 147-148; Lisenba v. California, 314 U. S. 219, 237-238; Chambers v. Florida, 309 U. S. 227, 228.

Beyond even the compelling nature of our precedents, however, there is here still another reason for refusing to consider the present inquiry foreclosed by the verdict of the jury to which the issue of voluntariness of the confession was submitted. The jury was instructed, in effect, not to consider as relevant on the issue of voluntariness of the confession the fact that a defendant is not reminded that he is under arrest, that he is not cautioned that he may remain silent, that he is not warned that his answers may be used against him, or that he is not advised that «373 U. S., 517» he is entitled to counsel.[11] Whatever independent consequence these factors may other-

11) The trial court told the jury:

"And, in this connection, I further instruct you that a confession or admission of a defendant is not rendered involuntary because he is not at the time of making the same reminded that he was under arrest, or that he was not obliged to reply, or that his answers would be used against him, or that he was entitled to be represented by counsel.

That the jury was to take this as precluding consideration of the cited factors is evidenced by the immediately succeeding instruction which advised that it *should* consider a denial of communication with friends or an attorney in connection with determining whether the written confession was voluntary or not.

에서 주 법원들은 위탁받고 있으므로, 고유하고도 중요한 효력을 사실적 부수상황들(events)의 및 진행 과정에서 생긴 일들(happenings)의 발생에 또는 불발생에 관한 증거의 대립(conflicts in evidence)에 대한 그들의 재결들에 대하여 우리는 부여한다. 이것이 특히 적합한 것은 정식사실심리 장면에 정식사실심리 판사는 및 배심은 가장 가까이 있고, 따라서 대립되는 증거를 평가할 가장 좋은 기회를 그들은 부여받고 있기 때문이다. 그러나 Ward v. Texas, 316 U. S. 547, 550에서 선언되었듯이, "이 사건에서처럼 적법절차를 피고인이 박탈당했는지 여부에 관하여 정당하게 의문이 제기되는 경우에는 …… 만약 그 자백을 증거로서 허용하면 적법절차의 박탈에 해당하게 될 만한 상황 아래서 그 자백이 이루어진 것인지 여부를 판정하는 것으로부터, 배심의 평결에 의하여 우리는 배제될 수 없다." 같은 취지의 것들로는 예컨대 Spano v. New York, 360 U. S. 315를; Thomas v. Arizona, 356 U. S. 390, 393을; Payne v. Arkansas, 356 U. S. 560, 562, 568을; Ashcraft v. Tennessee, 322 U. S. 143, 147-148을; Lisenba v. California, 314 U. S. 219, 237-238을; Chambers v. Florida, 309 U. S. 227, 228을 보라.

그러나 우리 선례들의 구속적인 성격을마저 벗어나서 보더라도, 자백의 임의성의 문제를 제출받은 바 있는 그 배심의 평결에 의하여 현재의 검토가 제외된다고 생각하기를 거부할 또 다른 이유가 여기에는 있다. 피고인이 체포되어 있음이 고지되어 있지 않다는 사실을, 그가 묵비 상태로 있을 수 있음이 환기되어 있지 않다는 사실을, 그의 답변들이 그 자신에게 불리하게 사용될 수 있음이 경고되어 있지 않다는 사실을, 또는 그에게 변호인의 조력을 받을 권리가 있음이 조언되어 있지 않다는 사실을 자백의 임의성의 문제에 관련 있는 것으로서 고려하지 말도록 배심은 «373 U. S., 517» 사실상 설시를 받았던 것이다.[11] 만약 그렇지 않았더라면 그 어떤

11) 배심에게 정식사실심리 법원은 말하였다:
"그리고 이 점에 관련하여, 피고인이 한 자백은 내지는 시인은 그것을 그가 한 당시에 그 자신이 체포되어 있다고, 답변할 의무가 없다고, 그 자신의 답변이 그 자신에게 불리하게 사용될 것이라고, 또는 그 자신이 변호인에 의하여 대변될 권리가 있다고 일깨워진 바 없다는 것 때문에 비임의의(involuntary) 것으로 만들어지지 아니함을 여러분에게 추가로 저는 설명합니다."
이에 곧바로 뒤이은, 그 자백 진술서가 임의의 것인지 아닌지를 판정하는 일에 관련하여 친구들하고의 내지는 변호인하고의 교통의 박탈을 배심은 고려*해야 한다*(*should* consider)고 조언한 설시에 의하여, 그 열거된 요소들의 고려를 배제하는 것으로 이것을 배심이 받아들이게 되어 있었음은 입증된다.

wise have, they are unquestionably attendant circumstances which the accused is entitled to have appropriately considered in determining voluntariness and admissibility of his confession.[12]

In addition, the trial court instructed in terms of a Washington statute which permits consideration of a corroborated confession "made under inducement," and excepts only confessions "made under the influence of fear produced by threats."[13] It seems reasonably clear from this portion of the instructions that the jury may well have been misled as to the requisite constitutional standard, notwithstanding the apparent propriety of other portions of the instructions. Given the fact that the jury did no more than return a general verdict of guilty, we obviously have no way of knowing whether it found the confession to be voluntary and admissible or not. Be- «373 U. S., 518» cause there was sufficient other evidence to sustain the verdict, the jury may have found the defendant guilty even though it rejected the confession as involuntary; alternatively, the jury may have based its finding of guilt on the confession, reasoning, under the questionable instructions and the Washington statute, that the confession was admissible as voluntary, even though improperly induced, because it was corroborated by the other evidence. Although, for the reasons indicated, the Washington statute and the quoted instructions raise a serious and substantial question whether a proper constitutional standard was applied by the jury, we need not rely on the imperfections in the instructions as a separate ground of reversal. We think it clear, however, that these imperfections are entirely sufficient to preclude any dependence we might otherwise place on the jury verdict as settling the issue of voluntariness here.

---

12) See note 10, supra.

13) The instruction commenced:

"By statute of the State of Washington, it is provided:

"'The confession of a defendant made under inducement, with all the circumstances, may be given as evidence against him, except when made under the influence of fear produced by threats; but a confession made under inducement is not sufficient to warrant a conviction without corroborating testimony.'"

독립적인 결과를 이 요소들이 가질 수 있었을망정, 명백히 그것들은 자신의 자백의 임의성과 증거능력을 판정함에 있어서 마땅히 고려되게 할 권리를 피고인으로서 가지는 부수적 상황들이다.[12]

이에 더하여, "유인 아래서 이루어진" 보강증거 있는 자백에 대하여는 고려를 허용하는, 그러면서 "위협에 의하여 야기된 두려움의 영향 아래서" 이루어진 자백들만을 고려에서 제외하는 워싱턴주 제정법의 견지에서 정식사실심리 법원은 설시하였다.[13] 여타 부분의 설시들의 명백한 타당성에도 불구하고 이 부분의 설시들로부터 그 필수인 헌법적 기준에 관하여 배심이 잘못 인도되었던 것이도 당연하였음은 매우 분명해 보인다. 단지 유죄의 일반평결만을 배심이 제출했다는 사실로 볼 때, 그 자백을 임의적인 것으로, 따라서 증거로서 허용될 수 있는 것으로 배심이 판단한 것인지 아닌지 우리는 명확히 알 길이 없다. 그 평결을 «373 U. S., 518» 뒷받침하는 그 밖의 충분한 증거가 있었기 때문에 그 자백을 비임의의 것으로 배척하면서도 피고인을 유죄로 배심은 판단했을 수 있다; 아니면, 의문스러운 설시들 아래서와 워싱턴주 제정법 아래서, 설령 그 자백이 부당하게 유도되었다 하더라도 여타의 증거에 의하여 보강되어 있기 때문에, 그 자백을 임의의 것이면서 증거로서 허용될 수 있는 것으로 추론하여, 자신의 유죄 판단의 근거를 그 자백 위에 배심은 두었을 수도 있다. 비록 위에서 제시된 이유들로 인하여, 배심에 의하여 타당한 헌법적 기준이 적용되었는지 여부에 관한 한 가지 심각하고도 중대한 문제를 워싱턴주 제정법은 및 그 인용된 설시들은 제기함에도 불구하고, 별개의 파기사유로서 그 설시들에 들어 있는 결함들에 우리는 의존할 필요가 없다. 그렇지만 이러한 결함들은, 만약 그것들이 아니었더라면 조금이라도 임의성의 문제를 해결짓는 것으로서 배심의 평결 위에 여기서 우리가 부여할 수 있었을 신뢰를, 배제하기에 완전히 충분함은 분명하다고 우리는 생각한다.

---

12) note 10, supra을 보라.

13) 설시는 이렇게 시작되었다:
"워싱턴주 제정법에 의하면 이렇게 규정되어 있습니다:
"'유인 아래서 이루어진 피고인의 자백은 모든 상황들에 더불어 그에게 불리한 증거로 제출될 수 있는 바, 다만 위협들에 의하여 야기된 두려움의 영향 아래서 이루어진 경우는 예외입니다; 그러나 유인 아래서 이루어진 자백은 보강증거 없이는 유죄판정을 정당화하기에 충분하지 않습니다.'"

V

In reaching the conclusion which we do, we are not unmindful of substantial independent evidence tending to demonstrate the guilt of the petitioner. As was said in Rogers v. Richmond, 365 U. S. 534, 541:

"Indeed, in many of the cases in which the command of the Due Process Clause has compelled us to reverse state convictions involving the use of confessions obtained by impermissible methods, independent corroborating evidence left little doubt of the truth of what the defendant had confessed. Despite such verification, confessions were found to be the product of constitutionally impermissible methods in their inducement."

Of course, we neither express nor suggest a view with regard to the ultimate guilt or innocence of the petitioner here; that is for a jury to decide on a new trial free of «373 U. S., 519» constitutional infirmity, which the State is at liberty to order.

This case illustrates a particular facet of police utilization of improper methods. While history amply shows that confessions have often been extorted to save law enforcement officials the trouble and effort of obtaining valid and independent evidence, the coercive devices used here were designed to obtain admissions which would incontrovertibly complete a case in which there had already been obtained, by proper investigative efforts, competent evidence sufficient to sustain a conviction. The procedures here are no less constitutionally impermissible, and perhaps more unwarranted because so unnecessary. There is no reasonable or rational basis for claiming that the oppressive and unfair methods utilized were in any way essential to the detection or solution of the crime or to the protection of the public. The claim, so often made in the context of coerced confession cases, that the devices employed by the authorities were requisite to solution of the crime

V

우리가 도달하는 결론에 이름에 있어서, 청구인의 유죄를 증명하는 데 이바지하는 실질적이고 독립적인 증거에 우리는 무관심한 것이 아니다. Rogers v. Richmond, 365 U. S. 534, 541에서 말해졌듯이:

"아닌 게 아니라, 허용될 수 없는 수단들에 의하여 얻어진 자백들의 사용을 포함하는 주 유죄판정들을 파기하도록 우리를 적법절차의 명령이 강제한 사건들 다수에 있어서, 피고인이 자백하였던 바의 진실성에 관하여 의문을 독립적인 보강 증거는 남기지 않았다. 그 같은 증명에도 불구하고, 자백들은 그 유인에 있어서 헌법적으로 허용될 수 없는 수법들의 산물로 판정되었다."

물론 청구인의 궁극적인 유죄에 또는 무죄에 관하여 의견을 여기서 우리는 표명하지도 암시하지도 않는다; 그것은 주가 자유로이 명할 수 있는, 헌법적 결함으로부터 자유로운 «373 U. S., 519» 새로운 정식사실심리에서 배심이 판단할 사항이다.

부당한 수법들에 대한 경찰의 이용의 한 가지 특정한 측면을 이 사건은 예증한다. 유효하고도 독립적인 증거를 얻는 곤란을과 노력을 법집행 공무원들에게서 덜어주기 위하여 자주 자백들은 강제되어 왔음을 역사는 넉넉히 보여 주는 한편, 여기에서 사용된 강압적 책략들은 정당한 수사 노력들에 의하여 유죄판정을 뒷받침하기에 충분한 증거능력 있는 증거가 이미 확보되어 있는 사건을 논박의 여지없이 완결지어 줄 시인들을 얻어내고자 고안된 것들이었다. 여기서의 절차들은 헌법적으로 허용될 수 없는 점이 결코 더 적지 않은 바, 그토록 불필요한 것들이기에 필시 더욱 더 부당한 것들이다. 어쨌든 거기서 사용된 억압적이고 부당한 수단들이 범죄의 탐지에와 해결에 또는 공중의 보호에 불가결하였다고 주장하기 위한 정당하거나 합리적인 근거는 전혀 없다. 범죄의 해결에, 그리고 죄 지은 당사자에 대한 성공적인 소송추행에 관헌들에 의하여 사용된 책략들이 불가결하였다는, 강요된 자백 사건들하고의 관계에서 그토록 자주 제기되는 그 주장은 여기서 제기될 수 없다.

and successful prosecution of the guilty party cannot here be made.

Official overzealousness of the type which vitiates the petitioner's conviction below has only deleterious effects. Here, it has put the State to the substantial additional expense of prosecuting the case through the appellate courts, and now will require even a greater expenditure in the event of retrial, as is likely. But it is the deprivation of the protected rights themselves which is fundamental and the most regrettable, not only because of the effect on the individual defendant, but because of the effect on our system of law and justice. Whether there is involved the brutal "third degree," or the more subtle, but no less offensive, methods here obtaining, official misconduct cannot but breed disrespect for law, as well as for those charged with its enforcement. «373 U. S., 520»

The judgment below is vacated, and the case is remanded to the Supreme Court of Washington for further proceedings not inconsistent herewith.

It is so ordered.

청구인에 대한 하급심의 유죄판정을 무효로 만드는 유형의 공무원의 지나친 열심은 오직 해로운 효과들만을 지닐 뿐이다. 여기서 항소법원들을 통하여 사건을 추행하는 상당한 추가 비용을 주(the State)로 하여금 그것은 치르게 했고, 이제는 그 가능해 보이는 바에 따라 새로운 정식사실심리가 치러질 경우에 훨씬 더 큰 지출을 그것은 요구할 것이다. 그러나 근본적이면서 가장 유감스러운 것은 그 보장되어 있는 권리들 자체의 박탈인데, 개인으로서의 피고인에게 미치는 효과 때문만이 아니라 우리의 법에와 재판 제도에 미치는 효과 때문이기도 하다. 야만적인 "고문"이 관련되었든, 또는 이 사건에서 행해지는 보다 더 교활하면서 비열하기는 마찬가지인 수법들이 관련되었든, 법집행을 위탁받은 사람들에 대해서만이 아니라 법에 대해서도 멸시를 공무원의 직권남용은 기르지 않을 수 없다. «373 U. S., 520»

원심 법원의 판결주문은 무효화되고, 이 판결에 어긋나지 않는 추가적 절차들을 위하여 워싱턴주 대법원에 사건은 환송된다.

그렇게 명한다.

MR. JUSTICE CLARK, with whom MR. JUSTICE HARLAN, MR. JUSTICE STEWART, and MR. JUSTICE WHITE join, dissenting.

On December 19, 1957 at 9:05 P. M., a report was received by the Spokane Police Station that a filling station robbery was in progress in a certain area of the city. The report was broadcast to police cars working in the area. Twenty-five minutes later, uniformed officers riding in a police car near the scene of the reported robbery observed petitioner walking down the street. As they approached him, he went into the yard of a home in the vicinity. The police drove up and called to petitioner, who was questioned for a moment by one of the officers. Petitioner indicated that "he lived there" and, after talking with the officers, walked onto the porch of the house and began fumbling with the screen door as if to unlock it. The officer remained at the curb observing petitioner, who in a few moments returned to the car and spontaneously exclaimed to the officers, "You got me, let's go." He was placed in the police car, admitted the robbery to the officers and, as they drove to the filling station, identified it as the place he had robbed. He was taken to the police station, where he arrived within 20 minutes of his arrest and made a second oral confession to Lieutenant Wakeley, who was in charge of the detective office on the 4 o'clock to midnight shift. This confession was related by the lieutenant at the trial, without objection, in the following testimony:

"A. [By Lt. Wakeley.] He said they decided to hold up a place so they drove around to find someplace «373 U. S., 521» that didn't seem to have any customers, and they didn't know the streets, didn't know the town very

할란(HARLAN) 판사가, 스튜어트(STEWART) 판사가 및 화이트(WHITE) 판사가 가담하는 클라크(CLARK) 판사의 반대의견이다.

1957년 12월 19일 오후 9:05에 스포케인시의 어떤 지역에서 주유소 강탈이 진행되고 있다는 신고가 시 경찰서에 접수되었다. 그 부근에서 근무 중이던 경찰차량들에게 그 신고는 방송되었다. 길을 따라 청구인이 걸어 내려오고 있는 것을 25분 뒤에 그 신고된 강탈 현장 부근의 경찰차 한 대에 타고 있던 정복 차림의 경찰관들은 지켜보았다. 그에게 그들이 다가가자, 부근의 어떤 주택의 구내로 그는 들어갔다. 차를 대고서 청구인을 경찰은 불렀고, 경찰관들 중 한 명의 신문을 잠시 동안 청구인은 받았다. 자신이 "거기에 산다."고 청구인은 말하였고, 그리고 경찰관들에게 말하고 나서, 주택 현관으로 걸어 올라가서는 칸막이 문을 마치 열려는 듯이 만지작거리기 시작하였다. 청구인을 지켜보면서 보도 가장자리의 연석에 경찰관은 머물렀는데, 잠시 후에 차에게로 그는 돌아오더니 곧바로 경찰관들에게, "당신들은 나를 잡았소. 갑시다."라고 그는 외쳤다. 그는 경찰차에 태워졌고, 강도 범행을 경찰관들에게 시인하였으며, 그리고 그 주유소로 그들이 운전해 가자, 그것이 자신이 강탈했던 장소라고 그는 확인해 주었다. 경찰서에 그는 옮겨져 그의 체포로부터 20분 내에 거기에 도착했고 두 번째 구두자백을 차석 웨이클리에게 하였는데, 그는 4시에서 자정 교대 시간까지 그 수사 사무실을 담당하는 사람이었다. 그 자백은 정식사실심리에서 차석에 의하여 이러한 증언으로 설명되었으며, 이의는 제기되지 않았다:

"답. [차석 웨이클리] 한 곳을 강탈하기로 그들은 결정하고서 «373 U. S., 521» 고객들이 전혀 없을 것 같은 적당한 장소를 찾아 돌아다녔다고, 그 거리들을 그들은 몰랐다고, 그 마을을 잘 몰랐다고 그는 말하였습니다. 그 자동차를 발견한 곳에서

well. They said they were out where they found the car. They drove by and saw a service station which didn't seem to have any business, so they parked the car in the alley and walked into the service station, and Raymond said that he told the man it was a holdup, and his brother stood behind the man, and he got the money from the service station operator. He didn't think his brother got any of it. After they held up the place, they ran out the door and he ran down the side street, not directly toward the car, down around toward the end of the block and come [sic] back down the alley, and, as he was approaching the car, he saw a police officer had his brother in custody. So he turned and ran north about two blocks, and then turned and went west about three blocks before a prowl car came along and they stopped and talked to him and asked him where he was going. He said he was going home, and he turned and walked up onto a porch. He stood on the porch, and he said the prowl car sat out there in the street, didn't move, so he thought well, I might as well give up. So he went back and told them he was the man they were looking for."

Thus, within an hour and 20 minutes after his surrender, petitioner had made two oral confessions - both admitted into evidence without objection - identical in relevant details to the written confession made the following day which the Court finds coerced. In light of the circumstances surrounding petitioner's arrest and confession, I believe the Court's reversal to be an abrupt departure from the rule laid down in the cases of this Court and an enlargement of the requirements heretofore visited upon state courts in confession cases. I therefore dissent. «373 U. S., 522»

The petitioner is neither youthful in age (though his exact age is not shown by the record) nor lacking in experience in lawbreaking. He is married, and was a skilled sheet-metal worker temporarily unemployed. Some indication of his approximate age is given by the facts that his wife had been

자신들이 바닥이 났다고 그들은 말했습니다. 그들은 가까이 운전해 갔고, 영업을 하지 않고 있어 보이는 주유소 한 곳을 보았고, 그래서 그들은 그 골목에 차를 주차시키고 그 주유소 안으로 걸어 들어갔고, 그리고 자신이 노상강도라고 레이먼드는 그 남자에게 말했고, 그 남자 뒤에 그의 동생이 섰고 그리고 돈을 주유소 기사로부터 그가 받았습니다. 그것을 자신의 동생이 조금이라도 받았다고는 그는 생각하지 않았습니다. 그 장소를 그들이 턴 다음에 문 밖으로 그들은 달려 나왔고, 그는 곧바로 자동차를 향해서가 아니라 블록 끝 쪽을 향하여 옆 길을 달려 그 아래로 돌아서 내려왔고, 골목으로 되돌아 내려오고[sic], 그래서 그가 자동차에 다가가고 있을 때 자신의 동생을 경찰관 한 명이 구금하는 것을 그는 보았습니다. 그래서 그는 방향을 돌려 북쪽으로 두 블록 정도를 달렸다가, 방향을 돌려 서쪽으로 세 블록 정도 갔을 때, 순찰차 한 대가 다가왔고, 그를 세우고서 그에게 말을 걸고 그가 어디로 가는 중인지를 그들은 물었습니다. 자신이 집에 가는 중이라고 그는 말하였고 돌아서서 현관으로 그는 걸어 올라갔습니다. 그는 현관에 섰는데, 순찰차가 거기 길에 나앉아 움직이지 않았고, 그래서 저런, 나는 포기하는 편이 낫겠다고 자신이 생각했다고 그는 말하였습니다. 그래서 그는 돌아가서 그들에게, 자신이 바로 그들이 찾고 있는 사람이라고 말했던 것입니다."

이렇게 두 번의 구두 자백들을 그의 자수로부터 1시간 20분 이내에 청구인은 하였는데 — 두 개 모두 이의 없이 증거로 허용되었다 — 그 다음 날 작성된, 이 법원이 강요에 의한 것이라고 판정하는 그 자백 진술서에 그 관련된 세부 사항에 있어서 동일하다. 청구인의 체포를 및 자백을 둘러싼 상황들에 비추어, 이 법원의 파기는 이 법원의 선례들에서 내려진 규칙으로부터의 갑작스러운 단절임을, 자백 사건들에 있어서 여태껏 주 법원들 위에 부과되어 온 요구사항들에 대한 한 개의 확대임을 나는 믿는다. 따라서 나는 반대한다. «373 U. S., 522»

청구인은 나이에 있어서 어리지도 않고(다만 그의 정확한 나이는 기록에 의하여 밝혀져 있지 않다), 범법 행위의 경험이도 없지 않다. 그는 기혼자이며, 일시적으로 실직한 숙련된 판금 노동자였다. 그의 처가 약 14년 동안 같은 고용주에게 고용되었던 적이 있다는 사실에, 이 정식사실심리가 있기 11년 전에 그가 최초로 법에 부딪치게 되었다

employed for some 14 years by the same employer, and that 11 years prior to the trial, he had his first brush with the law, i.e., drunken driving, resisting arrest, and being without a driver's license. Further, in 1949 he was convicted of breaking and entering, and in 1950 of robbery. During the same year he pleaded guilty to breaking jail and to "taking a car." He had not only served time, but had been on parole for two years, making regular visits to parole officers to whom he was assigned. He cannot, therefore, be placed in the category of those types of people with whom the Court's cases in this area have ordinarily dealt, such as the mentally subnormal accused, Fikes v. Alabama, 352 U. S. 191 (1957); Payne v. Arkansas, 356 U. S. 560 (1958), and Reck v. Pate, 367 U. S. 433 (1961); the youthful offender, such as Haley v. Ohio, 332 U. S. 596 (1948), and Gallegos v. Colorado, 370 U. S. 49 (1962); or the naive and impressionable defendant, such as Lynumn v. Illinois, 372 U. S. 528 (1963). On the contrary, he is a mature adult who appears, from his testimony at the trial, to be of at least average intelligence, and who is neither a stranger to police techniques and custodial procedures nor unaware of his rights on arrest. Thus the Court's reliance on Lynumn v. Illinois, supra,[14] is completely misplaced. «373 U. S., 523»

I do not say that only the young, the weak and the mentally disturbed are susceptible to coercion, but only that these factors have ordinarily been involved in coerced confession cases, and have been consistently regarded by the Court as important circumstances in the determination as to whether a confession was voluntarily made. Along with circumstances related to the petitioner, of course, the determination of coercion requires examination of the conduct of the police and the environment in which interrogation and

14) In Lynumn v. Illinois, 372 U. S. 528 (1963), the petitioner was a woman who "had no previous experience with the criminal law, and had no reason not to believe that the police had ample power to carry out their threats." Id., at 534. She confessed after the police told her that, if she did not cooperate, she would be imprisoned for 10 years, her children would be taken away, and she would be deprived of state aid for them.

는 사실에, 즉 음주운전을 하고서 체포에 저항하였고 운전면허도 없었다는 사실에 의하여 그의 대략의 나이에 대한 어느 정도의 표지는 얻어진다. 더군다나 그는 1949년에는 실력에 의한 불법침입(breaking and entering)으로 유죄가 인정되었고, 1950년에는 강도행위로 유죄가 인정되었다. 바로 그 해 동안 그는 탈옥(breaking jail)에 및 "차량 탈취(taking a car)"에 대하여 유죄의 답변을 하였다. 그는 복역 경험이 있을 뿐만 아니라, 2년간 가석방 상태에 있으면서 그가 배정된 가석방 공무원들에게 정기적인 방문들을 해 오고 있었다. 따라서 이 분야에 있어서의 당원의 선례들이 일반적으로 다루어 온 유형의 사람들에, 즉 가령 Fikes v. Alabama, 352 U. S. 191 (1957)에서; Payne v. Arkansas, 356 U. S. 560 (1958)에서 및 Reck v. Pate, 367 U. S. 433 (1961)에서 등의 정신적으로 정상 이하인 피고인의, 또는 Haley v. Ohio, 332 U. S. 596 (1948)에서 및 Gallegos v. Colorado, 370 U. S. 49 (1962)에서 등의 나이 어린 범죄자의; 또는 Lynumn v. Illinois, 372 U. S. 528 (1963)에서 등의 나약하고 감수성이 강한 피고인의 범주에 그는 놓일 수 없다. 그 반대로, 그는 정식사실심리에서의 그의 증언으로 미루어 최소한 평균의 지능을 갖추고 있음이 드러나 있는, 경찰의 기법에 및 구류 절차에 생소하지도 않고 체포에 있어서의 자신의 권리를 모르지도 않는 한 명의 성숙한 성인이었다. 이렇듯 Lynumn v. Illinois, supra에 대한 이 법원의 의존은[14] 완전히 장소를 잘못 짚은 것이다. «373 U. S., 523»

오직 어린 사람만이, 약한 사람만이, 정신적으로 장애가 있는 사람만이 강요에 걸리기 쉽다는 것을 나는 말하는 것이 아니라, 단지 이러한 요소들만이 강요된 자백의 사건들에 일반적으로 포함되어 오면서 한 개의 자백이 임의적으로 이루어졌는지 여부에 대한 판정에 있어서의 중요한 상황들로 당원에 의하여 지속적으로 간주되어 왔음을 나는 말하는 것일 뿐이다. 물론 청구인에 관련된 상황들에 나란히, 경찰의 행동에 대한, 그리고 신문이 및 자백이 발생한 환경에 대한 검토를 강요의 판정은 요구한다. 강압은 Brown v. Mississippi, 297 U. S. 278 (1936) 사건에 포함된

14) Lynumn v. Illinois, 372 U. S. 528 (1963)에서, 청구인은 "형사법에 관한 이전의 경험이 전혀 없었고, 따라서 그들의 위협을 실행에 옮길 충분한 권한을 경찰은 지닌다고 그녀로서는 믿지 않을 아무런 이유가 없었던" 한 명의 여인이었다. Id., at 534. 만약 그녀가 협력하지 않으면 10년의 구금형에 그녀는 처해질 것이라고, 그녀에게서 그녀의 아이들은 끌려갈 것이라고, 그들을 위한 주 원조를 그녀는 박탈당할 것이라고 그녀에게 경찰이 말한 뒤에 그녀는 자백하였다.

confession occurred. We have long recognized that coercion need not be based upon the physical torture involved in Brown v. Mississippi, 297 U. S. 278 (1936). But here there is no contention by the petitioner either of physical abuse or of the more sophisticated techniques associated with police coercive practices. There was no extended or repeated interrogation,[15)] no deprivation of sleep or food,[16)] no use of psychiatric techniques.[17)] Further, there were no external circumstances, such as threat of mob violence,[18)] furnishing an atmosphere tending to subvert petitioner's rationality and free will.

I cannot condone the conduct of the police in holding the petitioner incommunicado, but, of course, we have no supervisory power over state courts. The question under the Fourteenth Amendment is whether the will of the accused is so overborne at the time of the confession that his statement is not "the product of a rational intellect and a free will," Reck v. Pate, supra, at 440, and its determination "is one on which we must make an inde- «373 U. S., 524» pendent determination on the undisputed facts." Malinski v. New York, 324 U. S. 401, 404 (1945), citing Lisenba v. California, 314 U. S. 219 (1941), and Ashcraft v. Tennessee, 322 U. S. 143 (1944). We have held that the fact that one has been denied consultation with an attorney, Cicenia v. Lagay, 357 U. S. 504 (1958), Crooker v. California, 357 U. S. 433 (1958), was not in itself controlling in such cases. Further, not even the fact that one is "held incommunicado, is subjected to questioning by officers for long periods, and deprived of the advice of counsel," without a showing that he had "so lost his freedom of action" that the confession was not his own, requires a reversal under the Fourteenth Amendment. Lisenba v. California, supra, at 240-241. Finally, the fact that police officers violated state statutes in their

15) See Spano v. New York, 360 U. S. 315 (1959); Ward v. Texas, 316 U. S. 547 (1942); Chambers v. Florida, 309 U. S. 227 (1940).

16) See Reck v. Pate, 367 U. S. 433 (1961); Payne v. Arkansas, 356 U. S. 560 (1958).

17) See Leyra v. Denno, 347 U. S. 556 (1954); cf. Malinski v. New York, 324 U. S. 401 (1945).

18) See Payne v. Arkansas, note 3, supra; Chambers v. Florida, note 2, supra.

육체적 고문에 토대한 것일 필요가 없음을 우리는 오래도록 인정해 왔다. 그러나 여기서는 육체적 학대에 관한, 내지는 경찰의 강압적인 실무관행들에 연결된 보다 더 세련된 기법들에 관한 청구인의 주장은 전혀 없다. 연장되거나 반복된 신문은 도,[15] 수면의 내지는 음식의 박탈은도,[16] 심리적 기법들의 사용은도 전혀 없었다.[17] 더욱이 청구인의 이성적 행동을과 자유의지를 뒤엎는 데 이바지하는 분위기를 제공하는 다중의 폭행의 위협 등의 외부적 상황들은도 전혀 없었다.[18]

청구인을 외부격리 상태로 구류한 데 있어서의 경찰의 행위를 나는 용서할 수 없으나, 그러나 주 법원들에 대하여 아무런 감독권한을 우리가 가지고 있지 않음은 물론이다. 연방헌법 수정 제14조 아래서의 문제는 범인으로 주장되는 사람의 진술이 "이성적 지성의 및 자유의지의 산물"이 되지 못할 정도로 그 자백 당시에 그의 의지가 그토록 억압되었는지 여부이고, Reck v. Pate, supra, at 440, 그것의 판정은 "그 다툼 없는 사실들에 의거하여 독립적인 판정을 우리가 내리지 않으면 안 되는 데 있어서의 토대가 «373 U. S., 524» 되는 판정이다." Malinski v. New York, 324 U. S. 401, 404 (1945), citing Lisenba v. California, 314 U. S. 219 (1941), and Ashcraft v. Tennessee, 322 U. S. 143 (1944). 변호사와의 상담을 개인이 박탈당하였다는 사실, Cicenia v. Lagay, 357 U. S. 504 (1958), Crooker v. California, 357 U. S. 433 (1958), 은 그 자체만으로는 그 같은 사건들에서 구속력을 지니지 않는다고 우리는 판시한 터이다. 더 나아가 그가 "그 자신의 행동의 자유를 너무나 상실했던 까닭에" 자백이 그 자신의 것이 아니게 되었음에 대한 증명이 없는 한 연방헌법 수정 제14조에 의거한 파기를, 개인이 "외부격리 상태로 구류되었다는, 장시간 동안 경찰관들에 의하여 신문에 처해졌다는, 그리고 변호인의 조언이 박탈되"었다는 사실은조차도 요구하지 않는다. Lisenba v. California, supra, at 240-241. 끝으로, 자백이 임의로 이루어졌는지 여부의 문제에 "해답을, 청구인에 대한 취급에 있어서 주 제정법들을 경

15) Spano v. New York, 360 U. S. 315 (1959)를; Ward v. Texas, 316 U. S. 547 (1942)를; Chambers v. Florida, 309 U. S. 227 (1940)을 보라.
16) Reck v. Pate, 367 U. S. 433 (1961)을; Payne v. Arkansas, 356 U. S. 560 (1958)을 보라.
17) Leyra v. Denno, 347 U. S. 556 (1954)을 보라; Malinski v. New York, 324 U. S. 401 (1945)을 참조하라.
18) Payne v. Arkansas, note 3, supra를; Chambers v. Florida, note 2, supra를 보라.

treatment of the petitioner does "not furnish an answer" to the question whether a confession was voluntarily made. Id., at 235; see Gallegos v. Nebraska, 342 U. S. 55 (1951).

The Court's reversal here must be based upon the fact that, on the day after petitioner's arrest, when he signed the written confession at issue, he was told that, after he made a statement and was booked, he could call his wife. As to his testimony relating to the evening of his arrest, it is certainly disputed. Petitioner testified that he asked Detective Pike if he could call his wife, but Detective Pike testified that he did not even talk to petitioner. Lieutenant Wakeley testified unequivocally that petitioner made no such requests to him during their conversation, though he could not recall whether such requests were made "at any time that night."[19] «373 U. S., 525»

The Court concludes, then, that the police, by holding petitioner incommunicado and telling him that he could call his wife after he made a statement and was booked, wrung from him a confession he would not otherwise have made, a confession which was not the product of a free will. In Crooker v. California, supra, at 436, however, we found no coercion or inducement despite the fact that the petitioner's repeated requests for an attorney were denied and he "was told that, 'after [the] investigation was concluded, he could call an attorney.'"

In light of petitioner's age, intelligence and experience with the police, in

---

19) Lieutenant Wakeley testified as follows:

"Q. Did Raymond Haynes at any time during that conversation [when he was interrogated] ask permission to make a telephone call to his wife?

"A. Not during the conversation.

"Q. Well at any time that night?

"A. He might have asked afterward, after I got through talking to him. He wanted to know if his «373 U. S., 525» wife would be notified. I told him we would notify her that he was being held.

"Q. Did he ask permission to make a phone call himself to his wife?

"A. He may have. I don't remember exactly whether he asked or whether we wouldn't notify his wife.

"Q. Did he say anything to you, Lieutenant Wakeley, if you remember, in substance, that he wanted to call his wife so that she could get a lawyer? A. No, I don't remember that."

찰관들이 위반하였다는 사실은 제공하지 않는다." Id., at 235; 아울러 Gallegos v. Nebraska, 342 U. S. 55 (1951)을 보라.

청구인이 진술을 하고 난 뒤에라야, 그리하여 용의자 체포절차가 거쳐지고 난 뒤에라야 처에게 전화를 그가 걸 수 있다는 언질을 그의 체포 다음 날 문제의 자백 진술서에 그가 서명하였을 때 그가 들었다는 사실에 여기서의 이 법원의 파기는 근거한 것임이 틀림없다. 그의 체포가 있었던 저녁에 관한 그의 증언에 관하여 보자면, 그것은 분명히 다투어지고 있다. 자신의 처를 부를 수 있는지 형사 파이크에게 물었다고 청구인은 증언하였으나, 청구인에게 자신이 말조차 하지 않았다고 형사 파이크는 증언하였다. "그 날 밤 어느 때엔가" 그 같은 요청들이 제기되었는지는 기억할 수 없다고, 그렇지만 그 같은 요청을 그들의 대화 도중에 자신에게 청구인이 한 적은 전혀 없다고 차석 웨이클리는 분명히 증언하였다.[19] «373 U. S., 525»

이번에는 청구인을 외부로부터 경찰이 격리한 채 구류하고서 그에게, 그가 진술하고 나면, 그리고 용의자 체포절차가 거쳐지고 나면 그의 처에게 전화를 그가 걸 수 있다고 경찰이 말함으로써, 만약 그렇지 않았더라면 그가 하지 않았을 한 개의 자백을, 즉 자유의지의 산물이 아닌 한 개의 자백을 그에게서 강제했다고 이 법원은 결론짓고 있다. 그러나 Crooker v. California, supra, at 436에서 변호인을 찾는 청구인의 거듭된 요청이 거절되었음에도 불구하고, 그리고 "'수사가 끝난 뒤에 변호인을 부를 수 있다.'는 언질을 청구인이 들은" 사실에도 불구하고, 어떤 강압을이나 유인을도 우리는 인정하지 않았다.

청구인의 나이에, 지능에 및 경찰하고의 경험 등에 비추어, 모종의 강압적 상황

---

19) 차석 웨이클리는 이렇게 증언하였다:

"문. 레이먼드 헤인즈가 [신문을 받을 때] 자신의 처에게 전화를 걸게 해 달라고 허락을 그 대화 도중에 한 번이라도 그가 요청하였나요? 답. 대화 도중에는 요청하지 않았습니다.

"문. 그렇다면 그 날 밤 언제든 요청한 적은 있나요? 답. 나중에, 즉 그에게 제가 말하기를 끝낸 뒤에 그가 요청했을 수는 있습니다. 그의 처에게 통지될지를 «373 U. S., 525» 그는 알고 싶어 했습니다. 그가 구류되어 있음을 그녀에게 저희가 통지할 것이라고 저는 말했습니다.

"문. 그 자신이 직접 처에게 전화를 걸도록 허락을 그는 요청하였나요? 답. 그랬을 수 있습니다. 그가 요청했는지, 또는 그의 처에게 저희가 통지하지 않으려고 했는지, 저는 정확하게 기억나지 않습니다.

"문. 차석 웨이클리 씨, 당신의 기억으로 변호인을 그의 처가 선임할 수 있도록 그의 처에게 전화를 걸기를 원한다는 취지로 당신에게 무슨 말을이든 그가 한 바 있나요? 답. 아니오, 그런 것을 저는 기억하지 못합니다."

light of the comparative absence of any coercive circumstances, and in light of the fact that petitioner never, from the time of his arrest, evidenced a will to deny his guilt, I must conclude that his written confession was not involuntary. I find no support in any of the 33 cases decided on the question by this Court for a contrary conclusion. Therefore, I would affirm the judgment before us.

들의 비교적인 부재에 비추어, 또한 자신의 범행을 부인하려는 의지를 자신의 체포 이후 한 번도 청구인이 표명한 바 없다는 사실에 비추어, 그의 자백 진술서는 비임의의 것이 아니었다고 나는 결론짓지 않을 수 없다. 당원에 의하여 그 문제에 대한 판단이 내려진 서른세 개의 선례들 어느 것에서도 반대의 결론을 위한 근거를 나는 찾아볼 수 없다. 따라서 나라면 우리 앞의 판결주문을 인가할 것이다.

변호인의 조력을 받을 권리

Massiah v. United States, 377 U. S. 201 (1964)

미합중국 제2순회구 연방항소법원에 내린 사건기록 송부명령

NO. 199
변론 1964년 3월 3일
판결 1964년 5월 18일

요약해설

1. 개요 및 쟁점

Massiah v. United States, 377 U. S. 201 (1964)는 6 대 3으로 판결되었다. 법원의 의견을 스튜어트(STEWART) 판사가 썼고, 반대의견을 클라크(CLARK) 판사의 및 할란(HARLAN) 판사의 가담 아래 화이트(WHITE) 판사는 냈다. 기소된 피고인의 공범을 정부측 스파이로 만들어 피고인하고 대화를 나누게 한 다음 이를 도청함으로써 피고인의 부죄적 진술을 경찰이 확보한 경우에 그 진술을 유죄의 증거로 사용할 수 있는지, 그것은 변호인의 조력을 받을 피고인의 권리에 대한 침해인지, 그리하여 피고인에게 불리한 증거로 사용할 수 없는지 여부가 다루어졌다.[1)]

2. 사실관계 (377 U. S. 201–203.)

청구인 윈스턴 매시아(Winston Massiah)는 연방 마약법 위반으로 연방법원에 기소되었는데, 변호인을 선임하여 무죄답변을 내고 보석으로 석방되었다. 공범으로서 역시 무죄답변을 내고 보석으로 풀려나 있던 제스 콜슨(Jesse Colson)은 정부요원의 스파이가 되기로 동의하고서 청구인을 불러내 자신의 차 안에서 그 사건을 논의하였다. 그는 청구인 몰래 라디오 송신기를 자신의 차 안에 숨겨 둔 상태였다. 청구인의 및 콜슨의 둘 사이의 대화가 연방요원에게 송신되는 가운데, 자신의 유죄를 뒷받침하는 몇 가지 진술을 콜슨에게 청구인은 하였다. 그 진술들에 관한 증거가 청구인의 정식사실심리에서 그의 이의에도 불구하고 증거로서 허용되었다. 그는 유죄로 판정되었고 연방 항소법원은 이를 인가하였다. 연방대법원은 청구인의 사건기록

---

1) 라디오 장치의 사용은 부당한 압수를 및 수색을 당하지 않을 연방헌법 수정 제4조에 기한 청구인 자신의 권리를 침해한 것이었다는, 따라서 자신의 진술은 Weeks v. United State, 232 U. S. 383의 원칙에 의거하여 정식사실심리에서 자신에게 불리한 증거로 허용될 수 없는 것이었다는 주장을도 청구인은 제기하였으나, 이 주장을 연방대법원은 판단하지 아니하였다. (377 U. S., at 203–204.)

송부명령 청구를 받아들여 사건을 자신 앞에 가져왔다.

3. 스튜어트(STEWART) 판사가 쓴 법원의 의견의 요지

대배심 기소평결(finding of indictment)이 있은 시점 이후에는 피고인에 대한 모든 비밀신문은, 변호인의 출석에 의하여 제공되는 보호가 없는 한, 형사 소송들의 수행에 있어서의 공정성의 명령들에, 그리고 범죄로 기소된 사람의 기본적 권리들에 위반된다. (377 U. S., at 205.)

연방헌법 수정 제6조의 특정의 보장이 직접 적용되는 한 개의 연방법원 사건에서, 청구인이 대배심기소되고 난 뒤에, 그런데도 불구하고 그의 변호인의 부재 가운데서 그에게서 의도적으로 연방요원들이 도출해낸 그 자신의 부죄적 진술들의 증거가 그의 정식사실심리에서 그에게 불리하게 사용되었을 때 그 보장의 기본적 보호들을 청구인은 거부당했다. 원심판결은 파기되었다. (377 U. S., at 205–207.)

MR. JUSTICE STEWART delivered the opinion of the Court.

The petitioner was indicted for violating the federal narcotics laws. He retained a lawyer, pleaded not guilty, and was released on bail. While he was free on bail a federal agent succeeded by surreptitious means in listening to incriminating statements made by him. Evidence of these statements was introduced against the petitioner at his trial over his objection. He was convicted, and the Court of Appeals affirmed.[1] We granted certiorari to «377 U. S., 202» consider whether, under the circumstances here presented, the prosecution's use at the trial of evidence of the petitioner's own incriminating statements deprived him of any right secured to him under the Federal Constitution. 374 U. S. 805.

The petitioner, a merchant seaman, was in 1958 a member of the crew of the S. S. Santa Maria. In April of that year federal customs officials in New York received information that he was going to transport a quantity of narcotics aboard that ship from South America to the United States. As a result of this and other information, the agents searched the Santa Maria upon its arrival in New York and found in the afterpeak of the vessel five packages containing about three and a half pounds of cocaine. They also learned of circumstances, not here relevant, tending to connect the petitioner with the cocaine. He was arrested, promptly arraigned, and subsequently indicted for possession of narcotics aboard a United States vessel.[2] In July a superseding

1) 307 F. 2d 62.
2) 21 U. S. C. § 184a.

법원의 의견을 스튜어트(STEWART) 판사가 냈다.

마약관련 연방법들을 위반하였다는 혐의로 청구인은 대배심기소되었다. 그는 변호사를 선임하여 무죄답변을 내고 보석으로 풀려났다. 그에 의하여 이루어진 유죄를 뒷받침하는 진술들을 은밀한 방법으로 청취하는 데에 그가 보석으로 풀려나 있는 동안 연방요원 한 명은 성공하였다. 이 진술들에 관한 증거는 청구인에 대한 정식사실심리에서 그의 이의에도 불구하고 그에게 불리한 증거로 제출되었다. 그는 유죄로 판정되었고 연방항소법원은 이를 인가하였다.1) 여기에 제시된 상황들에 비추어 연방헌법 아래서 청구인에게 보장된 권리를 청구인 자신의 부죄적 진술들의 검찰측에 의한 정식사실심리에서의 사용이 조금이라도 박탈하였는지 여부를 «377 U. S., 202» 살피기 위하여 사건기록 송부명령을 우리는 허가하였다. 374 U. S. 805.

상선 선원인 청구인은 1958년에 기선 산타마리아(Santa Maria)호의 승무원들 중의 한 명이었다. 많은 양의 마약을 그 배에 실어 남미에서 미국으로 그가 운반하려 하고 있다는 정보를 그 해 4월 뉴욕의 연방세관 공무원들은 입수하였다. 이 정보의 및 그 밖의 정보의 결과로서, 산타마리아호를 뉴욕 도착 즉시 요원들은 수색하였고, 약 3.5 파운드의 코카인을 담은 다섯 개의 꾸러미들을 선박 뒤 꼭대기에서 적발하였다. 또한, 이 사건에는 관련이 없지만, 청구인을 코카인에 연결짓는 데 보탬이 되는 정황들에 관하여서도 그들은 알게 되었다. 그는 체포되어 즉시 기소인부 신문을 받았고, 이어서 미합중국 선박 위에서의 마약 소지 혐의로 대배심기소되었다.2) 7월에 청구인을 및 콜슨이라는 사람을 동일한 독립적인 범죄로 기소하는, 그리고 각각의 소인들(counts)에 있어서 청구인을, 콜슨을 그리고 그 밖의 사람들을 미합중

1) 307 F. 2d 62.
2) 21 U. S. C. § 184a.

indictment was returned, charging the petitioner and a man named Colson with the same substantive offense, and in separate counts charging the petitioner, Colson, and others with having conspired to possess narcotics aboard a United States vessel, and to import, conceal, and facilitate the sale of narcotics.[3] The petitioner, who had retained a lawyer, pleaded not guilty and was released on bail, along with Colson.

A few days later, and quite without the petitioner's knowledge, Colson decided to cooperate with the government agents in their continuing investigation of the narcotics activities in which the petitioner, Colson, and others had allegedly been engaged. Colson permitted an agent named Murphy to install a Schmidt radio trans- «377 U. S., 203» mitter under the front seat of Colson's automobile, by means of which Murphy, equipped with an appropriate receiving device, could overhear from some distance away conversations carried on in Colson's car.

On the evening of November 19, 1959, Colson and the petitioner held a lengthy conversation while sitting in Colson's automobile, parked on a New York street. By prearrangement with Colson, and totally unbeknown to the petitioner, the agent Murphy sat in a car parked out of sight down the street and listened over the radio to the entire conversation. The petitioner made several incriminating statements during the course of this conversation. At the petitioner's trial these incriminating statements were brought before the jury through Murphy's testimony, despite the insistent objection of defense counsel. The jury convicted the petitioner of several related narcotics offenses, and the convictions were affirmed by the Court of Appeals.[4]

---

3) 21 U. S. C. §§ 173, 174.

4) The petitioner's trial was upon a second superseding indictment which had been returned on March 3, 1961, and which included additional counts against him and other defendants. The Court of Appeals reversed his conviction upon a conspiracy count, one judge dissenting, but affirmed his convictions upon three substantive counts, one judge dissenting. 307 F. 2d 62.

국 선박 위에서 마약을 소지하고 수입하여 은닉하고 마약거래를 조장하고자 공모한 혐의로 기소하는 변경 대배심기소장이 제출되었다.[3] 변호인을 선임해 두었던 청구인은 무죄답변을 내고서 콜슨에 더불어 보석으로 석방되었다.

청구인이, 콜슨이 및 그 밖의 사람들이 개입한 것으로 간주되고 있던 마약 활동에 대한 정부요원들의 계속적인 수사에 있어서 그들에게 협력해 주기로 며칠 뒤 청구인은 전혀 알지 못하는 가운데 콜슨은 결정하였다. 슈미트 라디오 송신기를 자신의 자동차 앞좌석 밑에 설치하도록 머피라는 이름의 요원에게 «377 U. S., 203» 콜슨은 허락하였는데, 적절한 수신 장치를 지니면 얼마간 떨어진 거리에서도 콜슨의 자동차 안에서 이루어지는 대화들을 이 수단에 의하여 머피는 엿들을 수 있게 되었다.

1959년 11월 19일 저녁 뉴욕의 도로 한 곳에 주차된 콜슨의 자동차에 앉아서 긴 대화를 콜슨은 및 청구인은 나눴다.콜슨하고의 사전 협의에 따라, 그리고 청구인에게는 전혀 알리지 않은 채로, 도로 아래 눈에 띄지 않게 주차된 자동차 안에 앉아 라디오를 통하여 전체 대화를 요원 머피는 청취하였다. 유죄를 뒷받침하는 진술들을 이 대화의 과정에서 수 차례 청구인은 하였다. 청구인의 정식사실심리에서 변호인의 끈질긴 이의에도 불구하고 머피의 증언을 통하여 배심 앞에 이 부죄적 진술들은 제시되었다. 관련된 여러 가지 마약 범죄들에 대하여 청구인을 유죄로 배심은 판정하였고 연방항소법원에 의하여 그 유죄판정들은 인가되었다.[4]

3) 21 U. S. C. §§ 173, 174.

4) 1961년 3월 3일에 제출되었던, 청구인에 및 여타의 피고인들에 대한 추가적 소인들을 담고 있는 두 번째 변경 대배심기소장에 청구인의 정식사실심리는 근거한 것이었다. 공모(a conspiracy) 소인에 기한 그의 유죄판정을 연방 항소법원은 판사 한 명의 반대 가운데서 파기하였지만, 세 가지의 독립적인 소인들에 대한 그의 유죄판정들을 그 법원은 판사 한 명의 반대 가운데서 인가하였다. 307 F. 2d 62.

The petitioner argues that it was an error of constitutional dimensions to permit the agent Murphy at the trial to testify to the petitioner's incriminating statements which Murphy had overheard under the circumstances disclosed by this record. This argument is based upon two distinct and independent grounds. First, we are told that Murphy's use of the radio equipment violated the petitioner's rights under the Fourth Amendment, and, consequently, that all evidence which Murphy thereby obtained was, under the rule of Weeks v. United States, 232 U. S. 383, inadmissible against the petitioner at the trial. Secondly, it is said that the petitioner's «377 U. S., 204» Fifth and Sixth Amendment rights were violated by the use in evidence against him of incriminating statements which government agents had deliberately elicited from him after he had been indicted and in the absence of his retained counsel. Because of the way we dispose of the case, we do not reach the Fourth Amendment issue.

In Spano v. New York, 360 U. S. 315, this Court reversed a state criminal conviction because a confession had been wrongly admitted into evidence against the defendant at his trial. In that case the defendant had already been indicted for first-degree murder at the time he confessed. The Court held that the defendant's conviction could not stand under the Fourteenth Amendment. While the Court's opinion relied upon the totality of the circumstances under which the confession had been obtained, four concurring Justices pointed out that the Constitution required reversal of the conviction upon the sole and specific ground that the confession had been deliberately elicited by the police after the defendant had been indicted, and therefore at a time when he was clearly entitled to a lawyer's help. It was pointed out that under our system of justice the most elemental concepts of due process of law contemplate that an indictment be followed by a trial, "in an orderly courtroom, presided over by a judge, open to the public, and protected by all

요원 머피가 엿들었던 청구인의 부죄적 진술들에 관하여 요원 머피로 하여금 정식사실심리에서 증언하도록 허락한 것은 이 사건 기록에 나타난 상황들 아래서 헌법 차원의 오류였다고 청구인은 주장한다. 두 개의 구분되고 독립된 근거들에 이 주장은 기초하고 있다. 첫째로 연방헌법 수정 제4조 아래서의 청구인의 권리들을 머피의 라디오 장치의 사용은 침해하였다는 주장을, 따라서 머피가 이로써 얻은 모든 증거는 Weeks v. United State, 232 U. S. 383의 원칙에 의거하여 정식사실심리에서 청구인에게 불리한 증거로는 허용될 수 없는 것이었다는 주장을 우리는 듣는다. 둘째로, 청구인이 대배심기소된 «377 U. S., 204» 뒤에, 그리고 그가 선임한 변호인의 부재 속에서, 그에게서 의도적으로 정부 요원들이 도출해낸 부죄적 진술들의 그에게 불리한 증거로서의 사용에 의하여 청구인의 연방헌법 수정 제5조상의 및 제6조상의 권리들이 침해되었다는 주장이 있다. 이 사건을 처리하는 방법상 연방헌법 수정 제4조의 쟁점에는 우리는 이르지 않을 것이다.

한 개의 자백이 피고인의 정식사실심리에서 그에게 불리한 증거로 그릇되게 허용되었음을 이유로 주 형사 유죄판정을 Spano v. New York, 360 U. S. 315에서 당원은 파기하였다. 그 사건에 있어서 피고인이 자백한 당시에 그는 이미 1급 살인죄로 대배심기소되어 있던 터였다. 연방헌법 수정 제14조 아래서 피고인의 유죄판정은 유지될 수 없다고 당원은 판시하였다. 자백이 얻어졌던 배경이 된 그 전체적 상황에 당원의 의견은 의거한 것이었던 반면, 피고인이 대배심기소되고 난 뒤에, 따라서 변호사의 도움을 받을 권리를 그가 명확하게 가지고 있었던 시점에서, 경찰에 의하여 그 자백이 의도적으로 도출되었다는 그 유일하고도 명확한 이유에 의거하여 그 유죄판정의 파기를 연방헌법이 요구한다고 보충의견을 낸 네 명의 판사들은 적시하였다. 대배심기소 뒤에 "판사에 의하여 지휘되고 공중에게 열려 있으며 법의 모든 절차적 보호수단들에 의하여 보호되는 질서 있는 법정에서" 정식사실심리가 이어질 것을 우리의 재판 제도 아래서의 적법절차의 가장 기본적인 개념들은 예정하고 있음이 지적되었다. 360 U. S., at 327 [스튜어트(STEWART) 판사의 보충의견]. 변호인의 조력을 이 같은 정식사실심리에서 피고인에게 보장하는 헌법은 완전히

the procedural safeguards of the law." 360 U. S., at 327 (STEWART, J., concurring). It was said that a Constitution which guarantees a defendant the aid of counsel at such a trial could surely vouchsafe no less to an indicted defendant under interrogation by the police in a completely extrajudicial proceeding. Anything less, it was said, might deny a defendant "effective representation by counsel at the only stage when legal aid and advice would help him." 360 U. S., at 326 (DOUGLAS, J., concurring).

Ever since this Court's decision in the Spano case, the New York courts have unequivocally followed this con- «377 U. S., 205» stitutional rule. "Any secret interrogation of the defendant, from and after the finding of the indictment, without the protection afforded by the presence of counsel, contravenes the basic dictates of fairness in the conduct of criminal causes and the fundamental rights of persons charged with crime." People v. Waterman, 9 N. Y. 2d 561, 565, 175 N. E. 2d 445, 448.[5)]

This view no more than reflects a constitutional principle established as long ago as Powell v. Alabama, 287 U. S. 45, where the Court noted that "…… during perhaps the most critical period of the proceedings …… that is to say, from the time of their arraignment until the beginning of their trial, when consultation, thoroughgoing investigation and preparation [are] vitally important, the defendants …… [are] as much entitled to such aid [of counsel] during that period as at the trial itself." Id., at 57. And since the Spano decision the same basic constitutional principle has been broadly reaffirmed by this Court. Hamilton v. Alabama, 368 U. S. 52; White v. Maryland, 373 U. S.

5) See also People v. Davis, 13 N. Y. 2d 690, 191 N. E. 2d 674, 241 N. Y. S. 2d 172 (1963); People v. Rodriguez, 11 N. Y. 2d 279, 183 N. E. 2d 651, 229 N. Y. S. 2d 353 (1962); People v. Meyer, 11 N. Y. 2d 162, 182 N. E. 2d 103, 227 N. Y. S. 2d 427 (1962); People v. Di Biasi, 7 N. Y. 2d 544, 166 N. E. 2d 825, 200 N. Y. S. 2d 21 (1960); People v. Swanson, 18 App. Div. 2d 832, 237 N. Y. S. 2d 400 (2d Dept. 1963); People v. Price, 18 App. Div. 2d 739, 235 N. Y. S. 2d 390 (3d Dept. 1962); People v. Wallace, 17 App. Div. 2d 981, 234 N. Y. S. 2d 579 (2d Dept. 1962); People v. Karmel, 17 App. Div. 2d 659, 230 N. Y. S. 2d 413 (2d Dept. 1962); People v. Robinson, 16 App. Div. 2d 184, 224 N. Y. S. 2d 705 (4th Dept. 1962).

재판 외의(extrajudicial) 절차에서 경찰에 의한 신문에 놓인 대배심기소된 피고인에게 그만큼의 것을 틀림없이 보장할 수 있을 것이라고 판시되었다. 조금이라도 이에 미치지 못하는 것은 "피고인을 법적 조력이 및 조언이 도울 수 있는 유일한 단계에서 변호인에 의한 효과적인 대변"을 그에게 거부하는 것일 수 있음이 서술되었다. 360 U. S., at 326 [더글라스(DOUGLAS) 판사, 보충의견].

이 헌법적 규칙을 Spano 사건에서의 당원의 판결 이래 여태껏 명확하게 뉴욕주 법원들은 «377 U. S., 205» 준수해 왔다. "기소평결(finding of indictment)이 있은 시점 이후에는 변호인의 출석에 의하여 제공되는 보호가 없는 한, 형사 소송들의 수행에 있어서의 공정성의 명령들에, 그리고 범죄로 기소된 사람의 기본적 권리들에 피고인에 대한 모든 비밀신문은 위반된다." People v. Waterman, 9 N. Y. 2d 561, 565, 175 N. E. 2d 445, 448.[5)]

Powell v. Alabama, 287 U. S. 45 판결이만큼이나 오래 전에 수립된 헌법적 원칙을 이 견해는 반영하는 것에 불과한 바, "…… 절차들 중 아마도 가장 중대한 기간 동안에, 즉 상담이, 철저한 조사가및 준비가 절대로 중요한 그들의 기소인부 신문부터 그들의 정식사실심리의 시작까지의 기간 동안에, 피고인들에게는 그 기간 중에도 정식사실심리 그 자체에서처럼 그 같은 [변호인의] 조력을 받을 권리가 있음"을 거기서 당원은 특별히 언급하였다. Id., at 57. 그리고 Spano 판결 이래 당원에 의하여 바로 그 기본적 헌법 원칙은 널리 재확인되어 왔다. Hamilton v. Alabama, 368 U. S. 52; White v. Maryland, 373 U. S. 59. See Gideon v. Wainwright, 372 U. S. 335.

---

5) 아울러 People v. Davis, 13 N. Y. 2d 690, 191 N. E. 2d 674, 241 N. Y. S. 2d 172 (1963)을; People v. Rodriguez, 11 N. Y. 2d 279, 183 N. E. 2d 651, 229 N. Y. S. 2d 353 (1962)를; People v. Meyer, 11 N. Y. 2d 162, 182 N. E. 2d 103, 227 N. Y. S. 2d 427 (1962)를; People v. Di Biasi, 7 N. Y. 2d 544, 166 N. E. 2d 825, 200 N. Y. S. 2d 21 (1960)을; People v. Swanson, 18 App. Div. 2d 832, 237 N. Y. S. 2d 400 (2d Dept. 1963)을; People v. Price, 18 App. Div. 2d 739, 235 N. Y. S. 2d 390 (3d Dept. 1962)를; People v. Wallace, 17 App. Div. 2d 981, 234 N. Y. S. 2d 579 (2d Dept. 1962)를; People v. Karmel, 17 App. Div. 2d 659, 230 N. Y. S. 2d 413 (2d Dept. 1962)를; People v. Robinson, 16 App. Div. 2d 184, 224 N. Y. S. 2d 705 (4th Dept. 1962)를 보라.

59. See Gideon v. Wainwright, 372 U. S. 335.

Here we deal not with a state court conviction, but with a federal case, where the specific guarantee of the Sixth Amendment directly applies.[6] Johnson v. Zerbst, 304 «377 U. S., 206» U. S. 458. We hold that the petitioner was denied the basic protections of that guarantee when there was used against him at his trial evidence of his own incriminating words, which federal agents had deliberately elicited from him after he had been indicted and in the absence of his counsel. It is true that in the Spano case the defendant was interrogated in a police station, while here the damaging testimony was elicited from the defendant without his knowledge while he was free on bail. But, as Judge Hays pointed out in his dissent in the Court of Appeals, "if such a rule is to have any efficacy it must apply to indirect and surreptitious interrogations as well as those conducted in the jailhouse. In this case, Massiah was more seriously imposed upon …… because he did not even know that he was under interrogation by a government agent." 307 F. 2d, at 72-73.

The Solicitor General, in his brief and oral argument, has strenuously contended that the federal law enforcement agents had the right, if not indeed the duty, to continue their investigation of the petitioner and his alleged criminal associates even though the petitioner had been indicted. He points out that the Government was continuing its investigation in order to uncover not only the source of narcotics found on the S. S. Santa Maria, but also their intended buyer. He says that the quantity of narcotics involved was such as to suggest that the petitioner was part of a large and well-organized ring, and indeed that the continuing investigation confirmed this suspicion, since it resulted in criminal charges against many defendants. Under these circumstances the Solicitor General concludes that the government agents were

6) "In all criminal prosecutions, the accused shall enjoy the right …… to have the Assistance of Counsel for his defence."

한 개의 주(a state) 유죄판결을이 아니라, 연방헌법 수정 제6조의 특정의 보장이 직접 적용되는 한 개의 연방법원 사건을 여기서 우리는 다룬다.[6] Johnson v. Zerbst, 304 «377 U. S., 206» U. S. 458. 청구인이 대배심기소되고 난 뒤에, 그런데도 불구하고 그의 변호인의 부재 가운데서 그에게서 의도적으로 연방요원들이 도출해낸 그 자신의 부죄적 진술들의 증거가 그의 정식사실심리에서 그에게 불리하게 사용되었을 때 그 보장의 기본적 보호들을 청구인은 거부당했다고 우리는 본다. 여기서는 피고인이 보석으로 풀려나 있는 동안 그가 모르는 상태에서 그에게서 그 불리한 증거가 끌어내졌음은, 이에 반하여 Spano 사건에서는 경찰서 한 곳에서 피고인이 신문되었음은 사실이다. 그러나 연방항소법원에서의 자신의 반대의견에서 헤이즈(Hays) 판사가 지적하였듯이, "만약 조금이라도 효력을 그 같은 규칙이 가져야 한다면, 감옥에서 실시되는 신문들에하고 마찬가지로 간접적이고 은밀한 신문들에도 그것은 적용되지 않으면 안 된다. 이 사건에서 매시아는 더 심하게 강제된 셈인 바 …… 왜냐하면 정부 요원 한 명에 의한 신문에 그 자신이 놓여 있음을 그는 알지조차 못했기 때문이다." 307 F. 2d, at 72-73.

비록 청구인이 대배심기소되어 있기는 하였지만 여전히 청구인에 및 그의 범죄제휴자들로 주장된 사람들에 대한 그들의 수사를 계속할 권한을 - 책무를까지는 아니라 하더라도 - 연방 법집행 요원들은 가졌음을 자신의 준비서면에서와 구두변론에서 공판담당 차관보(Solicitor General)는 열심히 주장해 왔다. 단지 기선 산타마리아호에서 발견된 마약의 원천을만이 아니라 그것들의 예정된 매수인을도 밝혀내기 위하여 그 자신의 수사를 정부는 계속하고 있었음을 그는 지적한다. 관련된 마약의 양은 청구인이 대규모의 잘 조직된 고리의 일부임을 시사할 만한 것이었다고, 다수의 피고인들에 대한 형사 공소사실들로 종결됨으로써 이 혐의를 그 계속된 수사는 실제로 확인해 주었다고 그는 말한다. 이러한 상황들 아래서 "콜슨으로 하여금 그의 평시의 제휴를 계속하게 함으로써, 그리하여 그들을 감시함으로써 콜슨의 협력을 이용한 데 있어서" 정부요원들은 "완전히 정당화 되었다."고 공판담당 차관보는

6) "…… 자신의 방어를 위하여 변호인의 조력을 받을 권리를 모든 형사 소송추행들에 있어서 범인으로 주장되는 사람은 향유한다."

completely "justified in making use of Colson's cooperation by having Colson continue his normal associations and by surveilling them."

We may accept and, at least for present purposes, completely approve all that this argument implies, Fourth «377 U. S., 207» Amendment problems to one side. We do not question that in this case, as in many cases, it was entirely proper to continue an investigation of the suspected criminal activities of the defendant and his alleged confederates, even though the defendant had already been indicted. All that we hold is that the defendant's own incriminating statements, obtained by federal agents under the circumstances here disclosed, could not constitutionally be used by the prosecution as evidence against *him* at his trial.

Reversed.

결론짓는다.

연방헌법 수정 제4조의 문제들을은 별론으로 하고, 이 주장이 함축하는 모든 것을 우리는 받아들일 수 있고 그리고 적어도 현재의 목적을 위하여는 이를 우리는 «377 U. S., 207» 완전히 승인할 수 있다. 비록 피고인이 이미 대배심기소되어 있었다 하더라도 피고인의 및 그의 공범들로 주장된 사람들의 혐의 잡힌 범죄 활동들에 대한 수사를 계속하는 것은 많은 사건들에 있어서처럼 이 사건에 있어서 완전히 정당하였음에 대하여 의문을 우리는 가지지 않는다. 우리가 판시하는 전부는, 여기에 드러난 상황들 아래서 연방요원들에 의하여 얻어진 피고인 자신의 부죄적 진술들은 피고인의 정식사실심리에서 검찰관에 의하여 *그에게*(him) 불리한 증거로는 헌법적으로 사용될 수 없었다는 것뿐이다.

원심판결은 파기되는 바이다.

MR. JUSTICE WHITE, with whom MR. JUSTICE CLARK and MR. JUSTICE HARLAN join, dissenting.

The current incidence of serious violations of the law represents not only an appalling waste of the potentially happy and useful lives of those who engage in such conduct but also an overhanging, dangerous threat to those unidentified and innocent people who will be the victims of crime today and tomorrow. This is a festering problem for which no adequate cures have yet been devised. At the very least there is much room for discontent with remedial measures so far undertaken. And admittedly there remains much to be settled concerning the disposition to be made of those who violate the law.

But dissatisfaction with preventive programs aimed at eliminating crime and profound dispute about whether we should punish, deter, rehabilitate or cure cannot excuse concealing one of our most menacing problems until the millennium has arrived. In my view, a civilized society must maintain its capacity to discover transgressions of the law and to identify those who flout it. This much is necessary even to know the scope of the problem, much less to formulate intelligent countermeasures. It will just not do to sweep these disagreeable matters under the rug or to pretend they are not there at all. «377 U. S., 208»

It is therefore a rather portentous occasion when a constitutional rule is established barring the use of evidence which is relevant, reliable and highly probative of the issue which the trial court has before it - whether the accused committed the act with which he is charged. Without the evidence, the quest for truth may be seriously impeded and in many cases the trial

클라크(CLARK) 판사가 및 할란(HARLAN) 판사가 가담하는 화이트(WHITE) 판사의 반대의견이다.

중대한 법 위반 행위들의 현재의 발생률이 나타내는 것은 이 같은 행위에 종사하는 사람들의 잠재적으로 행복하고도 유용한 삶들에 대한 한 개의 섬뜩한 훼손을 만이 아니라, 오늘의 및 내일의 범죄 희생자들이 될 불특정의 죄 없는 사람들에 대한 한 개의 임박한 위태로운 위협을이기도 하다. 이것은 아직까지 그 적절한 치유책들이 고안되지 못한 한 가지 곪은 문제이다. 최소한 지금까지 취해진 치료적 조치들에 대하여는 불만의 여지가 많이 있다. 또한 법을 어기는 사람들에게 취해져야 할 처분에 관하여 아직 정해져야 할 점이 많이 남아 있음은 분명하다.

그러나 범죄를 없애는 데 목표를 둔 예방적 프로그램들에 대한 불만은, 그리고 우리가 처벌해야 할지 억제해야 할지, 사회에 복귀시켜야 할지 교정해야 할지 여부에 관한 난해한 논쟁은 우리의 가장 위협적인 문제들 중 한 가지를 천년왕국이 도래했을 때까지 감추어 두는 데 대한 변명이 될 수 없다. 나의 견해로는 법 위반행위들을 발견할 수 있는, 그리고 법을 업신여기는 자들을 확인할 수 있는 자신의 능력을 한 개의 문명화 된 사회는 유지하지 않으면 안 된다. 분별력 있는 대응책들을 구상해 내기 위해서는 말할 것도 없고, 문제의 범위를 알기 위해서조차도 이 만큼의 것은 필요하다. 이 불쾌한 문제들을 양탄자 아래에 쓸어 넣는 것은, 내지는 그 문제들이 거기에 전혀 없는 체 하는 것은 조금도 도움이 되지 않을 것이다. «377 U. S., 208»

그러므로 관련 있는 증거의, 신빙성 있는 증거의, 그리고 정식사실심리 법원이 그 앞에 하는 문제 - 그 기소된 행동을 피고인이 범했는지 여부 - 에 대하여 고도의 증명력을 지니는 증거의 사용을 가로막는 헌법적 규칙이 수립되는 때는 오히려 불길한 경우이다. 그 증거 없이는 진실의 추구가 심각하게 저해될 수 있는 바, 그리하여 많은 사건들에서 피고인의 유죄를 증명하는 증거를 알고 있으면서도, 그러함에

court, although aware of proof showing defendant's guilt, must nevertheless release him because the crucial evidence is deemed inadmissible. This result is entirely justified in some circumstances because exclusion serves other policies of overriding importance, as where evidence seized in an illegal search is excluded, not because of the quality of the proof, but to secure meaningful enforcement of the Fourth Amendment. Weeks v. United States, 232 U. S. 383; Mapp v. Ohio, 367 U. S. 643. But this only emphasizes that the soundest of reasons is necessary to warrant the exclusion of evidence otherwise admissible and the creation of another area of privileged testimony. With all due deference, I am not at all convinced that the additional barriers to the pursuit of truth which the Court today erects rest on anything like the solid foundations which decisions of this gravity should require.

The importance of the matter should not be underestimated, for today's rule promises to have wide application well beyond the facts of this case. The reason given for the result here - the admissions were obtained in the absence of counsel - would seem equally pertinent to statements obtained at any time after the right to counsel attaches, whether there has been an indictment or not; to admissions made prior to arraignment, at least where the defendant has counsel or asks for it; to the fruits of admissions improperly obtained under the new rule; to criminal proceedings in state courts; and to defendants long since convicted upon evi- «377 U. S., 209» dence including such admissions. The new rule will immediately do service in a great many cases.

Whatever the content or scope of the rule may prove to be, I am unable to see how this case presents an unconstitutional interference with Massiah's right to counsel. Massiah was not prevented from consulting with counsel as often as he wished. No meetings with counsel were disturbed or spied upon. Preparation for trial was in no way obstructed. It is only a sterile syllogism - an unsound one, besides - to say that because Massiah had a right to coun-

도 불구하고 그 결정적인 증거가 증거로서 허용될 수 없는 것으로 간주되기 때문에 그를 정식사실심리 법원은 석방하지 않으면 안 된다. 어떤 상황들 아래서는 이 결과는 완전히 정당화되는데, 가령 불법적인 수색에서 확보된 증거가 배제되는 것은 그 증거의 질(quality) 때문이 아니라 연방헌법 수정 제4조의 의미 있는 집행을 확보하기 위해서이듯, 우선적인 중요성을 지닌 여타의 정책들에 증거의 배제가 공헌하기 때문이다. Weeks v. United States, 232 U. S. 383; Mapp v. Ohio, 367 U. S. 643. 그러나 그 외의 점에서는 증거능력 있는 증거의 배제를 정당화하기 위하여는, 그리고 특별허가된 또 한 개의 증거 영역의 창출을 정당화하기 위하여는 가장 확실한 이유가 필요함을 이것은 강조하는 것일 뿐이다. 참으로 미안한 말이지만, 이 같은 중요성을 지니는 결정들이 요구해야 할 견실한 토대들에 조금이라도 비슷한 것 위에 기초를, 이 법원이 오늘 수립하는 진실의 추구를 가로막는 추가적 방벽들이 두고 있다는 점에 대하여 나는 전혀 납득이 가지 않는다.

그 문제의 중요성은 과소평가되어서는 안 될 것인 바, 왜냐하면 이 사건의 사실관계를 훨씬 넘어서는 광범위한 적용을 오늘의 규칙은 지닐 가망이 있기 때문이다. 여기서의 결과를 위하여 부여된 근거 — 변호인의 부재 가운데서 시인들(admissions)이 얻어졌다는 것 — 는 대배심기소가 있었든 없었든 어느 때든 변호인의 조력을 받을 권리가 달라붙은 뒤에 얻어진 진술들에; 적어도 피고인이 변호인을 가지고 있는 경우에 내지는 변호인을 요청하는 경우에 있어서의 기소인부 신문(arraignment) 이전에 이루어진 시인들에; 이 새로운 규칙 아래서 부당하게 얻어진 시인들의 열매들에; 주 법원들에서의 형사절차들에; 그리고 이 같은 시인들을 포함하는 증거에 의하여 유죄로 판정된 지 오래인 피고인들에게, 똑같이 해당하는 것으로 «377 U. S., 209» 여겨질 것이다. 곧바로 수많은 사건들에서 임무를 새 규칙은 수행할 것이다.

이 규칙의 내용이 내지는 범위가 어떠한 것으로 판명되든, 변호인의 조력을 받을 매시아의 권리에 대한 위헌적인 간섭을 어떻게 이 사건이 보여준다는 것인지 나는 이해할 수 없다. 원하는 만큼 자주 변호인을 찾아 상담하는 데에 방해를 매시아는 받지 않았다. 변호인하고의 면담들은 그 어느 것도 방해되거나 감시된 바 없다. 정식사실심리를 위한 준비는 결코 방해를 받지 않았다. 변호인의 조력을 받을 권리를 정식사실심리 이전에와 정식사실심리 도중에 매시아는 가지고 있었다고, 그러므로 만약

sel's aid before and during the trial, his out-of-court conversations and admissions must be excluded if obtained without counsel's consent or presence. The right to counsel has never meant as much before, Cicenia v. Lagay, 357 U. S. 504; Crooker v. California, 357 U. S. 433, and its extension in this case requires some further explanation, so far unarticulated by the Court.

Since the new rule would exclude all admissions made to the police, no matter how voluntary and reliable, the requirement of counsel's presence or approval would seem to rest upon the probability that counsel would foreclose any admissions at all. This is nothing more than a thinly disguised constitutional policy of minimizing or entirely prohibiting the use in evidence of voluntary out-of-court admissions and confessions made by the accused. Carried as far as blind logic may compel some to go, the notion that statements from the mouth of the defendant should not be used in evidence would have a severe and unfortunate impact upon the great bulk of criminal cases.

Viewed in this light, the Court's newly fashioned exclusionary principle goes far beyond the constitutional privilege against self-incrimination, which neither requires nor suggests the barring of voluntary pretrial admissions. The Fifth Amendment states that no person "shall be compelled in any criminal case to be a witness against «377 U. S., 210» himself ……." The defendant may thus not be compelled to testify at his trial, but he may if he wishes. Likewise he may not be compelled or coerced into saying anything before trial; but until today he could if he wished to, and if he did, it could be used against him. Whether as a matter of self-incrimination or of due process, the proscription is against compulsion - coerced incrimination. Under the prior law, announced in countless cases in this Court, the defendant's pretrial statements were admissible evidence if voluntarily made; inadmissi-

변호인의 동의가 내지는 출석이 없는 상태에서 그의 법정 외에서의 대화들이 및 시인들이 얻어졌다면 그것들은 증거에서 배제되어야 한다고 말하는 것은 빈약한 - 게다가 근거조차 불충분한 - 삼단논법일 뿐이다. 이만큼까지를 변호인의 조력을 받을 권리가 이전에 의미했던 적은 결코 없고, Cicenia v. Lagay, 357 U. S. 504; Crooker v. California, 357 U. S. 433, 따라서 상당한 추가적인 설명을 그 규칙의 이 사건에의 확장은 요구하는 바, 당원에 의하여 여태껏 그것은 명확히 말해지지 않고 있다.

경찰에게 이루어진 모든 시인들(admissions)을 그것들이 아무리 임의적이고 신빙성 있는 것들이라 하더라도 증거에서 그 새로운 규칙은 배제할 것이므로, 어떤 시인들을이든 변호인이 모두 배제시킬 것이라는 개연성에 그 기초를 변호인의 출석에 내지 동의에 대한 요구는 두고 있는 것으로 보인다. 범인으로 주장되는 사람에 의하여 이루어진 법정 외에서의 임의적 시인들의 및 자백들의 증거로서의 사용을 극소화하는 내지는 완전히 금지하는 얄팍하게 가면 덮인 헌법 정책에 이것은 지나지 않는다. 어떤 사람들을 나아가도록 맹목적인 논리가 강제할 수 있는 한도껏 최대한 멀리까지 끌려갈 경우, 태반의 형사사건들에 대하여 가혹하고도 불행한 영향을 범인으로 주장되는 사람의 입으로부터 나온 진술들은 증거로 사용되어서는 안 된다는 생각은 끼칠 것이다.

이 점에 비추어 보면, 정식사실심리 이전의 임의적 시인들의 배제를 요구하지도 암시하지도 않는 헌법상의 자기부죄 금지특권을 이 법원의 신형의 위법수집 증거배제 규칙은 훨씬 더 넘어선다. "자기 자신에게 불리한 증인이 되도록 어떤 형사사건에서도" 어느 누구도 "강제되어서는 안 된다 ……"고 연방헌법 수정 «377 U. S., 210» 제5조는 규정한다. 이렇듯 자신의 정식사실심리에서 증언하도록 피고인은 강제되어서는 안 되지만, 만약 그가 원하면 그는 증언할 수 있다. 마찬가지로 정식사실심리 이전에 조금이라도 말하도록 그는 강제되거나 강요되어서는 안 된다; 그러나 오늘까지는 만약 그가 원하면 그는 말할 수 있었고, 만약 그가 말하면 그것은 그에게 불리하게 사용될 수 있었다. 자기부죄(self-incrimination)의 문제로서든 적법절차의 문제로서든, 금지는 강제에 - 강요된 부죄(coerced incrimination)에 - 대처한 것이었다. 당원에서의 셀 수 없이 많은 사건들에서 선언된 이전의 법 아래서는 피고인의 정식사실심리 이전의 진술들은 만약 임의적으로 이루어진 것이면 허용될 수 있는

ble if not the product of his free will. Hardly any constitutional area has been more carefully patrolled by this Court, and until now the Court has expressly rejected the argument that admissions are to be deemed involuntary if made outside the presence of counsel. Cicenia v. Lagay, supra; Crooker v. California, supra.[7)]

The Court presents no facts, no objective evidence, no reasons to warrant scrapping the voluntary-involuntary test for admissibility in this area. Without such evidence I would retain it in its present form.

This case cannot be analogized to the American Bar Association's rule forbidding an attorney to talk to the opposing party litigant outside the presence of his counsel. Aside from the fact that the Association's canons are not of constitutional dimensions, the specific canon argued is inapposite because it deals with the con- «377 U. S., 211» duct of lawyers and not with the conduct of investigators. Lawyers are forbidden to interview the opposing party because of the supposed imbalance of legal skill and acumen between the lawyer and the party litigant; the reason for the rule does not apply to nonlawyers and certainly not to Colson, Massiah's codefendant.

Applying the new exclusionary rule is peculiarly inappropriate in this case. At the time of the conversation in question, petitioner was not in custody but free on bail. He was not questioned in what anyone could call an atmosphere of official coercion. What he said was said to his partner in crime who had also been indicted. There was no suggestion or any possibility of coercion. What petitioner did not know was that Colson had decided to report

7) Today's rule picks up where the Fifth Amendment ends and bars wholly voluntary admissions. I would assume, although one cannot be sure, that the new rule would not have a similar supplemental role in connection with the Fourth Amendment. While the Fifth Amendment bars only compelled incrimination, the Fourth Amendment bars only unreasonable searches. It could be argued, fruitlessly I would hope, that if the police must stay away from the defendant they must also stay away from his house once the right to counsel has attached and that a court must exclude the products of a reasonable search made pursuant to a properly issued warrant but without the consent or presence of the accused's counsel.

증거였고; 만약 그의 자유의지의 산물이 아니면 허용될 수 없는 증거였다. 어떤 헌법 영역이도 당원에 의하여 이보다 더 주의 깊게 순시되어 온 적이 없는 바, 그런데도 변호인의 출석 외에서 시인들(admissions)이 이루어졌으면 비임의적인 것으로 간주되어야 한다는 주장을 지금까지 당원은 명시적으로 배척하여 왔다. Cicenia v. Lagay, supra; Crooker v. California, supra.[7)]

이 영역에서의 증거능력을 위한 임의(voluntary) - 비임의(involuntary) 기준의 폐기를 정당화하는 어떤 사실관계를도, 어떤 객관적인 증거를도, 어떤 이유를도 이 법원은 제시하지 않는다. 그러한 증거가 없는 한, 그것을 현재의 형태로 나라면 간직할 것이다.

상대방 변호사의 출석 외에서 상대방 소송 당사자에게 변호사로 하여금 말하지 못하도록 금지하는 미국 법률가협회(the American Bar Association)의 규칙에 이 사건은 유추될 수 없다. 협회의 규범들은 헌법적 차원의 것들이 아니라는 사실을 제외하고도, 그 주장된 특정의 규범은 변호사들의 행동을 다루는 것일 뿐 «377 U. S., 211» 수사관들의 행동을 다루는 것이 아니라는 점에서 부적절하다. 상대방 당사자를 변호사들이 면담하는 것이 금지되는 것은 변호사의 및 소송관계자의 양자 사이의 법적 기술에 및 총명함에 있어서의 그 가정된 불균형 때문이다; 비법률가들에게는, 따라서 명백히 매시아의 공동피고인인 콜슨에게는 그 규칙의 근거는 적용되지 않는다.

그 새로운 위법수집 증거배제 규칙을 적용하는 것은 이 사건에 있어서 특별히 부적절하다. 문제의 대화 당시에 청구인은 구금 가운데 있었던 것이 아니라 보석으로 풀려나 있었다. 그가 신문되었던 상황은 공무상의 강압의 분위기라고 어느 누구가도 부를 수 있는 것이 아니었다. 그가 말한 바는 마찬가지로 대배심기소되어 있던 그의 공범에게 말해진 것이었다. 강요의 암시는 내지는 그 조금이나마의 가능성

---

7) 연방헌법 수정 제5조가 끝나는 곳으로 마중을 나가서는 완전히 임의적인 시인들을 증거에서 오늘의 규칙은 배제한다. 비록 확신할 수는 없지만, 연방헌법 수정 제4조하고의 관계 속에서 한 개의 유사한 보충적 역할을 새로운 규칙은 지니지 않을 것으로 나는 가정하겠다. 오직 강요된 부죄(incrimination)만을 연방헌법 수정 제5조는 금지하는 반면, 오직 부당한 수색들만을 연방헌법 수정 제4조는 금지한다. 범인으로 주장되는 사람으로부터 경찰이 떨어져 있지 않으면 안 된다면, 범인으로 주장되는 사람에게 변호인의 조력을 받을 권리가 일단 달라붙은 뒤에는 그의 집으로부터도 그들은 떨어져 있지 않으면 안 된다고, 따라서 정당하게 발부된 영장에 따라 이루어진 정당한 수색의 산물들은도 범인으로 주장되는 사람의 변호인의 동의 내지 출석 없이 이루어진 것이면증거에서 법원은 배제하지 않을 수 없어야 할 것이라고 주장될 수 있을 것인 바, 기대하거니와 그런 주장은 무익한 것이다.

the conversation to the police. Had there been no prior arrangements between Colson and the police, had Colson simply gone to the police after the conversation had occurred, his testimony relating Massiah's statements would be readily admissible at the trial, as would a recording which he might have made of the conversation. In such event, it would simply be said that Massiah risked talking to a friend who decided to disclose what he knew of Massiah's criminal activities. But if, as occurred here, Colson had been cooperating with the police prior to his meeting with Massiah, both his evidence and the recorded conversation are somehow transformed into inadmissible evidence despite the fact that the hazard to Massiah remains precisely the same - the defection of a confederate in crime.

Reporting criminal behavior is expected or even demanded of the ordinary citizen. Friends may be subpoenaed to testify about friends, relatives about relatives and partners about partners. I therefore question the soundness of insulating Massiah from the apostasy of his partner in crime and of furnishing constitutional sanctions for the strict secrecy and discipline of criminal or- «377 U. S., 212» ganizations. Neither the ordinary citizen nor the confessed criminal should be discouraged from reporting what he knows to the authorities and from lending his aid to secure evidence of crime. Certainly after this case the Colsons will be few and far between; and the Massiahs can breathe much more easily, secure in the knowledge that the Constitution furnishes an important measure of protection against faithless compatriots and guarantees sporting treatment for sporting peddlers of narcotics.

Meanwhile, of course, the public will again be the loser and law enforcement will be presented with another serious dilemma. The general issue lurking in the background of the Court's opinion is the legitimacy of penetrating or obtaining confederates in criminal organizations. For the law enforcement agency, the answer for the time being can only be in the form of a prediction

은 전혀 없었다. 청구인이 알지 못했던 것은 그 대화를 경찰에게 보고하기로 콜슨이 결정한 상태였다는 것이다. 콜슨의 및 경찰의 양자 사이의 사전 조율행위들이 없었다면, 단지 대화가 이루어진 뒤에 경찰에게 콜슨이 갔었다면, 매시아의 진술들에 관한 그의 증언은 그 대화를 그가 녹음했을 경우의 녹음이처럼 정식사실심리에서 흔쾌히 증거로 허용될 수 있을 것이다. 매시아의 범죄 활동들에 관하여 자신의 아는 바를 개시(開示)하기로(disclose) 결정한 한 명의 친구에게 매시아가 위험을 무릅쓰고 말한 것이라고만 이 같은 경우에 그것은 말해질 것이다. 그러나 만약 여기서처럼 매시아하고의 회합 이전부터 경찰에게 콜슨이 협력하고 있었다면 매시아에게 가해지는 위험 — 공범 한 명의 배신 — 은 정확하게 똑 같은 것으로 남는다는 사실에도 불구하고 웬일인지 그의 증언은 및 그 녹음된 대화는 둘 다 허용될 수 없는 증거로 변형된다.

범죄적 행위를 신고함은 일반 시민에게서 기대되고 심지어 요구되기까지 한다. 친구들에 관하여 친구들이, 친지들에 관하여 친지들이, 그리고 동업자들에 관하여 동업자들이 증언하도록 소환될 수 있다. 따라서 매시아를 그의 동업자의 배신으로부터 격리하는 처사의 건전성을, 및 범죄 조직들의 엄격한 비밀을 및 규율을 위한 헌법적 인가들을 제공하는 처사의 건전성을 나는 «377 U. S., 212» 의심한다. 자신의 아는 바를 당국에 신고함으로부터, 그리고 범죄의 증거를 확보하기 위하여 자신의 도움을 제공함으로부터 일반 시민이든 명백한 범인이든 저지되어서는 안 된다. 확실히 이 사건 이후에는 콜슨 같은 사람들은 좀처럼 없게 될 것이다; 그리고 신의 없는 동료들에게 맞설 한가지 중요한 보호 수단을 헌법이 제공한다는 점에 대한, 그리고 정정당당한 마약 행상인을 위하여 정정당당한 취급을 헌법이 보장한다는 점에 대한 인식 가운데서 매시아 같은 사람들은 안심하면서 훨씬 더 편하게 숨쉴 수 있게 될 것이다.

물론 그렇게 하는 사이에 공중(the public)은 다시 패배자가 될 것이고 또 하나의 심각한 진퇴양난을 법집행은 선사받을 것이다. 이 법원의 의견의 배경에 잠재되어 있는 일반적 쟁점은 범죄 조직들 속에 침투해 들어가는 것의 내지는 거기서 동맹자들을 확보하는 것의 적법성이다. 법집행 당국에게는 당분간 그 대답은 오늘의 새로운 헌법원칙의 장래의 적용에 관한 예언의 형태일 수밖에 없다. 보다 좁게는, 그리고

about the future application of today's new constitutional doctrine. More narrowly, and posed by the precise situation involved here, the question is this: when the police have arrested and released on bail one member of a criminal ring and another member, a confederate, is cooperating with the police, can the confederate be allowed to continue his association with the ring or must he somehow be withdrawn to avoid challenge to trial evidence on the ground that it was acquired after rather than before the arrest, after rather than before the indictment?

Defendants who are out on bail have been known to continue their illicit operations. See Rogers v. United States, 325 F. 2d 485 (C. A. 10th Cir.). That an attorney is advising them should not constitutionally immunize their statements made in furtherance of these operations and relevant to the question of their guilt at the pending prosecution. In this very case there is evidence that after indictment defendant Aiken tried to «377 U. S., 213» persuade Agent Murphy to go into the narcotics business with him. Under today's decision, Murphy may neither testify as to the content of this conversation nor seize for introduction in evidence any narcotics whose location Aiken may have made known.

Undoubtedly, the evidence excluded in this case would not have been available but for the conduct of Colson in cooperation with Agent Murphy, but is it this kind of conduct which should be forbidden to those charged with law enforcement? It is one thing to establish safeguards against procedures fraught with the potentiality of coercion and to outlaw "easy but self-defeating ways in which brutality is substituted for brains as an instrument of crime detection." McNabb v. United States, 318 U. S. 332, 344. But here there was no substitution of brutality for brains, no inherent danger of police coercion justifying the prophylactic effect of another exclusionary rule. Massiah was not being interrogated in a police station, was not surrounded

여기에 포함된 바로 그 상황에 의하여 제기된 것으로서는, 문제는 이것이다: 범죄 고리의 구성원 한 명을 경찰이 체포하였다가 보석으로 석방하였는데 경찰에게 공범자의 한 명인 다른 구성원이 협력하고 있을 경우에, 그 고리하고의 제휴를 계속 하도록 그 공범자는 허용될 수 있는가, 아니면 그 정식사실심리 증거(trial evidence)에 대한, 체포 이전에가 아니라 체포 이후에, 대배심기소 이전에가 아니라 대배심기소 이후에 그것이 얻어졌음을 이유로 한 이의를 피하기 위하여 어떻게든 그 공범자는 철회되지 않으면 안 되는가?

자신들의 불법적 사업들을 보석으로 밖에 나와 있는 피고인들은 계속하는 것으로 알려져 왔다. Rogers v. United States, 325 F. 2d 485 (C. A. 10th Cir.)을 보라. 이러한 사업들의 추진 과정에서 이루어지는, 그리고 그 계속 중인 기소사건에서의 그들의 유죄의 문제에 관련된, 그들의 진술들을, 그들을 한 명의 변호사가 조언하고 있다는 점이 헌법적으로 면제시켜서는 안 된다. 바로 이 사건에서, 자기와 함께 마약 사업을 하자고 요원 머피를 설득하고자 «377 U. S., 213» 대배심기소 뒤에 피고인 아이켄(Aiken)이 시도했다는 증거가 있다. 오늘의 결정에 따르면, 이 대화의 내용에 관하여 머피는 증언해서도 안 되고, 그 위치를 아이켄이 알려 주었을 수 있는 마약을 증거로 제출하기 위하여 조금이라도 이를 그는 압수해서도 안 된다.

이 사건에서 배제된 증거는 요원 머피하고의 협력에 있어서의 콜슨에 대한 지휘가 없었다면 확실히 입수될 수 없었겠지만, 그러나 법집행을 맡은 사람들에게 금지되어야 할 것이 이런 종류의 지휘란 말인가? 강압의 가능성을 내포한 절차들에 대처하여 보호수단들을 확립하는 것은, 그리고 "범죄 적발의 한 가지 수단으로서의 두뇌를 잔인으로 대체시키는, 손쉽지만 자멸적인 방법들," McNabb v. United States, 318 U. S. 332, 344, 을 금지하는 것은 한 가지이다. 그러나 여기서는 두뇌에 대한 야만의 대체가도, 또 다른 위법수집 증거배제 규칙의 예방적 효과(prophylactic effect)를 정당화하는 경찰 강요의 내재적 위험이도 결코 없었다. 매시아는 경찰서 한 곳에서 신문을 받고 있었던 것이도 아니고, 여러 명의 경찰관들에게 둘러싸인 것이도, 번갈아가면서 신문된 것이도 아니며, 그리고 다른 사람들에게의 접근이 금지되

by numerous officers or questioned in relays, and was not forbidden access to others. Law enforcement may have the elements of a contest about it, but it is not a game. McGuire v. United States, 273 U. S. 95, 99. Massiah and those like him receive ample protection from the long line of precedents in this Court holding that confessions may not be introduced unless they are voluntary. In making these determinations the courts must consider the absence of counsel as one of several factors by which voluntariness is to be judged. See House v. Mayo, 324 U. S. 42, 45-46; Payne v. Arkansas, 356 U. S. 560, 567; Cicenia v. Lagay, supra, at 509. This is a wiser rule than the automatic rule announced by the Court, which requires courts and juries to disregard voluntary admissions which they might well find to be the best possible evidence in discharging their responsibility for ascertaining truth.

었던 것이도 아니다. 경쟁의 요소들을 그 주변에 법집행은 가질 수 있으나, 그러나 그것은 시합이 아니다. McGuire v. United States, 273 U. S. 95, 99. 만약 자백들이 임의적인 것들이 아니면 그것들은 증거로 소개되어서는 안 된다고 판시하는 당원에서의 길게 줄지은 선례들로부터 충분한 보호를 매시아는 및 그 같은 부류의 사람들은 받는다. 이러한 판정들을 내림에 있어서, 변호인의 부재를 임의성의 판단 기준이 되는 여러 요소들 가운데 한 가지로서 법원들은 고려하지 않으면 안 된다. House v. Mayo, 324 U. S. 42, 45-46을; Payne v. Arkansas, 356 U. S. 560, 567을; Cicenia v. Lagay, supra, at 509를 보라. 이것은 법원들로 및 배심들로 하여금 그들이 진실을 확인할 자신들의 책임을 이행하는 데 있어서 그 있음직한 최선의 증거라고 여겨 마땅한 임의적 시인들(admissions)을 무시하도록 요구하는 이 법원에 의하여 선언되는 그 자동 규칙이보다도 더 현명한 규칙이다.

변호인의 조력을 받을 권리

Escobedo v. Illinois, 378 U. S. 438 (1964)

일리노이주 대법원에 내린 사건기록 송부명령

NO. 615
변론 1964년 4월 29일
판결 1964년 6월 22일

요약해설

1. 개요 및 쟁점

Escobedo v. Illinois, 378 U. S. 438 (1964)는 5 대 4로 판결되었다. 법원의 의견을 골드버그(GOLDBERG) 판사가 냈고, 반대의견을 할란(HARLAN) 판사는 및 스튜어트(STEWART) 판사는 각기 냈으며, 클라크(CLARK) 판사의 및 스튜어트(STEWART) 판사의 가담 아래 반대의견을 화이트(White) 판사는 냈다. 변호인의 조력을 받을 권리가 적용되는 시간적 범위를 Hamilton v. Alabama, 368 U. S. 52 (1961) 판결에서의 기소인부 신문 단계에보다 및 White v. Maryland, 373 U. S. 59 (1963) 판결에서의 치안판사의 예비심문(preliminary hearing) 단계에보다 한걸음 앞당겨, 경찰구금에 놓인 특정의 용의자에게 초점을 경찰수사가 두기 시작하는 시점에까지 확장시켰다. 에스코베도가 자백을 한 시점은 기소 제기 이전이었고 따라서 전통적인 의미에서의 대립당사자주의 절차들이 시작되기 이전이었음에도, 경찰구금에 놓인 특정의 용의자인 에스코베도에게 수사의 초점이 두어져 있었으므로 그 시점에 변호인의 조력을 받을 권리가 적용된다고 판시하였다.

2. 사실관계 (378 U. S., at 379–484.)

1960년 1월 19일 그의 매형인 마누엘의 사망을 부른 총격사건 발생 직후에 경찰에 살인 용의자인 청구인 대니 에스코베도(Danny Escobedo)는 체포된 바 있었다. 아무런 진술을도 그때 경찰에게 그는 하지 않았고, 인신보호영장(a writ of habeas corpus)을 주 법원으로부터 그의 변호인이 얻음으로써 석방되었었다. 그 치명적 총격을 청구인이 가했었다고 1960년 1월 30일 경찰에 구금된 상태에서 용의자 중 한 명인 베네딕트 디걸란도(Benedict DiGerlando)는 경찰에게 말하였다.[1] 그리하여 그 날 다시 누이

---

1) 청구인에 더불어 살인죄로 나중에 디걸란도는 기소되었다.

와 함께 체포되어 경찰서에 청구인은 끌려갔다. 그를 망인에게 총격을 가한 사람으로 디걸란도가 지목한 상태임을 경찰은 말해 주었다.

자신의 변호인을 보게 해 달라고 경찰의 집요한 신문을 받는 동안 여러 번 청구인은 요청하였고, 곧바로 경찰서 건물에 변호인은도 와서 의뢰인을 만나고자 하였으나 두 사람은 서로간의 접근이 금지되었다. 묵비의 권리를 청구인은 고지받지도 못했다.

디걸란도를 데려와 청구인에게 경찰은 대질시켰다. "마누엘을 나는 쏘지 않았다, 네가 쏘았지."라고 디걸란도를 향하여 청구인은 말하였는데, 그것은 그 범죄에 대한 청구인의 지식을 뒷받침하는 최초의 부죄적 진술이었다. 살인 모의에 자신을 더욱 연루시키는 진술을 이에 이어 그는 하였다. 청구인의 진술들은 받아 적혔는데, 헌법적 권리들은 고지되지 않았다.

자신의 부죄적 진술을 증거에서 배제해 달라고 디걸란도에 더불어 기소된 청구인은 신청하였으나, 그 신청들은 기각되었다. 청구인은 살인죄로 유죄판정을 받고서 항소하였고, 소추면제를 자신이 받을 것으로 잘못 이해하고서 그 진술을 청구인이 하였음을 일리노이주 대법원은 인정하여 진술의 임의성을 부정하고 유죄판정을 파기하였다. 재심리를 주가 청구하자 이를 허가하고서 유죄판정을 주 대법원은 인가하였다. 청구인의 진술의 증거능력을 살피기 위하여 사건기록 송부명령을 연방대법원은 내렸다.

3. 골드버그(GOLDBERG) 판사가 쓴 법원의 의견의 요지

변호인의 조력을 정식사실심리에서 피고인에게 보장하는 연방헌법은 그만큼의 것을 재판 외의 절차(extrajudicial proceeding)에서 경찰신문에 놓인 기소된 피고인에게도 해 줄 수 있다. 이 사건의 맥락에서는 아무런 차이를도 기소 이전에 신문이 실시되었다는 사실은 낳을 수 없다. 변호인을 찾아 상담할 기회를 달라고 피고인이 요청했을 때, 그리고 거절되었을 때, 한 개의 미해결 범죄(an unsolved crime)에 대한 일반적인 수사이기를 수사는 그쳤다. 청구인은 범인으로 주장된 자가 되어 있었고, 그를 설득하여 범행을 자백하게 하려는 데 신문의 목적은 있었다. 그의 권리들을 청구인에게 조언해 주기 위하여 "변호인의 이끄는 손(guiding hand of Counsel)"은 절대로 필요하였다. 모든 실제적인 목적을 위하여는 이미 살인죄로 청구인은 기소되어 있는 셈이었다. (378 U. S., at 484–485.)

기소 이전이라 하더라도 구금 기간 중에 접근을 변호인이 요청했다가 거부된 이후에 얻어진 자백은 형사 정식사실심리에서 증거로 사용될 수 없다. (378 U. S., at 486–487.) 여기서처럼 수사가 더 이상 미해결 범죄에 대한 일반적 수사인 것이 아니라 특정의 용의자에게 초점을 두기 시작했고 경찰 구금에 그 용의자가 놓여졌으며 유죄를 뒷받침하는 진술들을 이끌어내는 데 적합한 신문절차를 경찰이 수행하고 있고 자신의 변호인을 찾아 상담할 기회를 용의자가 요청하였다가 거절되었고 그리고 묵비 상태로 있을 그의 절대적인 헌법적 권리를 그에게 유효하게 경찰이 경고한 바 없는 경우에는 범인으로 주장되는 사람은 변호인의 조력을 거부당한 것이고, 따라서 그 신문 동안 경찰에 의하여 도출된 진술은 그에게 불리하게 사용될 수 없다. (378 U. S., at 490–491.) Crooker v. California, 357 U. S. 433 (1958) 판결은 및 Cicenia v. Lagay, 357 U. S. 504 (1958) 판결은 오늘 선언되는 원칙들에 불일치하는 한도에서는 구속력 있는 것으로 간주될 수 없다. (378 U. S., at 492.)

조사적인(investigatory) 차원으로부터 탄핵적인(accusatory) 차원으로 절차가 옮겨가는 때 — 범인으로 주장되는 사람에게 그 초점이 두어지고 그 목적이 자백을 끌어내는 것인 때 - 대립당사자주의 제도(adversary system)는 작동에 들어가고, 범인으로 주장되는 사람은 변호인을 찾아 상담하도록 허용되지 않으면 안 된다. 원심판결은 파기되었다. (378 U. S., at 492.)

MR. JUSTICE GOLDBERG delivered the opinion of the Court.

The critical question in this case is whether, under the circumstances, the refusal by the police to honor petitioner's request to consult with his lawyer during the course of an interrogation constitutes a denial of "the Assistance of Counsel" in violation of the Sixth Amendment to the Constitution as "made obligatory upon the States by the Fourteenth Amendment," Gideon v. Wainwright, 372 U. S. 335, 342, and thereby renders inadmissible in a state criminal trial any incriminating statement elicited by the police during the interrogation.

On the night of January 19, 1960, petitioner's brother-in-law was fatally shot. In the early hours of the next morning, at 2:30 a.m., petitioner was arrested without a warrant and interrogated. Petitioner made no statement to the police, and was released at 5 that afternoon pursuant to a state court writ of habeas corpus obtained by Mr. Warren Wolfson, a lawyer who had been retained by petitioner.

On January 30, Benedict DiGerlando, who was then in police custody and who was later indicted for the murder along with petitioner, told the police that petitioner had fired the fatal shots. Between 8 and 9 that evening, petitioner and his sister, the widow of the deceased, were arrested and taken to police headquarters. En route to the police station, the police "had handcuffed the defendant behind his back," and "one of the arresting officers told defendant that DiGerlando had named him as the one who shot" the deceased. Petitioner testified, without contradiction, that the "detectives said

법원의 의견을 골드버그(GOLDBERG) 판사가 냈다.

이 사건에서의 중요한 문제는 제반 상황들에 비추어, "연방헌법 수정 제14조에 의하여 주들 위에 의무적인 것으로 된," Gideon v. Wainwright, 372 U. S. 335, 342, 연방헌법 수정 제6조의 위반 가운데서의 "변호인의 조력(the Assistance of Counsel)"에 대한 박탈을, 신문 도중에 자신의 변호사를 찾아 상담하겠다는 청구인의 요청을 존중하기를 경찰이 거부한 점이 구성하는지 및 그 신문 동안 경찰에 의하여 얻어진 모든 부죄적(incriminating) 진술을 주 형사 정식사실심리에서 증거능력 없는 것으로 이에 따라 그것이 만드는지 여부이다.

1960년 1월 19일 밤에 청구인의 매형은 총격을 받아 치명상을 입었다. 다음 날 이른 시각인 오전 2:30에 청구인은 영장 없이 체포되었고 신문이 실시되었다. 아무런 진술을도 경찰에게 청구인은 하지 않았고, 청구인에 의하여 선임되어 있던 워렌 울프슨(Warren Wolfson) 변호사가 얻은 주 법원 한 곳의 인신보호영장(habeas corpus)에 따라 그 날 오후 5시에 석방되었다.

그 치명적 총격들을 청구인이 가했었다고 경찰에게 1월 30일에 베네딕트 디걸란도(Benedict DiGerlando) — 그 당시에 경찰에 구금되어 있었으며, 나중에 청구인에 더불어 살인죄로 대배심기소되었다 — 는 말하였다. 그 날 저녁 8시에서 9시 사이에 청구인은 및 피살자의 미망인인 그의 누이는 체포되어 경찰서에 끌려갔다. 경찰서로 가던 도중 "피고인을 그의 등 뒤로" 경찰은 "수갑 채웠고," 망인을 "쏜 사람으로 그를 디걸란도가 지목한 상태임을 피고인에게 체포 경찰관들 중 한 명은 말해 주었다." "자신들은 우리에 관하여 매우 잘 알고 있으며 죄다 완전히 알고 있다고, 따라서 우리는 범행을 시인하는 편이 좋을 것이라고 형사들은 말하였다."는 것을, 그리고 이에 대하여 "미안하지만, 조언을 나의 변호인으로부터 나는 듣고 싶다."고 자신이 대답하였음을 청구인은 일관되게 증언하였다. 청구인은 정식으로 기소된 것

they had us pretty well, up pretty tight, and we might as well admit to this crime," and that he replied, "I am sorry, but I would like to have advice from my lawyer." A police officer testified that, although petitioner was not formally charged, "he was in custody" and "couldn't walk out the door." «378 U. S., 480»

Shortly after petitioner reached police headquarters, his retained lawyer arrived. The lawyer described the ensuing events in the following terms:

"On that day, I received a phone call [from "the mother of another defendant"] and, pursuant to that phone call, I went to the Detective Bureau at 11th and State. The first person I talked to was the Sergeant on duty at the Bureau Desk, Sergeant Pidgeon. I asked Sergeant Pidgeon for permission to speak to my client, Danny Escobedo ······. Sergeant Pidgeon made a call to the Bureau lockup and informed me that the boy had been taken from the lockup to the Homicide Bureau. This was between 9:30 and 10:00 in the evening. Before I went anywhere, he called the Homicide Bureau and told them there was an attorney waiting to see Escobedo. He told me I could not see him. Then I went upstairs to the Homicide Bureau. There were several Homicide Detectives around, and I talked to them. I identified myself as Escobedo's attorney and asked permission to see him. They said I could not ······. The police officer told me to see Chief Flynn, who was on duty. I identified myself to Chief Flynn and asked permission to see my client. He said I could not ······. I think it was approximately 11:00 o'clock. He said I couldn't see him because they hadn't completed questioning ······. [F]or a second or two, I spotted him in an office in the Homicide Bureau. The door was open, and I could see through the office ······. I waved to him and he waved back, and then the door was closed by one of the officers at Homicide.[1] There

1) Petitioner testified that this ambiguous gesture "could have meant most anything," but that he "took it upon [his] own to think that [the lawyer was telling him] not to say anything," and that the lawyer "wanted to talk" to him.

이 아님에도 불구하고 "그는 구금된 상태였다."고, 따라서 "문 밖으로 걸어 나갈 수 없었다."고 경찰관 한 명은 증언하였다. «378 U. S., 480»

경찰서에 청구인이 닿은 직후에 그의 변호사가 도착하였다. 그 뒤의 진행 상황들을 다음의 말로 변호사는 설명하였다:

"전화 한 통을 그 날 ["다른 피고인의 어머니"로부터] 받고서 그 전화에 따라 11번가를 및 스테이트로(State 路)를 끼고 있는 수사국에 저는 갔습니다. 제가 말을 건 첫 번째 사람은 수사국 데스크 당직 경사인 피젼(Pigeon) 경사였습니다. 저의 의뢰인 대니 에스코베도(Danny Escobedo)와 말하기 위한 허가를 …… 피젼 경사에게 저는 요청했습니다. 한 통의 전화를 수사국 유치장에 걸더니 유치장으로부터 살인사건부로 그 아이는 옮겨졌다고 피젼 경사는 알려 주었습니다. 이 때가 저녁 9:30에서 10:00 사이였습니다. 제가 아직 거기 있을 때 그는 살인사건부에 전화를 걸어 에스코베도를 만나려고 변호사 한 명이 기다리고 있다고 그들에게 말해 주었습니다. 그를 볼 수 없다고 저에게 그는 말했습니다. 그래서 위 층 살인사건부로 저는 갔습니다. 그 곳에는 주위에 여러 명의 살인사건 담당 형사들이 있었고, 그들에게 저는 말했습니다. 저는 에스코베도의 변호사라고 제 자신을 밝히고, 그를 볼 수 있도록 허가를 요청하였습니다. 그를 …… 저는 볼 수 없다고 그들은 말했습니다. 근무 중인 플린(Flynn) 부장을 만나 보라고 저에게 그 경찰관은 말했습니다. 플린 부장에게 제 자신을 밝히고서 저의 의뢰인을 만날 수 있도록 허가를 저는 요청했습니다. 제가 …… 만날 수 없다고 그는 말했습니다. 그 때가 대략 11:00경이었던 것으로 저는 생각합니다. 신문을 그들이 끝내지 못했기 때문에 그를 저는 볼 수 없다고 그는 말했습니다. 그를 약 1, 2 초 동안 살인사건부 내 사무실 한 개에서 저는 알아보았습니다. 문이 열려 있었고, …… 사무실을 가로질러 그를 저는 볼 수 있었습니다. 손을 그에게 저는 흔들었고, 손을 그도 흔들어 응답하였는데, 그러자 살인사건부 경찰관들 중 한 명에 의하여 문이 닫혔습니다.[1] 그 날 밤 살인사건부 주변에는 «378 U. S.,

1) 이 애매한 행동이 "가장 많이 의미할 수 있었던 것이 무엇이든간에," "아무 것을도 말하지 말도록 [그에게 변호인이]

were four or five officers milling «378 U. S., 481» around the Homicide Detail that night. As to whether I talked to Captain Flynn any later that day, I waited around for another hour or two and went back again and renewed by [sic] request to see my client. He again told me I could not ……. I filed an official complaint with Commissioner Phelan of the Chicago Police Department. I had a conversation with every police officer I could find. I was told at Homicide that I couldn't see him and I would have to get a writ of habeas corpus. I left the Homicide Bureau and from the Detective Bureau at 11th and State at approximately 1:00 A.M. [Sunday morning]. I had no opportunity to talk to my client that night. I quoted to Captain Flynn the Section of the Criminal Code which allows an attorney the right to see his client."[2)]

Petitioner testified that, during the course of the interrogation, he repeatedly asked to speak to his lawyer, and that the police said that his lawyer "didn't want to see" him. The testimony of the police officers confirmed these accounts in substantial detail.

Notwithstanding repeated requests by each, petitioner and his retained lawyer were afforded no opportunity to consult during the course of the entire interrogation. At one point, as previously noted, petitioner and his attorney came into each other's view for a few moments, but the attorney was quickly ushered away. Petitioner testified "that he heard a detective telling the attorney the latter would not be allowed to talk to [him] 'until they «378 U. S., 482» were done,'" and that he heard the attorney being refused permission to remain in the adjoining room. A police officer testified that he had told the lawyer that he could not see petitioner until "we were through interrogating" him.

2) The statute then in effect provided in pertinent part that: "All public officers …… having the custody of any person …… restrained of his liberty for any alleged cause whatever, shall, except in cases of imminent danger of escape, admit any practicing attorney …… whom such person …… may desire to see or consult ……." Ill. Rev. Stat. (1959), c. 38, § 477. Repealed as of Jan. 1, 1964, by Act approved Aug. 14, 1963, H. B. No. 851.

481» 너댓 명의 경찰관들이 돌아다니고 있었습니다. 그 날 중 더 늦은 시각에 플린 부장에게 제가 말했는지 여부에 관하여는 한두 시간 가량을 저는 더 기다리다가 다시 찾아가서는 저의 의뢰인을 보겠다는 저의 요청을 반복했습니다. …… 제가 볼 수 없다고 그는 거듭 말했습니다. 정식의 고소장을 시카고 경찰국장 필란(Phelan)에게 저는 제출하였습니다. 찾아볼 수 있는 모든 경찰관하고의 면담을 저는 가졌습니다. 그를 볼 수 없다는 답변을 살인사건부에서 저는 들었고, 따라서 인신보호영장을 저는 얻어야 할 것 같았습니다. 살인사건부를, 그리고 11번가를 및 스테이트로를 끼고 있는 수사국을 [일요일 오전] 약 1:00에 저는 떠났습니다. 저의 의뢰인에게 말할 기회를 그 밤에 저는 가지지 못했습니다. 자신의 의뢰인을 만나볼 권리를 변호사에게 허용하는 형법전의 해당 절을 플린 부장에게 저는 인용하였습니다."[2)]

자신의 변호인하고 말하겠다고 신문 과정에서 자신이 반복하여 요청하였음을, 그리고 이에 대하여 "그를 보기를" 변호인이 "원하지 않는다."고 경찰이 말했음을 청구인은 증언하였다. 이 주장을 경찰관들의 증언은 상당히 자세하게 확인해 주었다.

상담할 기회를 청구인은 및 그가 선임한 변호사는 각자의 거듭된 요청에도 불구하고 저마다 전체 신문 과정 동안 부여받지 못하였다. 앞에서 특별히 언급된 대로 한 곳에서 청구인은 및 그의 변호사는 잠깐 동안 서로의 시야에 들어왔으나, 변호사는 서둘러 끌려가 버렸다. "'그들의 일이 끝날 때까지는' «378 U. S., 482» 변호인은 [그에게] 말하도록 허용되지 않을 것이라고 변호사에게 형사 한 명이 말하는 것을 자신이 들었다."고, 곁에 딸린 방에 남아 있기 위한 허가를 변호사가 거부당하는 것을 자신이 들었다고 청구인은 증언하였다. 그를 "신문하기를 우리가 마칠 때까지는" 청구인을 그는 볼 수 없다고 변호사에게 자신이 말했었음을 경찰관 한 명은 증언하였다.

말하"는 것으로는, 그리고 "그에게" 변호인이 "말하고 싶어하"는 것으로는 자신으로서는 결코 생각하지 못하였다고 청구인은 증언하였다.

2) 당시에 시행된 제정법은 해당 부분에서 이렇게 규정하였다: "…… 사유 여하를 불문하고 그의 자유가 제약된 사람을 …… 구금하고 있는 …… 모든 공무원들은, 도주의 절박한 위험의 경우가 아닌 한, …… 보기를 내지는 상담하기를 이 같은 사람이 원하는 개업 변호사에게 …… 입장을 허가해야 한다." Ill. Rev. Stat. (1959), c. 38, § 477. 1963년 8월 14일 승인된 법률 H. B. No. 851에 의하여 1964년 1월 1일자로 폐지됨.

There is testimony by the police that, during the interrogation, petitioner, a 22-year-old of Mexican extraction with no record of previous experience with the police, "was handcuffed"[3] in a standing position and that he "was nervous, he had circles under his eyes, and he was upset" and was "agitated" because "he had not slept well in over a week."

It is undisputed that, during the course of the interrogation, Officer Montejano, who "grew up" in petitioner's neighborhood, who knew his family, and who uses "Spanish language in [his] police work," conferred alone with petitioner "for about a quarter of an hour ……." Petitioner testified that the officer said to him "in Spanish that my sister and I could go home if I pinned it on Benedict DiGerlando," that "he would see to it that we would go home and be held only as witnesses, if anything, if we had made a statement against DiGerlando …… that we would be able to go home that night." Petitioner testified that he made the statement in issue because of this assurance. Officer Montejano denied offering any such assurance.

A police officer testified that, during the interrogation, the following occurred:

"I informed him of what DiGerlando told me, and, when I did, he told me that DiGerlando was [lying], and I said, 'Would you care to tell DiGerlando that?' and he said, 'Yes, I will.' So I «378 U. S., 483» brought …… Escobedo in and he confronted DiGerlando and he told him that he was lying and said, 'I didn't shoot Manuel, you did it.'"

In this way, petitioner for the first time admitted to some knowledge of the crime. After that, he made additional statements further implicating himself in the murder plot. At this point, an Assistant State's Attorney, Theodore J.

3) The trial judge justified the handcuffing on the ground that it "is ordinary police procedure."

경찰하고의 사전 경험의 기록이 없는 22세의 멕시코 태생인 청구인은 신문 동안 선 자세에서 "수갑 채워졌"다는,[3] 그리고 "일 주일이 넘도록 잘 자지 못하였기" 때문에 "불안하였고 두 눈 아래에 고리들(circles)이 있었고 혼란되어 있었으며" "동요되어 있었다"는 경찰의 증언이 있다.

그 신문 중에 청구인의 이웃에서 "성장한," 그의 가족을 아는, 그리고 "[자신의] 경찰 업무에서 스페인어"를 사용하는 순경 몬헤하노(Montejano)가 "…… 약 25분 동안" 혼자서 청구인하고 대화하였음은 다툼이 없다. "만약 베네딕트 디걸란도에게 책임을 제가 지우면, 저의 누이는 및 저는 집에 갈 수 있다."고, "만약 …… 디걸란도에게 불리한 진술을 저희가 하면 저희로 하여금 집에 돌아가도록, 굳이 어느 쪽이냐 하면 단지 증인들로서만 여겨지도록 자신이 조치하겠다."고, "그러므로 그 날 밤으로 집에 저희는 갈 수 있을 것"이라고 그에게 "스페인어로" 그 경찰관은 말했음을 청구인은 증언하였다. 쟁점인 그 진술을 이 보증 때문에 자신은 하였다고 청구인은 증언하였다. 조금이라도 그 같은 언질을 자신이 주었음을 순경 몬헤하노는 부인하였다.

신문 동안에 다음의 일이 일어났다고 경찰관 한 명은 증언하였다:

"저에게 디걸란도가 한 말을 그에게 저는 알려 주었는데, 제가 그렇게 하자 디걸란도가 [거짓말]하고 있다고 저에게 그는 말했고, 그래서 '그 말을 디걸란도에게 자네게 해 보겠나?'라고 제가 말했더니, '그래요, 하지요.'라고 그가 말했습니다. 그래서 «378 U. S., 483»] …… 에스코베도를 저는 들여왔고, 그리하여 디걸란도를 그는 대면하였는데, 그러자 거짓말을 그가 하고 있다고, '마누엘을 나는 쏘지 않았다, 네가 쏘았지.'라고 그는 말하였습니다."

그 범죄에 대한 어느 정도의 지식을 이러한 방식으로 청구인은 처음으로 인정하였다. 그 자신을 그 살인 모의에 더욱 연루시키는 추가적인 진술을 그 뒤로 그는 하였다. 이 지점에서 진술을 "받아 적도록" 주 검사보의 한 명인 씨어도어 J. 쿠퍼

3) 수갑 채우기가 "보통의 경찰절차"라는 이유로 이를 정당하다고 정식사실심리 판사는 보았다.

Cooper, was summoned "to take" a statement. Mr. Cooper, an experienced lawyer who was assigned to the Homicide Division to take "statements from some defendants and some prisoners that they had in custody," "took" petitioner's statement by asking carefully framed questions apparently designed to assure the admissibility into evidence of the resulting answers. Mr. Cooper testified that he did not advise petitioner of his constitutional rights, and it is undisputed that no one during the course of the interrogation so advised him.

Petitioner moved both before and during trial to suppress the incriminating statement, but the motions were denied. Petitioner was convicted of murder, and he appealed the conviction.

The Supreme Court of Illinois, in its original opinion of February 1, 1963, held the statement inadmissible and reversed the conviction. The court said:

"[I]t seems manifest to us, from the undisputed evidence and the circumstances surrounding defendant at the time of his statement and shortly prior thereto, that the defendant understood he would be permitted to go home if he gave the statement, and would be granted an immunity from prosecution."

Compare Lynumn v. Illinois, 372 U. S. 528.

The State petitioned for, and the court granted, rehearing. The court then affirmed the conviction. It said: "[T]he «378 U. S., 484» officer denied making the promise and the trier of fact believed him. We find no reason for disturbing the trial court's finding that the confession was voluntary."[4] 28 Ill. 2d 41,

4) Compare Haynes v. Washington, 373 U. S. 503, 515 (decided on the same day as the decision of the Illinois Supreme Court here), where we said:
"Our conclusion is in no way foreclosed, as the State contends, by the fact that the state trial judge or the jury may have reached a different result on this issue.
"It is well settled that the duty of constitutional adjudication resting upon this Court requires that the question whether the Due Process Clause of the Fourteenth Amendment has been violated by admission into evidence of a coerced confession be the subject of an *independent* determination here, see, e. g., Ashcraft v. Tennessee, 322 U. S. 143, 147–148; 'we cannot escape the responsibility of making our own examination of the record,' Spano v. New York, 360 U. S. 315, 316." (Emphasis in original.)

(Theodore J. Cooper) 씨가 소환되었다. "그들이 구금한 일부 피고인들의 및 일부 죄수들의 진술들"을 받아 적도록 살인사건부에 배정된 노련한 변호사인 검사보 쿠퍼 씨는, 명백히 거기서 얻어지는 답변들의 증거능력을 확보하기 위하여 기획된 주의 깊게 구상된 질문들을 가함으로써 청구인의 진술을 "받아 적었다." 청구인의 헌법적 권리를 그에게 자신이 고지하지 않았다고 쿠퍼 씨는 증언하였고, 그리고 신문 동안 그에게 그렇게 아무가도 조언하지 않았음은 다툼이 없다.

그 부죄적 진술을 증거에서 배제해 달라고 정식사실심리 이전에 및 정식사실심리 동안에 청구인은 신청하였으나, 그 신청들은 기각되었다. 청구인은 살인죄로 유죄판정을 받았고, 그 유죄판정에 대하여 항소하였다.

일리노이주 대법원은 1963년 2월 1일자 자신의 최초의 의견에서 그 진술을 증거능력 없는 것으로 판시하여 유죄판정을 파기하였다. 주 대법원은 말하였다:

"[다]툼 없는 증거로 미루어, 그리고 피고인의 진술 시점에 및 그 직전에 피고인을 둘러싼 상황들로 미루어, 만약 그 진술을 자신이 하면 집에 가도록 자신은 허용될 것으로, 그리고 소추 면제가 부여될 것으로 피고인은 이해하였음이 우리에게 명백해 보인다."

Lynumn v. Illinois, 372 U. S. 528을 비교하라.

재심리를 주는 청구하였고, 이를 주 대법원은 허가하였다. 유죄판정을 주 대법원은 이번에는 인가하였다. 주 대법원은 말하였다: "그 약속을 «378 U. S., 484» 하였음을 순경은 부인하였고, 그를 사실심리자(the trier of fact)는 믿었다. 그 자백이 임의의 것이었다는 정식사실심리 법원의 판단을 막을 근거를 우리는 발견할 수 없다."[4)]

4) 우리가 이렇게 말한 Haynes v. Washington, 373 U. S. 503, 515 판결(이 사건에서의 일리노이주 대법원의 판결하고 같은 날 선고됨)을 비교하라:
"주가 주장하듯이 이 문제에 관하여 다른 결론에 주 법원의 정식사실심리 판사가나 배심이 도달했을 수 있다는 사실에 의하여 우리의 결론이 배제되는 것은 결코 아니다.
"강요된 자백의 증거허용에 의하여 연방헌법 수정 제14조의 적법절차 조항(the Due Process Clause)이 침해되어 있는지 여부의 문제를 여기서의 *독립적인(independent)* 판단의 주제로 삼도록 당원 위에 놓여 있는 헌법 판단의 책무가 요구함은 충분히 확립되어 있는 바, 예컨대 Ashcraft v. Tennessee, 322 U. S. 143, 147-148을 보라; '기록에 대한 우리 자신의 검토를 수행할 책임을 우리는 회피할 수 없다.' Spano v. New York, 360 U. S. 315, 316." (강조는 원문.)

45-46, 190 N. E. 2d 825, 827. The court also held, on the authority of this Court's decisions in Crooker v. California, 357 U. S. 433, and Cicenia v. Lagay, 357 U. S. 504, that the confession was admissible even though "it was obtained after he had requested the assistance of counsel, which request was denied." 28 Ill. 2d, at 46, 190 N. E. 2d, at 827. We granted a writ of certiorari to consider whether the petitioner's statement was constitutionally admissible at his trial. 375 U. S. 902. We conclude, for the reasons stated below, that it was not and, accordingly, we reverse the judgment of conviction. In Massiah v. United States, 377 U. S. 201, this Court observed that "a Constitution which guarantees a defendant the aid of counsel at …… trial could surely vouchsafe no less to an indicted defendant under interrogation by the police in a completely extrajudicial proceeding. Anything less …… might deny a defendant 'effective representation by counsel at the only stage when «378 U. S., 485» legal aid and advice would help him.'" Id., at 204, quoting DOUGLAS, J., concurring in Spano v. New York, 360 U. S. 315, 326.

The interrogation here was conducted before petitioner was formally indicted. But in the context of this case, that fact should make no difference. When petitioner requested, and was denied, an opportunity to consult with his lawyer, the investigation had ceased to be a general investigation of "an unsolved crime." Spano v New York, 360 U. S. 315, 327 (STEWART, J., concurring). Petitioner had become the accused, and the purpose of the interrogation was to "get him" to confess his guilt despite his constitutional right not to do so. At the time of his arrest and throughout the course of the interrogation, the police told petitioner that they had convincing evidence that he had fired the fatal shots. Without informing him of his absolute right to remain silent in the face of this accusation, the police urged him to make a statement.[5] As this Court observed many years ago:

---

5) Although there is testimony in the record that petitioner and his lawyer had previously discussed what petitioner

28 Ill. 2d 41, 45-46, 190 N. E. 2d 825, 827. 아울러, 설령 "변호인의 조력을 그가 요청한 뒤에, 그리고 그 요청이 거절된 뒤에 그 자백이 얻어졌"더라도 그것은 증거능력이 있다고, Crooker v. California, 357 U. S. 433에서의 및 Cicenia v. Lagay, 357 U. S. 504에서의 당원의 판결들의 권위에 근거하여 주 대법원은 판시하였다. 28 Ill. 2d, at 46, 190 N. E. 2d, at 827. 청구인의 진술이 그의 정식사실심리에서 헌법적으로 증거능력이 있는지 여부를 살피기 위하여 사건기록 송부명령을 우리는 허가하였다. 375 U. S. 902. 아래에서 설명되는 이유들 때문에 그것은 증거로서 허용될 수 없었다고 우리는 결론짓는 바, 따라서 유죄인정의 판결주문을 우리는 파기한다. "변호인의 조력을 …… 정식사실심리에서 피고인에게 보장하는 헌법은 완전히 재판 외의(extrajudicial) 절차에서 경찰에 의한 신문에 놓인 대배심기소된 피고인에게 그 만큼의 것을 틀림없이 보장할 수 있을 것이다. 조금이라도 이에 미치지 못하는 것은 '피고인을 법적 조력이 및 조언이 피고인을 도울 수 있는 유일한 단계에서 변호인에 의한 효과적인 대변'을 그에게 «378 U. S., 485» 거부하는 것일 수 있다."고 Massiah v. United States, 377 U. S. 201에서 당원은 말하였다. Id., at 204, quoting Douglas, J., concurring in Spano v. New York, 360 U. S. 315, 326.

청구인이 정식으로 기소되기 전에 여기서의 신문은 수행되었다. 그러나 이 사건의 맥락에서 아무런 차이를도 그 사실은 낳을 수 없어야 한다. 자신의 변호인을 찾아 상담할 기회를 달라고 청구인이 요청했을 때, 그리고 거부되었을 때, "미해결 범죄(an unsolved crime)," Spano v. New York, 360 U. S. 315, 327(스튜어트(STEWART) 판사의 보충의견), 에 대한 일반적인 수사이기를 그 수사는 그쳤다. 청구인은 범인으로 주장된 자가 되어 있었고, 그리하여 자백하지 않을 그의 헌법적 권리에도 불구하고 "그를 설득하여" 범행을 자백하게 하려는 데 신문의 목적은 있었다. 그 치명적인 총격을 청구인이 가하였다는 설득력 있는 증거를 자신들이 가지고 있다고 그에게 그의 체포 당시에 및 신문 과정 내내 경찰은 말했다. 이 고발(accusation)에도 불구하고 진술을 하도록 묵비 상태로 있을 그의 절대적인 권리를 그에게 고지하지 않은 채 그를 경찰은 다그쳤다.[5] 당원이 여러 해 전에 말하였듯이:

5) 비록 기록에는 신문이 있을 경우에 무엇을 청구인이 해야 하는지에 관하여 청구인이 및 그의 변호사가 사전에 논의했었다는 증거는 있지만, 그 치명적인 총탄들을 청구인이 발사했다는 허위의 고소에 직면하여 무엇을 그가 해야 하며 무엇을 그가 할 수 있는지를 그들이 논의했다는 증거는 없다.

"It cannot be doubted that, placed in the position in which the accused was when the statement was made to him that the other suspected person had charged him with crime, the result was to produce upon his mind the fear that, if he remained silent, it would be considered an admission of guilt, and therefore render certain his being committed for trial as the guilty person, and it cannot be conceived that the converse impression would not also have nat- «378 U. S., 486» urally arisen, that, by denying there was hope of removing the suspicion from himself." Bram v. United States, 168 U. S. 532, 562.

Petitioner, a layman, was undoubtedly unaware that under Illinois law, an admission of "mere" complicity in the murder plot was legally as damaging as an admission of firing of the fatal shots. Illinois v. Escobedo, 28 Ill. 2d 41, 190 N. E. 2d 825. The "guiding hand of counsel" was essential to advise petitioner of his rights in this delicate situation. Powell v. Alabama, 287 U. S. 45, 69. This was the "stage when legal aid and advice" were most critical to petitioner. Massiah v. United States, supra, at 204. It was a stage surely as critical as was the arraignment in Hamilton v. Alabama, 368 U. S. 52, and the preliminary hearing in White v. Maryland, 373 U. S. 59. What happened at this interrogation could certainly "affect the whole trial," Hamilton v. Alabama, supra, at 54, since rights "may be as irretrievably lost, if not then and there asserted, as they are when an accused represented by counsel waives a right for strategic purposes." Ibid. It would exalt form over substance to make the right to counsel, under these circumstances, depend on whether, at the time of the interrogation, the authorities had secured a formal indictment. Petitioner had, for all practical purposes, already been charged with murder.

should do in the event of interrogation, there is no evidence that they discussed what petitioner should, or could, do in the face of a false accusation that he had fired the fatal bullets.

"피고인을 범인으로 그 다른 용의자가 고발했다는 설명이 피고인에게 이루어진 당시의 피고인이 처한 입장에 놓였을 때, 그 결과는 만약 침묵 상태로 그가 있으면 범행에 대한 시인으로 그것은 간주될 것이라는, 따라서 범인으로서 정식사실심리에 그 자신이 처해짐을 확실하게 그것은 만들 것이라는 두려움을 그의 마음 위에 일으키는 것이었음은 의심될 수 없고, 또한 그 반대의 생각이, 즉 부인함으로써 혐의를 그 자신에게서 제거해낼 가망이 있다는 «378 U. S., 486» 생각이 아울러 당연히 떠오르지 않았으리라고는 상상될 수 없다." Bram v. United States, 168 U. S. 532, 562.

일리노이주 법 아래서는 살인 모의에의 "단순한(mere)" 공모에 대한 시인은 그 치명적인 총격의 발사에 대한 시인(an admission)이만큼이나 법적으로 해롭다는 것을 문외한인 청구인은 몰랐음이 틀림없다. Illinois v. Escobedo, 28 Ill. 2d 41, 190 N. E. 2d 825. 이 미묘한 상황에서 그의 권리들을 청구인에게 조언해 주기 위하여 "변호인의 이끄는 손(guiding hand of Counsel)"은 절대로 필요하였다. Powell v. Alabama, 287 U. S. 45, 69. 이것은 청구인에게 "법적 조력이 및 조언이" 가장 중요한 단계였다. Massiah v. United States, supra, at 204. 그것은 확실히 Hamilton v. Alabama, 368 U. S. 52에서의 기소인부 절차가만큼이나, 그리고 White v. Maryland, 373 U. S. 59에서의 예비심문이만큼이나 중대한 단계였다. 이 신문에서 발생한 것은 확실히 "전체 정식사실심리에 영향을 끼칠" 수 있는데, Hamilton v. Alabama, supra, at 54, 왜냐하면 권리들은 "만약 그 때 그 곳에서 주장되지 않으면 돌이킬 수 없게 상실될 수 있음이, 만약 그 때 그 곳에서 주장되지 않으면 돌이킬 수 없게 상실될 수 있는 바, 마치 변호인의 대변을 받으면서 전략적 목적들을 위하여 어떤 권리를 범인으로 주장되는 사람이 포기하는 경우에 그것들이 돌이킬 수 없게 상실되는 것에 같"기 때문이다. Ibid. 이러한 상황들 아래서 변호인의 조력을 받을 권리를, 신문 당시 정식의 기소장을 관헌들이 확보한 상태였는지 여부에 좌우되게 하는 것은 형식을 실질 위에 올려놓는 것일 것이다. 모든 실제적인 목적을 위하여는 청구인은 이미 살인죄로 기소되어 있었다.

The New York Court of Appeals, whose decisions this Court cited with approval in Massiah, 377 U. S. 201, at 205, has recently recognized that, under circumstances such as those here, no meaningful distinction can be drawn between interrogation of an accused before and after formal indictment. In People v. Donovan, 13 N. Y. 2d 148, 193 N. E. 2d 628, that court, in an opinion by Judge Fuld, held that a "confession taken from a defendant, during a period of detention [prior to indictment], after his attorney had requested and been denied access «378 U. S., 487» to him" could not be used against him in a criminal trial.[6] Id., at 151, 193 N. E. 2d, at 629. The court observed that it "would be highly incongruous if our system of justice permitted the district attorney, the lawyer representing the State, to extract a confession from the accused while his own lawyer, seeking to speak with him, was kept from him by the police." Id., at 152, 193 N. E. 2d, at 629.[7]

In Gideon v. Wainwright, 372 U. S. 335, we held that every person accused of a crime, whether state or federal, is entitled to a lawyer at trial.[8] The rule sought by the State here, however, would make the trial no more than an appeal from the interrogation, and the "right to use counsel at the formal trial [would be] a very hollow thing [if], for all practical purposes, the conviction is already assured by pretrial examination." In re Groban, 352 U.

6) The English Judges' Rules also recognize that a functional, rather than a formal, test must be applied, and that, under circumstances such as those here, no special significance should be attached to formal indictment. The applicable Rule does not permit the police to question an accused, except in certain extremely limited situations not relevant here, at any time after the defendant "has been charged *or informed that he my be prosecuted.*" [1964] Crim. L. Rev. 166–170 (emphasis supplied). Although voluntary statements obtained in violation of these rules are not automatically excluded from evidence, the judge may, in the exercise of his discretion, exclude them. "Recent cases suggest that perhaps the judges have been tightening up, [and, almost] inevitably, the effect of the new Rules will be to stimulate this tendency." Id., at 182.

7) Canon 9 of the American Bar Association's Canon of Professional Ethics provides that:
"A lawyer should not in any way communicate upon the subject of controversy with a party represented by counsel; much less should he undertake to negotiate or compromise the matter with him, but should deal only with his counsel. It is incumbent upon the lawyer most particularly to avoid everything that may tend to mislead a party not represented by counsel, and he should not undertake to advise him as to the law." See Broeder, Wong Sun v. United States: A Study in Faith and Hope, 42 Neb. L. Rev. 483, 599–604.

8) Twenty-two States, including Illinois, urged us so to hold.

여기에서 류의 제반 상황들 아래서는 대배심기소 이전의 범인으로 주장되는 사람에 대한 신문의, 그리고 대배심기소 이후의 범인으로 주장되는 사람에 대한 신문의 그 둘 사이에 어떤 의미 있는 구분은도 지워질 수 없음을 그 판결들을 Massiah, 377 U. S. 201, at 205에서 찬동에 더불어 당원이 인용한 뉴욕주 항소법원은 최근에 인정하였다. "[대배심기소 이전의] 구금 기간 중에, 범인으로 주장되는 사람의 변호사가 요청한 그에 대한 접근이 거부된 이후에, 그에게서얻어진 자백"은 형사 정식사실심리에서 그에게 불리하게 사용될 수 없다고 People v. Donovan, 13 N. Y. 2d 148, 193 N. E. 2d 628에서의 «378 U. S., 487» 펄드(Fuld) 판사의 의견에서 그 법원은 판시하였다.[6] Id., at 151, 193 N. E. 2d, at 629. "만약 범인으로 주장되는 사람에게 말하기를 요청하는 변호사가 경찰에 의하여 그로부터 가로막혀 있는 동안에, 주를 대변하는 변호사인 지방검사로 하여금 자백을 그에게서 추출하도록 우리의 재판제도가 허용한다면, 그것은 매우 모순일 것"이라고 그 법원은 말하였다. Id., at 152, 193 N. E. 2d, at 629.[7]

Gideon v. Wainwright, 372 U. S. 335에서, 연방법원 사건에서든 주법원 사건에서든 범인으로 주장되는 사람은 누구든지 정식사실심리에서 변호사를 가질 권리가 있다고 우리는 판시하였다.[8] 그러나 정식사실심리를 신문으로부터 올라온 항소에 불과한 것으로 여기서 주에 의하여 추구되는 규칙은 만들 것이다; 그리고 "[만약] 모든 실제적 목적을 위하여는 정식사실심리 이전의 신문에 의하여 유죄판정이 이미 확보된다면 정식사실심리에서 변호인을 사용할 권리는 매우 공허한 것[이 될

---

6) 형식적인 기준이보다는 기능적인 기준이 적용되지 않으면 안 됨을, 따라서 여기에서 류의 상황들 아래서는 정식의 기소에 어떤 특별한 의미가도 붙여져서는 안 됨을 영국의 법관규칙은 마찬가지로 인정한다. 여기에는 관련이 없는 극도로 제한된 일정한 상황들의 경우를 제외하고는, "범인으로 주장되는 사람이 기소된 이후에는 또는 *기소될 수 있음이 고지된*" 이후에는 결코 경찰로 하여금 그를 신문하도록 해당 규칙은 허용하지 않는다. 1964. Crim. L. Rev. 166–170 (강조는 보태짐). 비록 이 규칙들에 대한 위반 가운데서 얻어진 임의적인 진술들은 자동적으로 증거에서 배제되지는 않음에도 불구하고, 그것들을 그의 재량의 행사로써 판사는 배제할 수 있다. "아마도 고삐를 판사들이 죄어 왔음을, [따라서 거의] 불가피하게 새 규칙의 효과는 이러한 경향을 강화하는 것이 될 것임을 최근의 사건들은 암시한다." Id., at 182.

7) 미국 법률가협회의 전문직윤리규범 9는 이렇게 규정한다:
"변호사는 변호사에 의하여 대변되는 당사자와는 쟁송의 주제에 관하여 어떤 식으로도 의견을 주고받아서는 안 된다; 더욱 그 문제를 그와 협상하기를 내지는 타협하기를 그는 떠맡아서는 안 되며 오직 그의 변호사만을 상대해야 한다. 변호사에 의하여 대변되지 않는 당사자를 오도하는 데 이바지할 수 있는 모든 것을 회피함은 가장 특별하게 변호사에게 의무지워져 있으며, 따라서 법에 관하여 그를 조언하기를 그는 떠맡아서는 안 된다." Broeder, Wong Sun v. United States: A Study in Faith and Hope, 42 Neb. L. Rev. 483, 599–604을 보라.

8) 우리더러 그렇게 판결하라고 일리노이주를 포함한 스물 두 개의 주들이 촉구하였다.

S. «378 U. S., 488» 330, 344 (BLACK, J., dissenting).[9] "One can imagine a cynical prosecutor saying: 'Let them have the most illustrious counsel now. They can't escape the noose. There is nothing that counsel can do for them at the trial.'" Ex parte Sullivan, 107 F. Supp. 514, 517-518.

It is argued that, if the right to counsel is afforded prior to indictment, the number of confessions obtained by the police will diminish significantly, because most confessions are obtained during the period between arrest and indictment,[10] and "any lawyer worth his salt will tell the suspect in no uncertain terms to make no statement to police under any circumstances." Watts v. Indiana, 338 U. S. 49, 59 (Jackson, J., concurring in part and dissenting in part). This argument, of course, cuts two ways. The fact that many confessions are obtained during this period points up its critical nature as a "stage when legal aid and advice" are surely needed. Massiah v. United States, supra, at 204; Hamilton v. Alabama, supra; White v. Maryland, supra. The right to counsel would indeed be hollow if it began at a period when few confessions were obtained. There is necessarily a direct relationship between the importance of a stage to the police in their quest for a confession and the criticalness of that stage to the accused in his need for legal advice. Our Constitution, unlike some others, strikes the balance in favor of the right of the accused to be advised by his lawyer of his privilege against self-incrimination. See Note, 73 Yale L. J. 1000, 1048-1051 (1964).

We have learned the lesson of history, ancient and modern, that a system of criminal law enforcement «378 U. S., 489» which comes to depend on the "confession" will, in the long run, be less reliable[11] and more subject to

9) The Soviet criminal code does not permit a lawyer to be present during the investigation. The Soviet trial has thus been aptly described as "an appeal from the pretrial investigation." Feifer, Justice in Moscow (1964), 86.

10) See Barrett, Police Practices and the Law – From Arrest to Release or Charge, 50 Cal. L. Rev. 11, 43 (1962).

11) See Committee Print, Subcommittee to Investigate Administration of the Internal Security Act, Senate Committee on

것이다." In re Groban, 352 U. S. «378 U. S., 488» 330, 344 (블랙(BLACK) 판사의 반대 의견).[9] "냉소적인 검사가 말하는 것을 우리는 상상할 수 있다: '이제 그들로 하여금 최고로 저명한 변호인을 선임해 보라지. 그들은 덫을 빠져나갈 수 없을 걸. 정식사실심리에서 그들에게 변호인이 해 줄 수 있는 것이라곤 없을 테니까.'" Ex parte Sullivan, 107 F. Supp. 514, 517-518.

체포의 및 대배심기소의 양자 사이의 기간 중에 대부분의 자백들은 얻어지기 때문에,[10] 따라서 "어떤 상황들 아래서도 경찰에게 어떤 말을도 하지 말도록 조금이라도 쓸모 있는 변호사라면 분명한 말로 용의자에게 일러줄 것이기 때문에" 만약 변호인의 조력을 받을 권리가 대배심기소 이전에 부여된다면 경찰에 의하여 얻어지는 자백의 수는 주목할 만하게 감소할 것이라는 주장이 있다. Watts v. Indiana, 338 U. S. 49, 59 (부분적으로는 찬성하고 부분적으로는 반대한 잭슨(Jackson) 판사의 견해). 물론 이 주장은 양쪽으로 통한다. "법적 조력이 및 조언이" 확실히 요구되는 단계로서의 그 시기의 중대한(critical) 성격을 많은 자백들이 이 기간 동안에 얻어진다는 사실은 부각시킨다. Massiah v. United States, supra, at 204; Hamilton v. Alabama, supra; White v. Maryland, supra. 만약 자백들이 거의 얻어지지 않는 어떤 시점에서 변호인의 조력을 받을 권리가 시작된다면 그 권리는 참으로 공허할 것이다. 한 개의 자백에 대한 경찰의 추구에 있어서 한 개의 단계가 경찰에게 의미하는 중대성의, 그리고 법적 조언에 대한 범인으로 주장되는 사람의 요구에 있어서 한 개의 단계가 그에게 의미하는 중대성의 양자 사이에는, 필연적으로 직접적인 관계가 있다. 자신의 자기부죄 금지특권을 자신의 변호인에게서 고지받을 범인으로 주장되는 사람의 권리에 유리하도록 수지계산을 우리의 연방헌법은, 몇몇 다른 나라들의 것들과는 달리, 하고 있다. Note, 73 Yale L. J. 1000, 1048-1051 (1964)을 보라.

"자백"에 의존하기에 이르는 형사 법집행 제도는 «378 U. S., 489» 숙련된 수사를 통하여 독립적으로 확보된 외적(extrinsic) 증거에 의존하는 제도가보다 궁극적으로 신뢰성은 떨어지고[11] 악습에 지배되는 일은 더 많아질 것이라는 고대의 및 현대

9) 수사 도중에의 변호사의 출석을 소련 형법은 허용하지 않는다. 이렇게 하여 곧잘 "정식사실심리 이전의 수사로부터 올라온 항소"라는 말로 소련의 정식사실심리는 표현되어 왔다. Feifer, Justice in Moscow (1964), 86.

10) Barrett, Police Practices and the Law — From Arrest to Release or Charge, 50 Cal. L. Rev. 11, 43 (1962)을 보라.

11) 1930년대의 위원회 기록 중 스탈린의 숙청 작업 도중에 얻어진 허위 자백들을 보여주는 1956년 2월 25일 소련공

abuses[12] than a system which depends on extrinsic evidence independently secured through skillful investigation. As Dean Wigmore so wisely said:

"[A]*ny system of administration which permits the prosecution to trust habitually to compulsory self-disclosure as a source of proof must itself suffer morally thereby.* The inclination develops to rely mainly upon such evidence, and to be satisfied with an incomplete investigation of the other sources. The exercise of the power to extract answers begets a forgetfulness of the just limitations of that power. The simple and peaceful process of questioning breeds a readiness to resort to bullying and to physical force and torture. If there is a right to an answer, there soon seems to be a right to the expected answer - that is, to a confession of guilt. Thus, the legitimate use grows into the unjust abuse; ultimately, the innocent are jeopardized by the encroachments of a bad system. Such seems to have been the course of experience in those legal systems where the privilege was not recognized." 8 Wigmore, Evidence (3d ed.1940), 309. (Emphasis in original.) «378 U. S., 490» This Court also has recognized that "history amply shows that confessions have often been extorted to save law enforcement officials the trouble and effort of obtaining valid and independent evidence ……." Haynes v. Washington, 373 U. S. 503, 519.

We have also learned the companion lesson of history that no system of criminal justice can, or should, survive if it comes to depend for its continued effectiveness on the citizens' abdication through unawareness of their constitutional rights. No system worth preserving should have to *fear* that, if an

---

the Judiciary, 85th Cong., 1st Sess., reporting and analyzing the proceedings at the XXth Congress of the Communist Party of the Soviet Union, February 25, 1956, exposing the false confessions obtained during the Stalin purges of the 1930's. See also Miller v. United States, 320 F. 2d 767, 772–773 (opinion of Chief Judge Bazelon); Lifton, Thought Reform and the Psychology of Totalism (1961); Rogge, Why Men Confess (1959); Schein, Coercive Persuasion (1961).

12) See Stephen, History of the Criminal Law, quoted in 8 Wigmore, Evidence (3d ed.1940), 312; Report and Recommendations of the Commissioners' Committee on Police Arrests for Investigation, District of Columbia (1962).

의 역사의 교훈을 우리는 배워 왔다.[12] 위그모어(Wigmore) 학장이 매우 현명하게 말했듯이:

"*[증]거의 원천으로서 강제적인 자기개시*(自己開示; self-disclosure)*에 습관적으로 의존하도록 검찰관에게 조금이라도 허용하는 정부 제도는 그 스스로 그것에 의하여 도덕적으로 병들지 않을 수 없다*. 주로 이 같은 증거에 의존하는 쪽으로, 그리하여 여타의 자료들에 대한 불완전한 수사로써 만족하는 쪽으로 그 경향은 발전한다. 답변을 추출할 권한의 정당한 한계들에 대한 건망증을 그 권한의 행사는 낳는다. 들볶기에, 그리고 물리적인 힘에와 고문에, 손쉽게 의존하는 태도를 단순하고 태평스런 신문절차는 기른다. 답변을 들을 권한이 있다면, 금방 그 기대되는 답변을 - 즉 범행에 대한 자백을 얻어낼 권한이 있는 양 생각된다. 이렇게 하여 적법한 사용이 자라서 부당한 악습이 되어간다; 잘못된 제도의 잠식에 의하여 위태로운 지경에 궁극적으로 죄 없는 사람들은 떨어진다. 이러한 것은 그 특권이 인정되지 않은 법 제도들에 있어서의 경험의 수순이었던 것으로 보인다." 8 Wigmore, Evidence (3d ed. 1940), 309. (강조는 원문) «378 U. S., 490» "유효하고도 독립적인 증거를 얻는 곤란을과 노력을 법집행 공무원들에게서 덜어주기 위하여 자주 자백들은 강제되어 왔음을 역사는 넉넉히 보여" 준다는 것을도 당원은 인정하여 왔다. Haynes v. Washington, 373 U. S. 503, 519.

이에 짝하는 역사의 교훈을, 즉 만약 그 지속적인 효율성을 위하여 자신들의 헌법적 권리들에 대한 시민들의 무지를 통한 포기에 의존하기에 조금이라도 형사재판 제도가 이르면 그것은 살아남을 수도 없고 살아남아서도 안 됨을 또한 우리는 배워 왔다. 조금이라도 보전할 가치 있는 제도는 만약 변호사를 찾아 상담하도록 범인으로 주장되는 사람이 허용된다면 이 권리들을 그가 알고서 행사하게 될 것을

산당 제20차 회의에서의 절차들을 보고하고 분석한 Committee Print, Subcommittee to Investigate Administration of the Internal Security Act, Senate Committee on the Judiciary, 85th Cong., 1st Sess.을 보라. 또한 Miller v. United States, 320 F. 2d 767, 772–773 (법원장 배즐론(Bazelon) 판사의 의견)을; Lifton, Thought Reform and the Psychology of Totalism (1961)을; Rogge, Why Men Confess (1959)를; Schein, Coercive Persuasion (1961)을 보라.

12) 8 Wigmore, Evidence (3d ed. 1940), 312에 인용된 Stephen, History of the Criminal Law를; Report and Recommendations of the Commissioners' Committee on Police Arrests for Investigation, District of Columbia (1962)를 보라.

accused is permitted to consult with a lawyer, he will become aware of, and exercise, these rights.[13] If the exercise of constitutional rights will thwart the effectiveness of a system of law enforcement, then there is something very wrong with that system.[14]

We hold, therefore, that where, as here, the investigation is no longer a general inquiry into an unsolved crime, but has begun to focus on a particular suspect, the sus- «378 U. S., 491» pect has been taken into police custody, the police carry out a process of interrogations that lends itself to eliciting incriminating statements, the suspect has requested and been denied an opportunity to consult with his lawyer, and the police have not effectively warned him of his absolute constitutional right to remain silent, the accused has been denied "the Assistance of Counsel" in violation of the Sixth Amendment to the Constitution as "made obligatory upon the States by the Fourteenth Amendment," Gideon v. Wainwright, 372 U. S., at 342, and that no statement elicited by the police during the interrogation may be used against him at a criminal trial.

Crooker v. California, 357 U. S. 433, does not compel a contrary result. In that case, the Court merely rejected the absolute rule sought by petitioner, that "every state denial of a request to contact counsel [is] an infringement of the constitutional right *without regard to the circumstances of the case*." Id., at

---

13) Report of Attorney General's Committee on Poverty and the Administration of Federal Criminal Justice (1963), 10–11: "The survival of our system of criminal justice and the values which it advances depends upon a constant, searching, and creative questioning of official decisions and assertions of authority at all stages of the process ……. Persons [denied access to counsel] are incapable of providing the challenges that are indispensable to satisfactory operation of the system. The loss to the interests of accused individuals, occasioned by these failures, are great and apparent. It is also clear that a situation in which persons are required to contest a serious accusation but are denied access to the tools of contest is offensive to fairness and equity. Beyond these considerations, however, is the fact that [this situation is] detrimental to the proper functioning of the system of justice, and that the loss in vitality of the adversary system thereby occasioned significantly endangers the basic interests of a free community."

14) The accused may, of course, intelligently and knowingly waive his privilege against self-incrimination and his right to counsel either at a pretrial stage or at the trial. See Johnson v. Zerbst, 304 U. S. 458. But no knowing and intelligent waiver of any constitutional right can be said to have occurred under the circumstances of this case.

두려워하는(fear) 것이어서는 안 된다.[13] 만약 법집행 제도의 효율성을 헌법적 권리들의 행사가 저해할 것이라면, 그렇다면 그 제도에는 매우 잘못된 무엇인가가 있는 것이다.[14]

따라서 여기서처럼 수사가 더 이상 미해결 범죄에 대한 일반적 수사인 것이 아니라 초점을 특정의 용의자에게 두기 시작했고 경찰구금에 그 용의자가 «378 U. S., 491» 놓였으며 부죄적 진술들을 이끌어내는 데 적합한 신문절차를 경찰이 수행하였고 자신의 변호사를 찾아 상담할 기회를 용의자가 요청하였다가 거절되었으며 그리고 묵비 상태로 있을 그의 절대적인 헌법적 권리를 그에게 경찰이 유효하게 경고한 바 없는 경우에, "연방헌법 수정 제14조에 의하여 주들 위에 의무적인 것으로 된" 것으로서의 연방헌법 수정 제6조에 어긋나게 "변호인의 조력"을 범인으로 주장되는 사람은 거부당한 것이라고, Gideon v. Wainwright, 372 U. S., at 342, 따라서 그 신문 동안 경찰에 의하여 도출된 진술은 어느 것도 형사 정식사실심리에서 그에게 불리하게 사용될 수 없다고 우리는 본다.

이에 반대되는 결론을 Crooker v. California, 357 U. S. 433 판결은 강제하지 않는다. 청구인에 의하여 요구된 "변호인을 접촉하겠다는 요청에 대한 주(state)의 모든 거절이 *사건의 상황들에 관계없이*, 헌법적 권리에 대한 침해가 [된다]," Id., at 440(강조는 원문), 는 절대적 규칙을 그 사건에서 당원은 단지 배격하였을 뿐이다. 그 규칙 대신에 다음의 규칙이 선언되었다:

---

13) Report of Attorney General's Committee on Poverty and the Administration of Federal Criminal Justice (1963), 10–11을 참조하라: "절차의 모든 단계에 있어서의 권위 있는 공식의 결정들에 대한 및 주장들에 대한 지속적인, 탐구적인, 창조적인 문제 제기에 우리의 형사재판 제도의, 그리고 그것이 촉진하는 가치들의 존속은 달려 있다 ……. 그 제도의 만족스러운 작동에 불가결한 그 이익들을 [변호인에게의 접근이 거부된] 사람들은 제공할 수 없다. 이 고장(failure)에 의하여 야기되는 범인으로 주장된 개인들의 이익들에 가해지는 손실은 크고도 뚜렷하다. 또한 중대한 고소에 맞서 싸우도록 요구되면서도 그 싸움의 도구들에의 접근을 사람들이 거부당하는 상황은 공평에 및 형평에 거슬리는 것임이 명백하다. 그러나 재판 제도의 적정한 기능에 [이 상황이] 해롭다는 사실은, 그리고 자유 공동체의 근본적 이익들을 그것에 의하여 야기되는 대립당사자주의 제도(adversary system)의 생명력의 상실이 중대하게 위협한다는 사실은 이러한 고려요소들을 능가한다."

14) 물론 정식사실심리 이전의 단계에서든 정식사실심리에서든, 분별력 있게 및 인지 상태에서 자신의 자기부죄 금지특권을 및 자신의 변호인의 조력을 받을 권리를 범인으로 주장되는 사람은 포기할 수 있다. Johnson v. Zerbst, 304 U. S. 458을 보라. 그러나 이 사건의 상황 아래서는 조금이라도 인지 상태에서의 분별력 있는 포기가 생겼다고 말해질 수가 없다.

440. (Emphasis in original.) In its place, the following rule was announced:

"[S]tate refusal of a request to engage counsel violates due process not only if the accused is deprived of counsel at trial on the merits, …… *but also if he is deprived of counsel for any part of the pretrial proceedings*, provided that he is so prejudiced thereby as to infect his subsequent trial with an absence of 'that fundamental fairness essential to the very concept of justice …….' The latter determination necessarily depends upon all the circumstances of the case." 357 U. S., at 439-440. (Emphasis added.)

The Court, applying "these principles" to "the sum total of the circumstances [there] during the time petitioner was without counsel," Id., at 440, concluded that he had not been fundamentally prejudiced by the denial of his request for counsel. Among the critical circumstances which distinguish that case from this one are that the petitioner there, but not here, was explicitly advised by the police of his constitutional right to remain silent and «378 U. S., 492» not to "say anything" in response to the questions, Id., at 437, and that petitioner there, but not here, was a well educated man who had studied criminal law while attending law school for a year. The Court's opinion in Cicenia v. Lagay, 357 U. S. 504, decided the same day, merely said that the " "contention that petitioner had a constitutional right to confer with counsel is disposed of by Crooker v. California ……." That case adds nothing, therefore, to Crooker. In any event, to the extent that Cicenia or Crooker may be inconsistent with the principles announced today, they are not to be regarded as controlling.[15]

Nothing we have said today affects the powers of the police to investigate

15) The authority of Cicenia v. Lagay, 357 U. S. 504, and Crooker v. California, 357 U. S. 433, was weakened by the subsequent decisions of this Court in Hamilton v. Alabama, 368 U. S. 52, White v. Maryland, 373 U. S. 59, and Massiah v. United States, 377 U. S. 201 (as the dissenting opinion in the last-cited case recognized).

"변호인을 실체적 사항에 관한 정식사실심리에서 범인으로 주장되는 사람이 박탈당하는 경우에만이 아니라, …… *변호인을 정식사실심리 이전 절차들의 어떤 부분에서든 그가 박탈당하는 경우에도*, 만약 그것에 의하여 그토록 불이익을 그가 입어서 그의 이후의 정식사실심리를 '정의의 개념 자체에 없어서는 안 될 그 기본적 공정성'의 부재로써 그것이 오염시킬 정도이면, 변호인을 고용하겠다는 요청에 대한 주 측의 거부는 적법절차를 침해한다. Lisenba v. People of California, 314 U. S. 219, 236 (1941) …… 필연적으로 사건의 전체적 상황에 뒷 부분의 판정은 달려 있다." 357 U. S., at 439-440. (강조는 보태짐.)

"이 원칙들"을 "[거기서] 변호인 없는 상태로 청구인이 있던 시간 동안의 전체적 상황," id., at 440, 에 적용하여, 변호인을 찾는 그의 요청에 대한 거절에 의하여 근본적으로 불이익을 그가 입은 것은 아니라고 당원은 결론지었다. 그 사건을 이 사건으로부터 구별짓는 중대한 상황들 중에는 거기서의 청구인의 경우에는 묵비 상태로 있을, 그러면서 «378 U. S., 492» 질문들에 응하여 "어떤 것을도 말하"지 않을 헌법적 권리가 경찰에 의하여 그에게 명확하게 고지되었으나 여기서의 청구인의 경우에는 그렇지 못했다는 점이, id., at 437, 그리고 거기서의 청구인은 1년 동안 로스쿨을 다니면서 형사법을 공부한 높은 교육수준의 사람이었음에 반하여 여기서의 청구인은 그렇지 못하다는 점이 있다. "변호인을 찾아 상담할 헌법적 권리를 청구인이 지녔다는 주장은 …… Crooker v. California, ante, p. 433에 의하여 처리된다."는 것만을 같은 날 판결된 Cicenia v. Lagay, 357 U. S. 504에서의 당원의 의견은 말하였다. 따라서 아무 것을도 Crooker 판결에 그 판결은 첨가하지 않는다. 어쨌든, 오늘 선언되는 원칙들에 Cicenia 판결이 또는 Crooker 판결이 불일치할 수 있는 한도에서는 그것들은 구속력 있는 것으로 간주될 수 없다.[15]

정보를 증인들로부터 수집함에 의하여 그리고 그 밖의 다른 "정당한 수사 노력,"

15) Hamilton v. Alabama, 368 U. S. 52에, White v. Maryland, 373 U. S. 59에 및 Massiah v. United States, 377 U. S. 201에 등 당원의 그 이후의 판결들에 의하여 Cicenia v. Lagay, 357 U. S. 504의 및 Crooker v. California, 357 U. S. 433의 권위는 약화되었다(맨 뒤에 인용된 사건의 반대의견이 인정한 바와 같다).

"an unsolved crime," Spano v. New York, 360 U. S. 315, 327 (STEWART, J., concurring), by gathering information from witnesses and by other "proper investigative efforts." Haynes v. Washington, 373 U. S. 503, 519. We hold only that, when the process shifts from investigatory to accusatory - when its focus is on the accused and its purpose is to elicit a confession - our adversary system begins to operate, and, under the circumstances here, the accused must be permitted to consult with his lawyer.

The judgment of the Illinois Supreme Court is reversed, and the case remanded for proceedings not inconsistent with this opinion.

Reversed and remanded.

Haynes v. Washington, 373 U. S. 503, 519, 에 의하여 "미해결 범죄," Spano v. New York, 360 U. S. 315, 327 (스튜어트(STEWART) 판사의 보충의견), 를 수사할 경찰의 권한들에 영향을 오늘 우리가 말해온 바는 주지 않는다. 다만 조사적(investigatory) 차원으로부터 탄핵적(accusatory) 차원으로 절차가 옮겨가는 때 — 범인으로 주장되는 사람에게 그 초점이 두어지는, 그리고 그 목적이 자백을 끌어내는 것인 때 - 우리의 대립당사자주의 제도(adversary system)가 작동에 들어간다는 것만을, 따라서 여기에서의 제반 사정들에 비추어 피고인은 자신의 변호인을 찾아 상담하도록 허용되지 않으면 안 된다는 것만을 우리는 판시한다.

일리노이주 대법원의 판결주문은 파기되고 이 의견에 불합치하지 않는 절차들을 위하여 사건은 환송된다.

MR. JUSTICE HARLAN, dissenting.

I would affirm the judgment of the Supreme Court of Illinois on the basis of Cicenia v. Lagay, 357 U. S. 504, «378 U. S., 493» decided by this Court only six years ago. Like my Brother WHITE, post, p.495, I think the rule announced today is most ill-conceived, and that it seriously and unjustifiably fetters perfectly legitimate methods of criminal law enforcement.

할란(HARLAN) 판사의 반대의견이다.

일리노이주 대법원의 판결주문을 바로 6년 전에 당원에 의하여 판결된 «378 U. S., 493» Cicenia v. Lagay, 357 U. S. 504에 의거하여 나라면 인가할 것이다. 나의 동료 화이트(WHITE) 판사의 말대로, post, p. 495, 오늘 선언된 규칙은 가장 잘못 착상된 것이라고, 형사 법집행의 완전히 적법한 수단들을 중대하고도 부당하게 그것은 속박한다고 나는 생각한다.

MR. JUSTICE STEWART, dissenting.

I think this case is directly controlled by Cicenia v. Lagay, 357 U. S. 504, and I would therefore affirm the judgment.

Massiah v. United States, 377 U. S. 201, is not in point here. In that case, a federal grand jury had indicted Massiah. He had retained a lawyer and entered a formal plea of not guilty. Under our system of federal justice, an indictment and arraignment are followed by a trial, at which the Sixth Amendment guarantees the defendant the assistance of counsel.[16] But Massiah was released on bail, and thereafter agents of the Federal Government deliberately elicited incriminating statements from him in the absence of his lawyer. We held that the use of these statements against him at his trial denied him the basic protections of the Sixth Amendment guarantee. Putting to one side the fact that the case now before us is not a federal case, the vital fact remains that this case does not involve the deliberate interrogation of a defendant after the initiation of judicial proceedings against him. The Court disregards this basic difference between the present case and Massiah's, with the bland assertion that "that fact should make no difference." Ante, p.485.

It is "that fact," I submit, which makes all the difference. Under our system of criminal justice, the institution of formal, meaningful judicial proceedings, by way of indictment, information, or arraignment, marks the «378 U. S.,

16) "In all criminal prosecutions, the accused shall enjoy the right ······ to have the Assistance of Counsel for his defence."

스튜어트(STEWART) 판사의 반대의견이다.

Cicenia v. Lagay, 357 U. S. 504에 의하여 이 사건은 직접적으로 구속된다고 나는 생각하는 바, 따라서 판결주문을 나라면 인가할 것이다.

Massiah v. United States, 377 U. S. 201은 여기에 적절하지 않다. 그 사건에서는 매시아를 연방 대배심이 정식으로 기소한 터였었다. 그는 변호사를 선임하고서 정식의 무죄답변(a formal plea of not guilty)을 냈었다. 우리의 연방 재판제도 아래서 대배심기소에는 및 기소인부 신문에는 변호인의 조력을 피고인에게 연방헌법 수정 제6조가 보장하는 정식사실심리가 뒤따른다.[16] 그러나 매시아는 보석으로 석방되었고, 부죄적 진술들을 그 뒤에 변호인의 부재 상태에서 그에게서 연방정부 요원들은 의도적으로 끌어냈다. 연방헌법 수정 제6조의 보장의 기본적 보호들을 그의 정식사실심리에서의 이 진술들의 그에게의 불리한 사용이 그에게서 박탈하였다고 우리는 판시하였다. 지금 우리 앞에 있는 사건이 연방법원 사건이 아니라는 사실은 차치하고, 피고인을 겨냥한 재판절차들의 개시 이후의 그에 대한 의도적인 신문을 이 사건은 포함하고 있지 않다는 중대한 사실이 여전히 남는다. "아무런 차이를도 그 사실은 낳을 수 없어야 한다," Ante, p.485, 는 지루한 주장을 가지고서 현재의 사건의 및 Massiah 사건의 둘 사이의 이 기본적 차이점을 이 법원은 무시한다.

미안한 말이지만, 그 모든 차이를 낳는 것은 바로 "그 사실"이다. 우리의 형사재판 제도 아래서는 범죄 수사가 종결되어 있는, 그리하여 대립당사자주의 절차들이

16) "…… 자신의 방어를 위하여 변호인의 조력을 받을 권리를 모든 형사적 절차추행에 있어서 범인으로 주장되는 사람은 향유한다(In all criminal prosecutions, the accused shall enjoy the right …… to have the Assistance of Counsel for his defence)."

494» point at which a criminal investigation has ended and adversary proceedings have commenced. It is at this point that the constitutional guarantees attach which pertain to a criminal trial. Among those guarantees are the right to a speedy trial, the right of confrontation, and the right to trial by jury. Another is the guarantee of the assistance of counsel. Gideon v. Wainwright, 372 U. S. 335; Hamilton v. Alabama, 368 U. S. 52; White v. Maryland, 373 U. S. 59.

The confession which the Court today holds inadmissible was a voluntary one. It was given during the course of a perfectly legitimate police investigation of an unsolved murder. The Court says that what happened during this investigation "affected" the trial. I had always supposed that the whole purpose of a police investigation of a murder was to "affect" the trial of the murderer, and that it would be only an incompetent, unsuccessful, or corrupt investigation which would not do so. The Court further says that the Illinois police officers did not advise the petitioner of his "constitutional rights" before he confessed to the murder. This Court has never held that the Constitution requires the police to give any "advice" under circumstances such as these.

Supported by no stronger authority than its own rhetoric, the Court today converts a routine police investigation of an unsolved murder into a distorted analogue of a judicial trial. It imports into this investigation constitutional concepts historically applicable only after the onset of formal prosecutorial proceedings. By doing so, I think the Court perverts those precious constitutional guarantees, and frustrates the vital interests of society in preserving the legitimate and proper function of honest and purposeful police investigation.

Like my Brother CLARK, I cannot escape the logic of my Brother WHITE's

시작되어 있는 그 지점을 «378 U. S., 494» 대배심기소에, 검사기소에 또는 기소인부절차에 의한 정식의 의미 있는 재판 절차들의 개시는 나타낸다. 형사 정식사실심리에 부속하는 헌법적 보장들이 달라붙는 것은 이 시점에서이다. 그 보장들 가운데는 신속한 정식사실심리를 받을 권리(the right to a speedy trial)가, 대면의 권리가 및 배심에 의한 정식사실심리를 받을 권리가 있다. 또 한 가지가 변호인의 조력의 보장이다. Gideon v. Wainwright, 372 U. S. 335; Hamilton v. Alabama, 368 U. S. 52; White v. Maryland, 373 U. S. 59.

증거능력 없는 것으로 이 법원이 오늘 판시하는 그 자백은 임의적인 것이었다. 미해결의 살인사건에 대한 완전히 적법한 경찰수사의 과정에서 그것은 이루어졌다. 정식사실심리에 "영향을 이 수사 동안에 생긴 일이 끼쳤다(affected)."고 이 법원은 말한다. 한 개의 살인 사건에 대한 경찰 수사의 전체적인 목적은 살인범의 정식사실심리에 "영향을 끼치"는 것이라고, 그리고 그렇게 하려 하지 않는 수사는 오직 무능한, 성공적이지 못하거나 부패한 수사일 것이라고 나는 항상 가정해 온 터였다. 더 나아가, 살인을 청구인이 자백하기 전에 그의 "헌법적 권리들"을 그에게 일리노이주 경찰관들이 조언해 주지 않았다고 이 법원은 말한다. 이 같은 상황 아래서 조금이라도 "조언(advice)"을 하도록 경찰에게 연방헌법이 요구한다고 당원은 판시한 적이 결코 없다.

그 자신의 수사(rhetoric)에 이외에는 더 강한 권위에 의하여 뒷받침되지 못한 가운데, 한 개의 미해결 살인 사건에 대한 일상적인 경찰 수사를 한 개의 법원 정식사실심리의 어떤 왜곡된 유사물로 오늘 이 법원은 전환시킨다. 역사적으로 오직 정식의 기소 절차의 시작 이후에만 적용할 수 있는 헌법적 개념들을 이 수사(investigation) 안에 이 법원은 끌어들인다. 그렇게 함으로써 그 고귀한 헌법적 보장들을 이 법원은 타락시킨다고, 또한 정직하고 목적에 맞는 경찰 수사의 적법하고 정당한 기능을 보전하는 데 있어서의 사회의 중요한 이익들을 이 법원은 좌절시킨다고 나는 생각한다.

이 사건에서의 법원의 의견으로부터 도출되는 터무니없는 함축들에 관한 동료

conclusions as to the extraordinary implications which emanate from the Court's opinion in «378 U. S., 495» this case, and I share their views as to the untold and highly unfortunate impact today's decision may have upon the fair administration of criminal justice. I can only hope we have completely misunderstood what the Court has said.

화이트(WHITE) 판사의 논리를 나의 동료 클라크(CLARK) 판사가처럼 나는 피할 수 «378 U. S., 495» 없는 바, 또한 형사재판의 공정한 운영 위에 오늘의 판결이 끼칠 수 있는 그 막대하고 크게 불행한 영향에 관하여 그들의 견해를 나는 공유한다. 이 법원이 말한 바를 우리가 완전히 오해했기를 나는 오직 바랄 뿐이다.

MR. JUSTICE WHITE, with whom MR. JUSTICE CLARK and MR. JUSTICE STEWART join, dissenting.

In Massiah v. United States, 377 U. S. 201, the Court held that, as of the date of the indictment, the prosecution is dissentitled to secure admissions from the accused. The Court now moves that date back to the time when the prosecution begins to "focus" on the accused. Although the opinion purports to be limited to the facts of this case, it would be naive to think that the new constitutional right announced will depend upon whether the accused has retained his own counsel, cf. Gideon v. Wainwright, 372 U. S. 335; Griffin v. Illinois, 351 U. S. 12; Douglas v. California, 372 U. S. 353, or has asked to consult with counsel in the course of interrogation. Cf. Carnley v. Cochran, 369 U. S. 506. At the very least, the Court holds that, once the accused becomes a suspect and, presumably, is arrested, any admission made to the police thereafter is inadmissible in evidence unless the accused has waived his right to counsel. The decision is thus another major step in the direction of the goal which the Court seemingly has in mind - to bar from evidence all admissions obtained from an individual suspected of crime, whether involuntarily made or not. It does, of course, put us one step "ahead" of the English judges who have had the good sense to leave the matter a discretionary one with the trial court.[17] I reject this step and «378 U. S., 496» the invitation to

17) "[I]t seems from reported cases that the judges have given up enforcing their own rules, for it is no longer the practice to exclude evidence obtained by questioning in custody ……. A traditional principle of "fairness" to criminals, which has quite possibly lost some of «378 U. S., 496» the reason for its existence, is maintained in words while it is disregarded in fact …….
"The reader may be expecting at this point a vigorous denunciation of the police and of the judges, and a plea for a return to the Judges' Rules as interpreted in 1930. What has to be considered, however, is whether these Rules are a workable part of the machinery of justice. Perhaps the truth is that the Rules have been abandoned,

클라크(CLARK) 판사가 및 스튜어트(STEWART) 판사가 가담하는 화이트(WHITE) 판사의 반대의견이다.

시인들(admissions)을 범인으로 주장되는 사람에게서 확보할 권한을 대배심기소 일자 현재로 검찰관은 박탈당한다고 Massiah v. United States, 377 U. S. 201에서 당원은 판시하였다. 그 날짜를 범인으로 주장되는 사람 위에 검찰관이 "초점을 두"기 시작하는 때로 이 법원은 이제 앞당긴다. 비록 이 사건의 사실관계에 한정된다고 그 의견은 주장하지만, 그 자신의 변호인을 범인으로 주장되는 사람이 선임하였는지 여부에(Gideon v. Wainright, 372 U. S. 335를; Griffin v. Illinois, 351 U. S. 12를; Douglas v. California, 372 U. S. 353을 참조하라), 또는 신문 과정에서 변호인을 찾아 상담하기를 요청했는지 여부에(Carnley v. Cochran, 369 U. S. 506을 참조하라) 그 선언된 새로운 헌법적 권리가 좌우될 것으로 생각한다면 그것은 순진한 것일 것이다. 적어도 범인으로 주장되는 사람이 일단 한 명의 용의자가 되면, 그리하여 필시 체포되면, 그 이후에는 경찰에게 이루어진 시인은 그 어떤 것도, 변호인의 조력을 받을 자신의 권리를 범인으로 주장되는 사람이 포기한 바 없는 한, 증거로서 허용될 수 없다고 이 법원은 판시한다. 이 판결은 이렇게 이 법원이 마음 속에 가지고 있어 보이는 목표 — 비임의적으로 이루어진 것을이든 아니든, 범죄 혐의를 받는 개인에게서 얻어진 모든 시인들(admissions)을 증거에서 배제하려는 — 를 향한 또 하나의 중대한 걸음이다. 그 문제를 정식사실심리 법원에게 재량 사항으로 맡기는 건전한 상식을 지녀 온 영국의 판사들의 한 걸음 "앞에" 우리를 물론 그것은 갖다 놓는다.[17]이 걸음을, 그리고 «378

17) "[보]고된 사례들로 미루어 그들 자신의 규칙들을 시행하기를 판사들은 포기한 것으로 보이는 바, 왜냐하면 구금 상태에서의 신문에 의하여 획득된 증거를 배제하는 것은 …… 더 이상 실무관행이 아니기 때문이다. 그 존재 이유의 상당 부분을 아마도 꽤 상실해 버린 범인들에 대한 '공정성(fairness)'의 한 가지 «378 U. S., 496» 전통적 원칙은 실제에서는 무시되면서 말로는 유지된다 …….
"경찰에 및 판사들에 대한 강력한 비난을, 그리고 1930년대에 해석된 대로의 법관규칙에로의 복귀를 위한 호소를 이 지점에서 독자는 예상하고 있을지 모른다. 그러나 고찰되어야 할 것은 이 규칙들이 재판 기관의 한 가지 작동 가능한 부분인지 여부이다. 그 규칙들이 암묵적 동의에 의하여 버려졌다는 데에, 바로 왜냐하면 그것들은 범인들을 처벌에 데려오는 데 있어서의 경찰 활동에 대한 비합리적 제약이기 때문이라는 데에 아마도 진실은 있을 것이다." Williams, Questioning by the Police: Some Practical Considerations, [1960] Crim. L. Rev. 325, 331–332. 아울러

go farther which the Court has now issued.

By abandoning the voluntary-involuntary test for admissibility of confessions, the Court seems driven by the notion that it is uncivilized law enforcement to use an accused's own admissions against him at his trial. It attempts to find a home for this new and nebulous rule of due process by attaching it to the right to counsel guaranteed in the federal system by the Sixth Amendment and binding upon the States by virtue of the due process guarantee of the Fourteenth Amendment. Gideon v. Wainwright, supra. The right to counsel now not only entitles the accused to counsel's advice and aid in preparing for trial, but stands as an impenetrable barrier to any interrogation once the accused has become a suspect. From that very moment, apparently his right to counsel attaches, a rule wholly unworkable and impossible to administer unless police cars are equipped with public defenders and undercover agents and police informants have defense counsel at their side. I would not abandon the Court's prior cases defining with some care and analysis the circumstances requiring the presence or aid of counsel and substitute the amorphous and wholly unworkable principle that counsel is constitutionally required whenever he would or could be helpful. Hamilton v. Alabama, 368 U. S. 52; White v. Maryland, 373 U. S. 59; Gideon v. «378 U. S., 497» Wainwright, supra. These cases dealt with the requirement of counsel at proceedings in which definable rights could be won or lost, not with stages where probative evidence might be obtained. Under this new approach, one might just as well argue that a potential defendant is constitutionally entitled to a lawyer before, not after, he commits a crime, since it is then that crucial incriminating evidence is put within the reach of the Government by the would-be accused. Until now, there simply has been no right guaranteed by

by tacit consent, just because they are an unreasonable restriction upon the activities of the police in bringing criminals to book." Williams, Questioning by the Police: Some Practical Considerations, [1960] Crim. L. Rev. 325, 331–332. See also [1964] Crim. L. Rev. 161–182.

U. S., 496» 이 법원이 지금 발송한 더 멀리 가기 위한 초대장을, 나는 거부한다.

자백들(confessions)의 증거능력을 위한 임의(voluntary) - 비임의(involuntary)의 기준을 포기함으로써, 범인으로 주장되는 사람 자신의 시인들(admissions)을 그의 정식사실 심리에서 그에게 불리하게 사용하는 것은 야만적인 법집행이라는 생각에 의하여 이 법원은 내몰리고 있는 것으로 보인다. 연방헌법 수정 제6조에 의하여 연방제도에서 보장되는, 그리고 연방헌법 수정 제14조의 적법절차의 보장에 의하여 주들에게 구속력을 지니는 변호인의 조력을 받을 권리에 적법절차라는 이 새롭고도 애매한 규칙을 첨가함으로써 그 규칙을 위한 주택을 찾고자 이 법원은 시도한다. Gideon v. Wainwright, supra. 변호인의 조력을 받을 권리는 이제 정식사실심리를 준비하는 데 있어서 변호인의 조언을 및 조력을 받을 권리를 범인으로 주장되는 사람에게 부여할 뿐만 아니라, 일단 범인으로 주장되는 사람이 한 명의 용의자가 되면 어떤 신문에 대해서도 뚫리지 않는 한 개의 방벽으로서 그것은 위치한다. 그의 변호인의 조력을 받을 권리는 명백히 바로 그 순간부터 달라붙는데, 그것은 국선변호인들을 경찰차들이 갖추지 않는 한, 그리고 변호인들을 자신들의 곁에 첩보원들이 및 경찰 보고자들이 가지지 않는 한, 전적으로 작동될 수 없고 실행 불가능한 규칙이다. 변호인의 출석을이나 조력을 요구하는 상황들을 상당한 주의로써와 분석으로써 규정한 당원의 선례들을 나라면 버리지는, 그리하여 변호인이 도움이 되거나 될 수 있는 경우에는 언제든지 헌법적으로 변호인이 요구된다는 그 무정형의 전적으로 작동 불가능한 원칙으로 이를 나라면 갈음하지는 않을 것이다. Hamilton v. Alabama, 368 U. S. 52; White v. Maryland, 373 U. S. 59; Gideon v. «378 U. S., 497» Wainwright, supra. 정의 가능한(definable) 권리들이 얻어지거나 상실되거나 할 수 있는 절차들에서의 변호인에 대한 요구를 이 선례들은 다루었을 뿐, 증명력 있는 증거가 얻어질 수 있는 단계들을 이 선례들은 다루지는 않았다. 이 새로운 접근법 아래서라면 한 명의 잠재적 피고인에게 변호인의 조력을 받을 권리가 헌법적으로 부여되는 것은 범죄를 저지른 이후에가 아니라 저지르기 이전에라고 주장하는 것이도 당연할 수 있는데, 왜냐하면 피고인이 될 사람에 의하여 정부의 도달 범위 안에 결정적인 부죄적 증거가 놓이는 것은 바로 그 때이기 때문이다. 대배심기소 이전에

[1964] Crim. L. Rev. 161–182을 보라.

the Federal Constitution to be free from the use at trial of a voluntary admission made prior to indictment.

It is incongruous to assume that the provision for counsel in the Sixth Amendment was meant to amend or supersede the self-incrimination provision of the Fifth Amendment, which is now applicable to the States. Malloy v. Hogan, 378 U. S. 1. That amendment addresses itself to the very issue of incriminating admissions of an accused and resolves it by proscribing only compelled statements. Neither the Framers, the constitutional language, a century of decisions of this Court, nor Professor Wigmore provides an iota of support for the idea that an accused has an absolute constitutional right not to answer even in the absence of compulsion - the constitutional right not to incriminate himself by making voluntary disclosures.

Today's decision cannot be squared with other provisions of the Constitution which, in my view, define the system of criminal justice this Court is empowered to administer. The Fourth Amendment permits upon probable cause even compulsory searches of the suspect and his possessions and the use of the fruits of the search at trial, all in the absence of counsel. The Fifth Amendment and state constitutional provisions authorize, indeed require, inquisitorial grand jury proceedings at which a potential defendant, in the absence of counsel, «378 U. S., 498» is shielded against no more than compulsory incrimination. Mulloney v. United States, 79 F. 2d 566, 578 (C. A. 1st Cir.); United States v. Benjamin, 120 F. 2d 521, 522 (C. A. 2d Cir.); United States v. Scully, 225 F. 2d 113, 115 (C. A. 2d Cir.); United States v. Gilboy, 160 F. Supp. 442 (D. C. M. D. Pa.). A grand jury witness, who may be a suspect, is interrogated and his answers, at least until today, are admissible in evidence at trial. And these provisions have been thought of as constitutional safeguards to persons suspected of an offense. Furthermore, until now, the Constitution has permitted the accused to be fingerprinted and to

이루어진 임의적 시인(a voluntary admission)에 대한 정식사실심리에서의 사용으로부터 자유로울 권리는 연방헌법에 의하여 보장된 바가 지금까지는 전혀 없었다.

주들에게 지금은 적용 가능한 연방헌법 수정 제5조의 자기부죄(self-incrimination) 규정을 수정하려는 내지는 폐지하려는 의도를 연방헌법 수정 제6조에서의 변호인을 위한 규정이 지녔다고 가정하는 것은 앞뒤가 맞지 않는다. Malloy v. Hogan, 378 U. S. 1. 범인으로 주장되는 사람의 부죄적 시인들(admissions)이라는 바로 그 쟁점을 역점 있게 다루어, 오직 강요된 진술들만을 금지함으로써 그 문제를 그 수정조항은 푼다. 심지어 강요의 부재 가운데서조차 답변하지 않을 절대적인 헌법적 권리 - 유죄를 그 자신에게 임의의 개시(開示; disclosures)로써 씌우지 않을 헌법적 권리 - 를 범인으로 주장되는 사람은 가진다는 개념을 위한 근거를 헌법 입안자들은도 헌법의 문언은도 당원의 1세기 동안의 판결들은도 위그모어(Wigmore) 교수는도, 티끌만큼을도 제공하지 않는다.

그 운영 권한을 당원이 부여받은 형사재판 제도를 정의하는 여타의 연방헌법 규정들에 나의 견해로 오늘의 판결은 조화될 수 없다. 심지어 용의자에 및 그의 소유물들에 대한 강제적 수색조치를, 그리고 그 수색의 열매들의 정식사실심리에서의 사용마저를, 완전히 변호인의 부재 중에 이루어진 것에 대해서조차, 상당한 이유에 의거하여 연방헌법 수정 제4조는 허용한다. 변호인의 부재 가운데서의 단지 강제적 부죄(compulsory incrimination)에 대처하여서만 한 명의 잠재적 피고인이 보호되는 규문주의적(inquisitorial) «378 U. S., 498» 대배심 절차들을 연방헌법 수정 제5조는 및 주 헌법 규정들은 허가하고, 사실은 요구한다. Mulloney v. United States, 79 F. 2d 566, 578 (C. A. 1st Cir.); United States v. Benjamin, 120 F. 2d 521, 522 (C. A. 2d Cir.); United States v. Scully, 225 F. 2d 113, 115 (C. A. 2d Cir.); United States v. Gilboy, 160 F. Supp. 442 (D. C. M. D. Pa.). 한 명의 용의자일지도 모르는 대배심 증인은 신문을 받는 바, 적어도 오늘까지는 그의 답변들은 정식사실심리에서 증거능력이 있다. 그런데도 범죄의 의심을 받는 사람들에 대한 헌법적 보호수단들로 이 규정들은 여겨져 왔다. 더욱 범인으로 주장되는 사람이 지문채취 되는 것을, 그리고 용의자열(a line-up)에서든 법정 자체에서든 범인으로 지목되는 것을 지금까지 연방헌법은 허용해 왔다.

be identified in a lineup or in the courtroom itself.

The Court chooses to ignore these matters, and to rely on the virtues and morality of a system of criminal law enforcement which does not depend on the "confession." No such judgment is to be found in the Constitution. It might be appropriate for a legislature to provide that a suspect should not be consulted during a criminal investigation; that an accused should never be called before a grand jury to answer, even if he wants to, what may well be incriminating questions, and that no person, whether he be a suspect, guilty criminal or innocent bystander, should be put to the ordeal of responding to orderly noncompulsory inquiry by the State. But this is not the system our Constitution requires. The only "inquisitions" the Constitution forbids are those which compel incrimination. Escobedo's statements were not compelled, and the Court does not hold that they were.

This new American judges' rule, which is to be applied in both federal and state courts, is perhaps thought to be a necessary safeguard against the possibility of extorted confessions. To this extent, it reflects a deep-seated distrust of law enforcement officers everywhere, unsupported by relevant data or current material based upon our own «378 U. S., 499» experience. Obviously law enforcement officers can make mistakes and exceed their authority, as today's decision shows that even judges can do, but I have somewhat more faith than the Court evidently has in the ability and desire of prosecutors and of the power of the appellate courts to discern and correct such violations of the law.

The Court may be concerned with a narrower matter: the unknowing defendant who responds to police questioning because he mistakenly believes that he must and that his admissions will not be used against him. But this worry hardly calls for the broadside the Court has now fired. The

이러한 사항들을 무시하는 쪽을, 그리하여 "자백"에 의존하지 않는 형사 법집행 제도의 장점들에와 도덕성에 의존하는 쪽을 이 법원은 선택한다. 연방헌법 안에서 이 같은 판단은 결코 발견될 수 없다. 용의자는 범죄수사 도중에 조사되어서는 안 됨을; 범인으로 주장되는 사람은 결코, 심지어 그가 원하더라도, 부죄적 질문들임이 당연한 것들에 대하여 답변하도록 대배심 앞에 소환되어서는 안 됨을; 그리고 주에 의한 정연한 비강제적인 질문에 답변하는 시련에 어떤 사람이도, 그가 한 명의 용의자이든 범죄를 저지른 범인이든 또는 죄 없는 국외자이든, 처해져서는 안 됨을 한 개의 입법부가 규정함은 적절할지 모른다. 그러나 이것은 우리의 연방헌법이 요구하는 제도가 아니다. 연방헌법이 금지하는 유일한 "규문들(inquisitions)"은 부죄(incrimination)를 강요하는 규문들이다. 에스코베도의 진술들은 강제되지 않았고, 또한 그것들을 강제된 것으로 이 법원은도 보지 않는다.

연방법원들에와 주 법원들에 다 같이 적용되게 될 이 새로운 미국판 법관규칙은 아마도 강요된 자백들의 가능성에 대처한 필수적인 보호수단으로 생각될 것이다. 우리 자신의 경험에 기초한 관련 자료에 내지 현행의 자료에 의하여 뒷받침되지 않는, 도처의 법집행 공무원들에 대한 깊이 자리한 불신을 이 정도로 그것은 «378 U. S., 499» 반영한다. 법집행 공무원들이 명백히 잘못을 저지를 수 있고 자신들의 권한을 어길 수 있음은 오늘의 판결이 판사들이조차 그럴 수 있음을 보여주는 바와 같지만, 그러나 이러한 법 위반행위들을 분간하고 교정할 수 있는 검사들의 능력에와 소망에 대하여, 그리고 항소법원들의 권한에 관하여, 이 법원이 명백히 가지고 있는 것을보다는 얼마간 더 많은 신뢰를 나는 가지고 있다.

보다 협소한 한 가지 문제를 : 즉 자신이 답변하지 않으면 안 되는 것으로, 그리고 자신의 시인들(admissions)은 자신에게 불리하게 사용되지 않을 것으로 잘못 믿은 나머지 경찰신문들에 답변하는 무지한 피고인을 이 법원은 염려한 것일 수도 있다. 그러나 이 법원이 지금 발사한 터인 그 일제사격을 이 염려는 결코 요구하지 않는

failure to inform an accused that he need not answer and that his answers may be used against him is very relevant indeed to whether the disclosures are compelled. Cases in this Court, to say the least, have never placed a premium on ignorance of constitutional rights. If an accused is told he must answer and does not know better, it would be very doubtful that the resulting admissions could be used against him. When the accused has not been informed of his rights at all, the Court characteristically and properly looks very closely at the surrounding circumstances. See Ward v. Texas, 316 U. S. 547; Haley v. Ohio, 332 U. S. 596; Payne v. Arkansas, 356 U. S. 560. I would continue to do so. But, in this case, Danny Escobedo knew full well that he did not have to answer, and knew full well that his lawyer had advised him not to answer.

I do not suggest for a moment that law enforcement will be destroyed by the rule announced today. The need for peace and order is too insistent for that. But it will be crippled, and its task made a great deal more difficult, all, in my opinion, for unsound, unstated reasons which can find no home in any of the provisions of the Constitution.

다. 범인으로 주장되는 사람은 대답할 필요가 없음을, 그리고 그의 답변들은 그에게 불리하게 사용될 수도 있음을 그에게 고지하기를 불이행하는 것은 정말로 그 개시(開示)행위들(disclosures)이 강제되는지 여부에 매우 관계가 있다. 최소한도로 말하더라도 헌법적 권리들의 무지 위에 결코 어떤 프레미엄을 당원에서의 선례들은 부여한 적이 없다. 만약 자신이 답변하지 않으면 안 되는 것으로 범인으로 주장되는 사람이 듣고서 그 이상 더 잘 알지를 못한다면, 거기에서 도출되는 시인들이 그에게 불리하게 사용될 수 있을지는 매우 의문일 것이다. 범인으로 주장되는 사람이 그의 권리들에 관하여 전혀 고지 받지 못한 상태일 경우에 그 둘러싼 상황들을 법원은 과연 법원답게 마땅히 매우 면밀히 살핀다. Ward v. Texas, 316 U. S. 547을; Haley v. Ohio, 332 U. S. 596을; Payne v. Arkansas, 356 U. S. 560을 보라. 그렇게 하기를 나라면 계속할 것이다. 그러나 자신이 답변하지 않아도 됨을 이 사건에서 대니 에스코베도는 충분히 잘 알았고, 그더러 답변하지 말도록 그의 변호사가 조언했다는 것을도 그는 충분히 잘 알았다.

오늘 선언된 규칙에 의하여 법집행이 잠시라도 파괴될 것으로는 나는 생각하지 않는다. 치안의 및 질서의 필요는 그러기에는 너무나도 뚜렷하다. 그러나 완전히 나의 견해이지만, 연방헌법 규정들 어디서도 그 발상지를 찾을 수 없는 불건전하고 설명된 바 없는 이유들 때문에 그것은 무력해질 것이고 그 과업은 훨씬 더 어려워질 것이다.

변호인의 조력을 받을 권리

Argersinger v. Hamlin, 407 U. S. 25 (1972)

플로리다주 대법원에 내린 사건기록 송부명령

NO.	70-5015
변론	1971년 12월 6일
재변론	1972년 2월 28일
판결	1972년 6월 12일

요약해설

1. 개요

Argersinger v. Hamlin, 407 U. S. 25 (1972)는 9 대 0으로 판결되었다. 법원의 의견을 더글라스(DOUGLAS) 판사가 썼고, 더글라스(DOUGLAS) 판사가와 스튜어트(STEWART) 판사가 가담하는 보충의견을 브레넌(BRENNAN) 판사는 냈다. 결론에 있어서 찬동하는 의견을 법원장 버거(Burger) 판사는 냈다. 렌퀴스트(REHNQUIST) 판사의 가담 아래 결론에 있어서 찬동하는 의견을 파월(Powell) 판사는 냈다.

범죄가 중죄(felonies)에, 경죄(misdemeanors)에, 경범죄(petty offenses)에 등 그 어디에 해당되든 상관없이, 그리고 배심에 의한 정식사실심리가 요구되는 6월 이상의 구금형에 해당되는 사건인지 여부에 상관없이, 구금형(imprisonment)이 선고될 것으로 예상되는 사건이면 형사 정식사실심리에서 변호인을 지정받을 가난한 사람의 권리는 다 같이 적용된다고 판시하였다.

2. 사실관계 및 쟁점 (407 U. S., at 26–27.)

최대 6월의 구금이, 1,000달러의 벌금이, 또는 두 가지의 병과가 가능한 범죄인 은닉무기 소지 혐의로 플로리다주에 가난한 사람인 청구인은 기소되었다. 청구인은 변호인의 지정을 받지 못한 가운데 판사에 의한 정식사실심리에서 90일의 감옥형이 선고되었다. 인신보호영장 소송을 형기 복역 중에 플로리다주 대법원에 청구인은 제기하였는데, 유죄판정을 자신이 받은 바 있는 그 정식사실심리 때에 변호인의 조력을 받을 권리가 박탈되었던 까닭에 항변사유들을 제기할 수도 제출할 수도 없었다고 청구인은 주장하였다.

배심에 의한 정식사실심리를 받을 권리의 적용범위를 "6월 초과의 구금형으로써 처벌이 가능한, 경범죄 이외의 범죄들(non–petty offenses)"로 Duncan v. Louisiana, 391 U.

S. 145 (1968) 판결에서 연방대법원은 제한한 바 있었다. 배심에 의한 정식사실심리를 받을 권리가처럼 변호인의 조력을 받을 권리는도 6월 초과의 구금형으로 처벌할 수 있는, 경범죄 이외의 범죄들에만 적용되는 것으로 본다면, 청구인의 법정형은 최대 6월의 구금이므로 청구인은 변호인의 조력을 받을 권리가 없었던 것이 될 것이었다. 바로 그렇게 판시하여 청구인이 구한 구제를 플로리다주 대법원은 거부하였다. 청구인의 사건기록 송부명령 청구를 받아들여 사건을 자신 앞에 연방대법원은 가져왔다.

3. 더글라스(DOUGLAS) 판사가 쓴 법원의 의견의 요지

연방헌법 수정 제6조에 규정된 "공개된 정식사실심리(public trial)"의 요구는, 고소(accusation)의 성격을과 원인을 고지 받을 권리는, 자기에게 유리한 증인을 확보하기 위한 강제적 절차를 가질 권리는, 증인을 반대신문할 권리는 판례상 경범죄 이외의 범죄에 한정되고 있지 않다. (407 U. S., at 27–29.)

법정형이 6월 이상의 구금형인 경우로 배심에 의한 정식사실심리는 Duncan v. Louisiana, 391 U. S. 145 (1968)에 의하여 한정되고 있지만 이에는 이를 뒷받침하는 그 나름의 역사적 근거가 있다. 변호인의 조력을 받을 권리는 혈통이 다른 것으로서, 그 적용범위를 "중대한 형사사건들(serious criminal cases)"로 제한할 수 있는 역사적 근거가 없다. (407 U. S., at 29–31.)

짧은 기간 동안의 구금에 이르는 사건에 포함된 법적 및 헌법적 문제들은 6월 이상 동안 구금될 수 있는 사건의 경우에보다도 복잡성이 덜하다는 데 대하여 확신할 수 없으며, 6월 미만의 구금의 경우에도 마찬가지로 Powell v. Alabama, 287 U. S., at 69에서의 변호인의 "이끌어 주는 손(the guiding hand)"은 필요하다. 인지 상태에서의 분별 있는 포기가 없는 한, 정식사실심리에서 변호인에 의하여 대변되지 않은 채로는, 어떤 범죄로도 - 그 범죄가 경범죄로, 경죄로 또는 중죄로 중 어느 것으로 분류되는지 여부에 상관없이 - 어느 누구가도 구금되어서는 안 된다. (407 U. S., at 33–34, 38.)

변호인의 대변을 피고인이 누리지 못한 경우에는 구금형은 부과될 수 없으므로 범죄의 심각성에 및 중대성에 관한 자기 자신의 기준에 따라 구금형의 선고가 예상되는 사건에서 피고인을 대변할 변호인을 판사들은 지정해야 한다. 원심판결은 파기되었다. (407 U. S., at 40.)

MR. JUSTICE DOUGLAS delivered the opinion of the Court.

Petitioner, an in digent, was charged in Florida with carrying a concealed weapon, an offense punishable by imprisonment up to six months, a $1,000 fine, or both. The trial was to a judge, and petitioner was unrepresented by counsel. He was sentenced to serve 90 days in jail, and brought this habeas corpus action in the Florida Supreme Court, alleging that, being deprived of his right to counsel, he was unable as an indigent layman properly to raise and present to the trial court good and sufficient defenses to the charge for which he stands convicted. The Florida «407 U. S., 27» Supreme Court, by a four-to-three decision, in ruling on the right to counsel, followed the line we marked out in Duncan v. Louisiana, 391 U. S. 145, 159, as respects the right to trial by jury, and held that the right to court-appointed counsel extends only to trials "for non-petty offenses punishable by more than six months imprisonment." 236 So. 2d 442, 443.[1]

1) For a survey of the opinions of judges, prosecutors, and defenders concerning the right to counsel of persons charged with misdemeanors, see 1 L. Silverstein, Defense of the Poor in Criminal Cases in American State Courts 127–135 (1965).
A review of federal and state decisions following Gideon is contained in Comment, Right to Counsel: The Impact of Gideon v. Wainwright in the Fifty States, 3 Creighton L.Rev. 103 (1970).
Twelve States provide counsel for indigents accused of "serious crime" in the misdemeanor category. Id., at 119–124.
Nineteen States provide for the appointment of counsel in most misdemeanor cases. Id., at 124–133. One of these is Oregon, whose Supreme Court said in Stevenson v. Holzman, 254 Ore. 94, 100–101, 458 P. 2d 414, 418, "If our objective is to insure a fair trial in every criminal prosecution, the need for counsel is not determined by the seriousness of the crime. The assistance of counsel will best avoid conviction of the innocent – an objective as important in the municipal court as in a court of general jurisdiction."
California's requirement extends to traffic violations. Blake v. Municipal Court, 242 Cal. App. 2d 731, 51 Cal. Rptr. 771.
Overall, 31 States have now extended the right to defendants charged with crimes less serious than felonies. Comment, Right to Counsel, supra, at 134.

법원의 의견을 더글라스(DOUGLAS) 판사가 냈다.

은닉된 무기를 소지한 혐의로 플로리다주에 가난한 사람인 청구인은 기소되었는 바, 그것은 최대 6월의 구금이, 1,000달러의 벌금이, 또는 두 가지의 병과가 가능한 범죄였다. 판사에게 정식사실심리는 맡겨졌고 변호인의 대변을 청구인은 받지 못하였다. 90일의 감옥형을 선고받고서 이 인신보호영장 소송을 플로리다주 대법원에 그는 제기하였는데, 변호인의 조력을 받을 자신의 권리가 박탈되었던 까닭에 자신에게 유죄가 인정된 그 공소사실에 대하여 효과적인 충분한 항변사유들을 정식사실심리 법원에 가난한 보통사람으로서 자신은 제기할 수도 제출할 수 없었다고 그는 주장하였다. 변호인의 조력을 «407 U. S., 27» 받을 권리에 관하여 4 대 3의 결정으로 판단을 내림에 있어서, 배심에 의한 정식사실심리를 누릴 권리에 관하여 Duncan v. Louisiana, 391 U. S. 145, 159에서 우리가 그어 놓은 선을 좇아, 오직 "6월 초과의 구금형으로써 처벌이 가능한, 경범죄 이외의 범죄들(non-petty offenses)"에 대한 정식사실심리들에만 법원 지정의 변호인의 조력을 받을 권리는 적용된다고 플로리다주 대법원은 판시하였다. 236 So. 2d 442, 443.[1)]

1) 경죄들(misdemeanors)로 기소된 사람들의 변호인의 조력을 받을 권리에 관한 판사들의, 검사들의 및 변호인들의 의견들에 대한 검토로는 1 L. Silverstein, Defense of the Poor in Criminal Cases in American State Courts 127-135 (1965)을 보라.
Gideon 판결을 좇은 연방법원들의 및 주 법원들의 판결들에 대한 검토는 Comment, Right to Counsel: The Impact of Gideon v. Wainwright in the Fifty States, 3 Creighton L. Rev. 103 (1970)에 포함되어 있다.
변호인을 경죄의 범주 안에서의 "중대 범죄(serious crime)"로 기소된 가난한 사람들에게 열두 개의 주들은 제공한다. Id., at 119-124.
변호인 지정을 대부분의 경죄 사건들에서 열아홉 개 주들은 규정한다. Id., at 124-133. 그 중 한 곳이 오레건주인데, Stevenson v. Holzman, 254 Ore. 94, 100-101, 458 P. 2d 414, 418에서 이렇게 그 대법원은 말하였다: "만약 우리의 목적이 모든 형사적 소송추행에 있어서의 공정한 정식사실심리를 확보하는 것이라면 변호인의 필요는 범죄의 중대성에 의하여 결정되어서는 안 된다. 죄 없는 사람들에 대한 유죄판정을 변호인의 조력은 가장 잘 회피시켜 줄 것이다 – 그것은 일반 재판권을 지닌 법원에처럼 시 법원(municipal court)에 있어서도 중요한 한 가지 목표이다."
캘리포니아주의 요구는 교통 위반사건들에 적용된다. Blake v. Municipal Court, 242 Cal. App. 2d 731, 51 Cal. Rptr. 771.
지금까지 그 권리를 중죄들로보다도 덜 중대한 범죄들로 기소된 피고인들에게 전체적으로 서른한 개의 주들이 적용하여 왔다. Comment, Right to Counsel, supra, at 134.

The case is here on a petition for certiorari, which we granted. 401 U. S. 908. We reverse.

The Sixth Amendment, which, in enumerated situations, has been made applicable to the States by reason of the Fourteenth Amendment (see Duncan v. Louisiana, supra; Washington v. Texas, 388 U. S. 14; Klopfer v. North Carolina, 386 U. S. 213; Pointer v. Texas, 380 U. S. 400; Gideon v. Wainwright, 372 U. S. 335; and In re Oliver, 333 U. S. 257), provides specified standards for "all criminal prosecutions." «407 U. S., 28»

One is the requirement of a "public trial." In re Oliver, supra, held that the right to a "public trial" was applicable to a state proceeding even though only a 60-day sentence was involved. 333 U. S. at 272.

Another guarantee is the right to be informed of the nature and cause of the accusation. Still another, the right of confrontation. Pointer v. Texas, supra. And another, compulsory process for obtaining witnesses in one's favor. Washington v. Texas, supra. We have never limited these rights to felonies or to lesser but serious offenses.

In Washington v. Texas, supra, we said, "We have held that due process requires that the accused have the assistance of counsel for his defense, that he be confronted with the witnesses against him, and that he have the right to a speedy and public trial." 388 U. S. at 18. Respecting the right to a speedy and public trial, the right to be informed of the nature and cause of the accusation, the right to confront and cross-examine witnesses, the right to compulsory process for obtaining witnesses, it was recently stated, "It is simply not arguable, nor has any court ever held, that the trial of a petty offense may be held in secret, or without notice to the accused of the charges, or that, in such cases, the defendant has no right to confront his accusers or to compel the attendance of witnesses in his own behalf." Junker, The Right to

우리가 허가한 사건기록 송부명령의 청구에 의하여 여기에 이 사건은 있다. 401 U. S. 908. 원심판결을 우리는 파기한다.

"모든 형사적 소송추행들(all criminal prosecutions)"을 위한 명시적 기준들을, 열거적(enumerative) 상황들 내에서 주들에게 적용되는 것으로 연방헌법 수정 제14조에 의하여 만들어져 있는 연방헌법 수정 제6조는 (Duncan v. Louisiana, supra를; Washington v. Texas, 388 U. S. 14를; Klopfer v. North Carolina, 386 U. S. 213을; Pointer v. Texas, 380 U. S. 400을; Gideon v. Wainwright, 372 U. S. 335를; 및 In re Oliver, 333 U. S. 257를 보라) 제공한다. «407 U. S., 28»

그 한 가지는 "공개된 정식사실심리"의 요구이다. 불과 60일의 형기가 관련된 경우에조차도 주 절차에 "공개된 정식사실심리"를 받을 권리는 적용된다고 In re Oliver, supra 판결은 판시하였다. 333 U. S., at 272.

또 한 가지의 보장은 고소(accusation)의 성격을과 원인을 고지 받을 권리이다. 또 다른 한 가지는 대면(confrontation)의 권리이다. Pointer v. Texas, supra. 그리고 다른 한 가지는, 자기에게 유리한 증인들을 확보하기 위한 강제적 절차이다. Washington v. Texas, supra. 이 권리들을 중죄들(felonies)로, 또는 보다 더 가벼우면서도 중대한 범죄들로 우리는 제한해 본 적이 없다.

Washington v. Texas, supra에서 우리는 말하였다: "자신의 방어를 위하여 변호인의 조력을 범인으로 주장되는 사람으로 하여금 받게 하도록, 그리고 자신에게 불리한 증인들하고의 대면을 그로 하여금 누리게 하도록, 그리고 신속하고 공개된 정식사실심리를 받을 권리를 그로 하여금 가지게 하도록 적법절차는 요구한다고 우리는 판시해 왔다." 388 U. S., at 18. 신속하고 공개된 정식사실심리의 권리에, 고소의 성격을과 이유를 고지 받을 권리에, 증인들을 대면할 및 반대신문을 할 권리에, 증인들을 확보하기 위한 강제적 절차를 가질 권리에 관하여는 최근에 이렇게 판시된 바 있다: "경범죄(a petty offense)에 대한 정식사실심리는 비밀리에 또는 피고인에 대한 공소사실들의 통지 없이 이루어져도 된다는 주장은, 또는 이 같은 사건들에 있어서는 자신의 고소인들을 대면할, 또는 그 자신을 위한 증인들의 출석을 강제할 권리가 피고인에게 없다는 주장은 아예 있을 수도 없을 뿐만 아니라, 또한 어떤 법

Counsel in Misdemeanor Cases, 43 Wash. L. Rev. 685, 705 (1968).

District of Columbia v. Clawans, 300 U. S. 617, illustrates the point. There, the offense was engaging without a license in the business of dealing in second-hand property, an offense punishable by a fine of $300 or imprisonment for not more than 90 days. The Court held that the offense was a "petty" one, and could be tried without a jury. But the conviction was reversed «407 U. S., 29» and a new trial ordered, because the trial court had prejudicially restricted the right of cross-examination, a right guaranteed by the Sixth Amendment.

The right to trial by jury, also guaranteed by the Sixth Amendment by reason of the Fourteenth, was limited by Duncan v. Louisiana, supra, to trials where the potential punishment was imprisonment for six months or more. But, as the various opinions in Baldwin v. New York, 399 U. S. 66, make plain, the right to trial by jury has a different geneology, and is brigaded with a system of trial to a judge alone. As stated in Duncan:

"Providing an accused with the right to be tried by a jury of his peers gave him an inestimable safeguard against the corrupt or overzealous prosecutor and against the compliant, biased, or eccentric judge. If the defendant preferred the common sense judgment of a jury to the more tutored, but perhaps less sympathetic, reaction of the single judge, he was to have it. Beyond this, the jury trial provisions in the Federal and State Constitutions reflect a fundamental decision about the exercise of official power - a reluctance to entrust plenary powers over the life and liberty of the citizen to one judge or to a group of judges. Fear of unchecked power, so typical of our State and Federal Governments in other respects, found expression in the criminal law

원이도 결코 그렇게 판시한 적이 없다." Junker, The Right to Counsel in Misdemeanor Cases, 43 Wash. L. Rev. 685, 705 (1968).

그 점을 District of Columbia v. Clawans, 300 U. S. 617 판결은 예증한다. 거기서 그 범죄는 허가 없이 중고물건을 취급하는 영업에 종사한 것이었는 바, 그것은 법정형이 300달러의 벌금인 또는 90일 이하의 구금형인 범죄였다. 그 범죄는 "경범죄에 해당하는(petty)" 것이라고, 따라서 배심 없이 정식사실심리 될 수 있다고 당원은 판시하였다. 그런데도 그 유죄판정은 파기되고 «407 U. S., 29» 새로운 정식사실심리가 명령되었는데, 왜냐하면 연방헌법 수정 제6조에 의하여 보장된 권리인 반대신문권을 제한함으로써 불이익을 정식사실심리 법원은 가했었기 때문이다.

마찬가지로 연방헌법 수정 제14조를 힘입은 연방헌법 수정 제6조에 의하여 보장된 배심에 의한 정식사실심리를 누릴 권리(the right to trial by jury)는 Duncan v. Louisiana, supra에 의하여 법정형(potential punishment)이 6월 이상의 구금형인 정식사실심리들로 제한되었다. 그러나 Baldwin v. New York, 399 U. S. 66에서의 다양한 의견들이 명확히 해 주듯이, 배심에 의한 정식사실심리를 누릴 권리는 상이한 혈통을 지닌 것이고, 따라서 판사 한 명만에 의한 정식사실심리 제도에 함께 묶여 분류된다. Duncan 판결에서 판시되었듯이:

"부패한, 그리고 지나치게 열심인 소추자에 대처하여, 그리고 남이 시키는 대로 하는, 편견을 가진, 또는 중심을 벗어난 판사에 대처하여, 더 없이 귀중한 한 개의 보장을, 자신하고의 동등 신분인 사람들로 구성된 배심에 의하여 정식사실심리될 권리를 피고인에게 제공함은 그에게 부여하였다. 만약 더 많은 훈련을 받은, 그러나 아마도 교감은 덜한 판사 한 명의 반응을보다는 한 개의 배심의 상식에 의거한 판단을 더 낫게 피고인이 여긴다면 그것을 그는 가지게 되어 있었다. 이것을 넘어, 공권력(official power)의 행사에 관한 근본적인 결정을 - 즉 시민의 생명에 및 자유에 대한 무조건의 권한들을 한 명의 판사에게 또는 한 개의 판사들 집단에게 맡기는 데 대한 내키지 아니함을 - 연방헌법에 및 주 헌법들에 있어서의 배심에 의한 정식사실심리 규정들은 나타낸다. 유죄의 또는 무죄의 판정에 있어서의 공동체의 참여

in this insistence upon community participation in the determination of guilt or innocence. The deep commitment of the Nation to the right of jury trial in serious criminal cases as a defense against arbitrary law enforcement qualifies for protection under the Due Process Clause of the Fourteenth Amendment, and must therefore be respected by the States." 391 U. S., at 156. «407 U. S., 30»

While there is historical support for limiting the "deep commitment" to trial by jury to "serious criminal cases,"[2] there is no such support for a similar limitation on the right to assistance of counsel:

"Originally, in England, a person charged with treason or felony was denied the aid of counsel, except in respect of legal questions which the accused himself might suggest. At the same time, parties in civil cases and persons accused of misdemeanors were entitled to the full assistance of counsel …… .

* * * *

"[It] appears that, in at least twelve of the thirteen colonies, the rule of the English common law, in the respect now under consideration, had been definitely rejected, and the right to counsel fully recognized in all criminal prosecutions, save that, in one or two instances, the right was limited to capital offenses or to the more serious crimes …… ." Powell v. Alabama, 287 U. S. 45, 60, 64-65.

The Sixth Amendment thus extended the right to counsel beyond its com-

---

2) See Frankfurter & Corcoran, Petty Federal Offenses and the Constitutional Guaranty of Trial by Jury, 39 Harv. L. Rev. 917, 980–982 (1926); James v. Headley, 410 F. 2d 325, 331. Cf. Kaye, Petty Offenders Have No Peers!, 26 U. Chi. L. Rev. 245 (1959).

에 대한 이 강조 가운데서 형사법에 있어서의 표현을, 여타의 점들에 있어서는 우리의 주 정부들에게와 연방의 정부에게 그토록 특징이 되어 있는, 통제되지 않는 권한에 대한 두려움은 찾았다. 연방헌법 수정 제14조의 적법절차 조항에 의거한 보호의 자격을, 자의적 법집행에 대처한 한 가지 방어수단으로서의, 중대범죄 사건들에 있어서의 배심에 의한 정식사실심리를 받을 권리에 대한 국가의 깊은 의무는 얻고 있으며, 따라서 주들에 의하여 그것은 존중되지 않으면 안 된다." 391 U. S., at 156. «407 U. S., 30»

배심에 의한 정식사실심리를 제공할 "깊은 의무(deep commitment)"를 "중대범죄 사건들(serious criminal cases)"로 제한하는 데에는 이를 뒷받침하는 역사적 근거가 있으나,[2] 변호인의 조력을 받을 권리에 대한 유사한 제한을 위하여는 그 같은 근거가 전혀 없다:

"당초에 영국에서는 반역죄(treason)로나 중죄로 기소된 사람에게는 변호인의 조력이 거부되었는 바, 다만 범인으로 주장되는 사람 그 자신이 제시할 수 있는 법률문제들(legal questions)에 관한 것은 이에서 제외되었다. 동시에, 민사 사건들의 당사자들에게는, 그리고 경죄들(misdemeanors)의 범인으로 주장되는 사람들에게는 변호인의 완전한 조력을 받을 권리가 부여되었다. ……

……

"[열]세 개의 식민지들 중 적어도 열두 개에서는 지금 검토에 놓인 사항에 관하여 영국의 보통법 규칙은 확정적으로 배척되었던 것으로, 그리고 한두 가지 경우들에 있어서 사형이 내려질 수 있는 범죄로 또는 그보다 더 중대한 범죄들로 그 권리가 제한되었다는 점을 제외하고는, 변호인의 조력을 받을 권리는 모든 형사적 절차추행에 있어서 완전히 인정된 것으로 보인다 ……." Powell v. Alabama, 287 U. S. 45, 60, 64-65.

이처럼 변호인의 조력을 받을 권리를 그것의 보통법상의 권리로서의 차원들을

2) Frankfurter & Corcoran, Petty Federal Offenses and the Constitutional Guaranty of Trial by Jury, 39 Harv. L. Rev. 917, 980–982 (1926)을; James v. Headley, 410 F. 2d 325, 331을 보라. Kaye, Petty Offenders Have No Peers!, 26 U. Chi. L. Rev. 245 (1959)을 비교하라.

mon law dimensions. But there is nothing in the language of the Amendment, its history, or in the decisions of this Court to indicate that it was intended to embody a retraction of the right in petty offenses wherein the common law previously did require that counsel be provided. See James v. Headley, 410 F. 2d 325, 331-332, n. 9.

We reject, therefore, the premise that, since prosecutions for crimes punishable by imprisonment for less than «407 U. S., 31» six months may be tried without a jury, they may also be tried without a lawyer.

The assistance of counsel is often a requisite to the very existence of a fair trial. The Court in Powell v. Alabama, supra, at 68-69 - a capital case - said:

"The right to be heard would be, in many cases, of little avail if it did not comprehend the right to be heard by counsel. Even the intelligent and educated layman has small, and sometimes no, skill in the science of law. If charged with crime, he is incapable, generally, of determining for himself whether the indictment is good or bad. He is unfamiliar with the rules of evidence. Left without the aid of counsel, he may be put on trial without a proper charge, and convicted upon incompetent evidence, or evidence irrelevant to the issue or otherwise inadmissible. He lacks both the skill and knowledge adequately to prepare his defense, even though he have a perfect one. He requires the guiding hand of counsel at every step in the proceedings against him. Without it, though he be not guilty, he faces the danger of conviction because he does not know how to establish his innocence. If that be true of men of intelligence, how much more true is it of the ignorant and illiterate, or those of feeble intellect."

In Gideon v. Wainwright, supra (overruling Betts v. Brady, 316 U. S. 455), we dealt with a felony trial. But we did not so limit the need of the accused

넘어서는 곳에까지 연방헌법 수정 제6조는 확장하였다. 그러나 이전까지 보통법에 의하여 변호인의 제공이 요구되었던 경범죄들(petty offenses)에 있어서의 권리에 대한 철회를 구체화하려는 의도를 그 수정조항이 지니고 있었음을 나타내는 것은 그 수정조항의 문언에도, 역사에도, 또는 당원의 판결들에도, 전혀 없다. James v. Headley, 410 F. 2d 325, 331-332, n. 9을 보라.

그리하여 6월 미만의 구금형으로써 처벌할 수 있는 범죄들에 대한 기소사건들은 배심 없이 정식사실심리 될 수 있다는, 따라서 그것들은 «407 U. S., 31» 마찬가지로 변호사 없이 정식사실심리 될 수 있다는 전제를 우리는 거절한다.

흔히 변호인의 조력은 공정한 정식사실심리(a fair trial)의 존속 그 자체를 위한 필수품이다. 사형이 가능한 사건이었던 Powell v. Alabama, supra, at 68-69에서 당원은 말하였다:

"만약 변호인을 통하여 청문될 권리(the right to be heard by counsel)를 포함하지 않는다면 청문될 권리(the right to be heard)는 많은 경우에 쓸모가 없을 것이다. 심지어 지성을 갖추고 교육을 받았다 하더라도 문외한은 법률과학에 있어서 지니는 숙련이 적고, 때로는 전혀 없다. 범죄로 기소되면, 대배심기소(indictment)가 좋은지 나쁜지를 그는 일반적으로 그 혼자서 판단할 수 없다. 그는 증거규칙들에 생소하다. 변호인의 조력 없이 남겨지면, 그는 정당한 고발 없이 정식사실심리에 처해질 수 있고, 자격 없는 증거에 의하여, 또는 쟁점에 관계 없는 내지는 그 밖에 증거능력 없는 증거에 의하여 유죄로 판정될 수 있다. 심지어 완벽한 항변사유를 가지고 있는 경우라 하더라도 그 자신의 항변사유를 충분히 준비할 기술을 및 지식을 모두 그는 결여하고 있다. 변호인의 이끄는 손(the guiding hand)을 자신을 겨냥한 절차들에 있어서의 모든 단계에서마다 그는 필요로 한다. 그것 없이는, 설령 자신에게 죄가 없다 하더라도 어떻게 그 자신의 무죄를 증명하여야 할지를 알지 못하는 까닭에, 유죄판정의 위험에 그는 직면하게 된다. 지성을 갖춘 사람들의 경우가 그러하다면 무지하고 문맹인, 또는 빈약한 분별력을 지닌 사람들의 경우에는 얼마나 더 그러하겠는가?"

중죄(a felony) 정식사실심리를 Gideon v. Wainwright, supra (Betts v. Brady, 316 U. S. 455를 폐기함)에서 우리는 다루었다. 그러나 변호사에 대한 피고인의 요구를 우리는

for a lawyer. We said:

"[I]n our adversary system of criminal justice, any person haled into court who is too poor to hire a lawyer cannot be assured a fair trial unless counsel is provided for him. This seems to us to be an obvious truth. Governments, both state and fed- «407 U. S., 32» eral, quite properly spend vast sums of money to establish machinery to try defendants accused of crime. Lawyers to prosecute are everywhere deemed essential to protect the public's interest in an orderly society. Similarly, there are few defendants charged with crime, few indeed, who fail to hire the best lawyers they can get to prepare and present their defenses. That government hires lawyers to prosecute and defendants who have the money hire lawyers to defend are the strongest indications of the widespread belief that lawyers in criminal courts are necessities, not luxuries. The right of one charged with crime to counsel may not be deemed fundamental and essential to fair trials in some countries, but it is in ours. From the very beginning, our state and national constitutions and laws have laid great emphasis on procedural and substantive safeguards designed to assure fair trials before impartial tribunals in which every defendant stands equal before the law. This noble ideal cannot be realized if the poor man charged with crime has to face his accusers without a lawyer to assist him." 372 U. S., at 344.[3)]

Both Powell and Gideon involved felonies. But their rationale has relevance to any criminal trial, where an accused is deprived of his liberty. Powell and Gideon suggest that there are certain fundamental rights applica-

---

3) See also Johnson v. Zerbst, 304 U. S. 458, 462-463:
"[The Sixth Amendment] embodies a realistic recognition of the obvious truth that the average defendant does not have the professional legal skill to protect himself when brought before a tribunal with power to take his life or liberty, wherein the prosecution is [re]presented by experienced and learned counsel. That which is simple, orderly and necessary to the lawyer, to the untrained layman may appear intricate, complex and mysterious."

거기에 제한하지 않았다. 우리는 말하였다:

"[우]리의 대립당사자주의(adversary) 형사재판 제도에서 법정에 끌려나온, 그러나 너무 가난하여 변호사를 고용할 수 없는 사람 누구나를 위하여 변호인이 제공되지 않는다면, 공정한 정식사실심리를 그는 보장받을 수 없다. 이것은 우리에게 명백한 진실이라고 생각된다. 범인으로 주장되는 피고인들을 정식사실심리하는 «407 U. S., 32» 기관을 설립하기 위하여 매우 적절히도 다대한 액수의 돈을 주 정부들은 및 연방정부는 다 같이 쓴다. 소송을 추행하는(prosecute) 변호사들은 어디서든 질서 있는 사회에 대한 공중의 이익을 보호하기 위하여 필수의 것으로 간주된다. 마찬가지로 범인으로 주장되는 피고인들로서 자신들의 항변사유들을 준비하고 제시하기 위하여 그들이 얻을 수 있는 최상의 변호사들을 고용하지 못하는 경우란 드물며, 그것도 참으로 드물다. 소송을 추행하기 위하여 변호사들을 정부가 고용한다는 사실은, 그리고 자신을 방어하기 위하여 변호사들을 돈 있는 피고인들이 고용한다는 사실은 형사 법정들에서의 변호사들이 사치품 아닌 필수품이라는 그 넓게 퍼져 있는 믿음에 대한 가장 강력한 징표들이다. 범죄혐의로 기소된 사람의 변호인의 조력을 받을 권리는 어떤 나라들에서는 공정한 정식사실심리들에 기본적인 또는 필수적인 것으로 여겨지지 않을지도 모르지만, 우리나라에서 그것은 기본이고 필수이다. 법 앞에 평등하게 모든 피고인이 서는 공정한 법정들 앞에서의 공정한 정식사실심리들을 보장하도록 설계된 절차적 및 실체적 보호수단들 위에 커다란 강조를 바로 그 출범 때부터 주를 및 연방을 막론하고 우리의 헌법들은 및 법들은 두어 왔다. 만약 자신을 조력할 변호사 없이 자신의 고소인들을 범인으로 주장되는 가난한 사람이 대적해야 한다면, 이 고결한 이상은 실현될 수 없다." 372 U. S., at 344.[3)]

중죄사건들을 Powell 판결은 및 Gideon 판결은 다 같이 포함하였다. 그러나 그의 자유를 피고인이 박탈당하게 되는 어떤 형사 정식사실심리에도 관련성을 그 판결들의 이론적 근거는 지닌다. 이 같은 모든 형사적 소송추행들에 — 심지어 처벌

3) 아울러 Johnson v. Zerbst, 304 U. S. 458, 462-463을도 보라: "자신의 생명을이나 자유를 박탈할 권한을 가진 재판소 앞에 끌려올 때 자기 자신을 보호할 전문가적인 법적 숙련을 평균적인 피고인은 가지고 있지 못한 반면, 숙련된 및 학식 있는 변호사에 의하여 검찰 측은 대변된다는 명백한 진실에 대한 현실적 인정을 [연방헌법 수정 제6조는] 구체화한다. 변호사에게는 단순하고 질서정연하며 필연인 것이, 훈련되지 않은 문외한에게는 난해하고 복잡하고 미궁의 것으로 보일 수 있다."

ble to all such criminal prosecutions, even those, such «407 U. S., 33» as In re Oliver, supra, where the penalty is 60 days' imprisonment:

"A person's right to reasonable notice of a charge against him, and an opportunity to be heard in his defense - a right to his day in court - are basic in our system of jurisprudence, and these rights include, as a minimum, a right to examine the witnesses against him, to offer testimony, *and to be represented by counsel.*" 333 U. S., at 273 (emphasis supplied).

The requirement of counsel may well be necessary for a fair trial even in a petty offense prosecution. We are by no means convinced that legal and constitutional questions involved in a case that actually leads to imprisonment even for a brief period are any less complex than when a person can be sent off for six months or more. See, e. g., Powell v. Texas, 392 U. S. 514; Thompson v. Louisville, 362 U. S. 199; Shuttlesworth v. Birmingham, 382 U. S. 87.

The trial of vagrancy cases is illustrative. While only brief sentences of imprisonment may be imposed, the cases often bristle with thorny constitutional questions. See Papachristou v. Jacksonville, 405 U. S. 156.

In re Gault, 387 U. S. 1, dealt with juvenile delinquency and an offense which, if committed by an adult, would have carried a fine of $5 to $50 or imprisonment in jail for not more than two months (id., at 29), but which, when committed by a juvenile, might lead to his detention in a state institution until he reached the age of 21. Id., at 36-37. We said (id., at 36) that "[t]he juvenile needs the assistance of counsel to cope with problems of law, to make skilled inquiry into the facts, to insist upon regularity of the proceedings, and to ascertain whether he has a defense and to prepare and submit it. The child 'requires the guiding hand of coun- «407 U. S., 34» sel at every step in the proceedings against him,'" citing Powell v. Alabama, 287 U. S., at

이 60일의 구금인 In re Oliver, supra 류의 «407 U. S., 33» 사건에조차도 — 적용되는 일정한 기본적 권리들이 있음을 Powell 판결은 및 Gideon 판결은 시사한다:

"자신에 대한 기소에 관하여 정당한 통지를 받을, 그리고 자신의 방어를 위하여 청문될 기회를 부여받을, 한 사람의 권리는 - 즉 법정에서 기일을 가질 권리는 - 우리의 사법제도의 체계에 있어서 기본이다; 그리하여 자기에게 불리한 증인들을 신문하고 증거를 제출할, *그리고 변호인에 의하여 대변될*(*and to be represented by counsel*) 권리를 이 권리들은 그 최소한의 요건으로서 포함한다." 333 U. S., at 273 (강조는 보태짐).

심지어 경범죄 기소사건에 있어서조차도 공정한 정식사실심리를 위하여 변호인의 요구는 필수임이 당연하다. 심지어 짧은 기간 동안이나마 구금으로 귀결되는 한 개의 사건에 포함된 법적 및 헌법적 문제들은 6월 이상 동안 한 명의 개인이 감옥에 보내질 수 있는 경우에보다도 조금이라도 복잡성이 덜하다는 데 대하여 우리는 결코 확신이 없다. 예컨대, Powell v. Texas, 392 U. S. 514를; Thompson v. Louisville, 362 U. S. 199를; Shuttlesworth v. Birmingham, 382 U. S. 87을 보라.

부랑죄(vagrancy) 사건들의 정식사실심리는 예증이 된다. 짧은 구금형만이 부과될 수 있음에도 불구하고 그 사건들은 자주 가시 같은 헌법 문제들로 가득하다. Papachristou v. Jacksonville, 405 U. S. 156을 보라.

청소년 비행(juvenile delinquency)을, 그리고 만약 성인에 의하여 이루어졌더라면 5달러 이상 50달러 이하의 벌금을 또는 2월 이하의 구금형을 수반하였을(id., at 29), 그러나 청소년에 의하여 저질러진 경우에는 21세에 달할 때까지 주(a state) 시설 내에서의 그의 구류를 불러올 수 있는 한 개의 범죄를 In re Gault, 387 U. S. 1 사건은 다루었다. id., at 36-37. "[법] 문제들에 대처하기 위하여, 사실관계에 대한 숙련된 조사를 위하여, 절차들의 정규성(regularity)을 요구하기 위하여, 그리고 항변사유를 자신이 가지고 있는지 여부를 확인하고 이를 준비하여 제출하기 위하여, 변호인의 조력을 청소년은 필요로 한다. '자신을 겨냥한 절차들에 있어서의 «407 U. S., 34» 모든 단계마다에서 변호인의 이끄는 손(the guiding hand)을' 소년은 '필요로 한다.'"고 Powell v. Alabama, 287 U. S., at 69를 인용하여 우리는 말하였다. 한 명의 변호사의

69. The premise of Gault is that, even in prosecutions for offenses less serious than felonies, a fair trial may require the presence of a lawyer.

Beyond the problem of trials and appeals is that of the guilty plea, a problem which looms large in misdemeanor, as well as in felony, cases. Counsel is needed so that the accused may know precisely what he is doing, so that he is fully aware of the prospect of going to jail or prison, and so that he is treated fairly by the prosecution.

In addition, the volume of misdemeanor cases,[4] far greater in number than felony prosecutions, may create an obsession for speedy dispositions, regardless of the fairness of the result. The Report by the President's Commission on Law Enforcement and Administration of Justice, The Challenge of Crime in a Free Society 128 (1967), states:

"For example, until legislation last year increased the number of judges, the District of Columbia Court of General Sessions had four judges to process the preliminary stages of more than 1,500 felony cases, 7,500 serious misdemeanor cases, and 38,000 petty offenses and an equal number of traffic offenses per year. An inevitable consequence of volume that large is the almost total preoccupa- «407 U. S., 35» tion in such a court with the movement of cases. The calendar is long, speed often is substituted for care, and casually arranged out-of-court compromise too often is substituted for adjudication. Inadequate attention tends to be given to the individual defendant, whether, in protecting his rights, sifting the facts at trial, deciding the social

4) In 1965, 314,000 defendants were charged with felonies in state courts, and 24,000 were charged with felonies in federal courts. President's Commission on Law Enforcement and Administration of Justice, Task Force Report: The Courts 55 (1967). Exclusive of traffic offenses, however, it is estimated that there are annually between four and five million court cases involving misdemeanors. Ibid. And, while there are no authoritative figures, extrapolations indicate that there are probably between 40.8 and 50 million traffic offenses each year. Note, Dollars and Sense of an Expanded Right to Counsel, 55 Iowa L.Rev. 1249, 1261 (1970).

출석을 중대함이 중죄가보다 덜한 범죄들에 대한 기소사건들에 있어서도 공정한 정식사실심리는 요구할 수 있다는 데 Gault 판결의 전제는 있다.

정식사실심리들의 및 항소들의 문제를 지나서도 유죄답변(guilty plea)의 문제가 있는 바, 그것은 중죄 사건들에서하고 마찬가지로 경죄(misdemeanor) 사건들에서도 불쑥 커다랗게 나타나는 한 가지 문제이다. 무엇을 자신이 하고 있는지를 피고인이 정확하게 알 수 있기 위하여, 교도소에나 감옥에 가게 될 가망을 피고인이 완전하게 알기 위하여, 그리고 검찰에 의하여 공정하게 피고인이 다루어지기 위하여, 변호인은 요구된다.

그 외에도, 결과의 공정성을 도외시한 채 신속한 처리에 묶인 한 개의 강박관념을, 숫자에 있어서 중죄 기소사건들이보다도 훨씬 더 큰 경죄(misdemeanor) 사건들의 분량[4]은 낳을 수 있다. 법집행에 및 재판운영에 관한 대통령 위원회의 보고서인 The Challenge of Crime in a Free Society(자유사회에 있어서의 범죄의 도전) 128 (1967)은 말한다:

"예컨대, 판사들의 숫자를 지난 해의 입법이 늘려주기까지 매년 1,500을 넘는 중죄사건들의, 7,500을 넘는 경죄사건들의, 그리고 3,800을 넘는 경범죄 사건들의 및 그만큼의 숫자의 교통범죄들의 여러 예비적 단계들을 진행시킬 네 명의 판사를 콜럼비아 특별지구 치안재판소는 두고 있었다. 그 같은 분량의 한 가지 불가피한 결과는 이 같은 법원에서의 «407 U. S., 35» 사건들의 움직임에 대한 거의 총력적인 몰두이다. 소송사건표는 길고, 속도에 신중은 자주 대체되며, 그리고 판결을 불쑥 맺어진 법정 외에서의 타협은 너무나 자주 대체한다. 개별 피고인의 권리들을 보호하는 데 있어서든, 정식사실심리에서 사실관계들을 면밀히 조사하는 데 있어서든, 그가 제기하는 사회적 위험을 판단하는 데 있어서든, 또는 그를 유죄판정 뒤에 어떻게 다룰 것인지를 결정하는 데 있어서든, 그에게 부여되는 신중은 불충분한 것이

4) 1965년의 경우 314,000 명의 피고인들이 주 법원들에 중죄들(felonies)로 기소되었고, 24,000 명이 연방법원들에 중죄들로 기소되었다. President's Commission on Law Enforcement and Administration of Justice, Task Force Report: The Courts 55 (1967). 그러나 교통범죄들을 제외하고, 경죄들(misdemeanors)을 포함한 연간 400만 내지 500만 건의 법정 사건들이 발생하는 것으로 어림된다. Ibid. 그리고 신뢰할 만한 수치는 없지만, 아마도 해마다 4,080만 내지 5,000만 건의 교통범죄들이 발생함을 통계적 외삽(extrapolations)은 나타낸다. Note, Dollars and Sense of an Expanded Right to Counsel, 55 Iowa L. Rev. 1249, 1261 (1970).

risk he presents, or determining how to deal with him after conviction. The frequent result is futility and failure. As Dean Edward Barrett recently observed:

"'Wherever the visitor looks at the system, he finds great numbers of defendants being processed by harassed and overworked officials. Police have more cases than they can investigate. Prosecutors walk into courtrooms to try simple cases as they take their initial looks at the files. Defense lawyers appear having had no more than time for hasty conversations with their clients. Judges face long calendars with the certain knowledge that their calendars tomorrow and the next day will be, if anything, longer, and so there is no choice but to dispose of the cases.

"'Suddenly it becomes clear that, for most defendants in the criminal process, there is scant regard for them as individuals. They are numbers on dockets, faceless ones to be processed and sent on their way. The gap between the theory and the reality is enormous.

"'Very little such observation of the administration of criminal justice in operation is required to reach the conclusion that it suffers from basic ills.'"

That picture is seen in almost every report. "The misdemeanor trial is characterized by insufficient and frequently irresponsible preparation on the part of the defense, the prosecution, and the court. Everything is rush, rush." Hellerstein, The Importance of the Mis- «407 U. S., 36» demeanor Case on Trial and Appeal, 28 The Legal Aid Brief Case 151, 152 (1970).

There is evidence of the prejudice which results to misdemeanor defendants from this "assembly line justice." One study concluded that "[m]isdemeanants represented by attorneys are five times as likely to emerge from police court with all charges dismissed as are defendants who face similar charges without counsel." American Civil Liberties Union, Legal Counsel for

되는 경향이 있다. 그 빈번한 결과는 무익이고 실패이다. 에드워드 바레트 학장 (Dean Edward Barrett)이 최근에 말하였듯이:

"'그 제도를 방문자가 살펴보는 곳이면 어디서든지, 시달리고 지친 공무원들에 의하여 수많은 피고인들이 처리되고 있음을 그는 발견한다. 그 자신들이 수사할 수 있는 능력이보다도 더 많은 사건들을 경찰은 가지고 있다. 단순한 사건들의 정식사실심리에 참석하기 위하여 기록들에 대한 최초의 일별을 하면서 법정들 안에 검사들은 걸어 들어온다. 겨우 황급한 대화들을 위한 시간을 자신들의 의뢰인들과 가졌을 뿐인 채로 변호인들은 출석한다. 내일에는 및 모레에는 소송사건표가, 굳이 어느 편인가 하면, 더 길어질 것이라는 데 대한, 따라서 그 사건들을 처리하는 것 이외에 다른 선택이 없다는 데 대한 확실한 인식을 지닌 채로 긴 소송사건표들을 판사들은 대면한다.

"'형사절차에 있어서의 대부분의 피고인들의 경우에 개개인들로서의 그들에 대한 배려가 빈약함이 갑자기 분명해 진다. 그들은 절차의 대상으로 다루어지면서 그들의 길로 내몰리는, 얼굴을 지니지 않은 심리예정표 위의 숫자들이다. 이론의 및 실제의 둘 사이의 간격은 다대하다.

"'기본적 곤란들로 인하여 형사사법의 운영이 상처를 입는다는 결론에 도달하는 데 있어서 작동 중인 형사재판에 대한 이 같은 관측은 전혀 필요하지 않다.'"

거의 모든 보고서에서 그 상황은 확인된다. "경죄의 정식사실심리는 피고인 편에서의, 검찰 편에서의 및 법원 편에서의, 불충분하면서도 대개는 책임성 없는 준비가 특색을 이룬다. 모든 것이 부랴부랴이다." Hellerstein, The Importance of the Misdemeanor «407 U. S., 36» Case on Trial and Appeal, 28 The Legal Aid Brief Case 151, 152 (1970).

결과적으로 이 "일관조립 작업렬식 재판"으로부터 경죄 피고인들에게 가해지는 불이익을 뒷받침하는 증거가 있다. "변호사들에 의하여 대변되는 경죄 피고인들의 경우에 모든 공소사실들이 각하된 상태로 경찰법원을 나서게 될 가능성은 변호인 없이 유사한 공소사실들에 직면하는 피고인들의 경우의 다섯 배가 된다." 고 어떤 연구는 결론지었다. American Civil Liberties Union, Legal Counsel for

Misdemeanants, Preliminary Report 1 (1970).

We must conclude, therefore, that the problems associated with misdemeanor and petty[5] offenses often «407 U. S., 37» require the presence of counsel to insure the accused a fair trial. MR. JUSTICE POWELL suggests that these problems are raised even in situations where there is no prospect of imprisonment. Post at 48. We need not consider the requirements of the Sixth Amendment as regards the right to counsel where loss of liberty is not involved, however, for here, petitioner was, in fact, sentenced to jail. And, as we said in Baldwin v. New York, 399 U. S., at 73, "the prospect of imprisonment, for however short a time, will seldom be viewed by the accused as a trivial or 'petty' matter, and may well result in quite serious repercussions affecting his career and his reputation."[6]

We hold, therefore, that absent a knowing and intelligent waiver, no person may be imprisoned for any offense, whether classified as petty, misde-

5) Title 18 U. S. C. § 1 defines a petty offense as one in which the penalty does not exceed imprisonment for six months, or a fine of not more than $500, or both. Title 18 U. S. C. § 3006A(b) provides for the appointment of counsel for indigents in all cases "other than a petty offense." But, as the Court of Appeals for the Fifth Circuit noted in James v. Headley, 410 F. 2d at 330–331, 18 U. S. C. § 3006A, which was enacted as the Criminal Justice Act of 1964, contains a congressional plan for furnishing legal representation at federal expense for certain indigents, and does not purport to cover the full range of constitutional rights to counsel.
Indeed, the Conference Report on the Criminal Justice Act of 1964 made clear the conferees' belief that the right to counsel extends to all offenses, petty and serious alike. H. R. Conf. Rep. No. 1709, 88th Cong., 2d Sess. (1964).
In that connection, the Federal Rules of Criminal Procedure, as amended in 1966, provide in Rule 44(a): "Every defendant who is unable to obtain counsel shall be entitled to have counsel assigned to represent him at every stage of the proceedings from his initial appearance before the commissioner or the court through appeal, unless he waives such appointment."
The Advisory Committee note on Rule 44 says: "Like the original rule, the amended rule provides a right to counsel which is broader in two respects than that for which compensation is provided in the Criminal Justice Act of 1964:
"(1) The right extends to petty offenses to be tried in the district courts, and
"(2) The right extends to defendants unable to obtain counsel for reasons other than financial."

6) See Marston v. Oliver, 324 F. Supp. 691, 696 (ED Va.1971):
"Any incarceration of over thirty days, more or less, will usually result in loss of employment, with a consequent substantial detriment to the defendant and his family."

Misdemeanants, Preliminary Report 1 (1970).

따라서 공정한 정식사실심리를 피고인에게 보장하기 위하여 자주 변호인의 출석을 경죄들에 및 경범죄들[5]에 연결된 문제들은 «407 U. S., 37» 요구한다고 우리는 결론짓지 않으면 안 된다. 심지어 구금형의 가능성이 전혀 없는 상황들에 있어서도 이 문제들은 제기된다고 파월(POWELL) 판사는 내비춘다. Post, at 48. 그러나 자유의 상실이 포함되어 있지 아니한 경우의 변호인의 조력을 받을 권리에 관하여는 연방헌법 수정 제6조의 요구들을 우리는 고찰할 필요가 없는 바, 왜냐하면 여기서는 감옥형을 실제로 청구인이 선고받았기 때문이다. 그리고 Baldwin v. New York, 399 U. S., at 73에서 우리가 말한 바 있듯이, "아무리 짧은 기간의 것일망정 구금형의 가능성은 범인으로 주장되는 사람에 의하여 한 개의 사소한(trivial) 내지는 '경미한(petty)' 문제로 간주되는 경우는 좀처럼 없을 것이고, 오히려 그의 경력(career)을 및 그의 평판(reputation)을 손상시키는 매우 중대한 영향을 그것은 초래하는 것도 당연할 것이다."[6]

따라서 인지 상태에서의 분별 있는 포기가 없는 한, 정식사실심리에서 변호인에 의하여 대변되지 않은 채로는, 어떤 범죄로도 - 그 범죄가 경범죄(petty)로, 경죄(mis-

---

5) 경범죄(a petty offense)를 형벌이 6월 이하의 구금형인 또는 500달러 이하의 벌금인 또는 두 가지의 병과인 범죄로 Title 18 U. S. C. § 1은 규정한다. 가난한 피고인들을 위한 변호인 지정을 "경범죄 이외의(other than a petty offense)" 모든 사건들에 있어서 Title 18 U. S. C. § 3006A(b)은 규정한다. 그러나 James v. Headley, 410 F. 2d, at 330-331에서 제5순회구 항소법원이 특별히 언급하였듯이, 1964년 형사소송법(the Criminal Justice Act of 1964)으로 입법된 18 U. S. C. § 3006A는 법적 대변을 일정한 범주의 가난한 피고인들에게 연방의 비용으로 제공하려는 연방의회의 계획 한 가지를 포함할 뿐, 변호인의 조력을 받을 헌법적 권리들의 전체 범위를 망라하려는 취지는 아니다.
경범죄에든 중대 범죄에든 모든 범죄들에 다같이 변호인의 조력을 받을 권리가 미친다는 점에 대한 협의회 의원들의 믿음을 아닌 게 아니라 1964년 형사소송법에 관한 협의회 보고서는 명확히 하였다. H. R. Conf. Rep. No. 1709, 88th Cong., 2d Sess. (1964).
이에 관련하여 1966년의 개정 연방형사절차규칙(the Federal Rules of Criminal Procedure)은 Rule 44(a)에서 이렇게 규정한다: "변호인을 선임할 수 없는 모든 피고인은, 변호인 지정을 누릴 권리를 포기하지 않는 한, 보조판사(commissioner) 앞의 또는 법원 앞의 최초의 출석부터 항소를 통과하기까지 절차들의 모든 단계에서 자신을 대변하도록 변호인을 지정받을 권리가 있다."
Rule 44에 관한 자문위원회의 비망록(Advisory Committee note)은 말한다: "1964년 형사소송법에서 보강이 제공되는 그 규칙이보다도 두 가지 점에서 더 넓은 변호인의 조력을 받을 권리를 당초의 규칙이 그러하였듯이 개정 규칙은 규정한다:
"(1) 연방 지방법원들에서 심리되는 경범죄들에도 그 권리는 미치고, 그리고
"(2) 재정적 이외의 사유로 인하여 변호인을 선임할 수 없는 피고인들에게도 그 권리는 미친다."

6) Marston v. Oliver, 324 F. Supp. 691, 696 (ED Va.1971)을 보라:
"많게든 적게든 조금이라도 30일을 넘는 구금은 피고인에 및 그의 가족들에 대한 이차적인 실질적 손해를 수반하는 고용의 상실로 귀결됨이 일반일 것이다."

meanor, or felony, unless he was represented by counsel at his trial.[7)]

That is the view of the Supreme Court of Oregon, with which we agree. It said in Stevenson v. Holzman, 254 Ore. 94, 102, 458 P. 2d 414, 418:

"We hold that no person may be deprived of his «407 U. S., 38» liberty who has been denied the assistance of counsel as guaranteed by the Sixth Amendment. This holding is applicable to all criminal prosecutions, including prosecutions for violations of municipal ordinances. The denial of the assistance of counsel will preclude the imposition of a jail sentence."[8)]

We do not sit as an ombudsman to direct state courts how to manage their affairs, but only to make clear the federal constitutional requirement. How crimes should be classified is largely a state matter.[9)] The fact that traffic charges technically fall within the category of "criminal prosecutions" does

---

7) We do not share MR. JUSTICE POWELL's doubt that the Nation's legal resources are sufficient to implement the rule we announce today. It has been estimated that between 1,575 and 2,300 full-time counsel would be required to represent *all* indigent misdemeanants, excluding traffic offenders. Note, Dollars and Sense of an Expanded Right to Counsel, 55 Iowa L. Rev. 1249, 1260-1261 (1970). These figures are relatively insignificant when compared to the estimated 355,200 attorneys in the United States (Statistical Abstract of the United States 153 (1971)), a number which is projected to double by the year 1985. See Ruud, That Burgeoning Law School Enrollment, 58 A. B. A. J. 146, 147. Indeed, there are 18,000 new admissions to the bar each year – 3,500 more lawyers than are required to fill the "estimated 14,500 average annual openings." Id., at 148.

8) Article I, § 9, of the proposed Revised Constitution of Oregon provides:
"Every person has the right to assistance of counsel in all official proceedings and dealings with public officers that may materially affect him. If he cannot afford counsel, he has the right to have counsel appointed for him in any case in which he may lose his liberty."

9) One partial solution to the problem of minor offenses may well be to remove them from the court system. The American Bar Association Special Committee on Crime Prevention and Control recently recommended, inter alia, that:
"Regulation of various types of conduct which harm no one other than those involved (e. g., public drunkenness, narcotics addiction, vagrancy, and deviant sexual behavior) should be taken out of the courts. The handling of these matters should be transferred to nonjudicial entities, such as detoxification centers, narcotics treatment centers and social service agencies. The handling of other nonserious offenses, such as housing code and traffic violations, should be transferred to specialized administrative bodies." ABA Report, New Perspectives on Urban Crime iv (1972). Such a solution, of course, is peculiarly within the province of state and local legislatures.

demeanor)로 또는 중죄(felony)로 중 어느 것으로 분류되는지 여부에 상관없이 - 어느 누구가도 구금되어서는 안 된다고 우리는 판시한다.[7)]

그것이 오레건주 대법원의 견해인 바, 우리는 이에 동의한다. Stevenson v. Holzman, 254 Ore. 94, 102, 458 P. 2d 414, 418에서 오레건주 대법원은 이렇게 말하였다:

"연방헌법 수정 제6조에 의하여 보장된 변호인의 «407 U. S., 38» 조력을 박탈당한 사람은 자유(liberty)를 박탈당해서는 안 된다고 우리는 판시한다. 시 조례(municipal ordinances) 위반행위들을 이유로 하는 기소사건들을 포함한 모든 형사적 소송추행들에 이 판시는 적용된다. 감옥형의 부과를 변호인의 조력의 박탈은 차단하는 법이다."[8)]

직책에 우리가 앉는 것은 주 법원들의 업무처리 방법을 그들에게 지시하는 옴부즈만(ombudsman)으로서가 아니며, 단지 연방헌법의 요구를 명확히 하기 위함일 뿐이다. 범죄들이 어떻게 분류되어야 하는가는 주로 한 개의 주 법의(a state) 문제이다.[9)] 전문어로 말하여 "형사적 소송추행들(criminal prosecutions)"의 범주 안에 교통위반 공소사실들이 든다는 사실은 실제로 구금이 발생하는 범주 안에 그 사건들 중 다수가

---

7) 오늘 우리가 선언하는 규칙을 이행하기에 국가의 법적 자원들이 충분한지에 대한 파월 판사의 의구심을 우리는 공유하지 않는다. 교통사범들을 제외한 가난한 경죄 피고인들 *전체를(all)* 대변하는 데에는 1,575명에서 2,300명 사이의 전임(full-time) 변호인이 요구될 것으로 추산된 바 있다. Note, Dollars and Sense of an Expanded Right to Counsel, 55 Iowa L. Rev. 1249, 1260-1261 (1970). 어림잡아 355,200명의 합중국 내 변호사들(Statistical Abstract of the United States 153 (1971))에 비교하면 이 숫자들은 상대적으로 무의미한데, 355,200이라는 숫자를 1985년까지 두 배가 되게 하려는 계획이 잡혀 있다. Ruud, That Burgeoning Law School Enrollment, 58 A. B. A. J. 146, 147을 보라. 아닌 게 아니라 법조계에는 매년 18,000명의 신규가입자들이 있는 바, "예상 연평균 취직자리 14,500개"를 채우는 데 필요한 숫자가보다도 3,500명이 더 많은 숫자이다. id., at 148.

8) 오레건주 헌법 개정안 Article I, § 9은 규정한다:
"자기 자신에게 실질적으로 영향을 미칠 모든 공식 절차들에 및 교섭들(dealings)에 있어서 변호인의 조력을 받을 권리를 모든 사람은 가진다. 만약 변호인을 그가 선임할 수 없으면 그의 자유(liberty)가 박탈될 수 있는 어떤 사건에서도 자기 자신을 위하여 변호인을 지정받을 권리를 그는 가진다."

9) 경미한 범죄들(minor offenses)의 문제에 대한 한 가지 부분적 해결은 그 범죄들을 법원 제도(court system)로부터 제거하는 것이 될 수 있음도 당연하다. 미국 법률가협회 범죄예방과 단속 특별위원회(The American Bar Association Special Committee on Crime Prevention and Control)는 최근에 특별히 권고하였다:
"관련된 사람에게 이외의 아무에게도 해를 주지 않는 다양한 행위 유형에 - 예컨대, 공연한 주취(public drunkenness)에, 마약중독에, 방랑에, 그리고 비정상적 성적 행동에 - 대한 규율은 법원들로부터 제거되어야 한다. 이 문제들의 처리는 중독치료센터에, 마약치료센터에 및 사회복지기관에 등의 같은 비사법적 기관들에게 넘겨져야 한다. 주택 기준법규의 및 교통위반행위들의 등 여타의 중대하지 아니한 범죄들의 처리는 전문적인 행정기관들에게 넘겨져야 한다." ABA Report, New Perspectives on Urban Crime iv (1972). 물론 이 같은 해결은 주(state)의 및 지방의 입법부들의 영역 내에 있다.

not necessarily mean that many of them will be brought into the class[10] where imprisonment actually occurs. «407 U. S., 39»

The American Bar Association Project on Standards for Criminal Justice states:

"As a matter of sound judicial administration, it is preferable to disregard the characterization of the offense as felony, misdemeanor or traffic offense. Nor is it adequate to require the provision of defense services for all offenses which carry a sentence to jail or prison. Often, as a practical matter, such sentences are rarely, if ever, imposed for certain types of offenses, so that, for all intents and purposes, the punishment they carry is, at most, a fine. Thus, the standard seeks to distinguish those classes of cases in which there is real likelihood that incarceration may follow conviction from those types in which there is no such likelihood. It should be noted that the standard does not recommend a determination of the need for counsel in terms of the facts of each particular case; it draws a categorical line at those *types* of offenses for which incarceration as a punishment is a practical possibility." Providing Defense Services 40 (Approved Draft 1968). «407 U. S., 40»

Under the rule we announce today, every judge will know when the trial of a misdemeanor starts that no imprisonment may be imposed, even though

10) "Forty thousand traffic charges (arising out of 150,000 nonparking traffic citations) were disposed of by court action in Seattle during 1964. The study showed, however, that in only about 4,500 cases was there any possibility of imprisonment as the result of a «407 U. S., 39» traffic conviction. In only three kinds of cases was the accused exposed to any danger of imprisonment: (1) where the offense charged was hit-and-run, reckless or drunken driving; or (2) where any additional traffic violation was charged against an individual subject to a suspended sentence for a previous violation; or (3) where, whatever the offense charged, the convicted individual was unable to pay the fine imposed." Junker, The Right to Counsel in Misdemeanor Cases, 43 Wash. L. Rev. 685, 711 (1968).
Of the 1,288,975 people convicted by the City of New York in 1970 for traffic infractions such as jaywalking and speeding, only 24 were fined and imprisoned, given suspended sentences, or jailed. Criminal Court of the City of New York Annual Report 11 (1970). Of the 19,187 convicted of more serious traffic offenses, such as driving under the influence, reckless driving, and leaving the scene of an accident, 404 (2.1%) were subject to some form of imprisonment. Ibid.

들게 될 것임을 반드시 의미하지는 않는다.[10] «407 U. S., 39»

형사재판 기준에 관한 미국 법률가협회 연구보고서(The American Bar Association Project on Standards for Criminal Justice)는 말한다:

"건전한 사법 운영의 문제로서, 중죄의, 경죄의 또는 교통범죄의 등 범죄의 성격 규정은 무시하는 것이 바람직하다. 교도소형을 또는 감옥형을 수반하는 모든 범죄들에 대하여 변론 서비스의 제공을 요구하는 것은도 적절하지 않다. 흔히 실제의 문제로서 이 같은 형기들은, 설령 내려지더라도 일정한 범죄 유형들에 대하여 드물게 내려지는 바, 그리하여 어느 모로 보든지 그것들이 수반하는 처벌은 기껏해야 벌금이다. 유죄판정의 결과로 구금이 뒤따를 실제의 가능성이 있는 범주의 사건들을 그 같은 가능성이 없는 유형의 사건들로부터 구별하기를 이처럼 그 표준은 추구한다. 변호인의 필요에 대한 개개 특정 사건의 사실관계에 기한 판정을 그 표준이 권장하지 않는다는 점은 유념되어야 한다; 그것은 실제적 가능성을 지닌 한 가지 처벌이 구금인 그 *유형의(types)* 범죄들에 무조건의 금을 긋는다." Providing Defense Services 40 (Approved Draft 1968). «407 U. S., 40»

오늘 우리가 선언하는 규칙 아래서, 설령 구금형을 지역의 법이 허용하더라도 변호인에 의하여 피고인이 대변되지 않는 한, 구금형은 부과될 수 없음을 경죄의 정

10) 1964년 중에 시애틀에서 40,000건의 교통위반 기소사건들(150,000건의 주차단속 이외의 교통위반 소환장들(non-parking traffic citations) 가운데서 발생한 것들이다)이 법원에 의하여 처리되었다. 그러나 교통위반에 대한 유죄판정의 결과로서 조금이나마의 구금 가능성이 있는 경우는 약 4,500건에 불과함을 «407 U. S., 39» 연구는 보여주었다. 조금이라도 구금의 위험에 피고인이 노출된 것은 오직 세 가지 종류의 사건들에서였다: (1) 기소된 범죄가 뺑소니운전(hit-and-run)인, 무모운전(reckless driving)인 또는 주취운전(drunken driving)인 경우; 또는 (2) 먼저 번의 위반행위에 대하여 집행유예에 처해진 개인에게 추가적 교통 위반행위가 기소된 경우; 또는 (3) 기소된 범죄가 무엇이든, 유죄판정된 개인이 그 부과된 벌금을 낼 능력이 없는 경우. Junker, The Right to Counsel in Misdemeanor Cases, 43 Wash. L. Rev. 685, 711 (1968).
1970년에 무단횡단(jaywalking)으로 및 속도위반으로 등 교통위반 행위로 뉴욕시에 의하여 유죄판정이 내려진 1,288,975명 가운데 벌금형이 및 구금형이 부과된, 집행유예가 선고된 또는 구금된 경우는 오직 24명이었다. Criminal Court of the City of New York Annual Report 11 (1970). 명정상태에서의 운전(driving under the influence)으로, 무모운전으로, 사고장소 이탈(leaving the scene of an accident)로 등 보다 중대한 교통 위반행위들로 유죄판정을 받은 19,187명 가운데 모종의 형태의 구금에 처해진 것은 404명(2.1%)이었다. Ibid.

local law permits it, unless the accused is represented by counsel. He will have a measure of the seriousness and gravity of the offense, and therefore know when to name a lawyer to represent the accused before the trial starts.

The run of misdemeanors will not be affected by today's ruling. But, in those that end up in the actual deprivation of a person's liberty, the accused will receive the benefit of "the guiding hand of counsel" so necessary when one's liberty is in jeopardy.

Reversed.

식사실심리가 시작될 때 모든 판사는 알 것이다. 범죄의 심각성에 및 중대성에 대한 기준을 그는 지닐 것이고 따라서 피고인을 대변할 변호사를 언제 지정해야 할지를 정식사실심리가 시작되기 전에 그는 알 것이다.

오늘의 판단에 의하여 영향을 경죄들의 항로는 받지 않을 것이다. 그러나 개인의 자유의 실제의 박탈로 종결되는 경죄들의 경우에는 개인의 자유가 위험에 놓일 때 그토록 필요한 "변호인의 이끄는 손(the guiding hand of counsel)"의 이익을 피고인은 누리게 될 것이다.

원심판결은 파기되는 바이다.

MR. JUSTICE BRENNAN, with whom MR. JUSTICE DOUGLAS and MR. JUSTICE STEWART join, concurring.

I join the opinion of the Court and add only an observation upon its discussion of legal resources, ante, at 37 n. 7. Law students as well as practicing attorneys may provide an important source of legal representation for the indigent. The Council on Legal Education for Professional Responsibility (CLEPR) informs us that more than 125 of the country's 147 accredited law schools have established clinical programs in which faculty-supervised students aid clients in a variety of civil and criminal matters.[11] CLEPR Newsletter, May 1972, p.2. These programs supplement practice rules enacted in 38 States authorizing students to practice law under prescribed conditions. Ibid. Like the American Bar Association's Model Student Practice Rule (1969), most of these regulations permit students to make supervised «407 U. S., 41» court appearances as defense counsel in criminal cases. CLEPR, State Rules Permitting the Student Practice of Law: Comparisons and Comments 13 (1971). Given the huge increase in law school enrollments over the past few years, see Ruud, That Burgeoning Law School Enrollment, 58 A. B. A. J. 146 (1972), I think it plain that law students can be expected to make a significant contribution, quantitatively and qualitatively, to the representation of the poor in many areas, including cases reached by today's decision.

---

11)

더글라스(DOUGLAS) 판사가 및 스튜어트(STEWART) 판사가 가담하는 브레넌(BRENNAN) 판사의 보충의견이다.

법원의 의견에 가담하면서, 다만 법적 자원들에 관하여 법원의 의견이 피력한 검토, Ante, at 37 n. 7에 대하여 한 가지의 의견을 나는 덧붙인다. 가난한 사람들을 위한 법적 대변의 중요한 자원을 개업 변호사들은 물론이고 로스쿨 학생들은 제공할 수 있다. 다양한 민사적 및 형사적 문제들에 있어서 교수진의 감독을 받는 학생들이 의뢰인들을 돕는 임상적 프로그램을 공인된 147개의 로스쿨들 중 125개 이상이 수립한 상태임을 전문직 책임성 제고를 위한 법학교육 위원회(The Council on Legal Education for Professional Responsibility; CLEPR)는 우리에게 알려준다.[11] CLEPR Newsletter, May 1972, p.2. 규정된 조건들 아래서 법을 실습하도록 허용하는 서른여덟 개 주들에서 입법된 실습규칙들을 이 프로그램들은 보충한다. Ibid. 학생들로 하여금 형사사건들에서 감독 하에 변호인으로서 법원에 출석하도록 «407 U. S., 41» 1969년 미국 법률가협회 학생실습 모범규칙이처럼 이 규칙들 중 대부분은 허용한다. CLEPR, State Rules Permitting the Student Practice of Law: Comparisons and Comments 13 (1971). 과거 수 년 동안의 로스쿨 등록자들의 거대한 증가를 전제할 때, see Ruud, That Burgeoning Law School Enrollment, 58 A. B. A. J. 146 (1972), 오늘의 판결에 의하여 다루어진 사건들을 포함하여 많은 영역들에 있어서 가난한 사람들의 대변에 양적으로 및 질적으로 한 가지 중요한 기여를 로스쿨 학생들은 할 것으로 기대될 수 있음은 명백하다고 나는 생각한다.

11) 교정업무에 있어서의 임상적 프로그램들을도 전체 57개의 로스쿨들은 수립한 터인 바, 유죄판정 사후구제(post-conviction relief)를 위한 청구서의 준비를 교수진의 감독 아래서 로스쿨 학생들은 조력한다. CLEPR Newsletter, May 1972, p. 3. 아울러 United States v. Simpson, 141 U. S. App. D. C. 8, 15–16, 436 F. 2d 162, 169–170 (1970)을 보라.

MR. CHIEF JUSTICE BURGER, concurring in the result.

I agree with much of the analysis in the opinion of the Court and with MR. JUSTICE POWELL's appraisal of the problems. Were I able to confine my focus solely to the burden that the States will have to bear in providing counsel, I would be inclined, at this stage of the development of the constitutional right to counsel, to conclude that there is much to commend drawing the line at penalties in excess of six months' confinement. Yet several cogent factors suggest the infirmities in any approach that allows confinement for any period without the aid of counsel at trial; any deprivation of liberty is a serious matter. The issues that must be dealt with in a trial for a petty offense or a misdemeanor may often be simpler than those involved in a felony trial, and yet be beyond the capability of a layman, especially when he is opposed by a law-trained prosecutor. There is little ground, therefore, to assume that a defendant, unaided by counsel, will be any more able adequately to defend himself against the lesser charges that may involve confinement than more serious charges. Appeal from a conviction after an uncounseled trial is not likely to be of much help to a defendant, since the die is usually cast when judgment is entered on an uncounseled trial record. «407 U. S., 42»

Trial judges sitting in petty and misdemeanor cases - and prosecutors - should recognize exactly what will be required by today's decision. Because no individual can be imprisoned unless he is represented by counsel, the trial judge and the prosecutor will have to engage in a predictive evaluation of

결과에 있어서 찬동하는 법원장 버거(BURGER) 판사의 의견이다.

이 법원의 의견에서의 분석 대부분에, 그리고 문제들에 관한 파웰(POWELL) 판사의 평가에, 나는 동의한다. 만약 변호인을 제공하는 데 있어서 주들이 짊어져야 할 부담 위에만 나의 초점을 내가 한정할 수 있다면, 변호인의 조력을 받을 헌법적 권리의 발전에 있어서의 이 단계에서는, 6월의 구금을 초과한 처벌로 그 선을 긋도록 권유할 점이 많다고 나는 결론짓고 싶다. 그러나 정식사실심리 변호인의 조력 없이 조금이나마의 구금을 허용하는 접근법에 있어서의 약점들을 몇 가지 설득력 있는 요소들은 시사한다; 자유의 박탈은 그 어떤 것이든 중대한 문제이다. 한 개의 경범죄(a petty offense)에 대한, 또는 한 개의 경죄(a misdemeanor)에 대한 정식사실심리에 있어서 다루어지지 않으면 안 될 쟁점들은 대개는 한 개의 중죄(a felony)에 대한 정식사실심리에 포함된 쟁점들이보다도 단순할 수 있으며, 또한 그러면서도 특히 한 명의 문외한이 법에 훈련된 한명의 검찰관의 대적이 되어 있을 때 그의 능력 너머에 그 쟁점들은 있을 수 있다. 따라서 중대한 공소사실들에 변호인의 조력을 받지 못하는 피고인이 맞서는 경우에보다는 구금을 포함할 수 있는 더 가벼운 공소사실들에 그러한 피고인이 맞서는 경우에, 조금이라도 더 적절하게 자기 자신을 그가 방어할 수 있을 것이라고 가정하는 것은 근거가 없다. 변호인의 조력을 받지 못한 정식사실심리 끝의 유죄판정에 대한 항소는 피고인에게 그다지 도움이 되지 못할 것인바, 왜냐하면 변호인의 조력 없이 치러진 정식사실심리 기록 위에 판결주문이 기재되면 대개 주사위는 던져지기 때문이다. «407 U. S., 42»

오늘의 판결에 의하여 무엇이 요구될 것인지를 경범죄 사건들(petty cases)을과 경죄 사건들(misdemeanor cases)을 심리하는 정식사실심리 판사들은 — 그리고 검찰관들은 — 정확하게 인식하여야 한다. 변호인에 의하여 대변되지 않은 채로는 어떤 개인이도 구금될 수 없기 때문에, 만약 유죄로 피고인이 판정되면그에게 감옥형기를

each case to determine whether there is a significant likelihood that, if the defendant is convicted, the trial judge will sentence him to a jail term. The judge can preserve the option of a jail sentence only by offering counsel to any defendant unable to retain counsel on his own. This need to predict will place a new load on courts already overburdened and already compelled to deal with far more cases in one day than is reasonable and proper. Yet the prediction is not one beyond the capacity of an experienced judge, aided as he should be by the prosecuting officer. As to jury cases, the latter should be prepared to inform the judge as to any prior record of the accused, the general nature of the case against the accused, including any use of violence, the severity of harm to the victim, the impact on the community, and the other factors relevant to the sentencing process. Since the judge ought to have some degree of such information after judgment of guilt is determined, ways can be found in the more serious misdemeanor cases when jury trial is not waived to make it available to the judge before trial.[12)] This will not mean a full "presentence" report on every defendant in every case before the jury passes on guilt, but a prosecutor should know before trial whether he intends to urge a jail sentence, and, if he does, he should be prepared to aid the court with the factual and legal basis for his view on that score. «407 U. S., 43»

This will mean not only that more defense counsel must be provided, but also additional prosecutors and better facilities for securing information about the accused as it bears on the probability of a decision to confine.

The step we take today should cause no surprise to the legal profession.

12) In a nonjury case, the prior record of the accused should not be made known to the trier of fact except by way of traditional impeachment.

정식사실심리 판사가 선고할 중대한 가능성이 있는지 여부를 판정하기 위하여 개개 사건에 대한 예언적 평가를 정식사실심리 판사는 및 검찰관은 수행하지 않으면 안 될 것이다. 조금이라도 그 자신의 변호인을 선임할 수 없는 피고인에게는 변호인을 제공함으로써만 감옥형기의 선택권을 판사는 보존할 수 있다. 예언을 해야 한다는 이 요구는, 이미 과중한 짐을 짊어지고 있으면서 이미 그 적당하고 알맞은 정도의보다도 훨씬 많은 사건들을 취급하도록 강제되는 법원들 위에 새로운 부담을 지울 것이다. 그러나 한 명의 숙련된 판사의 능력을 그 예언은 벗어난 것은 아닌바, 검찰관에 의하여 조력을 그는 받게 되어 있기 때문이다. 배심에 의하여 정식사실심리되는 사건들에 있어서는, 피고인의 모든 전과기록에 관하여, 폭력의 사용을, 피해자에게 가해진 피해의 중대성을 및 지역사회에 미친 영향을 포함하는 피고인에 대한 주장사실의 일반적 성격에 관하여, 그리고 양형심문 절차(sentencing process)에 관련 있는 여타의 요인들에 관하여 정보를 판사에게 제공할 준비를 검찰관은 갖추어야 한다. 유죄의 판단이 확정된 뒤에는 이 같은 정보를 상당한 정도로 판사는 지녀야 하므로, 배심에 의한 정식사실심리가 포기되지 아니한 보다 더 중대한 경죄 사건들의 경우에는 그것을 정식사실심리 이전에 판사로 하여금 입수할 수 있게 하는 방법들이 찾아질 수 있다.[12] 유죄로 배심이 평결하기 이전의 모든 사건에서의 모든 피고인에 대한 완전한 "선고 이전의(presentence)" 보고서를 이것은 의미하지 않을 것이지만, 그러나 감옥형기를 자신이 요구할 의도가 있는지 여부를 정식사실심리 이전에 검찰관은 알아야 하며, 그리하여 만약 그 의도가 있다면 그 점에 관한 자신의 견해의 사실적 및 법적 근거로써 법원을 조력할 준비를 그는 갖추어야 한다. «407 U. S., 43»

더 많은 변호인이 제공되지 않으면 안 됨을 의미하는 데 이것은 그치는 것이 아니라, 한 개의 구금 결정이 나올 개연성에 관련을 지닌, 피고인에 관한 정보를 확보하기 위하여 추가적 검찰관들이 및 더 나은 편의들이 제공되지 않으면 안 됨을 이것은 의미하기도 할 것이다.

오늘 우리가 딛는 걸음은 법조 전문직에 놀라움을 야기하는 것은 아니다. "변호

12) 배심에 의하지 않는(a nonjury) 사건에 있어서, 피고인의 전과기록은 전통적인 탄핵(impeachment)의 방법에 의하지 않는 한 사실심리자에게 알려져서는 안 된다.

More than five years ago, the profession, speaking through the American Bar Association in a Report on Standards Relating to Providing Defense Services, determined that society's goal should be "that the *system* for providing counsel and facilities for the defense be as good as the system which society provides for the prosecution." American Bar Association Project on Standards for Criminal Justice, Providing Defense Services 1 (Approved Draft 1968). The ABA was not addressing itself, as we must in this case, to the constitutional requirement, but only to the broad policy issue. Elsewhere in the Report the ABA stated that:

"The fundamental premise of these standards is that representation by counsel is desirable in criminal cases both from the viewpoint of the defendant and of society." Id., at 3.

After considering the same general factors involved in the issue we decide today, the ABA Report specifically concluded that:

"Counsel should be provided in all criminal proceedings for offenses punishable by loss of liberty, except those types of offenses for which such punishment is not likely to be imposed, regardless of their denomination as felonies, misdemeanors or otherwise." Id., § 4.1, pp. 37-38.

In a companion ABA Report on Standards Relating to the Prosecution Function and the Defense Function «407 U. S., 44» the same basic theme appears in the positive standard cast in these terms:

"Counsel for the accused is an essential component of the administration of criminal justice. A court properly constituted to hear a criminal case must be viewed as a tripartite entity consisting of the judge (and jury, where appropriate), counsel for the prosecution, and counsel for the accused." Id., at 153 (Approved Draft 1968).

인을 제공하는, 그리고 방어를 위한 편의들을 제공하는 *제도(system)*는 소추를 위하여 사회가 제공하는 제도가만큼은 효과적인 것이어야 함"이 사회의 목표가 되어야 한다고 5년도 더 된 과거에 미국 법률가협회 변론서비스 제공표준 보고서를 통하여 말하면서 법조 전문직은 판정하였다. American Bar Association Project on Standards for Criminal Justice, Providing Defense Services 1 (Approved Draft 1968). 이 사건에서의 우리가 역점 두어 다루지 않으면 안 되는 헌법적 요구를이 아니라 단지 광범위한 정책의 문제를 미국 법률가협회는 역점 두어 다루었다. 그 보고서의 다른 곳에서 미국 법률가협회는 이렇게 말하였다:

"형사사건들에 있어서 변호인에 의한 대변이 피고인의 견지에서와 사회의 견지에서 다 같이 바람직하다는 데에 이 표준의 기본적 전제는 있다." id., at 3.

오늘 우리가 판단하는 문제에 포함된 바로 그 일반적 요소들을 미국 법률가협회의 보고서는 고찰한 뒤에 특히 이렇게 결론지었다:

"자유의 박탈에 의하여 처벌될 수 있는 범죄들에 대한 모든 형사절차들에서, 그 범죄들의 명칭이 중죄들(felonies)인지를, 경죄들(misdemeanors)인지를 또는 그 밖의 것들인지를 불문하고, 변호인은 제공되어야 하는 바, 다만 그 같은 처벌이 부과될 가능성이 없는 유형의 범죄들의 경우는 제외한다." Id. § 4.1, pp. 37-38.

이에 짝을 이루는, 소추기능의 및 변호기능의 표준에 관한 미국 법률가협회 보고서에서, «407 U. S., 44» 아래의 표현으로 짜여진 적극적 기준 안에 바로 그 동일한 기본적 주제는 나타난다:

"피고인을 위한 변호인은 형사사법의 운영에 있어서 한 가지 필수적 구성요소이다. 한 개의 형사사건을 심리하기 위하여 완전하게 구성된 법원은 판사(및 적절한 경우에는 배심)으로, 검찰측 변호사로, 그리고 피고인측 변호사로 이루어지는 삼자 구성의 통일체(a tripartite entity)로 간주되지 않으면 안 된다." id., at 153 (Approved Draft 1968).

The right to counsel has historically been an evolving concept. The constitutional requirements with respect to the issue have dated in recent times from Powell v. Alabama, 287 U. S. 45 (1932), to Gideon v. Wainwright, 372 U. S. 335 (1963). Part of this evolution has been expressed in the policy prescriptions of the legal profession itself, and the contributions of the organized bar and individual lawyers - such as those appointed to represent the indigent defendants in the Powell and Gideon cases - have been notable. The holding of the Court today may well add large new burdens on a profession already overtaxed, but the dynamics of the profession have a way of rising to the burdens placed on it.

변호인의 조력을 받을 권리는 역사적으로 한 개의 진화해 나가는 개념이 되어 왔다. 근자에 Powell v. Alabama, 287 U. S. 45 (1932) 판결에서부터 Gideon v. Wainwright, 372 U. S. 335 (1963) 판결에까지 그 문제에 관한 헌법적 요구사항들은 거슬러 올라 있다. 이 진화과정의 일부는 법조 전문직 자체의 정책 규정들 안에 표명되어 온 터이며, 또한 조직된 법조단의 및 개인 변호사들의 기여는 — Powell 판결에서와 Gideon 판결에서 가난한 피고인들을 대변하도록 지정되었던 법조단의 및 변호사들의 경우처럼 — 주목할 만한 것이 되어 왔다. 이미 과중한 짐을 진 전문직 위에 커다란 새 짐들을 이 법원의 오늘의 판시는 보태는 것도 당연하지만, 그러나 자신 위에 부과된 부담들에 대처하는 습성을 그 전문직의 역동성은 발휘하곤 한다.

MR. JUSTICE POWELL, with whom MR. JUSTICE REHNQUIST joins, concurring in the result.

Gideon v. Wainwright, 372 U. S. 335 (1963), held that the States were required by the Due Process Clause of the Fourteenth Amendment to furnish counsel to all indigent defendants charged with felonies.[1] The ques- «407 U. S., 45» tion before us today is whether an indigent defendant convicted of an offense carrying a maximum punishment of six months' imprisonment, a fine of $1,000, or both, and sentenced to 90 days in jail, is entitled, as a matter of constitutional right, to the assistance of appointed counsel. The broader question is whether the Due Process Clause requires that an indigent charged with a state petty offense[2] be afforded the right to appointed counsel.

In the case under review, the Supreme Court of Florida agreed that indigents charged with serious misdemeanors were entitled to appointed counsel, but, by a vote of four to three, it limited that right to offenses punishable by more than six months' imprisonment.[3] The state court, in drawing a six-month line, followed the lead of this Court in Duncan v. Louisiana, 391 U. S. 145 (1968), and in the subsequent case of Baldwin v. New York, 399 U. S. 66

1) While it is true that Mr. Justice Black's opinion for the Court in Gideon is not narrowly written, Mr. Justice Harlan was quick to suggest, in his concurring opinion, that the facts in Gideon did not require the Court to decide whether the indigent's right to appointed counsel should extend to all criminal cases. 372 U. S., at 351. In opinions announced more recently, the Court has assumed «407 U. S., 45» that the holding of Gideon has not yet been extended to misdemeanor cases. See In re Gault, 387 U. S. 1, 29 (1967); Mempa v. Rhay, 389 U. S. 128, 134 (1967); Burgett v. Texas, 389 U. S. 109, 114 (1967); Loper v. Beto, 405 U. S. 473 (1972).

2) As used herein, the term "petty offense" means any offense where the authorized imprisonment does not exceed six months, Baldwin v. New York, 399 U. S. 66, 69 (1970). It also includes all offenses not punishable by imprisonment, regardless of the amount of any fine that might be authorized. To this extent, the definition used herein differs from the federal statutory definition of "petty offense," which includes offenses punishable by not more than six months' imprisonment or by a fine not exceeding $500. 18 U. S. C. § 1.

3) 236 So. 2d 442 (1970).

렌퀴스트(REHNQUIST) 판사가 가담하는, 결론에 있어서 찬동하는 파월(POWELL) 판사의 보충의견이다.

변호인을 중죄로 기소된 모든 가난한 피고인들에게 제공하도록 연방헌법 수정 제14조의 적법절차 조항에 의하여 주들은 요구된다고 Gideon v. Wainwright, 372 U. S. 335 (1963) 판결은 판시하였다.[1] 오늘 우리 «407 U. S., 45» 앞에 놓인 문제는 최장 6월의 구금형을, 최대 1,000달러의 벌금을, 또는 두 가지의 병과를 수반하는 범죄로 유죄판정을 받고 90일의 감옥형이 선고된 가난한 피고인의 경우에 헌법적 권리 사항으로서 변호인의 조력을 받을 권리가 있는지 여부이다. 보다 넓은 문제는 지정 변호인을 가질 권리를 한 개의 주 경범죄(a state petty offense)[2]로 기소된 가난한 사람에게 제공하도록 적법절차가 요구하는지 여부이다.

검토에 놓인 사건에서 중경죄들(serious misdemeanors)로 기소된 가난한 피고인들은 지정 변호인을 가질 권리가 있다는 데 플로리다주 대법원은 동의하였지만, 그러나 그 권리를 6월 초과의 구금형으로써 처벌 가능한 범죄들에 4 대 3의 표결로써 플로리다주 대법원은 한정하였다.[3] 6월이라는 금을 긋는 데 있어서 Duncan v. Louisiana, 391 U. S. 145 (1968)에서와 이에 뒤이어 이 사건 원심의 의견이 나온 직후에 판결된 Baldwin v. New York, 399 U. S. 66 (1970)에서의 당원의 전례를 플로리다

1) Gideon 사건에서 법원을 대표한 블랙(BLACK) 판사의 의견은 협소하게 쓰여져 있지 아니함이 사실임에도 불구하고, 변호인을 지정받을 가난한 사람들의 권리가 모든 형사사건들에 적용되는지 여부를 판단하도록 당원에게 Gideon 판결에서의 사실관계는 요구하지 않는다고 할란(HARLAN) 판사는 자신의 보충의견에서 신속하게 내비추었다. 372 U. S., at 351. 보다 최근에 선언된 의견들에서 Gideon 판결의 «407 U. S., 45» 판시가 경죄(misdemeanor) 사건들에는 아직 적용되지 않는 것으로 당원은 가정해 왔다. In re Gault, 387 U. S. 1, 29 (1967)을; Mempa v. Rhay, 389 U. S. 128, 134 (1967)을; Burgett v. Texas, 389 U. S. 109, 114 (1967)을; Loper v. Beto, 405 U. S. 473 (1972)을 보라.

2) 법정 구금형이 6월을 초과하지 않는 모든 범죄를 의미하는 것으로 여기서 "경범죄(petty offense)"라는 용어는 사용된다. Baldwin v. New York, 399 U. S. 66, 69 (1970). 아울러 법정형으로서의 벌금의 액수에 상관없이 구금형으로 처벌할 수 없는 모든 범죄들을 그것은 포함한다. 여기서 사용된 개념은 이 점에 있어서만큼은 연방 제정법상의 "경범죄(petty offense)" 개념과는 다른 바, 6월 이하의 구금형으로 또는 500달러 이하의 벌금형으로 처벌할 수 있는 범죄들을 후자는 포함한다. 18 U. S. C. § 1.

3) 236 So. 2d 442 (1970).

(1970), which was decided shortly after the opinion below, in which the Court held that the due process right to a trial by jury in state criminal cases was limited to cases in which the offense charged was punishable by more than six months' imprisonment. It is clear that, wherever the right to counsel line is to be drawn, it must be drawn so that an indigent «407 U. S., 46» has a right to appointed counsel in all cases in which there is a due process right to a jury trial. An unskilled layman may be able to defend himself in a nonjury trial before a judge experienced in piecing together unassembled facts, but, before a jury, the guiding hand of counsel is needed to marshal the evidence into a coherent whole consistent with the best case on behalf of the defendant. If there is no accompanying right to counsel, the right to trial by jury becomes meaningless.

Limiting the right to jury trial to cases in which the offense charged is punishable by more than six months' imprisonment does not compel the conclusion that the indigent's right to appointed counsel must be similarly restricted. The Court's opinions in Duncan, Baldwin, and District of Columbia v. Clawans, 300 U. S. 617 (1937), reveal that the jury trial limitation has historic origins at common law. No such history exists to support a similar limitation of the right to counsel; to the contrary, at common law, the right to counsel was available in misdemeanor, but not in felony, cases.[4] Only as recently as Gideon has an indigent in a state trial had a right to appointed counsel in felony cases. Moreover, the interest protected by the right to have guilt or innocence determined by a jury - tempering the possibly arbitrary and harsh exercise of prosecutorial and judicial power[5] - while important, is not as fundamental to the guarantee of a fair trial as is the right to counsel.[6] «407 U. S., 47»

4) See Powell v. Alabama, 287 U. S. 45, 60–61 (1932).

5) Duncan v. Louisiana, 391 U. S. 145, 156 (1968).

6) Although we have given retroactive effect to our ruling in Gideon, Pickelsimer v. Wainwright, 375 U. S. 2 (1963), we have said that "[t]he values implemented by the right to jury trial would not measurably be served by requiring retrial of all person convicted in the past by procedures not consistent with the Sixth Amendment right to jury trial."

주 대법원은 좇았는 바, 기소된 범죄가 6월 초과의 징역형으로써 처벌 가능한 사건들로 주(state) 형사사건들에 있어서 배심에 의한 정식사실심리를 누릴 적법절차상의 권리는 한정된다고 Baldwin 사건에서 당원은 판시하였다. 변호인의 조력을 받을 권리의 경계가 그어져야 할 경우에는 언제든지, 배심에 의한 정식사실심리를 누릴 «407 U. S., 46» 적법절차상의 권리가 있는 모든 사건들에 있어서 변호인을 지정받을 권리를 한 명의 가난한 사람이 지니도록 그 줄은 그어지지 않으면 안 됨은 명백하다. 숙련되지 않은 문외한은, 결합되지 않은 사실들을 조립해 맞추는 데 익숙한 판사 앞에서의 배심에 의하지 않은 정식사실심리에서는 자기 자신을 방어할 수 있을 수도 있으나, 그러나 배심 앞에서는 증거를 정렬하여 피고인을 위한 최선의 주장사실을 지닌 통일성 있는 전체로 구성해 내기 위하여 변호인의 이끄는 손이 요구된다. 만약 변호인의 조력을 받을 권리가 동반되지 않는다면, 배심에 의한 정식사실심리를 누릴 권리는 의미가 없어진다.

배심에 의한 정식사실심리를 누릴 권리를 6월 초과의 구금형에 의하여 처벌할 수 있는 범죄로 기소된 사건들에 한정한다 하여, 지정 변호인을 가질 가난한 사람의 권리가도 마찬가지로 한정되지 않으면 안 된다는 결론을 강제하는 것은 아니다. 배심에 의한 정식사실심리의 제한은 그 역사적 연원들을 보통법에 둔 것들임을 Duncan 판결에서의, Baldwin 판결에서의, 그리고 District of Columbia v. Clawans, 300 U. S. 617 (1937) 판결에서의 당원의 의견은 보여준다. 변호인의 조력을 받을 권리에 대하여는, 모종의 유사한 제한을 뒷받침하는 이 같은 역사는 존재하지 않는다; 오히려 그 반대로, 보통법상으로 경죄(misdemeanor) 사건들에서는 변호인의 조력을 받을 권리를 사용할 수 있었으나 중죄(felony) 사건들에서는 사용할 수 없었다.[4] 변호인의 조력을 받을 권리를 주(state) 정식사실심리에서의 가난한 사람이 중죄 사건들에서 지니게 된 것은 바로 최근에 Gideon 판결에서였다. 더군다나 유죄를 또는 무죄를 배심에게서 판정받을 권리에 의하여 보호되는 이익은 — 필시 자의적이고 가혹할 수 있는 검찰권의 및 사법권의 행사를 그것은 완화시킨다[5] — 비록 중요하기는 하지만, 공정한 정식사실심리의 보장에 있어서 변호인의 조력을 받을 권리

4) Powell v. Alabama, 287 U. S. 45, 60–61 (1932)을 보라.
5) Duncan v. Louisiana, 391 U. S. 145, 156 (1968).

I am unable to agree with the Supreme Court of Florida that an indigent defendant, charged with a petty offense, may in every case be afforded a fair trial without the assistance of counsel. Nor can I agree with the new rule of due process, today enunciated by the Court, that, "absent a knowing and intelligent waiver, no person may be imprisoned …… unless he was represented by counsel at his trial." Ante, at 37. It seems to me that the line should not be drawn with such rigidity.

There is a middle course, between the extremes of Florida's six-month rule and the Court's rule, which comports with the requirements of the Fourteenth Amendment. I would adhere to the principle of due process that requires fundamental fairness in criminal trials, a principle which I believe encompasses the right to counsel in petty cases whenever the assistance of counsel is necessary to assure a fair trial.

I

I am in accord with the Court that an indigent accused's need for the assistance of counsel does not mysteriously evaporate when he is charged with an offense punishable by six months or less. In Powell v. Alabama[7] and Gideon,[8] both of which involved felony prosecutions, this Court noted that few laymen can present adequately their own cases, much less identify and argue relevant legal questions. Many petty offenses will also present complex legal and factual issues that may not be fairly tried if the defendant is not

DeStefano v. Woods, 392 U. S. 631, 634 (1968).

7) Supra, n. 4, at 68–69.

8) 372 U. S., at 343–345.

가만큼 기본적인 것은 아니다.[6] «407 U. S., 47»

공정한 정식사실심리를 경범죄(a petty offense)로 기소된 가난한 피고인은 모든 경우에 있어서 변호인의 조력 없이도 제공받을 수 있다는 데 대하여 플로리다주 대법원에 나는 동의할 수 없다. 아울러 "인지 상태에서의 분별 있는 포기가 없는 한, 정식사실심리에서 변호인에 의하여 대변되지 않은 채로는, …… 어느 누구가도 구금되어서는 안 된다."는, 오늘 이 법원에 의하여 선언된 그 새로운 적법절차 규칙에 대하여도 나는 동의할 수 없다. Ante, at 37. 이 같은 경직성을 지닌 채로 그 줄은 그어져서는 안 될 것으로 내게는 생각된다.

양극단인 플로리다주의 6월 규칙의 및 이 법원의 규칙의 양자 사이에는 연방헌법 수정 제14조의 요구에 부합하는 중간의 길이 있다. 형사 정식사실심리들에 있어서의 기본적 공정성을 요구하는 적법절차의 원칙을 나라면 고수할 것인 바, 그것은 내가 믿기로는 경범죄 사건들에 있어서의 변호인의 조력을 받을 권리를, 공정한 정식사실심리를 확보하기 위하여 변호인의 조력이 필요한 때는 언제나 포함하는 한 개의 원칙이다.

I

변호인의 조력을 필요로 하는 가난한 피고인이 6월 이하의 형기로써 처벌 가능한 범죄로 기소될 때에 그의 사정은 불가사의하게도 증발해 버리는 것이 아니라는 데 대하여 이 법원에 나는 찬동한다. 중죄 기소사건들을 Powell v. Alabama 판결[7]은 및 Gideon 판결[8]은 둘 다 포함하였는 바, 문외한들 가운데 적절하게 자신들의 주장사실들을 제기할 수 있는 사람은 별로 없으며 관련 있는 법적 문제들을 확인하

6) 소급효를 Gideon, Pickelsimer v. Wainwright, 375 U. S. 2 (1963)에서의 우리의 판시에 비록 우리는 부여한 터임에도 불구하고, 우리는 이렇게 말한 바 있다: "[배]심에 의한 정식사실심리를 누릴 권리에 의하여 충족되는 가치들은, 배심에 의한 정식사실심리를 누릴 연방헌법 수정 제6조의 권리에 위배되는 절차들에 의하여 과거에 유죄로 판정된 모든 사람에 대한 새로운 정식사실심리를 요구함으로써는 눈에 띄게 도움을 얻지는 못할 것이다." DeStefano v. Woods, 392 U. S. 631, 634 (1968).

7) Supra, n. 4, at 68–69.

8) 372 U. S., at 343–345.

assisted by counsel. Even in relatively simple cases, some defendants, because of ignorance or some other handicap, will be incapable of defending themselves. The consequences of a misdemeanor conviction, whether they be a brief period served under the sometimes deplorable con- «407 U. S., 48» ditions found in local jails or the effect of a criminal record on employability, are frequently of sufficient magnitude not to be casually dismissed by the label "petty."[9]

Serious consequences also may result from convictions not punishable by imprisonment. Stigma may attach to a drunken driving conviction or a hit-and-run escapade.[10] Losing one's driver's license is more serious for some individuals than a brief stay in jail. In Bell v. Burson, 402 U. S. 535 (1971), we said:

"Once licenses are issued, as in petitioner's case, their continued possession may become essential in the pursuit of a livelihood. Suspension of issued licenses thus involves state action that adjudicates important interests of the licensees. In such cases, the licenses are not to be taken away without that procedural due process required by the Fourteenth Amendment." Id., at 539.

When the deprivation of property rights and interests is of sufficient consequence,[11] denying the assistance of counsel to indigents who are inca-

9) See 1 L. Silverstein, Defense of the Poor in Criminal Cases in American State Courts 132 (1965).

10) See James v. Headley, 410 F. 2d 325, 334–335 (CA5 1969).

11) A wide range of civil disabilities may result from misdemeanor convictions, such as forfeiture of public office (State ex rel. Stinger v. v. Kruger, 280 Mo. 293, 217 S. W. 310 (1919)), disqualification for a licensed profession (Cal. Bus. & Prof. Code § 3094 (1962) (optometrists); N. C. Gen. Stat. § 93A–4(b) (1965) (real estate brokers)), and loss of pension rights (Fla. Stat. Ann § 185.18(3) (1966) (police disability pension denied when injury is result of participation in fights, riots, civil insurrections, or while committing crime); Ind. Ann. Stat. § 28–4616 (1948) (teacher convicted of misdemeanor resulting in imprisonment); Pa. Stat. Ann., Tit. 53, § 39323 (Supp. 1972–1973) and § 65599 (1957) (conviction of crime or misdemeanor)). See generally Project, The Collateral Consequences of a Criminal Conviction, 23 Vand. L. Rev. 929 (1970).

고 주장할 수 있는 사람은 훨씬 더 적음을 당원은 거기서 특별히 언급하였다. 만약 변호인에 의하여 피고인이 조력되지 않으면 공정하게 심리될 수 없는 복잡한 법적 및 사실적 쟁점들을 많은 경범죄들은 역시 제기할 것이다. 심지어 비교적 간단한 사건들에 있어서조차도, 무지로 내지는 그 밖의 모종의 핸디캡으로 인하여 자기 자신들을 방어할 능력을 어떤 피고인들은 지니지 못할 것이다. 한 개의 경죄 유죄판정의 결과들은, 때때로 지방 감옥들에서 발견되는 그 개탄스러운 조건들 아래서 복역되는 한 개의 짧은 기간이 되든, 또는 한 개의 형사기록이 «407 U. S., 48» 취직 가능성에 미치는 영향이 되든, "사소한(petty)"이라는 딱지로써 별생각 없이 잊혀져서는 안 될 만큼 충분한 중대성을 지닌 것들인 경우가 빈번하다.[9]

구금형에 의한 처벌이 불가능한 유죄판정들로부터도 중대한 결과들은 생길 수 있다. 주취운전 유죄판정에든 뺑소니 차량 운전에든 오명은 달라붙을 수 있다.[10] 운전면허의 상실은 어떤 개인들에게는 감옥에서의 짧은 체류가보다도 더 중대한 것일 수 있다. Bell v. Burson, 402 U. S. 535 (1971)에서 우리는 말하였다:

"청구인의 경우처럼 일단 면허들이 발급되면 그것들의 지속적인 보유는 생계의 종사에 불가결한 것이 될 수 있다. 이처럼 면허소지자들의 중요한 이익들을 판결하는 주(state) 행위를 발부된 면허들에 대한 정지는 포함한다. 이 같은 사건들에 있어서 연방헌법 수정 제14조에 의하여 요구되는 절차적 적법절차 없이는 면허들은 박탈되어서는 안 된다." id., at 539.

충분한 중요성을 재산적 권리들의 및 이익들의 박탈이 지닐 때에는,11) 변호인의 조력을 그 자신들을 방어할 능력이 없는 가난한 사람들에게 부정하는 것은 적법

9) 1 L. Silverstein, Defense of the Poor in Criminal Cases in American State Courts 132 (1965)을 보라.

10) James v. Headley, 410 F. 2d 325, 334–335 (CA5 1969)을 보라.

11) 경죄 유죄판정들로부터는 광범위한 민사적 무능력들(civil disabilites)이 야기될 수 있는 바, 공직의 박탈이 (State ex rel. Stinger v. Kruger, 280 Mo. 293, 217 S. W. 310 (1919)), 면허가 필요한 전문직에의 결격사유가 (Cal. Bus. & Prof. Code § 3094 (1962) (검안사들); N. C. Gen. Stat. § 93A–4(b) (1965) (부동산 중개업자들)), 그리고 연금 수령권의 상실이 (Fla. Stat. Ann. § 185.18(3) (1966) (부상이 싸움질에의, 폭동에의, 반란에의 가담의 결과인 경우의 또는 범죄를 저지르는 동안의 것인 경우의 경찰 장해연금의 박탈); Ind. Ann. Stat. § 28–4616 (1948) (경죄로 유죄판정을 받아 구금형이 부과된 교사); Pa. Stat. Ann., Tit. 53, § 39323 (Supp. 1972–1973) and § 65599 (1957) (범죄 또는 경죄에 대한 유죄판정)) 그것들이다. 일반적으로는 Project, The Collateral Consequences of a Criminal Conviction, 23 Vand. L. Rev. 929 (1970)을 보라.

pable of defending themselves is a denial of due process. «407 U. S., 49»

This is not to say that due process requires the appointment of counsel in all petty cases, or that assessment of the possible consequences of conviction is the sole test for the need for assistance of counsel. The flat six-month rule of the Florida court and the equally inflexible rule of the majority opinion apply to *all* cases within their defined areas, regardless of circumstances. It is precisely because of this mechanistic application that I find these alternatives unsatisfactory. Due process, perhaps the most fundamental concept in our law, embodies principles of fairness, rather than immutable line drawing as to every aspect of a criminal trial. While counsel is often essential to a fair trial, this is by no means a universal fact. Some petty offense cases are complex; others are exceedingly simple. As a justification for furnishing counsel to indigents accused of felonies, this Court noted, "That government hires lawyers to prosecute and defendants who have the money hire lawyers to defend are the strongest indications of the widespread belief that lawyers in criminal courts are necessities, not luxuries."[12] Yet government often does not hire lawyers to prosecute petty offenses; instead, the arresting police officer presents the case. Nor does every defendant who can afford to do so hire lawyers to defend petty charges. Where the possibility of a jail sentence is remote and the probable fine seems small, or where the evidence of guilt is overwhelming, the costs of assistance of counsel may exceed the benefits.[13] It is anomalous that the Court's opinion today will extend «407 U. S., 50» the right of appointed counsel to indigent defendants in cases where the right to counsel would rarely be exercised by nonindigent defendants.

---

12) Gideon v. Wainwright, 372 U. S., at 344.

13) In petty offenses, there is much less plea negotiation than in serious offenses. See Report by the President's Commission on Law Enforcement and Administration of Justice, The Challenge of Crime in a Free Society (hereinafter Challenge) 134 (1967). Thus, in cases where the evidence of guilt is overwhelming, the assistance of counsel is less essential to obtain a lighter sentence.

절차의 박탈이다. «407 U. S., 49»

이것은 변호인 지정을 모든 경범죄 사건들에서 적법절차가 요구한다고, 또는 유죄판정의 있을 수 있는 결과들에 대한 평가가 변호인의 조력의 필요를 위한 유일한 기준이라고 말하고자 함이 아니다. 상황 여하에 상관없이 그 규정된 영역들 내의 *모든(all)* 사건들에 플로리다주 법원의 일률적인 6월 기준은, 그리고 마찬가지로 융통성 없는 다수의견의 규칙은 적용된다. 이 대안들을 내가 불만스럽게 여기는 것은 다름 아닌 바로 이 기계적 적용 때문이다. 우리의 법 안에서 아마도 가장 기본적인 개념인 적법절차가 구현하는 것은 형사 정식사실심리의 모든 측면에 관하여 긋는 불변의 기준선이라기보다는 오히려 공정성의 원칙들(principles of fairness)이다. 변호인은 공정한 정식사실심리에 자주 필수이기는 하지만, 이것은 결코 한 개의 보편적 사실(a universal fact)은 아니다. 어떤 경범죄 사건들은 복잡하다; 다른 것들은 매우 단순하다. 변호인을 중죄들로 기소된 가난한 사람들에게 제공해야 할 한 가지 정당화 사유로서 당원은 특별히 이렇게 언급하였다: “소송을 추행하기(prosecute) 위하여 변호사들을 정부가 고용한다는 사실은, 그리고 자신을 방어하기 위하여 변호사들을 돈 있는 피고인들이 고용한다는 사실은 형사 법정들에서의 변호사들이 사치품 아닌 필수품이라는 그 넓게 퍼져 있는 믿음에 대한 가장 강력한 징표들이다.”[12] 그러나 경범죄들을 기소하기 위하여는 흔히 변호사들을 정부는 고용하지 않는다; 그렇게 하기보다 주장사실을 체포 경찰관들이 제출한다. 또한 경미한 공소사실들을 방어하는 데 있어서도 변호사들을 고용할 수 있는 모든 피고인이 변호사들을 고용하는 것은 아니다. 감옥형의 희박할 때, 그러면서 그 가망 있는 벌금이 소액이라고 생각될 때, 또는 유죄의 증거가 압도적일 때, 변호인의 조력의 이익들을 그 비용들은 초과할 수 있다.[13] 지정 변호인을 가질 권리를, 가난하지 아니한 피고인들에 의하여서는 «407 U. S., 50» 변호인의 조력을 받을 권리가 거의 행사되지 않는 사건들에서 가난한 피고인들에게 오늘 이 법원의 의견이 확장시키겠다고 하는 것은 이상한 일이다.

---

12) Gideon v. Wainwright, 372 U. S., at 344.

13) 경범죄들에 있어서는 중대한 범죄들에 있어서의 경우에보다도 답변교섭(plea negotiation)이 훨씬 적다. 법집행에 및 재판운영에 관한 대통령 위원회 보고서인 The Challenge of Crime in a Free Society(자유사회에 있어서의 범죄의 도전) (이하에서는 Challenge) 134 (1967) 등을 보라. 이처럼 유죄의 증거가 압도적인 사건들의 경우에는 보다 더 가벼운 형량을 얻는 데 있어서 변호인의 조력은 덜 불가결하다.

Indeed, one of the effects of this ruling will be to favor defendants classified as indigents over those not so classified, yet who are in low income groups where engaging counsel in a minor petty offense case would be a luxury the family could not afford. The line between indigency and assumed capacity to pay for counsel is necessarily somewhat arbitrary, drawn differently from State to State and often resulting in serious inequities to accused persons. The Court's new rule will accent the disadvantage of being barely self-sufficient economically.

A survey of state courts in which misdemeanors are tried showed that procedures were often informal, presided over by lay judges. Jury trials were rare, and the prosecution was not vigorous.[14)] It is as inaccurate to say that no defendant can obtain a fair trial without the assistance of counsel in such courts as it is to say that no defendant needs the assistance of counsel if the offense charged is only a petty one.[15)]

Despite its overbreadth, the easiest solution would be a prophylactic rule that would require the appointment of counsel to indigents in all criminal cases. The simplicity of such a rule is appealing, because it could be «407 U. S., 51» applied automatically in every case, but the price of pursuing this easy course could be high indeed in terms of its adverse impact on the administration of the criminal justice systems of 50 States. This is apparent when one reflects on the wide variety of petty or misdemeanor offenses, the varying definitions thereof, and the diversity of penalties prescribed. The potential impact on state court systems is also apparent in view of the varia-

14) Silverstein, supra, n. 9, at 125–126.

15) Neither the Report by the President's Commission on Law Enforcement and Administration of Justice nor the American Bar Association went the route the Court takes today. The President's Commission recommended that counsel be provided for criminal defendants who face "a significant penalty," and at least to those who are in danger of "substantial loss of liberty." Challenge, supra, n. 13, at 150. The American Bar Association standard would not extend the right to counsel to cases where "loss of liberty" is not "likely to be imposed." American Bar Association Project on Standards for Criminal Justice, Providing Defense Services 37–40 (Approved Draft 1968). Neither supports a new, inflexible constitutional rule.

아닌 게 아니라, 이 판결의 결과들 중 한 가지는 가난한 사람들로 분류된 피고인들을, 가난한 사람들로 분류되지 않은, 그렇지만 한 개의 경미하면서 사소한 범죄에 변호인을 선임하는 것이 가족들로서 감당할 수 없는 사치가 될 저소득 계층에 속하는 사람들을보다도 우대하는 것이 될 것이다. 곤궁(indigency)의, 그리고 변호인에게 보수를 지불할 수 있는 추정된 능력의 양자 사이의 경계선은 불가피하게 어느 정도 자의적인 것인 바, 주마다 서로 다르게 그것은 그어지고 그리하여 자주 피고인들에 대한 심각한 불평등으로 그것은 끝난다. 경제적으로 가까스로 자급자족인 사람들의 불이익을 이 법원의 새 규칙은 한층 악화시킬 것이다.

비법률가 재판관들(lay judges)에 의하여 주재되는 가운데 흔히 약식으로 절차들이 진행됨을 경죄사건들이 정식사실심리되는 주 법원들에 대한 조사는 보여주었다. 배심에 의한 정식사실심리들은 드물었고, 검찰은 정력적이지 않았다.[14] 이 같은 법원들에서 공정한 정식사실심리를 변호인의 조력 없이는 피고인은 얻을 수 없다고 말하는 것이 부정확함은, 그 기소된 범죄가 경범죄에 불과한 경우에는 변호인의 조력을 피고인은 필요로 하지 않는다고 말하는 것이 부정확함에 대등하다.[15]

그 지나치게 넓음에도 불구하고, 가장 쉬운 해법은 변호인 지정을 모든 형사사건들에 있어서 가난한 사람들에게 요구하는 한 개의 예방적 규칙(a prophylactic rule)일 것이다. 이 같은 규칙의 단순성은 모든 사건에 자동적으로 그것이 «407 U. S., 51» 적용될 수 있기 때문에 매력이 있는 바, 그러나 이 손쉬운 경로를 좇는 데 소요되는 비용은 50개 주들의 형사재판 제도들의 운영 위에 그것이 미칠 역효과에 비추어 실로 높은 것일 수 있다. 경범죄들의 내지는 경죄들의 폭넓은 다양성을, 그것들의 변화무쌍한 개념들을, 그리고 규정된 처벌들의 다양성을 우리가 곰곰이 생각할 때 이것은 명백하다. 작은 지역사회들에서의 치안판사들에서부터 및 비상근직 판사들에서부터 대도시 중심 부분들에서 하루 24시간을 작동하는, 정교하게 직원이 배치

---

14) Silverstein, supra, n. 9, at 125–126.

15) 이 법원이 오늘 채택한 노선을 법집행에 및 재판운영에 관한 대통령 위원회 보고서는 및 미국 법률가협회는 택하지 않았다. 변호인이 제공되게 하도록 대통령 위원회가 권장한 것은 "중대한 처벌(significant penalty)"에 직면한, 그리고 적어도 "실질적인 자유의 상실"의 위험에 처한 형사 피고인들에 대해서였다. Challenge, supra, n. 13, at 150. 미국 법률가협회 기준은 "자유의 상실"이 "부과될 가망이 없는" 사건들에는 변호인의 조력을 받을 권리를 적용하지 않았으면 한다. American Bar Association Project on Standards for Criminal Justice, Providing Defense Services 370 (Approved Draft 1968). 모종의 새로운, 융통성 없는 헌법적 규칙을 그 둘은 어느 쪽이도 지지하지 않는다.

tions in types of courts and their jurisdictions, ranging from justices of the peace and part-time judges in the small communities to the elaborately staffed police courts which operate 24 hours a day in the great metropolitan centers.

The rule adopted today does not go all the way. It is limited to petty offense cases in which the sentence is some imprisonment. The thrust of the Court's position indicates, however, that, when the decision must be made, the rule will be extended to all petty offense cases except perhaps the most minor traffic violations. If the Court rejects on constitutional grounds, as it has today, the exercise of any judicial discretion as to need for counsel if a jail sentence is imposed, one must assume a similar rejection of discretion in other petty offense cases. It would be illogical - and without discernible support in the Constitution - to hold that no discretion may ever be exercised where a nominal jail sentence is contemplated and, at the same time, endorse the legitimacy of discretion in "non-jail" petty offense cases which may result in far more serious consequences than a few hours or days of incarceration.

The Fifth and Fourteenth Amendments guarantee that property, as well as life and liberty, may not be taken from a person without affording him due process of law. The majority opinion suggests no constitutional basis for distinguishing between deprivations of liberty and property. In fact, the majority suggests no reason at «407 U. S., 52» all for drawing this distinction. The logic it advances for extending the right to counsel to all cases in which the penalty of any imprisonment is imposed applies equally well to cases in which other penalties may be imposed. Nor does the majority deny that some "non-jail" penalties are more serious than brief jail sentences.

Thus, although the new rule is extended today only to the imprisonment category of cases, the Court's opinion foreshadows the adoption of a broad

되는 경찰법원들(police courts)에 이르기까지, 법원들의 유형들에 및 재판권들에 있어서의 그 다양한 요소들에 비추어, 주 법원의 제도들 위에 그것이 미칠 잠재적 영향은 마찬가지로 명백하다.

오늘 채택된 규칙은 한사코 적용되는 것은 아니다. 형량이 구금형인 경범죄 사건들에 그것은 한정된다. 그러나 그 판결이 내려지지 않으면 안 될 경우에, 필시 가장 사소한 교통 위반행위들을 제외하고는, 모든 경범죄 사건들에 그 규칙은 적용될 것임을 이 법원의 입장의 요지는 나타낸다. 만약 한 개의 감옥형이 부과될 경우의 변호인의 필요에 관한 조금이나마의 사법적 재량의 행사를 오늘처럼 헌법적 근거들에 의거하여 이 법원이 거절한다면, 재량에 대한 유사한 거절을 여타의 경범죄 사건들에 있어서도 우리는 가정하지 않으면 안 된다. 한 개의 명목상의(a nominal) 감옥형이 고려되는 때에는 어떤 재량이도 결코 행사되어서는 안 된다고 판시하는 것은, 그러면서도, 그 동시에, "감옥형이 부과되지 않는(non-jail)," 그러나 몇 시간의 내지는 며칠간의 구금으로보다는 훨씬 더 심각한 결과들로 귀착될 수 있는 경범죄 사건들에 있어서는 재량의 적법성을 승인하는 것은 비논리적인 — 게다가 헌법 안에 식별 가능한 근거가 없는 — 일일 것이다.

적법절차를 개인에게 제공하지 않은 채로는 개인으로부터 박탈되어서는 안 되기는 생명 및 자유만이 아니라 재산이도 마찬가지임을 연방헌법 수정 제5조는 및 수정 제14조는 보장한다. 자유의 박탈을과 재산의 박탈을 구분지을 헌법적 근거를 다수의견은 제시하지 않는다. 실제로, 이 구분을 지을 이유를 «407 U. S., 52» 전혀 아무 것을도 다수의견은 제시하지 않는다. 변호인의 조력을 받을 권리를 조금이라도 구금형이 부과되는 모든 사건들에 확장하기 위하여 다수의견이 내세우는 논리는 그 이외의 처벌이 부과될 수 있는 사건들에도 똑같이 잘 적용된다. 게다가 어떤 "감옥형 이외의(non-jail)" 처벌들은 짧은 감옥형들이보다도 더 중대함을 다수의견은 부정하지 않는다.

이처럼 구금형이 부과되는 범주의 사건들에만 새 규칙은 적용됨에도 불구하고, 모든 경범죄 사건들에 적용될 수 있는 한 개의 광범위한 예방적 규칙의 채택을 이

prophylactic rule applicable to all petty offenses. No one can foresee the consequences of such a drastic enlargement of the constitutional right to free counsel. But even today's decision could have a seriously adverse impact upon the day-to-day functioning of the criminal justice system. We should be slow to fashion a new constitutional rule with consequences of such unknown dimensions, especially since it is supported neither by history nor precedent.

II

The majority opinion concludes that, absent a valid waiver, a person may not be imprisoned even for lesser offenses unless he was represented by counsel at the trial. In simplest terms, this means that under no circumstances, in any court in the land, may anyone be imprisoned - however briefly - unless he was represented by, or waived his right to, counsel. The opinion is disquietingly barren of details as to how this rule will be implemented.

There are thousands of statutes and ordinances which authorize imprisonment for six months or less, usually as an alternative to a fine. These offenses include some of the most trivial of misdemeanors, ranging from spitting on the sidewalk to certain traffic offenses. They also include a variety of more serious misdemeanors. This broad spectrum of petty offense cases daily floods the lower criminal courts. The rule laid down today «407 U. S., 53» will confront the judges of each of these courts with an awkward dilemma. If counsel is not appointed or knowingly waived, no sentence of imprisonment for any duration may be imposed. The judge will therefore be forced to decide in advance of trial - and without hearing the evidence - whether he

법원의 의견은 슬쩍 비춘다. 변호인을 무료로 제공받을 헌법적 권리에 대한 이 같은 과감한 확대가 가져올 결과들은 아무도 예상할 수 없다. 그러나 심지어 한 가지 심각하게 해로운 영향을 형사재판 제도의 하루하루의 기능수행 위에 오늘의 결정은 그 자체만으로도 지닐 수 있을 것이다. 이 같은 미지의 차원들의 결과들을 지닌 새로운 헌법적 규칙을 구성해 내는 데에 있어서는, 특히 역사에 의해서도 선례에 의해서도 그것이 뒷받침되지 않는 이상에는, 우리는 신중해야 한다.

II

유효한 포기가 없는 한, 심지어 보다 가벼운 범죄들에 대한 정식사실심리에서조차도 변호인에 의하여 대변되지 않은 채로는 개인은 구금되어서는 안 된다고 다수의견은 결론짓는다. 가장 간명하게 표현하면, 변호인에 의하여 대변된 바 없는 한 내지는 변호인의 조력을 받을 자신의 권리를 포기한 바 없는 한, 어느 누구도 어떤 상황에서도 나라 안의 어떤 법원에서도 아무리 짧은 기간 동안도 구금되어서는 안 됨을 이것은 의미한다. 다수의견에는 이 규칙이 어떻게 이행될 것인지에 관한 상세(details)가 불안스럽게도 빈약하다.

벌금의 대체수단으로서 대개는 6월 이하의 구금형을 법정형으로 정하는 제정법들은 및 조례들은 수천 개에 달한다. 보도(sidewalk)에 침을 뱉는 일로부터 일정한 교통 위반행위들에 이르기까지 가장 사소한 경죄들을 이 범죄들은 포함한다. 거기에는 보다 중대한 다양한 경죄들이 포함된다. 하급 형사법원들에 경범죄 사건들의 이 같은 넓은 스펙트럼은 날마다 쇄도한다. 이 같은 법원들마다에서 «407 U. S., 53» 판사들을 어려운 진퇴양난에 오늘 내려진 규칙은 봉착시킬 것이다. 만약 변호인이 지정되지 않거나 인지 상태에서 포기되지 않거나 한다면, 기간 여하를 불문하고 구금형의 선고는 내려질 수 없을 것이다. 따라서 정식사실심리 이전에 - 그리하여 증거를 심리하지 아니한 채로 - 모종의 구금형기를 부과할 자신의 사법적 재량을 자신이 완전히 버릴 것인지, 그리하여 입법부에 의하여 설정된 처벌의 전체 범위를

will forgo entirely his judicial discretion to impose some sentence of imprisonment and abandon his responsibility to consider the full range of punishments established by the legislature. His alternatives, assuming the availability of counsel, will be to appoint counsel and retain the discretion vested in him by law, or to abandon this discretion in advance and proceed without counsel.

If the latter course is followed, the first victim of the new rule is likely to be the concept that justice requires a personalized decision both as to guilt and the sentence. The notion that sentencing should be tailored to fit the crime and the individual would have to be abandoned in many categories of offenses. In resolving the dilemma as to how to administer the new rule, judges will be tempted arbitrarily to divide petty offenses into two categories - those for which sentences of imprisonment may be imposed and those in which no such sentence will be given regardless of the statutory authorization. In creating categories of offenses which by law are imprisonable, but for which he would not impose jail sentences, a judge will be overruling de facto the legislative determination as to the appropriate range of punishment for the particular offense. It is true, as the majority notes, that there are some classes of imprisonable offenses for which imprisonment is rarely imposed. But, even in these, the occasional imposition of such a sentence may serve a valuable deterrent purpose. At least the legislatures, and, until today, the courts, have viewed the threat of «407 U. S., 54» imprisonment - even when rarely carried out - as serving a legitimate social function.

In the brief for the United States as amicus curiae, the Solicitor General suggested that some flexibility could be preserved through the technique of trial de novo if the evidence - contrary to pretrial assumptions - justified a jail sentence. Presumably a mistrial would be declared, counsel appointed, and a new trial ordered. But the Solicitor General also recognized that a second

고려할 자신의 책무를 방기할 것인지 여부를 미리 판단하도록 판사는 강제될 것이다. 그 이용가능성을 가정할 때 그의 선택수단들은, 변호인을 지정하고 그리하여 법에 의하여 그에게 부여된 재량을 이로써 존속시키는 것이거나, 또는 미리 이 재량을 포기하고서 변호인 없이 절차를 진행하는 것이거나일 것이다.

만약 이 중 후자의 코스가 좇아진다면 새 규칙의 최초의 희생자는, 유죄에 관하여서와 형의 선고에 관하여 다 같이, 한 개의 개별화된 판단을 사법은 요구한다는 개념이 될 것으로 보인다. 많은 범주의 범죄들에 있어서 범죄에게와 개인에게 적합하도록 형량의 선고가 짜여져야 한다는 관념은 포기되어야 할 것이다. 새 규칙을 어떻게 운영해야 할지에 관한 진퇴양난을 해결함에 있어서, 경범죄들(petty offenses)을 자의적으로 두 범주로 - 구금형들이 부과될 수 있는 범죄들로 및 제정법상의 권한 부여에도 불구하고 그 같은 형기가 부과되지 않을 범죄들로 - 나누도록 판사들은 유혹될 것이다. 법률상으로는 구금형을 부과할 수 있게 되어 있음에도 불구하고 자신으로서는 감옥형기를 부과하지 않을 범죄들의 범주를 창출해 냄에 있어서, 특정 범죄에 대한 처벌의 적절한 범위에 관한 입법부의 결정을 사실상 판사는 폐기하고 있는 셈일 것이다. 다수의견이 특별히 언급하듯이 구금형을 부과할 수는 있는, 그러나 구금형이 부과되는 경우가 드문 상당한 범주의 범죄들이 있음은 사실이다. 그러나 심지어 이 같은 범죄들에 있어서도, 가치 있는 억제적 목적에 그 같은 형기의 이따금씩의 부과는 기여할 수 있다. 구금형의 위협을 - 실로 그것이 드물게 실행되는 때에도 - 적법한 «407 U. S., 54» 사회적 기능에 기여하는 것으로 적어도 입법부들은, 그리고 오늘까지 법원들은, 간주해 왔다.

정식사실심리 이전의 추정들에 어긋나게 감옥형을 증거가 정당화한다면 복심(覆審; trial de novo) 기법을 통하여 어느 정도의 유연성이 보전될 수 있다고 법정의 고문(amicus curiae)으로서의 미합중국의 준비서면에서 공판담당 차관보는 내비추었다. 아마도 심리무효(a mistrial)가 선언될 것이고, 변호인이 지정될 것이고, 새로운 정식사실심리가 명령될 것이다. 그러나 비록 변호인을 붙인 채로 그 두 번째 정식사실심리

trial, even with counsel, might be unfair if the prosecutor could make use of evidence which came out at the first trial when the accused was uncounseled. If the second trial were held before the same judge, he might no longer be open-minded. Finally, a second trial held for no other reason than to afford the judge an opportunity to impose a harsher sentence might run afoul of the guarantee against being twice placed in jeopardy for the same offense.[16] In all likelihood, there will be no second trial, and certain offenses classified by legislatures as imprisonable will be treated by judges as unimprisonable.

The new rule announced today also could result in equal protection problems. There may well be an unfair and unequal treatment of individual defendants, depending on whether the individual judge has determined in advance to leave open the option of imprisonment. Thus, an accused indigent would be entitled in some courts to counsel, while, in other courts in the same jurisdiction, an indigent accused of the same offense would have no counsel. Since the services of counsel may be essential to a fair trial even in cases in which no jail sentence is imposed, the results of this type of pretrial judgment could be arbitrary and discriminatory. «407 U. S., 55»

A different type of discrimination could result in the typical petty offense case where judgment in the alternative is prescribed: for example, "five days in jail or $100 fine." If a judge has predetermined that no imprisonment will be imposed with respect to a particular category of cases, the indigent who is convicted will often receive no meaningful sentence. The defendant who can pay a $100 fine, and does so, will have responded to the sentence in accordance with law, whereas the indigent who commits the identical offense may pay no penalty. Nor would there be any deterrent against the repetition of

16) See Callan v. Wilson, 127 U. S. 540 (1888); North Carolina v. Pearce, 395 U. S. 711 (1969).

가 이루어지더라도 만약 변호인에 의하여 피고인이 대변되지 않은 첫 번째 정식사실심리에서 제출된 증거를 검찰관이 사용할 수 있다면 그것은 불공정할 수 있음을 공판담당 차관보는 아울러 인정하였다. 만약 동일한 판사 앞에서 두 번째 정식사실심리가 진행된다면 그는 더 이상 열린 마음 상태가 아닐 수도 있을 것이다. 마지막으로, 동일한 범죄로 두 번 위험에 처해지는 데 대처한 보장에 다름 아닌 보다 가혹한 선고형을 부과할 기회를 판사에게 제공하기 위하여 열린 두 번째 정식사실심리는 저촉될 수 있을 것이다.[16] 십중팔구 두 번째 정식사실심리는 열리지 않을 것이고, 따라서 입법부들에 의하여 구금형이 가능한 것으로 분류된 일정한 범죄들은 판사들에 의하여 구금형이 불가능한 것으로 취급될 것이다.

평등보호의 문제들에 오늘 선언된 새로운 규칙은 귀착될 수도 있을 것이다. 구금형의 선택권을 열린 채로 남겨 두기로 개개 판사가 미리 결정했는지 여부에 따라 개개 피고인들에 대한 불공정하고 불평등한 취급이 있을 것도 당연하다. 따라서 어떤 가난한 피고인은 어떤 법원들에서는 변호인을 지정받을 권리가 인정되는 반면, 동일한 재판권 내의 다른 법원들에서 동일한 범죄로 기소된 어떤 가난한 피고인은 변호인을 가지지 못할 것이다. 심지어 감옥형이 부과되지 않는 사건들에 있어서조차도 공정한 정식사실심리에 변호인의 조력은 불가결한 것일 수 있으므로, 정식사실심리 이전의 판단의 이 종류의 결과들은 자의적이고 차별적인 것일 수 있을 것이다. «407 U. S., 55»

선택판결(judgment in the alternative)이 규정된 전형적인 경범죄 사건에 있어서 한 가지 다른 유형의 차별은 가해질 수 있는 바, 예컨대 "5일의 감옥형 또는 100달러의 벌금"인 경우이다. 만약 구금형을 어떤 특정 범주의 사건들에 관하여는 부과하지 않기로 판사가 미리 결정한 상태라면, 의미 있는(meaningful) 형량을 유죄로 판정되는 가난한 사람은 흔히 부여받지 않을 것이다. 100달러의 벌금을 지불할 수 있는, 그리고 실제로 지불하는 피고인은 판결에 대하여 법에 부합되게 순응해 놓았고는 할 것이지만, 이에 반하여 동일한 범죄를 저지르는 가난한 사람은 벌금을 물지 않아도 될 것이다. 가난한 사람들에 의한 동종 범죄들의 반복에 대처한 억제력은 역시 전

16) Callan v. Wilson, 127 U. S. 540 (1888)을; North Carolina v. Pearce, 395 U. S. 711 (1969)를 보라.

similar offenses by indigents.[17)]

To avoid these equal protection problems and to preserve a range of sentencing options as prescribed by law, most judges are likely to appoint counsel for indigents in all but the most minor offenses where jail sentences are extremely rare. It is doubtful that the States possess the necessary resources to meet this sudden expansion of the right to counsel. The Solicitor General, who suggested on behalf of the United States the rule the Court today adopts, recognized that the consequences could be far-reaching. In addition to the expense of compensating counsel, he noted that the mandatory requirement of defense counsel will "require more pretrial time of prosecutors, more courtroom time, and this will lead to bigger backlogs with present personnel. Court reporters will be needed as well as counsel, and they are one of our worst bottlenecks."[18)] «407 U. S., 56»

After emphasizing that the new constitutional rule should not be made retroactive, the Solicitor General commented on the "chaos" which could result from any mandatory requirement of counsel in misdemeanor cases:

"[I]f …… this Court's decision should become fully applicable on the day it is announced, there could be a massive pileup in the state courts which do not now meet this standard. This would involve delays and frustrations which would not be a real contribution to the administration of justice."[19)]

The degree of the Solicitor General's concern is reflected by his admittedly unique suggestion regarding the extraordinary demand for counsel which

17) The type of penalty discussed above (involving the discretionary alternative of "jail or fine") presents serious problems of fairness – both to indigents and nonindigents and to the administration of justice. Cf. Tate v. Short, 401 U. S. 395 (1971). No adequate resolution of these inherently difficult problems has yet been found. The rule adopted by the Court today, depriving the lower courts of all discretion in such cases unless counsel is available and is appointed, could aggravate the problem.

18) Tr. of Oral Arg. 34–35.

19) Id., at 36–37.

혀 없게 될 것이다.[17)]

이 같은 평등보호의 문제를 회피하면서 법에 의하여 규정된 대로의 선고형의 일정 범위를 보전하기 위하여, 감옥형의 선고가 극단적으로 드문 가장 가벼운 범죄들을 제외한 대부분의 범죄들에 있어서 십중팔구 변호인을 대부분의 판사들은 지정할 것으로 생각된다. 변호인의 조력을 받을 권리의 이 급작스러운 확대를 충족시키기에 필요한 자원들을 주들이 보유하고 있는지는 의문이다. 그 결과들은 광범위한 것일 수 있음을 미합중국을 위하여 이 법원이 오늘 채택한 규칙을 제시한 바 있는 공판담당 차관보는 인정하였다. 변호인에게 보수를 지급하는 데 들어가는 비용을 이외에도, 변호인 지정의 강제적 요구는 "정식사실심리 이전 단계에서의 검찰관들의 더 많은 시간을, 그리고 법정에서의 더 많은 시간을 요구할 것이고, 그리하여 이것은 현재의 인원에게 더 큰 잔무를 초래할 것이다. 변호인만이 아니라 법원 속기사들이 필요할 것인 바, 그들은 우리의 최악의 애로사항들 가운데 한 가지이다."라고 그는 특별히 언급하였다.[18)] «407 U. S., 56»

새 헌법규칙이 소급적인 것이 되게 해서는 안 됨을 강조하고 난 뒤에, 경죄 사건들에 있어서의 변호인에 대한 강제적 요구에 의하여 야기될 수 있는 "혼돈"에 관하여 공판담당 차관보는 논평하였다:

"[만]약 …… 귀원의 결정이 그 선고 당일부로 완전히 적용되는 것이 된다면, 당장 이 기준을 충족시키지 못하는 주 법원들에 사건들의 대량의 산적이 있을 수 있을 것입니다. 사법의 운영에 진실한 기여가 되지 못하는 지체들을 및 차질들을 이것은 포함할 것입니다."[19)]

새로운 규칙으로부터 야기될 변호인의 엄청난 수요에 관한 그의 명백히 독특한 암시에 공판담당 차관보의 염려의 정도는 반영되어 있다. 나라의 많은 부문들에 있

17) 가난한 사람들에 및 가난하지 않은 사람들에 대하여 그리고 사법의 운영에 대하여 다 같이 심각한 공정성의 문제를 위에서 검토된 처벌 유형("감옥 또는 벌금"의 재량적 선택을 포함하여)은 제기한다. Tate v. Short, 401 U. S. 395 (1971)을 비교하라. 이 같은 본질적으로 어려운 문제들에 대한 충분한 해결은 아직 이루어진 바 없다. 변호인이 이용될 수 있지 않은 한, 그리고 또 지정되지 않는 한, 이 같은 사건들에 대한 모든 재량을 하급법원들에게서 박탈하는 이 법원에 의하여 오늘 채택된 규칙은 문제를 악화시킬 수 있다.

18) Tr. of Oral Arg. 34-35.

19) Id., at 36-37.

would result from the new rule. Recognizing implicitly that, in many sections of the country, there simply will not be enough lawyers available to meet this demand either in the short or long-term, the Solicitor General speculated whether "clergymen, social workers, probation officers, and other persons of that type" could be used "as counsel in certain types of cases involving relatively small sentences."[20] Quite apart from the practical and political problem of amending the laws of each of the 50 States which require a license to practice law, it is difficult to square this suggestion with the meaning of the term "assistance of counsel" long recognized in our law.

The majority's treatment of the consequences of the new rule which so concerned the Solicitor General is not reassuring. In a footnote, it is said that there are presently 355,200 attorneys, and that the number will increase rapidly, doubling by 1985. This is asserted to be sufficient to provide the number of full-time counsel, estimated by one source at between 1,575 and 2,300, to represent all indigent misdemeanants, excluding traffic «407 U. S., 57» offenders. It is totally unrealistic to imply that 355,200 lawyers are potentially available. Thousands of these are not in practice, and many of those who do practice work for governments, corporate legal departments, or the Armed Services, and are unavailable for criminal representation. Of those in general practice, we have no indication how many are qualified to defend criminal cases or willing to accept assignments which may prove less than lucrative for most.[21]

---

20) Id., at 39.

21) The custom in many, if not most, localities is to appoint counsel on a case-by-case basis. Compensation is generally inadequate. Even in the federal courts under the Criminal Justice Act of 1964, 18 U. S. C. § 3006A, which provides one of the most generous compensation plans, the rates for appointed counsel – $20 per hour spent out of court, $30 per hour of court time, subject to a maximum total fee of $400 for a misdemeanor case and $1,000 for a felony – are low by American standards. Consequently, the majority of persons willing to accept appointments are the young and inexperienced. See Cappelletti, Part One: The Emergence of a Modern Theme, in Cappelletti & Gordley, Legal Aid: Modern Themes and Variations, 24 Stan. L. Rev. 347, 377-378 (1972). MR. JUSTICE BRENNAN suggests, in his concurring opinion, that law students might provide an important source of legal representation. He presents no figures, however, as to how many students would be qualified and willing to

어서 단기간에서든 장기간에서든 이 요구를 충족시키기에 충분한 변호사들이 있지 않을 것이라는 점을 은연중에 인정하면서, “상대적으로 적은 형량을 포함하는 일정 유형들의 사건들에 있어서 성직자들이, 사회사업가들이, 보호관찰 공무원들이, 및 그 유형들의 여타의 사람들이 변호인으로” 사용될 수 있을지 여부를 공판담당 차관보는 숙고하였다.[20] 법에 종사하는 데에 면허를 요구하는 50개 주 하나하나마다의 법들을 개정하는 실제적 및 정치적 문제로부터 완전히 떨어져서 보더라도, 이 제안을 우리의 법에서 인정된 지 오래인 “변호인의 조력(assistance of counsel)”이라는 용어의 의미에 일치시키기는 어렵다.

공판담당 차관보를 그토록 염려하게 만들었던 새 규칙의 결과들에 대한 다수의견의 취급은 안심을 주는 것이 되지 못한다. 한 곳의 각주(a footnote)에서는 현재 355,200명의 변호사들이 있다고, 그리고 그 숫자는 빠르게 증가하여 1985년까지는 두 배가 될 것이라고 주장되고 있다. 이것은 교통사범들을 제외한 모든 가난한 경죄 피고인들을 대변하는 데 필요한, 한 곳의 자료에 의하면 1,575명에서 2,300명 사이로 추산된 전임(full-time) 변호인의 숫자를 제공하기에 충분하다고 주장되고 «407 U. S., 57» 있다. 355,200명의 변호사들이 잠재적으로 이용가능하다고 넌지시 비추는 것은 전적으로 비현실적이다. 이들 중 수천 명은 개업하지 아니하고 있고, 또한 실제로 개업해 있는 변호사들 가운데 많은 사람들은 정부를, 회사법 분야들을 또는 군대를 위하여 일하므로 형사사건의 대변을 위하여는 여가가 없다. 일반적인 업무를 취급하는 변호사들 가운데 얼마나 많은 사람들이 형사사건들을 변론할 자격을 지니고 있는지에 관하여, 또는 대부분의 경우에 수익성이 없는 것으로 판명될 수 있는 지정들을 기꺼이 받아들일지에 관하여 우리는 아무런 자료가 없다.[21]

20) Id., at 39.

21) 대부분에까지는 아니더라도 다수의 지역에 있어서의 관행은 사안별 기준에 따라 변호인을 지정하는 것이다. 보수는 일반적으로 불충분하다. 심지어 가장 후한 보수 기준들 중 한 개를 규정하는 1964년 연방 형사소송법(Criminal Justice Act of 1964), 18 U. S. C. § 3006A 아래서의 연방법원들에 있어서도 지정변호인의 보수는 – 보수한도액은 경죄의 경우 400달러, 중죄의 경우 1,000달러이고 그 한도 내에서 법정 외에서 시간당 20달러, 법정에서 시간당 30달러이다 – 은 미국의 기준들에 비추어 낮은 것이다. 결과적으로, 변호인 지정을 기꺼이 받아들이고자 하는 변호사들 중 다수는 나이가 젊고 경험이 적다. Cappelletti, Part One: The Emergence of a Modern Theme, in Cappelletti & Gordley, Legal Aid: Modern Themes and Variations, 24 Stan. L. Rev. 347, 377–378 (1972)을 보라. 법적 대변의 한 가지 중요한 자원을 로스쿨 학생들이 제공할 수 있는 것 아닌가 하고 브레넌(BRENNAN) 판사는 자신의 보충의견에서 넌지시 내비춘다. 그러나 얼마나 많은 학생들이 자격을 갖추게 될 것인지에 관하여는, 그리고 가난한 경죄 피고

It is similarly unrealistic to suggest that implementation of the Court's new rule will require no more than 1,575 to 2,300 "full-time" lawyers. In few communities are there full-time public defenders available for, or private lawyers specializing in, petty cases. Thus, if it were possible at all, it would be necessary to coordinate the schedules of those lawyers who are willing to take an «407 U. S., 58» occasional misdemeanor appointment with the crowded calendars of lower courts in which cases are not scheduled weeks in advance but instead are frequently tried the day after arrest. Finally, the majority's focus on aggregate figures ignores the heart of the problem, which is the distribution and availability of lawyers, especially in the hundreds of small localities across the country.

Perhaps the most serious potential impact of today's holding will be on our already overburdened local courts.[22] The primary cause of "assembly line" justice is a volume of cases far in excess of the capacity of the system to handle efficiently and fairly. The Court's rule may well exacerbate delay and congestion in these courts. We are familiar with the common tactic of counsel of exhausting every possible legal avenue, often without due regard to its probable payoff. In some cases, this may be the lawyer's duty; in other cases, it will be done for purposes of delay.[23] The absence of direct economic impact on the client, plus the omnipresent ineffective assistance of counsel claim, frequently produces a decision to litigate every issue. It is likely that young lawyers, fresh out of law school, will receive most of the appointments in petty offense cases. The admirable zeal of these lawyers; their eagerness to

---

undertake the responsibilities of defending indigent misdemeanants. Although welcome progress is being made with programs, supported by the American Bar Association, to enlist the involvement of law students in indigent representation, the problems of meeting state requirements and of assuring the requisite control and supervision are far from insubstantial. Moreover, the impact of student participation would be limited primarily to the 140 or less communities where these law schools are located.

22) See generally H. James, Crisis in the Courts, c. 2 (1968); Challenge, supra, n. 13, at 145–156.

23) See, e. g., James, supra, n. 22, at 270; Schrag, On Her Majesty's Secret Service: Protecting the Consumer in New York City, 80 Yale L. J. 1529 (1971).

이 법원의 새로운 규칙의 이행이 요구하는 전임 변호사들의 숫자는 1,575명에서 2,300명 사이를 넘지 않을 것이라고 내비추는 것은 마찬가지로 비현실적이다. 경범죄 사건들(petty cases)을 위하여 이용 가능한 전임 국선변호인이 있는 지역공동체는, 또는 개인 변호사들이 이를 전문적으로 다루고 있는 지역공동체는 몇 곳이 안 된다. 그러므로, 만약 그것이 조금이라도 가능하다면, 경죄 사건의 때때로의 지정을 기꺼이 받아들이고자 하는 변호사들의 일정들을, 수 주일 앞서서 «407 U. S., 58» 사건기일들이 지정되기보다 흔히 체포의 다음 날 정식사실심리가 이루어지는 하급법원들의 빽빽한 일정들에 조율할 필요가 있을 것이다. 마지막으로, 특히 나라 전역에 걸친 수백 곳의 작은 지역들에 있어서의 변호사들의 기여라는 및 이용가능성이라는 문제의 핵심을 총계 숫자에 맞추어진 다수의견의 초점은 무시한다.

이미 과도한 업무를 수행하고 있는 우리의 지역 법원들 위에 아마도 오늘의 판시가 가져올 가장 심각한 잠재적 영향은 놓일 것이다.[22] "일관조립 작업렬(assemby line)" 방식에 의한 재판의 일차적 원인은, 효율적이면서도 공정하게 처리할 수 있는 시스템 능력을 훨씬 초과하는 사건들의 분량이다. 이 같은 법원들에 있어서의 지연을 및 정체를 이 법원의 규칙은 더욱 악화시키는 것도 당연할 것이다. 자주 그 있음직한 결말에 대한 정당한 고려 없이 그저 모든 가능한 법적 수단들을 모조리 동원하는 변호인의 일반적인 전술에 우리는 익숙하다. 어떤 사건들에서는 이것은 변호사의 임무일 수 있다; 다른 사건들에서는 지연을 위하여 그것은 이루어지고는 한다.[23] 흔히 쟁점 하나하나마다에 대하여 법정에서 다투기로 하는 한 가지 결정을 의뢰인에게 미치는 직접적 경제적 영향의 부존재는, 이에 더하여 도처에 존재하는 무의미한(ineffective) 변호인의 조력에 관한 주장은, 산출해 낸다. 경범죄 사건들에 있어서의 지정들을 갓 로스쿨을 나온 젊은 변호사들은 아마도 대부분 받아들일 것이

인들(misdemeanors)을 방어하는 책임을 기꺼이 떠맡으려 할 것인지에 관하여는 숫자를 그는 제시하지 못하고 있다. 비록 가난한 사람들의 대변에 있어서의 로스쿨 학생들의 포함을 편입시키기 위한, 미국 법률가협회에 의하여 지원되는 프로그램들에 관하여 반가운 진전이 이루어지고 있음에도 불구하고, 주(state) 요구들을 충족시키는 문제들은, 나아가 반드시 필요한 통제를 및 감독을 확보하는 문제들은, 비현실적인 것들과는 전혀 별개이다. 더욱, 이 같은 로스쿨 학생들이 머무는 140개 남짓 이하의 지역공동체에 학생들의 참여의 영향력은 일차적으로 한정될 것이다.

22) 일반적으로 H. James, Crisis in the Courts, c. 2 (1968)을; Challenge, supra, n. 13, at 145-156을 보라.

23) 예컨대, James, supra, n. 22, at 270을; Schrag, On Her Majesty's Secret Service: Protecting the Consumer in New York City, 80 Yale L. J. 1529 (1971)을 보라.

make a reputation; the time their not-yet crowded schedules permit them to devote to relatively minor legal problems; their desire for courtroom exposure; the availability in some cases of hourly fees, lucrative to the novice; and the recent constitutional explosion in procedural rights for the accused - all these factors are likely to result in the stretch- «407 U. S., 59» ing out of the process with consequent increased costs to the public and added delay and congestion in the courts.[24]

There is an additional problem. The ability of various States and localities to furnish counsel varies widely. Even if there were adequate resources on a national basis, the uneven distribution of these resources - of lawyers, of facilities, and available funding - presents the most acute problem. A number of state courts have considered the question before the Court in this case, and have been compelled to confront these realities. Many have concluded that the indigent's right to appointed counsel does not extend to all misdemeanor cases. In reaching this conclusion, the state courts have drawn the right to counsel line in different places, and most have acknowledged that they were moved to do so, at least in part, by the impracticality of going further.[25] «407 U. S., 60» In other States, legislatures and courts, through the enactment of law or rules, have drawn the line short of that adopted by the

24) In Cook County, Illinois, a recent study revealed that the members of the Chicago Bar Association's Committee on the Defense of Prisoners who are appointed to represent indigent defendants elect a jury trial in 63% of their trial cases, while other appointed counsel and retained counsel do so in 33%, and the public defender in only 15%. "One possible explanation for this contrast is that committee counsel, who are sometimes serving in part to gain experience, are more willing to undertake a jury trial than is an assistant public defender, who is very busy and very conscious of the probable extra penalty accruing to a defendant who loses his case before a jury." D. Oaks & W. Lehman, A Criminal Justice System and the Indigent 159 (1968) (footnote omitted).

25) See Irvin v. State, 44 Ala. App. 101, 203 So. 2d 283 (1967); Burrage v. Superior Court, 105 Ariz. 53, 459 P. 2d 313 (1969); Cableton v. State, 243 Ark. 351, 420 S. W. 2d 534 (1967); State ex rel. Argersinger v. Hamlin, 236 So. 2d 442 (Fla.1970); People v. Dupree, 42 Ill. 2d 249, 246 N. E. 2d 281 (1969); People v. Millory, 378 Mich. 538, 147 N. W. 2d 66 (1967); Hendrix v. City of Seattle, 76 Wash. 2d 142, 456 P. 2d 696 (1969), cert. denied, 397 U. S. 948 (1970); State ex rel. Plutschack v. Department of Health and Social Services, 37 Wis. 2d 713, 155 N. W. 2d 549 (1968).

다. 공중에게 가해지는 증대된 비용을 수반하는, 그리고 법원들에 있어서 가중된 지연을 및 혼잡을 지닌 절차의 확장으로, 이 변호사들의 바람직한 열정은; 명성을 얻기 위한 그들의 진지한 자세는; 상대적으로 경미한 법적 문제들에 투입하도록 아직은 꽉 차 있지 아니한 그들의 일정들이 그들에게 허용하는 시간은; 법정에서의 노출(courtroom exposure)을 바라는 그들의 희망은; 일정한 사건들에 있어서의, 신참자들에게는 수익성이 있는 시간제 보수기준들의 이용가능성은; 그리고 피고인을 위한 «407 U. S., 59» 절차적 권리들에 있어서의 최근의 헌법적 문제들의 폭발 등은 - 이 모든 요소들은 결과적으로 귀착될 것이다.[24)]

한 가지 문제가 더 보태진다. 변호인을 제공할 여러 주들의 및 지역들의 능력은 크게 차이가 난다. 설령 국가적 차원에서는 충분한 자원들이 있다 하더라도 그 자원들의 - 변호사들의, 시설들의, 사용할 수 있는 자금의 - 불평등한 배분은 가장 통렬한 문제를 제기한다. 이 사건에 있어서의 당원이보다도 먼저 그 문제를 많은 주 법원들은 고찰해 왔으며, 이 현실적 상황들을 직면하도록 강제되어 왔다. 지정변호인을 지닐 가난한 사람의 권리는 모든 경죄 사건들에 미치는 것은 아니라고 많은 주 법원들은 결론지어 왔다. 이 결론에 도달함에 있어서 변호인의 조력을 받을 권리의 경계선을 다양한 지점에 주 법원들은 그어 왔으며, 적어도 부분적으로는 더 멀리까지 나가는 일의 비현실성에 의하여 그렇게 하도록 자신들이 요구됨을 대부분의 주들은 인정하여 왔다.[25)] «407 U. S., 60» 그 밖의 주들의 경우 다수의견에 의하여 채택된 경계선에 법들의 내지는 규칙들의 제정을 통하여 입법부들이 및 법원

24) 가난한 피고인들을 대변하도록 지정되는, 죄수들의 방어를 위한 시카고 법률가협회 위원회의 구성원들은 그들의 정식사실심리 사건들의 63%에서 배심에 의한 정식사실심리를 선택함에 반하여, 그 밖의 지정변호인들은 및 사선변호인들은 33%에서, 그리고 국선변호인의 경우는 겨우 15%에서만 배심에 의한 정식사실심리를 선택함을 일리노이주 쿡 카운티(Cook County)에서의 최근의 연구는 보여주었다.
"이 대조적 현상에 대한 가능한 한 가지 설명은, 매우 바쁘면서도 이에 아울러 배심 앞에서 패소하는 피고인에게 가해지는 있을 수 있는 별도의 벌칙(extra penalty)을 잘 알고 있는 보조적인 국선변호인이보다도, 때때로 경험을 얻기 위하여 봉사를 제공하는 사람들인 위원회의 변호인단이 배심에 의한 정식사실심리를 선택하려는 의욕이 더 강하다는 것이다." D. Oaks & W. Lehman, A Criminal Justice System and the Indigent 159 (1968) (footnote omitted).

25) Irvin v. State, 44 Ala.App. 101, 203 So. 2d 283 (1967)을; Burrage v. Superior Court, 105 Ariz. 53, 459 P. 2d 313 (1969)를; Cableton v. State, 243 Ark. 351, 420 S. W. 2d 534 (1967)을; State ex rel. Argersinger v. Hamlin, 236 So. 2d 442 (Fla.1970)을; People v. Dupree, 42 Ill. 2d 249, 246 N. E. 2d 281 (1969)를; People v. Millory, 378 Mich. 538, 147 N. W. 2d 66 (1967)을; Hendrix v. City of Seattle, 76 Wash. 2d 142, 456 P. 2d 696 (1969), cert. denied, 397 U. S. 948 (1970)을; State ex rel. Plutschack v. Department of Health and Social Services, 37 Wis. 2d 713, 155 N. W. 2d 549 (1968)을 보라.

majority.[26] These cases and statutes reflect the judgment of the courts and legislatures of many States, which understand the problems of local judicial systems better than this Court, that the rule announced by the Court today may seriously overtax capabilities.[27]

The papers filed in a recent petition to this Court for a writ of certiorari serve as an example of what today's ruling will mean in some localities. In November, 1971 the petition in Wright v. Town of Wood, No. 71-5722, was filed with this Court. The case, arising out of a South Dakota police magistrate court conviction for the municipal offense of public intoxication, raises the same issues before us in this case. The Court requested that the town of Wood file a response. On March 8, 1972, a lawyer occasionally employed by the town filed with the clerk an affidavit explaining why the town had not responded. He explained that Wood, South Dakota, «407 U. S., 61» has a population of 132, that it has no sewer or water system and is quite poor, that the office of the nearest lawyer is in a town 40 miles away, and that the town had decided that contesting this case would be an unwise allocation of its limited resources.

Though undoubtedly smaller than most, Wood is not dissimilar to hundreds of communities in the United States with no or very few lawyers, with meager financial resources, but with the need to have some sort of local

26) See Hawaii Const., Art. I, § 11 (1968); Idaho Code §§ 19-851, 19-852 (Supp. 1971); Kan. Stat. Ann. § 22-4503 (Supp. 1971); Ky. Rule Crim. Proc. 8.04; La. Rev. Stat. § 15:141(F) (1967); Me. Rule Crim. Proc. 44; Md. Rule 719b2(a); Neb. Rev. Stat. § 29-1803 (1964); Nev. Rev. Stat. §§ 171.188, 193.140 (1969); N. Mex. Stat. Ann. § 41-22-3 (Supp. 1971); Utah Code Ann. § 77-64-2 (Supp. 1971); Vt. Stat. Ann., Tit. 13, § 6503 (Supp. 1971); Va. Code Ann. § 19.1-241.1 (Supp. 1971).

27) See Kamisar & Choper, The Right to Counsel in Minnesota: Some Field Findings and Legal Policy Observations, 48 Minn. L. Rev. 1, 68 (1963). Local judges interviewed by the authors concluded that the right to counsel should not be extended to petty cases.
"If no such dividing line can be drawn, if the question of assigned counsel in misdemeanor cases resolves itself into an "all or nothing" proposition, then, the thrust of their views was that limited funds and lawyer manpower and the need for judicial economy dictate that it be 'nothing.'" (Footnote omitted.) But see State v. Borst, 278 Minn. 388, 154 N. W. 2d 888 (1967).

들이 그은 경계선은 못 미친다.[26] 능력에 비추어 심각할 정도로 과도한 짐을 오늘이 법원에 의하여 선언된 규칙이 지울 수 있다는, 지역의 사법제도의 문제들을 이 법원이보다도 더 잘 이해하는 많은 주들의 법원들의 및 입법부들의 판단을 이 같은 선례들은 및 제정법들은 나타낸다.[27]

일부 지역들에 있어서 무엇을 오늘의 결정이 의미할 것인지에 대한 예증으로서의 역할을 사건기록 송부명령 영장을 구하는 최근의 청구 한 개에서 당원에 제출된 서면들은 한다. 1971년 11월에 Wright v. Town of Wood, No. 71-5722 사건의 청구서가 당원에 접수되었다. 이 사건에서 우리 앞에 놓인 바로 그 문제를 공공장소에서의 주취라는 자치체 범죄에 대한 사우스다코다주 경찰 치안법원 한 곳의 유죄판정으로부터 나온 그 사건은 제기한다. 답변서를 제출하도록 우드(aWood) 마을에 당원은 요청하였다. 우드 마을이 왜 답변하지 않았는지를 설명하는 선서진술서를 법원서기에게 1972년 3월 8일 그 마을에 의하여 임시적으로 선임된 변호사가 접수하였다. 사우스다코다주에 있는 우드 마을은 «407 U. S., 61» 인구가 132명임을, 하수도 또는 상수도 시설이 없으며 매우 가난함을, 가장 가까운 변호사 사무실은 40마일 떨어진 마을에 있음을, 그런데도 이 사건을 소송으로 다투는 것은 자신의 한정된 자원의 현명하지 못한 배분이 될 것으로 우드 마을은 판단하였음을 그는 설명하였다.

비록 대부분의 공동체들이보다도 작음이 명백함에도 불구하고, 변호사가 전혀 없거나 매우 적은, 재정적 자원은 미미하면서도 소소한 범죄들을 다루기 위한 모종의 지역 법원 제도를 지닐 필요가 있는 미합중국 내의 수백 개의 지역공동체들에

26) Hawaii Const., Art. I, § 11 (1968)을; Idaho Code §§ 19-851, 19-852 (Supp. 1971)을; Kan. Stat. Ann. § 22-4503 (Supp. 1971)을; Ky. Rule Crim. Proc. 8.04를; La. Rev. Stat. § 15:141(F) (1967)을; Me. Rule Crim. Proc. 44를; Md. Rule 719b2(a)를; Neb. Rev. Stat. § 29-1803 (1964)를; Nev. Rev. Stat. §§ 171.188, 193.140 (1969)를; N. Mex. Stat. Ann. § 41-22-3 (Supp. 1971)을; Utah Code Ann. § 772 (Supp. 1971)을; Vt. Stat. Ann., Tit. 13, § 6503 (Supp. 1971)을; Va. Code Ann. § 19.1-241.1 (Supp. 1971)을 보라.

27) Kamisar & Choper, The Right to Counsel in Minnesota: Some Field Findings and Legal Policy Observations, 48 Minn. L. Rev. 1, 68 (1963)을 보라. 변호인의 조력을 받을 권리는 경범죄 사건들에까지 확장되어서는 안 된다고 그 저자들의 면담을 받은 지역 판사들은 결론지었다.
"만약 이 같은 구분선이 그어질 수 없다면, 만약 경죄 사건들에 있어서의 지정 변호인의 문제가 결국 '전부 아니면 전무(all or nothing) 식의' 문제로 귀결된다면, 그 경우에 그것은 '전무(nothing)'의 것이 되어야 함을 한정된 재원이 및 변호사 인력이 및 사법적 경제성의 요구가 명령한다는 데 그들의 견해의 취지는 있었다." (각주 생략.) 그러나 State v. Borst, 278 Minn. 388, 154 N. W. 2d 888 (1967)을 보라.

court system to deal with minor offenses.[28] It is quite common for the more numerous petty offenses in such towns to be tried by local courts or magistrates, while the more serious offenses are tried in a countywide court located in the county seat.[29] It is undoubtedly true that some injustices result from the informal procedures of these local courts when counsel is not furnished; certainly counsel should be furnished to some indigents in some cases. But to require that counsel be furnished virtually every indigent charged with an imprisonable offense would be a practical impossibility for many small town courts. The community could simply not enforce its own laws.[30] «407 U. S., 62»

Perhaps it will be said that I give undue weight both to the likelihood of short-term "chaos" and to the possibility of long-term adverse effects on the system. The answer may be given that, if the Constitution requires the rule announced by the majority, the consequences are immaterial. If I were satisfied that the guarantee of due process required the assistance of counsel in every case in which a jail sentence is imposeed, or that the only workable method of insuring justice is to adopt the majority's rule, I would not hesitate to join the Court' opinion despite my misgivings as to its effect upon the administration of justice. But, in addition to the resulting problems of avail-

---

28) See Cableton v. State, 243 Ark., at 358, 420 S. W. 2d, at 538–539: "[T]here are more justices of the peace in Arkansas than there are resident practicing lawyers, and …… there are counties in which there are no practicing lawyers. The impact of [right to counsel in misdemeanor cases] would seriously impair the administration of justice in Arkansas, and impose an intolerable burden upon the legal profession." (Footnote omitted.)

29) See Silverstein, supra, n. 9, at 125–126.

30) The successful implementation of the majority's rule would require state and local governments to appropriate considerable funds, something they have not been willing to do. Three States, with 21% of the Nation's population, provide more than 50% of all state appropriations for indigent defense. Note, Dollars and Sense of an Expanded Right to Counsel, 55 Iowa L.Rev. 1249, 1265 (1970). For example, in 1971, the State of Kansas spent $570,000 «407 U. S., 62» defending indigents in felony cases – up from $376,000 in 1969. Although the budgetary request for 1972 was $612,000, the legislature has appropriated only $400,000. Brief for Appellant in James v. Strange, No. 71–11, decided today, post, p. 128. "In view of American resources the funds spent on the legal services program can only be regarded as trivial." Cappelletti, supra, n. 21, at 379. "Although the American economy is over 8 times the size of the British and the American population is almost 4 times as great, American legal aid expenditures are less than 2 times as high." Id., at 379 n. 210.

우드 마을은 다르지 않다.[28] 카운티 소재지에 위치한 카운티 전체를 관할하는 법원에서 보다 더 중대한 범죄들은 심리됨에 반하여, 이 같은 마을들에서 발생하는 더 많은 숫자의 경범죄들은 지역의 법원들에 내지는 치안판사들에 의하여 심리되는 경우가 꽤 일반적이다.[29] 변호인이 제공되지 않을 경우에는 이 같은 지역 법원들의 약식의 절차로부터 상당한 불의(injustice)가 생겨날 수 있음은 명백하게 진실이다; 확실히 일정한 사건들에 있어서는 일정한 가난한 사람들에게 변호인이 제공되어야 한다. 그러나 구금형이 가능한 범죄로 기소된 사실상의 모든 가난한 사람에게 변호인이 제공되어야 한다고 요구하는 것은 작은 마을 법원들 다수에게는 실질적으로 불가능한 일일 것이다. 지역공동체는 그 자신의 법들을 전혀 시행할 수 없게 될 것이다.[30] «407 U. S., 62»

과도한 무게를 단기적인 "혼돈"의 가능성에 대하여, 그리고 제도 위에 초래될 장기적인 악영향에 대하여 다 같이 내가 부여한다는 주장이 아마도 있을 것이다. 이에 대하여는 오늘 다수의견에 의하여 선언된 규칙을 만약 연방헌법이 요구한다면 그 결과들은 중요한 것들이 아니라는 답변이 제시될 수 있다. 변호인의 조력을 감옥형기가 부과되는 모든 사건에 있어서 적법절차의 보장이 요구하였다는 점에 대하여, 또는 정의를 보장하는 유일한 작동 가능한 수단은 다수의견의 규칙을 채택하는 것이라는 점에 대하여 만약 내가 납득한다면, 사법의 운영에 그것이 미칠 영향에 관한 나의 걱정에도 불구하고 이 법원의 의견에 가담하는 데 나는 주저하지 않을 것이다. 그러나 변호인의 이용 가능성에, 비용에, 그리고 특히 이미 과도한 부

28) Cableton v. State, 243 Ark., at 358, 420 S. W. 2d, at 538–539을 보라: "[아]칸자스주에는 거주 개업변호사들이보다도 치안판사들이 더 많고, 그리고 …… 개업변호사들이 전혀 없는 카운티들이 있다. [경죄 사건들에 있어서의 변호인의 조력을 받을 권리]의 영향력은 아칸자스주에서의 재판운영을 심각하게 손상시키고 그리하여 감당할 수 없는 부담을 법 전문직 위에 지울 것이다." (각주 생략.)

29) Silverstein, supra, n. 9, at 125–126을 보라.

30) 상당한 재원을 충당하도록 주 정부들에게와 지역 정부들에게 다수의견이 판시하는 규칙의 성공적인 이행은 요구할 것인 바, 그들로서는 아직까지 내켜해 본 적이 없는 일일 것이다. 가난한 사람들의 방어를 위한 전체 주들의 지출액 50% 이상을 나라 인구의 21%를 차지하는 세 개의 주들이 제공한다. Note, Dollars and Sense of an Expanded Right to Counsel, 55 Iowa L. Rev. 1249, 1265 (1970). 예를 들면, 중죄 사건들에서의 가난한 사람들을 방어하는 «407 U. S., 62» 데 570,000달러를 1971년에 캔자스주는 썼는데, 1969년의 376,000달러보다 늘어난 것이다. 비록 1972년도의 예산 요구액은 612,000달러였음에도, 입법부는 400,000달러만을 승인한 터이다. Brief for Appellant in James v. Strange, No. 71–11, decided today, post, p. 128. "미국의 자원에 비추어, 법률 원조 프로그램에 지출되는 재원은 겨우 미미한 것으로 여겨질 수 있다." Cappelletti, supra, n. 21, at 379. 미국의 경제는 영국의 8배 이상이고 미국의 인구는 거의 4배임에도 불구하고, 법률 원조를 위한 미국의 지출은 2배에 달하지 못한다. Id., at 379 n. 210.

ability of counsel, of costs, and especially of intolerable delay in an already overburdened system, the majority's drawing of a new inflexible rule may raise more Fourteenth Amendment problems than it resolves. Although the Court's opinion does not deal explicitly with any sentence other than deprivation of liberty, however brief, the according of special constitutional status to cases where such a sentence is imposed may derogate from the need for counsel in other types of cases, unless the Court embraces an even broader prophylactic rule. Due process requires a fair trial in all cases. Neither the six-month rule approved below nor the rule today enunciated by the Court is likely to achieve this result. «407 U. S., 63»

III

I would hold that the right to counsel in petty offense cases is not absolute, but is one to be determined by the trial courts exercising a judicial discretion on a case-by-case basis.[31)] The determination should be made before the accused formally pleads; many petty cases are resolved by guilty pleas in which the assistance of counsel may be required.[32)] If the trial court should conclude that the assistance of counsel is not required in any case, it should state its reasons, so that the issue could be preserved for review. The trial court would then become obligated to scrutinize carefully the subsequent proceedings for the protection of the defendant. If an unrepresented defendant

31) It seems to me that such an individualized rule, unlike a six–month rule and the majority's rule, does not present equal protection problems under this Court's decisions in Griffin v. Illinois, 351 U. S. 12 (1956); Douglas v. California, 372 U. S. 353 (1963); and Mayer v. City of Chicago, 404 U. S. 189 (1971).

32) See, e. g., Katz, Municipal Courts – Another Urban Ill, 20 Case Western Reserve L.Rev. 87, 92–96 (1968). Cf. Hamilton v. Alabama, 368 U. S. 52 (1961); White v. Maryland, 373 U. S. 59 (1963); Harvey v. Mississippi, 340 F. 2d 263 (CA5 1965).
Although there is less plea negotiating in petty cases, see n. 13, supra, the assistance of counsel may still be needed so that the defendant who is not faced with overwhelming evidence of guilt can make an intelligent decision whether to go to trial.

담을 지고 있는 시스템에 있어서의 허용할 수 없는 지연에 등 거기서 귀결되는 문제들에 더하여, 연방헌법 수정 제14조의 문제들을 새로운 경직된 규칙에 대한 다수의견의 도안(drawing)은 해결하기보다는 야기하는 점이 더 많을 수 있다. 비록 조금이라도 자유의 박탈 — 아무리 단기간의 것일망정 — 이외의 선고형을 이 법원의 의견은 명시적으로 다루지 않음에도 불구하고, 특별한 헌법적 지위를 이 같은 형기가 부과되는 사건들에게 부여하는 것은, 만약 훨씬 더 넓은 예방적 규칙을 당원이 채택하지 않는다면, 여타의 유형들의 사건들에 있어서의 변호인의 필요를 훼손할 수 있다. 공정한 정식사실심리를 모든 사건들에 있어서 적법절차는 요구한다. 이 결과를 하급법원에서 승인된 6월 규칙이도, 오늘 이 법원에 의하여 선언된 규칙이도, 성취할 것으로는 생각되지 않는다. «407 U. S., 63»

III

경범죄 사건들에 있어서의 변호인의 조력을 받을 권리는 절대적인 것이 아니라고, 사안별 기준에 의거하여 사법적 재량을 행사하는 정식사실심리 법원들에 의하여 판정되어야 할 권리라고 나라면 판시할 것이다.[31] 피고인이 정식으로 답변하기 전에 그 판정은 이루어져야 한다: 변호인의 조력이 요구될 수 있는 유죄답변들(guilty pleas)에 의하여 많은 경범죄 사건들은 해결된다.[32] 만약 어떤 사건에 있어서 변호인의 조력이 요구되지 않는다고 정식사실심리 법원이 결론짓는다면, 그 이유들을 말함으로써 재심리를 위하여 그 쟁점이 보전될 수 있게 그 법원은 해야 한다. 그 경우에 피고인의 보호를 위하여 그 이후의 절차들을 주의 깊게 살필 의무를 정식사실심리 법원은 지게 된다. 만약 유죄 답변을 대변되지 않는 피고인이 내고자 한다면 범

---

31) Griffin v. Illinois, 351 U. S. 12 (1956)에서의; Douglas v. California, 372 U. S. 353 (1963)에서의; 그리고 Mayer v. City of Chicago, 404 U. S. 189 (1971)에서의 당원의 판결들에 따른 평등보호의 문제들을 6월 규칙이와는 및 다수의견의 규칙이와는 달리,이 같은 개별화된 규칙은 제기하지 않는다고 내게는 생각된다.

32) 예컨대, Katz, Municipal Courts – Another Urban Ill, 20 Case Western Reserve L. Rev. 87, 92-96 (1968)을 보라. Hamilton v. Alabama, 368 U. S. 52 (1961)을; White v. Maryland, 373 U. S. 59 (1963)을; Harvey v. Mississippi, 340 F. 2d 263 (CA5 1965)를 비교하라.
비록 경범죄 사건들에 있어서 답변교섭(plea negotiation)은 더 적음에도 불구하고, see n. 13, supra, 압도적인 유죄의 증거에 직면하지 아니한 피고인이 정식사실심리에까지 갈 것인지 여부에 관한 분별 있는 판단을 할 수 있기 위하여 변호인의 조력은 여전히 요구될 수 있다.

sought to enter a plea of guilty, the Court should examine the case against him to insure that there is admissible evidence tending to support the elements of the offense. If a case went to trial without defense counsel, the court should intervene, when necessary, to insure that the defendant adequately brings out the facts in his favor, and to prevent legal issues from being overlooked. Formal trial rules should not be applied strictly against unrepresented defendants. Finally, appellate «407 U. S., 64» courts should carefully scrutinize all decisions not to appoint counsel and the proceedings which follow.

It is impossible, as well as unwise, to create a precise and detailed set of guidelines for judges to follow in determining whether the appointment of counsel is necessary to assure a fair trial. Certainly three general factors should be weighed. First, the court should consider the complexity of the offense charged. For example, charges of traffic law infractions would rarely present complex legal or factual questions, but charges that contain difficult intent elements or which raise collateral legal questions, such as search and seizure problems, would usually be too complex for an unassisted layman. If the offense were one where the State is represented by counsel and where most defendants who can afford to do so obtain counsel, there would be a strong indication that the indigent also needs the assistance of counsel.

Second, the court should consider the probable sentence that will follow if a conviction is obtained. The more serious the likely consequences, the greater is the probability that a lawyer should be appointed. As noted in Part I above, imprisonment is not the only serious consequence the court should consider.

Third, the court should consider the individual factors peculiar to each case. These, of course, would be the most difficult to anticipate. One relevant factor would be the competency of the individual defendant to present his own case. The attitude of the community toward a particular defendant or particu-

죄의 요소들을 뒷받침하는 데 보탬이 되는 증거능력 있는 증거가 있음을 확실히 하기 위하여 그에 대한 주장사실을 법원은 검토하여야 한다. 만약 변호인 없이 정식사실심리에 어떤 사건이 들어갔다면, 그 자신에게 유리한 사실관계를 적절하게 피고인이 제시하도록 보장하기 위하여, 그리고 법적 쟁점들이 간과되는 것을 방지하기 위하여, 필요한 경우에 법원은 개입해야 한다. 대변되지 않는 피고인들에게는 공식적인 정식사실심리 규칙들이 엄격하게 적용되어서는 안 된다. 끝으로, 변호인을 «407 U. S., 64» 지정하지 않기로 하는 모든 결정들을과 그 이후의 절차들을 항소법원들은 주의 깊게 살펴야 한다.

공정한 정식사실심리를 보장하기 위하여 변호인 지정이 필요한지 여부를 판정함에 있어서 판사들이 준수할 정확하고 상세한 한 세트의 기준선들을 창출해 내는 것은 현명하지 않기도 하려니와 불가능하기도 하다. 확실히 세 가지 일반적 요인들이 평가되어야 한다. 첫째로, 기소된 범죄의 복잡성을 법원은 고찰해야 한다. 예컨대, 복잡한 법적 사실적 문제들을 교통법 위반행위들에 대한 공소사실들은 제기하는 경우가 드물지만, 어려운 고의(intent)의 요소들을 포함하는, 또는 수색의 및 압수의 문제들 류의 부수적 법적 문제들을 제기하는 공소사실들은, 일반적으로 조력을 받지 못하는 문외한에게는 너무 복잡한 것이 일반적일 것이다. 만약 변호사에 의하여 주가 대변되는, 아울러 변호인을 선임할 능력이 있는 대부분의 피고인들이 변호인에 의하여 대변되는 범죄일 경우에는, 가난한 사람은 역시도 변호인의 조력을 필요로 한다는 강력한 징후가 있을 것이다.

둘째로, 만약 한 개의 유죄판정이 얻어질 경우를 위하여 이에 뒤따를 있음직한 선고형을 법원은 고려해야 한다. 그 있음직한 결과들이 더 중대할수록 변호사가 지정되어야 할 개연성은 더 크다. 위 Part I에서 특별히 언급되었듯이, 구금은 법원이 고려해야 할 유일한 중대한 결과는 아니다.

셋째로, 개개 사건에 특유한 개별 요인들을 법원은 고려해야 한다. 물론 이것들은 예상하기가 가장 어려운 것들일 것이다. 한 가지 관련 있는 요인은 자기 자신의 주장사실을 제시할 수 있는 개개 피고인의 능력일 것이다. 특정 피고인에 대한, 또는 특정 사건에 대한 지역공동체의 태도는 또 하나의 고려요소일 것이다. 그러나

lar incident would be another consideration. But there might be other reasons why a defendant would have a peculiar need for a lawyer which would compel the appointment of counsel in a case where the court would normally think this unnecessary. Obviously, the sensitivity and diligence of individual judges would be crucial to the operation of a rule of fundamental fairness requiring the consideration of the varying factors in each case. «407 U. S., 65»

Such a rule is similar in certain respects to the special circumstances rule applied to felony cases in Betts v. Brady, 316 U. S. 455 (1942), and Bute v. Illinois, 333 U. S. 640 (1948), which this Court overruled in Gideon.[33] One of the reasons for seeking a more definitive standard in felony cases was the failure of many state courts to live up to their responsibilities in determining on a case-by-case basis whether counsel should be appointed. See the concurring opinion of Mr. Justice Harlan in Gideon, 372 U. S., at 350-351. But this Court should not assume that the past insensitivity of some state courts to the rights of defendants will continue. Certainly if the Court follows the course of reading rigid rules into the Constitution, so that the state courts will be unable to exercise judicial discretion within the limits of fundamental fairness, there is little reason to think that insensitivity will abate.

In concluding, I emphasize my long-held conviction that the adversary system functions best and most fairly only when all parties are represented by competent counsel. Before becoming a member of this Court, I participated in efforts to enlarge and extend the availability of counsel. The correct disposition of this case, therefore, has been a matter of considerable concern to me - as it has to the other members of the Court. We are all strongly drawn to the ideal of extending the right to counsel, but I differ as to two fundamentals: (i) what the Constitution *requires*, and (ii) the effect upon the criminal

33) I do not disagree with the overruling of Betts; I am in complete accord with Gideon. Betts, like Gideon, concerned the right to counsel in a felony case. See n. 1, supra. Neither case controls today's result.

변호인 지정은 불필요하다고 법원이 일반적으로 생각할 사건에서 변호인 지정을 강제할, 변호사에 대한 특수한 필요를 피고인이 지닐 만한 여타의 이유들이 있을 수 있을 것이다. 명백하게, 개개 판사들의 민감성은 및 부지런함은 개개 사건에 있어서의 다양한 요인들의 고찰을 요구하는 기본적 공정성이라는 규칙의 작동에 결정적인 것이 될 것이다. «407 U. S., 65»

Betts v. Brady, 316 U. S. 455 (1942)에서의 및 Bute v. Illinois, 333 U. S. 640 (1948)에서의 중죄 사건들에 적용되는 특별한 상황 규칙(the special circumstances rule)에 일정한 측면들에서 이 같은 규칙은 유사한 바, 그 규칙을 Gideon 판결에서 당원은 폐기하였다.[33] 더욱 명확한 표준을 중죄 사건들에 있어서 추구하는 이유들 중의 한 가지는 변호인이 지정되어야 하는지 여부를 사안별 기준에 따라 판정함에 있어서 그들의 책무를 많은 주 법원들이 이행하지 못하고 있다는 점이다. Gideon, 372 U. S., at 350-351에서의 할란(HARLAN) 판사의 보충의견을 보라. 그러나 변호인의 조력을 받을 피고인들의 권리에 대한 몇몇 주 법원들의 과거의 무감각이 계속되리라고 당원은 가정해서는 안 된다. 엄격한 규칙들을 연방헌법 안에 읽어 넣는 과정을 만약 당원이 좇는다면, 그리하여 사법적 재량을 기본적 공정성의 한계들 내에서 주 법원들이 행사하는 것이 불가능해 진다면, 확실히 그 무감각이 누그러질 것으로 생각할 이유는 전혀 없을 것이다.

결론적으로, 오직 자격 있는 변호인에 의하여 모든 당사자들이 대변될 때에만 대립당사자주의 재판제도는 가장 잘, 그리고 가장 공정하게 기능한다는 나의 오래도록 지녀온 확신을 나는 강조한다. 변호인의 이용 가능성을 확대하고 확장하는 노력들에 당원의 구성원 한 명이 되기 이전에 나는 참여하였다. 따라서 이 법원의 여타의 구성원들에게도 그래 왔듯이, 내게는 이 사건의 올바른 처분은 한 가지 상당한 관심사항이 되어 왔다. 변호인의 조력을 확장하여야 한다는 이상(ideal)에 강하게 우리는 모두 이끌리고 있지만, 그러나 두 가지 기본적 요소들에 관하여 나는 입장이 다르다: 즉 (i)

33) Betts 판결의 폐기에 나는 반대하지 않는다; Gideon 판결에 나는 완전히 찬동한다. 중죄사건에 있어서의 변호인의 조력을 받을 권리를 Betts 판결은 Gideon 판결이처럼 다룬 것이었다. n. 1, supra를 보라. 그 판례들 중 어느 것이도 오늘의 결론을 지배하지 않는다.

justice system, especially in the smaller cities and the thousands of police, municipal, and justice of the peace courts across the country.

The view I have expressed in this opinion would accord considerable discretion to the courts, and would allow the «407 U. S., 66» flexibility and opportunity for adjustment which seems so necessary when we are imposing new doctrine on the lowest level of courts of 50 States. Although this view would not precipitate the "chaos" predicted by the Solicitor General as the probable result of the Court's absolutist rule, there would still remain serious practical problems resulting from the expansion of indigents' rights to counsel in petty offense cases.[34] But the according of reviewable discretion to the courts in determining when counsel is necessary for a fair trial, rather than mandating a completely inflexible rule, would facilitate an orderly transition to a far wider availability and use of defense counsel.

In this process, the courts of first instance which decide these cases would have to recognize a duty to consider the need for counsel in every case where the defendant faces a significant penalty. The factors mentioned above, and such standards or guidelines to assure fairness as might be prescribed in each jurisdiction by legislation or rule of court, should be considered where relevant. The goal should be, in accord with the essence of the adversary system, to expand as rapidly as practicable the availability of counsel so that no person accused of crime must stand alone if counsel is needed.

As the proceedings in the courts below were not in accord with the views expressed above, I concur in the result of the decision in this case.

---

34) Indeed, it is recognized that many of the problems identified in this opinion will result from any raising of the standards as to the requirement of counsel. It is my view that relying upon judicial discretion to assure fair trial of petty offenses not only comports with the Constitution, but will minimize problems which otherwise could affect adversely the administration of criminal justice in the very courts which already are under the most severe strain.

연방헌법이 *요구하는(requires)* 바가 무엇인가라는 요소이고, 그리고 (ii) 특히 보다 작은 도시들에 있어서의, 그리고 나라 전체에 걸친 수천 개의 경찰법원들에서의, 시법원들에서의, 그리고 치안법원들에서의 형사재판 제도에 미치는 영향의 요소이다.

이 의견에서 내가 표명해 놓은 견해가라면 상당한 재량을 법원들에게 부여할 것이며, 아울러 새로운 법리를 50개 주들의 최하급 법원들에게 우리가 부과할 때에 매우 필요하다고 생각되는 그 조정을 위한 유연성을과 «407 U. S., 66» 기회를 그것은 허용할 것이다. 비록 이 법원의 절대론자적 규칙의 있음직한 결과로서 공판담당 차관보에 의하여 예언된 "혼돈"을 이 견해는 몰아대려는 것이 아님에도 불구하고, 경범죄 사건들에 있어서 변호인의 조력을 받을 가난한 사람들의 권리의 확장으로부터 귀결되는 심각한 실제적 문제들은 여전히 남을 것이다.[34] 그러나 완전히 경직된 한 개의 규칙을 명령하기보다, 공정한 정식사실심리를 위하여 언제 변호인이 필요한지를 판정함에 있어서의 재심리 가능한 재량을 법원들에게 부여하는 것은, 변호인에 대한 모종의 훨씬 더 넓은 이용 가능성으로의 및 이용으로의 질서 있는 이전을 손쉽게 할 것이다.

이 절차에 있어서, 중대한 처벌에 피고인이 직면하는 모든 사건에 있어서의 변호인의 필요를 고려할 책무를 이 같은 사건들을 판결하는 제1심 법원들은 인식해야 할 것이다. 위에서 언급된 요소들은, 그리고 개개 관할권에 있어서 입법에 내지는 법원규칙에 의하여 규정되어 있을 수 있는 바로서의 공정성을 보장하기 위한 이 같은 표준들은 내지는 기준선들은 적절한 경우에 고려되어야 한다. 그 목표는, 현실적으로 가능한 한 신속하게 대립당사자주의 제도의 본질에 일치되도록 변호인의 이용가능성을 확장함으로써, 범죄혐의로 기소된 사람으로서 변호인이 필요한데도 불구하고 홀로 서지 않으면 안 되는 일이 없게끔 하는 것이어야 한다.

위에 표명된 견해들에 하급법원들에서의 절차들은 부합되지 아니하였으므로 결과적으로 이 사건에서의 판단의 결과에 나는 찬동한다.

34) 아닌 게 아니라, 이 의견에서 확인된 문제들 중 다수는 변호인의 요구에 관한 표준들의 모종의 제시로부터 도출될 것임은 시인되고 있다. 경범죄들에 대한 공정한 정식사실심리를 보장하기 위하여 사법적 재량에 의존하는 것은 헌법에 일치할 뿐만 아니라, 이미 가장 중대한 압력 아래에 놓여 있는 바로 그 법원들에 있어서의 형사재판에 대하여, 만약 그렇게 하지 않을 경우에는 해로운 영향을 끼칠 수 있는 문제들을, 그것은 최소화할 것이라는 것이 나의 견해이다.

변호인의 조력을 받을 권리

Geders v. United States, 425 U. S. 80 (1976)

미합중국 제5순회구 항소법원에 내린 사건기록 송부명령

NO. 74-5968
변론 1975년 12월 1일
판결 1976년 3월 30일

요약해설

1. 개요

Geders v. United States, 425 U. S. 80 (1976)은 8 대 0으로 판결되었다. 법원의 의견을 법원장 버거(BURGER) 판사가 썼고, 브레넌(BRENNAN) 판사의 가담 아래 보충의견을 마샬(MARSHALL) 판사가 냈다. 스티븐스(STEVENS) 판사는 이 사건의 검토에나 판결에 참여하지 않았다. 휴정 시간 동안 피고인인 증인의 및 변호인의 둘 사이의 상담이 허용되는지의 문제를 다루었다.

2. 사실관계 및 쟁점 (425 U. S., at 81–86.)

마리화나의 수입을 공모한 혐의로와 이를 수입하고 소지한 혐의로 청구인은 대배심기소되었다. 청구인은 정식사실심리에서 자신의 방어를 위하여 증언하였다. 오후 4:55에 직접신문이 끝나고 다음 날 아침까지의 휴정이 선언되었을 때 청구인더러 일박 중에 아무하고도 사건을 논의하지 말도록 정식사실심리 판사는 검찰관의 요청에 따라 지시하였다. 당면한 반대신문 이외의 사항들에 관하여 의뢰인을 만나 상담할 권리가 있다고 주장하면서 이의를 변호인은 제기하였으나, 이의는 기각되었다. 청구인에 대한 직접신문을 다음 날 아침에 변호인은 법원의 허가를 얻어 다시 실시하였다. 반대신문은 오전에 종료되었고 점심 시간의 휴정을 재직접 신문의 시작 전에 판사는 선포하였다. 청구인은 점심 시간 중에 변호인을 찾아 상담하도록 허용되었다. 청구인은 공소사실 전부에 대하여 유죄가 인정되었고 감옥형들이 선고되었다. 일박의 휴정 중에 변호인하고의 상담을 금지한 정식사실심리 판사의 처분이 변호인의 조력을 받을 권리를 침해했음을 들어 항소를 청구인은 제기하였으나, 청구인에게 불이익이 발생했다는 점에 대한 증명이 없다는 이유로 항소법원은 항소를 기각하고 유죄판정을 인가하였다. 일박 중에 변호인하고의 상담을 금지한 명령이 연방헌법 수정 제6조에 어긋나게 변호인의 조력을 박탈했다는 청구인의 주장을 심리하기 위하여 사건기록 송부명령을 연방대법원은 허가하였다.

3. 법원장 버거(BURGER) 판사가 쓴 법원의 의견의 요지

증인들을 그들의 증언 이전에, 증언 동안에, 그리고 증언 이후에 격리할 광범위한 권한을, 정식사실심리의 진행을 통제할, 그리고 대립당사자주의 재판제도의 한계들 내에서 정식사실심리의 상황을 통제할 판사의 권한은 포함한다. 수 세기 전의 초기단계의 정식사실심리 방식들의 시기에조차도 영국의 실무에 있어서 독립적이고 지속적인 존재를 증인들을 격리하는 관행은 지녔었다. 자신들의 증언을 앞에서의 증인들의 증언에 "짜맞추는(tailoring)" 증인들에 대하여 억제력을 행사하는 데에, 그리고 솔직함에 미달하는 증언을 간파해 내는 것을 조력하는 데에 증인들을 격리하는 목적은 있다. 증언이 종결되기 이전에 선언된 휴정기간 동안 증인을 격리하는 것은 이미 이루어진 증언에 비추어 보면서 증언을 움직이려는 부당한 시도들을 방지하는 제3의 목적에도 기여한다. (425 U. S., at 87.)

청구인은 단순히 한 명의 증인인 것만이 아니라 피고인(defendant)이기도 하였다. 형사사건에서의 피고인은 정식사실심리 동안 자신의 변호인과 자주 상담하지 않으면 안 된다. 피고인은 권리의 문제로서 모든 증언에 출석해 있을 수 있고 또 일반적으로 출석하고 있으며, 그리하여 그가 증언대에 올라설 때까지 자신의 변호인에 더불어 자신의 증언을 논의할 기회를 가진다. 낮 동안의 부수상황들의 의미에 관하여 변호인을 찾아 상담할 기회를 정식사실심리 도중의 일박의 휴정은 피고인에게 부여한다. 변호사의 안내 없이는 정식사실심리 절차를 이해하고 대처하는 데 피고인은 일반적으로 준비가 부실하다는 바로 그 이유 때문에 변호인의 역할은 중요하다. 일박의 휴정 기간 중에 피고인으로 하여금 그의 변호사를 찾아 상담하지 못하도록 금지하는 명령은 이 실체적 권리를 침해한다. (425 U. S., at 88–89.)

정식사실심리에 있어서 오래도록 지속되는 일박의 휴정 기간 중에 자신의 변호인을 찾아 상담할 피고인의 권리의, 그리고 부당한 "코치행위(coaching)"의 위험을 지닌 변호인의 간섭 없이 피고인을 반대신문하려는 검찰관의 요구의 양자 사이의 충돌은 연방헌법 수정 제6조 아래서 변호인의 조력을과 안내를 받을 권리에 유리하도록 결말지어지지 않으면 안 된다. 청구인으로 하여금 자신의 직접신문의 및 반대 신문의 양자 사이의 17시간 길이의 일박의 휴정기간 동안 그 무엇에 관하여서도 자신의 변호인을 찾아 상담하지 못하도록 금지한 명령은 연방헌법 수정 제6조에 의하여 보장된 변호인의 조력을 받을 그의 권리를 침해하였다. 원심판결은 파기되었다. (425 U. S., at 91–92.)

MR. CHIEF JUSTICE BURGER delivered the opinion of the Court.

We granted certiorari to consider whether a trial court's order directing petitioner, the defendant in a federal prosecution, not to consult his attorney during a regular overnight recess, called while petitioner was on the stand as a witness and shortly before cross-examination was to begin, deprived him of the assistance of counsel in violation of the Sixth Amendment.

A grand jury in the Middle District of Florida returned indictments charging petitioner and several codefendants with conspiracy to import and illegal importation of a controlled substance into the United States, in violation of 18 U. S. C. § 371 and 21 U. S. C. § 952 (a), and with possession of marihuana, «425 U. S., 82» in violation of 21 U. S. C. § 841 (a). The charges grew out of plans for several of the defendants to fly about 1,000 pounds of marihuana from Colombia into the United States, plans that might have succeeded but for the fact that the pilot of the charter plane informed the United States Customs Service of the arrangements.

The trial of petitioner and one codefendant commenced on Tuesday, October 9, 1973. Petitioner testified in his own defense on Tuesday, October 16, and Wednesday, October 17. Petitioner's counsel concluded direct examination at 4:55 p. m. Tuesday. When the court recessed for the night, and after the jury departed, the prosecutor asked the judge to instruct petitioner not to discuss the case overnight with anyone. Throughout the trial, the judge had given the same instruction to every witness whose testimony was interrupted by a recess.

법원의 의견을 법원장 버거(BURGER) 판사가 냈다.

한 명의 증인으로서 증언대 위에 그가 있는 도중에 반대신문이 시작되기 직전에 선포된 일박의 정규 휴정 기간 중에 그의 변호사를 찾아 상담하지 못하도록 연방법원 소송추행에서의 피고인인 청구인을 금지한 정식사실심리 법원의 명령이 변호인의 조력을 연방헌법 수정 제6조에 위배되게 그에게서 박탈하였는지 여부를 검토하기 위하여 사건기록 송부명령을 우리는 허가하였다.

18 U. S. C. 371에 및 21 U. S. C. 952 (a)에 위배되게 금제물에 대한 미합중국 내로의 수입을 공모한 혐의로와 불법적인 수입을 한 혐의로 그리고 21 U. S. C. 841 (a)에 위배되게 마리화나를 소지한 혐의로 청구인을과 수 명의 «425 U. S., 82» 공동피고인들을 기소하는 대배심기소장들을 플로리다주 중부지구 대배심은 제출하였다. 마리화나 1,000파운드를 비행기로 콜럼비아로부터 미합중국 안으로 수송해 들이려는 피고인들 중 여러 명의 계획들로부터 공소사실들은 생겨났는데, 그 계획들을 연방관세청에 전세 비행기의 조종사가 신고한 사실이 없었더라면 성공을 그 계획들은 거두었을 것이었다.

청구인에 및 한 명의 공동피고인에 대한 정식사실심리는 1973년 10월 9일 화요일에 개시되었다. 그 자신의 방어를 위하여 10월 16일 화요일에와 그리고 10월 17일 수요일에 청구인은 증언하였다. 직접신문을 화요일 오후 4:55에 청구인의 변호인은 마쳤다. 당일 밤 동안의 휴정을 법원이 선언하였을 때, 그리고 자리를 배심이 뜬 뒤에, 청구인더러 일박 중에 아무하고도 사건을 논의하지 말도록 지시하여 달라고 법원에 검찰관은 요청하였다. 정식사실심리 전체를 통하여 휴정에 의하여 증언이 중단된 모든 증인에게 바로 그 지시를 판사는 해 왔었다.

Petitioner's attorney objected, explaining that he believed he had a right to confer with his client about matters other than the imminent cross-examination, and that he wished to discuss problems relating to the trial with his client. The judge indicated his confidence that counsel would properly confine the discussion, but expressed some doubt that petitioner would be able to do so, saying: "I think he would understand it if I told him just not to talk to you; and I just think it is better that he not talk to you about anything." The judge suggested that counsel could have an opportunity immediately after the recess to discuss with his client matters other than the cross-examination, such as what witnesses were to be called the next day, and he indicated that he would grant a recess the next day so that counsel could consult with petitioner after petitioner's testimony ended. Counsel persisted in his «425 U. S., 83» objection, although he appropriately indicated that he would - as in fact he did - comply with the court's order.[1)]

---

1) The discussion among the judge, petitioner's attorney (Mr. Rinehart), and the prosecutor (Mr. Blasingame), summarized in the text, was:

"MR. BLASINGAME: Has this witness been instructed now that he is not to talk to anyone whatsoever, including his attorneys – or anyone – about this case at all?

"MR. RINEHART: If he were instructed not to talk to his attorney, I feel that it would be improper. I think I always have the right to talk to my client.

"MR. BLASINGAME: I don't think so.

"THE COURT: Well I don't know whether you requested that I so instruct another witness when there was a recess, to that effect; but you do – let's make this clear – you always have the right to talk to your client – but except for the accident – and 'accident' means something over which you have no control – the cross-examination would have been right now and you would not have had an opportunity to talk to him.

"Now, because of the fact that it is 5:00 o'clock and we are recessing until tomorrow, you would have that opportunity.

"If you had requested the opportunity and this had been 2:00 o'clock – and if you had said 'If the Court please, I would like to have a recess' – and then, outside the presence of the Jury, had said, 'because I want to talk to my client'; what would I have said?

"MR. RINEHART: You probably would not have granted the recess, Your Honor.

"THE COURT: Should I have?

"MR. RINEHART: Not if there was something else to do, Your Honor.

"THE COURT: Well would you have had a right to just talk to your client while he is subject to cross-examination?

"MR. RINEHART: Well I would not –

"THE COURT: Would you have?

"MR. RINEHART: I would not instruct my client anyway.

"THE COURT: Well would you have talked to him? Would «425 U. S., 84» you have had a right to confer with him? That is what I want to know.

이의를 청구인의 변호사는 제기하였는데, 당면한 반대신문 이외의 사항들에 관하여 자신의 의뢰인을 만나 상담할 권리가 있다고 자신은 믿는다고, 그리고 정식사실심리에 관련한 문제들을 자신의 의뢰인과 논의하기를 자신은 원한다고 변호인은 설명하였다. 그 논의를 변호인이 적절히 한정지을 것으로 본다는 자신의 믿음을 판사는 표명하였으나, 청구인이 그렇게 할 수 있는지에 대하여는 상당한 의문을 나타내면서 이렇게 판사는 말하였다: "만약 그더러 귀하에게 아무 것을도 말하지 말라고 제가 말한다면 그는 그것을 이해하리라고 저는 생각합니다; 그리고 바로 그가 귀하에게 아무 것에 관하여도 말하지 않는 것이 더 낫다고 저는 생각합니다." 어떤 증인들이 그 다음 날 소환되어야 하는지와 같은 반대신문 이외의 사항들에 관하여 휴정 뒤에 곧바로 그의 의뢰인과 논의하기 위한 기회를 변호인은 가질 수 있음을 판사는 내비추었고, 또한 변호인으로 하여금 청구인을 만나 상담할 수 있도록 하기 위하여 휴정을 그 다음 날 청구인의 증언이 끝난 뒤에 자신이 허가할 것임을 그는 밝혔다. 법원의 «425 U. S., 83» 명령을 자신이 준수할 것임을 변적절히 밝히면서도 — 그리고 실제로 이를 준수하였다 — 자신의 이의를 변호인은 고수하였다.[1)]

1) 본문에 요약된 판사의, 청구인의 변호인(라인하트(Rinehart) 변호사)의, 그리고 검찰관(블래징게임(Blasingame) 검사)의 셋 사이의 대화는 이러하였다:

"블래징게임 검사: 그의 변호사들을 포함하는 그 어느 누구에게도 – 즉 그 누구에게도 – 이 사건에 관하여 결코 말을 해서는 안 된다고 지시를 지금 이 증인은 받은 것입니까?

"라인하트 변호사: 만약 그의 변호사에게 말을 해서는 안 된다는 지시를 그가 받는다면 그것은 부당할 것으로 저는 느낍니다. 항상 저의 의뢰인에게 말할 권리가 저는 있다고 저는 생각합니다.

"블래징게임 검사: 저는 그렇게 생각하지 않습니다.

"법원: 글쎄요, 어떤 휴정이 있었을 때 다른 증인에게 그 취지로 지시하도록 저에게 귀하가 요청했는지 여부를 저는 모르겠습니다; 그러나 분명한 것은 – 이것을 명확히 해 둡시다 – 귀하의 의뢰인에게 말할 권리를 귀하는언제든지 가진다는 것이지만, 그러나 그 사고(accident)가 없었다면 – '사고(accident)'라는 것은 귀하의 통제력이 미치지 않는 어떤 것을 의미합니다 – 반대신문은 지금 바로 있었을 것이고 따라서 그에게 말할 기회를 귀하는 가지지 못했을 것입니다.

"자, 지금이 다섯 시라는 사실 때문에, 그리하여 우리는 내일까지 휴정할 것이라는 사실 때문에 그 기회를 귀하는 가질 것입니다.

"만약 그 기회를 귀하가 요청했었고 이것이 두 시였다면 – 그리고 '법원이 좋으시다면 저는 휴정을 바랍니다.'라고 만약 귀하가 말했었다면 – 그리고 나서 배심이 출석해 있지 않은 곳에서 '왜냐하면 저의 의뢰인에게 말하기를 저는 바라기 때문입니다.'라고 말했다면; 제가 뭐라고 했겠습니까?

"라인하트 변호사: 아마도 그 휴정을 허가하지 않으셨을 테지요, 존경하는 재판장님.

"법원: 제가 허가했어야 할까요?

"라인하트 변호사: 다른 할 일이 있다면 허가하지 않으시겠지요, 존경하는 재판장님.

"법원: 그렇다면 반대신문에 귀하의 의뢰인이 놓여 있는 동안 그에게 말할 권리를 귀하가 가졌을 것인지요?

"라인하트 변호사: 글쎄요 저로서는 가지지 않을 –

"법원: 그 권리를 귀하가 가졌을까요?

"라인하트 변호사: 어쨌든 저의 의뢰인에게 저는 지시하지 않을 것입니다.

"법원: 그런데 그에게 귀하가 말했을까요? 그에게 말할 «425 U. S., 84» 권리를 귀하가 가졌겠는지요? 그것이 제가

When court convened the next morning, petitioner's «425 U. S., 84» attorney asked and received permission to reopen his direct examination of petitioner. The cross-examination which followed was finished in the morning;

"MR. RINEHART: If there were matters that I felt I had not brought out on Direct and that I should have covered –
"THE COURT: Before he is cross-examined?
"MR. RINEHART: Even before he is cross-examined. Sometimes we remember things we did not –
"THE COURT: Yes, sir. That is the reason you are entitled to Re-direct.
"MR. RINEHART: Right.
"THE COURT: Now I would appreciate it if you would answer my question. We have had a little trouble about being responsive.
"MR. RINEHART: All right.
"THE COURT: My question is: While a witness is subject to cross-examination, even though he is a defendant, does his attorney have the right to confer with him before he is cross-examined?
"You have been practicing law for a long time.
"MR. RINEHART: I feel that I do have the right to confer with him but not to coach him as to what he may say on cross-examination or how to answer questions.
"THE COURT: Then what else would you need to talk to him about?
"MR. RINEHART: I don't know. Such as whom should I call as the next witness.
"THE COURT: All right.
"MR. RINEHART: There are numerous strategic things that an attorney must confer with his client about.
"THE COURT: Well I don't have any questions, Mr. Rinehart, about what you – I think you are a disciplined man. I think you are trained in the law. And I think if you should tell me, for instance, that you would not discuss this direct testimony with your client I would accept that statement without any qualification.
"MR. RINEHART: Your Honor, I can assure you of that.
"THE COURT: I understand that. But your client, as far as I know, has not had any legal training; and I don't know anything about him other than what I have heard here today. And I don't «425 U. S., 85» know that he is subject to that same instruction – that he would understand it.
"I think he would understand it if I told him just not to talk to you; *and I just think it is better that he not talk to you about anything.*
"I think you might ask him right now – right here while we are here – what witnesses he thinks you ought to call in the morning.
"Let's put it this way. You ask him right now if he thinks there are any witnesses you ought to call during the evening. If anything comes up after he has been cross-examined, and after you have had an opportunity for re-direct, we would have a recess and you would have all the time you need to talk to him about strategies or anything else. We will take the rest of this month, if necessary, to give you an opportunity and him an opportunity for a fair trial. But we are not going to let strategy take the place of this situation.
"And I have held that I find that I don't think you would do anything wrong; but I think it would be better, under the circumstances of this case. And that is my ruling.
"MR. RINEHART: If that is your ruling, Your Honor, we will obey it.
"THE COURT: All right. Now you just move to the side, please.
"Now, Mr. Geders, will you stand up. I direct you not to discuss your testimony in this case with anyone until you are back here tomorrow morning at 9:30 for the purpose of being cross-examined.
"Do you understand that?
"MR. GEDERS: I understand.
"THE COURT: All right, thank you. All right, the Court will be in recess." (Emphasis added.)
The ambiguity of this colloquy appears to be resolved by the direction that petitioner "not talk to you [counsel] about anything."

다음 날 아침에 법원이 개정했을 때 청구인의 [425 U. S. 84] 변호사는 청구인에 대한 자신의 직접신문을 다시 열어달라고 요청하여 허가를 얻었다. 이에 이은 반대

알고자 하는 점입니다.
"라인하트 변호사: 만약 직접신문에서 제가 불러내지 못했다고 느낀, 그리고 제가 언급했어야 했다고 느낀 사항들이 있다면 –
"법원: 그가 반대신문 되기 이전에 말입니까?
"라인하트 변호사: 비록 그가 반대신문 되기 이전이라도 말입니다. 때때로 저희가 못 다한 사항들을 저희는 기억합니다 –
"법원: 그렇습니다, 변호사님. 그것이 재직접신문(Re-direct)의 권리를 귀하가 가지는 이유입니다.
"라인하트 변호사: 그렇습니다.
"법원: 자, 저의 물음에 귀하께서 답변해 주시면 감사하겠습니다. 질문의 대답을 얻는 데 있어서 약간의 곤란을 우리는 받고 있군요.
"라인하트 변호사: 알겠습니다.
"법원: 저의 의문은 설령 한 명의 증인이 피고인이라 하더라도, 반대신문에 그가 처해져 있는 동안에 그가 반대신문되기 전에 그를 만나 상담할 권리를 그의 변호인은 가지는가 하는 것입니다.
"오래도록 개업변호사 업무를 귀하는 해 오셨습니다.
"라인하트 변호사: 그를 만나 상담할 권리를 제가 가진다고 저는 느낍니다만, 반대신문에서 무엇을 그가 말해도 되는지 또는 질문들에 대하여 그가 어떻게 답변할지에 관하여 그를 코치할 권리는 없다고 느낍니다.
"법원: 그렇다면 그 밖의 무엇에 관하여 그에게 귀하는 말할 필요가 있다는 것입니까?
"라인하트 변호사: 모르겠습니다. 가령 다음 번 증인으로 누구를 소환해야 할지 같은 것입니다.
"법원: 좋습니다.
"라인하트 변호사: 변호사는 자신의 의뢰인을 만나 상담하지 않으면 안 되는 여러 가지 전략적 사항들이 있습니다.
"법원: 이제 귀하에 관하여는 저는 아무런 의문이 없는 바, 귀하를 훈련을 갖춘 분으로 저는 생각합니다, 라인하트 변호사님. 귀하가 법에 훈련 되어 있다고 저는 생각합니다. 그러므로 만약 이 직접신문에 관하여 귀하의 의뢰인과 논의하지 않겠다고 저에게 귀하가 말한다면 그 말을 아무 조건 없이 저는 받아들이겠다는 생각입니다.
"라인하트 변호사: 존경하는 재판장님, 그 점을 재판장님께 저는 보증할 수 있습니다.
"법원: 그 점을 저는 이해합니다. 그러나 귀하의 의뢰인은 제가 아는 한 아무런 법적 훈련을 받은 바 없습니다; 그리고 그에 관하여 오늘 여기서 청취한 것을 이외에는 아무 것을도 저는 모릅니다. 그리고 바로 «425 U. S., 85» 그 지시에 그가 복종할지, 즉 그것을 그가 이해할지 저는 알지 못합니다.
"가령 아무 말을도 절대로 귀하에게 하지 말라고 그에게 말한다면 그것을 그는 이해하리라고 저는 생각합니다; *그래서 참으로 귀하에게 어떤 것에 관하여서도 그가 말하지 않는 쪽이 더 낫다고 저는 생각합니다.*
"누구를 내일 아침에 귀하들이 소환해야 한다고 여기는지 지금 곧바로 – 우리가 여기에 있는 동안 바로 여기서 – 그에게 귀하가 물어도 좋을 것으로 저는 생각합니다.
"그것을 이렇게 처리하는 것으로 합시다. 밤 사이에 귀하가 소환해 두어야 할 증인들이 있다고 그로서 생각하는 사람들이 있는지 귀하는 바로 지금 그에게 물으십시오. 만약 반대신문을 그가 받고 난 뒤에 그리고 재직접신문을 위한 기회를 귀하가 가지고 난 뒤에 어떤 것이 떠오르면, 한 번의 휴정을 우리는 가질 것이고 따라서 전략사항들에 관하여든 또는 그 밖의 어떤 것에 관하여든 그에게 말할 충분한 시간을 귀하는 가질 것입니다. 필요하다면 공정한 정식사실심리의 기회를 귀하에게와 그에게 제공하기 위하여 이 번 달의 나머지 기간을 우리는 투입할 것입니다. 그러나 이 상황을 전략이 대신하도록 우리는 허용하지 않을 것입니다.
"조금이라도 잘못된 것을 귀하가 하리라고는 제가 생각하지 않는다는 점을 제가 확인한다고 저는 판단한 터입니다; 그러나 이 사건의 상황들 아래서는 그것이 더 나을 것으로 저는 생각합니다. 그리하여 그것이 저의 결정입니다.
"라인하트 변호사: 그것이 귀하의 결정이라면, 존경하는 재판장님, 그것을 저희는 따르겠습니다.
"법원: 좋습니다. 이제 비켜서 주십시오.
"이제 게더스 씨(Mr. Geders), 일어서 주십시오. 내일 아침 9:30에 반대신문을 받기 위하여 여기에 다시 올 때까지 이 사건에서의 귀하의 증언에 관하여 어느 누구하고도 논의하지 말 것을 귀하에게 저는 명합니다.
"그것을 당신은 이해합니까?
"게더스 씨: 저는 이해합니다.
"법원: 좋습니다, 감사합니다. 좋습니다, 휴정합니다." (강조는 보태짐.)
"귀하[변호인]에게 어떤 것에 관하여서도" 청구인이 "말하지 않"아야 한다는 지시에 의하여 이 대담의 모호한 점은 해소되는 것으로 보인다.

the judge «425 U. S., 85» then called the luncheon recess. Petitioner - whose testimony on redirect examination was yet to come - was permitted to confer with his attorney during the noon recess. The trial concluded the following day, and petitioner was convicted on all three counts; he was sentenced to concurrent three-year prison terms.

The Court of Appeals affirmed petitioner's con- «425 U. S., 86» viction. United States v. Fink, 502 F. 2d 1 (CA5 1974). On the point here at issue, the court held that petitioner's failure to claim any prejudice resulting from his inability to consult with counsel during one evening of the trial was fatal to his appeal. In so holding, the court relied on United States v. Leighton, 386 F. 2d 822 (CA2 1967), cert. denied, 390 U. S. 1025 (1968), dealing with a similar order applied to a noon recess, and rejected the Third Circuit's position that prejudice need not be shown, United States v. Venuto, 182 F. 2d 519 (1950), in a case involving an overnight recess. The Court of Appeals also disposed of several other claims of error. We granted certiorari limited to petitioner's claim that the order forbidding consultation with his attorney overnight denied him the assistance of counsel in violation of the Sixth Amendment. 421 U. S. 929.

Our cases have consistently recognized the important role the trial judge plays in the federal system of criminal justice. "[T]he judge is not a mere moderator, but is the governor of the trial for the purpose of assuring its proper conduct and of determining questions of law." Quercia v. United States, 289 U. S. 466, 469 (1933). A criminal trial does not unfold like a play with actors following a script; there is no scenario and can be none. The trial judge must meet situations as they arise and to do this must have broad power to cope with the complexities and contingencies inherent in the adversary process. To this end, he may determine generally the order in which parties will adduce proof; his determination will be reviewed only for

신문은 오전에 종료되었다; 점심 시간의 휴정을 «425 U. S., 85» 그 때에 판사는선포하였다. 재직접 신문(redirect examination)에 기한 그의 증언이 아직 실시되지 않고 있던 청구인은 점심 시간의 휴정 중에 그의 변호인을 찾아 상담하도록 허용되었다. 정식사실심리는 그 다음 날 종결되었고, 청구인은 세 개의 소인들 전부에 대하여 유죄가 인정되었다; 그에게 동시적으로 진행되는 3년의 감옥형들이 선고되었다.

청구인에 대한 유죄판정을 «425 U. S., 86» 항소법원은 인가하였다. United States v. Fink, 502 F. 2d 1 (CA5 1974). 여기서 쟁점이 된 사항에 대하여, 정식사실심리 도중의 일박 동안 그가 변호인을 찾아 상담할 수 없었음으로 인하여 발생한 모종의 불이익을 주장하기를 청구인이 태만히 한 점이 그의 항소에 치명적인 것이 된다고 항소법원은 판시하였다. 그렇게 판시함에 있어서 점심 시간의 휴정 기간에 적용된 유사한 명령을 다룬 United States v. Leighton, 386 F. 2d 822 (CA2 1967), cert. denied, 390 U. S. 1025 (1968)에 항소법원은 의존하였고, 그리하여 일박의 휴정 기간을 포함하는 사건에서는 불이익이 증명되어야 할 필요가 없다는 제3순회구의 입장, United States v. Venuto, 182 F. 2d 519 (1950), 을 항소법원은 거부하였다. 몇 가지 그 밖의 오류에 관한 주장들을도 항소법원은 결말지었다. 일박 중에 자신의 변호인하고의 상담을 금지한 명령이 변호인의 조력을 연방헌법 수정 제6조에 어긋나게 자신에게서 박탈했다는 청구인의 주장에 한정하여 사건기록 송부명령을 우리는 허가하였다. 421 U. S. 929.

연방 형사재판 제도 내에서 정식사실심리 판사가 수행하는 중요한 역할을 우리의 선례들은 일관되게 인정해 왔다. "[판]사는 단순한 조정자에 불과한 것이 아니라, 정식사실심리의 올바른 수행을 확보하고 법 문제들을 결정하려는 목적을 위한 정식사실심리의 지배자이다." Quercia v. United States, 289 U. S. 466, 469 (1933). 각본을 좇는 배우들을 지닌 연극이처럼 형사 정식사실심리는 펼쳐지는 것이 아니다; 시나리오는 있지 아니하고 또한 있을 수도 없다. 상황들이 일어나는 대로 그것들을 정식사실심리 판사는 맞이하지 않으면 안 되고, 그리고 이것을 하기 위하여 그 대립당사자주의 절차에 내재하는 복잡한 사항들에 및 우연한 사항들에 대처할 광범위한 권한을 그는 가지지 않으면 안 된다. 이 목적을 위하여, 증거를 당사자들이 제시할 순서를 일반적으로 그는 결정할 수 있다; 재량의 남용을 살피기 위해서만 그

abuse of discretion. Goldsby v. United States, 160 U. S. 70, 74 (1895); United States v. Martinez-Villanueva, 463 F. 2d 1336 (CA9 1972); Nelson v. United States, 415 F. 2d 483, 487 (CA5 1969), cert. denied, 396 U. S. 1060 (1970). Within limits, the judge may control the scope of rebuttal testimony, United States v. Chrzanowski, 502 F. 2d 573, 575-576 (CA3 1974); United «425 U. S., 87» States v. Perez, 491 F. 2d 167, 173 (CA9), cert. denied sub nom. Lombera v. United States, 419 U. S. 858 (1974); may refuse to allow cumulative, repetitive, or irrelevant testimony, Hamling v. United States, 418 U. S. 87, 127 (1974); County of Macon v. Shores, 97 U. S. 272 (1877); and may control the scope of examination of witnesses, United States v. Nobles, 422 U. S. 225, 231 (1975); Glasser v. United States, 315 U. S. 60, 83 (1942). If truth and fairness are not to be sacrificed, the judge must exert substantial control over the proceedings.

The judge's power to control the progress and, within the limits of the adversary system, the shape of the trial includes broad power to sequester witnesses before, during, and after their testimony. Holder v. United States, 150 U. S. 91, 92 (1893); United States v. Robinson, 502 F. 2d 894 (CA7 1974); United States v. Eastwood, 489 F. 2d 818, 821 (CA5 1974). Wigmore notes that centuries ago, the practice of sequestration of witnesses "already had in English practice an independent and continuous existence, even in the time of those earlier modes of trial which preceded the jury and were a part of our inheritance of the common Germanic law." 6 J. Wigmore, Evidence § 1837, p.348 (3d ed., 1940). The aim of imposing "the rule on witnesses," as the practice of sequestering witnesses is sometimes called, is twofold. It exercises a restraint on witnesses "tailoring" their testimony to that of earlier witnesses; and it aids in detecting testimony that is less than candid. See Wigmore, supra, § 1838; F. Wharton, Criminal Evidence § 405 (C. Torcia ed., 1972). Sequestering a witness over a recess called before testimony is completed

의 결정은 재심리되곤 한다. Goldsby v. United States, 160 U. S. 70, 74 (1895); United States v. Martinez-Villanueva, 463 F. 2d 1336 (CA9 1972); Nelson v. United States, 415 F. 2d 483, 487 (CA5 1969), cert. denied, 396 U. S. 1060 (1970). 반박증언(rebuttal testimony)의 범위를 판사는 적절히 통제할 수 있고, United States v. Chrzanowski, 502 F. 2d 573, 575-576 (CA3 1974); United [425 U. S. 87] States v. Perez, 491 F. 2d 167, 173 (CA9), cert. denied sub nom. Lombera v. United States, 419 U. S. 858 (1974); 누가적인(cumulative), 반복적인, 또는 관련 없는(irrelevant) 증언을 허용하기를 거부할 수 있고, Hamling v. United States, 418 U. S. 87, 127 (1974); County of Macon v. Shores, 97 U. S. 272 (1877); 그리고 증인들에 대한 신문의 범위를 통제할 수 있다. United States v. Nobles, 422 U. S. 225, 231 (1975); Glasser v. United States, 315 U. S. 60, 83 (1942). 만약 진실이 및 공정이 희생되지 않아야 한다면, 절차들에 대한 실질적인 통제를 판사는 행사하지 않으면 안 된다.

증인들을 그들의 증언 이전에, 증언 동안에, 그리고 증언 이후에 격리할 광범위한 권한을 정식사실심리의 진행을 통제할, 그리고 정식사실심리의 상황을 대립당사자주의 재판제도의 한계들 내에서 통제할 판사의 권한은 포함한다. Holder v. United States, 150 U. S. 91, 92 (1893); United States v. Robinson, 502 F. 2d 894 (CA7 1974); United States v. Eastwood, 489 F. 2d 818, 821 (CA5 1974). 수 세기 전에, "영국의 실무에 있어서의 독립적인 및 지속적인 존재를 배심제도가보다 더 먼저 시행된, 그리고 보통의 게르만법에 대한 우리의 계승물의 일부였던, 그 초보 단계의 정식사실심리 방식들의 시기에조차도 이미 증인들에 대한 격리의 관행은 지녔"음을 위그모어(Wigmore)는 특별히 언급한다. 6 J. Wigmore, Evidence § 1837, p.348 (3d ed., 1940). "증인규칙(the rule on witnesses)" - 증인들을 격리하는 관행을 때로 이렇게 부른다 - 을 부과하는 목적은 두 가지이다. 자신들의 증언을 앞에서의 증인들의 증언에 "짜맞추는" 증인들에 대하여 억제력을 그것은 행사한다; 그 리고 솔직함에 미달하는 증언을 간파해 내도록 그것은 조력한다. Wigmore, supra, § 1838; F. Wharton, Criminal Evidence § 405 (C. Torcia ed., 1972)를 보라. 이미 이루어진 증언에 비추어 보면서 증언을 움직이려는 부당한 시도들을 방지하는 모종의 제3의 목적에도, 증인

serves a third purpose as well - preventing improper attempts to influence the testimony in light of the testimony already given.

The trial judge here sequestered all witnesses for both prosecution and defense and before each recess instructed «425 U. S., 88» the testifying witness not to discuss his testimony with anyone. Applied to nonparty witnesses who were present to give evidence, the orders were within sound judicial discretion and are not challenged here.

But the petitioner was not simply a witness; he was also the defendant. A sequestration order affects a defendant in quite a different way from the way it affects a nonparty witness who presumably has no stake in the outcome of the trial. A nonparty witness ordinarily has little, other than his own testimony, to discuss with trial counsel; a defendant in a criminal case must often consult with his attorney during the trial. Moreover, "the rule" accomplishes less when it is applied to the defendant rather than a nonparty witness, because the defendant as a matter of right can be and usually is present for all testimony and has the opportunity to discuss his testimony with his attorney up to the time he takes the witness stand.

The recess at issue was only one of many called during a trial that continued over 10 calendar days. But it was an overnight recess, 17 hours long. It is common practice during such recesses for an accused and counsel to discuss the events of the day's trial. Such recesses are often times of intensive work, with tactical decisions to be made and strategies to be reviewed. The lawyer may need to obtain from his client information made relevant by the day's testimony, or he may need to pursue inquiry along lines not fully explored earlier. At the very least, the overnight recess during trial gives the defendant a chance to discuss with counsel the significance of the day's events. Our cases recognize that the role of counsel is important precisely

을 증언이 종결되기 이전에 선언된 휴정 중에 격리하는 것은기여한다.

여기서 기소측의 및 변호인측의 쌍방의 모든 증인들을 정식사실심리 판사는 격리하였고 «425 U. S., 88» 그의 증언을 누구하고도 논의하지 말도록 증언 중인 증인에게 휴정 때마다 지시하였다. 증언하기 위하여 출석한 비당사자 증인들(nonparty witnesses)에게 적용된 것으로서는 건전한 사법적 재량 내에 그 명령들은 있었고 그리하여 여기서 다투어지고 있지 아니하다.

그러나 청구인은 단순히 한 명의 증인인 것만은 아니었다; 그는 피고인(defendant)이기도 하였다. 추정적으로 정식사실심리의 결과에 아무런 이해관계가 없는 비당사자 증인에게와는 전혀 다른 방법으로 영향을 피고인에게 격리명령은 끼친다. 그 자신의 증언을 이외에는 정식사실심리 변호인과의 사이에서 논의할 것이 비당사자 증인의 경우에는 일반적으로 거의 없다; 자신의 변호사를 정식사실심리 동안 형사사건에서의 피고인은 자주 상담하지 않으면 안 된다. 더군다나, 비당사자 증인에게보다는 피고인에게 적용될 때 "그 규칙(the rule)"은 달성하는 바가 더 적은데, 왜냐하면 피고인은 한 가지 권리사항으로서 모든 증언에 출석해 있을 수 있고 또 일반적으로 출석하고 있으며, 그리하여 그가 증언대에 올라설 때까지 자신의 변호인에 더불어 자신의 증언을 논의할 기회를 그는 가지기 때문이다.

문제의 휴정은 달력상으로 열흘에 걸쳐 계속된 정식사실심리 동안에 선언되었던 많은 휴정들 가운데 한 개였을 뿐이다. 그러나 그것은 길이가 17시간에 달하는 일박의 휴정이었다. 이 같은 휴정 중에 피고인으로서는 및 변호인으로서는 낮 동안의 정식사실심리에서의 부수상황들에 관하여 상의함이 일반적인 관행이다. 이 같은 휴정 기간들은 그 내려야 할 전술적 결정들을과 재검토되어야 할 전략들을 다루는 집중적인 업무의 시간이 되는 경우가 흔하다. 변호사는 낮 동안의 증언에 의하여 관련이 있게 된 정보를 자신의 의뢰인으로부터 얻어야 할 필요가 있을 수 있고, 또는 이전까지는 충분히 탐구되지 못한 노선들을 따라 연구를 수행할 필요가 있을 수 있다. 가장 적게 말하더라도, 낮 동안의 부수상황들의 의미에 관하여 변호인과 논의할 기회를 피고인에게 정식사실심리 도중 일박의 휴정은 부여한다. 변호사의

because ordinarily a defendant is ill-equipped to understand and deal with the trial process without a lawyer's guidance.

"The right to be heard would be, in many cases, of little avail if it did not comprehend the right to «425 U. S., 89» be heard by counsel ……. [A defendant] is unfamiliar with the rules of evidence ……. He lacks both the skill and knowledge adequately to prepare his defense, even though he [may] have a perfect one. He requires the guiding hand of counsel at every step in the proceedings against him." Powell v. Alabama, 287 U. S. 45, 68-69 (1932).

See also Argersinger v. Hamlin, 407 U. S. 25, 31-36 (1972); Gideon v. Wainwright, 372 U. S. 335, 343-345 (1963). Other courts have concluded that an order preventing a defendant from consulting his attorney during an overnight recess infringes upon this substantial right. See United States v. Venuto, 182 F. 2d 519 (CA3 1950); People v. Noble, 42 Ill. 2d 425, 248 N. E. 2d 96 (1969); Commonwealth v. Werner, 206 Pa. Super. 498, 214 A. 2d 276 (1965). But see People v. Prevost, 219 Mich. 233, 189 N. W. 92 (1922).[2)]

There are other ways to deal with the problem of possible improper influence on testimony or "coaching" of a witness short of putting a barrier between client and counsel for so long a period as 17 hours. The opposing counsel in the adversary system is not without weapons to cope with "coached" witnesses. A prosecutor may cross-examine a defendant as to the extent of any "coaching" during a recess, subject, of course, to the control of the court. Skillful cross-examination could de- «425 U. S., 90» velop a record which the prosecutor in closing argument might well exploit by raising ques-

2) United States v. Leighton, 386 F. 2d 822 (CA2 1967), on which the Court of Appeals relied, involved an embargo order preventing a defendant from consulting his attorney during a brief routine recess during the trial day, a matter we emphasize is not before us in this case. See United States v. Schrimsher, 493 F. 2d 848 (CA5 1974); United States v. Crutcher, 405 F. 2d 239 (CA2 1968), cert. denied, 394 U. S. 908 (1969); see also Krull v. United States, 240 F. 2d 122 (CA5), cert. denied, 353 U. S. 915 (1957). Cf. Pendergraft v. State, 191 So. 2d 830 (Miss. 1966).

안내 없이는 피고인이 정식사실심리 절차를 이해하고 대처하는 데 일반적으로 준비가 부실하다는 바로 그 이유 때문에 변호인의 역할이 중요함을 우리의 선례들은 인정한다.

"만약 변호인을 통하여 청문될 권리를 포함하지 않는다면 청문될 권리는 «425 U. S., 89» 많은 경우에 쓸모가 없을 것이다 ……. [피고인은] 증거규칙들에 생소하다 ……. 심지어 완벽한 항변사유를 가지고 [있을 수] 있는 경우라 하더라도 자신의 항변사유를 충분히 준비할 기술을 및 지식을 모두 그는 결여하고 있다. 변호인의 이끄는 손을 자신을 겨냥한 절차들에 있어서의 모든 단계마다에서 그는 필요로 한다." Powell v. Alabama, 287 U. S. 45, 68-69 (1932).

아울러 Argersinger v. Hamlin, 407 U. S. 25, 31-36 (1972)를; Gideon v. Wainwright, 372 U. S. 335, 343-345 (1963)을 보라. 이 실체적 권리를 일박의 휴정 기간 중에 피고인으로 하여금 그의 변호사를 찾아 상담하지 못하도록 금지하는 명령은 침해한다고 다른 법원들은 결론지어 왔다. United States v. Venuto, 182 F. 2d 519 (CA3 1950)을; People v. Noble, 42 Ill. 2d 425, 248 N. E. 2d 96 (1969)를; Commonwealth v. Werner, 206 Pa. Super. 498, 214 A. 2d 276 (1965)를 보라. 그러나 People v. Prevost, 219 Mich. 233, 189 N. W. 92 (1922)을 보라.[2)]

증언에 대한 있을 수 있는 부당한 영향력의 문제를, 내지는 증인에 대한 "코치행위(coaching)"의 문제를 다루는 데에는 한 개의 장벽을 의뢰인의 및 변호인의 양자 사이에 열일곱 시간이나 되는 긴 시간 동안 두는 방법에 미달하는 여타의 방법들이 있다. 대립당사자주의 재판제도에 있어서 상대편 변호사는 "코치받은" 증인들을 상대할 무기들이 없지 않다. 물론 법원의 통제를 받으면서이기는 하지만, 휴정 기간 중의 모종의 "코치행위"의 정도에 관하여 검찰관은 피고인을 반대신문할 수 있다. 만약 남아 있는 직접신문에서와 반대신문에서 «425 U. S., 90» 어떻게 대답할지

2) 피고인으로 하여금 정식사실심리 기일 도중의 한 번의 짧은 일상적인 휴정 중에 그의 변호사를 찾아 상담하지 못하도록 금지하는 한 개의 명령(an embargo order)을 항소법원이 의존한 United States v. Leighton, 386 F. 2d 822 (CA2 1967) 판결은 포함하였는 바, 그것은 이 사건에서 우리 앞에 있지 아니함을 우리가 강조하는 한 가지 문제이다. United States v. Schrimsher, 493 F. 2d 848 (CA5 1974)를; United States v. Crutcher, 405 F. 2d 239 (CA2 1968), cert. denied, 394 U. S. 908 (1969)를 보라; 아울러 Krull v. United States, 240 F. 2d 122 (CA5), cert. denied, 353 U. S. 915 (1957)을 보라. Pendergraft v. State, 191 So. 2d 830 (Miss. 1966)을 비교하라.

tions as to the defendant's credibility, if it developed that defense counsel had in fact coached the witness as to how to respond on the remaining direct examination and on cross-examination. In addition the trial judge, if he doubts that defense counsel will observe the ethical limits on guiding witnesses,[3] may direct that the examination of the witness continue without interruption until completed. If the judge considers the risk high he may arrange the sequence of testimony so that direct- and cross-examination of a witness will be completed without interruption. That this would not be feasible in some cases due to the length «425 U. S., 91» of direct- and cross-examination does not alter the availability, in most cases, of a solution that does not cut off communication for so long a period as presented by this record. Inconvenience to the parties, witnesses, counsel, and court personnel may occasionally result if a luncheon or other recess is postponed or if a court continues in session several hours beyond the normal adjournment hour. In this day of crowded dockets, courts must frequently sit through and beyond normal recess; convenience occasionally must yield to concern for the integrity of the trial itself.

---

3) An attorney must respect the important ethical distinction between discussing testimony and seeking improperly to influence it. Ethical Consideration 7–26 of the American Bar Association Code of Professional Responsibility (1975) states:

"The law and Disciplinary Rules prohibit the use of fraudulent, false, or perjured testimony or evidence. A lawyer who knowingly participates in introduction of such testimony or evidence is subject to discipline. A lawyer should, however, present any admissible evidence his client desires to have presented unless he knows, or from facts within his knowledge should know, that such testimony or evidence is false, fraudulent, or perjured."

Disciplinary Rule 7–102 of the Code provides in relevant part:

"(A) In his representation of a client, a lawyer shall not:

......

"(6) Participate in the creation or preservation of evidence when he knows or it is obvious that the evidence is false.

"(7) Counsel or assist his client in conduct that the lawyer knows to be illegal or fraudulent.

"(8) Knowingly engage in other illegal conduct or conduct contrary to a Disciplinary Rule."

Any violation of these strictures would constitute a most serious breach of the attorney's duty to the court, to be treated accordingly.

We note that the judge expressed full confidence that petitioner's trial attorney would respect the difference between assistance and improper influence.

에 관하여 증인을 실제로 변호인이 코치해 주었던 것으로 기록이 드러내줄 경우에, 논고를 마무리하면서 피고인의 신빙성에 관하여 문제들을 제기함으로써 검찰관이 훌륭하게 이용할 수 있는 한 개의 기록을 숙련된 반대신문은 만들어갈 수 있다. 그 밖에도 만약 증인들을 지도함에 있어서 윤리적 한계들을 변호인이 준수하지 않을 것으로 의심한다면,[3] 그 증인에 대한 신문이 끝날 때까지 중단 없이 계속하도록 정식사실심리 판사는 지시할 수 있다. 만약 그 위험을 높은 것으로 판사가 여긴다면 어떤 증인의 직접신문이 및 반대신문이 중단 없이 끝날 수 있도록 증언의 순서를 그는 조율할 수 있다. 일정한 사건들에 있어서는 직접신문의 및 반대신문의 길이 때문에 «425 U. S., 91» 이것이 실행가능하지 않을 것이라 하더라도, 의사소통을 이 기록에 의하여 제시된 것만큼의 그토록 긴 시간 동안 차단하지 않는 한 가지 해결책의 이용가능성을 대부분의 사건들에 있어서 그것은 제거하지 않는다. 점심시간 동안의 휴정이 또는 그 밖의 휴정이 연장될 경우에 내지는 일반적인 휴정 시간을 넘어 여러 시간 동안 심리를 법원이 계속할 경우에, 당사자들에게, 증인들에게, 변호인에게, 그리고 법원 요원들에게 가해지는 불편은 왕왕 발생할 수 있다. 재판 일정표가 빽빽이 들어찬 오늘날 끝까지 그리고 일반적인 휴정 시간을 넘어서까지 법원들은 앉아 있지 않으면 안 되는 경우가 빈번하다; 정식사실심리의 완전무결성 자체를 위한 염려에 자리를 편의는 왕왕 양보하지 않으면 안 된다. 격리에 의하여 달성하려는 목적을 촉진하는 방법은 한 개의 연속된 장애물을 피고인의 및 그의 변호인의 둘 사이의 의사소통에 두는 것 아니고도 여러 가지가 있다.

---

3) 증언을 논의하는 것의 및 증언에 대하여 부당한 영향력을 가하고자 추구하는 것의 양자 사이의 중요한 윤리적 구분을 변호인은 존중하지 않으면 안 된다. 1975년 미국 법률가협회 법조전문직책임규정 윤리강령 7-26 (Ethical Consideration 7-26 of the American Bar Association Code of Professional Responsibility (1975))은 규정한다:
"기망적인, 허위의, 내지 위증적인 증언 내지 증거의 사용을 법은 및 징계규정(Disciplinary Rules)은 금지한다. 이 같은 증언의 내지는 증거의 제출에 고의적으로 참여한 변호사는 징계되지 않으면 안 된다. 그러나 제출을 의뢰인이 원하는 증거능력 있는 모든 증거를, 그것이 허위의 것임을, 기망적인 것임을 내지는 위증에 의한 것임을 그 자신의 지식의 범위 내에서 그가 알고 있는 경우가 아닌 한, 변호사는 제출해야 한다."
위 변호사 책임규정 중 징계규정 7-102은 해당부분에서 이렇게 규정한다:
"(A) 의뢰인을 대변함에 있어서 아래의 행위를 변호사는 해서는 안 된다:
……
"(6) 허위의 증거임이 명백함을 알면서 그 증거의 창출에 또는 보전에 참여하는 행위.
"(7) 의뢰인의 행위가 불법임을 내지는 사술적임을 알면서 이를 조언하거나 조력하는 행위.
"(8) 그 밖의 불법적 행위에 내지 징계규정에 위반되는 행위에 고의적으로 종사하는 행위."
법원에 대한 변호사의 책무의 가장 중대한 위반을 조금이라도 이 구속들에 대한 위반은 구성하며, 이에 상응하게 처리되어야 한다.
청구인의 조력의 및 부당한 영향력의 양자 사이의 차이를 정식사실심리 변호사가 준수할 것이라는 점에 대하여 완전한 신뢰를 판사는 밝혔음을 우리는 특별히 언급한다.

There are a variety of ways to further the purpose served by sequestration without placing a sustained barrier to communication between a defendant and his lawyer. To the extent that conflict remains between the defendant's right to consult with his attorney during a long overnight recess in the trial, and the prosecutor's desire to cross-examine the defendant without the intervention of counsel, with the risk of improper "coaching," the conflict must, under the Sixth Amendment, be resolved in favor of the right to the assistance and guidance of counsel. Brooks v. Tennessee, 406 U. S. 605 (1972).

The challenged order prevented petitioner from consulting his attorney during a 17-hour overnight recess, when an accused would normally confer with counsel. We need not reach, and we do not deal with, limitations imposed in other circumstances. We hold that an order preventing petitioner from consulting his counsel "about anything" during a 17-hour overnight recess between his direct- and cross-examination impinged upon his right to the assistance of counsel guaranteed by the Sixth Amendment.

Accordingly, the judgment of the Court of Appeals is reversed, and the case is remanded to the Court of Appeals, with directions that it be remanded to the «425 U. S., 92» District Court for proceedings consistent with this opinion.

Reversed and remanded.

MR. JUSTICE STEVENS took no part in the consideration or decision of this case.

정식사실심리에 있어서 오래도록 지속되는 일박의 휴정 기간 중에 자신의 변호인을 찾아 상담할 피고인의 권리의, 그리고 부당한 "코치행위"의 위험을 지닌 변호인의 간섭 없이 피고인을 반대신문하려는 검찰관의 요구의 양자 사이의 충돌이 남아 있는 한도 내에서, 연방헌법 수정 제6조 아래서 변호인의 조력을과 안내를 받을 권리에 유리하도록 그 충돌은 결말지어지지 않으면 안 된다. Brooks v. Tennessee, 406 U. S. 605 (1972).

청구인으로 하여금 17시간 길이의 일박의 휴정 기간 — 피고인으로서 변호인을 찾아 상담하곤 하는 것이 일반적인 시간이다 — 동안 자신의 변호인을 찾아 상담하지 못하도록 여기서 다투어지고 있는 명령은 금지하였다. 여타의 상황들에 있어서 부과되는 제한들에 우리는 이를 필요가 없고 따라서 이를 다루지 않는다. 연방헌법 수정 제6조에 의하여 보장된 변호인의 조력을 받을 청구인의 권리를, 청구인으로 하여금 자신의 직접신문의 및 반대신문의 양자 사이의 17시간 길이의 일박의 휴정 기간 동안 "그 무엇에 관하여서도(about anything)" 자신의 변호인을 찾아 상담하지 못하도록 금지하는 명령이 침해했다고 우리는 판시한다.

따라서 항소법원의 판결주문은 파기되고 사건은 이 의견에 합치되는 절차들을 위하여 «425 U. S., 92» 연방지방법원에 환송되어야 한다는 지시를 덧붙여 항소법원에 환송된다.

원심판결은 파기되고 환송된다.

스티븐스(STEVENS) 판사는 이 사건의 검토에나 판결에 참여하지 않았다.

MR. JUSTICE MARSHALL, with whom MR. JUSTICE BRENNAN joins, concurring.

I join in most of the Court's opinion, and I agree with its conclusion that an order preventing a defendant from consulting with his attorney during an overnight recess violates the defendant's Sixth Amendment right to counsel.

The Court notes that this case does not involve an order barring communication between defendant and counsel during a "brief routine recess during the trial day."[4] Ante, at 89 n. 2. That is, of course, true. I would add, however, that I do not understand the Court's observation as suggesting that as a general rule no constitutional infirmity would inhere in an order barring communication between a defendant and his attorney during a "brief routine recess." In my view, the general principles adopted by the Court today are fully applicable to the analysis of *any* order barring communication between a defendant and his attorney, at least where that communication would not interfere with the orderly and expeditious progress of the trial.

Thus, as the Court holds, a defendant who claims that an order prohibiting communication with his lawyer impinges upon his Sixth Amendment right to counsel need not make a preliminary showing of prejudice. Such an «425 U. S., 93» order is inherently suspect, and requires initial justification by the Government.

4) I would assume, however, that the Court's repeated reference to the length of the overnight recess in this case – 17 hours – is not intended to have any dispositive significance, and that the Court's holding is at least broad enough to cover all overnight recesses.

브레넌(BRENNAN) 판사가 가담하는 마샬(MARSHALL) 판사의 보충의견이다.

이 법원의 의견의 대부분에 나는 가담하며, 그리고 변호인의 조력을 받을 연방헌법 수정 제6조상의 피고인의 권리를 피고인으로 하여금 일박의 휴정기간 동안 그의 변호인을 찾아 상담하지 못하도록 금지하는 명령이 침해한다는 법원의 결론에 나는 동의한다.

이 사건이 포함하는 것은 "정식사실심리 기일 도중의 한 번의 짧은 일상적인 휴정 기간" 동안의 피고인의 및 변호인의 양자 사이의 의사소통을 저지하는 한 개의 명령이 아님을 이 법원은 특별히 언급한다.[4] Ante, at 89 n. 2. 그것은 물론 사실이다. 그러나 한 개의 일반적 규칙으로서는 한 번의 "짧은 일상적 휴정 기간" 동안 피고인의 및 그의 변호인의 양자 사이의 의사소통을 금지하는 명령 안에는 헌법적 약점이 내재하지 않는 것 아닌가 하고 암시하는 이 법원의 말을 이해할 수 없음을 나는 덧붙였으면 한다. 나의 견해로는 오늘 이 법원에 의하여 채용된 일반적 원칙들은 피고인의 및 그의 변호인의 양자 사이의 의사소통을 금지하는 *그 어떤(any)* 명령의 분석에도, 적어도 정식사실심리의 질서 있는 신속한 진행에 그 의사소통이 방해가 되지 않는 한, 적용이 가능하다.

따라서, 이 법원이 판시하듯이, 연방헌법 수정 제6조에 기한 변호인의 조력을 받을 자신의 권리를 자신의 변호인하고의 의사소통을 금지하는 명령이 침해한다고 주장하는 피고인은 불이익에 대한 예비적 증명을 할 필요가 없다. 이 같은 «425 U. S., 93» 명령은 본질적으로 혐의가 있는 것이고, 따라서 정부측에 의한 일차적인 정당성의 증명을 그것은 요구한다.

4) 그러나 이 사건에서의 일박의 휴정 기간의 길이 – 17시간 – 에 대한 이 법원의 반복된 언급은 조금이라도 결정적 의미를 지닌 것으로 의도된 것은 아니라고, 그리고 이 법원의 판시는 적어도 밤을 새우는 모든 휴정들을 포함하기에 충분히 넓다고 나는 가정하겠다.

The only justification expressly considered by the Court in its opinion is the desire to avoid the risk of unethical counselling by an attorney.[5] The Court holds that the fear of unethical conduct is not a sufficient ground for an order barring overnight communication between a defendant and his attorney, and the same would hold true absent the most unusual circumstances, I take it, for an order barring consultation between a defendant and his attorney at *any* time before or during the trial.[6] If our adversary system is to function according to design, we must assume that an attorney will observe his responsibilities to the legal system, as well as to his client. I find it difficult to conceive of any circumstances that would justify a court's limiting the attorney's opportunity to serve his client because of fear that he may disserve the system by violating accepted ethical standards. If any order barring communication between a defendant and his attorney is to survive constitutional inquiry, it must be for some reason other than a fear of unethical conduct.

---

5) For the distinction between ethical and unethical counselling, see ante, at 90 n. 3.

6) The Court suggests, however, that "doubts that defense counsel will observe the ethical limits on guiding witnesses" would justify such actions as postponing the luncheon recess or extending the normal adjournment hour in order to complete the defendant's testimony. Ante, at 90–91. I would assume that trial courts generally take such steps out of a desire to move the trial along in an orderly and expeditious fashion, not out of fear that defense counsel might exceed the bounds of ethical conduct if given the opportunity. And I am unwilling to endorse the notion that where the orderly and expeditious progress of the trial would not be served, the trial court should nevertheless feel free to continue the defendant's testimony without interruption because of a belief that defense counsel is likely to act unethically.

이 법원의 의견에서 이 법원에 의하여 명시적으로 검토된 유일한 정당화 사유는 변호인에 의한 윤리에 어긋나는 조언의 위험을 피하고자 하는 희망이다.[5] 윤리에 어긋나는 행동에 대한 두려움은 피고인의 및 그의 변호인의 양자 사이의 일박 기간 중에 의사소통을 금지하는 명령을 위한 충분한 이유가 아니라고 이 법원은 판시하는 바, 정식사실심리 이전의 또는 정식사실심리 도중의 어느 때든(any) 피고인의 및 그의 변호인의 양자 사이의 상담을 금지하는 명령에 대해서도, 매우 유별난 상황들이 존재하지 않는 한, 이 법원은 동일하게 판시할 것으로 나는 생각한다.[6] 만약 설계도에 따라서 우리의 대립당사자주의 제도가 기능해야 한다면, 자신의 의뢰인에 대한 책무를처럼 법 제도에 대한 자신의 책무를도 변호사는 준수할 것으로 우리는 가정하지 않으면 안 된다. 일반에게 인정된 윤리적 기준들을 위반함으로써 법 제도에 해를 피고인의 변호인이 줄까 하는 염려를 이유로 조금이라도 자신의 의뢰인에게 봉사할 변호인의 기회에 대한 법원의 제약 설정을 정당화할 만한 상황들을 상정하기는 어렵다고 나는 생각한다. 만약 피고인의 및 그의 변호인의 양자 사이의 의사소통을 금지하는 명령이 조금이라도 헌법적 심리를 견뎌내고 살아남아야 한다면, 그것은 윤리에 어긋나는 행동에 대한 염려와는 다른 이유 때문이지 않으면 안 된다.

---

5) 윤리에 부합하는 조언의 및 윤리에 어긋나는 조언의 양자 사이의 구분을 위하여는 ante, at 90 n. 3을 보라.

6) 그러나 "증인들을 지도함에 있어서 윤리적 한계들을 변호인이 준수하지 않을 것으로 의심"한다면 피고인의 증언을 끝내기 위하여 점심시간의 휴정을 연장하는 내지는 일반적인 휴정시간을 연장하는 등의 처분들을 그것은 정당화할 것이라고 이 법원은 암시한다. Ante, at 90-91. 이 같은 조치들을 정식사실심리 법원들이 취하는 것은 일반적으로 질서 있는 신속한 방법으로 정식사실심리를 이끌어 나가려는 희망에서이지, 변호인에게 기회가 주어지면 윤리적 행동의 한계들을 그가 넘을까 하는 두려움 때문은 아니라고 나라면 추정하겠다. 그리고 정식사실심리의 질서 있는 신속한 진행에 보탬이 되지 않는 경우에 이에도 불구하고 변호인이 비윤리적으로 행동할 수 있다는 믿음 때문에 자유로이 피고인의 증언을 중단 없이 계속하게끔 정식사실심리 법원은 할 수 있다고 여겨야 한다는 관념에 나는 찬동하고 싶지 않다.

변호인의 조력을 받을 권리

Brewer v. Williams, 430 U. S. 387 (1977)

제8순회구 미합중국 항소법원에 내린 사건기록 송부명령

NO. 74-1263
변론 1976년 10월 4일
판결 1977년 3월 23일

요약해설

1. 개요 및 쟁점

Brewer v. Williams, 430 U. S. 387 (1977)은 5 대 4로 판결되었다. 법원의 의견을 스튜어트(STEWART) 판사가 썼다. 보충의견을 마샬(MARSHALL) 판사가, 파월(POWELL) 판사가, 스티븐스(STEVENS) 판사가 각기 냈다. 버거(BURGER) 판사는 반대의견을 냈고, 화이트(WHITE) 판사는 블랙먼(BLACKMUN) 판사의 및 렌퀴스트(REHNQUIST) 판사의 가담 아래 반대의견을, 블랙먼(BLACKMUN) 판사는 화이트(WHITE) 판사의 및 렌퀴스트(REHNQUIST) 판사의 가담 아래 반대의견을 냈다.

어린 소녀를 살해한 혐의를 받고 있는 정신병력의 용의자를 경찰차량으로 호송하는 도중에 용의자의 종교적 감수성을 자극하는 말을 함으로써 용의자로 하여금 자신들을 소녀의 사체로 안내하도록 경찰이 유인한 경우에 신문을 그 경찰의 행위가 구성했는지, 그리하여 변호인의 조력을 받을 권리에 대한 침해를 그 경찰의 행위가 구성했는지 여부가, 그리고 이 사건의 구체적 사실관계 아래서 그 권리에 대한 포기가 있었다고 인정될 수 있는지 여부가 다루어졌다.[1)]

2. 사실관계 (430 U. S., at 390-395.)

크리스마스 이브에 부모를 따라 레슬링 경기를 관람하러 YMCA 건물에 피해자는 갔다가 피고인(윌리엄즈; Williams)에게 납치되어 살해되었다. 이튿날 160킬로미터 떨어진 다른 도시에서 피고인은 자수하였다. 그가 정신병원을 탈출한, 그러나 종교적 신앙심이 깊은 사람임을 경찰은 알고 있었다. 호송이 끝나 도착지에서 변호인(맥

1) 이 사건 인신보호영장 청구를 주 법원에서의 유죄판정에 의거하여 구금된 피고인(Williams)이 연방지방법원에 하였으므로 28 U. S. C. § 2254 (d)에 따라 사실적 쟁점에 대한 주 법원의 판정은 정당한 것으로 추정되어야 한다고, 그러함에도 위 조항을 연방지방법원은 무시하였다고 사건기록 송부명령 청구인(Brewer)은 주장하였다. 430 U. S., at 395.

나이트; McKnight) 변호사)을 보게 되기까지는 피고인을 신문하지 말 것을 피고인의 호송이 개시되기 전에 경찰에게 변호인들은 요구하여 확답을 들었다. 변호인들로부터와 경찰관들로부터 묵비의 권리 등을 피고인은 고지 받았다. 경찰관들을 따라 피고인 혼자서 탑승한 호송차량 안에서 대화가 이루어졌다. 사체가 눈에 덮이기 전에 그 위치를 찾아내 어린 소녀인 피해자로 및 그 부모들로 하여금 기독교 장례식을 누리도록 조치함이 바람직하다는 취지의 연설을 하여 피고인의 종교적 감성을 형사 리밍(Learning)은 자극하였다. 사체 있는 곳에 차량이 접근하자 피고인은 마음이 움직여 피해자의 시신에게로 경찰을 안내하였다.

일급살인죄로 주 법원에 피고인은 대배심기소되었다. 신문에 형사 리밍의 연설은 해당되었음을, 이에 따라 경찰을 안내한 피고의 행동은 변호인의 조력을 받을 권리에 대한 침해 가운데서 이루어진 것이었음을 주장하여 탑승 도중의 피고인의 진술들에 및 거기서 파생된 증거들에 대하여 증거배제 신청을 변호인은 제기하였다. 그러나, 변호인을 출석시킬 권리를 피고인이 포기하였던 것으로 판단하여 증거배제 신청을 정식사실심리 법원은 기각하였다. 배심에 의한 정식사실심리에서 살인죄에 대한 유죄판정이 내려졌고 이를 항소심인 아이오아주 대법원은 인가하였다. 그러나 피고인의 주장을 피고인이 제기한 인신보호영장 청구에서 연방지방법원은 받아들여 변호인의 조력을 받을 헌법적 권리 등에 대한 박탈을 인정하였고 이를 항소법원은 인가하였다. 연방대법원은 사건기록 송부명령을 허가하여 사건을 자신 앞에 가져왔다.

3. 스튜어트(STEWART) 판사가 쓴 법원의 의견의 요지

변호인의 조력을 받을 권리를 윌리엄즈가 박탈당했음에 의거하여 원심의 판결주문은 인가되지 않으면 안 된다. 대립당사자주의 형사재판 제도의 공정한 운영에 이 권리는 불가결하다. 정식사실심리 이전 단계에서도 그것의 지극히 중대한 필요성은 확인된다. 윌리엄즈를 정식으로 신문했을 경우에 똑 같이 정보를 그로부터 도출해 내고자 의도적으로 및 계획적으로 형사 리밍은 착수했다. (430 U. S., at 397-400.) 이 사건의 상황들은 Massiah v. United States, supra에 나타난 상황들로부터 구분될 수 없다. 개인을 겨냥하여 대립당사자주의 절차들이 일단 개시되어 있으면, 그를 정부가 신문할 때에 법적 대변을 누릴 권리를 그는 갖는다는 데 Massiah 판결의 규칙은 있다. (430 U. S., at 400–401.)

변호인을 출석시킬 권리에 대한 포기를 뒷받침해 주는 증거는 없다. 맥나이트 변호사를 만난 *뒤에*(after) 말했으면 함을 그 여행 동안 여러 기회에 윌리엄즈는 나타냈다. (430 U. S., at 402.) 권리에 대한 인지 상태에서 분별 있게 그 포기가 이루어졌음을 증명할 무거운 의무를 검찰은 진다. 변호인의 조력을 받을 권리는 피고인 쪽에서의 요청에 의존하지 않는다. 포기를 저지하는(against waiver) 모든 합리적인 추정을 법원들은 마음껏 누린다. 원심판결은 인가되었다. (430 U. S., at 403–404, 406.)

MR. JUSTICE STEWART delivered the opinion of the Court.

An Iowa trial jury found the respondent, Robert Williams, guilty of murder. The judgment of conviction was affirmed in the Iowa Supreme Court by a closely divided vote. In a subsequent habeas corpus proceeding a Federal District «430 U. S., 390» Court ruled that under the United States Constitution Williams is entitled to a new trial, and a divided Court of Appeals for the Eighth Circuit agreed. The question before us is whether the District Court and the Court of Appeals were wrong.

I

On the afternoon of December 24, 1968, a 10-year-old girl named Pamela Powers went with her family to the YMCA in Des Moines, Iowa, to watch a wrestling tournament in which her brother was participating. When she failed to return from a trip to the washroom, a search for her began. The search was unsuccessful.

Robert Williams, who had recently escaped from a mental hospital, was a resident of the YMCA. Soon after the girl's disappearance Williams was seen in the YMCA lobby carrying some clothing and a large bundle wrapped in a blanket. He obtained help from a 14-year-old boy in opening the street door of the YMCA and the door to his automobile parked outside. When Williams placed the bundle in the front seat of his car the boy "saw two legs in it and

법원의 의견을 스튜어트(STEWART) 판사가 냈다.

살인죄를 피청구인 로버트 윌리엄즈(Robert Williams)에 대하여 아이오아주 정식사실심리 배심 한 곳은 인정하였다. 아이오아주 대법원에서 근소한 표 차이로 유죄판결은 인가되었다. 미합중국 헌법에 따라 새로운 정식사실심리를 받을 «430 U. S., 390» 권리를 윌리엄즈는 지닌다고 뒤이은 인신보호영장 절차(habeas corpus proceeding)에서 연방지방법원은판결하였고, 이를 찬반으로 나뉜 제8순회구 항소법원은 인가하였다. 우리 앞의 문제는 연방지방법원과 항소법원이 틀렸는지 여부이다.

I

그녀의 오빠가 참여한 레슬링 토너먼트를 구경하러 그녀의 가족들에 더불어 아이오아주 디모인(Des Moines) 소재 와이엠씨에이(YMCA)에 1968년 12월 24일 오후 파멜라 파워즈(Pamela Powers)라는 이름의 10세의 소녀는 갔다. 화장실에 그녀가 가서 돌아오지 않자, 그녀를 찾는 수색이 시작되었다. 수색은 성공을 거두지 못하였다.

최근에 정신병원 한 곳을 탈출한 상태에 있던 로버트 윌리엄즈(Robert Williams)는 와이엠씨에이의 거주자들 중 한 명이었다. 소녀의 실종 직후에 윌리엄즈는 와이엠씨에이 로비에서 어떤 옷가지를 및 그리고 담요에 싸인 어떤 커다란 꾸러미 한 개를 운반하는 것이 목격되었다. 와이엠씨에이의 도로 쪽 출입문을 및 바깥에 주차된 그의 자동차 문을 여는 데에 14세 된 소년 한 명의 도움을 그는 받았다. 그 꾸러미를 그의 차 앞좌석에 윌리엄즈가 놓을 때, 소년은 "두 다리를 보았는데, 그 다리들은

they were skinny and white." Before anyone could see what was in the bundle Williams drove away. His abandoned car was found the following day in Davenport, Iowa, roughly 160 miles east of Des Moines. A warrant was then issued in Des Moines for his arrest on a charge of abduction.

On the morning of December 26, a Des Moines lawyer named Henry McKnight went to the Des Moines police station and informed the officers present that he had just received a long-distance call from Williams, and that he had advised Williams to turn himself in to the Davenport police. Williams did surrender that morning to the police in Davenport, and they booked him on the charge specified in the arrest warrant and gave him the warnings required by Miranda v. Arizona, 384U. S. 436. The Davenport police then tele- «430 U. S., 391» phoned their counterparts in Des Moines to inform them that Williams had surrendered. McKnight, the lawyer, was still at the Des Moines police headquarters, and Williams conversed with McKnight on the telephone. In the presence of the Des Moines chief of police and a police detective named Leaming, McKnight advised Williams that Des Moines police officers would be driving to Davenport to pick him up, that the officers would not interrogate him or mistreat him, and that Williams was not to talk to the officers about Pamela Powers until after consulting with McKnight upon his return to Des Moines. As a result of these conversations, it was agreed between McKnight and the Des Moines police officials that Detective Leaming and a fellow officer would drive to Davenport to pick up Williams, that they would bring him directly back to Des Moines, and that they would not question him during the trip.

In the meantime Williams was arraigned before a judge in Davenport on the outstanding arrest warrant. The judge advised him of his Miranda rights and committed him to jail. Before leaving the courtroom, Williams conferred with a lawyer named Kelly, who advised him not to make any statements

야위고 희었다." 꾸러미 안에 있는 것을 누가 볼 수 있기 전에 윌리엄즈는 차를 몰고 떠나가 버렸다. 그 다음 날 디모인으로부터 약 160킬로미터 떨어진 아이오아주 대븐포트에서 그의 버려진 차는 발견되었다. 그리하여 유괴 혐의에 기한 그의 체포를 위하여 영장이 발부되었다.

12월 26일 아침에 디모인에 사무소를 둔 헨리 맥나이트라는 이름의 변호사는 디모인 경찰서에 가서, 장거리 전화 한 통을 윌리엄즈로부터 자신이 받았음을, 그리고 대븐포트 경찰에 자수하도록 그에게 자신이 조언했음을 거기에 근무 중인 경찰관들에게 신고하였다. 실제로 그 날 오전에 대븐포트 경찰에 윌리엄즈는 자수하였고, 그에 대한 용의자 체포절차를 체포영장에 명기된 혐의에 의거하여 경찰은 취하였으며, Miranda v. Arizona, 384 U. S. 436에 의하여 요구되는 경고들을 그에게 해 주었다. 그 뒤에 디모인 경찰 쪽에 전화를 걸어 «430 U. S., 391» 윌리엄즈가 자수해 있음을 대븐포트 경찰은 알려 주었다. 아직도 디모인 경찰본부에 변호사 맥나이트는 있었고, 윌리엄즈는 전화로 맥나이트하고 대화하였다. 그를 데리러 대븐포트에 디모인 경찰관들이 갈 것임을, 그를 경찰관들은 신문하지도 학대하지도 않기로 되어 있음을, 그러므로 디모인에 돌아와서 맥나이트를 만나 상담하고 났을 때까지는 파멜라 파워즈에 관하여 경찰관들에게 윌리엄즈가 말할 필요가 없음을 디모인 경찰서장의 및 리밍이라는 이름의 형사 한 명의 출석 가운데 윌리엄즈에게 맥나이트는 일러주었다. 이 대화들의 결과로서, 윌리엄즈를 데리러 대븐포트에 형사 리밍이 및 동료 경찰관 한 명이 가기로, 그를 곧장 디모인에 그들이 데려 오기로, 그리고 그 이동 중에는 그를 신문하지 아니하기로 맥나이트의 및 디모인 경찰관들의 양자 사이에 합의가 이루어졌다.

그 사이에 대븐포트에서 그 발부된 체포영장에 의거하여 판사 앞에서 기소인부 신문을 윌리엄즈는 받았다. 그의 미란다 권리들을 그에게 그에게 판사는 고지하고서 그를 감옥에 수감하였다. 법정을 떠나기 전에 켈리(Kelly)라는 이름의 변호사하고 윌리엄즈는 대화하였는데, 디모인에 돌아가서 맥나이트를 만나 상담하기까지는 어

until consulting with McKnight back in Des Moines.

Detective Leaming and his fellow officer arrived in Davenport about noon to pick up Williams and return him to Des Moines. Soon after their arrival they met with Williams and Kelly, who, they understood, was acting as Williams' lawyer. Detective Leaming repeated the Miranda warnings, and told Williams:

"[W]e both know that you're being represented here by Mr. Kelly and you' re being represented by Mr. McKnight in Des Moines, and …… I want you to remember this because we'll be visiting between here and Des Moines."

Williams then conferred again with Kelly alone, and after this conference Kelly reiterated to Detective Leaming that «430 U. S., 392» Williams was not to be questioned about the disappearance of Pamela Powers until after he had consulted with McKnight back in Des Moines. When Leaming expressed some reservations, Kelly firmly stated that the agreement with McKnight was to be carried out - that there was to be no interrogation of Williams during the automobile journey to Des Moines. Kelly was denied permission to ride in the police car back to Des Moines with Williams and the two officers.

The two detectives, with Williams in their charge, then set out on the 160-mile drive. At no time during the trip did Williams express a willingness to be interrogated in the absence of an attorney. Instead, he stated several times that "[w]hen I get to Des Moines and see Mr. McKnight, I am going to tell you the whole story." Detective Leaming knew that Williams was a former mental patient, and knew also that he was deeply religious.

The detective and his prisoner soon embarked on a wideranging conversation covering a variety of topics, including the subject of religion. Then, not long after leaving Davenport and reaching the interstate highway, Detective Leaming delivered what has been referred to in the briefs and oral arguments

떤 진술들을도 하지 말도록 그에게 그는 조언하였다.

윌리엄즈를 인계받아 디모인으로 데려가기 위하여 정오 무렵에 대븐포트에 형사 리밍은 및 그의 동료 경찰관은 도착하였다. 그들의 도착 직후에 윌리엄즈를, 그리고 윌리엄즈의 변호인으로서 행동하고 있다고 그들이 이해한 켈리를 그들은 만났다. 미란다 경고들을 반복해 주고서 윌리엄즈에게 형사 리밍은 말하였다:

"[여]기서 켈리 변호사에 의하여 당신이 대변되고 있는 것으로, 그리고 디모인에서는 맥나이트 변호사에 의하여 대변되고 있는 것으로 우리 두 사람은 아는데, 그런데 …… 이것을 당신에게 내가 상기시켜 주고자 함은 여기의 및 디모인의 두 곳 사이에서 우리가 방문할 곳이 있을 것이기 때문입니다."

그때 다시 켈리하고서만 따로 윌리엄즈는 대화하였고, 그리고 이 대화 뒤에, «430 U. S., 392» 디모인에 돌아가 맥나이트에게 윌리엄즈가 상담하고 났을 때까지 파멜라 파워즈의 실종에 관하여 신문이 실시되어서는 안 됨을 형사 리밍에게 켈리는 다시 말하였다. 몇 가지 유보적 입장을 리밍이 표명했을 때 디모인까지의 자동차 이동 중에 어떤 신문이도 있어서는 안 된다는 맥나이트하고의 합의가 준수되어야 함을 확고히 켈리는 말하였다. 디모인으로 돌아가는 경찰 차량에 윌리엄즈에 및 두 경찰관들에 더불어 탑승하게 해 달라는 허가를 켈리는 거부당하였다.

그리하여 윌리엄즈를 맡은 채로 160마일의 이동에 그 형사들 두 명은 올랐다. 변호인의 부재 상태에서 신문을 받는 데 동의한다는 의사를 그 이동 중에 윌리엄즈가 표명한 적은 없었다. "[디]모인에 닿아 맥나이트 변호사를 내가 보게 되면 전체 줄거리를 당신들에게 말하겠소."라고 오히려 그는 수 차례말하였다. 윌리엄즈는 정신병을 앓은 전력이 있는 사람임을, 그리고 그가 매우 신앙심 깊은 사람임을도 형사 리밍은 알고 있었다.

종교를 포함한 다양한 주제들에 걸친 광범위한 대화를 형사는 및 그의 죄수는 시작하였다. 그러다가 준비서면들에서와 구두변론들에서 "기독교 장례식 연설(Christian burial speech)"이라고 지칭되어 있는 그 연설을 대븐포트를 떠나 주간 고속도

as the "Christian burial speech." Addressing Williams as "Reverend," the detective said:

"I want to give you something to think about while we're traveling down the road ……. Number one, I want you to observe the weather conditions, it's raining, it's sleeting, it's freezing, driving is very treacherous, visibility is poor, it's going to be dark early this evening. They are predicting several inches of snow for tonight, and I feel that you yourself are the only person that knows where this little girl's body is, that you yourself have only been there once, and if you get a snow on top of it you yourself may be unable to find it. And, since we will be going right past the area on the way into «430 U. S., 393» Des Moines, I feel that we could stop and locate the body, that the parents of this little girl should be entitled to a Christian burial for the little girl who was snatched away from them on Christmas [E]ve and murdered. And I feel we should stop and locate it on the way in rather than waiting until morning and trying to come back out after a snow storm and possibly not being able to find it at all."

Williams asked Detective Leaming why he thought their route to Des Moines would be taking them past the girl's body, and Leaming responded that he knew the body was in the area of Mitchellville - a town they would be passing on the way to Des Moines.[1] Leaming then stated: "I do not want you to answer me. I don't want to discuss it any further. Just think about it as we're riding down the road."

As the car approached Grinnell, a town approximately 100 miles west of Davenport, Williams asked whether the police had found the victim's shoes. When Detective Leaming replied that he was unsure, Williams directed the officers to a service station where he said he had left the shoes; a search for

1) The fact of the matter, of course, was that Detective Leaming possessed no such knowledge.

로(interstate highway)에 닿은 지 얼마 안 되었을 때 형사 리밍은 하였다. 윌리엄즈를 "님(Reverend)"이라고 호칭하면서 형사는 말했다:

"저희가 길을 가는 동안 당신이 생각해 볼 만한 것을 당신에게 드리고 싶습니다 ……. 첫째, 당신이 날씨를 당신이 살펴보기를 저는 바라는데, 비가 오고 있고, 진눈깨비가 내리고 있고, 얼음이 얼고 있고, 운전은 매우 위험하고, 시야는 짧고, 오늘 저녁에는 날이 일찍 어두워질 것입니다. 오늘 밤에 몇 인치쯤의 눈을 예보하고 있는데, 그런데 바로 당신이 이 어린 소녀의 사체가 어디 있는지를 아는 유일한 사람이라고, 당신만이 그 곳에 있어 본 사람이라고 저는 생각합니다만, 그런데 그 위에 눈이 덮이게 되면 그 곳을 당신 자신이도 찾을 수 없게 될지 모릅니다. 그러니만큼, 저희가 디모인에 들어가는 길에 그 부근 바로 곁을 지나게 될 «430 U. S., 393» 것이므로, 저희가 길을 멈춰서 그 사체 있는 곳을 찾을 수 있으리라고, 그리하여 크리스마스 [이]브에 납치되어 살해된 이 소녀의 부모들이 그 어린 소녀를 위하여 기독교 장례식을 거행할 권리를 누리도록 할 수 있을 것으로 나는 생각합니다. 그러므로 아침까지 기다렸다가 눈보라 뒤에 다시 나오려고 하기보다는, 그리하여 전혀 찾을 수 없게 될 가능성을 무릅쓰기보다는, 들어가는 길에 우리가 멈추어서 그 위치를 찾아야 한다고 저는 생각합니다."

소녀의 사체를 디모인으로 가는 자신들의 길이 지나게 될 것으로 생각하는 이유가 무엇인지 형사 리밍에게 윌리엄즈는 물었고, 그러자 미첼빌(Mitchellville) — 디모인으로 가는 길에 지나게 되어 있는 마을이다 — 근처에 사체가 있음을 자신은 알고 있다고 리밍은 대답하였다.[1] 그 때 리밍은 말하였다: "제게 당신이 대답하기를 저는 바라지 않습니다. 더 이상 그것에 관하여 논의하기를 저는 바라지 않습니다. 단지, 저희가 길을 가는 동안 그것에 관하여 생각해 보십시오."

대븐포트 서쪽 약 100마일 지점의 마을인 그리넬(Grinnell)에 차량이 접근하였을 때, 피해자의 구두 켤레들을 경찰이 찾았는지 여부를 윌리엄즈는물었다. 확실하지 않다고 형사 리밍이 대답하자 경찰관들을 주요소 한 곳으로 윌리엄즈는 안내했는

1) 물론 이 사항에 관한 사실은 그 같은 지식을 형사 리밍이 지니고 있지 않았다는 것이다.

them proved unsuccessful. As they continued towards Des Moines, Williams asked whether the police had found the blanket, and directed the officers to a rest area where he said he had disposed of the blanket. Nothing was found. The car continued towards Des Moines, and as it approached Mitchellville, Williams said that he would show the officers where the body was. He then directed the police to the body of Pamela Powers.

Williams was indicted for first-degree murder. Before trial, his counsel moved to suppress all evidence relating to or resulting from any statements Williams had made during the automobile ride from Davenport to Des Moines. After «430 U. S., 394» an evidentiary hearing the trial judge denied the motion. He found that "an agreement was made between defense counsel and the police officials to the effect that the Defendant was not to be questioned on the return trip to Des Moines," and that the evidence in question had been elicited from Williams during "a critical stage in the proceedings requiring the presence of counsel on his request." The judge ruled, however, that Williams had "waived his right to have an attorney present during the giving of such information."[2)]

The evidence in question was introduced over counsel's continuing objection at the subsequent trial. The jury found Williams guilty of murder, and the judgment of conviction was affirmed by the Iowa Supreme Court, a bare majority of whose members agreed with the trial court that Williams had "waived his right to the presence of his counsel" on the automobile ride from Davenport to Des Moines. State v. Williams, 182 N. W. 2d 396, 402. The four dissenting justices expressed the view that "when counsel and police have agreed defendant is not to be questioned until counsel is present and defendant has been advised not to talk and repeatedly has stated he will tell the whole story after he talks with counsel, the state should be required to make

2) The opinion of the trial court denying Williams' motion to suppress is unreported.

데, 그 구두 켤레들을 거기에 자신이 버렸다고 그는 말하였다; 그것들을 찾아 수색이 실시되었으나 실패로 끝났다. 디모인을 향하여 그들이 계속 가고 있을 때 담요를 경찰이 발견했는지 여부를 윌리엄즈는 물었고, 담요를 자신이 버렸다고 말하고서는 경찰관들을 휴게소 한 곳으로 안내하였다. 아무 것도 발견되지 않았다. 디모인을 향하여 자동차는 계속 나아갔고, 그리하여 미첼빌에 근접하자 사체가 있는 곳을 보여 주겠다고 윌리엄즈는 말했다. 그리하여 경찰을 파멜라 파워즈의 사체로 그는 안내했다.

일급살인죄로 윌리엄즈는 대배심기소되었다. 대븐포트으로부터 디모인까지의 자동차 탑승 중에 조금이라도 윌리엄즈가 했던 진술들에 관련된 내지는 그것들로부터 얻어진 모든 증거를 증거에서 배제해 달라고 정식사실심리에 앞서 그의 변호인은 신청하였다. 그 신청을 한 번의 증거청문 «430 U. S., 394» 뒤에 정식사실심리 판사는 기각하였다. "디모인으로 돌아오는 여행 도중에 피고인이 신문되어서는 안 된다는 취지로 변호인의 및 경찰관들의 양자 사이에 합의가 이루어졌음"을, 그런데 "그의 요청에 따라 변호인의 출석이 요구되는, 절차들에 있어서의 중대한 단계(a critical stage)" 동안에 윌리엄즈로부터 문제의 증거는 도출되었음을 그는 인정하였다. 그러나 "이같은 정보를 제공하는 동안에 변호사를 출석시킬 그의 권리를" 윌리엄즈는 "포기했었다"고 판사는 판단하였다.2)

변호인의 지속적인 이의를 물리치고서, 뒤이은 정식사실심리에 문제의 증거는 소개되었다. 윌리엄즈를 살인죄에 대하여 유죄로 배심은 판정하였고, 아이오아주 대법원에 의하여 그 유죄판결은 인가되었는데, 대븐포트로부터 디모인으로 돌아오는 자동차 여행 도중에 "자신의 변호인을 출석시킬 그의 권리를" 윌리엄즈가 "포기했"었다는 데 있어서 정식사실심리 법원에 가까스로 다수를 점한 아이오아주 대법원 판사들은 동의하였다. State v. Williams, 182 N. W. 2d 396, 402. 이에 반대한 네 명의 판사들은 "변호인이 출석할 때까지 피고인이 신문되어서는 안 된다는 데에 변호인이 및 경찰이 동의한 상태인 경우에, 그리고 진술을 하지 말도록 조언을 피고인이 들은 상태이고 변호인하고 대화하게 되고 난 뒤에는 전체 줄거리를 말하겠

2) 증거배제를 구하는 윌리엄즈의 신청을 기각한 정식사실심리 법원의 의견은 보고되어 있지 않다.

a stronger showing of intentional voluntary waiver than was made here." Id., at 408.

Williams then petitioned for a writ of habeas corpus in the United States District Court for the Southern District of Iowa. Counsel for the State and for Williams stipulated that "the case would be submitted on the record of facts and proceedings in the trial court, without taking of further testimony." The District Court made findings of fact as summarized above, and concluded as a matter of law that the evidence in question had been wrongly admitted at «430 U. S., 395» Williams' trial. This conclusion was based on three alternative and independent grounds: (1) that Williams had been denied his constitutional right to the assistance of counsel; (2) that he had been denied the constitutional protections defined by this Court's decisions in Escobedo v. Illinois, 378U. S. 478, and Miranda v. Arizona, 384U. S. 436; and (3) that in any event, his self-incriminatory statements on the automobile trip from Davenport to Des Moines had been involuntarily made. Further, the District Court ruled that there had been no waiver by Williams of the constitutional protections in question. 375 F. Supp. 170.

The Court of Appeals for the Eighth Circuit, with one judge dissenting, affirmed this judgment, 509 F. 2d 227, and denied a petition for rehearing en banc. We granted certiorari to consider the constitutional issues presented. 423U. S. 1031.

다고 반복적으로 피고인이 진술해 온 경우에, 의도적이면서 자발적인 포기(intentional and voluntary waiver)에 대하여 여기서 이루어진 것을보다도 더 강력한 증명을 하도록 주(State)는 요구되어야 한다."는 견해를 표명하였다. Id., at 408.

그러자 인신보호영장을 아이오아주 남부지구 관할 미합중국 지방법원에 윌리엄즈는 신청하였다. "주장의 제기는 정식사실심리 법원에서의 사실관계에와 절차들에 관한 기록에 의거하여 하기로, 새로운 증거는 채택하지 아니하기로" 주측 변호사는 및 윌리엄즈의 변호인은 합의하였다. 위에 요약된 대로의 사실판단을 연방지방법원은 하고서, 윌리엄즈의 정식사실심리에서 증거로 문제의 증거가 허용되었던 것은 «430 U. S., 395» 잘못이었음을 한 개의 법 문제로서 결론지었다. 이 결론은 세 개의 선택적 및 독립적 이유들에 터잡은 것이었는 바, 즉 : (1) 변호인의 조력을 받을 그의 헌법적 권리를 윌리엄즈가 박탈당했다는 것이었고; (2) Escobedo v. Illinois, 378 U. S. 478 판결에서의 및 Miranda v. Arizona, 384 U. S. 436 판결에서의 당원의 결정들에 의하여 규정된 헌법적 보호들을 그가 박탈당했다는 것이었고; 그리고 (3) 어쨌든, 대븐포트로부터 디모인까지 돌아오는 자동차 여행에서의 그의 자기부죄적(self-incriminatory) 진술들은 비자발적으로(involuntarily) 이루어진 것들이라는 것이었다. 그 이외에도, 윌리엄즈에 의하여 문제의 헌법적 보호들에 대한 포기가 이루어진 바 없다고 연방지방법원은 판단하였다. 375 F. Supp. 170.

이 판결을 판사 한 명의 반대 가운데 제8순회구 항소법원은 인가하였고, 509 F. 2d 227, 그리고 재심리 청구를 전원일치로 기각하였다. 그 제기된 헌법문제들을 고찰하기 위하여 사건기록 송부명령을 우리는 허가하였다. 423 U. S. 1031.

II

A

Before turning to those issues, we must consider the petitioner's threshold claim that the District Court disregarded the provisions of 28 U. S. C. § 2254 (d) in making its findings of fact in this case. That statute, which codifies most of the criteria set out in Townsend v. Sain, 372U. S. 293, provides that, subject to enumerated exceptions, federal habeas corpus courts shall accept as correct the factual determinations made by the courts of the States.[3) «430 U. S., 396»

We conclude that there was no disregard of § 2254 (d) in this case. Although either of the parties might well have requested an evidentiary hearing in the federal habeas corpus proceedings, Townsend v. Sain, supra, at

---

3) Title 28 U. S. C. § 2254 (d) provides:

"(d) In any proceeding instituted in a Federal court by an application for a writ of habeas corpus by a person in custody pursuant to the judgment of a State court, a determination after a hearing on the merits of a factual issue, made by a State court of competent jurisdiction in a proceeding to which the applicant for the writ and the State or an officer or agent thereof were parties, evidenced by a written finding, written opinion, or other reliable and adequate written indicia, shall be ≪430 U. S., 396≫ presumed to be correct, unless the applicant shall establish or it shall otherwise appear, or the respondent shall admit –

"(1) that the merits of the factual dispute were not resolved in the State court hearing;

"(2) that the factfinding procedure employed by the State court was not adequate to afford a full and fair hearing;

"(3) that the material facts were not adequately developed at the State court hearing;

"(4) that the State court lacked jurisdiction of the subject matter or over the person of the applicant in the State court proceeding; "(5) that the applicant was an indigent and the State court, in deprivation of his constitutional right, failed to appoint counsel to represent him in the State court proceeding;

"(6) that the applicant did not receive a full, fair, and adequate hearing in the State court proceeding; or

"(7) that the applicant was otherwise denied due process of law in the State court proceeding;

"(8) or unless that part of the record of the State court proceeding in which the determination of such factual issue was made, pertinent to a determination of the sufficiency of the evidence to support such factual determination, is produced as provided for hereinafter, and the Federal court on a consideration of such part of the record as a whole concludes that such factual determination is not fairly supported by the record:

"And in an evidentiary hearing in the proceeding in the Federal court, when due proof of such factual determination has been made, unless the existence of one or more of the circumstances respectively set forth in paragraphs numbered (1) to (7), inclusive, is shown by the applicant, otherwise appears, or is admitted by the respondent, or unless the court concludes pursuant to the provisions of paragraph numbered (8) that the record in the State court proceeding, considered as a whole, does not fairly support such factual determination, the burden shall rest upon the applicant to establish by convincing evidence that the factual determination by the State court was erroneous."

II

A

그 쟁점들을 다루기 전에, 이 사건에서의 자신의 사실판단을 내림에 있어서 28 U. S. C. § 2254 (d)를 연방지방법원이 무시하였다는 청구인의 우선적 주장을 우리는 고찰하지 않으면 안 된다. Townsend v. Sain, 372 U. S. 293 판결에서 정리된 기준들의 대부분을 법전화하고 있는 그 제정법이 규정하는 바는, 그 열거된 예외들의 적용을 연방 인신보호영장 법원들은 받는다는 것이고, 주들의 법원들에 의하여 내려진 사실판단을 정당한 것으로 연방 인신보호영장 법원들은 받아들여야 한다는 것이다.[3) «430 U. S., 396»

이 사건에서 § 2254 (d)에 대한 무시는 있지 않았다고 우리는 결론짓는다. 비록 증거청문(an evidentiary hearing)을 당사자들 중 어느 쪽이가든 연방 인신보호영장 절차들에서 당연히 요구할 수 있었을 것임에도 불구하고, Townsend v. Sain, supra, at 322, 달리 사건을 주 법원들에서 이루어진 기록에 의거하여 연방법원이 판단하여야 한다는 것으로 쌍방간에 미리 자발적으로 그들은 동의하였다. 아이오아주 법원

---

3) Title 28 U. S. C. § 2254 (d)는 이렇게 규정한다: "(d) 주 법원의 판결에 따라 구금에 놓인 사람의 인신보호영장 청구에 의하여 연방법원에서 개시되는 그 어떤 절차에서도, 영장 청구인이, 그리고 주가 또는 그 경찰관이 내지는 그 대리인이 당사자들이었던 절차에서 자격 있는 재판권을 지닌 주 법원에 의하여 내려진, 사실적 쟁점의 당부에 관한 청문 뒤에 내려진 판정이 서면확인에, 서면의견에, 또는 그 밖의 신빙성 있고 적절한 서면증인(證印)에 의하여 입증될 경우에는, 아래 사항들을 청구인이 증명하지 않는 한, 그리고 그 밖의 방법으로써 아래 사항들이 밝혀지지 않는 한 또는 아래 사항들을 피청구인이 시인하지 않는 한, 그것은 정당한 것으로 추정된다 –

"(1) 주 법원의 청문에서 사실적 다툼의 당부가 결말나지 않았다는 것;

"(2) 완전하고 공정한 청문을 제공하기에 주 법원에 의하여 사용된 사실발견 절차가 적합하지 않았다는 것;

"(3) 주 법원의 청문에서 중요한 사실관계가 적절하게 밝혀지지 않았다는 것;

"(4) 주 법원 절차에서 소송물에 대한 내지는 청구인에 대한 재판권을 주 법원이 결여했다는 것;

"(5) 청구인이 가난한 사람이었음에도 불구하고 그의 헌법적 권리를 박탈함에 있어서 그를 대변할 변호인을 지명할 의무를 주 법원 절차에서 주가 이행하지 않았다는 것;

"(6) 완전하고 공정하며 충분한 청문을 주 법원 절차에서 청구인이 수령하지 못했다는 것; 또는

"(7) 그 밖의 방법으로 주 법원의 절차에서 적법절차를 청구인이 박탈당했다는 것;

"(8) 또는 이 같은 사실적 쟁점에 대한 판단이 이루어진 주 법원에서의 절차기록으로서 이 같은 사실판단을 뒷받침하는 증거의 충분성의 판단에 관련된 부분이 이하에서 규정된 대로 제출되지 않을 것, 그리고 기록의 해당 부분에 대한 검토에 의거하여 전체로서 이 같은 사실판단이 기록에 의하여 적절하게 뒷받침된다고 연방법원이 결론짓지 않을 것:

"그리고 연방법원의 절차에서의 증거청문에서 이 같은 사실판단의 적절한 입증이 이루어져 있을 경우에는, 제(1)항에 내지 제(7)항에 각기 규정된 상황들 중 한 가지 이상의 존재가 청구인에 의하여 증명되지 않는 한, 또는 그 밖의 방법으로 드러나지 않는 한, 또는 피청구인에 의하여 시인되지 않는 한, 또는 이 같은 사실판단을 전체로서 살핀 주 법원 절차에서의 기록이 적절하게 뒷받침하지 않는다고 제(8)항의 규정들에 따라 법원이 결론짓지 않는 한, 주 법원의 사실판단이 오류임을 설득력 있는 증거에 의하여 증명할 책임은 청구인 위에 놓인다."

322, they both instead voluntarily agreed in advance that the federal court should decide the case on the record made in the courts of the State. In so proceeding, the District Court made no «430 U. S., 397» findings of fact in conflict with those of the Iowa courts. The District Court did make some additional findings of fact based upon its examination of the state-court record, among them the findings that Kelly, the Davenport lawyer, had requested permission to ride in the police car from Davenport to Des Moines and that Detective Leaming had refused this request. But the additional findings were conscientiously and carefully explained by the District Court, 375 F. Supp., at 175-176, and were reviewed and approved by the Court of Appeals, which expressly held that "the District Court correctly applied 28 U. S. C. § 2254 in its resolution of the disputed evidentiary facts, and that the facts as found by the District Court had substantial basis in the record," 509 F. 2d, at 231. The strictures of 28 U. S. C. § 2254 (d) require no more.[4]

B

As stated above, the District Court based its judgment in this case on three independent grounds. The Court of Appeals appears to have affirmed the judgment on two of those grounds.[5] We have concluded that only one of them need be considered here.

Specifically, there is no need to review in this case the doctrine of Miranda v. Arizona, a doctrine designed to secure the constitutional privilege against compulsory self-incrimination, Michigan v. Tucker, 417 U. S. 433, 438-439. It is equally unnecessary to evaluate the ruling of the District Court that Williams'

4) Whether Williams waived his constitutional rights was not, of course, a question of fact, but an issue of federal law. See discussion, infra, at 401–404.

5) The Court of Appeals did not address the District Court's ruling that Williams' statements had been made involuntarily.

들의 사실판단에 저촉되는 내용의 사실판단을 «430 U. S., 397» 그렇게 절차를 진행함에 있어서 연방지방법원은 하지 않았다. 약간의 추가적 사실판단을 주 법원 기록에 대한 나름의 검토에 의거하여 연방지방법원은 하였는데, 그 가운데는 대븐포트로부터 디모인에까지 돌아오는 동안 경찰차량에 탑승하게 해 달라고 대븐포트 변호사인 켈리가 요청했었다는 점에, 그리고 이 요청을 형사 리밍이 거절했었다는 점에 대한 사실판단이 포함되어 있다. 그러나 그 추가적 사실판단은 연방지방법원에 의하여 공들여서 주의 깊게 설명되었고, 375 F. Supp., at 175-176, 나아가 항소법원에 의하여 재검토되어 인가를 받았는데, "그 다툼 있는 요증사실들(evidentiary facts)에 대한 자신의 결말에 있어서 28 U. S. C. § 2254를 연방지방법원이 적용한 것은 정당하고, 따라서 연방지방법원에 의하여 인정된 사실들은 기록에 확실성 있는 근거가 있다."고 항소법원은 명시적으로 판시하였다. 509 F. 2d, at 231. 더 이상의 것을 28 U. S. C. § 2254 (d)의 구속은 요구하지 않는다.[4)]

B

이상에서 살핀 바처럼, 이 사건에서의 자신의 판단을 세 가지 독립적 근거들 위에 연방지방법원은 토대지웠다. 연방지방법원의 판결주문을 위 근거들 중 두 가지에 의거하여 항소법원은 인가한 것으로 보인다.[5)] 여기서 고찰되어야 할 것은 그 가운데 한 가지뿐이라고 우리는 결론지은 터이다.

구체적으로 말하면, 이 사건에서 강제적 자기부죄 금지의 헌법적 특권을 보장하기 위하여 고안된 Miranda v. Arizona 판결의 법리, Michigan v. Tucker, 417 U. S. 433, 438-439, 는 재심리할 필요가 없다. 윌리엄즈의 자기부죄적 진술들이 실제로 비자발적으로 이루어졌다는 연방지방법원의 판단을 검토할 필요가 없음은 마찬가지다. Spano v. New York, 360 U. S. 315를 비교하라. 왜냐하면 한 개의 특별한 헌

4) 자신의 헌법적 권리들을 윌리엄즈가 포기했는지 여부는 한 가지 사실문제가 아니라 한 가지 연방법 문제였음은 물론이다. infra, at 401-404에서의 논의를 보라.

5) 윌리엄즈의 진술들이 비자발적으로 이루어졌었다는 연방지방법원의 판단을 항소법원은 역점 두어 다루지 않았다.

self-incriminating statements were, indeed, involuntarily made. Cf. Spano v. New York, 360 U. S. 315. For it is clear that the judgment before us must in any event be affirmed upon the ground that Williams was deprived «430 U. S., 398» of a different constitutional right - the right to the assistance of counsel.

This right, guaranteed by the Sixth and Fourteenth Amendments, is indispensable to the fair administration of our adversary system of criminal justice. Its vital need at the pretrial stage has perhaps nowhere been more succinctly explained than in Mr. Justice Sutherland's memorable words for the Court 44 years ago in Powell v. Alabama, 287 U. S. 45, 57 :

"[D]uring perhaps the most critical period of the proceedings against these defendants, that is to say, from the time of their arraignment until the beginning of their trial, when consultation, thoroughgoing investigation and preparation were vitally important, the defendants did not have the aid of counsel in any real sense, although they were as much entitled to such aid during that period as at the trial itself."

There has occasionally been a difference of opinion within the Court as to the peripheral scope of this constitutional right. See Kirby v. Illinois, 406 U. S. 682; Coleman v. Alabama, 399 U. S. 1. But its basic contours, which are identical in state and federal contexts, Gideon v. Wainwright, 372 U. S. 335; Argersinger v. Hamlin, 407 U. S. 25, are too well established to require extensive elaboration here. Whatever else it may mean, the right to counsel granted by the Sixth and Fourteenth Amendments means at least that a person is entitled to the help of a lawyer at or after the time that judicial proceedings have been initiated against him - "whether by way of formal charge, preliminary hearing, indictment, information, or arraignment." Kirby v. Illinois, supra, at 689. See Powell v. Alabama, supra; Johnson v. Zerbst, 304 U. S. 458; Hamilton v. Alabama, 368 U. S. 52; Gideon v. Wainwright, supra;

법적 권리 - 변호인의 조력을 받을 권리 - 를 윌리엄즈가 «430 U. S., 398» 박탈당했다는 점에 의거하여 우리 앞의 판결주문은 어쨌든 인가되지 않으면 안 됨이 명백하기 때문이다.

연방헌법 수정 제6조에 및 제14조에 의하여 보장된 이 권리는 우리의 대립당사자주의 형사재판 제도의 공정한 운영에 불가결하다. 정식사실심리 이전 단계에서의 그것의 지극히 중대한 필요성이 44년 전에 Powell v. Alabama, 287 U. S. 45, 57에서의 법원을 대표한 서덜랜드(SUTHERLAND) 판사의 기억할 만한 말에서보다도 더 간결하게 설명되어 있는 곳은 아마도 없을 것이다:

"[이] 피고인들을 겨냥한 절차들 중 아마도 가장 중대한 기간 동안, 즉 상담이, 철저한 조사가 및 준비가 절대로 중요한 그들의 기소인부 신문부터 그들의 정식사실심리 시작까지의 기간 동안에, 피고인들에게는 그 기간 중에도 정식사실심리 그 자체에서처럼 그 같은 조력을 받을 권리가 있었음에도 불구하고, 조금이라도 실질적인 의미에서는 변호인의 조력을 그들은 가지지 못했다"

이 헌법적 권리의 주변 범위에 관하여는 때때로 당원 내에 의견 차이가 있은 터이다. Kirby v. Illinois, 406 U. S. 682를; Coleman v. Alabama, 399 U. S. 1을 보라. 그러나 주의 및 연방의 맥락들에 있어서 동일한 그 권리의 기본적 윤곽들, Gideon v. Wainwright, 372 U. S. 335; Argersinger v. Hamlin, 407 U. S. 25, 은 너무나도 잘 확립되어 있어서 여기서 광범위한 퇴고를 요구하지 않는다. 그 밖의 그 어떤 것을 그것이 의미할 수 있을망정, 연방헌법 수정 제6조에 및 제14조에 의하여 부여된 변호인의 조력을 받을 권리가 적어도 의미하는 것은 "정식의 고발에, 예비청문(preliminary hearing)에, 대배심 기소에, 검사기소에, 또는 기소인부신문(arraignment)에 등 그 어느 것에 의해서든," Kirby v. Illinois, supra, at 689, 한 명의 개인을 겨냥하여 사법적 절차들이 개시되어 있는 시점 이후에는 한 명의 변호사의 도움을 받을 권리를 그는 가진다는 것이다. Powell v. Alabama, supra를; Johnson v. Zerbst, 304 U. S. 458을; Hamilton v. Alabama, 368 U. S. 52를; Gideon v. Wainwright, supra를; White v.

White v. Maryland, 373 U. S. 59; Massiah v. United States, 377 U. S. 201; United «430 U. S., 399» States v. Wade, 388 U. S. 218; Gilbert v. California, 388 U. S. 263; Coleman v. Alabama, supra.

There can be no doubt in the present case that judicial proceedings had been initiated against Williams before the start of the automobile ride from Davenport to Des Moines. A warrant had been issued for his arrest, he had been arraigned on that warrant before a judge in a Davenport courtroom, and he had been committed by the court to confinement in jail. The State does not contend otherwise.

There can be no serious doubt, either, that Detective Leaming deliberately and designedly set out to elicit information from Williams just as surely as - and perhaps more effectively than - if he had formally interrogated him. Detective Leaming was fully aware before departing for Des Moines that Williams was being represented in Davenport by Kelly and in Des Moines by McKnight. Yet he purposely sought during Williams' isolation from his lawyers to obtain as much incriminating information as possible. Indeed, Detective Leaming conceded as much when he testified at Williams' trial:

"Q. In fact, Captain, whether he was a mental patient or not, you were trying to get all the information you could before he got to his lawyer, weren't you?

"A. I was sure hoping to find out where that little girl was, yes, sir.

......

"Q. Well, I'll put it this way: You was [sic] hoping to get all the information you could before Williams got back to McKnight, weren't you?

Maryland, 373 U. S. 59를; Massiah v. United States, 377 U. S. 201을; United [430 U. S. 399] States v. Wade, 388.U. S. 218을; Gilbert v. California, 388 U. S. 263을; Coleman v. Alabama, supra를 보라.

현재의 사건에서 대븐포트로부터 디모인으로 가는 자동차 여행의 시작 이전에 윌리엄즈를 겨냥한 사법적 절차들이 개시되어 있었음은 의문이 있을 수 없다. 그의 체포를 위하여 영장이 발부되어 있었고, 대븐포트 법정 한 곳의 판사 앞에서의 기소인부신문을 그 영장에 의거하여 그는 받은 터였으며, 그리하여 법원에 의하여 감옥의 수감에 그는 위탁되어 있었다. 이에 어긋나는 주장을 주는 하지 않는다.

윌리엄즈를 정식으로 신문했을 경우에만큼 똑 같이 확실하게 — 어쩌면 그것보다도 더 효과적으로 — 정보를 그로부터 도출해 내고자 형사 리밍이 의도적으로 및 계획적으로 착수했다는 점에 대한 중대한 의문은 마찬가지로 있을 수 없다. 대븐포트에서는 켈리에 의하여, 그리고 디모인에서는 맥나이트에 의하여 윌리엄즈가 대변되고 있음을 디모인으로 떠나기 전에 형사 리밍은 완전히 알고 있었다. 그런데도 가능한 한 많은 부죄적 정보를 그의 변호사들로부터 윌리엄즈가 고립되어 있는 동안에 얻어내고자 의도적으로 그는 노력하였다. 아닌 게 아니라, 윌리엄즈의 정식사실심리에서 증언하면서 그 점을 형사 리밍은 시인하였다:

“문. 실제로 반장님(Captain), 그가 정신병 환자였건 아니었건, 그의 변호사에게 그가 닿기 전에 그에게서 얻어낼 수 있는 모든 정보를 얻어내고자 당신은 시도하였던 거지요? 안 그렇습니까?

“답. 그 소녀가 어디에 있는지 저는 분명히 알아내고 싶었습니다. 맞습니다.

……

“문. 좋습니다, 저는 이렇게 정리하겠습니다: 맥나이트에게 윌리엄즈가 돌아가 닿기 전에 당신이 얻을 수 있는 모든 정보를 당신은 얻고 싶어 하였습니다. 안 그렇습니까?

"A. Yes, sir."[6] «430 U. S., 400»

The state courts clearly proceeded upon the hypothesis that Detective Leaming's "Christian burial speech" had been tantamount to interrogation. Both courts recognized that Williams had been entitled to the assistance of counsel at the time he made the incriminating statements.[7] Yet no such constitutional protection would have come into play if there had been no interrogation.

The circumstances of this case are thus constitutionally indistinguishable from those presented in Massiah v. United States, supra. The petitioner in that case was indicted for violating the federal narcotics law. He retained a lawyer, pleaded not guilty, and was released on bail. While he was free on bail a federal agent succeeded by surreptitious means in listening to incriminating statements made by him. Evidence of these statements was introduced against the petitioner at his trial, and he was convicted. This Court reversed the conviction, holding "that the petitioner was denied the basic protections of that guarantee [the right to counsel] when there was used against him at his trial evidence of his own incriminating words, which federal agents had deliberately elicited from him after he had been indicted and in the absence of his counsel." 377 U. S., at 206.

That the incriminating statements were elicited surreptitiously in the Massiah case, and otherwise here, is constitutionally irrelevant. See ibid.; McLeod v. Ohio, 381 U. S. 356; United States v. Crisp, 435 F. 2d 354, 358 (CA7); «430 U.

---

6) Counsel for petitioner, in the course of oral argument in this Court, acknowledged that the "Christian burial speech" was tantamount to interrogation: "Q: But isn't the point, really, Mr. Attorney General, what you indicated «430 U. S., 400» earlier, and that is that the officer wanted to elicit information from Williams – "A: Yes, sir. "Q: – by whatever techniques he used, I would suppose a lawyer would consider that he were pursuing interrogation. "A: It is, but it was very brief." Tr. of Oral Arg. 17.

7) The Iowa trial court expressly acknowledged Williams' "right to have an attorney present during the giving of such information." See supra, at 394. The Iowa Supreme Court also expressly acknowledged Williams' "right to the presence of his counsel." See ibid.

"답. 맞습니다.[6] «430 U. S., 400»

형사 리밍의 "기독교 장례식 연설"은 신문(interrogation)에 동등한 것이었다는 가정 위에서 절차를 주 법원들은 진행하였다. 그 부죄적 진술들을 하였을 때 변호인의 조력을 받을 권리를 윌리엄즈가 가지고 있었음을 두 법원들은 다 같이 인정하였다.[7] 그러나 만약 아무런 신문이도 없었다면 이 같은 헌법적 권리는 작동하게 되지 않았을 것이다.

그러므로 Massiah v. United States, supra에 나타난 상황들로부터 이 사건의 상황들은 구분될 수 없다. 연방 마약법을 위반한 혐의로 그 사건에서의 청구인은 대배심기소되었다. 변호사를 그는 선임하였고, 무죄답변을 냈으며, 그리하여 보석으로 석방되었다. 그가 보석으로 풀려나 있는 동안 그에 의하여 이루어진 부죄적 진술들을 은밀한 수법으로써 청취하는 데 연방요원 한 명은 성공하였다. 청구인의 정식사실심리에 그를 겨냥하여 이 진술들의 증거가 소개되었고, 그리하여 그는 유죄로 판정되었다. "청구인이 대배심기소되고 난 뒤에, 그런데도 불구하고 그의 변호인의 부재 가운데서 그에게서 의도적으로 연방요원들이 도출해낸 그 자신의 부죄적 진술들의 증거가 그의 정식사실심리에서 그에게 불리하게 사용되었을 때 그 보장의 기본적 보호들을 청구인은 거부당했다."고 판시하고서, 377 U. S., at 206, 유죄판정을 당원은 파기하였다.

Massiah 사건에서는 그 부죄적 진술들이 은밀하게 도출되었다는 것은, 그런데 여기서는 다른 방법으로 도출되었다는 것은 헌법적으로 관련이 없다. ibid.;

---

6) 그 "기독교 장례식 연설"은 신문에 동등하였음을 이 법원에서의 구두변론 과정에서 청구인측 변호인은 인정하였다:
"문: 그러나 검찰총장님, 참으로 문제는 앞에서 총장님께서 시사하신 바가, 즉 정보를 윌리엄즈로부터 도출해 내고자 경찰관이 꾀했다는 점 아닌지요–
"답: 그렇습니다.
"문: –그가 사용한 어떤 기법들로 보든, 신문을 그가 추구하고 있었다고 한 명의 변호사라면 간주할 것으로 저는 생각합니다만.
"답: 그건 그렇습니다만, 그러나 그것은 매우 짧았습니다." Tr. of Oral Arg. 17.

7) "이 같은 정보를 제공하는 동안에 변호사를 출석시킬" 윌리엄즈의 "권리"를 아이오아주 정식사실심리 법원은 명시적으로 인정하였다. supra, at 394를 보라. "그의 변호인의 출석을 누릴" 윌리엄즈의 "권리"를 아이오아주 대법원은 또한 명시적으로 인정하였다. See ibid.

S., 401» United States ex rel. O'Connor v. New Jersey, 405 F. 2d 632, 636 (CA3); Hancock v. White, 378 F. 2d 479 (CA1). Rather, the clear rule of Massiah is that once adversary proceedings have commenced against an individual, he has a right to legal representation when the government interrogates him.[8] It thus requires no wooden or technical application of the Massiah doctrine to conclude that Williams was entitled to the assistance of counsel guaranteed to him by the Sixth and Fourteenth Amendments.

III

The Iowa courts recognized that Williams had been denied the constitutional right to the assistance of counsel.[9] They held, however, that he had waived that right during the course of the automobile trip from Davenport to Des Moines. The state trial court explained its determination of waiver as follows:

"The time element involved on the trip, the general circumstances of it, and more importantly the absence on the Defendant's part of any assertion of his right or desire not to give information absent the presence of his attorney, are the main foundations for the Court's conclusion that he voluntarily waived such right." «430 U. S., 402»

---

8) The only other significant factual difference between the present case and Massiah is that here the police had *agreed* that they would not interrogate Williams in the absence of his counsel. This circumstance plainly provides petitioner with no argument for distinguishing away the protection afforded by Massiah. It is argued that this agreement may not have been an enforceable one. But we do not deal here with notions of offer, acceptance, consideration, or other concepts of the law of contracts. We deal with constitutional law. And every court that has looked at this case has found an "agreement" in the sense of a commitment made by the Des Moines police officers that Williams would not be questioned about Pamela Powers in the absence of his counsel.

9) See n. 7, supra.

McLeod v. Ohio, 381 U. S. 356을; United States v. Crisp, 435 F. 2d 354, 358 (CA7)을; «430 U. S., 401» United States ex rel. O'Connor v. New Jersey, 405 F. 2d 632, 636 (CA3)을; Hancock v. White, 378 F. 2d 479 (CA1)을 보라. 오히려, Massiah 판결의 명확한 규칙은, 한 명의 개인을 겨냥하여 대립당사자주의 절차들이 일단 개시되어 있으면, 그를 정부가 신문할 때에 법적 대변을 누릴 권리를 그는 갖는다는 것이다.[8] 그러므로 연방헌법 수정 제6조에와 제14조에 의하여 그에게 보장된 변호인의 조력을 받을 권리를 윌리엄즈가 가지고 있었다고 결론짓는 것은 Massiah 법리의 부자연스럽고 인위적인 적용을 요구하는 것이 아니다.

III

변호인의 조력을 받을 헌법적 권리를 윌리엄즈가 박탈당하였음을 아이오아주 법원들은 인정하였다.[9] 그러나 대븐포트로부터 디모인으로 오는 자동차 여행 과정에서 그 권리를 그가 포기했었다고 아이오아주 법원들은 판시하였다. 포기에 관한 자신의 판단을 이렇게 주 정식사실심리 법원은 설명하였다:

"여행에 걸린 시간적 요소는, 그것의 일반적 상황들은, 그리고 보다 더 중요한 것으로서, 자신의 변호인의 출석 없이는 정보를 제공하지 않을 자신의 권리에 내지는 희망에 대한 피고인측으로부터의 조금이나마의 주장의 부존재는 그 같은 권리를 그가 자발적으로 포기했었다는 법원의 결론을 뒷받침하는 주된 토대들이다." «430 U. S., 402»

---

8) 현재의 사건의 및 Massiah 사건의 양자 사이의 그 밖의 유일한 의미 있는 사실적 차이는 여기서는 그의 변호인의 부재 상태에서 윌리엄즈를 신문하지 않기로 경찰이 동의*했었다*(had *agreed*)는 점이다. Massiah 판결에 의하여 부여되는 보호를 경우가 다른 것으로서 배제하려는 주장의 근거를 결코 청구인에게 이 상황은 제공하지 않는다.
이 합의는 강제력을 지닌 것이 될 수 없었다는 주장이 있다. 그러나 계약법의 청약(offer)의, 승낙(acceptance)의, 약인(consideration)의 개념들을 내지는 그 밖의 계약법상의 개념들을 여기서 우리는 다루지 않는다. 헌법을 우리는 다룬다. 그런데 윌리엄즈의 변호인의 부재 가운데서 그에게 파멜라 파워즈에 관하여 신문이 실시되지 않게 하겠다는 디모인 경찰관들에 의하여 이루어진 한 가지 약속의 의미에서의 "합의(agreement)"를 이 사건을 고찰해 온 모든 법원은 인정해 놓았다.
9) n. 7, supra를 보라.

In its lengthy opinion affirming this determination, the Iowa Supreme Court applied "the totality-of-circumstances test for a showing of waiver of constitutionally-protected rights in the absence of an express waiver," and concluded that "evidence of the time element involved on the trip, the general circumstances of it, and the absence of any request or expressed desire for the aid of counsel before or at the time of giving information, were sufficient to sustain a conclusion that defendant did waive his constitutional rights as alleged." 182 N. W. 2d, at 401, 402.

In the federal habeas corpus proceeding the District Court, believing that the issue of waiver was not one of fact but of federal law, held that the Iowa courts had "applied the wrong constitutional standards" in ruling that Williams had waived the protections that were his under the Constitution. 375 F. Supp., at 182. The court held "that it is the *government* which bears a heavy burden …… but that is the burden which explicitly was placed on [Williams] by the state courts." Ibid. (emphasis in original). After carefully reviewing the evidence, the District Court concluded:

"[U]nder the proper standards for determining waiver, there simply is no evidence to support a waiver ……. [T]here is no affirmative indication …… that [Williams] did waive his rights ……. [T]he state courts' emphasis on the absence of a demand for counsel was not only legally inappropriate, but factually unsupportable as well, since Detective Leaming himself testified that [Williams], on several occasions during the trip, indicated that he would talk after he saw Mr. McKnight. Both these statements and Mr. Kelly's statement to Detective Leaming that [Williams] would talk only *after* seeing Mr. McKnight in Des Moines certainly were assertions of [Williams'] 'right or desire not to give information absent the presence of his attorney …….' Moreover, the statements were obtained only after Detec- «430 U. S., 403» tive Leaming's use of psychology on a person whom he knew to be deeply

“명시적 포기가 없는 상태에서의 헌법적으로 보호되는 권리들에 대한 포기를 증명하기 위한 ‘전체적 상황(totality of circumstances)’ 기준”을 이 판단을 인가하는 자신의 장황한 의견에서 아이오아주 대법원은 적용하였고 그리하여 “여행에 걸린 시간적 요소의 증거는, 그것의 일반적 상황들은, 그리고 정보를 제공하기 이전에 또는 제공하는 동안의 변호인의 조력을 구하는 조금이나마의 요청의 내지 명시된 희망의 부존재는 자신의 헌법적 권리들을 그 주장된 대로 피고인이 포기하였다는 결론을 뒷받침하기에 충분하다.”고 아이오아주 대법원은 결론지었다. 182 N. W. 2d, at 401, 402.

연방 인신보호영장 절차에서, 포기의 쟁점은 사실문제로서의 쟁점이 아니라 연방법 문제로서의 쟁점이라고 연방지방법원은 믿으면서, 연방헌법에 의거하여 윌리엄즈의 것들인 그 보호들을 그가 포기했었다고 판단함에 있어서 “잘못된 헌법적 기준들을” 아이오아주 법원들이 “적용했다”고 연방지방법원은 판시하였다. 375 F. Supp., at 182. “무거운 입증책임을 지는 것은 *정부(government)*임에도 불구하고 …… 그러나 주 법원들에 의하여 그 책임이 놓여졌던 것은 [윌리엄즈]에게였다.”라고 연방지방법원은 판시하였다. Ibid. (강조는 원문). 증거를 주의 깊게 검토한 뒤에 이렇게 연방지방법원은 결론지었다:

“[포]기를 판정하기 위한 적절한 기준에 비출 때, 한 개의 포기를 뒷받침해 주는 증거는 전혀 없다 ……. 그의 권리들을 [윌리엄즈가] 실제로 포기했다는 …… 단언적 징표는 전혀 없다 ……. [변]호인을 원하는 요구의 부존재에 대한 주 법원들의 강조는 법적으로 부적절하였을 뿐만 아니라 사실적으로 근거 없는 것이기도 하였는데, 왜냐하면 맥나이트 변호사를 만난 *뒤에(after)* 말했으면 한다고 그 여행 동안 여러 기회에 [윌리엄즈]가 표명했음을 형사 리밍 자신이 증언하였기 때문이다. 이 진술들에 아울러, [윌리엄즈는] 오직 디모인에서 맥나이트 변호사를 만나고 난 이후에만 말했으면 한다고 형사 리밍에게 켈리 변호사가 해 준 진술은 확실히 다 같이 ‘…… 자신의 변호인의 출석이 없는 상태에서 정보를 제공하지 않을 권리에 내지는 희망에’ 대한 [윌리엄즈의] 주장들이었다. 더군다나, 그 진술들이 얻어진 것은 오직 한 명의 신앙심 깊은 «430 U. S., 403» 사람임을, 그리고 정신병원 한 곳으로부터 도주한 사람임을 그가 알고 있는 한 개인에 대하여 — 부죄적 진술들을 도출해

religious and an escapee from a mental hospital - with the specific intent to elicit incriminating statements. In the face of this evidence, the State has produced no affirmative evidence whatsoever to support its claim of waiver, and, a fortiori, it cannot be said that the State has met its 'heavy burden' of showing a knowing and intelligent waiver of ⋯⋯ Sixth Amendment rights." Id., at 182-183 (emphasis in original; footnote omitted).

The Court of Appeals approved the reasoning of the District Court:

"A review of the record here ⋯⋯ discloses no facts to support the conclusion of the state court that [Williams] had waived his constitutional rights other than that [he] had made incriminating statements ⋯⋯. The District Court here properly concluded that an incorrect constitutional standard had been applied by the state court in determining the issue of waiver ⋯⋯.

......

"[T]his court recently held that an accused can voluntarily, knowingly and intelligently waive his right to have counsel present at an interrogation after counsel has been appointed ⋯⋯. The prosecution, however, has the weighty obligation to show that the waiver was knowingly and intelligently made. We quite agree with Judge Hanson that the state here failed to so show." 509 F. 2d, at 233.

The District Court and the Court of Appeals were correct in the view that the question of waiver was not a question of historical fact, but one which, in the words of Mr. Justice Frankfurter, requires "application of constitutional principles to the facts as found ⋯⋯." Brown v. Allen, 344 U. S. 443, «430 U. S., 404» 507 (separate opinion). See Townsend v. Sain, 372 U. S., at 309 n. 6, 318; Brookhart v. Janis, 384 U. S. 1, 4.

The District Court and the Court of Appeals were also correct in their

내고자 하는 구체적 의도를 지니고서 — 심리학을 형사 리밍이 사용한 이후였다. 이 증거에 직면하여, 포기에 대한 자신의 주장을 뒷받침하는 그 어떤 확증적 증거를도 주(the State)는 제시하지 못한 터이며, 게다가 …… 연방헌법 수정 제6조상의 권리들에 대한 인지 상태에서의 분별 있는 포기를 증명할 자신의 '무거운 책임(heavy burden)'을 주가 충족해 놓았다고 말할 수는 더더욱(a fortiori) 없다." Id., at 182-183 (강조는 원문; 각주생략).

연방지방법원의 추론을 항소법원은 수긍하였다:

"…… 부죄적 진술들을 [윌리엄즈가] 했었다는 것을 이외에 그의 헌법적 권리들을 [그가] 포기했었다는 결론을 뒷받침하는 사실관계를 여기서의 기록의 검토는 드러내 주지 않는다 ……. 포기의 문제를 판단함에 있어서 주 법원에 의하여 부정확한 헌법기준이 적용되었던 것으로 연방지방법원은 여기서 적절하게 결론지었다 …….

……

"[변]호인을 신문에 출석시킬 자신의 권리를 변호인이 지정되고 난 이후에 자신의 권리를 인식하면서 분별 있게 자발적으로, 범인으로 주장된 사람은 포기할 수 있다고 당원은 최근에 판시하였다 ……. 그러나 권리에 대한 인지 상태에서 분별 있게 그 포기가 이루어졌음을 증명할 무거운 의무를 검찰은 진다. 그 점을 주가 여기서 증명하지 못했다는 점에 있어서 한슨(Hanson) 판사에게 우리는 동의한다." 509 F. 2d, at 233.

포기의 문제는 한 개의 역사적 사실(historical fact)의 문제인 것이 아니라, 프랑크푸르터(FRANKFURTER) 판사의 표현대로, "…… 인정된 사실관계에 대한 헌법적 원칙들의 적용"을 요구하는 문제라는 견해에 있어서 연방지방법원은 및 항소법원은 정당하였다. Brown v. Allen, 344 U. S. 443, [430 U. S. 404] 507 (개별의견). Townsend v. Sain, 372 U. S., at 309 n. 6, 318; Brookhart v. Janis, 384 U. S. 1, 4 등을 보라.

포기의 쟁점을 판정함에 있어서 적용되어야 할 정당한 기준을 한 개의 연방헌법

understanding of the proper standard to be applied in determining the question of waiver as a matter of federal constitutional law - that it was incumbent upon the State to prove "an intentional relinquishment or abandonment of a known right or privilege." Johnson v. Zerbst, 304 U. S., at 464. That standard has been reiterated in many cases. We have said that the right to counsel does not depend upon a request by the defendant, Carnley v. Cochran, 369 U. S. 506, 513; cf. Miranda v. Arizona, 384 U. S., at 471, and that courts indulge in every reasonable presumption against waiver, e. g., Brookhart v. Janis, supra, at 4; Glasser v. United States, 315 U. S. 60, 70. This strict standard applies equally to an alleged waiver of the right to counsel whether at trial or at a critical stage of pretrial proceedings. Schneckloth v. Bustamonte, 412 U. S. 218, 238-240; United States v. Wade, 388 U. S., at 237.

We conclude, finally, that the Court of Appeals was correct in holding that, judged by these standards, the record in this case falls far short of sustaining petitioner's burden. It is true that Williams had been informed of and appeared to understand his right to counsel. But waiver requires not merely comprehension but relinquishment, and Williams' consistent reliance upon the advice of counsel in dealing with the authorities refutes any suggestion that he waived that right. He consulted McKnight by long-distance telephone before turning himself in. He spoke with McKnight by telephone again shortly after being booked. After he was arraigned, Williams sought out and obtained legal advice from Kelly. Williams again consulted with Kelly after Detective Leaming and his fellow officer arrived in Davenport. Throughout, Williams was advised not to make any statements before seeing McKnight in Des Moines, and was «430 U. S., 405» assured that the police had agreed not to question him. His statements while in the car that he would tell the whole story *after* seeing McKnight in Des Moines were the clearest expressions by Williams himself that he desired the presence of an attorney before any inter-

의 문제로 이해함에 있어서 — 즉 "이미 알려져 있는 권리에 내지는 특권에 대한 의도적인 단념을 내지는 방기를" 증명할 의무가 주에게 부여된다고 이해함에 있어서 — 연방지방법원은 및 항소법원은 마찬가지로 정당하였다. Johnson v. Zerbst, 304 U. S., at 464. 많은 사건들에서 그 기준은 되풀이되어 왔다. 피고인 쪽에서의 요청에 변호인의 조력을 받을 권리는 의존하지 않는다고, Carnley v. Cochran, 369 U. S. 506, 513; cf. Miranda v. Arizona, 384 U. S., at 471, 그리고 포기를 저지하는(against waiver) 모든 합리적인 추정을 법원들은 마음껏 누린다고, e.g., Brookhart v. Janis, supra, at 4; Glasser v. United States, 315 U. S. 60, 70, 우리는 말해 왔다. 정식사실심리에서든 중대한 단계의 정식사실심리 이전 절차들에서든, 변호인의 조력을 받을 권리에 대하여 주장된 포기에 이 엄격한 기준은 똑같이 적용된다. Schneckloth v. Bustamonte, 412 U. S. 218, 238-240; United States v. Wade, 388 U. S., at 237.

이 기준들에 의하여 판단할 경우에 청구인의 입증책임을 충족하기에는 이 사건에서의 기록은 훨씬 미달한다고 판시함에 있어서 항소법원은 정당하였다고 마침내 우리는 결론짓는다. 변호인의 조력을 받을 그의 권리에 대하여 윌리엄즈가 고지받았음은, 그리고 그것을 이해하는 것으로 보였음은 진실이다. 그러나 이해를만이 아니라 단념을 포기는 요구하는 바, 그런데 조금이라도 그 권리를 그가 포기했던 것 아닌가 하는 암시를 관헌들을 다룸에 있어서 변호인의 조언에 일관되게 윌리엄즈가 의존한 점은 반박한다. 자수하기 전에 장거리 전화로 맥나이트에게 그는 상담하였다. 용의자 체포절차를 거치고 난 뒤에 다시 전화로 맥나이트하고 그는 대화하였다. 기소인부신문이 이루어진 뒤에 법적 조언을 찾아 켈리로부터 조언을 윌리엄즈는 얻었다. 대븐포트에 형사 리밍이 및 그의 동료 경찰관이 도착한 뒤에 다시 켈리에게 윌리엄즈는 상담하였다. 처음부터 끝까지, 맥나이트를 디모인에서 만나기 전에는 어떤 진술을도 하지 말라는 조언을 윌리엄즈는 받았고, 그리고 «430 U. S., 405» 그를 신문하지 않기로 경찰이 동의하였다는 데 대하여 확인을 윌리엄즈는 받았다. 자동차 안에 있는 동안에 그가 한, 디모인에서 맥나이트를 만나게 된 *뒤에는*(after) 전체 줄거리를 말하겠다고 한 그의 진술들은 변호사의 출석을 조금이라도 신문이 실시되기 전에 원한다는 점에 대한, 윌리엄즈 자신에 의한 가장 명확한 의사

rogation took place. But even before making these statements, Williams had effectively asserted his right to counsel by having secured attorneys at both ends of the automobile trip, both of whom, acting as his agents, had made clear to the police that no interrogation was to occur during the journey. Williams knew of that agreement and, particularly in view of his consistent reliance on counsel, there is no basis for concluding that he disavowed it.[10)]

Despite Williams' express and implicit assertions of his right to counsel, Detective Leaming proceeded to elicit incriminating statements from Williams. Leaming did not preface this effort by telling Williams that he had a right to the presence of a lawyer, and made no effort at all to ascertain whether Williams wished to relinquish that right. The circumstances of record in this case thus provide no reasonable basis for finding that Williams waived his right to the assistance of counsel.

The Court of Appeals did not hold, nor do we, that under the circumstances of this case Williams *could not*, without notice to counsel, have waived his rights under the Sixth and «430 U. S., 406» Fourteenth Amendments.[11)] It only held, as do we, that he did not.

---

10) Cf. Michigan v. Mosley, 423 U. S. 96, 110 n. 2 (WHITE, J., concurring in result):
"[T]he reasons to keep the lines of communication between the authorities and the accused open when the accused has chosen to make his own decisions are not present when he indicates instead that he wishes legal advice with respect thereto. The authorities may then communicate with him through an attorney. More to the point, the accused having expressed his own view that he is not competent to deal with the authorities without legal advice, a later decision at the authorities' insistence to make a statement without counsel's presence may properly be viewed with skepticism."

11) Compare, e. g., United States v. Springer, 460 F. 2d 1344, 1350 (CA7); Wilson v. United States, 398 F. 2d 331 (CA5); Coughlan v. United States, 391 F. 2d 371 (CA9), with, e. g., United States v. Thomas, 474 F. 2d 110, 112 (CA10); United States v. Springer, supra, at 1354-1355 (Stevens, J., dissenting); United States ex rel. Magoon v. Reincke, 416 F. 2d 69 (CA2), aff'g 304 F. Supp. 1014 (Conn.). Cf. United States v. Pheaster, 544 F. 2d 353 (CA9).

표명들이었다. 그러나 심지어 이 진술들을 하기 이전에조차도, 자동차 여행의 시작 지점에와 끝 지점에 등 양쪽에 변호사들 - 그 여행 도중에 어떤 신문이도 실시되어서는 안 됨을 경찰에게 그들은 다같이 명확히 하였다 - 을 확보해 둠으로써 변호인의 조력을 받을 자신의 권리를 유효하게 윌리엄즈는 주장했었다. 그 합의를 윌리엄즈는 알고 있었고, 그리고 특별히 변호인에 대한 그의 일관된 의존에 비추어 그것을 그가 거부했다고 결론지을 근거는 없다.[10)]

변호인의 조력을 받을 자신의 권리에 대한 윌리엄즈의 명시적인 및 암시적인 주장들에도 불구하고, 부죄적 진술들을 윌리엄즈로부터 끌어내는 데 형사 리밍은 나아갔다. 윌리엄즈에게 변호사를 출석시킬 권리가 있음을 이 노력에 앞서서 미리 리밍은 말하지 않았고 나아가 그 권리를 단념하기를 윌리엄즈가 원하는지 여부를 확인하기 위한 노력을 전혀 리밍은 하지 않았다. 이처럼 변호인의 조력을 받을 자신의 권리를 윌리엄즈가 포기했던 것으로 인정할 만한 합리적인 근거를 이 사건에서 기록의 상황들은 제공하지 않는다.

이 사건의 상황 아래서 연방헌법 수정 제6조와 제14조에 기한 그의 권리들을 윌리엄즈가 포기*할 수 없었다고는(could not)* 항소법원은 판시하지 않았고 우리도 그렇게 «430 U. S., 406» 판시하지 않는다.[11)] 단지 그가 포기하지 않았다고만 항소법원은 판시하였고 그렇게만 우리도 판시한다.

10) Michigan v. Mosley, 423 U. S. 96, 110 n. 2 (화이트(WHITE) 판사, 결론에 있어서 찬동함)을 비교하라:
"[범]인으로 주장된 사람이 그 스스로의 결정들을 내리기로 선택한 상태인 경우에는 관헌들의 및 범인으로 주장되는 사람의 양자 사이의 의사소통의 통로들을 열린 상태로 유지할 이유들이 있지만, 달리 그 문제에 관하여 법적 조언(legal advice)을 바란다는 것을 그가 표시할 경우에는 그 이유들은 존재하지 않는다. 그 경우에 변호사를 통하여 그와의 의사를 관헌들은 소통할 수 있다. 보다 더 중요하게는, 자신으로서는 법적 조언 없이는 관헌들을 대할 능력이 없다는 그 자신의 견해를 범인으로 주장되는 사람이 표명하였으면, 변호인의 출석 없이 진술을 하기로 하는, 관헌들의 요구에 따른 그 뒤의 결정은 당연히 회의(skepticism)를 지니고서 검토되어도 좋다."

11) 예컨대 United States v. Springer, 460 F. 2d 1344, 1350 (CA7)을; Wilson v. United States, 398 F. 2d 331 (CA5)를; Coughlan v. United States, 391 F. 2d 371 (CA9)를 예컨대 United States v. Thomas, 474 F. 2d 110, 112 (CA10)에; United States v. Springer, supra, at 1354–1355 (스티븐스(Stevens) 판사, 반대의견)에; United States ex rel. Magoon v. Reincke, 416 F. 2d 69 (CA2), aff'g 304 F. Supp. 1014 (Conn.)에 비교하라. United States v. Pheaster, 544 F. 2d 353 (CA9)에 비교하라.

IV

The crime of which Williams was convicted was senseless and brutal, calling for swift and energetic action by the police to apprehend the perpetrator and gather evidence with which he could be convicted. No mission of law enforcement officials is more important. Yet "[d]isinterested zeal for the public good does not assure either wisdom or right in the methods it pursues." Haley v. Ohio, 332 U. S. 596, 605 (Frankfurter, J., concurring in judgment). Although we do not lightly affirm the issuance of a writ of habeas corpus in this case, so clear a violation of the Sixth and Fourteenth Amendments as here occurred cannot be condoned. The pressures on state executive and judicial officers charged with the administration of the criminal law are great, especially when the crime is murder and the victim a small child. But it is precisely the predictability of those pressures that makes imperative a resolute loyalty to the guarantees that the Constitution extends to us all.

The judgment of the Court of Appeals is affirmed.[12)]

It is so ordered.[13)]

---

12) The District Court stated that its decision "does not touch upon the issue of what evidence, if any, beyond the incriminating statements «430 U. S., 407» themselves must be excluded as 'fruit of the poisonous tree.'" 375 F. Supp. 170, 185. We, too, have no occasion to address this issue, and in the present posture of the case there is no basis for the view of our dissenting Brethren, post, at 430 (WHITE, J.); post, at 441 (BLACKMUN, J.), that any attempt to retry the respondent would probably be futile. While neither Williams' incriminating statements themselves nor any testimony describing his having led the police to the victim's body can constitutionally be admitted into evidence, evidence of where the body was found and of its condition might well be admissible on the theory that the body would have been discovered in any event, even had incriminating statements not been elicited from Williams. Cf. Killough v. United States, 119 U. S. App. D.C. 10, 336 F. 2d 929. In the event that a retrial is instituted, it will be for the state courts in the first instance to determine whether particular items of evidence may be admitted.

13) The Court of Appeals suspended the issuance of the writ of habeas corpus for 60 days to allow an opportunity for a new trial, and further suspended its issuance pending disposition of the petition for a writ of certiorari in this Court. In affirming the judgment of the Court of Appeals, we further suspend the issuance of the writ of release from custody for 60 days from this date to allow the State of Iowa an opportunity to initiate a new trial, and judgment will be entered accordingly.

IV

유죄판정을 윌리엄즈가 받은 그 범죄는 분별없고 잔혹한 것이었기 때문에 범죄자를 체포하기 위한, 그리고 그에게 유죄판정이 내려지게 할 증거를 수집하기 위한 경찰의 신속하고 강력한 행동을 요구하는 것이었다. 이보다 중요한 법집행 공무원들의 임무는 없다. 그러나 "[그]것이 추구하는 방법들에 있어서의 지혜들이나 권한을 공공의 이익을 위한 사욕 없는 열의는 보장해 주지 않는다." Haley v. Ohio, 332 U. S. 596, 605 [프랑크푸르터(FRANKFURTER) 판사, 판결주문에 찬동함]. 비록 이 사건에서 인신보호영장의 발부를 우리는 가볍게 인가하지 않음에도 불구하고, 여기서 발생한 류의 그토록 명백한 연방헌법 수정 제6조에 대한 위반은 용서될 수 없다. 형사법의 운영을 맡은 주 행정 및 사법 공무원들 위에 가해지는 압력들은 큰 바, 그 범죄가 살인죄이고 그 피해자가 한 명의 작은 아동인 경우에 그것은 특히 그러하다. 그러나 우리 모두에게 연방헌법이 제공하는 그 보장들에 대한 결연한 충성을 명령적인 것이 되게 하는 것은 바로 그 압력들의 예견 가능성이다.

항소법원의 판결주문은 인가된다.[12)]

그렇게 명한다.[13)]

12) 그 부죄적 진술들 그 자체 이외에 어떤 증거 – 설령 있다손치더라도 – 가 "독나무 열매(fruit of the poisonous tree)"로서 배제되지 않으면 안 되는지의 쟁점을 자신의 결정은 언급하지 않는다고 연방지방법원은 말하였다. 375 F. Supp. 170, 185. 이 쟁점을 역점 두어 다룰 이유가 없기는 우리도 마찬가지인 바, 따라서 사건의 현재의 상황에서는, 피청구인을 다시 정식사실심리 하려는 그 어떤 시도도 필시 무의미할 것이라는, 반대의견을 낸 우리의 동료판사의 의견, Post, at 430 (화이트(WHITE) 판사); Post, at 441 (블랙먼(BLACKMUN) 판사), 을 뒷받침할 만한 근거는 전혀 없다. 윌리엄즈의 부죄적 진술들 그 자체는 경찰을 피해자의 시신으로 그가 안내했음을 설명하는 모든 증언이 그러하듯 헌법적으로 증거로서 허용될 수 없는 반면, 시신이 발견된 장소에 및 그 상태에 관한 증거는 설령 윌리엄즈로부터 부죄적 진술들이 도출되지 않았다 하더라도 어쨌든 시신은 발견되었을 것이라는 이론에 의거하여 증거로 허용될 수 있음도 당연했을 것이다. Killough v. United States, 119 U. S. App. D.C. 10, 336 F. 2d 929을 비교하라. 새로운 정식사실심리가 개시될 경우에, 일차적으로 주 법원들이 해야 할 일은 특정의 증거 항목들이 증거로서 허용될 수 있는지 여부를 판정하는 일이 될 것이다.

13) 새로운 정식사실심리의 기회를 허용하기 위하여 인신보호영장의 발부를 60일간 항소법원은 정지하였고, 이 법원에 사건기록 송부명령 청구에 대한 처분이 계속되어 있는 동안 다시 그 발부를 정지하였다. 항소법원의 판결주문을 인가함에 있어서 새로운 정식사실심리를 개시할 기회를 아이오아주에게 허용하기 위하여 구금석방 영장의 발부를 오늘부터 60일간 우리는정지하는 바, 이에 따라 판결주문이 기입될 것이다.

MR. JUSTICE MARSHALL, concurring.

I concur wholeheartedly in my Brother STEWART'S opinion for the Court, but add these words in light of the dissenting «430 U. S., 407» opinions filed today. The dissenters have, I believe, lost sight of the fundamental constitutional backbone of our criminal law. They seem to think that Detective Leaming's actions were perfectly proper, indeed laudable, examples of "good police work." In my view, good police work is something far different from catching the criminal at any price. It is equally important that the police, as guardians of the law, fulfill their responsibility to obey its commands scrupulously. For "in the end life and liberty can be as much endangered from illegal methods used to convict those thought to be criminals as from the actual criminals themselves." Spano v. New York, 360 U. S. 315, 320-321 (1959).

In this case, there can be no doubt that Detective Leaming consciously and knowingly set out to violate Williams' Sixth Amendment right to counsel and his Fifth Amendment privilege against self-incrimination, as Leaming himself understood those rights. Leaming knew that Williams had been advised «430 U. S., 408» by two lawyers not to make any statements to police until he conferred in Des Moines with his attorney there, Mr. McKnight. Leaming surely understood, because he had overheard McKnight tell Williams as much, that the location of the body would be revealed to police. Undoubtedly Leaming realized the way in which that information would be conveyed to the police: McKnight would learn it from his client and then he

마샬(MARSHALL) 판사의 보충의견이다.

법원을 대표한 나의 동료 스튜어트(STEWART) 판사의 의견에 나는 전적으로 찬동하는 바, 다만 오늘 제출된 반대의견들에 비추어 «430 U. S., 407» 이 말들을 덧붙인다. 우리 형사법에 관한 기본적인 헌법상의 중추를 시야에서 반대론자들은 놓쳤다고 나는 믿는다. 형사 리밍의 행위들은 완전히 정당했고 참으로 칭찬할 만했다고, "훌륭한 경찰 업무수행"의 표본들이었다고 그들은 여기는 듯하다. 나의 견해로는, 훌륭한 경찰 업무수행은 어떠한 대가를 무릅쓰고서라도 범인을 붙잡는 것에는 매우 다른 것이다. 법의 명령들에 빈틈없이 복종할 자신들의 의무를 경찰이 법의 수호자들로서 완수하는 일은 마찬가지로 중요하다. 왜냐하면, "실제의 범죄자들 그 자신들에 의해서 생명이 및 자유가 위협을 당할 수 있는 것만큼이나 범죄자들이라고 생각되는 사람들을 유죄로 판정하기 위하여 사용되는 불법적인 수단들에 의해서도 똑같이 생명이 및 자유가 궁극적으로 위협을 당할 수 있기" 때문이다. Spano v. New York, 360 U. S. 315, 320-321 (1959).

이 사건에서 변호인의 조력을 받을 연방헌법 수정 제6조에 기한 윌리엄즈의 권리를, 그리고 자기부죄를 금지하는 연방헌법 수정 제5조에 기한 그의 권리를 침해하고자 형사 리밍이 의식적으로 그리고 인식 상태 하에서 계획했다는 데에 의문이 있을 수 없는 바, 왜냐하면 그 권리들을 그는 이해하고 있었기 때문이다. 디모인에서 그 곳의 변호인인 맥나이트 변호사를 찾아 상담하기까지는 경찰에게 어떤 진술을도 «430 U. S., 408» 하지 말도록 두 변호사들에 의하여 조언을 윌리엄즈가 받았음을 리밍은 알고 있었다. 경찰에게 사체의 위치가 알려지리라는 점을 리밍은 분명히 이해하였는 바, 왜냐하면 그 점을 윌리엄즈에게 맥나이트가 말하는 것을 그는 엿들은 터였기 때문이다. 경찰에게 그 정보가 전달되게 될 경로를 의심할 바 없이 리밍은 깨달았다: 즉, 그 장소를 자신의 의뢰인으로부터 **맥나이트는** 알게 될 것이

would lead police to the body. Williams would thereby be protected by the attorney-client privilege from incriminating himself by directly demonstrating his knowledge of the body's location, and the unfortunate Powers child could be given a "Christian burial."

Of course, this scenario would accomplish all that Leaming sought from his investigation except that it would not produce incriminating statements or actions from Williams. Accordingly, Leaming undertook his charade to pry such evidence from Williams. After invoking the no-passengers rule to prevent attorney Kelly from accompanying the prisoner, Leaming had Williams at his mercy: during the three- or four-hour trip he could do anything he wished to elicit a confession. The detective demonstrated once again "that the efficiency of the rack and the thumbscrew can be matched, given the proper subject, by more sophisticated modes of 'persuasion.'" Blackburn v. Alabama, 361 U. S. 199, 206 (1960).

Leaming knowingly isolated Williams from the protection of his lawyers and during that period he intentionally "persuaded" him to give incriminating evidence. It is this intentional police misconduct - not good police practice - that the Court rightly condemns. The heinous nature of the crime is no excuse, as the dissenters would have it, for condoning knowing and intentional police transgression of the constitutional rights of a defendant. If Williams is to go free - and given the ingenuity of Iowa prosecutors on retrial or in a civil commitment proceeding, I doubt very much that there is any chance a dangerous criminal will be loosed on the streets, the «430 U. S., 409» bloodcurdling cries of the dissents notwithstanding - it will hardly be because he deserves it. It will be because Detective Leaming, knowing full well that he risked reversal of Williams' conviction, intentionally denied Williams the right of *every* American under the Sixth Amendment to have the

고, 그러면 경찰을 사체로 그는 안내할 것이었다. 이로써 사체의 위치에 관한 자신의 지식을 직접적으로 윌리엄즈는 증명함으로써 유죄를 자기 자신에게 씌우는 것으로부터 변호사-의뢰인 사이의 특권(attorney-client privilege)에 의하여 보호될 것이었고, 그러면서도 그 불행한 파워즈 어린이는 "기독교 장례식"을 누릴 수 있게 될 것이었다.

물론, 부죄적 진술들을이나 행동들을 윌리엄즈로부터 이끌어내지 않는다는 점을 제외하고는 자신의 수사에서 리밍이 기대한 모든 것을 이 시나리오는 달성시켜 줄 것이었다. 따라서 이 같은 증거를 윌리엄즈로부터 캐내기 위하여 자신의 속임수에 리밍은 착수했던 것이다. 변호사 켈리로 하여금 죄수를 동행하지 못하도록 저지하기 위하여 승객금지 규칙(no-passengers rule)을 원용하고 나서, 윌리엄즈를 자기 마음대로 리밍은 다루었다: 3, 4시간 걸리는 그 여행 동안 자백을 도출해 내기 위하여 무엇을이든 그가 원하는 대로 그는 할 수가 있었다. "팔다리를 잡아 늘이는 고문대(rack)의 및 엄지손가락을 죄는 고문기구(thumbscrew)의 효율성은, 적절한 대상자가 있기만 하다면, 보다 더 세련된 '설득(persuasion)'의 방법들에 의하여 필적될 수 있음"을 형사는 다시 한 번 증명하였다. Blackburn v. Alabama, 361 U. S. 199, 206 (1960).

윌리엄즈를 상황에 대한 인지 상태에서 그의 변호사들의 보호로부터 리밍은 격리하였고, 그리하여 그 기간 동안, 부죄적 증거를 제공하도록 의도적으로 그를 그는 "설득하였다." 이 법원이 정당하게 비난하는 것은 이 의도적인 경찰비행(police misconduct) — 훌륭한 경찰업무 수행이 아니라 - 이다. 범죄의 극악성은 반대론자들이 그랬으면 하듯이 피고인의 헌법적 권리들에 대한 인지 상태에서의 의도적인 경찰 침해행위를 용서하기 위한 변명사유가 아니다. 만약 윌리엄즈가 자유의 몸이 되어야 한다면 — 그런데, 새로운 정식사실심리에서든 또는 민사 구금절차에서든 아이오와주 검찰관들의 재간을 고려할 때, 반대론자들의 전율하는 외침 소리에도 불구하고 위험한 범죄자가 «430 U. S., 409» 길 거리에 풀려날 조금이나마의 가능성이 있을까에 대하여 나는 매우 의심한다 - 그것은 결코 그가 그럴 만한 자격이 있기 때문은 아닐 것이다. 그것은 연방헌법 수정 제6조에 기한, 자기 자신의 및 그 가공할 주(State) 권력의 그 양자 사이에 한 명의 변호사의 보호방패를 가질 *모든(every)* 미국인의 권리를 윌리엄즈에 대하여 - 윌리엄즈에 대한 유죄판정의 파기를 초래할 위

protective shield of a lawyer between himself and the awesome power of the State.

I think it appropriate here to recall not Mr. Justice Cardozo's opinion in People v. Defore, 242 N. Y. 13, 150 N. E. 585 (1926), see opinion of THE CHIEF JUSTICE, post, at 416, and n. 1, but rather the closing words of Mr. Justice Brandeis' great dissent in Olmstead v. United States, 277 U. S. 438, 471, 485 (1928):

"In a government of laws, existence of the government will be imperilled if it fails to observe the law scrupulously. Our Government is the potent, the omnipresent teacher. For good or for ill, it teaches the whole people by its example. Crime is contagious. If the Government becomes a lawbreaker, it breeds contempt for law; it invites every man to become a law unto himself; it invites anarchy. To declare that in the administration of the criminal law the end justifies the means - to declare that the Government may commit crimes in order to secure the conviction of a private criminal - would bring terrible retribution. Against that pernicious doctrine this Court should resolutely set its face."

험을 자신이 무릅쓴다는 것을 충분히 잘 알고 있으면서도 - 의도적으로 형사 리밍이 부정하였기 때문일 것이다.

여기서 People v. Defore, 242 N. Y. 13, 150 N. E. 585 (126)에서의 카르도조(CARDOZO) 판사의 의견을 되새길 것이 아니라, see opinion of THE CHIEF JUSTICE, Post, at 416, and n. 1, 오히려 Olmstead v. United States, 277 U. S. 438, 471, 485 (1928)에서의 브랜다이스(BRANDEIS) 판사의 탁월한 반대의견의 맺는 말 부분을 되새기는 것이 적절하다고 나는 생각한다:

"법의 정부에서는 만약 법을 주의 깊게 준수하기를 정부가 태만히 하면 정부의 존속은 위험에 빠뜨려질 것이다. 우리의 정부는 능력 있는, 그리고 모든 곳에 편재하는 교사이다. 전체 국민을 좋든 나쁘든 자신의 모범으로써 정부는 가르친다. 범죄는 전염된다. 만약 정부가 한 명의 범죄자가 되면 법에 대한 멸시를 그것은 기른다; 한 사람 한 사람을 그 자신에게 한 개의 법이 되도록 그것은 유혹한다; 무정부상태를 그것은 초래한다. 형사법의 운영에 있어서 수단을 목적이 정당화한다고 선언하는 것은 — 한 명의 사적인 범죄자에 대한 유죄판정을 확보하기 위하여는 범죄들을 정부가 저질러도 된다고 선언하는 것은 — 끔찍한 응보를 부를 것이다. 저 악독한 학설에 대하여 이 법원은 단호히 반대하여야 한다."

MR. JUSTICE POWELL, concurring.

As the dissenting opinion of THE CHIEF JUSTICE sharply illustrates, resolution of the issues in this case turns primarily on one's perception of the facts. There is little difference of opinion, among the several courts and numerous judges who have reviewed the case, as to the relevant constitutional principles: (i) Williams had the right to assistance of coun- «430 U. S., 410» sel; (ii) once that right attached (it is conceded that it had in this case), the State could not properly interrogate Williams in the absence of counsel unless he voluntarily and knowingly waived the right; and (iii) the burden was on the State to show that Williams in fact had waived the right before the police interrogated him.

The critical factual issue is whether there had been a voluntary waiver, and this turns in large part upon whether there was interrogation. As my dissenting Brothers view the facts so differently from my own perception of them, I will repeat briefly the background, setting, and factual predicate to the incriminating statements by Williams - even though the opinion of the Court sets forth all of this quite accurately.

I

Prior to the automobile trip from Davenport to Des Moines, Williams had been arrested, booked, and carefully given Miranda warnings. It is settled

파월(POWELL) 판사의 보충의견이다.

법원장의 반대의견이 날카롭게 예증하듯이, 사실관계에 대한 각자의 이해(perception)에 이 사건에서의 쟁점들의 해결은 주로 의존한다. 이 사건을 검토하여 온 여러 법원들의 및 여러 판사들의 사이에 관련 헌법원칙들에 관하여는 의견 차이가 거의 없다: (i) 변호인의 조력을 받을 권리를 윌리엄즈는 가지고 있었다; «430 U. S., 410» (ii) 일단 그 권리가 달라붙었으면 - 이 사건에서 그 권리가 달라붙었음은 시인되어 있다 - 그 권리를 그가 자발적으로 및 자신의 권리에 대한 인지 상태에서 포기하지 않는 한 윌리엄즈를 변호인의 부재 상태에서 주가 신문하는 것은 정당할 수 없었다; 그리고 (iii) 그를 경찰이 신문하기 전에 그 권리를 윌리엄즈가 실제로 포기했음을 증명할 입증책임은 주에게 있었다.

중대한 사실적 쟁점은 임의의 포기가 있었는지 여부이고, 신문이 있었는지 여부에 이것은 주로 달려 있다, 반대의견 쪽에 선 나의 동료판사들이 보는 사실관계는 그것들에 대한 나의 이해와는 그토록 다르기 때문에, 윌리엄즈의 부죄적 진술들에 대한 배경을, 환경을, 그리고 사실적 단정을 — 비록 이 모든 것을 매우 정확하게 법원의 의견이 설명하고 있음에도 불구하고 — 간략하게 나는 반복할 것이다.

I

대븐포트로부터 디모인까지 오는 그 자동차 여행에 앞서서 윌리엄즈는 체포되었고 용의자 체포절차에 처해졌고 그리고 주의 깊게 미란다 경고들을 부여받았다.

constitutional doctrine that he then had the right to the assistance of counsel. His exercise of this right was evidenced uniquely in this case. Williams had consulted counsel prior to his arrest, and surrendered to the police on advice of counsel. At all times thereafter Williams, to the knowledge of the police, had two attorneys: McKnight, whom Williams consulted initially and who awaited his arrival in Des Moines, and Kelly, who had represented Williams in Davenport where he surrendered. Significantly, the recognition by the police of the status of counsel was evidenced by the *express agreement* between McKnight and the appropriate police officials that the officers who would drive Williams to Des Moines would not interrogate him in the absence of counsel.

The incriminating statements were made by Williams during the long ride while in the custody of two police officers, and in the absence of his retained counsel. The dissent of THE «430 U. S., 411» CHIEF JUSTICE concludes that prior to these statements, Williams had "made a valid waiver" of his right to have counsel present. Post, at 417. This view disregards the record evidence clearly indicating that the police engaged in interrogation of Williams. For example, the District Court noted:

"According to Detective Leaming's own testimony, the specific purpose of this conversation [which was initiated by Leaming and which preceded Williams' confession] was to obtain statements and information from [Williams] concerning the missing girl." 375 F. Supp. 170, 174.

In support of that finding, the District Court quoted extensively from Leaming's testimony, including the following:

"Q. In fact, Captain, whether [Williams] was a mental patient or not, you were trying to get all the information you could before he got to his lawyer, weren't you?

변호인의 조력을 받을 권리를 그 시점에서 그가 지녔음은 확립된 헌법적 원칙이다. 이 사건에서 유례없이 이 권리에 대한 그의 행사는 증명되었다. 자신의 체포 이전에 변호인을 윌리엄즈는 상담한 상태였고, 그리고 변호인의 조언에 따라 경찰에 자수하였다. 경찰이 아는 대로 두 명의 변호사들을 그 이후로 줄곧 윌리엄즈는 지녔는데: 최초에 윌리엄즈가 상담한, 그리하여 디모인에서 윌리엄즈의 도착을 기다린 맥나이트가 그 한 명이고, 그리고 윌리엄즈가 자수한 장소인 대븐포트에서 윌리엄즈를 대변해 온 켈리가 다른 한 명이다. 의미 깊게도, 윌리엄즈를 디모인에까지 이동시킬 경찰관들이 변호인의 불출석 상태에서는 그를 신문하지 않기로 한 맥나이트의 및 해당 경찰관들의 양자 사이의 *명시적 합의(express agreement)*로써 변호인의 지위에 대한 경찰의 인식은 입증되었다.

그 부죄적 진술들은 경찰관 두 명의 구금 아래서의 그 긴 이동 기간 중에 그리고 그가 선임한 변호인의 불출석 상태에서 윌리엄즈에 의하여 이루어졌다. 변호인을 출석시킬 그의 권리에 대한 «430 U. S., 411» "유효한 포기를 이 진술들 이전에 윌리엄즈는 한" 터라고 법원장의 반대의견은 결론짓는다. Post, at 417. 신문을 윌리엄즈에 대하여 경찰이 실시했음을 명확히 보여주는 증거기록을 이 견해는 무시한다. 예컨대, 연방지방법원은 특별히 언급하였다:

"형사 리밍 자신의 증언에 의하면, [리밍에 의하여 주도된, 그리고 윌리엄즈의 자백에 앞서서 진행된] 이 대화의 명시적 목적은 실종 소녀에 관한 진술들을과 정보를 [윌리엄즈에게서] 얻는 것이었다." 375 F. Supp. 170, 174.

그 판단의 근거로서 리밍의 증언으로부터 널리 연방지방법원은 인용하였는데, 그 일부는 이러하다:

"문. 실제로 반장님, 그가 정신병 환자였건 아니었건, 그의 변호사에게 그가 닿기 전에 그에게서 얻어낼 수 있는 모든 정보를 얻어내고자 당신은 시도하였던 거지요? 안 그렇습니까?

"A. I was sure hoping to find out where that little girl was, yes, sir.

……

"Q. Well, I'll put it this way: You were hoping to get all the information you could before Williams got back to McKnight, weren't you?

"A. Yes, sir." Ibid.

After finding, upon a full review of the facts, that there had been "interrogation," the District Court addressed the ultimate issue of "waiver" and concluded not only that the State had failed to carry its burden but also that

"there is *nothing* in the record to indicate that [Williams] waived his Fifth and Sixth Amendment rights *except* the fact that statements eventually were obtained." Id., at 182. (Emphasis in original.)

The Court of Appeals stated affirmatively that "the facts «430 U. S., 412» as found by the District Court had substantial basis in the record." 509 F. 2d 227, 231.[14)]

I join the opinion of the Court which also finds that the efforts of Detective Leaming "to elicit information from Williams," as conceded by counsel for petitioner at oral argument, ante, at 400 n. 6, were a skillful and effective form of interrogation. Moreover, the entire setting was conducive to the psy-

---

14) Before concluding that the police had engaged in interrogation, the District Court summarized the factual background:
"Detective Leaming obtained statements from Petitioner in the absence of counsel (1) after making, and then breaking, an agreement with Mr. McKnight that Petitioner would not be questioned until he arrived in Des Moines and saw Mr. McKnight; (2) after being told by both Mr. McKnight and Mr. Kelly that Petitioner was not to be questioned until he reached Des Moines; (3) after refusing to allow Mr. Kelly, whom Detective Leaming himself regarded as Petitioner's co-counsel, to ride to Des Moines with Petitioner; and (4) after being told by Petitioner that he would talk *after* he reached Des Moines and Mr. McKnight. By violating or ignoring these several, clear indications that Petitioner was to have counsel during interrogation, Detective Leaming deprived Petitioner of his right to counsel in a way similar to, if not more objectionable than, that utilized against the defendant in Massiah [v. United States, 377 U. S. 201 (1964)]." 375 F. Supp., at 177 (footnote omitted).

"답. 그 소녀가 어디에 있는지 저는 분명히 알아내고 싶었습니다. 맞습니다.

……

"문. 좋습니다, 저는 이렇게 정리하겠습니다: 맥나이트에게 윌리엄즈가 돌아가 닿기 전에 당신이 얻을 수 있는 모든 정보를 당신은 얻고 싶어 하였습니다. 안 그렇습니까?

"답. 맞습니다. Ibid.

"신문(interrogation)"이 있었음을 사실관계에 대한 충분한 검토에 의거하여 인정한 뒤에, 그 궁극적인 "포기(waiver)"의 쟁점을 역점 두어 연방지방법원은 다루었는 바, 그리하여그 자신의 입증책임을 주가 완수하지 못했었다고만이 아니라, 이에 아울러 "기록에는 궁극적으로 그 진술들이 얻어졌다는 점을 *제외하고는*(except) 연방헌법 수정 제5조에 및 제6조에 기한 그의 권리들을 [윌리엄즈가] 포기했다는 점을 나타내 주는 것은 *아무 것도 없다*(there is *nothing*)."고까지 연방지방법원은 결론지었다. Id., at 182. (강조는 원문.) "연방지방법원에 의하여 인정된 사실관계는 기록 안에 «430 U. S., 412» 확실한 근거가 있었다."고 항소법원은 단언하여 말하였다. 509 F. 2d 227, 231.[14)]

구두변론에서 청구인측 변호인에 의하여 시인되었듯이, "정보를 윌리엄즈로부터 도출해 내고자" 한 형사 리밍의 노력들, ante, at 400 n. 6, 은 능숙하면서도 효과적인 한 가지 신문 방식이었다는 점을까지도 인정하는 이 법원의 의견에 나는 가담한다. 더군다나, 그 전체적 배경은 그 성공적으로 이용된 심리적 강압에 이바지하

---

14) 신문을 경찰이 실시했었다고 결론짓기에 앞서, 사실관계의 배경을 이렇게 연방지방법원은 요약하였다:
"형사 리밍은 (1) 디모인에 청구인이 도착하여 맥나이트 변호사를 만나기까지는 청구인에게 신문이 실시되지 않는다는 것으로 맥나이트 변호사와 합의를 한 뒤에, 그리고 이를 어긴 뒤에; (2) 디모인에 청구인이 도착하기까지는 청구인에게 신문이 실시되어서는 안 된다는 말을 맥나이트 변호사로부터와 켈리 변호사로부터 듣고 난 뒤에; (3) 청구인의 공동 변호인으로 형사 리밍 자신이 간주한 켈리 변호사로 하여금 청구인에 더불어 디모인까지 동승하도록 허용하기를 거절한 뒤에; 그리고 (4) 디모인에 및 맥나이트 변호사에게 닿은 *뒤에(after)* 말했으면 함을 청구인에게서 들은 뒤에 진술들을 변호인의 불출석 상태에서 청구인으로부터 얻어냈다. 신문 동안 변호인을 청구인이 가져야 한다는 이 여러 가지 명백한 표시들을 위반하거나 무시함으로써, Massiah [v. United States, 377 U. S. 201 (1964)]에서 피고인에게 사용되었던 것에 유사한 – 비록 그보다 더 부당한 것은 아니라 하더라도 – 방법으로 변호인의 조력을 받을 청구인의 권리를 그에게서 형사 리밍은 박탈하였다." 375 F. Supp., at 177 (각주생략).

chological coercion that was successfully exploited. Williams was known by the police to be a young man with quixotic religious convictions and a history of mental disorders. The date was the day after Christmas, the weather was ominous, and the setting appropriate for Detective Leaming's talk of snow concealing the body and preventing a "Christian burial." Williams was alone in the automobile with two police officers for several hours. It is clear from the record, as both of the federal courts below found, that there was no evidence of a knowing and voluntary waiver of the right to have counsel present beyond the fact that Williams ultimately confessed. It is settled law that an inferred waiver of a constitutional right is disfavored. Estelle v. Williams, 425 U. S. 501, 515 (1976) (POWELL, J., concurring). I find no basis in the record of this case - or in the dissenting opin- «430 U. S., 413» ions - for disagreeing with the conclusion of the District Court that "the State has produced no affirmative evidence whatsoever to support its claim of waiver." 375 F. Supp., at 183.

The dissenting opinion of THE CHIEF JUSTICE states that the Court's holding today "conclusively presumes a suspect is legally incompetent to change his mind and tell the truth until an attorney is present." Post, at 419. I find no justification for this view. On the contrary, the opinion of the Court is explicitly clear that the right to assistance of counsel may be waived, after it has attached, without notice to or consultation with counsel. Ante, at 405-406. We would have such a case here if petitioner had proved that the police officers refrained from coercion and interrogation, as they had agreed, and that Williams freely on his own initiative had confessed the crime.

는 것이었다. 윌리엄즈는 돈키호테식 종교적 신념을 지닌, 그리고 정신질환의 전력을 지닌 청년으로 경찰에 알려져 있었다. 그 날은 크리스마스 다음 날이었고 날씨는 험악하였는데, 사체를 덮음으로써 "기독교 장례식"을 저해하는 눈에 대한 형사 리밍의 이야기에 그 배경은 어울렸다. 혼자서 수 시간 동안 경찰관 두 명에 더불어 윌리엄즈는 있었다. 하급 연방법원들 두 곳이 다 같이 인정했듯이, 윌리엄즈가 궁극적으로 자백하였다는 사실에 관하여 이외에는 변호인을 출석시킬 권리에 대한 인지 상태에서의 자발적인 포기에 관하여 증거가 없었음은 기록상 명백하다. 헌법적 권리에 대한 추론된 포기(an inferred waiver)가 지지되지 아니함은 확립된 법리(settled law)이다. Estelle v. Williams, 425 U. S. 501, 515 (1976) (파월(POWELL) 판사, 보충의견). "포기에 관한 자신의 주장을 뒷받침하는 확증적 증거를 «430 U. S., 413» 그 아무것을도 주는 제시하지 못한 터이다."라는 연방지방법원의 결론에 반대할 아무런 근거를 이 사건의 기록에서 — 또는 반대의견들에서 — 나는 발견할 수 없다. 375 F. Supp., at 183.

"용의자는 변호사가 출석할 때까지는 그의 마음을 바꿀, 그리하여 진실을 말할 능력이 법적으로 없는 것으로" 이 법원의 오늘의 판시는 "결정적으로 추정한다."고 법원장의 반대의견은 말한다. Post, at 419. 이 견해의 변명의 이유를 나는 인정할 수 없다. 그 반대로, 변호인의 조력을 받을 권리가 일단 달라붙고 난 뒤에는 변호인에게의 통지 없이 내지는 변호인하고의 상담 없이 그것이 포기될 수 있다는 데 있어서 이 법원의 의견은 명확하게 확실하다. ante, at 405-406. 강압을 및 신문을 그 동의했던 바대로 경찰관들이 자제했었음을, 그런데도 그 범죄를 자윌리엄즈가 자유로이 자발적으로 백했었음을 만약 청구인이 증명했다면, 그 같은 사건 한 개를 여기서 우리는 가지고 있을 것이다.

II

In discussing the exclusionary rule, the dissenting opinion of THE CHIEF JUSTICE refers to Stone v. Powell, 428 U. S. 465 (1976), decided last Term. In that case, we held that a federal court need not apply the exclusionary rule on habeas corpus review of a Fourth Amendment claim absent a showing that the state prisoner was denied an opportunity for a full and fair litigation of that claim at trial and on direct review.

This case also involves review on habeas corpus of a state conviction, and the decisions that the Court today affirms held that Williams' incriminating statements should have been excluded.[15] As Stone was decided subsequently to these «430 U. S., 414» decisions, the courts below had no occasion to consider whether the principle enunciated in Stone may have been applicable in this case. That question has not been presented in the briefs or arguments submitted to us,[16] and we therefore have no occasion to consider the possible applicability of Stone. The applicability of the rationale of Stone in the Fifth and Sixth Amendment context raises a number of unresolved issues. Many Fifth and Sixth Amendment claims arise in the context of challenges to the fairness of a trial or to the integrity of the factfinding process. In contrast,

15) I tend generally to share the view that the per se application of an exclusionary rule has little to commend it except ease of application. All too often applying the rule in this fashion results in freeing the guilty without any offsetting enhancement of the rights of all citizens. Moreover, rigid adherence to the exclusionary rule in many circumstances imposes greater cost on the legitimate demands of law enforcement than can be justified by the rule's deterrent purposes. Schneckloth v. Bustamonte, 412 U. S. 218, 267 (1973) (POWELL, J., concurring). I therefore have indicated, at least with respect to Fourth Amendment violations, «430 U. S., 414» that a distinction should be made between flagrant violations by the police, on the one hand, and technical, trivial, or inadvertent violations, on the other. Brown v. Illinois, 422 U. S. 590, 610–612 (1975) (concurring opinion). Here, we have a Sixth Amendment case and also one in which the police deliberately took advantage of an inherently coercive setting in the absence of counsel, contrary to their express agreement. Police are to be commended for diligent efforts to ascertain the truth, but the police conduct in this case plainly violated respondent's constitutional rights.

16) The Stone issue was not mentioned in any of the briefs, including petitioner's reply brief filed September 29, 1976 – some three months after our decision in Stone was announced. The possible relevance of Stone was raised by a question from the bench during oral argument. This prompted brief comments by counsel for both parties. Tr. of Oral Arg., 26–27, 49–50. But in no meaningful sense can the issue be viewed as having been "argued" in this case.

II

지난 번 개정기 때 판결된 Stone v. Powell, 428 U. S. 465 (1976)을 위법수집 증거배제 원칙을 논함에 있어서 법원장의 반대의견은 참조한다. 연방헌법 수정 제4조의 주장에 대한 인신보호영장에 기한 재심리(habeas corpus review)에 있어서는, 그 주장에 대한 완전하고 공정한 소송을 위한 기회를 정식사실심리에서와 직접적 재심리(direct review)에서 주 죄수가 박탈당했음에 대한 증명이 없는 한, 위법수집 증거배제 원칙을 연방법원은 적용할 필요가 없다고 그 사건에서 우리는 판시하였다.

한 개의 주(state) 유죄판정에 대한 인신보호영장에 기한 재심리를 이 사건은 역시 포함하는 바, 윌리엄즈의 부죄적 진술들은 배제되었어야 한다고 이 법원이 오늘 인가하는 그 결정들은 판시하였다.[15] Stone 사건은 이 결정들에 이후에 «430 U. S., 414» 판결되었으므로, Stone 사건에서 선언된 원칙이 이 사건에 적용될 수 있게 되었는지 여부를 하급법원들은 고찰할 필요가 없었다. 우리에게 제출된 준비서면들에서나 주장들에서 그 문제는 제시된 바가 없고,[16] 따라서 Stone 판결의 있을 수 있는 적용 가능성을 우리는 고찰할 필요가 없다. 아직 미해결인 수많은 쟁점들을 연방헌법 수정 제5조의 및 제6조의 맥락에서의 Stone 판결의 이론적 토대의 적용 가능성의 문제는 제기한다. 한 개의 정식사실심리의 공정성에 대한 또는 사실발견 절차의 완전무결성에 대한 이의들의 맥락에서 연방헌법 수정 제5조의 및 제6조의 수

---

15) 위법수집 증거배제 원칙의 당연적용(per se application)은 적용의 용이함을 빼고는 권장할 이유가 거의 없다는 견해를 일반적으로 나는 공유하는 편이다. 그 규칙을 이런 식으로 적용하는 것은 범죄자를 모든 시민들의 권리들에 대한 조금이라도 상쇄하는(offsetting) 증진 없이 풀어주는 결과를 낳는 경우가 너무도 흔하다. 더군다나 수많은 상황들에 있어서 그 규칙의 억제적 목적들(deterrent purposes)에 의하여 정당화될 수 있는 비용을보다도 더 큰 비용을 법 집행에 대한 적법한 요구들 위에 위법수집 증거배제 원칙에 대한 엄격한 고수는 부과한다. Schneckloth v. Bustamonte, 412 U. S. 218, 267 (1973) (파월(POWELL) 판사, 보충의견). 따라서, 적어도 연방헌법 수정 제4조에 대한 위반행위들에 관하여는, 한 쪽으로는 경찰에 의한 극악한(flagrant) 위반행위들의, 다른 한 쪽으로는 기술적이고 사소하며 부주의에 기한(inadvertent) 위반행위들의 양자 사이에 한 개의 의 구분이 그어져야 한다고 나는 제시한 바 있다 Brown v. Illinois, 422 U. S. 590, 610-612 (1975) (보충의견). 여기서 우리가 가지고 있는 사건은 한 개의 연방헌법 수정 제6조의 사건이면서, 또한 본질적으로 강압적인 배경을 변호인의 불출석 가운데서 자신들의 명시적 합의에 반하여 의도적으로 경찰이 이용한 사건이다. 진실을 확인하기 위한 근면한 노력들에 대하여 칭찬을 경찰은 받아야 하지만, 그러나 피청구인의 헌법적 권리들을 이 사건에서의 경찰행위는 명백히 침해하였다.

16) 1976년 9월 29일자 청구인의 반박 준비서면(reply brief) – Stone 사건에서의 우리의 결정이 선언된 지 약 3월 뒤에 제출된 것이다 – 을 포함하여 어떤 준비서면들에서도 Stone 쟁점은 언급되지 않았다. 구두변론 도중에 재판부로부터의 한 개의 질문에 의하여 Stone 판결의 있을 수 있는 관련성은 제기되었다. 양측 변호인단에 의한 간략한 논평들을 이것은 촉발하였다. Tr. of Oral Arg., 26-27, 49-50. 그러나 그 쟁점은 어떤 중요한 의미에서도 이 사건에서 "변론된" 것으로 간주될 수 없다.

Fourth Amendment claims uniformly involve evidence that is "typically reliable and often the most probative information bearing on the guilt or innocence of the defendant." Stone v. Powell, supra, at 490. Whether the rationale of Stone should be applied to those Fifth and Sixth Amendment claims or classes of claims that more closely parallel claims under the Fourth Amendment is a question as to which I intimate no view, and which should be resolved only after the implications of such a ruling have been fully explored.

많은 주장들은 제기된다. 이에 대조되게, "전형적으로 신빙성 있는, 그러면서 피고인의 유죄에 또는 무죄에 관하여 자주 가장 증명력이 높은 정보"인 증거를 연방헌법 수정 제4조의 주장들은 한결같이 포함한다. Stone v. Powell, supra, at 490. 그러나 Stone 판결의 이론적 토대가 그 연방헌법 수정 제5조의 및 제6조의 주장들에 적용되어야 하는지, 아니면 연방헌법 수정 제4조의 주장들에 더 밀접하게 유사한 부류의 주장들에 적용되어야 하는지 여부는 아무런 견해를도 내가 암시하는 바 없는, 그리하여 오직 이 같은 결정의 함축들이 완전히 검토되고 난 뒤에만 해결되어야 할, 한 가지 문제이다.

MR. JUSTICE STEVENS, concurring.

MR. JUSTICE STEWART, in his opinion for the Court which I join, MR. JUSTICE POWELL, and MR. JUSTICE MARSHALL have «430 U. S., 415» accurately explained the reasons why the law requires the result we reach today. Nevertheless, the strong language in the dissenting opinions prompts me to add this brief comment about the Court's function in a case such as this.

Nothing that we write, no matter how well reasoned or forcefully expressed, can bring back the victim of this tragedy or undo the consequences of the official neglect which led to the respondent's escape from a state mental institution. The emotional aspects of the case make it difficult to decide dispassionately, but do not qualify our obligation to apply the law with an eye to the future as well as with concern for the result in the particular case before us.

Underlying the surface issues in this case is the question whether a fugitive from justice can rely on his lawyer's advice given in connection with a decision to surrender voluntarily. The defendant placed his trust in an experienced Iowa trial lawyer who in turn trusted the Iowa law enforcement authorities to honor a commitment made during negotiations which led to the apprehension of a potentially dangerous person. Under any analysis, this was a critical stage of the proceeding in which the participation of an independent professional was of vital importance to the accused and to society. At this stage - as in countless others in which the law profoundly affects the

스티븐스(STEVENS) 판사의 보충의견이다.

오늘 우리가 도달하는 그 결과를 어째서 법이 요구하는지 그 이유들을 스튜어트(STEWART) 판사가 집필하고 내가 가담하는 법원의 의견에서의 «430 U. S., 415» 스튜어트 판사는, 그리고 파월(POWELL) 판사는 및 마샬(MARSHALL) 판사는 정확하게 설명해 놓았다. 이에도 불구하고, 나로 하여금 이 같은 사건에서의 이 법원의 기능에 관한 이 간략한 논평을 덧붙이도록 반대의견들에서의 강한 표현은 자극한다.

우리가 쓰는 것은 그 어떤 것이도, 그것이 제아무리 훌륭하게 추론되고 강력하게 표현될지언정, 이 비극의 희생자를 되살려 낼 수 없고 또는 주(state) 정신병원 시설 한 곳으로부터의 피청구인의 도주를 초래한 공무원의 부주의의 결과들을 되돌리거나 할 수 없다. 냉정하게 판단하는 것을 어렵게 사건의 감정적 측면들은 만들지만, 그러나 우리 앞의 특정 사건에 있어서, 결과에 대한 염려를 지닌 채로에 아울러 한 개의 눈을 미래에 둔 채로 법을 적용할 우리의 의무를 그것은 제한하지 않는다.

이 사건에서의 표면적 쟁점들의 토대에 놓여 있는 것은 자발적으로 자수하기로 하는 결정에 관련하여 주어진 자신의 변호사의 조언에 사법(justice)으로부터의 도주자가 의존할 수 있는지 여부의 문제이다. 그의 신뢰를 한 명의 노련한 아이오아주 정식사실심리 변호사에게 피고인은 두었는데, 이번에는 한 명의 잠재적으로 위험한 사람의 체포로 이끈 교섭행위들 동안에 이루어진 약속을 존중하는 데 있어서 아이오아주 법 집행 당국을 그 변호사는 신뢰하였다. 어떤 분석에 의하더라도, 이것은 한 명의 독립적 전문가의 참여가 범인으로 주장되는 사람에게 및 사회에게 지극히 중요성을 지닌, 절차에 있어서의 중대한 단계였다. 이 단계에 있어서 — 개인의 삶에 영향을 심대하게 법이 끼치는 무수한 여타의 단계들에서 그러하듯 —

life of the individual - the lawyer is the essential medium through which the demands and commitments of the sovereign are communicated to the citizen. If, in the long run, we are seriously concerned about the individual's effective representation by counsel, the State cannot be permitted to dishonor its promise to this lawyer.[17)]

17) The importance of this point is emphasized by the State's refusal to permit counsel to accompany his client on the trip from Davenport to Des Moines.

변호사는 주권국의 요구사항들이 및 약속들이 시민에게 전달되는 통로로서의 불가결한 매개자이다. 만약 개인에 대한 변호인의 효과적 대변에 관하여 마침내 심각하게 우리가 염려한다면, 변호사에 대한 자신의 이 약속을 어기도록 주는 허용될 수 없다.[17)]

17) 대븐포트로부터 디모인까지의 여행 동안 그의 의뢰인을 수행하도록 변호인에게 허용하기를 주가 거절한 점에 의하여 이 점의 중요성은 강조된다.

MR. CHIEF JUSTICE BURGER, dissenting.

The result in this case ought to be intolerable in any society which purports to call itself an organized society. It con- «430 U. S., 416» tinues the Court - by the narrowest margin - on the much-criticized course of punishing the public for the mistakes and misdeeds of law enforcement officers, instead of punishing the officer directly, if in fact he is guilty of wrongdoing. It mechanically and blindly keeps reliable evidence from juries whether the claimed constitutional violation involves gross police misconduct or honest human error.

Williams is guilty of the savage murder of a small child; no member of the Court contends he is not. While in custody, and after no fewer than *five* warnings of his rights to silence and to counsel, he led police to the concealed body of his victim. The Court concedes Williams was not threatened or coerced and that he spoke and acted voluntarily and with full awareness of his constitutional rights. In the face of all this, the Court now holds that because Williams was prompted by the detective's statement - not interrogation but a statement - the jury must not be told how the police found the body.

Today's holding fulfills Judge (later Mr. Justice) Cardozo's grim prophecy that someday some court might carry the exclusionary rule to the absurd extent that its operative effect would exclude evidence relating to the body of

버거(BURGER) 판사의 반대의견이다.

이 사건에서의 결과는 한 개의 조직화된 사회임을 자처하고자 하는 어떤 사회에서도 용인될 수 없음이 당연하다. «430 U. S., 416» 법집행 공무원들의 잘못들을 및 비행들을 이유로, 설령 비행을 그 공무원이 실제로 범했더라도, 직접 그를보다는 공중(the public)을 처벌하는 그 많이도 비판되는 경로 위에 이 법원을 — 참으로 아슬아슬한 차이로 — 그것은 존속시킨다. 그 주장된 헌법적 침해가 포함하는 것이 중대한 경찰비행인지 또는 정직한 인간의 실수인지 여부에 상관없이, 신빙성 있는 증거를 배심들에게서 기계적으로 그리고 맹목적으로 그것은 차단한다.

윌리엄즈는 한 명의 작은 아이에 대한 잔혹한 살인을 저지른 사람이다; 그가 범인이 아니라고는 이 법원의 구성원 누구가도 주장하지 않는다. 구금되어 있는 동안에, 그리고 묵비 상태로 있을, 그리고 변호인의 조력을 받을 그의 권리들에 대한 적어도 *다섯 번의(five)* 경고들이 있은 뒤에, 경찰을 자신의 희생자의 은닉된 사체로 그는 안내했다. 윌리엄즈가 위협을 당하거나 강압을 당한 바 없음을, 그리고 자발적으로 그리고 그의 헌법적 권리들에 대한 완전한 인식을 지닌 채로 그가 말하고 행동했음을 이 법원은 시인한다. 형사의 진술에 의하여 — 신문에 의해서가 아니라 진술에 의하여 — 윌리엄즈가 촉발되었기 때문에, 그 사체를 경찰이 어떻게 발견했는지가 배심에게 제시되어서는 안 된다고 이 모든 상황에 직면하여 이제 이 법원은 판시한다.

피살자의 사체에 관련된 증거를 그 발견된 방법 때문에 배제하는 결과를 위법수집 증거배제 원칙의 시행이 빚게 되는 그 터무니없는 지경으로까지 그 원칙을 언젠가 어떤 법원이 옮겨갈 것이라는 카르도조 판사(Judge; 나중에 Mr. Justice)의 무서운 예

a murder victim because of the means by which it was found.[18] In so ruling «430 U. S., 417» the Court regresses to playing a grisly game of "hide and seek," once more exalting the sporting theory of criminal justice which has been experiencing a decline in our jurisprudence. With JUSTICES WHITE, BLACKMUN, and REHNQUIST, I categorically reject the remarkable notion that the police in this case were guilty of unconstitutional misconduct, or any conduct justifying the bizarre result reached by the Court. Apart from a brief comment on the merits, however, I wish to focus on the irrationality of applying the increasingly discredited exclusionary rule to this case.

(1)
The Court Concedes Williams' Disclosures Were Voluntary

Under well-settled precedents which the Court freely acknowledges, it is very clear that Williams had made a valid waiver of his Fifth Amendment right to silence and his Sixth Amendment right to counsel when he led police to the child's body. Indeed, even under the Court's analysis I do not understand how a contrary conclusion is possible.

The Court purports to apply as the appropriate constitutional waiver stan-

18) "The criminal is to go free because the constable has blundered ······. A room is searched against the law, and the body of a murdered man is found ······. The privacy of the home has been infringed, and the murderer goes free." People v. Defore, 242 N. Y. 13, 21, 23–24, 150 N. E. 585, 587, 588 (1926).
The Court protests, ante, at 407 n. 12, that its holding excludes only "Williams' incriminating statements themselves [as well as] any testimony describing his having led the police to the victim's body," thus hinting that successful retrial of this palpably guilty felon is realistically possible. Even if this were all, and the corpus delicti could be used to establish the fact and manner of the victim's death, the Court's holding clearly bars all efforts to let the jury know how the police found the body. But the Court's further – and remarkable – statement that "evidence of where the body was found and of its condition" could be admitted *only* "on the theory that the body would have been discovered in any event" makes «430 U. S., 417» clear that the Court is determined to keep the truth from the jurors pledged to find the truth. If all use of the corpus delicti is to be barred by the Court as "fruit of the poisonous tree" under Wong Sun v. United States, 371 U. S. 471 (1963), except on the unlikely theory suggested by the Court, the Court renders the prospects of doing justice in this case exceedingly remote.

언을 오늘의 판시는 실현시킨다.[18] 그렇게 판단함에 있어서, «430 U. S., 417» 섬뜩한 "숨바꼭질(hide and seek)" 게임을 벌이는 데로 이 법원은 후퇴하는 바, 우리의 사법체계 안에서 쇠퇴가 경험되어 오는 중인 그 모험적인 형사재판 이론을 이 법원은 다시 한 번 찬양한다. 화이트(WHITE) 판사에, 블랙먼(BLACKMUN) 판사에, 그리고 렌퀴스트(REHNQUIST) 판사에 더불어, 위헌적 비행을 이 사건에서의 경찰이 저질렀다는, 내지는 이 법원에 의하여 도달된 그 기괴한 결과를 조금이라도 정당화할 만한 행위를 경찰이 저질렀다는 그 주목할 만한 관념을 단호히 나는 거부한다. 그러나 시비곡직에 대한 간략한 논평으로부터 벗어나, 갈수록 불신되는 위법수집 증거배제 원칙을 이 사건에 적용하는 일의 불합리성 위에 초점을 나는 맞추었으면 한다.

(1)
윌리엄즈의 개시(開示; disclosures)가 자발적이었음을 이 법원은 시인함

이 법원이 거리낌 없이 인정하는 잘 확립된 선례들 아래서, 경찰을 소녀의 사체에 윌리엄즈가 안내했을 때 그의 연방헌법 수정 제5조의 묵비의 권리에 대한, 그리고 연방헌법 수정 제6조의 변호인의 조력을 받을 권리에 대한 유효한 포기를 그가 했었음은 심지어 이 법원의 분석 아래서조차도 매우 분명하다. 아닌 게 아니라, 심지어 이 법원의 분석 아래서마저도, 어떻게 정반대의 결론이 가능한지 나는 이해가 가지 않는다.

적절한 헌법적 포기 기준으로서 그 친숙한 Johnson v. Zerbst, 304 U. S. 458, 464

---

18) "실수를 경찰관이 해 놓았다는 이유로 범인은 풀려나게 된다 ……. 방 한 개가 법 위반 가운데 수색되어 피살자의 사체가 발견된다 ……. 주거의 프라이버시가 침해되어 있고, 그리하여 살인자는 풀려난다." People v. Defore, 242 N. Y. 13, 21, 23–24, 150 N. E. 585, 587, 588 (1926).
오직 "경찰을 피해자의 시신으로 그가 안내했음을 설명하는 모든 증언을과 [마찬가지로] 윌리엄즈의 부죄적 진술들 그 자체"만을 자신의 판시는 배제한다고 이 법원은 항의하는 바, ante, at 407 n. 12, 이로써 이 명백하게 유죄인 중죄인에 대한 성공적인 새로운 정식사실심리가 실제로 가능함을 이 법원은 암시한다. 설령 이것이 전부라고 하더라도, 그리하여 피살자의 사망의 사실을과 방법을 증명하기 위하여서는 피살자의 사체가 사용될 수 있다 하더라도, 그 사체를 어떻게 경찰이 발견했는지를 배심으로 하여금 알게 하려는 모든 노력들을 이 법원의 판시는 명백하게 금지한다. 그러나 진실을 찾기로 서약한 배심원들로부터 진실을 차단하고자 이 법원이 결심하고 있음을, "시신이 발견된 장소에 및 그 상태에 관한 증거"는 "어쨌든 시신은 발견되었을 것이라는 이론에 의거하여"*서만(only)* 증거로 허용될 수 있다는 이 법원의 추가적인 – 게다가 주목할 만한 – 판시는 명백히 한다. 만약 이 법원에 의하여 제안된 그 있을 법하지 않은 이론에 기한 경우를 제외하고는 Wong Sun v. United States, 371 U. S. 471 (1963)에 따라 사체의 사용 전부가 "독나무 열매"로서 이 법원에 의하여 금지되어야 한다면, 정의를 실현하게 될 전망들을 이 사건에서 대단히 요원한 것으로 이 법원은 만든다.

dard the familiar "intentional relinquishment or abandonment of a known right or privilege" test of Johnson v. Zerbst, 304 U. S. 458, 464 (1938). Ante, at 404. The Court assumes, without deciding, that Williams' conduct and statements were voluntary. It concedes, as it must, ibid., that Williams had been informed of and fully understood his constitutional rights and the consequences of their waiver. Then, having either assumed or found every element necessary to make out a valid waiver under its own test, the «430 U. S., 418» Court reaches the astonishing conclusion that no valid waiver has been demonstrated.

This remarkable result is compounded by the Court's failure to define what evidentiary showing the State failed to make. Only recently, in Schneckloth v. Bustamonte, 412 U. S. 218, 238 n. 25 (1973), the Court analyzed the distinction between a voluntary act and the waiver of a right; there MR. JUSTICE STEWART stated for the Court:

"[T]he question whether a person has acted 'voluntarily' is quite distinct from the question whether he has 'waived' a trial right. The former question, as we made clear in Brady v. United States, 397 U. S. [742,] 749, can be answered only by examining all the relevant circumstances to determine if he has been coerced. The latter question turns on the extent of his knowledge."

Similarly, in McMann v. Richardson, 397 U. S. 759, 766 (1970), we said that since a guilty plea constituted a waiver of a host of constitutional rights, "it must be an intelligent act 'done with sufficient awareness of the relevant circumstances and likely consequences.'" If the Court today applied these standards with fidelity to the Schneckloth and McMann holdings it could not reach the result now announced.

The evidence is uncontradicted that Williams had abundant knowledge of his right to have counsel present and of his right to silence. Since the Court

(1938) 판결의 "이미 알려져 있는 권리에 내지는 특권에 대한 의도적인 단념 내지 방기"의 기준을 적용한다고 이 법원은 주장한다. ante, at 404. 윌리엄즈의 행동이 및 진술들이 자발적인 것이었음을 이 법원은, 판정하지 않은 채로, 가정한다. 자신의 헌법적 권리들에 대하여, 그리고 그것들에 대한 포기의 결과들에 대하여 윌리엄즈는 고지받은 상태였음을, 그리고 충분히 이해하고 있었음을, 자신이 시인하지 않으면 안 되는 바에 따라 이 법원은 시인한다. 그 다음에, 유효한 포기를 만들어 내는 데 필요한 모든 요소를 자기 자신의 기준 아래서 가정하거나 인정하거나 해 놓고서는, «430 U. S., 418» 아무런 유효한 포기가도 증명된 바 없다는 그 놀라운 결론에 이 법원은 도달한다.

증거에 의한 어떤 증명을 주가 해 내지 못한 것인지를 규정하는 일에 대한 이 법원의 불이행에 의하여 이 주목할 만한 결과는 조제된다. 한 개의 자발적인 행동의, 한 개의 권리에 대한 포기의 양자 사이의 구분을 최근에 Schneckloth v. Bustamonte, 412 U. S. 218, 238 n. 25 (1973)에서 당원은 분석하였다; 거기서 법원을 대표하여 스튜어트(STEWART) 판사는 말하였다:

"[한] 명의 사람이 '자발적으로(voluntarily)' 행동했는지 여부의 문제는 정식사실심리상의 한 개의 권리를 그가 '포기했는지' 여부의 문제와는 전혀 별개이다. Brady v. United States, 397 U. S. [742,] 749에서 우리가 명백히 하였듯이, 그가 강요되어 있는지를 판정하기 위한 모든 관련 상황들을 검토함으로써만 앞의 문제는 답변될 수 있다. 그의 지식의 범위에 뒤의 문제는 달려 있다."

많은 헌법적 권리들에 대한 포기를 유죄답변(a guilty plea)이 구성하였으므로, "그것은 '그 관련 상황들에 대한, 그리고 그 있을 법한 결과들에 대한 충분한 인식을 지닌 채로 이루어진' 분별 있는 행동이 되지 않으면 안 된다."고 마찬가지로 McMann v. Richardson, 397 U. S. 759, 766 (1970)에서 우리는 말하였다. Schneckloth 판결의 및 McMann 판결의 판시사항들에 대한 충실성을 지니고서 이 기준들을 만약 오늘 이 법원이 적용한다면, 지금 선언된 그 결과에 이 법원은 이를 수 없을 것이다.

변호인을 출석시킬 자신의 권리에 관하여서와 묵비할 자신의 권리에 관하여 충분한 지식을 윌리엄즈가 지녔다는 점에 대하여 증거는 대립이 없다. 그의 정신적

does not question his mental competence, it boggles the mind to suggest that Williams could not understand that leading police to the child's body would have other than the most serious consequences. All of the elements necessary to make out a valid waiver are shown by the record and acknowledged by the Court; we thus are left to guess how the Court reached its holding.

One plausible but unarticulated basis for the result reached is that once a suspect has asserted his right not to talk without the presence of an attorney, it becomes legally impossible «430 U. S., 419» for him to waive that right until he has seen an attorney. But constitutional rights are *personal*, and an otherwise valid waiver should not be brushed aside by judges simply because an attorney was not present. The Court's holding operates to "imprison a man in his privileges," Adams v. United States ex rel. McCann, 317 U. S. 269, 280 (1942); it conclusively presumes a suspect is legally incompetent to change his mind and tell the truth until an attorney is present. It denigrates an individual to a nonperson whose free will has become hostage to a lawyer so that until the lawyer consents, the suspect is deprived of any legal right or power to decide for himself that he wishes to make a disclosure. It denies that the rights to counsel and silence are personal, nondelegable, and subject to a waiver only by that individual.[19] The opinions in support of the Court's judgment do not enlighten us as to why police conduct - whether good or bad - should operate to suspend Williams' right to change his mind and "tell all" at once rather than waiting until he reached Des Moines.[20]

---

19) Such a paternalistic rule is particularly anomalous in the Sixth Amendment context, where this Court has only recently discovered an independent constitutional right of self-representation, allowing an accused the absolute right to proceed without a lawyer at trial, once he is aware of the consequences. Faretta v. California, 422 U. S. 806 (1975).

20) Paradoxically, in light of the result reached, the Court acknowledges that Williams repeatedly stated: "When I get to Des Moines and see Mr. McKnight, I am going to tell you the whole story." Read in context it is plain that Williams was saying he intended to confess. The Court then goes on to hold, in effect, that Williams could not change his mind until he reached Des Moines.

능력을 이 법원은 의문시하지 않으므로, 가장 중대한 결과들 이외의 것을 경찰을 아동의 사체로 안내하는 것이 가져오리라고 윌리엄즈로서는 이해한 것일 수 없음을 이 법원이 넌지시 비추는 것은 사람의 마음을 어리둥절하게 한다. 유효한 포기를 만들어 내는 데 필요한 모든 요소들은 기록에 의하여 증명되어 있고 이 법원에 의하여 인정되어 있다; 그러므로 자신의 판시에 어떻게 이 법원이 도달했는지 추측하도록 우리는 허용된다.

그 도달된 결과를 뒷받침하는 한 가지 그럴 듯하면서도 논리가 서지 않는 근거는 변호사의 출석 없이는 말하지 아니할 그의 권리를 일단 용의자가 주장한 터이면 변호사를 그가 만나게 되었을 때까지 «430 U. S., 419» 그로서는 그 권리를 포기하는 것이 법적으로 불가능하게 된다는 것이다. 그러나 헌법적 권리들은 *일신상의(personal)* 것들이고, 따라서 단지 변호사가 출석해 있지 않았다는 점 때문에 판사들에 의하여 여타의 점에서 유효한 포기가 무시되어서는 안 된다. "한 명의 사람을 그의 특권들 속에 가두는(imprison a man in his privileges)" 작용을 이 법원의 판시는 하는 바, Adams v. United States ex rel. McCann, 317 U. S. 269, 280 (1942); 용의자는 변호사가 출석할 때까지는 그의 마음을 바꿀, 그리하여 진실을 말할 능력이 법적으로 없는 것으로 그것은 결정적으로 추정한다. 한 명의 개인을 한 명의 변호사에게 그의 자유의지가 볼모잡혀 버린 한 개의 무존재 인간(a nonperson)으로 그것은 훼손시키며, 그리하여 변호사가 동의할 때까지 그 스스로는 개시(開示; a disclosure)를 하기를 원하기로 결정할 모든 법적 권리 내지 권한을 그 용의자는 박탈당하는 것이 된다. 변호인의 조력을 받을 권리는 및 묵비의 권리 등은 일신상의 것이고 위임불능의 것이라서 오직 그 개인에 의해서만 포기는 가능함을 그것은 부정한다.[19] 디모인에 도착하기까지 기다리기보다는 마음을 바꾸어 한꺼번에 "모든 것을 말할" 윌리엄즈의 권리를 정지시키는 쪽으로 왜 경찰행위가 — 그것이 선하든 악하든 — 작용해야 하는지에 관하여 우리에게 빛을 이 법원의 판결주문을 지지하는 의견들은 던져주지 않는다.[20]

---

19) 연방헌법 수정 제6조의 맥락에서는 이 같은 온정주의적 규칙은 특히 변칙인 바, 그 결과들을 범인으로 주장되는 사람이 일단 인식하게 된 이후에는 정식사실심리에서 변호사 없이 절차를 진행시킬 절대적 권리를 그에게 허용하는 독립적인 자기대변(self–representation)의 헌법적 권리를 거기서 최근에 당원은 찾아냈다. Faretta v. California, 422 U. S. 806 (1975).

20) 역설적으로, 그 도달된 결과에 비추어 윌리엄즈가 반복적으로 이렇게 말했음을 이 법원은 인정한다: "디모인에 닿아 맥나이트 변호사를 내가 보게 되면 전체 줄거리를 당신들에게 말하겠소." 앞뒤 맥락에 비추어 읽으면 윌리엄즈는 자백할 의사가 있음을 말하고 있었음이 명백하다. 그런데도 디모인인에 윌리엄즈가 닿기까지 그의 마음을 바꿀 수 없었다는 것으로 결과적으로 판시하는 데 이 법원은 나아간다.

In his concurring opinion MR. JUSTICE POWELL suggests that the result in this case turns on whether Detective Leaming's remarks constituted "interrogation," as he views them, or whether they were "statements" intended to prick the conscience of the accused. I find it most remarkable that a murder case should turn on judicial interpretation that a statement becomes a question simply because it is followed by an «430 U. S., 420» incriminating disclosure from the suspect. The Court seems to be saying that since Williams said he would "tell the whole story" at Des Moines, the police should have been content and waited; of course, that would have been the wiser course, especially in light of the nuances of constitutional jurisprudence applied by the Court, but a murder case ought not turn on such tenuous strands.

In any case, the Court assures us, ante, at 405-406, this is not at all what it intends, and that a valid waiver was possible in these circumstances, but was not quite made. Here, of course, Williams did not confess to the murder in so many words; it was his conduct in guiding police to the body, not his words, which incriminated him. And the record is replete with evidence that Williams knew precisely what he was doing when he guided police to the body. The human urge to confess wrongdoing is, of course, normal in all save hardened, professional criminals, as psychiatrists and analysts have demonstrated. T. Reik, The Compulsion to Confess (1972).

(2)
The Exclusionary Rule Should Not be Applied to Non-egregious Police Conduct

Even if there was no waiver, and assuming a technical violation occurred, the Court errs gravely in mechanically applying the exclusionary rule without considering whether that Draconian judicial doctrine should be invoked in

"신문"을 자신이 보는 대로의 형사 리밍의 말들이 구성했는지 여부에, 또는 그것들이 피고인의 양심을 찌르려는 의도를 띤 "진술들"이었는지 여부에 이 사건에서의 결과는 의존하는 것 아닌가 하고 그의 보충의견에서 파월(POWELL) 판사는 넌지시 비춘다. 단지 용의자로부터의 부죄적 개시(disclosure)가 뒤잇는다는 점 때문에 한 개의 진술이 한 개의 신문이 되어야 한다는 사법적 해석에 한 개의 살인사건이 좌우되어야 한다는 것은 «430 U. S., 420» 가장 놀랄 만한 일이라고 나는 생각한다. 디모인에서 "전체 줄거리를 말하겠다."고 윌리엄즈가 말했기 때문에 이에 만족한 채로 경찰은 기다렸어야 했다고 이 법원은 말하고 있는 것처럼 생각된다; 특별히 이 법원에 의하여 적용된 헌법적 사법체계의 뉘앙스에 비추어 그것이 더 현명한 방침이 되었겠지만, 그러나 이 같은 빈약한 요소들에 한 개의 살인사건이 좌우되어서는 안 된다.

어쨌든 그것은 자신의 의도하는 전부가 아님을, 그리고 이 상황들 안에서 유효한 포기가 *가능은 했지만(possible)* 그것은 전혀 이루어지지 않았음을 우리에게 이 법원은 확실히 한다. ante, at 405-406. 물론 살인을 여러 가지 말로써 여기서 윌리엄즈가 자백한 것은 아니다; 유죄를 그에게 씌운 것은 그의 말이었던 것이 아니라 경찰을 그 사체에게로 이끈 그의 행동이었다. 더군다나 경찰을 사체에게로 안내했을 때 무엇을 자신이 하고 있는지 윌리엄즈가 정확하게 알고 있었다는 점에 대한 증거로 기록은 가득 차 있다. 물론 범죄를 자백하고자 하는 인간의 충동은, 심리학자들이 및 분석가들이 증명해 놓았듯이, 잔혹으로 굳어진 전문 범죄자들을 제외하고는 모두에게 있어서 일반적인 것이다. T. Reik, The Compulsion to Confess (1972).

(2)
터무니 없지 않은(Non-egregious) 경찰행위에 위법수집 증거배제 원칙이 적용되어서는 안 됨

설령 아무런 포기가 없었다 하더라도, 그리고 한 개의 기술적 위반이 발생한 것으로 가정하더라도, 이 상황들에 위법수집 증거배제 원칙의 그 가혹한 사법적 교의가 원용되어야 하는지 여부를 고찰함이 없이, 또는 여기에의 그 원칙의 적용에 의

these circumstances, or indeed whether any of its conceivable goals will be furthered by its application here.

The obvious flaws of the exclusionary rule as a judicial remedy are familiar. See Bivens v. Six Unknown Fed. Narcotics Agents, 403 U. S. 388, 411 (1971) (BURGER, C. J., dissenting); Stone v. Powell, 428 U. S. 465, 498-502 (1976) (BURGER, C. J., concurring); Oaks, Studying the Exclusionary Rule in Search and Seizure, 37 U. Chi. L. Rev. 665 (1970); Williams, The Exclusionary Rule Under Foreign Law - Eng- «430 U. S., 421» land, 52 J. Crim. L. 272 (1961). Today's holding interrupts what has been a more rational perception of the constitutional and social utility of excluding reliable evidence from the truth-seeking process. In its Fourth Amendment context, we have now recognized that the exclusionary rule is in no sense a *personal* constitutional right, but a judicially conceived remedial device designed to safeguard and effectuate guaranteed legal rights generally. Stone v. Powell, supra, at 482; United States v. Janis, 428 U. S. 433, 443-447 (1976); United States v. Calandra, 414 U. S. 338, 347-348 (1974); see Alderman v. United States, 394 U. S. 165, 174-175 (1969). We have repeatedly emphasized that deterrence of unconstitutional or otherwise unlawful police conduct is the only valid justification for excluding reliable and probative evidence from the criminal factfinding process. Stone v. Powell, supra, at 485-486; United States v. Janis, supra, at 446, 458-459, n. 35; United States v. Peltier, 422 U. S. 531, 536-539 (1975).

Accordingly, unlawfully obtained evidence is not automatically excluded from the factfinding process in all circumstances.[21] In a variety of contexts

21) One familiar example of this Court's unwillingness to apply the prophylactic exclusionary rule beyond its natural scope is the requirement that evidence seized in violation of the rights of another person may not be challenged by a defendant whose own rights were not invaded. Alderman v. United States, 394 U. S. 165, 174–175 (1969). Another is the rule that the "taint" of a constitutional violation may be vitiated by later events so that evidence which would not have been obtained but for the constitutional violation may yet be admissible. Wong Sun v. United States, 371 U. S. 471 (1963); see Brown v. Illinois, 422 U. S. 590 (1975).

하여 조금이라도 그 원칙의 생각할 수 있는 목적들이 실제로 촉진될 것인지 여부를 고찰함이 없이, 그 원칙을 기계적으로 적용함에 있어서 중대하게 오류를 이 법원은 저지른다.

한 가지 사법적 구제수단으로서의 위법수집 증거배제 원칙의 명백한 결함들은 낯익은 것들이다. Bivens v. Six Unknown Fed. Narcotics Agents, 403 U. S. 388, 411 (1971) (BURGER, C. J., dissenting)을; Stone v. Powell, 428 U. S. 465, 498-502 (1976) (BURGER, C. J., concurring)을; Oaks, Studying the Exclusionary Rule in Search and Seizure, 37 U. Chi. L. Rev. 665 (1970)을; Williams, The Exclusionary Rule Under Foreign Law - England, «430 U. S., 421» 52 J.Crim. L. 272 (1961)을 보라. 신빙성 있는 증거를 진실발견 절차로부터 배제하는 일의 헌법적 사회적 유용성에 관한 보다 더 이성적인 견해가 되어 왔던 바를 오늘의 판시는 방해한다. 연방헌법 수정 제4조의 맥락에서, 위법수집 증거배제 원칙은 어떤 의미에서도 *일신상의(personal)* 헌법적 권리가 아님을, 그것은 보장된 법적 권리들 일반을 보장하고 실현하기 위하여 고안된 사법적으로 착상된 구제수단임을 우리는 이제 인정한 터이다. Stone v. Powell, supra, at 482; United States v. Janis, 428 U. S. 433, 443-447 (1976); United States v. Calandra, 414 U. S. 338, 347-348 (1974); 아울러 Alderman v. United States, 394 U. S. 165, 174-175 (1969)을 보라. 위헌적 내지 그 밖의 불법적 경찰행위의 억제는 신빙성 있는 및 증명력 있는 증거를 형사 진실발견 절차로부터 배제하기 위한 유일하게 유효한 정당화 사유임을 우리는 반복적으로 강조해 왔다. Stone v. Powell, supra, at 485-486; United States v. Janis, supra, at 446, 458-459, n. 35; United States v. Peltier, 422 U. S. 531, 536-539 (1975).

따라서, 불법적으로 얻어진 증거는 모든 상황들에 있어서 진실발견 절차로부터 자동적으로 배제되는 것은 아니다.[21] 사회에 부과하는 그 엄청난 비용을 «430 U.

---

21) 예방적(prophylactic) 위법수집 증거배제 원칙을 그 자연적 범위 너머에까지 적용하는 데 대한 당원의 거리낌에 관한 한 가지 친숙한 사례는, 타인의 권리들에 대한 침해 가운데서 압수된 증거는 그 자신의 권리들이 침해된 바 없는 피고인에 의하여서는 이의제기될 수 없다는 요구이다. Alderman v. United States, 394 U. S. 165, 174–175 (1969).
또 한 가지는, 추후의 부수상황들에 의하여 헌법적 침해의 "오점(taint)"은 무효화될 수 있다는, 그리하여 그 헌법적 침해가 없었더라면 얻어질 수 없었을 증거임에도 불구하고 증거로서 허용될 수 있다는 규칙이다. Wong Sun v. United States, 371 U. S. 471 (1963); 아울러 Brown v. Illinois, 422 U. S. 590 (1975)를 보라.
위법수집 증거배제 원칙의 사용에 대한 이 제한들은 둘 다 억제의 이론적 기초(deterrent rationale)에 부합되지 않는다. 만약 법 집행 공무원들 위에 미치는 억제적 효과를 제고하기를 법원들이 원한다면, 그 압수가 조금이라도 헌법적

we inquire whether ap- «430 U. S., 422» plication of the rule will promote its objectives sufficiently to justify the enormous cost it imposes on society. "As with any remedial device, the application of the rule has been restricted to those areas where its remedial objectives are thought most efficaciously served." United States v. Calandra, supra, at 348; accord, Stone v. Powell, supra, at 486-491; United States v. Janis, supra; Brown v. Illinois, 422 U. S. 590, 606, 608-609 (1975) (POWELL, J., concurring in part); United States v. Peltier, supra, at 538-539.

This is, of course, the familiar balancing process applicable to cases in which important competing interests are at stake. It is a recognition, albeit belated, that "the policies behind the exclusionary rule are not absolute," Stone v. Powell, supra, at 488. It acknowledges that so serious an infringement of the crucial truth-seeking function of a criminal prosecution should be allowed only when imperative to safeguard constitutional rights. An important factor in this amalgam is whether the violation at issue may properly be classed as "egregious." Brown v. Illinois, supra, at 609 (POWELL, J., concurring in part). The Court understandably does not try to characterize the police actions here as "egregious."

Against this background, it is striking that the Court fails even to consider whether the benefits secured by application of the exclusionary rule in this case outweigh its obvious social costs. Perhaps the failure is due to the fact that this case arises not under the Fourth Amendment, but under Miranda v. Arizona, 384 U. S. 436 (1966), and the Sixth Amendment right to counsel.

Both these limitations on the use of the exclusionary rule are inconsistent with its deterrent rationale. If courts wished to enhance the deterrent effect on law enforcement officers, all evidence whose seizure could be traced directly to any constitutional violation would be suppressed. It is evident that our refusal to expand the rule in this fashion represents a considered balancing between "the additional benefits of extending the exclusionary rule" and "the public interest in prosecuting those ac– «430 U. S., 422» cused of crime and having them acquitted or convicted on the basis of all the evidence which exposes the truth." Alderman v. United States, supra, at 175; see United States v. Calandra, 414 U. S. 338, 348 (1974).

S., 422» 정당화할 만큼 충분히 그 규칙의 목적들을 그 규칙의 적용이 촉진할 것인지 여부를 다양한 맥락들 가운데서 우리는 탐구한다. "어떤 구제수단에 있어서도 그러하듯, 그것의 구제적 목적들이 가장 효과적으로 촉진된다고 생각되는 영역들로 그 규칙의 적용은 제한되어 왔다." United States v. Calandra, supra, at 348; accord, Stone v. Powell, supra, at 486-491; United States v. Janis, supra; Brown v. Illinois, 422 U. S. 590, 606, 608-609 (1975) (파월(POWELL) 판사, 부분적으로 찬동함); United States v. Peltier, supra, at 538-539.

물론 이것은 중요한 경쟁적 이익들이 걸려 있는 사건들에 적용되는 그 친숙한 비교형량 절차이다. 비록 뒤늦었을망정 그것은 "위법수집 증거배제 뒤에 놓여 있는 정책들은 절대적인 것들이 아니다."라는 점에 대한 한 개의 인식이다. Stone v. Powell, supra, at 488. 헌법적 권리들을 보호하기 위하여 절대 필요한 경우에만 형사적 소송추행(presecution)의 그 중대한 진실발견 기능에 대한 그토록 중대한 침해는 허용되어야 함을 그것은 인정한다. 이 합성물에 있어서 한 가지 중요한 요소는 쟁점에 놓인 그 침해가 "터무니없는(egregious)" 것으로 정당하게 분류될 수 있는지 여부이다. Brown v. Illinois, supra, at 609 (파월(POWELL) 판사, 부분적으로 찬동함). 여기서의 경찰행위들을 "터무니없는(egregious)" 것으로 규정하고자 이 법원이 시도하지 않음은 이해할 수 있는 일이다.

이 배경을 뒤로 하고서 볼 때, 그 명백한 사회적 비용들을 위법수집 증거배제 원칙의 이 사건에의 적용에 의하여 확보되는 이익들이 능가하는지 여부를 이 법원이 고찰조차 하지 아니함은 인상적이다. 아마도 이를 고찰하지 아니함은 연방헌법 수정 제4조 아래서가 아니라, Miranda v. Arizona, 384 U. S. 436 (1966) 판결 아래서와 연방헌법 수정 제6조의 변호인의 조력을 받을 권리 아래서 이 사건이 제기된다는 사실에 그 이유가 있을 것이다. 위법수집 증거배제 원칙의 기능은 이 다양한 맥락

침해에 직접적으로 돌려질 수 있는 모든 증거는 배제될 것이다. 그 규칙을 이런 방식으로 확장시키는 데 대한 우리의 거부가 "위법수집 증거배제 원칙을 확장하는 데서 오는 추가적 이익들"과 "범죄를 저지른 범인으로 주장되는 사람들을 소추하는 데 있어서와 그들로 하여금 진실을 밝혀주는 모든 증거에 토대하여 무죄방면 되게 하거나 유죄판정 되게 하는 데 있어서의 공공의 이익" 사이의 숙고된 비교형량을 나타냄은 명백하다. Alderman v. United States, supra, at 175; 아울러 United States v. Calandra, 414 U. S. 338, 348 (1974)를 보라.

The Court apparently perceives the function of the exclusionary rule to be so different in these varying contexts that it must be mechanically and uncriti- «430 U. S., 423» cally applied in all cases arising outside the Fourth Amendment.[22]

But this is demonstrably not the case where police conduct collides with Miranda's procedural safeguards rather than with the Fifth Amendment privilege against compulsory self-incrimination. Involuntary and coerced admissions are suppressed because of the inherent unreliability of a confession wrung from an unwilling suspect by threats, brutality, or other coercion. Schneckloth v. Bustamonte, 412 U. S., at 242; Linkletter v. Walker, 381 U. S. 618, 638 (1965); Stone v. Powell, 428 U. S., at 496-497 (BURGER, C. J., concurring); Kaufman v. United States, 394 U. S. 217, 237 (1969) (Black, J., dissenting). We can all agree on "'[t]he abhorrence of society to the use of involuntary confessions,'" Linkletter v. Walker, supra, at 638, and the need to preserve the integrity of the human personality and individual free will. Ibid.; Blackburn v. Alabama, 361 U. S. 199, 206-207 (1960).

But use of Williams' disclosures and their fruits carries no risk whatever of unreliability, for the body was found where he said it would be found. Moreover, since the Court makes no issue of voluntariness, no dangers are posed to individual dignity or free will. Miranda's safeguards are premised on presumed unreliability long associated with confessions extorted by brutality or threats; they are not personal constitutional rights, but are simply judicially created prophylactic measures. Michigan v. Tucker, 417 U. S. 433 (1974); Doyle «430 U. S., 424» v. Ohio, 426 U. S. 610, 617 (1976); Brown v. Illinois,

22) Indeed, if this were a Fourth Amendment case our course would be clear; only last Term, in Stone v. Powell, we held that application of the exclusionary rule in federal habeas corpus has such a minimal deterrent effect on law enforcement officials that habeas relief should not be granted on the ground that unconstitutionally seized evidence was introduced at trial. Since the quantum of deterrence provided by federal habeas does not vary with the constitutional provision at issue, it appears that the Court sees fundamental, though unarticulated, differences in the exclusionary sanction when it is applied in other contexts.

들에 있어서 매우 다른 것으로, 그리하여 연방헌법 수정 제4조 바깥에서 발생하는 모든 사건들에 그것은 기계적으로 그리고 비판 없이 적용되지 않으면 «430 U. S., 423» 안 되는 것으로 이 법원은 이해함이 명백하다.[22)]

그러나 이것은 Miranda 판결의 절차적 보장들에가 아니라, 그보다는 오히려 강제적 자기부죄를 금지하는 연방헌법 수정 제5조에 경찰행위가 충돌하는 사건임이 명백하다. 위협행위들에 의하여, 잔인함에 의하여, 또는 그 밖의 강압에 의하여 한 명의 내켜하지 않는 용의자에게서 짜내진 자백이 지니는 고유의 신빙성 결여 때문에 비자발적인 및 강압에 의한 시인들은 증거에서 배제된다. Schneckloth v. Bustamonte, 412 U. S., at 242; Linkletter v. Walker, 381 U. S. 618, 638 (1965); Stone v. Powell, 428 U. S., at 496-497 (법원장 버거(BURGER) 판사, 보충의견); Kaufman v. United States, 394 U. S. 217, 237 (1969) (블랙(Black) 판사, 반대의견). "'[비]자발적 자백들의 사용에 대한 사회의 혐오,'" Linkletter v. Walker, supra, at 638, 에 대하여, 그리고 인간의 인격의 및 개인의 자유의지의 본래 모습을 보전할 필요에 대하여 우리는 모두 동의할 수 있다. Ibid.; Blackburn v. Alabama, 361 U. S. 199, 206-207 (1960).

그러나 신빙성 결여의 위험을 윌리엄즈의 개시사항들(disclosures)의 사용은, 그리고 그것들의 열매들의 사용은 조금이라도 수반하지 않는 바, 왜냐하면 그 발견될 장소로서 그가 말한 곳에서 사체는 발견되었기 때문이다. 더욱, 임의성을 쟁점으로 이 법원은 삼지 않기 때문에, 개인의 존엄에 또는 자유의지에 대하여는 아무런 위험사항들이도 제기되어 있지 않다. 잔인함에 의하여 내지는 위협행위들에 의하여 비틀어 짜내진 자백들에 오래도록 연결되어 온 추정된 신빙성 결여 위에 Miranda 원칙의 보장들은 그 전제가 두어져 있다; 그것들은 일신상의 헌법적 권리들인 것이 아니라, 단지 사법적으로 창조된 예방적 수단들이다. Michigan v. Tucker, 417 U. S.

22) 아닌 게 아니라, 만약 이것이 연방헌법 수정 제4조 사건이라면, 우리의 진로는 명확할 것이다; 연방 인신보호영장에서의 위법수집 증거배제 원칙의 적용은 극미한 억제제적 효과만을 법집행 공무원들 위에 지니는 까닭에, 위헌적으로 압수된 증거가 정식사실심리에 소개되었다는 점을 이유로 인신보호영장에 의한 구제가 허용되어서는 안 된다고 바로 지난 개정기에 Stone v. Powell 사건에서 우리는 판시하였다. 쟁점인 헌법규정에 의하여 연방 인신보호영장에 의하여 제공되는 억제력의 양은 달라지지 않으므로, 여타의 맥락들에 위법수집 증거배제 원칙의 제재가 적용될 경우에 그것의 기본적인 – 비록 분명하지는 않지만 – 차이들을 이 법원은 인정하는 것으로 생각된다.

supra, at 606 (POWELL, J., concurring in part).

Thus, in cases where incriminating disclosures are voluntarily made without coercion, and hence not violative of the Fifth Amendment, but are obtained in violation of one of the Miranda prophylaxes, suppression is no longer automatic. Rather, we weigh the deterrent effect on unlawful police conduct, together with the normative Fifth Amendment justifications for suppression, against "the strong interest under any system of justice of making available to the trier of fact all concededly relevant and trustworthy evidence which either party seeks to adduce ……. We also 'must consider society's interest in the effective prosecution of criminals …….'" Michigan v. Tucker, supra, at 450.[23] This individualized consideration or balancing process with respect to the exclusionary sanction is possible in this case, as in others, because Williams' incriminating disclosures are not infected with any element of compulsion the Fifth Amendment forbids; nor, as noted earlier, does this evidence pose any danger of unreliability to the factfinding process. In short, there is no reason to exclude this evidence.

Similarly, the exclusionary rule is not uniformly implicated in the Sixth Amendment, particularly its pretrial aspects. We have held that

"the core purpose of the counsel guarantee was to assure 'Assistance' at trial, when the accused was confronted with both the intricacies of the law and the advocacy of the public prosecutor." United States v. Ash, 413 U. S. 300, 309 (1973).

Thus, the right to counsel is fundamentally a "trial" right necessitated by the legal complexities of a criminal prosecu- «430 U. S., 425» tion and the

23) Statements obtained in violation of Miranda have long been used for impeachment purposes. Oregon v. Hass, 420 U. S. 714 (1975); Harris v. New York, 401 U. S. 222 (1971). See also Walder v. United States, 347 U. S. 62 (1954).

433 (1974); Doyle «430 U. S., 424» v. Ohio, 426 U. S. 610, 617 (1976); Brown v. Illinois, supra, at 606 (파월(POWELL) 판사, 부분적으로 찬동함).

그러므로 강압 없이 자발적으로, 그리하여 연방헌법 수정 제5조에 위반되지 아니하게 부죄적 개시행위들(disclosures)이 이루어진, 그러나 Miranda 예방수단들 중 한 가지에 대한 위반 가운데서 그것들이 얻어진 경우들에 있어서, 증거배제는 더 이상 자동이 아니다. 그보다는 오히려, 불법적 경찰행위에 미치는 억제적 효과를, 그리고 이에 아울러 증거배제를 위한 규범적인 연방헌법 수정 제5조의 정당화 사유들을, "양쪽 당사자가 제출하고자 애쓰는 명백히 관련 있고 신빙성 있는 모든 증거를 사실심리자로 하여금 이용 가능하게 해 주는 점이 지니는 모든 재판 제도 아래서의 유력한 이익 ……"에 견주어서 우리는 비교교량한다. 또한 "범인들에 대한 효과적인 소송추행에 들어 있는 사회의 이익을 …… 우리는 고찰하지 않으면 안 된다." Michigan v. Tucker, supra, at 450.[23] 다른 사건들에서처럼 이 사건에서 위법수집 증거배제의 제재에 관한 이 개별화된 고찰은 내지 비교교량 과정은 가능한 바, 왜냐하면 연방헌법 수정 제5조가 금지하는 어떤 강압의 요소에 의해서도 윌리엄즈의 부죄적 개시사항들(disclosures)은 오염되어 있지 않기 때문이고; 앞에서 특별히 언급되었듯이, 진실발견 절차에 대하여 신빙성 결여의 위험을 이 증거는 전혀 제기하지 않기 때문이다. 요컨대, 이 증거를 배제할 이유가 전혀 없는 것이다.

마찬가지로, 연방헌법 수정 제6조에 있어서, 특히 그 조항의 정식사실심리 이전 단계의 측면들에 있어서, 위법수집 증거배제 원칙이 획일적으로 관련되는 것은 아니다.

"변호인의 보장의 핵심적 목적은 법의 복잡함에 및 검찰관의 주장에 한꺼번에 피고인이 직면하는 정식사실심리에서의 '조력(assistance)'을 보장하기 위한 것이었다."고 우리는 판시한 터이다. United States v. Ash, 413 U. S. 300, 309 (1973).

그러므로 변호인의 조력을 받을 권리는 기본적으로, 형사 소송추행의 법적 복잡성에 의하여, 그리고 소추자로서의 «430 U. S., 425» 주(State) 권한을 사실심리자에

23) Miranda 원칙의 위반 가운데서 얻어진 진술들은 탄핵의 목적들을 위하여는 증거로 사용되어 온 지 오래이다. Oregon v. Hass, 420 U. S. 714 (1975); Harris v. New York, 401 U. S. 222 (1971). 아울러 Walder v. United States, 347 U. S. 62 (1954)을 보라.

need to offset, to the trier of fact, the power of the State as prosecutor. See Schneckloth v. Bustamonte, supra, at 241. It is now thought that modern law enforcement involves pretrial confrontations at which the defendant's fate might effectively be sealed before the right of counsel could attach. In order to make meaningful the defendant's opportunity to a fair trial and to assistance of counsel at that trial - the core purposes of the counsel guarantee - the Court formulated a per se rule guaranteeing counsel at what it has characterized as "critical" pretrial proceedings where substantial rights might be endangered. United States v. Wade, 388 U. S. 218, 224-227 (1967); Schneckloth v. Bustamonte, supra, at 238-239.

As we have seen in the Fifth Amendment setting, violations of prophylactic rules designed to safeguard other constitutional guarantees and deter impermissible police conduct need not call for the automatic suppression of evidence without regard to the purposes served by exclusion; nor do Fourth Amendment violations merit uncritical suppression of evidence. In other situations we decline to suppress eyewitness identifications which are the products of unnecessarily suggestive lineups or photo displays unless there is a "very substantial likelihood of irreparable misidentification." Simmons v. United States, 390 U. S. 377, 384 (1968). Recognizing that "[i]t is the likelihood of misidentification which violates a defendant's right to due process," Neil v. Biggers, 409 U. S. 188, 198 (1972), we exclude evidence only when essential to safeguard the integrity of the truth-seeking process. The test, in short, is the reliability of the evidence.

So, too, in the Sixth Amendment sphere failure to have counsel in a pretrial setting should not lead to the "knee-jerk" suppression of relevant and reliable evidence. Just as even uncounseled "critical" pretrial confrontations may often be conducted fairly and not in derogation of Sixth Amendment values, Stovall v. Denno, 388 U. S. 293, 298-299 (1967), evi- «430 U. S., 426» dence

게 상쇄시켜 줄 필요성에 의하여 요구되는 "정식사실심리상의(trial)" 권리이다. Schneckloth v. Bustamonte, supra, at 241을 보라. 변호인의 조력을 받을 권리가 달라붙을 수 있기 전에 피고인의 운명이 실제상으로 결정될 수도 있는 정식사실심리 이전 단계에서의 대면들을 현대의 법집행은 포함하는 것으로 지금은 이해된다. 공정한 정식사실심리를 받을, 그리하여 변호인의 조력을 그 정식사실심리에서 받을 피고인의 기회를 의미 있는 것으로 만들기 위하여 - 그것들이 변호인의 보장의 핵심적 목적들이다 - 변호인을 실체적 권리들이 위험에 놓일 수도 있는 정식사실심리 이전의 "중대한(critical)" 절차들이라고 자신이 규정해 놓은 단계들에서 보장하는 한 개의 당연규칙(a per se rule)을 당원은 처방하였다. United States v. Wade, 388 U. S. 218, 224-227 (1967); Schneckloth v. Bustamonte, supra, at 238-239.

연방헌법 수정 제5조의 배경에서 우리가 보아 왔듯이, 여타의 헌법적 보장들을 보장하고자 고안된, 그리고 허용될 수 없는 경찰행위를 억제하고자 고안된 예방적 규칙들에 대한 위반행위들은 증거의 자동적 배제를 증거배제에 의하여 촉진되는 목적들에 무관하게 요구하는 것은 아니다; 무비판적 증거배제를 연방헌법 수정 제4조 위반행위들은 역시도 정당화하지 않는다. 여타의 상황들에서, 불필요하게 암시를 주는 용의자열들(lineups)의 내지는 사진 진열들(photo displays)의 산물들인 목격자의 범인지목들을 배제하기를, "돌이킬 수 없는 잘못된 범인지목(misidentification)의 매우 실제적인 가능성"이 있지 않은 한, 우리는 거부한다. Simmons v. United States, 390 U. S. 377, 384 (1968). "[적]법절차에 대한 피고인의 권리를 침해하는 것은 잘못된 범인지목의 가능성"임을 인정하여, Neil v. Biggers, 409 U. S. 188, 198 (1972), 진실발견 절차의 완전무결성을 보호하는 데 불가결한 경우에만 증거를 우리는 배제한다. 요컨대 기준은 증거의 신빙성(reliability)이다.

그러므로 연방헌법 수정 제6조의 영역에 있어서도, 변호인을 정식사실심리 이전의(pretrial) 배경에서 가지지 못하였다 하더라도 그것은 적절한 및 신빙성 있는 증거의 "자동적(knee-jerk)" 배제의 원인이 되는 것은 아니다. 변호인의 조력이 없는 상태에서도 흔히 공정하게, 그리하여 연방헌법 수정 제6조의 가치들을 손상시키지 않는 가운데서 정식사실심리 이전의 "중대한(critical)" 대면들이 수행될 있는 것처럼,

obtained in such proceedings should be suppressed only when its use would imperil the core values the Amendment was written to protect. Having extended Sixth Amendment concepts originally thought to relate to the trial itself to earlier periods when a criminal investigation is focused on a suspect, application of the drastic bar of exclusion should be approached with caution.

In any event, the fundamental purpose of the Sixth Amendment is to safeguard the fairness of the trial and the integrity of the factfinding process.[24] In this case, where the evidence of how the child's body was found is of unquestioned reliability, and since the Court accepts Williams' disclosures as voluntary and uncoerced, there is no issue either of fairness or evidentiary reliability to justify suppression of truth. It appears suppression is mandated here for no other reason than the Court's general impression that it may have a beneficial effect on future police conduct; indeed, the Court fails to say even that much in defense of its holding.

Thus, whether considered under Miranda or the Sixth Amendment, there is no more reason to exclude the evidence in this case than there was in Stone v. Powell;[25] that holding was «430 U. S., 427» premised on the utter reliability of evidence sought to be suppressed, the irrelevancy of the constitutional claim to the criminal defendant's factual guilt or innocence, and the

24) Indeed, we determine whether pretrial proceedings are "critical" by asking whether counsel is there needed to protect the fairness of the trial. See United States v. Ash, 413 U. S. 300, 322 (1973) (STEWART, J., concurring); Schneckloth v. Bustamonte, 412 U. S. 218, 239 (1973). It is also clear that the danger of factual error was the moving force behind the counsel guarantee in such cases as United States v. Wade, 388 U. S. 218 (1967) (post-indictment lineups).

25) This is a far cry from Massiah v. United States, 377 U. S. 201 (1964). Massiah's statements had no independent indicia of reliability as do respondent's. Moreover, Massiah was unaware that he was being interrogated by ruse and had not been advised of his right to counsel. Here, as MR. JUSTICE BLACKMUN has noted, there was no interrogation of Williams in the sense that term was used in Massiah, Escobedo v. Illinois, 378 U. S. 478 (1964), or Miranda. That the detective's statement appealed to Williams' conscience is not a sufficient reason to equate it to a police station grilling. It could well be that merely driving on the road «430 U. S., 427» and passing the intersection where he had turned off to bury the body might have produced the same result without any suggestive comments.

Stovall v. Denno, 388 U. S. 293, 298-299 (1967), 그 수정조항이 «430 U. S., 426» 제정됨에 있어서 보호하고자 한 핵심적 가치들을 이 같은 절차들에서 얻어진 증거의 사용이 위태롭게 할 경우에만 그것은 배제되어야 한다. 당초에는 정식사실심리 자체에 관련되는 것으로 여겨진 연방헌법 수정 제6조의 개념들을, 용의자 위에 범죄 수사의 초점이 두어지는 보다 더 이른 기간들에 확장시켜 놓았으므로, 증거배제의 철저한 장벽의 적용은 주의를 지니고서 접근되어야 한다.

어쨌든, 연방헌법 수정 제6조의 기본적 목적은 정식사실심리의 공정성을, 그리고 사실발견 절차의 완전무결성을 보장하기 위한 것이다.[24] 어떻게 소녀의 사체가 발견되었는지에 관한 증거가 의문의 여지없는 신빙성을 지니는 경우인 이 사건에서는, 더군다나 윌리엄즈의 개시행위들(disclosures)이 자발적인 것임을 및 강압에 의하지 않은 것임을 이 법원은 받아들이므로, 진실의 배제를 정당화하기 위한 쟁점은 공정성에 있어서든 증거의 신빙성에 있어서든 존재하지 않는다. 유익한 효과를 장래의 경찰행위 위에 증거배제가 지닐 수 있다는 이 법원의 일반적 생각 이외에는 여기서 증거배제가 명령되는 이유는 없어 보인다; 아닌 게 아니라, 심지어 그 정도의 것을조차도 자신의 판시에 대한 옹호의 근거로서 이 법원은 말하지 못한다.

이렇듯, Miranda 원칙 아래서 고찰되든 연방헌법 수정 제6조 아래서 고찰되든, 이 사건에서 증거를 배제할 이유가 없기는 Stone v. Powell 사건에서 없었던 것에 마찬가지다;[25] 그 판시가 전제하였던 토대는 «430 U. S., 427» 그 배제 요구된 증거의 철저한 신빙성이었고, 형사 피고인의 사실적 유죄에의 또는 무죄에의 헌법 주장의 무관성이었고, 그리고 경찰비행 위에 인신보호영장이 미치는 극미한 억제적 효

---

24) 아닌 게 아니라, 정식사실심리 이전 절차들이 "중대한(critical)" 것들인지 여부를, 정식사실심리의 공정성을 보호하기 위하여 거기에 변호인이 요구되는지 여부를 물음으로써 우리는 판정한다. United States v. Ash, 413 U. S. 300, 322 (1973) (스튜어트(STEWART) 판사, 보충의견)을; Schneckloth v. Bustamonte, 412 U. S. 218, 239 (1973)을 보라. 사실적 오류(factual error)의 위험이 United States v. Wade, 388 U. S. 218 (1967) (대배심기소 사후 용의자열들(post-indictment lineups)) 류의 사건들에서의 변호인의 보장 뒤에 놓인 원동력이었음은 마찬가지로 명백하다.

25) 이것은 Massiah v. United States, 377 U. S. 201 (1964) 판결에 비하여 상당한 차이가 있다. 피청구인의 진술들이 지니고 있는 류의 신빙성의 독립적 징표들을 매시아(Massiah)의 진술들은 지니고 있지 않았다. 더군다나, 책략에 의하여 자신이 신문되고 있음을 매시아는 알지 못하였고, 또한 변호인의 조력을 받을 자신의 권리를 고지 받은 바도 없었다. Massiah 판결에서, Escobedo v. Illinois, 378 U. S. 478 (1964) 판결에서, 또는 Miranda 판결에서 신문이라는 용어가 사용되었던 의미에서의 윌리엄즈에 대한 신문은, 여기서는, 블랙먼(BLACKMUN) 판사가 특별히 언급해 놓았듯이, 있지 않았다. 윌리엄즈의 양심에 형사의 말이 호소했다는 점은 그것을 경찰서 신문에 동일시할 충분한 이유가 되지 않는다. 단지 도로 위를 운전해 가다가 사체를 매장하기 위하여 샛길로 그가 들어섰던 교차점을 지나가는 것은 만으로도 아무런 암시적 논평들 없이 동일한 결과를 낳았을 수 있었음은 꽤 있을 법한 일일 것이다.

minimal deterrent effect of habeas corpus on police misconduct. This case, like Stone v. Powell, comes to us by way of habeas corpus after a fair trial and appeal in the state courts. Relevant factors in this case are thus indistinguishable from those in Stone, and from those in other Fourth Amendment cases suggesting a balancing approach toward utilization of the exclusionary sanction. Rather than adopting a formalistic analysis varying with the constitutional provision invoked,[26] we should apply the exclusionary rule on the basis of its benefits and costs, at least in those cases where the police conduct at issue is far from being outrageous or egregious.

In his opinion, MR. JUSTICE POWELL intimates that he agrees there is little sense in applying the exclusionary sanction where the evidence suppressed is "'typically reliable and often the most probative information bearing on the guilt or innocence of the defendant.'" Ante, at 414. Since he seems to concede that the evidence in question is highly reliable and probative, his joining the Court's opinion can be explained only by an insistence that the "question has not been presented in the briefs or arguments submitted to us." Ibid. But petitioner has directly challenged the applicability of the exclusionary rule to this case, Brief for Petitioner 31-32, and has invoked principles of comity and federalism against reversal of the conviction. Id., at 69-73. Moreover, at oral argument - the first opportunity to do so - petitioner argued «430 U. S., 428» that our intervening decision in Stone v. Powell should be extended to this case, just as respondent argued that it should not. Tr. of Oral Arg. 26-27, 49-50.

At the least, if our intervening decision in Stone makes application of the exclusionary rule in this case an open question which "should be resolved

26) Clearly there will be many cases where evidence obtained in violation of right-to-counsel rules is inadmissible, either for reasons related to the normative purposes of the Sixth Amendment or to the deterrence of unlawful police conduct. But this is, on the Court's facts, not such a case, and it hardly furthers reasoned analysis to lump it into an undifferentiated conceptual category for reasons which do not apply to it.

과였다. 주 법원들에서의 공정한 정식사실심리 뒤에와 항소 뒤에 인신보호영장에 의하여 우리에게 Stone v. Powell 사건이처럼 이 사건은 온다. 따라서 Stone 사건에 있어서의 관련요소들로부터, 그리고 위법수집 증거배제의 제재의 활용을 향한 비교교량 접근법을 연상시키는 여타의 연방헌법 수정 제4조 사건들에 있어서의 관련 요소들로부터 이 사건에서의 관련 요소들은 구분될 수 없다. 원용되는 헌법 규정에 따라 가지각색인 형식주의적 분석을 채용하기보다는,[26] 적어도 쟁점에 놓인 경찰 행위가 언어도단인 것과는 내지는 터무니없는 것과는 거리가 먼 사건들에 있어서는 위법수집 증거배제 원칙의 이익들의 및 비용들의 토대 위에서 그 원칙을 우리는 적용해야 한다.

위법수집 증거배제의 제재를 그 배제되는 증거가 "'전형적으로 신빙성 있는, 그러면서 피고인의 유죄에 또는 무죄에 관하여 자주 가장 증명력이 높은 정보'"인 경우에 적용하는 것은 무분별하다는 데 자신이 동의함을 그의 의견에서 파월(POWELL) 판사는 암시한다. ante, at 414. 문제의 증거가 고도로 신빙성 있음을및 증명력 있음을 그는 시인하는 것으로 보이므로, 이 법원의 의견에의 그의 가담이 설명될 수 있는 유일한 방법은 오직 "우리에게 제출된 준비서면들에서나 주장들에서 그 문제는 제시된 바가 없다"는 주장에 의해서만이다. Ibid. 그러나 위법수집 증거배제 원칙의 이 사건에의 적용 가능성을 직접적으로 청구인은 다툰 바 있고, Brief for Petitioner 31-32, 또한 유죄판정의 파기에 반대하여 예양(comity)의 및 연방주의(federalism)의 원칙들을 청구인은 원용한 바 있다. Id., at 69-73. 더군다나, 구두변론에서는 — 그 때가 그 최초의 기회였다 — 중간에 «430 U. S., 428» 낀 Stone v. Powell 판결에서의 우리의 결정이 이 사건에 적용되어야 한다고 청구인은 주장하였고, 그것은 적용되어서는 안 된다고 피청구인은 주장하였다. Tr. of Oral Arg. 26-27, 49-50.

위법수집 증거배제 원칙의 이 사건에의 적용을 한 개의 미해결의 문제 — "이같

---

26)확실히 "변호인의 조력을 받을 권리(right to counsel)" 규칙들의 위반 가운데서 얻어진 증거가 증거로서 허용될 수 없는 많은 경우들이 있을 것인 바, 그것은 연방헌법 수정 제6조의 규범적 목적들에 관련된 이유들 때문이거나 불법적 경찰행위의 억제에 관련된 이유들 때문이거나일 것이다. 그러나 이 법원이 인정한 사실관계에 비출 때, 이것은 그 같은 사건이 아니며, 따라서 이 사건에 적용이 없는 이유들을 이유삼아 이 사건을 한 개의 획일적 개념 범주 속으로 묶어 넣는 것은 결코 이성적 분석들을 촉진시키지 않는다.

only after the implications of such a ruling have been fully explored," the plainly proper course is to vacate the judgment of the Court of Appeals and remand the case for reconsideration in light of that case. Indeed, only recently we actually applied the intervening decision of Washington v. Davis, 426 U. S. 229 (1976), to resolve the constitutional issue in Arlington Heights v. Metropolitan Housing Dev. Corp., 429 U. S. 252 (1977). There, we found no difficulty in applying the intervening holding ourselves without a remand to give the Court of Appeals an opportunity to reconsider its holding; we reached the correct result directly, over MR. JUSTICE WHITE'S dissent urging a remand. Today, the Court declines either to apply the intervening case of Stone v. Powell, which MR. JUSTICE POWELL admits may well be controlling, or to remand for reconsideration in light of that case; this is all the more surprising since MR. JUSTICE POWELL wrote Stone v. Powell and today makes the fifth vote for the Court's judgment.

The bizarre result reached by the Court today recalls Mr. Justice Black's strong dissent in Kaufman v. United States, 394 U. S., at 231. There, too, a defendant sought release after his conviction had been affirmed on appeal. There, as here, the defendant's guilt was manifest, and was not called into question by the constitutional claims presented. This Court granted relief because it thought reliable evidence had been unconstitutionally obtained. Mr. Justice Black's reaction, foreshadowing our long overdue holding in Stone v. Powell, serves as a fitting conclusion to the views I have expressed:

"It is seemingly becoming more and more difficult to gain acceptance for the proposition that punishment of «430 U. S., 429» the guilty is desirable, other things being equal. One commentator, who attempted in vain to dissuade this Court from today's holding, thought it necessary to point out that there is 'a strong public interest in convicting the guilty.' ……

은 결정의 함축들이 완전히 검토된 뒤에만 해결되어야 할 문제" — 로 적어도 중간에 낀 Stone 판결에서의 우리의 결정이 만든다면, 그 명백히 타당한 경로는 항소법원의 판결주문을 무효화하는 것이고 그 선례에 비춘 재검토를 위하여 사건을 환송하는 것이다. 아닌 게 아니라, Arlington Heights v. Metropolitan Housing Dev. Corp., 429 U. S. 252 (1977)에서의 헌법적 문제를 해결하기 위하여, 중간에 낀 Washington v. Davis, 426 U. S. 229 (1976) 판결의 결정을 매우 최근에 우리는 실제로 적용하였다. 그 자신의 판시를 재검토할 기회를 항소법원에게 부여하기 위한 한 번의 환송을 하지 않은 채로도, 그 중간에 낀 판시를 우리 스스로 적용함에 있어서 아무런 곤란을도 거기서 우리는 느끼지 않았다; 환송을 요구하는 화이트(WHITE) 판사의 반대의견을 물리치고서, 정당한 결론에 직접 우리는 도달하였다. 중간에 낀 Stone v. Powell의 선례 - 구속력을 이 사건에 이 선례는 지니는 것이도 당연함을 오늘 파월(POWELL) 판사는 시인한다 - 를 적용하는 것을도, 그 선례에 비춘 재심리를 위하여 환송하는 것을도 이 법원은 거절한다; 이것이 더욱 놀라운 것은 Stone v. Powell 판결을 집필한 사람이 파월(POWELL) 판사였으면서도 이 법원의 판결주문을 위한 다섯 번째 투표를 오늘 그는 행하고 있기 때문이다.

오늘 이 법원에 의하여 도달된 그 기괴한 결론은 Kaufman v. United States, 394 U. S., at 231에서의 블랙(Black) 판사의 설득력 있는 반대의견을 생각나게 한다. 자신에 대한 유죄판정이 항소심에서 인가되고 난 뒤에 석방을 거기서도 피고인은 추구하였다. 여기서처럼 거기서도 피고인의 범행은 명백하였고, 따라서 그 제기된 헌법 주장들에 의하여 그것은 문제 삼아지지 않았다. 그 신빙성 있는 증거가 위헌적으로 입수되었던 것으로 생각했기 때문에 구제를 당원은 허가하였다. 내가 표명해 놓은 견해들에 꼭 맞는 한 개의 결론으로서 Stone v. Powell에서의 우리의 오래 무르익은 판시의 전조가 된 블랙(Black) 판사의 반응은 복무한다:

"다른 사정들이 동일할 경우에는 범인의 처벌이 바람직하다는 «430 U. S., 429» 명제에 대한 수용을 얻기란 갈수록 어려워지는 것으로 생각된다. '범인을 유죄로 판정하는 데 있어서의 한 개의 강력한 공중의 이익'이 존재함을 지적할 필요가 있다고 오늘의 이 법원의 판시를 단념시키고자 시도하였다가 실패한 한 명의 주석자는 생각하였다 …….

"…… I would not let any criminal conviction become invulnerable to collateral attack where there is left remaining the probability or possibility that constitutional commands related to the integrity of the fact-finding process have been violated. In such situations society has failed to perform its obligation to prove beyond a reasonable doubt that the defendant committed the crime. But it is quite a different thing to permit collateral attack on a conviction after a trial according to due process when the defendant clearly is, by the proof and by his own admission, guilty of the crime charged ……. In collateral attacks whether by habeas corpus or by § 2255 proceedings, I would always require that the convicted defendant raise the kind of constitutional claim that casts some shadow of a doubt on his guilt. This defendant is permitted to attack his conviction collaterally although he conceded at the trial and does not now deny that he had robbed the savings and loan association and although the evidence makes absolutely clear that he knew what he was doing. Thus, his guilt being certain, surely he does not have a constitutional right to get a new trial. I cannot possibly agree with the Court." 394 U. S., at 240-242.

Like Mr. Justice Black in Kaufman, I cannot possibly agree with the Court.

"…… 사실발견 절차의 완전무결성에 관련된 헌법적 명령들이 침해되어 있을 개연성이 내지는 가능성이 남아 있을 경우에 조금이라도 형사 유죄판정으로 하여금 사후적 공격(collateral attack)에 의하여 반박할 수 없는 것이 되게 하려고는 나는 하지 않을 것이다. 이 같은 상황들에 있어서는, 범죄를 피고인이 저질렀음을 합리적 의심의 여지가 없을 만큼 증명할 자신의 의무를 이행하는 데 사회는 실패한 터이다. 그러나 증거에 의하여서와 피고인 자신의 시인에 의하여 피고인이 기소 범죄에 대하여 명백히 유죄인 경우에, 적법절차에 따른 정식사실심리 뒤의 유죄판정에 대하여 사후적 공격을 허용하는 것은 전혀 별개의 문제이다 ……. 인신보호영장에 의한 것에서든 § 2255 절차들에 의한 것에서든 사후적 공격들에 있어서는, 의문의 그림자를 유죄판정이 난 피고인의 유죄에 던지는 종류의 헌법적 주장을 제기하도록 그 피고인에게 항상 나는 요구할 것이다. 비록 그 저축 및 대출 조합을 자신이 강탈했음을 정식사실심리에서 이 피고인은 시인하였고 그리고 지금 이를 부인하지 않음에도 불구하고, 그리고 그 자신의 하고 있는 바를 그가 알고 있었음을 절대적으로 명확히 증거는 해 주고 있음에도 불구하고, 자신의 유죄판정을 사후적으로 공격하도록 그는 허용된다. 이처럼, 그의 유죄가 확실하므로, 새로운 정식사실심리를 누릴 헌법적 권리를 확실히 그는 가지지 않는다. 이 법원에 나는 도저히 동의할 수 없다." 394 U. S., at 240-242.

Kaufman 사건에서의 블랙(Black) 판사가처럼, 이 법원에 나는 도저히 동의할 수 없다.

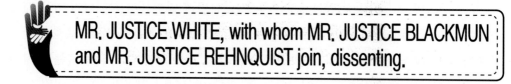

MR. JUSTICE WHITE, with whom MR. JUSTICE BLACKMUN and MR. JUSTICE REHNQUIST join, dissenting.

The respondent in this case killed a 10-year-old child. The majority sets aside his conviction, holding that certain «430 U. S., 430» statements of unquestioned reliability were unconstitutionally obtained from him, and under the circumstances probably makes it impossible to retry him. Because there is nothing in the Constitution or in our previous cases which requires the Court's action, I dissent.

I

The victim in this case disappeared from a YMCA building in Des Moines, Iowa, on Christmas Eve in 1968. Respondent was seen shortly thereafter carrying a bundle wrapped in a blanket from the YMCA to his car. His car was found in Davenport, Iowa, 160 miles away on Christmas Day. A warrant was then issued for his arrest. On the day after Christmas respondent surrendered himself voluntarily to local police in Davenport where he was arraigned. The Des Moines police, in turn, drove to Davenport, picked respondent up and drove him back to Des Moines. During the trip back to Des Moines respondent made statements evidencing his knowledge of the whereabouts of the victim's clothing and body and leading the police to the body. The statements were, of course, made without the presence of counsel since no counsel was in the police car. The issue in this case is whether respondent - who

블랙먼(BLACKMUN) 판사가 및 렌퀴스트(REHNQUIST) 판사가 가담하는 화이트(WHITE) 판사의 반대의견이다.

10세 된 어린이 한 명을 이 사건에서의 피청구인은 살해하였다. 의문의 여지없는 신빙성을 지닌 몇 가지 진술들이 그에게서 «430 U. S., 430» 위헌적으로 얻어졌다고 판시하면서 그의 유죄판정을 다수의견은 무효화하는 바, 그리하여 제반 상황들 아래서 그를 다시 정식사실심리하는 것을 필시 불가능하게 그것은 만든다. 연방헌법에도 우리의 선례들에도 이 법원의 이러한 처분을 요구하는 것은 아무 것이도 없기에 나는 반대한다.

I

1968년 크리스마스 이브에 아이오아주 디모인 소재의 와이엠씨에이 건물에서 이 사건에서의 피해자는 실종되었다. 담요에 싸인 꾸러미 한 개를 그 직후에 와이엠씨에이 건물로부터 자신의 자동차에 피청구인이 운반하는 것이 목격되었다. 크리스마스 날 약 160킬로미터 떨어진 아이오아주 대븐포트(Davenport)에서 그의 자동차가 발견되었다. 그러자 그의 체포를 위하여 영장이 발부되었다. 크리스마스 다음 날 피청구인은 스스로 및 자발적으로 대븐포트 경찰에 자수하였고, 거기서 기소인부 신문을 받았다. 디모인 경찰은 이번에는 대븐포트로 운전해 가서 피청구인을 태워 디모인으로 도로 데려왔다. 피해자의 의복의 및 사체의 소재들에 대한 자신의 지식을 드러내는, 그리고 경찰을 사체로 안내하는 진술들을 디모인으로 돌아오는 여행 중에 피청구인은 하였다. 물론 그 진술들은 변호인의 출석 없이 이루어졌는데, 왜냐하면 경찰차량 안에는 변호인이 없었기 때문이다. 이 사건에서의 쟁점은 그 권리들을 피청구인 — 그는 변호인하고의 상담 없이는 및/또는 변호인의 출석

was entitled not to make any statements to the police without consultation with and/or presence of counsel[27] - validly waived those rights.

The relevant facts are as follows. Before the Des Moines police officers arrived in Davenport, respondent was twice advised, once by Davenport police and once by a judge, of his right to counsel under Miranda v. Arizona, 384 U. S. «430 U. S., 431» 436 (1966). Respondent had in any event not only retained counsel prior to the arrival of the Des Moines police, but had consulted with that counsel on the subject of talking to the police. His attorney, Mr. McKnight, spoke with him from the Des Moines police office when respondent was in the Davenport police office. He advised respondent not to talk to the Des Moines police officers during the trip back to Des Moines, but told him that he was "going to have to tell the officers where she [the victim] is" when he arrived in Des Moines. Respondent also consulted with a lawyer in Davenport, who also advised him against talking to the police during the ride back to Des Moines. Thus, prior to the arrival of the Des Moines police, respondent had been effectively informed by at least four people that he need not talk to the police in the absence of counsel during his trip to Des Moines. Then, when the Des Moines police arrived, one of them advised respondent, inter alia, "that he had a right to an attorney present during any questioning." The Des Moines police officer asked respondent: "[D]o you fully understand that?" Respondent said that he did. The officer then "advised him that [the officer] wanted him to be sure to remember what [the officer] had just told him because it was a long ride back to Des Moines and he and [the officer] would be visiting." Respondent then consulted again with the Davenport attorney, who advised him not to make any statements to the

27) It does not matter whether the right not to make statements in the absence of counsel stems from Massiah v. United States, 377 U. S. 201 (1964), or Miranda v. Arizona, 384 U. S. 436 (1966). In either case the question is one of waiver. Waiver was not addressed in Massiah because there the statements were being made to an informant and the defendant had no way of knowing that he had a right not to talk to him without counsel.

없이는 어떤 진술들을도 하지 않을 권리가 있었다[27] — 이 유효하게 포기했는지 여부이다.

관련 있는 사실관계는 이러하다. Miranda v. Arizona, 384 U. S. 436 (1966) 판결에 의거한 변호인의 조력을 받을 자신의 권리에 관하여 조언을 대븐포트에 디모인 경찰관들이 도착하기 이전에 두 차례 피청구인은 받았는데, 한 번은 대븐포트 경찰에 의해서였고 다른 한 번은 «430 U. S., 431» 판사에 의해서였다. 어쨌든 변호인을 디모인 경찰의 도착에 앞서서 피청구인은 선임했을 뿐만 아니라, 경찰에게 말하는 문제에 관하여 그 변호인을 찾아 상담까지 한 상태였다. 대븐포트 경찰서에 피청구인이 있을 때 그의 변호사인 맥나이트 씨는 디모인 경찰서로부터 그에게 통화하였다. 피청구인더러 디모인으로부터 돌아오는 여행 중에 디모인 경찰관들에게 말하지 말도록 그는 조언하였는데, 그러면서도 디모인에 그가 도착하고 나면 "어디에 그녀[피해자]가 있는지 경찰관들에게 말해야 하게 될 것"이라고 그에게 그는 말하였다. 대븐포트에서 개업 중인 변호사 한 명하고도 피청구인은 상담하였는데, 그더러 디모인으로 돌아가는 여행 중에 경찰에게 말하지 말도록 그는 역시 조언하였다. 이처럼, 디모인으로 돌아가는 자신의 여행 중에 변호인의 부재 상태에서 경찰에게 말해야 할 필요가 없음을 디모인 경찰의 도착에 앞서 적어도 네 명에게서 유효하게 피청구인은 고지받은 상태였다. 그 뒤에 디모인 경찰이 도착했을 때, "조금이라도 신문 도중에는 그는 변호사를 출석시킬 권리가 있다."고 그들 중 한 명은 특히 조언하였다. 피청구인에게 그 디모인 경찰관은 물었다: "[그] 점을 당신은완전히 이해합니까?" 이해한다고 피청구인은 대답하였다. 그러자 "[자신이] 방금 말한 것을 그가 꼭 기억했으면 한다고, 왜냐하면 디모인까지 돌아가는 길은 먼 여행길이고 따라서 그는 및 [경찰관]은 방문할 곳이 있을 것이기 때문이라고 그에게 경찰관은 조언하였다." 그 때 다시 대븐포트 변호사하고 피청구인은 상담하였는데, 그더러 어떤 진술들을도 경찰관들에게 하지 말도록 그는 조언하였고 경찰관들에게도 그렇게 알려주면서, 그들더러 그를 신문하지 말라고 말하였다. 두 명의 변호사들에, 두 그룹의

27) 변호인의 부재 상태에서 진술을 하지 않을 권리가 Massiah v. United States, 377 U. S. 201 (1964) 판결로부터 유래하는지, 또는 Miranda v. Arizona, 384 U. S. 436 (1966) 판결로부터 유래하는지 여부는 문제가 되지 않는다. 어느 쪽이든, 문제는 포기의 문제이다. 포기는 Massiah 판결에서 역점 두어 다루어지지 않았는 바, 왜냐하면 거기서는 진술들이 한 명의 정보원에게 이루어지고 있었고 따라서 피고인은 변호인 없이는 말하지 아니할 권리가 자신에게 있음을 알 수가 없었기 때문이다.

police officers and so informed the officers - directing them not to question him. After this series of warnings by two attorneys, two sets of police officers, and a judge, the trip to Des Moines commenced.

Sometime early in the trip one of the officers, Detective Leaming, said:

"I want to give you something to think about while we're traveling down the road ……. Number one, I want you to observe the weather conditions, it' s raining, it's sleeting, it's freezing, driving is very treacherous, visi «430 U. S., 432» bility is poor, it's going to be dark early this evening. They are predicting several inches of snow for tonight, and I feel that you yourself are the only person that knows where this little girl's body is, that you yourself have only been there once, and if you get a snow on top of it you yourself may be unable to find it. And, since we will be going right past the area on the way into Des Moines, I feel that we could stop and locate the body, that the parents of this little girl should be entitled to a Christian burial for the little girl who was snatched away from them on Christmas [E]ve and murdered. And I feel we should stop and locate it on the way in rather than waiting until morning and trying to come back out after a snow storm and possibly not being able to find it at all."

Respondent asked Detective Leaming why he thought their route to Des Moines would be taking them past the girl's body, and Leaming responded that he knew the body was in the area of Mitchellville - a town they would be passing on the way to Des Moines. Leaming then stated: "I do not want you to answer me. I don't want to discuss it any further. Just think about it as we're riding down the road." On several occasions during the trip, respondent told the officers that he would tell them the whole story when he got to Des Moines and saw Mr. McKnight - an indication that he knew he was enti-

경찰관들에, 한 명의 판사에 의한 이 일련의 경고들이 있은 뒤에, 디모인으로 가는 여행이 시작되었다.

여행의 초기 단계에서, 경찰관들 중 한 명인 형사 리밍은 말하였다:

"저희가 길을 가는 동안 당신이 생각해 볼 만한 것을 당신에게 드리고 싶습니다……. 첫째, 당신이 날씨를 당신이 살펴보기를 저는 바라는데, 비가 오고 있고, 진눈깨비가 내리고 있고, 얼음이 얼고 있고, 운전은 매우 위험하고, 시야는 «430 U.S., 432» 짧고, 오늘 저녁에는 날이 일찍 어두워질 것입니다. 오늘 밤에 몇 인치쯤의 눈을 예보하고 있는데, 그런데 바로 당신이 이 어린 소녀의 사체가 어디 있는지를 아는 유일한 사람이라고, 당신만이 그 곳에 있어 본 사람이라고 저는 생각합니다만, 그런데 그 위에 눈이 덮이게 되면 그 곳을 당신 자신이도 찾을 수 없게 될지 모릅니다. 그러니만큼, 저희가 디모인에 들어가는 길에 그 부근 바로 곁을 지나게 될 것이므로, 저희가 길을 멈춰서 그 사체 있는 곳을 찾을 수 있으리라고, 그리하여 크리스마스 [이]브에 납치되어 살해된 이 소녀의 부모들이 그 어린 소녀를 위하여 기독교 장례식을 거행할 권리를 누리도록 할 수 있을 것으로 나는 생각합니다. 그러므로 아침까지 기다렸다가 눈보라 뒤에 다시 나오려고 하기보다는, 그리하여 전혀 찾을 수 없게 될 가능성을 무릅쓰기보다는, 들어가는 길에 우리가 멈추어서 그 위치를 찾아야 한다고 저는 생각합니다."

소녀의 사체를 디모인으로 가는 자신들의 길이 지나게 될 것으로 생각하는 이유가 무엇인지 형사 리밍에게 피청구인은 물었고, 그러자 미첼빌(Mitchellville) — 디모인으로 가는 길에 지나게 되어 있는 마을이다 — 근처에 사체가 있음을 알고 있다고 리밍은 대답하였다. 그 때 리밍은 말하였다: "제게 당신이 대답하기를 저는 바라지 않습니다. 더 이상 그것에 관하여 논의하기를 저는 바라지 않습니다. 단지, 저희가 길을 가는 동안 그것에 관하여 생각해 보십시오" 디모인에 닿아 맥나이트 변호사를 자신이 만나고 나면 전체 줄거리를 말하여 주겠다고 경찰관들에게 그 여행 도중 수 차례 피청구인은 말하였는데, 이것은 경찰에게 말하기에 앞서 자신의 변호인이 출석할 때까지 기다릴 권리가 자신에게 있음을 그가 알고 있었음에 대한 한 개의

tled to wait until his counsel was present before talking to the police.[28] «430 U. S., 433»

Some considerable time thereafter,[29] without any prompting on the part of any state official so far as the record reveals, respondent asked whether the police had found the victim's shoes. The subject of the victim's clothing had never been broached by the police nor suggested by anything the police had said. So far as the record reveals, the subject was suggested to respondent solely by the fact that the police car was then about to pass the gas station where respondent had hidden the shoes. When the police said they were unsure whether they had found the shoes, respondent directed them to the gas station. When the car continued on its way to Des Moines, responded asked whether the blanket had been found. Once again this subject had not previously been broached. Respondent directed the officers to a rest area where he had left the blanket. When the car again continued, respondent said that he would direct the officers to the victim's body, and he did so.

II

The strictest test of waiver which might be applied to this case is that set forth in Johnson v. Zerbst, 304 U. S. 458, 464 (1938), and quoted by the majority, ante, at 404. In order to show that a right has been waived under

28) The record does not make it crystal clear that these statements, or some of them, *followed* the above–quoted statements by Detective Leaming. However, the record reveals that Leaming's statement was made not long after leaving Davenport and that respondent's statement that he would tell the whole story when they arrived in Des Moines was made "several times." It is reasonable to infer that respondent's statement followed that by Leaming. During some of the rest of the trip respondent asked questions of the officers about the investigation, about how they would treat him, and about a number of subjects unrelated to the case.

29) The trip was 160 miles long and was made in bad weather. Leaming's statement was made shortly after leaving Davenport. Respondent's statements about the victim's clothes were made shortly before arriving in Mitchellville, a near suburb of Des Moines.

표지이다.[28) «430 U. S., 433»

피해자의 구두 켤레들을 경찰이 발견했는지 여부를 그 이후 상당한 시간이 지났을 때,[29) 기록이 보여주는 한도 내에서는 주 경찰 쪽에서의 어떤 부추김이도 없는 가운데서, 피청구인은 물었다. 피해자의 의류에 관한 주제는 경찰에 의하여 끄집어내진 적이 전혀 없었고 경찰이 말한 그 무엇에 의해서도 암시된 바가 전혀 없었다. 기록이 보여주는 한도 내에서는, 피청구인에게 그 주제가 연상되었던 것은 오직 구두 켤레들을 피청구인이 감추었던 장소인 그 주유소를 그 시점에 막 경찰차가 지나려 한다는 사실에 의해서만이었다. 구두 켤레들을 찾아냈는지 여부가 확실하지 않다고 경찰이 말하자, 피청구인은 그들을 주유소로 돌리게 하였다. 디모인을 향하여 길을 자동차가 계속하자, 담요가 발견되었는지를 피청구인은 물었다. 다시 한 번 이 주제는 이전에 끄집어내진 적이 없었다. 담요를 자신이 버렸던 휴게소 한 곳으로 경찰관들을 돌리게 피청구인은 만들었다. 피해자의 사체로 안내하겠다고 경찰관들에게, 길을 차량이 다시 계속하였을 때 피청구인은 말하였고, 실제로 그렇게 하였다.

II

이 사건에 적용될 수 있는 가장 엄격한 포기의 기준은 Johnson v. Zerbst, 304 U. S. 458, 464 (1938)에서 정리되고 다수의견에 인용된 그 기준이다. ante, at 404. 이 기준 아래서 권리가 포기되어 있음을 증명하기 위하여는, "이미 알려져 있는 권리에 내지는 특권에 대한 의도적인 단념 내지 방기"를 주는 증명하지 않으면 안 된다. 변

---

28) 이 진술들이 내지는 그 일부가 위에 인용된 형사 리밍의 진술들 *뒤에* 이 진술들이 내지는 그 일부가 *나왔음을 (followed)* 기록은 완전히 명백히 해 주지는 않는다. 그러나 대븐포트를 출발한 지 얼마 지나지 않아서 리밍의 진술은 이루어졌음을, 그리고 디모인에 닿으면 전체 줄거리를 말하겠다는 피청구인의 진술은 "수 차례" 이루어졌음을 기록은 보여준다. 리밍의 진술에 이어서 피청구인의 진술이 나온 것으로 추론하는 것이 합리적이다. 그 수사에 관하여, 자신을 그들이 어떻게 다룰 것인지에 관하여, 그리고 사건에 관련 없는 여러 가지 주제들에 관하여 질문들을 여행의 나머지 부분 중 일부에서 경찰관들에게 피청구인은 하였다.

29) 여행은 160마일 거리였고, 악천후 속에서 이루어졌다. 대븐포트를 출발한 지 얼마 안 되어서 리밍의 진술은 이루어졌다. 디모인에 가까운 교외지역인 미첼빌에 닿기 직전에 피해자의 의류들에 관한 피청구인의 진술들은 이루어졌다.

this test, the State must prove "an intentional relinquishment or abandonment of a known right or privilege." The majority creates no new rule preventing an accused who has retained a lawyer from waiving his right to the lawyer's presence during questioning. The majority simply finds that no waiver was *proved* in this case. I disagree. That respondent knew of his right not to say anything to the officers without advice and presence of counsel is established on this record to a moral «430 U. S., 434» certainty. He was advised of the right by three officials of the State - telling at least one that he understood the right - and by two lawyers.[30)] Finally, he further demonstrated his knowledge of the right by informing the police that he would tell them the story in the presence of McKnight when they arrived in Des Moines. The issue in this case, then, is whether respondent relinquished that right intentionally.

Respondent relinquished his right not to talk to the police about his crime when the car approached the place where he had hidden the victim's clothes. Men usually intend to do what they do, and there is nothing in the record to support the proposition that respondent's decision to talk was anything but an exercise of his own free will. Apparently, without any prodding from the officers, respondent - who had earlier said that he would tell the whole story when he arrived in Des Moines - spontaneously changed his mind about the timing of his disclosures when the car approached the places where he had hidden the evidence. However, even if his statements were influenced by Detective Leaming's above-quoted statement, respondent's decision to talk in the absence of counsel can hardly be viewed as the product of an overborne will. The statement by Leaming was not coercive; it was accompanied by a request that respondent not respond to it; and it was delivered hours before respondent decided to make any statement. Respondent's

30) Moreover, he in fact received advice of counsel on at least two occasions on the question whether he should talk to the police on the trip to Des Moines.

호인의 출석을 신문 동안에 누릴 그의 권리를 변호사를 선임해 놓은 범인으로 주장되는 사람으로 하여금 포기할 수 없도록 저지하는 새로운 규칙을 다수의견은 전혀 만들어내고 있지 않다. 단지 이 사건에서 포기가 *증명되지*(proved) 않았다고만 다수의견은 인정한다. 나는 이에 동의하지 않는다. 변호인의 조언이 및 출석이 없이는 아무 것을도 경찰관에게 말하지 않을 권리가 자신에게 있음을 피청구인이 알고 있었음은 이 기록상으로 개연적 확실성을 지닐 만큼 «430 U. S., 434» 증명되어 있다. 그 권리를 그가 고지 받은 것은 세 명의 주 공무원들에 의하여서와 - 그 권리를 자신은 이해한다고 그 중 적어도 한 명에게 그는 말했다 - 그리고 두 명의 변호사들에 의해서였다.[30] 마지막으로, 디모인에 도착하게 되면 맥나이트의 출석 가운데서 줄거리를 그들에게 말하겠다는 것을 경찰관들에게 고지함으로써 그 권리에 대한 자신의 지식을 그는 더욱 증명하였다. 그렇다면 이 사건에서의 쟁점은 그 권리를 의도적으로 피청구인이 포기했는지 여부이다.

자신의 범죄에 관하여 경찰에게 말하지 않을 자신의 권리를, 피해자의 구두 켤레들을 자신이 감추었던 장소에 자동차가 접근했을 때 피청구인은 포기하였다. 자신들이 하는 일을 일반적으로 사람들은 의도하고서 하는 것인데, 말하기로 한 피청구인의 결정이 조금이라도 그의 자유의지의 행사 이외의 것이었다는 명제를 뒷받침하는 것은 기록 안에 아무 것이도 없다. 명백히, 아무런 자극을도 경찰관들로부터 받지 않은 상태에서, 증거를 그가 감추었던 장소들에 자동차가 접근하자 자신의 개시행위들(disclosures)의 시점에 관하여 자발적으로 그의 마음을 피청구인 — 디모인에 자신이 닿게 되면 전체 줄거리를 말하겠다고 그는 일찍이 말한 바 있었다 — 은 바꾸었다. 그러나 설령 위에서 인용된 형사 리밍의 진술에 의하여 영향을 그의 진술들이 입었다 하더라도, 변호인의 부재 상태에서 말하기로 한 피청구인의 결정은 결코 짓눌린 의지의 산물로 간주될 수 없다. 리밍의 진술은 강압적이지 않았다; 그것에는 이에 대답하지 말라는 피청구인에 대한 요청이 수반되었다; 게다가 조금이라도 진술을 하기로 피청구인이 결정하기 수 시간 전에 그것은 건네졌다. 피청구인의 포기는 자신의 권리에 대한 인식 가운데서의 것이면서 의도적인 것이었다.

---

30) 더욱이, 디모인으로 가는 여행 도중에 경찰에게 말해야 할지 여부의 문제에 관하여 변호인의 조언을 적어도 두 차례에 걸쳐 실제로 그는 수령하였다.

waiver was thus knowing and intentional.

The majority's contrary conclusion seems to rest on the fact that respondent "asserted" his right to counsel by retaining and consulting with one lawyer and by consulting with another. How this supports the conclusion that respondent's later relinquishment of his right not to talk in the «430 U. S., 435» absence of counsel was unintentional is a mystery. The fact that respondent consulted with counsel on the question whether he should talk to the police in counsel's absence makes his later decision to talk in counsel's absence *better* informed and, if anything, more intelligent.

The majority recognizes that even after this "assertion" of his right to counsel, it would have found that respondent waived his right not to talk in counsel's absence if his waiver had been express - i. e., if the officers had asked him in the car whether he would be willing to answer questions in counsel's absence and if he had answered "yes." Ante, at 405. But waiver is not a formalistic concept. Waiver is shown whenever the facts establish that an accused knew of a right and intended to relinquish it. Such waiver, even if not express,[31)] was plainly shown here. The only other con- «430 U. S., 436»

31) The Courts of Appeals, in administering the rule of Miranda v. Arizona, have not required an express waiver of the rights to silence and to counsel which an accused must be advised about under that case. Waiver has been found where the accused is informed of those rights, understands them, and then proceeds voluntarily to answer questions in the absence of counsel. United States v. Marchildon, 519 F. 2d 337, 343 (CA8 1975) ("Waiver depends on no form of words, written or oral. It is to be determined from all of the surrounding circumstances. Addressing ourselves to this issue we held in Hughes v. Swenson, 452 F. 2d 866, 867–868 (CA8 1971), that: 'The thrust of appellant's claim is that a valid waiver cannot be effective absent an expressed declaration to that effect. We are cited to no case which supports appellant's thesis and independent research discloses none. To the contrary, the Fifth, Seventh, Ninth, and Tenth Circuits have held in effect that if the defendant is effectively advised of his rights and intelligently and understandingly declines to exercise them, the waiver is valid'"); United States v. Ganter, 436 F. 2d 364, 370 (CA7 1970) ("[A]n express statement that the individual does not want a lawyer is not required if it appears that the defendant was effectively advised of his rights and he then intelligently and understandingly declined to exercise them"); United States v. James, 528 F. 2d 999, 1019 (CA5 1976) ("'All that the prosecution must show is that the defendant was effectively advised of his rights and that he then intelligently and understandingly declined to exercise them'"); Blackmon v. Blackledge, «430 U. S., 436» 541 F. 2d 1070, 1072 (CA4 1976) ("[H]e was reasonably questioned only after having been fully informed of his rights and permitted to make a telephone call. Under such circumstances, a suspect's submission to questioning without objection and without requesting a lawyer is clearly a waiver of his right to counsel, if, indeed, he understands his rights");

변호인의 조력을 받을 자신의 권리를 한 명의 변호인을 선임하고 그를 찾아 상담함으로써, 그리고 또 한 명의 변호사를 찾아 상담함으로써, 피청구인이 "주장했다"는 사실에 이에 반대되는 다수의견의 결론은 의존하는 것으로 생각된다. 변호인의 부재 상태에서는 말하지 아니할 자신의 권리에 대한 피청구인의 나중의 포기가 의도적인 것이 아니었다는 «430 U. S., 435» 결론을 이것이 어떻게 뒷받침하는지는 한 개의 미스터리이다. 변호인의 부재 상태에서 말하기로 한 그의 나중의 결정을 보다 *더 잘*(better) 고지된 상태에서의 것으로, 그리고 어느 쪽인가 하면 보다 더 분별 있는 것으로, 경찰에게 변호인의 부재 상태에서 말해야 할지 여부의 문제에 관하여 변호인을 피청구인이 찾아 상담했다는 사실은 만든다.

변호인의 조력을 받을 그의 권리에 대한 이 "주장(assertion)" 이후에도, 만약 그의 포기가 명시적인 것이었다면 - 즉 만약 변호인의 부재 상태에서 질문들에 답변할 생각이 있는지 여부를 자동차 안에서 그에게 경찰관들이 물었었다면, 그런데 "답변할 생각이 있다."고 그가 대답했었다면 - 변호인의 부재 상태에서는 말하지 아니할 그의 권리를 피청구인이 포기한 것으로 자신이 판단했을 것임을 다수의견은 인정한다. ante, at 405. 그러나 포기는 형식주의적 개념이 아니다. 한 개의 권리에 관하여 알고 있으면서 그것을 단념하기를 범인으로 주장되는 사람이 의도하였음을 사실관계가 증명할 경우에는 언제든 포기는 증명된다. 설령 명시의 것은 아니었을망정,[31] 여기서 명백하게 이 같은 포기는 증명되었다. 다수의견의 판시를 뒷받침하는

31) Miranda v. Arizona 규칙을 시행함에 있어서, 범인으로 주장되는 사람에게 그 판례에 따라 고지되지 않으면 안 되는 묵비의 권리에 대한, 그리고 변호인의 조력을 받을 권리 등에 대한 명시적 포기를 항소법원은 요구하지 않았다. 그 권리들에 관하여 고지 받고서 그것들을 이해하면서도 변호인의 부재 가운데서 질문들에 자발적으로 답변하는 데 범인으로 주장되는 사람이 나아갈 경우에 포기는 인정되어 왔다. United States v. Marchildon, 519 F. 2d 337, 343 (CA8 1975) ("서면에 의한 것이든 구두상의 것이든 말의 형식에 포기는 좌우되지 않는다. 그 둘러싼 모든 상황들로부터 그것은 판정되어야 한다. 이 쟁점을 중점 두어 다루면서, Hughes v. Swenson, 452 F. 2d 866, 867-868 (CA8 1971)에서 우리는 판시하였다: '한 개의 유효한 포기는 그 취지의 명시적 선언 없이는 유효할 수 없다는 데 항소인의 주장의 요점은 있다. 항소인의 명제를 뒷받침하는 어떤 선례는도 우리에게 인용되어 있지 아니하며, 나아가 아무런 선례를도 독립적인 조사는 드러내 주지 않는다. 오히려 그 반대로, 요컨대 만약 그의 권리들에 관하여 유효하게 조언을 받고서 그것들을 행사하기를 분별 있게 그리고 이해력 있게 피고인이 거절하면 그 포기는 유효하다고 제5, 7, 9, 10 항소법원들은 판시해 왔다.'"); United States v. Ganter, 436 F. 2d 364, 370 (CA7 1970) ("[만]약 그의 권리들에 관하여 유효하게 고지를 피고인이 받은 것으로, 그런데도 그것들을 행사하기를 분별 있게 그리고 이해력 있게 그가 거절한 것으로 나타나면 변호사를 그 개인이 원하지 않는다는 명시적 진술은 요구되지 않는다."); United States v. James, 528 F. 2d 999, 1019 (CA5 1976) ("'검찰이 증명하지 않으면 안 되는 전부는 그의 권리들에 관하여 유효하게 피고인이 고지받았다는 점이고 그런데도 그것들을 사용하기를 분별 있게 그리고 이해력 있게 그가 거절하였다는 점이다.'"); Blackmon v. Blackledge, 541 F. 2d 1070, 1072 (CA4 1976) ("[그]의 권리들에 관하여 완전히 고지를 받은 뒤에, 그리고 한 번의 전화통화를 하도록 허용되고 난 뒤에 정당하게 그는 신문되었다. 이 같은 상황들 아래서, 이의 없이 그리고 변호사를 요청함이 없이 신문에 용의자가 복종하는 것은, 만약 실제로 그의 권리들을 그가

ceivable basis for the majority's holding is the implicit suggestion, ante, at 400-401, that the right involved in Massiah v. United States, 377 U. S. 201 (1964), as distinguished from the right involved in Miranda v. Arizona, 384 U. S. 436 (1966), is a right not to be *asked* any questions in counsel's absence rather than a right not to *answer* any questions in counsel's absence, and that the right not to be *asked* questions must be waived *before* the questions are asked. Such waferthin distinctions cannot determine whether a guilty murderer should go free. The only conceivable purpose for the presence of counsel during questioning is to protect an accused from making incriminating answers. Questions, unanswered, have no significance at all. Absent coercion[32] - no matter how the «430 U. S., 437» right involved is defined - an accused is amply protected by a rule requiring waiver before or simultaneously with the giving by him of an answer or the making by him of a statement.

United States v. Boston, 508 F. 2d 1171 (CA2 1974); United States v. Johnson, 466 F. 2d 1206 (CA8 1972); Mitchell v. United States, 140 U. S. App. D.C. 209, 434 F. 2d 483 (1970); Bond v. United States, 397 F. 2d 162 (CA10 1968). There is absolutely no reason to require an additional question to the already cumbersome Miranda litany just because the majority finds another case – Massiah v. United States – providing exactly the same right to counsel as that involved in Miranda. In either event, the issue is, as the majority recognizes, one of the proof necessary to establish waiver. If an intentional relinquishment of the right to counsel under Miranda is established by proof that the accused was informed of his right and then voluntarily answered questions in counsel's absence, then similar proof establishes an intentional relinquishment of the Massiah right to counsel.

32) There is a rigid prophylactic rule set forth in Miranda v. Arizona that once an arrestee requests presence of counsel at questioning, *questioning* must cease. The rule depends on an indication by the *accused* that he will be unable to handle the decision whether or not to answer questions without advice of counsel, see Michigan v. Mosley, 423 U. S. 96, 110 n. 2 (1975) (WHITE, J., concurring), and is inapplicable to this case «430 U. S., 437» for two reasons. First, at no time did *respondent* indicate a desire not to be asked questions outside the presence of his counsel – notwithstanding the fact that he was told that he and the officers would be "visiting in the car." The majority concludes, although studiously avoiding reliance on Miranda, that respondent *asserted* his right to counsel. This he did in some respects, but he never, himself, asserted a right not to be questioned in the absence of counsel. Second, as is noted in the dissenting opinion of MR. JUSTICE BLACKMUN, respondent was not questioned. The rigid prophylactic rule – as the majority implicitly recognizes – is designed solely to prevent involuntary waivers of the right against self-incrimination and is not to be applied to a statement by a law enforcement officer accompanied by a request by the officer that the accused make no response followed by more than an hour of silence and an apparently spontaneous statement on a subject – the victim's shoes – not broached in the "speech." Under such circumstances there is not even a small risk that the waiver will be involuntary.

생각할 수 있는 «430 U. S., 436» 그 밖의 유일한 근거는, Miranda v. Arizona, 384 U. S. 436 (1966)에 포함된 권리로부터는 구분되는 것으로서의 Massiah v. United States, 377 U. S. 201 (1964)에 포함된 권리는 변호인의 부재 상태에서는 어떤 질문들에 대하여도 *답변하지* 아니할(not to *answer*) 권리라기보다는 변호인의 부재 상태에서는 어떤 질문들을도 *제기당하지* 아니할(not to be *asked*) 권리라는, 그리고 질문들을 *제기당하지* 아니할(not to be *asked*) 권리는 그 질문들이 제기되기에 *앞서서(before)* 포기되지 않으면 안 된다는, 은연중의 암시이다. ante, at 400-401. 한 명의 유죄인 살인자가 자유의 몸이 되어야 하는지 여부를 이 같은 근소한 구분들은 판정할 수 없다. 신문 도중의 변호인 출석의 생각할 수 있는 유일한 목적은 범인으로 주장되는 사람을 부죄적 *답변들(answers)*을 하는 것으로부터 보호하기 위함이다. 질문들은 답변이 없으면 아무런 의미가 없다. 강압이 없으면[32] — 그 포함된 권리가 «430 U. S., 437» 어떻게 규정되든 상관없이 — 답변을 내지 진술을 하기 이전에 또는 그 동시에 포기를 요구하는 규칙에 의하여 범인으로 주장되는 사람은 충분히 보호된다.

이해할 경우에는, 명백히 변호인의 조력을 받을 그의 권리에 대한 포기이다."); United States v. Boston, 508 F. 2d 1171 (CA2 1974); United States v. Johnson, 466 F. 2d 1206 (CA8 1972); Mitchell v. United States, 140 U. S.App. D.C. 209, 434 F. 2d 483 (1970); Bond v. United States, 397 F. 2d 162 (CA10 1968).

Miranda 판결에 포함된 것에 정확하게 똑 같은 변호인의 조력을 받을 권리를 제공하는 또 다른 선례 – Massiah v. United States – 를 다수의견이 발견한다는 바로 그 점 때문에, 추가적 질문을 이미 성가신 Miranda 호칭기도에 요구할 이유는 절대적으로 전혀 없다. 어느 경우에든 다수의견이 인정하듯, 쟁점은 포기를 증명하는 데 필요한 증명의 문제이다. 만약 그의 권리에 관하여 고지를 받고서도 변호인의 부재 상태에서 자발적으로 질문에 범인으로 주장되는 사람이 답변했다는 증거에 의하여 Miranda 판결 아래서의 변호인의 조력을 권리에 대한 의도적 단념이 증명된다면, 그렇다면 Massiah 판결 아래서의 변호인의 조력을 받을 권리에 대한 의도적 단념을 이에 비슷한 증명은 입증한다.

32) Miranda v. Arizona 판결에는 엄격한 예방적 규칙이 정리되어 있는 바, 즉 변호인의 출석을 신문에서 일단 피체포자가 요청하면 *신문(questioning)*은 중지되지 않으면 안 된다는 것이다. 질문들에 답변할지 말지 여부의 결정을 변호인의 조언 없이는 자신으로서는 다룰 수 없을 것이라는 *범인으로 주장되는 사람(accused)*의 표시에 그 규칙은 의존하며, see Michigan v. Mosley, 423 U. S. 96, 110 n. 2 (1975) (화이트(WHITE) 판사, 보충의견), 따라서 두 가지 이유들에서 이 사건에 적용될 수 없다. 첫째로, 그가 및 경찰관들이 "차량에 탑승한 채 방문하게 될 곳이 있게 될" 것임을 그가 들었다는 사실에도 불구하고, 변호인의 출석을 벗어난 곳에서는 질문들을 받지 않고 싶다는 희망을 *피청구인(respondent)*이 나타낸 바는 한 번도 없다. Miranda 판결에의 의존을 주의 깊게 회피하고 있음에도 불구하고, 변호인의 조력을 받을 그의 권리를 피청구인이 *주장하였다(asserted)*고 다수의견은 결론짓는다. 어떤 점들에 있어서 이것을 그는 하기는 하였지만, 그러나 변호인의 부재 상태에서 신문을 받지 아니할 권리를 결코 그 스스로 그는 주장한 적이 없다. 둘째로, 블랙먼(BLACKMUN) 판사의 반대의견에 특별히 언급되어 있듯이, 신문을 피청구인은 받지 않았다. 이 엄격한 예방적 규칙은 – 다수의견이 암묵리에 인정하듯이 – 오직 자기부죄 금지의 권리에 대한 비자발적 포기들을 방지하기 위해서만 고안된 것이고, 따라서 법집행 공무원에 의한, 범인으로 주장되는 사람더러 아무런 답변 – 한 시간이 넘는 침묵에 이어서, 그리고 피해자의 구두 켤레들이라는, 그 "연설"에서 끄집어내진 바 없는 주제에 관한 외관상 자발적인 진술에 이어서 그 답변은 나온 것이다 – 을도 하지 말라는 요청이 수반된 진술에 그 규칙은 적용되어서는 안 된다. 이 같은 상황들 아래서는 포기가 비자발적인 것이 될 조그만 위험조이차도 없다.

III

The consequence of the majority's decision is, as the majority recognizes, extremely serious. A mentally disturbed killer whose guilt is not in question may be released. Why? Apparently the answer is that the majority believes that the law enforcement officers acted in a way which involves some risk of injury to society and that such conduct should be deterred. However, the officers' conduct did not, and was not likely to, jeopardize the fairness of respondent's trial or in any way risk the conviction of an innocent man - the risk against which the Sixth Amendment guarantee of assistance of counsel is designed to protect. Powell v. Alabama, 287 U. S. 45 (1932); Johnson v. Zerbst, 304 U. S. 458 (1938); Hamilton v. Alabama, 368 U. S. 52 (1961); Gideon v. Wainwright, 372 U. S. 335 (1963); White v. Maryland, 373 U. S. 59 (1963); United States v. Wade, 388 U. S. 218 (1967); Gilbert v. California, 388 U. S. 263 (1967); Coleman v. Alabama, 399 U. S. 1 «430 U. S., 438» (1970); and Argersinger v. Hamlin, 407 U. S. 25 (1972). But see Massiah v. United States, supra. The police did nothing "wrong," let alone anything "unconstitutional." To anyone not lost in the intricacies of the prophylactic rules of Miranda v. Arizona, the result in this case seems utterly senseless; and for the reasons stated in Part II, supra, even applying those rules as well as the rule of Massiah v. United States, supra, the statements made by respondent were properly admitted. In light of these considerations, the majority's protest that the result in this case is justified by a "clear violation" of the Sixth and Fourteenth Amendments has a distressing hollow ring. I respectfully dissent.

III

다수의견이 인정하듯이, 다수의견의 결정의 결과는 극도로 중대하다. 범인임이 의문의 여지 없는 정신적으로 장애를 지닌 살인자가 석방될지도 모른다. 어째서인가? 상당한 위해를 사회에 끼칠 위험을 포함하는 한 가지 방법으로 법집행 공무원들이 행동한 것으로, 그리고 이 같은 행동은 억제되어야 하는 것으로 다수의견이 믿는다는 데 명백히 그 해답은 있다. 그러나 경찰관들의 행동은 피청구인에 대한 정식사실심리의 공정성을 위태롭게 한 바가도, 유죄를 죄 없는 사람에게 인정할 위험을 어떤 방법으로든 무릅쓴 바가도 없었고, 그렇게 할 가능성이도 없었는 바, 연방헌법 수정 제6조의 변호인의 조력의 보장이 고안되어 있는 이유는 그 위험에 대처하여 보호를 제공하기 위함이다. Powell v. Alabama, 287 U. S. 45 (1932); Johnson v. Zerbst, 304 U. S. 458 (1938); Hamilton v. Alabama, 368 U. S. 52 (1961); Gideon v. Wainwright, 372 U. S. 335 (1963); White v. Maryland, 373 U. S. 59 (1963); United States v. Wade, 388 U. S. 218 (1967); Gilbert v. California, 388 U. S. 263 (1967); Coleman v. Alabama, 399 U. S. 1 «430 U. S., 438» (1970); and Argersinger v. Hamlin, 407 U. S. 25 (1972). 그러나 Massiah v. United States, supra를 보라. 조금이라도 "위헌적인(unconstitutional)" 행동을 경찰이 한 바 없음은 말할 것이도 없고, 아무런 "불법적인(wrong)" 행동을도 경찰은 하지 않았다. Miranda v. Arizona 판결의 예방적 규칙들의 복잡성 속에서 길을 잃지 않은 사람에게라면 누구에게든, 이 사건에서의 결과는 철저하게 몰상식한 것으로 생각된다; 그리고 Part II, supra에 설명된 이유들에 따라, Massiah v. United States, supra의 규칙을 적용함에 아울러 심지어 그 예방적 규칙들을 적용하더라도, 피청구인에 의하여 이루어진 진술들은 정당하게 증거로 허용되었다. 이 같은 고찰들에 비추어, 연방헌법 수정 제6조에 및 제14조에 대한 "명백한 위반"에 의하여 이 사건에서의 결과가 정당화된다는 다수의견의 항의는 비참하고도 공허한 울림을 지닌다. 나는 정중하게 반대한다.

MR. JUSTICE BLACKMUN, with whom MR. JUSTICE WHITE and MR. JUSTICE REHNQUIST join, dissenting.

The State of Iowa, and 21 States and others, as amici curiae, strongly urge that this Court's procedural (as distinguished from constitutional) ruling in Miranda v. Arizona, 384 U. S. 436 (1966), be re-examined and overruled. I, however, agree with the Court, ante, at 397, that this is not now the case in which that issue need be considered.

What the Court chooses to do here, and with which I disagree, is to hold that respondent Williams' situation was in the mold of Massiah v. United States, 377 U. S. 201 (1964), that is, that it was dominated by a denial to Williams of his Sixth Amendment right to counsel after criminal proceedings had been instituted against him. The Court rules that the Sixth Amendment was violated because Detective Leaming "purposely sought during Williams' isolation from his lawyers to obtain as much incriminating information as possible." Ante, at 399, and POWELL, J., concurring, ante, at 410-413. I cannot regard that as unconstitutional per se.

First, the police did not deliberately seek to isolate Williams from his lawyers so as to deprive him of the «430 U. S., 439» assistance of counsel. Cf. Escobedo v. Illinois, 378 U. S. 478 (1964). The isolation in this case was a necessary incident of transporting Williams to the county where the crime was committed.[33]

---

33) Neither attorney McKnight nor attorney Kelly objected to Williams' being returned to Des Moines, although each sought assurance that he would not be interrogated. That "the entire setting was conducive to …… psychological coercion," POWELL, J., concurring, ante, at 412, was more attributable to Williams' flight from Des Moines than to any machinations of the police. Surely the police are not to be blamed for the facts that the murder was committed on Christmas Eve and that the weather was ominous.

화이트(WHITE) 판사가 및 렌퀴스트(REHNQUIST) 판사가 가담하는 블랙먼(BLACKMUN) 판사의 반대의견이다.

Miranda v. Arizona, 384 U. S. 436 (1966)에서의 당원의 절차적(procedural) - 헌법적인(constitutional) 것으로부터 구분되는 것으로서의 - 결정은 재검토되고 폐기되어야 한다고 아이오아주는 및 그 밖의 21개 주들은 법정의 고문들(amici curiae)로서 강력히 주장한다. 그러나 이것은 현재로서는 그 쟁점이 고찰될 필요가 있는 사건이 아니라는 데 있어서 이 법원, ante, at 397, 에 나는 동의한다.

이 법원이 여기서 하기로 선택하는 바는, 그러면서 내가 동의하지 않는 바는, Massiah v. United States, 377 U. S. 201 (1964) 사건을 피청구인 윌리엄즈의 상황이 꼭 닮았다는, 즉 변호인의 조력을 받을 연방헌법 수정 제6조상의 그의 권리에 대한, 그를 겨냥하여 형사절차들이 개시되고 난 이후의 그에게서의 박탈에 의하여 그 상황이 지배되었다고 이 법원이 판시한 점이다. "가능한 한 많은 부죄적 정보를 그의 변호사들로부터 윌리엄즈가 고립되어 있는 동안에 얻어내고자" 형사 리밍이 "의도적으로 노력하였"기 때문에 연방헌법 수정 제6조는 침해되었다고 이 법원은 판단한다. ante, at 399, and POWELL, J., concurring, ante, at 410-413. 그것을 당연 위헌의(unconstitutional per se) 것으로 나는 간주할 수 없다.

첫째로, 변호인의 조력을 윌리엄즈에게서 박탈하기 위하여 그를 그의 변호인들로부터 고립시키고자 «430 U. S., 439» 경찰은 의도적으로 추구하였던 것이 아니다. Escobedo v. Illinois, 378 U. S. 478 (1964)를 비교하라. 이 사건에서의 고립은 윌리엄즈를 범죄 발생지 카운티로 운송하는 데 따르는 한 가지 필수적인 부수처분이었다.[33]

---

33) 윌리엄즈에게 신문이 실시되지 않는다는 점에 대한 보장을 맥나이트 변호사는 및 켈리 변호사는 저마다 요구했음에도 불구하고 디모인으로 윌리엄즈가 송환되는 데 대하여는 그들 중 누구가도 반대하지 않았다. "그 전체적 배경이 …… 심리적 강압(psychological coercion)에 이바지하는 것." POWELL, J., concurring, ante, at 412, 이 되었던 것은 경찰의 그 어떤 책동들에보다는 윌리엄즈의 디모인으로부터의 도피에 더 원인이 있었다. 크리스마스 이브에 살인이 저질러졌다는, 그리고 날씨가 험악했다는 사실들 때문에 비난을 받을 이유가 경찰에게는 확실히 없다.

Second, Leaming's purpose was not solely to obtain incriminating evidence. The victim had been missing for only two days, and the police could not be certain that she was dead. Leaming, of course, and in accord with his duty, was "hoping to find out where that little girl was," ante, at 399, but such motivation does not equate with an intention to evade the Sixth Amendment.[34] Moreover, the Court seems to me to place an undue emphasis, ante, at 392, 400, and aspersion on what it and the lower courts have chosen to call the "Christian burial speech," and on Williams' "deeply religious" convictions.

Third, not every attempt to elicit information should be regarded as "tantamount to interrogation," ante, at 400. I am not persuaded that Leaming's observations and comments, made as the police car traversed the snowy and slippery miles between Davenport and Des Moines that winter afternoon, were an interrogation, direct or subtle, of Williams. Contrary to this Court's statement, ibid., the Iowa Supreme Court appears to me to have thought and held otherwise, State v. Williams, 182 N. W. 2d 396, 403-405 (1970), and I agree. Williams, after all, was counseled by lawyers, and warned by the arraigning judge in Davenport and by the «430 U. S., 440» police, and yet it was he who started the travel conversations and brought up the subject of the criminal investigation. Without further reviewing the circumstances of the trip, I would say it is clear there was no interrogation. In this respect, I am in full accord with Judge Webster in his vigorous dissent, 509 F. 2d 227, 234-237, and with the views implicitly indicated by Chief Judge Gibson and Judge Stephenson, who joined him in voting for rehearing en banc.

In summary, it seems to me that the Court is holding that Massiah is violated whenever police engage in any conduct, in the absence of counsel, with

34) Indeed, Williams already had promised Leaming that he would tell "the whole story" when he reached Des Moines. Ante, at 392.

둘째로, 리밍의 목적은 단지 부죄적 증거를 입수하는 것만은 아니었다. 피해자는 실종된 지 이틀밖에 되지 않았고, 그녀가 죽었는지 경찰은 확실히 알 수 없었다. "그 소녀가 어디에 있는지" 당연히 그리고 자신의 임무에 부합되게 리밍은 "알아내고 싶었"으나, ante, at 399, 그러나 이 같은 동기는 연방헌법 수정 제6조를 회피하려는 의도에는 같지 않다.[34] 더군다나, 지나친 강조를 "기독교 장례식 연설(Christian burial speech)"이라고 부르기를 자신이 및 하급법원들이 선택한 바인 그 행위 위에, 그리고 윌리엄즈의 "신앙심 깊은" 신념들 위에 이 법원은 두는 것으로, ante, at 392, 400, 그리고 중상을 가하는 것으로 내게는 생각된다.

셋째로, 정보를 도출해 내기 위한 모든 시도가 "신문에 동등한," ante, at 400, 것으로 간주되어서는 안 된다. 대븐포트의 및 디모인의 두 곳 사이의 눈길이면서 미끄러운 여러 마일들을 그 겨울날 오후에 경찰차량이 가로지르는 동안에 이루어진 리밍의 말들이 및 논평들이 직접의 것이든 부지불식간의 것이든 윌리엄즈에 대한 한 개의 신문이었다는 데 나는 납득이 가지 않는다. 이 법원의 판시, ibid., 에 정반대되게 아이오아주 대법원은 다르게 생각했고 다르게 판시했던 것으로 내게는 생각되는 바, State v. Williams, 182 N. W. 2d 396, 403-405 (1970), 나는 이에 동의한다. 결국 변호사들의 조언을 윌리엄즈는 받았고, 그리고 기소인부 판사의 및 경찰의 경고를 대븐포트에서 «430 U. S., 440» 받았는 바, 그런데도 그 여행의 대화들을 시작하여 범죄 수사의 주제를 불러온 것은 그였다. 여행의 상황들을 더 이상 검토하지 아니하더라도 신문이 없었음은 명백함을 나는 말했으면 한다. 이 점에 관하여, 웹스터 판사(Judge Webster)의 정열적인 반대의견, 509 F. 2d 227, 234-237, 에, 그리고 전원일치로 새로운 청문에 찬동표를 던지는 데 있어서 그에게 가담한 법원장 깁슨 판사(Chief Judge Gibson)에 및 스트븐슨 판사(Judge Stevenson)에 의하여 함축적으로 제시된 견해들에, 나는 완전히 동의한다.

요약하자면, 기소인부 신문 뒤에 변호인의 부재 가운데서 정보를 용의자로부터 얻어내려는 주관적 의도를 지니고서 경찰이 조금이라도 행동에 관여할 때는 언제

34) 아닌 게 아니라, "전체 줄거리"를 디모인에 닿으면 말하겠다고 리밍에게 윌리엄즈는 이미 약속한 터였다. ante, at 392.

the subjective desire to obtain information from a suspect after arraignment. Such a rule is far too broad. Persons in custody frequently volunteer statements in response to stimuli other than interrogation. See, e. g., United States v. Cook, 530 F. 2d 145, 152-153 (CA7), cert. denied, 426 U. S. 909 (1976) (defendant engaged officers in conversation while being transported to magistrate); United States v. Martin, 511 F. 2d 148, 150-151 (CA8 1975) (agent initiated conversation with suspect, provoking damaging admission); United States v. Menichino, 497 F. 2d 935, 939-941 (CA5 1974) (incriminating statements volunteered during booking process); Haire v. Sarver, 437 F. 2d 1262 (CA8), cert. denied, 404 U. S. 910 (1971) (statements volunteered in response to questioning of defendant's wife). When there is no interrogation, such statements should be admissible as long as they are truly voluntary.[35]

The Massiah point thus being of no consequence, I would vacate the judgment of the Court of Appeals and remand «430 U. S., 441» the case for consideration of the issue of voluntariness, in the constitutional sense, of Williams' statements, an issue the Court of Appeals did not reach when the case was before it.

One final word: I can understand the discomfiture the Court obviously suffers and expresses in Part IV of its opinion, ante, at 406, and the like discomfiture expressed by Justice (now United States District Judge) Stuart of the Iowa court in the dissent he felt compelled to make by this Court's precedents, 182 N. W. 2d, at 406. This was a brutal, tragic, and heinous crime inflicted upon a young girl on the afternoon of the day before Christmas. With the exclusionary rule operating as the Court effectuates it, the decision today probably means that, as a practical matter, no new trial will be possible

35) With all deference to the Court, I do not agree that Massiah regarded it as "constitutionally irrelevant" that the statements in that case were surreptitiously obtained, ante, at 400. The Massiah opinion quoted with approval the dissenting Circuit Judge's statement that "Massiah was more seriously imposed upon ······ because he did not even know that he was under interrogation by a government agent." 377 U. S., at 206. «430 U. S., 442»

나 Massiah 원칙이 침해된다고 이 법원은 판시하고 있는 것으로 내게는 생각된다. 이 같은 규칙은 너무나 넓다. 신문 아닌 자극들에 응하여 자주 자진하여 진술들을 구금에 놓인 사람들은 한다. 예컨대, United States v. Cook, 530 F. 2d 145, 152-153 (CA7), cert. denied, 426 U. S. 909 (1976) (치안판사에게 송치되어 가는 동안에 경찰관들을 대화에 피고인이 끌어들임); United States v. Martin, 511 F. 2d 148, 150-151 (CA8 1975) (용의자하고의 대화를 개시함으로써 불리한 시인을 요원이 유발함); United States v. Menichino, 497 F. 2d 935, 939-941 (CA5 1974) (용의자 체포절차 동안에 자진하여 이루어진 부죄적 진술들); Haire v. Sarver, 437 F. 2d 1262 (CA8), cert. denied, 404 U. S. 910 (1971) (피고인의 처의 질문에 응하여 자진하여 이루어진 진술들) 등을 보라. 여기서는 아무런 신문이도 없었으므로, 그것들이 진실로 자발적인 것들인 한 이 같은 진술들은 증거로 허용되어야 한다.[35]

이렇듯 Massiah 판결의 요점은 중요하지 않으므로, 나라면 항소법원의 판결주문을 무효화할 것이고, 그 자신 앞에 «430 U. S., 441» 사건이 있을 때 항소법원이 도달하지 못하였던 한 가지 쟁점인, 윌리엄즈의 진술들의 헌법적 의미에서의 자발성의 쟁점에 대한 고찰을 위하여 사건을 환송할 것이다.

마지막 한 마디이다: 명백하게 이 법원이 감수하면서 자신의 의견 Part IV에서 표명하는 그 곤란, ante, at 406, 을, 그리고 당원의 선례들에 의하여 자신이 집필하도록 강제된다고 느낀 반대의견에서 아이오아주 법원의 대법관(Justice) (지금은 미합중국 지방법원 판사(Judge)) 스튜어트(Stuart)에 의하여 표명된 그 비슷한 곤란, 182 N. W. 2d, at 406, 을 나는 이해할 수 있다. 이것은 크리스마스 전날 저녁에 한 명의 어린 소녀에게 가해진 잔혹하고 비극적이며 극악한 범죄였다. 이 법원이 시행하는 대로의 위법수집 증거배제 원칙을 가진 채로는 오늘의 판결이 아마도 실제상의 문제로서 의미하는 것은 범행 이후 8년이 지난 오늘에는 새로운 정식사실심리가 가능하지 않을

35) 경의를 이 법원에 나는 지님에도 불구하고, 거기서의 진술들이 은밀히 얻어졌다는 점을 "헌법적으로 관련이 없"는 것으로 Massiah 판결은 여겼다는 데 대하여, ante, at 400, 이 법원에 나는 동의하지 않는다. "매시아는 더 심하게 강제된 셈인 바 …… 왜냐하면 정부 요원 한 명에 의한 신문에 그 자신이 놓여 있음을 그는 알지조차 못했기 때문이다."라는 순회법원 판사의 반대의견의 진술을 Massiah 판결의 의견은 승인하여 인용하였다. 377 U. S., at 206.

at this date eight years after the crime, and that this respondent necessarily will go free. That, of course, is not the standard by which a case of this kind strictly is to be judged. But, as Judge Webster in dissent below observed, 509 F. 2d, at 237, placing the case in sensible and proper perspective: "The evidence of Williams' guilt was overwhelming. No challenge is made to the reliability of the fact-finding process." I am in full agreement with that observation.

것이라는 것이고, 그리하여 불가피하게 이 피청구인은 풀려나게 될 것이라는 것이다. 물론 그것은 이 종류의 사건이 판단되는 데 있어서 엄격하게 적용되어야 할 기준은 아니다. 그러나 하급법원의 반대의견, 509 F. 2d, at 237, 에서 사건을 분별 있고 올바른 전망 안에 두면서 웹스터 판사(Judge Webster)가 말했듯이: "윌리엄즈의 유죄에 대하여는 증거가 압도적이다. 사실발견 절차의 신뢰성에 대하여는 어떤 이의는도 제기되고 있지 않다." 나는 그 말에 전적으로 동감이다.

변호인의 조력을 받을 권리

Scott v. Illinois, 440 U. S. 367 (1979)

앨라배마주 대법원에
내린 사건기록 송부명령

NO. 77-1177
변론 1978년 12월 4일
판결 1979년 3월 5일

요약해설

1. 개요

Scott v. Illinois, 440 U. S. 367 (1979)은 5 대 4로 판결되었다. 법원의 의견을 렌퀴스트(REHNQUIST) 판사가 냈고 이에는 법원장 버거(BURGER) 판사가 및 스튜어트(STEWART) 판사가, 화이트(WHITE) 판사가, 그리고 파월(POWELL) 판사가 가담하였다. 찬동의견을 파월(POWELL) 판사는 냈다. 반대의견을 브레넌(BRENNAN) 판사는 냈으며, 이에는 마샬(MARSHALL) 판사가 및 스티븐스(STEVENS) 판사가 가담하였다. 반대의견을 블랙먼(BLACKMUN) 판사는 냈다.

7년 전의 Argersinger v. Hamlin, 407 U. S. 25 (1972) 판결의 정확한 적용에 관한 주 법원들의 및 하급 연방법원들의 사이의 충돌을 해소하였는데, 법정형에 구금형이 포함되어 있지만 실제로는 구금형이 선고되지 아니한 사건에 있어서는 정식사실심리에서 가난한 피고인을 위한 변호인을 지정할 의무가 없음을 밝혔다.

2. 사실관계 및 쟁점 (440 U. S., at 368–369.)

청구인 스콧(Scott)은 150불 상당 미만의 상품을 들치기 한 행위에 대하여 주 법원에서의 정식사실심리 끝에 벌금 50불을 선고받았다. 유죄판정은 주 중급항소법원에 및 주 대법원에 의하여 인가되었다. 사건기록 송부명령을 연방대법원에 청구인은 청구하였는데, 위 범죄에 대한 주 제정법상의 법정형은 500불 이하의 벌금이거나 또는 1년 이하의 감옥형이거나 또는 두 가지의 병과(竝科)이므로, 즉 법정형의 한 가지가 구금형이므로, Argersinger v. Hamlin, 407 U. S. 25 (1972)에 따라 자신에게 변호인이 지정되었어야 한다고 청구인은 주장하였다.

6월 미만의 구금의 경우에도 변호인의 이끄는 손(the guiding hand)이 필요하다고 Argersinger 판결은 말하면서, 인지상태에서의 분별 있는 포기가 없는 한, 정식사실심리에서 변호인에 의하여 대변되지 않은 채로는, 어떤 범죄로도 — 그 범죄가 경범죄로, 경죄로 또는 중죄로 중 어느 것으로 분류되는지 여부에 상관없이 — 어느 누구가도 구금되어서는 안 된다고 판시한 바 있었다. (407 U. S., at 33-34, 38.) 이에 따라 변호인의 대변을 피고인이 누리지 못한 경우에는 구금형은 부과될 수 없고, 범죄의 심각성에 및 중대성에 관한 자기 자신의 기준에 따라 구금형의 선고가 예상되는 사건에서는 피고인을 대변할 변호인을 판사들은 지정해야 하는 것이 되었었다. (407 U. S., at 40). 그러나 이 판례의 정확한 취지에 관하여는 주 법원들의 및 하급 연방법원들의 사이에 충돌이 있어 왔는데, 법정형에 구금형이 들어 있다 하더라도 실제로 구금형이 선고되지 않은 경우에는 변호인 지정을 요하지 않는다는 것인지, 법정형에 구금형이 들어 있으면 항상 변호인 지정이 필요하다는 것인지에 관하여 혼선이 있었기 때문이다. 이 충돌을 해소하기 위하여 사건기록 송부명령을 연방대법원은 허가하였다.

3. 렌퀴스트(REHNQUIST) 판사가 쓴 법원의 의견의 요지

한 개의 제정법상의 범죄(a statutory offense)로 피고인이 기소되어 있는, 그 유죄판정에 의거하여 구금형이 허용되기는 하지만 그러나 실제로는 구금형이 부과된 바 없는 사건에 Argersinger 판결은 확장되지 않는다. 청구인 류의 형사 피고인을 위하여 변호인을 지정하도록 주(a state) 정식사실심리 법원에게 연방헌법은 요구하지 않는다. (440 U. S., at 369.) 연방헌법 수정 제6조가 및 수정 제 14조가 요구하는 것은 그의 방어를 위하여 지정 변호인의 조력을 받을 권리를 가난한 형사 피고인에게 주가 제공하지 않은 채로는 결코 그에게 구금형기가 선고되어서는 안 된다는 것뿐이다. 따라서 일리노이주 대법원의 판결주문은 인가되었다. (440 U. S., at 373-374.)

MR. JUSTICE REHNQUIST delivered the opinion of the Court.

We granted certiorari in this case to resolve a conflict among state and lower federal courts regarding the proper application of our decision in Argersinger v. Hamlin, 407 U. S. 25 (1972).[1] 436 U. S. 925. Petitioner Scott was convicted of theft and fined $50 after a bench trial in the Circuit Court of Cook County, Ill. His conviction was affirmed by the state intermediate appellate court and then by the Supreme Court of Illinois, over Scott's contention that the Sixth and Fourteenth Amendments to the United States Constitution required that Illinois provide trial counsel to him at its expense.

Petitioner Scott was convicted of shoplifting merchandise valued at less than $150. The applicable Illinois statute set the maximum penalty for such an offense at a $500 fine or one year in jail, or both.[2] The petitioner argues that a line of this Court's cases culminating in Argersinger v. Hamlin, supra, requires state provision of counsel whenever imprisonment is an authorized penalty. «440 U. S., 369»

The Supreme Court of Illinois rejected this contention, quoting the following language from Argersinger:

---

1) Compare, e. g., Potts v. Estelle, 529 F. 2d 450 (CA5 1976); State ex rel. Winnie v. Harris, 75 Wis. 2d 547, 249 N. W. 2d 791 (1977), with Sweeten v. Sneddon, 463 F. 2d 713 (CA10 1972); Rollins v. State, 299 So. 2d 586 (Fla.), cert. denied, 419 U. S. 1009 (1974).

2) Ill. Rev. Stat., ch. 38, § 16–1 (1969). The penalty provision of the statute, at the time in question, provided in relevant part: "A person first convicted of theft of property not from the person and not exceeding $150 in value shall be fined not to exceed $500 or imprisoned in a penal institution other than the penitentiary not to exceed one year, or both. A person convicted of such theft a second or subsequent time, or after a prior conviction of any type of theft, shall be imprisoned in the penitentiary from one to 5 years ……."

법원의 의견을 렌퀴스트(REHNQUIST) 판사가 냈다.

Argersinger v. Hamlin, 407 U. S. 25 (1972)에서의 우리의 결정의 정확한 적용에 관한 주 법원들의 및 하급 연방법원들의 사이의 한 가지 충돌을 해결하기 위하여 사건기록 송부명령을 이 사건에서 우리는 허가하였다.[1] 436 U. S. 925. 청구인 스콧(Scott)은 일리노이주 쿡 카운티(Cook County) 순회법원에서 판사에 의한 정식사실심리 뒤에 절도죄에 대하여 유죄가 인정되어 벌금 50불이 선고되었다. 스콧에 대한 유죄판정은 일리노이주 중급항소법원에 의하여, 그리고 일리노이주 대법원에 의하여 인가되었는데, 정식사실심리 변호인을 일리노이주더러 주 자신의 비용으로 그에게 제공하도록 미합중국 헌법 수정 제6조가 및 제14조가 요구한다는 스콧의 주장을 그 법원들은 물리쳤다.

150불 미만 상당의 상품을 들치기 한 행위로 유죄판정을 청구인 스콧은 받았다. 이 같은 범죄에 대하여 형량의 상한을 500불의 벌금으로 또는 1년의 감옥형으로 또는 두 가지의 병과(竝科)로 이에 적용되는 일리노이주 제정법은 정하였다.[2] 그 법정형의 한 가지가 구금형일 경우에는 언제든지 변호인을 제공하도록 Argersinger v. Hamlin, supra에서 정점을 이룬 당원의 일련의 선례들이 주에게 요구한다고 청구인은 주장한다. [440 U. S. 369]

이 주장을 일리노이주 대법원은 기각하였는데, 다음의 구절을 Argersinger 판결로부터 인용하였다:

---

1) 예컨대, Potts v. Estelle, 529 F. 2d 450 (CA5 1976)을; State ex rel. Winnie v. Harris, 75 Wis. 2d 547, 249 N. W. 2d 791 (1977)을 Sweeten v. Sneddon, 463 F. 2d 713 (CA10 1972)에; Rollins v. State, 299 So. 2d 586 (Fla.), cert. denied, 419 U. S. 1009 (1974)에 비교하라.

2) Ill. Rev. Stat., ch. 38, § 16-1 (1969). 문제의 시점 당시에 그 제정법의 처벌규정은 해당부분에서 이렇게 규정하였다: "사람의 신체 이외의 곳으로부터의 가액 150불 이하의 재물의 절취행위로 처음으로 유죄판정되는 사람은 500불 이하의 벌금에 처하거나 교도소(penitentiary) 이외의 행형시설에서의 1년 이하의 구금형에 처하거나 또는 두 가지를 병과한다. 이 같은 절취행위로 두 번 이상 유죄로 판정되거나, 또는 종류 여하를 막론하고 절취행위에 대한 선행의(a prior) 유죄판정 뒤에 유죄로 판정된 사람은 교도소에서의 1년 이상의 및 5년 이하의 구금형에 처한다 ……"

"We hold, therefore, that absent a knowing and intelligent waiver, no person may be imprisoned for any offense, whether classified as petty, misdemeanor, or felony, unless he was represented by counsel at his trial." 407 U. S., at 37.

"Under the rule we announce today, every judge will know when the trial of a misdemeanor starts that no imprisonment may be imposed, even though local law permits it, unless the accused is represented by counsel. He will have a measure of the seriousness and gravity of the offense and therefore know when to name a lawyer to represent the accused before the trial starts." Id., at 40.

The Supreme Court of Illinois went on to state that it was "not inclined to extend Argersinger" to the case where a defendant is charged with a statutory offense for which imprisonment upon conviction is authorized but not actually imposed upon the defendant. 68 Ill. 2d 269, 272, 369 N. E. 2d 881, 882 (1977). We agree with the Supreme Court of Illinois that the Federal Constitution does not require a state trial court to appoint counsel for a criminal defendant such as petitioner, and we therefore affirm its judgment.

In his petition for certiorari, petitioner referred to the issue in this case as "the question left open in Argersinger v. Hamlin, 407 U. S. 25 (1972)." Pet. for Cert. 5. Whether this question was indeed "left open" in Argersinger depends upon whether one considers that opinion to be a point in a moving line or a holding that the State are required to go only so far in furnishing counsel to indigent defendants. The Supreme Court of Illinois, in quoting the above language from Argersinger, clearly viewed the latter as Argersinger's holding. «440 U. S., 370» Additional support for this proposition may be derived from the concluding paragraph of the opinion in that case:

"The run of misdemeanors will not be affected by today's ruling. But in

“따라서 인지 상태에서의 분별 있는 포기가 없는 한, 정식사실심리에서 변호인에 의하여 대변되지 않은 채로는, 어떤 범죄로도 - 그 범죄가 경범죄(petty)로, 경죄(misdemeanor)로 또는 중죄(felony)로 중 어느 것으로 분류되는지 여부에 상관없이 - 어느 누구가도 구금되어서는 안 된다고 우리는 판시한다” 407 U. S., at 37.

“오늘 우리가 선언하는 규칙 아래서, 설령 구금형을 지역의 법이 허용하더라도 변호인에 의하여 피고인이 대변되지 않는 한, 구금형은 부과될 수 없음을 경죄의 정식사실심리가 시작될 때 모든 판사는 알 것이다. 범죄의 심각성에 및 중대성에 대한 기준을 그는 지닐 것이고 따라서 피고인을 대변할 변호사를 언제 지정해야 할지를 정식사실심리가 시작되기 전에 그는 알 것이다.” Id., at 40.

제정법상의 범죄(a statutory offense)로 피고인이 기소된, 그 유죄판정에 의거하여 구금형이 허용되기는 하지만 그러나 실제로는 구금형이 부과된 바 없는 사건에 “Argersinger 판결을 확장시키고 싶지 않다”고 말하는 데 일리노이주 대법원은 나아갔다. 68 Ill. 2d 269, 272, 369 N. E. 2d 881, 882 (1977). 청구인 같은 형사 피고인을 위하여 변호인을 지정하도록 주(a state) 정식사실심리 법원에게 연방헌법은 요구하지 않는다는 데 대하여 일리노이주 대법원에 우리는 동의하며, 따라서 일리노이주 대법원의 판결주문을 우리는 인가한다.

이 사건에서의 쟁점을 가리켜 “Argersinger v. Hamlin, 407 U. S. 25 (1972)에서 미결정인 채로 남겨진 문제”라고 자신의 사건기록 송부명령 청구서에서 청구인은 언급하였다. Pet. for Cert. 5. 이 문제가 Argersinger 판결에서 진짜로 “미결정인 채로 남겨진(left open)” 것이었는지 여부는 그 의견을 한 개의 움직이는 기준선 속에서의 한 개의 지점으로 우리가 간주하는지, 또는 변호인을 가난한 피고인들에게 주가 제공함에 있어서 오직 거기까지 나가도록 요구된다는 한 개의 판시(a holding)로 그 의견을 우리가 간주하는지 여부에 달려 있다. 위 문구를 Argersinger 판결에서 인용함에 있어서 명확하게 후자를 Argersinger 판결의 판시로 일리노이주 대법원은 간주하였다. «440 U. S., 370» 그 사건에서의 의견의 종결단락 부분으로부터, 이 주장을 뒷받침하는 추가적 근거는 도출될 수 있다:

“오늘의 판단에 의하여 영향을 경죄들의 항로는 받지 않을 것이다. 그러나 개인

those that end up in the actual deprivation of a person's liberty, the accused will receive the benefit of 'the guiding hand of counsel' so necessary where one's liberty is in jeopardy." 407 U. S., at 40.

Petitioner, on the other hand, refers to language in the Court's opinion, responding to the opinion of MR. JUSTICE POWELL, which states that the Court "need not consider the requirements of the Sixth Amendment as regards the right to counsel where loss of liberty is not involved …… for here petitioner was in fact sentenced to jail." Id., at 37.

There is considerable doubt that the Sixth Amendment itself, as originally drafted by the Framers of the Bill of Rights, contemplated any guarantee other than the right of an accused in a criminal prosecution in a federal court to employ a lawyer to assist in his defense. W. Beaney, The Right to Counsel in American Courts 27-30 (1955). In Powell v. Alabama, 287 U. S. 45 (1932), the Court held that Alabama was obligated to appoint counsel for the Scottsboro defendants, phrasing the inquiry as "whether the defendants were in substance denied the right of counsel, and if so, whether such denial infringes the due process clause of the Fourteenth Amendment." Id., at 52. It concluded its opinion with the following language:

"The United States by statute and every state in the Union by express provision of law, or by the determination of its courts, make it the duty of the trial judge, where the accused is unable to employ counsel, to appoint counsel for him. In most states the rule applies broadly to all criminal prosecutions, in others it is limited to the more serious crimes, and in a very limited number, to capital cases. A rule adopted with such unanimous «440 U. S., 371» accord reflects, if it does not establish, the inherent right to have counsel appointed, at least in cases like the present, and lends convincing support to the conclusion we have reached as to the fundamental nature of that

의 자유의 실제의 박탈로 종결되는 경죄들의 경우에는 개인의 자유가 위험에 놓일 때 그토록 필요한 '변호인의 이끄는 손(the guiding hand of counsel)'의 이익을 피고인은 누리게 될 것이다." 407 U. S., at 40.

이에 반하여, 파월(POWELL) 판사의 의견에 응수한 당원의 의견에서의 표현을, 즉 당원으로서는 "…… 자유의 상실이 포함되어 있지 아니한 경우의 변호인의 조력을 받을 권리에 관하여는 연방헌법 수정 제6조의 요구들을" 당원은 "고찰할 필요가 없"다는, "왜냐하면 여기서는 감옥형을 실제로 청구인이 선고받았기 때문"이라는 부분, Id., at 37, 을 청구인은 언급한다.

연방법원에서의 형사 기소사건에서 범인으로 주장되는 사람의 자기 자신의 방어를 위하여 변호사를 고용할 권리를 이외의 것에 대하여 조금이라도 보장을, 권리장전(the Bill of Rights)을 기초한 분들에 의하여 당초에 초안된 것으로서의 연방헌법 수정 제6조 자체가 고려했다는 점에 대하여는 상당한 의문이 있다. W. Beaney, The Right to Counsel in American Courts 27-30 (1955). 스콧츠보로 피고인들을 위하여 변호인을 앨라배마주는 지정할 의무가 있었다고 Powell v. Alabama, 287 U. S. 45 (1932)에서 당원은 판시하였는데, "변호인의 조력을 받을 권리를 피고인들이 실질적으로 박탈당했는지 여부로, 그리고 박탈당했다면 연방헌법 수정 제14조의 적법절차 조항을 그 같은 박탈이 침해하는 것인지 여부로" 그 심리대상을 당원은 표현하였다. Id., at 52. 이러한 말로써 자신의 의견을 당원은 마무리지었다:

"변호인을 범인으로 주장되는 사람이 고용할 수 없을 경우에 그를 위하여 변호인을 지정함을 정식사실심리 판사의 의무로 미합중국은 제정법에 의하여, 그리고 연방 내의 모든 주는 법의 명시적 규정에 또는 자신의 법원들의 결정에 의하여 만들고 있다. 대부분의 주들에서 모든 형사적 소송추행들에 널리 그 규칙은 적용되고, 여타의 주들에서는 보다 더 중대한 범죄들에 그것은 한정되며, 그리고 극히 제한된 숫자의 주들에서는 사형이 가능한 사건들에 그것은 한정된다. 적어도 현재 류의 사건들에 있어서 변호인을 «440 U. S., 371» 지정받을 고유의 권리를, 이 같은 만장일치의 합의로써 채택된 규칙은 설령 확립하지는 못하더라도 반영은 하는 것이고, 나아가 그 권리의 기본적 성격에 관하여 우리가 도달해 있는 결론에 설득력 있

right." Id., at 73.

Betts v. Brady, 316 U. S. 455 (1942), held that not every indigent defendant accused in a state criminal prosecution was entitled to appointment of counsel. A determination had to be made in each individual case whether failure to appoint counsel was a denial of fundamental fairness. Betts was in turn overruled in Gideon v. Wainwright, 372 U. S. 335 (1963). In Gideon, Betts was described as holding "that a refusal to appoint counsel for an indigent defendant charged with a felony did not necessarily violate the Due Process Clause of the Fourteenth Amendment ……." 372 U. S., at 339.

Several Terms later the Court held in Duncan v. Louisiana, 391 U. S. 145 (1968), that the right to jury trial in federal court guaranteed by the Sixth Amendment was applicable to the State by virtue of the Fourteenth Amendment. The Court held, however: "It is doubtless true that there is a category of petty crimes or offenses which is not subject to the Sixth Amendment jury trial provision and should not be subject to the Fourteenth Amendment jury trial requirement here applied to the States. Crimes carrying possible penalties up to six months do not require a jury trial if they otherwise qualify as petty offenses ……." Id., at 159 (footnote omitted). In Baldwin v. New York, 399 U. S. 66, 69 (1970), the controlling opinion of MR. JUSTICE WHITE concluded that "no offense can be deemed 'petty' for purposes of the right to trial by jury where imprisonment for more than six months is authorized."

In Argersinger the State of Florida urged that a similar dichotomy be employed in the right-to-counsel area: Any offense punishable by less than six months in jail should not «440 U. S., 372» require appointment of counsel for an indigent defendant.[3] The Argersinger Court rejected this analogy, however, observing that "the right to trial by jury has a different genealogy

3) Brief for Respondent in Argersinger v. Hamlin, O. T. 1971, No. 70-5015, p. 12.

는 근거를 그것은 제공해 준다." Id., at 73.

변호인 지정을 누릴 권리를 주(a state) 형사 기소사건에서의 모든 가난한 피고인이 가지는 것은 아니라고 Betts v. Brady, 316 U. S. 455 (1942) 판결은 판시하였다. 변호인을 지정하지 아니한 점이 기본적 공정성에 대한 박탈이었는지 여부에 관하여 개개의 사건에서마다 판정이 이루어져야 하였다. 이번에는 Gideon v. Wainwright, 372 U. S. 335 (1963)에서 Betts 판결은 폐기되었다. "연방헌법 수정 제14조의 적법절차 조항을 중죄로 기소된 가난한 피고인을 위한 변호인 지정의 거부가 …… 반드시 침해하는 것은 아니"라고 판시한 것으로 Gideon 판결에서 Betts 판결은 설명되었다. 372 U. S., at 339.

연방헌법 수정 제6조에 의하여 보장된 연방법원에서의 배심에 의한 정식사실심리를 받을 권리(the right to jury trial)는 연방헌법 수정 제14조에 의하여 주(State)에게 적용된다고 몇 번의 개정기들이 지난 뒤에 Duncan v. Louisiana, 391 U. S. 145 (1968)에서 당원은 판시하였다. 그러나 당원은 이렇게 판시하였다: "연방헌법 수정 제6조의 배심에 의한 정식사실심리 규정의 적용을 받지 않는, 따라서 여기서 주들에게 적용된 연방헌법 수정 제14조의 배심에 의한 정식사실심리의 요구의 적용을 받아서는 안 되는 일정 범주의 경범죄들이 있음은 의문의 여지없이 진실이다. 최대 6월의 법정형을 수반하는 범죄들은, 만약 여타의 점에서 경범죄들(petty offenses)로서의 자격을 충족하는 것들이면, 배심에 의한 정식사실심리를 요구하지 않는다…… ." Id., at 159 (각주생략). "배심에 의한 정식사실심리를 받을 권리의 목적을 위하여는 조금이라도 6월을 넘는 구금형이 법정형으로서 허용되는 범죄는 '경범죄에 해당하는(petty)' 것으로 간주될 수 없다."고 Baldwin v. New York, 399 U. S. 66, 69 (1970)에서 화이트(WHITE) 판사의 지배적 의견은 결론지었다.

변호인의 조력을 받을 권리 영역에 있어서는 유사한 이분법(dichotomy)이 사용되어야 한다고 Argersinger 사건에서 플로리다주는 주장하였다: 즉 가난한 피고인을 위한 변호인 지정을 6월 미만의 «440 U. S., 372» 감옥형으로써 처벌할 수 있는 범죄는 요구하지 않는다는 것이었다.[3] 그러나 이 유추를 Argersinger 법원은 거부하였는데, "배심에 의한 정식사실심리를 누릴 권리는 상이한 혈통을 지닌 것이고, 따라서 판사 한 명

3) Brief for Respondent in Argersinger v. Hamlin, O. T. 1971, No. 70-5015, p. 12.

and is brigaded with a system of trial to a judge alone." 407 U. S., at 29.

The number of separate opinions in Gideon, Duncan, Baldwin, and Argersinger, suggests that constitutional line drawing becomes more difficult as the reach of the Constitution is extended further, and as efforts are made to transpose lines from one area of Sixth Amendment jurisprudence to another. The process of incorporation creates special difficulties, for the state and federal contexts are often different and application of the same principle may have ramifications distinct in degree and kind. The range of human conduct regulated by state criminal laws is much broader than that of the federal criminal laws, particularly on the "petty" offense part of the spectrum. As a matter of constitutional adjudication, we are, therefore, less willing to extrapolate an already extended line when, although the general nature of the principle sought to be applied is clear, its precise limits and their ramifications become less so. We have now in our decided cases departed from the literal meaning of the Sixth Amendment. And we cannot fall back on the common law as it existed prior to the enactment of that Amendment, since it perversely gave less in the way of right to counsel to accused felons than to those accused of misdemeanors. See Powell v. Alabama, supra, at 60.

In Argersinger the Court rejected arguments that social cost or a lack of available lawyers militated against its holding, in some part because it thought these arguments were factually incorrect. 407 U. S., at 37 n. 7. But they were rejected in much larger part because of the Court's conclusion that incarceration was so severe a sanction that it should not be imposed as a result of a criminal trial unless an indigent «440 U. S., 373» defendant had been offered appointed counsel to assist in his defense, regardless of the cost to the States implicit in such a rule. The Court in its opinion repeatedly referred to trials "where an accused is deprived of his liberty," id., at 32, and

만에 의한 정식사실심리 제도에 함께 묶여 분류된다."고 말하였다. 407 U. S., at 29.

연방헌법의 범위가 더 멀리 확장됨에 따라, 그리고 연방헌법 수정 제6조의 사법체계의 한 개의 영역으로부터 다른 영역으로 기준선들의 위치를 바꾸어 놓으려는 노력들이 이루어짐에 따라 헌법사항의 기준선 긋기는 더욱 어려워짐을 Gideon 판결에서의, Duncan 판결에서의, Baldwin 판결에서의, Argersinger 판결에서의 개별 의견들의 숫자는 시사한다. 특별한 곤란들을 그 통합의 과정은 빚어내는 바, 왜냐하면 주(state)의 및 연방의 맥락들은 다른 경우가 흔하고 그리하여 등급에서 및 종류에서 별개인 여러 지류들을 그 동일한 원칙의 적용은 가질 수 있기 때문이다. 주(state) 형사법들에 의하여 규율되는 인간 행위의 범위는 연방(federal) 형사법들의 범위가보다도 훨씬 더 넓은데, 그 스펙트럼 가운데 "경범죄에 해당하는(petty)" 범죄 분야에서 특히나 그러하다. 그러므로 한 가지 헌법판결(a constitutional adjudication)의 문제로서, 비록 그 적용이 추구되는 원칙의 일반적 성격은 명확하다 하더라도 그것의 정확한 한계들은 및 그것들의 지류들은 덜 명확한 것이 되는 경우에, 한 개의 이미 확장된 기준선을 외삽하는(extrapolate) 데 있어서 우리는 그다지 마음이 내키지 않는다. 우리의 선례들 안에서 연방헌법 수정 제6조의 문자적 의미로부터 지금 우리는 결별한 터이다. 그리고 그 수정조항의 제정 이전에 존재한 대로의 보통법(common law)에 우리는 의지할 수가 없는 바, 왜냐하면 변호인의 조력을 받을 권리의 점에 있어서 더 적은 것을 경죄들로 기소된 사람들에게보다도 오히려 중죄로 기소된 사람들에게 그 보통법은 부당하게도 부여했기 때문이다. Powell v. Alabama, supra, at 60을 보라.

자신의 판시에 불리하게 사회적 비용(social cost)의 점이, 또는 이용 가능한 변호사들의 부족의 점이 작용한다는 주장들을 Argersinger 판결에서 당원은 배척하였는데, 이 주장들을 사실적으로 부정확하다고 당원이 생각하였던 데 그 이유 가운데 일부는 있다. 407 U. S., at 37 n. 7. 그러나 감금(incarceration)은 매우 가혹한 제재(sanction)이기에 자신의 방어를 조력할 지정 변호인을 한 명의 가난한 «440 U. S., 373» 피고인이 제공받지 못한 상태에서 이루어진 형사 정식사실심리의 한 가지 결과로서 그것은 부과되어서는 안 된다는, 그리고 이 같은 규칙에 내재하는 주들에게 부과되는 비용 여하에 상관없이 그것은 그래야만 한다는 당원의 결론에 그 주장들이 배척된 훨씬 더 큰 이유는 있다. "그의 자유를 피고인이 박탈당하게 되는(where an to "a case that actually leads to imprisonment even for a brief period," id., at 33. THE CHIEF JUSTICE in his opinion concurring in the result also observed that "any deprivation of liberty is a serious matter." Id., at 41.

Although the intentions of the Argersinger Court are not unmistakably clear from its opinion, we conclude today that Argersinger did indeed delimit the constitutional right to appointed counsel in state criminal proceedings.[4] Even were the matter res nova, we believe that the central premise of Argersinger - that actual imprisonment is a penalty different in kind from fines or the mere threat of imprisonment - is eminently sound and warrants adoption of actual imprisonment as the line defining the constitutional right to appointment of counsel. Argersinger has proved reasonably workable, whereas any extension would create confusion and impose unpredictable, but necessarily substantial, costs on 50 quite diverse States.[5] We therefore hold that the Sixth «440 U. S., 374» and Fourteenth Amendments to the United States Constitution require only that no indigent criminal defendant be sentenced to a term of imprisonment unless the State has afforded him the right to assistance of appointed counsel in his defense. The judgment of the Supreme Court of Illinois is accordingly

Affirmed.

---

4) We note that the line drawn in Argersinger was with full awareness of the various options. Both the petitioner in that case and the Legal Aid Society of New York, as amicus curiae, argued that the right to appointed counsel should pertain in any case in which imprisonment was an authorized penalty for the underlying offense. Brief for Petitioner in Argersinger v. Hamlin, O. T. 1971, No. 70-5015, p. 4; Brief for Legal Aid Society of New York as Amicus Curiae in Argersinger v. Hamlin 5-11. Respondent Florida and the amici States urged that the line be drawn as it had been in Baldwin for purposes of the jury trial guarantee. See, e. g., Brief for Respondent in Argersinger v. Hamlin 12. The Solicitor General argued for the standard that was finally adopted – that of actual imprisonment. Brief for United States as Amicus Curiae in Argersinger v. Hamlin 22-24.

5) Unfortunately, extensive empirical work has not been done. That which exists suggests that the requirements of Argersinger have not proved to be unduly burdensome. See, e. g., Ingraham, The Impact of Argersinger – One Year Later, 8 Law & Soc. Rev. 615 (1974). That some «440 U. S., 374» jurisdictions have had difficulty implementing Argersinger is certainly not an argument for extending it. S. Krantz, C. Smith, D. Rossman, P. Froyd & J. Hoffman, Right to Counsel in Criminal Cases 1-18 (1976).

accused is deprived of his liberty)" 정식사실심리들을, id., at 32, 그리고 "심지어 짧은 기간 동안이나마 구금으로 귀결되는 한 개의 사건(a case that actually leads to imprisonment even for a brief period)"을, id., at 33, 자신의 의견에서 반복적으로 당원은 언급하였다. "자유의 박탈은 그 어떤 것이든 중대한 문제이다(any deprivation of liberty is a serious matter)." 라고 결론에 찬동하는 자신의 의견에서 법원장은도 말하였다. Id., at 41.

비록 Argersinger 법원의 의도들은 그 의견으로부터 의심의 여지없이 명백한 것이 아님에도 불구하고, 주(state) 형사절차들에서 지정 변호인을 가질 헌법적 권리의 한계를 Argersinger 판결은 정하였음이 사실이라고 우리는 오늘 결론짓는다.[4] 설령 그 문제가 새로운 것(res nova)이라 하더라도, Argersinger 판결의 핵심적 전제 — 즉 실제의 구금은 벌금들하고는 내지는 순전한 구금의 위협하고는 종류를 달리 하는 처벌이라는 것 — 는 현저하게 정당하다고, 따라서 변호인 지정에 대한 헌법적 권리를 규정하는 기준선(line)으로서 실제의(actual) 구금을 채택함을 그 전제는 정당화한다고 우리는 믿는다. Argersinger 판결은 합리적으로 작동 가능함이 입증되어 있는 바, 이에 반하여 조금이라도 이에 대한 확장은 혼란을 낳으면서 예측불능의, 그러면서도 불가피하게도 다대한 비용을 50개나 되는 실로 많은 주들 위에 부과할 것이다.[5] 따라서 연방헌법 수정 제6조가 및 수정 제 14조가 «440 U. S., 374» 요구하는 것은 그의 방어를 위하여 지정 변호인의 조력을 받을 권리를 가난한 형사 피고인에게 주가 제공하지 않은 채로는 결코 그에게 구금형기가 선고되어서는 안 된다는 것뿐이라고 우리는 판시한다. 따라서 일리노이주 대법원의 판결주문은

인가된다.

---

4) Argersinger 판결에서 그어진 기준선은 그 다양한 선택항목들에 대한 충분한 인식을 지닌 것이었음을 우리는 특별히 언급한다. 그 기초가 되는 범죄에 대하여 허용된 형량의 한 가지가 구금형인 모든 사건에 지정 변호인을 가질 권리는 부속해야 한다고 그 사건에서의 청구인은, 그리고 법정의 고문(amicus curiae)으로서의 뉴욕주 법률원조협회(the Legal Aid Society of New York)는 다 같이 주장하였다. Brief for Petitioner in Argersinger v. Hamlin, O. T. 1971, No. 70-5015, p. 4; Brief for Legal Aid Society of New York as Amicus Curiae in Argersinger v. Hamlin 5-11. 배심에 의한 정식사실심리의 보장을 위하여 Baldwin 사건에서 그어졌던 바에 따라 그 기준선은 그어져야 한다고 피청구인 플로리다주는, 그리고 법정의 고문들로서의 여러 주들은 주장하였다. 예컨대, Brief for Respondent in Argersinger v. Hamlin 12를 보라. 최종적으로 채택된 기준을 – 즉 실제의 구금이라는 기준을 옹호하여 – 공판담당차관보는 주장하였다. Brief for United States as Amicus Curiae in Argersinger v. Hamlin 22-24를 보라.

5) 불행하게도, 광범위한 경험적 연구는 수행되어 있지 않은 상태이다. Argersinger 판결의 요구사항들은 부당하게 부담을 가하는 것임이 증명되어 있지 않다는 것이 현존하는 상황이 시사하는 바이다. 예컨대, Ingraham, The Impact of Argersinger – One Year Later, 8 Law & Soc. Rev. 615 (1974)을 보라. Argersinger 규칙을 «440 U. S., 374» 시행함에 있어서 곤란을 일부 관할들이 겪어 왔다는 점은 확실히 그것을 확장해야 할 한 개의 논거가 아니다. S. Krantz, C. Smith, D. Rossman, P. Froyd & J. Hoffman, Right to Counsel in Criminal Cases 1-18 (1976).

MR. JUSTICE POWELL, concurring.

For the reasons stated in my opinion in Argersinger v. Hamlin, 407 U. S. 25, 44 (1972), I do not think the rule adopted by the Court in that case is required by the Constitution. Moreover, the drawing of a line based on whether there is imprisonment (even for overnight) can have the practical effect of precluding provision of counsel in other types of cases in which conviction can have more serious consequences. The Argersinger rule also tends to impair the proper functioning of the criminal justice system in that trial judges, in advance of hearing any evidence and before knowing anything about the case except the charge, all too often will be compelled to forgo the legislatively granted option to impose a sentence of imprisonment upon conviction. Preserving this option by providing counsel often will be impossible or impracticable - particularly in congested urban courts where scores of cases are heard in a single sitting, and in small and rural communities where lawyers may not be available.

Despite my continuing reservations about the Argersinger rule, it was approved by the Court in the 1972 opinion and four Justices have reaffirmed it today. It is important that this Court provide clear guidance to the hundreds of courts across the country that confront this problem daily. Accordingly, and mindful of stare decisis, I join the opinion of the «440 U. S., 375» Court. I do so, however, with the hope that in due time a majority will recognize that a more flexible rule is consistent with due process and will better serve the cause of justice.

파월(POWELL) 판사의 보충의견이다.

Argersinger v. Hamlin, 407 U. S. 25, 44 (1972)에서의 나의 의견에 서술된 이유에 따라, 그 사건에서 당원에 의하여 채택된 규칙이 연방헌법에 의하여 요구되는 것이라고는 나는 생각하지 않는다. 더군다나 유죄판정이 빚는 결과들이 더 중대한 것이 될 수도 있는 여타의 유형의 사건들에서 오히려 변호인의 제공을 배제하는 실제상의 결과를, 기준을 구금 — 비록 하룻밤 동안일지언정 — 이 있는지 여부에 두고서 한 개의 선을 긋는 것은 초래할 수 있다. 조금이라도 증거를 청취하기 전에 그리고 사건에 관하여 공소사실 이외의 것에 대하여 조금이라도 알게 되기 전에, 유죄판정에 의거하여 구금형을 부과할 수 있는 입법적으로 부여된 선택권을 버리도록 정식사실심리 판사들이 너무나 자주 강제될 것이라는 점에서 형사재판 제도의 정당한 기능을 Argersinger 규칙은 손상시킬 소지가 있기도 하다. 변호인을 자주 제공함으로써 이 선택권을 보전하기란 불가능하거나 실현가능성이 없거나일 것인 바 — 단 한 번의 개정기일에 수십 건의 사건들이 심리되는 붐비는 도시의 법원들에서와, 그리고 변호사들을 이용할 수 없는 작은 시골의 지역사회들에서 이것은 특히 그러하다.

Argersinger 규칙에 대한 나의 계속되는 유보적 표명들에도 불구하고, 1972년의 의견에서 당원에 의하여 그것은 승인되었으며, 그리고 이를 오늘 네 명의 대법관들이 재확인한 터이다. 명확한 안내를 날마다 이 문제에 직면하는 나라 전체에 걸친 수백 곳의 법원들에게 당원이 제공해야 함은 중요하다. 그렇기 때문에, 그리고 선례구속의 원칙(stare decisis)을 염두에 두고서, 이 법원의 의견에 나는 «440 U. S., 375» 가담한다. 그러나 내가 그렇게 하는 것은 적법절차에 보다 더 유연한 규칙이 부합됨을, 그리고 재판의 목적에 더 많이 기여할 것임을 다수판사들이 적절한 시기에 인정할 것이라는 희망을 지니고서이다.

MR. JUSTICE BRENNAN, with whom MR. JUSTICE MARSHALL and MR. JUSTICE STEVENS join, dissenting.

The Sixth Amendment provides: "In *all criminal* prosecutions, the accused shall enjoy the right ...... to have the Assistance of Counsel for his defence." (Emphasis supplied.) Gideon v. Wainwright, 372 U. S. 335 (1963), extended the Sixth Amendment right to counsel to the States through the Fourteenth Amendment and held that the right includes the right of the indigent to have counsel provided. Argersinger v. Hamlin, 407 U. S. 25 (1972), held that the right recognized in Gideon extends to the trial of any offense for which a convicted defendant is likely to be incarcerated.

This case presents the question whether the right to counsel extends to a person accused of an offense that, although punishable by incarceration, is actually punished only by a fine. Petitioner Aubrey Scott was charged with theft in violation of Ill. Rev. Stat., ch. 38, 16-1 (1969), an offense punishable by imprisonment for up to one year or by a fine of up to $500, or by both. About four months before Argersinger was decided, Scott had a bench trial, without counsel, and without notice of entitlement to retain counsel or, if indigent,[6] to have counsel provided. He was found guilty as charged and sentenced to pay a $50 fine.

The Court, in an opinion that at best ignores the basic principles of prior decisions, affirms Scott's conviction without «440 U. S., 376» counsel because

6) Scott was found to be indigent at the time of his initial appeal, and an attorney was therefore appointed for him and he was provided a free transcript of his trial for use on the appeal. The Illinois courts and the parties have assumed his indigency at the time of trial for purposes of this case. See 68 Ill. 2d 269, 270–272, 369 N. E. 2d 881, 881–882 (1977); 36 Ill. App. 3d 304, 307–308, 343 N. E. 2d 517, 520 (1976).

마샬(MARSHALL) 판사가 및 스티븐스(STEVENS) 판사가 가담하는 브레넌(BRENNAN) 판사의 반대의견이다.

연방헌법 수정 제6조는 규정한다: "…… 자신의 방어를 위하여 변호인의 조력을 받을 권리를 *모든 형사적*(*all criminal*) 절차추행들에있어서 범인으로 주장되는 사람(accused)은 향유한다." (강조는 보태짐.) 연방헌법 수정 제6조의 변호인의 조력을 받을 권리를 연방헌법 수정 제14조를 통하여 주들에게 Gideon v. Wainwright, 372 U. S. 335 (1963) 판결은 확장시켰고, 변호인을 제공받을 가난한 피고인의 권리를 그 권리는 포함한다고 그것은 판시하였다. 유죄로 판정될 경우에 피고인이 구금될 가망이 있는 모든 범죄의 정식사실심리에 Gideon 판결에서 인정된 그 권리는 미친다고 Argersinger v. Hamlin, 407 U. S. 25 (1972) 판결은 판시하였다.

범죄로 기소된 사람에 대하여 구금형에 의한 처벌이 가능함에도 불구하고 실제로는 벌금형만이 내려지는 경우에 변호인의 조력을 받을 권리가 그에게 미치는지 여부의 문제를 이 사건은 제기한다. Ill. Rev. Stat.(일리노이주 현행법률집), ch. 38, § 16-1 (1969)을 위반한 절도죄로 청구인 오브리 스콧(Aubrey Scott)은 기소되었는데, 그것은 법정형이 최장 1년의 구금형인 또는 최대 500불의 벌금인 또는 두 가지의 병과인 범죄였다. 변호인 없이, 그리고 변호인을 선임할 권리에 대한, 또는 만약 가난할 경우에는[6] 변호인을 제공받을 권리에 대한 고지를 받지 못한 채로, 판사에 의한 정식사실심리를 Argersinger 사건이 판결되기 약 4월 전에 스콧은 받았다. 그는 기소된 대로 유죄가 인정되었고 벌금 50불을 선고받았다.

변호인 없이 내려진 스콧에 대한 «440 U. S., 376» 유죄판정을, 단지 벌금형을 그가 선고받았을 뿐이라는 이유로, 선례들에서 내려진 기본적 원칙들을 기껏해야 무

6) 스콧은 그의 최초의 항소 당시에 가난한 사람임이 인정되었고, 이에 따라 그를 위하여 한 명의 변호사가 지정되었으며, 그의 정식사실심리 기록의 무료 전사등본이 항소심에서의 사용을 위하여 제공되었다. 정식사실심리 시점에서의 그의 궁핍을 이 사건의 목적들을 위하여 일리노이주 법원들은 및 당사자들은 추정하여 왔다. 68 Ill. 2d 269, 270–272, 369 N. E. 2d 881, 881–882 (1977)을; 36 Ill. App. 3d 304, 307–308, 343 N. E. 2d 517, 520 (1976)을 보라.

he was sentenced only to pay a fine. In my view, the plain wording of the Sixth Amendment and the Court's precedents compel the conclusion that Scott's uncounseled conviction violated the Sixth and Fourteenth Amendments and should be reversed.

I

The Court's opinion intimates that the Court's precedents ordaining the right to appointed counsel for indigent accuseds in state criminal proceedings fail to provide a principled basis for deciding this case. That is demonstrably not so. The principles developed in the relevant precedents are clear and sound. The Court simply chooses to ignore them.

Gideon v. Wainwright held that, because representation by counsel in a criminal proceeding is "fundamental and essential to a fair trial," 372 U. S., at 342, the Sixth Amendment right to counsel was applicable to the States through the Fourteenth Amendment:

"[R]eason and reflection require us to recognize that in our adversary system of criminal justice, any person haled into court, who is too poor to hire a lawyer, cannot be assured a fair trial unless counsel is provided for him. This seems to us to be an obvious truth. Governments, both state and federal, quite properly spend vast sums of money to establish machinery to try defendants accused of crime. Lawyers to prosecute are everywhere deemed essential to protect the public's interest in an orderly society. Similarly, there are few defendants charged with crime, few indeed, who fail to hire the best lawyers they can get to prepare and present their defenses. That government hires lawyers to prosecute and defendants who have the money hire lawyers to defend are the strongest indications of the widespread belief that lawyers

시하는 한 개의 의견에서 이 법원은 인가한다. 나의 견해로는 연방헌법 수정 제6조를 및 제14조를 변호인의 조력을 받지 못한 상태에서 내려진 스콧의 유죄판정은 위반하였다는, 그리하여 파기되어야 한다는 결론을 연방헌법 수정 제6조의 평이한 용어는 및 당원의 선례들은 강제한다.

I

이 사건을 판단하기 위한 원칙에 부합되는 토대를, 주(state) 형사절차들에 있어서 범인으로 주장된 가난한 사람들을 위하여 지정 변호인을 가질 권리를 명령한 당원의 선례들은 제공하지 않는다고 이 법원의 의견은 암시한다. 명백하게 그것은 그렇지 않다. 관련 선례들에서 전개된 원칙들은 명백하고 확실하다. 그것들을 무시하는 쪽을 다만 이 법원은 선택한다.

형사절차에 있어서의 변호인에 의한 대변은 "공정한 정식사실심리에 기본이고 필수(fundamental and essential to a fair trial)"라고, 그렇기 때문에 연방헌법 수정 제6조의 변호인의 조력을 받을 권리는 연방헌법 수정 제14조를 통하여 주들에게 적용된다고 Gideon v. Wainwright 판결은 판시하였다:

"…… [우]리의 대립당사자주의(adversary) 형사재판 제도에서 법정에 끌려나온, 그러나 너무 가난하여 변호사를 고용할 수 없는 사람 누구나를 위하여 변호인이 제공되지 않는다면, 공정한 정식사실심리를 그가 보장받을 수 없음을 우리더러 인정하라고 이 선례들은 물론이고 이성(reason)은 및 숙고(reflection)는 또한 마찬가지로 요구한다. 이것은 우리에게 명백한 진실이라고 생각된다. 범인으로 주장되는 피고인들을 정식사실심리하는 기관을 설립하기 위하여 매우 적절히도 다대한 액수의 돈을 주 정부들은 및 연방정부는 다 같이 쓴다. 소송을 추행하는(prosecute) 변호사들은 어디서든 질서 있는 사회에 대한 공중의 이익을 보호하기 위하여 필수의 것으로 간주된다. 마찬가지로 범인으로 주장되는 피고인들로서 자신들의 항변사유들을 준비하고 제시하기 위하여 그들이 얻을 수 있는 최상의 변호사들을 고용하지 못하는 경우란 드물며, 그것도 참으로 드물다. 소송을 추행하기 위하여 변호사들을 정부가

in criminal courts are necessities, not luxuries. The right of one charged with crime to counsel may not be deemed «440 U. S., 377» fundamental and essential to fair trials in some countries, but it is in ours. From the very beginning, our state and national constitutions and laws have laid great emphasis on procedural and substantive safeguards designed to assure fair trials before impartial tribunals in which every defendant stands equal before the law. This noble ideal cannot be realized if the poor man charged with crime has to face his accusers without a lawyer to assist him." Id., at 344.

Earlier precedents had recognized that the assistance of appointed counsel was critical, not only to equalize the sides in an adversary criminal process,[7] but also to give substance to other constitutional and procedural protections afforded criminal defendants.[8] Gideon established the right to appointed counsel for indigent accuseds as a categorical «440 U. S., 378» requirement, making the Court's former case-by-case due process analysis, cf. Betts v. Brady, 316 U. S. 455 (1942), unnecessary in cases covered by its holding. Gideon involved a felony prosecution, but that fact was not crucial to the

---

7) "[The Sixth Amendment] embodies a realistic recognition of the obvious truth that the average defendant does not have the professional legal skill to protect himself when brought before a tribunal with power to take his life or liberty, wherein the prosecution is presented by experienced and learned counsel. That which is simple, orderly and necessary to the lawyer, to the untrained layman may appear intricate, complex and mysterious." Johnson v. Zerbst, 304 U. S. 458, 462–463 (1938).

8) "The right to be heard would be, in many cases, of little avail if it did not comprehend the right to be heard by counsel. Even the intelligent and educated layman has small and sometimes no skill in the science of law. If charged with crime, he is incapable, generally, of determining for himself whether the indictment is good or bad. He is unfamiliar with the rules of evidence. Left without the aid of counsel he may be put on trial without a proper charge, and convicted upon incompetent evidence, or evidence irrelevant to the issue or otherwise inadmissible. He lacks both the skill and knowledge adequately to prepare his defense, even though he have a perfect one. He requires the guiding hand of counsel at every step in the proceedings against him. Without it, though he be not guilty, he faces the danger of conviction because he does not know how to establish his innocence. If that be true of men of intelligence, how much more true is it of the ignorant and illiterate, or those of feeble intellect." Powell v. Alabama, 287 U. S. 45, 68–69 (1932).

고용한다는 사실은, 그리고 자신을 방어하기 위하여 변호사들을 돈 있는 피고인들이 고용한다는 사실은 형사 법정들에서의 변호사들이 사치품 아닌 필수품이라는 그 넓게 퍼져 있는 믿음에 대한 가장 강력한 징표들이다. 범죄혐의로 기소된 사람의 변호인의 조력을 받을 권리는 어떤 나라들에서는 공정한 정식사실심리들에 기본적인 또는 필수적인 것으로 여겨지지 않을지도 «440 U. S., 377» 모르지만, 우리나라에서 그것은 기본이고 필수이다. 법 앞에 평등하게 모든 피고인이 서는 공정한 법정들 앞에서의 공정한 정식사실심리들을 보장하도록 설계된 절차적 및 실체적 보호수단들 위에 커다란 강조를 바로 그 출범 때부터 주를 및 연방을 막론하고 우리의 헌법들은 및 법들은 두어 왔다. 만약 자신을 조력할 변호사 없이 자신의 고소인들을 범인으로 주장되는 가난한 사람이 대적해야 한다면, 이 고결한 이상은 실현될 수 없다." Id., at 344.

대립당사자주의 형사절차에 있어서 당사자들을 동등하게 하기 위해서는 물론이고[7] 형사 피고인들에게 부여된 여타의 헌법적 절차적 보호들을 실질적인 것이 되게 하기 위해서도 지정 변호인의 조력을 받을 권리는 중대함을 더 이른 시기의 선례들은 인정해 놓은 터였다.[8] 지정 변호인을 누릴 범인으로 주장되는 가난한 사람들의 권리를 한 가지 절대적(categorical) 요건으로서 Gideon 판결은 «440 U. S., 378» 확립하였는 바, 그 판시의 적용을 받는 사건들에 있어서의 그 이전까지의 당원의 사안별(case-by-case) 적법절차 기준, cf. Betts v. Brady, 316 U. S. 455 (1942), 을 불필요하게 그것은 만들었다. 중죄 기소를 Gideon 판결은 포함하였으나, 그러나 그 사

7) "자신의 생명을이나 자유를 박탈할 권한을 가진 재판소 앞에 끌려올 때 자기 자신을 보호할 전문가적인 법적 숙련을 평균적인 피고인은 가지고 있지 못한 반면, 숙련된 및 학식 있는 변호사에 의하여 검찰 측은 대변된다는 명백한 진실에 대한 현실적 인정을 [연방헌법 수정 제6조는] 구체화한다. 변호사에게는 단순하고 질서정연하며 필연인 것이, 훈련되지 않은 문외한에게는 난해하고 복잡하고 미궁의 것으로 보일 수 있다." Johnson v. Zerbst, 304 U. S. 458, 462-463 (1938).

8) "만약 변호인을 통하여 청문될 권리(the right to be heard by counsel)를 포함하지 않는다면 청문될 권리(the right to be heard)는 많은 경우에 쓸모가 없을 것이다. 심지어 지성을 갖추고 교육을 받았다 하더라도 문외한은 법률과학에 있어서 지니는 숙련이 적고, 때로는 전혀 없다. 범죄로 기소되면, 대배심 기소(indictment)가 좋은지 나쁜지를 그는 일반적으로 그 혼자서는 판단할 수 없다. 그는 증거규칙들에 생소하다. 변호인의 조력 없이 남겨지면, 그는 정당한 고발 없이 정식사실심리에 처해질 수 있고, 자격 없는 증거에 의하여, 또는 쟁점에 관계 없는 내지는 그 밖에 증거능력 없는 증거에 의하여 유죄로 판정될 수 있다. 심지어 완벽한 항변사유를 가지고 있는 경우라 하더라도 자신의 항변사유를 충분히 준비할 기술을 및 지식을 모두 그는 결여하고 있다. 변호인의 이끄는 손(the guiding hand)을 자신을 겨냥한 절차들에 있어서의 모든 단계마다에서 그는 필요로 한다. 그것 없이는, 설령 자신에게 죄가 없다 하더라도 어떻게 그 자신의 무죄를 증명하여야 할지를 알지 못하는 까닭에, 유죄판정의 위험에 그는 직면하게 된다. 지성을 갖춘 사람들의 경우가 그러하다면 무지하고 문맹인, 또는 빈약한 분별력을 지닌 사람들의 경우에는 얼마나 더 그러하겠는가?" Powell v. Alabama, 287 U. S. 45, 68-69 (1932).

decision; its reasoning extended, in the words of the Sixth Amendment, to "*all* criminal prosecutions."[9)]

Argersinger v. Hamlin took a cautious approach toward implementing the logical consequences of Gideon's rationale. The petitioner in Argersinger had been sentenced to jail for 90 days after conviction - at a trial without counsel - of carrying a concealed weapon, a Florida offense carrying an authorized penalty of imprisonment for up to six months and a fine of up to $1,000. The State, relying on Duncan v. Louisiana, 391 U. S. 145 (1968), and Baldwin v. New York, 399 U. S. 66 (1970), urged that the Sixth Amendment right to counsel, like the right to jury trial, should not apply to accuseds charged with "petty" offenses punishable by less than six months' imprisonment. But Argersinger refused to extend the "petty" offense limitation to the right to counsel. The Court pointed out that the limitation was contrary to the express words of the Sixth Amendment, which guarantee its enumerated rights "[i]n all criminal prosecutions"; that the right to jury trial was the only Sixth Amendment right applicable to the States that had been held inapplicable to "petty offenses";[10)] that this «440 U. S., 379» limitation had been based on historical considerations peculiar to the right to jury trial;[11)] and that the right to counsel was more fundamentally related to the fairness of criminal prosecutions than the right to jury trial and was in fact essential to the mean-

---

9) See Argersinger v. Hamlin, 407 U. S. 25, 31 (1972).

10) "'It is simply not arguable, nor has any court ever held, that the trial of a petty offense may be held in secret, or without notice to the accused of the charges, or that in such cases the defendant has no right to confront his accusers or to compel the attendance of witnesses in his own behalf.'" Id., at 28, quoting Junker, The Right to Counsel in Misdemeanor Cases, 43 Wash. L. Rev. 685, 705 (1968). Cf. In re Oliver, 333 U. S. 257 (1948) (right to a public trial); Pointer v. Texas, 380 U. S. 400 (1965) (right to confrontation); Klopfer v. North Carolina, 386 U. S. 213 (1967) (right to a speedy trial); Washington v. Texas, 388 U. S. 14 (1967) (right to compulsory process of witnesses); Groppi v. Wisconsin, 400 U. S. 505 (1971) (right to an impartial jury).

11) "While there is historical support for limiting the 'deep commitment' to trial by jury to 'serious criminal cases,' there is no such support for a similar limitation on the right to assistance of counsel …… "The Sixth Amendment …… extended the right to counsel beyond its common-law dimensions. But there is nothing in the language of the Amendment, its history, or in the decisions of this Court, to indicate that it was intended to embody a retraction of the right in petty offenses wherein the common law previously did require that counsel be provided." Argersinger v. Hamlin, 407 U. S., at 30 (footnote and citations omitted).

실은 그 판결에 결정적인 것이 아니었다; 연방헌법 수정 제6조의 문구대로 "*모든(all)* 형사적 소송추행들"에 그 판결의 추론은 적용되었다.[9]

Gideon 판결의 이론적 근거의 논리적 결과를 실행에 옮기는 쪽을 향한 주의 깊은 접근법을 Argersinger v. Hamlin 판결은 취하였다. 플로리다법상으로 그 수반하는 형량이 최장 6월의 구금인 및 최대 1,000불의 벌금인 은닉무기 소지죄에 대한 유죄판정 - 그것은 변호인 없이 수행된 정식사실심리에서 내려진 것이었다 - 을 받고서 90일의 감옥형에 Argersinger 사건에서의 청구인은 처해졌었다. 배심에 의한 정식사실심리를 받을 권리(right to jury trial)가처럼 법정형이 6월 미만의 구금형인 "경범죄에 해당하는(petty)" 범죄들로 기소된 피고인들에게는 연방헌법 수정 제6조의 변호인의 조력을 받을 권리(right to counsel)는 적용되어서는 안 된다고 Duncan v. Louisiana, 391 U. S. 145 (1968) 판결에, 그리고 Baldwin v. New York, 399 U. S. 66 (1970) 판결에 의존하여 플로리다주는 주장하였다. 그러나 "경범죄에 해당하는(petty)" 범죄에 기한 제한을 변호인의 조력을 받을 권리에 확장하기를 Argersinger 판결은 거부하였다. 연방헌법 수정 제6조의 열거된 권리들을 "[모]든 형사적 소송추행들에서" 보장하는 그 조항의 명시적 문언에 그 제한은 어긋난다고; 배심에 의한 정식사실심리를 받을 권리는 "경범죄들(petty offenses)"에 대하여는 적용되지 않는 것으로 판시되어 있는, 그러면서 주들에게 적용되는 유일한 연방헌법 수정 제6조상의 권리라고;[10] 배심에 의한 정식사실심리를 받을 권리에 특유한 «440 U. S., 379» 역사적 고찰들에 그 토대를 이 제한은 둔 것이었다고;[11] 그리고 형사적 소송추행들

9) Argersinger v. Hamlin, 407 U. S. 25, 31 (1972)를 보라.

10) "'경범죄(a petty offense)에 대한 정식사실심리는 비밀리에 또는 피고인에 대한 공소사실들의 통지 없이 이루어져도 된다는 주장은, 또는 이 같은 사건들에 있어서는 자신의 고소인들을 대면할, 또는 그 자신을 위한 증인들의 출석을 강제할 권리가 피고인에게 없다는 주장은 아예 있을 수도 없을 뿐만 아니라, 또한 어떤 법원이도 결코 그렇게 판시한 적이 없다.'" Id., at 28, quoting Junker, The Right to Counsel in Misdemeanor Cases, 43 Wash. L. Rev. 685, 705 (1968). 그리고 In re Oliver, 333 U. S. 257 (1948) (공개된 정식사실심리를 받을 권리(right to a public trial))를; Pointer v. Texas, 380 U. S. 400 (1965) (대면의 권리(right to confrontation))를; Klopfer v. North Carolina, 386 U. S. 213 (1967) (신속한 정식사실심리를 받을 권리(right to a speedy trial))를; Washington v. Texas, 388 U. S. 14 (1967) (증인들을 확보할 강제절차를 가질 권리(right to compulsory process of witnesses))를; Groppi v. Wisconsin, 400 U. S. 505 (1971) (공평한 배심을 가질 권리(right to an impartial jury))를 비교하라.

11) "배심에 의한 정식사실심리를 제공할 '깊은 의무(deep commitment)'를 '중대 형사사건들(serious criminal cases)'로 제한하는 데에는 이를 뒷받침하는 역사적 근거가 있으나, 변호인의 조력을 받을 권리에 대한 유사한 제한을 위하여는 그 같은 근거가 전혀 없다 …….

"…… 변호인의 조력을 받을 권리를 그것의 보통법상의 권리로서의 차원들을 넘어서는 곳에까지 연방헌법 수정 제6조는 확장하였다. 그러나 이전까지 보통법에 의하여 변호인의 제공이 요구되었던 경범죄들(petty offenses)에 있어서의 권리에 대한 철회를 구체화하려는 의도를 그 수정조항이 지니고 있었음을 나타내는 것은 그 수정조항의 문언에

ingful exercise of other Sixth Amendment protections.[12)]

Although its analysis, like that in Gideon and other earlier cases, suggested that the Sixth Amendment right to counsel should apply to all state criminal prosecutions, Argersinger held only that an indigent defendant is entitled to appointed counsel, even in petty offenses punishable by six months of incarceration or less, if he is likely to be sentenced to incarceration for any time if convicted. The question of the right to counsel in cases in which incarceration was authorized but would not be imposed was expressly reserved.[13)]

II

In my view petitioner could prevail in this case without extending the right to counsel beyond what was assumed to exist in Argersinger. Neither party in that case questioned «440 U. S., 380» the existence of the right to counsel in trials involving "nonpetty" offenses punishable by more than six months in jail.[14)] The question the Court addressed was whether the right applied to some "petty" offenses to which the right to jury trial did not extend. The Court's reasoning in applying the right to counsel in the case before it - that the right to counsel is more fundamental to a fair proceeding than the right to jury trial and that the historical limitations on the jury trial right are irrelevant

12) Id., at 31; see supra, at 377, and n. 3.

13) "MR. JUSTICE POWELL suggests that these problems [requiring the presence of counsel to insure the accused a fair trial] are raised even in situations where there is no prospect of imprisonment ...... We need not consider the requirements of the Sixth Amendment as regards the right to counsel where loss of liberty is not involved, however, for here petitioner was in fact sentenced to jail." 407 U. S., at 37.

14) See, e. g., id., at 27, 30–31, 36, and n. 5; id., at 45, and n. 2, 63 (POWELL, J., concurring in result).

의 공정성에는 배심에 의한 정식사실심리를 받을 권리가보다도 변호인의 조력을 받을 권리가 더 근본적으로 관련된다고, 그리하여 여타의 연방헌법 수정 제6조상의 보호들의 의미 있는 행사에 실제로 그것은 불가결하다고 당원은 지적하였다.[12)]

모든 주 형사적 소송추행들에 연방헌법 수정 제6조의 변호인의 조력을 받을 권리는 적용되어야 하는 것 아닌가 하고 Gideon 판결에서의 및 여타의 초기의 선례들에서의 분석이처럼 Argersinger 판결의 분석은 비록 내비추었음에도 불구하고, Argersinger 판결이 판시한 것은 설령 법정형이 6월의 또는 그 미만의 구금형인 경범죄들(petty offenses)에 있어서라 하더라도 만약 유죄판정이 내려지면 얼마의 기간이든 구금형이 내려질 가능성이 있을 경우에 지정 변호인을 가질 권리가 가난한 피고인에게는 있다는 것뿐이었다. 구금형이 허용되기는 하면서도 부과되지는 않을 사건들에 있어서의 변호인의 조력을 받을 권리의 문제는 명시적으로 유보되었다.[13)]

II

변호인의 조력을 받을 권리를 Argersinger 판결에서 존재하는 것으로 추정된 범위 이상으로 확장시키지 않고서도 우위를 나의 견해로는 이 사건에서 청구인은 점할 수 있었다. 6월 초과의 감옥형으로써 처벌이 가능한 «440 U. S., 380» "중대" 범죄들을 포함하는 정식사실심리들에 있어서의 변호인의 조력을 받을 권리의 존재에 대하여 의문을 그 사건에서의 어느 쪽 당사자는도 제기하지 않았다.[14)] 당원이 역점 두어 다룬 문제는 배심에 의한 정식사실심리를 받을 권리가 적용되지 않는 일정한 "경범죄에 해당하는" 범죄들에 그 권리가 적용되는지 여부였다. 변호인의 조력을 받을 권리를 자신 앞의 사건에 적용함에 있어서의 당원의 추론은 — 즉 공정

도, 역사에도, 또는 당원의 판결들에도, 전혀 없다." Argersinger v. Hamlin, 407 U. S., at 30 (각주 및 인용 생략).

12) Id., at 31 ; see supra, at 377, and n. 3.

13) "심지어 구금형의 가능성이 전혀 없는 상황들에 있어서도 [공정한 정식사실심리를 피고인에게 보장하기 위하여 변호인의 출석을 요구하는] 이 문제들은 제기된다고 파월(POWELL) 판사는 내비춘다 ……. 그러나 자유의 상실이 포함되어 있지 아니한 경우의 변호인의 조력을 받을 권리에 관하여는 연방헌법 수정 제6조의 요구들을 우리는 고찰할 필요가 없는 바, 왜냐하면 여기서는 감옥형을 실제로 청구인이 선고받았기 때문이다." 407 U. S., at 37.

14) 예컨대, id., at 27, 30–31, 36, and n. 5를 ; id., at 45, and n. 2, 63 (파월(POWELL) 판사, 결론에 있어서 찬동함)을 보라.

to the right to counsel - certainly cannot support a standard for the right to counsel that is more restrictive than the standard for granting a right to jury trial. As my Brother POWELL commented in his opinion concurring in the result in Argersinger, 407 U. S., at 45-46: "It is clear that wherever the right-to-counsel line is to be drawn, it must be drawn so that an indigent has a right to appointed counsel in all cases in which there is a due process right to a jury trial." Argersinger thus established a "two dimensional" test for the right to counsel: the right attaches to any "nonpetty" offense punishable by more than six months in jail and in addition to any offense where actual incarceration is likely regardless of the maximum authorized penalty. See Duke, The Right to Appointed Counsel: Argersinger and Beyond, 12 Am. Crim. L. Rev. 601 (1975).

The offense of "theft" with which Scott was charged is certainly not a "petty" one. It is punishable by a sentence of up to one year in jail. Unlike many traffic or other "regulatory" offenses, it carries the moral stigma associated with common-law crimes traditionally recognized as indicative of moral depravity.[15] The State indicted at oral argument that the «440 U. S., 381» services of a professional prosecutor were considered essential to the prosecution of this offense. Tr. of Oral Arg. 39; cf. Argersinger v. Hamlin, 407 U. S.,

15) Because a theft conviction implies dishonesty, it may be a basis for impeaching petitioner's testimony in a court proceeding. People v. Stufflebean, 24 Ill. App. 3d 1065, 1068–1169, 322 N. E. 2d 488, 491–492 (1974). Because jurors must be of "fair character" and "approved integrity," Ill. Rev. Stat., ch. 78, § 2 (1975), petitioner may be excluded «440 U. S., 381» from jury duty as a result of his theft conviction. Twelve occupations licensed under Illinois law and 23 occupations licensed under city of Chicago ordinances require the license applicant to have "good moral character" or some equivalent background qualification that could be found unsatisfied because of a theft conviction. See Chicago Council of Lawyers, Study of Licensing Restrictions on Ex-Offenders in the City of Chicago and the State of Illinois 8, A-17 (1975). Under federal law petitioner's theft conviction would bar him from working in any capacity in a bank insured by the Federal Deposit Insurance Corporation, 12 U. S. C. § 1829, or possibly in any public or private employment requiring a security clearance. 32 CFR §§ 155.5 (h) and (i), and 156.7 (b) (1) (iii) (1977).

한 절차에 있어서 변호인의 조력을 받을 권리는 배심에 의한 정식사실심리를 받을 권리가보다도 더 기본적이라는 것은 및 배심에 의한 정식사실심리에 가해진 역사상의 제약들은 변호인의 조력을 받을 권리에는 상관없다는 것은 — 배심에 의한 정식사실심리를 받을 권리를 허용하는 기준이보다도 더 제한적인, 변호인의 조력을 받을 권리를 위한 기준을 뒷받침할 수 없음이 확실하다. Argersinger, 407 U. S., at 45-46에서의 결론에 찬동하는 그의 보충의견에서 나의 동료 파월 판사가 논평하였듯이: "변호인의 조력을 받을 권리의 경계가 그어져야 할 경우에는 언제든지, 배심에 의한 정식사실심리를 누릴 적법절차상의 권리가 있는 모든 사건들에 있어서 변호인을 지정받을 권리를 한 명의 가난한 사람이 지니도록 그 줄은 그어지지 않으면 안 됨은 명백하다." 변호인의 조력을 받을 권리를 위한 "이차원적" 기준을 이렇게 하여 Argersinger 판결은 확립하였다: 즉, 조금이라도 6월 초과의 감옥형으로써 처벌이 가능한 "중대" 범죄에, 그리고 이에 더하여 그 법정형의 상한에 상관없이 조금이라도 실제의 구금이 유망한 범죄에 그 권리는 달라붙는다. Duke, The Right to Appointed Counsel: Argersinger and Beyond, 12 Am. Crim. L. Rev. 601 (1975)를 보라.

스콧이 기소된 "절도"의 범죄는 "경범죄에 해당하는" 범죄가 아니다. 그것은 최장 1년의 감옥형으로 처벌이 가능하다. 여러 가지의 교통범죄들이하고는 달리, 또는 기타의 "행정규제적" 범죄들이하고는 달리, 도덕적 악행을 나타내는 것으로 전통적으로 인정되어 온 보통법 범죄들에 연결된 도덕적 오명을 그것은 수반한다.[15] 이 범죄의 기소에는 한 명의 전문 소추자의 조력이 «440 U. S., 381» 불가결한 것으로 간주된다고 구두변론에서 주는 주장하였다. Tr. of Oral Arg. 39; 아울러 Argersinger v. Hamlin, 407 U. S., at 49 (파월 판사, 결론에 찬동함)를 비교하라. 마찬가지

15) 부정직일 절도죄에 대한 유죄판정은 함축하기 때문에, 그것은 법정 절차에서 청구인의 증언을 탄핵하는 한 가지 근거가 될 수 있다. People v. Stufflebean, 24 Ill. App. 3d 1065, 1068–1169, 322 N. E. 2d 488, 491–492 (1974). 배심원들은 "공평한 성격(fair character)"을 및 "정평 있는 완전무결성(approved integrity)"을 지닌 사람들이지 않으면 안 되므로, Ill. Rev. Stat., ch. 78, 2 (1975), 그의 절도죄 유죄판정의 결과로서 «440 U. S., 381» 배심의무(jury duty)로부터 청구인은 제외될 수 있다. "선량한 도덕적 자격"을 내지는 모종의 동등한 경력 조건을 지닐 것을 일리노이주법 아래서 허가되는 열두 가지 직업들은 및 시카고 조례들 아래서 허가되는 스물세 가지 직업들은 허가신청인에 대하여 요구하는데, 한 개의 절도죄 유죄판정으로 인하여 이 조건들은 충족되지 않는 것으로 판정될 수 있다. Chicago Council of Lawyers, Study of Licensing Restrictions on Ex–Offenders in the City of Chicago and the State of Illinois 8, A–17 (1975)를 보라. 연방예금보험회사(the Federal Deposit Insurance Corporation)의 보험의 적용을 받는 은행에서 어떤 자격으로도 근무할 수 없도록, 12 U. S.C. 1829, 또는 아마도 비밀정보 사용허가를 요구하는 어떤 공적 내지 사적 고용관계에서도 근무할 수 없도록 그를 연방법 아래서의 청구인의 절도죄 유죄판정은 배제한다. 32 CFR 155.5 (h) and (i), and 156.7 (b) (1) (iii) (1977).

at 49 (POWELL, J., concurring in result). Likewise, nonindigent defendants charged with this offense would be well advised to hire the "best lawyers they can get."[16] Scott's right to the assistance of appointed counsel is thus plainly mandated by the logic of the Court's prior cases, including Argersinger itself.[17]

III

But rather than decide consonant with the assumption in regard to nonpetty offenses that was both implicit and explicit «440 U. S., 382» in Argersinger, the Court today retreats to the indefensible position that the Argersinger "actual imprisonment" standard is the *only* test for determining the boundary of the Sixth Amendment right to appointed counsel in state misdemeanor cases, thus necessarily deciding that in many cases (such as this one) a defendant will have no right to appointed counsel even when he has a constitutional right to a jury trial. This is simply an intolerable result. Not only is the "actual imprisonment" standard unprecedented as the exclusive test, but also the problems inherent in its application demonstrate the superiority of an "authorized imprisonment" standard that would require the appointment of counsel for indigents accused of any offense for which imprisonment for any time is authorized.

---

16) Gideon v. Wainwright, 372 U. S. 335, 344 (1963); see Junker, supra n. 5, at 713-714.

17) My Brother POWELL'S concurrence in Argersinger, 407 U. S., at 44, joined by my Brother REHNQUIST, also supports petitioner's right to appointed counsel in this case. The concurrence explicitly stated that the right to counsel should extend at least as far as the right to jury trial, id., at 45-46, and its preference for a case-by-case approach was repeatedly limited to "petty" offenses. See, e. g., id., at 45, and n. 2, 47, 63. Even in petty offenses, the Argersinger concurrence would have mandated the following procedures:
"The determination [whether counsel must be appointed] should be made before the accused formally pleads; many petty cases are resolved by guilty pleas in which the assistance of counsel may be required. If the trial court should conclude that the assistance of counsel is not required in any case, it should state its reasons so that the issue could be preserved for review." Id., at 63.

로, 이 범죄로 기소된 가난하지 않은 피고인들은 "그들이 얻을 수 있는 최상의 변호사들"을 고용하도록 아마도 권유될 것이다.[16] 이렇듯 Argersinger 판결 자체를 포함하는 당원의 선례들의 논리에 의하여 지정 변호인의 조력을 받을 스콧의 권리는 명백하게 명령되어 있다.[17]

III

그러나 Argersinger 판결에서 암시되기도 하였고 명시되기도 하였던 중대범죄들에 관한 가정에 부합되게 이 법원은 «440 U. S., 382» 판단하기보다는, Argersinger 판결의 "실제의 구금" 기준이 주 경죄사건들에 있어서의 연방헌법 수정 제6조의 지정 변호인을 가질 권리의 한계를 판정하기 위한 *유일한*(only) 기준이라는 그 옹호할 수 없는 위치로 오늘 이 법원은 후퇴하는 바, 그리하여 그 필연적 결과로서 (이 사건 같은) 많은 사건들에 있어서 배심에 의한 정식사실심리를 받을 헌법적 권리를 피고인이 가지는 경우에조차도 지정 변호인을 가질 권리를은 가지지 않게 될 것이라고 이 법원은 결정짓는다. 이것은 결코 용인될 수 없는 한 개의 결과이다. "실제의 구금" 기준은 배타적 기준으로서는 새로운 것일 뿐만 아니라, 어떤 기간의 것이든 구금형이 허용되는 모든 범죄의 범인으로 주장된 가난한 사람들을 위한 변호인 지정을 요구하게 될 "법정형 구금" 기준의 우월함을 그 적용에 있어서 내재하는 문제들은 증명한다.

---

16) Gideon v. Wainwright, 372 U. S. 335, 344 (1963); 또한 Junker, supra n. 5, at 713–714를 보라.

17) 이 사건에서의 지정 변호인의 조력을 받을 청구인의 권리를 Argersinger, 407 U. S., at 44에서의, 나의 동료 렌퀴스트(REHNQUIST) 판사의 가담을 받은 나의 동료 파월(POWELL) 판사의 보충의견은 마찬가지로 지지한다. 변호인의 조력을 받을 권리는 적어도 배심에 의한 정식사실심리를 받을 권리가 미치는 정도만큼은 멀리까지 확대되어야 한다고 그 보충의견은 명시적으로 말하였고, 그리고 "경범죄에 해당하는(petty)" 범죄들에, 사안별 접근법(a case-by-case approach)에 대한 그 의견의 선호는 반복적으로 한정되었다. 예컨대, id., at 45를 및 n. 2, 47, 63을 보라.심지어 경범죄들에 있어서조차도 아래의 절차들을 Argersinger 판결의 보충의견은 요구했으면 하였다:
"피고인이 정식으로 답변하기 전에 [변호인이 지정되지 않으면 안 되는지 여부의] 판정은 이루어져야 한다: 변호인의 조력이 요구될 수 있는 유죄답변들(guilty pleas)에 의하여 많은 경범죄 사건들은 해결된다. 만약 어떤 사건에 있어서 변호인의 조력이 요구되지 않는다고 정식사실심리 법원이 결론짓는다면, 그 이유들을 말함으로써 재심리를 위하여 그 쟁점이 보전될 수 있게 그 법원은 해야 한다." Id., at 63.

First, the "authorized imprisonment" standard more faithfully implements the principles of the Sixth Amendment identified in Gideon. The procedural rules established by state statutes are geared to the nature of the potential penalty for an offense, not to the actual penalty imposed in particular cases. The authorized penalty is also a better predictor of the stigma and other collateral consequences that attach to conviction of an offense.[18] With the exception of Argersinger, authorized penalties have been used consistently by this Court as the true measures of the seriousness of offenses. See, e. g., Baldwin v. New York, 399 U. S., at 68-70; Frank v. United States, 395 U. S. 147, 149 (1969); United States v. Moreland, 258 U. S. 433 (1922). Imprisonment is a sanction particularly associated with criminal offenses; trials of offenses punishable by imprisonment accordingly possess the characteris- «440 U. S., 383» tics found by Gideon to require the appointment of counsel. By contrast, the "actual imprisonment" standard, as the Court's opinion in this case demonstrates, denies the right to counsel in criminal prosecutions to accuseds who suffer the severe consequences of prosecution other than imprisonment.

Second, the "authorized imprisonment" test presents no problems of administration. It avoids the necessity for time-consuming consideration of the likely sentence in each individual case before trial and the attendant problems of inaccurate predictions, unequal treatment, and apparent and actual bias. These problems with the "actual imprisonment" standard were suggested in my Brother POWELL'S concurrence in Argersinger, 407 U. S., at 52-55, which was echoed in scholarly criticism of that decision.[19] Petitioner

18) See n. 10, supra. The scope of collateral consequences that would be constitutionally permissible under the "actual imprisonment" standard remains unsettled, and this uncertainty is another source of confusion generated by this standard. See, e. g., Tr. of Oral Arg. 35–37; United States v. White, 529 F. 2d 1390 (CA8 1976); Note, Argersinger v. Hamlin and the Collateral Use of Prior Misdemeanor Convictions of Indigents Unrepresented by Counsel at Trial, 35 Ohio St. L. J. 168 (1974).

19) See, e. g., S. Krantz, C. Smith, D. Rossman, P. Froyd & J. Hoffman, Right to Counsel in Criminal Cases: The Mandate of Argersinger v. Hamlin 69–117 (1976); Duke, The Right to Appointed Counsel: Argersinger and Beyond,

첫째로, Gideon 판결에서 확인된 연방헌법 수정 제6조의 원칙들을 보다 더 충실하게 "법정형 구금(authorized imprisonment)" 기준은 이행한다. 특정 사건들에 있어서 부과된 실제의 형량에가 아니라, 범죄에 대한 잠재적 형량(potential penalty)의 성격에, 주(state) 제정법들에 의하여 확립된 절차규칙들은 맞추어진 것이다. 법정형(authorized penalty)은 범죄의 유죄판정에 달라붙는 오명(stigma)에 및 그 밖의 부수적 결과들에 대한 보다 더 나은 예보자(predictor)이기도 하다.[18] Argersinger 판결의 예외는 있지만, 당원에 의하여 범죄들의 중대성(seriousness)의 참다운 기준으로 일관되게 법정형들은 사용되어 왔다. 예컨대, Baldwin v. New York, 399 U. S., at 68-70을; Frank v. United States, 395 U. S. 147, 149 (1969)를; United States v. Moreland, 258 U. S. 433 (1922)를 보라. 구금은 범죄적 위반행위들에 특별히 결부된 한 가지 제재이다; 따라서 변호인 지정을 요구하는 것으로 Gideon 판결에 의하여 «440 U. S., 383» 인정된 바 있는 그 특징들을 구금형에 의한 처벌이 가능한 범죄들에 대한 정식사실심리들은 보유한다. 이에 대조되게, 이 사건에서의 이 법원의 의견이 논증하듯이, 형사적 소송추행들에 있어서의 변호인의 조력을 받을 권리를 구금형 이외의, 기소의 모진 결과들을 감수하는 범인으로 주장되는 사람들에 대하여 "실제의 구금(actual imprisonment)" 기준은 부정한다.

둘째로, 적용상의 문제를 "법정형 구금(authorized imprisonment)" 기준은 제기하지 않는다. 개개 사건마다에서의 있음직한 형량에 대한 시간 소모적인 정식사실심리 이전의 고찰의 필요성을, 그리고 이에 부수하는 부정확한 예측들의, 불공평한 취급의, 그리고 명백하고도 실제적인 편견의 문제들을 그것은 예방한다. "실제의 구금" 기준에 수반되는 이 같은 문제들은 Argersinger, 407 U. S., at 52-55에서의 나의 동료 파월(POWELL) 판사의 찬동의견에서 암시되었는 바, 그 판결에 대한 학문적 비판 가운데서 그것은 되풀이되어 나타났다.[19] 이 결점들을 청구인은 강조하면서, 연방

---

18) n. 10, supra를 보라. "실제의 구금(actual imprisonment)" 기준 아래서 헌법적으로 허용될 만한 부수적 결과들의 범위는 미확정 상태로 남아 있고, 그리하여 이 불확실은 이 기준에 의하여 초래되는 또 다른 혼란의 원천이다. 예컨대, Tr. of Oral Arg. 35-37; United States v. White, 529 F. 2d 1390 (CA8 1976)을; Note, Argersinger v. Hamlin and the Collateral Use of Prior Misdemeanor Convictions of Indigents Unrepresented by Counsel at Trial, 35 Ohio St. L. J. 168 (1974)를 보라.

19) 예컨대, S. Krantz, C. Smith, D. Rossman, P. Froyd & J. Hoffman, Right to Counsel in Criminal Cases: The Mandate of Argersinger v. Hamlin 69-117 (1976)을; Duke, The Right to Appointed Counsel: Argersinger and Beyond, 12

emphasizes these defects, arguing with considerable force that implementation of the "actual imprisonment" standard must assuredly lead to violations of both the Due Process and Equal Protection Clauses of the Constitution. Brief for Petitioner 47-59.

Finally, the "authorized imprisonment" test ensures that courts will not abrogate legislative judgments concerning the appropriate range of penalties to be considered for each offense. Under the "actual imprisonment" standard,

"[t]he judge will …… be forced to decide in advance of trial - and without hearing the evidence - whether he will forgo entirely his judicial discretion to impose some sentence of imprisonment and abandon his responsibility to consider the full range of punishments established by the legislature. His alternatives, assuming the availability «440 U. S., 384» of counsel, will be to appoint counsel and retain the discretion vested in him by law, or to abandon this discretion in advance and proceed without counsel." Argersinger v. Hamlin, supra, at 53 (POWELL, J., concurring in result).

The "authorized imprisonment" standard, on the other hand, respects the allocation of functions between legislatures and courts in the administration of the criminal justice system.

The apparent reason for the Court's adoption of the "actual imprisonment" standard for all misdemeanors is concern for the economic burden that an "authorized imprisonment" standard might place on the States. But, with all respect, that concern is both irrelevant and speculative.

This Court's role in enforcing constitutional guarantees for criminal defendants cannot be made dependent on the budgetary decisions of state govern-

---

12 Am. Crim. L. Rev. 601 (1975). The case–by–case approach advocated by my Brother POWELL in Argers–inger has also been criticized as unworkable because of the administrative burden it would impose. See, e. g., Uniform Rules of Criminal Procedure, Rule 321 (b), Comment, 10 U. L. A. 69 (1974).

헌법의 적법절차 조항에 및 평등보호 조항에 등 쌍방에 대한 위반행위들로 "실제의 구금" 기준의 실시는 확실히 이끌 것임이 틀림없다고 상당히 설득력 있게 청구인은 주장한다. Brief for Petitioner 47-59.

궁극적으로, 개개 범죄에 대하여 고찰되어야 할 형량의 적절한 범위에 관한 입법적 판단사항들을 법원들로 하여금 침해하지 않도록 "법정형 구금(authorized imprisonment)" 기준은 보장한다. "실제의 구금(actual imprisonment)" 기준 아래서는,

"...... 정식사실심리 이전에 — 그리하여 증거를 심리하지 아니한 채로 — 모종의 구금형기를 부과할 자신의 사법적 재량을 자신이 완전히 버릴 것인지, 그리하여 입법부에 의하여 설정된 처벌의 전체 범위를 고려할 자신의 책무를 방기할 것인지 여부를 미리 판단하도록 판사는 강제될 것이다. 그 이용가능성을 가정할 때 그의 «440 U. S., 384» 선택수단들은, 변호인을 지정하고 그리하여 법에 의하여 그에게 부여된 재량을 이로써 존속시키는 것이거나, 또는 미리 이 재량을 포기하고서 변호인 없이 절차를 진행하는 것이거나일 것이다." Argersinger v. Hamlin, supra, at 53 (파월(POWELL) 판사, 결론에 있어서 찬동함).

이에 반하여 형사재판 제도 운영에 있어서의 입법부들의 및 법원들의 양자 사이의 기능 배분을 "법정형 구금(authorized imprisonment)" 기준은 존중한다.

"실제의 구금(actual imprisonment)" 기준을 모든 경죄들(misdemeanors)에 대하여 당원이 채택한 명백한 이유는 주들 위에 "법정형 구금(authorized imprisonment)" 기준이 가할지 모르는 경제적 부담에 대한 염려 때문이다. 그러나 모든 점에서 그 염려는 부적절하면서도 사변적인 것이다.

형사 피고인들을 위한 헌법적 보장들을 시행함에 있어서의 당원의 역할은 주 정부들의 예산상의 결정들에 좌우되는 것으로 만들어질 수는 없다. 그 점을 Mayer v.

Am. Crim. L. Rev. 601 (1975)를 보라.
그것이 부과할 운영상의 부담 때문에 실행 불가능한 것으로, Argersinger 판결에서 나의 동료 파월(POWELL) 판사에 의하여 옹호된 사안별(case-by-case) 접근법은 역시도 비판되어 왔다. 예컨대, Uniform Rules of Criminal Procedure, Rule 321 (b), Comment, 10 U. L. A. 69 (1974)을 보라.

ments. A unanimous Court made that clear in Mayer v. Chicago, 404 U. S. 189, 196-197 (1971), in rejecting a proposed fiscal justification for providing free transcripts for appeals only when the appellant was subject to imprisonment:

"This argument misconceives the principle of Griffin [v. Illinois, 351 U. S. 12 (1956)] ……. Griffin does not represent a balance between the needs of the accused and the interest of society; its principle is a flat prohibition against pricing indigent defendants out of as effective an appeal as would be available to others able to pay their own way. The invidiousness of the discrimination that exists when criminal procedures are made available only to those who can pay is not erased by any differences in the sentences that may be imposed. The State's fiscal interest is, therefore, irrelevant."[20)]

In any event, the extent of the alleged burden on the States is, as the Court admits, ante, at 373-374, n. 5, speculative. Al- «440 U. S., 385» though more persons are charged with misdemeanors punishable by incarceration than are charged with felonies, a smaller percentage of persons charged with misdemeanors qualify as indigent, and misdemeanor cases as a rule require far less attorney time.[21)]

Furthermore, public defender systems have proved economically feasible, and the establishment of such systems to replace appointment of private attorneys can keep costs at acceptable levels even when the number of cases requiring appointment of counsel increases dramatically.[22)] The public

20) See also Bounds v. Smith, 430 U. S. 817, 825 (1977).

21) See Uniform Rules of Criminal Procedure, Rule 321 (b), Comment, 10 U. L. A. 70 (1974) (estimates that only 10% of misdemeanor defendants, as opposed to 60%–65% of felony defendants, meet the necessary indigency standard); National Legal Aid and Defender Assn., The Other Face of Justice, Note I, pp. 82–83 (1973) (survey indicates national average is 65% indigency in felony cases and only 47% in misdemeanor cases).
The National Advisory Commission on Criminal Justice Standards and Goals adopted a maximum caseload standard of 150 felony cases or 400 misdemeanor cases per attorney per year. National Advisory Commission on Criminal Justice Standards and Goals, Courts, Standard 13.12, pp. 276–277 (1973). See also The Other Face of Justice, supra, Table 109, p. 73.

22) A study conducted in the State of Wisconsin, which introduced a State Public Defender System after the Wisconsin Supreme Court in State ex rel. Winnie v. Harris, 75 Wis. 2d 547, 249 N. W. 2d 791 (1977), extended the right

Chicago, 404 U. S. 189, 196-197 (1971)에서의 만장일치의 법원이 명백히 하였는데, 구금형에 항소인이 처해진 경우에만 항소들을 위한 무료의 전사등본들을 제공하는 근거로서 제시된 예산상의 변명사유를 거기서 당원은 배척하였다.

"…… Griffin [v. Illinois, 351 U. S. 12 (1956)] 판결의 원칙을 이 주장은 잘못 이해한다. 범인으로 주장되는 사람의 필요사항들의 및 사회의 이익의 양자 사이의 균형을 Griffin 판결은 반영하지 않는다; 그 판결의 원칙은 스스로 돈을 치를 능력을 지닌 사람들이라면 이용할 수 있으리만큼의 효과적인 항소를 가난한 피고인들로 하여금 누릴 수 없도록 그 값을 비싸게 매기는 데 대한 전면적인 금지이다. 그 부과될 수 있는 형량에 있어서의 차이들에 의하여서는 지불능력을 지닌 사람들에게만 이용 가능하게끔 형사절차들이 되어 있을 경우에 존재하는 차별의 불공평함은 결코 지워지지 않는다. 따라서 주의 재정적 이익은 관련이 없다."[20]

어쨌든, 주들에게 부과된다고 주장되는 부담의 정도는, 이 법원이 시인하듯이, ante, at 373-374, n. 5, 사변적인 것이다. 비록 «440 U. S., 385» 중죄들로 기소되는 사람들이보다는 구금형이 가능한 경죄들로 기소되는 사람들이 더 많음에도 불구하고, 경죄들로 기소되는 사람들 중에는 가난한 사람으로서의 자격을 충족하는 비율이 더 적으며, 또한 경죄 사건들이 일반적으로 요구하는 변호사의 시간은 훨씬 더 적다.[21]

더군다나, 국선변호인 제도들은 경제적으로 실행 가능함이 판명되어 있으며, 비록 변호인 지정을 요구하는 사건들의 숫자가 극적으로 증가함에도 불구하고, 사적 변호사들의 지정을 대체하기 위한 이 같은 제도들의 수립은 그 비용들을 감당할 만한 수준의 것으로 유지할 수 있다.[22] 법원들을 무경험의 지정 변호인으로

---

20) 아울러 Bounds v. Smith, 430 U. S. 817, 825 (1977)을 보라.

21) Uniform Rules of Criminal Procedure, Rule 321 (b), Comment, 10 U. L. A. 70 (1974) (그 필요한 궁핍의 요건을 충족하는 비율은 중죄 피고인들의 경우 60%–65%임에 반하여 경죄 피고인들 중에서는 겨우 10%라고 추산함); National Legal Aid and Defender Assn., The Other Face of Justice, Note I, pp. 82–83 (1973) (전국 평균으로 중죄 사건들에서는 65%가 가난한 사람들임에 반하여 경죄 사건들에서는 47%에 불과함을 조사결과가 밝혀주고 있음).
변호사 한 명당 일년에 중죄사건 150건을 및 경죄사건 400건을 담당건수 상한기준으로 형사재판의 기준에 및 목표에 관한 국가 자문위원회(The National Advisory Commission on Criminal Justice Standards and Goals)는 설정하였다. National Advisory Commission on Criminal Justice Standards and Goals, Courts, Standard 13.12, pp. 276–277 (1973). 아울러 The Other Face of Justice, supra, Table 109, p. 73을 보라.

22) 사적 변호인(private counsel)을 지정함으로써보다 한 명의 국선변호인을 사용함으로써 변호인을 경죄사건에서 제공하는 데 소요되는 평균비용이 150–200불에서 90불로 줄어들었음을, 변호인의 조력을 받을 권리를 이 사건에서 청

defender system alternative also answers the argument that an "authorized imprisonment" standard would clog the courts with inexperienced appointed counsel.

Perhaps the strongest refutation of respondent's alarmist prophecies that an "authorized imprisonment" standard would wreak havoc on the States is that the standard has not produced that result in the substantial number of States that already provide counsel in all cases where imprisonment is «440 U. S., 386» authorized - States that include a large majority of the country's population and a great diversity of urban and rural environments.[23] Moreover, of

---

to counsel in the way urged by petitioner in this case, indicated that the average cost of providing counsel in a misdemeanor case was reduced from $150–$200 to $90 by using a public defender rather than appointing private counsel. Brief for National Legal Aid and Defender Assn. as Amicus Curiae 10–12.

23) See, e. g., Alaska: Alaska Const., Art. 1, § 11; Alaska Stat. Ann. § 18.85.100 (1974) (any offense punishable by incarceration; or which may result in loss of valuable license or heavy fine); Alexander v. Anchorage, 490 P. 2d 910 (Alaska 1971); Arizona: Ariz. Rule Crim. Proc. 6.1 (b) (any criminal proceedings which may result in punishment by loss of liberty; or where the court concludes that the interest of justice so requires); California: Cal. Penal Code Ann. § 987 (West Supp. 1978) (all criminal cases); Connecticut: Conn. Gen. Stat. §§ 51–296 (a), 51–297 (f) (1979) (all criminal actions); Delaware: Del. Code Ann., Tit. 29, § 4602 (1974) (all indigents under arrest or charged with crime if defendant requests or court orders); Hawaii: Haw. Rev. Stat. § 802–1 (1976) (any offense punishable by confinement in jail); Indiana: Ind. Const., Art. I, § 13 (all criminal prosecutions); Bolkovac v. State, 229 Ind. 294, 98 N. E. 2d 250 (1951); Kentucky: Ky. Rule Crim. Proc. 8.04 (offenses punishable by a fine of more than $500 or by imprisonment); Louisiana: La. Code Crim. Proc., Art. 513 (West Supp. 1978) (offenses punishable by imprisonment); Massachusetts: Mass. Sup. Jud. Ct. Rule 3:10 (any crime for which sentence of imprisonment may be imposed); Minnesota: Minn. Stat. §§ 609.02, 611.14 (1978) (felonies and "gross misdemeanors"; statute defines "petty" misdemeanors as those not punishable by imprisonment or fine over $100); New Hampshire: N. H. Rev. Stat. Ann. §§ 604–A:2, 625:9 (1974 and Supp. 1977) (offenses punishable by imprisonment); New Mexico: N. M. Stat. Ann. §§ 41–22A–12 (Supp. 1975) (offense carrying a possible sentence of imprisonment); New York: N. Y. Crim. Proc. Law § 170.10 (3) (McKinney 1971) (all misdemeanors except traffic violations); People v. Weinstock, 80 Misc. 2d 510, 363 N. Y. S. 2d 878 (1974) (traffic violations subject to possible imprisonment); Oklahoma: Okla. Stat., Tit. 22, § 464 (1969) (all criminal cases); Stewart v. State, 495 P. 2d 834 (Crim. App. 1972); Oregon: Brown v. Multnomah County Dist. Ct., 29 Ore. App. 917, 566 P. 2d 522 (1977) (all criminal cases); South Dakota: S. D. Comp. Laws Ann. § 23–2–1 (Supp. 1978) (any criminal action); Tennessee: Tenn. Code Ann. §§ 40–2002, 40–2003 (1975) (persons accused of any crime or misdemeanor whatsoever); Texas: Tex. Code Crim. Proc. Ann., Art. 26.04 (Vernon 1966) (any felony or misdemeanor punishable by imprisonment); Virginia: Va. Code §§ 19.2–157, 19.2–160 (Supp. 1978) (misdemeanors the penalty for which may be confinement in jail); Washington: Wash. Justice Court Crim. Rule 2.11 (a) (1) (all criminal offenses punishable by loss of liberty); West Virginia: W. Va. Code «440 U. S., 387» § 62–3–1a (1977) (persons under indictment for a crime); Wisconsin: Wis. Const., Art. I, § 7; State ex rel. Winnie v. Harris, 75 Wis. 2d 547, 249 N. W. 2d 791 (1977) (all offenses punishable by incarceration). Respondent claims that the statutes and case law in some of these States "need not be read as requiring appointment of counsel for all imprisonable cases." Brief for Respondent 33 n. 28. Although the law is not unambiguous in every case, ambiguities in the laws of other States suggest that the list is perhaps too short, or at least that other States provide counsel in all but the most trivial offenses. E. g., Colorado: Colo. Rev. Stat. § 21–1–103 (1973) (all misdemeanors and all municipal code violations

"법정형 구금" 기준은 방해할 것이라는 주장에 대하여도 국선변호제도의 대안은 해답을 준다.

대혼란을 주들 위에 "법정형 구금" 기준이 가할 것이라는 피청구인의 군걱정식 예언들에 대한 아마도 가장 강력한 반박은, 변호인을 구금형이 허용되는 모든 «440 U. S., 386» 사건들에서 이미 제공하는 실로 많은 주들 — 국가 인구의 대부분을 및 농촌의 및 도시의 매우 다양한 환경들을 포함하는 주들 — 에서 그 결과를 그 기준은 낳은 바 없다는 것이다.23) 더군다나, 아직 *조금이라도(any)* 구금형이 허용되는 모

구인에 의하여 주장된 방식으로 State ex rel. Winnie v. Harris, 75 Wis. 2d 547, 249 N. W. 2d 791 (1977)에서 위스콘신주 대법원이 확대한 뒤에 국선변호 제도(a State Public Defender System)를 도입한 바 있는 위스콘신주에서 수행된 연구는 보여주었다. Brief for National Legal Aid and Defender Assn. as Amicus Curiae 10-12.

23) 예컨대, Alaska: Alaska Const., Art. 1, § 11을; Alaska Stat. Ann. § 18.85.100 (1974) (구금에 의한 처벌이 가능한; 또는 가치 있는 면허의 박탈 내지 무거운 벌금을 초래할 수 있는 모든 범죄)를; Alexander v. Anchorage, 490 P. 2d 910 (Alaska 1971)을; Arizona: Ariz. Rule Crim. Proc. 6.1 (b) (자유의 박탈에 의한 처벌을 초래할 수 있는; 또는 그것을 사법이익이 요구한다고 법원이 결론짓는 모든 형사절차들)을; California: Cal. Penal Code Ann. § 987 (West Supp. 1978) (모든 형사사건들)을; Connecticut: Conn. Gen. Stat. §§ 51-296 (a), 51-297 (f) (1979) (모든 범죄행위들)을; Delaware: Del. Code Ann., Tit. 29, 4602 (1974) (체포되거나 범죄로 기소되어 변호인을 요청하거나 법원이 변호인 지정을 명령하는 모든 가난한 사람들)을; Hawaii: Haw. Rev. Stat. § 802-1 (1976) (감옥에서의 구금형이 가능한 모든 범죄)를; Indiana: Ind. Const., Art. I, § 13 (모든 형사적 소송추행들)을; Bolkovac v. State, 229 Ind. 294, 98 N. E. 2d 250 (1951)을; Kentucky: Ky. Rule Crim. Proc. 8.04 (500불 이상의 벌금에 또는 구금형에 의한 처벌이 가능한 범죄들)을; Louisiana: La. Code Crim. Proc., Art. 513 (West Supp. 1978) (구금형이 가능한 범죄들)을; Massachusetts: Mass. Sup. Jud. Ct. Rule 3:10 (구금형에 의한 처벌이 가능한 모든 범죄들)을; Minnesota: Minn. Stat. §§ 609.02, 611.14 (1978) (중죄들 또는 "중경죄들(重輕罪들; gross misdemeanors)"; "경범죄에 해당하는(petty)" 경죄들을 구금형으로 또는 100불 초과의 벌금형으로 처벌할 수 없는 경죄들로 제정법은 규정한다); New Hampshire: N. H. Rev. Stat. Ann. §§ 604-A:2, 625:9 (1974 and Supp. 1977) (구금형에 의한 처벌이 가능한 범죄들)을; New Mexico: N. M. Stat. Ann. § 41-22A-12 (Supp. 1975) (가능한 구금형을 수반하는 범죄)를; New York: N. Y. Crim. Proc. Law § 170.10 (3) (McKinney 1971) (교통 위반행위들을 제외한 모든 경죄들)을; People v. Weinstock, 80 Misc. 2d 510, 363 N. Y. S. 2d 878 (1974) (구금형이 가능한 교통 위반행위들)을; Oklahoma: Okla. Stat., Tit. 22, § 464 (1969) (모든 형사사건들)을; Stewart v. State, 495 P. 2d 834 (Crim. App. 1972)를; Oregon: Brown v. Multnomah County Dist. Ct., 29 Ore. App. 917, 566 P. 2d 522 (1977) (모든 형사사건들)을; South Dakota: S. D. Comp. Laws Ann. § 23-2-1 (Supp. 1978) (모든 범죄행위)를; Tennessee: Tenn. Code Ann. §§ 40-2002, 40-2003 (1975) (종류 여하를 불문하고 범죄로 내지 경죄로 기소된 사람들)을; Texas: Tex. Code Crim. Proc. Ann., Art. 26.04 (Vernon 1966) (구금형에 의한 처벌이 가능한 모든 중죄 또는 경죄)를; Virginia: Va. Code §§ 19.2-157, 19.2-160 (Supp. 1978) (감옥에서의 구금형이 가능한 경죄들)을; Washington: Wash. Justice Court Crim. Rule 2.11 (a) (1) (자유의 박탈에 의한 처벌이 가능한 모든 범죄들)을; West Virginia: W. Va. Code «440 U. S., 387» § 62-3-1a (1977) (범죄로 대배심 기소에 놓인 사람들)을; Wisconsin: Wis. Const., Art. I, § 7을; State ex rel. Winnie v. Harris, 75 Wis. 2d 547, 249 N. W. 2d 791 (1977) (구금형에 의한 처벌이 가능한 모든 범죄들)을 보라.

이 주들 가운데 일부에서의 제정법들은 및 판례법은 "구금형이 가능한 모든 사건들에 대하여 변호인 지정을 요구하는 것으로 해석될 필요는 없다."고 피청구인은 주장한다. Brief for Respondent 33 n. 28. 비록 그 법은 모든 경우에 있어서 명확한 것은 아님에도 불구하고, 그 목록이 아마도 너무 짧은 것 아닌가, 또는 적어도 가장 사소한 범죄들을 제외한 모든 범죄들에 대하여 변호인을 여타의 주들이 제공하는 것 아닌가 여타의 주들의 법들에 있어서의 모호함들은 시사한다. E. g., Colorado: Colo. Rev. Stat. § 21-1-103 (1973) (국선변호인의 재량에 따라 모든 경죄들 및 자치체 법규 위반행위들); Georgia: Ga. Code § 27-3203 (1978) (구금형으로 귀착될 수 있는 주 법에 또는 지역조례에 대한 모든 위반행위); Missouri: Mo. Op. Atty. Gen. No. 207 (1963) ("경미 사건 이외의(more than minor significance)" 경죄 사건들로서 "불이익이 초래될 수 있는 경우에는" 변호인이 지정되어야 한다); Montana: Mont. Rev.

those States that do not yet «440 U. S., 387» provide counsel in all cases where any imprisonment is authorized, many provide counsel when periods of imprisonment longer than 30 days,[24] 3 months,[25] or 6 months[26] are author- «440 U. S., 388» ized. In fact, Scott would be entitled to appointed counsel under the current laws of at least 33 States.[27]

It may well be that adoption by this Court of an "authorized imprisonment" standard would lead state and local governments to re-examine their

---

at the discretion of the public defender); Georgia: Ga. Code § 27–3203 (1978) (any violation of a state law or local ordinance which may result in incarceration); Missouri: Mo. Op. Atty. Gen. No. 207 (1963) (counsel should be appointed in misdemeanor cases of "more than minor significance" and "when prejudice might result"); Montana: Mont. Rev. Codes Ann. § 95–1001 (1969) (court may assign counsel in misdemeanors "in the interest of justice"); Nevada: Nev. Rev. Stat. § 178.397 (1977) (persons accused of "gross misdemeanors" or felonies); New Jersey: N. J. Stat. Ann. 2A:158A–2 (West 1971); N. J. Crim. Rule 3:27–1 (any offense which is indictable); Pennsylvania: Pa. Rules Crim. Proc. 316 (a)–(c) (in all but "summary cases"); Wyoming: Wyo. Stat. §§ 7–1–110 (a) (entitled to appointed counsel in "serious crimes"), 7–1–108 (a) (v) (serious crimes are those for which incarceration is a "practical possibility"), 7–9–105 (all cases where accused shall or may be punished by imprisonment in penitentiary) (1977). In addition, Alabama, Florida, Georgia, and Mississippi were until today covered by the Fifth Circuit's adoption of the "authorized imprisonment" standard. See Potts v. Estelle, 529 F. 2d 450 (CA5 1976); Thomas v. Savage, 513 F. 2d 536 (CA5 1975). Several States that have not adopted the "authorized imprisonment" standard give courts discretionary authority to appoint counsel in cases where it is perceived to be necessary (e. g., Maryland, Missouri, Montana, North Dakota, Ohio, and Pennsylvania).

24) Iowa: Iowa Rules Crim. Proc. 2, § 3; 42, § 3.

25) Maryland: Md. Ann. Code, Art. 27A, §§ 2 (f) and (h), 4 (1976); Mississippi: Miss. Code Ann. §§ 99–15–15 (1972).

26) Idaho: Idaho Code 19–851 (Supp. 1978); Mahler v. Birnbaum, 95 Idaho 14, 501 P. 2d 282 (1972); Maine: Newell v. State, 277 A. 2d 731 «440 U. S., 388» (1971); Ohio: Ohio Rules Crim. Proc. 2, 44 (A) and (B); Rhode Island: R. I. Rule Crim. Proc. 44 (Super. Ct.); R. I. Rule Crim. Proc. 44 (Dist. Ct.); State v. Holliday, 109 R. I. 93, 280 A. 2d 333 (1971); Utah: Utah Code Ann. 77–64–2 (1978); Salt Lake City Corp. v. Salt Lake County, 520 P. 2d 211 (1974).

27) See nn. 18–21, supra. The actual figure may be closer to 40 States. The following States appear to be governed only by the "likelihood of imprisonment" standard: Arkansas: Ark. Rule Crim. Proc. 8.2 (b) (all criminal offenses except in misdemeanor cases where court determines that under no circumstances will conviction result in imprisonment); Florida: Fla. Rule Crim. Proc. 3.111 (b) (any misdemeanor or municipal ordinance violation unless prior written statement by judge that conviction will not result in imprisonment); North Carolina: N. C. Gen. Stat. § 7A–451 (a) (Supp. 1977) (any case in which imprisonment or a fine of $500 or more is likely to be adjudged); North Dakota: N. D. Rule Crim. Proc. 44 (all nonfelony cases unless magistrate determines that sentence upon conviction will not include imprisonment); Vermont: Vt. Stat. Ann., Tit. 13, §§ 5201, 5231 (1974 and Supp. 1977) (any misdemeanor punishable by any period of imprisonment or fine over $1,000 unless prior determination that imprisonment or fine over $1,000 will not be imposed). Two States require appointment of counsel for indigents in cases where it is "constitutionally required": Alabama: Ala. Code §§ 15–12–1, 15–12–20 (1975); South Carolina: S. C. Code § 17–3–10 (Supp. 1977). Some States require counsel in misdemeanor cases only by virtue of judicial decisions reacting to Argersinger: Kansas: State v. Giddings, 216 Kan. 14, 531 P. 2d 445 (1975); Michigan: People v. Studaker, 387 Mich. 698, 199 N. W. 2d 177 (1972); People v. Harris, 45 Mich. App. 217, 206 N. W. 2d 478 (1973); Nebraska: Kovarik v. County of Banner, 192 Neb. 816, 224 N. W. 2d 761 (1975).

든 «440 U. S., 387» 형사사건들에서 변호인을 제공하는 것은 아닌 주들 중에서 많은 주들은 30일 초과의,[24] 3월 초과의,[25] 또는 6월[26] 초과의 구금형이 허용되는 경우에 변호인을 «440 U. S., 388» 제공한다. 실제로 적어도 서른세 개 주들의 여러 현행법들 아래서 지정 변호인을 가질 권리가 스콧에게는 있을 것이다.[27]

주 정부들로 및 지방정부들로 하여금 그들의 형사 제정법들을 재검토하도록 "법정형 구금" 기준에 대한 당원의 채택은 이끄는 것이도 당연할 것이다. 연방헌법의

Codes Ann. § 95-1001 (1969) (경죄사건들에서 "사법이익을 위하여(in the interest of justice)" 변호인을 법원은 지정할 수 있다); Nevada: Nev. Rev. Stat. § 178.397 (1977) ("중경죄들(gross misdemeanors)" 또는 중죄들(felonies)로 기소된 사람들); New Jersey: N. J. Stat. Ann. § 2A:158A-2 (West 1971); N. J. Crim. Rule 3:27-1 (대배심기소가 가능한 모든 범죄); Pennsylvania: Pa. Rules Crim. Proc. 316 (a)-(c) ("약식사건들(summary cases)"을 제외한 모든 사건들); Wyoming: Wyo. Stat. §§ 7-1-110 (a) ("중대범죄들(serious crimes)"에서 지정변호인을 가질 권리가 있음), 7-1-108 (a) (v) (한 가지 "실제적 가능성(practical possibility)" 있는 형량이 구금형인 범죄들을 중대 범죄들(serious crimes)이란 가리킨다), 7-9-105 (교도소에서의 구금형으로 피고인이 처벌되는 내지는 처벌될 수 있는 모든 사건들) (1977).

이에 더하여, 제5순회구에 의하여 채택된 "법정형 구금(authorized imprisonment)" 기준의 적용을 오늘까지 앨라배마주는, 플로리다주는, 조지아주는, 및 미시시피주는 받았다. Potts v. Estelle, 529 F. 2d 450 (CA5 1976)을; Thomas v. Savage, 513 F. 2d 536 (CA5 1975)를 보라.

필요하다고 인정되는 경우에 변호인을 지정할 재량적 권한을 "법정형 구금" 기준을 채택하지 않은 몇몇 주들은 법원들에게 부여한다(예컨대, 메릴랜드주이고, 미주리주이고, 몬태나주이고, 노스다코다주이고, 오하이오주이고, 그리고 펜실베니아주이다).

24) 아이오아주: Iowa Rules Crim. Proc. 2, § 3; 42, § 3.

25) 메릴랜드주: Md. Ann. Code, Art. 27A, §§ 2 (f) and (h), 4 (1976); 미시시피주: Miss. Code Ann. §§ 99-15-15 (1972).

26) 아이다호주: Idaho Code § 19-851 (Supp. 1978); Mahler v. Birnbaum, 95 Idaho 14, 501 P. 2d 282 (1972); 메인주: Newell v. State, 277 A. 2d 731 «440 U. S., 388» (1971); 오하이오주: Ohio Rules Crim. Proc. 2, 44 (A) and (B); 로드아일랜드주: R. I. Rule Crim. Proc. 44 (Super. Ct.); R. I. Rule Crim. Proc. 44 (Dist. Ct.); State v. Holliday, 109 R. I. 93, 280 A. 2d 333 (1971); 유타주: Utah Code Ann. §§ 77-64-2 (1978); Salt Lake City Corp. v. Salt Lake County, 520 P. 2d 211 (1974).

27) nn. 18-21, supra를 보라. 실제의 숫자는 40에 근접할 수도 있다. 오직 "구금 가능성" 기준에 의해서 아래의 주들은 규율되는 것으로 보인다: 아칸자스주: Ark. Rule Crim. Proc. 8.2 (b) (어떤 상황에서도 구금형의 결과를 유죄판정이 낳지는 않을 것이라고 법원이 판단하는 경죄 사건들에서의 경우를 제외한 모든 형사범죄들); 플로리다주: Fla. Rule Crim. Proc. 3.111 (b) (구금형의 결과를 유죄판정이 초래하지 않을 것이라는 판사에 의한 사전의 서면진술이 없는 한 모든 경죄 또는 시조례 위반행위); 노스캐럴라이나주: N. C. Gen. Stat. § 7A-451 (a) (Supp. 1977) (구금형이 또는 500불 이상의 벌금이 선고될 가능성이 있는 모든 사건); 노스다코다주: N. D. Rule Crim. Proc. 44 (구금형을 유죄판정에 기한 형량이 포함하지 않을 것이라고 치안판사가 판정하지 않는 모든 비중죄(nonfelony) 사건들); 버몬트주: Vt. Stat. Ann., Tit. 13, §§ 5201, 5231 (1974 and Supp. 1977) (기간 여하를 막론하고 구금형에 또는 1,000불 초과의 벌금에 의한 처벌이 가능한 모든 경죄사건으로서 구금형이 또는 1,000불 초과의 벌금이 부과되지 않을 것이라는 사전의 판정이 없는 경우). "헌법적으로 요구되는" 경우에 가난한 사람들을 위한 변호인 지정을 두 개의 주들은 요구한다: 앨라배마주: Ala. Code §§ 15-12-1, 15-12-20 (1975); 사우스캐럴라이나주: S. C. Code § 17-3-10 (Supp. 1977). 경죄 사건들에서 변호인을 Argersinger 판결에 대응한 법원의 결정들에 의해서만 몇몇 주들은 요구한다: 캔자스주: State v. Giddings, 216 Kan. 14, 531 P. 2d 445 (1975); 미시간주: People v. Studaker, 387 Mich. 698, 199 N. W. 2d 177 (1972); People v. Harris, 45 Mich. App. 217, 206 N. W. 2d 478 (1973); 네브라스카주: Kovarik v. County of Banner, 192 Neb. 816, 224 N. W. 2d 761 (1975).

criminal statutes. A state legislature or local government might determine that it no longer desired to authorize incarceration for certain minor offenses in light of the expense of meeting the requirements of the Constitution. In my view this re-examination is long overdue.[28] In any «440 U. S., 389» event, the Court's "actual imprisonment" standard must inevitably lead the courts to make this re-examination, which plainly should more properly be a legislative responsibility.

IV

The Court's opinion turns the reasoning of Argersinger on its head. It restricts the right to counsel, perhaps the most fundamental Sixth Amendment right,[29] more narrowly than the admittedly less fundamental right to jury trial.[30] The abstract pretext that "constitutional line drawing becomes more difficult as the reach of the Constitution is extended further, and as efforts are made to transpose lines from one area of Sixth Amendment jurisprudence to another," ante, at 372, cannot camouflage the anomalous result the Court reaches. Today's decision reminds one of Mr. Justice Black's description of Betts v. Brady: "an anachronism when handed down" that "ma[kes] an abrupt break with its own well-considered precedents." Gideon v. Wainwright, 372 U. S., at 345, 344.

---

28) See, e. g., Krantz et al., supra n. 14, at 445–606.

29) "In an adversary system of criminal justice, there is no right more essential than the right to the assistance of counsel." Lakeside v. Oregon, 435 U. S. 333, 341 (1978).

30) "[T]he interest protected by the right to have guilt or innocence determined by a jury – tempering the possibly arbitrary and harsh exercise of prosecutorial and judicial power – while important, is not as fundamental to the guarantee of a fair trial as is the right to counsel." Argersinger v. Hamlin, 407 U. S., at 46 (POWELL, J., concurring in result) (footnotes omitted).

요구사항들을 충족시키는 비용에 비추어 일정한 경미한 범죄들에 대하여는 구금형을 허용하기를 더 이상 바라지 않기로 주 입법부는 또는 지방정부는 결정할 수도 있을 것이다. 나의 견해로 이 재검토는 이미 무르익은 지 오래이다.[28] 어떤 «440 U. S., 389» 경우이든, 법원들로 하여금 이 재검토를 하도록 이 법원의"실제의 구금" 기준은 불가피하게 이끄는 것임에 틀림없는 바, 그것은 확실히 입법적 책임사항이 되는 것이 보다 적절할 것이다.

IV

Argersinger 판결의 추론을 이 법원의 의견은 뒤집는다. 연방헌법 수정 제6조의 가장 기본적인 권리인 변호인의 조력을 받을 권리[29]를 그 기본적 성격이 명백히 덜한 배심에 의한 정식사실심리를 받을 권리가보다도 더 협소한 것이 되게끔 필시 그것은 제약한다.[30] "연방헌법의 범위가 더 멀리 확장됨에 따라, 그리고 연방헌법 수정 제6조의 사법체계의 한 개의 영역으로부터 다른 영역으로 기준선들의 위치를 바꾸어 놓으려는 노력들이 이루어짐에 따라 헌법사항의 기준선 긋기는 더욱 어려워진다."는 그 추상적인 구실, ante, at 372, 은 이 법원이 도달하는 그 변칙적 결과를 위장할 수 없다. "그 내려진 때에 시대착오"였던 것이면서 "그 자신의 훌륭히 고찰된 선례들로부터의 갑작스러운 단절을 짓[는]" 것이라는, Betts v. Brady 판결에 대한 블랙 판사의 설명을 오늘의 결정은 떠올리게 한다. Gideon v. Wainwright, 372 U. S., at 345, 344.

---

28) 예컨대, Krantz et al., supra n. 14, at 445-606을 보라.

29) "대립당사자주의 형사재판 제도에서는 변호인의 조력을 받을 권리가보다도 더 필수적인 권리는 없다." Lakeside v. Oregon, 435 U. S. 333, 341 (1978).

30) "[유]죄를 또는 무죄를 배심에게서 판정받을 권리에 의하여 보호되는 이익은 – 필시 자의적이고 가혹할 수 있는 검찰권의 및 사법권 행사를 그것은 완화시킨다 – 비록 중요하기는 하지만, 공정한 정식사실심리의 보장에 있어서 변호인의 조력을 받을 권리가만큼 기본적인 것은 아니다." Argersinger v. Hamlin, 407 U. S., at 46 (파월 판사, 결론에 있어서 찬동함) (각주생략).

MR. JUSTICE BLACKMUN, dissenting.

For substantially the reasons stated by MR. JUSTICE BRENNAN in Parts I and II of his dissenting opinion, I would hold that the right to counsel secured by the Sixth and Fourteenth Amendments extends at least as far as the right to jury trial secured by those Amendments. Accordingly, I would hold that an indigent defendant in a state criminal case must be afforded appointed counsel whenever the defendant is prose- «440 U. S., 390» cuted for a nonpetty criminal offense, that is, one punishable by more than six months' imprisonment, see Duncan v. Louisiana, 391 U. S. 145 (1968); Baldwin v. New York, 399 U. S. 66 (1970), or whenever the defendant is convicted of an offense and is actually subjected to a term of imprisonment, Argersinger v. Hamlin, 407 U. S. 25 (1972).

This resolution, I feel, would provide the "bright line" that defendants, prosecutors, and trial and appellate courts all deserve and, at the same time, would reconcile on a principled basis the important considerations that led to the decisions in Duncan, Baldwin, and Argersinger.

On this approach, of course, the judgment of the Supreme Court of Illinois upholding petitioner Scott's conviction should be reversed, since he was convicted of an offense for which he was constitutionally entitled to a jury trial. I, therefore, dissent.

블랙먼(BLACKMUN) 판사의 반대의견이다.

연방헌법 수정 제6조에 및 제14조에 의하여 보장되는 변호인의 조력을 받을 권리는 적어도 그 수정조항들에 의하여 보장되는 배심에 의한 정식사실심리를 받을 권리가만큼은 멀리까지 확장된다고, 대체로 그의 반대의견 I 및 II 부분에서 브레넌(BRENNAN) 판사에 의하여 표명된 이유들에 따라 나라면 판시할 것이다. 따라서 중대범죄로, 즉 6월 초과의 구금형에 의한 처벌이 가능한 범죄로 소추될 «440 U. S., 390» 경우에는 언제든지, see Duncan v. Louisiana, 391 U. S. 145 (1968); Baldwin v. New York, 399 U. S. 66 (1970), 또는 그가 범죄로 유죄판정을 받고서 실제로 구금형기에 그가 처해질 때는 언제든지, Argersinger v. Hamlin, 407 U. S. 25 (1972), 주 형사사건에서의 가난한 피고인에게는 지정변호인이 제공되지 않으면 안 된다고 나라면 판시할 것이다.

그 누릴 자격을 피고인들이, 검찰관들이, 그리고 정식사실심리 법원들이 및 항소심 법원들이 모두 지니는 그 "밝은 기준선"을 이 해결책은 제공할 것이라고, 그리고 그 동시에 Duncan 사건에서의, Baldwin 사건에서의 및 Argersinger 사건에서의 판결들로 이끌었던 그 중요한 고려요소들을 원칙에 기한 토대 위에서 그것은 조화시킬 것이라고 나는 느낀다.

물론 이 접근법 위에서라면 청구인 스콧의 유죄판정을 유지한 일리노이주 대법원의 판결주문은 파기되어야 할 것인 바, 왜냐하면 그는 배심에 의한 정식사실심리를 누릴 권리가 있는 범죄에 대하여 유죄로 판정되었기 때문이다. 따라서 나는 이 법원에 반대한다.

변호인의 조력을 받을 권리

United States v. Cronic, 466 U. S. 648 (1984)

제10순회구 미합중국 항소법원에 내린 사건기록 송부명령

NO. 82-660
변론 1984년 1월 10일
판결 1984년 5월 14일

요약해설

1. 개요

United States v. Cronic, 466 U. S. 648 (1984)은 9 대 0으로 판결되었다. 법원의 의견을 스티븐스(STEVENS) 판사가 썼다. 무의미한 조력을이 아닌 효과적인(effective) 조력을 받을 권리를 변호인의 조력을 받을 권리는 의미함을 전제로, 그 효과적인 조력의 침해 여부에 대한 판단 기준을 고찰하였다.

2. 사실관계 및 쟁점 (466 U. S., at 649–450.)

은행들 사이의 거액의 수표 양도를 포함하는 우편사기 공소사실들로 대배심기소된 피청구인(피고인)을 위하여 부동산 실무를 취급하는 젊은 변호사를 지명하면서, 정식사실심리의 준비를 위하여 25일을 정식사실심리 법원은 허용하였다. 연방정부의 조사기간은 4년 6월을 넘었고 검토한 자료는 수천 가지에 달하였다. 피청구인은 13개의 소인들 중 11개에 대하여 유죄로 판정되고 25년형이 선고되었다.

피고인은 항소를 제기하고서 정식사실심리 변호인의 능력에 대하여 문제를 제기하였고, 변호인을 교체해 달라는 신청을 내 항소를 다룰 다른 변호인을 지정 받았다. 정식사실심리 변호인의 변론수행을 비판하는 자료로써 기록을 보충하게 해달라는 피청구인의 신청을 항소법원은 허가하였다. 유죄판정을 항소법원은 파기하였는데, 구체적인 오류를 변론수행에 있어서 정식사실심리 변호인이 저질렀는지, 한 명의 합리적으로 능력 있는 변호인으로서의 숙련을, 판단력을, 근면을 그가 행사하지 아니하였는지, 그리하여 방어에 불이익을 그것이 끼쳤는지 여부의 점에 대하여는 판단을 내리지 아니한 채로, 다만 (1) 조사를 및 준비를 위하여 변호인에게 부여된 시간에; (2) 변호인의 경험에; (3) 공소사실의 중대성에; (4) 있을 수 있는 항변사유들의 복잡성에; 및 (5) 변호인에게 있어서의 증인들에 대한 접근 가능성에 등 다섯 가지 기준에 비추어 이 사건의 특정의 사실관계 아래서 변호인 지정을 둘러싼 환경들이 변호인의 준비를 방해함으로써 실질적인 변호인의 조력을 받을 헌법적 권리를 침해하였다고 판시하였다. 이러한 항소법원의 판단이 연방헌법 수정 제6조에 대한 올바른 해석인지를 살피기 위하여 연방정부의 사건기록 송부명령 청구를 받아들여 사건을 자신 앞에 연방대법원은 가져왔다.

3. 스티븐스(STEVENS) 판사가 쓴 법원의 의견의 요지

변호인의 조력을 받을 권리는 변호인의 효과적인 조력을 받을 권리이다. 방어를 위한 실제적 조력이 제공되지 않는다면, 헌법적 보장은 침해된다. 단지 형식적인 지정에 의해서는 변호인의 조력에 대한 연방헌법의 보장은 충족될 수 없다. 합리적으로 유능한 한 명의 변호사(a reasonably competent attorney)의 조력을 범인으로 주장되는 사람은 받을 권리가 있다. 충분한 법적 조력(adequate legal assistance)을 범인으로 주장되는 사람에게 연방헌법은 보장한다. (466 U. S., at 654–655.)

범죄를 저지른 사람은 유죄로 판정되어야 한다는, 그리고 죄 없는 사람은 풀려나야 한다는 궁극적 목적을 사건의 대립 당사자들 쌍방으로부터의 당파심 깊은 옹호가 가장 잘 촉진할 것이라는 데 대립당사자주의 형사재판제도의 전제는 있다. 진실한 대립당사자주의적 형사재판 정식사실심리가 실시되어 있는 경우에는 — 설령 증명 가능한 오류들을 변호인이 저질렀을 수 있다 하더라도 — 연방헌법 수정 제6조에 의하여 기대된 종류의 시험은 이루어져 있다. 그러나 만약 대립당사자들 사이의 대결로서의 성격을 그 절차가 상실하면, 그 헌법적 보장은 침해된다. (466 U. S., at 655–657.)

정식사실심리 절차의 신뢰성 위에 변호사의 그 다투어진 행위가 끼치는 영향이 없다면, 연방헌법 수정 제6조의 보장은 일반적으로 관련을 지니지 않는다. 변호사는 피고인이 필요로 하는 그 이끄는 손을 제공할 능력이 있다고 추정되므로, 헌법위반을 증명할 책임은 범인으로 주장되는 사람 위에 놓인다. (466 U. S., at 658.)

연방헌법이 보장하는 그 이끄는 손을 피청구인에게 유능한 변호인이라 하더라도 제공할 수는 없었을 것이라고 결론짓기 위한 근거를, 항소법원이 제시하는 다섯 가지 요인들은 제공하지 않는다. (466 U. S., at 663.)

은행들 사이를 오간 수표들에 관한 기록들의 정리를 위하여 연방정부가 투여해 놓은 시간은 변호인의 업무를 단순화시켜 주었다. 두 은행들 사이의 거래행위들을 입증하는 것으로 연방정부측 주장사실은 구성되었는데, 이를 유능한 변호사라면 의심할 이유가 없을 것이고, 이 거래행위들이 발생했음에 대하여는 다툼이 있을 수 없다. 사실관계들을 다툴 이유가 없을 경우에 범죄의 고의에 대한 추론을 그 사실관계들이 정당화하는지를 검토하는 데 있어서 25일의 기간은 짧은 것이 아니므로, 효과적인 조력을 피청구인에게 어떤 변호사라 하더라도 제공할 수 없었을 것이라는 추정을 그것만으로는 정당화하지 않는다. 변호인이 젊은 사람이었다거나 그의 주된 분야가 부동산이었다거나 이번이 첫 번째로 경험한 배심에 의한 정식사실심리였다는 사실에 의하여도 위 결론의 토대는 침식되지 않는다. 변호인의 효과적인 조력을 피청구인이 받았을 가능성을 없게 만들어 주는 상황들을 혐의의 중대성은, 사건의 복잡성은, 그리고 증인들에게의 접근가능성은 모두 그 자체만으로 확인해 주는 것은 아니다. (466 U. S., at 663–666.)

이 사건은 변호인의 효과적인 조력을 피고인이 수령할 수 있었을 가능성을 없게 그 둘러싼 환경들이 만드는 경우가 아니다. 연방정부에 대한 대립 당사자로서 변호인이 기능하지 못하였음을 항소법원에 의하여 사용된 기준들은 증명하지 않는다. 원심판결은 파기환송 되었다. (466 U. S., at 666–667.)

JUSTICE STEVENS delivered the opinion of the Court.

Respondent and two associates were indicted on mail fraud charges involving the transfer of over $9,400,000 in checks between banks in Tampa, Fla., and Norman, Okla., during a 4-month period in 1975. Shortly before the scheduled trial date, respondent's retained counsel withdrew. The court appointed a young lawyer with a real estate practice to represent respondent, but allowed him only 25 days for pretrial preparation, even though it had taken the Government over four and one-half years to investigate the case and it had reviewed thousands of documents during that investigation. The two codefendants agreed to testify for the Government; «466 U. S., 650» respondent was convicted on 11 of the 13 counts in the indictment and received a 25-year sentence.

The Court of Appeals reversed the conviction because it concluded that respondent did not "have the Assistance of Counsel for his defence" that is guaranteed by the Sixth Amendment to the Constitution.[1] This conclusion was not supported by a determination that respondent's trial counsel had made any specified errors, that his actual performance had prejudiced the defense, or that he failed to exercise "the skill, judgment, and diligence of a reasonably competent defense attorney"; instead the conclusion rested on the premise that no such showing is necessary "when circumstances hamper a

1) The Sixth Amendment provides, in pertinent part:
"In all criminal prosecutions, the accused shall enjoy the right …… to be informed of the nature and cause of the accusation; to be confronted with the witnesses against him; to have compulsory process for obtaining witnesses in his favor, and to have the Assistance of Counsel for his defense."

법원의 의견을 스티븐스(STEVENS) 판사가 냈다.

넉 달에 걸친 1975년의 일정 기간 중의 플로리다주 탐파(Tampa) 소재의 및 오클라호마주 노먼(Norman) 소재의 은행들 사이의 액면금 940만 달러를 넘는 수표들의 양도를 포함하는 우편사기 공소사실들로 피청구인은 및 두 명의 공범들은 대배심기소되었다. 피청구인이 선임한 변호인은 정식사실심리 기일 직전에 사임하였다. 부동산 실무를 다루는 젊은 변호사를 지명하여 피청구인을 대변하게 하면서 정식사실심리 이전의 준비를 위하여 단지 25일을 그에게 법원은 허용하였는데, 이에 반하여 연방정부는 그 사건을 조사하는 데에 4년 6월이 넘는 기간을 들인 터였고 그 조사 중에 수천 개의 기록들을 검토한 터였다. 연방정부를 위하여 증언하기로 두 명의 공동피고인들은 동의하였다; «466 U. S., 650» 피청구인은 대배심기소장의 13개의 소인들 중 11개에 대하여 유죄로 판정되었고 25년형이 선고되었다.

유죄판정을 항소법원은 파기하였는데, 왜냐하면 연방헌법 수정 제6조에 의하여 보장된 "그 자신의 방어를 위한 변호인의 조력을" 피청구인이 "받지" 못하였다고 항소법원은 결론지었기 때문이다.[1] 조금이라도 구체적인 오류들을 피청구인의 정식사실심리 변호인이 저질렀다는, 방어에 불이익을 그의 실제의 변론수행이 끼쳤다는, 또는 "한 명의 합리적으로 능력 있는 변호인으로서의 숙련을, 판단력을, 그리고 근면을 그가 행사하지 아니하였다는" 판정에 의하여 이 결론이 뒷받침되었던 것은 아니다; 오히려 "피고인의 주장사실에 대한 특정 변호인의 준비를 상황들이

1) 연방헌법 수정 제6조는 해당 부분에서 이렇게 규정한다:
"…… 기소의 성격을 및 이유를 고지 받을 권리를; 자신에게 불리한 증인들을 대면할 권리를; 자신에게 유리한 증인을 확보할 강제절차를 가질 권리를; 그리고 자신의 방어를 위하여 변호인의 조력을 받을 권리를 모든 형사적 절차추행에 있어서 범인으로 주장되는 사람은 향유한다(In all criminal prosecutions, the accused shall enjoy the right …… to be informed of the nature and cause of the accusation; to be confronted with the witnesses against him; to have compulsory process for obtaining witnesses in his favor, and to have the Assistance of Counsel for his defense)."

given lawyer's preparation of a defendant's case."[2] The question presented by the Government's petition for certiorari is whether the Court of Appeals has correctly interpreted the Sixth Amendment.

I

The indictment alleged a "check kiting" scheme.[3] At the direction of respondent, his codefendant Cummings opened a bank account in the name of Skyproof Manufacturing, Inc. (Skyproof), at a bank in Tampa, Fla., and codefendant Merritt opened two accounts, one in his own name and one in the name of Skyproof, at banks in Norman, Okla.[4] Knowing that there were insufficient funds in either account, the defendants allegedly drew a series of checks and wire transfers on the Tampa account aggregating $4,841,073.95, all of which were deposited in Skyproof's Norman bank account during the period between June 23, 1975, and October 16, 1975; «466 U. S., 651» during approximately the same period they drew checks on Skyproof's Norman account for deposits in Tampa aggregating $4,600,881.39. The process of clearing the checks involved the use of the mails. By "kiting" insufficient funds checks between the banks in those two cities, defendants allegedly created false or inflated balances in the accounts. After outlining the overall scheme, Count I of the indictment alleged the mailing of two checks each for less than $1,000 early in May. Each of the additional 12 counts realleged the allegations in Count I except its reference to the two specific checks, and then added an allegation identifying other checks issued and mailed at later dates.

2) 675 F. 2d 1126, 1128 (CA10 1982).
3) See Williams v. United States, 458 U. S. 279, 280–282, and n. 1 (1982).
4) Skyproof, according to the indictment, was largely a facade and pretense to permit the withdrawal of large sums of money from these banks.

방해할 경우에는" 이 같은 증명은 필요 없다는 전제에 그 결론은 의존하였다.[2] 연방정부의 사건기록 송부명령 청구에 의하여 제기된 문제는 연방헌법 수정 제6조를 항소법원이 올바르게 해석했는지 여부이다.

I

한 개의 "입금목적 수표발행(check kiting)" 계획을 대배심기소장은 주장하였다.[3] 피청구인의 지시에 따라 그의 공동피고인인 커밍스(Cummings)는 플로리다주 탐파(Tampa) 소재의 은행 한 곳에 스카이프룹 매뉴팩처링 잉크(Skyproof Manufacturing, Inc.) (이하 스카이프룹 회사라 함) 이름으로 한 개의 은행계좌를, 그리고 공동피고인 메릿(Merrit)은 오클라호마주 노먼(Norman) 소재의 은행들에 두 개의 은행계좌를 한 개는 그 자신의 이름으로 그리고 한 개는 스카이프룹 회사의 이름으로 개설하였다.[4] 계좌 어느 쪽에든 자금이 충분하지 않음을 알면서도 총계 4,841,073.95달러에 달하는 일련의 수표들을 및 전신환들(wire transfers)을 탐파 계좌 앞으로 피고인들은 발행한 것으로, 그리고 그 전부가 1975년 6월 23일에서 1975년 10월 16일 사이의 기간 중에 스카이프룹 회사의 노먼 은행계좌에 예치된 것으로 주장되어 있다; «466 U. S., 651» 탐파 계좌에의 예치를 위하여 총계 4,600,881.39달러에 달하는 수표들을 스카이프룹 회사의 노먼 계좌 앞으로 거의 같은 기간 동안 그들은 발행하였다. 우편들의 사용을 수표들을 결제하는 절차는 포함하였다. 자금부족 상태의 수표들을 두 도시들에 소재하는 은행들 사이에서 "입금목적으로 발행함(kiting)"으로써, 그 계좌들에 허위의 또는 부풀려진 잔고들을 피고인들은 창출한 것으로 주장되었다. 전체 계획의 개요를 설명한 뒤에, 각각 1,000달러 미만짜리의 두 장의 수표들에 대한 5월 초경의 우송을 대배심기소장의 소인 I은 주장하였다. 그 두 장의 특정 수표들에 대한 언급을 빼고는 소인 I에서의 주장들을 다시 주장한 다음에, 그보다 더 늦은 날짜들에 발행되고 우송된 여타의 수표들을 밝히는 한 개의 주장을 그 밖의 12개의 소인들 각각은 덧붙였다.

2) 675 F. 2d 1126, 1128 (CA10 1982).
3) Williams v. United States, 458 U. S. 279, 280–282, and n. 1 (1982)를 보라.
4) 대배심기소장에 따르면 스카이프룹 회사는 주로 이 은행들로부터의 다액의 돈의 인출을 허용하기 위한 외관이자 구실이었다.

At trial the Government proved that Skyproof's checks were issued and deposited at the times and places, and in the amounts, described in the indictment. Having made plea bargains with defendants Cummings and Merritt, who had actually handled the issuance and delivery of the relevant written instruments, the Government proved through their testimony that respondent had conceived and directed the entire scheme, and that he had deliberately concealed his connection with Skyproof because of prior financial and tax problems.

After the District Court ruled that a prior conviction could be used to impeach his testimony, respondent decided not to testify. Counsel put on no defense. By cross-examination of Government witnesses, however, he established that Skyproof was not merely a sham, but actually was an operating company with a significant cash flow, though its revenues were not sufficient to justify as large a "float" as the record disclosed. Cross-examination also established the absence of written evidence that respondent had any control over Skyproof, or personally participated in the withdrawals or deposits.[5)]
«466 U. S., 652»

The 4-day jury trial ended on July 17, 1980, and respondent was sentenced on August 28, 1980. His counsel perfected a timely appeal, which was docketed on September 11, 1980. Two months later respondent filed a motion to substitute a new attorney in the Court of Appeals, and also filed a motion in the District Court seeking to vacate his conviction on the ground that he had newly discovered evidence of perjury by officers of the Norman bank, and

5) A good deal of evidence concerned the efforts of the Norman bank to recoup its losses, and also the efforts of respondent to make restitution. The bank took over a local bottling company in Texas that had been acquired by Skyproof while the scheme was in operation, and respondent «466 U. S., 652» apparently offered to make the bank whole with funds to be supplied by a rich aunt. That evidence did not provide respondent with much of a defense to the mail fraud charges, but was considered relevant to sentencing by the District Court.

대배심기소장에 설명된 그 시기에 및 장소에서, 그 금액으로 스카이프륩 회사의 수표들이 발행되고 예치되었음을 정식사실심리에서 연방정부는 증명하였다. 답변거래들(plea bargains)을 문서들의 발행을 및 교부를 실제로 취급한 피고인 커밍스(Cummings)와의 및 메릿(Merritt)와의 사이에서 한 다음에, 전체의 계획을 피청구인이 착상하고 지휘하였음을, 그리고 그가 그 이전의 재정상의 및 세금상의 문제들 때문에 스카이프륩 회사의 및 그 자신의 둘 사이의 연결을 의도적으로 그가 숨겼었음을 그들의 증언을 통하여 연방정부는 증명하였다.

피청구인의 증언을 탄핵하기 위하여 증거로 그 이전의 한 개의 유죄판정이 사용될 수 있다고 연방지방법원이 결정을 내린 뒤에, 증언하지 않기로 피청구인은 결정하였다. 아무런 항변사유를도 변호인은 제시하지 않았다. 그러나 스카이프륩 회사가 단지 가짜인 것만은 아님을 및 실제로 상당한 현금 자금을 지닌 가동 중인 회사임을 정부측 증인들에 대한 반대신문에 의하여 그는 입증하였는데, 다만 기록이 드러내준 것만큼의 액수에 해당하는 "은행간 이동의 수표 총액(float)"을 정당화하기에는 그 회사의 수입은 충분하지 않았다. 스카이프륩 회사에 대하여 조금이라도 지배력을 피청구인이 지녔다는 점에 대한, 또는 인출행위들에 또는 예치행위들에 그가 직접 참여하였다는 점에 대한 문서 증거는 존재하지 아니함을도 반대신문은 증명하였다.[5] «466 U. S., 652»

4일간의 배심에 의한 정식사실심리는 1980년 7월 17일에 끝났고, 1980년 8월 28일에 형을 피청구인은 선고받았다. 적시의 항소장을 그의 변호인은 완성하였는데, 1980년 9월 11일에 소송사건일람표에 그것은 등재되었다. 새로운 변호사 한 명을 지명해 달라는 신청을 두 달 뒤에 항소법원에 피청구인은 제기하였고, 그리고 노먼 은행 임원들에 의한 위증의 증거를 자신이 새로이 발견해 냈음을 이유로, 그리고 연방정부로서 그 위증을 알았거나 알았어야 했음을 이유로 자신의 유죄판정을 파

---

5) 많은 분량의 증거는 자신의 손실을 만회하려는 노먼 은행의 노력들에, 그리고 아울러 배상을 하려는 피청구인의 노력들에 관계된 것들이었다. 그 계획이 실행되던 동안에 스카이프륩 회사에 의하여 취득된 바 있는 텍사스주 소재의 지역 음료회사 한 개를 노먼 은행이 인수하였고, 그리고 «466 U. S., 652» 일견하여 한 명의 돈 많은 아주머니에 의하여 제공되는 자금을 가지고서 노먼 은행을 온전하게 만들어 주겠다고 피청구인은 제안하였다. 우편사기 공소사실들에 대하여는 피청구인에게 그다지 항변사유를 그 증거는 제공해 주지 않았으나, 양형심리에는 관련 있는 것으로 연방지방법원에 의하여 그것은 간주되었다.

that the Government knew or should have known of that perjury. In that motion he also challenged the competence of his trial counsel.[6] The District Court refused to entertain the motion while the appeal was pending. The Court of Appeals denied the motion to substitute the attorney designated by respondent, but did appoint still another attorney to handle the appeal. Later it allowed respondent's motion to supplement the record with material critical of trial counsel's performance.

The Court of Appeals reversed the conviction because it inferred that respondent's constitutional right to the effective assistance of counsel had been violated. That inference was based on its use of five criteria: "'(1) [T]he time afforded for investigation and preparation; (2) the experience of counsel; (3) the gravity of the charge; (4) the complexity of possible defenses; and (5) the accessibility of witnesses to counsel.'" 675 F. 2d 1126, 1129 (CA10 1982) (quoting United States v. Golub, 638 F. 2d 185, 189 (CA10 1980)). Under the test employed by the Court of Appeals, reversal is required even if «466 U. S., 653» the lawyer's actual performance was flawless. By utilizing this inferential approach, the Court of Appeals erred.

II

An accused's right to be represented by counsel is a fundamental component of our criminal justice system. Lawyers in criminal cases "are necessities, not luxuries."[7] Their presence is essential because they are the means

6) During trial, in response to questions from the bench, respondent expressed his satisfaction with counsel's performance. However, in his motion for new trial, respondent attacked counsel's performance and explained his prior praise of counsel through an affidavit of a psychologist who indicated that he had advised respondent to praise trial counsel in order to ameliorate the lawyer's apparent lack of self-confidence.

7) "That government hires lawyers to prosecute and defendants who have the money hire lawyers to defend are the strongest indications of the widespread belief that lawyers in criminal courts are necessities, not luxuries. The

기해 달라는 신청을 연방지방법원에도 제기하였다. 자신의 정식사실심리 변호인의 능력에 대하여도 문제를 그 신청에서 그는 제기하였다.[6] 그 신청을 받아들이기를 항소가 계속 중임을 이유로 연방지방법원은 거부하였다. 변호인을 피청구인에 의하여 지정된 변호사로 대체해 달라는 신청을 항소법원은 기각하면서도, 항소를 다룰 또 다른 변호인을 항소법원은 지명해 주었다. 나중에, 정식사실심리 변호인의 변론수행을 비판하는 자료로써 기록을 보충하게 해 달라는 피청구인의 신청을 항소법원은 허가하였다.

변호인의 효과적인 조력을 받을 피청구인의 헌법적 권리가 침해되었다고 항소법원은 추론하여 유죄판결을 파기하였다. 다섯 가지 기준들에 대한 항소법원의 사용에 토대를 그 추론은 두었다: "'(1) [조]사를 및 준비를 위하여 부여된 시간에; (2) 변호인의 경험에; (3) 공소사실의 중대성에; (4) 있을 수 있는 항변사유들의 복잡성에; 및 (5) 변호인에게 있어서의 증인들에 대한 접근가능성에'" 등이다. 675 F. 2d 1126, 1129 (CA10 1982) (United States v. Golub, 638 F. 2d 185, 189 (CA10 1980)을 인용함). 항소법원에 의하여 사용된 기준에 의하면 설령 변호인의 실제의 변론수행이 흠 없는 «466 U. S., 653» 것이었다 하더라도 유죄판정의 파기는 요구된다. 이 추론적 접근법을 이용함으로써 오류를 항소법원은 저질렀다.

II

변호인에 의하여 대변될 범인으로 주장되는 사람의 권리는 우리의 형사재판 제도의 한 가지 기본적 구성요소이다. 형사사건들에 있어서의 변호사들은 "사치품 아닌 필수품이다."[7] 그들은 정식사실심리에 놓인 사람의 여타의 권리들이 확보되

6) 변호인의 변론수행에 대한 자신의 만족을 정식사실심리 도중에 재판부로부터의 질문들에 응하여 피청구인은 표명하였다. 그러나 새로운 정식사실심리를 구하는 그의 신청에서 변호인의 변론수행을 피청구인은 공격하였고, 그의 변호인에 대한 이전의 칭찬에 관하여는 변호인의 명백한 자신감 결여를 경감시켜 주기 위하여 정식사실심리 변호인을 칭찬하도록 피청구인에게 조언했음을 밝힌 심리학자 한 명의 선서진술서를 통하여 피청구인은 설명하였다.

7) "소송을 추행하기 위하여 변호사들을 정부가 고용한다는 사실은, 그리고 자신을 방어하기 위하여 변호사들을 돈 있는 피고인들이 고용한다는 사실은 형사 법정들에서의 변호사들이 사치품 아닌 필수품이라는 그 넓게 퍼져 있는 믿

through which the other rights of the person on trial are secured. Without counsel, the right to a trial itself would be "of little avail,"[8] as «466 U. S., 654» this Court has recognized repeatedly.[9] "Of all the rights that an accused person has, the right to be represented by counsel is by far the most pervasive for it affects his ability to assert any other rights he may have."[10]

The special value of the right to the assistance of counsel explains why "[i]t has long been recognized that the right to counsel is the right to the effective assistance of counsel." McMann v. Richardson, 397 U. S. 759, 771, n. 14 (1970). The text of the Sixth Amendment itself suggests as much. The Amendment requires not merely the provision of counsel to the accused, but "Assistance," which is to be "for his defence." Thus, "the core purpose of the counsel guarantee was to assure 'Assistance' at trial, when the accused was confronted with both the intricacies of the law and the advocacy of the public prosecutor." United States v. Ash, 413 U. S. 300, 309 (1973). If no actual

---

right of one charged with crime to counsel may not be deemed fundamental and essential to fair trials in some countries, but it is in ours. From the very beginning, our state and national constitutions and laws have laid great emphasis on procedural and substantive safeguards designed to assure fair trials before impartial tribunals in which every defendant stands equal before the law." Gideon v. Wainwright, 372 U. S. 335, 344 (1963).

8) Time has not eroded the force of Justice Sutherland's opinion for the Court in Powell v. Alabama, 287 U. S. 45 (1932):
"The right to be heard would be, in many cases, of little avail if it did not comprehend the right to be heard by counsel. Even the intelligent and educated layman has small and sometimes no skill in the science of law. If charged with crime, he is incapable, generally, of determining for himself whether the indictment is good or bad. He is unfamiliar with the rules of evidence. Left without the aid of counsel he may be put on trial without a proper charge, and convicted upon incompetent evidence, or evidence irrelevant to the issue or otherwise inadmissible. He lacks both the skill and knowledge adequately to prepare his defense, even though he have a perfect one. He requires the guiding hand of counsel at every step in the proceedings against him. Without it, though he be not guilty, he faces the danger of conviction because he does not know how to establish his innocence. If that be true of men of intelligence, how much more true is it of the ignorant and illiterate, or those of feeble intellect. If in any case, civil or criminal, a state or federal court were arbitrarily to refuse to hear a party by counsel, employed by and appearing for him, it reasonably may not be doubted that such a refusal would be a denial of a hearing, and, therefore, of due process in the constitutional sense." Id., at 68–69.

9) See United States v. Ash, 413 U. S. 300, 307–308 (1973); Argersinger v. Hamlin, 407 U. S. 25, 31–32 (1972); Gideon v. Wainwright, 372 U. S., at 343–345; Johnson v. Zerbst, 304 U. S. 458, 462–463 (1938); Powell v. Alabama, 287 U. S., at 68–69.

10) Schaefer, Federalism and State Criminal Procedure, 70 Harv. L. Rev. 1, 8 (1956).

는 통로로서의 수단들이므로 그들의 출석은 필수이다. 변호인이 없다면 정식사실심리를 받을 권리는 그 자체로 "쓸모가 없"을 것인 바,[8] «466 U. S., 654» 그 점을 반복적으로 당원은 인정해 왔다.[9] "범인으로 주장되는 사람이 가지는 그 모든 권리들 중에서 변호인에 의하여 대변될 권리는 단연코 가장 널리 미치는 것인 바, 왜냐하면 그가 가질 수 있는 그 모든 여타의 권리들을 주장할 그의 능력에 영향을 그것은 주기 때문이다."[10]

"[변]호인의 조력을 받을 권리는 변호인의 효과적인 조력을 받을 권리임이 오랫동안 인정되어 온" 이유를 변호인의 조력을 받을 권리의 그 특별한 가치는 설명한다. McMann v. Richardson, 397 U. S. 759, 771, n. 14 (1970). 그만큼의 것을 연방헌법 수정 제6조의 본문 자체가 시사한다. 단지 변호인을만이 아닌, "그의 방어를 위한" 것이 되어야 할 "조력(Assistance)"을 범인으로 주장되는 사람에게 제공하도록 그 수정조항은 요구한다. 그러므로 "변호인의 보장의 핵심적 목적은 법의 복잡함에 및 검사의 주장에 범인으로 주장되는 사람이 한꺼번에 직면하는 때인 정식사실심리에서의 '조력(Assistance)'을 보장하는 것이었다." United States v. Ash, 413 U. S. 300,

음에 대한 가장 강력한 징표들이다. 범죄혐의로 기소된 사람의 변호인의 조력을 받을 권리는 어떤 나라들에서는 공정한 정식사실심리들에 기본적인 또는 필수적인 것으로 여겨지지 않을지도 모르지만, 우리나라에서 그것은 기본이고 필수이다.법 앞에 평등하게 모든 피고인이 서는 공정한 법정들 앞에서의 공정한 정식사실심리들을 보장하도록 설계된 절차적 및 실체적 보호수단들 위에 커다란 강조를 바로 그 출범 때부터 주를 및 연방을 막론하고 우리의 헌법들은 및 법들은 두어 왔다." Gideon v. Wainwright, 372 U. S. 335, 344 (1963).

8) Powell v. Alabama, 287 U. S. 45 (1932)에서의 법원을 위한 서덜랜드(SUTHERLAND) 판사의 의견의 설득력을 시간은 좀먹지 못하였다 :
"만약 변호인을 통하여 청문될 권리(the right to be heard by counsel)를 포함하지 않는다면 청문될 권리(the right to be heard)는 많은 경우에 쓸모가 없을 것이다. 심지어 지성을 갖추고 교육을 받았다 하더라도 문외한은 법률과학에 있어서 지니는 숙련이 적고, 때로는 전혀 없다. 범죄로 기소되면, 대배심 기소(indictment)가 좋은지 나쁜지를 그는 일반적으로 그 혼자서는 판단할 수 없다. 그는 증거규칙들에 생소하다. 변호인의 조력 없이 남겨지면, 그는 정당한 고발 없이 정식사실심리에 처해질 수 있고, 자격 없는 증거에 의하여, 또는 쟁점에 관계 없는 내지는 그 밖에 증거능력 없는 증거에 의하여 유죄로 판정될 수 있다. 심지어 완벽한 항변사유를 가지고 있는 경우라 하더라도 자신의 항변사유를 충분히 준비할 기술을 및 지식을 모두 그는 결여하고 있다. 변호인의 이끄는 손(the guiding hand)을 자신을 겨냥한 절차들에 있어서의 모든 단계마다에서 그는 필요로 한다. 그것 없이는, 설령 자신에게 죄가 없다 하더라도 어떻게 그 자신의 무죄를 증명하여야 할지를 알지 못하는 까닭에, 유죄판정의 위험에 그는 직면하게 된다. 지성을 갖춘 사람들의 경우가 그러하다면 무지하고 문맹인, 또는 빈약한 분별력을 지닌 사람들의 경우에는 얼마나 더 그러하겠는가? 민사든 형사든 어떤 사건에서든 당사자에 의하여 고용되는 및 그를 위하여 출석하는 변호인을 통하여 당사자를 청문하기를 주 법원이 또는 연방법원이 자의적으로 거부한다면, 이 같은 거부가 청문에 대한 박탈이 되리라는 것은, 그리고 이로써 헌법적 의미에서의 적법절차의 박탈이 되리라는 것은 합리적으로 의문시 될 수 없을 것이다." Id., at 68–69.

9) United States v. Ash, 413 U. S. 300, 307–308 (1973)을; Argersinger v. Hamlin, 407 U. S. 25, 31–32 (1972)를; Gideon v. Wainwright, 372 U. S., at 343–345를; Johnson v. Zerbst, 304 U. S. 458, 462–463 (1938)을; Powell v. Alabama, 287 U. S., at 68–69를 보라.

10) Schaefer, Federalism and State Criminal Procedure, 70 Harv. L. Rev. 1, 8 (1956).

"Assistance" "for" the accused's "defence" is provided, then the constitutional guarantee has been violated.[11] To hold otherwise

"could convert the appointment of counsel into a sham and nothing more than a formal compliance with the Constitution's requirement that an accused be given the assistance of counsel. The Constitution's guarantee of «466 U. S., 655» assistance of counsel cannot be satisfied by mere formal appointment." Avery v. Alabama, 308 U. S. 444, 446 (1940) (footnote omitted).

Thus, in McMann the Court indicated that the accused is entitled to "a reasonably competent attorney," 397 U. S., at 770, whose advice is "within the range of competence demanded of attorneys in criminal cases." Id., at 771.[12] In Cuyler v. Sullivan, 446 U. S. 335 (1980), we held that the Constitution guarantees an accused "adequate legal assistance." Id., at 344. And in Engle v. Isaac, 456 U. S. 107 (1982), the Court referred to the criminal defendant's constitutional guarantee of "a fair trial and a competent attorney." Id., at 134.

The substance of the Constitution's guarantee of the effective assistance of counsel is illuminated by reference to its underlying purpose. "[T]ruth," Lord Eldon said, "is best discovered by powerful statements on both sides of the question."[13] This dictum describes the unique strength of our system of criminal justice. "The very premise of our adversary system of criminal justice is

11) "The Sixth Amendment, however, guarantees more than the appointment of competent counsel. By its terms, one has a right to 'Assistance of Counsel [for] his defence.' Assistance begins with the appointment of counsel, it does not end there. In some cases the performance of counsel may be so inadequate that, in effect, no assistance of counsel is provided. Clearly, in such cases, the defendant's Sixth Amendment right to 'have Assistance of Counsel' is denied." United States v. Decoster, 199 U. S. App. D. C. 359, 382, 624 F. 2d 196, 219 (MacKinnon, J., concurring), cert. denied, 444 U. S. 944 (1979).

12) See also Wainwright v. Sykes, 433 U. S. 72, 99 (1977) (WHITE, J., concurring in judgment); id., at 117-118 (BRENNAN, J., dissenting); Tollett v. Henderson, 411 U. S. 258, 266-268 (1973); Parker v. North Carolina, 397 U. S. 790, 797-798 (1970).

13) Quoted in Kaufman, Does the Judge Have a Right to Qualified Counsel?, 61 A. B. A. J. 569, 569 (1975).

309 (1973). 만약 범인으로 주장되는 사람의 "방어"를 "위한(for)" 실제적 "조력(Assistance)"이 제공되지 않는다면, 그 때에 그 헌법적 보장은 침해되어 있다.[11]

이와 다르게 판단한다면 그것은 "변호인 지정을 가짜의 것으로, 그리고 범인으로 주장되는 사람에게 변호인의 조력이 부여되어야 한다는 연방헌법의 요구에 대한 의례상의 준수에 지나지 않는 것으로 변질시킬 수 있다. 변호인의 조력에 대한 «466 U. S., 655» 단지 형식적인 지정에 의해서는 연방헌법의 보장은 충족될 수 없다." Avery v. Alabama, 308 U. S. 444, 446 (1940) (각주생략).

이처럼 범인으로 주장되는 사람에게는 "합리적으로 유능한 한 명의 변호사(a reasonably competent attorney)"의 조력을 받을 권리가 있음을 McMann 판결에서 당원은 표명하였는 바, 397 U. S., at 770, 그의 조언은 "형사사건들에 있어서 변호사들에게 요구되는 정도의 능력의 범위 내"에 있는 것이어야 한다. Id., at 771.[12] "충분한 법적 조력(adequate legal assistance)"을 범인으로 주장되는 사람에게 연방헌법은 보장함을 Cuyler v. Sullivan, 446 U. S. 335 (1980)에서 우리는 판시하였다. Id., at 344. 그리고 형사 피고인을 위한 "한 개의 공정한 정식사실심리에 대한, 그리고 한 명의 유능한 변호사(a fair trial and a competent attorney)에 대한" 헌법적 보장을 Engle v. Isaac, 456 U. S. 107 (1982)에서 당원은 언급하였다. Id., at 134.

변호인의 효과적인 조력에 대한 연방헌법의 보장의 토대에 놓인 목적에 대한 참조로써 그 보장의 본질은 설명된다. "[문]제의 당사자들 쌍방으로부터의 강력한 주장들에 의하여 진실은 가장 잘 발견될 수 있다."고 엘던경(Lord Eldon)은 말하였다.[13] 우리 형사재판 제도의 특유의 장점을 이 방론은 설명한다. "범죄를 저지른 사람은 유죄로판정되어야 한다는, 그리고 죄 없는 사람은 풀려나야 한다는 그 궁극적 목적

11) "그러나 유능한 변호인의 지정 이상의 것을 연방헌법 수정 제6조는 보장한다. 그 수정조항의 표현에 의하면 '자신의 방어를 [위하여] 변호인의 조력(Assistance of Counsel [for] his defence)'을 받을 권리를 개인은 지닌다. 조력은 변호인의 지정으로써 시작되는 것이지, 거기서 끝나는 것이 아니다. 어떤 경우들에 있어서는 변호인의 변론수행이 너무나 불충분한 나머지 결과적으로 변호인의 조력이 제공되지 않는 것이 될 수 있다. 명백히 이 같은 경우들에 있어서는 '변호인의 조력을 받을' 연방헌법 수정 제6조에 기한 피고인의 권리가 박탈된다." United States v. Decoster, 199 U. S. App. D.C. 359, 382, 624 F. 2d 196, 219 (매키넌(MacKinnon) 판사, 보충의견), cert. denied, 444 U. S. 944 (1979).

12) 아울러 Wainwright v. Sykes, 433 U. S. 72, 99 (1977) (화이트(WHITE) 판사, 판결주문에 찬동함)을; id., at 117–118 (브레넌(BRENNAN) 판사, 반대의견)을; Tollett v. Henderson, 411 U. S. 258, 266–268 (1973)을; Parker v. North Carolina, 397 U. S. 790, 797–798 (1970)을 보라.

13) Kaufman, Does the Judge Have a Right to Qualified Counsel?, 61 A. B. A. J. 569, 569 (1975)에서 재인용.

that partisan advocacy on both sides of a case will best promote the ultimate objective that the guilty be convicted and the innocent go free." Herring v. New York, 422 U. S. 853, 862 (1975).[14] It is that "very premise" that underlies and gives meaning to the Sixth «466 U. S., 656» Amendment.[15] It "is meant to assure fairness in the adversary criminal process." United States v. Morrison, 449 U. S. 361, 364 (1981). Unless the accused receives the effective assistance of counsel, "a serious risk of injustice infects the trial itself." Cuyler v. Sullivan, 446 U. S., at 343.[16]

Thus, the adversarial process protected by the Sixth Amendment requires that the accused have "counsel acting in the role of an advocate." Anders v. California, 386 U. S. 738, 743 (1967).[17] The right to the effective assistance of counsel is thus the right of the accused to require the prosecution's case to survive the crucible of meaningful adversarial testing. When a true adversarial criminal trial has been conducted - even if defense counsel may have made demonstrable errors[18] - the kind of testing envisioned by the Sixth Amendment has occurred.[19] But if the process loses «466 U. S., 657» its

---

14) See also Polk County v. Dodson, 454 U. S. 312, 318 (1981) ("The system assumes that adversarial testing will ultimately advance the public interest in truth and fairness"); Gardner v. Florida, 430 U. S. 349, 360 (1977) (plurality opinion) ("Our belief that debate between adversaries is often essential to the truth-seeking function of trials requires us also to recognize the importance of giving counsel an opportunity to comment on facts which may influence the sentencing decision in capital cases").

15) "More specifically, the right to the assistance of counsel has been understood to mean that there can be no restrictions upon the function of counsel in defending a criminal prosecution in accord with the traditions of the adversary factfinding process that has been constitutionalized in the Sixth and Fourteenth Amendments." 422 U. S., at 857.

16) "Whether a man is innocent cannot be determined from a trial in which, as here, denial of counsel has made it impossible to conclude, with any satisfactory degree of certainty, that the defendant's case was adequately presented." Betts v. Brady, 316 U. S. 455, 476 (1942) (Black, J., dissenting).

17) See also Jones v. Barnes, 463 U. S. 745, 758 (1983) (BRENNAN, J., dissenting) ("To satisfy the Constitution, counsel must function as an advocate for the defendant, as opposed to a friend of the court"); Ferri v. Ackerman, 444 U. S. 193, 204 (1979) ("Indeed, an indispensable element of the effective performance of [defense counsel's] responsibilities is the ability to act independently of the Government and to oppose it in adversary litigation").

18) See Engle v. Isaac, 456 U. S. 107, 133–134 (1982); United States v. Agurs, 427 U. S. 97, 102, n. 5 (1976); Tollett v. Henderson, 411 U. S., at 267; Parker v. North Carolina, 397 U. S., at 797–798; McMann v. Richardson, 397 U. S. 759, 770–771 (1970); Brady v. United States, 397 U. S. 742, 756–757 (1970).

19) Of course, the Sixth Amendment does not require that counsel do what is impossible or unethical. If there is no bona fide defense to the charge, counsel cannot create one and may disserve the interests of his client by «466

을 사건의 대립 당사자들 쌍방으로부터의 당파심 깊은 옹호가 가장 잘 촉진할 것이라는 데 우리의 대립당사자주의 형사재판제도의 전제 바로 그 자체는 있다." Herring v. New York, 422 U. S. 853, 862 (1975).[14] 연방헌법 수정 제6조의 토대에 놓여 있으면서 거기에 의미를 부여하는 것은 바로 그 «466 U. S., 656» "전제 자체(very premise)"이다.[15] 그것은 "대립당사자주의 형사절차에 있어서 공정성을 보장하도록 의도된 것이다." United States v. Morrison, 449 U. S. 361, 364 (1981). 변호인의 효과적인 조력을 범인으로 주장되는 사람이 수령하지 못하는 한, "정식사실심리 자체를 불공평의 중대한 위험이 오염시킨다." Cuyler v. Sullivan, 446 U. S., at 343.[16]

이처럼 "한 명의 옹호자의 역할 안에서 행동하는 변호인"을 범인으로 주장되는 사람이 가질 것을 연방헌법 수정 제6조에 의하여 보장된 대립당사자주의 절차는 요구한다. Anders v. California, 386 U. S. 738, 743 (1967).[17] 변호인의 효과적인 조력을 받을 권리는 검찰측 주장사실에 대하여 이렇듯 의미 있는 대립당사자주의의 시험의 호된 시련을 견뎌낼 것을 범인으로 주장되는 사람이 요구할 권리이다. 진실한 대립당사자주의의 형사재판 정식사실심리가 실시되어 있는 경우에는 — 설령 증명 가능한 오류들을 변호인이 저질렀을 수 있다 하더라도[18] — 연방헌법 수정 제6조에 의하여 기대된 종류의 시험은 이루어져 있는 것이다.[19] 그러나 대립당사자들

---

14) 아울러 Polk County v. Dodson, 454 U. S. 312, 318 (1981) ("진실에 및 공정에 있어서의 공중의 이익을 대립당사자주의적 시험(adversarial testing)이 궁극적으로 촉진할 것이라고 그 제도는 가정한다")을; Gardner v. Florida, 430 U. S. 349, 360 (1977) (상대다수(plurality) 의견) ("정식사실심리들의 진실추구 기능에 대립 당사자들 사이의 논쟁이 자주 불가결하다는 우리의 믿음은 사형에 해당하는 사건들에 있어서의 양형결정에 영향을 미칠 수도 있는 사실관계들에 관하여 논평할 기회를 변호인에게 부여하는 일의 중요성을도 아울러 인정하도록 우리에게 요구한다.")을도 보라.

15) "보다 구체적으로, 연방헌법 수정 제6조에 및 제14조에 헌법화되어 있는 대립당사자주의 사실발견 절차의 전통들에 좇아 형사소추를 방어하는 데 있어서의 변호인의 기능에 대하여는 어떤 제약들이도 있을 수 없음을 의미하는 것으로 변호인의 조력을 받을 권리는 이해되어 왔다." 422 U. S., at 857.

16) "피고인의 주장이 충분히 제시되었음을 조금이라도 만족스러운 확실성을 지니고서 결론지을 수 없도록 여기서처럼 변호인의 박탈이 만들어 버린 정식사실심리로부터는 한 사람이 무죄인지 여부는 판정될 수 없다." Betts v. Brady, 316 U. S. 455, 476 (1942) (블랙(BLACK) 판사, 반대의견).

17) 아울러 Jones v. Barnes, 463 U. S. 745, 758 (1983) (브레넌(BRENNAN) 판사, 반대의견) ("연방헌법을 충족시키기 위하여는, 법원을 위한 친구에 반대되는 것으로서의 피고인을 위한 옹호자의 지위에서 변호인은 기능하지 않으면 안 된다.")를; Ferri v. Ackerman, 444 U. S. 193, 204 (1979) ("아닌 게 아니라, [변호인의] 책무사항들에 대한 효과적인 변론수행의 한 가지 불가결한 요소는 대립당사자주의 소송에 있어서 정부에 대하여 독립적으로 행동할, 그리고 정부에 대항할 능력이다.")를 보라.

18) Engle v. Isaac, 456 U. S. 107, 133–134 (1982)를; United States v. Agurs, 427 U. S. 97, 102, n. 5 (1976)을; Tollett v. Henderson, 411 U. S., at 267을; Parker v. North Carolina, 397 U. S., at 797–798을; McMann v. Richardson, 397 U. S. 759, 770–771 (1970)을; Brady v. United States, 397 U. S. 742, 756–757 (1970)을 보라.

19) 물론 불가능한 내지는 윤리규범에 어긋나는 일을 하도록 변호인에게 연방헌법 수정 제6조는 요구하지 않는다. 만약 공소사실에 대한 선의의 항변사유가 없다면 이를 변호인은 창출해낼 수 없으며, 그런데도 쓸모없는 허구를 시도하는

character as a confrontation between adversaries, the constitutional guarantee is violated.[20] As Judge Wyzanski has written: "While a criminal trial is not a game in which the participants are expected to enter the ring with a near match in skills, neither is it a sacrifice of unarmed prisoners to gladiators." United States ex rel. Williams v. Twomey, 510 F. 2d 634, 640 (CA7), cert. denied sub nom. Sielaff v. Williams, 423 U. S. 876 (1975).[21]

III

While the Court of Appeals purported to apply a standard of reasonable competence, it did not indicate that there had been an actual breakdown of the adversarial process during «466 U. S., 658» the trial of this case. Instead it concluded that the circumstances surrounding the representation of respondent mandated an inference that counsel was unable to discharge his duties.

U. S., 657» attempting a useless charade. See Nickols v. Gagnon, 454 F. 2d 467, 472 (CA7 1971), cert. denied, 408 U. S. 925 (1972). At the same time, even when no theory of defense is available, if the decision to stand trial has been made, counsel must hold the prosecution to its heavy burden of proof beyond reasonable doubt. And, of course, even when there is a bona fide defense, counsel may still advise his client to plead guilty if that advice falls within the range of reasonable competence under the circumstances. See Tollett v. Henderson, 411 U. S., at 266–268; Parker v. North Carolina, 397 U. S., at 797–798; McMann, 397 U. S., at 770–771. See generally Bordenkircher v. Hayes, 434 U. S. 357, 363–365 (1978); North Carolina v. Alford, 400 U. S. 25, 37–38 (1970); Brady v. United States, 397 U. S., at 750–752.

20) The Court of Appeals focused on counsel's overall representation of respondent, as opposed to any specific error or omission counsel may have made. Of course, the type of breakdown in the adversarial process that implicates the Sixth Amendment is not limited to counsel's performance as a whole – specific errors and omissions may be the focus of a claim of ineffective assistance as well. See Strickland v. Washington, post, at 693–696. Since this type of claim was not passed upon by the Court of Appeals, we do not consider it here.

21) Thus, the appropriate inquiry focuses on the adversarial process, not on the accused's relationship with his lawyer as such. If counsel is a reasonably effective advocate, he meets constitutional standards irrespective of his client's evaluation of his performance. See Jones v. Barnes, 463 U. S. 745 (1983); Morris v. Slappy, 461 U. S. 1 (1983). It is for this reason that we attach no weight to either respondent's expression of satisfaction with counsel's performance at the time of his trial, or to his later expression of dissatisfaction. See n. 6, supra.

«466 U. S., 657» 사이의 대결로서의 그 자신의 성격을 만약 그 절차가 상실하면, 그 헌법적 보장은 침해된다.[20] 와이잰스키 판사(Judge Wyzanski)가 써 놓았듯이: "한 개의 형사 정식사실심리는 기술에 있어서 비슷한 대전 상대 한 명을 데리고서 링에 그 참여자들이 입장할 것으로 기대되는 한 개의 게임이 아닌 반면, 그것은 비무장의 죄수들을 검투사들(gladiators)에게 바치는 한 개의 성찬식(a sacrifice)인 것이도 아니다." United States ex rel. Williams v. Twomey, 510 F. 2d 634, 640 (CA7), cert. denied sub nom. Sielaff v. Williams, 423 U. S. 876 (1975).[21]

III

합리적 능력(reasonable competence)에 관한 기준을 적용하려는 의도를 항소법원은 지니고 있었음에도 불구하고, 이 사건의 정식사실심리 동안에 대립당사자주의 절차에 있어서의 실제의 고장이 «466 U. S., 658» 있었다고는 항소법원은 말하지 않았다. 그보다도 그의 의무사항들을 변호인이 이행할 수 없었다는 추론을 피청구인에 대한 대변을 둘러싼 제반 상황들은 명령한다고 항소법원은 결론지었다.

것은 그의 의뢰인의 «466 U. S., 657» 이익들을 해칠 수 있다. Nickols v. Gagnon, 454 F. 2d 467, 472 (CA7 1971), cert. denied, 408 U. S. 925 (1972)를 보라. 동시에, 심지어 아무런 방어논리를도 사용할 수 없는 때임에도 불구하고 만약 정식사실심리를 감내하기로 하는 결정이 내려져 있다면, 합리적 의심을 배제할 정도의 무거운 증명책임에 검찰을 변호인은 붙들어 두지 않으면 안 된다. 그리고 당연한 일로서, 심지어 선의의 항변사유가 존재할 경우라 하더라도, 만약 유죄답변을 하도록 그의 의뢰인에게 조언하는 것이 제반 상황들에 비추어 합리적인 능력의 범위 내에 들 경우에는 변호인은 여전히 그렇게 할 수 있다. Tollett v. Henderson, 411 U. S., at 266–268을; Parker v. North Carolina, 397 U. S., at 797–798을; McMann, 397 U. S., at 770–771을 보라. 일반적으로 Bordenkircher v. Hayes, 434 U. S. 357, 363–365 (1978)을; North Carolina v. Alford, 400 U. S. 25, 37–38 (1970)을; Brady v. United States, 397 U. S., at 750–752를 보라.

20) 조금이라도 변호인이 저질렀을 수 있는 특정의(specific) 오류에 내지 태만에 반대되는 것으로서의 피청구인에 대한 변호인의 전체적(overall) 대변에 초점을 항소법원은 두었다. 물론, 연방헌법 수정 제6조를 함축하는 유형의 대립당사자주의 절차에 있어서의 고장(breakdown)은 전체로서의(as a whole) 변호인의 변론수행에 한정되는 것은 아니며, 특정의(specific) 오류들은 및 태만행위들은 역시 무의미한 변론수행(ineffective performance)에 관한 주장의 초점이 될 수 있다. Strickland v. Washington, post, at 693–696을 보라. 이 유형의 주장은 항소법원에 의하여 판단된 바 없으므로 그것을 여기서 우리는 검토하지 않는다.

21) 그러므로 범인으로 주장되는 사람의 그의 변호인하고의 관계 그 자체 위에가 아니라 대립당사자주의 절차 위에 초점을 적절한 심리는 둔다. 만약 변호인이 합리적으로 효과적인 옹호자라면, 그의 변론수행에 대한 의뢰인의 평가 여하에는 상관없이 헌법적 기준들을 그는 충족한다. Jones v. Barnes, 463 U. S. 745 (1983)을; Morris v. Slappy, 461 U. S. 1 (1983)을 보라. 피청구인의 정식사실심리 시점에서의 변호인의 변론수행에 대한 피청구인의 만족의 표명에든 또는 나중의 불만족의 표명에든 아무런 가치를 우리가 부여하지 않는 것은 이 이유에서이다. n. 6, supra를 보라.

In our evaluation of that conclusion, we begin by recognizing that the right to the effective assistance of counsel is recognized not for its own sake, but because of the effect it has on the ability of the accused to receive a fair trial. Absent some effect of challenged conduct on the reliability of the trial process, the Sixth Amendment guarantee is generally not implicated. See United States v. Valenzuela-Bernal, 458 U. S. 858, 867-869 (1982); United States v. Morrison, 449 U. S., at 364-365; Weatherford v. Bursey, 429 U. S. 545 (1977).[22] Moreover, because we presume that the lawyer is competent to provide the guiding hand that the defendant needs, see Michel v. Louisiana, 350 U. S. 91, 100-101 (1955), the burden rests on the accused to demonstrate a constitutional violation.[23] There are, however, circumstances that are so likely to prejudice the accused that the cost of litigating their effect in a particular case is unjustified.[24] «466 U. S., 659»

Most obvious, of course, is the complete denial of counsel. The presumption that counsel's assistance is essential requires us to conclude that a trial is unfair if the accused is denied counsel at a critical stage of his trial.[25] Similarly, if counsel entirely fails to subject the prosecution's case to mean-

---

22) Cf. United States v. Agurs, 427 U. S., at 112 (footnote omitted) ("The proper standard of materiality [of a prosecutor's failure to disclose exculpatory evidence] must reflect our overriding concern with the justice of the finding of guilt"). Thus, we do not view counsel's performance in the abstract, but rather the impact of counsel's performance upon "what, after all, is [the accused's], not counsel's trial." McKaskle v. Wiggins, 465 U. S. 168, 174 (1984).

23) "Whenever we are asked to consider a charge that counsel has failed to discharge his professional responsibilities, we start with a presumption that he was conscious of his duties to his clients and that he sought conscientiously to discharge those duties. The burden of demonstrating the contrary is on his former clients." Matthews v. United States, 518 F. 2d 1245, 1246 (CA7 1975).

24) See, e. g., Flanagan v. United States, 465 U. S. 259, 267–268 (1984); Estelle v. Williams, 425 U. S. 501, 504 (1976); Murphy v. Florida, 421 U. S. 794 (1975); Bruton v. United States, 391 U. S. 123, 136–137 (1968); Sheppard v. Maxwell, 384 U. S. 333, 351–352 (1966); Jackson v. Denno, 378 U. S. 368, 389–391 (1964); Payne v. Arkansas, 356 U. S. 560, 567–568 (1958); In re Murchison, 349 U. S. 133, 136 (1955).

25) The Court has uniformly found constitutional error without any showing of prejudice when counsel was either totally absent, or prevented from assisting the accused during a critical stage of the proceeding. See, e. g., Geders v. United States, 425 U. S. 80 (1976); Herring v. New York, 422 U. S. 853 (1975); Brooks v. Tennessee, 406 U. S. 605, 612–613 (1972); Hamilton v. Alabama, 368 U. S. 52, 55 (1961); White v. Maryland, 373 U. S. 59, 60 (1963) (per curiam); Ferguson v. Georgia, 365 U. S. 570 (1961); Williams v. Kaiser, 323 U. S. 471, 475–476 (1945).

그 결론에 대한 우리의 평가에 있어서, 그 자체를 위해서가 아니라, 공정한 정식사실심리를 받을 범인으로 주장되는 사람의 능력에 그것이 끼치는 영향 때문에 변호인의 효과적인 조력을 받을 권리는 인정되는 것임을 인정함으로써 우리는 시작한다. 정식사실심리 절차의 신뢰성 위에 그 다투어진 행위가 끼치는 모종의 영향이 없다면, 연방헌법 수정 제6조의 보장은 일반적으로 관련을 지니지 않는다. United States v. Valenzuela-Bernal, 458 U. S. 858, 867-869 (1982)를; United States v. Morrison, 449 U. S., at 364-365를; Weatherford v. Bursey, 429 U. S. 545 (1977)을 보라.[22] 더군다나, 피고인이 필요로 하는 그 이끄는 손을 변호사는 제공할 능력이 있다고 우리는 추정하기 때문에, see Michel v. Louisiana, 350 U. S. 91, 100-101 (1955), 헌법침해를 증명할 책임은 범인으로 주장되는 사람 위에 놓인다.[23] 그러나 범인으로 주장되는 사람에게 불이익을 끼쳤을 가능성을 매우 많이 지닌, 그리하여 특정 사건에 있어서 그것들의 영향을 법정에서 다투는 데 소요되는 비용이 정당화될 수 없는 상황들이 있다.[24] «466 U. S., 659»

물론 가장 명백한 것은 변호인의 완전한 박탈의 경우이다. 만약 그의 정식사실심리 중의 중대한 단계(a critical stage)에서 변호인을 범인으로 주장되는 사람이 박탈당하면 정식사실심리가 불공정한 것이 되는 것으로 우리더러 결론짓도록 변호인의 조력이 불가결하다는 추정은 요구한다.[25] 이에 유사하게, 검찰의 주장사실을 의

22) United States v. Agurs, 427 U. S., at 112 (각주생략) ("[무죄임을 해명하는(exculpatory) 증거를 공개하기를 검찰관이 불이행한 점의] 중요성의 정당한 기준은 유죄인정의 정당성에 대한 우리의 최우선의 염려를 반영하지 않으면 안 된다.")을 비교하라. 그러므로 우리는 변호인의 변론수행을 이론적으로 고찰하는 것이 아니라, "요컨대 변호인 아닌 [피고인에 대한] 정식사실심리인 바의 것" 위에 변호인의 변론수행이 미치는 영향을 고찰한다." McKaskle v. Wiggins, 465 U. S. 168, 174 (1984).

23) "그의 전문적 책무사항들을 변호인이 이행하지 못하였다는 이의를 고찰하도록 우리가 요청될 때는 언제든, 우리는 그가 그의 의뢰인들에 대한 의무사항들을 인식하였다는, 그리고 그가 그 의무사항들을 이행하기 위하여 성실하게 노력하였다는 추정을 가지고서 시작한다. 그 반대를 증명할 책임은 그의 의뢰인들이었던 사람들 위에 있다." Matthews v. United States, 518 F. 2d 1245, 1246 (CA7 1975).

24) 예컨대, Flanagan v. United States, 465 U. S. 259, 267–268 (1984)를; Estelle v. Williams, 425 U. S. 501, 504 (1976)을; Murphy v. Florida, 421 U. S. 794 (1975)를; Bruton v. United States, 391 U. S. 123, 136–137 (1968)을; Sheppard v. Maxwell, 384 U. S. 333, 351–352 (1966)을; Jackson v. Denno, 378 U. S. 368, 389–391 (1964)를; Payne v. Arkansas, 356 U. S. 560, 567–568 (1958)을; In re Murchison, 349 U. S. 133, 136 (1955)를 보라.

25) 변호인이 완전히 부존재하였을 경우에는, 또는 범인으로 주장되는 사람을 조력하는 것이 절차 중의 중대한 단계에서 방해되었을 경우에는 불이익에 대한 아무런 증명 없이도 헌법차원의 오류를 일관되게 당원은 인정해 왔다. 예컨대, Geders v. United States, 425 U. S. 80 (1976)을; Herring v. New York, 422 U. S. 853 (1975)를; Brooks v. Tennessee, 406 U. S. 605, 612–613 (1972)를; Hamilton v. Alabama, 368 U. S. 52, 55 (1961)을; White v. Maryland, 373 U. S. 59, 60 (1963) (per curiam)을; Ferguson v. Georgia, 365 U. S. 570 (1961)을; Williams v. Kaiser, 323 U. S. 471, 475–476 (1945)를 보라.

ingful adversarial testing, then there has been a denial of Sixth Amendment rights that makes the adversary process itself presumptively unreliable. No specific showing of prejudice was required in Davis v. Alaska, 415 U. S. 308 (1974), because the petitioner had been "denied the right of effective cross-examination" which "'would be constitutional error of the first magnitude and no amount of showing of want of prejudice would cure it.'" Id., at 318 (citing Smith v. Illinois, 390 U. S. 129, 131 (1968), and Brookhart v. Janis, 384 U. S. 1, 3 (1966)).[26]

Circumstances of that magnitude may be present on some occasions when although counsel is available to assist the accused during trial, the likelihood that any lawyer, even a «466 U. S., 660» fully competent one, could provide effective assistance is so small that a presumption of prejudice is appropriate without inquiry into the actual conduct of the trial. Powell v. Alabama, 287 U. S. 45 (1932), was such a case.

The defendants had been indicted for a highly publicized capital offense. Six days before trial, the trial judge appointed "all the members of the bar" for purposes of arraignment. "Whether they would represent the defendants thereafter if no counsel appeared in their behalf, was a matter of speculation only, or, as the judge indicated, of mere anticipation on the part of the court." Id., at 56. On the day of trial, a lawyer from Tennessee appeared on behalf of persons "interested" in the defendants, but stated that he had not had an opportunity to prepare the case or to familiarize himself with local

26) Apart from circumstances of that magnitude, however, there is generally no basis for finding a Sixth Amendment violation unless the accused can show how specific errors of counsel undermined the reliability of the finding of guilt. See Strickland v. Washington, post, at 693–696; see generally Davis v. Alabama, 596 F. 2d 1214, 1221–1223 (CA5 1979), vacated as moot, 446 U. S. 903 (1980); Cooper v. Fitzharris, 586 F. 2d 1325, 1332–1333 (CA9 1978) (en banc); McQueen v. Swenson, 498 F. 2d 207, 219–220 (CA8 1974); United States ex rel. Green v. Rundle, 434 F. 2d 1112, 1115 (CA3 1970); Bines, Remedying Ineffective Representation in Criminal Cases: Departures from Habeas Corpus, 59 Va. L. Rev. 927 (1973); Note, Ineffective Representation as a Basis for Relief from Conviction: Principles for Appellate Review, 13 Colum. J. Law & Social Prob. 1, 76–80 (1977).

미 있는 대립당사자주의 시험에 부칠 의무를 만약 변호인이 완전히 불이행한다면, 그 경우에는 그 대립당사자주의 절차 자체를 추정적으로 신뢰성 없는 것으로 만드는 연방헌법 수정 제6조의 권리들에 대한 박탈이 있었던 것이 된다. Davis v. Alaska, 415 U. S. 308 (1974)에서는 불이익에 대한 구체적인 증명은 요구되지 않았는데, 왜냐하면 청구인은 "효과적인 반대신문의 권리를 박탈당한" 터였기 때문이고, 그리고 그것은 "'최우선의 중요성을 지닌 헌법차원의 오류이면서, 불이익의 부존재에 관한 제아무리 많은 양의 증명이도 그것을 치유하지 못할 것이기'" 때문이었다. Id., at 318 (Smith v. Illinois, 390 U. S. 129, 131 (1968)을 및 Brookhart v. Janis, 384 U. S. 1, 3 (1966)을 인용함).[26]

그 정도의 중요성을 지닌 상황들이 현존할 수 있는 일부의 경우들이란, 비록 정식사실심리 동안 피고인을 조력하기 위한 변호인이 이용 가능하다 하더라도, 그 어떤 변호사이든, 심지어 *완전히 능력을 갖춘*(fully competent) 변호사가조차도, 효과적인 조력을 «466 U. S., 660» 제공할 수 있을 가능성이 너무나 적은, 그리하여 정식사실심리의 실제의 수행에 대한 심리 없이 불이익의 추정이 적합한 경우들이다. Powell v. Alabama, 287 U. S. 45 (1932)는 그 같은 한 개의 사건이었다.

널리 공표된, 사형에 해당하는 범죄로 그 피고인들은 대배심기소되어 있었다. 기소인부 신문(arraignment)을 위하여 "법조단 소속변호사 전원(all members of the bar)"을 정식사실심리 엿새 전에 정식사실심리 판사는 지명하였다. "만약 피고인들을 위하여 변호인이 출석하지 않을 경우에 그 이후에도 피고인들을 그들이 대변할 것인지 여부는 단지 추측의 문제였을 뿐이거나, 판사가 드러냈듯이 법원 쪽의 기대의 문제였을 뿐이었다." Id., at 56. 피고인들에게 "관심을 가진(interested)" 사람들을 위하여 정식사실심리 기일에 테네시주로부터 한 명의 변호사가 출석하였으나, 사건을 준

26) 그러나 그 정도의 중요성을 지닌 상황들 여하로부터는 별개로, 유죄인정의 신뢰성의 토대를 변호인의 구체적 오류들이 어떻게 침식했는지를 범인으로 주장되는 사람이 증명할 수 있는 경우가 아닌 한, 연방헌법 수정 제6조에 대한 침해를 인정할 근거는 일반적으로 없다. Strickland v. Washington, post, at 693–696을 보라; 일반적으로 Davis v. Alabama, 596 F. 2d 1214, 1221–1223 (CA5 1979), vacated as moot(쟁송성을 상실함으로써 무효화됨), 446 U. S. 903 (1980)을; Cooper v. Fitzharris, 586 F. 2d 1325, 1332–1333 (CA9 1978) (en banc)을; McQueen v. Swenson, 498 F. 2d 207, 219–220 (CA8 1974)를; United States ex rel. Green v. Rundle, 434 F. 2d 1112, 1115 (CA3 1970)을; Bines, Remedying Ineffective Representation in Criminal Cases: Departures from Habeas Corpus, 59 Va. L. Rev. 927 (1973)을; Note, Ineffective Representation as a Basis for Relief from Conviction: Principles for Appellate Review, 13 Colum. J. Law & Social Prob. 1, 76–80 (1977)을 보라.

procedure, and therefore was unwilling to represent the defendants on such short notice. The problem was resolved when the court decided that the Tennessee lawyer would represent the defendants, with whatever help the local bar could provide.

"The defendants, young, ignorant, illiterate, surrounded by hostile sentiment, haled back and forth under guard of soldiers, charged with an atrocious crime regarded with especial horror in the community where they were to be tried, were thus put in peril of their lives within a few moments after counsel for the first time charged with any degree of responsibility began to represent them." Id., at 57-58.

This Court held that "such designation of counsel as was attempted was either so indefinite or so close upon the trial as to amount to a denial of effective and substantial aid in that regard." Id., at 53. The Court did not examine the actual performance of counsel at trial, but instead concluded that under these circumstances the likelihood that counsel could have performed as an effective adversary was so re- «466 U. S., 661» mote as to have made the trial inherently unfair.[27] Powell was thus a case in which the surrounding circumstances made it so unlikely that any lawyer could provide effective assistance that ineffectiveness was properly presumed without inquiry into actual performance at trial.[28]

27) "It is not enough to assume that counsel thus precipitated into the case thought there was no defense, and exercised their best judgment in proceeding to trial without preparation. Neither they nor the court could say what a prompt and thoroughgoing investigation might disclose as to the facts. No attempt was made to investigate. No opportunity to do so was given. Defendants were immediately hurried to trial ······. Under the circumstances disclosed, we hold that defendants were not accorded the right of counsel in any substantial sense. To decide otherwise, would simply be to ignore actualities." 287 U. S., at 58.

28) See also Chambers v. Maroney, 399 U. S. 42, 59 (1970) (Harlan, J., concurring in part and dissenting in part); White v. Ragen, 324 U. S. 760, 764 (1945) (per curiam); House v. Mayo, 324 U. S. 42, 45 (1945) (per curiam); Ex parte Hawk, 321 U. S. 114, 115–116 (1944) (per curiam). Ineffectiveness is also presumed when counsel "actively represented conflicting interests." Cuyler v. Sullivan, 446 U. S. 335, 350 (1980). See Flanagan v. United States, 465 U. S., at 268. "Joint representation of conflicting interests is suspect because of what it tends to pre-

비할 또는 지역의 절차에 그 자신을 익숙하게 만들 기회를 자신이 가지지 못한 상태라고, 따라서 이 같은 짧은 통지를 받자마자 피고인들을 대변할 생각이 내키지 않는다고 그는 진술하였다. 피고인들을 테네시주 변호사가 대변하되, 그 제공받을 수 있는 모든 도움을 지역 법조단으로부터 받는 것으로 법원이 결정함으로써 그 문제는 해소되었다.

"어리고 무지하고 문맹인 채로 적대감정에 둘러싸여 군인들의 감시 아래 이리저리 끌려 다닌, 재판을 받게 된 지역사회에서 특별히 공포스러운 일로 간주되는 흉악 범죄로 기소된 피고인들은 이렇듯 조금이나마의 책임이 부여된 변호인단이 처음으로 그들을 대변하기 시작한 지 얼마 안 된 시간 내에 자신들의 목숨을 잃을 위험에 처해졌던 것이다." Id., at 57-58.

"그 시도된 것으로서의 변호인 지정은 너무나 불분명하였거나 정식사실심리에 너무나 임박한 것이었던 까닭에, 그 점에 있어서 효과적인 및 실질적인 조력에 대한 박탈에 그것은 해당하였다."고 당원은 판시하였다. Id., at 53. 정식사실심리 변호인의 실제의 변론수행을 조사하지 않은 채로, 그보다는 한 사람의 효과적인 대립당사자로서 변론을이 같은 상황들 아래서 변호인이 수행할 수 있었을 가능성이 너무나 희박한 점이 그 정식사실심리를 «466 U. S., 661» 본질적으로 불공정한 것으로 만들어 놓았다고 당원은 결론지었다.[27] 그러므로 Powell 사건은 그 어떤 변호인이라 한들 효과적인 조력을 제공할 수 있었을 가능성이 있을 성싶지 않게끔 그 둘러싼 상황들이 만든, 그리하여 정식사실심리에서의 실제의 변론수행에 대한 심리 없이도 무의미한 조력이 당연히 추정되는 사건이었다.[28]

27) "아무런 항변사유가도 없다고 이렇게 사건에 밀어 넣어진 변호인단이 생각하였던 것으로, 그리하여 준비 없이 정식사실심리에 나아감에 있어서 그들의 최선의 판단력을 행사하였던 것으로 추정하는 것으로는 충분하지 않다. 즉각적이고 철저한 조사가 사실관계에 관하여 무엇을 밝혀줄 수 있을지 그들은도 법원은도 말할 수 없었다. 조사를 진행하려는 어떤 시도가도 이루어지지 않았다. 그렇게 할 어떤 기회가도 부여되지 않았다. 즉각적으로 정식사실심리에 서둘러 피고인들은 넣어졌다 ……. 그 드러난 제반 상황들 아래서 조금이라도 실질적인 의미에 있어서의 변호인의 조력을 받을 권리를 피고인들은 부여받지 못하였다고 우리는 본다. 다르게 판단하는 것은 오직 실제 상황들을 무시하는 것이 될 것이다." 287 U. S., at 58.

28) 아울러 Chambers v. Maroney, 399 U. S. 42, 59 (1970) (할란(HARLAN) 판사, 부분적으로 찬동하고 부분적으로 반대함)을; White v. Ragen, 324 U. S. 760, 764 (1945) (per curiam)을; House v. Mayo, 324 U. S. 42, 45 (1945) (per curiam)을; Ex parte Hawk, 321 U. S. 114, 115-116 (1944) (per curiam)을 보라. "상반하는 이익들을" 변호인이 "적극적으로 대변한" 경우에도 무의미한 조력은 마찬가지로 추정된다. Cuyler v. Sullivan, 446 U. S. 335, 350

But every refusal to postpone a criminal trial will not give rise to such a presumption. In Avery v. Alabama, 308 U. S. 444 (1940), counsel was appointed in a capital case only three days before trial, and the trial court denied counsel's request for additional time to prepare. Nevertheless, the Court held that since evidence and witnesses were easily accessible to defense counsel, the circumstances did not make it unreasonable to expect that counsel could adequately prepare for trial during that period of time, id., at 450-453.[29] Similarly, in Chambers v. Maroney, 399 U. S. 42 (1970), the Court refused "to fashion a per se rule requiring reversal of every conviction following tardy appointment of counsel." Id., at 54.[30] «466 U. S., 662» Thus, only when surrounding circumstances justify a presumption of ineffectiveness can a Sixth Amendment claim be sufficient without inquiry into counsel's actual performance at trial.[31]

The Court of Appeals did not find that respondent was denied the presence of counsel at a critical stage of the prosecution. Nor did it find, based on the actual conduct of the trial, that there was a breakdown in the adversarial process that would justify a presumption that respondent's conviction

vent the attorney from doing." Holloway v. Arkansas, 435 U. S. 475, 489–490 (1978). See also Glasser v. United States, 315 U. S. 60, 67–77 (1942).

29) See also Morris v. Slappy, 461 U. S. 1 (1983).

30) See also Mancusi v. Stubbs, 408 U. S. 204, 214 (1972).

31) The Government suggests that a presumption of prejudice is justified when counsel is subject to "external constraints" on his performance. In this case the Court of Appeals identified an "external" constraint – the District Court's decision to give counsel only 25 days to prepare for trial. The fact that the accused can attribute a deficiency in his representation to a source external to trial counsel does not make it any more or less likely that he received the type of trial envisioned by the Sixth Amendment, nor does it justify reversal of his conviction absent an actual effect on the trial process or the likelihood of such an effect. Cf. United States v. Agurs, 427 U. S., at 110 (prosecutorial misconduct should be evaluated not on the basis of culpability but by its effect on the fairness of the trial). That is made clear by Chambers and Avery. Both cases involved "external constraints" on counsel in the form of court-imposed limitations on the length of pretrial preparation, yet in neither did the Court presume that the "constraint" had an effect on the fairness of the trial. In fact, only last Term we made it clear that with respect to a trial court's refusal to grant the defense additional time to prepare for trial, an "external constraint" on counsel, great deference must be shown to trial courts, because of the scheduling problems they face. See Morris v. Slappy, 461 U. S., at 11–12. Conversely, we have presumed prejudice when counsel labors under an actual conflict of interest, despite the fact that the constraints on counsel in that context are entirely self-imposed. See Cuyler v. Sullivan, 446 U. S. 335 (1980).

그러나 이 같은 추정을 형사 정식사실심리를 연기하는 데 대한 모든 거부가 야기하는 것은 아닐 것이다. Avery v. Alabama, 308 U. S. 444 (1940)의 경우 사형에 해당하는 사건에서 정식사실심리 3일 전에서야 변호인이 지명되었는데, 그런데도 준비를 위한 추가적 시간을 달라는 변호인의 요청을 정식사실심리 법원은 기각하였다. 이에도 불구하고 변호인에게 손쉽게 증거가 및 증인들이 접근할 수 있었으므로 제반 상황들에 비추어 그 시간 안에 변호인이 충분히 준비할 수 있을 것으로 예상하는 것은 부당한 것이 되지 않았다고 당원은 판시하였다. id., at 450-453.[29] 마찬가지로 "지체된 변호인 지정 이후에 내려진 모든 유죄판정에 대하여 파기를 요구하는 당연위법 원칙(a per se rule)을 만들어내기"를 Chambers v. Maroney, 399 U. S. 42 (1970)에서 당원은 거부하였다. Id., at 54.[30] «466 U. S., 662» 이처럼 오직 무의미한 조력에 대한 추정을 그 둘러싼 제반 상황들이 정당화할 경우에만 연방헌법 수정 제6조 관련의 주장은 정식사실심리 변호인의 실제의 변론수행에 대한 조사 없이 충분한 것이 될 수 있다.[31]

변호인의 출석을 소송추행(追行; prosecution)의 중대한 단계(a critical stage)에서 피청구인이 박탈당한 것으로는 항소법원은 인정하지 않았다. 정식사실심리의 실제의 진

(1980). 또한 Flanagan v. United States, 465 U. S., at 268을 보라. "상반하는 이익들의 동시대변(Joint representation)은 그것이 변호인으로 하여금 할 수 없도록 저지하는 데 기여하는 그 대상 행위 때문에 혐의가 두어진다." Holloway v. Arkansas, 435 U. S. 475, 489–490 (1978). 아울러 Glasser v. United States, 315 U. S. 60, 67–77 (1942)을 보라.

29) 아울러 Morris v. Slappy, 461 U. S. 1 (1983)을 보라.

30) 아울러 Mancusi v. Stubbs, 408 U. S. 204, 214 (1972)을 보라.

31) 그의 변론수행에 있어서의 "외부적 제약들(external constraints)"에 변호인이 처해지는 경우에 불이익의 추정이 정당화되는 것 아닌가 하고 연방정부는 넌지시 내비춘다. 이 사건에서 한 개의 "외부적" 제약을 항소법원은 지목하였는데, 즉 정식사실심리를 준비하게 하기 위하여 단지 25일을 변호인에게 부여하기로 한 연방지방법원의 결정이 그것이었다. 자신에 대한 대변에 있어서의 결함을 정식사실심리 변호인에게는 외부의 것인 어딘가의 원천에 피고인이 돌릴 수 있다는 사실은 연방헌법 수정 제6조에 의하여 기대된 유형의 정식사실심리를 그가 수령하였을 가능성을 더 많게도 더 적게도 만들지 않으며, 또한 정식사실심리 과정에 미친 실제의 영향 없이는, 또는 그 같은 영향의 가능성 없이는 그의 유죄판정에 대한 파기를 그것은 정당화하지도 않는다. United States v. Agurs, 427 U. S., at 110 (검사의 직권남용은 유책성(culpability)의 토대 위에서가 아니라 정식사실심리의 공정성에 그것이 미치는 영향에 의하여 평가되어야 한다)을 비교하라. Chambers 판결에 및 Avery 판결에 의하여 그것은 명확해진다. 정식사실심리 이전의(pretrial) 준비기간에 대하여 법원이 부과한 제한들의 형태를 띤 변호인에 대한 "외부적 제약들"을 두 선례들은 다 같이 포함하였으나, 그런데도 정식사실심리의 공정성에 영향을 그 "제약"이 끼친 것으로는 두 사건들 어디서도 당원은 추정하지 않았다. 실제로는, 변호인에 대한 "외부적 제약"인, 정식사실심리를 준비할 추가적 시간을 변호인에게 허용하기를 정식사실심리 법원이 거부한 점에 관하여, 정식사실심리 법원들이 직면하는 기일지정의 문제들 때문에 그들에게 커다란 경의가 표명되지 않으면 안 됨을 바로 지난 번 개정기에서 우리는 명백히 하였다. Morris v. Slappy, 461 U. S., at 11–12를 보라. 역으로, 실제의 이익충돌(an actual conflict of interest) 아래서 부담을 변호인이 지닐 경우에는 그 맥락에서의 변호인에게 가해진 제약들은 전적으로 그 스스로 무릅쓴 것이라는 사실에도 불구하고 불이익(prejudice)을 우리는 추정해 왔다. Cuyler v. Sullivan, 446 U. S. 335 (1980)을 보라.

was insufficiently reliable to satisfy the Constitution. The dispositive question in this case therefore is whether the circumstances surrounding respondent's representation - and in particular the five criteria identified by the Court of Appeals - justified such a presumption.[32] «466 U. S., 663»

IV

The five factors listed in the Court of Appeals' opinion are relevant to an evaluation of a lawyer's effectiveness in a particular case, but neither separately nor in combination do they provide a basis for concluding that competent counsel was not able to provide this respondent with the guiding hand that the Constitution guarantees.

Respondent places special stress on the disparity between the duration of the Government's investigation and the period the District Court allowed to newly appointed counsel for trial preparation. The lawyer was appointed to represent respondent on June 12, 1980, and on June 19, filed a written motion for a continuance of the trial that was then scheduled to begin on June 30. Although counsel contended that he needed at least 30 days for preparation, the District Court reset the trial for July 14 - thus allowing 25 additional days for preparation.

Neither the period of time that the Government spent investigating the case, nor the number of documents that its agents reviewed during that

32) See generally Goodpaster, The Trial for Life: Effective Assistance of Counsel in Death Penalty Cases, 58 N. Y. U. L. Rev. 299, 346–349 (1983); «466 U. S., 663» Note, A Functional Analysis of the Effective Assistance of Counsel, 80 Colum. L. Rev. 1053, 1066–1068 (1980); Note, Ineffective Assistance of Counsel: The Lingering Debate, 65 Cornell L. Rev. 659, 681–688 (1980).

행에 비추어, 피청구인에 대한 유죄판정이 연방헌법을 충족할 만큼 충분히 신뢰성 있는 것이 아니었다는 추정을 정당화할 만한 대립당사자주의 절차에 있어서의 고장(a breakdown)이 있었음을도 항소법원은 인정하지 않았다. 그러므로 이 사건에 있어서의 결정적인 문제는 이 같은 추정을 피청구인의 대변을 둘러싼 제반 상황들이 - 그리고 특히 항소법원에 의하여 확인된 다섯 가지 기준들이 - 정당화하였는지 여부이다.[32] «466 U. S., 663»

IV

항소법원의 의견에서 목록화 된 다섯 가지 요소들은 특정 사건에 있어서의 변호사의 유효성(effectiveness)에 대한 평가에 관련된 것들이지만, 그러나 연방헌법이 보장하는 그 이끄는 손을 피청구인에게 설령 유능한 변호인이라 하더라도 제공할 수는 없었을 것이라고 결론짓기 위한 근거를 개별적으로든 합쳐서든 그것들은 제공하지 않는다.

정부측 조사의 지속기간의, 정식사실심리의 준비를 위하여 새로이 지정된 변호인에게 연방지방법원의 허용해 준 시간의 양자 사이의 불균등 위에 특별한 강조를 피청구인은 둔다. 피청구인을 대변하기 위하여 변호사가 지정된 것은 1980년 6월 12일이었는데, 6월 30일로 기일이 잡혀 있던 정식사실심리에 대한 연기를 구하는 서면 신청을 6월 19일에 그는 제출하였다. 준비를 위하여는 최소한 30일이 필요하다고 변호인이 주장하였음에도 불구하고, 정식사실심리 기일을 7월 14일로 연방지방법원은 연기하였고, 이로써 준비를 위하여 추가로 25일을 허용하였다.

사건을 조사하면서 연방정부가 소비한 기간은도, 또는 그 조사 과정에서 연방정부의 요원들이 검토한 기록들의 숫자는도, 사건을 방어하기 위하여 25일 안에 만약

32) 일반적으로 Goodpaster, The Trial for Life: Effective Assistance of Counsel in Death Penalty Cases, 58 N. Y. U. L. Rev. 299, 346–349 (1983)을; «466 U. S., 663» Note, A Functional Analysis of the Effective Assistance of Counsel, 80 Colum. L. Rev. 1053, 1066–1068 (1980)을; Note, Ineffective Assistance of Counsel: The Lingering Debate, 65 Cornell L. Rev. 659, 681–688 (1980)을 보라.

investigation, is necessarily relevant to the question whether a competent lawyer could prepare to defend the case in 25 days. The Government's task of finding and assembling admissible evidence that will carry its burden of proving guilt beyond a reasonable doubt is entirely different from the defendant's task in preparing to deny or rebut a criminal charge. Of course, in some cases the rebuttal may be equally burdensome and time consuming, but there is no necessary correlation between the two. In this case, the time devoted by the Government to the assembly, organization, and summarization of the thousands of written records evidencing the two streams of checks flowing between the banks in Florida and Oklahoma unquestionably simplified the work of defense counsel in identifying and un- «466 U. S., 664» derstanding the basic character of the defendants' scheme.[33] When a series of repetitious transactions fit into a single mold, the number of written exhibits that are needed to define the pattern may be unrelated to the time that is needed to understand it.

The significance of counsel's preparation time is further reduced by the nature of the charges against respondent. Most of the Government's case consisted merely of establishing the transactions between the two banks. A competent attorney would have no reason to question the authenticity, accuracy, or relevance of this evidence - there could be no dispute that these transactions actually occurred.[34] As respondent appears to recognize,[35] the only bona fide jury issue open to competent defense counsel on these facts was whether respondent acted with intent to defraud.[36] When «466 U. S.,

---

33) It is noteworthy that only about 60 exhibits, consisting primarily of bank records and batches of checks, together with summary charts prepared by the Government, were actually introduced at trial.

34) None of the several lawyers who have represented respondent, including present counsel who has had months to study the record, has suggested that there was any reason to challenge the authenticity, relevance, or reliability of the Government's evidence concerning the transactions at issue.

35) See Brief for Respondent 56–61.

36) The mail fraud statute, under which respondent was convicted, provides:
"Whoever, having devised or intending to devise any scheme or artifice to defraud, or for obtaining money or property by means of false or fraudulent pretenses, representations, or promises, or to sell, dispose of, loan, ex–

한 명의 유능한 변호사였다면 준비할 수 있을지 여부의 문제에 반드시 관계를 지니는 것들은 아니다. 합리적인 의심을 배제할 정도로 유죄를 증명할 책임을 완수해 줄 증거능력 있는 증거를 찾아낼 및 수집할 연방정부의 임무는, 형사 공소사실을 부인하고자 내지는 반박하고자 준비하는 데 있어서의 피고인의 임무하고는 전적으로 상이하다. 물론, 일정한 경우들에 있어서 반증(rebuttal)은 마찬가지로 부담스러우면서 시간 소모적인 것이 될 수 있지만, 그러나 그 둘 사이에 불가피한 상호의존관계가 존재하는 것은 아니다. 이 사건에 있어서, 플로리다주 소재의 및 오클라호마주 소재의 은행들 사이를 오간 수표들의 두 갈래 흐름들을 입증하는 수천 개의 서면기록들의 수집을, 조직화를 및 요약을 위하여 연방정부에 의하여 투여된 시간은 피고인의 계획의 기본적 성격을 «466 U. S., 664» 확인하는 데 및 이해하는 데 있어서의 변호인의 업무를 의심할 바 없이 단순화시켜 주었다.[33] 단 한 개의 틀 안에 일련의 반복적 거래행위들이 집어넣어질 때는, 그 패턴을 규명하는 데 요구되는 서증들의 숫자는 그것을 이해하는 데 필요한 시간에 관계없는 것이 될 수 있다.

피청구인에 대한 공소사실들의 성격에 의하여 더욱 변호인의 준비 시간의 중요성은 감소된다. 단지 두 은행들 사이의 거래행위들을 입증하는 것으로 연방정부측 주장사실의 대부분은 구성되었다. 이 증거의 확실성을, 정확성을, 또는 관련성을 한 명의 유능한 변호사라면 의심할 어떤 이유가도 없을 것인 바, 그러므로 이 거래행위들이 실제로 발생했다는 점에 대하여는 어떤 다툼이도 있을 수 없을 것이다.[34] 피청구인이 인정하고 있음이 명백하듯,[35] 이러한 사실관계들에 의거하여 유능한 변호인이 이용할 수 있는 배심심리상의 단 한 가지 진정한 쟁점은 기망의 의도를 지니고서 피청구인이 행동했는지 여부였다.[36] 기초에 «466 U. S., 665» 놓인 역사

33) 실제로는 주로 은행기록들로 및 수표묶음들로 구성된 60여 개의 증거물들만이, 연방정부에 의하여 준비된 요약 차트들에 더불어, 정식사실심리에 제출되었음은 주목할 가치가 있다.

34) 문제가 된 그 거래행위들에 관한 정부측 증거의 확실성에, 관련성에 또는 신빙성에 대하여 조금이라도 이의를 제기할 만한 이유가 있음을 내비춘 사람은, 수 개월간 기록을 검토해 온 현재의 변호인을 포함하여 피청구인을 대변한 바 있는 여러 변호사들 중에, 아무도 없다.

35) Brief for Respondent 56–61을 보라.

36) 피청구인에 대한 유죄인정의 근거가 된 우편사기 제정법(mail fraud statute)은 이렇게 규정한다:
"허위이거나 부정한 설명들(pretenses)로써, 표시들(representations)로써, 또는 약속들로써 기망하기 위한, 또는 돈을이나 재물을 영득하기 위한 계획을이나 술책을 고안해 낸 자로서, 또는 고안할 의도를 지닌 자로서, 또는 위조된

665» there is no reason to dispute the underlying historical facts, the period of 25 days to consider the question whether those facts justify an inference of criminal intent is not so short that it even arguably justifies a presumption that no lawyer could provide the respondent with the effective assistance of counsel required by the Constitution.[37)]

That conclusion is not undermined by the fact that respondent's lawyer was young, that his principal practice was in real estate, or that this was his first jury trial. Every experienced criminal defense attorney once tried his first criminal case. Moreover, a lawyer's experience with real estate transactions might be more useful in preparing to try a criminal case involving financial transactions than would prior experience in handling, for example, armed robbery prosecutions. The character of a particular lawyer's experience may shed light in an evaluation of his actual performance, but it does not justify a presumption of ineffectiveness in the absence of such an evaluation.[38)] «466 U. S., 666»

---

change, alter, give away, distribute, supply, or furnish or procure for unlawful use any counterfeit or spurious coin, obligation, security, or other article, or anything represented to be or intimated or held out to be such counterfeit or spurious article, for the purpose of executing such scheme or artifice or attempting so to do, places in any post office or authorized depository for mail matter, any matter or thing whatever to be sent or delivered by the Postal Service, or takes or receives therefrom, any such matter or thing, or knowingly causes to be delivered by mail according to the direction thereon, or at the place at which it is directed to be delivered by the person to whom it is addressed, any such matter or thing, shall be fined not «466 U. S., 665» more than $1,000 or imprisoned not more than five years, or both." 18 U. S. C. § 1341.

37) It is instructive to compare this case to Powell, where not only was there in reality no appointment of counsel until the day of trial, but also there was substantial dispute over the underlying historical facts. This case is more like Avery and Chambers than Powell.

38) We consider in this case only the commands of the Constitution. We do not pass on the wisdom or propriety of appointing inexperienced counsel in a case such as this. It is entirely possible that many courts should exercise their supervisory powers to take greater precautions to ensure that counsel in serious criminal cases are qualified. See generally, e. g., Committee to Consider Standards for Admission to Practice in Federal Courts, Final Report, 83 F. R. D. 215 (1979); Bazelon, The Defective Assistance of Counsel, 42 U. Cin. L. Rev. 1, 18–19 (1973); Burger, The Special Skills of Advocacy: Are Specialized Training and Certification of Advocates Essential to Our System of Justice?, 42 Ford. L. Rev. 227 (1973); Burger, Some Further Reflections on the Problem of Adequacy of Trial Counsel, 49 Ford. L. Rev. 1 (1980); Schwarzer, Dealing with Incompetent Counsel – The Trial Judge's Role, 93 Harv. L. Rev. 633 (1980). We address not what is prudent or appropriate, but only what is constitutionally compelled.

적 사실관계들을 다툴 아무런 이유가 없을 경우에는, 범죄의 고의(intent)에 대한 한 개의 추론을 그 사실관계들이 정당화하는지 여부의 문제를 검토하는 데 있어서 25일의 기간은 그다지 짧은 것이 아니므로, 연방헌법에 의하여 요구되는 그 효과적인 조력을 피청구인에게 어떤 변호사라 하더라도 제공할 수 없었을 것이라는 추정을 심지어 논쟁의 여지를 지닌 채로도 그것은 정당화하지 않는다.[37]

피청구인의 변호인이 젊은 사람이었다는, 그의 주된 분야가 부동산이었다는, 또는 이번이 그가 첫 번째로 경험한 배심에 의한 정식사실심리였다는 사실에 의하여 그 결론은 토대가 침식되지 않는다. 그 자신의 최초의 형사사건을 아무리 노련한 형사 변호사라 하더라도 누구든 한 번은 변론하였다. 더군다나, 금융거래행위들을 포함하는 형사사건을 변론하고자 준비하는 데 있어서 가령 강도 기소사건들을 다룬 이전의 경험이보다는 부동산 거래행위들에 대한 변호사의 경험이 더 유용할 수도 있다. 그의 실제의 변론수행에 대한 평가에 있어서 빛을 특정 변호인의 경험의 성격은 던질 수 있지만, 그러나 이 같은 평가가 결여된 상태에서는 무의미한 조력에 대한 추정을 그것은 정당화하지 않는다.[38] «466 U. S., 666»

내지는 가짜인(counterfeit or spurious) 화폐를, 채무증서를, 유가증권을, 또는 그 밖의 물건을 내지는 이 같은 위조된 내지는 가짜인 품목이라고 설명되는, 공표되는 내지는 제시되는 것을, 불법적 사용을 위하여 판매하기 위한, 처분하기 위한, 대여하기 위한, 교환하기 위한, 변경하기 위한, 양도하기 위한, 배분하기 위한, 공급하기 위한, 또는 제공하기 위한 내지는 획득하기 위한 계획을이나 술책을 고안해 낸 자로서, 또는 고안할 의도를 지닌 자로서, 이 같은 계획을이나 술책을 실행할 목적으로 또는 그렇게 하기를 시도하면서, 우정공사(the Postal Service)에 의하여 발송될 또는 교부될 사물을이나 물건을 우체국에게 또는 권한 있는 우편물 수탁자에게 두는 사람은, 또는 그들로부터 이 같은 사물을이나 물건을 수령하는 사람은, 또는 이 같은 물건으로 내지는 사물로 하여금 그 위에 기재된 지시에 따라 교부되도록, 또는 그 수신인으로 되어 있는 사람에 의하여 그 교부 장소로 지시된 곳에서 우편에 의하여 교부되도록, 그 점에 대한 인지 상태에서 야기하는 사람은 어느 누구든 1,000달러 이하의 벌금에 처하거나 5년 이하의 구금에 처하거나 또는 두 가지를 병과한다." 18 U. S. C. § 1341.

37) 이 사건을 Powell 사건에 비교하는 것은 도움이 되는데, 그 사건에서는 정식사실심리 기일까지 실제로 변호인의 지정이 없었을 뿐만 아니라 그 기초가 되는 역사적 사실관계들에 관하여 많은 다툼이마저 있었다. 이 사건은 Powell 사건에보다는 Avery 사건에 및 Chambers 사건에 더 유사하다.

38) 오직 연방헌법의 명령사항들만을 이 사건에서 우리는 고찰한다. 이 사건 류의 사건에서 경험 없는 변호인을 지정하는 일의 지혜로움을 내지는 적정성을 우리는 판단하지 않는다. 중대범죄 사건들에 있어서의 변호인이 자격을 지니도록 보장하는 데에 더 많은 사전주의를 기울이게끔 자신들의 감독권한들을 많은 법원들이 행사해야 함은 전적으로 가능하다. 일반적으로, 예컨대 Committee to Consider Standards for Admission to Practice in Federal Courts, Final Report, 83 F. R. D. 215 (1979)를; Bazelon, The Defective Assistance of Counsel, 42 U. Cin. L. Rev. 1, 18-19 (1973)을; Burger, The Special Skills of Advocacy: Are Specialized Training and Certification of Advocates Essential to Our System of Justice?, 42 Ford. L. Rev. 227 (1973)을; Burger, Some Further Reflections on the Problem of Adequacy of Trial Counsel, 49 Ford. L. Rev. 1 (1980)을; Schwarzer, Dealing with Incompetent Counsel – The Trial Judge's Role, 93 Harv. L. Rev. 633 (1980)을 보라. 우리가 역점 두어 다루는 것은 무엇이 분별 있는가 및 적절한가가 아니라, 오직 무엇이 헌법적으로 강제되는가뿐이다.

The three other criteria - the gravity of the charge, the complexity of the case, and the accessibility of witnesses[39] - are all matters that may affect what a reasonably competent attorney could be expected to have done under the circumstances, but none identifies circumstances that in themselves make it unlikely that respondent received the effective assistance of counsel.[40]

V

This case is not one in which the surrounding circumstances make it unlikely that the defendant could have received the effective assistance of counsel. The criteria used by the Court of Appeals do not demonstrate that counsel failed to function in any meaningful sense as the Government's adversary. Respondent can therefore make out a claim of ineffective assistance only by pointing to specific errors made by trial counsel.[41] In this Court, respondent's present counsel argues that the record would support such an attack, but we leave that claim - as well as the other alleged trial errors raised by respondent which were not passed upon «466 U. S., 667» by the Court of Appeals - for the consideration of the Court of Appeals on remand.[42]

---

39) In this connection, it is worth noting that most of the proof not located in the district in which respondent was tried concerned the largely undisputed historical facts underlying the transactions at issue.

40) In his brief, respondent goes beyond the factors enumerated by the Court of Appeals in arguing that he did not receive the effective assistance of counsel at trial. For example, respondent points out that trial counsel used notes to assist him during his opening statement to the jury and told the jury it was his first trial. None of these aspects of counsel's representation is so inherently inconsistent with a reasonably effective defense as to justify a presumption that respondent's trial was unfair; indeed they could have been the product of a reasonable tactical judgment.

41) Since counsel's overall performance was the only question on which the Court of Appeals passed, and is the primary focus of respondent's arguments in this court, we have confined our analysis to a claim challenging counsel's overall performance, and not one based on particular errors or omissions. Should respondent pursue claims based on specified errors made by counsel on remand, they should be evaluated under the standards enunciated in Strickland v. Washington, post, at 693–696.

42) The Government argues that a defendant can attack the actual performance of trial counsel only through a peti–

그 밖의 세 개의 기준들은 — 공소사실의 중대성은, 사건의 복잡성은, 그리고 증인들의 접근가능성은[39] — 모두, 만약 합리적으로 유능한 변호사였다면 무엇을 했을 것으로 기대될 수 있는지에 대하여 영향을 끼칠 수 있는 사항들이기는 하지만, 그러나 변호인의 효과적인 조력을 피청구인이 받았을 가능성을 없게 만들어 주는 상황들을 그 어느 것이도 그 자체만으로 확인해 주지 않는다.[40]

V

이 사건은 변호인의 효과적인 조력을 피고인이 수령할 수 있었을 가능성이 없게끔 그 둘러싼 환경들이 만드는 경우가 아니다. 조금이라도 중요한 의미에서 연방정부의 대립 당사자로서 변호인이 기능하지 못하였음을 항소법원에 의하여 사용된 기준들은 증명하지 않는다. 따라서 무의미한 조력에 관한 주장을 오직 정식사실심리 변호인에 의하여 저질러진 구체적인 오류들(specific errors)을 지적함으로써만 피청구인은 구성해 낼 수 있다.[41] 이 같은 공격을 기록이 뒷받침할 것이라고 이 법원에서 피청구인의 현재의 변호인은 주장하지만, 그러나 그 주장을 - 이에 아울러 피청구인에 의하여 주장된, 그러나 항소법원에 의하여 판단된 바 없는, 정식사실심리상의 «466 U. S., 667» 여타의 오류들에 더불어 - 환송에 기한 항소법원의 검토를 위하여 우리는 남겨둔다.[42]

---

39) 이 맥락에서, 피청구인의 정식심리가 이루어진 지역에 소재하지 않았던 대부분의 증거는 쟁점인 거래행위들의 기초에 놓인, 대부분 다툼 없는(undisputed) 역사적 사실관계들에 관련된 것들이었음은 특별히 언급할 가치가 있다.

40) 변호인의 효과적인 조력을 정식사실심리에서 자신이 수령하지 못했음을 자신의 준비서면에서 주장함에 있어서 항소법원에 의하여 열거된 요소들을 피청구인은 넘어선다. 예컨대, 배심에 대한 그의 모두진술(opening statement) 동안 그를 조력하기 위한 메모들을 사용하면서 이번이 그의 최초의 배심에 의한 정식사실심리라고 배심에게 정식사실심리 변호인이 말했음을 피청구인은 지적한다. 피청구인의 정식사실심리가 불공정했다는 추정을 정당화할 만큼 변호인의 변론의 이 같은 측면들은 그 어느 것이도 합리적으로 효과적인 방어행위에 어긋나는 바 없다; 아닌 게 아니라 그것들은 합리적인 전술적 판단의 산물일 수 있었다.

41) 변호인의 전체적(overall) 변론수행은 항소법원이 판단을 내린 유일한 문제였으므로, 그리고 그것은 이 법원에서의 피청구인의 주장사실들의 주된 초점이기도 하므로, 특정의(particular) 오류들에나 부작위들에 토대한 것이 아닌, 변호인의 전체적(overall) 변론수행에 대하여 이의를 제기하는 주장에 우리의 분석을 우리는 한정해 왔다. 변호인에 의하여 저질러진 특정의(specified) 오류들에 토대한 주장들을 환송에 의거하여 피청구인이 추구한다면, Strickland v. Washington, post, at 693–696에 열거된 기준들에 따라서 그것들은 평가되어야 한다.

42) 정식사실심리 변호인의 실제의 변론수행을 피고인이 공격할 수 있는 길은 유죄판정 사후구제(postconviction relief)를 구하는 28 U. S. C. 2255에 기한 청구를 통해서만이라고, 그러므로 직접항소(direct appeal)를 통해서는 공격할 수 없다고, 왜냐하면 무의미한 조력에 관한 주장들은 일반적으로 연방지방법원에 정당하게 제기되지도 아니하고 항

The judgment is reversed, and the case is remanded for further proceedings consistent with this opinion.

It is so ordered.

JUSTICE MARSHALL concurs in the judgment.

---

tion for postconviction relief under 28 U. S. C. 2255, and not through direct appeal, because ineffective assistance claims are generally not properly raised in the District Court nor preserved for review on appeal. Whatever the merits of this position as a general matter, in this case respondent did raise his claim in the District Court through his motion for new trial under Federal Rule of Criminal Procedure 33. The District Court denied that motion for lack of jurisdiction because the case was pending on direct appeal at the time, but that ruling was erroneous. The District Court had jurisdiction to entertain the motion and either deny the motion on its merits, or certify its intention to grant the motion to the Court of Appeals, which could then entertain a motion to remand the case. See United States v. Fuentes-Lozano, 580 F. 2d 724 (CA5 1978); United States v. Phillips, 558 F. 2d 363 (CA6 1977) (per curiam); United States v. Ellison, 557 F. 2d 128, 132 (CA7), cert. denied, 434 U. S. 965 (1977); United States v. Hays, 454 F. 2d 274, 275 (CA9 1972); United States v. Smith, 433 F. 2d 149, 151–152 (CA5); United States v. Lee, 428 F. 2d 917, 923 (CA6), cert. denied, 404 U. S. 1017 (1972); Guam v. Inglett, 417 F. 2d 123, 125 (CA9 1969); United States v. Hersh, 415 F. 2d 835, 837 (CA5 1969); Richardson v. United States, 360 F. 2d 366, 368–369 (CA5 1966); United States v. Comulada, 340 F. 2d 449, 452 (CA2), cert. denied, 380 U. S. 978 (1965); Ferina v. United States, 302 F. 2d 95, 107, n. 1 (CA8 1962); Smith v. United States, 109 U. S. App. D. C. 28, 31–32, 283 F. 2d 607, 610–611 (1960) (Bazelon, J., concurring in result), cert. denied, 364 U. S. 938 (1961); Zamloch v. United States, 187 F. 2d 854, later proceeding, 193 F. 2d 889 (CA9 1951) (per curiam), cert. denied, 343 U. S. 934 (1952); Rakes v. United States, 163 F. 2d 771, 772–773 (CA4 1947) (per curiam), later proceeding, 169 F. 2d 739, cert. denied, 335 U. S. 826 (1948); 8A J. Moore, Moore's Federal Practice 33.03[2](1983); 3 C. Wright, Federal Practice and Procedure § 557, pp. 338–340 (2d ed. 1982). See also United States v. Johnson, 327 U. S. 106, 109–110 (1946). The Court of Appeals did not reach this claim of actual ineffectiveness, since it reversed the conviction without considering counsel's actual performance. Accordingly this claim remains open on remand. «466 U. S., 668»

원심의 판결주문은 파기되고 사건은 이 의견에 합치되는 향후의 절차들을 위하여 환송된다.

그렇게 명령된다.

마샬(MARSHALL) 판사는 판결주문에 찬동한다.

소심에서 재검토를 위하여 보전되지도 아니하기 때문이라고 연방정부는 주장한다. 한 가지 일반적 문제로서 이 주장의 실체적 사항이 무엇이든지간에, 자신의 주장을 연방형사절차규칙(Federal Rule of Criminal Procedure) 33에 기한 새로운 정식사실심리를 구하는 자신의 신청을 통하여 연방지방법원에 이 사건에서 피청구인은 제기하였다. 그 당시에 그 사건은 직접항소에 계류 중이었기 때문에 재판권의 결여를 이유로 그 신청을 연방지방법원은 기각하였는데, 그러나 그 결정은 오류였다. 그 신청을 받을, 그리고 나서 그 실체적 사항(merits)에 의거하여 기각할, 또는 그 신청을 항소법원에 넘겨줄 자신의 의도를 증명할, 재판권을 연방지방법원은 가졌는 바, 항소법원에 넘겨줄 경우에 사건을 환송해 달라는 신청을 항소법원은 받을 수 있었을 것이다. United States v. Fuentes–Lozano, 580 F. 2d 724 (CA5 1978)을; United States v. Phillips, 558 F. 2d 363 (CA6 1977) (per curiam)을; United States v. Ellison, 557 F. 2d 128, 132 (CA7), cert. denied, 434 U. S. 965 (1977)을; United States v. Hays, 454 F. 2d 274, 275 (CA9 1972)를; United States v. Smith, 433 F. 2d 149, 151–152 (CA5)를; United States v. Lee, 428 F. 2d 917, 923 (CA6), cert. denied, 404 U. S. 1017 (1972)를; Guam v. Inglett, 417 F. 2d 123, 125 (CA9 1969)를; United States v. Hersh, 415 F. 2d 835, 837 (CA5 1969)를; Richardson v. United States, 360 F. 2d 366, 368–369 (CA5 1966)을; United States v. Comulada, 340 F. 2d 449, 452 (CA2), cert. denied, 380 U. S. 978 (1965)를; Ferina v. United States, 302 F. 2d 95, 107, n. 1 (CA8 1962)를; Smith v. United States, 109 U. S. App. D.C. 28, 31–32, 283 F. 2d 607, 610–611 (1960) (Bazelon, J., concurring in result), cert. denied, 364 U. S. 938 (1961)을; Zamloch v. United States, 187 F. 2d 854, later proceeding, 193 F. 2d 889 (CA9 1951) (per curiam), cert. denied, 343 U. S. 934 (1952)를; Rakes v. United States, 163 F. 2d 771, 772–773 (CA4 1947) (per curiam), later proceeding, 169 F. 2d 739, cert. denied, 335 U. S. 826 (1948)을; 8A J. Moore, Moore's Federal Practice 33.03[2](1983)을; 3 C. Wright, Federal Practice and Procedure § 557, pp. 338–340 (2d ed. 1982) 등을 보라. 아울러 United States v. Johnson, 327 U. S. 106, 109–110 (1946)을도 보라. 실제의 무의미한 조력이라는 이 주장에 항소법원은 이르지 않았는 바, 왜냐하면 변호인의 실제의 변론수행을 고찰하지 않은 채로 유죄판정을 항소법원은 파기했기 때문이다. 따라서 이 주장은 환송심에서 열려 있는 채로 남아 있다. «466 U. S., 668»

변호인의 조력을 받을 권리

Strickland v. Washington, 466 U. S. 668 (1984)

제11순회구 미합중국 항소법원에 내린 사건기록 송부명령

NO. 82-1554
변론 1984년 1월 10일
판결 1984년 5월 14일

요약해설

1. 개요

Strickland v. Washington, 466 U. S. 668 (1984)은 7 대 2로 판결되었다. 법원의 의견을 오코너(O'CONNOR) 판사가 냈다. 부분적으로 찬동하고 부분적으로 반대하는 의견을 브레넌(BRENNAN) 판사는 냈고, 반대의견을 마샬(MARSHALL) 판사는 냈다. 연방헌법 수정 제6조가 보장하는 변호인의 효과적인 조력에 미달하는 무의미한 조력이 되기 위한 요건의, 기준의 및 입증의 문제를 다루었다.

2. 사실관계 (466 U. S., at 671–684.)

세 번의 잔혹한 자상(刺傷)에 의한 살해 등을 포함하는 세 그룹의 범죄들을 피청구인(피고인)은 계획하고 실행하였다. 두 명의 공범들이 체포된 뒤에 경찰에 피청구인은 자수하고서 범죄 사건들 중 세 번째 부분을 자백하는 진술을 하였다. 피청구인을 유괴로 및 살인으로 대배심기소하고 그를 위하여 변호사를 플로리다주는 지정하였다. 변호인의 명시적인 조언에도 불구하고 첫 두 건의 살인혐의들에 대하여도 자백을 피청구인은 하였고, 1급살인의 세 개의 소인들을 포함하는 여러 개의 소인들로써 대배심기소에 처해졌다.

배심에 의한 정식사실심리를 받을 권리를 피청구인은 포기하였을 뿐만 아니라, 사형에 해당하는 세 개의 살인 공소사실들을 포함하는 모든 공소사실들에 대하여 변호인의 조언에 반하여 유죄로 피청구인은 답변하였다. 중대한 전과기록을 자신이 전혀 가지고 있지 않다고, 그리고 자신의 범죄 당시에 가족에 대한 부양 문제로 극도의 스트레스를 자신이 받고 있었다고 답변 대담에서 피청구인은 말하였다. 범죄행위들에 대한 책임을 자신이 받아들인다는 것을도 그는 말하였다. 스스로의 책임을 인정하는 사람들에 대하여 자신이 커다란 존경을 지니고 있음을 정식사실심리 판사는 말하였다.

거듭 변호인의 조언에 반하여, 사형을 다루는 양형 심문절차에서 권고적 배심의 심리를 누릴 주 법에 기한 권리를 포기하고서 배심의 권고 없이 정식사실심리 판사에 의하여 형량을 선고받는 쪽을 피청구인은 선택하였다.

양형 심문절차를 준비함에 있어서 변호인은 피청구인을 위한 성격증인들을 찾아보지도, 정신의학적 검사를 신청하지도 않았다. 그것은 피청구인의 배경에 및 정서적 스트레스에 대한 그의 주장에 관한 증거로서 답변 대담에 의존하는 것이 유리하다는 판단에서였다: 이 사항들에 관한 새로운 증거를 제출할 기회를 포기함으로써 피청구인을 주(State)로 하여금 반대신문하지 못하도록, 그리고 주 자신의 정신의학적 증거를 제출하지 못하도록 변호인은 예방하였다. 피청구인의 "전과기록"을 배제해 달라고 신청하여 성공을 변호인은 거두었고, 선고 전 조사보고서는 피청구인의 범죄경력을 포함함으로써 해로운 것이 될 수 있다고 판단하여 이를 준비해 달라는 요청을 변호인은 하지 않았다. 유죄로 판정된 피고인이 자신의 범행을 자백하는 점을 중요시하는 판사의 명성에, 그리고 답변 대담에서의 판사의 언급들에 우선적으로 토대를 양형 심문절차에서의 변호인의 전략은 두었다.

피청구인의 후회는 및 책임 인정은 사형으로부터의 면제를 정당화한다고 변호인은 주장하였다. 피청구인에게는 범죄 활동의 기록이 전혀 없고 극도의 정신적 정서적 혼란 상태에서 피청구인의 범행은 저질러졌으므로 제정법상의 형량경감 상황들의 목록에 든다고도 변호인은 주장하였다. 피청구인은 자수하고 자백하고 공범 한 명에게 불리하게 증언하기를 신청하였으므로, 그리고 그는 극단적으로 스트레스에 싸인 상황들 속에서 잠시 크게 잘못된 행동을 하게 된, 근본적으로는 선량한 사람이므로 사형이 면제되어야 한다고 그는 주장하였다.

세 번의 살인행위들 각각에 관하여 경감적 요소들을 가중적 요소들이 훨씬 능가한다고 판단하여 세 개의 살인죄 소인들 각각에 대하여 사형을, 그리고 여타 범행들에 대하여 감옥형을 정식사실심리 판사는 선고하였다. 유죄판정들을 및 선고형들을 플로리다주 대법원은 유지하였다.

사후적 구제를 주 법원에서 피청구인은 시도하였는데, 양형 심문절차에서 변호인이 제공한 조력이 무의미한 것이었다는 주장이 포함되었다. 양형 심문절차의 준비를 위한 연기속행을 신청하지 아니한 점을, 정신의학적 보고서를 요청하지 아니한 점을, 성격증인들을 조사하지도 제출하지도 아니한 점을, 판결선고 전 조사보고서를 추구하지 아니한 점을, 의미 있는 주장들을 양형심리 판사에게 제기하지 아니한 점을, 의학적 조사관의 보고서들을 조사하지도 의학적 전문가들을 반대신문하지도 아니한 점을 들어 변호인이 무의미하였다고 그는 주장하였다.

무의미한 조력에 관한 주장의 실익 없음을 기록의 증거가 결정적으로 증명함을 인정하여 증거청문을 실시하지 아니한 채 구제를 정식사실심리 법원은거부하였다. 가중적 요소들이 너무나 압도적이라서, 사후적 공격에서는 제출된 정신의학적 증거가 양형 심리절차에서는 부존재하였다는 점으로부터 아무런 실질적인 불이익이도 도출되지 않았다고 정식사실심리 법원은 판단하였다. 구제신청의 기각을 플로리다주 대법원은 인가하였다. 피청구인의 주장들은 증거청문의 필요를 제거할 정도로 결정적으로 실익 없는 것들임이 증명되었다고 주 대법원은 말하였다.

인신보호영장을 구하는 청구를 플로리다주 남부지구 관할 미합중국 지방법원에 피청구인은 제기하였다. 증거청문을 연방지방법원은 열었다. 무의미한 조력이라는 법적 쟁점에 관하여, 제정법 이외 사항에 해당되는(nonstatutory) 경감적 증거를 실제로 조사한 것 이상으로 그가 조사하지 아니한 점에 있어서 판단상의 오류들을 정식사실심리 변호인이 저질렀음에도 불구하고, 그 같은 판단상의 오류로부터 피청구인의 형량에 있어서의 불이익은 초래된 바가 없다고 연방지방법원은 결론짓고서 인신보호 영장 청구를 기각하였다.

제5순회구 항소법원의 재판부 한 곳은 원심판결을 부분적으로는 인가하고 부분적으로는 무효화하면서, 그 자신이 제시한 분석틀을 그 특정 사실관계들에 적용하라는 지시들을 덧붙여 사건을 환송하였다. 사건을 재심리하기로 제5순회구 B 재판부가 전원법관으로 결정함으로써 그 재판부의 결정은 무효화되었다. 무의미한 조력에 관한 주장들을 분석하기 위한 그 자신의 분석틀을 항소법원 전원재판부는 개발하여 연방지방법원의 판결을 파기하고서 그 새로이 선언된 기준들에 따른 새로운 사실판단을 위하여 사건을 환송하였다. 항소법원의 결정에 대한 재심리를 구하는 사건기록 송부명령 청구를 플로리다주 공무원들인 청구인들은 제기하였고, 사건기록 송부명령을 연방대법원은 허가하였다.

3. 쟁점

이 사건의 특정 사실관계 아래서 피고인에 대한 변호인의 무의미한 조력을, 양형 심문절차에서 변호인이 그 준비를 위한 연기속행을 신청하지 아니한 점이, 피고인에 대한 정신의학적 보고서를 요청하지 아니한 점이, 피고인을 위한 성격증인들을 조사하거나 제출하지 아니한 점이, 판결선고 전 조사보고서를 추구하지 아니한 점이, 의미 있는 주장들을 양형심리 판사에게 제기하지 아니한 점이, 의학적 조사관의 보고서들을 조사하지도, 의학적 전문가들을 반대신문하지도 아니한 점이 구성하였는지, 그리하여 피고인에게 내려진 사형선고가 파기되어야 하는지 여부가 쟁점이 되었다. (466 U. S., at 671, 675.)

4. 오코너(O'Connor) 판사가 쓴 법원의 의견의 요지

1) 변호인의 조력을 받을 권리의 및 공정한 정식사실심리를 받을 권리의 양자 사이의 관계

연방헌법 수정 제6조의 변호인의 조력을 받을 권리는 공정한 정식사실심리를 받을 기본적 권리를 보호하기 위한 것이다. 공정한 정식사실심리는 미리 정해진 쟁점의 해결을 위하여 공평한 재판소에 대립당사자주의 절차의 시험을 거치는 증거가 제출되는 절차이다. "검찰측 주장사실을 상대할 충분한 기회"를 피고인들에게 부여하기 위하여는 변호인의 숙련에의 및 지식에의 접근이 필수이다. 대립당사자주의 제도의 능력에 있어서의 결정적인 역할을 변호인이 수행함을 연방헌법 수정 제6조는 전제한다. (466 U. S., at 684–685.)

2) 변호인의 효과적인 조력을 받을 권리의 기준 및 내용

변호인의 조력을 받을 권리는 변호인의 효과적인 조력을 받을 권리이다. "충분한 법적 조력"을 변호인이 제공하지 못하는 경우 효과적인 조력을 피고인에게서 그것은 박탈할 수 있다. 무의미한 조력에 관한 주장을 판단하기 위한 기준은 대립당사자주의 절차의 정당한 기능의 토대를 변호인의 행위가 너무나도 침식한 나머지 정당한 결과를 산출해 낸 것으로서 그 정식사실심리가 의존될 수 없는지 여부이다. 사형을 다루는 양형 심문절차에 그 원칙은 적용된다. (466 U. S., at 686.)

3) 무의미한 조력을 주장하는 피고인이 입증해야 할 사항

(1) 입증사항

유죄판정의 및 사형선고의 파기를 요구할 만큼 변호인의 조력이 결함 있는 것이었다는 주장에 있어서 변호인의 변론수행이 결함 있는 것이었음을, 그리고 그 불충분한 변론수행이 방어에 불이익을 끼쳤음을 피고인은 증명하지 않으면 안 된다. (466 U. S., at 687.)

(2) 변론수행 요소

변호인의 변론수행을 위한 기준은 합리적으로 효과적인 조력의 기준이다. 합리성의 객관적 기준에 변호인의 대변이 미달하였음을 피고인은 증명하지 않으면 안 된다. 이익충돌을 회피할 의무인 충실의무를, 피고인의 청구원인을 옹호할 의무를, 중요한 결정에 관하여 피고인을 만나 상담할, 그리고 소송의 전개사항들에 관하여 정보를 지닌 상태로 피고인을 유지시킬 의무를, 정식사실심리로 하여금 신뢰할 수 있는 대립당사자주의적 시험 절차가 되게 해 줄 만한 숙련을과 지식을 지닐 의무를 의뢰인에게 변호인은 진다. (466 U. S., at 687–689).

변호인의 변론수행에 대한 사정(assessment)에 있어서는 고도로 경의를 기울여, 합리적인 전문가적 조력의 넓은 범주 내에 변호인의 행위가 들어온다는 강력한 추정을 적용해야 한다; 실제의 무의미한 조력에 관한 주장을 판단하는 법원은 그 의심된 행위의 합리성을 변호인의 행위 시점에서의 견지에 비춘 사실관계들의 토대 위에서 판단하지 않으면 안 된다. (466 U. S., at 689–690.)

어떤 조사 결정들이 합리적인지는 피고인 자신의 진술들에나 행위들에, 피고인이 내린 전략적 선택들에, 피고인에 의하여 제공된 정보에 달려 있다. 특정의 조사들을 추구하는 것이 쓸데없다고 내지는 해롭다고 믿을 이유를 피고인이 제공한 경우에, 그 조사들을 변호인이 추구하지 아니한 점은 부당한 것으로서 공격될 수 없다. (466 U. S., at 691.)

(3) 불이익 요소

변호인의 오류는 판결에 영향을 미친 바 없으면 판결주문의 폐기를 정당화하지 않는다. 무의미한 조력을 변호인의 변론수행에 있어서의 결함들이 구성하기 위하여는 방어에 불이익을 끼친 것이지 않으면 안 된다. 변호인의 조력에 대한 실제상의 또는 의제상의 박탈이 있는 경우에, 변호인의 조력에 대한 주(state) 간섭행위가 있는 경우에, 실제적 이익충돌에 의하여 부담을 지는 변호인이 그 "상반하는 이익들을" "적극적으로 대변하였"음을, 그리고 "그의 변호인으로서의 변론수행에 불리하게 영향을 이익충돌이 끼쳤"음을 피고인이 증명하는 경우에 등은 불이익의 결과를 낳은 것으로 법적으로 추정된다(466 U. S., at 691–692.)

이익충돌에 관한 주장들의 경우 이외에는, 변호인의 특정의 오류들이 부당한 것이었음을, 그리고 방어에 불리한 영향을 그것들이 끼쳤음을 증명하지 않으면 안 된다. 전문가적 기준에 미달하는 오류들이 아니었다면 절차의 결과가 달라졌을 합리적 개연성 - 결과에 대한 신뢰의 토대를 침식하기에 충분한 한 가지 개연성 - 을 피고인은 증명하지 않으면 안 된다. (466 U. S., at 693–694.)

그 결정을 지배하는 기준들을 결정권자가 합리적으로 성실하게 그리고 공정하게 적용하고 있다는 가정 위에서 불이익의 사정은 나아가야 한다. 재심리 대상인 절차에서의 기록의 일부가 아닌, 실제의 결정 과정에 관한 증거는 그리고 특정 판사의 형량 결정 관행에 관한 증거는 불이익 판정에 있어서 고려되어서는 안 된다. 유죄판정을 피고인이 다투는 경우에, 문제는 만약 그 오류들이 없었다면 유죄에 관한 합리적 의심을 사실심리자가 가졌을 합리적 개연성이 있는지 여부이다. 이 사건에서 쟁점이 되어 있는 바 같은 한 개의 사형선고를 다툴 경우에, 문제는 그 오류들이 없었다면 가중적 요소들의 및 경감적 요소들의 수지결산이 사형을 정당화하지 않는다고 양형심리 판사로서 결론지었을 합리적 개연성이 있는지 여부이다. 무의미한 조력에 관한 주장을 청취하는 법원은 판사 앞에 또는 배심 앞에 놓였던 증거 전체를 살피지 않으면 안 된다. (466 U. S., at 694–696.) 무의미한 조력에 관한 주장들이 변호인에게 너무나 부담을 주는 것이 되어 그 결과로서 전체 형사재판 제도가 상처입지 않게끔 보장하도록 법원들은 노력해야 한다. (466 U. S., at 696–697.)

4) 결론

이 사건에서 피청구인에 대한 양형 심문절차에서와 그 이전 단계에서의 변호인의 행위는 부당한 것으로 인정될 수 없다. 설령 변호인의 행위가 부당한 것이었다고 가정하더라도 피청구인이 입은 불이익은 사형선고의 파기를 정당화할 만큼 충분한 것이 아니었다; 변호인의 전략적 선택은 전문가로서 합리적인 판단들의 범위 내에 있었다; 그 누락된 증거는 경감적 요소들을 가중적 요소들이 능가한다는 결론을 바꾸었을, 그리하여 그 부과된 형량을 바꾸었을 합리적 개연성이 없었다; 만약 피청구인이 지금 제시하는 증거들인 그의 전과기록을, 심리검사 보고서를 받아들였다면 오히려 해로웠을 수 있다; 변호인의 조력에 있어서의 결함들에 의하여 야기된 대립당사자주의 절차에 있어서의 고장(breakdown)으로 인하여 그의 형량이 신뢰할 수 없는 것이 되었음을 피청구인은 증명하지 못했다. 양형 심문절차는 기본적으로 불공정하지 않았다. (466 U. S., at 699–700.) 인신보호영장을 발부하기를 연방지방법원이 거부한 것은 정당하였다. 항소법원의 판결은 파기되었다. (466 U. S., at 701.)

JUSTICE O'CONNOR delivered the opinion of the Court.

This case requires us to consider the proper standards for judging a criminal defendant's contention that the Constitution requires a conviction or death sentence to be set aside because counsel's assistance at the trial or sentencing was ineffective.

I

A

During a 10-day period in September 1976, respondent planned and committed three groups of crimes, which in- «466 U. S., 672» cluded three brutal stabbing murders, torture, kidnaping, severe assaults, attempted murders, attempted extortion, and theft. After his two accomplices were arrested, respondent surrendered to police and voluntarily gave a lengthy statement confessing to the third of the criminal episodes. The State of Florida indicted respondent for kidnaping and murder and appointed an experienced criminal lawyer to represent him.

Counsel actively pursued pretrial motions and discovery. He cut his efforts short, however, and he experienced a sense of hopelessness about the case, when he learned that, against his specific advice, respondent had also confessed to the first two murders. By the date set for trial, respondent was sub-

오코너(O'CONNOR) 판사가 법원의 의견을 냈다.

정식사실심리에서의 또는 양형에서의 변호인의 조력이 무의미하였음을 이유로 한 개의 유죄판정 내지 사형선고를 폐기하도록 연방헌법이 우리에게 요구한다는 형사 피고인의 주장을 판단하기 위한 정당한 기준들을 고찰하도록 우리에게 이 사건은 요구한다.

I

A

1976년 9월에 열흘의 기간 동안 세 그룹의 범죄들을 피청구인은 계획하고 실행하였는데, 세 번의 «466 U. S., 672» 잔혹한 자상(刺傷)에 의한 살해(brutal stabbing murders)를, 고문(torture)을, 유괴(kidnaping)를, 가중폭행(severe assaults)을, 살인미수를, 공갈미수(attempted extortion)를 및 절도를 그것들은 포함하였다. 그의 두 명의 공범들이 체포된 뒤에 경찰에 자수하고서 범죄 사건들 중 세 번째 부분을 자발적으로 자백하는 긴 진술을 피청구인은 하였다. 피청구인을 유괴로 및 살인으로 대배심기소하면서 그를 대변하도록 한 명의 노련한 변호사를 플로리다주는 지정하였다.

정식사실심리 이전 신청들을 및 증거교환을 활발히 변호인은 추진하였다. 그러나 그의 노력들을 갑자기 중단하면서 사건에 관하여 절망감을 그는 경험하였는데, 그것은 그의 명시적인 조언에도 불구하고 첫 두 건의 살인혐의들에 대하여도 자백해 피청구인이 이미 버렸음을 그가 알게 되었기 때문이다. 정식사실심리 기일로 지

ject to indictment for three counts of first-degree murder and multiple counts of robbery, kidnaping for ransom, breaking and entering and assault, attempted murder, and conspiracy to commit robbery. Respondent waived his right to a jury trial, again acting against counsel's advice, and pleaded guilty to all charges, including the three capital murder charges.

In the plea colloquy, respondent told the trial judge that, although he had committed a string of burglaries, he had no significant prior criminal record and that at the time of his criminal spree he was under extreme stress caused by his inability to support his family. App. 50-53. He also stated, however, that he accepted responsibility for the crimes. E. g., id., at 54, 57. The trial judge told respondent that he had "a great deal of respect for people who are willing to step forward and admit their responsibility" but that he was making no statement at all about his likely sentencing decision. Id., at 62.

Counsel advised respondent to invoke his right under Florida law to an advisory jury at his capital sentencing hearing. Respondent rejected the advice and waived the right. He chose instead to be sentenced by the trial judge without a jury recommendation.

In preparing for the sentencing hearing, counsel spoke with respondent about his background. He also spoke on «466 U. S., 673» the telephone with respondent's wife and mother, though he did not follow up on the one unsuccessful effort to meet with them. He did not otherwise seek out character witnesses for respondent. App. to Pet. for Cert. A265. Nor did he request a psychiatric examination, since his conversations with his client gave no indication that respondent had psychological problems. Id., at A266.

Counsel decided not to present and hence not to look further for evidence

정된 시점까지 1급살인의 세 개의 소인들로써와 강도로써, 몸값을 위한 유괴로써, 실력에 의한 불법침입으로써 및 폭행으로써, 살인미수로써, 강도를 위한 공모로써 등 여러 개의 소인들로써 대배심기소에 피청구인은 처해졌다. 배심에 의한 정식사실심리(jury trial)를 받을 그의 권리를 피청구인은 포기하였고, 그리고 거듭 변호인의 조언에 반하여 행동하면서 사형에 해당하는 세 개의 살인 공소사실들을 포함하여 모든 공소사실들에 대하여 유죄로 답변하였다.

비록 일련의 불법목적침입을 자신이 저질렀음에도 불구하고 중대한 전과기록을 자신은 전혀 가지고 있지 않다고, 그리고 자신의 범죄 행각 당시에 자신의 가족에 대한 부양능력의 결여에 의하여 초래된 극도의 스트레스를 자신이 받고 있었다고 답변 대담에서 정식사실심리 판사에게 피청구인은 말하였다. App. 50-53. 그러나 범죄행위들에 대한 책임을 자신이 받아들인다는 것을도 그는 말하였다. E. g., id., at 54, 57. "기꺼이 앞으로 나아가고자 하면서 스스로의 책임을 인정하는 사람들에 대하여 커다란 존경"을 자신으로서는 지니고 있다고, 그러나 자신의 적당한 형량 결정에 관하여 설명을 자신이 하고 있는 것은 결코 아니라고 피청구인에게 정식사실심리 판사는 말하였다. Id., at 62.

권고적 배심(an advisory jury)의 심리를 누릴 플로리다주 법에 기한 그의 권리를 원용하도록 그의 사형선고를 다루는 양형 심문절차에서 피청구인에게 변호인은 조언하였다. 피청구인은 조언을 거절하고 권리를 포기하였다. 오히려 배심의 권고 없이 정식사실심리 판사에 의하여 형량을 선고받는 쪽을 그는 선택하였다.

양형 심문절차를 준비함에 있어서 피청구인의 배경에 관하여 그하고 변호인은 대화하였다. 전화로 피청구인의 «466 U. S., 673» 처하고도 및 모친하고도 그는 대화하였으나, 그들을 만나보려는 한 번의 노력이 실패한 뒤에는 그 노력을 그는 계속 이어가지 않았다. 달리 피청구인을 위한 성격증인들(character witnesses)을 그는 찾아보지 않았다. App. to Pet. for Cert. A265. 정신의학적 검사를 그는 신청하지도 않았는데, 왜냐하면 심리학적 문제들을 피청구인이 지니고 있다는 점에 대한 징표를 그의 의뢰인하고의 대화는 나타내지 않았기 때문이다. Id., at A266.

피청구인의 성격에 및 정서 상태에 관한 증거를 제출하지 않기로, 따라서 그 이

concerning respondent's character and emotional state. That decision reflected trial counsel's sense of hopelessness about overcoming the evidentiary effect of respondent's confessions to the gruesome crimes. See id., at A282. It also reflected the judgment that it was advisable to rely on the plea colloquy for evidence about respondent's background and about his claim of emotional stress: the plea colloquy communicated sufficient information about these subjects, and by forgoing the opportunity to present new evidence on these subjects, counsel prevented the State from cross-examining respondent on his claim and from putting on psychiatric evidence of its own. Id., at A223-A225.

Counsel also excluded from the sentencing hearing other evidence he thought was potentially damaging. He successfully moved to exclude respondent's "rap sheet." Id., at A227; App. 311. Because he judged that a presentence report might prove more detrimental than helpful, as it would have included respondent's criminal history and thereby would have undermined the claim of no significant history of criminal activity, he did not request that one be prepared. App. to Pet. for Cert. A227-A228, A265-A266.

At the sentencing hearing, counsel's strategy was based primarily on the trial judge's remarks at the plea colloquy as well as on his reputation as a sentencing judge who thought it important for a convicted defendant to own up to his crime. Counsel argued that respondent's remorse and acceptance of responsibility justified sparing him from the death penalty. Id., at A265-A266. Counsel also argued that respondent had no history of criminal activity and that respondent com- «466 U. S., 674» mitted the crimes under extreme mental or emotional disturbance, thus coming within the statutory list of mitigating circumstances. He further argued that respondent should be spared death because he had surrendered, confessed, and offered to testify against a codefendant and because respondent was fundamentally a good person who had

후로는 이를 더 이상 찾지 않기로 변호인은 결정하였다. 그 무시무시한 범죄들에 대한 피청구인의 자백들의 입증효과를 극복하는 데 있어서의 정식사실심리 변호인의 절망감을 그 결정은 반영하였다. id., at A282를 보라. 피청구인의 배경에 관한 증거로서, 그리고 정서적 스트레스에 대한 그의 주장에 관한 증거로서 답변 대담에 의존하는 것이 유리하다는 판단을 그것은 반영하기도 한 것이었다: 이 사항들에 관한 충분한 정보를 답변 대담은 전달하였고, 그러므로 이 사항들에 관한 새로운 증거를 제출할 기회를 포기함으로써 주(State)로 하여금 피청구인의 주장에 대하여 피청구인을 반대신문하지 못하도록, 그리고 주 자신의 정신의학적 증거를 제출하지 못하도록 변호인은 예방하였다. Id., at A223-A225.

불이익을 끼칠 가능성이 있다고 생각되는 여타의 증거를도 양형 심문절차로부터 변호인은 배제시켰다. 피청구인의 "전과기록"을 배제해 달라고 신청하여 성공을 그는 거두었다. Id., at A227; App. 311. 선고 전 조사보고서는 피청구인의 범죄경력을 포함할 것이므로, 그리하여 아무런 중요한 범죄활동 기록이 없다는 주장을 암암리에 손상시킬 것이므로 유익하기보다는 해로운 것이 될 수 있다고 판단하고서, 보고서를 준비해 달라는 요청을 그는 하지 않았다. App. to Pet. for Cert. A227-A228, A265-A266.

자신의 범행을 유죄로 판정된 피고인이 자백하는 점을 중요시하는 양형심리 판사로서의 정식사실심리 판사의 명성에, 그리고 이에 아울러 답변 대담에서의 정식사실심리 판사의 언급들에, 우선적으로 토대를 양형 심문절차에서 변호인의 전략은 두었다. 그를 사형으로부터 면제시키는 것을 피청구인의 후회는 및 책임 인정은 정당화한다고 변호인은 주장하였다. Id., at A265-A266. 피청구인에게는 범죄 활동의 기록이 전혀 없다고, 그 범행들을 피청구인이 저지른 것은 «466 U. S., 674» 극도의 정신적 정서적 혼란 상태에서였다고, 그리하여 제정법상의 형량경감 상황들의 목록에 든다고도 변호인은 주장하였다. 더 나아가 피청구인은 자수하였고 자백하였고 공범 한 명에게 불리하게 증언하기를 신청하였으므로, 그리고 그는 극단적으로 스트레스에 싸인 상황들 속에서 잠시 크게 잘못된 행동을 하게 된, 근본적으로는 선량한 사람이므로 사형이 면제되어야 한다고 그는 주장하였다. 범죄행위들의

briefly gone badly wrong in extremely stressful circumstances. The State put on evidence and witnesses largely for the purpose of describing the details of the crimes. Counsel did not cross-examine the medical experts who testified about the manner of death of respondent's victims.

The trial judge found several aggravating circumstances with respect to each of the three murders. He found that all three murders were especially heinous, atrocious, and cruel, all involving repeated stabbings. All three murders were committed in the course of at least one other dangerous and violent felony, and since all involved robbery, the murders were for pecuniary gain. All three murders were committed to avoid arrest for the accompanying crimes and to hinder law enforcement. In the course of one of the murders, respondent knowingly subjected numerous persons to a grave risk of death by deliberately stabbing and shooting the murder victim's sisters-in-law, who sustained severe - in one case, ultimately fatal - injuries.

With respect to mitigating circumstances, the trial judge made the same findings for all three capital murders. First, although there was no admitted evidence of prior convictions, respondent had stated that he had engaged in a course of stealing. In any case, even if respondent had no significant history of criminal activity, the aggravating circumstances "would still clearly far outweigh" that mitigating factor. Second, the judge found that, during all three crimes, respondent was not suffering from extreme mental or emotional disturbance and could appreciate the criminality of his acts. Third, none of the victims was a participant in, or consented to, respondent's conduct. Fourth, respondent's «466 U. S., 675» participation in the crimes was neither minor nor the result of duress or domination by an accomplice. Finally, respondent's age (26) could not be considered a factor in mitigation, especially when viewed in light of respondent's planning of the crimes and disposition of the proceeds of the various accompanying thefts.

세부사항들을 설명하는 데 주된 목적을 둔 증거를과 증인들을 주는 내세웠다. 피청구인의 희생자들의 사망의 경위에 관하여 증언한 의학 전문가들을 변호인은 반대신문하지 않았다.

세 번의 살인행위들 각각에 관하여 여러 가중적 요소들(aggravating circumstances)을 정식사실심리 판사는 인정하였다. 세 개의 살인행위들 전부가 특별히 극악하고 잔학하고 잔인함을, 반복된 자상행위(stabbings)를 그 전부가 포함하고 있음을 그는 인정하였다. 위험하면서도 폭력적인 적어도 다른 한 개의 중죄를 저지르는 과정에서 세 개의 살인행위들은 모두 저질러졌으며, 모두 강도를 포함하였던 만큼 그것들은 금전적인 이득을 위한 것들이었다. 그 수반된 범죄행위들로 인한 체포를 회피하기 위하여 그리고 법 집행을 방해하기 위하여 세 개의 살인행위들은 저질러졌다. 살인 피해자의 올케들을 의도적으로 찌르고 쏨으로써 인지 상태에서 여러 사람들에게 중대한 죽음의 위험을 그 살인행위들 중 한 개에서 피청구인은 가하였는 바, 심각한 — 한 명의 경우는 궁극적으로 목숨을 잃는 — 부상들을 그들은 입었다.

사형에 해당하는 세 개의 범죄들 전부에 대하여 동일한 사실판단을 경감적 요소들(mitigating circumstances)에 관하여 정식사실심리 판사는 하였다. 첫째로, 비록 이전의 유죄판정들에 대한 명백한 증거가 없었음에도 불구하고, 한 번의 절도의 과정에 자신이 관여한 적이 있다고 피청구인은 진술하였다. 어느 사건에서든, 설령 피청구인에게 중대한 범죄활동 전력이 없다 하더라도 가중적 요소들은 "그 경감적 요소를 훨씬 능가할 만한 것들이었다." 둘째로, 극도의 정신적 내지 정서적 불안을 세 개 전체의 범행들의 수행 도중에 피청구인은 겪고 있지 않았었음을, 따라서 자신의 행위들의 범죄성을 피청구인은 인식할 수 있었음을 판사는 인정하였다. 셋째로, 희생자들 중 아무가도 피청구인의 행위에 대한 가담자였거나 동의자였던 사람은 없었다. 넷째로, 그 범죄행위들에 대한 «466 U. S., 675» 피청구인의 가담은 경미한 것들이도 아니었고 어떤 공범의 압박의 내지 지배의 결과였던 것도 아니었다. 끝으로, 피청구인의 나이(26세)는 경감 요소로 고려될 수 없었는 바, 특별히 그 범죄들에 대한 피청구인의 계획에 비추어 및 이에 수반된 다양한 절도 범행들의 장물들에 대한 처분에 비추어 그러하였다.

In short, the trial judge found numerous aggravating circumstances and no (or a single comparatively insignificant) mitigating circumstance. With respect to each of the three convictions for capital murder, the trial judge concluded: "A careful consideration of all matters presented to the court impels the conclusion that there are insufficient mitigating circumstances ······ to outweigh the aggravating circumstances." See Washington v. State, 362 So. 2d 658, 663-664 (Fla. 1978) (quoting trial court findings), cert. denied, 441 U. S. 937 (1979). He therefore sentenced respondent to death on each of the three counts of murder and to prison terms for the other crimes. The Florida Supreme Court upheld the convictions and sentences on direct appeal.

B

Respondent subsequently sought collateral relief in state court on numerous grounds, among them that counsel had rendered ineffective assistance at the sentencing proceeding. Respondent challenged counsel's assistance in six respects. He asserted that counsel was ineffective because he failed to move for a continuance to prepare for sentencing, to request a psychiatric report, to investigate and present character witnesses, to seek a presentence investigation report, to present meaningful arguments to the sentencing judge, and to investigate the medical examiner's reports or cross-examine the medical experts. In support of the claim, respondent submitted 14 affidavits from friends, neighbors, and relatives stating that they would have testified if asked to do so. He also submitted one psychiatric report and one psychological report stating that respondent, though not under the influ- «466 U. S., 676» ence of extreme mental or emotional disturbance, was "chronically frustrated and depressed because of his economic dilemma" at the time of his crimes. App. 7; see also id., at 14.

요컨대, 정식사실심리 판사는 다수의 가중적 요소들을 확인하였을 뿐 경감적 요소는 아무 것을도 확인하지 못하였거나 또는 비교적 덜 중요한 것 단 한 개만을 확인하였다. 사형에 해당하는 범행에 대한 세 개의 유죄판정들 각각에 관하여 정식사실심리 판사는 결론지었다: "…… 가중적 요소들(aggravating circumstances)을 능가하기에 경감적 요소들(mitigating circumstances)이 불충분하다는 결론을 법원에 제시된 사항들 전체에 대한 주의 깊은 고찰은 강제한다." Washington v. State, 362 So. 2d 658, 663-664 (Fla. 1978) (quoting trial court findings), cert. denied, 441 U. S. 937 (1979)을 보라. 따라서 세 개의 살인죄 소인들 각각에 대하여 사형을, 그리고 여타 범행들에 대하여 감옥형을 그는 선고하였다. 직접항소에 대하여 유죄판정들을 선고형들을 플로리다주 대법원은 유지하였다.

B

사후적 구제를 그 이후로 주 법원에서 여러 이유들에 의거하여 피청구인은 시도하였는데, 그 중에는 무의미한 조력을 양형 심문절차에서 변호인이 제공하였다는 것이 포함되어 있었다. 변호인의 조력을 여섯 가지로 피청구인은 공격하였다. 양형 심문절차의 준비를 위한 연기속행을 구하지 않았기에, 정신의학적 보고서를 요청하지 않았기에, 성격증인들을 조사하지도 제출하지도 않았기에, 판결선고 전 조사보고서를 추구하지 않았기에, 의미 있는 주장들을 양형심리 판사에게 제기하지 않았기에, 그리고 의학적 조사관의 보고서들을 조사하지도 아니하고 의학적 전문가들을 반대신문하지도 않았기에 변호인은 무의미하였다고 그는 주장하였다. 친구들로부터, 이웃들로부터 및 친척들로부터 작성 받은, 만약 요청이 있었더라면 자신들이 증언하였을 것임을 진술하는 14개의 선서진술서들을 그 주장의 논거로서 피청구인은 제출하였다. 정신의학적 보고서 한 장을과 심리학적 보고서 한 장을도 아울러 그는 제출하였는데, 피청구인이 비록 극도의 정신적 내지 정서적 «466 U. S., 676» 혼란 상태에 있지는 않았지만 그의 범행 당시에 "그의 경제적 곤궁 때문에 만성적으로 좌절을과 낙담을 겪었다"고 그것들은 설명하였다. App. 7; 아울러 id., at 14을 보라.

The trial court denied relief without an evidentiary hearing, finding that the record evidence conclusively showed that the ineffectiveness claim was meritless. App. to Pet. for Cert. A206-A243. Four of the assertedly prejudicial errors required little discussion. First, there were no grounds to request a continuance, so there was no error in not requesting one when respondent pleaded guilty. Id., at A218-A220. Second, failure to request a presentence investigation was not a serious error because the trial judge had discretion not to grant such a request and because any presentence investigation would have resulted in admission of respondent's "rap sheet" and thus would have undermined his assertion of no significant history of criminal activity. Id., at A226-A228. Third, the argument and memorandum given to the sentencing judge were "admirable" in light of the overwhelming aggravating circumstances and absence of mitigating circumstances. Id., at A228. Fourth, there was no error in failure to examine the medical examiner's reports or to cross-examine the medical witnesses testifying on the manner of death of respondent's victims, since respondent admitted that the victims died in the ways shown by the unchallenged medical evidence. Id., at A229.

The trial court dealt at greater length with the two other bases for the ineffectiveness claim. The court pointed out that a psychiatric examination of respondent was conducted by state order soon after respondent's initial arraignment. That report states that there was no indication of major mental illness at the time of the crimes. Moreover, both the reports submitted in the collateral proceeding state that, although respondent was "chronically frustrated and depressed because of his economic dilemma," he was not under the influence of extreme mental or emotional disturbance. All three «466 U. S., 677» reports thus directly undermine the contention made at the sentencing hearing that respondent was suffering from extreme mental or emotional disturbance during his crime spree. Accordingly, counsel could reasonably

증거청문을 실시하지 아니한 채 구제를 정식사실심리 법원은 거부하였는데, 무의미한 조력에 관한 주장의 실익 없음을 기록상의 증거가 결정적으로 증명함을 인정하였다. App. to Pet. for Cert. A206-A243. 불이익을 끼친 오류들이라고 주장된 것들 중 네 가지는 검토할 필요가 없었다. 첫째로, 연기속행을 요청할 근거가 없었고 따라서 유죄로 피청구인이 답변하였을 때 연기속행을 요청하지 않은 데에는 오류가 없었다. Id., at A218-A220. 둘째로, 판결선고 전 조사를 요청하지 않은 점은 중대한 오류가 아니었는데, 왜냐하면 이 같은 요청을 허가하지 아니할 재량을 정식사실심리 판사는 가지고 있기 때문이고 그리고 조금이라도 판결선고 전 조사를 했더라면 피청구인의 "전과기록"의 수령이라는 결과를 초래함으로써 범죄활동의 중대한 경력이 전혀 없다는 그의 주장을 그것은 손상시켰을 것이기 때문이다. Id., at A226-A228. 셋째로, 압도적인 가중적 요소들에 비추어, 그리고 경감적 요소의 부재에 비추어 양형심리 판사에게 제출된 주장은 및 비망록은 "훌륭한(admirable)" 것이었다. Id., at A228. 넷째로, 다툼 없는 의학적 증거에 의하여 증명되어 있는 방법으로 피해자들이 사망하였음을 피청구인이 시인한 이상 의학적 조사관(medical examiner)의 보고서를 검사하지 않은 데 있어서 또는 피청구인의 피해자들의 사망의 경위에 관하여 증언한 의학적 증인들을 반대신문하지 않은 데 있어서 오류가 없었다. Id., at A229.

무의미한 조력에 관한 주장을 뒷받침하는 나머지 두 개의 논거들에 대하여 더 자세히 정식사실심리 법원은 다루었다. 피청구인의 최초의 기소인부 답변 직후에 주(state) 명령에 의하여 피청구인에 대한 정신의학적 검사가 수행되었음을 정식사실심리 법원은 지적하였다. 범행 당시에 아무런 중요한 정신적 질환의 표지가도 없었다고 그 보고서는 설명한다. 더욱, "그의 경제적 곤궁 때문에 만성적으로 좌절을과 낙담을" 비록 피청구인이 "겪었음"에도 불구하고 극도의 정신적 내지 정서적 혼란 상태의 영향을 그가 받지는 않았다고 사후적 절차에서 제출된 보고서들은 다 같이 설명한다. 극도의 정신적 «466 U. S., 677» 내지 정서적 혼란을 그의 범죄행각 당시에 피청구인이 겪고 있었다는 양형 심문절차에 제기된 주장의 토대를 세 개의 보고서들은 다같이 직접적으로 침식한다. 따라서, 정신의학적 보고서들을 추구하지 않기로 변호인이 결정한 것은 합리적인 것일 수 있었다; 아닌 게 아니라, 정서적

decide not to seek psychiatric reports; indeed, by relying solely on the plea colloquy to support the emotional disturbance contention, counsel denied the State an opportunity to rebut his claim with psychiatric testimony. In any event, the aggravating circumstances were so overwhelming that no substantial prejudice resulted from the absence at sentencing of the psychiatric evidence offered in the collateral attack.

The court rejected the challenge to counsel's failure to develop and to present character evidence for much the same reasons. The affidavits submitted in the collateral proceeding showed nothing more than that certain persons would have testified that respondent was basically a good person who was worried about his family's financial problems. Respondent himself had already testified along those lines at the plea colloquy. Moreover, respondent's admission of a course of stealing rebutted many of the factual allegations in the affidavits. For those reasons, and because the sentencing judge had stated that the death sentence would be appropriate even if respondent had no significant prior criminal history, no substantial prejudice resulted from the absence at sentencing of the character evidence offered in the collateral attack.

Applying the standard for ineffectiveness claims articulated by the Florida Supreme Court in Knight v. State, 394 So. 2d 997 (1981), the trial court concluded that respondent had not shown that counsel's assistance reflected any substantial and serious deficiency measurably below that of competent counsel that was likely to have affected the outcome of the sentencing proceeding. The court specifically found: "[A]s a matter of law, the record affirmatively demonstrates beyond any doubt that even if [counsel] had done each of the ······ things [that respondent alleged counsel had failed to do] «466 U. S., 678» at the time of sentencing, there is not even the remotest chance that the outcome would have been any different. The plain fact is that the aggravat-

혼란에 관한 주장을 뒷받침하기 위한 것으로서 오직 답변 대담에만 변호인은 의존함으로써 정신의학적 증언을 가지고서 그의 주장을 반박할 기회를 주에게서 박탈하였다. 어쨌든 가중적 요소들은 너무나 압도적이라서, 사후적 공격에서는 제출된 정신의학적 증거가 양형 심리절차에서는 부존재하였다는 점으로부터 아무런 실질적인 불이익은도 도출되지 않았다.

성격증거를 변호인이 드러내지도 제출하지도 아니한 점에 대한 이의를 거의 동일한 이유로 그 법원은 기각하였다. 피청구인이 그의 가족들의 재정적 문제들을 걱정하는 근본적으로는 선량한 사람임을 특정의 사람들이 증언하였을 것이라는 것을 이외에는 아무 것을도 사후적 절차에서 제출된 선서진술서들은 증명하지 못하였다. 답변 대담에서 그 방향에 맞춰 피청구인 스스로가 이미 증언한 바 있었다. 더욱, 절취의 과정에 대한 피청구인의 시인은 선서진술서들에 들어 있는 사실적 주장들 다수에 대한 반박증거가 되었다. 그러한 이유들 때문에, 그리고 설령 아무런 중대한 범죄경력을 피청구인이 가지고 있지 않다 하더라도 사형선고가 적절할 것이라고 양형심리 판사가 말한 바 있었기 때문에, 사후적 공격에서는 제출된 성격증거가 양형심리 절차에서는 제출되지 않았었다는 점으로부터 실질적인 불이익이 초래된 바는 전혀 없었다.

Knight v. State, 394 So. 2d 997 (1981)에서 플로리다주 대법원에 의하여 명료하게 표현된, 무의미한 조력에 관한 주장들을 위한 기준을 적용하여, 양형 심문절차의 결과에 영향을 미쳤을 가능성이 있는, 유능한 변호인의 조력에 뚜렷이 미달하는 조금이라도 실질적이고 중대한 결함을 그 변호인의 조력이 나타냈음을 피청구인이 증명하지 못하였다고 정식사실심리 법원은 결론지었다. 법원은 명시적으로 인정하였다: "[한] 개의 법 문제로서, 양형 심리 때에 [변호인이 하지 못했다고 피청구인이 주장하는] …… 사항들 각각을 설령 [변호인]이 «466 U. S., 678» 했었다 하더라도 결과가 조금이라도 달라졌을 가능성은 눈곱만큼도 없음을 기록은 어떤 의문의 여지도 없이 확정적으로 논증한다. 명백한 사실은 이 사건에서의 가중적 요소들이 …… 완전히 *압도적이었던*(overwhelming) 것으로 드러났다는 점이다 ……." App. to ing circumstances proved in this case were completely *overwhelming* ……." App. to Pet. for Cert. A230.

The Florida Supreme Court affirmed the denial of relief. Washington v. State, 397 So. 2d 285 (1981). For essentially the reasons given by the trial court, the State Supreme Court concluded that respondent had failed to make out a prima facie case of either "substantial deficiency or possible prejudice" and, indeed, had "failed to such a degree that we believe, to the point of a moral certainty, that he is entitled to no relief ……." Id., at 287. Respondent's claims were "shown conclusively to be without merit so as to obviate the need for an evidentiary hearing." Id., at 286.

C

Respondent next filed a petition for a writ of habeas corpus in the United States District Court for the Southern District of Florida. He advanced numerous grounds for relief, among them ineffective assistance of counsel based on the same errors, except for the failure to move for a continuance, as those he had identified in state court. The District Court held an evidentiary hearing to inquire into trial counsel's efforts to investigate and to present mitigating circumstances. Respondent offered the affidavits and reports he had submitted in the state collateral proceedings; he also called his trial counsel to testify. The State of Florida, over respondent's objection, called the trial judge to testify.

The District Court disputed none of the state court factual findings concerning trial counsel's assistance and made findings of its own that are consistent with the state court findings. The account of trial counsel's actions and decisions given above reflects the combined findings. On the legal issue of ineffectiveness, the District Court concluded that, although trial counsel made

Pet. for Cert. A230.

구제신청의 기각을 플로리다주 대법원은 인가하였다. Washington v. State, 397 So. 2d 285 (1981). 일응 유리한 주장사실을 "실질적 결함"으로써 "내지는 있을 법한 불이익"으로써 피청구인이 구성해 내지 못하였다고, 그것도 참으로 "그가 아무런 구제를 받을 권리가 없음을 …… 도덕적 확실성의 지점에 닿도록까지 우리가 믿어야 할 정도로, 피청구인이구성해 내지 못한" 터였다고 본질적으로 정식사실심리 법원에 의하여 설명된 이유들에 따라 주 대법원은 결론지었다. Id., at 287. 피청구인의 주장들은 "증거청문의 필요를 제거할 정도로 결정적으로 실익 없는 것들임이 증명"되었다. Id., at 286.

C

그 다음으로 인신보호영장을 구하는 청구를 플로리다주 남부지구 관할 미합중국 지방법원에 피청구인은 제기하였다. 구제를 위한 여러 가지 논거들을 그는 제시하였는데, 그 중에는, 연기속행을 신청하지 아니한 점을 제외하고는, 주 법원에서 그가 지적하였던 바로 그 오류들에 기한 변호인의 무의미한 조력(ineffective assistance)에 관한 주장이 포함되어 있었다. 경감적 요소들을 조사하여 제출하고자 하였던 정식사실심리 변호인의 노력들을 알아보기 위하여 증거청문을 연방지방법원은 열었다. 주(state) 사후적 절차들에서 제출한 바 있는 선서진술서들과 보고서들을 피청구인은 제출하였다; 이에 아울러 그의 정식사실심리 변호인을 그는 소환하여 증언하게 하였다. 피청구인의 이의에도 불구하고 정식사실심리 판사를 플로리다주는 소환하여 그로 하여금 증언하게 하였다.

정식사실심리 변호인의 조력에 관한 주 법원의 사실판단들을 연방지방법원은 전혀 문제 삼지 않았으며, 나아가 주 법원의 사실판단에 부합되는 그 자신의 사실판단을 하였다. 그 종합된 사실판단들을 정식사실심리 변호인의 행위들에 및 결정들에 대한 위에서 본 설명은 나타낸다. 무의미한 조력이라는 법적 쟁점에 관하여, 비록 제정법 이외 사항에 해당되는 경감적 증거를 그가 실제로 조사한 것 이상으로

errors in judgment in failing to «466 U. S., 679» investigate nonstatutory mitigating evidence further than he did, no prejudice to respondent's sentence resulted from any such error in judgment. Relying in part on the trial judge's testimony but also on the same factors that led the state courts to find no prejudice, the District Court concluded that "there does not appear to be a likelihood, or even a significant possibility," that any errors of trial counsel had affected the outcome of the sentencing proceeding. App. to Pet. for Cert. A285-A286. The District Court went on to reject all of respondent's other grounds for relief, including one not exhausted in state court, which the District Court considered because, among other reasons, the State urged its consideration. Id., at A286-A292. The court accordingly denied the petition for a writ of habeas corpus.

On appeal, a panel of the United States Court of Appeals for the Fifth Circuit affirmed in part, vacated in part, and remanded with instructions to apply to the particular facts the framework for analyzing ineffectiveness claims that it developed in its opinion. 673 F. 2d 879 (1982). The panel decision was itself vacated when Unit B of the former Fifth Circuit, now the Eleventh Circuit, decided to rehear the case en banc. 679 F. 2d 23 (1982). The full Court of Appeals developed its own framework for analyzing ineffective assistance claims and reversed the judgment of the District Court and remanded the case for new factfinding under the newly announced standards. 693 F. 2d 1243 (1982).

The court noted at the outset that, because respondent had raised an unexhausted claim at his evidentiary hearing in the District Court, the habeas petition might be characterized as a mixed petition subject to the rule of Rose v. Lundy, 455 U. S. 509 (1982), requiring dismissal of the entire petition. The court held, however, that the exhaustion requirement is "a matter of comity rather than a matter of jurisdiction" and hence admitted of exceptions. The

조사하지 «466 U. S., 679» 아니한 점에 있어서 판단상의 오류들을 정식사실심리 변호인이 저질렀음에도 불구하고, 그 같은 판단상의 오류로부터 피청구인의 양형상의 불이익은 전혀 초래된 바가 없다고 연방지방법원은 결론지었다. 정식사실심리 변호인의 오류들은 조금이라도 양형 심문절차의 결과에 영향을 미쳤을 "가능성이 내지는 심지어 암시적인 가능성이마저도 있어 보이지 않는다."고 부분적으로는 정식사실심리 판사의 증언에 의존하여, 그러나 불이익을 인정하지 아니하도록 주 법원들을 이끈 바로 그 요소들에도 의존하여, 연방지방법원은 결론지었다. App. to Pet. for Cert. A285-A286. 주 법원에서 철저히 규명되지 못한, 그러나 고찰을 특별히 주가 요구했기 때문에 연방지방법원이 고찰한 피청구인의 구제신청의 논거 한 개를 포함한 그 밖의 논거들 전부를 기각하는 데 연방지방법원은 나아갔다. Id., at A286-A292. 이에 따라 인신보호 영장(writ of habeas corpus) 청구를 연방지방법원은 기각하였다.

항소심에서 미합중국 제5순회구 항소법원의 재판부 한 곳은 원심판결을 부분적으로는 인가하고 부분적으로는 무효화하면서, 그 자신의 의견에서 자신이 개발한 무의미한 조력에 관한 주장들을 분석하기 위한 그 분석틀(framework)을 그 특정 사실관계들에 적용하라는 지시들을 덧붙여 사건을 환송하였다. 673 F. 2d 879 (1982). 사건을 재심리하기로 이전의(former) 제5순회구 B 재판부(Unit B) - 현재의 제11순회구 - 가 전원법관으로써 결정하였을 때 그 재판부의 결정은 그 자체로 무효화되었다. 679 F. 2d 23 (1982). 무의미한 조력에 관한 주장들을 분석하기 위한 그 자신의 분석틀을 항소법원 전원재판부는 개발하여 연방지방법원의 판결을 파기하고서 그 새로이 선언된 기준들에 따른 새로운 사실판단을 위하여 사건을 환송하였다. 693 F. 2d 1243 (1982).

완전히 규명되지 못한 한 가지 주장을 자신에 대한 연방지방법원에서의 증거청문 당시에 피청구인은 제기한 바 있었으므로, 전체 청구의 기각을 요구하는 Rose v. Lundy, 455 U. S. 509 (1982) 규칙의 적용을 받는 한 개의 혼합청구로 그 인신보호 영장 청구는 규정될 수도 있음을 첫머리에서 특별히 항소법원은 언급하였다. 그러나 보충성의 요구(the exhaustion requirement)는 "재판권(jurisdiction)의 문제라기보다는 예양(comity)의 문제임"을, 따라서 예외들이 인정됨을 항소법원은 판시하였다. 그 혼합

court agreed with the District Court that this case came within an exception to the mixed petition rule. 693 F. 2d, at 1248, n. 7. «466 U. S., 680»

Turning to the merits, the Court of Appeals stated that the Sixth Amendment right to assistance of counsel accorded criminal defendants a right to "counsel reasonably likely to render and rendering reasonably effective assistance given the totality of the circumstances." Id., at 1250. The court remarked in passing that no special standard applies in capital cases such as the one before it: the punishment that a defendant faces is merely one of the circumstances to be considered in determining whether counsel was reasonably effective. Id., at 1250, n. 12. The court then addressed respondent's contention that his trial counsel's assistance was not reasonably effective because counsel breached his duty to investigate nonstatutory mitigating circumstances.

The court agreed that the Sixth Amendment imposes on counsel a duty to investigate, because reasonably effective assistance must be based on professional decisions and informed legal choices can be made only after investigation of options. The court observed that counsel's investigatory decisions must be assessed in light of the information known at the time of the decisions, not in hindsight, and that "[t]he amount of pretrial investigation that is reasonable defies precise measurement." Id., at 1251. Nevertheless, putting guilty-plea cases to one side, the court attempted to classify cases presenting issues concerning the scope of the duty to investigate before proceeding to trial.

If there is only one plausible line of defense, the court concluded, counsel must conduct a "reasonably substantial investigation" into that line of defense, since there can be no strategic choice that renders such an investigation unnecessary. Id., at 1252. The same duty exists if counsel relies at trial on

청구 규칙에 대한 한 가지 예외의 범위 내에 이 사건이 든다는 점에 관하여 연방지방 법원에게 의견을 항소법원은 같이 하였다. 693 F. 2d, at 1248, n. 7. «466 U. S., 680»

청구의 본안으로 돌아와, "전체적 상황(the totality of circumstances)에 비추어 합리적으로 효과적인 조력(reasonably effective assistance)을 제공하기에 적합한, 그리하여 이를 제공하는 변호인"의 조력을 받을 권리를 형사 피고인들에게 변호인의 조력을 받을 연방헌법 수정 제6조의 권리는 부여한다고 항소법원은 말하였다. Id., at 1250. 자신 앞의 사건 류의 사형에 해당하는 사건들에 있어서라 하여 어떤 특별한 기준이 적용되는 것은 아니라고 판단하면서, 한 명의 피고인이 직면하는 처벌은 단지 변호인이 합리적으로 효과적이었는지 여부를 판정함에 있어서 고려되어야 할 상황들 중 한 가지에 불과하다고 항소법원은 언급하였다. Id., at 1250, n. 12. 그 다음에, 제정법 이외 사항의 경감적 요소들을 조사할 그의 의무를 피청구인 자신의 정식사실심리 변호인이 위반하였기 때문에 그의 조력은 합리적으로 효과적인 것이 되지 못했다는 피청구인의 주장을 항소법원은 역점 두어 다루었다.

전문가적 결정들에 그 기초를 합리적으로 효과적인 조력은 두지 않으면 안 되기 때문에, 그리고 그 선택사항들에 대한 조사 뒤에만 정보에 근거한 법적 선택들은 이루어질 수 있기 때문에, 조사 의무를 변호인에게 연방헌법 수정 제6조는 부과한다는 점에 대하여 항소법원은 동의하였다. 그 결정들의 시점 당시에 알려진 정보에 비추어 - 때늦은 지혜(hindsight)로서가 아니라 - 조사에 관한 변호인의 결정들에 대한 평가는 이루어지지 않으면 안 된다고, 그리고 "정확한 측정을 정식사실심리 이전의 합리적인 조사의 [양]은 허용하지 않는다."고 항소법원은 말하였다. Id., at 1251. 그러함에도 불구하고 유죄답변 사건들을 한 쪽으로 치우고서, 정식사실심리에 나아가기 이전에 조사를 실시할 의무의 범위에 관한 쟁점들을 제기하는 사건들을 분류하고자 항소법원은 시도하였다.

만약 그럴 듯한 방어의 노선이 한 가지밖에 없다면, 그 방어 노선에 대한 "합리적으로 실질적인 조사(reasonably substantial investigation)"를 변호인은 수행하지 않으면 안 된다고, 왜냐하면 그 같은 조사를 불필요하게 만드는 전략적 선택은 있을 수 없기 때문이라고 항소법원은 결론지었다. Id., at 1252. 비록 여타의 방어 노선들이 이용

only one line of defense, although others are available. In either case, the investigation need not be exhaustive. It must include "'an independent examination of the facts, circumstances, pleadings and laws involved.'" Id., at 1253 (quoting Rummel v. Estelle, 590 F. 2d 103, 104 (CA5 1979)). The scope of the duty, however, depends «466 U. S., 681» on such facts as the strength of the government's case and the likelihood that pursuing certain leads may prove more harmful than helpful. 693 F. 2d, at 1253, n. 16.

If there is more than one plausible line of defense, the court held, counsel should ideally investigate each line substantially before making a strategic choice about which lines to rely on at trial. If counsel conducts such substantial investigations, the strategic choices made as a result "will seldom if ever" be found wanting. Because advocacy is an art and not a science, and because the adversary system requires deference to counsel's informed decisions, strategic choices must be respected in these circumstances if they are based on professional judgment. Id., at 1254.

If counsel does not conduct a substantial investigation into each of several plausible lines of defense, assistance may nonetheless be effective. Counsel may not exclude certain lines of defense for other than strategic reasons. Id., at 1257-1258. Limitations of time and money, however, may force early strategic choices, often based solely on conversations with the defendant and a review of the prosecution's evidence. Those strategic choices about which lines of defense to pursue are owed deference commensurate with the reasonableness of the professional judgments on which they are based. Thus, "when counsel's assumptions are reasonable given the totality of the circumstances and when counsel's strategy represents a reasonable choice based upon those assumptions, counsel need not investigate lines of defense that

가능함에도 불구하고 만약 정식사실심리에서 오직 한 개의 방어 노선에만 변호인이 의존할 경우에 그 동일한 의무는 존재한다. 어느 경우에든 조사는 모든 규명을 완료하는 것이어야 할 필요는 없다. "'사실관계들에, 상황들에, 답변들에, 그리고 관련법들에 대한 독립적인 조사'"를 그것은 포함하지 않으면 안 된다. Id., at 1253 (quoting Rummel v. Estelle, 590 F. 2d 103, 104 (CA5 1979)). 그러나 정부측 주장사실의 설득력 류의, 그리고 특정 단서들에 «466 U. S., 681» 대한 추구가 유익한 것으로보다는 해로운 것으로 드러날 가능성 류의 사실관계들에 그 의무의 범위는 달려 있다. 693 F. 2d, at 1253, n. 16.

만약 그럴 듯한 방어 노선이 한 개보다 많을 경우에는, 정식사실심리에서 어느 쪽 노선들에 의존할지에 관한 전략적 선택을 하기 전에 각각의 노선에 대하여 실질적으로 조사를 변호인은 해야 함이 이상적이라고 항소법원은 판시하였다. 만약 이 같은 실질적인 조사들을 변호인이 수행한다면, 제 역량을 그 결과로서 내려진 전략적 선택들이 발휘하지 못한 것으로 판정되는 경우는 "설령 있다 하더라도 극히 드물" 것이다. 변론은 과학이 아니라 예술이기 때문에, 그리고 정보에 기한 변호인의 결정들에 대한 존중을 대립당사자주의 재판제도는 요구하기 때문에, 전문가적 판단에 토대를 둔 것인 한 이 같은 상황들에서의 전략적 선택들은 존중되지 않으면 안 된다. Id., at 1254.

비록 실질적인 조사를 여러 가지 그럴 듯한 방어 노선들 각각에 대하여 변호인이 수행하지 않더라도, 이에도 불구하고 조력은 효과적인 것이 될 수 있다. 특정의 방어 노선들을 전략적 이유들 이외의 이유에 의거하여 변호인은 배제해서는 안 된다. Id., at 1257-1258. 그러나 이른 시점에서의 전략적 선택들을 시간의 및 돈의 제약들이 강제할 수 있는데, 흔히 피고인하고의 대화들에만, 그리고 검찰측 증거에 대한 검토에만 터잡아 그것들은 이루어진다. 그 토대가 되는 전문가적 판단들의 합리성에 상응한 존중을 어느 쪽 방어 노선들을 추구할 것인지에 관한 그 전략적 선택들은 누려야 한다. 그러므로 "변호인의 가정들이 전체적 상황에 비추어 합리적일 경우에 그리고 그 가정들에 터잡은 합리적 선택을 변호인의 전략이 나타낼 경우에 정식사실심리에서 사용하지 않기로 그가 선택한 방어 노선들을 변호인은 조사할 필요가 없다." Id., at 1255 (각주 생략). 특정의 전략적 선택들이 합리적인지 여부를

he has chosen not to employ at trial." Id., at 1255 (footnote omitted). Among the factors relevant to deciding whether particular strategic choices are reasonable are the experience of the attorney, the inconsistency of unpursued and pursued lines of defense, and the potential for prejudice from taking an unpursued line of defense. Id., at 1256-1257, n. 23.

Having outlined the standards for judging whether defense counsel fulfilled the duty to investigate, the Court of Appeals turned its attention to the question of the prejudice to the «466 U. S., 682» defense that must be shown before counsel's errors justify reversal of the judgment. The court observed that only in cases of outright denial of counsel, of affirmative government interference in the representation process, or of inherently prejudicial conflicts of interest had this Court said that no special showing of prejudice need be made. Id., at 1258-1259. For cases of deficient performance by counsel, where the government is not directly responsible for the deficiencies and where evidence of deficiency may be more accessible to the defendant than to the prosecution, the defendant must show that counsel's errors "resulted in actual and substantial disadvantage to the course of his defense." Id., at 1262. This standard, the Court of Appeals reasoned, is compatible with the "cause and prejudice" standard for overcoming procedural defaults in federal collateral proceedings and discourages insubstantial claims by requiring more than a showing, which could virtually always be made, of some conceivable adverse effect on the defense from counsel's errors. The specified showing of prejudice would result in reversal of the judgment, the court concluded, unless the prosecution showed that the constitutionally deficient performance was, in light of all the evidence, harmless beyond a reasonable doubt. Id., at 1260-1262.

The Court of Appeals thus laid down the tests to be applied in the Eleventh Circuit in challenges to convictions on the ground of ineffectiveness of coun-

결정하는 데 관련 있는 요소들 중에는 변호인의 경험이, 추구되지 아니한 방어 노선들의 및 추구된 방어 노선들의 양자 사이의 불일치가, 그리고 추구되지 아니한 쪽 방어 노선을 채택할 경우에 초래될 수 있는 잠재적 불이익이 포함된다. Id., at 1256-1257, n. 23.

조사 의무를 변호인이 완수했는지 여부를 판단하기 위한 기준들을 요약하고 나서, 판결주문의 파기를 변호인의 오류들이 정당화하기 «466 U. S., 682» 위하여 먼저 증명되지 않으면 안 되는 방어에 끼쳐진 불이익의 문제에 자신의 주의를 항소법원은 돌렸다. 불이익의 명시적 증명이 이루어져야 할 필요가 없다고 당원이 말한 경우란 변호인의 명백한 박탈의, 대변 절차에 있어서의 정부의 단언적인 간섭의, 또는 본질적으로 해를 끼치는 이익충돌의 경우뿐임을 항소법원은 말하였다. Id., at 1258-1259. 변호인의 결함 있는 변론수행의 경우들에 대하여는 — 그 경우에 그 결함들에 대하여 직접적으로 정부에게 책임이 있는 것은 아니고 그리고 그 경우에 결함의 증거는 검찰에게보다는 피고인에게 더욱 접근이 쉬울 것이다 — "자신의 방어 과정에 실제적이고 실질적인 불이익으로" 변호인의 오류들이 "귀착되었"음을 피고인은 증명하지 않으면 안 된다. Id., at 1262. 연방 사후절차들에 있어서의 절차적 불이행을 극복하기 위한 "원인 및 불이익(cause and prejudice)" 기준에 이 기준은 양립 가능하다고, 그리고 변호인의 오류들로 인하여 방어에 끼쳐진 있을 법한 모종의 불리한 영향에 대한 증명 - 그것은 사실상 언제나 가능할 것인 바 — 이상의 것을 요구함으로써 공허한 주장들을 이 기준은 억제한다고 항소법원은 추론하였다. 헌법적으로 결격인 변론수행이 모든 증거에 비추어 합리적 의심의 여지없이 무해하였음을 검찰이 증명하지 않는 한 판결주문의 파기라는 결과를 구체적으로 명시된 불이익의 증명은 낳을 것이라고 항소법원은 결론지었다. Id., at 1260-1262.

이렇게 변호인의 무의미한 조력을 이유로 한 유죄판정들에 대한 이의들에 있어서 제11순회구에 적용될 기준들을 항소법원은 정립하였다. 비록 일반적으로든 또

sel. Although some of the judges of the court proposed different approaches to judging ineffectiveness claims either generally or when raised in federal habeas petitions from state prisoners, id., at 1264-1280 (opinion of Tjoflat, J.); id., at 1280 (opinion of Clark, J.); id., at 1285-1288 (opinion of Roney, J., joined by Fay and Hill, JJ.); id., at 1288-1291 (opinion of Hill, J.), and although some believed that no remand was necessary in this case, id., at 1281-1285 (opinion of Johnson, J., joined by Anderson, J.); id., at 1285-1288 (opinion of Roney, J., joined by Fay and Hill, JJ.); id., at 1288-1291 (opinion of Hill, J.), a majority «466 U. S., 683» of the judges of the en banc court agreed that the case should be remanded for application of the newly announced standards. Summarily rejecting respondent's claims other than ineffectiveness of counsel, the court accordingly reversed the judgment of the District Court and remanded the case. On remand, the court finally ruled, the state trial judge's testimony, though admissible "to the extent that it contains personal knowledge of historical facts or expert opinion," was not to be considered admitted into evidence to explain the judge's mental processes in reaching his sentencing decision. Id., at 1262-1263; see Fayerweather v. Ritch, 195 U. S. 276, 306-307 (1904).

D

Petitioners, who are officials of the State of Florida, filed a petition for a writ of certiorari seeking review of the decision of the Court of Appeals. The petition presents a type of Sixth Amendment claim that this Court has not previously considered in any generality. The Court has considered Sixth Amendment claims based on actual or constructive denial of the assistance of counsel altogether, as well as claims based on state interference with the ability of counsel to render effective assistance to the accused. E. g., United States v. Cronic, ante, p.648. With the exception of Cuyler v. Sullivan, 446 U.

는 주(state) 죄수들에 의한 연방 인신보호영장 청구들에서 제기되는 경우이든 무의미한 조력에 관한 주장들을 판단하기 위한 상이한 접근법들을 그 항소법원 판사들 일부는 제의하였음에도 불구하고, id., at 1264-1280 (조플랫(Tjoflat) 판사의 의견); id., at 1280 (클라크(Clark) 판사의 의견); id., at 1285-1288 (페이(Fay) 판사와 힐(Hill) 판사가 가담한 로니(Roney) 판사의 의견); id., at 1288-1291 (힐 판사의 의견), 그리고 이 사건에서 환송이 필요하지 않다고 비록 몇몇은 믿었음에도 불구하고, id., at 1281-1285 (앤더슨 판사가 가담한 존슨 판사의 의견); id., at 1285-1288 (페이(Fay) 판사와 힐(Hill) 판사가 가담한 로니(Roney) 판사의 의견); id., at 1288-1291 (힐(Hill) 판사의 의견), «466 U. S., 683» 그 새로이 선언된 기준들의 적용을 위하여 사건이 환송되어야 한다는 데 전원재판부 판사들 중 다수는 동의하였다. 변호인의 무의미한 조력에 관한 주장을 제외한 피청구인의 주장들을 항소법원은 약식으로 기각하고서 그것에 따라서 연방지방법원의 판결주문을 파기하고 사건을 환송하였다. 비록 "역사적 사실관계에 대한 개인적 지식을 내지는 전문가로서의 의견을 포함하는 한도 내에서" 주 정식사실심리 판사의 증언은 증거능력이 있었음에도 불구하고 그것은 판사의 양형 결정에 도달하는 데 있어서의 그의 정신적 과정들을 설명하기 위하여 증거로서 허용되는 양 여겨져서는 안 된다고 환송에 의거하여 연방지방법원은궁극적으로 판단하였다. Id., at 1262-1263; 그리고 Fayerweather v. Ritch, 195 U. S. 276, 306-307 (1904)를 보라.

D

항소법원의 결정에 대한 재심리를 구하는 사건기록 송부명령 영장을 위한 청구를 플로리다주 공무원들인 청구인들은 제기하였다. 그 청구가 제기하는 연방헌법 제6조 관련 주장은 당원이 여태껏 조금이라도 일반론 속에서는 고찰해 본 적이 없는 유형의 것이다. 효과적인 조력을 범인으로 주장되는 사람에게 제공할 변호인의 능력에 대한 주(state)의 간섭행위에 근거를 둔 주장들을에 아울러 전체적으로 변호인의 조력에 대한 실제상의 또는 의제상의 박탈에 기한 연방헌법 수정 제6조 관련 주장들을 당원은 고찰해 왔다. E. g., United States v. Cronic, ante, p.648. 그러나 이익충돌에 의하여 변호인의 조력이 무의미한 것이 되었다는 주장을 포함하였던

S. 335 (1980), however, which involved a claim that counsel's assistance was rendered ineffective by a conflict of interest, the Court has never directly and fully addressed a claim of "actual ineffectiveness" of counsel's assistance in a case going to trial. Cf. United States v. Agurs, 427 U. S. 97, 102, n. 5 (1976).

In assessing attorney performance, all the Federal Courts of Appeals and all but a few state courts have now adopted the "reasonably effective assistance" standard in one formulation or another. See Trapnell v. United States, 725 F. 2d 149, 151-152 (CA2 1983); App. B to Brief for United States in United States v. Cronic, O. T. 1983, No. 82-660, pp. 3a-6a; Sarno, «466 U. S., 684» Modern Status of Rules and Standards in State Courts as to Adequacy of Defense Counsel's Representation of Criminal Client, 2 A. L. R. 4th 99-157, §§ 7-10 (1980). Yet this Court has not had occasion squarely to decide whether that is the proper standard. With respect to the prejudice that a defendant must show from deficient attorney performance, the lower courts have adopted tests that purport to differ in more than formulation. See App. C to Brief for United States in United States v. Cronic, supra, at 7a-10a; Sarno, supra, at 83-99, § 6. In particular, the Court of Appeals in this case expressly rejected the prejudice standard articulated by Judge Leventhal in his plurality opinion in United States v. Decoster, 199 U. S. App. D. C. 359, 371, 374-375, 624 F. 2d 196, 208, 211-212 (en banc), cert. denied, 444 U. S. 944 (1979), and adopted by the State of Florida in Knight v. State, 394 So. 2d, at 1001, a standard that requires a showing that specified deficient conduct of counsel was likely to have affected the outcome of the proceeding. 693 F. 2d, at 1261-1262.

For these reasons, we granted certiorari to consider the standards by which to judge a contention that the Constitution requires that a criminal judgment be overturned because of the actual ineffective assistance of counsel. 462 U. S. 1105 (1983). We agree with the Court of Appeals that the exhaustion rule

Cuyler v. Sullivan, 446 U. S. 335 (1980)의 예외를 빼고는, 정식사실심리에 나아간 사건에서 변호인의 조력의 "실제적 무의미함"에 관한 주장을 직접적으로 그리고 충분하게 당원은 역점 두어 다룬 적이 결코 없다. United States v. Agurs, 427 U. S. 97, 102, n. 5 (1976)을 비교하라.

변호인의 변론수행을 평가함에 있어서 이런 저런 공식화(formulation) 속에서 "합리적으로 효과적인 조력(reasonably effective assistance)" 기준을 모든 연방 항소법원들은, 그리고 몇 개를 빼고는 모든 주 법원들은 이제 채용한 터이다. Trapnell v. United States, 725 F. 2d 149, 151-152 (CA2 1983)을; App. B to Brief for United States in United States v. Cronic, O. T. 1983, No. 82-660, pp. 3a-6a를; Sarno, [466 U. S. 684] Modern Status of Rules and Standards in State Courts as to Adequacy of Defense Counsel's Representation of Criminal Client, 2 A. L. R. 4th 99-157, §§ 7-10 (1980)을 보라. 그러나 그것이 올바른 기준인지 여부를 정면으로 판단할 기회를 당원은 가지지 못하였다. 피고인이 증명하지 않으면 안 될, 결함 있는 변호인의 변론수행으로부터 초래된 불이익에 관하여, 공식화 이상의 중요한 점에서 차이를 보인다고 주장하는 기준들을 하급법원들은 채용해 왔다. App. C to Brief for United States in United States v. Cronic, supra, at 7a-10a; Sarno, supra, at 83-99, § 6을 보라. United States v. Decoster, 199 U. S. App. D.C. 359, 371, 374-375, 624 F. 2d 196, 208, 211-212 (en banc), cert. denied, 444 U. S. 944 (1979)의 상대다수 의견(plurality opinion)에서 레벤탈(Leventhal) 판사에 의하여 명료하게 표현된, 그리고 Knight v. State, 394 So. 2d, at 1001에서 플로리다주에 의하여 채용된 그 불이익 기준(the prejudice standard)을, 즉 절차의 결과에 대하여 영향을 그 명시된 결함 있는 변호인의 행위가 끼쳤을 가능성이 있었다는 점에 대한 증명을 요구하는 기준을 특히 이 사건에서 항소법원은 명시적으로 거부하였다. 693 F. 2d, at 1261-1262.

사건기록 송부명령을 이 같은 이유들에 따라 우리는 허가하였는 바, 실제의 무의미한 변호인의 조력을 이유로 유죄판결을 파기하도록 연방헌법이 요구한다는 주장을 판단할 기준들을 고찰하기 위해서였다. 462 U. S. 1105 (1983). 혼합청구들(mixed petitions)의 기각을 요구하는 보충성 규칙(exhaustion rule)은 엄격하게 시행되어야 함에도 불구하고 그것은 재판권상의 요건이 아니라는 점에 관하여 항소법원에 우

requiring dismissal of mixed petitions, though to be strictly enforced, is not jurisdictional. See Rose v. Lundy, 455 U. S., at 515-520. We therefore address the merits of the constitutional issue.

II

In a long line of cases that includes Powell v. Alabama, 287 U. S. 45 (1932), Johnson v. Zerbst, 304 U. S. 458 (1938), and Gideon v. Wainwright, 372 U. S. 335 (1963), this Court has recognized that the Sixth Amendment right to counsel exists, and is needed, in order to protect the fundamental right to a fair trial. The Constitution guarantees a fair trial through «466 U. S., 685» the Due Process Clauses, but it defines the basic elements of a fair trial largely through the several provisions of the Sixth Amendment, including the Counsel Clause:

"In all criminal prosecutions, the accused shall enjoy the right to a speedy and public trial, by an impartial jury of the State and district wherein the crime shall have been committed, which district shall have been previously ascertained by law, and to be informed of the nature and cause of the accusation; to be confronted with the witnesses against him; to have compulsory process for obtaining witnesses in his favor, and to have the Assistance of Counsel for his defence."

Thus, a fair trial is one in which evidence subject to adversarial testing is presented to an impartial tribunal for resolution of issues defined in advance of the proceeding. The right to counsel plays a crucial role in the adversarial

리는 동의한다. Rose v. Lundy, 455 U. S., at 515-520을 보라. 그러므로 헌법적 쟁점의 실체적 사항을 우리는 역점 두어 다룬다.

II

공정한 정식사실심리를 받을 기본적 권리를 보호하기 위하여 연방헌법 수정 제6조의 변호인의 조력을 받을 권리가 존재함을, 그리고 요구됨을 Powell v. Alabama, 287 U. S. 45 (1932) 판결을, Johnson v. Zerbst, 304 U. S. 458 (1938) 판결을 및 Gideon v. Wainwright, 372 U. S. 335 (1963) 판결을 포함하는 길게 줄지은 선례들에서 당원은 인정해 왔다. 공정한 정식사실심리를 적법절차 조항들을 통하여 연방헌법은 «466 U. S., 685» 보장하지만, 그러나 공정한 정식사실심리의 그 기본적 요소들을 주로 연방헌법 수정 제6조의 개별 규정들을 통하여 그것은 규정하는 바, 이에는 변호인 조력 조항(Counsel Clause)이 포함된다:

"범죄가 저질러진 주(the State)의, 및 범죄가 저질러지고 법에 의하여 미리 확정된 지방의 공정한 배심에 의한 신속하고 공개된 정식심리를 받을 권리를; 기소의 성격을과 이유를 고지받을 권리를; 자신에게 불리한 증인들을 대면할 권리를; 자신에게 유리한 증인을 확보할 강제절차를 가질 권리를; 그리고 자신의 방어를 위하여 변호인의 조력을 받을 권리를 모든 형사적 절차추행에 있어서 범인으로 주장되는 사람은 향유한다.(In all criminal prosecutions, the accused shall enjoy the right to a speedy and public trial, by an impartial jury of the State and district wherein the crime shall have been committed, which district shall have been previously ascertained by law, and to be informed of the nature and cause of the accusation; to be confronted with the witnesses against him; to have compulsory process for obtaining witnesses in his favor, and to have the Assistance of Counsel for his defence)."

그러므로 공정한 정식사실심리라 함은 절차에 앞서서 미리 정해진 쟁점들의 해결을 위하여 한 개의 공평한 재판소에 대립당사자주의 절차의 시험을 거치는 증거가 제출되는 절차이다. 연방헌법 수정 제6조에 구체화된 대립당사자주의 제도에 있어서 중대한 역할을 변호인의 조력을 받을 권리는 수행하는 바, 피고인들이 권리

system embodied in the Sixth Amendment, since access to counsel's skill and knowledge is necessary to accord defendants the "ample opportunity to meet the case of the prosecution" to which they are entitled. Adams v. United States ex rel. McCann, 317 U. S. 269, 275, 276 (1942); see Powell v. Alabama, supra, at 68-69.

Because of the vital importance of counsel's assistance, this Court has held that, with certain exceptions, a person accused of a federal or state crime has the right to have counsel appointed if retained counsel cannot be obtained. See Argersinger v. Hamlin, 407 U. S. 25 (1972); Gideon v. Wainwright, supra; Johnson v. Zerbst, supra. That a person who happens to be a lawyer is present at trial alongside the accused, however, is not enough to satisfy the constitutional command. The Sixth Amendment recognizes the right to the assistance of counsel because it envisions counsel's playing a role that is critical to the ability of the adversarial system to produce just results. An accused is entitled to be assisted by an attorney, whether retained or appointed, who plays the role necessary to ensure that the trial is fair. «466 U. S., 686»

For that reason, the Court has recognized that "the right to counsel is the right to the effective assistance of counsel." McMann v. Richardson, 397 U. S. 759, 771, n. 14 (1970). Government violates the right to effective assistance when it interferes in certain ways with the ability of counsel to make independent decisions about how to conduct the defense. See, e. g., Geders v. United States, 425 U. S. 80 (1976) (bar on attorney-client consultation during overnight recess); Herring v. New York, 422 U. S. 853 (1975) (bar on summation at bench trial); Brooks v. Tennessee, 406 U. S. 605, 612-613 (1972) (requirement that defendant be first defense witness); Ferguson v. Georgia, 365 U. S. 570, 593-596 (1961) (bar on direct examination of defendant). Counsel, however, can also deprive a defendant of the right to effective assis-

를 지니는, "검찰측 주장사실을 상대할 충분한 기회(ample opportunity to meet the case of the prosecution)"를 그들에게 부여하기 위하여는 변호인의 숙련에의 및 지식에의 접근이 필수이기 때문이다. Adams v. United States ex rel. McCann, 317 U. S. 269, 275 , 276 (1942); 아울러 Powell v. Alabama, supra, at 68-69을 보라.

일정한 예외들이 있기는 하지만 만약 그가 선임하는 변호인이 확보될 수 없으면 변호인을 지정받을 권리를 연방범죄를 또는 주 범죄를 저지른 것으로 주장된 사람은 가진다고 당원이 판시해 온 것은 변호인의 조력의 그 불가결한 중요성 때문이었다. Argersinger v. Hamlin, 407 U. S. 25 (1972)를; Gideon v. Wainwright, supra를; Johnson v. Zerbst, supra를 보라. 그러나 정식사실심리에 어쩌다 변호사가 된 어떤 사람이 피고인에 나란히 출석해 있다는 것으로는 그 헌법적 명령을 충족시키기에 충분하지 않다. 변호인의 조력을 받을 권리를 연방헌법 수정 제6조가 인정하는 것은 정당한 결과들을 산출할 수 있는 대립당사자주의 제도의 능력에 있어서의 결정적 역할을 변호인이 수행할 것으로 그 조항이 마음에 그리고 있기 때문이다. 범인으로 주장되는 사람에게는 선임되든 지정되든 한 명의 변호사의 조력을 받을 권리가 있는 바, 정식사실심리가 공정한 것이 되도록 보장하는 데 불가결한 역할을 그는 수행한다. «466 U. S., 686»

그 이유에서, "변호인의 조력을 받을 권리는 변호인의 효과적인 조력을 받을 권리(the right to the effective assistance of counsel)"임을 당원은 인정해 왔다. McMann v. Richardson, 397 U. S. 759, 771, n. 14 (1970). 방어를 어떻게 수행할 것인지에 관한 독립적 결정들을 내릴 변호인의 능력을 어떤 방법들에 의하여 정부가 방해할 경우에 효과적인 조력을 받을 권리를 정부는 침해한다. 예컨대, Geders v. United States, 425 U. S. 80 (1976) (일박의 휴정 기간 중의 변호인 — 의뢰인 사이의 상담의 금지)를; Herring v. New York, 422 U. S. 853 (1975) (판사에 의한 정식사실심리에서의 사건개요 설명의 금지)를; Brooks v. Tennessee, 406 U. S. 605, 612-613 (1972) (피고인이 먼저 변호인측 증인이 되어야 한다는 요구)를; Ferguson v. Georgia, 365 U. S. 570, 593-596 (1961) (피고인에 대한 직접신문의 금지)를 보라. 그러나 "충분한 법적 조력(adequate legal assistance)"을 제공하지 못하는 것만으로도 효과적인 조력(effective assistance)을 받을 권리를 피고인에게서 변호인이 박탈할 수 있음은 마찬가지다. Cuyler v. Sullivan, 446 U. S., at 344. Id., at 345-350 (조력을 무의미한 것으

tance, simply by failing to render "adequate legal assistance," Cuyler v. Sullivan, 446 U. S., at 344. Id., at 345-350 (actual conflict of interest adversely affecting lawyer's performance renders assistance ineffective).

The Court has not elaborated on the meaning of the constitutional requirement of effective assistance in the latter class of cases - that is, those presenting claims of "actual ineffectiveness." In giving meaning to the requirement, however, we must take its purpose - to ensure a fair trial - as the guide. The benchmark for judging any claim of ineffectiveness must be whether counsel's conduct so undermined the proper functioning of the adversarial process that the trial cannot be relied on as having produced a just result.

The same principle applies to a capital sentencing proceeding such as that provided by Florida law. We need not consider the role of counsel in an ordinary sentencing, which may involve informal proceedings and standardless discretion in the sentencer, and hence may require a different approach to the definition of constitutionally effective assistance. A capital sentencing proceeding like the one involved in this case, however, is sufficiently like a trial in its adversarial format and in the existence of standards for decision, see Barclay «466 U. S., 687» v. Florida, 463 U. S. 939, 952-954 (1983); Bullington v. Missouri, 451 U. S. 430 (1981), that counsel's role in the proceeding is comparable to counsel's role at trial - to ensure that the adversarial testing process works to produce a just result under the standards governing decision. For purposes of describing counsel's duties, therefore, Florida's capital sentencing proceeding need not be distinguished from an ordinary trial.

로 변호인의 변론수행에 불리하게 영향을 끼치는 실제의 이익충돌은 만든다).

후자의 범주에 속하는 사건들 — 즉 "실제의 무의미한 조력(actual ineffectiveness)"이라는 주장들을 제기하는 사건들 — 에 있어서의 효과적인 조력에 대한 헌법적 요구의 의미를 당원이 공들여 설명한 바는 없다. 그러나 그 요구에 의미를 부여함에 있어서 그 요구의 목적 — 공정한 정식사실심리를 보장하는 것 — 을 우리는 안내 삼지 않으면 안 된다. 조금이라도 무의미한 조력에 관한 주장을 판단하기 위한 기준은 대립당사자주의 절차의 정당한 기능의 토대를 변호인의 행위가 너무나도 침식한 나머지 정당한 결과를 산출해 낸 것으로서 그 정식사실심리가 의존될 수 없는지 여부가 되지 않으면 안 된다.

플로리다주 법에 의하여 규정된 류의 사형을 다루는 양형 심문절차에 바로 그 원칙은 적용된다. 비공식적 절차들을 포함할 수도 있는, 그리고 양형심리 판사에 있어서의 기준 없는 재량을 포함할 수도 있는, 그리하여 헌법적으로 유효한 조력의 정의(definition)에 대한 모종의 다른 접근법을 요구할 수도 있는 어떤 일반적 양형심문절차에 있어서의 변호인의 역할을 우리는 고찰할 필요가 없다. 그러나 대립당사자주의적 구성에 있어서 그리고 결정을 위한 기준들의 존재에 있어서 한 개의 정식사실심리에 이 사건에 포함되어 있는 류의 사형에 해당하는 사건의 양형 심문절차는 충분히 유사한 나머지, see Barclay «466 U. S., 687» v. Florida, 463 U. S. 939, 952-954 (1983); Bullington v. Missouri, 451 U. S. 430 (1981), 그 절차에서의 변호인의 역할은 정식사실심리 변호인의 역할에 비교할 수 있는 바, 즉 결정을 규율하는 기준들 아래서 정당한 결과를 대립당사자주의 시험과정으로 하여금 산출해 내게끔 기능하도록 보장하는 데 그 역할은 있다. 그러므로 변호인의 의무사항들을 설명하기 위하여는, 일반적 정식사실심리로부터 플로리다주에 있어서의 사형에 해당하는 사건의 양형 심문절차는 구분되어야 할 필요가 없다.

III

A convicted defendant's claim that counsel's assistance was so defective as to require reversal of a conviction or death sentence has two components. First, the defendant must show that counsel's performance was deficient. This requires showing that counsel made errors so serious that counsel was not functioning as the "counsel" guaranteed the defendant by the Sixth Amendment. Second, the defendant must show that the deficient performance prejudiced the defense. This requires showing that counsel's errors were so serious as to deprive the defendant of a fair trial, a trial whose result is reliable. Unless a defendant makes both showings, it cannot be said that the conviction or death sentence resulted from a breakdown in the adversary process that renders the result unreliable.

A

As all the Federal Courts of Appeals have now held, the proper standard for attorney performance is that of reasonably effective assistance. See Trapnell v. United States, 725 F. 2d, at 151-152. The Court indirectly recognized as much when it stated in McMann v. Richardson, supra, at 770, 771, that a guilty plea cannot be attacked as based on inadequate legal advice unless counsel was not "a reasonably competent attorney" and the advice was not "within the range of competence demanded of attorneys in criminal cases." See also Cuyler v. Sullivan, supra, at 344. When a convicted de- «466 U. S., 688» fendant complains of the ineffectiveness of counsel's assistance, the defendant must show that counsel's representation fell below an objective standard of reasonableness.

III

두 가지 구성요소들을, 변호인의 조력이 너무나 결함 있는 것이었던 까닭에 유죄판정의 내지 사형선고의 파기를 필요로 한다는 유죄로 판정된 피고인의 주장은 가지고 있다. 첫째로, 변호인의 변론수행이 결함 있는 것이었음을 피고인은 증명하지 않으면 안 된다. 연방헌법 수정 제6조에 의하여 피고인에게 보장된 그 "변호인(counsel)"으로서의 기능을 매우 중대한 오류들을 변호인이 저지름으로써 그가 하고 있지 않았다는 점에 대한 증명을 이것은 요구한다. 둘째로, 방어에 불이익을 그 불충분한 변론수행이 끼쳤음을 피고인은 증명하지 않으면 안 된다. 그 결과를 신뢰할 수 있는 정식사실심리인 공정한 정식사실심리를 피고인에게서 박탈할 정도로 변호인의 오류들이 매우 중대하였다는 점에 대한 증명을 이것은 요구한다. 이 두 가지 증명을 피고인이 해 내지 못하는 한, 대립당사자주의 절차에 있어서의 결과를 신뢰할 수 없게 만드는 고장으로 인하여 그 유죄판정이 내지는 사형선고가 나오게 된 것으로는 주장될 수 없다.

A

모든 연방 항소법원들이 이제 판시해 놓은 것처럼, 변호인의 변론수행의 합당한 기준은 합리적으로 효과적인 조력(reasonably effective assistance)의 기준이다. Trapnell v. United States, 725 F. 2d, at 151-152를 보라. 변호인이 "한 명의 합리적으로 유능한 변호사"이지 못했던 것이 아닌 한, 그리고 "형사 사건들에서 변호사들에게 요구되는 능력의 범위 내"에 그 조언이 들지 못했던 것이 아닌 한, 부적절한 법적 조언에 한 개의 유죄답변이 기한 것이라는 공격을 받을 수가 없다고 McMann v. Richardson, supra, at 770, 771에서 이 법원이 말하였을 때 이에 맞먹는 것을 간접적으로 이 법원은 인정하였다. 아울러 Cuyler v. Sullivan, supra, at 344를도 보라. 변호인의 조력의 무의미했음을 «466 U. S., 688» 유죄로 판정된 피고인이 불평할 경우, 합리성(reasonableness)의 객관적 기준에 변호인의 대변이 미달하였음을 피고인은 증명하지 않으면 안 된다.

More specific guidelines are not appropriate. The Sixth Amendment refers simply to "counsel," not specifying particular requirements of effective assistance. It relies instead on the legal profession's maintenance of standards sufficient to justify the law's presumption that counsel will fulfill the role in the adversary process that the Amendment envisions. See Michel v. Louisiana, 350 U. S. 91, 100-101 (1955). The proper measure of attorney performance remains simply reasonableness under prevailing professional norms.

Representation of a criminal defendant entails certain basic duties. Counsel's function is to assist the defendant, and hence counsel owes the client a duty of loyalty, a duty to avoid conflicts of interest. See Cuyler v. Sullivan, supra, at 346. From counsel's function as assistant to the defendant derive the overarching duty to advocate the defendant's cause and the more particular duties to consult with the defendant on important decisions and to keep the defendant informed of important developments in the course of the prosecution. Counsel also has a duty to bring to bear such skill and knowledge as will render the trial a reliable adversarial testing process. See Powell v. Alabama, 287 U. S., at 68-69.

These basic duties neither exhaustively define the obligations of counsel nor form a checklist for judicial evaluation of attorney performance. In any case presenting an ineffectiveness claim, the performance inquiry must be whether counsel's assistance was reasonable considering all the circumstances. Prevailing norms of practice as reflected in American Bar Association standards and the like, e. g., ABA Standards for Criminal Justice 4-1.1 to 4-8.6 (2d ed. 1980) ("The Defense Function"), are guides to determining what is reasonable, but they are only guides. No particular set of detailed rules for counsel's conduct can satisfactorily take «466 U. S., 689» account of the variety of circumstances faced by defense counsel or the range of legitimate decisions regarding how best to represent a criminal defendant. Any

더 이상의 구체적인 지침들은 적절하지 않다. 단순히 "변호인(counsel)"을 연방헌법 수정 제6조는 언급할 뿐, 효과적인 조력의 특정 요구사항들을 명시하고 있지 않다. 그보다도 그 수정조항이 상정하는 대립당사자주의 절차에 있어서의 역할을 변호인이 완수할 것이라는 점에 대한 법의 추정을 정당화하기에 충분한 기준들이라고 법전문직이 주장하는 바에 그것은 의존한다. Michel v. Louisiana, 350 U. S. 91, 100-101 (1955)를 보라. 단지 지배적인 전문직 규범들 아래서의 합리성(reasonableness)의 기준으로 변호인의 변론수행의 합당한 기준은 남을 뿐이다.

일정한 기본적 의무사항들을 형사 피고인에 대한 대변은 수반한다. 변호인의 기능은 피고인을 조력하는 것이고 따라서 충실의무(a duty of loyalty)를, 즉 이익충돌을 회피할 의무를 의뢰인에게 변호인은 부담한다. Cuyler v. Sullivan, supra, at 346을 보라. 피고인의 청구원인을 옹호할 무엇보다 중요한 의무가, 그리고 중요한 결정에 관하여 피고인을 만나 상담할, 그리고 소송추행(追行) 과정에 있어서의 중요한 전개사항들에 관하여 정보를 지닌 상태로 피고인을 유지시킬, 보다 더 구체적인 의무들이 피고인에 대한 조력자로서의 변호인의 기능으로부터 도출된다. 정식사실심리로 하여금 신뢰할 수 있는 대립당사자주의 시험 절차가 되게 해 줄 만한 숙련을과 지식을 지녀야 할 의무를도 변호인은 진다. Powell v. Alabama, 287 U. S., at 68-69를 보라.

이 기본적 임무들은 변호인의 의무사항들을 남김없이 규정하는 것이도 아니고 변호인의 변론수행의 사법적 평가를 위한 점검표를 구성하는 것이도 아니다. 무의미한 조력에 관한 주장을 나타내는 사건의 경우에는 언제든, 변론수행에 대한 조사는 모든 상황들을 고려하여 변호인의 조력이 합리적인 것이었는지 여부가 되지 않으면 안 된다. 미국 법률가협회 기준들에 반영된 것으로서의 실무의 지배적 규범들은, 그리고 예컨대 형사재판을 위한 미국 법률가협회 기준들(ABA Standards for Criminal Justice) 4-1.1 to 4-8.6 (2d ed. 1980) ("방어기능")이처럼 이에 유사한 기준들은, 무엇이 합리적인 것인지를 판정하는 데 있어서의 지침들이기는 하지만, 그러나 그것들은 어디까지나 지침들일 뿐이다. 변호인이 봉착하게 되는 그 다양한 상황들을, 내지는 «466 U. S., 689» 한 명의 피고인을 어떻게 최선껏 대변하여야 할지에 관한 정당한 결정들의 범위를, 변호인의 행위를 위한 특정 묶음의 세부규칙들은 만족스럽게 고

such set of rules would interfere with the constitutionally protected independence of counsel and restrict the wide latitude counsel must have in making tactical decisions. See United States v. Decoster, 199 U. S. App. D. C., at 371, 624 F. 2d, at 208. Indeed, the existence of detailed guidelines for representation could distract counsel from the overriding mission of vigorous advocacy of the defendant's cause. Moreover, the purpose of the effective assistance guarantee of the Sixth Amendment is not to improve the quality of legal representation, although that is a goal of considerable importance to the legal system. The purpose is simply to ensure that criminal defendants receive a fair trial.

Judicial scrutiny of counsel's performance must be highly deferential. It is all too tempting for a defendant to second-guess counsel's assistance after conviction or adverse sentence, and it is all too easy for a court, examining counsel's defense after it has proved unsuccessful, to conclude that a particular act or omission of counsel was unreasonable. Cf. Engle v. Isaac, 456 U. S. 107, 133-134 (1982). A fair assessment of attorney performance requires that every effort be made to eliminate the distorting effects of hindsight, to reconstruct the circumstances of counsel's challenged conduct, and to evaluate the conduct from counsel's perspective at the time. Because of the difficulties inherent in making the evaluation, a court must indulge a strong presumption that counsel's conduct falls within the wide range of reasonable professional assistance; that is, the defendant must overcome the presumption that, under the circumstances, the challenged action "might be considered sound trial strategy." See Michel v. Louisiana, supra, at 101. There are countless ways to provide effective assistance in any given case. Even the best criminal defense attorneys would not defend a particular client in the same way. See Goodpaster, «466 U. S., 690» The Trial for Life: Effective Assistance of Counsel in Death Penalty Cases, 58 N. Y. U. L. Rev. 299, 343 (1983).

려할 수 없다. 조금이라도 이 같은 규칙들의 묶음이 있다면 헌법적으로 보호되는 변호인의 독립을 그것은 침해할 것이고 전술적 결정들을 내림에 있어서 변호인이 가지지 않으면 안 될 넓은 선택의 범위를 그것은제약할 것이다. United States v. Decoster, 199 U. S. App. D.C., at 371, 624 F. 2d, at 208을 보라. 아닌 게 아니라, 변호인을 피고인의 주장에 대한 정력적 옹호라는 최우선의 임무로부터 대변을 위한 세부지침들의 존재는 빗가게 할 수 있다. 더군다나 연방헌법 수정 제6조의 효과적인 조력의 보장의 목적은 법적 대변의 질을 향상시키기 위한 것이 아닌 바, 물론 그것은 법 제도에 있어서 상당한 중요성을 지닌 한 가지 목적이기는 하다. 그 보장의 목적은 단지 공정한 정식사실심리를 형사 피고인으로 하여금 받도록 보장하는 것뿐이다.

변호인의 변론수행에 대한 사법적 정사(scrutiny)는 고도로 경의를 기울인 것이 되지 않으면 안 된다. 변호인의 조력을 유죄판결 뒤에 또는 불리한 형 선고 뒤에 피고인이 사후비판(second-guess) 하기란 너무나도 솔깃한 일이고, 또한 변호인의 방어가 실패로 드러나고 난 뒤에 그것을 심리하는 법원으로서 변호인의 특정의 작위가 또는 부작위가 부당하였다고 결론짓기란 너무나도 쉬운 일이다. Engle v. Isaac, 456 U. S. 107, 133-134 (1982)를 비교하라.때늦은 지혜의 왜곡효과들을 제거하기 위하여, 그 이의 제기된 변호인의 행위의 상황들을 재구성하기 위하여, 그리고 그 행위를 그 당시의 변호인의 견지에서 평가하기 위하여 모든 노력이 기울여질 것을 변호인의 변론수행에 대한 공정한 사정은 요구한다. 그 평가를 하는 일에 내재하는 곤란들 때문에, 합리적인 전문가적 조력의 넓은 범주 내에 변호인의 행위가 들어온다는 강력한 추정을 법원은 마음껏 누리지 않으면 안 된다; 즉, 그 의심된 행위는 그 상황들 아래서 "정식사실심리상의 믿을 만한 전략으로 고려될 수 있는 것이었다."는 추정을 피고인은 극복하지 않으면 안 된다. Michel v. Louisiana, supra, at 101을 보라. 어떤 특정의 사건에서든 효과적인 조력을 제공하는 방법들은 셀 수 없이 많다. 특정의 의뢰인을 심지어 최고의 형사사건 변호사들이조차도 똑 같은 방법으로 방어하려 하지는 않을 것이다. Goodpaster, [466 U. S. 690] The Trial for Life: Effective Assistance of Counsel in Death Penalty Cases, 58 N. Y. U. L. Rev. 299, 343 (1983)을 보라.

The availability of intrusive post-trial inquiry into attorney performance or of detailed guidelines for its evaluation would encourage the proliferation of ineffectiveness challenges. Criminal trials resolved unfavorably to the defendant would increasingly come to be followed by a second trial, this one of counsel's unsuccessful defense. Counsel's performance and even willingness to serve could be adversely affected. Intensive scrutiny of counsel and rigid requirements for acceptable assistance could dampen the ardor and impair the independence of defense counsel, discourage the acceptance of assigned cases, and undermine the trust between attorney and client.

Thus, a court deciding an actual ineffectiveness claim must judge the reasonableness of counsel's challenged conduct on the facts of the particular case, viewed as of the time of counsel's conduct. A convicted defendant making a claim of ineffective assistance must identify the acts or omissions of counsel that are alleged not to have been the result of reasonable professional judgment. The court must then determine whether, in light of all the circumstances, the identified acts or omissions were outside the wide range of professionally competent assistance. In making that determination, the court should keep in mind that counsel's function, as elaborated in prevailing professional norms, is to make the adversarial testing process work in the particular case. At the same time, the court should recognize that counsel is strongly presumed to have rendered adequate assistance and made all significant decisions in the exercise of reasonable professional judgment.

These standards require no special amplification in order to define counsel's duty to investigate, the duty at issue in this case. As the Court of Appeals concluded, strategic choices made after thorough investigation of law and facts relevant to plausible options are virtually unchallengeable; and strate- «466 U. S., 691» gic choices made after less than complete investiga-

무의미한 조력을 주장하는 이의들의 확산을 변호인의 변론수행에 대하여 정식사실심리 뒤에 실시하는 강제적 조사의 이용 가능성은 내지는 그 변론수행의 평가를 위한 세부 지침들의 이용 가능성은 부추길 것이다. 두 번째 정식사실심리 - 이번 것은 변호인의 성공적이지 못한 방어에 대한 것이다 — 를 피고인에게 불리하게 결말지어진 형사 정식사실심리들은 점점 더 많이 달게 될 것이다. 그 악영향을 변호인의 변론수행이, 그리고 심지어는 서비스를 제공하고자 하는 의지가마저도, 받을 수 있을 것이다. 변호인에 대한 강도 높은 정사는, 그리고 받아들일 만한 조력에 대한 엄격한 요구사항들은 변호인의 열정을 풀죽게 할 수도, 그의 독립을 해칠 수도, 지정된 사건들을 받아들이는 것을 저해할 수도, 그리고 변호인의 및 의뢰인의 양자 사이의 신뢰의 토대를 침식할 수도 있을 것이다.

그러므로 그 다투어진 행위의 합리성을 변호인의 행위 시점에서의 견지에 비춘 그 특정사건의 사실관계들의 토대 위에서, 실제의 무의미한 조력이라는 주장을 판단하는 법원은 판단하지 않으면 안 된다. 그 합리성 있는 전문가적 판단의 결과가 아니었다는 변호인의 작위들을 내지 부작위들을 무의미한 조력이라는 주장을 제기하는 한 명의 유죄로 판정된 피고인은 적시하지 않으면 안 된다. 제반 사정들에 비추어 그 적시된 작위들이 내지 부작위들이 전문가적 기준으로 유능한 조력의 그 넓은 범위를 벗어난 것이었는지 여부를 그 경우에 법원은 판정하지 않으면 안 된다. 그 판정을 내림에 있어서, 지배적인 전문직 규범들에 상세히 설명되어 있는 바로서의 변호인의 기능은 그 특정 사건에서의 대립당사자주의 시험 절차가 기능하도록 하는 것임을 법원은 염두에 두어야 한다. 그 동시에, 변호인은 적절한 조력을 제공한 것으로, 그리고 합리적인 전문가적 판단의 행사 내에서 모든 중요한 결정들을 내린 것으로 강력하게 추정됨을 법원은 인정하여야 한다.

이 사건에서 쟁점에 놓인 의무인 변호인의 조사 의무를 규정하기 위하여 특별한 확대를 이 기준들은 요구하지 않는다. 항소법원이 결론지었듯이, 있을 법한 선택사항들에 관련된 법에 및 사실관계들에 대한 철저한 조사 뒤에 내려진 전략적 선택들은 사실상 이의의 여지가 없는 것들이다; 그리고 완전함에는 «466 U. S., 691» 미달하는 조사 뒤에 내려진 전략적 선택들이라 하더라도 그것들은 조사상의 한계들을

tion are reasonable precisely to the extent that reasonable professional judgments support the limitations on investigation. In other words, counsel has a duty to make reasonable investigations or to make a reasonable decision that makes particular investigations unnecessary. In any ineffectiveness case, a particular decision not to investigate must be directly assessed for reasonableness in all the circumstances, applying a heavy measure of deference to counsel's judgments.

The reasonableness of counsel's actions may be determined or substantially influenced by the defendant's own statements or actions. Counsel's actions are usually based, quite properly, on informed strategic choices made by the defendant and on information supplied by the defendant. In particular, what investigation decisions are reasonable depends critically on such information. For example, when the facts that support a certain potential line of defense are generally known to counsel because of what the defendant has said, the need for further investigation may be considerably diminished or eliminated altogether. And when a defendant has given counsel reason to believe that pursuing certain investigations would be fruitless or even harmful, counsel's failure to pursue those investigations may not later be challenged as unreasonable. In short, inquiry into counsel's conversations with the defendant may be critical to a proper assessment of counsel's investigation decisions, just as it may be critical to a proper assessment of counsel's other litigation decisions. See United States v. Decoster, supra, at 372-373, 624 F. 2d, at 209-210.

B

An error by counsel, even if professionally unreasonable, does not warrant setting aside the judgment of a criminal proceeding if the error had no effect

합리적인 전문가적 판단들이 입증하는 바로 그 정도만큼은 합리성을 지닌 것들이다. 달리 말하자면, 변호인이 지는 의무는 합리적인 조사들을 수행할, 또는 특정의 조사들을 불필요한 것이 되게 하는 합리적인 결정을 내릴 의무이다. 조금이라도 무의미한 조력에 관한 주장이 제기된 사건에서는, 조사하지 않기로 하는 특정의 결정은 모든 상황들에 있어서 합리성 여부를 위하여 직접적으로 평가되지 않으면 안 되는 바, 비중 있는 경의를 변호인의 판단들에 적용해야 한다.

변호인의 행위들의 합리성은 피고인 자신의 진술들에 내지는 행위들에 의하여 판정될 수도 있고 또는 실질적으로 영향을 받을 수도 있다. 매우 당연하게도 일반적으로 피고인에 의하여 내려진, 정보에 근거한 전략적 선택들에 또는 피고인에 의하여 제공된 정보에 토대를 변호인의 행동들은 둔다. 특히 이 같은 정보에 결정적으로 어떤 조사 결정들이 합리적인지는 달려 있다. 예컨대, 피고인이 해 준 말로 인하여 특정의 잠재적 방어 노선을 뒷받침하는 사실관계들이 전체적으로 변호인에게 알려져 있을 경우에, 더 이상의 조사의 필요는 상당히 경감되거나 완전히 제거될 수 있다. 그리고 특정의 조사들을 추구하는 것이 쓸데없다고 내지는 심지어 해롭기마저 하다고 믿을 이유를 변호인에게 피고인이 제공한 경우에, 그 조사들을 변호인이 추구하지 아니한 점은 나중에 부당한 것으로 공격될 수 없다. 요컨대 피고인과의 사이에서 변호인이 나눈 대화들에 대한 심리는 변호인의 조사 결정들에 대한 정당한 평가에 중요할 수 있는 바, 변호인의 여타의 소송상의 결정들에 대한 정당한 평가에 그것이 중요할 수 있음에 같다. United States v. Decoster, supra, at 372-373, 624 F. 2d, at 209-210을 보라.

B

한 개의 형사절차에서 내려진 판결주문의 폐기를 변호인에 의한 오류는, 심지어 전문가적으로 부당한 것이라 하더라도, 판결에 영향을 그것이 미친 바 없는 한, 정

on the judgment. Cf. United States v. Morrison, 449 U. S. 361, 364-365 (1981). The purpose of the Sixth Amendment guarantee of counsel is to en- «466 U. S., 692» sure that a defendant has the assistance necessary to justify reliance on the outcome of the proceeding. Accordingly, any deficiencies in counsel's performance must be prejudicial to the defense in order to constitute ineffective assistance under the Constitution.

In certain Sixth Amendment contexts, prejudice is presumed. Actual or constructive denial of the assistance of counsel altogether is legally presumed to result in prejudice. So are various kinds of state interference with counsel's assistance. See United States v. Cronic, ante, at 659, and n. 25. Prejudice in these circumstances is so likely that case-by-case inquiry into prejudice is not worth the cost. Ante, at 658. Moreover, such circumstances involve impairments of the Sixth Amendment right that are easy to identify and, for that reason and because the prosecution is directly responsible, easy for the government to prevent.

One type of actual ineffectiveness claim warrants a similar, though more limited, presumption of prejudice. In Cuyler v. Sullivan, 446 U. S., at 345-350, the Court held that prejudice is presumed when counsel is burdened by an actual conflict of interest. In those circumstances, counsel breaches the duty of loyalty, perhaps the most basic of counsel's duties. Moreover, it is difficult to measure the precise effect on the defense of representation corrupted by conflicting interests. Given the obligation of counsel to avoid conflicts of interest and the ability of trial courts to make early inquiry in certain situations likely to give rise to conflicts, see, e. g., Fed. Rule Crim. Proc. 44(c), it is reasonable for the criminal justice system to maintain a fairly rigid rule of presumed prejudice for conflicts of interest. Even so, the rule is not quite the per se rule of prejudice that exists for the Sixth Amendment claims mentioned above. Prejudice is presumed only if the defendant demonstrates that

당화하지 않는다. United States v. Morrison, 449 U. S. 361, 364-365 (1981)을 비교하라. 연방헌법 수정 제6조의 변호인의 보장의 목적은 절차의 결과에 대한 «466 U. S., 692» 신뢰를 정당화하는 데 필요한 조력을 피고인으로 하여금 받도록 보장하는 것이다. 따라서 연방헌법 아래서의 무의미한 조력을 변호인의 변론수행에 있어서의 조금이나마의 결함들이 구성하기 위하여는 그것은 방어에 불이익을 끼친 것이지 않으면 안 된다.

연방헌법 수정 제6조의 일정한 맥락들에 있어서는 불이익이 추정된다. 불이익의 결과를 낳는 것으로 전체적으로 변호인의 조력에 대한 실제상의(actual) 또는 의제상의(constructive) 박탈은 법적으로 추정된다. 변호인의 조력에 대한 다양한 종류의 주(state) 간섭행위는도 마찬가지다. United States v. Cronic, ante, at 659, and n. 25를 보라. 이 상황들에 있어서의 불이익은 그 가능성이 매우 커서 비용에 상응하는 만큼의 가치를 불이익에 대한 사안별 조사는 지니지 않는다. Ante, at 658. 더욱, 이 같은 상황들이 포함하는 연방헌법 수정 제6조의 권리에 대한 손상요소들은 그 확인이 손쉬운 것들이고, 그리고 그 이유에서, 그리고 검찰이 직접적으로 책임이 있기 때문에, 정부로서도 예방이 손쉬운 것들이다.

이에 유사한 - 비록 보다 더 제한된 것일망정 — 불이익의 추정을 실제의 무의미한 조력이었다는 주장의 한 가지 유형은 정당화한다. 실제적 이익충돌에 의하여 부담을 변호인이 질 경우에 불이익은 추정된다고 Cuyler v. Sullivan, 446 U. S., at 345-350에서 당원은 판시하였다. 충실의무 — 아마도 가장 기본적인 변호인의 의무 - 를 그 상황들에 있어서 변호인은 위반한다. 더군다나 충돌하는 이익들에 의하여 오염된 대변이 방어에 끼친 정확한 효과는 측정하기가 어렵다. 이익충돌을 회피할 의무를 전제할 때, 그리고 이익충돌을 야기할 가능성 있는 일정한 상황들에 있어서의 신속한 심리를 할 수 있는 정식사실심리 법원들의 능력을 전제할 때, see, e. g., Fed. Rule Crim. Proc. 44(c), 이익충돌을 이유로 하는 추정상의 불이익에 관한 매우 엄격한 규칙을 형사재판 제도가 유지함은 이치에 닿는다. 설령 그렇다 하더라도, 그 규칙은 위에서 언급된 연방헌법 수정 제6조 관련 주장들을 위하여 존재하는 그 당연 불이익 규칙(per se rule of prejudice)이 결코 아니다. "상반하는 이익들을" 변호인이 "적극적으로 대변하였음"을, 그리고 "변호사로서의 그의 변론수행에 불리하게

counsel "actively represented conflicting interests" and that "an actual conflict of interest adversely affected his lawyer's performance." Cuyler v. Sullivan, supra, at 350, 348 (footnote omitted). «466 U. S., 693»

Conflict of interest claims aside, actual ineffectiveness claims alleging a deficiency in attorney performance are subject to a general requirement that the defendant affirmatively prove prejudice. The government is not responsible for, and hence not able to prevent, attorney errors that will result in reversal of a conviction or sentence. Attorney errors come in an infinite variety and are as likely to be utterly harmless in a particular case as they are to be prejudicial. They cannot be classified according to likelihood of causing prejudice. Nor can they be defined with sufficient precision to inform defense attorneys correctly just what conduct to avoid. Representation is an art, and an act or omission that is unprofessional in one case may be sound or even brilliant in another. Even if a defendant shows that particular errors of counsel were unreasonable, therefore, the defendant must show that they actually had an adverse effect on the defense.

It is not enough for the defendant to show that the errors had some conceivable effect on the outcome of the proceeding. Virtually every act or omission of counsel would meet that test, cf. United States v. Valenzuela-Bernal, 458 U. S. 858, 866-867 (1982), and not every error that conceivably could have influenced the outcome undermines the reliability of the result of the proceeding. Respondent suggests requiring a showing that the errors "impaired the presentation of the defense." Brief for Respondent 58. That standard, however, provides no workable principle. Since any error, if it is indeed an error, "impairs" the presentation of the defense, the proposed standard is inadequate because it provides no way of deciding what impairments are sufficiently serious to warrant setting aside the outcome of the proceeding.

영향을 실제의 이익충돌이 끼쳤음"을 피고인이 증명하는 경우에만 불이익은 추정된다. Cuyler v. Sullivan, supra, at 350, 348 (각주생략). «466 U. S., 693»

이익충돌 주장들을 제외하고는, 불이익을 피고인이 확정적으로 증명하여야 한다는 일반적 요구의 적용을 변호사의 변론수행에 있어서의 결함을 주장하는 실제상의 무의미한 조력에 관한 주장들은 받는다. 유죄판정의 파기로 또는 형 선고의 파기로 귀착될 변호사의 오류들에 대하여 정부는 책임이 없고 따라서 이를 방지할 수도 없다. 무한한 다양성을 띠고서 변호사의 오류들은 나타나는데, 그리하여 한 개의 특정 사건에서 그것들은 불이익을 끼친 것일 가능성이 있는 만큼이나 완전하게 무해한 것일 수가 있다. 불이익을 야기할 가능성 여하에 따라서 그것들은 분류될 수가 없다. 어떤 행위를 피해야 하는지를 변호인들에게 알려줄 만큼 충분한 정확도를 지니고서 그것들은 규정될 수도 없다. 변론은 일종의 예술이고, 그리하여 한 개의 사건에서 전문가적이지 못한 한 개의 작위는 또는 부작위는 다른 사건에서는 흠 없는 것이거나 또는 심지어 훌륭한 것일 수조차 있다. 그러므로 설령 변호인의 특정의 오류들이 부당한 것이었음을 피고인이 증명한다 하더라도, 방어에 불리한 영향을 그것들이 끼쳤음을 그 피고인은 증명하지 않으면 안 된다.

절차의 결과에 모종의 있을 법한 효과를 그 오류들이 끼쳤음을 피고인이 증명하는 것으로는 충분하지 않다. 그 기준을 사실상 변호인의 모든 작위는 또는 부작위는 충족시킬 것인데, cf. United States v. Valenzuela-Bernal, 458 U. S. 858, 866-867 (1982), 그렇다 하여 절차의 결과의 신뢰성의 토대를 관념상으로 절차의 결과에 영향을 끼쳤을 수 있는 모든 오류가 침식하는 것은 아니다. "항변사유의 제시를 오류들이 손상시켰다"는 점에 대한 증명을 요구해야 함을 피청구인은 넌지시 내비춘다. Brief for Respondent 58. 그러나 아무런 작동 가능한 원칙을 그 기준은 제공하지 않는다. 항변사유의 제시를 어떤 오류가든 — 만약 그것이 정말로 한 개의 오류라면 — "손상"시키므로, 절차의 결과에 대한 파기를 정당화할 만큼 충분히 중대한 손상요소들이 무엇인지를 결정할 아무런 방법을도 그 제안된 기준은 제공하지 않는 바, 그렇기 때문에 그 기준은 부적절하다.

On the other hand, we believe that a defendant need not show that counsel's deficient conduct more likely than not altered the outcome in the case. This outcome-determinative standard has several strengths. It defines the relevant inquiry in a way familiar to courts, though the inquiry, as is inevitable, is anything but precise. The standard also reflects the profound importance of finality in criminal proceed- «466 U. S., 694» ings. Moreover, it comports with the widely used standard for assessing motions for new trial based on newly discovered evidence. See Brief for United States as Amicus Curiae 19-20, and nn. 10, 11. Nevertheless, the standard is not quite appropriate.

Even when the specified attorney error results in the omission of certain evidence, the newly discovered evidence standard is not an apt source from which to draw a prejudice standard for ineffectiveness claims. The high standard for newly discovered evidence claims presupposes that all the essential elements of a presumptively accurate and fair proceeding were present in the proceeding whose result is challenged. Cf. United States v. Johnson, 327 U. S. 106, 112 (1946). An ineffective assistance claim asserts the absence of one of the crucial assurances that the result of the proceeding is reliable, so finality concerns are somewhat weaker and the appropriate standard of prejudice should be somewhat lower. The result of a proceeding can be rendered unreliable, and hence the proceeding itself unfair, even if the errors of counsel cannot be shown by a preponderance of the evidence to have determined the outcome.

Accordingly, the appropriate test for prejudice finds its roots in the test for materiality of exculpatory information not disclosed to the defense by the prosecution, United States v. Agurs, 427 U. S., at 104, 112-113, and in the test for materiality of testimony made unavailable to the defense by Government deportation of a witness, United States v. Valenzuela-Bernal, supra, at 872-874. The defendant must show that there is a reasonable probability that, but

반면에, 그 사건에서의 결과를 변호인의 결함 있는 행위가 아마도 변경시켰음을 피고인은 증명할 필요가 없다고 우리는 믿는다. 이 결과-결정 기준(outcome-determinative standard)은 몇 가지 장점들이 있다. 법원들에게 친숙한 한 가지 방법으로 그 관련 심리를 그것은 규정하는 바, 다만 그 심리는 불가피하게도 결코 정확한 것은 아니다. 형사절차들에 있어서의 종국성(finality)이 지니는 그 심원한 중요성을도 아울러 그 기준은 반영한다. «466 U. S., 694» 더군다나, 새로이 발견된 증거에 기한 새로운 정식사실심리를 구하는 신청들을 평가하기 위한 그 폭넓게 사용되는 기준에 그것은 일치한다. Brief for United States as Amicus Curiae 19-20, and nn. 10, 11을 보라. 이에도 불구하고 그 기준은 완전히 적절한 것은 아니다.

결과적으로 특정 증거의 누락으로 그 명시된 변호인의 오류가 귀착되는 경우에 조차도, 그 새롭게 발견된 증거 기준(the newly discovered evidence standard)은 무의미한 조력에 관한 주장들을 뒷받침하기 위한 불이익 기준을 도출할 수 있는 적절한 원천이 아니다. 결과가 다투어지는 그 절차에서 추정적으로 정확하면서도 공정한 절차의 필수요소들이 모두 제출되었었음을, 새롭게 발견된 증거의 주장들을 위한 그 높은 기준은 전제한다. United States v. Johnson, 327 U. S. 106, 112 (1946)을 비교하라. 절차의 결과가 신뢰할 만한 것이라는 점에 대한 중요한 보장들 중 한 가지의 결여를 무의미한 조력에 관한 주장은 주장하는 바, 그리하여 종국성의 염려들은 어느 정도 더 약한 것이고, 따라서 불이익의 적절한 기준은 어느 정도 더 낮은 것이 되어야 한다. 한 개의 절차의 결과는 신뢰할 수 없는 것으로 될 수 있고, 그리하여 절차 자체가 불공정한 것으로 될 수 있는 바, 설령 그 결과를 변호인의 오류들이 결정했다는 점이 증거의 우세(preponderance of the evidence)에 의하여 증명될 수 없다 하더라도 그러하다.

그러므로 검찰에 의하여 변호인에게 노출되지 아니한 해명성 정보(exculpatory information)의 중요성 여하를 판정하는 기준에서, United States v. Agurs, 427 U. S., at 104, 112-113, 그리고 한 명의 증인에 대한 정부의 국외추방에 의하여 변호인이 사용할 수 없게 된 증언의 중요성 여하를 판정하는 기준에서, United States v. Valenzuela-Bernal, supra, at 872-874, 그 근거들을 불이익을 판정하는 적절한 기준은 찾는다. 전문적 기준들에 미달하는 변호인의 오류들이 아니었다면 절차의 결

for counsel's unprofessional errors, the result of the proceeding would have been different. A reasonable probability is a probability sufficient to undermine confidence in the outcome.

In making the determination whether the specified errors resulted in the required prejudice, a court should presume, absent challenge to the judgment on grounds of evidentiary insufficiency, that the judge or jury acted according to law. «466 U. S., 695» An assessment of the likelihood of a result more favorable to the defendant must exclude the possibility of arbitrariness, whimsy, caprice, "nullification," and the like. A defendant has no entitlement to the luck of a lawless decisionmaker, even if a lawless decision cannot be reviewed. The assessment of prejudice should proceed on the assumption that the decisionmaker is reasonably, conscientiously, and impartially applying the standards that govern the decision. It should not depend on the idiosyncracies of the particular decisionmaker, such as unusual propensities toward harshness or leniency. Although these factors may actually have entered into counsel's selection of strategies and, to that limited extent, may thus affect the performance inquiry, they are irrelevant to the prejudice inquiry. Thus, evidence about the actual process of decision, if not part of the record of the proceeding under review, and evidence about, for example, a particular judge's sentencing practices, should not be considered in the prejudice determination.

The governing legal standard plays a critical role in defining the question to be asked in assessing the prejudice from counsel's errors. When a defendant challenges a conviction, the question is whether there is a reasonable probability that, absent the errors, the factfinder would have had a reasonable doubt respecting guilt. When a defendant challenges a death sentence such as the one at issue in this case, the question is whether there is a reasonable probability that, absent the errors, the sentencer - including an

과가 달라졌을 합리적 가능성이 있음을 피고인은 증명하지 않으면 안 된다. 합리적 개연성이라 함은 결과에 대한 신뢰의 토대를 침식하기에 충분한 한 가지 개연성이다.

그 요구된 불이익을 그 명시된 오류들이 결과적으로 야기했는지에 대한 판단을 내림에 있어서, 판결에 대한 입증의 불충분을 논거들로 하는 이의가 없는 한, 법에 따라 판사가 또는 배심이 행동한 것으로 법원은 추정해야 한다. «466 U. S., 695» 독단의, 일시적 기분의, 변덕의, "무효화"의 및 기타 등등의 가능성을 피고인에게 더 유리한 결과의 가능성에 대한 사정은 배제하지 않으면 안 된다. 무법적 결정권자의 요행을 누릴 권리가 피고인에게는 없는 바, 설령 재심리를 한 개의 무법적 결정이 허용하지 않는다 하더라도 그러하다. 그 결정을 지배하는 기준들을 결정권자가 합리적으로 성실하게 그리고 공정하게 적용하고 있다는 가정 위에서 불이익의 사정은 나아가야 한다. 가혹함을 내지는 관대함을 향한 유별난 경향들 류의 특정의 결정권자의 특유의 성벽들에 그것은 의존해서는 안 된다. 비록 전략들에 대한 변호인의 선택에 이 같은 요소들이 실제로 개입되었을 수 있다 하더라도, 그리하여 그 제한된 범위에 있어서는 변론수행의 심리에 영향을 줄 수 있다 하더라도, 그것들은 불이익의 심리에 무관하다. 그러므로 재심리 대상인 절차에서의 기록의 일부가 아닌, 실제의 결정 과정에 관한 증거는 및 그리고 예컨대 어떤 특정 판사의 형량 결정 관행에 관한 증거는 불이익 판정에 있어서 고려되어서는 안 된다.

변호인의 오류들로부터 야기된 불이익을 사정하는 데 있어서 물어져야 할 문제를 규정하는 중대한 역할을 그 지배적인 법적 기준은 수행한다. 한 개의 유죄판정을 피고인이 다툴 경우에, 문제는 만약 그 오류들이 없었다면 유죄에 관한 합리적인 의심을 사실심리자가 가졌을 합리적 개연성이 있는지 여부이다. 이 사건에서 쟁점이 되어 있는 류의 사형선고를 피고인이 다툴 경우에, 문제는 그 오류들이 없었다면 사형을 가중적 요소들의 및 경감적 요소들의 수지결산이 정당화하지 않는다고 양형심리 판사 — 증거를 독립적으로 재평가하는 한도 내에서 항소법원을 포함

appellate court, to the extent it independently reweighs the evidence - would have concluded that the balance of aggravating and mitigating circumstances did not warrant death.

In making this determination, a court hearing an ineffectiveness claim must consider the totality of the evidence before the judge or jury. Some of the factual findings will have been unaffected by the errors, and factual findings that were affected will have been affected in different ways. Some errors will have had a pervasive effect on the inferences to «466 U. S., 696» be drawn from the evidence, altering the entire evidentiary picture, and some will have had an isolated, trivial effect. Moreover, a verdict or conclusion only weakly supported by the record is more likely to have been affected by errors than one with overwhelming record support. Taking the unaffected findings as a given, and taking due account of the effect of the errors on the remaining findings, a court making the prejudice inquiry must ask if the defendant has met the burden of showing that the decision reached would reasonably likely have been different absent the errors.

IV

A number of practical considerations are important for the application of the standards we have outlined. Most important, in adjudicating a claim of actual ineffectiveness of counsel, a court should keep in mind that the principles we have stated do not establish mechanical rules. Although those principles should guide the process of decision, the ultimate focus of inquiry must be on the fundamental fairness of the proceeding whose result is being challenged. In every case the court should be concerned with whether, despite

하여 — 로서 결론지었을 합리적 개연성이 있는지 여부이다.

이 판정을 내림에 있어서, 판사 앞에 또는 배심 앞에 놓였던 증거 전체(totality of evidence)를 무의미한 조력에 관한 주장을 청취하는 법원은 살피지 않으면 안 된다. 사실판단들 중 어떤 것들은 그 오류들에 의하여 영향을 받지 않았던 것이고는 할 것이고, 그리고 영향을 입은 사실판단들이라 하더라도 다른 방법으로 영향을 입었던 것이고는 할 것이다. 어떤 오류들은 증거로부터 도출되어야 할 추론들에 «466 U. S., 696» 대하여 널리 미치는 효과를 지녔던, 그리하여 전체적 증거상의 그림을 바꾸어 놓았던 것이고는 할 것이고, 그리고 어떤 것들은 격리된 하찮은 효과만을 지녔던 것이고는 할 것이다. 더군다나, 압도적인 기록의 근거를 지닌 경우에보다도 기록에 의하여 빈약하게만 뒷받침되는 경우에 오류들에 의하여 영향을 한 개의 평결이 내지 결론이 받았을 가능성은 더 크다. 영향을 입지 않은 사실판단들을 한 가지 주어진 것으로 다루면서, 그리고 그 나머지 사실판단들 위에 그 오류들이 끼친 영향을 정당하게 고려하면서, 만약 그 오류들이 없었다면 그 도달된 결정이 달라졌을 가능성이 합리적으로 있었다는 점에 대한 입증의 책임을 피고인이 충족시켰는지 여부를 불이익의 심리를 수행하는 법원은 묻지 않으면 안 된다.

IV

여러 가지 실제적 고찰들은 대요를 우리가 말해 온 기준들의 적용을 위하여 중요하다. 가장 중요하게는, 변호인이 실제로 무의미하였다는 주장을 판결함에 있어서 기계적 규칙들을 우리가 설명해 온 원칙들이 수립하는 것이 아님을 법원은 유념해야 한다. 비록 결정의 과정을 그 원칙들이 이끌어야 함에도 불구하고, 그 결과가 다투어지는 대상인 절차의 기본적 공정성 위에 심리의 궁극적 초점은 놓이지 않으면 안 된다. 정당한 결과들을 산출하기 위하여 우리의 제도가 의존하는 대립당사자주의 절차에 있어서의 고장으로 인하여 그 특정 절차의 결과가, 신뢰성의 강력한

the strong presumption of reliability, the result of the particular proceeding is unreliable because of a breakdown in the adversarial process that our system counts on to produce just results.

To the extent that this has already been the guiding inquiry in the lower courts, the standards articulated today do not require reconsideration of ineffectiveness claims rejected under different standards. Cf. Trapnell v. United States, 725 F. 2d, at 153 (in several years of applying "farce and mockery" standard along with "reasonable competence" standard, court "never found that the result of a case hinged on the choice of a particular standard"). In particular, the minor differences in the lower courts' precise formulations of the performance standard are insignificant: the different «466 U. S., 697» formulations are mere variations of the overarching reasonableness standard. With regard to the prejudice inquiry, only the strict outcome-determinative test, among the standards articulated in the lower courts, imposes a heavier burden on defendants than the tests laid down today. The difference, however, should alter the merit of an ineffectiveness claim only in the rarest case.

Although we have discussed the performance component of an ineffectiveness claim prior to the prejudice component, there is no reason for a court deciding an ineffective assistance claim to approach the inquiry in the same order or even to address both components of the inquiry if the defendant makes an insufficient showing on one. In particular, a court need not determine whether counsel's performance was deficient before examining the prejudice suffered by the defendant as a result of the alleged deficiencies. The object of an ineffectiveness claim is not to grade counsel's performance. If it is easier to dispose of an ineffectiveness claim on the ground of lack of sufficient prejudice, which we expect will often be so, that course should be followed. Courts should strive to ensure that ineffectiveness claims not become so burdensome to defense counsel that the entire criminal justice

추정에도 불구하고, 신뢰할 수 없는 것이 되었는지 여부에 대하여 모든 사건에서 관심을 법원은 두지 않으면 안 된다.

이것이 이미 하급법원들에서의 지도적 심리가 되어 있는 한도 내에서는, 다른 기준들 아래서 기각된 무의미한 조력에 관한 주장들의 재검토를 오늘 상세히 설명된 기준들은 요구하지 않는다. Trapnell v. United States, 725 F. 2d, at 153 "(익살 및 흉내(farce and mockery)" 기준을 "합리적 능력(reasonable competence)" 기준에 더불어 나란히 적용해 온 여러 해 동안, "특정 기준의 선택 여하에 그 결과가 좌우된다고" 법원은 "인정한 적이 결코 없다.")을 비교하라. 특히, 변론수행 기준에 대한 하급법원들의 정확한 공식화들에 있어서의 사소한 차이들은 중요하지 않다: 그 각각의 «466 U. S., 697» 공식화들은 무엇보다 중요한 그 합리성 기준(reasonableness standard)의 변형들에 불과하다. 불이익의 심리에 관하여, 하급법원들에서 명확히 표현된 기준들 가운데 오늘 정리된 기준들이보다도 더 무거운 부담을 피고인들에게 부과하는 것은 오직 그 엄격한 결과-결정 기준(outcome-determinative test)뿐이다. 그러나 한 개의 무의미한 조력에 관한 주장의 당부를 이 차이가 변경시켜야 하는 것은 오직 가장 드문 경우에서이다.

비록 무의미한 조력에 관한 주장에 있어서의 변론수행 요소를 그 불이익 요소에 앞서서 우리가 논의해 왔음에도 불구하고, 무의미한 조력에 관한 주장을 판단하는 법원으로서는 만약 어느 한 가지에 대하여 불충분한 증명을 피고인이 할 경우에 그 동일한 순서로 그 심리에 접근해야 할 이유는, 또는 중점을 그 심리의 두 가지 요소들에 다 같이 두어 다루어야 할 이유는 없다. 특히, 변호인의 변론수행이 결함 있는 것이었는지 여부를, 그 주장된 결함들의 한 가지 결과로서 피고인이 감수한 불이익을 심리하기에 앞서서 법원이 판정할 필요는 없다. 무의미한 조력에 관한 주장의 목적은 변호인의 변론수행에 등급을 매기기 위한 것이 아니다. 만약 무의미한 조력에 관한 주장을 충분한 불이익의 결여의 근거 위에서 더 쉽게 처분할 수 있다면 - 그것이 자주 발생할 것으로 우리는 예상한다 — 그 노선이 추구되어야 한다. 무의미한 조력에 관한 주장들이 변호인에게 너무나 부담을 주는 것이 되어 그 결과로서 전체 형사재판 제도가 상처입지 않게끔 보장하도록 법원들은 노력해야 한다.

system suffers as a result.

The principles governing ineffectiveness claims should apply in federal collateral proceedings as they do on direct appeal or in motions for a new trial. As indicated by the "cause and prejudice" test for overcoming procedural waivers of claims of error, the presumption that a criminal judgment is final is at its strongest in collateral attacks on that judgment. See United States v. Frady, 456 U. S. 152, 162-169 (1982); Engle v. Isaac, 456 U. S. 107, 126-129 (1982). An ineffectiveness claim, however, as our articulation of the standards that govern decision of such claims makes clear, is an attack on the fundamental fairness of the proceeding whose result is challenged. Since fundamental fairness is the central concern of the writ of habeas corpus, see id., «466 U. S., 698» at 126, no special standards ought to apply to ineffectiveness claims made in habeas proceedings.

Finally, in a federal habeas challenge to a state criminal judgment, a state court conclusion that counsel rendered effective assistance is not a finding of fact binding on the federal court to the extent stated by 28 U. S. C. § 2254(d). Ineffectiveness is not a question of "basic, primary, or historical fac[t]," Townsend v. Sain, 372 U. S. 293, 309, n. 6 (1963). Rather, like the question whether multiple representation in a particular case gave rise to a conflict of interest, it is a mixed question of law and fact. See Cuyler v. Sullivan, 446 U. S., at 342. Although state court findings of fact made in the course of deciding an ineffectiveness claim are subject to the deference requirement of § 2254(d), and although district court findings are subject to the clearly erroneous standard of Federal Rule of Civil Procedure 52(a), both the performance and prejudice components of the ineffectiveness inquiry are mixed questions of law and fact.

직접항소에처럼 그리고 새로운 정식사실심리를 구하는 신청들에처럼, 연방의 사후적(collateral) 절차들에 무의미한 조력 관련 주장들을 지배하는 원칙들은 적용되어야 한다. 오류에 대한 주장들의 절차상의 포기들을 극복하기 위한 "원인 및 불이익(cause and prejudice)" 기준에 의하여 제시되어 있듯이, 한 개의 형사판결이 종국적인 것이라는 추정이 가장 강력하게 적용되는 곳은 그 판결에 대한 사후적 공격들(collateral attacks)이 제기될 때이다. United States v. Frady, 456 U. S. 152, 162-169 (1982)를; Engle v. Isaac, 456 U. S. 107, 126-129 (1982)를 보라. 그러나 무의미한 조력에 관한 주장들의 결정을 지배하는 기준들에 대한 우리의 상세한 설명이 명확히 하여 주듯이, 그 같은 주장은 결과가 다투어지는 대상인 그 절차의 기본적 공정성에 대한 한 개의 공격이다. 기본적 공정성은 인신보호영장의 중심적 관심사항이므로, see id., «466 U. S., 698» at 126, 인신보호영장 절차들에서 이루어지는 무의미한 조력에 관한 주장들에 대하여 어떤 특수한 기준들이 적용되어야 하는 것은 아니다.

궁극적으로, 주(state) 형사판결에 대한 연방 인신보호영장 절차에 의한 이의에 있어서, 효과적인 조력을 변호인이 제공했다는 주 법원의 결론은 28 U. S. C. 2254 (d)에 의하여 설명된 한도 내에서 연방법원 위에 구속력을 지니는 사실판단이 아니다. 무의미한 조력은 한 개의 "기본적, 일차적, 또는 역사적 사[실]"의 문제가 아니다. Townsend v. Sain, 372 U. S. 293, 309, n. 6 (1963). 오히려 이익충돌을 특정 사건에 있어서의 복수대변이 야기했는지 여부의 문제가처럼, 그것은 법의 및 사실의 혼합된 문제이다. Cuyler v. Sullivan, 446 U. S., at 342를 보라. 비록 무의미한 조력이라는 주장에 대한 결정 과정에서 이루어진 주 법원의 사실판단들에 2254 (d)의 경의의 요구가 적용된다 하더라도, 그리고 비록 연방지방법원의 사실판단들에 연방민사소송규칙(Federal Rule of Civil Procedure) 52(a)의 명백히 잘못된 기준이 적용된다 하더라도, 변론수행이라는 및 불이익이라는, 무의미한 조력에 대한 심리의 구성요소들은 다 같이 법의 및 사실의 혼합된 문제들이다.

V

Having articulated general standards for judging ineffectiveness claims, we think it useful to apply those standards to the facts of this case in order to illustrate the meaning of the general principles. The record makes it possible to do so. There are no conflicts between the state and federal courts over findings of fact, and the principles we have articulated are sufficiently close to the principles applied both in the Florida courts and in the District Court that it is clear that the factfinding was not affected by erroneous legal principles. See Pullman-Standard v. Swint, 456 U. S. 273, 291-292 (1982).

Application of the governing principles is not difficult in this case. The facts as described above, see supra, at 671-678, make clear that the conduct of respondent's counsel at and before respondent's sentencing proceeding cannot be found unreasonable. They also make clear that, even assuming the «466 U. S., 699» challenged conduct of counsel was unreasonable, respondent suffered insufficient prejudice to warrant setting aside his death sentence.

With respect to the performance component, the record shows that respondent's counsel made a strategic choice to argue for the extreme emotional distress mitigating circumstance and to rely as fully as possible on respondent's acceptance of responsibility for his crimes. Although counsel understandably felt hopeless about respondent's prospects, see App. 383-384, 400-401, nothing in the record indicates, as one possible reading of the District Court's opinion suggests, see App. to Pet. for Cert. A282, that counsel's sense of hopelessness distorted his professional judgment. Counsel's strategy choice was well within the range of professionally reasonable judgments, and the decision not to seek more character or psychological evidence than was already in hand was likewise reasonable.

V

무의미한 조력에 관한 주장들을 판단하기 위한 일반적 기준들을 상세히 설명하였으므로, 그 일반적 원칙들의 의미를 예증하기 위하여 그 기준들을 이 사건의 사실관계들에 적용하는 것이 유익하다고 우리는 생각한다. 그렇게 하는 것을 가능하게 기록은 해 준다. 사실판단에 관하여는 주 법원들의 및 연방법원들의 양자 사이에 아무런 대립이 없고, 그리고 우리가 상세히 설명해 놓은 원칙들은 플로리다주 법원들에 및 연방지방법원에 다 같이 적용된 원칙들에 충분히 유사하므로, 잘못된 법 원칙들에 의하여 사실판단이 영향을 받은 바 없음은 명백하다. Pullman-Standard v. Swint, 456 U. S. 273, 291-292 (1982)를 보라.

이 사건에서 그 지배적 원칙들의 적용은 어렵지 않다. 피청구인에 대한 양형 심문절차에서의, 그리고 그 이전 단계에서의 피청구인의 변호인의 행위는 부당한 것으로 인정될 수 없음을, 위에서 설명한 사실관계들, see supra, at 671-678, 은 명백히 해 준다. 설령 그 의심되는 변호인의 행위가 부당한 것이었다고 «466 U. S., 699» 가정하더라도 피청구인이 입은 불이익은 그에 대한 사형선고의 파기를 정당화할 만큼 충분한 것이 아니었음을도 그것들은 명백히 해 준다.

변론수행 요소에 관하여, 극단적인 정서적 고통이라는 경감적 요소를 주장하기 위하여, 그리하여 자신의 범행에 대한 피청구인의 책임 인정에 가능한 한 완전히 의존하기 위하여 전략적 선택을 피청구인의 변호인이 하였음을 기록은 보여준다. 비록 피청구인의 가망성에 관하여 어찌할 도리가 없다고 변호인이 느낀 것은 이해할 만한 것이었음에도 불구하고, see App. 383-384, 400-401, 연방지방법원의 의견에 대한 한 가지 있음직한 해석이 암시하듯이, see App. to Pet. for Cert. A282, 그의 전문가적 판단을 변호인의 절망감이 왜곡시켰음을 나타내 주는 것은 기록 안에 전혀 없다. 전문가로서 합리적인 판단사항들의 범위 내에 변호인의 전략 선택은 넉넉히 있었고, 따라서 이미 입수된 것 이상의 성격증거를 또는 심리학적 증거를 조사하지 않기로 한 결정은 마찬가지로 합리적인 것이었다.

The trial judge's views on the importance of owning up to one's crimes were well known to counsel. The aggravating circumstances were utterly overwhelming. Trial counsel could reasonably surmise from his conversations with respondent that character and psychological evidence would be of little help. Respondent had already been able to mention at the plea colloquy the substance of what there was to know about his financial and emotional troubles. Restricting testimony on respondent's character to what had come in at the plea colloquy ensured that contrary character and psychological evidence and respondent's criminal history, which counsel had successfully moved to exclude, would not come in. On these facts, there can be little question, even without application of the presumption of adequate performance, that trial counsel's defense, though unsuccessful, was the result of reasonable professional judgment.

With respect to the prejudice component, the lack of merit of respondent's claim is even more stark. The evidence that respondent says his trial counsel should have offered at the «466 U. S., 700» sentencing hearing would barely have altered the sentencing profile presented to the sentencing judge. As the state courts and District Court found, at most this evidence shows that numerous people who knew respondent thought he was generally a good person and that a psychiatrist and a psychologist believed he was under considerable emotional stress that did not rise to the level of extreme disturbance. Given the overwhelming aggravating factors, there is no reasonable probability that the omitted evidence would have changed the conclusion that the aggravating circumstances outweighed the mitigating circumstances and, hence, the sentence imposed. Indeed, admission of the evidence respondent now offers might even have been harmful to his case: his "rap sheet" would probably have been admitted into evidence, and the psychological reports would have directly contradicted respondent's claim that the

자기 자신의 범행들에 대하여 털어놓고 자백하는 것을 중시하는 정식사실심리 판사의 입장은 변호인에게 익히 알려져 있었다. 가중적 요소들은 완전히 압도적이었다. 성격증거가 및 심리적 증거가 별다른 도움이 되지 않을 것임을 피청구인하고의 대화를 통하여 사실심리 변호인은 합리적으로 추측할 수 있었다. 자신의 재정적 및 정서적 곤궁들에 관하여 알아야 할 바가 무엇이 있는지 그 내용을 이미 답변 대담(plea colloquy)에서 피청구인은 언급할 수 있었던 터였다. 피청구인의 성격에 관한 증거를 답변 대담 안에 들어 왔던 것으로 한정한 것은 이에 반하는 성격증거가, 심리적 증거가 및 피청구인의 범죄경력이 - 변호인이 배제를 신청하여 성공을 거둔 것들이다 - 증거 안에 들어오지 않도록 보장하였다. 이러한 사실관계들에 비추어, 사실심리 변호인의 방어는 비록 성공을 거두지 못한 것이었을지언정 합리적인 전문가적 판단의 결과였음은 적절한 변론수행의 추정(presumption of adequate performance)의 적용 없이도 의문이 없다.

불이익 요소에 관하여 피청구인의 주장의 실익의 결여는 한층 더 적나라하다. 양형 심문절차에서 자신의 정식사실심리 변호인이 제시했어야 한다고 피청구인이 말하는 «466 U. S., 700» 증거가, 양형심리 판사에게 제출된 분석표를 바꾸었을 가능성은 거의 없다. 주 법원들이 및 연방지방법원이 인정해 놓은 대로, 이 증거가 기껏 보여주는 것은 그를 일반적으로 한 명의 선량한 사람으로 피청구인을 아는 여러 사람들이 생각하였다는 것뿐이고, 그리고 극단적 수준의 불안을까지는 야기하지 않은 상당한 정도의 정서적 스트레스 아래에 그가 있었음을 한 명의 정신과의사와 한 명의 심리학자가 믿었다는 것뿐이다. 압도적인 가중적 요소들을 전제할 때, 경감적 요소들을 그 가중적 요소들이 능가한다는 결론을 그 누락된 증거가 바꾸었을, 그리하여 그 부과된 형량을 바꾸었을 합리적 개연성이 전혀 없다. 아닌 게 아니라, 피청구인이 지금 제시하는 그 증거를 받아들였다면 그것은 그의 사건에 오히려 해롭기조차 했을 수 있다: 그의 “전과기록(rap sheet)”은 아마도 증거로 받아들여졌을 것이고, 그리고 극단의 정서적 불안이라는 경감적 요소가 그의 사건에 적용된다는 피청구인의 주장을 그 심리검사 보고서들은 직접적으로 반박하였을 것이다.

mitigating circumstance of extreme emotional disturbance applied to his case.

Our conclusions on both the prejudice and performance components of the ineffectiveness inquiry do not depend on the trial judge's testimony at the District Court hearing. We therefore need not consider the general admissibility of that testimony, although, as noted supra, at 695, that testimony is irrelevant to the prejudice inquiry. Moreover, the prejudice question is resolvable, and hence the ineffectiveness claim can be rejected, without regard to the evidence presented at the District Court hearing. The state courts properly concluded that the ineffectiveness claim was meritless without holding an evidentiary hearing.

Failure to make the required showing of either deficient performance or sufficient prejudice defeats the ineffectiveness claim. Here there is a double failure. More generally, respondent has made no showing that the justice of his sentence was rendered unreliable by a breakdown in the adversary process caused by deficiencies in counsel's assistance. Respondent's sentencing proceeding was not fundamentally unfair. «466 U. S., 701»

We conclude, therefore, that the District Court properly declined to issue a writ of habeas corpus. The judgment of the Court of Appeals is accordingly

Reversed.

무의미한 조력 여부의 심리에 있어서의 불이익 요소에 및 변론수행 요소에 등 쌍방에 대한 우리의 결론들은 연방지방법원 청문에서의 정식사실심리 판사의 증언에 좌우되지 않는다. 따라서 supra, at 695에서 특별히 언급된 대로 그 증언은 불이익의 심리에 상관이 없음에도 불구하고 그 증언의 일반적 증거능력을 우리가 고찰해야 할 필요는 없다. 더군다나, 연방지방법원의 청문에 제출된 증거에 상관없이 불이익의 문제는 해결될 수 있고, 그리하여 그 증거에 상관없이 무의미한 조력에 관한 주장은 역시 기각될 수 있다. 무의미한 조력에 관한 주장이 실익 없는 것이었다고 증거청문을 열지 않은 채로 주 법원들이 결론지은 것은 정당하였다.

무의미한 조력에 관한 주장을, 결함 있는 변론수행에 대한, 또는 충분한 불이익에 대한 그 요구된 증명을 해 내지 못한 점은 좌절시킨다. 여기에는 이중의 불이행이 있다. 보다 일반적으로, 변호인의 조력상의 결함들에 의하여 야기된 대립당사자주의 절차에 있어서의 고장으로 인하여 그의 형량이 신뢰할 수 없는 것이 되었음에 대하여 아무런 증명을도 피청구인은 해 내지 못했다. 피청구인의 양형 심문절차는 기본적으로 불공정하지 않았다. «466 U. S., 701»

따라서 인신보호영장을 발부하기를 연방지방법원이 거부한 것은 정당하였다고 우리는 결론짓는다. 그러므로 항소법원의 판결주문은

파기된다.

JUSTICE BRENNAN, concurring in part and dissenting in part.

I join the Court's opinion but dissent from its judgment. Adhering to my view that the death penalty is in all circumstances cruel and unusual punishment forbidden by the Eighth and Fourteenth Amendments, see Gregg v. Georgia, 428 U. S. 153, 227 (1976) (BRENNAN, J., dissenting), I would vacate respondent's death sentence and remand the case for further proceedings.[1) «466 U. S., 702»

1) The Court's judgment leaves standing another in an increasing number of capital sentences purportedly imposed in compliance with the procedural standards developed in cases beginning with Gregg v. Georgia, 428 U. S. 153 (1976). Earlier this Term, I reiterated my view that these procedural requirements have proven unequal to the task of eliminating the irrationality that necessarily attends decisions by juries, trial judges, and appellate courts whether to take or spare human life. Pulley v. Harris, 465 U. S. 37, 59 (1984) (BRENNAN, J., dissenting). The inherent difficulty in imposing the ultimate sanction consistent with the rule of law, see Furman v. Georgia, 408 U. S. 238, 274–277 (1972) (BRENNAN, J., concurring); McGautha v. California, 402 U. S. 183, 248–312 (1971) (BRENNAN, J., dissenting), is confirmed by the extraordinary pressure put on our own deliberations in recent months by the growing number of applications to stay executions. See Wainwright v. Adams, post, at 965 (MARSHALL, J., dissenting) (stating that "haste and confusion surrounding …… decision [to vacate stay] is degrading to our role as judges"); Autry v. McKaskle, 465 U. S. 1085 (1984) (MARSHALL, J., dissenting) (criticizing Court for "dramatically expediting its normal deliberative processes to clear the way for an impending execution"); Stephens v. Kemp, 464 U. S. 1027, 1032 (1983) (POWELL, J., dissenting) (contending that procedures by which stay applications are considered "undermines public confidence in the courts and in the laws we are required to follow"); Sullivan v. Wainwright, 464 U. S. 109, 112 (1983) (BURGER, C. J., concurring) (accusing lawyers seeking review of their client's death sentences of turning "the «466 U. S., 702» administration of justice into [a] sporting contest"); Autry v. Estelle, 464 U. S. 1, 6 (1983) (STEVENS, J., dissenting) (suggesting that Court's practice in reviewing applications in death cases "injects uncertainty and disparity into the review procedure, adds to the burdens of counsel, distorts the deliberative process within this Court, and increases the risk of error"). It is difficult to believe that the decision whether to put an individual to death generates any less emotional pressure among juries, trial judges, and appellate courts than it does among Members of this Court.

부분적으로 찬동하고 부분적으로 반대하는 브레넌(BRENNAN) 판사의 의견이다.

이 법원의 의견에 나는 가담하면서도 이 법원의 판결주문에는 반대한다. 사형은 그 모든 상황에서 연방헌법 수정 제8조에와 제14조에 의하여 금지되는 잔인하고 이상한 형벌이라는 나의 견해를 고수하여, see Gregg v. Georgia, 428 U. S. 153, 227 (1976) [브레넌(BRENNAN) 판사, 반대의견], 피청구인에 대한 사형선고를 나라면 무효화하고 추후의 절차들을 위하여 사건을 환송할 것이다.[1] «466 U. S., 702»

1) Gregg v. Georgia, 428 U. S. 153 (1976)을 필두로 시작된 선례들에서 개발된 절차적 기준들을 준수하여 부과되었다고 생각되는, 갈수록 늘어나는 숫자의 사형 선고들에 있어서 또 한 가지가 됨을 이 법원의 판결주문은 허용한다. 사람의 생명을 빼앗을지 남겨놓을지 여부에 대한 배심들의, 판사들의, 그리고 항소법원들의 결정들에 불가피하게 깃드는 불합리성을 제거할 임무에 이 절차적 요구들은 부적당함이 판명되었다는 나의 견해를 이 개정기의 이른 시기에 반복하여 나는 말했다. Pulley v. Harris, 465 U. S. 37, 59 (1984) (브레넌(BRENNAN) 판사, 반대의견). 최근 수 개월 동안 점증하는 집행정지 신청들로 인하여 우리 자신의 심의들에 가해지는 비상한 압력에 의하여, 법 원칙에 부합되는 그 궁극적 제재를 부과함에 있어서의 본래의 곤란, see Furman v. Georgia, 408 U. S. 238, 274-277 (1972) (브레넌(BRENNAN) 판사, 보충의견); McGautha v. California, 402 U. S. 183, 248-312 (1971) (브레넌(BRENNAN) 판사, 반대의견), 은 확인된다. Wainwright v. Adams, post, at 965 (마샬(MARSHALL) 판사, 반대의견) ("[집행정지를 무효화하는] 결정 …… 을 둘러싼 서두름은 및 혼란은 판사들로서의 우리의 역할에 불명예스러운 일"임을 말함)을; Autry v. McKaskle, 465 U. S. 1085 (1984) (마샬(MARSHALL) 판사, 반대의견) ("임박한 집행에 길을 열어주고자 자신의 정상적인 심의절차들을 극적으로 신속히 처리하는 것"에 대하여 법원을 비판함)을; Stephens v. Kemp, 464 U. S. 1027, 1032 (1983) (파월(POWELL) 판사, 반대의견) ("법원들에 대한 그리고 우리가 좇도록 요구되는 법들에 대한 공중의 신뢰의 토대를" 집행정지 신청들을 심리하는 절차들은 "침식한다."고 주장함)을; Sullivan v. Wainwright, 464 U. S. 109, 112 (1983) (법원장 버거(BURGER) 판사, 보충의견) ("의뢰인들에 대한 사형선고의 재심리를 추구하는 변호사들을 가리켜 «466 U. S., 702» 재판의 집행을 [한 개의] 스포츠 경기로" 변질시킨다고 비난함)을; Autry v. Estelle, 464 U. S. 1, 6 (1983) (스티븐스(STEVENS) 판사, 반대의견) (사형 사건들에서의 신청들을 재심리함에 있어서의 당원의 관행은 "불확실성을과 불균형을 재심리 절차에 주입하고 변호인의 부담사항들을 가중시키고 당원 내에서의 심의절차를 왜곡시키고 그리고 오류의 위험을 증대시킨다."고 넌지시 내비춤)을 보라. 한 명의 개인을 사형에 처할 것인지 여부의 결정이 야기하는 정서적 압력은 배심들의, 정식사실심리 판사들의, 그리고 항소법원들의 사이에서보다 당원의 구성원들 사이에서 조금이라도 더 적다고는 믿기 어렵다.

I

This case and United States v. Cronic, ante, p.648, present our first occasions to elaborate the appropriate standards for judging claims of ineffective assistance of counsel. In Cronic, the Court considers such claims in the context of cases "in which the surrounding circumstances [make] it so unlikely that any lawyer could provide effective assistance that ineffectiveness [is] properly presumed without inquiry into actual performance at trial," ante, at 661. This case, in contrast, concerns claims of ineffective assistance based on allegations of specific errors by counsel - claims which, by their very nature, require courts to evaluate both the attorney's performance and the effect of that performance on the reliability and fairness of the proceeding. Accordingly, a defendant making a claim of this kind must show not only that his lawyer's performance was inadequate but also that he was prejudiced thereby. See also Cronic, ante, at 659, n. 26.

I join the Court's opinion because I believe that the standards it sets out today will both provide helpful guidance to courts considering claims of actual ineffectiveness of counsel and also permit those courts to continue their efforts to achieve progressive development of this area of the law. Like all federal courts and most state courts that have previously addressed the matter, see ante, at 683-684, the Court concludes that "the proper standard for attorney performance is that of reasonably effective assistance." Ante, at 687. And, «466 U. S., 703» rejecting the strict "outcome-determinative" test employed by some courts, the Court adopts as the appropriate standard for prejudice a requirement that the defendant "show that there is a reasonable probability that, but for counsel's unprofessional errors, the result of the proceeding would have been different," defining a "reasonable probability" as "a probability sufficient to undermine confidence in the outcome." Ante, at 694.

I

변호인의 무의미한 조력에 관한 주장들을 판단하기 위한 적절한 기준들을 고심하여 만들어낼 최초의 기회를 우리에게 이 사건은 및 United States v. Cronic, ante, p. 648은 제공한다. 이 같은 주장들을 Cronic 사건에서 이 법원이 고찰하는 것은 "그 어떤 변호인이라 한들 효과적인 조력을 제공할 수 있었을 가능성이 있을 성싶지 않게끔 그 둘러싼 상황들이 만[드는], 그리하여 정식사실심리에서의 실제의 변론수행에 대한 심리 없이도 무의미한 조력이 당연히 추정[되는]" 사건들의 맥락에서이다. ante, at 661. 이에 대조되게 이 사건이 관여하는 무의미한 조력에 관한 주장들은 변호인에 의한 특정의 오류들에 관한 주장들에 — 변호인의 변론수행을, 그리고 절차의 신뢰성 위에 및 공정성 위에 그 변론수행이 끼친 효과를 다 같이 평가하도록 그 성격 자체에 의하여 법원들에게 요구하는 주장들에 — 토대한 것들이다. 따라서, 자신의 변호인의 변론수행이 부적절했다는 점을만이 아니라 자신이 이로써 불이익을 입었다는 점을까지도 이 종류의 주장을 펴는 피고인은 증명하지 않으면 안 된다. 아울러 Cronic, ante, at 659, n. 26을 보라.

오늘 이 법원이 설계하는 기준들은 변호인의 실제의 무의미한 조력에 관한 주장들을 고찰하는 법원들에게 유용한 지침을 제공하면서도 이 법 분야의 진보적 발전을 성취하려는 그들의 노력들을 그 법원들로 하여금 계속하도록 허용할 것으로 믿기 때문에 이 법원의 의견에 나는 가담한다. "변호인의 변론수행의 합당한 기준은 합리적으로 효과적인 조력의 기준이다."라고 이전에 그 문제를 역점 두어 다루어 온 모든 연방법원들이처럼 및 대부분의 주 법원들이처럼, see ante, at 683-684, 이 법원은 결론짓는다. Ante, at 687. 그 다음에, «466 U. S., 703» 일부 법원들에 의하여 채택된 그 엄격한 "결과-결정" 기준을 이 법원은 거부하고서, 불이익을 위한 적절한 기준으로서 "전문가적 기준에 미달하는 변호인의 오류들이 아니었다면 절차의 결과가 달라졌을 합리적 개연성이 있음"을 피고인이 "증명"하여야 한다는 요구를 이 법원은 채택하는 바, "합리적 개연성"이라 함은 "결과에 대한 신뢰의 토대를 침식하기에 충분한 한 가지 개연성"이라고 이 법원은 규정한다. Ante, at 694. 그들의 헌법적 권리들을 피고인들에게서 박탈하는 변호인의 태만들의 및 그렇지 않는

I believe these standards are sufficiently precise to permit meaningful distinctions between those attorney derelictions that deprive defendants of their constitutional rights and those that do not; at the same time, the standards are sufficiently flexible to accommodate the wide variety of situations giving rise to claims of this kind.

With respect to the performance standard, I agree with the Court's conclusion that a "particular set of detailed rules for counsel's conduct" would be inappropriate. Ante, at 688. Precisely because the standard of "reasonably effective assistance" adopted today requires that counsel's performance be measured in light of the particular circumstances of the case, I do not believe our decision "will stunt the development of constitutional doctrine in this area," post, at 709 (MARSHALL, J., dissenting). Indeed, the Court's suggestion that today's decision is largely consistent with the approach taken by the lower courts, ante, at 696, simply indicates that those courts may continue to develop governing principles on a case-by-case basis in the common-law tradition, as they have in the past. Similarly, the prejudice standard announced today does not erect an insurmountable obstacle to meritorious claims, but rather simply requires courts carefully to examine trial records in light of both the nature and seriousness of counsel's errors and their effect in the particular circumstances of the case. Ante, at 695.[2] «466 U. S., 704»

II

Because of their flexibility and the requirement that they be considered in

2) Indeed, counsel's incompetence can be so serious that it rises to the level of a constructive denial of counsel which can constitute constitutional error without any showing of prejudice. See Cronic, ante, at 659–660; «466 U. S., 704» Javor v. United States, 724 F. 2d 831, 834 (CA9 1984) ("Prejudice is inherent in this case because unconscious or sleeping counsel is equivalent to no counsel at all").

태만들의 양자 사이의 의미 있는 구분들을 허용할 만큼 이 기준들은 충분히 정확하다고; 그 동시에, 이 종류의 주장들을 야기하는 그 폭넓으면서도 다양한 상황들을 수용할 만큼 그 기준들은 충분히 유연하다고 나는 믿는다.

변론수행 기준에 관하여, "변호인의 행위를 위한 특정 묶음의 세부규칙들"은 부적절할 것이라는 이 법원의 결론에 나는 동의한다. Ante, at 688. 오늘 채택되는 "합리적으로 효과적인 조력(reasonably effective assistance)" 기준은 사건의 특정 상황들에 비추어 변호인의 변론수행이 측정될 것을 요구한다는 바로 그 점 덕분에, "이 영역에서의 헌법적 원칙의 발전을" 우리의 결정이 "저지할 것"으로는 나는 믿지 않는다. post, at 709 [마샬(MARSHALL) 판사, 반대의견]. 아닌 게 아니라, 오직 과거에 해 온 것처럼 보통법 전통 속에서의 사안별 토대 위에서 지배적 원칙들을 개발하기를 하급법원들로서는 계속해도 됨을, 그 법원들에 의하여 채택된 접근법에 오늘의 결정이 대체로 부합된다는 이 법원의 암시, ante, at 696, 는 나타낼 뿐이다. 이에 유사하게, 가치 있는 주장들에 대한 극복할 수 없는 장애를 오늘 선언되는 불이익 기준은 수립하지 않으며, 그보다는 오히려 변호인의 오류들의 성격에 및 중대성에 비추어 그리고 사건의 특정 상황들 속에서의 그것들의 효과에 비추어 정식사실심리 기록들을 주의 깊게 검토하도록 법원들에게 그것은 요구할 뿐이다. Ante, at 695.[2] «466 U. S., 704»

II

오늘 선언되는 기준들이 지닌 유연성 때문에 그리고 사건의 특정 상황들에 비추

2) 아닌 게 아니라, 변호인의 무기력함은 불이익에 대한 아무런 증명 없이도 헌법차원의 오류를 구성할 수 있는 의제상의 변호인 박탈의 수준으로까지 높아질 만큼 중대한 것일 수 있다. Cronic, ante, at 659-660; «466 U. S., 704» Javor v. United States, 724 F. 2d 831, 834 (CA9 1984) ("의식 없는 내지는 잠자는 변호인은 변호인이 전혀 없는 것에 맞먹기 때문에 불이익은 이 사건에 본래부터 갖추어져 있다.") 등을 보라.

light of the particular circumstances of the case, the standards announced today can and should be applied with concern for the special considerations that must attend review of counsel's performance in a capital sentencing proceeding. In contrast to a case in which a finding of ineffective assistance requires a new trial, a conclusion that counsel was ineffective with respect to only the penalty phase of a capital trial imposes on the State the far lesser burden of reconsideration of the sentence alone. On the other hand, the consequences to the defendant of incompetent assistance at a capital sentencing could not, of course, be greater. Recognizing the unique seriousness of such a proceeding, we have repeatedly emphasized that "'where discretion is afforded a sentencing body on a matter so grave as the determination of whether a human life should be taken or spared, that discretion must be suitably directed and limited so as to minimize the risk of wholly arbitrary and capricious action.'" Zant v. Stephens, 462 U. S. 862, 874 (1983) (quoting Gregg v. Georgia, 428 U. S., at 188-189 (opinion of Stewart, POWELL, and STEVENS, JJ.)).

For that reason, we have consistently required that capital proceedings be policed at all stages by an especially vigilant concern for procedural fairness and for the accuracy of factfinding. As JUSTICE MARSHALL emphasized last Term:

"This Court has always insisted that the need for procedural safeguards is particularly great where life is at stake. Long before the Court established the right to counsel in all felony cases, Gideon v. Wainwright, 372 U. S. 335 (1963), it recognized that right in capital cases, Powell v. Alabama, 287 U. S. 45, 71-72 (1932). Time «466 U. S., 705» and again the Court has condemned procedures in capital cases that might be completely acceptable in an ordinary case. See, e. g., Bullington v. Missouri, 451 U. S. 430 (1981); Beck v. Alabama, 447 U. S. 625 (1980); Green v. Georgia, 442 U. S. 95 (1979) (per

어 그것들이 고찰되어야 한다는 요구 때문에, 사형에 해당하는 양형 심문절차에서의 변호인의 변론수행에 대한 재검토에 깃들지 않으면 안 될 그 특정 고려요소들에 대한 염려를 지니고서 그 기준들은 적용될 수 있고 또한 적용되어야 한다. 한 개의 새로운 정식사실심리를 무의미한 조력이었다는 점에 대한 인정이 요구하는 사건에 대조되게, 사형에 해당하는 정식사실심리의 양형심리 국면에 관하여서만 변호인이 무의미하였다는 결론은 형 선고(the sentence)만의 재검토라는 훨씬 더 적은 부담을 주에 대하여 부과한다. 이에 반하여, 사형에 해당하는 양형 심문절차에서의 무의미한 조력이 피고인에게 끼치는 결과들은 가장 중대한 것임이 당연하였다. 이 같은 절차의 특유의 중대성을 인정하면서, "'한 사람의 생명을 박탈해야 할지 남겨두어야 할지 여부에 대한 판정 류의 중대한 사항에 관하여 형 선고 기관에게 재량이 부여되는 경우에 전적으로 자의적이고 변덕적인 행위를 최소화하기 위하여 그 재량은 적절하게 감독되고 제한되지 않으면 안 된다.'"고 반복적으로 우리는 강조해 왔다. Zant v. Stephens, 462 U. S. 862, 874 (1983) [Gregg v. Georgia, 428 U. S., at 188-189 (스튜어트(STEWART) 판사, 파월(POWELL) 판사 및 스티븐스(STEVENS) 판사의 의견].

그 이유에서, 절차적 공정성을 위한 그리고 사실발견의 정확성을 위한 특별히 주의 깊은 염려에 의하여 사형에 해당하는 양형 심문절차들은 모든 단계들에서 단속되어야 함을 우리는 일관되게 요구해 왔다. 마샬(MARSHALL) 판사가 지난 번 개정기에 강조하였듯이:

"생명이 위험에 처해진 경우에 절차적 보호수단들의 필요는 특별히 큼을 당원은 항상 역설해 왔다. 변호인의 조력을 받을 권리를 모든 중죄 사건들에 확립하기 오래 전부터도, Gideon v. Wainwright, 372 U. S. 335 (1963), 사형에 해당하는 사건들에서는 그 권리를 당원은 인정하였다. Powell v. Alabama, 287 U. S. 45, 71-72 (1932). 일반적 사건에서라면 «466 U. S., 705» 완전히 받아들일 수 있는 절차들을 사형 사건들에서는 몇 번이고 되풀이하여 당원은 비난해 왔다. 예컨대, Bullington v. Missouri, 451 U. S. 430 (1981)을; Beck v. Alabama, 447 U. S. 625 (1980)을; Green v. Georgia, 442 U. S. 95 (1979) (per curiam)을; Lockett v. Ohio, 438 U. S. 586 (1978)을;

curiam); Lockett v. Ohio, 438 U. S. 586 (1978); Gardner v. Florida, 430 U. S. 349 (1977); Woodson v. North Carolina, 428 U. S. 280 (1976) …….

"Because of th[e] basic difference between the death penalty and all other punishments, this Court has consistently recognized that there is 'a corresponding difference in the need for reliability in the determination that death is the appropriate punishment in a specific case.' Ibid." Barefoot v. Estelle, 463 U. S. 880, 913-914 (1983) (dissenting opinion).

See also id., at 924 (BLACKMUN, J., dissenting). In short, this Court has taken special care to minimize the possibility that death sentences are "imposed out of whim, passion, prejudice, or mistake." Eddings v. Oklahoma, 455 U. S. 104, 118 (1982) (O'CONNOR, J., concurring).

In the sentencing phase of a capital case, "[w]hat is essential is that the jury have before it all possible relevant information about the individual defendant whose fate it must determine." Jurek v. Texas, 428 U. S. 262, 276 (1976) (opinion of Stewart, POWELL, and STEVENS, JJ.). For that reason, we have repeatedly insisted that "the sentencer in capital cases must be permitted to consider any relevant mitigating factor." Eddings v. Oklahoma, 455 U. S., at 112. In fact, as JUSTICE O'CONNOR has noted, a sentencing judge's failure to consider relevant aspects of a defendant's character and background creates such an unacceptable risk that the death penalty was unconstitutionally imposed that, even in cases where the matter was not raised below, the "interests of justice" may impose on reviewing courts "a duty to remand [the] case for resentencing." Id., at 117, n., and 119 (O'CONNOR, J., concurring). «466 U. S., 706»

Of course, "[t]he right to present, and to have the sentencer consider, any and all mitigating evidence means little if defense counsel fails to look for mitigating evidence or fails to present a case in mitigation at the capital sen-

Gardner v. Florida, 430 U. S. 349 (1977)을; Woodson v. North Carolina, 428 U. S. 280 (1976)을 보라 …….

"사형의 및 그 이외의 모든 형벌들의 양자 사이의 [그] 질적인 차이 때문에, '특정 사건에서 사형이 적절한 처벌이라는 판정에 담겨야 할 신뢰성의 필요에 있어서 한 개의 상응하는 차이'가 존재함을 당원은 일관되게 인정해 왔다. Ibid." Barefoot v. Estelle, 463 U. S. 880, 913-914 (1983) (반대의견).

아울러 id., at 924 (블랙먼(BLACKMUN) 판사, 반대의견)을도 보라. 요컨대, "변덕에, 열정에, 편견에, 또는 실수에 의하여" 사형들이 "부과"될 가능성을 최소화하기 위하여 특별한 주의를 당원은 기울여 왔다. Eddings v. Oklahoma, 455 U. S. 104, 118 (1982) (오코너(O'CONNOR) 판사, 보충의견).

사형에 해당하는 사건의 양형 심리 국면에서 "[본]질적인 것은, 그 운명을 결정하지 않으면 안 되는 그 개인 피고인에 관한 모든 가능한 관련 있는 정보를 그 앞에 배심은 지녀야 한다는 것이다." Jurek v. Texas, 428 U. S. 262, 276 (1976) [스튜어트(STEWART) 판사, 파월(POWELL) 판사, 및 스티븐스(STEVENS) 판사의 의견]. 그 이유 때문에, "조금이라도 관련 있는 경감적 요소를 고찰하도록 사형에 해당하는 사건들에 있어서의 양형심리 판사는 허용되지 않으면 안 된다."고 우리는 반복적으로 강조해 왔다. Eddings v. Oklahoma, 455 U. S., at 112. 실제로 오코너(O'CONNOR) 판사가 특별히 언급해 놓았듯이, 피고인의 성격의 및 배경의 관련 있는 측면들을 양형심리 판사가 고찰하지 아니한 점은 그 사형이 위헌적으로 부과되었을 용납하기 어려운 위험을 야기함으로써, 하급법원들에서 그 문제가 제기된 바 없는 경우들에 있어서도 "양형을 재심리하게 하기 위하여 [그] 사건을 환송할 의무"를 재심리 법원들 위에 "사법의 이익들"은 부과할 수 있다. Id., at 117, n., and 119 [오코너(O'CONNOR) 판사, 보충의견]. «466 U. S., 706»

물론, "모든 경감적 증거를 제출할, 그리고 이를 양형 심리판사로 하여금 검토하게 할 [그] 권리는 만약 경감적 증거를 변호인이 찾아 나서지 아니하면, 또는 사형에 해당하는 양형 심문절차의 청문에서 경감사유로서 주장을 변호인이 제기하지 아

tencing hearing." Comment, 83 Colum. L. Rev. 1544, 1549 (1983). See, e. g., Burger v. Zant, 718 F. 2d 979 (CA11 1983) (defendant, 17 years old at time of crime, sentenced to death after counsel failed to present any evidence in mitigation), stay granted, post, at 902. Accordingly, counsel's general duty to investigate, ante, at 690, takes on supreme importance to a defendant in the context of developing mitigating evidence to present to a judge or jury considering the sentence of death; claims of ineffective assistance in the performance of that duty should therefore be considered with commensurate care.

That the Court rejects the ineffective-assistance claim in this case should not, of course, be understood to reflect any diminution in commitment to the principle that "'the fundamental respect for humanity underlying the Eighth Amendment ...... requires consideration of the character and record of the individual offender and the circumstances of the particular offense as a constitutionally indispensable part of the process of inflicting the penalty of death.'" Eddings v. Oklahoma, supra, at 112 (quoting Woodson v. North Carolina, 428 U. S. 280, 304 (1976) (opinion of Stewart, POWELL, and STEVENS, JJ.)). I am satisfied that the standards announced today will go far towards assisting lower federal courts and state courts in discharging their constitutional duty to ensure that every criminal defendant receives the effective assistance of counsel guaranteed by the Sixth Amendment.

니하면 의미가 없다." Comment, 83 Colum. L. Rev. 1544, 1549 (1983). 예컨대, Burger v. Zant, 718 F. 2d 979 (CA11 1983) (경감적 증거를 변호인이 전혀 제출하지 아니한 끝에 사형이 선고된 범행 당시 17세의 피고인), stay granted(집행정지 허가됨), post, at 902을 보라. 따라서 사형을 고려하는 판사에게 또는 배심에게 제출하기 위한 경감적 증거를 개발하는 맥락에서, 조사를 수행할 변호인의 일반적 의무, ante, at 690, 는 최고의 중요성을 피고인에게 지닌다; 그 의무의 수행에 있어서의 무의미한 조력에 관한 주장들은 따라서 상응한 주의를 지니고서 살펴져야 한다.

"'…… 사형을 부과하는 절차의 헌법적으로 불가결한 부분으로서 개개 범죄자의 성격에, 기록에 및 그 특정 범죄의 상황들에 대한 고찰을 연방헌법 수정 제8조의 기초가 되는 인간애에 대한 기본적 존중은 요구한다.'"는 원칙에 대한 약속에 있어서의 조금이나마의 축소를 이 사건에서 무의미한 조력에 관한 주장에 대한 이 법원의 기각이 나타내는 것으로 이해되어서는 물론 안 된다. Eddings v. Oklahoma, supra, at 112 [Woodson v. North Carolina, 428 U. S. 280, 304 (1976) [스튜어트(STEWART) 판사, 파월(POWELL) 판사, 및 스티븐스(STEVENS) 판사의 의견]을 인용함]. 연방헌법 수정 제6조에 의하여 보장된 변호인의 효과적인 조력을 모든 형사 피고인이 수령하게끔 보장할 그들의 헌법적 의무를 이행하도록 하급 연방법원들을과 주 법원들을 오늘 선언된 기준들은 조력하여 멀리 나아갈 것이라는 점에 대하여 나는 납득한다.

JUSTICE MARSHALL, dissenting.

The Sixth and Fourteenth Amendments guarantee a person accused of a crime the right to the aid of a lawyer in preparing and presenting his defense. It has long been settled that "the right to counsel is the right to the effective assist- «466 U. S., 707» ance of counsel." McMann v. Richardson, 397 U. S. 759, 771, n. 14 (1970). The state and lower federal courts have developed standards for distinguishing effective from inadequate assistance.[3] Today, for the first time, this Court attempts to synthesize and clarify those standards. For the most part, the majority's efforts are unhelpful. Neither of its two principal holdings seems to me likely to improve the adjudication of Sixth Amendment claims. And, in its zeal to survey comprehensively this field of doctrine, the majority makes many other generalizations and suggestions that I find unacceptable. Most importantly, the majority fails to take adequate account of the fact that the locus of this case is a capital sentencing proceeding. Accordingly, I join neither the Court's opinion nor its judgment.

I

The opinion of the Court revolves around two holdings. First, the majority ties the constitutional minima of attorney performance to a simple "standard

3) See Note, Identifying and Remedying Ineffective Assistance of Criminal Defense Counsel: A New Look After United States v. Decoster, 93 Harv. L. Rev. 752, 756–758 (1980); Note, Effective Assistance of Counsel: The Sixth Amendment and the Fair Trial Guarantee, 50 U. Chi. L. Rev. 1380, 1386–1387, 1399–1401, 1408–1410 (1983).

마샬(MARSHALL) 판사의 반대의견이다.

자신의 방어를 준비하고 제출하는 데 있어서 변호사의 조력을 받을 권리를 범인으로 주장되는 사람에게 연방헌법 수정 제6조는 및 제14조는 보장한다. "변호인의 조력을 받을 권리는 변호인의 효과적인 조력을 받을 권리"라는 점은 오래도록 «466 U. S., 707» 확립되어 있다. McMann v. Richardson, 397 U. S. 759, 771, n. 14 (1970). 효과적인 조력을 부적절한 조력으로부터 구분하기 위한 기준들을 주 법원들은 및 하급 연방법원들은 개발해 왔다.[3] 오늘 처음으로 그 기준들을 종합적으로 다루어 명확히 하고자 이 법원은 시도한다. 대체로 다수의견의 노력들은 도움이 되지 않는 것들이다. 다수의견의 주된 판시들 두 가지는 내게는 모두 연방헌법 수정 제6조의 주장들에 대한 판결을 개선할 것 같아 보이지 않는다. 그리고 이 분야의 원칙을 포괄적으로 조사하려는 자신의 열정 속에서 여타의 많은 일반화 작업들을 및 암시들을 다수의견은 행하는데, 그것들을 받아들이기가 어려움을 나는 확인한다. 가장 중요하게는, 이 사건의 중심은 사형에 해당하는 양형 심문절차라는 사실을 다수의견은 충분히 고려하지 않는다. 따라서 이 법원의 의견에도 이 법원의 판결주문에도 나는 가담하지 않는다.

I

두 가지 판시들 주위를 이 법원의 의견은 맴돈다. 첫째로, 변호인의 변론수행의

3) Note, Identifying and Remedying Ineffective Assistance of Criminal Defense Counsel: A New Look After United States v. Decoster, 93 Harv. L. Rev. 752, 756–758 (1980)을; Note, Effective Assistance of Counsel: The Sixth Amendment and the Fair Trial Guarantee, 50 U. Chi. L. Rev. 1380, 1386–1387, 1399–1401, 1408–1410 (1983)을 보라.

of reasonableness." Ante, at 688. Second, the majority holds that only an error of counsel that has sufficient impact on a trial to "undermine confidence in the outcome" is grounds for overturning a conviction. Ante, at 694. I disagree with both of these rulings.

A

My objection to the performance standard adopted by the Court is that it is so malleable that, in practice, it will either have no grip at all or will yield excessive variation in the manner in which the Sixth Amendment is interpreted and applied by different courts. To tell lawyers and the lower courts that counsel for a criminal defendant must behave «466 U. S., 708» "reasonably" and must act like "a reasonably competent attorney," ante, at 687, is to tell them almost nothing. In essence, the majority has instructed judges called upon to assess claims of ineffective assistance of counsel to advert to their own intuitions regarding what constitutes "professional" representation, and has discouraged them from trying to develop more detailed standards governing the performance of defense counsel. In my view, the Court has thereby not only abdicated its own responsiblity to interpret the Constitution, but also impaired the ability of the lower courts to exercise theirs.

The debilitating ambiguity of an "objective standard of reasonableness" in this context is illustrated by the majority's failure to address important issues concerning the quality of representation mandated by the Constitution. It is an unfortunate but undeniable fact that a person of means, by selecting a lawyer and paying him enough to ensure he prepares thoroughly, usually can obtain better representation than that available to an indigent defendant,

헌법적 최소한들을 단순한 "합리성 기준(standard of reasonableness)"에 다수의견은 연결시킨다. Ante, at 688. 둘째로, 오직 "결과에 대한 신뢰의 토대를 침식하기"에 충분한 영향력을 정식사실심리 위에 미치는 오류만이 한 개의 유죄판정을 파기하기 위한 근거들이라고 다수의견은 판시한다. Ante, at 694. 이러한 결정들에 대하여 모두 나는 반대한다.

A

이 법원에 의하여 채택된 변론수행 기준에 대한 나의 이의는, 그것은 너무 펴 늘여질 수 있어서 실제에서는 전혀 지배력이 없거나 또는 과도한 변형을 다양한 법원들에 의하여 연방헌법 수정 제6조가 해석되고 적용되는 방법에 있어서 그것은 낳거나일 것이라는 데 있다. 한 명의 형사 피고인을 위한 변호인은 "합리적으로(reasonably)" 행동하지 않으면 안 된다고, 그리고 «466 U. S., 708» "한 명의 합리적으로 능력 있는 변호사"가 행동하듯이 변호인은 행동하지 않으면 안 된다고 변호사들에게와 하급법원들에게 말하는 것, ante, at 687, 은 그들에게 거의 아무 것을도 말하지 않는 것이다. 본질에 있어서, 변호인의 무의미한 조력에 관한 주장들을 평가하라는 요구를 받는 판사들더러 무엇이 "전문가적" 대변인가에 관한 그들 자신의 직관들(intuitions)에 유의하도록 다수의견은 지시한 셈이고, 또한 그들더러 변호인의 변론수행을 규율하는 보다 상세한 기준들을 개발하고자 시도하지 말도록 다수의견은 단념시킨 셈이다. 나의 견해로는 연방헌법을 해석할 그 자신의 책임사항들을 이로써 이 법원은 저버렸을 뿐만 아니라, 그 자신들의 책임사항들을 이행할 하급법원들의 능력을 손상시키기까지 하였다.

연방헌법에 의하여 명령된 대변의 질에 관한 중요한 쟁점들을 다수의견이 역점두어 다루지 못하는 점에 의하여 이 맥락에서의 "합리성의 객관적 기준"이라는 것이 지니는 그 쇠약을 가하는 모호성은 예증된다. 재산을 지닌 사람은 한 명의 변호사를 선임하여 그가 철저히 준비하겠다고 보증하기에 충분할 만큼 그에게 지불함으로써, 달리 특정 사건에 투입할 수 있는 시간이 및 자금이 제한되는 지정 변호인(appointed counsel)에게 의존하지 않으면 안 되는 가난한 피고인이보다도 일반적으로

who must rely on appointed counsel, who, in turn, has limited time and resources to devote to a given case. Is a "reasonably competent attorney" a reasonably competent adequately paid retained lawyer or a reasonably competent appointed attorney? It is also a fact that the quality of representation available to ordinary defendants in different parts of the country varies significantly. Should the standard of performance mandated by the Sixth Amendment vary by locale?[4] The majority offers no clues as to the proper responses to these questions.

The majority defends its refusal to adopt more specific standards primarily on the ground that "[n]o particular set of detailed rules for counsel's conduct can satisfactorily take ac- «466 U. S., 709» count of the variety of circumstances faced by defense counsel or the range of legitimate decisions regarding how best to represent a criminal defendant." Ante, at 688-689. I agree that counsel must be afforded "wide latitude" when making "tactical decisions" regarding trial strategy, see ante, at 689; cf. infra, at 712, 713, but many aspects of the job of a criminal defense attorney are more amenable to judicial oversight. For example, much of the work involved in preparing for a trial, applying for bail, conferring with one's client, making timely objections to significant, arguably erroneous rulings of the trial judge, and filing a notice of appeal if there are colorable grounds therefor could profitably be made the subject of uniform standards.

The opinion of the Court of Appeals in this case represents one sound attempt to develop particularized standards designed to ensure that all defendants receive effective legal assistance. See 693 F. 2d 1243, 1251-1258 (CA5 1982) (en banc). For other, generally consistent efforts, see United States v.

---

4) Cf., e. g., Moore v. United States, 432 F. 2d 730, 736 (CA3 1970) (defining the constitutionally required level of performance as "the exercise of the customary skill and knowledge which normally prevails at the time and place").

더 나은 대변을 확보할 수 있음은 불행하면서도 부인할 수 없는 사실이다. 한 명의 "합리적으로 유능한 변호사(reasonably competent attorney)"라 함은 합리적으로 유능하면서 충분히 지불된 한 명의 선임된(retained) 변호사인가, 아니면 합리적으로 유능한 한 명의 지정된(appointed) 변호사인가? 이 나라 여러 부분들에서 일반적인 피고인들이 이용할 수 있는 대변의 질이 의미심장하게 서로 다르다는 것은 마찬가지로 한 개의 사실이다. 연방헌법 수정 제6조에 의하여 명령된 변론수행의 기준은 장소에 따라 서로 달라야 하는가?[4] 이 문제들의 합당한 응답들에 관한 아무런 단서들을도 다수의견은 제공하지 않는다.

보다 명시적인 기준들을 채택하기를 그 자신이 거부한 점을 다수의견이 옹호하는 근거는 일차적으로 "[변]호인이 봉착하게 되는 그 다양한 상황들을, 내지는 한 명의 피고인을 «466 U. S., 709» 어떻게 최선껏 대변하여야 할지에 관한 정당한 결정들의 범위를, 변호인의 행위를 위한 특정 묶음의 세부규칙들은 만족스럽게 고려할 수 없다."는 것이다. Ante, at 688-689. 정식사실심리상의 전략에 관한 "전술적 결정들"을 내릴 때 "넓은 선택의 범위"를 변호인은 부여받지 않으면 안 된다는 데 나는 동의하지만, see ante, at 689; cf. infra, at 712, 713, 그러나 형사변론 변호사(criminal defense attorney)의 직업의 여러 측면들은 사법적 감독(judicial oversight)에 보다 더 순응한다. 예컨대, 정식사실심리를 준비하는 데에, 보석을 신청하는 데에, 자신의 의뢰인하고 대화하는 데에, 정식사실심리 판사의 중요한, 논란의 여지는 있으나 오류에 기한 결정들에 대하여 적시의 이의들을 제기하는 데에, 그리고 그럴 듯한 근거들이 있을 경우에 항소장을 제출하는 데에 포함된 업무의 대부분은 통일된 기준들의 적용대상으로 만들어지는 것이 유익할 수 있을 것이다.

효과적인 법적 조력을 모든 피고인들로 하여금 향수하도록 보장하게끔 설계된 특정된 기준들을 개발하려는 건전한 시도를 이 사건에서 항소법원의 의견은 나타낸다. 693 F. 2d 1243, 1251-1258 (CA5 1982) (en banc)을 보라. 그 밖의 일반적으로 일치하는 노력들을 위하여는 United States v. Decoster, 159 U. S. App. D.C. 326, 333-334, 487 F. 2d 1197, 1203-1204 (1973), disapproved on rehearing, 199 U. S. App.

---

4) 예컨대, Moore v. United States, 432 F. 2d 730, 736 (CA3 1970) (헌법적으로 요구되는 변론수행 수준을 "그 시대에와 장소에 일반적으로 유행하는 통례의 기술의 및 지식의 행사"로 규정함)을 비교하라.

Decoster, 159 U. S. App. D. C. 326, 333-334, 487 F. 2d 1197, 1203-1204 (1973), disapproved on rehearing, 199 U. S. App. D. C. 359, 624 F. 2d 196 (en banc), cert. denied, 444 U. S. 944 (1979); Coles v. Peyton, 389 F. 2d 224, 226 (CA4), cert. denied, 393 U. S. 849 (1968); People v. Pope, 23 Cal. 3d 412, 424-425, 590 P. 2d 859, 866 (1979); State v. Harper, 57 Wis. 2d 543, 550-557, 205 N. W. 2d 1, 6-9 (1973).[5] By refusing to address the merits of these proposals, and indeed suggesting that no such effort is worthwhile, the opinion of the Court, I fear, will stunt the development of constitutional doctrine in this area. «466 U. S., 710»

B

I object to the prejudice standard adopted by the Court for two independent reasons. First, it is often very difficult to tell whether a defendant convicted after a trial in which he was ineffectively represented would have fared better if his lawyer had been competent. Seemingly impregnable cases can sometimes be dismantled by good defense counsel. On the basis of a cold record, it may be impossible for a reviewing court confidently to ascertain how the government's evidence and arguments would have stood up against rebuttal and cross-examination by a shrewd, well-prepared lawyer. The difficulties of estimating prejudice after the fact are exacerbated by the possibility that evidence of injury to the defendant may be missing from the record precisely because of the incompetence of defense counsel.[6] In view

5) For a review of other decisions attempting to develop guidelines for assessment of ineffective-assistance-of-counsel claims, see Erickson, Standards of Competency for Defense Counsel in a Criminal Case, 17 Am. Crim. L. Rev. 233, 242–248 (1979). Many of these decisions rely heavily on the standards developed by the American Bar Association. See ABA Standards for Criminal Justice 4–1.1 – 4–8.6 (2d ed. 1980).

6) Cf. United States v. Ellison, 557 F. 2d 128, 131 (CA7 1977). In discussing the related problem of measuring injury caused by joint representation of conflicting interests, we observed:
"[T]he evil …… is in what the advocate finds himself compelled to *refrain* from doing, not only at trial but also as to possible pretrial plea negotiations and in the sentencing process. It may be possible in some cases to identify from the record the prejudice resulting from an attorney's failure to undertake certain trial tasks, but even with a record

D.C. 359, 624 F. 2d 196 (en banc), cert. denied, 444 U. S. 944 (1979)를; Coles v. Peyton, 389 F. 2d 224, 226 (CA4), cert. denied, 393 U. S. 849 (1968)을; People v. Pope, 23 Cal. 3d 412, 424-425, 590 P. 2d 859, 866 (1979)을; State v. Harper, 57 Wis. 2d 543, 550-557, 205 N. W. 2d 1, 6-9 (1973)을 보라.[5] 이 제안들의 실체적 사항을 역점 두어 다루기를 거부함으로써, 그리고 아닌 게 아니라 이 같은 노력은 결코 가치가 없다고 암시함으로써 이 영역에서의 헌법적 원칙의 발전을 이 법원의 의견은 저지할 것이 나는 두렵다. «466 U. S., 710»

B

이 법원에 의하여 채택된 불이익 기준에 대하여 두 가지의 독립적 이유들에 의거하여 나는 반대한다. 첫째로, 무의미하게 대변된 정식사실심리 뒤에 유죄로 판정된 피고인으로서 만약 그의 변호사가 유능했더라면 일이 더 잘 되었을 것인지 여부를 말하기는 흔히 매우 어렵다. 때때로 훌륭한 변호인에 의하여 언뜻 보기에는 난공불락의 사건들이 분해될 수 있다. 한 개의 차가운 기록의 토대 위에서는, 민첩하면서 충분히 준비를 갖춘 변호인에 의한 반증에 및 반대신문에 맞서서였다면 정부측 증거가 및 주장들이 어떻게 버텨냈을지 재심리 법원으로서는 자신 있게 확인하는 것이 불가능할 수 있다. 피고인에게 끼쳐진 불이익에 관한 증거가 바로 변호인의 무능력함에 의하여 기록에서 빠져 있을 가능성에 의하여, 불이익을 사실에 좇아 평가하는 일의 난점들은 악화된다.[6] 변호인의 무능력함에 의하여 정식사실심리의

---

5) 변호인의 무의미한 조력에 관한 주장들의 평가를 위한 지침들을 개발하고자 시도한 여타의 결정들에 대한 검토로서는 Erickson, Standards of Competency for Defense Counsel in a Criminal Case, 17 Am. Crim. L. Rev. 233, 242-248 (1979)를 보라. 미국 법률가협회(the American Bar Association)에 의하여 개발된 기준들에 이 결정들 중 다수는 무겁게 의존한다. ABA Standards for Criminal Justice 4-1.1- 4-8.6 (2d ed. 1980)을 보라.

6) United States v. Ellison, 557 F. 2d 128, 131 (CA7 1977)을 비교하라. 대립하는 이해관계들의 동시 대변에 의하여 초래된 불이익을 측정하는 데 관련된 문제를 논함에 있어서 우리는 이렇게 말하였다:
"…… [비]단 정식사실심리에 있어서만이 아니라 그 있을 수 있는 정식사실심리 이전의 답변거래들에 관하여, 그리고 양형 심문절차에 있어서, 그 행함으로부터 스스로 *자제하도록(refrain)* 강제된다고 변호인이 여기는 바에 해악은 있다. 정식사실심리에서의 일정한 임무들에 착수하는 일에 대한 한 명의 변호사의 불이행으로 인하여 초래된 불이익을 기록으로부터 적시함이 일부 사건들에서는 가능할 수도 있으나, 그러나 심지어 양형심문 기록을 입수해 있다 하더라도 의뢰인에 대한 변호사의 대변에 한 개의 충돌이 미친 영향력을 분별력 있게 판단하기는 어려울 것이다. 그리고 답변

of all these impediments to a fair evaluation of the probability that the outcome of a trial was affected by ineffectiveness of counsel, it seems to me senseless to impose on a defendant whose lawyer has been shown to have been incompetent the burden of demonstrating prejudice. «466 U. S., 711»

Second and more fundamentally, the assumption on which the Court's holding rests is that the only purpose of the constitutional guarantee of effective assistance of counsel is to reduce the chance that innocent persons will be convicted. In my view, the guarantee also functions to ensure that convictions are obtained only through fundamentally fair procedures.[7] The majority contends that the Sixth Amendment is not violated when a manifestly guilty defendant is convicted after a trial in which he was represented by a manifestly ineffective attorney. I cannot agree. Every defendant is entitled to a trial in which his interests are vigorously and conscientiously advocated by an able lawyer. A proceeding in which the defendant does not receive meaningful assistance in meeting the forces of the State does not, in my opinion, constitute due process.

In Chapman v. California, 386 U. S. 18, 23 (1967), we acknowledged that certain constitutional rights are "so basic to a fair trial that their infraction can never be treated as harmless error." Among these rights is the right to the assistance of counsel at trial. Id., at 23, n. 8; see Gideon v. Wainwright, 372 U. S. 335 (1963).[8] In my view, the right «466 U. S., 712» to *effective* assistance-

---

of the sentencing hearing available it would be difficult to judge intelligently the impact of a conflict on the attorney's representation of a client. And to assess the impact of a conflict of interests on the attorney's options, tactics, and decisions in plea negotiations would be virtually impossible. Thus, an inquiry into a claim of harmless error here would require, unlike most cases, unguided speculation." Holloway v. Arkansas, 435 U. S. 475, 490–491 (1978) (emphasis in original).

When defense counsel fails to take certain actions, not because he is "compelled" to do so, but because he is incompetent, it is often equally difficult to ascertain the prejudice consequent upon his omissions.

7) See United States v. Decoster, 199 U. S. App. D. C. 359, 454–457, 624 F. 2d 196, 291–294 (en banc) (Bazelon, J., dissenting), cert. denied, 444 U. S. 944 (1979); Note, 93 Harv. L. Rev., at 767–770.

8) In cases in which the government acted in a way that prevented defense counsel from functioning effectively, we have refused to require the defendant, in order to obtain a new trial, to demonstrate that he was injured. In Glasser v.

결과가 영향을 입었을 가능성에 대한 공정한 평가가 지니는 이러한 장애들에 비추어, 불이익을 증명할 책임을 변호인의 무능력함이 입증되어 있는 피고인에게 부과하는 것은 내게는 분별없는 일로 생각된다. «466 U. S., 711»

둘째로, 그리고 보다 근본적으로, 변호인의 효과적인 조력에 대한 헌법적 보장의 유일한 목적은 죄 없는 사람들이 유죄로 판정될 가능성을 줄이기 위함이라는 데 이 법원의 판시가 의존하는 가정은 있다. 나의 견해로는, 오직 기본적으로 공정한 절차들을 통해서만 유죄판정들이 얻어지도록 보장하는 데에도 그 보장은 기능한다.[7] 명백히 무능력한 변호인에 의하여 대변된 정식사실심리 뒤에 유죄로 명백히 유죄인 피고인이 판정될 경우에 연방헌법 수정 제6조는 침해되지 않는다고 다수의견은 주장한다. 나는 동의할 수 없다. 한 명의 유능한 변호인에 의하여 자신의 이익들이 열정적으로 그리고 성실하게 옹호되는 정식사실심리를 받을 권리를 모든 피고인은 지닌다. 의미 있는 조력을 주(State) 권력을 상대함에 있어서 피고인이 수령하지 못하는 한 개의 절차는 나의 견해로는 적법절차에 해당하지 않는다.

일정한 헌법적 권리들은 "공정한 정식사실심리에 너무나도 기본이라서 그것들의 위반은 결코 무해한 오류로 취급될 수 없다."고 Chapman v. California, 386 U. S. 18, 23 (1967)에서 우리는 인정하였다. 이러한 권리들 가운데는 정식사실심리에서 변호인의 조력을 받을 권리가 포함된다. Id., at 23, n. 8; 그리고 Gideon v. Wainwright, 372 U. S. 335 (1963)을 보라.[8] 나의 견해로는, 변호인의 «466 U. S.,

거래들에 있어서의 변호인의 선택사항들에, 전술들에, 그리고 결정들에 이해관계의 충돌이 끼친 영향력을 평가하기는 사실상 불가능할 것이다. 그러므로 여기서의 무해한 오류에 관한 주장에 대한 심리는 대부분의 경우들하고는 달리 안내자 없는 투기를 요구할 것이다." Holloway v. Arkansas, 435 U. S. 475, 490-491 (1978) (강조는 원문).

일정한 행위들을 변호인이 취하지 아니한 것이 그가 그렇게 "강제되기" 때문이 아니라 그가 무능력하기 때문인 경우에, 그의 부작위들의 당연한 결과로서 초래된 불이익을 확인하기는 흔히 마찬가지로 어렵다.

7) United States v. Decoster, 199 U. S. App. D.C. 359, 454-457, 624 F. 2d 196, 291-294 (en banc) (배즐론(Bazelon) 판사, 반대의견), cert. denied, 444 U. S. 944 (1979를; Note, 93 Harv. L. Rev., at 767-770을 보라.

8) 변호인으로 하여금 효과적으로 기능하지 못하도록 변호인을 정부가 행동한 방식이 저지한 사건들에 있어서는, 만약 새로운 정식사실심리를 피고인이 얻고자 하거든 불이익을 입었음을 증명하라고 그에게 요구하기를 우리는 거부하여 왔다. 예컨대 Glasser v. United States, 315 U. S. 60, 75-76 (1942)에서 우리는 이렇게 판시하였다: "[상반되는 이해관계를 지닌 두 명의 공동 피고인들을 위하여 동일한 변호인을] 법원이 지정한 결과로서 [한 명의 피고인]이 입은 불

tance of counsel is entailed by the right to counsel, and abridgment of the former is equivalent to abridgment of the latter.[9] I would thus hold that a showing that the performance of a defendant's lawyer departed from constitutionally prescribed standards requires a new trial regardless of whether the defendant suffered demonstrable prejudice thereby.

II

Even if I were inclined to join the majority's two central holdings, I could not abide the manner in which the majority elaborates upon its rulings. Particularly regrettable are the majority's discussion of the "presumption" of reasonableness to be accorded lawyers' decisions and its attempt to prejudge the merits of claims previously rejected by lower courts using different legal standards.

A

In defining the standard of attorney performance required by the Constitution, the majority appropriately notes that many problems confronting criminal defense attorneys admit of "a range of legitimate" responses.

United States, 315 U. S. 60, 75–76 (1942), for example, we held:

"To determine the precise degree of prejudice sustained by [a defendant] as a result of the court's appointment of [the same counsel for two codefendants with conflicting interests] is at once difficult and unnecessary. The right to have the assistance of counsel is too fundamental and absolute to allow courts to indulge in nice calculations as to the amount of prejudice arising from its denial."

As the Court today acknowledges, United States v. Cronic, ante, at 662, n. 31, whether the government or counsel himself is to blame for the inadequacy of the legal assistance received by a defendant should make no difference in deciding whether the defendant must prove prejudice.

9) See United States v. Yelardy, 567 F. 2d 863, 865, n. 1 (CA6), cert. denied, 439 U. S. 842 (1978); Beasley v. United States, 491 F. 2d 687, 696 (CA6 1974); Commonwealth v. Badger, 482 Pa. 240, 243–244, 393 A. 2d 642, 644 (1978).

712» 조력을 받을 권리에 의하여 변호인의 *효과적인(effective)* 조력을 받을 권리는 함의되고, 따라서 전자의 감쇄에 후자의 감쇄는 맞먹는다.[9] 그러므로 입증 가능한 불이익을 이로써 피고인이 입었는지 여부에 관계없이 새로운 정식사실심리를 헌법적으로 규정된 기준들로부터 피고인의 변호인의 변론수행이 이탈하였다는 점에 대한 증명은 요구한다고 나라면 판시할 것이다.

II

설령 다수의견의 두 가지 핵심적 판시들에 내가 가담하고 싶어진다 하더라도, 자신의 결정들에 관하여 상세히 다수의견이 설명하는 그 방식을 나는 지킬 수 없을 것이다. 특히 유감스러운 것은 변호사들의 결정들에 부여되어야 할 합리성의 "추정(presumption)"에 관한 다수의견의 논의이고, 그리고 여태껏 다른 법적 기준들을 적용해 온 하급법원들에 의하여 기각된 주장들의 실체적 사항을 충분한 심리 없이 판단하려는 다수의견의 시도이다.

A

연방헌법에 의하여 요구되는 변호인의 변론수행 기준을 규정함에 있어서, 이에 대한 "일정한 범위의 정당한" 응답들을 형사 변호인들이 봉착하는 많은 문제들은 용납한다고 다수의견은 적절하게도 특별히 언급한다. Ante, at 689. 나아가, 한 묶음의 선택사항들 가운데서의 변호사의 선택을 재검토할 때는 때늦은 지혜(hindsight)의 오만을 피하도록 정확하게 주의를 법원들에게 다수의견은 준다. Ibid. 그러나

이익의 정확한 정도를 판정하는 것은 어렵기도 하면서 불필요하기도 한 일이다. 변호인의 조력을 가질 권리는 너무나 기본적이고 절대적이라서 그 권리의 박탈로부터 발생하는 불이익의 양에 관한 점잖은 계산행위들에 법원들로 하여금 빠지도록 그것은 허용하지 않는다."

이 법원이 오늘 인정하듯이, United States v. Cronic, ante, at 662, n. 31, 피고인에 의하여 수령된 법적 조력의 불충분성에 대하여 정부에게 또는 변호인 그 자신에게 책임이 있는지 여부는 불이익을 피고인이 증명하지 않으면 안 되는지 여부를 결정하는 데 있어서 아무런 차이를도 낳아서는 안 된다.

9) United States v. Yelardy, 567 F. 2d 863, 865, n. 1 (CA6), cert. denied, 439 U. S. 842 (1978)을; Beasley v. United States, 491 F. 2d 687, 696 (CA6 1974)를; Commonwealth v. Badger, 482 Pa. 240, 243-244, 393 A. 2d 642, 644 (1978)을 보라.

Ante, at 689. And the majority properly cautions courts, when reviewing a lawyer's selection amongst a set of options, to avoid the hubris of hindsight. Ibid. The majority goes on, however, to suggest that reviewing courts should "indulge a strong presumption that counsel's conduct" was constitutionally acceptable, ibid.; see ante, at 690, 696, and should "appl[y] a heavy measure of deference to counsel's judgments," ante, at 691.

I am not sure what these phrases mean, and I doubt that they will be self-explanatory to lower courts. If they denote nothing more than that a defendant claiming he was denied effective assistance of counsel has the burden of proof, I «466 U. S., 713» would agree. See United States v. Cronic, ante, at 658. But the adjectives "strong" and "heavy" might be read as imposing upon defendants an unusually weighty burden of persuasion. If that is the majority's intent, I must respectfully dissent. The range of acceptable behavior defined by "prevailing professional norms," ante, at 688, seems to me sufficiently broad to allow defense counsel the flexibility they need in responding to novel problems of trial strategy. To afford attorneys more latitude, by "strongly presuming" that their behavior will fall within the zone of reasonableness, is covertly to legitimate convictions and sentences obtained on the basis of incompetent conduct by defense counsel.

The only justification the majority itself provides for its proposed presumption is that undue receptivity to claims of ineffective assistance of counsel would encourage too many defendants to raise such claims and thereby would clog the courts with frivolous suits and "dampen the ardor" of defense counsel. See ante, at 690. I have more confidence than the majority in the ability of state and federal courts expeditiously to dispose of meritless arguments and to ensure that responsible, innovative lawyering is not inhibited. In my view, little will be gained and much may be lost by instructing the

"변호인의 행위"가 헌법적으로 받아들일 수 있는 것이었다는 점에 대한 "강력한 추정을" 재심리 법원들은 "마음껏 누려야" 한다고, ibid.; see ante, at 690, 696, 그리고 "비중 있는 경의[를] 변호인의 판단들에" 재심리 법원들은 "적용[해]야" 한다고 암시하는 데까지 다수의견은 계속 나아간다. ante, at 691.

이 구절들이 의미하는 바가 무엇인지 나는 자신할 수 없으며, 그리하여 그것들이 그 스스로를 하급법원들에게 설명하는 것들일 수 있는지 나는 의심한다. 만약 그것들이 의미하는 것이 스스로 변호인의 효과적인 조력을 박탈당했다고 주장하는 피고인이 그 입증책임을 진다는 것에 불과하다면, 나는 «466 U. S., 713» 이에 동의할 것이다. United States v. Cronic, ante, at 658을 보라. 그러나 특별히 무거운 설득력의 부담을나 피고인들에게 부과하는 것으로 "강력한(strong)"이라는 및 "비중 있는(heavy)"이라는 형용사들은 해석될 수도 있다. 만약 그것이 다수의견의 취지라면, 나는 정중히 반대하지 않으면 안 된다. "지배적인 전문직 규범들(prevailing professional norms)", ante, at 688, 에 의하여 규정되는 받아들일 만한 행동의 범위는 정식사실심리 전략의 새로운 문제들에 대응하는 데 있어서 변호인들이 필요로 하는 유연성을 그들에게 허용할 만큼 충분히 넓다고 내게는 생각된다. 합리성의 범위 안에 그들의 행동이 들어올 것이라고 "강력하게 추정"함으로써 보다 큰 허용범위를 변호사들에게 부여하는 것은 변호인에 의한 무능력한 행위의 토대 위에서 얻어진 유죄판정들을 및 형 선고들을 암암리에 정당화하는 것이다.

자신이 발의한 추정을 위하여 다수의견이 스스로 제공하는 유일한 정당화 사유는 너무나 많은 피고인들로 하여금 그 같은 주장들을 제기하도록, 그리하여 법원들을 무가치한 소송들로 괴롭히도록, 그리고 변호인의 "열정을 풀 죽이도록" 변호인의 무의미한 조력에 관한 주장들의 과도한 수용이 부추길 것이라는 것이다. ante, at 690을 보라. 실익 없는 주장들을 신속하게 처리할, 그리하여 책임감 있으면서 혁신적인 변론활동이 방해되지 않도록 보장할 주 법원들의 및 연방법원들의 능력에 대하여 다수의견이보다는 더 많은 신뢰를 나는 가지고 있다. 나의 견해로는 자신의 변호인의 변론수행에 대한 피고인의 이의는 비현실적인 것이라는 가정 위에 나아

lower courts to proceed on the assumption that a defendant's challenge to his lawyer's performance will be insubstantial.

B

For many years the lower courts have been debating the meaning of "effective" assistance of counsel. Different courts have developed different standards. On the issue of the level of performance required by the Constitution, some courts have adopted the forgiving "farce-and-mockery" standard,[10) while others have adopted various versions of «466 U. S., 714» the "reasonable competence" standard.[11) On the issue of the level of prejudice necessary to compel a new trial, the courts have taken a wide variety of positions, ranging from the stringent "outcome-determinative" test,[12) to the rule that a showing of incompetence on the part of defense counsel automatically requires reversal of the conviction regardless of the injury to the defendant.[13)

The Court today substantially resolves these disputes. The majority holds that the Constitution is violated when defense counsel's representation falls below the level expected of reasonably competent defense counsel, ante, at 687-691, and so affects the trial that there is a "reasonable probability" that, absent counsel's error, the outcome would have been different, ante, at 691-696.

Curiously, though, the Court discounts the significance of its rulings, suggesting that its choice of standards matters little and that few if any cases

10) See, e. g., State v. Pacheco, 121 Ariz. 88, 91, 588 P. 2d 830, 833 (1978); Hoover v. State, 270 Ark. 978, 980, 606 S. W. 2d 749, 751 (1980); Line v. State, 272 Ind. 353, 354–355, 397 N. E. 2d 975, 976 (1979).

11) See, e. g., Trapnell v. United States, 725 F. 2d 149, 155 (CA2 ,1983); Cooper v. Fitzharris, 586 F. 2d 1325, 1328–1330 (CA9 1978) (en banc), cert. denied, 440 U. S. 974 (1979).

12) See, e. g., United States v. Decoster, 199 U. S. App. D. C., at 370, and n. 74, 624 F. 2d, at 208, and n. 74 (plurality opinion); Knight v. State, 394 So. 2d 997, 1001 (Fla. 1981).

13) See n. 7, supra.

가도록 하급법원들에게 지시할 경우에는 얻어지는 것은 없는 반면 상실되는 것은 많을 것이다.

B

변호인의 "효과적인(effective)" 조력의 의미를 여러 해 동안 하급법원들은 토론해 오고 있는 중이다. 다양한 기준들을 여러 법원들은 개발해 왔다. 연방헌법에 의하여 요구되는 변론수행의 수준의 문제에 관하여 그 관대한 "익살 및 흉내(farce-and-mockery)" 기준을 몇몇 법원들은 채택한 터이고,[10] 이에 반하여 "합리적 능력(reasonable competence)" 기준의 다양한 «466 U. S., 714» 변형들을 다른 법원들은 채택한 터이다.[11] 새로운 정식사실심리를 불가결하게 만드는 데 필요한 불이익의 수준의 쟁점에 관하여 매우 다양한 입장들을 법원들은 보여왔는 바, 그 엄격한 "결과-결정" 기준에서부터,[12] 유죄판정의 파기를 피고인에게 가해진 불이익 여부에 상관없이 자동적으로 변호인측의 무능력함에 대한 증명은 요구한다는 규칙에까지 그것은 걸친다.[13]

이 논쟁들을 이 법원은 오늘 실질적으로 결말짓는다. 합리적으로 능력 있는 변호인에게서 기대되는 수준에 변호인의 대변이 미달하는 경우 연방헌법은 침해된다고, ante, at 687-691, 그리하여 정식사실심리를 그것이 손상시킴으로써 만약 변호인의 오류가 없었더라면 결과가 달라졌을 "합리적 개연성"이 있게 된다고 다수의견은 판시한다. ante, at 691-696.

그런데 기이하게도, 자신의 결정들의 의미를 고려에 넣지 않은 채, 기준들에 대한 자신의 선택은 문제가 되지 않는 것 아닌가 하고, 그리고 설령 오늘 선언된 기준

10) 예컨대, State v. Pacheco, 121 Ariz. 88, 91, 588 P. 2d 830, 833 (1978)을; Hoover v. State, 270 Ark. 978, 980, 606 S. W. 2d 749, 751 (1980)을; Line v. State, 272 Ind. 353, 354-355, 397 N. E. 2d 975, 976 (1979)을 보라.

11) 예컨대, Trapnell v. United States, 725 F. 2d 149, 155 (CA2 1983)을; Cooper v. Fitzharris, 586 F. 2d 1325, 1328-1330 (CA9 1978) (en banc), cert. denied, 440 U. S. 974 (1979)를 보라.

12) 예컨대, United States v. Decoster, 199 U. S. App. D.C., at 370, and n. 74, 624 F. 2d, at 208, and n. 74 (상대다수의견(plurality opinion)을; Knight v. State, 394 So. 2d 997, 1001 (Fla. 1981)을 보라.

13) n. 7, supra를 보라.

would have been decided differently if the lower courts had always applied the tests announced today. See ante, at 696-697. Surely the judges in the state and lower federal courts will be surprised to learn that the distinctions they have so fiercely debated for many years are in fact unimportant.

The majority's comments on this point seem to be prompted principally by a reluctance to acknowledge that today's decision will require a reassessment of many previously rejected ineffective-assistance-of-counsel claims. The majority's unhappiness on this score is understandable, but its efforts to mitigate the perceived problem will be ineffectual. Nothing the majority says can relieve lower courts that hith- «466 U. S., 715» erto have been using standards more tolerant of ineffectual advocacy of their obligation to scrutinize all claims, old as well as new, under the principles laid down today.

III

The majority suggests that, "[f]or purposes of describing counsel's duties," a capital sentencing proceeding "need not be distinguished from an ordinary trial." Ante, at 687. I cannot agree.

The Court has repeatedly acknowledged that the Constitution requires stricter adherence to procedural safeguards in a capital case than in other cases.

"[T]he penalty of death is qualitatively different from a sentence of imprisonment, however long. Death, in its finality, differs more from life imprisonment than a 100-year prison term differs from one of only a year or two. Because of that qualitative difference, there is a corresponding difference in

들을 하급법원들이 이미 적용해 왔었다 하더라도 그 결과가 다르게 판결되었을 사건들이란 설령 있었더라도 드물지 않았겠는가 하고 넌지시 이 법원은 내비춘다. ante, at 696-697을 보라. 자신들이 여러 해 동안 그토록 치열하게 토론해 온 구분들이 실제로는 중요하지 않음을 알고서 확실히 주 법원들에서와 하급 연방법원들에서 판사들은 놀랄 것이다.

여태껏 기각되어 온 변호인의 무의미한 조력에 관한 주장들에 대한 재평가를 오늘의 결정이 요구할 것이라는 점을 인정하는 데 대한 거리낌에서 이 점에 관한 다수의견의 논평들은 주로 유발되는 것으로 보인다. 이 점에 있어서의 다수의견의 불행은 이해할 만하지만, 그러나 그 파악된 문제를 완화시키고자 하는 다수의견의 노력들은 헛일일 것이다. 보다 더 관대한 기준들을 무의미한 옹호에 대하여 여태껏 «466 U. S., 715» 사용해 온 하급법원들을, 오늘 정해진 원칙들 아래서 모든 주장들을 - 새로운 것들을에 아울러 낡은 것들을도 - 을 정사할 그들의 의무로부터 다수의견이 말하는 그 무엇이도 해방시켜 줄 수 없다.

III

"[변]호인의 의무사항들을 설명하기 위하여는" 사형에 해당하는 사건의 양형 심문절차는 "일반적 정식사실심리로부터 구분되어야 할 필요가 없는" 것 아닌가 다수의견은 넌지시 내비춘다. Ante, at 687. 나는 동의할 수 없다.

사형에 해당하는 사건에 있어서 연방헌법이 요구하는 절차적 보호수단들에 대한 고수는 여타의 사건들에서 요구하는 것이보다도 더 엄격함을 당원은 반복적으로 인정하여 왔다.

"[사]형이라는 형벌은 구금형 - 제아무리 긴 것이더라도 - 에 비하여 질적으로 다르다. 사형이 그 궁극성에 있어서 종신형에 비하여 다른 점은 100년의 감옥형이 1년의 또는 2년의 감옥형에 비하여 다른 점이보다 더하다. 그 질적 차이 때문에, 특정 사건에서 사형이 적절한 처벌이라는 판정에 담겨야 할 신뢰성의 필요에 있어서

the need for reliability in the determination that death is the appropriate punishment in a specific case." Woodson v. North Carolina, 428 U. S. 280, 305 (1976) (plurality opinion) (footnote omitted).[14)]

The performance of defense counsel is a crucial component of the system of protections designed to ensure that capital punishment is administered with some degree of rationality. "Reliability" in the imposition of the death sentence can be approximated only if the sentencer is fully informed of "all possible relevant information about the individual defendant whose fate it must determine." Jurek v. Texas, 428 U. S. 262, 276 (1976) (opinion of Stewart, POWELL, and STEVENS, JJ.). The job of amassing that information and presenting it «466 U. S., 716» in an organized and persuasive manner to the sentencer is entrusted principally to the defendant's lawyer. The importance to the process of counsel's efforts,[15)] combined with the severity and irrevocability of the sanction at stake, require that the standards for determining what constitutes "effective assistance" be applied especially stringently in capital sentencing proceedings.[16)]

It matters little whether strict scrutiny of a claim that ineffectiveness of counsel resulted in a death sentence is achieved through modification of the Sixth Amendment standards or through especially careful application of those standards. JUSTICE BRENNAN suggests that the necessary adjustment of the level of performance required of counsel in capital sentencing proceedings can be effected simply by construing the phrase, "reasonableness under prevailing professional norms," in a manner that takes into account the nature of

14) See also Zant v. Stephens, 462 U. S. 862, 884–885 (1983); Eddings v. Oklahoma, 455 U. S. 104, 110–112 (1982); Lockett v. Ohio, 438 U. S. 586, 604 (1978) (plurality opinion).

15) See Goodpaster, The Trial for Life: Effective Assistance of Counsel in Death Penalty Cases, 58 N. Y. U. L. Rev. 299, 303 (1983).

16) As JUSTICE BRENNAN points out, ante, at 704, an additional reason for examining especially carefully a Sixth Amendment challenge when it pertains to a capital sentencing proceeding is that the result of finding a constitutional violation in that context is less disruptive than a finding that counsel was incompetent in the liability phase of a trial.

한 개의 상응하는 차이가 있는 것이다." Woodson v. North Carolina, 428 U. S. 280, 305 (1976) [상대다수 (plurality) 의견] (각주생략).[14)]

변호인의 변론수행은 상당한 정도의 합리성을 지니고서 사형이 운영되도록 보장하고자 설계된 보호 제도의 중대한 요소이다. "그 운명을 결정하지 않으면 안 되는 개개 피고인에 관하여 모든 가능한 정보"를 양형심리 판사가 완전히 제공받을 경우에만 사형의 부과에 있어서의 "신뢰성(Reliability)"은 근접될 수 있다. Jurek v. Texas, 428 U. S. 262, 276 (1976) [스튜어트(STEWART) 판사의, 파월(POWELL) 판사의, 및 스티븐스(Stevens) 판사의 의견]. 그 정보를 모을, 그리고 그것을 «466 U. S., 716» 조직화된 및 설득력 있는 방법으로 양형심리 판사에게 제출할 임무는 주로 피고인의 변호인에게 맡겨진다. 사형에 해당하는 양형 심문절차들에서 "효과적인 조력"을 무엇이 구성하는지를 판정하기 위한 기준들이 특별히 엄격하게 적용되어야 함을 그 걸려 있는 제재의 엄중함에 및 그 취소 불능성(irrevocability)에 더불어, 절차에서 변호인의 노력들이 차지하는 중요성[15)]은 요구한다.[16)]

사형선고의 결과를 변호인의 무능력함이 불러왔다는 주장에 대한 엄격한 정사가 연방헌법 수정 제6조 기준들의 수정을 통하여 달성되는지 또는 그 기준들의 특별히 주의 깊은 적용에 의하여 달성되는지 여부는 별로 문제가 되지 않는다. 그 걸려 있는 처벌의 성격을 고려하는 한 가지 방법으로써, "지배적인 전문직 규범들 아래서의 합리성"이라는 구절을 해석함에 의하여 사형에 해당하는 양형 심문절차들에서 변호인에게 요구되는 변론수행 수준의 필요한 조정은 달성될 수 있는 것 아닌가 하고 브레넌(BRENNAN) 판사는 넌지시 내비춘다. Ante, at 704-706. 이 특정 맥락에

14) 아울러 Zant v. Stephens, 462 U. S. 862, 884-885 (1983)을; Eddings v. Oklahoma, 455 U. S. 104, 110-112 (1982)를; Lockett v. Ohio, 438 U. S. 586, 604 (1978) (상대다수 의견(plurality opinion))을 보라.

15) Goodpaster, The Trial for Life: Effective Assistance of Counsel in Death Penalty Cases, 58 N. Y. U. L. Rev. 299, 303 (1983)을 보라.

16) 브레넌(BRENNAN) 판사가 지적하듯이, ante, at 704, 사형에 해당하는 양형 심문절차에 연방헌법 수정 제6조에 기한 이의가 관계할 경우에 이에 대하여 특별히 주의 깊게 검토를 해야 할 한 가지 추가적 이유는, 그 맥락에서의 헌법위반의 인정의 결과는 정식사실심리의 책임유무 국면에서 변호인이 무능력했다는 점에 대한 인정이보다도 파괴적인 점이 덜하기 때문이다.

the impending penalty. Ante, at 704-706. Though I would prefer a more specific iteration of counsel's duties in this special context,[17] I can accept that proposal. However, when instructing lower courts regarding the probability of impact upon the outcome that requires a resentencing, I think the Court would do best explicitly to modify the legal standard itself.[18] In my view, a person on death row, whose counsel's performance fell below constitutionally acceptable levels, should not be compelled to demonstrate a "reasonable prob- «466 U. S., 717» ability" that he would have been given a life sentence if his lawyer had been competent, see ante, at 694; if the defendant can establish a significant chance that the outcome would have been different, he surely should be entitled to a redetermination of his fate. Cf. United States v. Agurs, 427 U. S. 97, 121-122 (1976) (MARSHALL, J., dissenting).[19]

IV

The views expressed in the preceding section oblige me to dissent from the majority's disposition of the case before us.[20] It is undisputed that respondent's trial counsel made virtually no investigation of the possibility of obtaining testimony from respondent's relatives, friends, or former employers

17) See Part I-A, supra. For a sensible effort to formulate guidelines for the conduct of defense counsel in capital sentencing proceedings, see Goodpaster, supra, at 343-345, 360-362.

18) For the purposes of this and the succeeding section, I assume, solely for the sake of argument, that some showing of prejudice is necessary to state a violation of the Sixth Amendment. But cf. Part I-B, supra.

19) As I read the opinion of the Court, it does not preclude this kind of adjustment of the legal standard. The majority defines "reasonable probability" as "a probability sufficient to undermine confidence in the outcome." Ante, at 694. In view of the nature of the sanction at issue, and the difficulty of determining how a sentencer would have responded if presented with a different set of facts, it could be argued that a lower estimate of the likelihood that the outcome of a capital sentencing proceeding was influenced by attorney error is sufficient to "undermine confidence" in that outcome than would be true in an ordinary criminal case.

20) Adhering to my view that the death penalty is unconstitutional under all circumstances, Gregg v. Georgia, 428 U. S. 153, 231 (1976) (MARSHALL, J., dissenting), I would vote to vacate respondent's sentence even if he had not presented a substantial Sixth Amendment claim.

서의 변호인의 의무사항들에 대한 보다 명시적인 복창(iteration)을 더 낫게 비록 나라면 여길 것임에도 불구하고,[17] 그 제안을 나는 받아들일 수 있다. 그러나 새로운 양형심리를 요구하는 것으로 귀착되는 결과에 대하여 끼쳐질 영향력의 가능성에 관하여 하급법원들에게 설명할 때에는, 그 법적 기준 자체를 이 법원은 명시적으로 수정하는 것이 최선일 것으로 나는 생각한다.[18] 나의 견해로는 헌법적으로 받아들일 수 있는 수준들에 변호인의 변론수행이 미달함으로써 교수형 밧줄에 달린 사람은 만약 그의 변호인이 유능했더라면 종신형(a life sentence)이 «466 U. S., 717» 부여되었을 "합리적 개연성(reasonable probability)"을 증명하도록 강제되어서는 안 되며, see ante, at 694; 만약 결과가 달라졌을 의미 있는 가능성(a significant chance)을 피고인이 증명할 수 있으면 그의 운명에 대한 새로운 결정을 누릴 권리를 그는 확실히 가져야 한다. United States v. Agurs, 427 U. S. 97, 121-122 (1976) [마샬(MARSHALL) 판사, 반대의견]을 비교하라.[19]

IV

우리 앞의 사건에 대한 다수의견의 처분에 반대하도록 앞의 절에서 표명된 견해들은 나를 의무 지운다.[20] 피청구인의 성격에 내지는 배경에 관하여 그의 친척들로부터, 친구들로부터, 또는 옛 고용주들로부터 증언을 얻을 가능성에 대하여 사실상 아무런 조사를도 피청구인의 정식사실심리 변호인이 수행하지 않았음은 다툼이

---

17) Part I-A, supra를 보라. 사형에 해당하는 양형 심문절차들에서의 변호인의 행동지침들을 공식화하려는 의미 있는 노력으로서 Goodpaster, supra, at 343-345, 360-362를 보라.

18) 이 절의 및 뒤이은 절의 목적상 연방헌법 수정 제6조에 대한 위반을 말하기 위하여는 불이익에 대한 상당한 증명이 필요하다고 내가 가정하는 것은 오직 논쟁을 위해서만이다. 그러나 Part I-B, supra를 비교하라.

19) 이 법원의 의견을 내가 읽는 바로는, 법적 기준에 대한 이 종류의 조정을 그것은 배제하지 않는다. "합리적 개연성(reasonable probability)"을, "결과에 대한 신뢰의 토대를 침식하기에 충분한 한 가지 개연성(a probability sufficient to undermine confidence in the outcome)"으로 다수의견은 규정한다. Ante, at 694. 쟁점의 대상인 제재의 성격에 비추어, 그리고 만약 한 개의 다른 묶음의 사실관계들이 제시되었더라면 양형심리 판사가 어떻게 반응했을지 판정하는 일의 어려움에 비추어, 사형에 해당하는 양형 심문절차의 결과가 변호인의 오류에 의하여 영향을 입었을 가능성을 일반적 형사사건에서의 경우에보다도 더 낮게 평가하는 것은 그 결과에 대한 "신뢰의 토대를 침식"하기에 충분하다고 주장될 수 있을 것이다.

20) 사형선고는 모든 상황들 아래서 위헌이라는 나의 견해, Gregg v. Georgia, 428 U. S. 153, 231 (1976) (마샬(MARSHALL) 판사, 반대의견), 를 나는 고수하므로, 설령 연방헌법 수정 제6조에 기한 실체적 주장을 피청구인이 제기하지 않았더라도 나라면 그에 대한 형 선고를 무효화하는 데 표를 나는 던질 것이다.

pertaining to respondent's character or background. Had counsel done so, he would have found several persons willing and able to testify that, in their experience, respondent was a responsible, nonviolent man, devoted to his family, and active in the affairs of his church. See App. 338-365. Respondent contends that his lawyer could have and should have used that testimony to "humanize" respondent, to counteract the impression conveyed by the trial that he was little more than a cold-blooded killer. Had this evidence been admitted, respondent argues, his chances of obtaining a life sentence would have been significantly better. «466 U. S., 718»

Measured against the standards outlined above, respondent's contentions are substantial. Experienced members of the death-penalty bar have long recognized the crucial importance of adducing evidence at a sentencing proceeding that establishes the defendant's social and familial connections. See Goodpaster, The Trial for Life: Effective Assistance of Counsel in Death Penalty Cases, 58 N. Y. U. L. Rev. 299, 300-303, 334-335 (1983). The State makes a colorable - though in my view not compelling - argument that defense counsel in this case might have made a reasonable "strategic" decision not to present such evidence at the sentencing hearing on the assumption that an unadorned acknowledgment of respondent's responsibility for his crimes would be more likely to appeal to the trial judge, who was reputed to respect persons who accepted responsibility for their actions.[21] But however justifiable such a choice might have been after counsel had fairly assessed the potential strength of the mitigating evidence available to him, counsel's failure to make any significant effort to find out what evidence might be garnered from respondent's

21) Two considerations undercut the State's explanation of counsel's decision. First, it is not apparent why adducement of evidence pertaining to respondent's character and familial connections would have been inconsistent with respondent's acknowledgment that he was responsible for his behavior. Second, the Florida Supreme Court possesses – and frequently exercises – the power to overturn death sentences it deems unwarranted by the facts of a case. See State v. Dixon, 283 So. 2d 1, 10 (1973). Even if counsel's decision not to try to humanize respondent for the benefit of the trial judge were deemed reasonable, counsel's failure to create a record for the benefit of the State Supreme Court might well be deemed unreasonable.

없다. 그렇게 변호인이 했더라면, 피청구인이 그의 가족에게 헌신적인, 그의 교회의 일들에 적극적인 책임감 있는 평화적인 사람임을 자신들의 경험상으로 기꺼이 증언하려 하는, 그리고 증언할 수 있는 여러 사람들을 그는 발견했을 것이다. App. 338-365를 보라. 피청구인을 인정 있게 만들기 위하여, 그가 피도 눈물도 없는 살인자에 불과하다는 정식사실심리에 의하여 시사된 인상을 중화시키기 위하여 그 증거를 그의 변호인은 이용할 수 있었다고, 그리고 이용했어야 한다고 피청구인은 주장한다. 이 증거가 받아들여졌더라면 종신형을 자신이 받았을 가능성은 두드러지게 더 많아졌을 것이라고 피청구인은 주장한다. «466 U. S., 718»

위에서 윤곽 잡힌 기준들에 견주어 측정하면, 피청구인의 주장들은 중요한 것들이다. 피고인의 사회적 가족적 연결관계들을 입증하는 증거를 양형 심문절차에서 대는 일의 결정적 중요성을 사형 선고를 내리는 재판부의 경험 많은 구성원들은 오래도록 인정해 왔다. Goodpaster, The Trial for Life: Effective Assistance of Counsel in Death Penalty Cases, 58 N. Y. U. L. Rev. 299, 300-303, 334-335 (1983)을 보라. 자신의 행동들에 대한 책임을 받아들이는 사람들을 존중하는 것으로 평판이 난 정식사실심리 판사에게는 피청구인 자신의 범행에 대한 그 자신의 책임의 꾸밈없는 인정이 더 호소력이 있을 것이라는 가정 위에 이 같은 증거를 양형 심문절차에 제출하지 않기로 하는 합리적인 "전략적" 결정을 이 사건에서의 변호인이 했을 수 있다는 한 가지 그럴 듯한 - 그러나 나의 견해로는 구속력이 없는 - 주장을 주(The State)는 편다.[21] 그러나 그 자신에게 입수 가능한 경감적 증거의 잠재적 설득력을 변호인이 공정하게 평가하고 난 뒤였더라면 이 같은 선택이 제아무리 정당화되었을 수 있을망정, 피청구인의 친척들로부터와 친지들로부터 어떤 증거가 얻어질 수 있는지 확인하기 위한 아무런 의미 있는 노력을도 변호인이 하지 아니한 점은 결코 "합리적인" 것으로 묘사될 수 없는 것이다. 피청구인의 목숨을 구할 수 있는 가능성에 관하

21) 변호인의 결정에 대한 주(State)의 설명을 두 가지 고려요소들은 약화시킨다. 첫째로, 스스로의 행동에 대하여 책임이 있다는 피청구인의 시인에 어째서 피청구인의 성격에 및 가족관계들에 관련된 증거의 제시가 모순되었을 것인지가 명백하지 않다. 둘째로, 사건의 사실관계에 의하여 뒷받침되지 않는다고 그 자신이 생각하는 사형선고들을 파기할 권한을 플로리다주 대법원은 보유하고 또 자주 행사한다. State v. Dixon, 283 So. 2d 1, 10 (1973)을 보라. 설령 정식사실심리 판사의 이익을 위하여 피청구인을 인정 있게 만들고자 시도하지 않기로 한 변호인의 결정이 정당한 것으로 여겨진다 하더라도, 주 대법원의 이익을 위한 기록을 변호인이 창출해 내지 아니한 점은 부당한 것으로 간주되는 것이도 당연하였다.

relatives and acquaintances surely cannot be described as "reasonable." Counsel's failure to investigate is particularly suspicious in light of his candid admission that respondent's confessions and conduct in the course of the trial gave him a feeling of "hopelessness" regarding the possibility of saving respondent's life, see App. 383-384, 400-401. «466 U. S., 719»

That the aggravating circumstances implicated by respondent's criminal conduct were substantial, see ante, at 700, does not vitiate respondent's constitutional claim; judges and juries in cases involving behavior at least as egregious have shown mercy, particularly when afforded an opportunity to see other facets of the defendant's personality and life.[22] Nor is respondent's contention defeated by the possibility that the material his counsel turned up might not have been sufficient to establish a *statutory* mitigating circumstance under Florida law; Florida sentencing judges and the Florida Supreme Court sometimes refuse to impose death sentences in cases "in which, even though *statutory* mitigating circumstances do not outweigh statutory aggravating circumstances, the addition of nonstatutory mitigating circumstances tips the scales in favor of life imprisonment." Barclay v. Florida, 463 U. S. 939, 964 (1983) (STEVENS, J., concurring in judgment) (emphasis in original).

If counsel had investigated the availability of mitigating evidence, he might well have decided to present some such material at the hearing. If he had done so, there is a significant chance that respondent would have been given a life sentence. In my view, those possibilities, conjoined with the unreasonableness of counsel's failure to investigate, are more than sufficient to establish a violation of the Sixth Amendment and to entitle respondent to a new sentencing proceeding.

I respectfully dissent.

---

22) See, e. g., Farmer & Kinard, The Trial of the Penalty Phase (1976), reprinted in 2 California State Public Defender, California Death Penalty Manual N-33, N-45 (1980). «466 U. S., 720»

여 피청구인의 자백들이, 그리고 정식사실심리 과정에서의 행동이 "절망"의 느낌을 그에게 주었다는 그의 솔직한 시인에 비추어, 조사를 변호인이 이행하지 아니한 점은 특히 의심스럽다. App. 383-384, 400-401을 보라. «466 U. S., 719»

피청구인의 헌법적 주장을 피청구인의 범죄 행위에 포함된 가중적 요소들이 중대하였다는 점, see ante, at 700, 은 손상시키지 않는다; 적어도 이에 못지 않게 엄청난 행동을 포함하는 사건들에서 판사들은 및 배심들은 자비를 보여 왔는 바, 피청구인의 인격의 및 삶의 여타의 측면들을 살펴볼 기회가 주어진 경우에 특히 그러하였다.[22] 플로리다주 법 아래서의 제정법상의 경감적 요소를 증명하기에 그의 변호인이 발견해 낸 자료가 충분하지 않았을 가능성에 의하여도 피청구인의 주장은 좌절되지 않는다; "설령 제정법상의 가중적 요소들을 *제정법상의(statutory)* 경감적 요소들이 능가하지 않더라도 종신형(life imprisonment)에 유리하게 제정법 이외 사항의 경감적 요소들이 무게가 나가는" 사건들에서는 사형을 부과하기를 플로리다주 양형심리 판사들은 및 플로리다주 대법원은 때때로 거부한다. Barclay v. Florida, 463 U. S. 939, 964 (1983) [스티븐스(STEVENS) 판사, 판결주문에 찬동함] (강조는 원문).

경감적 증거의 이용 가능성을 만약 변호인이 조사했더라면, 그 심문절차에 이 같은 자료 일부를 제출하기로 그는 결정했을 것이도 당연하였다. 만약 그렇게 그가 했더라면 종신형을 피청구인이 선고받았을 상당한 가능성이 있다. 나의 견해로 조사를 변호인이 이행하지 아니한 점의 부당성에 결합하여 연방헌법 수정 제6조에 대한 위반을 입증하기에, 그리고 새로운 양형 심문절차를 거칠 권리를 피청구인에게 부여하기에 그 가능성들은 충분하고도 남는다.

나는 정중히 반대한다.

---

22) 예컨대, Farmer & Kinard, The Trial of the Penalty Phase (1976), reprinted in 2 California State Public Defender, California Death Penalty Manual N-33, N-45 (1980)을 보라. «466 U. S., 720»

변호인의 조력을 받을 권리

Maine v. Moulton, 474 U. S. 159 (1985)

메인주 대법원에 내린 사건기록 송부명령

NO. 84-786
변론 1985년 10월 8일
판결 1985년 12월 10일

요약해설

1. 개요 및 쟁점

Maine v. Moulton, 474 U. S. 159 (1985)은 5 대 4로 판결되었다. 법원의 의견을 브레넌(BRENNAN) 판사가 냈다. 반대의견을 법원장 버거(BURGER) 판사는 냈는데, 이에는 화이트(WHITE) 판사와 렌퀴스트(REHNQUIST) 판사가, 그리고 I 부분에는 및 III 부분에는 오코너(O'CONNOR) 판사가 가담하였다.

대배심 기소 뒤의 임박한 정식사실심리의 방어전략을 짜기 위한 피청구인의 및 정부 비밀요원인 공동피고인의 둘 사이의 회합에서 피청구인에 의하여 그의 공범에게 이루어진 및 피청구인 몰래 녹음된 부죄적 진술들을 정식사실심리에서 증거로서 허용한 처분이 연방헌법 수정 제6조상의 변호인의 조력을 받을 피청구인의 권리를 침해했는지 여부가 다루어졌다.

2. 사실관계 (474 U. S., at 161-168.)

트럭에 및 승용차에 대한 장물취득에 의한 절취 등의 혐의로 메인주 법원에 대배심기소된 피청구인(모울턴)은 및 그의 공범 콜슨은 무죄답변을 내고서 보석으로 석방되어 정식사실심리를 기다리고 있었다. 공소사실들에 관한 익명의 협박전화가 콜슨에게 걸려 왔는데, 콜슨은 경찰을 찾아가 이를 알렸다. 정식사실심리를 준비하기 위하여 두 사람이 만난 자리에서 주측 증인에 대한 살해 가능성을 피청구인은 시사하였다. 콜슨은 변호인에 더불어 경찰을 찾아가, 기소된 공소사실들에 대하여 자신의 및 피청구인의 범행을 자백하고 그 밖의 공동범행들에 대하여도 진술하였다. 더 이상의 기소를 면제받는 대신에 피청구인에게 불리하게 증언하기로, 그 밖의 피의사실들에 기한 피청구인의 기소에 협력하기로 경찰관들의 제의에 따라 콜슨은 동의하였다. 자신이 받은 협박전화들에 및 주측 증인에 대한 살해계획에 관하여도 경찰에게 콜슨은 상의하였다.

녹음장치를 경찰의 지시에 따라 전화기에 하여 두고서 피청구인하고의 통화를 콜슨은 녹음하였고, 임박한 정식사실심리의 준비를 위한 회합(1982년 12월 26일) 때에는 경찰의 지시에 따라 휴대용 송신기를 몸에 감추었다. 두 사람의 대화는 경찰에 송신되고 녹음되었는데, 추억을 회상하는 내지는 자신의 나쁜 기억력을 탓하는 등의 방법으로써 피청구인의 부죄적 진술을 콜슨은 유도하였다.

콜슨의 역할이 탄로난 뒤에 메인주는 기왕의 대배심기소들을 취하하고 새로이 7개의 소인으로써 대배심기소를 제기하였다. 회합 때의 녹음된 진술들은 피청구인의 배제신청을 누르고서 정식사실심리에서 피청구인에게 불리한 증거로 허용되었다. 공소사실 중 불법목적침입에 및 절도에 대하여 피청구인의 유죄가 인정되었고 일부는 재판적을 이유로 각하되었다. 교차항소를 쌍방이 제기하였는데, 변호인의 조력을 받을 권리에 대한 침해를, 자신의 녹음된 진술들을 증거로 허용한 처분이 구성했다고 피청구인은 주장하였다.

메인주 대법원은 쌍방의 항소를 받아들여 새로운 정식사실심리를 위하여 사건을 환송하였다. 변호인의 조력을 받을 모울턴의 권리가 이미 달라붙은 상태의 피의사실들에 관하여서는, 그의 부죄적 진술들은 그 획득을 둘러싼 상황들에 비추어 정식사실심리에서 증거로서 허용될 수 없는 것으로 결정되었어야 한다고 메인주 대법원은 판시하였다. 메인주가 낸 사건기록 송부명령 청구에 의거하여 사건을 자신 앞에 연방대법원은 가져왔다.

3. 브레넌(BRENNAN) 판사가 쓴 법원의 의견의 요지

변호인의 조력을 받을 권리는 대립당사자주의 형사재판 제도의 공정한 운영에 있어서 불가결하다. (474 U. S., at 168.)

정식사실심리에의 참여에 변호인의 조력은 한정될 수 없다; 변호인을 정식사실심리 이전의 기간 동안에 박탈하는 것은 정식사실심리 자체에서의 변호인의 박탈이보다도 더 해로운 것이 될 수 있다. 한 명의 변호사의 도움을 받을 권리를 적어도 사법적 절차들이 개시된 시점 이후에는 그 대상자인 개인이 가짐을 변호인의 조력을 받을 권리는 의미한다. 유죄판결을 얻는 데 소용이 되는 내지는 필요한 결정적인 증거를 변호인의 조력을 받을 권리가 달라붙게 된 이후에 변호인의 부재 상태에서 자백의 형태로 만들어 내도록 경찰에게 허용하는 것은 변호인에 의한 효과적인 대변을 박탈하는 것이다. (474 U. S., at 170–171.)

적어도 공식의 기소들의 제기 이후에는 범인으로 주장되는 사람의 및 주(State)의 둘 사이의 한 명의 "중재자(medium)"로서 변호인에게 의존할 권리를 연방헌법 수정 제6조는 보장한다. 이 권리를 원용함으로써 피고인에게 부여된 그 보호들을 조금이라도 우회하는 방식에 의하여는 행동하지 말아야 할 주측의 단언적 의무를 이 보장은 포함한다. 콜슨이 주측 요원임을 감춤으로써 변호인을 찾아 상담할 기회를 모울턴에게서 경찰은 박탈하였고 이로써 연방헌법 수정 제6조에 의하여 보장된 변호인의 조력을 그에게서 박탈하였다. (474 U. S., at 176–177.)

여타의 범죄들을도 경찰이 수사하고 있었다는 사실에도 불구하고, 만약 그 걸려 있는 공소사실들에 관련된 부죄적 진술들을 얻어냄에 있어서 변호인의 조력을 받을 피고인의 권리를 인지 상태에서 우회함으로써 연방헌법 수정 제6조를 주가 침해했다면, 그 진술들은 그 공소사실들의 정식사실심리에서 증거로 허용될 수 없다. 원심판결은 인가되었다. (474 U. S., at 180.)

JUSTICE BRENNAN delivered the opinion of the Court.

The question presented in this case is whether respondent's Sixth Amendment right to the assistance of counsel was violated by the admission at trial of incriminating statements made by him to his codefendant, a secret government informant, after indictment and at a meeting of the two to plan defense strategy for the upcoming trial.

I

On the night of January 15, 1981, police officers in Belfast, Maine, responded to a fire call in the vicinity of the Belfast Dodge automobile dealership. Arriving at the scene, the officers discovered a burning Chevrolet dump truck which they recognized as a vehicle that had been reported stolen.[1] «474 U. S., 162» After examining the burning truck, the officers searched a building located on the Belfast Dodge property. This building was not part of the dealership, but was leased to respondent Perley Moulton and his codefendant Gary Colson who were using the space to restore and sell old Ford Mustangs. Inside, the officers discovered evidence of several recent automobile and automobile-related thefts.

On April 7, 1981, a Waldo County grand jury returned indictments charging

1) Indeed, in pursuing an anonymous tip received earlier that day that the stolen truck could be found at Belfast Dodge, one of the officers had conducted a consent search of the main building of the dealership facility.

법원의 의견을 브레넌(BRENNAN) 판사가 냈다.

이 사건에서 제기되는 문제는 대배심 기소 뒤의 임박한 정식사실심리에서의 방어전략을 짜기 위한 피청구인의 및 정부 비밀 정보원인 그의 공동피고인의 둘 사이의 회합에서 피청구인에 의하여 그의 공동피고인에게 이루어진 부죄적 진술들을 정식사실심리에서 증거로서 허용한 처분에 의하여 연방헌법 수정 제6조상의 변호인의 조력을 받을 피청구인의 권리가 침해되었는지 여부이다.

I

1981년 1월 15일 메인주 벨파스트(Belfast) 다지(Dodge) 자동차 판매 대리점 빌딩 근처에서 발생한 화재신고에 벨파스트 경찰관들은 대응하였다. 불타는 시보레(Chevrolet) 덤프트럭 한 대를 현장에 도착하였을 때 경찰관들은 발견하였는데, 도난차량으로 그 트럭이 신고되어 있음을 그들은 확인하였다.[1] 474 U. S., 162» 화재가 난 트럭을 조사한 뒤에, 벨파스트 다지 자동차회사 소유의 토지 위에 위치한 빌딩 한 개를 경찰관들은 수색하였다. 이 빌딩은 판매 대리점의 일부가 아니었고, 피청구인 펄리 모울턴(Perley Moulton)에게와 그의 공동피고인 게리 콜슨(Gary Colson)에게 임대된 것이었는데, 중고 포드 무스탕 승용차들(Ford Mustangs)을 보관하고 판매하는 데에 그 공간을 그들은 사용하고 있었다. 최근에 있었던 몇 번의 자동차 및 자동차 관련 절도범죄들의 증거를 그 안에서 경찰관들은 발견하였다.

모울턴을과 콜슨을 1983년 메인주 주석 개정 현행제정법집 제17-A편 359절에 대

1) 아닌 게 아니라, 그 날 일찍 접수된, 그 도난 트럭을 벨파스트 다지 대리점에서 찾을 수 있을 것이라는 익명의 비밀정보를 추적함에 있어서 동의 아래 판매 대리점 시설의 중심건물에 대한 수색을 경찰관들 중 한 명은 실시하였었다.

Moulton and Colson with four counts of theft by receiving in violation of Me. Rev. Stat. Ann., Tit. 17-A, § 359 (1983). Specifically, the indictments alleged that Moulton and Colson received, retained, or disposed of a 1978 Ford pick-up truck, a 1978 Chevrolet dump truck, a 1970 Ford Mustang automobile, and assorted Ford Motor Company automotive parts knowing these to be stolen and intending to deprive the owners of possession. On April 9, Moulton and Colson, represented by retained counsel, appeared before the Maine Superior Court for Waldo County and entered pleas of not guilty. Both were enlarged on bail pending trial. Numerous proceedings, unnecessary to detail here, occurred during the ensuing year and a half.

On November 4, 1982, Colson complained by telephone to Robert Keating, Chief of the Belfast Police Department, that he had received anonymous threatening telephone calls regarding the charges pending against him and Moulton, and indicated that he wished to talk to the police about the charges. Keating told Colson to speak with his lawyer and to call back.

On November 6, Colson met with Moulton at a Belfast restaurant to plan for their upcoming trial. According to Colson, Moulton suggested the possibility of killing Gary Elwell, a State's witness, and they discussed how to commit the murder.

On November 9 and 10, Colson, accompanied by his lawyer, met with Police Chief Keating and State Police Detective Rexford Kelley. At these meetings, Colson gave full «474 U. S., 163» confessions of his participation with Moulton in committing the crimes for which they had been indicted. In addition, Colson admitted that he and Moulton had not merely received stolen automotive parts, but also had broken into the local Ford dealership to steal the parts. Colson also stated that he and Moulton had set fire to the

한 위반 가운데서의 장물취득에 의한 절취(theft by receiving)의 네 가지 소인들로써 기소하는 대배심기소장들을 1981년 4월 7일, 왈도 카운티 대배심은 제출하였다. 구체적으로, 1978년식 포드 픽업트럭 한 대를, 1978년식 시보레 덤프트럭 한 대를, 1970년식 포드 무스탕 승용차 한 대를 모울턴이 및 콜슨이 수령하거나 보유하거나 처분하였다고, 그리고 그 도난품임을 알면서 소유권을 그 소유자들에게서 박탈하려는 의도로 포드자동차 회사(Ford Motor Company) 자동차 부품들을 그들이 분류하였다고 대배심기소장들은 주장하였다. 선임된(retained) 변호인의 대변을 받는 가운데 4월 9일 왈도 카운티(Waldo County) 관할 메인주 상위법원(the Maine Superior Court for Waldo County) 앞에 출석하여 무죄답변들을 모울턴은 콜슨은 제출하였다. 두 사람은 정식사실심리 때까지의 보석(bail pending trial)으로 석방되었다. 그 뒤 1년 반 동안 여러 절차들이 진행되었는 바, 여기서 그 상세를 살펴볼 필요는 없다.

자신에게 및 모울턴에게 걸려 있는 공소사실들에 관한 익명의 협박 전화들을 자신이 받았다고 1982년 11월 4일 벨파스트 경찰국장 로버트 키팅(Robert Keating)에게 전화로 콜슨은 신고하면서, 그 공소사실들에 관하여 경찰에게 말하고 싶다는 뜻을 콜슨은 나타냈다. 콜슨더러 그의 변호사에게 상의한 뒤에 다시 전화를 해 달라고 키팅은 말하였다.

다가오는 정식사실심리를 대비하기 위하여 벨파스트 소재 레스토랑 한 곳에서 모울턴을 11월 6일 콜슨은 만났다. 콜슨에 따르면, 주측 증인인 게리 엘웰(Gary Elwell)의 살해 가능성을 모울턴은 시사하였고, 그 살해를 어떻게 실행할지를 그들은 논의하였다.

경찰국장 키팅을 및 메인주 경찰 수사관 렉스포드 켈리를 11월 9일에 및 10일에 자신의 변호사를 대동한 채로 콜슨은 만났다. 대배심기소에 그들이 처해진 그 범죄들을 «474 U. S., 163» 저지름에 있어서 모울턴에게 자신이 가담한 점에 관하여 완전한 자백들을 이 회합들에서 콜슨은 하였다. 이에 덧붙여, 자신이 및 모울턴이 도난 자동차 부품들을 수령했을 뿐만 아니라 부품들을 훔치기 위하여 시내의 포드 판매 대리점에 침입하기까지 하였음을 콜슨은 시인하였다. 자신이 및 모울턴이 그 덤프트럭을 불질렀음을과 여타의 절도행각을 벌였었음을도 콜슨은 진술하였다. 거

dump truck and had committed other thefts. The officers offered Colson a deal: no further charges would be brought against him if he would testify against Moulton and otherwise cooperate in the prosecution of Moulton on the pending charges. Colson agreed to cooperate.[2)]

Colson also discussed with Keating and Kelley the anonymous threats he had received and Moulton's inchoate plan to kill Gary Elwell. Keating requested, and Colson consented, to have a recording device placed on Colson's telephone. Colson was instructed to turn the recording device on whenever he received a telephone call, but to turn it off immediately unless it was a threat from the anonymous caller or a call from Moulton.

The recording device was on Colson's telephone for over a month. Although he received no threats, Colson spoke to Moulton three times during this period, and the tapes of these calls were turned over to the police. The first conversation, on November 22, concerned primarily personal matters. The only reference to the pending criminal charges was Colson's question whether Moulton had "heard anything from the lawyer," and Moulton's response that he had not, but that he had "come up with a method" that he "ha[d] to work out the details on," and that "[s]ome day [he'd] like to get together and talk to [Colson] about it." Moulton, then «474 U. S., 164» living in New Hampshire, said that he was planning to visit Belfast around Christmas.

The second telephone conversation, on December 2, was prompted by Moulton's receipt of copies of statements of three of the State's witnesses, including Elwell; Colson had not yet received copies of the statements. Most

2) Seven months after the conclusion of Moulton's trial, Colson pleaded guilty to two counts of theft. The prosecutor recommended that Colson be sentenced to 2 years' imprisonment, all but 15 days to be suspended, and placed on probation for 2 years. Colson also agreed to make restitution up to $2,000 during the probationary period. The trial court accepted this recommendation and sentenced Colson accordingly.

래를 콜슨에게 경찰관들은 제의하였다: 만약 모울턴에게 불리하게 그가 증언하면, 그리고 그 밖에도 그 걸려 있는 공소사실들에 기한 모울턴에 대한 소송추행에 그가 협력하면 그에게 더 이상의 공소는 제기되지 않을 것이라는 것이었다. 협력하기로 콜슨은 동의하였다.[2)]

자신이 수령한 바 있는 익명의 협박들에 관하여서와 게리 엘웰을 살해하기 위한 모울턴의 미확정의 계획에 관하여도 키팅에게 및 켈리에게 콜슨은 상의하였다. 그의 전화기에 녹음장치를 설치해 두라고 콜슨에게 키팅은 요청했고 콜슨은 동의하였다. 전화를 받을 때는 언제든지 녹음장치를 틀도록, 그러나 그것이 그 익명의 사람으로부터의 협박이 아니면 또는 모울턴으로부터의 전화가 아니면 즉시 끄도록 지시를 콜슨은 받았다.

한 달 이상 동안 콜슨의 전화기 위에 녹음장치는 설치되어 있었다. 아무런 협박을 콜슨은 받지 않았음에도 불구하고 이 기간 동안 모울턴에게 세 차례 통화하였고, 경찰에게 이 통화들의 녹음테이프들은 건네졌다. 11월 22일에 있었던 최초의 대화는 주로 개인적 사항들에 관련된 것이었다. 그 걸려 있는 형사 공소사실들에 대한 유일한 언급은 "무엇인가를 변호사로부터" 모울턴이 "들은 바 있는지" 여부에 대한 콜슨의 질문이었고, 그리고 자신으로서는 듣지 못했다는, 그러나 "세부계획들을 만들어 내야만" 할 "한 가지 방법을" 자신이 "생각해 냈다"는, 그리고 "언젠가는 함께 만나서 그것에 관하여 [콜슨]에게 말했[으면 한다]"는 모울턴의 응답이었다. 크리스마스 «474 U. S., 164» 즈음에 벨파스트를 자신이 방문할 계획임을 당시에 뉴햄프셔에 살고 있던 모울턴은 말하였다.

엘웰을 포함한 주측 증인들 3명의 진술서 사본들에 대한 모울턴의 수령에 의하여 12월 2일의 두 번째 전화통화는 촉발되었다; 그 진술서들의 사본들을 아직 콜슨은 수령하지 않은 상태였다. 그들의 — 특히 모울턴 쪽에서의 — 대화의 대부분은

---

2) 두 개의 절도 소인들에 대하여 유죄답변을 모울턴에 대한 정식사실심리의 종결로부터 7개월 뒤에 콜슨은 하였다. 콜슨에게 2년의 구금형이 선고되어야 하되, 15일을 제외한 나머지는 집행이 유예되어야 한다고, 그리고 2년간 보호관찰에 처해져야 한다고 검사는 권고하였다. 보호관찰 기간 중에 최대 2,000불까지의 배상을 하는 데에도 콜슨은 동의하였다. 정식사실심리 법원은 이 권고를 받아들이고서 이에 따라 콜슨의 형량을 선고하였다.

of their talk (on Moulton's side particularly) was about the statements of Elwell and Elwell's brother, which accused Moulton and Colson of being guilty of the pending charges and which Moulton complained were an attempt to frame him and Colson. After reading Colson a statement by Elwell that he had received a threatening phone call, Moulton commented "[t]his is a big joke, man."[3] When Colson jokingly suggested that they flee to Acapulco, Moulton vehemently rejected the suggestion, stating: "No, I'm gonna stay here and I'm gonna fight it man. I'm gonna fight it man. I ain't gonna get framed for nothing." Colson assented to this and suggested, "we'll have to get together sometime ……." Moulton reminded Colson that he would be visiting at Christmas, and the conversation ended without Moulton having said anything that incriminated him.

The third telephone conversation, which took place on December 14, was similar to the second one. Most of the conversation concerned the pending charges, but Moulton said nothing inculpatory and continued to insist that he and Colson were being framed. Moulton asked Colson to set aside an entire day so that the two of them could meet and plan their defense. They agreed to meet on Sunday, December 26.

After learning from the telephone recordings about the meeting planned for December 26, the police obtained Colson's consent to be equipped with a body wire transmitter to record what was said at the meeting. Chief Keating later testified that he did this for Colson's safety in case Moulton «474 U. S., 165» realized that Colson was cooperating with the police, and to record any further conversation concerning threats to witnesses. Keating also testified that he was aware that Moulton and Colson were meeting to discuss the charges for which Moulton was already under indictment. Colson was instructed "not to attempt to question Perley Moulton, just be himself in his

3) Colson testified that he never told Moulton about the threatening calls that he had received.

엘웰의 및 엘웰의 남동생의 진술서들에 관한 것이었는 바, 모울턴을과 콜슨을 그 걸려 있는 공소사실들의 범인이라고 그 진술서들은 주장하였고, 이에 대하여 그것들은 자신을과 콜슨을 함정에 빠뜨리기 위한 한 가지 시도라고 모울턴은 주장하였다. 한 번의 협박 전화를 받은 바 있다는 엘웰의 진술서를 콜슨에게 읽어준 뒤에, "[이]건 터무니없는 농담이군, 이런!"이라고 모울턴은 말하였다.[3] 아카풀코(Acapulco)로 도피하자고 농담조로 콜슨이 제의했을 때 모울턴은 그 제안에 격렬하게 반대하면서, "안 되지! 나는 여기에 머물 것이고 나는 맞서 싸우겠어, 어이! 나는 맞서 싸울 거란 말이야, 이 사람아! 나는 결코 걸려들지 않겠어."라고 말하였다. 콜슨은 이에 동의하면서, "조만간 우리는 만나야 하겠지 …….”라고 제의하였다. 크리스마스 때에 자신이 방문하고자 함을 콜슨에게 모울턴은 상기시켰고, 그리하여 그 자신의 유죄를 뒷받침하는 진술을 아무 것을도 모울턴이 하지 않은 채로 그 대화는 끝이 났다.

12월 14일에 이루어진 세 번째 전화 통화는 두 번째의 것에 비슷하였다. 대화의 대부분은 그 걸려 있는 공소사실들에 관한 것이었으나, 유죄를 뒷받침하는 말은 전혀 하지 않은 채로, 자신이 및 콜슨이 함정에 빠져 있다고 주장하기를 모울턴은 계속하였다. 두 사람이 만나서 방어를 준비할 수 있도록 온통 하루를 비워 두어 달라고 콜슨에게 모울턴은 요청하였다. 12월 26일 일요일에 만나기로 그들은 합의하였다.

12월 26일로 예정된 회합을 전화 녹음들에 의하여 경찰이 알게 된 뒤로 그 회합에서 이루어지는 대화를 녹음하기 위한 휴대용 송신기를 지참하는 데 대하여 콜슨의 동의를 경찰은 얻었다. 경찰에게 콜슨이 협력하고 있음을 모울턴이 알아챌 경우에 있어서의 콜슨의 안전을 위하여, «474 U. S., 165» 그리고 증인들에 대한 협박들에 관한 그 밖의 대화를 조금이라도 녹음하기 위하여 이것을 자신이 하였다고 나중에 경찰국장 키팅은 증언하였다. 이미 모울턴에게 대배심기소가 제기된 공소사실들을 의논하기 위하여 모울턴이 및 콜슨이 만나고자 함을 자신이 알고 있었다는 것을도 키팅은 증언하였다. "펄리 모울턴(Perley Moulton)에게 질문을 하려 하지 말도록, 오직 자기 자신의 대화에 있어서 ……. 자기 자신의 말만을 하도록" 지시를 콜슨은

---

3) 자신이 수령한 바 있는 협박전화들에 관하여 결코 모울턴에게 말하지 않았다고 콜슨은 증언하였다.

conversation ……."

The December 26 meeting, as was to be expected from the recorded telephone conversations, consisted of a prolonged discussion of the pending charges - what actually had occurred, what the State's evidence would show, and what Moulton and Colson should do to obtain a verdict of acquittal. The idea of eliminating witnesses was briefly mentioned early in the conversation. After a short discussion, encouraged by Colson,[4] Moulton concluded that he did not think the plan would work. The remainder of the lengthy meeting was spent discussing the case. Moulton and Colson decided to create false alibis as their defense at trial. Because they sought to conform these alibis as closely as possible to what really happened, much of their discussion involved recounting the crimes. Although Colson had described what had happened in detail when he confessed to the police a month earlier, he now frequently professed to be unable to recall the «474 U. S., 166» events. Apologizing for his poor memory, he repeatedly asked Moulton to remind him about the details of what had happened, and this technique caused Moulton to make numerous incriminating statements.[5] Nor were all of

---

4) The exchange went as follows:

"[Moulton:] You know I thought of a way to eliminate them. Remember we were talking about it before?

"[Colson:] Yes, you thought of a way?

"[Moulton:] Yeah, but …… I don't think we ought to go for it.

"[Colson:] Is it foolproof?

"[Moulton:] No.

"[Colson:] Is it, is it fairly foolproof?

"[Moulton:] I like it. I think its just for the …….

"[Colson:] Well let me [hear it]."

Moulton explained that he had considered using air rifles to shoot poisoned darts and the conversation then turned to joking about a magazine that instructed readers how to build bombs to kill large numbers of people. Exh. S-4, Tr. of Dec. 26 Meeting 18–19.

5) Colson began doing this immediately after Moulton vetoed the plan to eliminate witnesses. Colson indicated that he did not have copies of all the discovery materials, and Moulton went outside to his car to get his copies. While Moulton was gone, Colson sighed heavily and whispered "[o]h boy, I just hope I can make it through this" into the microphone. Then, when Moulton returned moments later, Colson immediately stated, slowly and deliberately: "I want you to help me with some dates. One date I cannot remember Caps [Moulton's nickname], just can't remember, I know it was in December, what night did we break into Lothrop Ford? What date?" Id., at 23.

받았다.

녹음된 전화통화들에서 예상되었던 대로 12월 26일의 회합은 그 걸려 있는 공소사실들에 대한 장시간의 의논으로 — 실제로 어떤 일이 발생했는지, 무엇을 주측 증거가 증명할 것인지, 그리고 무죄 평결을 얻으려면 무엇을 모울턴이 및 콜슨이 해야 하는지 등으로 — 이루어졌다. 증인들을 제거하자는 아이디어는 그 대화의 앞부분에서 간략히 언급되었다. 콜슨에 의하여 조장된 짧은 의논 뒤에,[4] 그 계획이 먹혀들 것으로 생각되지 않는다고 모울턴은 결론지었다. 사건을 의논하는 데 그 장시간의 회합의 나머지 부분은 소요되었다. 정식사실심리에서의 자신들의 항변사유로서 거짓 알리바이들을 만들어 내기로 모울턴은 및 콜슨은 결정하였다. 가능한 한 이 알리바이들을 실제로 발생한 사항들에 가깝게 그들은 일치시키고자 하였기 때문에, 그 범행들을 자세히 말하는 것을 그들의 대화의 대부분은 포함하였다. 그 있었던 바를, 한 달 전에 경찰에게 자백할 당시에 상세하게 콜슨은 설명한 터였음에도, 지금은 그것들을 기억해 낼 수 없는 양 자주 콜슨은 «474 U. S., 166» 가장하였다. 자신의 나쁜 기억력을 사과하면서, 그 발생했던 바의 세부사항들에 관한 기억을 되살려 달라고 모울턴에게 반복적으로 그는 부탁하였는데, 그리하여 모울턴으로 하여금 여러 번의 부죄적 진술들을 하도록 이 수법은 유도하였다.[5] 콜슨이 기

4) 대화는 이러하였다:
"[모울턴:] 자네가 알다시피 그들을 제거할 방법을 나는 생각했지. 그것에 관하여 이전에 우리가 말하고 있었던 것을 기억하겠지?
"[콜슨:] 그래, 방법을 생각해 봤나?
"[모울턴:] 그래, 하지만 …… 그걸 우리가 해야 할지 모르겠네.
"[콜슨:] 그게 아주 간단해?
"[모울턴:] 아니.
"[콜슨:] 그것이, 그게 확실히 안전해?
"[모울턴:] 그랬으면 좋겠네. 내 생각으로는 그것이 바로 …….
"[콜슨:] 자, 내게 [말해 보게]."
독 묻은 화살들을 발사하는 공기총들을 사용할까를 자신이 검토했었다고 모울턴은 설명하였는데, 다수의 사람들을 죽일 수 있는 폭탄들을 만드는 방법을 설명한 어떤 잡지에 관한 농담으로 거기서 대화는 바뀌었다. Exh. S-4, Tr. of Dec. 26 Meeting 18-19.

5) 증인들을 없앨 계획을 모울턴이 거부한 직후에 이것을 콜슨은 하기 시작하였다. 증거교환으로 입수한 자료 사본들을 자신이 전부 가지고 있지 않음을 콜슨은 나타냈고, 그러자 자신의 사본들을 자신의 차량에서 가져오려고 밖으로 모울턴은 나갔다. 모울턴이 나가 있는 동안 콜슨은 크게 한숨을 짓고서 송화기에 대고는 "[이]런 참, 이번에 꼭 해 냈으면 하는데."라고 속삭였다. 그리고 나서 잠시 뒤에 모울턴이 돌아오자, 콜슨은 곧바로 천천히 그리고 신중하게 말하였다: "날짜들을 자네가 좀 도와주었으면 하네. 한 번의 날짜가 기억이 안 나서 말이야. 이봐 캡스(Caps; 모울턴의 별명), 전혀 기억할 수가 없구만. 12월이었는지는 알겠는데, 로드롭 포드(Lothrop Ford)에 우리가 침입한 것이 몇 날 밤이었지? 몇 날이었더라?" Id., at 23.

Colson's memory lapses related to events that required discussion to fabricate convincing alibis. Colson also "reminisced" about events surrounding the various thefts, and this technique too elicited additional incriminating statements from Moulton. For example, Colson asked Moulton how many locks they had drilled to steal a truck, a fact obviously not relevant to developing an alibi. Similarly, Colson questioned Moulton about whether it was the Mustang or the pickup truck that did not have a heater. Later, Colson jokingly drew forth admissions from Moulton concerning the dumping of a stolen truck into a pond after it had been scavenged for parts, and the dumping of a load of potatoes from another stolen truck onto the road. Each of these statements was later admitted into evidence against Moulton at trial.

Moulton filed a pretrial motion to suppress recorded statements he made to Colson in the three telephone conversations and at the December 26 meeting, arguing, inter alia, that the statements were obtained in violation of the Sixth and Fourteenth Amendments. After a hearing, the trial court denied the motion. The trial court found that the recordings were made "in order to gather information concerning the anonymous threats that Mr. Colson had been «474 U. S., 167» receiving, to protect Mr. Colson and to gather information concerning defendant Moulton's plans to kill Gary Elwell."

Meanwhile, after Colson's role as an informant had been revealed to Moulton, the State had the pending indictments dismissed and obtained seven new indictments against Moulton. These indictments realleged the pending charges, and charged Moulton in addition with burglary, arson, and three more thefts. Moulton pleaded guilty to the charges contained in two of these indictments, and the trial court dismissed two more for improper venue. Moulton waived his right to a jury and proceeded to trial on the remaining three indictments, which covered the subjects of the original

억하지 못하는 부분들 전부가 그 설득력 있는 알리바이들을 조작해 내기 위한 의논을 필요로 하는 사항들에 관련된 것이도 아니었다. 그 여러 번의 절도범행들을 둘러싼 사건들에 관하여 "추억을" 콜슨은 "회상하기"도 하였는데, 추가적인 부죄적 진술들을 모울턴에게서 이 수법은 역시 이끌어냈다. 예를 들면, 트럭 한 대를 훔치기 위하여 얼마나 많은 제륜 장치들을 자신들이 구멍 뚫었는지 모울턴에게 콜슨은 물었는데, 그것은 알리바이를 만들어 내는 데에는 명백하게 관련 없는 사실이었다. 이에 비슷하게, 히터가 없는 쪽이 무스탕이었는지 픽업 트럭이었는지 여부에 관하여 모울턴에게 콜슨은 물었다. 그 훔친 트럭 한 대에서 쓸 만한 부품들을 빼낸 다음에 이를 연못에 던져 넣은 일에 관하여, 그리고 또 다른 훔친 트럭 한 대에 가득 담긴 감자를 길 위에 버렸던 일에 관하여 시인들을 농담조로 모울턴으로부터 나중에 콜슨은 끌어냈다. 나중에 정식사실심리에서 모울턴에게 불리한 증거로서 이 진술들 하나 하나는 받아들여졌다.

세 번의 전화통화에서와 12월 26일의 회합에서 콜슨에게 자신이 하였던 녹음된 진술들을 증거에서 배제해 달라는 정식사실심리 이전 신청(a pretrial motion)을 모울턴은 제기하였는데, 연방헌법 수정 제6조와 제14조에 대한 위반 가운데서 그 진술들이 얻어졌음을 그는 특히 주장하였다. 그 신청을 청문 뒤에 정식사실심리 법원은 기각하였다. "콜슨 씨가 받아오고 있던 익명의 협박들에 관한 정보를 수집하기 위하여, 콜슨 씨를 보호하기 위하여, 그리고 «474 U. S., 167» 게리 엘웰을 살해하려는 피고인 모울턴의 계획에 관한 정보를 수집하기 위하여" 그 녹음들이 이루어졌음을 정식사실심리 법원은 인정하였다.

한편, 정보원으로서의 콜슨의 역할이 모울턴에게 발각되고 난 뒤에, 모울턴에 대하여 그 걸려 있던 대배심기소들을 취하하고 일곱 개의 새로운 대배심기소들을 메인주는 얻어냈다. 그 걸려 있는 공소사실들을 이 대배심기소들은 다시 주장하였고 이에 더하여 모울턴을 불법목적침입(burglary)으로, 방화로, 그리고 또 다른 세 번의 절도행위들로 그것들은 기소하였다. 모울턴은 이 대배심기소들 중 두 개에 담긴 공소사실들에 대하여는 유죄로 답변하였는데, 정식사실심리 법원은 나머지 두 가지에 대하여는 재판적 없음을 이유로 각하하였다. 나머지 세 개의 대배심기소들에 관하여 배심에 의한 정식사실심리를 받을 자신의 권리를 포기하고서 정식사실심리

indictments and charged him with burglary, arson, and theft. At the trial, the State did not offer into evidence anything from the recorded telephone conversations, but did offer portions of the tapes of the December 26 meeting, principally those involving direct discussion of the thefts for which Moulton was originally indicted. The State did not offer the portion of the meeting during which Moulton and Colson discussed the possibility of killing witnesses and offered only one portion of the discussion about developing false testimony. At the conclusion of the trial, the court dismissed one more count of theft for improper venue and found Moulton not guilty of the arson charge. The court found Moulton guilty, however, of burglary and theft in connection with the Ford pickup truck, the Chevrolet dump truck, and the Ford automotive parts.

Moulton appealed these convictions on the ground that the admission into evidence of his statements to Colson violated his Sixth Amendment right to the assistance of counsel. The State filed a cross-appeal objecting to the dismissal of charges for improper venue. The Supreme Judicial Court of Maine granted both appeals and remanded for a new trial. 481 A. 2d 155 (1984). Regarding the admission of Moulton's recorded statements to Colson, the court agreed that there was "ample evidence" to support the trial court's finding that «474 U. S., 168» the police wired Colson for legitimate purposes, but held that "[r]eference to the State's legitimate motive may be relevant to, but cannot wholly refute, the alleged infringement of Moulton's right to counsel." Id., at 160. The court held that the State cannot use against Moulton at trial recordings of conversations where the State "knew, or should have known" that Moulton would make incriminating statements regarding crimes as to which charges were already pending. Pointing to Moulton's close relationship with Colson, the fact that the purpose of their meeting was to discuss the pending charges, and the fact that at the time of the meeting Colson was

에 모울턴은 나아갔는데, 그것들은 당초의 대배심기소들에서의 공소사실들을 포함하면서 불법목적침입으로, 방화로 및 절도로 그를 기소한 것들이었다. 정식사실심리에서, 메인주는 녹음된 전화통화들로부터는 아무 것을도 증거로 신청하지 않았으나, 12월 26일의 회합에서의 테이프들 중 일부를은 증거로 신청하였는데, 대개는 당초에 모울턴이 대배심기소되었던 절도범행들에 대한 직접적인 논의를 포함하는 것들이었다. 그 회합에서 증인들에 대한 살해 가능성을 모울턴이 및 콜슨이 의논한 부분은 증거로 신청하지 않은 채로, 허위의 증거를 만들어 내는 것에 관한 의논 부분만을 증거로 메인주는 신청하였다. 정식사실심리를 종결짓고서 재판적의 잘못을 이유로 또 한 개의 절도 소인을 법원은 각하하였고, 방화 공소사실에 대하여 모울턴의 무죄를 인정하였다. 그러나 법원은 포드 픽업트럭, 시보레 덤프트럭, 그리고 포드 자동차 부품들에 관련한 불법목적침입과 절도에 대하여 모울턴의 유죄를 인정하였다.

콜슨에게 한 자신의 진술들의 증거로서의 허용은 변호인의 조력을 받을 자신의 연방헌법 수정 제6조의 권리를 침해한 것임을 이유로 이 유죄판정들에 대하여 모울턴은 항소하였다. 재판적(venue) 잘못을 이유로 한 각하판결에 이의하는 교차항소(a cross-appeal)를 메인주는 제기하였다. 메인주 대법원은 쌍방의 항소들을 인용하고서 새로운 정식사실심리를 위하여 사건을 환송하였다. 481 A. 2d 155 (1984). 콜슨에게 하였던 모울턴의 녹음된 대화들의 증거로서의 허용에 관하여, 콜슨을 도청한 경찰의 목적이 정당한 것이었다는 정식사실심리 법원의 사실판단을 뒷받침하는 «474 U. S., 168» "충분한 증거"가 있다는 데에 주 대법원은 동의하면서, "[비]록 주측의 정당한 동기에 대한 참조가 적절한 것일 수 있지만, 그렇다 하여 변호인의 조력을 받을 모울턴의 권리에 대한 그 주장된 침해를 완전히 그것이 논박할 수 있는 것은 아니"라고 판시하였다. Id., at 160. 이미 공소사실들이 걸려 있는 범죄들에 관하여 모울턴이 부죄적 진술들을 하리라는 것을 주가 "알았거나 또는 마땅히 알았어야 할" 경우에 주는 그 대화녹음들을 정식사실심리에서 모울턴에게 불리하게 사용할 수 없다고 메인주 대법원은 판시하였다. 콜슨에 대한 모울턴의 밀접한 관계를 지적하면서, 그리고 그 걸려 있는 공소사실들을 의논하기 위함이 그들의 회합의 목적이었다는, 그리고 그 회합 당시에 콜슨이 "경찰에게 완전히 협력하고 있었고 그

"fully cooperating with the police and no longer stood in the same adversarial position as did Moulton," the court held:

"When the police recommended the use of the body wire to Colson they intentionally created a situation that they knew, or should have known, was likely to result in Moulton's making incriminating statements during his meeting with Colson. The police's valid purpose in investigating threats against witnesses does not immunize the recordings of Moulton's incriminating statements from constitutional attack. Those statements may be admissible in the investigation or prosecution of charges for which, at the time the recordings were made, adversary proceedings had not yet commenced. But as to the charges for which Moulton's right to counsel had already attached, his incriminating statements should have been ruled inadmissible at trial, given the circumstances in which they were acquired." Id., at 161.

We granted the State's petition for certiorari. 469 U. S. 1206. We affirm.

II

A

The right to the assistance of counsel guaranteed by the Sixth and Fourteenth Amendments is indispensable to the fair administration of our adversarial system of criminal jus- «474 U. S., 169» tice.[6] Embodying "a real-

6) Justice Black explained in Gideon v. Wainwright, 372 U. S. 335 (1963):
"[R]eason and reflection require us to recognize that in our adversary system of criminal justice, any person haled into court ······ cannot be assured a fair trial unless counsel is provided for him. This seems to us to be an obvious truth. Governments, both state and federal, quite properly spend vast sums of money to establish machinery to try defendants accused of crime. Lawyers to prosecute are everywhere deemed essential to protect the public's interest in an orderly society. Similarly, there are few defendants charged with crime, few indeed, who fail to hire the

리하여 더 이상 모울턴하고의 똑같은 대립당사자로서의 지위에 있지 아니하였다"는 사실을 지적하면서, 이렇게 주 대법원은 판시하였다:

> "휴대용 도청기의 사용을 콜슨에게 경찰이 권유하였을 때, 모울턴의 부죄적 진술을 콜슨하고의 회합 동안에 야기할 가능성이 있음을 그들로서 알았거나 마땅히 알았어야 할 상황을 의도적으로 그들은 만들어냈다. 증인들에 대한 협박행위들을 조사하는 데 있어서의 경찰의 정당한 목적은 모울턴의 부죄적 진술들에 대한 녹음을 헌법적 공격으로부터 면제시켜 주지 않는다. 녹음 당시에 대립당사자 절차들이 아직 개시되지 아니한 상태인 피의사실들에 대한 수사에나 기소에 있어서는 그 진술들은 증거로서 허용될 수 있다. 그러나 변호인의 조력을 받을 모울턴의 권리가 이미 달라붙게 된 상태인 피의사실들에 관하여는, 그의 부죄적 진술들은, 그것들이 획득되기에 이르렀던 그 상황들에 비추어, 정식사실심리에서 증거로서 허용될 수 없는 것으로 결정되었어야 한다." Id., at 161.

사건기록 송부명령을 구하는 메인주의 신청을 우리는 받아들였다. 469 U. S. 1206. 원심판결을 우리는 인가한다.

II

A

연방헌법 수정 제6조와 제14조에 의하여 보장된 변호인의 조력을 받을 권리는 우리의 대립당사자주의 형사재판 제도의 공정한 운영에 있어서 불가결하다.[6] [474

6) Gideon v. Wainwright, 372 U. S. 335 (1963)에서 블랙(Black) 판사는 설명하였다:
"우리의 대립당사자주의(adversary) 형사재판 제도에서 법정에 끌려나온, 그러나 너무 가난하여 변호사를 고용할 수 없는 사람 누구나를 위하여 변호인이 제공되지 않는다면, 공정한 정식사실심리를 그가 보장받을 수 없음을 우리더러 인정하라고 이성(reason)은 및 숙고(reflection)는 마찬가지로, 요구한다. 이것은 우리에게 명백한 진실이라고 생각된다. 범인으로 주장된 피고인들을 정식사실심리하는 기관을 설립하기 위하여 매우 적절히도 다대한 액수의 돈을 주 정부들은 및 연방정부는 다 같이 쓴다. 소송을 추행하는(prosecute) 변호사들은 어디서든 질서 있는 사회에 대한 공중의 이익을 보호하기 위하여 필수의 것으로 간주된다. 마찬가지로 범인으로 주장된 피고인들로서 자신들의 항변사유들을 준비하고 제시하기 위하여 그들이 얻을 수 있는 최상의 변호사들을 고용하지 못하는 경우란 드물며, 그것도 참으로

istic recognition of the obvious truth that the average defendant does not have the professional legal skill to protect himself," Johnson v. Zerbst, 304 U. S. 458, 462-463 (1938), the right to counsel safeguards the other rights deemed essential for the fair prosecution of a criminal proceeding. Justice Sutherland's oft-quoted explanation in Powell v. Alabama, 287 U. S. 45 (1932), bears repetition here:

"The right to be heard would be, in many cases, of little avail if it did not comprehend the right to be heard by counsel. Even the intelligent and educated layman has small and sometimes no skill in the science of law. If charged with crime, he is incapable, generally, of determining for himself whether the indictment is good or bad. He is unfamiliar with the rules of evidence. Left without the aid of counsel he may be put on trial without a proper charge, and convicted upon incompetent evidence, or evidence irrelevant to the issue or otherwise inadmissible. He lacks both the skill and knowledge adequately to prepare his defense, even though he have a perfect one. He requires the guiding hand of counsel at every stage of the proceedings against him." Id., «474 U. S., 170» at 68-69 (quoted in Gideon v. Wainwright, 372 U. S. 335, 344-345 (1963)).

As indicated in the last sentence of this paragraph, the Court has also recognized that the assistance of counsel cannot be limited to participation in a trial; to deprive a person of counsel during the period prior to trial may be more damaging than denial of counsel during the trial itself. Recognizing that the right to the assistance of counsel is shaped by the need for the assistance of counsel, we have found that the right attaches at earlier, "critical" stages in

best lawyers they can get to prepare and present their defenses. That government hires lawyers to prosecute and defendants who have the money hire lawyers to defend are the strongest indications of the widespread belief that lawyers in criminal courts are necessities, not luxuries. The right of one charged with crime to counsel may not be deemed fundamental and essential to fair trials in some countries, but it is in ours." Id., at 344.

U. S. 169] "자신의 생명을이나 자유를 박탈할 권한을 가진 재판소 앞에 끌려올 때 자기 자신을 보호할 전문가적인 법적 숙련을 평균적인 피고인은 가지고 있지 못한 반면, 숙련된 및 학식 있는 변호사에 의하여 검찰 측은 대변된다는 명백한 진실에 대한 현실적 인정"을 구체화하여, Johnson v. Zerbst, 304 U. S. 458, 462-463 (1938), 형사절차의 공정한 진행을 위하여 필수라고 간주되는 여타의 권리들을 변호인의 조력을 받을 권리는 보장한다. 자주 인용되는 Powell v. Alabama, 287 U. S. 45 (1932)에서의 서덜랜드(SUTHERLAND) 판사의 설명은 여기서 반복할 가치가 있다:

"만약 변호인을 통하여 청문될 권리(the right to be heard by counsel)를 포함하지 않는다면 청문될 권리(the right to be heard)는 많은 경우에 쓸모가 없을 것이다. 심지어 지성을 갖추고 교육을 받았다 하더라도 문외한은 법률과학에 있어서 지니는 숙련이 적고, 때로는 전혀 없다. 범죄로 기소되면, 대배심 기소(indictment)가 좋은지 나쁜지를 그는 일반적으로 그 혼자서는 판단할 수 없다. 그는 증거규칙들에 생소하다. 변호인의 조력 없이 남겨지면, 그는 정당한 고발 없이 정식사실심리에 처해질 수 있고, 자격 없는 증거에 의하여, 또는 쟁점에 관계 없는 내지는 그 밖에 증거능력 없는 증거에 의하여 유죄로 판정될 수 있다. 심지어 완벽한 항변사유를 가지고 있는 경우라 하더라도 자신의 항변사유를 충분히 준비할 기술을 및 지식을 모두 그는 결여하고 있다. 변호인의 이끄는 손(the guiding hand)을 자신을 겨냥한 절차들에 있어서의 모든 단계마다에서 그는 필요로 한다." Id., «474 U. S., 170» at 68-69 [Gideon v. Wainwright, 372 U. S. 335, 344-345 (1963)에서 인용됨].

이 단락의 마지막 문장에서 제시되었듯이, 정식사실심리에의 참여에 변호인의 조력은 한정될 수 없음을도 당원은 인정한 터이다; 변호인을 정식사실심리 이전의 기간 동안에 한 명의 사람에게서 박탈하는 것은 정식사실심리 자체에서의 변호인 박탈이보다도 더 해로운 것이 될 수 있다. 변호인의 조력을 받을 권리는 변호인의 조력의 필요에 의하여 구상되는 것임을 인식하여, 형사재판 절차에 있어서의 보다

드물다. 소송을 추행하기 위하여 변호사들을 정부가 고용한다는 사실은, 그리고 자신을 방어하기 위하여 변호사들을 돈 있는 피고인들이 고용한다는 사실은 형사 법정들에서의 변호사들이 사치품 아닌 필수품이라는 그 넓게 퍼져 있는 믿음에 대한 가장 강력한 징표들이다. 범죄혐의로 기소된 사람의 변호인의 조력을 받을 권리는 어떤 나라들에서는 공정한 정식사실심리들에 기본적인 또는 필수적인 것으로 여겨지지 않을지도 모르지만, 우리나라에서 그것은 기본이고 필수이다." Id., at 344.

the criminal justice process "where the results might well settle the accused's fate and reduce the trial itself to a mere formality." United States v. Wade, 388 U. S. 218, 224 (1967) (quoted in United States v. Gouveia, 467 U. S. 180, 189 (1984)). See, e. g., Coleman v. Alabama, 399 U. S. 1 (1970); Hamilton v. Alabama, 368 U. S. 52 (1961); White v. Maryland, 373 U. S. 59 (1963); Escobedo v. Illinois, 378 U. S. 478 (1964); Kirby v. Illinois, 406 U. S. 682 (1972). And, "[w]hatever else it may mean, the right to counsel granted by the Sixth and Fourteenth Amendments means at least that a person is entitled to the help of a lawyer at or after the time that judicial proceedings have been initiated against him ……." Brewer v. Williams, 430 U. S. 387, 398 (1977). This is because, after the initiation of adversary criminal proceedings, "'the government has committed itself to prosecute, and …… the adverse positions of government and defendant have solidified. It is then that a defendant finds himself faced with the prosecutorial forces of organized society, and immersed in the intricacies of substantive and procedural criminal law.'" Gouveia, supra, at 189 (quoting Kirby v. Illinois, supra, at 689).

B

Once the right to counsel has attached and been asserted, the State must of course honor it.[7] This means more than «474 U. S., 171» simply that the State cannot prevent the accused from obtaining the assistance of counsel. The Sixth Amendment also imposes on the State an affirmative obligation to respect and preserve the accused's choice to seek this assistance. We have on several occasions been called upon to clarify the scope of the State's obli-

---

7) Cf. Brewer v. Williams, 430 U. S. 387 (1977): "[T]he lawyer is the essential medium through which the demands and commitments of the sover- «474 U. S., 171» eign are communicated to the citizen. If, in the long run, we are seriously concerned about the individual's effective representation by counsel, the State cannot be permitted to dishonor its promise to this lawyer." Id., at 415 (STEVENS, J., concurring) (footnote omitted).

더 이른 "중대한(critical)" 단계들에, 즉 "범인으로 주장되는 사람의 운명을 그 결과들이 결말지어 버리는 것이도 당연할 수 있는, 그리하여 정식사실심리 자체를 단순한 형식으로 떨어뜨려 버리는 것이도 당연할 수 있는," United States v. Wade, 388 U. S. 218, 224 (1967) (quoted in United States v. Gouveia, 467 U. S. 180, 189 (1984)), 단계들에 그 권리가 달라붙음을 우리는 인정하였다. 예컨대, Coleman v. Alabama, 399 U. S. 1 (1970)을; Hamilton v. Alabama, 368 U. S. 52 (1961)을; White v. Maryland, 373 U. S. 59 (1963)을; Escobedo v. Illinois, 378 U. S. 478 (1964)을; Kirby v. Illinois, 406 U. S. 682 (1972)를 보라. 그리하여, "[그] 밖의 그 어떤 것을 그것이 의미할 수 있을망정, 연방헌법 수정 제6조에와 제14조에 의하여 부여된 변호인의 조력을 받을 권리가 적어도 의미하는 것은 …… 한 명의 개인을 겨냥하여 사법적 절차들(judicial proceedings)이 개시되어 있는 시점 이후에는 한 명의 변호사의 도움을 받을 권리를 그는 가진다는 것이다." Brewer v. Williams, 430 U. S. 387, 398 (1977). 왜냐하면 대립당사자주의 형사절차들의 개시 이후에는, "'소추하겠다는 뜻을 정부는 분명히 한 터이기 때문이고, 그리하여 …… 정부의 및 피고인의 대립당사자로서의 지위들이 굳어져 있기 때문이다. 조직화된 사회의 소추권력 앞에 자신이 직면했음을, 그리고 실체적 및 절차적 형사법의 복잡다단한 사항들 속에 자신이 빠져들어 있음을 피고인이 발견하는 것은 그 시점에서이다.'" Gouveia, supra, at 189 (quoting Kirby v. Illinois, supra, at 689).

B

일단 변호인의 조력을 받을 권리가 달라붙어 있고 주장되어 있으면, 주는 그것을 당연히 주는 존중하지 않으면 안 된다.[7] 단순히 범인으로 «474 U. S., 171» 주장된 사람으로 하여금 변호인의 조력을 얻을 수 없도록 주가 금지할 수 없다는 것 이상의 것을 이것은 의미한다. 이 조력을 추구하려는 범인으로 주장되는 사람의 선택을 존중할, 그리고 보전할 단언적 의무를 주에게 연방헌법 수정 제6조는 부과한다. 이 점에 관한 주측의 의무의 범위를 명백히 하도록 여러 기회에 우리는 요구되었고,

7) Brewer v. Williams, 430 U. S. 387 (1977)를 비교하라: "[변]호사는 주권국의 요구사항들이 및 약속들이 시민에게 전달되는 [474 U. S. 171] 통로로서의 불가결한 매개자이다. 만약 개인에 대한 변호인의 효과적 대변에 관하여 마침내 심각하게 우리가 염려한다면, 변호사에 대한 자신의 이 약속을 어기도록 주는 허용될 수 없다." Id., at 415 (스티븐스(STEVENS) 판사, 보충의견) (각주생략).

gation in this regard, and have made clear that, at the very least, the prosecutor and police have an affirmative obligation not to act in a manner that circumvents and thereby dilutes the protection afforded by the right to counsel.

In Spano v. New York, 360 U. S. 315 (1959), the defendant, who had already been indicted, was coercively interrogated by police until the early hours of the morning despite his repeated requests to see his lawyer. A unanimous Court reversed his conviction on the ground that the confession obtained by this interrogation was involuntary and therefore should not have been admitted into evidence at trial. Four Justices, in two concurring opinions, stated that they would also have reached this result on the ground that Spano's Sixth Amendment right to the assistance of counsel was violated. These Justices reasoned that to permit police to "produce the vital evidence in the form of a confession which is useful or necessary to obtain a conviction" in the absence of counsel, after the right to counsel has attached, is to deny the accused "effective representation by counsel at the only stage when legal aid and advice would help him." Id., at 325-326 (Douglas, J., concurring, joined by Black and BRENNAN, JJ.); see also, id., at 326-327 (Stewart, J., concurring, joined by Douglas and BRENNAN, JJ.). As Justice Douglas succinctly put the point, "what use is a defendant's right to effective counsel at every stage of a criminal case if, while he is held awaiting trial, he can be questioned in the absence of counsel until he confesses?" Id., at 326. «474 U. S., 172»

The position of the concurring Justices in Spano was adopted by the Court in Massiah v. United States, 377 U. S. 201 (1964). Massiah was indicted, along with a man named Colson,[8] for conspiracy to possess and to distribute cocaine. Massiah retained a lawyer, pleaded not guilty and was released on bail. Colson, meanwhile, decided to cooperate with Government agents in

8) The parties have taken pains to assure us that Massiah's friend Colson and Moulton's friend Colson are unrelated.

그리하여 적어도 변호인의 조력을 받을 권리에 의하여 제공되는 보호를 우회하는 방법으로는(in a manner that circumvents), 그리하여 이를 묽게 하는 방법으로는 행동하지 말아야 할 단언적 의무를 검찰관이 및 경찰이 짐을 우리는 명확히 하였다.

Spano v. New York, 360 U. S. 315 (1959)에서 이미 대배심기소되어 있던 피고인은 자신의 변호사를 만나겠다는 그의 반복된 요청들에도 불구하고 이른 새벽까지 경찰에 의하여 강압적으로 신문에 처해졌다. 그에 대한 유죄판정을 이 신문에 의하여 획득된 자백은 비임의적인 것이었다는, 따라서 정식사실심리에서 증거로서 허용되지 말았어야 한다는 이유로 만장일치의 당원은 파기하였다. 변호인의 조력을 받을 연방헌법 수정 제6조상의 스파노(Spano)의 권리가 침해되었다는 이유에 기해서도 이 결론에 자신들로서는 도달하였을 것임을 두 개의 보충의견들에서 네 명의 판사들은 말하였다. 변호인의 조력을 받을 권리가 달라붙게 된 이후에 변호인의 부재 상태에서 "유죄판정을 얻는 데 소용되는 내지는 필요한 결정적인 증거를 자백의 형태로 만들어 내"도록 경찰에게 허용하는 것은 "그를 법적 조력이 및 조언이 도울 수 있는 유일한 단계에서 변호인에 의한 효과적인 대변"을 범인으로 주장되는 사람에게서 박탈하는 것이라고 이 판사들은 추론하였다. Id., at 325-326 (블랙(Black) 판사가 및 브레넌 판사가 가담한 더글라스 판사의 보충의견); 아울러 id., at 326-327 (더글라 판사가 브레넌 판사가 가담한 스튜어트 판사의 보충의견)을 보라. 요점을 더글라스 판사가 간명하게 표현했듯이, "정식사실심리를 기다리면서 피고인이 구류되어 있는 동안에 자백할 때까지 변호인의 부재 가운데서 만약 그가 신문될 수 있다고 한다면 효과적인 변호인의 조력을 형사사건의 모든 단계에서 받을 피고인의 권리가 무슨 소용이 있겠는가?" Id., at 326. «474 U. S., 172»

Spano 사건에서 법원에 찬동한 판사들의 입장은 Massiah v. United States, 377 U. S. 201 (1964)에서 당원에 의하여 채용되었다. 콜슨(Colson)이라는 남자에 더불어 매시아(Massiah)는 대배심기소되었는데,[8] 기소범죄는 코카인을 소지하고 판매하기 위한 공모였다. 매시아는 변호사를 선임하였고 무죄답변을 내고서 보석으로 석방되었

8) 매시아의 친구인 콜슨이 및 모울턴의 친구인 콜슨이 서로 관계가 없는 사람들임을 우리에게 확인해 주는 수고를 당사자들은 기울였다.

their continuing investigation of the narcotics activity in which Massiah and others were thought to be engaged. Colson permitted a Government agent to install a radio transmitter under the front seat of his automobile. Massiah held a lengthy conversation with Colson in this automobile while a Government agent listened over the radio. Massiah made several incriminating statements, and these were brought before the jury through the testimony of the Government agent. We reversed Massiah's conviction on the ground that the incriminating statements were obtained in violation of Massiah's rights under the Sixth Amendment. The Court stressed the fact that the interview took place after indictment, at a time when Massiah was clearly entitled to the assistance of counsel. Relying on Justice Douglas' Spano concurrence, the Court concluded that the need for, and consequently the right to, the assistance of counsel applied equally in this extrajudicial setting as at the trial itself. 377 U. S., at 204.[9] Consequently, the Court held: «474 U. S., 173»

"[Massiah] was denied the basic protections of [the right to the assistance of counsel] when there was used against him at trial evidence of his own incriminating words, which federal agents had deliberately elicited from him after he had been indicted and in the absence of his counsel." Id., at 206.

We applied this principle most recently in United States v. Henry, 447 U. S. 264 (1980). Henry was arrested and indicted for bank robbery. Counsel was appointed, and Henry was held in jail pending trial. Nichols, an inmate at the same jail and a paid informant for the Federal Bureau of Investigation, told a Government agent that he was housed in the same cellblock as several federal prisoners, including Henry. The agent told Nichols to pay attention to

---

9) Justice Stewart noted that this view of the right to counsel "no more than reflects a constitutional principle established as long ago as Powell v. Alabama," where the Court noted that "'during perhaps the most critical period of the proceedings …… that is to say, from the time of their arraignment until the beginning of their trial, when consultation, thoroughgoing investigation and preparation [are] vitally important, the defendants [are] as much entitled to such aid [of counsel] …… as at the trial itself.'" Massiah, 377 U. S., at 205 (quoting Powell v. Alabama, 287 U. S. 45, 57 (1932)).

다. 한편 매시아가 및 여타의 사람들이 관련된 것으로 의심된 마약 판매활동에 대한 정부요원들의 계속적 수사에 있어서 그들에게 협력해 주기로 콜슨은 결정하였다. 라디오 송신기 한 대를 자신의 자동차 앞좌석 밑에 정부요원으로 하여금 설치하도록 콜슨은 허락하였다. 장시간의 대화를 콜슨에 더불어 이 자동차 안에서 매시아는 가졌고, 그 동안 이를 라디오로 정부요원은 청취하였다. 몇 가지 부죄적 진술들을 매시아는 하였고, 그 정부요원의 증언을 통하여 배심 앞에 이것들은 제시되었다. 연방헌법 수정 제6조에 기한 매시아의 권리들에 대한 침해 가운데서 그 부죄적 진술들이 얻어졌음을 이유로 매시아에 대한 유죄판정을 우리는 파기하였다. 대배심기소 뒤에, 즉 변호인의 조력을 받을 권리를 매시아가 명백하게 지녔던 시점에서 그 대담이 이루어졌다는 사실을 당원은 강조하였다. 정식사실심리 자체에서하고 똑같이 이 사법외적(extrajudicial) 배경에 있어서도 변호인의 조력의 필요는, 따라서 변호인의 조력을 받을 권리는 적용된다고 Spano 판결에서의 더글라스(DOUGLAS) 판사의 보충의견에 의존하여 당원은 결론지었다. 377 U. S., at 204.[9] 그 결과로서 당원은 판시하였다: «474 U. S., 173»

"[매시아가] 대배심기소되고 난 뒤에, 그런데도 불구하고 그의 변호인의 부재 가운데서 연방요원들이 그에게서 의도적으로 도출해낸 그 자신의 부죄적 진술들의 증거가 그의 정식사실심리에서 그에게 불리하게 사용되었을 때 [변호인의 조력을 받을 권리의] 기본적 보호들을 청구인은 거부당했다." Id., at 206.

이 원칙을 가장 최근에 United States v. Henry, 447 U. S. 264 (1980)에서 우리는 적용하였다. 헨리(Henry)는 은행강도죄로 체포되고 대배심기소되었다. 변호인이 지정되었고, 정식사실심리 계속 중에 감옥에 헨리는 구금되었다. 헨리를 포함하는 수 명의 연방죄수들에 더불어 같은 독방동(cellblock)에 자신이 수용되었다고 바로 그 감옥의 재소자 한 명이면서 연방수사국을 위한 유료 정보원 한 명인 니콜스(Nichols)는 정부요원에게 말했다. 니콜스더러 이 죄수들 사이에 이루어지는 대화들에 주의를

9) "Powell v. Alabama, 287 U. S. 45 판결이만큼이나 오래 전에 수립된 헌법 원칙을" 변호인의 조력을 받을 권리에 대한 이 견해는 "반영하는 것에 불과"한 것임을, 그리고 "'…… 절차들 중 아마도 가장 중대한 기간 동안에, 즉 상담이, 철저한 조사가 및 준비가 절대로 중요[한] 그들의 기소인부 신문부터 그들의 정식사실심리의 시작까지의 기간 동안에, 피고인들에게는 …… 정식사실심리 그 자체에서처럼 그 같은 [변호인의] 조력을 받을 권리가 [있]'"다고 거기서 당원은 특별히 언급하였음을 스튜어트(STEWART) 판사는 특별히 언급하였다. Massiah, 377 U. S., at 205 (Powell v. Alabama, 287 U. S. 45, 57 (1932)를 인용함).

statements made by these prisoners, but expressly instructed Nichols not to initiate any conversations and not to question Henry regarding the bank robbery. Nichols and Henry subsequently engaged in some conversations during which Henry told Nichols about the robbery. Nichols testified about these conversations at Henry's trial, and Henry was convicted.

This Court reversed, finding that the Government had "'deliberately elicited' incriminating statements from Henry within the meaning of Massiah." Id., at 270. Several facts were emphasized in THE CHIEF JUSTICE's opinion for the Court: that Nichols was acting as an informant for the Government and therefore had an incentive to produce useful information; that Henry was unaware of Nichols' role as a Government informant; and, finally, that Henry and Nichols were incarcerated together at the time the conversations took place. With respect to this last fact, the Court reasoned that "confinement may bring into play subtle influences that will make [an individual] particularly susceptible to the ploys of undercover Government agents," influences that were facilitated by Nichols' "apparent status as a person sharing a common plight." Id., at 274. Considering Nich- «474 U. S., 174» ols' conversations with Henry in light of these circumstances, the Court concluded that Nichols "deliberately used his position to secure incriminating information from Henry when counsel was not present" in violation of the Sixth Amendment. Id., at 270-271. The Government argued that it should not be held responsible for Nichols' conduct because its agent had instructed Nichols not to question Henry and had not intended that Nichols take affirmative steps to obtain incriminating statements. We rejected this argument, finding that, under the circumstances, the agent "must have known" that Nichols would take affirmative steps to secure incriminating information. Id., at 271. Consequently, the Court held, "[b]y intentionally creating a situation likely to induce Henry to make incriminating statements without the assis-

기울이라고 말하면서, 다만 조금이라도 대화를 제의하지는 말도록, 그리고 그 은행강도에 관하여 헨리에게 질문을 하지는 말도록 명시적으로 요원은 지시하였다. 어떤 대화들을 그 뒤로 니콜스는 및 헨리는 나누게 되었는데, 은행강도에 관하여 그 과정에서 니콜스에게 헨리는 말하였다. 헨리의 정식사실심리에서 이 대화들에 관하여 니콜스는 증언하였고, 헨리는 유죄로 판정되었다.

"Massiah 판결의 의미 내에서의 부죄적 진술들을 헨리에게서 '의도적으로'" 정부가 "'도출해 냈(deliberately elicited)'"음을 인정하여 원심판결을 당원은 파기하였다. Id., at 270. 법원장이 집필한 법원의 의견에서는 몇 가지 사실들이 강조되었다: 즉 정부를 위한 정보원으로서 니콜스는 활동하고 있었고 따라서 유용한 정보를 만들어낼 동기를 가지고 있었다는 점이고; 정부측 정보원으로서의 니콜스의 역할을 헨리가 모르고 있었다는 점이고; 그리고 마지막으로, 그 대화들이 이루어진 당시에 헨리는 및 니콜스는 함께 구금되어 있었다는 점이다. 이 마지막 사실에 관하여, "[한 명의 개인으로 하여금] 비밀 정부요원들의 책략들에 특별히 걸려들기 쉽게 만드는 미묘한 영향력을 감금은 가할 수 있다"고 당원은 추론하였는 바, 니콜스가 보인 "공통의 곤경을 나누는 사람으로서의 외관상의 현황"에 의하여 그 영향력은 조장되었다. Id., at 274. 헨리와의 사이에서 니콜스가 «474 U. S., 174» 나눈 대화들을 이 같은 상황들에 비추어 고찰하면서, 연방헌법 수정 제6조에 위반하여 "변호인이 출석하지 않은 가운데 헨리에게서 부죄적 정보를 확보하기 위하여 의도적으로 그의 지위를" 니콜스는 "이용하였다."고 당원은 결론지었다. Id., at 270-271. 질문을 헨리에게 가하지는 말도록 니콜스에게 자신의 요원이 지시했었기 때문에, 그리고 부죄적 진술들을 획득하기 위한 단언적 조치들을 니콜스가 취해야 한다는 취지로 자신의 요원이 말한 바는 없었기 때문에 니콜스의 행위에 대하여 자신이 책임을 져야 하는 것으로 판단되어서는 안 된다고 정부는 주장하였다. 이 주장을 우리는 기각하였는 바, 부죄적 정보를 확보하기 위한 단언적 조치들을 니콜스가 취하리라는 것을 제반 상황들 아래서요원은 "알았음이 틀림없다"고 우리는 판단하였다. Id., at 271. 따라서 "[부]죄적 진술들을 변]호인의 조력이 없는 가운데서 하도록 헨리를 유인할 가능성이 있는 상황을 의도적으로 만들어냄으로써 변호인의 조력을 받을 헨리의 연방헌법 수정 제6조상의 권리를 정부는 침해하였다."고

tance of counsel, the Government violated Henry's Sixth Amendment right to counsel." Id., at 274.

C

The State contends that the decisive fact in Massiah and Henry was that the police set up the confrontation between the accused and a police agent at which incriminating statements were elicited. Supported by the United States as amicus curiae, the State maintains that the Sixth Amendment is violated only when police intentionally take this or some equivalent step. Because Moulton rather than Colson initiated the recorded telephone conversations and requested the December 26 meeting, the State concludes that Moulton's Sixth Amendment rights were not violated here.

In the first place, the identity of the party who instigated the meeting at which the Government obtained incriminating statements was not decisive or even important to our decisions in Massiah or Henry. Thus, while in Massiah it may have been the Government agent who was responsible for setting up the meeting with the defendant,[10)] one discovers «474 U. S., 175» this only by looking to the opinions of the Court of Appeals. It is not mentioned in this Court's opinion since the issue of who set up the meeting with whom was not pertinent to our disposition. Moreover, four years after Massiah, the Court summarily reversed a conviction where the defendant requested the meeting and initiated and led the conversation in which incriminating state-

---

10) It is not clear whether the informant asked to meet with Massiah or vice versa. Both the opinion for the Second Circuit and the dissent state «474 U. S., 175» only that, on the instructions of a Government agent, Colson invited Massiah into his car to discuss their case; neither opinion establishes who requested the meeting in the first place. See United States v. Massiah, 307 F. 2d 62, 66 (1962); id., at 72 (Hays, J., dissenting). It is quite plausible that Massiah asked to see Colson who then proposed meeting in his car. In fact, there is nothing in the record in Massiah to support even the assertion of the Court of Appeals that Colson rather than Massiah suggested meeting in Colson's car, although the inference is logical enough. See App. to Brief for United States in Massiah v. United States, O. T. 1963, No. 199, pp. 125a–175a (testimony of Agent Murphy).

당원은 판시하였다. Id., at 274.

C

Massiah 판결에서의 및 Henry 판결에서의 결정적인 사실은 부죄적 진술들이 도출된 바 있는 피고인의 및 경찰 요원 한 명의 양자 사이의 대면을 경찰이 짜맞춘 점이라고 메인주는 주장한다. 오직 이 조치를 내지는 이것에 동등한 모종의 조치를 경찰이 의도적으로 취하는 경우에만 연방헌법 수정 제6조는 침해된다고 메인주는 법정의 고문으로서의 미합중국의 지지 아래서 주장한다. 그 녹음된 대화들을 주도한, 그리고 12월 26일의 회합을 콜슨이 아니라 모울턴이 요청하였으므로 여기서 모울턴의 연방헌법 수정 제6조상의 권리들은 침해되지 않았다고 메인주는 결론짓는다.

첫째로, 부죄적 진술들을 정부가 얻어내기에 이른 그 회합을 부추긴 당사자의 정체는 Massiah 판결에서든 Henry 판결에서든 우리의 판단들에 결정적이지도 심지어는 중요하지도 않았다. 그러므로 Massiah 사건에서 피고인하고의 회합을 짜맞춘 데 책임 있는 사람이 정부 요원이었을 수 있다 하더라도,[10] 오직 «474 U. S., 175» 항소법원의 의견들을 살펴봄으로써만 이것을 우리는 알 수 있다. 그 회합을 누구에게 누가 짜맞추었는지의 쟁점은 우리의 처분에 관련이 없었으므로 당원의 의견에서 그 점은 언급되지 않았다. 더군다나, 비밀 정보원에게 부죄적 진술들이 이루어진 바 있는 회합을 피고인이 요청하였던, 그리고 그 대화를 그가 이끌었던 경우에 있어서의 유죄판정을 Massiah 판결이 있은 지 4년 뒤에 약식으로 당원은 파기하였

---

10) 만나자고 매시아에게 그 정보원이 요청했는지 아니면 그 반대였는지 여부는 명확하지 않다. 제2순회구 항소법원의 의견이 및 그 반대의견이 다 같이 말하는 바는 «474 U. S., 175» 콜슨이 정부 요원의 지시들을 받고서, 자신들의 사건을 의논하기 위하여 매시아를 자신의 차 안에 오게 했다는 것뿐이다; 그 회합을 누가 먼저 요청했는지를 어느 쪽 의견이도 확정짓지 않는다. United States v. Massiah, 307 F. 2d 62, 66 (1962)를; id., at 72 (헤이즈(Hays) 판사, 반대의견)를 보라. 만나자고 콜슨에게 매시아가 요청했을, 그리하여 자신의 자동차 안에서 만나자고 콜슨이 제의했을 가능성이 상당히 있다. 사실은, Massiah 사건에서는 비록 추론상으로는 충분히 논리적이기는 할지언정, 콜슨의 자동차 안에서의 회합을 매시아가 아닌 콜슨이 제의했다는 항소법원의 주장 자체를 뒷받침하는 것은 기록상으로 전혀 없다. App. to Brief for United States in Massiah v. United States, O. T. 1963, No. 199, pp. 125a–175a (요원 머피(Murphy)의 증언)을 보라.

ments were made to an undercover informant. Beatty v. United States, 389 U. S. 45 (1967) (per curiam). In that case, the Solicitor General made the same argument that he and the State make today, see Brief in Opposition, Beatty v. United States, O. T. 1967, No. 338, pp. 5-8; we rejected this argument in an opinion that simply cited Massiah.[11] Finally, in Henry, we deemed it "irrelevant that in Massiah the agent had to arrange the meeting between Massiah and his codefendant while here the agents were fortunate enough to have an undercover informant already in close proximity to the accused." 447 U. S., at 272, n. 10. «474 U. S., 176»

Beyond this, the State's attempt to limit our holdings in Massiah and Henry fundamentally misunderstands the nature of the right we recognized in those cases. The Sixth Amendment guarantees the accused, at least after the initiation of formal charges, the right to rely on counsel as a "medium" between him and the State. As noted above, this guarantee includes the State's affirmative obligation not to act in a manner that circumvents the protections accorded the accused by invoking this right. The determination whether particular action by state agents violates the accused's right to the assistance of counsel must be made in light of this obligation. Thus, the Sixth Amendment is not violated whenever - by luck or happenstance - the State obtains incriminating statements from the accused after the right to counsel has attached. See Henry, 447 U. S., at 276 (POWELL, J., concurring). However, knowing exploitation by the State of an opportunity to confront the accused without counsel being present is as much a breach of the State's obligation not to circumvent the right to the assistance of counsel as is the intentional creation of

11) In his amicus brief for the United States in this case, the Solicitor General suggests that Beatty did not survive Brewer v. Williams, 430 U. S. 387 (1977), which, he contends, modified Massiah to require affirmative interrogation by the Government. Brief for United States as Amicus Curiae 17, n. 12. *That* argument, however, was expressly rejected when the Solicitor General made it in Henry. See 447 U. S., at 271 ("While affirmative interrogation, absent waiver, would certainly satisfy Massiah, we are not persuaded, as the Government contends, that Brewer v. Williams …… modified Massiah's 'deliberately elicited' test"). Cf. also, Brief for United States in United States v. Henry, O. T. 1979, No. 121, p. 26, n. 12.

다. Beatty v. United States, 389 U. S. 45 (1967) (per curiam). 오늘 그가 및 메인주가 펴고 있는 것에 동일한 주장을 그 사건에서 공판담당 차관보(the Solicitor General)는 폈는바, see Brief in Opposition, Beatty v. United States, O. T. 1967, No. 338, pp. 5-8; 단순히 Massiah 판결을 인용한 의견에서 이 주장을 우리는 기각하였다.[11] "여기서는 이미 피고인에게 근접한 곳에 한 명의 비밀 정보원을 가지는 행운을 요원들이 누린 반면에 Massiah 사건에서는 매시아와 그의 공동 피고인 사이의 회합을 요원이 짜맞추어야 했다는 점은 관련이 없는" 것으로 궁극적으로 Henry 사건에서 우리는 간주하였다. 447 U. S., at 272, n. 10. «474 U. S., 176»

이 점을 넘어, Massiah 판결에서와 Henry 판결에서의 우리의 판시들을 한정하려는 주측의 시도는 그 사건들에서 우리가 인정한 바 있는 권리의 성격을 근본적으로 오해한다. 범인으로 주장되는 사람의 및 주 사이의 한 명의 "중재자(medium)"로서 변호인에게 의존할 권리를 적어도 공식의 기소들의 제기 이후에는 그에게 연방헌법 수정 제6조는 보장한다. 위에서 특별히 언급되었듯이, 이 권리를 원용함으로써 피고인에게 부여된 그 보호들을 우회하는 방식으로는 행동하지 말아야 할 주측의 단언적 의무를 이 보장은 포함한다. 변호인의 조력을 받을 피고인의 권리를 주 요원들의 특정의 행위가 침해하는지 여부의 판정은 이 의무에 비추어 내려지지 않으면 안 된다. 그러므로 변호인의 조력을 받을 권리가 달라붙은 이후에 피고인에게서 부죄적 진술들을 주가 — 운 좋게든 또는 우발적으로든 — 얻어내기만 하면 언제든지 연방헌법 수정 제6조가 침해되는 것은 아니다. Henry, 447 U. S., at 276 (파월(POWELL) 판사, 보충의견)을 보라. 그러나, 범인으로 주장되는 사람을 변호인의 출석이 없는 가운데서 대면할 기회를 주가 인지 상태에서 이용하는 것은, 이 같은 기회의 의도적인 창출의 경우가 그러하듯, 변호인의 조력을 받을 권리를 우회하지 말아야 할

11) Brewer v. Williams, 430 U. S. 387 (1977) 판결로 인하여 Beatty 판결은 유지될 수 없는 것 아닌가 이 사건에서의 미합중국을 위한 법정의 고문으로서의 자신의 준비서면에서 공판담당 차관보(the Solicitor General)는 내비추는데, 정부에 의한 단언적 신문을 요구하는 것으로 Massiah 판결을 Brewer 판결은 수정하였다고 그는 주장한다. Brief for United States as Amicus Curiae 17, n. 12. 그러나 이를 Henry 사건에서 공판담당 차관보가 폈을 때 명시적으로 그 *(That)* 주장은 기각되었다. 447 U. S., at 271 ("포기(waiver)가 없는 상태에서는 Massiah 판결을 단언적 신문은 확실히 충족하겠지만, 매시아 판결의 '의도적 도출(deliberately elicited)' 기준을 …… Brewer v. Williams 판결이 수정했다는 정부의 주장에 대하여 우리는 납득이 가지 않는다.")을 보라. 아울러, Brief for United States in United States v. Henry, O. T. 1979, No. 121, p. 26, n. 12를 비교하라.

such an opportunity. Accordingly, the Sixth Amendment is violated when the State obtains incriminating statements by knowingly circumventing the accused's right to have counsel present in a confrontation between the accused and a state agent.[12)]

III

Applying this principle to the case at hand, it is clear that the State violated Moulton's Sixth Amendment right when it arranged to record conversations between Moulton and its undercover informant, Colson. It was the police who suggested to Colson that he record his telephone conversations with Moulton. Having learned from these recordings that «474 U. S., 177» Moulton and Colson were going to meet, the police asked Colson to let them put a body wire transmitter on him to record what was said. Police Chief Keating admitted that, when they made this request, the police knew - as they must have known from the recorded telephone conversations - that Moulton and Colson were meeting for the express purpose of discussing the pending charges and planning a defense for the trial.[13)] The police thus knew that Moulton would make statements that he had a constitutional right not to make to their agent prior to consulting with counsel. As in Henry, the fact

12) Direct proof of the State's knowledge will seldom be available to the accused. However, as Henry makes clear, proof that the State "must have known" that its agent was likely to obtain incriminating statements from the accused in the absence of counsel suffices to establish a Sixth Amendment violation. See 447 U. S., at 271.

13) Because Moulton thought of Colson only as his codefendant, Colson's engaging Moulton in active conversation about their upcoming trial was certain to elicit statements that Moulton would not intentionally reveal – and had a constitutional right not to reveal – to persons known to be police agents. Under these circumstances, Colson's merely participating in this conversation was "the functional equivalent of interrogation." Henry, 447 U. S., at 277 (POWELL, J., concurring). In addition, the tapes disclose and the Supreme Judicial Court of Maine found that Colson "frequently pressed Moulton for details of various thefts and in so doing elicited much incriminating information that the State later used at trial." 481 A. 2d, at 161. Thus, as in Henry, supra, at 271, n. 9, we need not reach the situation where the "listening post" cannot or does not participate in active conversation and prompt particular replies.

주측의 의무에 대한 맞먹는 정도의 위반이다. 따라서, 범인으로 주장되는 사람의 및 주측 요원의 양자 사이의 대면에 변호인을 출석시킬 범인으로 주장되는 사람의 권리를 인지 상태에서 우회함으로써 부죄적 진술들을 주가 얻어내는 경우에는 연방헌법 수정 제6조는 침해된다.[12)]

III

이 원칙을 현재의 사건에 적용하면, 모울턴의 및 주 비밀 정보원 콜슨의 둘 사이의 대화들을 녹음하고자 주가 짜맞추었을 때 연방헌법 수정 제6조에 기한 모울턴의 권리를 주가 침해했음은 명백하다. 모울턴하고의 전화 통화들을 녹음하라고 콜슨에게 제의한 것은 경찰이었다. 모울턴이 및 콜슨이 만나려 하고 있음을 «474 U. S., 177» 이 녹음들을 통하여 알고서, 대화들을 녹음할 휴대용 송신기 한 대를 그의 몸에 자신들로 하여금 장치하도록 허락해 달라고 콜슨에게 경찰은 요청하였다.그 녹음된 전화통화들로부터 그들이 알고 있었음이 틀림없듯이 모울턴이 및 콜슨이 만나려고 하는 그 명백한 목적이 그 걸려 있는 공소사실들을 의논하기 위함임을 및 정식사실심리를 위한 항변사유를 계획하기 위함임을 이 요청을 자신들이 하였을 때 경찰은 알고 있었음을 경찰국장 키팅은 시인하였다.[13)] 이처럼 변호인하고의 상담 이전에는 경찰요원에게 말하지 아니할 헌법적 권리가 있는 진술들을 모울턴이 하리라는 것을 경찰은 알고 있었다. Henry 사건에서처럼, "한 명의 비밀 정보원을

---

12) 주측이 알고 있었음에 대한 직접증거는 피고인으로서는 거의 입수하기 어려울 것이다. 그러나 Henry 판결이 명확히 해 주듯이, 부죄적 진술들을 변호인의 부재 가운데서 피고인으로부터 자신의 요원이 얻어낼 가능성이 있음을 주(the State)로서는 "알았음이 틀림없다(must have known)"는 점에 대한 증거는 연방헌법 수정 제6조에 대한 침해를 입증하기에 충분하다. 447 U. S., at 271을 보라.

13) 콜슨을 자신의 공동피고인이라고만 모울턴은 생각했기 때문에, 자신들의 임박한 정식사실심리에 관한 적극적인 대화에 모울턴을 콜슨이 끌어들이는 것은, 경찰 요원들임이 알려진 사람들에게라면 모울턴으로서는 의도적으로 드러내고자 하지 않았을 – 그리고 모울턴으로서는 드러내지 아니할 헌법적 권리를 가졌던 – 진술들을 끌어낼 것이 확실하였다. 이 같은 상황들 아래서는, 이 대화에 콜슨이 단순히 가담한 것만으로도 "신문의 기능적 동등물"에 해당하였다. Henry, 447 U. S., at 277 (파월 판사, 보충의견). 그 밖에도, "모울턴으로 하여금 여러 절도범행들의 세부사항들을 말하도록 자주" 콜슨이 "재촉하였음을, 그리고 그렇게 함에 있어서 나중에 정식사실심리에서 주가 사용한 부죄적 정보의 대부분을 콜슨이 이끌어냈"음을 녹음테이프들은 드러내 주고 있고 그 점을 메인주 대법원은도 인정하였다. 481 A. 2d, at 161. 따라서 Henry, supra, at 271, n. 9에서처럼, 적극적 대화에, 그리고 신속한 특정의 응답들에 "청음초"가 가담할 수도 없고 가담하지도 아니한 경우의 상황에 우리는 도달할 필요가 없다.

that the police were "fortunate enough to have an undercover informant already in close proximity to the accused" does not excuse their conduct under these circumstances. 447 U. S., at 272, n. 10. By concealing the fact that Colson was an agent of the State, the police denied Moulton the opportunity to consult with counsel and thus denied him the assistance of counsel guaranteed by the Sixth Amendment.[14) «474 U. S., 178»

IV

The Solicitor General argues that the incriminating statements obtained by the Maine police nevertheless should not be suppressed because the police had other, legitimate reasons for listening to Moulton's conversations with Colson, namely, to investigate Moulton's alleged plan to kill Gary Elwell and to insure Colson's safety. In Massiah, the Government also contended that incriminating statements obtained as a result of its deliberate efforts should not be excluded because law enforcement agents had "the right, if not

14) The State argues that it took steps to prevent Colson from inducing Moulton to make incriminating admissions by instructing Colson to "be himself," "act normal," and "not interrogate" Moulton. Tr. of Hearing on Motion to Suppress 42, 51, 56. In Henry, we rejected this same argument although the likelihood that the accused would talk about the pending charges to a cellmate was less than here, where the accused invited his codefendant to discuss the upcoming trial, and although the instructions to the agent were far more explicit. See 447 U. S., at 268, 271. More im- «474 U. S., 178» portantly, under the circumstances of this case, the instructions given to Colson were necessarily inadequate. The Sixth Amendment protects the right of the accused not to be confronted by an agent of the State regarding matters as to which the right to counsel has attached without counsel being present. This right was violated as soon as the State's agent engaged Moulton in conversation about the charges pending against him. Because these charges were the only subject to be discussed at Colson's December 26 meeting with Moulton, a Sixth Amendment violation was inevitable once Colson agreed to this meeting with Moulton.
In any event, we reject the State's suggestion that these instructions were designed to protect Moulton's constitutional rights. The instructions were obviously motivated by the police's concern that Colson, who had never before served as an undercover agent, might behave unnaturally or ask too many questions, thereby tipping Moulton off to the fact that Colson was cooperating with the police. Thus, rather than explain to Colson that actively questioning Moulton might taint any evidence obtained, the police simply told Colson to "be himself," and to "act normal." Tr. of Hearing on Motion to Suppress 42, 51, 56. In addition, the instructions were not limited to questions concerning the pending charges, the only matters as to which active questioning might create problems. On the contrary, according to Chief Keating, Colson was instructed that he could engage Moulton in a conversation but should not try to draw him out on "elimination of witnesses or anything." Id., at 51.

이미 피고인에게 근접한 곳에 가지는 행운을" 경찰이 "누렸"다는 사실은 이 같은 상황들 아래서 그들의 행동에 대한 변명이 되지 않는다. 447 U. S., at 272, n. 10. 콜슨이 주측 요원의 한 명이라는 사실을 감춤으로써, 변호인을 찾아 상담할 기회를 모울턴에게서 경찰은 박탈하였고 이로써 연방헌법 수정 제6조에 의하여 보장된 변호인의 조력을 그에게서 박탈하였다.[14] «474 U. S., 178»

IV

메인주 경찰에 의하여 얻어진 부죄적 진술들은 이에도 불구하고 증거에서 배제되어서는 안 된다고, 왜냐하면 모울턴의 및 콜슨의 둘 사이의 대화들을 청취할 다른 정당한 이유들 — 즉 게리 엘웰을 살해하려는 그 주장된 모울턴의 계획을 수사하고 콜슨의 안전을 보호하기 위한 목적 — 을 경찰은 가졌기 때문이라고 공판담당 차관보는 주장한다. 자신의 의도적 노력들의 결과로서 얻어진 그 부죄적 진술들은 증거에서 배제되어서는 안 된다고, 왜냐하면 "[매시아에] 및 그의 범죄 제휴자들로

14) "자기 자신의 말만을 하라고," "평시처럼 행동하라고," 그리고 모울턴을 "신문하지 말라고" 콜슨에게 지시함으로써 부죄적 시인들을 모울턴으로 하여금 하게끔 유인하지 못하도록 콜슨을 저지하기 위한 조치들을 자신이 취했다고 주는 주장한다. Tr. of Hearing on Motion to Suppress 42, 51, 56. 비록 Henry 사건에서는 그 걸려 있는 공소사실들에 관하여 감방동료 한 명에게 피고인이 말할 가능성이 그 임박한 정식사실심리를 의논하기 위하여 자신의 공동피고인을 피고인이 초청한 여기서의 경우에보다도 더 적었음에도 불구하고, 그리고 요원에 대한 지시들이 훨씬 더 명확했음에도 불구하고, 바로 이 주장을 우리는 기각하였다. 447 U. S., at 268 , 271을 보라. 보다 더 «474 U. S., 178» 중요하게는, 이 사건의 상황들 아래서 콜슨에게 주어진 지시들은 불가피하게 불충분하였다. 변호인의 조력을 받을 권리가 달라붙게 된 사항들에 관하여 변호인의 출석 없이 주측 요원에 의하여 대면을 당하지 아니할 범인으로 주장되는 사람의 권리를 연방헌법 수정 제6조는 보장한다. 모울턴을 그 자신에 대하여 걸려 있는 공소사실들에 관한 대화에 주측 요원이 끌어들이자마자 이 권리는 침해되었다. 이 공소사실들은 모울턴에 더불어 콜슨이 가진 12월 26일의 회합에서 의논될 유일한 주제였기 때문에, 모울턴하고의 이 회합에 일단 콜슨이 동의한 이상에는 연방헌법 수정 제6조에 대한 침해는 불가피하였다.
어쨌든, 모울턴의 헌법적 권리들을 보호하기 위하여 이러한 지시들이 고안되었다는 주측의 암시를 우리는 기각한다. 이전에 비밀요원으로 일해 본 적이 전혀 없었던 콜슨이 부자연스럽게 행동할 수도 내지는 너무 많은 질문들을 할 수도 있다는, 이로써 경찰에게 콜슨이 협력하고 있다는 사실을 모울턴에게 누설할 수도 있다는 경찰의 염려에 의하여 명백히 그 지시들은 촉발되었다. 그리하여, 적극적으로 모울턴에게 질문하는 것은 조금이라도 그 얻어진 증거를 오염시킬 수도 있음을 콜슨에게 설명하지 아니한 채로, 단지 콜슨더러 "자기 자신의 말만을 하라고," 그리고 "평시처럼 행동하라고" 경찰은 말하였다. Tr. of Hearing on Motion to Suppress 42, 51, 56. 그 밖에도, 그 걸려 있는 공소사실들에 관한 질문들 - 적극적 질문이 문제들을 일으킬 소지가 있는 유일한 사항들이다 - 에 지시들은 한정되지 않았다. 오히려 그 반대로, 키팅 국장에 따르면, 모울턴을 대화에 콜슨이 끌어들여도 됨을, 그러나 "증인들의 내지는 기타 그 어떤 것의 제거"에 관하여 말하도록 그를 꾀어내고자 콜슨이 시도해서는 안 됨을 콜슨은 지시받았다. Id., at 51.

indeed the duty, to continue their investigation of [Massiah] and his alleged criminal associates ……." 377 U. S., at 206. There, as here, the Government argued that this circumstance justified its surveillance and cured any improper acts or purposes. We rejected this argument, and held: «474 U. S., 179»

"We do not question that in this case, as in many cases, it was entirely proper to continue an investigation of the suspected criminal activities of the defendant and his alleged confederates, even though the defendant had already been indicted. All that we hold is that the defendant's own incriminating statements, obtained by federal agents under the circumstances here disclosed, could not constitutionally be used by the prosecution as evidence against him at his trial." Id., at 207 (emphasis omitted).

We reaffirm this holding, which states a sensible solution to a difficult problem. The police have an interest in the thorough investigation of crimes for which formal charges have already been filed. They also have an interest in investigating new or additional crimes. Investigations of either type of crime may require surveillance of individuals already under indictment. Moreover, law enforcement officials investigating an individual suspected of committing one crime and formally charged with having committed another crime obviously seek to discover evidence useful at a trial of either crime.[15)]

---

15) In his brief, the Solicitor General assumes that the only claim made by the Government and answered by the Court in Massiah was that the Government was engaged in a continuing investigation of crimes as to which charges were already pending. He concedes that this was an inadequate justification which "had the flavor of a post hoc rationalization of conduct that, at its inception, in fact had as a primary purpose the obtaining of evidence for use at trial on the pending charges." Brief for United States as Amicus Curiae 23–24. So saying, he asks us to distinguish from that justification the justification that law enforcement officials are investigating "separate" crimes. In Massiah, however, the Government's assertion was that it needed to continue its investigation in order to discover the identities of Massiah's intended buyer and of others who were importing narcotics as well as to find additional evidence of Massiah's crimes. Brief for United States in Massiah v. United States, O. T. 1963, No. 199, pp. 26–27. The Court in Massiah was thus faced with the very same argument made by the Solicitor General in this case. Even were the Solicitor General's characterization of the issue posed in Massiah correct, however, «474 U. S., 180» we would not draw the distinction he asks us to make. The likelihood of post hoc rationalizing is the same whether police claim to be investigating other examples of the same crime or some allegedly "separate" crime.

주장된 사람들에 대한 그들의 수사를 계속할 권한을 — 책무를까지는 아니라 하더라도 — ……" 법 집행 요원들은 "가졌"기 때문이라고 Massiah 사건에서도 정부는 주장하였다. 377 U. S., at 206. 자신의 감시를 이 상황은 정당화한다고, 그리고 조금이라도 부당한 행위들을이나 목적들을 그것은 치유한다고 여기서처럼 거기서 정부는 주장하였다. 이 주장을 기각하면서 이렇게 우리는 판시하였다: «474 U. S., 179»

"비록 피고인이 이미 대배심기소되어 있었다 하더라도 피고인의 및 그의 공범들로 주장된 사람들의 혐의 잡힌 범죄 활동들에 대한 수사를 계속하는 것은 많은 사건들에 있어서처럼 이 사건에 있어서 완전히 정당하였음에 대하여 의문을 우리는 가지지 않는다. 우리가 판시하는 전부는, 여기에 드러난 상황들 아래서 연방요원들에 의하여 얻어진 피고인 자신의 부죄적 진술들은 피고인의 정식사실심리에서 검찰관에 의하여 그에게(him) 불리한 증거로는 헌법적으로 사용될 수 없었다는 것뿐이다." Id., at 207 (강조는 생략).

이 판시를 우리는 재확인하는 바, 한 가지 어려운 문제에 대한 한 가지 양식 있는 해결책을 그것은 말한다. 정식의 공소사실들이 이미 제기되어 있는 범죄들에 대한 철저한 수사에 있어서 이익을 경찰은 지닌다. 새로운 내지는 추가된 범죄들을 수사하는 데 있어서도 이익을 그들은 지닌다. 이미 대배심기소에 처해진 개인들에 대한 감시를 어느 쪽 유형의 범죄에 대해서든 수사들은 요구할 수 있다. 더군다나, 한 개의 범죄를 범하였다는 혐의를 받는, 그리고 또다른 범죄를 저지른 것으로 정식으로 주장된 한 명의 개인을 수사하는 법집행 공무원들은 어느 쪽 범죄에 대한 것이든 정식사실심리에서 유용할 수 있는 증거를 발견해 내고자 명백하게 추구한다.[15] 그

15) Massiah 사건에서 정부에 의하여 제기되고 당원에 의하여 답변된 유일한 주장은 이미 공소사실들이 걸려 있는 범죄들에 대한 연속적인 수사에 정부가 종사하고 있다는 것이었다고 공판담당 차관보는 자신의 준비서면에서 가정한다. 이것은 "그 걸려 있는 공소사실들의 정식사실심리에서의 사용을 위한 증거를 획득하려는 일차적 목적을 지닌 행위에 대한 사후적 합리화의 냄새를 지닌" 부적절한 변명이었음을 그는 시인한다. Brief for United States as Amicus Curiae 23-24. 그렇게 말하면서, "별개의" 범죄들을" 법집행 공무원들이 "수사하고 있는 중이라는 변명을 그 변명으로부터 구분짓도록 우리에게 그는 요구한다. 그러나 Massiah 사건에서의 정부의 주장이었던 바는, 매시아의 범죄들에 대한 추가적 증거를 찾기 위해서만이 아니라 이에 아울러 매시아의 예정된 구매자의, 및 마약들을 수입하고 있는 여타의 사람들의 신원들을 알아내기 위하여 자신의 수사를 자신은 계속할 필요가 있다는 것이었다. Brief for United States in Massiah v. United States, O. T. 1963, No. 199, pp. 26-27. 이 사건에서 공판담당 차관보에 의하여 제기되는 바로 그 주장에 이처럼 Massiah 사건에서의 당원은 봉착하였다. 그러나 설령 Massiah 사건에서 제기된 문제에 대한 공판담당 차관보의 성격규정이 정확하였다 하더라도, «474 U. S., 180» 우리더러 짓도록 그가 요구하는 그 구분을 우리는 짓지 않을 것이다. 동일한 범죄의 다른 사례들을 수사하는 중이라고 경찰이 주장하는지 아니면 그 주장된 모종의 "별개의" 범죄를 수사하는 중이라고 경찰이 주장하는지 여부에 상관없이 사후 합리화의 가능성은 동일하

In seeking evidence pertaining to pending charges, «474 U. S., 180» however, the Government's investigative powers are limited by the Sixth Amendment rights of the accused. To allow the admission of evidence obtained from the accused in violation of his Sixth Amendment rights whenever the police assert an alternative, legitimate reason for their surveillance invites abuse by law enforcement personnel in the form of fabricated investigations and risks the evisceration of the Sixth Amendment right recognized in Massiah. On the other hand, to exclude evidence pertaining to charges as to which the Sixth Amendment right to counsel had not attached at the time the evidence was obtained, simply because other charges were pending at that time, would unnecessarily frustrate the public's interest in the investigation of criminal activities. Consequently, incriminating statements pertaining to pending charges are inadmissible at the trial of those charges, notwithstanding the fact that the police were also investigating other crimes, if, in obtaining this evidence, the State violated the Sixth Amendment by knowingly circumventing the accused's right to the assistance of counsel.[16)]

Because we hold that the Maine police knowingly circumvented Moulton's right to have counsel present at a confrontation between Moulton and a police agent, the fact that the police had additional reasons for recording Moulton's meeting with Colson is irrelevant. The decision of the Supreme Judicial Court of Maine is affirmed.

It is so ordered.

«474 U. S., 181»

We take what we feel is a more realistic view of police investigations, and instead accept that dual purposes may exist whenever police have more than one reason to investigate someone.

16) Incriminating statements pertaining to other crimes, as to which the Sixth Amendment right has not yet attached, are, of course, admissible at a trial of those offenses.

러나 걸려 있는 공소사실들에 관련된 증거를 추구함에 «474 U. S., 180» 있어서 정부의 수사권한들은 범인으로 주장되는 사람의 연방헌법 수정 제6조상의 권리들에 의하여 제한된다. 범인으로 주장되는 사람의 연방헌법 수정 제6조상의 권리들에 대한 침해 가운데서 그로부터 얻어진 증거를, 자신들의 감시활동을 위한 한 개의 선택적인 정당한 이유를 경찰이 주장하기만 하면 언제든지 허용하는 것은, 날조된 수사들의 형식 안에서의 법집행 요원에 의한 권한남용을 부르고 Massiah 판결에서 인정된 연방헌법 수정 제6조의 권리에 대한 내장적출(evisceration)의 위험을 야기한다. 이에 반하여, 증거의 획득 시점에서 변호인의 조력을 받을 연방헌법 수정 제6조의 권리가 달라붙지 않았던 혐의사실들에 관련된 증거를, 단지 그 당시에 여타의 공소사실들이 걸려 있었다는 이유만으로 배제하는 것은 범죄활동들에 대한 수사에 있어서의 공중의 이익을 불필요하게 좌절시킬 것이다. 따라서, 그 걸려 있는 공소사실들에 관련된 부죄적 진술들은 여타의 범죄들을도 경찰이 수사하고 있었다는 사실에도 불구하고 만약 이 증거를 얻어냄에 있어서 변호인의 조력을 받을 피고인의 권리를 인지 상태에서 우회함으로써 연방헌법 수정 제6조를 주가 침해했다면 그 공소사실들의 정식사실심리에서 증거로 허용될 수 없다.[16)]

변호인을 출석시킬 모울턴의 권리를 모울턴의 및 경찰 요원의 둘 사이의 대면에서 메인주 경찰이 인지 상태에서 우회하였다고 우리는 판시하기 때문에, 모울턴의 콜슨하고의 회합을 녹음할 추가적 이유들을 경찰이 가지고 있었다는 사실은 관련이 없다. 메인주 대법원의 판결은 인가된다.

그렇게 명한다.

«474 U. S., 181»

다. 경찰 수사에 대한 보다 더 현실적인 시각이라고 우리가 느끼는 바를 우리는 취하는 바, 그 대신에 누군가를 수사할 이유를 한 가지보다 더 많이 경찰이 가질 경우에는 언제든지 이원적 목적들이 존재할 수 있음을 우리는 받아들인다.

16) 연방헌법 수정 제6조의 권리가 아직 달라붙지 않은 여타의 범죄들에 관한 부죄적 진술들은 당연히 그 범죄들에 대한 정식사실심리에서 증거로 허용될 수 있다.

CHIEF JUSTICE BURGER, with whom JUSTICE WHITE and JUSTICE REHNQUIST join, and with whom JUSTICE O'CONNOR joins as to Parts I and III, dissenting.

Today the Court holds that the Sixth Amendment prohibits the use at trial of postindictment statements made to a government informant, even where those statements were recorded as part of a good-faith investigation of entirely separate crimes. Nothing whatever in the Constitution or our prior opinions supports this bizarre result, which creates a new "right" only for those possibly habitual offenders who persist in criminal activity even while under indictment for other crimes. I dissent and would reverse.

I

Before reaching the legal issues, it is important that the factual basis on which the State acted here be clearly understood. Since the Court's opinion glosses over some of the more relevant facts, I review them here briefly.

After respondent and a codefendant, Gary Colson, were indicted on several felony counts of theft by receiving stolen goods, Colson telephoned Belfast Police Chief Robert Keating to arrange a meeting. At that meeting, on November 4, 1982, Colson told Chief Keating that he had been receiving "threatening phone calls" and that "it had gone too far." In this conversation, Colson indicated his desire to tell Chief Keating about the circumstances giving rise to the indictment; but Chief Keating appropriately cautioned him to

화이트(WHITE) 판사가 및 렌퀴스트(REHNQUIST) 판사가 가담하는, 그리고 Part I 및 Part III에 대하여 오코너(O'CONNOR) 판사가 가담하는 법원장 버거(BURGER) 판사의 반대의견이다.

정부측 정보원에게 이루어진 대배심기소 사후 진술들의 정식사실심리에서의 사용을, 심지어 완전히 별개의 범죄들에 대한 선의의 수사의 일부로서 그 진술들이 녹음되었다 하더라도, 연방헌법 수정 제6조는 금지한다고 오늘 이 법원은 판시한다. 연방헌법 안에 내지는 우리의 선례들에서의 의견들 안에 들어 있는 그 어떤 것에도 이 기괴한 결론을 뒷받침하는 것은 없는 바, 여타의 범죄들로 대배심기소에 놓여 있는 동안에조차 범죄활동을 계속하는 상습적 범인들일 가능성이 있는 사람들만을 위한 새로운 "권리"를 그것은 창출한다. 나는 반대하며, 따라서 원심판결을 나라면 파기할 것이다.

I

법적 쟁점들에 닿기 이전에, 여기서 자신의 행동의 근거로 주가 삼은 사실적 토대가 명확하게 이해되는 것이 중요하다. 보다 더 관련 깊은 사실들 일부를 이 법원의 의견은 얼버무리기 때문에, 그것들을 간략하게 나는 여기서 재검토한다.

장물취득에 의한 절도(theft by receiving stolen goods)의 몇 가지 중죄의 소인들로 피청구인이 및 그의 공동피고인인 게리 콜슨이 대배심기소된 뒤에, 면담을 약속해 달라고 전화를 벨파스트 경찰국장 키팅에게 콜슨은 걸었다. "협박전화들"을 자신이 받아 왔다고, 그리고 "상황이 너무 멀리까지 나가 버렸다"고 1982년 11월 4일에 이루어진 그 면회에서 키팅 국장에게 콜슨은 말하였다. 그 대배심기소를 야기한 상황들에 관하여 키팅 국장에게 말하고자 하는 자신의 의사를 이 대화에서 콜슨은 내보였다; 그러나 더 이상의 것을 말하기 이전에 변호사를 찾아 상담하도록 적절히 그에

consult with an attorney before saying more.

Two days later, Colson and respondent met. Respondent spoke of "[g]etting rid of a couple of witnesses," including Gary Elwell, a key prosecution witness in the upcoming trial of Colson and respondent. Respondent had formulated a general plan for the murder; Colson's role was to pick up a car to be used in that endeavor.

On November 9 and 10, Colson met with Chief Keating and Detective Rex Kelley of the Maine State Police at the office «474 U. S., 182» of Colson's attorney. At these meetings, Colson revealed to the police respondent's plan to kill Elwell. Keating was aware that several witnesses connected with the case had received threats. One witness, Duke Ducaster, had been threatened personally by respondent. Another witness, Herman Peasley, "had been told ······ that a cup of acid could be thrown in his face" if he talked to the police. Colson then consented to having the police place a recording device on his home telephone. Keating testified that he placed the device on the telephone because respondent was to call Colson back when plans to eliminate Elwell had been finalized and because Colson himself had been receiving anonymous threatening telephone calls.

Three telephone calls initiated by respondent were subsequently recorded. In the first, on November 22, 1982, respondent, in an apparent reference to the plan to do away with Elwell, told Colson that he had "come up with a method" and that he wanted to get together with Colson to talk about it after he had "work[ed] out the details on it." In the second recorded conversation, respondent reviewed with Colson the extent of the evidence against them and made several incriminating statements. In the last of the recorded conversations, respondent again incriminated himself[17] and «474 U. S., 183»

17) Contrary to the Court's assertion that "the conversation ended without Moulton having said anything that incriminated him," ante, at 164, Moulton and Colson in fact rehearsed a fabricated story that they planned to use at trial:

게 주의를 키팅 국장은 주었다.

이틀 뒤에 콜슨은 및 피청구인은 서로 만났다. 콜슨에 및 피청구인에 대한 임박한 정식사실심리에서의 중요한 검찰측 증인인 게리 엘웰(Gary Elwell)을 포함한 "[몇] 명의 증인들을 제거하는 일"에 관하여 피청구인은 말하였다. 살해를 위한 전체적 계획을 피청구인은 짜놓은 상태였다; 콜슨의 역할은 그 노력에 사용될 승용차 한 대를 손에 넣는 일이었다.

메인주 경찰의 키팅 국장을 및 렉스 켈리(Rex Kelley) 형사를 11월 9일에 및 10일에 콜슨의 변호인의 사무소에서 «474 U. S., 182» 콜슨은 만났다. 엘웰을 살해하려는 피청구인의 계획을 경찰에게 이 회합들에서 콜슨은 폭로하였다. 그 사건에 연결된 몇 명의 증인들이 협박을 받아 왔음을 키팅은 알고 있었다. 피청구인의 협박을 증인들 중 한 명인 듀크 듀캐스터(Duke Ducaster)는 직접적으로 받은 터였다. 만약 경찰에게 알린다면 "한 컵의 산(acid)이 그의 얼굴에 뿌려질 수도 있다 …… 는 말을" 또 한 명의 증인인 허만 피슬리(Herman Peasley)는 "들은 터였다." 그리하여 자신의 집 전화기에 녹음장치 한 대를 경찰로 하여금 설치하게 하는 데에 콜슨은 동의하였다. 엘웰을 제거하기 위한 계획들이 완성되면 다시 전화를 콜슨에게 피청구인이 걸기로 되어 있었기 때문에, 그리고 익명의 협박전화들을 콜슨 스스로도 받고 있었기 때문에 그 장치를 전화기에 자신이 설치했다고 키팅은 증언하였다.

피청구인에 의하여 주도된 세 번의 전화통화들이 이에 따라서 녹음되었다. 첫 번째로, "방법을" 자신이 "생각해 냈다"고, 그리고 "그것에 관하여 세부계획들을" 자신이 "만들어[낸]" 뒤에 콜슨을 만나서 그것에 관하여 말했으면 한다고 1982년 11월 22일 엘웰을 제거하기 위한 계획에 대한 명백한 언급에서 콜슨에게피청구인은 말하였다. 두 번째로 녹음된 대화에서 자신들을 겨냥한 증거의 범위를 콜슨에 더불어 검토하면서 몇 개의 부죄적 진술들을 피청구인은 하였다. 그 녹음된 대화들 중 마지막에서, 그 자신의 유죄를 피청구인은 다시 한 번 뒷받침하였는데,[17] «474

17) "그 자신의 유죄를 뒷받침하는 진술을 아무 것을도 모울턴이 하지 않은 채로 그 대화는 끝이 났다."는 이 법원의 주장, ante, at 164, 에 반대되게, 정식사실심리에서 사용하고자 그들이 계획한 날조된 이야기를 실제로 모울턴은 및 콜슨은 연습하였다:

referred to statements by witnesses that they had been threatened. Finally, respondent told Colson that he wanted to meet to "review the whole plan."

Chief Keating and Detective Kelley then arranged for Colson to wear a body recorder/transmitter during this meeting. Both officers testified that the recorder was intended to protect Colson's safety, since respondent might have learned that Colson was cooperating with the police, as well as to record any information concerning threats to other witnesses. Colson himself testified that his understanding of the reasons for using the recorder were "number 1 …… my safety" and "number 2 …… for any other plans to do away with any of the witnesses." When asked if there was a "number 3," Colson testified "no." The police instructed Colson "to act like himself, converse normally, and avoid trying to draw information out of Moulton."

During the meeting with Colson, respondent without any prompting brought up the possibility of killing Gary Elwell, by means of an air gun with hollow-tipped darts or explosives.[18] Respondent also suggested developing

---

"[Moulton:] The parts I bought. I never denied that. I did buy those…… .

"[Colson:] The [M]ustang …… same here.

"[Moulton:] And the [M]ustang, we bought that?

"[Colson:] Yeah.

"[Moulton:] Ok. It's just a coincidence that ah, they happened to be …… [h]ot or whatever…… . You've got a bill of sale for the Mustang. I got a bill of sale for parts. So, you know, what the hell? What can they say?" Exh. S-3, Tr. of Dec. 14 Conversation 4-5.

18) After a break in the conversation, respondent took a deep sigh and said:

"[Moulton:] You know I thought of a way to eliminate them. Remember we were talking about it before?

"[Colson:] Yes, you thought of a way?

"[Moulton:] Yeah, but, ah, I don't think we ought to go for it …….

"[Colson:] Well, let me [hear it].

"[Moulton:] Well you know those air guns ……. They make little darts for those little feather back darts that you can put in there you've seen em. Those little darts, those little things about that long. I [was] thinking just hollow the tip out like a needle and just put …… little …… holes on the side, and you fill it with a lethal injection and the shooting impact would shoot all the stuff out of it into …… the individuals body [and] poison [th]em. There would be no noise.

"[Colson:] Jesus …….

U. S., 183» 자신들에게서 위협을 당했다는 증인들의 진술들을 그는 언급하였다. 끝으로, "전체적 계획을 검토하기" 위하여 만났으면 한다고 콜슨에게 피청구인은 말했다.

그리하여 휴대용 녹음기 겸 송신기 한 대를 이 회합 동안에 콜슨으로 하여금 휴대하도록 조치를 키팅 국장은 및 켈리 형사는 취하였다. 경찰에게 콜슨이 협력하고 있음을 피청구인이 알게 되었을지도 모르기 때문에 그 녹음기는 여타의 증인들에 대한 협박들에 관한 조금이나마의 정보를 녹음하기 위한 것이기도 하면서 이에 아울러 콜슨의 안전을 보호하기 위한 것이기도 하였다고 그들 두 명은 증언하였다. 녹음기를 사용한 이유들로서 자신이 이해한 바는 "첫 번째가 …… 저의 안전"이었고 "두 번째가 …… 그 밖에 증인들 중 누군가를 없애려는 계획을 알기 위한 것"이었다고 콜슨은 스스로 증언하였다. 혹시 "세 번째" 이유가 있었는지 질문을 받자 콜슨은 "아니오."라고 증언하였다, 콜슨더러 "자기 자신의 모습대로 행동하라고, 평상시처럼 대화하라고, 그리고 모울턴에게서 정보를 끌어내려고 시도하기를 피하라고" 경찰은 지시하였다.

우묵한 끝을 단 화살들을 장착한 공기총에 내지는 폭발물들에 의한 게리 엘웰의 살해 가능성을 콜슨하고의 회합 도중에 전혀 부추김을 받지 않았는데도 불구하고 피청구인은 꺼냈다.[18] 정식사실심리에서 선보일 거짓 증언을 «474 U. S., 184» 개

"[모울턴:] 그 부품들은 내가 샀지. 그것을 나는 결코 부인하지 않았어. 그것들을 내가 샀던 거야.

……

"[콜슨:] 그 [무]스탕 …… 그것도 여기서.

"[모울턴:] 그런데 그 [무]스탕, 그걸 우리가 샀던 거지?

"[콜슨:] 그래.

"[모울턴:] 좋아. 그것들이 우연히도 …… 아, [최]신식이었든 어쨌든…… . 그건 정말 우연이야. 무스탕 매도증서 한 장을 자네는 받은 거고, 부품들의 매도증서 한 장을 나는 받은 거고. 그래, 자네 알다시피 그게 뭐 어쨌다는 거지? 무슨 말을 그들이 할 수 있겠어?" Exh. S-3, Tr. of Dec. 14 Conversation 4-5.

18) 잠깐의 대화 중단이 있은 뒤에 깊은 한숨을 쉬고서 피청구인은 말하였다:

"[모울턴:] 자네가 알다시피 그들을 제거할 방법을 나는 생각했지. 이전에 그것에 관하여 우리가 말하고 있었던 것을 기억하겠지?

"[콜슨:] 그래, 방법을 생각해 봤나?

"[모울턴:] 그래, 하지만 …… 그걸 우리가 해야 할지 모르겠네.

"[콜슨:] 자, 내게 [말해 보게]."

"[모울턴:] 그런데, 그 공기총들을 자넨 알겠지…… . 저 작은 담수어 사냥용 작은 화살들을 만드는 사람들이 있는데, 자네가 보자마자 끼울 수 있는 화살들이지. 그 작은 화살들인데, 저만큼 길이의 작은 것들이지. 그 끝을 바늘처럼 비워내고 바로 작은 …… 구멍들을 옆에 …… 내는 것을 생각하[고 있었]는데, 그걸 치사량의 주사액으로 채우는 거고 그렇게 하면 발사 때의 충격이 그 주사액 전부를 화살 몸통으로부터…… 그 사람들의 신체 안으로 쏘아 넣게 되고 [그래서] [그들]을 독살하는 거지. 소리가 안 나거든.

false testi- «474 U. S., 184» mony for presentation at trial. These portions of the transcript were not admitted into evidence at trial. In addition, there was direct discussion of the thefts for which respondent had been indicted; these portions of the transcript were admitted. The trial court refused to suppress these portions since the State had recorded the conversations "for legitimate purposes not related to the gathering of evidence concerning the crime for which [respondent] had been indicted - i. e., in order to gather information concerning the anonymous threats that Mr. Colson had been receiving, to protect Mr. Colson and to gather information concerning [respondent's] plans to kill Gary Elwell." The Maine Supreme Court in a careful opinion found "ample evidence" to support this factual finding.

II

The Court today concludes that "[t]o allow the admission of evidence obtained from an accused in violation of his Sixth Amendment rights whenever the police assert an alternative, legitimate reason for their surveillance …… risks the evisceration of the Sixth Amendment right recognized in Massiah." Ante, at 180. With all deference I am bound to state that this conclusion turns the Sixth Amendment on its head by first positing a constitutional violation and then asking whether "alternative, legitimate reasons" for

---

"[Moulton:] That's the only thing that runs through my brain …… you have a puncture wound, probably take about 20 or 30 minutes to kick off, «474 U. S., 184» yeah, and the other problem is the poison, where …… are you going to get some poison? Small bottles.

"[Colson:] What was that stuff you told me about once?

"[Moulton:] Calcium chlorine ……, yeah, something like that, just a small drop will make you look like you have a heart attack and …… you'd never, never, find it unless you were looking …… exactly for that drug…… . Stops your heart." Exh. S-4, Tr. of Dec. 26 Meeting 18-20.

Moulton then discussed an alternative scheme for doing away with witnesses, based on making explosives pursuant to directions contained in a magazine that one of his "best friends" was sending. Moulton described him as having belonged to "a motorcycle gang" and also suggested ominously that he had "[p]robably snuffed one or two people." Id., at 21.

발해 내자고도 피청구인은 제의하였다. 전사등본 중 이 부분들은 정식사실심리에서 증거로 허용되지 않았다. 그 밖에도, 피청구인에게 정식사실심리가 제기되어 있던 절도행위들에 대한 직접적 의논이 있었다; 전사등본 중 이 부분들은 증거로 허용되었다. 이 부분들을 배제하기를 정식사실심리 법원은 거부하였는데, 왜냐하면 그 대화들을 주가 녹음한 것은 "[피청구인에게] 대배심기소가 제기된 그 범죄에 관한 증거수집에 관련되지 아니한 정당한 목적들을 위한 - 콜슨 씨가 받고 있는 익명의 협박들의 정보를 수집함을, 콜슨 씨를 보호함을, 그리고 게리 엘웰을 살해하려는 [피청구인의] 계획들의 정보를 수집함을 위한" 것이었기 때문이었다. 이 사실판단을 뒷받침하는 "충분한 증거"를 주의 깊은 의견에서 메인주 대법원은 인정하였다.

II

"자신들의 감시활동을 위한 한 개의 선택적인 정당한 이유를 경찰이 주장하기만 하면 언제든지, 범인으로 주장되는 사람의 연방헌법 수정 제6조상의 권리들에 대한 침해 가운데서 그로부터 얻어진 증거를 허용하는 것은 …… Massiah 판결에서 인정된 연방헌법 수정 제6조의 권리에 대한 내장적출의 위험을 야기한다."고 오늘 이 법원은 결론짓는다. Ante, at 180. 헌법침해를 먼저 단정함으로써, 그리고 나서 경찰의 감시활동을 위한 "선택적인 정당한 이유들"이 그 헌법침해를 정당화하기에

"[콜슨:] 세상에 …….
"[모울턴:] 그게 내 머리 속을 스쳐가는 단 한 가지이지 …… 찔린 상처를 입게 되고, 아마도 뻗는 데 약 20분 내지 30분이 걸릴 거고, «474 U. S., 184» 좋아, 그런데 또 다른 문제는 독약인데, 어디서 …… 상당량의 독약을 우리가 구하지? 몇 병 정도를.
"[콜슨:] 언젠가 내게 자네가 말했던 그 물질이 무엇이었지?
"[모울턴:] 염화칼슘 …… 뭐 그런 종류인데, 매우 소량으로도 마치 심장발작을 일으킨 것처럼 보이게 만들어 …… 정확하게 그 약물을 …… 찾아내려고 하지 않는 한 결코, 절대로 찾아내지 못하지…… . 심장을 멈추게 해." Exh. S-4, Tr. of Dec. 26 Meeting 18-20.
그리고 나서 증인들을 없앨 한 가지 다른 계획을 모울턴은 의논하였는데, 자신의 "제일 친한 친구들" 중 한 명이 보내주고 있는 잡지에 실린 설명서에 따라 폭발물을 만드는 것을 바탕으로 한 것이었다. 그를 어떤 "모터사이클 갱단"에 소속되어 있는 사람으로 모울턴은 설명하였고 "[아]마도 한두 명은 없애"버렸을 것이라고까지 흉흉스럽게 암시하였다. Id., at 21.

the police surveillance are sufficient to justify that constitutional viola- «474 U. S., 185» tion. As I see it, if "alternative, legitimate reasons" motivated the surveillance, then no Sixth Amendment violation has occurred. Indeed, if the police had failed to take the steps they took here knowing that Colson was endangering his life by talking to them, in my view they would be subject to censure.

Analysis of this issue must begin with Hoffa v. United States, 385 U. S. 293 (1966), not cited in the Court's opinion. In Hoffa, the Court held that postindictment statements obtained by a Government informant "relat[ing] to the commission of a quite separate offense," id., at 308, were properly admitted at a subsequent trial for the separate crime. Other courts have also held that Massiah, viewed in light of the later-decided Hoffa case, does not prohibit the introduction of incriminating statements obtained in good faith by the Government even after an indictment at a trial involving an offense different from that covered by the indictment. See, e. g., Mealer v. Jones, 741 F. 2d 1451, 1455 (CA2 1984), cert. denied, 471 U. S. 1006 (1985); United States v. Lisenby, 716 F. 2d 1355, 1357-1359 (CA11 1983) (en banc).

Applying Hoffa to the facts of this case, it is clear that the statements obtained by Colson could have been introduced against respondent at a subsequent trial for crimes apart from those for which respondent had already been indicted, such as conspiracy to commit murder or to obstruct justice. The majority concedes as much: "Incriminating statements pertaining to other crimes, as to which the Sixth Amendment right has not yet attached, are, of course, admissible at a trial of those offenses." Ante, at 180, n. 16. It follows from this that the State engaged in no impermissible conduct in its investigation of respondent based on Colson's revelations. By recording conversations between respondent and Colson, Chief Keating and Detective Kelley suc-

충분한 것들인지 여부를 물음으로써 연방헌법 수정 제6조를 이 결론은 뒤집는 것임을, 경의를 표하면서도, 나는 말하지 않을 수 «474 U. S., 185» 없다. 내가 이해하는 바로는, 만약 그 감시활동을 "선택적인 정당한 이유들(alternative, legitimate reasons)"이 유발하였다면, 그 경우에는 연방헌법 수정 제6조에 대한 침해는 생기지 않았다는 것이 된다. 아닌 게 아니라, 경찰에게 말함으로써 그 자신의 생명을 콜슨이 위태롭게 하고 있음을 경찰이 알면서도 만약 여기서의 조치들을 경찰이 취하지 않았다면, 나의 견해로는 그들은 비난을 면할 수 없을 것이다.

Hoffa v. United States, 385 U. S. 293 (1966) 판결로써 이 쟁점의 분석은 시작하지 않으면 안 되는 바, 이 법원의 의견에 그 판례는 인용되어 있지 않다. "전혀 별개의 범죄의 범행에 관[하여] 정부측 정보원에 의하여 획득된 대배심기소 사후 진술들, id., at 308, 이 나중의 그 별개의 범죄에 대한 정식사실심리에서 증거로 허용된 것은 정당하였다고 Hoffa 판결에서 당원은 판시하였다. 보다 뒤에 판결된 Hoffa 판결에 비추어, 정부에 의하여 선의 가운데서 획득된 부죄적 진술들을 - 심지어 대배심기소 뒤의 것을이라 하더라도 - 그 대배심기소에 포함된 것과는 별개의 범죄를 포함하는 정식사실심리에 소개하는 것을 Massiah 판결은 금지하지 않는다는 것을 여타의 법원들은도 판시해 왔다. 예컨대, Mealer v. Jones, 741 F. 2d 1451, 1455 (CA2 1984), cert. denied, 471 U. S. 1006 (1985)를; United States v. Lisenby, 716 F. 2d 1355, 1357-1359 (CA11 1983) (en banc)을 보라.

Hoffa 판결을 이 사건의 사실관계에 적용하면, 콜슨에 의하여 획득된 진술들은 이미 피청구인에게 대배심기소 제기되어 있던 것들과는 별개인 범죄들에 - 예컨대 살해공모에 내지는 사법방해 공모에 등 - 대한 나중의 정식사실심리에서 피청구인에게 불리한 증거로서 소개될 수 있었을 것임이 명백하다. 그만큼의 것을 다수의견은 시인한다: "연방헌법 수정 제6조의 권리가 아직 달라붙지 않은 여타의 범죄들에 관한 부죄적 진술들은 당연히 그 범죄들에 대한 정식사실심리에서 증거로 허용될 수 있다." Ante, at 180, n. 16. 콜슨의 폭로들에 기한 피청구인에 대한 수사에 있어서 결코 허용될 수 없는 행위를 메인주는 하였던 것이 아니라는 결론이 이것으로부터 도출된다. 피청구인의 및 콜슨의 둘 사이의 대화들을 녹음함으로써 증거를 획득하는 데 있어서 성공을 키팅 국장는 및 켈리 형사는 거두었는 바, 장래의 범죄들에

ceeded in obtaining evidence that the Court's opinion concedes could have been used to convict respondent of further crimes. In fact this record shows clearly that, based on the recordings, the State «474 U. S., 186» was able to obtain additional indictments against respondent for burglary, arson, and three more thefts. The Court's opinion notes that respondent pleaded guilty to several of the additional indictments secured as a result of pursuing Colson's leads. Ante, at 167.

Courts ought to applaud the kind of careful and diligent efforts of the police shown by this record. Indeed, the Court's opinion does not suggest that the police should have - or could have - conducted their investigation in any other way. Yet, inexplicably, the Court holds that the highly probative and reliable evidence produced by this wholly legitimate investigation must be excluded from respondent's trial for theft. The anomaly of this position, then, is that the evidence at issue in this case should have been excluded from respondent's theft trial even though the *same evidence* could have been introduced against *respondent himself* at a trial for separate crimes. Far from being "a sensible solution to a difficult problem," ante, at 179, as the Court modestly suggests, it is a judicial aberration conferring a windfall benefit to those who are the subject of criminal investigations for one set of crimes while already under indictment for another. I can think of no reason to turn the Sixth Amendment into a "magic cloak," United States v. DeWolf, 696 F. 2d 1, 3 (CA1 1982), to protect criminals who engage in multiple offenses that are the subject of separate police investigations.

We have held that no Sixth Amendment violation occurs unless the State "deliberately elicit[s]" comments from the defendant. See Massiah v. United States, 377 U. S. 201, 206 (1964); United States v. Henry, 447 U. S. 264, 270 (1980). As the foregoing amply demonstrates, however, a finding of "deliberate elicitation" is not the end of the inquiry. In using the phrase "deliberate

대하여 피청구인을 유죄로 판정하는 데 그 증거는 사용될 수 있었을 것임을 당원의 의견은 시인한다. 실제로, 불법목적침입으로써, 방화로써, 그리고 또 다른 세 번의 «474 U. S., 186» 절도범행들로써 추가 대배심기소들을그 녹음들에 터잡아 피청구인에 대하여 주가 얻을 수 있었음을 이 기록은 명확히 보여준다. 콜슨이 제공한 단서들을 추구한 결과로서 확보된 그 추가적 대배심기소들 중 몇몇에 대하여 유죄로 피청구인은 답변하였음을 이 법원의 의견은 특별히 언급한다. Ante, at 167.

이 기록에 의하여 증명되는 유형의 주의 깊고 근면한 경찰의 노력들을 법원들은 성원해야 한다. 아닌 게 아니라, 그들의 수사를 조금이라도 다른 방법으로 경찰이 수행했어야 함을 - 또는 수행할 수 있었음을 - 이 법원의 의견은 시사하지 않는다. 그러나 불가해하게도, 전적으로 정당한 수사에 의하여 생산된 고도로 증명력 있고 신빙성 있는 증거를 놓고서 그것은 피청구인에 대한 절도죄의 정식사실심리에서 배제되지 않으면 안 된다고 이 법원은 판시한다. 그렇다면 이 입장이 지닌 변칙은, 설령 별개의 범죄들에 대한 정식사실심리에서 *피청구인 자신*(respondent himself)에게 불리한 증거로서 이 사건에서의 쟁점인 그 증거가 소개될 수 있었을 것이라 하더라도 피청구인의 절도범행에 대한 정식사실심리에서는 *바로 그 증거*(the same evidence)는 배제되었어야 한다는 점이다. 이 법원이 점잖게 내비추듯이 "한 가지 어려운 문제에 대한 한 가지 양식 있는 해결책," ante, at 179, 인 것에는 전혀 다르게, 그것은 뜻밖의 이익을 이미 한 묶음의 범죄들로 대배심기소에 놓였으면서도 또 다른 한 묶음의 범죄들에 대하여 수사사건들의 대상이 된 사람들에게 수여하는 사법적 탈선이다. 방헌법 수정 제6조를 별개의 경찰수사 사건들의 대상인 다수의 범죄들에 종사하는 범죄자들을 보호하기 위한 "마술 망토(magic cloak)," United States v. DeWolf, 696 F. 2d 1, 3 (CA1 1982), 로 변질시켜야 할 이유를 나는 연생각할 수 없다.

진술들을 피고인에게서 주가 "의도적으로 도출해[내]"지 않는 한 연방헌법 수정 제6조에 대한 위반은 생기지 않는다고 우리는 판시한 바 있다. Massiah v. United States, 377 U. S. 201, 206 (1964)를; United States v. Henry, 447 U. S. 264, 270 (1980)을 보라. 그러나 위에서 살핀 바가 충분히 논증하듯이, "의도적 도출"에 대한 인정은 심리의 종결이 아니다. "의도적 도출(deliberate elicitation)"이라는 표현을 사용함에 있어

elicitation," we surely must have intended to denote elicitation for the purpose of using such statements against the defendant in connection with charges for which the Sixth Amendment right to counsel had attached. Here the State indeed set out to elicit information «474 U. S., 187» from a defendant, but it was an investigation with respect to crimes other than those for which the defendant then stood indicted. As two courts found, the State recorded the conversations "'for legitimate purposes not related to the gathering of evidence concerning the crime for which [respondent] had been indicted.'" 481 A. 2d 155, 160 (Me. 1984) (quoting trial court).

No prior holding of this Court recognizes a Sixth Amendment violation in such circumstances. As one court has put it, the Sixth Amendment "speaks only to the situation where in the absence of retained counsel, statements are deliberately elicited from a defendant in connection with a crime for which he has already been indicted." United States v. Hinton, 543 F. 2d 1002, 1015 (CA2), cert. denied sub nom. Carter v. United States, 429 U. S. 980 (1976).[19] Thus, in United States v. Henry, supra, at 275, n. 14, we quoted Disciplinary Rule 7-104(A)(1) of the American Bar Association's Code of Professional Responsibility, which provides that "'a lawyer shall not …… [c]ommunicate or cause another to communicate *on the subject of the representation* with a «474 U. S., 188» party he knows to be represented by a lawyer in that matter'" (emphasis added). Our reference in Henry to this rule illustrates that we

19) The Court's opinion seems to read Massiah as if it definitively addresses situations where the police are investigating a separate crime. This reading is belied by the Massiah Court's statement of its own holding:
"We do not question that in this case, as in many cases, it was entirely proper to continue an investigation of the suspected criminal activities of the defendant and his alleged confederates, even though the defendant had already been indicted. All that we hold is that the defendant's own incriminating statements, obtained by federal agents *under the circumstances here disclosed,* could not constitutionally be used by the prosecution as evidence against *him* at his trial." Massiah v. United States, 377 U. S. 201, 207 (1964) (first emphasis added).
The reference to the "circumstances here disclosed" must be to the fact that the Government, far from pursuing a good-faith investigation of different crimes, had "instructed the informant to engage [Massiah] in conversation relating to the crimes [for which he had already been indicted]." United States v. Henry, 447 U. S. 264, 276 (1980) (POWELL, J., concurring); Brief for Petitioner in Massiah v. United States, O. T. 1963, No. 199, p. 4.

서 우리가 가리키고자 의도하였던 것은 이 같은 진술들을 연방헌법 수정 제6조의 변호인의 조력을 받을 권리가 달라붙은 것이 된 공소사실들에 관련하여 피고인에게 불리하게 사용하려는 목적에서의 도출이었음이 틀림없다. 정보를 피고인 한 명(a defendant)으로부터 도출해 내고자 계획을 여기서 주가 «474 U. S., 187» 짠 것은 사실이지만, 그러나 그것은 그 피고인이 그 당시에 대배심기소되어 있던 범죄들과는 별개인(other than) 범죄들에 관한 한 개의 수사였다. 두 법원들이 인정했듯이, 그 대화들을 주가 녹음한 것은 "'[피청구인에게] 대배심기소가 제기되어 있는 그 범죄에 관한 증거수집에는 관련되지 아니한 정당한 목적들을 위한'" 것이었다. 481 A. 2d 155, 160 (Me. 1984) (사실심리 법원을 인용함).

이 같은 상황들에 있어서 연방헌법 수정 제6조에 대한 위반을 당원의 선례들은 인정하지 않는다. 법원 한 곳이 표현해 놓았듯이, "이미 피고인이 대배심기소되어 있는 범죄에 관련하여 선임된 변호인의 부재 가운데서 그로부터 의도적으로 진술들이 도출되는 상황에 대해서만" 연방헌법 수정 제6조는 "말한다." United States v. Hinton, 543 F. 2d 1002, 1015 (CA2), cert. denied sub nom. Carter v. United States, 429 U. S. 980 (1976).[19] 그리하여 미국 법률가협회 법조전문직책임규정 중 징계규정(Disciplinary Rule) 7-104(A)(1)을 United States v. Henry, supra, at 275, n. 14에서 우리는인용하였는 바, "'변호사에 의하여 당사자가 대변되고 있음을 아는 사항에 관한 *대변의 문제에 대하여* …… 변호사는 «474 U. S., 188» 그 당사자와의 사이에서 [의]견을 주고받아서는 내지는 타인으로 하여금 의견을 주고받게 해서는 안 된다."고 그것은 규정한다(강조는 보태짐). "대변의 주제(subject of representation)"에 관하여 의도적으로 변호인을 주가 우회했는지 여부의 관점에서 연방헌법 수정 제6조의 쟁점을 우리가

19) 마치 별개의 범죄를 경찰이 수사하고 있는 경우의 상황들을 Massiah 판결이 확정적으로 역점 두어 다루는 것처럼 이를 이 법원의 의견은 해석하는 것으로 생각된다. 이 해석은 그 자신의 판시에 대한 Massiah 법원 자신의 설명에 의하여 그 그릇됨이 드러난다:
"비록 피고인이 이미 대배심기소되어 있었다 하더라도 피고인의 및 그의 공범들로 주장된 사람들의 혐의 잡힌 범죄활동들에 대한 수사를 계속하는 것은 많은 사건들에 있어서처럼 이 사건에 있어서 완전히 정당하였음에 대하여 의문을 우리는 가지지 않는다. 우리가 판시하는 전부는, *여기에 드러난 상황들 아래서* 연방요원들에 의하여 얻어진 피고인 자신의 부죄적 진술들은 피고인의 정식사실심리에서 검찰관에 의하여 *그에게(him)* 불리한 증거로는 헌법적으로 사용될 수 없었다는 것뿐이다." Massiah v. United States, 377 U. S. 201, 207 (1964) (앞의 강조는 보태짐).
별개의 범죄들에 대한 선의에 기한 수사를 정부가 추구한 것이 전혀 아니라, "[이미 매시아에 대하여 대배심기소가 제기되어 있는] 범죄들에 관한 대화에 [매시아를] 정보원더러 끌어들이도록" 정부가 "지시한" 바 있다는 사실을 "여기에 드러난 상황들"에 대한 언급은 가리키는 것임이 틀림없다. United States v. Henry, 447 U. S. 264, 276 (1980) (파월(POWELL) 판사, 보충의견); Brief for Petitioner in Massiah v. United States, O. T. 1963, No. 199, p. 4.

have framed the Sixth Amendment issue in terms of whether the State deliberately circumvented counsel with regard to the "subject of representation." But where, as here, the incriminating statements are gathered for "an alternative, legitimate reason," ante, at 180, wholly apart from the pending charges, no such deliberate circumvention exists.

The Court's opinion seems to rest on the notion that the evidence here is excludable because "the State 'must have known' that its agent was likely to obtain incriminating statements from the accused," ante, at 176, n. 12, with respect to the crimes for which he was already indicted. But the inquiry mandated by our holdings is whether the State recorded the statements not merely *in spite of*, but *because of* that consequence. Cf. Wayte v. United States, 470 U. S. 598 (1985). If the State is not seeking to elicit information with respect to the crime for which the defendant is already indicted, it cannot rationally be said that the State has "planned an impermissible interference with the right to the assistance of counsel." Henry, supra, at 275.

This case is a particularly inappropriate one for invoking the right to counsel. The right to counsel recognized in Massiah was designed to preserve the integrity of the trial. See 377 U. S., at 204. Here respondent was under investigation because of his plans to obstruct justice by killing an essential witness. There is no right to consult an attorney for advice on committing crimes. See United States v. Merritts, 527 F. 2d 713, 716 (CA7 1975). Indeed, any attorney who undertook to offer such advice would undoubtedly be subject to sanction. Disciplinary Rule 7-102(A)(7) of the Code of Professional Responsibility, for example, states "a lawyer shall not ······ [c]ounsel or assist his client in conduct that the lawyer knows to be illegal or fraudulent." Thus there is no warrant for vindicating respondent's right to con- «474 U. S., 189» sult counsel. An observation of this Court in connection with the attorney-client evidentiary privilege bears mention here: "The privilege takes flight if the

구상해 왔음을 Henry 사건에서의 이 규칙에 대한 우리의 언급은 예증한다. 그러나 여기서처럼, 그 걸려 있는 공소사실들과는 전적으로 별개인 "한 개의 선택적인 정당한 이유(an alternative, legitimate reason)," ante, at 180, 를 위하여 부죄적 진술들이 수집되는 경우에는, 이 같은 의도적 우회는 존재하지 않는다.

이미 피고인에게 대배심기소가 제기되어 있던 범죄들에 관하여 "부죄적 진술들을 변호인의 부재 가운데서 피고인으로부터 자신의 요원이 얻어낼 가능성이 있음을 주가 '알았음이 틀림없(must have known)'"기 때문에, ante, at 176, n. 12, 여기서의 증거는 배제가 가능하다는 관념에 이 법원의 의견은 의존하는 것으로 보인다. 그러나 우리의 판시들에 의하여 명령되는 심리는 단지 이 결과를 *무릅쓰면서(in spite of)* 이 진술들을 주가 녹음했는지가 아니라 이 진술들을 이 결과 *때문에(because of)* 녹음했는지 여부이다. Wayte v. United States, 470 U. S. 598 (1985)를 비교하라. 만약 피고인에게 이미 대배심기소가 제기되어 있는 그 범죄에 관하여 정보를 도출하고자 주가 추구하고 있지 아니하다면, "변호인의 조력을 받을 권리에 관하여 허용될 수 없는 침해를 주가 계획한" 것이라고 말하는 것은 합리적일 수 없다. Henry, supra, at 275.

변호인의 조력을 받을 권리를 불러내기에는 이 사건은 특별히 부적당한 사건이다. Massiah 판결에서 인정된 변호인의 조력을 받을 권리는 정식사실심리의 완전무결성을 보전하려는 의도를 담은 것이었다. 377 U. S., at 204를 보라. 한 명의 핵심적인 증인을 살해함으로써 재판을 방해하고자 한 그의 계획 때문에 수사에 여기서의 피청구인은 놓였다. 범죄들을 저지르는 데 관한 조언을 위한 것일 경우에는 변호사를 찾아 상담할 권리가 없다. United States v. Merritts, 527 F. 2d 713, 716 (CA7 1975)를 보라. 아닌 게 아니라, 그 같은 조언을 제공하는 일을 떠맡은 변호인이 한 명이라도 있다면 틀림없이 제재에 그는 처해질 것이다. 예컨대 "그 불법인 내지는 부정한 일임을 알면서 의뢰인의 행위를 …… 변호사는 [조]언하거나 조력해서는 안 된다."고 법조전문직책임규정(Code of Professional Responsibility) 중 징계규정(Disciplinary Rule) 7-102(A)(7)은 규정한다. 그러므로 변호인을 찾아 상담할 청구인의 권리를 옹호할 수 있는 근거는 전혀 «474 U. S., 189» 없다. 변호인의 및 의뢰인의 양자 사이의(attorney-client) 증거특권(evidentiary privilege)에 관한 당원의 언급 한 개는 여기서 언급할

relation is abused. A client who consults an attorney for advice that will serve him in the commission of a fraud will have no help from the law. He must let the truth be told." Clark v. United States, 289 U. S. 1, 15 (1933). I would let the truth be told in this case rather than exclude evidence that was the product of this police investigation into activities designed to thwart the judicial process.

Even though the Massiah rule is inapplicable to situations where the government is gathering information related to a separate crime, police misconduct need not be countenanced. Accordingly, evidence obtained through a separate crimes investigation should be admitted only "so long as investigating officers show no bad faith and do not institute the investigation of the separate offense as a pretext for avoiding the dictates of Massiah." United States v. Darwin, 757 F. 2d 1193, 1199 (CA11 1985). Here the careful actions of Chief Keating and Detective Kelley steered well clear of these prohibitions.

Until today, the clearly prevailing view in the federal and state courts was that Massiah and its successors did not protect a defendant from the introduction of postindictment statements deliberately elicited when the police undertook an investigation of separate crimes.[20] As two leading commentators have observed: «474 U. S., 190»

20) See United States v. DeWolf, 696 F. 2d 1, 3 (CA1 1982); Grieco v. Meachum, 533 F. 2d 713, 717–718 (CA1 1976), cert. denied sub nom. Cassesso v. Meachum, 429 U. S. 858 (1976); United States v. Hinton, 543 F. 2d 1002, 1015 (CA2), cert. denied sub nom. Carter v. United States, 429 U. S. 980 (1976); United States v. Merritts, 527 F. 2d 713, 716 (CA7 1975); United States v. Taxe, 540 F. 2d 961, 968–969 (CA9 1976), cert. denied, 429 U. S. 1040 (1977); United States v. Darwin, 757 F. 2d 1193, 1200 (CA11 1985); Crawford v. State, 377 So. 2d 145, 156 (Ala. Crim. App.), aff'd, 377 So. 2d 159 (Ala. 1979), vacated and remanded, 448 U. S. 904 (1980); Deskins v. Commonwealth, 512 S. W. 2d 520, 526 (Ky. 1974), cert. denied, 419 U. S. 1122 (1975); Hall v. State, 47 Md. App. 590, 596, 425 A. 2d 227, «474 U. S., 190» 231 (1981), aff'd, 292 Md. 683, 441 A. 2d 708 (1982); People v. Mealer, 57 N. Y. 2d 214, 218, 441 N. E. 2d 1080, 1082 (1982); People v. Costello, 101 App. Div. 2d 244, 247, 476 N. Y. S. 2d 210, 212 (1984); Hummel v. Commonwealth, 219 Va. 252, 257, 247 S. E. 2d 385, 388 (1978), cert. denied, 440 U. S. 935 (1979). Cf. United States v. Moschiano, 695 F. 2d 236, 243 (CA7 1982), cert. denied, 464 U. S. 831 (1983); United States v. Boffa, 89 F. R. D. 523 (Del. 1981). But see Mealer v. Jones, 741 F. 2d 1451, 1455 (CA2 1984), cert. denied, 471 U. S. 1006 (1985); State v. Ortiz, 131 Ariz. 195, 202, 639 P. 2d 1020, 1028 (1981), cert. denied, 456 U. S. 984 (1982).

가치가 있다: "그 관계가 남용되면 그 특권은 사라진다. 부정행위를 저지르는 데 있어서 자신을 도와줄 조언을 위하여 변호사를 찾아 상담하는 의뢰인은 법으로부터 도움을 받지 못할 것이다. 진실이 말해지도록 그는 허용하지 않으면 안 된다." Clark v. United States, 289 U. S. 1, 15 (1933). 이 사건에서 사법절차를 훼방하고자 의도된 행위들에 대한 이 경찰 수사의 산물이었던 그 증거를 나라면 배제하기보다는 오히려 진실이 말해지게끔 하였을 것이다.

비록 별개의 범죄에 관련한 정보를 정부가 수집하고 있는 상황들에는 Massiah 규칙은 적용이 불가능함에도 불구하고, 경찰의 비행(misconduct)은 묵인될 필요가 없다. 따라서 "수사 경찰관들이 악의(bad faith)를 나타내지 아니하는 한도 내에서만, 나아가 별개의 범죄에 대한 수사를 Massiah 판결의 명령들을 회피하기 위한 한 가지 구실로서 실시하는 것이 아닌" 한도 내에서만, 그 별개의 범죄행위들에 대한 수사를 통하여 얻어진 증거는 허용되어야 한다. United States v. Darwin, 757 F. 2d 1193, 1199 (CA11 1985). 여기서는 이 같은 금지사항들을 키팅 국장의 및 켈리 형사의 주의 깊은 행동들은 잘 피하였다.

오늘까지 연방법원들에서와 주 법원들에서 명백하게 지배적 지위를 지녀온 견해는, 별개의 범죄들에 대한 수사에 경찰이 착수한 경우에는, 피고인을 의도적으로 도출된 대배심기소 사후 진술들(postindictment statements)의 소개로부터 Massiah 판결은 및 그 후속판결들은 보호하지 않는다는 것이었다.[20] 두 명의 선도적 주석자들이 말해 놓았듯이: «474 U. S., 190»

---

20) United States v. DeWolf, 696 F. 2d 1, 3 (CA1 1982)을; Grieco v. Meachum, 533 F. 2d 713, 717–718 (CA1 1976), cert. denied sub nom. Cassesso v. Meachum, 429 U. S. 858 (1976)을; United States v. Hinton, 543 F. 2d 1002, 1015 (CA2), cert. denied sub nom. Carter v. United States, 429 U. S. 980 (1976)을; United States v. Merritts, 527 F. 2d 713, 716 (CA7 1975)를; United States v. Taxe, 540 F. 2d 961, 968–969 (CA9 1976), cert. denied, 429 U. S. 1040 (1977)을; United States v. Darwin, 757 F. 2d 1193, 1200 (CA11 1985)를; Crawford v. State, 377 So. 2d 145, 156 (Ala. Crim. App.), aff'd, 377 So. 2d 159 (Ala. 1979), vacated and remanded, 448 U. S. 904 (1980)을; Deskins v. Commonwealth, 512 S. W. 2d 520, 526 (Ky. 1974), cert. denied, 419 U. S. 1122 (1975)를; Hall v. State, 47 Md. App. 590, 596, 425 A. 2d 227, «474 U. S., 190» 231 (1981), aff'd, 292 Md. 683, 441 A. 2d 708 (1982)를; People v. Mealer, 57 N. Y. 2d 214, 218, 441 N. E. 2d 1080, 1082 (1982)를; People v. Costello, 101 App. Div. 2d 244, 247, 476 N. Y. S. 2d 210, 212 (1984)를; Hummel v. Commonwealth, 219 Va. 252, 257, 247 S. E. 2d 385, 388 (1978), cert. denied, 440 U. S. 935 (1979)를 보라. United States v. Moschiano, 695 F. 2d 236, 243 (CA7 1982), cert. denied, 464 U. S. 831 (1983)을; United States v. Boffa, 89 F. R. D. 523 (Del. 1981)을 비교하라. 그러나 Mealer v. Jones, 741 F. 2d 1451, 1455 (CA2 1984), cert. denied, 471 U. S. 1006 (1985)를; State v. Ortiz, 131 Ariz. 195, 202, 639 P. 2d 1020, 1028 (1981), cert. denied, 456 U. S. 984 (1982)를 보라.

"Even before [Brewer v.] Williams, [430 U. S. 387 (1977),] it was generally accepted that the right to counsel did not bar contact with the defendant concerning *other offenses*, particularly if the offenses were clearly unrelated and it did not appear the charge was simply a pretext to gain custody in order to facilitate the investigation. The more recent cases recognize that [Massiah and its progeny do] not confer upon charged defendants immunity from investigation concerning other crimes. This is especially true when the offense under investigation is a new or ongoing one, such as illegal efforts to thwart the forthcoming prosecution." 1 W. LaFave & J. Israel, Criminal Procedure § 6.4, p.470 (1984) (emphasis added) (footnotes omitted).

Rather than expand Massiah beyond boundaries currently recognized, I would take note of the observation that "Massiah certainly is the decision in which Sixth Amendment protections have been extended to their outermost point." Henry, 447 U. S., at 282 (BLACKMUN, J., dissenting). I would not expand them more and well beyond the limits of precedent and logic.

III

Even if I were prepared to join the Court in this enlargement of the protections of the Sixth Amendment, I would have serious doubts about also extending the reach of the exclusionary rule to cover this case. "Cases involving Sixth Amendment deprivations are subject to the general rule that «474 U. S., 191» remedies should be tailored to the injury suffered from the constitutional violation and should not unnecessarily infringe on competing interests." United States v. Morrison, 449 U. S. 361, 364 (1981). Application of the exclusionary rule here makes little sense, as demonstrated by "weighing the costs and benefits of preventing the use in the prosecution's case in chief of

"*여타의 범죄들*(other offenses)에 관한 피고인하고의 접촉을 — 특히 그 여타의 범죄들이 기왕의 것에 관련 없음이 명백할 경우에, 그리고 수사를 용이하게 하기 위하여 구금을 얻어내려는 구실에 그 여타의 범죄들에 대한 고발이 불과한 것으로 드러나지 않을 경우에 — 변호인의 조력을 받을 권리는 금지하지 아니함은 [Brewer v.] Williams [430 U. S. 387 (1977)] 판결이 있기 이전에조차도, 일반적으로 받아들여졌다. 여타의 범죄들에 대한 수사로부터의 면제를 그 고발된 피고인들에게 [Massiah 판결은 및 그 후속판례들은] 부여하지 아니함을 보다 더 최근의 선례들은 인정한다. 가령 다가오는 소추를 방해하려는 불법적 노력들의 경우에처럼 수사에 놓인 범죄가 새롭거나 진행 중인 것일 경우에, 이것은 특히 그러하다." 1 W. LaFave & J. Israel, Criminal Procedure § 6.4, p.470 (1984) (강조는 보태짐) (각주생략).

나라면 Massiah 판결을 현재 인정되는 경계들 너머에까지 확장하지 아니한 채, "Massiah 판결은 확실히 연방헌법 수정 제6조의 보호들이 그 가장 먼 외곽 지점까지 확장되었던 판결이다."라는 의견, Henry, 447 U. S., at 282 (블랙먼(BLACKMUN) 판사, 반대의견), 에 주목할 것이다. 그것들을 선례의 및 논리의 한계들 이상으로 그리고 그 너머에까지 나라면 확장하지는 않을 것이다.

III

설령 연방헌법 수정 제6조의 보호들의 이 확장에 있어서 이 법원에 가담할 준비를 내가 갖추고 있다 하더라도, 위법수집 증거배제 원칙의 범위를 이 사건을 포함하도록 확장하는 데 대하여도 심각한 의문들을 나라면 가질 것이다. "그 구제수단들이 헌법적 침해로부터 가해지는 불이익에 상응하는 것이 되어야 «474 U. S., 191» 한다는, 그리하여 경쟁하는 이익들을 불필요하게 [474 U. S. 191] 침해하는 것이 되지 않아야 한다는 일반적 규칙의 적용을 연방헌법 수정 제6조에 대한 박탈행위들을 포함하는 사건들은 받는다." United States v. Morrison, 449 U. S. 361, 364 (1981). "본질적으로 신빙성 있는 유형적(tangible) 증거의 검찰측 주요 주장사실에 있어서의 사용을 …… 금지하는 데 따르는 비용들을 및 이익들을 저울질함으로써"

inherently trustworthy tangible evidence." United States v. Leon, 468 U. S. 897, 907 (1984).

With respect to the costs, applying the rule to cases where the State deliberately elicits statements from a defendant in the course of investigating a separate crime excludes evidence that is "typically reliable and often the most probative information bearing on the guilt or innocence of the defendant." Stone v. Powell, 428 U. S. 465, 490 (1976). Moreover, because of the trustworthy nature of the evidence, its admission will not threaten "the fairness of a trial or ······ the integrity of the factfinding process." Brewer v. Williams, 430 U. S. 387, 414 (1977) (POWELL, J., concurring). Hence, application of the rule to cases like this one "deflects the truthfinding process," "often frees the guilty," and may well "generat[e] disrespect for the law and [the] administration of justice." Stone v. Powell, supra, at 490-491.

Against these costs, applying the rule here appears to create precious little in the way of offsetting "benefits." Like searches in violation of the Fourth Amendment, the "wrong" that the Court condemns was "fully accomplished" by the elicitation of comments from the defendant and "the exclusionary rule is neither intended nor able to cure the invasion of the defendant's rights which he has already suffered." Leon, supra, at 906 (internal quotation omitted).

The application of the exclusionary rule here must therefore be premised on deterrence of certain types of conduct by the police. We have explained, however, that "[t]he deterrent purpose of the exclusionary rule necessarily assumes that the police have engaged in willful, or at the very least negligent, conduct which has deprived the defendant of some «474 U. S., 192» right." United States v. Peltier, 422 U. S. 531, 539 (1975). Here the trial court found that the State obtained statements from respondent "for legitimate purposes

논증되듯이, United States v. Leon, 468 U. S. 897, 907 (1984), 위법수집 증거배제의 원칙은 여기서는 의미가 없다.

비용들에 관하여 보자면, 별개의 범죄를 수사하는 과정에서 진술들을 피고인으로부터 주가 의도적으로 도출하는 사건들에 그 규칙을 적용하는 것은 "전형적으로 신빙성 있는, 그러면서 피고인의 유죄에 또는 무죄에 관하여 자주 가장 증명력이 높은" 증거를 배제한다. Stone v. Powell, 428 U. S. 465, 490 (1976). 게다가, 그 증거의 신뢰성 때문에, "정식사실심리의 공정성(the fairness of a trial)을 내지는 …… 사실발견 절차의 완전무결성(the integrity of the factfinding process)을" 그것의 증거로서의 허용은 위협하지 않을 것이다. Brewer v. Williams, 430 U. S. 387, 414 (1977) [파월(POWELL) 판사, 보충의견]. 그러므로, 이 사건 류의 사건들에의 그 규칙의 적용은 "진실발견 절차를 편향시키고," "흔히 범인을 풀어주며," 그리고 "법과 재판운영에 대한 멸시를 낳[는](generat[e] disrespect for the law and [the] administration of justice)" 것이도 당연하다. Stone v. Powell, supra, at 490-491.

이같은 비용들(costs)에 비하여, 이를 상쇄시키는 "이익들(benefits)"의 점에 있어서는 참으로 아무 것을도, 그 규칙을 여기에 적용하는 것은 낳지 않는 것으로 생각된다. 연방헌법 수정 제4조의 위반 가운데서의 수색들이처럼, 피고인으로부터의 진술들의 도출로써 당원이 비난하는 그 "불법(wrong)"은 "완전히 달성되"었는 바, "이미 피고인이 겪어버린 권리침해를 치유하는 데 위법수집 증거배제 원칙은 취지가 있는 것이도 아니고 그렇게 할 능력이 있는 것이도 아니다." Leon, supra, at 906 (내부인용 생략).

따라서 경찰에 의한 일정한 행위 유형들의 억제 위에 여기서의 위법수집 증거배제 원칙의 적용은 그 전제가 두어지지 않으면 안 된다. 그러나 "모종의 권리를 피고인에게서 박탈해 버린 고의에 의한 내지는 적어도 부주의에 의한 행위에 경찰이 관여해 온 것으로 불가피하게 위법수집 증거배제 원칙의 억제적 목적은 가정한다." 고 우리는 설명한 «474 U. S., 192» 바 있다. United States v. Peltier, 422 U. S. 531, 539 (1975). 여기서 진술들을 피청구인으로부터 주가 얻어낸 것은 "[피청구인에게] 대배심기소가 제기되어 있는 그 범죄에 관한 증거수집에는 관련되지 아니한 정당

not related to the gathering of evidence concerning the crime for which [respondent] had been indicted." Since the State was not trying to build its theft case against respondent in obtaining the evidence, excluding the evidence from the theft trial will not affect police behavior at all. The exclusion of evidence "cannot be expected, and should not be applied, to deter objectively reasonable law enforcement activity." Leon, supra, at 919. Indeed, as noted above, it is impossible to identify any police "misconduct" to deter in this case. In fact, if anything, actions by the police of the type at issue here should be encouraged. The diligent investigation of the police in this case may have saved the lives of several potential witnesses and certainly led to the prosecution and conviction of respondent for additional serious crimes.

It seems, then, that the Sixth Amendment claims at issue here "closely parallel claims under the Fourth Amendment," Brewer, supra, at 414 (POWELL, J., concurring), where we have found the exclusionary rule to be inapplicable by weighing the costs and benefits of its applications. See, e. g., United States v. Leon, supra (exclusionary rule inapplicable where officers rely in good faith on defective search warrant issued by neutral magistrate); Stone v. Powell, supra (where full opportunity to litigate Fourth Amendment issues has been afforded, such issues may not be raised in a state habeas petition). If anything, the argument for admission of the evidence here is even stronger because "[t]his is not a case where …… 'the constable …… blundered.'" United States v. Henry, supra, at 274-275 (quoting People v. DeFore, 242 N. Y. 13, 21, 150 N. E. 585, 587 (1926) (Cardozo, J.)).

Because the Court today significantly and unjustifiably departs from our prior holdings, I respectfully dissent.

한 목적들을 위한" 것이었음을 정식사실심리 법원은 인정하였다. 그 증거를 획득함에 있어서 피청구인의 절도죄를 겨냥한 자신의 주장을 세우고자 주는 시도하고 있었던 것이 아니었으므로, 그 증거를 절도죄의 정식사실심리에서 배제하더라도 아무런 영향을도 경찰의 행동에 그것은 끼치지 않을 것이다. 증거의 배제는 "객관적으로 이유 있는 법집행 활동을 저지할 것으로 기대될 수도 없고 또한 그것을 저지하기 위하여 적용되어서도 안 된다." Leon, supra, at 919. 아닌 게 아니라, 위에서 특별히 언급되었듯이, 이 사건에서 그 저지해야 할 경찰 "비행(misconduct)"을 확인하기란 불가능하다. 사실은, 굳이 어느 쪽인가 하면, 여기서 쟁점이 되어 있는 유형의 경찰의 행위들은 장려되어야 한다. 이 사건에서 경찰의 근면한 수사는 여러 명의 잠재적 증인들의 생명을 구했을 수도, 그리고 확실히 추가적인 중대 범죄들을 이유로 한 피청구인에 대한 소추로 및 유죄판정으로 이끌었을 수도 있었다.

그렇다면 여기서 쟁점이 되어 있는 연방헌법 수정 제6조 관련 주장들은 "연방헌법 수정 제4조의 주장들에 밀접하게 유사"한 것으로 생각되는 바, Brewer, supra, at 414 [파월(POWELL) 판사, 보충의견], 후자에 있어서 위법수집 증거배제 원칙의 적용들의 비용을과 이익을 비교함으로써 그것을 적용 불가능한 것으로 우리는 판단한 터이다. 예컨대, United States v. Leon, supra (중립의 치안판사에 의하여 발부된 결함 있는 수색영장을 경찰관들이 선의로 신뢰한 경우에 위법수집 증거배제 원칙은 적용이 없음)을; Stone v. Powell, supra (연방헌법 수정 제4조의 쟁점들을 다툴 완전한 기회가 부여되어 있는 경우, 이 같은 쟁점들은 주(a state) 인신보호영장 청구에서는 제기될 수 없음)을 보라. 굳이 어느 쪽인가 하면, "[이]것은 '…… 경찰이 실수를 저지른' …… 사건이 아니"기 때문에 여기서 증거로서의 허용을 위한 주장은 훨씬 더 설득력이 있다. United States v. Henry, supra, at 274-275 [quoting People v. DeFore, 242 N. Y. 13, 21, 150 N. E. 585, 587 (1926) (Cardozo, J.)].

오늘 우리의 선례들에서의 판시들로부터 중대하게 그리고 부당하게 이 법원은 결별하는 까닭에 나는 정중하게 반대한다.

변호인의 조력을 받을 권리

Wheat v. United States, 486 U. S. 153 (1988)

제9순회구 미합중국 항소법원에 내린 사건기록 송부명령

NO.	87-4
변론	1988년 3월 2일
판결	1988년 5월 23일

요약해설

1. 개요 및 쟁점

Wheat v. United States, 486 U. S. 153 (1988)은 6 대 3으로 판결되었다. 법원의 의견을 법원장 렌퀴스트(REHNQUIST) 판사가 냈다. 반대의견을 브레넌(BRENNAN) 판사의 가담 아래 마샬(MARSHALL) 판사는 냈고, 블랙먼(BLACKMUN) 판사가 가담하는 반대의견을 스티븐스(STEVENS) 판사는 냈다.

자신의 공동피고인들을 대변해 오고 있는 변호사에게서 자신이도 대변을 받기를 원하여 그 변호사를 자신의 변호인으로 교체 지정해 달라고 이익충돌의 위험을 무릅쓰고서 정식사실심리 법원에 피고인(청구인)은 신청하였다. 이를 이익충돌의 위험을 이유로 법원은 거부하였는데, 대변을 이익충돌 없는 변호인에게서 받을 권리에 대한 포기를 법원이 그 재량으로써 불허할 수 있는지, 이 사건에서 그 재량을 넘어섬으로써 변호인의 조력을 받을 권리를 법원이 침해했는지 여부가 다투어졌다.

2. 사실관계 (486 U. S., at 154–158.)

마약판매 공모행위에 가담하였다는 공소사실로 여러 공동피고인들에 더불어 청구인은 기소되었다. 공범들인 주비널 고메즈-바라하스(Juvenal Gomez–Barajas)는 및 재비어 브라보(Javier Bravo)는 마찬가지로 기소되어 변호사 유진 아이어데일(Eugine Iredale)에 의하여 대변되었다. 정식사실심리를 고메즈 바라하스는 첫 번째로 받았는데, 청구인에 대한 공소사실에 겹치는 마약 공소사실들에 대하여는 무죄로 방면되었다. 그러나 다른 공소사실들에 대한 두 번째 정식사실심리를 피하기 위하여 조세포탈에 및 상품 불법수입에 대하여 유죄로 답변하겠다고 고메즈-바라하스는 제의하였다. 청구인의 정식사실심리 개시 당시에 그 답변을 연방지방법원은 수락하지 않은 상태였고 고메즈-바라하스는 자유로이 자신의 유죄답변을 철회하고 정식사실심리에 나갈 수 있었다. 마리화나를 운송한 점에 대하여 유죄답변을 하기로 브라보는 결정하였다. 브라보의 유죄답변 절차들이 종결되자, 청구인은 마찬가지로 아이어데일에게서 대변을 받고자 요청하였고, 이를 연방지방법원에 아이어데일은 신고하였다.

심각한 이익충돌을 고메즈-바라하스에 및 브라보에 대한 아이어데일의 대변이 창출했음을 이유로 청구인의 변호인 교체 제의에 대하여 연방정부는 이의하였다. 그 자신 선택의(of his own choosing) 변호인을 가질 권리를 청구인은 강조하였고, 또한 이익충돌 없는 변호인을 가질 권리를 기꺼이 포기하고자 하는 고메즈-바라하스의, 브라보의 및 청구인의 의사를 강조하였다. 양립 불가능한 이익충돌이 존재함을 인정하여 청구인의 요청을 연방지방법원은 기각하였다. 본래의 변호인을 대동하고서 정식사실심리에 청구인은 나갔고, 유죄판정을 받았다. 청구인에 대한 유죄판정들을 항소법원은 인가하였다. 사건기록 송부명령을 연방대법원은 허가하였다.

3. 렌퀴스트(REHNQUIST) 판사가 쓴 법원의 의견의 요지

"…… 자신의 방어를 위하여 변호인의 조력을 받을 권리를 모든 형사적 절차추행에 있어서 범인으로 주장되는 사람(accused)은 향유"함을 연방헌법 수정 제6조는 보장한다. 이 권리는 대립당사자주의 형사절차에 있어서의 공정성을 확보하는 데에 그 의도를 둔 것이다. (486 U. S., at 158.)

연방헌법 수정 제6조에는 자신이 선호하는 변호사를 선택할 및 그에게서 대변을 누릴 권리가 포함되어 있지만, 상대방하고의 이전의 또는 현재의 관계를 지닌 변호사인 변호인을 피고인은 주장할 수 없다. (486 U. S., at 159.)

특별한 위험들을 복수대변(multiple representation)은 야기한다. 한 쪽 의뢰인에게는 불리하면서 다른 쪽 의뢰인에게는 유리할 수 있는 증거를 허용하는 데 대하여 변호인이 이의하는 것을 이익충돌은 저해할 수 있고, 양형심문 절차에서 의뢰인들의 상대적 관련을 및 책임을 변호인이 주장하는 것을 이익충돌은 저해할 수 있다. (486 U. S., at 159– 160.)

실제의 이익충돌을 법원이 정당하게 인정할 경우에, 포기의 제의를 법원은 거부할 수 있다. 이익충돌의 가능성이 존재하는 일반적인 경우들에 있어서 포기행위들을 불허할 수 있도록 법원은 재량이 허용된다. 이 사건의 상황들 속에서, 그 재량을 연방지방법원은 넘어서지 않았다. (486 U. S., at 162–163.)

청구인에 대한 정식사실심리에서 검찰측 증인으로 브라보를 소환함으로써 브라보의 마리화나 교부 행위들을 청구인에게 연방정부는 연결시킬 수 있었을 것이다. 청구인의 변호인의 브라보에 대한 반대신문을 불가피하게 그것은 만들 것이었는데, 브라보에 대한 자신의 이전의 대변 때문에 변호사 윤리에 따라 그 반대신문을 아이어데일은 제공할 수 없었을 것이다. 마리화나 판매 고리의 주요인물인 고메즈-바라하스를 대변하여 무죄평결을 아이어데일은 얻은 터였다. 여타의 공소사실들에 대하여 유죄답변을 하기로 연방정부에게 고메즈-바라하스는 합의한 상태였으나, 그 답변합의를 연방지방법원은 아직 받아들이지 않고 있었다. 만약 그 합의를 법원이 기각한다면, 변호사 윤리에 있어서의 딜레마를 고메즈-바라하스에 대한 정식사실심리에서의 청구인의 예상되는 증언은 아이어데일에게 낳을 것이었고, 이로써 그의 의뢰인들 중 한 명이 피해를 볼 가능성이 있었다. 청구인의 연방헌법 수정 제6조상의 권리들은 침해되지 않았다. 원심판결은 인가되었다. (486 U. S., at 164.)

CHIEF JUSTICE REHNQUIST delivered the opinion of the Court.

The issue in this case is whether the District Court erred in declining petitioner's waiver of his right to conflict-free counsel and by refusing to permit petitioner's proposed substitution of attorneys.

I

Petitioner Mark Wheat, along with numerous codefendants, was charged with participating in a far-flung drug distribution conspiracy. Over a period of several years, many thousands of pounds of marijuana were transported from Mexico and other locations to southern California. Petitioner acted primarily as an intermediary in the distribution ring; he received and stored large shipments of marijuana at his home, then distributed the marijuana to customers in the region. «486 U. S., 155» right."

Also charged in the conspiracy were Juvenal Gomez-Barajas and Javier Bravo, who were represented in their criminal proceedings by attorney Eugene Iredale. Gomez-Barajas was tried first and was acquitted on drug charges overlapping with those against petitioner. To avoid a second trial on other charges, however, Gomez-Barajas offered to plead guilty to tax evasion and illegal importation of merchandise. At the commencement of petitioner's trial, the District Court had not accepted the plea; Gomez-Barajas was thus free to withdraw his guilty plea and proceed to trial.

법원의 의견을 법원장 렌퀴스트(REHNQUIST) 판사가 냈다.

이 사건에서의 쟁점은 조력을 이익충돌 없는 변호인에게서 받을 권리에 대한 청구인의 포기를 부정함에 있어서, 그리고 청구인이 제안한 변호인들의 교체를 허용하기를 거부함으로써, 오류를 연방지방법원이 범했는지 여부이다.

I

광범위한 마약판매 공모행위에 가담하였다는 공소사실로 여러 명의 공동피고인들에 더불어 청구인 마크 휘트(Mark Wheat)는 기소되었다. 여러 해 동안에 걸쳐 멕시코로부터와 기타 지역들로부터 남부 캘리포니아로 수천 파운드의 마리화나가 운송되었다. 청구인이 주로 활동한 것은 그 판매 고리에 있어서의 한 명의 중개자로서였다; 여러 선적 분량의 마리화나를 수령하여 자신의 집에 그는 저장하였고, 그 뒤에 그 마리화나를 지역의 고객들에게 «486 U. S., 155» 판매하였다.

주비널 고메즈-바라하스(Juvenal Gomez-Barajas)는 및 재비어 브라보(Javier Bravo)는 마찬가지로 그 공모행위로 기소되었는데, 그들의 형사절차들에서 변호사 유진 아이어데일(Eugine Iredale)에 의하여 그들은 대변되었다. 정식사실심리를 고메즈 바라하스는 첫 번째로 받았는데, 청구인에 대한 공소사실에 겹치는 마약 공소사실들에 대하여는 무죄로 방면되었다. 그러나 다른 공소사실들에 대한 두 번째 정식사실심리를 피하기 위하여 조세포탈에 및 상품 불법수입에 대하여 유죄로 답변하겠다고 고메즈-바라하스는 제의하였다. 그 답변을 청구인의 정식사실심리 개시 당시에 연방지방법원은 수락하지 않은 상태였다; 그리하여 자신의 유죄답변을 고메즈-바라

Bravo, evidently a lesser player in the conspiracy, decided to forgo trial and plead guilty to one count of transporting approximately 2,400 pounds of marijuana from Los Angeles to a residence controlled by Victor Vidal. At the conclusion of Bravo's guilty plea proceedings on August 22, 1985, Iredale notified the District Court that he had been contacted by petitioner and had been asked to try petitioner's case as well. In response, the Government registered substantial concern about the possibility of conflict in the representation. After entertaining some initial discussion of the substitution of counsel, the District Court instructed the parties to present more detailed arguments the following Monday, just one day before the scheduled start of petitioner's trial.

At the Monday hearing, the Government objected to petitioner's proposed substitution on the ground that Iredale's representation of Gomez-Barajas and Bravo created a serious conflict of interest. The Government's position was premised on two possible conflicts. First, the District Court had not yet accepted the plea and sentencing arrangement negotiated between Gomez-Barajas and the Government; in the event that arrangement were rejected by the court, Gomez-Barajas would be free to withdraw the plea and stand trial. He would then be faced with the prospect of representation by Iredale, who in the meantime would have acted as petitioner's attorney. Petitioner, through his participation in the drug distribution scheme, was familiar with the sources «486 U. S., 156» and size of Gomez-Barajas' income, and was thus likely to be called as a witness for the Government at any subsequent trial of Gomez-Barajas. This scenario would pose a conflict of interest for Iredale, who would be prevented from cross-examining petitioner and thereby from effectively representing Gomez-Barajas.

Second, and of more immediate concern, Iredale's representation of Bravo

하스는 자유로이 철회하고 정식사실심리에 나갈 수 있었다.

명백히 중요성이 덜한 역할을 그 공모행위에서 수행한 브라보는 정식사실심리를 받지 않기로, 그리하여 약 2,400 파운드의 마리화나를 로스앤젤레스로부터 빅터 비달(Victor Vidal)의 관리 하의 주거에 운송한 한 개의 소인(count)에 대하여 유죄답변을 하기로 결정하였다. 1985년 8월 22일에 브라보의 유죄답변 절차들이 종결되자, 청구인으로부터의 접촉을 자신이 받았다고, 청구인의 사건을도 맡아달라는 요청을 자신이 받은 터라고 연방지방법원에 아이어데일을은 신고하였다. 그 대변에 있어서의 이익충돌 가능성에 대한 다대한 염려를 이에 응수하여 연방정부는 나타냈다. 변호인 교체에 관한 최초의 변론을 어느 정도 심리하고 난 뒤에, 다음 주 월요일까지, 즉 청구인의 예정된 정식사실심리 개시일의 바로 하루 전까지, 보다 상세한 주장들을 제시하도록 쌍방에게 연방지방법원은 지시하였다.

심각한 이익충돌(conflict of interest)을 고메즈-바라하스에 및 브라보에 대한 아이어데일의 대변이 창출했음을 이유로 청구인의 변호인 교체 제의에 대하여 월요일의 청문에서 연방정부는 이의하였다. 두 가지 있을 수 있는 이익충돌 사항들 위에 전제를 연방정부의 입장은 두었다. 첫째로, 그 답변을, 그리고 고메즈-바라하스의 및 연방정부의 양자 사이에 교섭된 형량합의(sentencing arrangement)를 연방지방법원은 아직 수락하지 않은 상태였다; 법원에 의하여 그 합의가 거부될 경우에 그 답변을 자유로이 철회하고서 정식사실심리를 고메즈-바라하스는 받게 될 것이었다. 청구인의 변호사로서 그 동안 활동해 왔을 터인 아이어데일에 의한 대변을 받게 될 가능성에 그 경우에 그는 접하게 될 것이었다. 마약판매 계획에 대한 그의 참여를 통하여 고메즈-바라하스의 «486 U. S., 156» 소득의 원천에 및 규모에 대하여 청구인은 잘 알고 있었고 따라서 고메즈-바라하스에 대한 향후의 어떤 정식사실심리에서든 연방정부측 증인으로서 소환될 가능성이 있었다. 이익충돌을 아이어데일에게 이 시나리오는 제기할 것이었는데, 청구인을 반대신문하는 것이, 따라서 이로써 고메즈-바라하스를 효과적으로 대변하는 것이 그는 저지될 것이었다.

둘째로, 그리고 보다 더 직접적인 염려로서, 청구인을 위한 변호인으로서 행동할

would directly affect his ability to act as counsel for petitioner. The Government believed that a portion of the marijuana delivered by Bravo to Vidal's residence eventually was transferred to petitioner. In this regard, the Government contacted Iredale and asked that Bravo be made available as a witness to testify against petitioner, and agreed in exchange to modify its position at the time of Bravo's sentencing. In the likely event that Bravo were called to testify, Iredale's position in representing both men would become untenable, for ethical proscriptions would forbid him to cross-examine Bravo in any meaningful way. By failing to do so, he would also fail to provide petitioner with effective assistance of counsel. Thus, because of Iredale's prior representation of Gomez-Barajas and Bravo and the potential for serious conflict of interest, the Government urged the District Court to reject the substitution of attorneys.

In response, petitioner emphasized his right to have counsel of his own choosing and the willingness of Gomez-Barajas, Bravo, and petitioner to waive the right to conflict-free counsel. Petitioner argued that the circumstances posited by the Government that would create a conflict for Iredale were highly speculative and bore no connection to the true relationship between the co-conspirators. If called to testify, Bravo would simply say that he did not know petitioner and had no dealings with him; no attempt by Iredale to impeach Bravo would be necessary. Further, in the unlikely event that Gomez-Barajas went to trial on the charges of tax evasion and illegal importation, petitioner's lack of involvement «486 U. S., 157» in those alleged crimes made his appearance as a witness highly improbable. Finally, and most importantly, all three defendants agreed to allow Iredale to represent petitioner and to waive any future claims of conflict of interest. In petitioner's view, the Government was manufacturing implausible conflicts in an attempt to disqualify Iredale, who had already proved extremely effective in

그의 능력을 브라보에 대한 아이어데일의 대변은 직접적으로 훼손할 것이었다. 브라보에 의하여 비달의 주거에 운반된 마리화나 일부가 궁극적으로 청구인에게 건네진 것으로 연방정부는 믿었다. 이 점에 관하여 아이어데일에게 연방정부는 접촉하였는데, 브라보를 청구인에게 불리하게 증언할 한 명의 증인으로서 이용할 수 있게 해 달라고 연방정부는 요청하면서, 그 대가로 연방정부측 입장을 브라보에 대한 양형심리 때에 수정하기로 연방정부는 동의하였다. 증인으로서 브라보가 소환될 그 가능성이 현실화될 경우에 두 사람을 함께 대변하는 데 있어서의 아이어데일의 지위는 유지될 수 없게 될 것이었는 바, 왜냐하면 조금이라도 의미 있는 방법으로 브라보를 반대신문하는 것을 윤리규범상의 금지사항들은 저지할 것이기 때문이었다. 그는 그렇게 하지 못함으로써 효과적인 변호인의 조력을 청구인에게도 제공하지 못하게 될 것이었다. 이처럼 고메즈-바라하스에 및 브라보에 대한 아이어데일의 기왕의 대변 때문에, 그리고 중대한 이익충돌의 가능성 때문에 변호인들의 교체를 거부해야 한다고 연방지방법원에 대하여 연방정부는 주장하였다.

그 자신 선택의(of his own choosing) 변호인을 가질 그의 권리를 이에 응수하여 청구인은 강조하였고, 또한 이익충돌 없는 변호인을 가질 권리를 기꺼이 포기하고자 하는 고메즈-바라하스의, 브라보의 및 청구인의 의사를 청구인은 강조하였다. 이익충돌을 아이어데일에게 빚을 것으로 연방정부에 의하여 단정된 그 상황들은 대단히 사변적인(speculative) 것들임을, 따라서 그 공동 공모자들 사이의 진정한 관계에는 그것은 아무런 관련이 없음을 청구인은 주장하였다. 설령 증인으로 소환되더라도 청구인을 자신이 알지 못함을, 그리고 그하고는 전혀 거래를 자신이 하지 않았음을 간명하게 브라보는 말할 것이고; 따라서 브라보를 탄핵하기 위한 아이어데일의 시도는 불필요할 것이었다. 더 나아가 고메즈-바라하스는 탈세에 및 불법수입 공소사실들에 관련하여 정식사실심리에 나갈 가능성이 없지만 설령 정식사실심리에 나간다 하더라도, 그 주장된 범죄들에 대하여 «486 U. S., 157» 청구인이 연루된 바가 없음은 한 명의 증인으로서의 그의 출석을 있을 법하지 않게 만들었다. 궁극적으로, 그리고 가장 중요한 사항으로서, 청구인을 아이어데일로 하여금 대변하도록 허용하는 데 대하여, 그리고 이익충돌에 관한 장래의 모든 주장들을 포기하는 데 대하여 세 명의 피고인들 전원이 동의하였다. 청구인의 견지에서 볼 때, 고메즈-바라

representing Gomez-Barajas and Bravo.

After hearing argument from each side, the District Court noted that it was unfortunate that petitioner had not suggested the substitution sooner, rather than two court days before the commencement of trial. The court then ruled:

"[B]ased upon the representation of the Government in [its] memorandum that the Court really has no choice at this point other than to find that an irreconcilable conflict of interest exists. I don't think it can be waived, and accordingly, Mr. Wheat's request to substitute Mr. Iredale in as attorney of record is denied." App. 100-101.

Petitioner proceeded to trial with his original counsel and was convicted of conspiracy to possess more than 1,000 pounds of marijuana with intent to distribute, in violation of 21 U. S. C. § 846, and five counts of possessing marijuana with intent to distribute, in violation of § 841(a)(1).

The Court of Appeals for the Ninth Circuit affirmed petitioner's convictions, 813 F. 2d 1399 (1987), finding that, within the limits prescribed by the Sixth Amendment, the District Court has considerable discretion in allowing substitution of counsel. The Court of Appeals found that the District Court had correctly balanced two Sixth Amendment rights: (1) the qualified right to be represented by counsel of one's choice, and (2) the right to a defense conducted by an attorney who is free of conflicts of interest. Denial of either of these rights threatened the District Court with an appeal assigning the ruling as reversible error, and the Court of Appeals concluded that the District Court did not abuse its dis- «486 U. S., 158» cretion in declining to allow the substitution or addition of Iredale as trial counsel for petitioner.[1)]

---

1) The Court of Appeals also found that petitioner was not prejudiced by a conference the District Court held with

하스 를 및 브라보를 대변하는 데 있어서 극도로 유능함이 이미 판명된 바 있는 아이어데일의 자격을 박탈하기 위한 시도 속에서 그 받아들이기 어려운 이익충돌 사항들을 연방정부는 날조하고 있었다.

변호인 교체를 정식사실심리 개시일 이틀 전보다 더 일찍 청구인이 제의하지 아니한 점이 불행이라고 주장을 쌍방으로부터 청취한 뒤에 특별히 연방지방법원은 언급하였다. 그리고 나서 연방지방법원은 판결하였다:

"[이] 지점에서 당원으로서는 양립 불가능한 이익충돌이 존재함을 인정하는 것 이외에는 참으로 선택의 여지가 없다는 [연방정부의] 비망록에서의 주장에 비추어, 그것이 포기될 수 있다고 나는 생각하지 않으며, 따라서 아이어데일 변호사를 정식기록 변호인으로 교체해 달라는 휘트 씨의 요청은 기각된다." App. 100-101.

본래의 변호인을 대동하고서 정식사실심리에 청구인은 나갔고, 판매할 의도로 1,000 파운드를 넘는 마리화나를 소지하고자 21 U. S. C. § 846의 위반 가운데서 공모한 데 대하여, 그리고 판매할 의도로 마리화나를 § 841(a)(1)의 위반 가운데서 소지한 다섯 개의 소인들에 대하여 유죄판정을 청구인은 받았다.

청구인에 대한 유죄판정들을 제9순회구 항소법원은 인가하였는 바, 813 F. 2d 1399 (1987), 변호인의 교체를 허용하는 데 있어서 연방헌법 수정 제6조에 의하여 규정된 한계들 내에서 상당한 재량을 연방지방법원은 보유함을 항소법원은 인정하였다. 연방헌법 수정 제6조상의 두 가지 권리들 사이에서 균형을 연방지방법원이 정확하게 맞추었음을 항소법원은 인정하였는 바: (1) 자기 자신이 선택한 변호인에게서 대변을 받을 조건부 권리가 및 (2) 이익충돌 없는 변호사에 의하여 수행되는 방어를 누릴 권리가 그것들이다. 그 결정을 파기사유인 오류로서 지적하는 항소에 연방지방법원을 이 권리들 중 어느 한 쪽의 박탈은 직면시켰는데, 아이어데일을 청구인측 정식사실심리 변호인으로 교체하도록 내지는 추가하도록 «486 U. S., 158» 허용하기를 거부함에 있어서 그 재량권을 연방지방법원은 남용하지 않았다고 항소법원은 결론지었다.[1]

---

1) 청구인의 부재 가운데서 변호인과의 사이에서 연방지방법원이 나눈 대화에 의하여 불이익을 청구인이 입지 않았음

Because the Courts of Appeals have expressed substantial disagreement about when a district court may override a defendant's waiver of his attorney' s conflict of interest,[2] we granted certiorari, 484 U. S. 814 (1987).

II

The Sixth Amendment to the Constitution guarantees that "[i]n all criminal prosecutions, the accused shall enjoy the right …… to have the Assistance of Counsel for his defence." In United States v. Morrison, 449 U. S. 361, 364 (1981), we observed that this right was designed to assure fairness in the adversary criminal process. Realizing that an unaided layman may have little skill in arguing the law or in coping with an intricate procedural system, Powell v. Alabama, 287 U. S. 45, 69 (1932); United States v. Ash, 413 U. S. 300, 307 (1973), we have held that the Sixth Amendment secures the right to the assistance of counsel, by appointment if necessary, in a trial for any serious crime. Gideon v. Wainwright, «486 U. S., 159» 372 U. S. 335 (1963). We have further recognized that the purpose of providing assistance of counsel "is simply to ensure that criminal defendants receive a fair trial," Strickland v. Washington, 466 U. S. 668, 689 (1984), and that in evaluating Sixth Amendment claims, "the appropriate inquiry focuses on the adversarial pro-

counsel in petitioner's absence, and that petitioner had no right to insist upon a plea bargain from the Government. Our grant of certiorari, however, was limited to the issue addressed in the text of this opinion, and we do not reach the other rulings made by the Court of Appeals.

2) See, e. g., In re Paradyne Corp., 803 F. 2d 604, 611, n. 16 (CA11 1986) (the right of counsel "does not override the broader societal interests in the effective administration of justice …… or in the maintenance of 'public confidence in the integrity of our legal system'") (citation omitted); In re Grand Jury Subpoena Served Upon Doe, 781 F. 2d 238, 250–251 (CA2), cert. denied sub nom. Roe v. United States, 475 U. S. 1108 (1986) ("[C]ourts have the power and duty to disqualify counsel where the public interest in maintaining the integrity of the judicial system outweighs the accused's constitutional right"); United States v. Reese, 699 F. 2d 803, 805 (CA6 1983) (a trial court should override a defendant's knowing waiver only in "compelling circumstances"); United States v. Flanagan, 679 F. 2d 1072, 1076 (CA3 1982) (a trial court may refuse a waiver when an actual conflict is "very likely"), rev'd on other grounds, 465 U. S. 259 (1984).

자신의 변호인의 이익충돌에 대한 피고인의 포기를 연방지방법원이 언제 무효화할 수 있는지에 관하여 중대한 의견 차이를 항소법원은 표명해 놓았기 때문에,[2] 사건기록 송부명령을 우리는 허가하였다. 484 U. S. 814 (1987).

II

"…… 자신의 방어를 위하여 변호인의 조력을 받을 권리를 모든 형사적 절차추행에 있어서 범인으로 주장되는 사람(accused)은 향유함"을 연방헌법 수정 제6조는 보장한다. 이 권리는 대립당사자주의 형사절차에 있어서의 공정성을 확보하는 데 그 의도를 둔 것임을 United States v. Morrison, 449 U. S. 361, 364 (1981)에서 우리는 말하였다. 조력을 받지 않는 문외한은 법을 주장하는 데 있어서 또는 복잡한 절차적 제도에 대처하는 데 있어서 숙련(skill)이 적을 수 있음을 인식하여, Powell v. Alabama, 287 U. S. 45, 69 (1932); United States v. Ash, 413 U. S. 300, 307 (1973), 조금이라도 중대한 범죄(serious crime)에 대한 정식사실심리에서는 변호인의 조력을 받을 권리를, 필요한 경우에는 변호인 지정에 의하여, 연방헌법 수정 제6조가 보장한다고 우리는 판시해 왔다. Gideon v. Wainwright, «486 U. S., 159» 372 U. S. 335 (1963). 더 나아가 변호인의 조력을 제공하는 목적은 "단지 공정한 정식사실심리(a fair trial)를 형사 피고인으로 하여금 받도록 보장하는 것뿐"임을, Strickland v. Washington, 466 U. S. 668, 689 (1984), 그리고 연방헌법 수정 제6조의 주장들을 평

(was not prejudiced)을도, 그리고 답변거래(a plea bargain)를 연방정부에 대하여 요구할 권리를 청구인은 갖지 아니함을도 항소법원은 아울러 인정하였다. 그러나 이 의견의 본문에서 역점 두어 다루어진 쟁점에 우리의 사건기록 송부명령은 한정되었고, 따라서 항소법원에 의하여 내려진 여타의 결정들을 우리는 다루지 않는다.

2) 예컨대, In re Paradyne Corp., 803 F. 2d 604, 611, n. 16 (CA11 1986) ("…… 효과적인 재판운영에 있어서의, 내지는 '우리의 법 제도의 완전무결성에 대한 공중의 신뢰'의 유지에 있어서의 보다 더 넓은 사회적 이익들을 변호인의 조력을 받을 권리는무효화 하지 않는다") (citation omitted)를; In re Grand Jury Subpoena Served Upon Doe, 781 F. 2d 238, 250–251 (CA2), cert. denied sub nom. Roe v. United States, 475 U. S. 1108 (1986) ("[피]고인의 헌법적 권리가보다도 사법제도의 완전무결성(integrity)을 유지하는 데 있어서의 공중의 이익이 더 무거울 경우에는 변호인의 자격을 박탈할 권한을과 의무를 법원들은 지닌다")를; United States v. Reese, 699 F. 2d 803, 805 (CA6 1983) (피고인의 인지 상태에서의(knowing) 포기를 정식사실심리 법원이 무효화해야 하는 것은 오직 "불가피한 상황들(compelling circumstances)"에서만이다)를; United States v. Flanagan, 679 F. 2d 1072, 1076 (CA3 1982) (실제의 충돌의 "가능성이 매우 높을" 경우에 포기를 정식사실심리 법원은 거부할 수 있다), rev'd on other grounds, 465 U. S. 259 (1984)를 보라.

cess, not on the accused's relationship with his lawyer as such." United States v. Cronic, 466 U. S. 648, 657, n. 21 (1984). Thus, while the right to select and be represented by one's preferred attorney is comprehended by the Sixth Amendment, the essential aim of the Amendment is to guarantee an effective advocate for each criminal defendant rather than to ensure that a defendant will inexorably be represented by the lawyer whom he prefers. See Morris v. Slappy, 461 U. S. 1, 13-14 (1983); Jones v. Barnes, 463 U. S. 745 (1983).

The Sixth Amendment right to choose one's own counsel is circumscribed in several important respects. Regardless of his persuasive powers, an advocate who is not a member of the bar may not represent clients (other than himself) in court.[3] Similarly, a defendant may not insist on representation by an attorney he cannot afford or who for other reasons declines to represent the defendant. Nor may a defendant insist on the counsel of an attorney who has a previous or ongoing relationship with an opposing party, even when the opposing party is the Government. The question raised in this case is the extent to which a criminal defendant's right under the Sixth Amendment to his chosen attorney is qualified by the fact that the attorney has represented other defendants charged in the same criminal conspiracy.

In previous cases, we have recognized that multiple representation of criminal defendants engenders special dangers of which a court must be aware. While "permitting a single at- «486 U. S., 160» torney to represent codefendants …… is not per se violative of constitutional guarantees of effective assistance of counsel," Holloway v. Arkansas, 435 U. S. 475, 482 (1978), a

3) Our holding in Faretta v. California, 422 U. S. 806 (1975), that a criminal defendant has a Sixth Amendment right to represent himself if he voluntarily elects to do so, does not encompass the right to choose any advocate if the defendant wishes to be represented by counsel.

가함에 있어서 "범인으로 주장되는 사람의 그의 변호인하고의 관계 그 자체 위에가 아니라 대립당사자주의 절차(the adversarial process) 위에 초점을 적절한 심리는 둠"을, United States v. Cronic, 466 U. S. 648, 657, n. 21 (1984), 우리는 인정하였다. 따라서 자신이 선호하는 변호사를 선택할, 그리하여 그에게서 대변을 누릴 권리는 연방헌법 수정 제6조에 포함되어 있기는 하지만, 그 수정조항의 본질적 목적은 무작정으로 그 자신이 선호하는 변호사에 의하여 피고인으로 하여금 대변되도록 보장하려는 것이라기보다는, 효과적인 옹호자(an effective advocate)를 개개 피고인에게 보장하려는 것이다. Morris v. Slappy, 461 U. S. 1, 13-14 (1983)을; Jones v. Barnes, 463 U. S. 745 (1983)을 보라.

몇 가지 중요한 점들에 있어서 제한을, 자기 자신의 변호인을 선택할 연방헌법 수정 제6조상의 권리는 받는다. (그 자신을 이외에는) 의뢰인들을 법조단(the bar)의 구성원이 아닌 옹호자는 그의 설득력 여하에 상관없이 법정에서 대변할 수 없다.[3] 마찬가지로 자신으로서는 선임할 능력이 없는, 또는 그 밖의 이유들로 인하여 피고인을 대변하기를 거부하는 변호사에 의한 대변을 이에 유사하게 피고인은 주장할 수 없다. 또한 상대방(an opposing party)하고의 이전의 또는 현재 진행 중의 관계를 지닌 변호사인 변호인을 피고인은 주장할 수도 없는 바, 설령 그 상대방이 연방정부(the Government)인 경우에도 그러하다. 이 사건에서 제기되는 문제는 자신이 선택한 변호인의 조력을 받을 연방헌법 수정 제6조 아래서의 형사 피고인의 권리가, 바로 동일한 공모 범죄로 기소된 다른 피고인들을 그 변호사가 대변한 바 있다는 사실에 의하여 제한되는 범위이다.

법원으로서 인식하지 않으면 안 될 특별한 위험들을 형사 피고인들에 대한 복수대변(multiple representation)은 야기함을 선례들에서 우리는 인정해 왔다. "공동피고인들을 단 한 명의 변호사로 «486 U. S., 160» 하여금 …… 대변하도록 허용하는 것은 그 자체로는 변호인의 효과적인 조력에 대한 헌법적 보장들을 침해하는 것은 아니지만," Holloway v. Arkansas, 435 U. S. 475, 482 (1978), 있을 수 있는 이익충돌에 직

3) 형사 피고인이 자발적으로 선택할 경우에 그 자신을(himself) 대변할 연방헌법 수정 제6조상의 권리를 그는 가진다는 Faretta v. California, 422 U. S. 806 (1975)에서의 우리의 판시는 변호인의 대변을 받기를 피고인이 원할 경우에는 어떤 변호인을이든지를 선택할 권리를 그가 가짐을 내포하지 않는다.

court confronted with and alerted to possible conflicts of interest must take adequate steps to ascertain whether the conflicts warrant separate counsel. See also Cuyler v. Sullivan, 446 U. S. 335 (1980). As we said in Holloway:

"Joint representation of conflicting interests is suspect because of what it tends to prevent the attorney from doing ······. [A] conflict may ······ prevent an attorney from challenging the admission of evidence prejudicial to one client but perhaps favorable to another, or from arguing at the sentencing hearing the relative involvement and culpability of his clients in order to minimize the culpability of one by emphasizing that of another." 435 U. S., at 489-490.

Petitioner insists that the provision of waivers by all affected defendants cures any problems created by the multiple representation. But no such flat rule can be deduced from the Sixth Amendment presumption in favor of counsel of choice. Federal courts have an independent interest in ensuring that criminal trials are conducted within the ethical standards of the profession and that legal proceedings appear fair to all who observe them. Both the American Bar Association's Model Code of Professional Responsibility and its Model Rules of Professional Conduct, as well as the rules of the California Bar Association (which governed the attorneys in this case), impose limitations on multiple representation of clients. See ABA Model Code of Professional Responsibility DR5-105(C) (1980); ABA Model Rules of Professional Conduct, Rule 1.7 (1984); Rules of Professional Conduct of the State Bar of California, Rules 5 and 7, Cal. Bus. & Prof. Code Ann. § 6076 (West 1974). Not only the interest of a criminal defendant but the institutional interest in the rendition of just verdicts in criminal cases may be jeopardized by unregulated multiple representation. «486 U. S., 161»

For this reason, the Federal Rules of Criminal Procedure direct trial judges

면하여 경계 상태에 들어간 법원으로서는 각기 다른 변호인을 그 충돌이 정당화하는지 여부를 확인하기 위한 적절한 조치들을 취하지 않으면 안 된다. 아울러 Cuyler v. Sullivan, 446 U. S. 335 (1980)을도 보라. Holloway 사건에서 우리가 말했듯이:

"충돌하는 이익들에 대한 동시대변(joint representation)이 의심스러운 것은 변호사로 하여금 할 수 없도록 저지하는 데 그것이 이바지하는 바 때문이다 ……. [한] 쪽 의뢰인에게는 불리한, 그러면서 다른 쪽 의뢰인에게는 아마도 유리할지도 모르는 증거를 허용하는 데 대하여 변호사가 이의하는 것을 이익충돌은 …… 저해할 수 있고, 또는 한 쪽 의뢰인의 책임을 강조함으로써 다른 쪽 의뢰인의 책임을 최소화하고자 양형심문 절차(the sentencing hearing)에서 의뢰인들의 상대적 관련을과 책임을 변호사가 주장함을 그것은 저해할 수 있다." 435 U. S., at 489-490.

복수대변에 의하여 야기된 모든 문제들을 관련 피고인들 전원에 의한 포기의 제공은 치유한다고 청구인은 주장한다. 그러나 그 자신이 선택한 변호인을 가질 권리를 편드는 연방헌법 수정 제6조의 추정으로부터는 이 같은 노골적인 규칙은 추론될 수가 없다. 법조전문직 윤리기준들의 범위 내에서 형사 정식사실심리들이 수행되도록 보장하는 데 있어서, 그리고 그것을 바라보는 모든 사람들에게 공정한 것으로 법적 절차들이 보이도록 보장하는 데 있어서 독립적인 이익을 연방법원들은 가진다. 의뢰인들에 대한 복수대변(multiple representation)에 제한들을, 미국 법률가협회의 법조전문직책임규정(Model Code of Professional Responsibility)은 및 법조전문직행동준칙모범규정(Model Rules of Professional Conduct)은 다같이, 캘리포니아주 법률가협회(이 사건에서의 변호사들을 규율함)의 해당규정들이하고 마찬가지로 부과한다. ABA Model Code of Professional Responsibility DR5-105(C) (1980)을; ABA Model Rules of Professional Conduct, Rule 1.7 (1984)를; Rules of Professional Conduct of the State Bar of California, Rules 5 and 7, Cal. Bus. & Prof. Code Ann. § 6076 (West 1974)를 보라. 통제 없는 복수대변에 의하여서는 형사 피고인의 이익이만이 아니라 형사사건들에 있어서의 정당한 평결들의 연출에 있어서의 제도상의 이익이마저도 위협을 받게 될 수가 있다. «486 U. S., 161»

이러한 이유 때문에 동시대변(joint representation)을 포함하는 사건들을 정식정식사

to investigate specially cases involving joint representation. In pertinent part, Rule 44(c) provides:

"[T]he court shall promptly inquire with respect to such joint representation and shall personally advise each defendant of his right to the effective assistance of counsel, including separate representation. Unless it appears that there is good cause to believe no conflict of interest is likely to arise, the court shall take such measures as may be appropriate to protect each defendant's right to counsel."

Although Rule 44(c) does not specify what particular measures may be taken by a district court, one option suggested by the Notes of the Advisory Committee is an order by the court that the defendants be separately represented in subsequent proceedings in the case. 18 U. S. C. App., p. 650. This suggestion comports with our instructions in Holloway and in Glasser v. United States, 315 U. S. 60 (1942), that the trial courts, when alerted by objection from one of the parties, have an independent duty to ensure that criminal defendants receive a trial that is fair and does not contravene the Sixth Amendment.

To be sure, this need to investigate potential conflicts arises in part from the legitimate wish of district courts that their judgments remain intact on appeal. As the Court of Appeals accurately pointed out, trial courts confronted with multiple representations face the prospect of being "whipsawed" by assertions of error no matter which way they rule. If a district court agrees to the multiple representation, and the advocacy of counsel is thereafter impaired as a result, the defendant may well claim that he did not receive effective assistance. See, e. g., Burger v. Kemp, 483 U. S. 776 (1987). On the other hand, a district court's refusal to accede to the multiple representation

실심리 판사들로 하여금 특별히 조사하도록 연방형사절차규칙(the Federal Rules of Criminal Procedure)은 지시한다. 해당부분에서 규칙(Rule) 44(c)는 규정한다:

"[법]원은 이 같은 동시대변(joint representation)에 관하여 신속하게 조사하여야 하고 각기 다른 변호인에 의한 대변(separate representation)을 포함하여 변호인의 효과적인 조력을 받을 그의 권리를 개개 피고인에게 직접적으로 조언하여야 한다. 변호인의 조력을 받을 개개 피고인의 권리를 보호하는 데 적절한 것이 될 수 있을 만한 조치를, 이익충돌(conflict of interest)이 발생할 가능성이 없다고 믿을 충분한 이유가 있어 보이지 않는 한, 법원은 취하여야 한다."

비록 한 개의 연방지방법원에 의하여 어떤 특정한 조치들이 취해질 수 있는지 규칙(Rule) 44(c)는 명시하지를 아니함에도 불구하고, 그 자문위원회(the Advisory Committee)의 비망록(the Notes) 에 의하여 제시된 한 가지 방안은 해당 사건의 이후의 절차들에 있어서 각기 다른 변호인에 의하여 피고인들이 대변되어야 한다는 법원에 의한 한 개의 명령이다. 18 U. S. C. App., p. 650. 이 제안은 Holloway 사건에서와 Glasser v. United States, 315 U. S. 60 (1942) 사건에서의 우리의 지시사항들에 일치하는 바, 즉 당사자들 중 한 명으로부터의 이의에 의하여 경계 상태에 들어갈 경우에는, 공정한 및 연방헌법 수정 제6조에 어긋나지 않는 정식사실심리를 형사 피고인들로 하여금 수령하도록 보장할 독립된 의무(an independent duty0를 정식사실심리 법원들은 가진다는 것이다.

확실히, 자신들의 판결주문들이 항소심에서 본래대로 유지되기를 바라는 연방지방법원들의 정당한 희망으로부터, 잠재적 이익충돌을 조사해야 한다는 이 요구는 부분적으로는 도출된다. 항소법원이 정확하게 지적하였듯이, 어느 쪽으로 그들이 결정하든, 오류에 대한 주장들(assertions of error)에 의하여 "양면으로 격파당할" 가능성에 복수대변 사건들(multiple representations)에 접하는 정식사실심리 법원들은 직면한다. 복수대변에 만약 지방법원이 동의하면, 그리하여 결과적으로 그 이후로 변호인의 변론이 손상되면, 효과적인 조력을 자신이 수령하지 못했다고 피고인은 주장하는 것이도 당연하다. 예컨대, Burger v. Kemp, 483 U. S. 776 (1987)을 보라. 이에 반하여, 복수대변에 동의하기를 지방법원이 거부할 경우에 이 사건에서의 청구인

may result in a challenge such as petitioner's in this case. Nor does a waiver by the defendant «486 U. S., 162» necessarily solve the problem, for we note, without passing judgment on, the apparent willingness of Courts of Appeals to entertain ineffective-assistance claims from defendants who have specifically waived the right to conflict-free counsel. See, e. g., United States ex rel. Tonaldi v. Elrod, 716 F. 2d 431, 436-437 (CA7 1983); United States v. Vowteras, 500 F. 2d 1210, 1211 (CA2), cert. denied, 419 U. S. 1069 (1974); see also Glasser, supra, at 70 ("To preserve the protection of the Bill of Rights for hard-pressed defendants, we indulge every reasonable presumption against the waiver of fundamental rights").

Thus, where a court justifiably finds an actual conflict of interest, there can be no doubt that it may decline a proffer of waiver, and insist that defendants be separately represented. As the Court of Appeals for the Third Circuit stated in United States v. Dolan, 570 F. 2d 1177, 1184 (1978):

"[W]hen a trial court finds an actual conflict of interest which impairs the ability of a criminal defendant's chosen counsel to conform with the ABA Code of Professional Responsibility, the court should not be required to tolerate an inadequate representation of a defendant. Such representation not only constitutes a breach of professional ethics and invites disrespect for the integrity of the court, but it is also detrimental to the independent interest of the trial judge to be free from future attacks over the adequacy of the waiver or the fairness of the proceedings in his own court and the subtle problems implicating the defendant's comprehension of the waiver."

Unfortunately for all concerned, a district court must pass on the issue whether or not to allow a waiver of a conflict of interest by a criminal defendant not with the wisdom of hindsight after the trial has taken place, but in

이 제기하는 류의 이의를 초래하는 결과에 그것은 이를 수 있다. 문제를 피고인에 의한 포기(a waiver)가도 «486 U. S., 162» 반드시 해결해 주는 것은 아닌 바, 왜냐하면 이익충돌 없는 변호인을 누릴 권리를 명시적으로 포기한 터인 피고인들이 제기하는, 무의미한 조력(ineffective-assistance)에 관한 주장들에 기꺼이 응하고자 하는 항소법원의 명백한 의지를 - 이에 대한 판단은 내리지 않은 채로 - 우리는 주목하기 때문이다. 예컨대, United States ex rel. Tonaldi v. Elrod, 716 F. 2d 431, 436-437 (CA7 1983)을; United States v. Vowteras, 500 F. 2d 1210, 1211 (CA2), cert. denied, 419 U. S. 1069 (1974)를 보라; 아울러 Glasser, supra, at 70 ["권리장전상의 보호를 곤궁한 피고인들에게 보전해 주기 위하여, 기본적 권리들(fundamental rights)에 대한 포기를 저지하는(against waiver) 모든 합리적인 추정(every reasonable presumption)을 우리는 마음껏 누린다"]를도 보라.

이처럼 실제의 이익충돌을 법원이 정당하게 인정할 경우에, 포기 제의를 그 법원은 거부할 수 있음에, 그리고 피고인들이마다가 각기 대변되어야 한다고 주장할 수 있음에 의문이 있을 수 없다. United States v. Dolan, 570 F. 2d 1177, 1184 (1978)에서 제3순회구 항소법원이 말했듯이:

"[형]사피고인이 선택한 변호인의 미국 법률가협회 법조전문직책임규정을 준수할 능력을 훼손하는 실제의 이익충돌을 정식사실심리 법원이 인정할 경우에 피고인에 대한 부적합한 대변을 용인하도록 그 법원은 요구되어서는 안 된다. 이 같은 부적합한 대변은 법조전문직 윤리규범에 대한 위반(breach of professional ethics)을 구성하면서 법원의 완전무결성에 대한 멸시를 초래하는 것임에 아울러, 포기의 적합성을 둘러싼, 내지는 정식사실심리 판사 그 자신의 법정에서 이루어진 절차들의 공정성을 둘러싼, 그리고 포기에 관한 피고인의 이해력에 영향을 끼치는 난해한 문제들을 둘러싼 장래의 공격들로부터 자유로울 그 판사의 독립적인 이익을 그것은 해치는 것이기도 하다."

관련된 모든 사람들에게 불행스럽게도, 이익충돌 주장에 대한 형사 피고인의 포기를 허용할지 말지 여부에 관하여 연방지방법원이 판단을 내리지 않으면 안 되는 것은 정식사실심리가 이루어지고 난 뒤에 들여다보는 가늠자의 지혜로써가 아니

the murkier pretrial context when relationships between parties are seen through a glass, darkly. The likelihood and dimensions of nascent conflicts of interest are notoriously hard to predict, «486 U. S., 163» even for those thoroughly familiar with criminal trials. It is a rare attorney who will be fortunate enough to learn the entire truth from his own client, much less be fully apprised before trial of what each of the Government's witnesses will say on the stand. A few bits of unforeseen testimony or a single previously unknown or unnoticed document may significantly shift the relationship between multiple defendants. These imponderables are difficult enough for a lawyer to assess, and even more difficult to convey by way of explanation to a criminal defendant untutored in the niceties of legal ethics. Nor is it amiss to observe that the willingness of an attorney to obtain such waivers from his clients may bear an inverse relation to the care with which he conveys all the necessary information to them.

For these reasons we think the district court must be allowed substantial latitude in refusing waivers of conflicts of interest not only in those rare cases where an actual conflict may be demonstrated before trial, but in the more common cases where a potential for conflict exists which may or may not burgeon into an actual conflict as the trial progresses. In the circumstances of this case, with the motion for substitution of counsel made so close to the time of trial, the District Court relied on instinct and judgment based on experience in making its decision. We do not think it can be said that the court exceeded the broad latitude which must be accorded it in making this decision. Petitioner of course rightly points out that the Government may seek to "manufacture" a conflict in order to prevent a defendant from having a particularly able defense counsel at his side; but trial courts are undoubtedly aware of this possibility, and must take it into consideration along with all of

라, 한 장의 유리를 통하여, 따라서 어렴풋이, 당사자들 사이의 여러 관계들이 관찰되는 정식사실심리 이전 단계의 보다 분명하지 못한 맥락에서이다. 이익충돌들의 가능성은 및 범위는 그 발생 도중의 단계에서는 예측하기 어려운 것으로 정평이 나 있는 바, «486 U. S., 163» 심지어 형사 정식사실심리에 철저하게 익숙한 사람들에게조차도 이것은 그러하다. 전체의 진실을 자신의 의뢰인으로부터 배울 수 있을 만큼 충분하게 행운을 지니는 경우는 한 명의 변호사로서 드문 일인 바, 하물며 무슨 말을 증언대 위에서 정부측 증인들 각자가 할지를 정식사실심리 이전에 완전히 고지 받는 경우란 더욱 드물다. 몇 조각의 의외의 증언만으로도, 내지는 미처 알지 못했거나 간과되었던 단 한 개의 문서만으로도 복수 피고인들 사이의 관계를 중대하게 변경시킬 수 있다. 이 같은 헤아릴 수 없는 것들은 한 명의 변호사로서 평가를 내리기가 충분히 어렵고, 법적 윤리사항들의 세세한 차이들에 대하여 정식교육을 받지 않은 형사 피고인에게 설명으로써 이를 전달하기란 더욱 어렵다. 나아가, 이 같은 포기들을 자신의 의뢰인들로부터 기꺼이 획득하려는 변호사의 의지는 그 필요한 모든 정보를 그들에게 전달함에 있어서 그가 지니는 염려하고의 사이에 전도된 관계를 낳을 것이라고 말하는 것은 부당한 일이 아니다.

이러한 이유들 때문에, 정식사실심리 이전에 실제의 이익충돌이 증명될 수 있는 그 드문 경우들에 있어서만이 아니라, 정식사실심리가 진행되어 나감에 따라 실제의 충돌로 발전할 수도 있는 및 발전하지 않을 수도 있는, 이익충돌의 잠재적 가능성이 존재하는 보다 더 일반적인 경우들에 있어서, 이익충돌에 관한 주장들에 대한 포기행위들을 불허하는 데 있어서 실질적인 재량을 연방지방법원은 허용받지 않으면 안 된다고 우리는 생각한다. 정식사실심리 기일에 너무 임박하여 제기된 변호인 교체신청의 점을 포함한 이 사건의 제반 상황들 속에서, 자신의 결정을 내림에 있어서 본능에, 그리고 경험에 근거한 판단에 연방지방법원은 의존하였다. 이 결정을 내림에 있어서 연방지방법원에게 부여되지 않으면 안 될 그 넓은 재량을 그 법원이 넘어선 것으로 주장될 수 있다고는 우리는 생각하지 않는다. 특별히 유능한 변호인을 그의 편으로 피고인으로 하여금 가지지 못하도록 저지하기 위하여 이익충돌을 "날조"하고자 연방정부가 시도할 수 있다고 청구인이 지적하는 것은 물론 정당하다; 그러나 이 가능성을 정식사실심리 법원들은 명백히 인식하고 있으며, 이

the other factors which inform this sort of a decision.

Here the District Court was confronted not simply with an attorney who wished to represent two coequal defendants in a straightforward criminal prosecution; rather, Iredale proposed to defend three conspirators of varying stature in «486 U. S., 164» a complex drug distribution scheme. The Government intended to call Bravo as a witness for the prosecution at petitioner's trial.[4] The Government might readily have tied certain deliveries of marijuana by Bravo to petitioner, necessitating vigorous cross-examination of Bravo by petitioner's counsel. Iredale, because of his prior representation of Bravo, would have been unable ethically to provide that cross-examination.

Iredale had also represented Gomez-Barajas, one of the alleged kingpins of the distribution ring, and had succeeded in obtaining a verdict of acquittal for him. Gomez-Barajas had agreed with the Government to plead guilty to other charges, but the District Court had not yet accepted the plea arrangement. If the agreement were rejected, petitioner's probable testimony at the resulting trial of Gomez-Barajas would create an ethical dilemma for Iredale from which one or the other of his clients would likely suffer.

Viewing the situation as it did before trial, we hold that the District Court's refusal to permit the substitution of counsel in this case was within its discretion and did not violate petitioner's Sixth Amendment rights. Other district courts might have reached differing or opposite conclusions with equal justification, but that does not mean that one conclusion was "right" and the other "wrong." The District Court must recognize a presumption in favor of petitioner's counsel of choice, but that presumption may be overcome not

4) Bravo was in fact called as a witness at petitioner's trial. See Tr. 728 et seq. His testimony was elicited to demonstrate the transportation of drugs that the prosecution hoped to link to petitioner. «486 U. S., 165»

종류의 결정을 특징짓는 여타의 모든 요인들을에 더불어 그것을 정식사실심리 법원들은 고려하지 않으면 안 된다.

여기서 연방지방법원이 봉착했던 것은 단지 한 개의 간단한 형사 기소사건에서의 두 명의 동등한 피고인들을 대변하기를 원하는 한 명의 변호사였던 것이 아니다; 그보다도 아이어데일이 제안한 것은 복잡한 마약판매 계획에 있어서의 지위를 달리하는 «486 U. S., 164» 세 명의 공모자들을 방어하겠다는 것이었다. 청구인에 대한 정식사실심리에서 검찰측 증인으로 브라보를 소환할 의도를 연방정부는 지니고 있었다.[4] 브라보에 의한 특정 마리화나의 교부 행위들을 쉽사리 청구인에게 연방정부는 연결시킬 수 있었을 것인데, 청구인의 변호인의 브라보에 대한 강력한 반대신문을 불가피하게 그것은 만들 것이었다. 브라보에 대한 자신의 이전의 대변 때문에 변호사 윤리에 따라 그 반대신문을 아이어데일은 제공할 수 없었을 것이다.

그 판매 고리의 주요인물로 주장된 사람들 중 한 명인 고메즈-바라하스를도 아이어데일은 대변한 바 있었고, 그리하여 그에 대하여 무죄평결(a verdict of acquittal)을 얻는 데 그는 성공한 터였다. 여타의 공소사실들에 대하여는 유죄답변을 하기로 연방정부와의 사이에서 고메즈-바라하스는 합의한 상태였으나, 그 답변합의를 연방지방법원은 아직 수락하지 않고 있었다. 만약 그 합의가 기각된다면, 그 결과로서 이루어질 고메즈-바라하스에 대한 정식사실심리에서의 청구인의 예상되는 증언은 변호사 윤리에 있어서의 딜레마를 아이어데일에게 낳을 것이었고, 이로써 이쪽이든 저쪽이든 그의 의뢰인들 중 한 명이 피해를 볼 가능성이 있었다.

상황을 정식사실심리에 앞서서 연방지방법원이 지녔던 시각으로 살피면, 변호인의 교체를 허용하기를 이 사건에서 연방지방법원이 거부한 것은 그 재량의 범위 내에 있었다고, 따라서 청구인의 연방헌법 수정 제6조상의 권리들을 그것은 침해하지 않았다고 우리는 판시한다. 동일한 이유를 가지고서도 이와는 다른 내지는 정반대인 결론들에 여타의 연방지방법원들이라면 이르렀을 수도 있겠지만, 그러나 한쪽의 결론은 “옳다”는 것을 내지는 다른 쪽 결론은 “틀리다”는 것을 그것은 의미하지 않는다. 청구인이 선택하는 변호인을 누릴 권리를 편드는 한 개의 추정을 연

4) 청구인의 정식사실심리에서 증인으로 브라보는 실제로 소환되었다. Tr. 728 et seq를 보라. 청구인에게 검찰이 연결짓고자 한 마약들의 운송을 증명하기 위하여 그의 증언은 도출되었다. «486 U. S., 165»

only by a demonstration of actual conflict but by a showing of a serious potential for conflict. The evaluation of the facts and circumstances of each case under this standard must be left primarily to the informed judgment of the trial court.

The judgment of the Court of Appeals is accordingly

Affirmed. «486 U. S., 165»

방지방법원은 인정하지 않으면 안 되지만, 그러나 실제의 이익충돌에 대한 증명으로써만이 아니라 이익충돌의 중대한 가능성에 대한 증명으로써도 그 추정은 깨질 수 있다. 정식사실심리 법원의 정보에 근거한 판단에 이 기준 아래서의 개개 사건의 사실관계에와 상황들에 대한 평가는 일차적으로 맡겨지지 않으면 안 된다.

따라서 항소법원의 판결주문은

인가된다. «486 U. S., 165»

JUSTICE MARSHALL, with whom JUSTICE BRENNAN joins, dissenting.

This Court today concludes that the District Court did not commit reversible error by denying the motion of petitioner Mark Wheat to add or substitute counsel of his choice. In the course of discussing the District Court's ruling, the Court sets forth several principles with which I agree. The Court acknowledges, as it must, that the Sixth Amendment's guarantee of assistance of counsel comprehends the right to select one's own attorney. The Court also states that, although this constitutional right is not absolute, it mandates a presumption in favor of accepting a criminal defendant's choice of counsel. Having articulated these principles, however, the Court unaccountably grants broad discretion to the trial court to decide whether this presumption has been overcome. As a consequence of this unwarranted deference to a trial court's decision respecting a constitutional right, the Court countenances a ruling that is patently incorrect. Because I believe that the potential for a conflict of interest in this case did not overcome petitioner's right to choose his own counsel, I dissent.

This Court long has recognized, and today reaffirms, that the Sixth Amendment provides protection for a criminal defendant's choice of counsel. More than 50 years ago, we stated that "[i]t is hardly necessary to say that, the right to counsel being conceded, a defendant should be afforded a fair opportunity to secure counsel of his own choice." Powell v. Alabama, 287 U. S. 45, 53 (1932). This Court has reiterated this principle on frequent occasions. See, e. g., Chandler v. Fretag, 348 U. S. 3, 9 (1954); Glasser v. United States, 315 U.

브레넌(BRENNAN) 판사가 가담하는 마샬(MARSHALL) 판사의 반대의견이다.

청구인 마크 휘트 자신 선택의 변호사를 변호인으로 추가해 주든지 그 변호사로 변호인을 교체해 주든지 하여 달라는 그의 신청을 연방지방법원이 기각한 것은 파기사유인 오류를 저지른 경우에 해당되지 않는다고 오늘 이 법원은 결론짓는다. 내가 동의하는 몇 가지 원칙들을 연방지방법원의 결정을 검토하는 과정에서 이 법원은 설명한다. 그 자신의 변호인을 선택할 권리를, 변호인의 조력을 받을 권리에 대한 연방헌법 수정 제6조의 보장은 포함함을 스스로 인정하지 않으면 안 되는 바에 따라 이 법원은 인정한다. 비록 이 헌법적 권리가 절대적인 것은 아님에도 불구하고 형사 피고인의 변호인 선택권을 받아들이는 쪽을 편드는 한 개의 추정을 그것은 명령한다는 점을도 이 법원은 말한다. 그러나 이 원칙들을 상세히 설명하고 나서, 이 추정이 깨져 있는지 여부를 결정하도록 넓은 재량을 정식사실심리 법원에게 까닭 없이 이 법원은 허용한다. 한 개의 헌법적 권리에 관한 한 개의 정식사실심리 법원의 결정에 대한 이 근거 없는 존중의 결과로서, 현저히 부정확한 결정을 이 법원은 묵인한다. 그 자신의 변호인을 선택할 청구인의 권리를 이 사건에서의 이익충돌의 가능성은 압도하지 못했다고 믿기 때문에 이 법원에 나는 반대한다.

형사 피고인의 변호인 선택권에 대한 보장을 연방헌법 수정 제6조는 제공함을 당원은 오래도록 인정해 왔고 그리고 오늘 이를 재확인한다. "[변]호인의 조력을 받을 권리가 인정될 경우에 그 자신 선택의 변호인을 확보할 공정한 기회를 피고인이 부여받아야 함은 말할 필요가 전혀 없다."고 50년도 더 지난 과거에 우리는 말하였다. Powell v. Alabama, 287 U. S. 45, 53 (1932). 이 원칙을 빈번한 기회에 반복하여 당원은 말해 왔다. 예컨대, Chandler v. Fretag, 348 U. S. 3, 9 (1954)를; Glasser v. United States, 315 U. S. 60, 70 (1942)를 보라. 그 자신의 방어의 수행에 대한 효과적

S. 60, 70 (1942). Our statements on this score stem largely from an appreciation that a primary purpose of the Sixth Amendment is to grant a criminal defendant effective control over the conduct of his defense. As this Court previously has stated, the Sixth Amendment "grants to the accused personally the right to make his defense," because «486 U. S., 166» "it is he who suffers the consequences if the defense fails." Faretta v. California, 422 U. S. 806, 819-820 (1975). An obviously critical aspect of making a defense is choosing a person to serve as an assistant and representative. In addition, lodging the selection of counsel with the defendant generally will promote the fairness and integrity of criminal trials.

The right to counsel of choice, as the Court notes, is not absolute. When a defendant's selection of counsel, under the particular facts and circumstances of a case, gravely imperils the prospect of a fair trial, a trial court may justifiably refuse to accede to the choice. Thus, a trial court may in certain situations reject a defendant's choice of counsel on the ground of a potential conflict of interest, because a serious conflict may indeed destroy the integrity of the trial process. As the Court states, however, the trial court must recognize a presumption in favor of a defendant's counsel of choice. This presumption means that a trial court may not reject a defendant's chosen counsel on the ground of a potential conflict of interest absent a showing that both the likelihood and the dimensions of the feared conflict are substantial.[5] Unsupported or dubious speculation as to a conflict will not suffice. The Government must show a substantial potential for the kind of conflict that would undermine the fairness of the trial process. In these respects, I do not believe my position differs significantly, if at all, from that expressed in the opinion of the Court. See ante, at 161-162, 164.

5) In stating this principle, I mean to address only cases in which all parties to the potential conflict have made a fully informed waiver of their right to conflict-free representation. It is undisputed in this case that petitioner, as well as Juvenal Gomez-Barajas and Javier Bravo, had agreed to waive this right.

통제권을 형사 피고인에게 부여하기 위함이 연방헌법 수정 제6조의 한 가지 주요한 목적이라는 점에 대한 인식으로부터 이 점에 관한 우리의 표명들은 주로 유래한다. 당원이 이전에 말해 놓았듯이, "그 자신의 방어를 수행할 권리를 직접 피고인에게" 연방헌법 수정 제6조는 "부여하는 바," 왜냐하면 «486 U. S., 166» "방어가 실패할 경우에 그 결과들을 감수해야 할 사람은 바로 그 자신이기" 때문이다. Faretta v. California, 422 U. S. 806, 819-820 (1975). 방어를 수행하는 일의 한 가지 명백하게 중대한 측면은 한 사람의 조력자이자 대변자로서 복무해 줄 한 명의 사람을 고르는 일이다. 이에 더하여, 일반적으로 형사 정식사실심리들의 공정성을 및 완전무결성을, 변호인 선택을 피고인에게 맡기는 것은 촉진할 것이다.

자기 자신이 선택한 변호인을 가질 권리는 이 법원이 특별히 말하는 바대로 절대적이지 않다. 공정한 정식사실심리의 전망을 사건의 특정 사실관계들 아래서와 상황들 아래서 피고인의 변호인 선택이 중대하게 위협할 경우에, 그 선택에 응하기를 정식사실심리 법원은 정당하게 거부할 수 있다. 그러므로 피고인의 변호인 선택권을 특정 상황들에 있어서는 이익충돌의 가능성을 이유로 정식사실심리 법원은 무시할 수 있는 바, 왜냐하면 정식사실심리 절차의 완전무결성을 중대한 이익충돌은 실제로 파괴할 수 있기 때문이다. 그렇지만 이 법원이 말한 대로 피고인이 선택한 변호인을 편드는 한 개의 추정을 정식사실심리 법원은 인정하지 않으면 안 된다. 그 우려되는 이익충돌의 가능성이 및 규모가 다 같이 실질적인 것이라는 점에 대한 증명이 없음에도 불구하고 정식이익충돌의 잠재적 가능성을 이유로 하여 피고인에 의하여 선택된 변호인을 사실심리 법원이 거부해서는 안 됨을 이 추정은 의미한다.[5] 근거 없는 내지는 모호한 이익충돌의 추측으로는 충분하지 않을 것이다. 정식사실심리 절차의 공정성의 기초를 침식할 만한 유형의 이익충돌의 실제적 가능성을 연방정부는 증명하지 않으면 안 된다. 이 점들에 있어서 이 법원의 의견에서 표명된 입장에 비하여 중요한 점에서 나의 입장이 다르다고는 — 설령 조금이라도 다른 점이 있다 하더라도 — 나는 믿지 않는다. ante, at 161-162, 164를 보라.

5) 이 원칙을 말함에 있어서 오직 이익충돌 없는 대변을 누릴 자신들의 권리에 대한 완전히 고지 받은 상태에서의 포기를 잠재적 이익충돌의 모든 당사자들이 하여 놓은 사건들만을 나는 역점 두어 다루고자 한다. 이 사건에서 이 권리를 포기하는 데 주비널 고메즈-바라하스가에 및 재비어 브라보가에 아울러 청구인이마저도 동의하였음은 다툼이 없다.

I do disagree, however, with the Court's suggestion that the trial court's decision as to whether a potential conflict justifies rejection of a defendant's chosen counsel is entitled to some kind of special deference on appeal. The Court grants trial courts "broad latitude" over the decision to accept or re- «486 U. S., 167» ject a defendant's choice of counsel, ante, at 163; although never explicitly endorsing a standard of appellate review, the Court appears to limit such review to determining whether an abuse of discretion has occurred, see ante, at 164. This approach, which the Court supports solely by noting the difficulty of evaluating the likelihood and magnitude of a conflict, accords neither with the nature of the trial court's decision nor with the importance of the interest at stake.

The trial court's decision as to whether the circumstances of a given case constitute grounds for rejecting a defendant's chosen counsel - that is, as to whether these circumstances present a substantial potential for a serious conflict of interest - is a mixed determination of law and fact. The decision is properly described in this way because it requires and results from the application of a legal standard to the established facts of a case. See, e. g., Townsend v. Sain, 372 U. S. 293, 309, n. 6 (1963). Appellate courts traditionally do not defer to such determinations. See, e. g., ibid.; Sumner v. Mata, 455 U. S. 591, 597, and n. 10 (1982). For this reason, the Court in Cuyler v. Sullivan, 446 U. S. 335 (1980), held that a trial court's determination as to whether an attorney had represented conflicting interests at trial was not entitled to any deference. The determination at issue here, which focuses on the potential for a conflict of interest, is not different in any relevant respect.[6] «486 U. S., 168»

---

6) It is true that a trial court, in making a determination regarding the potential for a conflict of interest, must make a prediction as to future events, which frequently is a difficult task. This aspect of the decision, however, does not call for a lax standard of review. The question on review is whether the trial court was correct in holding that the facts and circumstances apparent at the time of its decision demonstrated a substantial potential for a serious conflict of interest. Appellate courts are fully capable of posing and resolving this question. A deferential standard of review therefore is not necessary to generate appellate decisions that take into account and appropriately reflect the un–certainties existing at the time of the trial court's ruling.

그러나 피고인에 의하여 선택된 변호인에 대한 거부를 잠재적 이익충돌이 정당화하는지 여부에 관한 정식사실심리 법원의 결정은 항소심에서 특별한 종류의 경의를 누릴 자격이 있다는 이 법원의 제의에 대하여 나는 동의하지 않는다. 피고인의 변호인 선택권을 받아들일 것인지 거부할 것인지의 결정에 관하여 «486 U. S., 167» "넓은 재량(broad latitude)"을 정식사실심리 법원들에게 이 법원은 부여한다. ante, at 163; 비록 항소심 재심리에 관한 한 개의 기준을 결코 명시적으로 승인하지 아니함에도 불구하고, 이 같은 심리를 재량 남용이 발생했는지 여부를 판정짓는 데에 이 법원은 재한정하는 것으로 보인다. see ante, at 164. 정식사실심리 법원의 결정의 성격에도, 또는 문제가 된 이익의 중요성에도 이 접근법 — 그것을 뒷받침하는 근거로서 오직 이익충돌의 가능성을 및 크기를 평가하는 일의 곤란함을 이 법원은 언급할 뿐이다 — 은 부합되지 않는다.

피고인에 의하여 선택된 변호인을 거부할 근거들을 특정 사건의 상황들이 구성하는지 여부에 관한 — 즉 중대한 이익충돌의 실제적 가능성을 이 상황들이 나타내는지 여부에 관한 — 정식사실심리 법원의 결정은 법(law)의 및 사실(fact)에 대한 혼합된 판정이다. 그 결정은 이 방법으로 설명되는 것이 올바른데, 왜냐하면 그것은 사건의 확립된 사실관계에의 법 기준의 적용을 요구하고 그 적용의 결과로서 생겨나기 때문이다. 예컨대, Townsend v. Sain, 372 U. S. 293, 309, n. 6 (1963)을 보라. 이 같은 판정들에 대하여 경의를 전통적으로 항소법원들은 표하지 않는다. 예컨대, ibid.를; Sumner v. Mata, 455 U. S. 591, 597, and n. 10 (1982) 보라. 대립되는 이익들을 정식사실심리에서 한 명의 변호사가 대변했는지 여부에 관한 정식사실심리 법원의 판정은 조금이라도 경의를 누릴 자격이 없다고 이 이유로 Cuyler v. Sullivan, 446 U. S. 335 (1980)에서 당원은 판시하였다. 여기에서의 쟁점 대상인 판단은 초점을 이익충돌의 가능성에 맞추는 것이므로 그 어떤 의미 있는 점에 있어서도 그것은 차이가 없다.[6] «486 U. S., 168»

6) 이익충돌 가능성에 관하여 판정을 내림에 있어서 장래의 부수상황들에 관한 예측을 정식사실심리 법원은 하지 않으면 안 됨은 사실인 바, 그것은 흔히 어려운 과업이다. 그러나 재심리에 있어서의 한 개의 느슨한 기준을 이 측면의 판단은 요구하지 않는다. 재심리에 걸려 있는 문제는 중대한 이익충돌의 실제적 가능성을 *자신의 판단 시점에서(at the time of its decision)* 뚜렷하였던 사실관계가 및 상황들이 나타냈다고 판시함에 있어서 정식사실심리 법원이 옳았는지 여부이다. 이 문제를 제기할 및 해결할 능력을 항소법원들은 완전히 갖추고 있다. 따라서 정식사실심리 법원의 결정 당시에 존재한 불확실한 점들을 고려에 넣으면서 이를 정당하게 반영하는 항소심 결정들을 낳기 위하여는 재심사에 있어서의 경의의 기준은 필요하지 않다.

The inappropriateness of deferring to this determination becomes even more apparent when its constitutional significance is taken into account. Cf. Bose Corp. v. Consumers Union of United States, Inc., 466 U. S. 485, 502-503 (1984) (stating that "[w]hen the standard governing the decision of a particular case is provided by the Constitution," close appellate scrutiny is particularly important). The interest at stake in this kind of decision is nothing less than a criminal defendant's Sixth Amendment right to counsel of his choice. The trial court simply does not have "broad latitude," ante, at 163, to vitiate this right. In my view, a trial court that rejects a criminal defendant's chosen counsel on the ground of a potential conflict should make findings on the record to facilitate review, and an appellate court should scrutinize closely the basis for the trial court's decision. Only in this way can a criminal defendant's right to counsel of his choice be appropriately protected.

The Court's resolution of the instant case flows from its deferential approach to the District Court's denial of petitioner's motion to add or substitute counsel; absent deference, a decision upholding the District Court's ruling would be inconceivable. Indeed, I believe that even under the Court's deferential standard, reversal is in order. The mere fact of multiple representation, as the Court concedes, will not support an order preventing a criminal defendant from retaining counsel of his choice. As this Court has stated on prior occasions, such representation will not invariably pose a substantial risk of a serious conflict of interest and thus will not invariably imperil the prospect of a fair trial. See Cuyler v. Sullivan, supra, at 346-348; Holloway v. Arkansas, 435 U. S. 475, 482-483 (1978). The propriety of the District Court's order thus depends on whether the Government showed that the particular facts and circumstances of the multiple representation proposed in this case were such as to overcome the presumption in favor of petitioner's choice of counsel. I believe it is clear that the Government failed to «486 U. S., 169»

이 판정의 헌법적 의미가 고려에 넣어질 때 경의를 이 판정에 표하는 일의 부적당함은 더욱 뚜렷해진다. Bose Corp. v. Consumers Union of United States, Inc., 466 U. S. 485, 502-503 (1984) ["[특]정 사건의 판결을 지배하는 기준을 제공하는 것이 연방헌법일 경우에" 면밀한 항소심의 정사(scrutiny)는 특별히 중요함을 말함]을 비교하라. 이 종류의 결정에 걸려 있는 이익은 그 자신 선택의 변호인의 조력을 받을 연방헌법 제6조에 기한 형사 피고인의 권리에 못지않다. 이 권리를 무효화할 "넓은 재량," ante, at 163, 을 정식사실심리 법원은 전혀 가지지 않는다. 나의 견해로는 피고인 선택의 변호인을 이익충돌 가능성을 이유로 정식사실심리 법원이 거절할 경우에 재심사를 용이하게 하여 주기 위하여 기록상으로 사실판단을 그 법원은 해 두어야 하며, 그리고 정식사실심리 법원의 판단의 근거를 항소법원은 면밀하게 정사해야 한다. 그 자신 선택의 변호인의 조력을 받을 형사 피고인의 권리는 오직 이 방법으로써만 적절하게 보호될 수 있다.

변호인을 추가하거나 교체해 달라는 청구인의 신청에 대한 연방지방법원의 거부에 부여한 이 법원 자신의 경의적 접근법(deferential approach)으로부터 현재의 사건에서의 이 법원의 결정은 도출된다; 경의가 없다면 연방지방법원의 결정을 지지하는 판결은 상상할 수 없을 것이다. 아닌 게 아니라 이 법원의 경의적 기준(deferential standard) 아래서도 원심판결의 파기가 바람직하다고 나는 믿는다. 이 법원이 인정하듯이, 그 자신 선택의 변호인을 형사 피고인으로 하여금 선임하지 못하도록 금지하는 명령을 복수대변이라는 사실 그 자체만으로는 뒷받침하지 못할 것이다. 이전의 사건들에서 당원이 말해 왔듯이, 이익충돌의 실제적 위험을 이 같은 대변이 반드시 야기하는 것은 아닐 것이고, 그리하여 공정한 정식사실심리의 가능성을 이 같은 대변이 반드시 위협하는 것은 아닐 것이다. Cuyler v. Sullivan, supra, at 346-348을; Holloway v. Arkansas, 435 U. S. 475, 482-483 (1978) 을 보라. 그러므로 이 사건에서 제안된 복수대변을 둘러싼 특정 사실관계가 및 상황들이 청구인의 변호인 선택을 편드는 그 추정을 깰 만한 것이었음을 연방정부가 증명했는지 여부에 연방지방법원의 명령의 정당성 여하는 달려 있다. 이 증명을 하는 데에 연방정부가 실패했음이 «486 U. S., 169» 명백하다고 나는 믿는다. 이익충돌을 야기할 위험을 주비널 고

make this showing. Neither Eugene Iredale's representation of Juvenal Gomez-Barajas nor Iredale's representation of Javier Bravo posed any threat of causing a conflict of interest.

At the time of petitioner's trial, Iredale's representation of Gomez-Barajas was effectively completed. As the Court notes, Iredale had obtained an acquittal for Gomez-Barajas on charges relating to a conspiracy to distribute marijuana. Iredale also had negotiated an agreement with the Government under which Gomez-Barajas would plead guilty to charges of tax evasion and illegal importation of merchandise, although the trial court had not yet accepted this plea arrangement. Gomez-Barajas was not scheduled to appear as a witness at petitioner's trial; thus, Iredale's conduct of that trial would not require him to question his former client. The only possible conflict this Court can divine from Iredale's representation of both petitioner and Gomez-Barajas rests on the premise that the trial court would reject the negotiated plea agreement and that Gomez-Barajas then would decide to go to trial. In this event, the Court tells us, "petitioner's probable testimony at the resulting trial of Gomez-Barajas would create an ethical dilemma for Iredale." Ante, at 164.

This argument rests on speculation of the most dubious kind. The Court offers no reason to think that the trial court would have rejected Gomez-Barajas' plea agreement; neither did the Government posit any such reason in its argument or brief before this Court. The most likely occurrence at the time petitioner moved to retain Iredale as his defense counsel was that the trial court would accept Gomez-Barajas' plea agreement, as the court in fact later did. Moreover, even if Gomez-Barajas had gone to trial, petitioner probably would not have testified. The record contains no indication that petitioner had any involvement in or information about crimes for which Gomez-

메즈-바라하스에 대한 유진 아이어데일의 대변은도, 또는 재비어 브라보에 대한 아이어데일의 대변은도 제기하지 않았다.

청구인의 정식사실심리 시점에서 고메즈-바라하스에 대한 아이어데일의 대변은 사실상 종료되어 있었다. 이 법원이 특별히 언급하듯이, 마리화나를 판매하기 위한 공모에 관련된 공소사실들에 대한 고메즈-바라하스의 무죄판결을 아이어데일은 얻은 상태였다. 연방정부하고의 사이에서 합의 - 이에 따라 탈세에 및 불법적 상품수입에 등 공소사실들에 대하여 유죄답변을 고메즈-바라하스는 할 것이었다 - 를 아이어데일은 교섭해 놓은 터였는데, 단지 이 답변합의(plea arrangement)를 정식사실심리 법원이 아직 수락하지 않고 있을 뿐이었다. 청구인의 정식사실심리에 증인으로 출석하도록 고메즈-바라하스는 예정되어 있지 않았다; 그러므로 그의 이전 의뢰인을 그로 하여금 신문하도록 그 정식사실심리에서의 아이어데일의 변론수행은 요구하지 않을 것이었다. 청구인에 및 고메즈-바라하스에 등 두 사람에 대한 아이어데일의 대변으로부터 이 법원이 예측할 수 있는 그 있을 법한 유일한 이익충돌은 그 교섭된 답변합의를 정식사실심리 법원이 거부할 것이라는 전제에, 그 경우에 정식사실심리에 가기로 고메즈-바라하스는 결정할 것이라는 전제에 의존한다. 이 경우에, "그 결과로서 이루어질 고메즈-바라하스에 대한 정식사실심리에서의 청구인의 예상되는 증언은 변호사 윤리에 있어서의 딜레마를 아이어데일에게 낳을 것이었다."고 우리에게 이 법원은 말한다. Ante, at 164.

가장 모호한 성격의 사변에 이 주장은 의존한다. 고메즈-바라하스의 답변합의를 정식사실심리 법원이 거부했을 것이라고 생각할 이유를 이 법원은 전혀 제시하지 않는다; 그 이유를 이 법원 앞에서의 주장에서든 준비서면에서든 연방정부는 또한 전혀 밝히지 않았다. 아이어데일을 자신의 변호인으로 선임하고자 청구인이 신청한 시점에서 있을 수 있는 가장 가능성 있는 일은 고메즈-바라하스의 답변합의를 정식사실심리 법원이 수락하는 쪽이었는데, 실제로 나중에 그 법원은 그렇게 하였다. 더군다나 설령 정식사실심리에 고메즈-바라하스가 나아갔더라도, 청구인은 아마도 증언하지 않았을 것이다. 정식사실심리를 이윽고 고메즈-바라하스가 받아야 하게 됐을 수도 있는 범죄들에 대하여 청구인이 관련되었다는 내지는 정보를 지녔

Barajas might yet have stood trial. The only alleged connection between petitioner and Gomez-Barajas sprang from the conspiracy to distribute marijuana, «486 U. S., 170» and a jury already had acquitted Gomez-Barajas of that charge. It is therefore disingenuous to say that representation of both petitioner and Gomez-Barajas posed a serious potential for a conflict of interest.

Similarly, Iredale's prior representation of Bravo was not a cause for concern. The Court notes that the prosecution intended to call Bravo to the stand at petitioner's trial and asserts that Bravo's testimony could well have "necessitat[ed] vigorous cross-examination …… by petitioner's counsel." Ibid. The facts, however, belie the claim that Bravo's anticipated testimony created a serious potential for conflict. Contrary to the Court's inference, Bravo could not have testified about petitioner's involvement in the alleged marijuana distribution scheme. As all parties were aware at the time, Bravo did not know and could not identify petitioner; indeed, prior to the commencement of legal proceedings, the two men never had heard of each other. Bravo's eventual testimony at petitioner's trial related to a shipment of marijuana in which petitioner was not involved; the testimony contained not a single reference to petitioner. Petitioner's counsel did not cross-examine Bravo, and neither petitioner's counsel nor the prosecutor mentioned Bravo's testimony in closing argument. All of these developments were predictable when the District Court ruled on petitioner's request that Iredale serve as trial counsel; the contours of Bravo's testimony were clear at that time. Given the insignificance of this testimony to any matter that petitioner's counsel would dispute, the proposed joint representation of petitioner and Bravo did not threaten a conflict of interest.[7] «486 U. S., 171»

---

7) The very insignificance of Bravo's testimony, combined with the timing of the prosecutor's decision to call Bravo as a witness, raises a serious concern that the prosecutor attempted to manufacture a conflict in this case. The prosecutor's decision to use Bravo as a witness was an 11th–hour development. Throughout the course of plea negotiations with Bravo, the prosecutor never had suggested that Bravo testify at petitioner's trial. At Bravo's guilty–plea proceedings, when Iredale notified the District Court of petitioner's substitution motion, the prosecutor conceded «486 U. S., 171» that he had made no plans to call Bravo as a witness. Only after the prosecutor learned of the substitution motion and decided to oppose it did he arrange for Bravo's testimony by agreeing to recom–

다는 징표를 기록은 담고 있지 않다. 마리화나를 판매하기 위한 공모로부터 청구인의 및 고메즈-바라하스의 둘 사이의 주장된 유일한 연결은 발생하였는 바, «486 U. S., 170» 그 공소사실에 대하여 고메즈-바라하스를 무죄로 배심은 이미 방면한 터였다. 따라서 이익충돌의 중대한 가능성을 청구인의 및 고메즈-바라하스의 등 두 명의 대변이 야기했다고 말하는 것은 불성실하다.

마찬가지로, 브라보에 대한 아이어데일의 이전의 대변은 염려를 위한 한 가지 원인이 아니었다. 청구인의 정식사실심리에서 브라보를 검찰관이 소환하여 증언대에 세울 의도가 있었음을 특별히 이 법원은 언급하면서, "청구인의 변호인의 …… 강력한 반대신문을 불가피하게" 브라보의 증언은 "만들[었을]" 것이도 당연하였다고 이 법원은 주장한다. Ibid. 그러나 중대한 이익충돌 가능성을 브라보의 예상된 증언이 야기한다는 주장은 그릇된 것임을 사실관계는 나타낸다. 이 법원의 추론에 정반대되게, 그 주장된 마리화나 판매계획에의 청구인의 연루에 관하여 브라보는 증언할 수 없었을 것이다. 그 시점에서 모든 당사자들이 알게 되었듯이, 청구인을 브라보는 몰랐고 따라서 그를 지목해 낼 수 없었다; 아닌 게 아니라, 법적 절차들의 개시 이전에 그 두 사람은 서로간에 한 번도 들어본 적이 없었다. 청구인의 정식사실심리에서의 브라보의 종국의 증언은 청구인은 관련이 없는 마리화나의 선적에 관련된 것이었다; 청구인에 대하여는 단 한 마디의 언급을도 그 증언은 담고 있지 않았다. 브라보를 청구인의 변호인은 반대신문 하지 않았고, 브라보의 증언을 최종변론에서 청구인의 변호인은도 검찰관은도 언급하지 않았다. 이 모든 전개사항들은 아이어데일로 하여금 정식사실심리 변호인으로서 변론할 수 있게 해 달라는 청구인의 요청에 대하여 연방지방법원이 결정했을 당시에 예상할 수 있는 것들이었다; 브라보의 증언의 윤곽들은 그 시점에서 명확하였다. 청구인의 변호인이 다투고자 하는 어떤 사항에 대하여도 이 증언은 무의미한 것임을 전제할 때, 이익충돌의 우려를 청구인에 및 브라보에 대한 동시대변의 제안은 야기하는 바 없었다.[7] «486 U. S., 171»

---

7) 이익충돌을 날조해 내고자 이 사건에서 검찰관이 시도하였다는 점에 관한 중대한 우려를 브라보의 증언의 무의미함 그 자체는, 브라보를 증인으로 소환하기로 한 검찰관의 결정의 시기에 결합하여, 야기한다. 브라보를 증인으로 사용하기로 한 검찰관의 결정은 11시간 동안에 벌어진 상황전개였다. 브라보하고의 답변협상들의 과정 전체를 통하여, 청구인의 정식사실심리에서 브라보가 증언해야 함을 검찰관은 시사한 적이 전혀 없었다. 브라보의 유죄답변 절차들에서 – 거기에서 청구인의 교체 신청을 연방지방법원에 아이어데일이 신고하였다 – 브라보를 증인으로 «486 U. S., 171» 소환할 아무런 계획을도 자신이 수립한 바 없음을 검찰관은 시인하였다. 그 교체 신청을 알고서 이에 대하여 이의하기로 검찰관이 결정한 뒤에서야 브라보에 대한 형량의 감축을 정식사실심리 법원에 권고하는 데 동의함으로써 브라

Moreover, even assuming that Bravo's testimony might have "necessitat[ed] vigorous cross-examination," the District Court could have insured against the possibility of any conflict of interest without wholly depriving petitioner of his constitutional right to the counsel of his choice. Petitioner's motion requested that Iredale either be substituted for petitioner's current counsel or be added to petitioner's defense team. Had the District Court allowed the addition of Iredale and then ordered that he take no part in the cross-examination of Bravo, any possibility of a conflict would have been removed. Especially in light of the availability of this precautionary measure, the notion that Iredale's prior representation of Bravo might well have caused a conflict of interest at petitioner's trial is nothing short of ludicrous.8)«486 U. S., 172»

The Court gives short shrift to the actual circumstances of this case in upholding the decision below. These circumstances show that the District Court erred in denying petitioner's motion to substitute or add Iredale as defense counsel. The proposed representation did not pose a substantial risk of a serious conflict of interest. The District Court therefore had no authority to deny petitioner's Sixth Amendment right to retain counsel of his choice. This constitutional error demands that petitioner's conviction be reversed. I accordingly dissent.

---

mend to the trial court a reduction in Bravo's sentence. Especially in light of the scarce value of Bravo's testimony, this prosecutorial behavior very plausibly may be viewed as a maneuver to prevent Iredale from representing petitioner at trial. Iredale had proved to be a formidable adversary; he previously had gained an acquittal for the alleged kingpin of the marijuana distribution scheme. As the District Court stated in considering petitioner's motion: "Were I in [petitioner's] position I'm sure I would want Mr. Iredale representing me, too. He did a fantastic job in that [Gomez-Barajas] trial ……." App. 124-125. The prosecutor's decision to call Bravo as a witness may well have stemmed from a concern that Iredale would do an equally fantastic job at petitioner's trial. As the Court notes, governmental maneuvering of this kind is relevant to a trial court's decision as to whether to accept a criminal defendant's chosen counsel. The significant possibility that the prosecutor was engaging in such bad-faith conduct provides yet another reason to dispute the Court's resolution of this case.

8) The Court somewhat obliquely suggests that the timing of the motion to substitute or add Iredale as trial counsel helps to justify the District Court's ruling. See ante, at 155, 157, 163. I cannot agree. Iredale made clear to the District Court that notwithstanding the proximity of the scheduled trial date, he would neither need nor request a continuance of the trial were he substituted or added as defense counsel. The timing of petitioner's motion is therefore relevant only insofar as it affected the ability of the «486 U. S., 171» District Court to consider the issues that the motion raised. The District Court itself believed that it had sufficient time to consider these issues. Far from denying the motion because of its timing, the District Court issued a decision on the merits after full briefing and oral argument.

더군다나, “강력한 반대신문을 불가피하게” 브라보의 증언이 “만들[었]”을 수 있다고 가정하더라도, 그 자신 선택의 변호인에게서 조력을 받을 청구인의 헌법적 권리를 전부 박탈하지 않고서도 이익충돌의 가능성에 대처하여 이를 방지할 수단을 연방지방법원은 강구할 수 있었다. 청구인의 현재의 변호인 대신에 아이어데일로 교체하게 해 달라고 또는 그를 청구인의 변호인단에 추가하게 해 달라고 청구인의 신청은 요청한 것이었다. 아이어데일의 추가를 연방지방법원이 허용했더라면, 그러면서도 브라보에 대한 반대신문에 가담하여서는 안 된다고 명령했더라면, 이익충돌의 가능성은 모두 제거되었을 것이다. 특별히 이 예방적 조치의 이용 가능성에 비추어, 이익충돌을 브라보에 대한 아이어데일의 이전의 대변이 정식사실심리에서 야기했을 것은도 당연하다는 관념은 아주 웃기는 것이다.[8] «486 U. S., 172»

하급법원의 결정을 유지함에 있어서 이 사건의 실제 상황들을 건성으로 이 법원은 다룬다. 아이어데일을 변호인으로 교체해 달라는 내지는 추가해 달라는 청구인의 신청을 거부함에 있어서 오류를 연방지방법원이 범하였음을 이 상황들은 증명한다. 중대한 이익충돌의 실제적 위험을 그 제안된 대변은 제기하지 않았다. 따라서 그 자신 선택의 변호인을 선임할 청구인의 연방헌법 수정 제6조상의 권리를 부정할 아무런 권한을도 연방지방법원은 가지지 않았다. 청구인에 대한 유죄판정이 파기되어야 함을 이 헌법적 오류는 요구한다. 그러므로 이 법원에 나는 반대한다.

보의 증언을 그는 준비하였다. 특히 브라보의 증언이 가치가 적음에 비추어, 검찰관의 이 행동은 정식사실심리에서 아이어데일로 하여금 청구인을 대변하지 못하도록 저지하기 위한 술책으로 매우 타당성 있게 간주될 수 있다. 아이어데일은 만만찮은 상대임을 증명해 보인 터였다; 마리화나 판매계획의 주요인물이라고 주장된 사람에 대하여 무죄방면을 이전에 그는 얻은 터였다. 청구인의 신청을 검토하면서 연방지방법원이 말했듯이: “내가 [청구인의] 입장이라면 나에 대해서도 변론을 아이어데일 변호사가 해 주기를 나는 바랄 것으로 확신한다. 환상적인 변론을 그 [고메즈-바라하스에 대한] 정식사실심리에서 그는 수행하였다 …….” App. 124-125. 마찬가지로 환상적인 변론을 청구인의 정식사실심리에서 아이어데일이 수행할 것에 대한 염려로부터, 브라보를 증인으로 소환하기로 한 검찰관의 결정은 나온 것이었음은도 당연하였다. 이 법원이 특별히 언급하듯이, 이 종류의 정부측 책략은 형사 피고인이 선택한 변호인을 받아들일지 여부에 관한 정식사실심리 법원의 결정에 관계가 있다. 이 사건에 대한 이 법원의 결정을 다툴 또 한 가지 이유를, 이 같은 악의적 행위에 검찰관이 종사하고 있었을 상당한 가능성은 제공한다.

8) 연방지방법원의 결정을 정당화하는 데에 아이어데일을 정식사실심리 변호인으로 교체해 달라는 내지는 그를 추가해 달라는 신청의 시기가 도움을 준다고 이 법원은 다소 에둘러서 내비춘다. ante, at 155, 157, 163을 보라. 나는 동의할 수 없다. 예정된 정식사실심리 기일의 근접함에도 불구하고, 만약 자신이 변호인으로 교체되거나 추가된다면 정식사실심리의 연기를 자신은 필요로 하지도 요구하지도 않을 것임을 연방지방법원에 아이어데일은 명확히 하였다. 청구인의 신청의 시기는 따라서 그 신청이 야기한 «486 U. S., 171» 쟁점들을 검토할 연방지방법원의 능력을 그것이 손상시킨 한도 내에서만 관계가 있었다. 이 쟁점들을 검토하기에 충분한 시간을 자신이 가졌다고 연방지방법원 스스로 믿었다. 신청의 시기를 이유로 하여 신청을 기각한 것에 전혀 다르게 충분한 개요설명을과 구두변론을 거쳐 신청의 당부에 관하여 결정을 연방지방법원은 내렸다.

JUSTICE STEVENS, with whom JUSTICE BLACKMUN joins, dissenting.

This is not the first case in which the Court has demonstrated "its apparent unawareness of the function of the independent lawyer as a guardian of our freedom." Walters v. National Assn. of Radiation Survivors, 473 U. S. 305, 371 (1985) (STEVENS, J., dissenting) (footnote omitted). But even under the Court's paternalistic view of the citizen's right to select his or her own lawyer, its analysis of this case is seriously flawed. As JUSTICE MARSHALL demonstrates, the Court exaggerates the significance of the potential conflict. See ante, at 168-172. Of greater importance, the Court gives inadequate weight to the informed and voluntary character of the clients' waiver of their right to conflict-free representation. Particularly, the Court virtually ignores the fact that additional counsel representing petitioner had provided him with sound advice concerning the wisdom of a waiver and would have remained available during the trial to assist in the defense. Thus, this is not a case in which the District Judge faced the question whether one counsel should be substituted for another; rather the question before him «486 U. S., 173» was whether petitioner should be permitted to have additional counsel of his choice. I agree with JUSTICE MARSHALL that the answer to that question is perfectly clear.

Accordingly, although I agree with the Court's premise that district judges must be afforded wide latitude in passing on motions of this kind,[9] in this

9) In my view, deference to the trial judge is appropriate in light of his or her greater familiarity with such factors as the ability of the defendant knowingly and voluntarily to waive a potential conflict (including the possibility that a codefendant may be exerting undue influence over the defendant), the character of the lawyers, the particular facts of the case, and the availability of alternative counsel of a like caliber. «486 U. S., 174»

블랙먼(BLACKMUN) 판사가 가담하는 스티븐스(STEVENS) 판사의 반대의견이다.

이것은 "우리의 자유에 대한 수호자로서의 독립적 변호사의 기능에 대한 이 법원 자신의 명백한 부주의"를 이 법원이 예증한 최초의 사건은 아니다. Walters v. National Assn. of Radiation Survivors, 473 U. S. 305, 371 (1985) (스티븐스(STEVENS) 판사, 반대의견) (각주생략). 그러나 그 자신의 또는 그녀 자신의 변호사를 고를 시민의 권리에 대한 이 법원의 온정주의적 견해 아래서조차, 중대하게 흠결을 이 사건에 대한 이 법원의 분석은 지닌다. 마샬(MARSHALL) 판사가 논증하듯이, 잠재적 이익충돌의 의미를 이 법원은 과장한다. ante, at 168-172를 보라. 보다 더 중요하게는, 이익충돌 없는 대변을 누릴 자신들의 권리에 대한 의뢰인들의, 정보에 근거한 자발적인 포기의 성격에 대하여 충분한 가치를 이 법원은 부여하지 않는다. 특히, 포기의 지혜로움에 관한 충분한 조언을 청구인에게 그를 대변한 그 추가된 변호인은 제공했었다는 사실을, 그리고 정식사실심리 동안 방어를 조력하기 위하여 활용 가능한 상태로 그가 머물러 있었을 것이라는 사실을 이 법원은 사실상 무시한다. 그러므로 이것은 한 명의 변호인을 다른 변호인 대신에 교체해야 하는지 여부의 문제에 연방지방판사가 봉착한 사건이 아니다; 오히려 그 앞에 놓인 문제는 «486 U. S., 173» 그 자신 선택의 *추가적(additional)* 변호인을 가지도록 청구인이 허용되어야 하는지 여부였다. 그 문제에 대한 해답이 완전하게 명백하다는 데 대하여 마샬(MARSHALL) 판사에게 나는 동의한다.

따라서 비록 이 종류의 신청들을 판단함에 있어서 넓은 재량을 연방지방판사들이 부여받지 않으면 안 된다는 이 법원의 전제에 나는 동의함에도 불구하고,[9] 이

9) 나의 견해로는 잠재적 충돌을 – 피고인 위에 부당한 영향력을 공동피고인이 행사하는 중일 가능성을 포함하여 – 인지상태에서 및 자발적으로 포기할 피고인의 능력 류의 요소에의, 변호사들의 성격 류의 요소에의, 사건의 특정 사실관계 류의 요소에의, 그리고 동일등급의 대체적 변호인의 이용가능성 류의 요소에의 그의 또는 그녀의 더 큰 친숙함에 비추어 정식사실심리 판사에의 경의는 적절하다. «486 U. S., 174»

case it is abundantly clear to me that the District Judge abused his discretion and deprived this petitioner of a constitutional right of such fundamental character that reversal is required.

사건에서 그의 재량을 연방지방판사가 남용하였음이, 그리하여 원심판결의 파기가 요구될 정도로 한 개의 기본적 성격의 헌법적 권리를 청구인에게서 그가 박탈했음이 내게는 매우 명백하다.

변호인의 조력을 받을 권리

Perry v. Leeke, 488 U. S. 272 (1989)

미합중국 제4순회구 항소법원에 내린 사건기록 송부명령

NO. 87-6325

변론 1988년 11월 8일

판결 1989년 1월 10일

요약해설

1. 개요

Perry v. Leeke, 488 U. S. 272 (1989)은 6 대 3으로 판결되었다. 법원의 의견을 스티븐스(STEVENS) 판사가 썼고, 법원의 의견 I 부분에 및 III 부분에는 케네디(KENNEDY) 판사가 가담하였다. 반대의견을 마샬(MARSHALL) 판사는 냈고, 이에는 브레넌(BRENNAN) 판사가와 블랙먼(BLACKMUN) 판사가 가담하였다.

피고인인 증인의 직접증언이 끝나고 반대신문이 시작되기 전에 선포된 15분의 휴정 기간 중에 피고인으로 하여금 변호인하고를 포함하여 어느 누구하고도 대화하지 말도록 금지하는 명령이 변호인의 조력을 받을 권리에 대한 침해가 되는지를 다루었다.

2. 사실관계 (488 U. S., at 274–277.)

잔혹살인(a brutal murder) 등의 공소사실에 대하여 배심에 의한 정식사실심리 끝에 유죄로 청구인은 판정되었다. 점심 시간의 휴정 뒤에 그 자신의 방어를 위하여 그는 증언하기 시작하였다. 그의 직접 증언이 끝나자 15분의 휴정을 선포하면서, 청구인더러 그 휴정 중에 그의 변호인하고를 포함한 어느 누구하고도 대화하지 말라고 정식사실심리 판사는 명령하였다. 정식사실심리가 속개되자 심리무효 선언(a mistrial)을 변호인은 신청하였으나, 판사는 기각하였다. 청구인이 제기한 항소에서 청구인에 대한 유죄판정을 사우스캐럴라이나주 대법원은 인가하였다.

연방 인신보호영장을 청구인은 추구하여 이를 획득하였다. 비록 피고인은 반대신문에서 변호인의 코치를 받을 권리가 없다 하더라도 휴정 중에는 변호인의 조력을 받을 권리를 가진다고, 자신에 대한 유죄판정의 파기를 얻기 위하여 그 권리 박탈로부터 입은 불이익을 그는 증명할 필요가 없다고 연방지방법원은 판시하였다.

청구인에게 불리한 증거가 압도적임을, 그리고 만약 그 짧은 휴정기간 동안 그의 변호인하고 대화할 기회를 그가 부여받았더라면 반대신문에서의 그의 대응이 달라졌을 것이라고 믿을 근거가 없음을 인정하여 연방지방법원의 판결을 항소법원은 파기하였다. 청구인이 제기한 사건기록 송부명령 청구를 받아들여 사건을 자신 앞에 연방대법원은 가져왔다.

3. 쟁점

증언대 위에 피고인이 있는 동안에 선포된 일박의 휴정 중에 그의 변호인을 찾아 상담하지 못하도록 피고인에게 지시한 정식사실심리 법원의 명령이 연방헌법 수정 제6조에 기한 변호인의 조력을 받을 권리를 침해한 것임을 판시한 바 있는 Geders v. United States, 425 U. S. 80 판결이 위 15분의 휴정 기간에도 적용되는지 여부가 쟁점이 되었다.

4. 스티븐스(STEVENS) 판사가 쓴 법원의 의견의 요지

피고인이 한 명의 증인이 될 경우에 그는 증언 도중에 변호인을 찾아 상담할 헌법적 권리가 없다. 증언하기 시작하기 이전에는 이 같은 상담을 위한 절대적 권리를 그는 가지지만, 그러나 그에게 변호인의 조언의 이익이 부여되게 하기 위하여 증언을 중단시킬 권리는 그는도 그의 변호인은도 가지지 않는다. 정식사실심리가 끝날 때까지 증언에 관하여 제3의 당사자들에 더불어 의논하지 말도록 증인에게 판사가 지시함은 일반적 관행이다. 다른 증인들이 말하려는 내용을 청취함으로써 증인들의 증언이 영향을 입게 될 위험을 줄이기 위하여, 그리고 그들 자신의 기억들에 터잡은 진실한 진술들에 그들 자신을 그들이 한정시킬 가능성을 증대시키기 위하여 증인들은 격리될 수 있다. 자기에게 불리한 증인을 대면할 피고인의 헌법적 권리는 그 같은 신체적 격리로부터 그를 면제시키지만, 그가 한 사람의 증인의 역할을 떠맡을 경우에는 여타의 증인들에게 일반적으로 적용되는 규칙들은 일반적으로 그에게도 적용된다. 증인의 직접신문을 청취한 뒤에 변호인을 포함하는 제3의 당사자들을 찾아 상담할 기회를 그 증인에게 허용하지 않는 채로 절차를 진행시킬 경우에 진실한 응답들을 반대신문이 도출할 가능성이 더 많은지 여부를 정식사실심리 판사는 결정할 수 있다. (488 U. S., at 281–282.) 그 진행 중인 증언에 관련을 증인의 및 변호인의 둘 사이의 대화가 지닐 만한 실제적인 확실성이 있는 경우의 짧은 휴정 기간 중에는 현상(status quo)을 유지할 권한을도 정식사실심리 판사는 가진다. 증언이 진행되고 있는 동안에 그 증언을 의논할 헌법적 권리를 피고인은 가지지 않는다. (488 U. S., at 283–284.)

Geders 사건에서의 중단은 피고인 자신의 증언의 내용을 넘어서는 사항들 - 피고인이 자신의 변호인과 의논할 헌법적 권리를 분명히 가지는 사항들 - 을 일박의 휴정 기간 중에 이루어지는 변호인의 및 의뢰인의 양자 사이의 일상적인 상담이 포함할 것이었기 때문에 성격을 달리하였다. 긴 휴정 기간의 맥락에서 지배력을 지니는 것은 정식사실심리에 관련된 사항들에 관하여 조언을 얻기 위하여 자신의 변호인에게 무제한의 접근을 누릴 피고인의 권리이다. 증언 이외의 것은 의논되지 않을 것으로 추정하는 것이 마땅한 짧은 휴정 기간에 있어서는 증언 중인 피고인은 조언을 들을 헌법적 권리를 지니지 않는다. (488 U. S., at 284.) 원심판결은 인가되었다. (488 U. S., at 285.)

JUSTICE STEVENS delivered the opinion of the Court.

In Geders v. United States, 425 U. S. 80 (1976), we held that a trial court's order directing a defendant not to consult «488 U. S., 274» his attorney during an overnight recess, called while the defendant was on the witness stand, violated his Sixth Amendment right to the assistance of counsel. Today we consider whether the Geders rule applies to a similar order entered at the beginning of a 15-minute afternoon recess.

I

Petitioner was tried and convicted by a jury of participating in a brutal murder, kidnaping, and sexual assault. His defense was that he had not taken an active part in the abduction or the homicide and that his participation in the sexual assault was the product of duress. Evidence offered on his behalf indicated that he was mildly retarded and that he was a nonviolent person who could be easily influenced by others. He took the stand and began to testify in his own defense after a lunch recess.

At the conclusion of his direct testimony, the trial judge declared a 15-minute recess, and, without advance notice to counsel, ordered that petitioner not be allowed to talk to anyone, including his lawyer, during the break. When the trial resumed, counsel moved for a mistrial. The judge denied the motion, explaining that petitioner "was in a sense then a ward of the Court.

법원의 의견을 스티븐스(STEVENS) 판사가 냈다.

변호인의 조력을 받을 연방헌법 수정 제6조상의 피고인의 권리를, 피고인이 증언대에 있는 동안에 선포된 일박의 휴정 기간 중에 «488 U. S., 274» 그의 변호인을 찾아 상담하지 말도록 피고인에게 지시한 정식사실심리 법원의 명령이 침해하였다고 Geders v. United States, 425 U. S. 80 (1976)에서 우리는 판시하였다. 15분의 오후 휴정 기간 시작 때에 내려진 유사한 명령에 Geders 규칙이 적용되는지 여부를 오늘 우리는 고찰한다.

I

잔혹살인(a brutal murder)에, 유괴에, 그리고 강간에 가담한 공소사실에 대하여 배심에 의하여 정식사실심리되어 유죄로 청구인은 판정되었다. 유괴에 또는 살인에 적극적인 가담을 자신은 하지 않았다는 데에, 그리고 강간에의 그의 가담은 강박(duress)의 산물이라는 데에 그의 변소는 있었다.그가 약간의 정신지체를 지닌 사람임을, 그리고 그가 타인들에 의하여 쉽게 영향을 받을 수 있는, 폭력적이지 않은 사람임을 그를 위하여 제출된 증거는 보여주었다. 점심 시간의 휴정 뒤에 증언대에 그는 섰고, 그 자신의 방어를 위하여 증언하기 시작하였다.

그의 직접 증언의 종료 시점에서 15분의 휴정을 정식사실심리 판사는 선포하였고, 그의 변호인을 포함한 어느 누구하고도 그 휴정 시간 동안 대화가 허용되지 않는다고 변호인에 대한 사전 고지 없이 청구인에게 명령하였다. 정식사실심리가 속개되자 심리무효 선언(a mistrial)을 변호인은 신청하였다. 그 신청을 판사는 기각하였는데, "그 시점에서" 청구인은 "한 가지 의미에서의 법원의 피감시자(a ward)였습니

He was not entitled to be cured or assisted or helped approaching his cross examination." App. 4-5.

The Supreme Court of South Carolina affirmed petitioner's conviction. State v. Perry, 278 S. C. 490, 299 S. E. 2d 324 (1983). It concluded that Geders was not controlling because our opinion in that case had emphasized the fact that a defendant would normally confer with counsel during an overnight recess and that we had explicitly stated that "we do not deal with …… limitations imposed in other circumstances." Geders v. United States, supra, at 91. The state court explained:

"We attach significance to the words 'normally confer.' Normally, counsel is not permitted to confer with his «488 U. S., 275» defendant client between direct examination and cross examination. Should counsel for a defendant, after direct examination, request the judge to declare a recess so that he might talk with his client before cross examination begins, the judge would and should unhesitatingly deny the request." 278 S. C., at 491-494, 299 S. E. 2d, at 325-326.

Justice Ness dissented. He pointed out that a defendant would normally confer with his lawyer during a short routine recess and therefore that Geders should apply. Moreover, in his opinion the importance of protecting the defendant's fundamental right to the assistance of counsel far outweighs the negligible value of preventing the lawyer from "coaching" his or her client during a brief recess.[1)]

---

1) "I agree with the Fourth Circuit decision in [United States] v. Allen, [542 F. 2d 630 (1976), cert. denied, 430 U. S. 908 (1977)], which held the Sixth Amendment right to counsel is so fundamental that it should never be interfered with for any length of time absent some compelling reason. See also Stubbs v. Bordenkircher, 689 F. 2d 1205 (4th Cir. 1982)[, cert. denied, 461 U. S. 907 (1983)]. To allow defendants to be deprived of counsel during court-ordered recesses is to assume the worst of our system of criminal justice, i. e., that defense lawyers will urge their clients to lie under oath. I am unwilling to make so cynical an assumption, it being my belief that the vast majority of lawyers take seriously their ethical obligations as officers of the court.
"Even if that assumption is to be made, the Geders opinion pointed out that opposing counsel and the trial judge are not without weapons to combat the unethical lawyer. The prosecutor is free to cross-examine concerning the

다. 자신에 대한 반대신문에 나아가면서 교정을 받을, 조력을 받을, 도움을 받을 권리가 그에게는 없었습니다."라고 판사는 설명하였다. App. 4-5.

청구인에 대한 유죄판정을 사우스캐럴라이나주 대법원은 인가하였다. State v. Perry, 278 S. C. 490, 299 S. E. 2d 324 (1983). 이 사건을 Geders 판결은 구속하지 않는다고, 왜냐하면 일박의 휴정기간 동안 피고인은 일반적으로 변호인하고 대화하곤 한다는 사실을 그 사건에서의 우리의 의견은 강조했었기 때문이라고, 그리고 나아가 "여타의 상황들에 있어서 부과되는 제한들 …… 을 우리는 다루지 않"음을 그 의견은 명시적으로 말했었기 때문이라고, Geders v. United States, supra, at 91, 사우스캐럴라이나 대법원은 결론지었다. 사우스캐럴라이나주 대법원은 설명하였다:

"'일반적으로 대화'한다는 구절에 의미를 우리는 부여한다. 일반적으로, 직접신문의 및 반대신문의 양자 사이에는 «488 U. S., 275» 자신의 의뢰인인 피고인에 더불어 대화하도록 변호인은 허용되지 않는다. 직접신문 뒤에 반대신문이 시작되기 전에 자신의 의뢰인하고 대화할 수 있도록 휴정을 선언해 달라고 판사에게 피고인의 변호인이 요청하면, 판사는 주저 없이 그 요청을 기각할 것이고 기각해야 한다." 278 S. C., at 491-494, 299 S. E. 2d, at 325-326.

이에 네스(Ness) 판사는 반대하였다. 피고인은 짧은 일상적 휴정 기간 중에 일반적으로 그의 변호인하고 대화하곤 한다고, 따라서 Geders 판결이 적용되어야 한다고 그는 지적하였다. 더군다나 그의 의견에 의하면 변호인의 조력을 받을 피고인의 기본적 권리를 보호하는 일의 중요성은 짧은 휴정 기간 중에 그의 또는 그녀의 의뢰인을 "코치하지 못하도록" 변호인을 금지하는 그 하찮은 가치가보다도 훨씬 더 무겁다.[1)]

---

1) "변호인의 조력을 받을 연방헌법 수정 제6조상의 권리는 너무나 기본이라서 상당한 구속력 있는 이유가 없이는 아무리 짧은 기간 동안이라도 결코 금지되어서는 안 된다고 판시한 [United States] v. Allen, [542 F. 2d 630 (1976), cert. denied, 430 U. S. 908 (1977)]에서의 제4순회구 항소법원에 나는 동의한다. 아울러 Stubbs v. Bordenkircher, 689 F. 2d 1205 (4th Cir. 1982)[, cert. denied, 461 U. S. 907 (1983)]을도 보라. 법원이 명령한 휴정 기간들 중에 피고인들로 하여금 변호인을 박탈당하도록 허용하는 것은 우리의 형사재판 제도의 최악을 가정하는 것인 바, 즉 선서 아래서 거짓을 말하도록 자신들의 의뢰인들을 변호인들이 재촉하리라는 것을 가정하는 것이다. 그토록 냉소적인 가정을 할 마음이 나는 내키지 않는 바, 법원의 관리들로서의 자신들의 윤리규범상의 의무사항들을 대부분의 변호인들은 진지하게 다루리라는 것이 나의 믿음이기 때문이다.
"설령 그 가정을 한다 하더라도, 상대방 변호사에게와 정식사실심리 판사에게는 그 비윤리적 변호인을 대적할 무기들

Thereafter, petitioner sought and obtained a federal writ of habeas corpus. Applying settled law in the Fourth Circuit, «488 U. S., 276» the District Court held that although a defendant has no right to be coached on cross-examination, he does have a right to counsel during a brief recess and he need not demonstrate prejudice from the denial of that right in order to have his conviction set aside. App. 17-19; see United States v. Allen, 542 F. 2d 630, 633-634 (1976), cert. denied, 430 U. S. 908 (1977); Stubbs v. Bordenkircher, 689 F. 2d 1205, 1206-1207 (1982), cert. denied, 461 U. S. 907 (1983).

The Court of Appeals, sitting en banc, reversed. 832 F. 2d 837 (1987). It agreed with the District Court that Geders applied and that constitutional error had occurred, but it concluded that petitioner's conviction should stand because the error was not prejudicial. This conclusion rested on the court's view that our opinions in United States v. Cronic, 466 U. S. 648 (1984), and Strickland v. Washington, 466 U. S. 668 (1984), implied that trial errors of this kind do not pose such a fundamental threat to a fair trial that reversal of a conviction should be automatic. After a review of the record, the Court of Appeals found that the evidence against petitioner was "overwhelming," 832 F. 2d, at 843, and that there was no basis for believing that his performance on cross-examination would have been different had he been given an opportunity to confer with his lawyer during the brief recess.

Four judges dissented. They argued that Geders had been properly interpreted in earlier Fourth Circuit cases to require automatic reversal and that the majority's reliance on Strickland was misplaced because the prejudice inquiry in that case was employed to determine whether a Sixth Amendment

---

extent of any 'coaching,' or the trial judge may direct the examination to continue without interruption until completed. Additionally, as noted in Allen, a lawyer and client determined to lie will likely invent and polish the story long before trial; thus, the State benefits little from depriving a defendant of counsel during short recesses.
"I think the Sixth Amendment right to counsel far outweighs the negligible value of restricting that right for a few minutes during trial." State v. Perry, 278 S. C., at 495–497, 299 S. E. 2d, at 327–328 (dissenting opinion).

그 뒤에 연방 인신보호영장을 청구인은 추구하여 획득하였다. 제4순회구 항소법원에 확립되어 있는 법을 연방지방법원은 «488 U. S., 276» 적용하였는 바, 비록 반대신문에서 코치를 받을 권리가 없다 하더라도 짧은 휴정 기간 중에는 변호인의 조력을 받을 권리를 피고인은 가진다고, 따라서 자신에 대한 유죄판정의 파기를 얻기 위하여 그 권리의 박탈로부터 입은 불이익을 그는 증명할 필요가 없다고 연방지방법원은 판시하였다. App. 17-19; 또한 United States v. Allen, 542 F. 2d 630, 633-634 (1976), cert. denied, 430 U. S. 908 (1977)을; Stubbs v. Bordenkircher, 689 F. 2d 1205, 1206-1207 (1982), cert. denied, 461 U. S. 907 (1983)을 보라.

연방지방법원의 판결을 항소법원은 전원법정(en banc)에서 파기하였다. 832 F. 2d 837 (1987). 항소법원은 Geders 판결이 적용된다는 점에 관하여는, 그리고 헌법적 오류가 발생했다는 점에 관하여는 연방지방법원에 동의하면서도, 청구인에 대한 유죄판정은 유지되어야 한다고, 왜냐하면 그 오류는 불이익을 끼칠 만한 것이 아니었기 때문이라고 결론지었다. 유죄판정의 파기를 자동적인 것이 되게 할 정도의 근본적 위협을 공정한 정식사실심리에 대하여 이 종류의 정식사실심리상의 오류들은 가하지 아니함을 United States v. Cronic, 466 U. S. 648 (1984)에서의 및 Strickland v. Washington, 466 U. S. 668 (1984)에서의 우리의 의견들이 함축하였다는 항소법원의 견해에 이 결론은 의존하였다. 청구인에게 불리한 증거가 "압도적(overwhelming)"임을, 832 F. 2d, at 843, 그리고 만약 그 짧은 휴정기간 동안 그의 변호인하고 대화할 기회를 그가 부여받았더라면 반대신문에서의 그의 대응이 달라졌을 것이라고 믿을 아무런 근거가 없음을 기록에 대한 재검토 뒤에 항소법원은 확인하였다.

네 명의 판사들은 반대하였다. 자동적 파기를 Geders 판결은 요구하는 것으로 이전의 제4순회구 항소법원의 선례들에서 정당하게 해석되어 왔다고, 그리고 Strickland 판결에 대한 다수의견의 의존은 장소를 잘못 짚은 것이라고, 왜냐하면

이 없지 않음을 Geders 판결의 의견은 지적하였다. 조금이나마의 '코치행위(coaching)'의 정도에 관하여 자유로이 검찰관은 반대신 할 수 있고, 또는 끝날 때까지 중단 없이 신문을 계속하도록 정식사실심리 판사는 지시할 수 있다. 이에 더하여, Allen 판결에서 특별히 언급되었듯이, 거짓말을 하기로 작정한 변호사는 및 의뢰인은 십중팔구 정식사실심리가 있기 이미 오래 전에 그 줄거리를 날조하고 꾸밀 것이다; 그러므로 변호인을 짧은 휴정 기간들 중에 피고인에게서 박탈한다 하더라도 이로써 이득을 주가 얻는 것은 별로 없다.

"변호인의 조력을 받을 연방헌법 수정 제6조상의 권리는 정식사실심리 도중의 몇 분 동안 그 권리를 제약하는 그 하찮은 가치가보다도 훨씬 더 무겁다고 나는 생각한다." State v. Perry, 278 S. C., at 495–497, 299 S. E. 2d, at 327–328 (반대의견).

violation had occurred - not to determine the consequences of an acknowledged violation. Moreover, they reasoned that the prejudice inquiry was particularly inappropriate in this context because it would almost inevitably require a review of private discussions between client and lawyer. «488 U. S., 277»

Because the question presented by this case is not only important, but also one that frequently arises,[2)] we granted certiorari, 485 U. S. 976 (1988). «488

2) Federal and state courts since Geders have expressed varying views on the constitutionality of orders barring a criminal defendant's access to his or her attorney during a trial recess. See Sanders v. Lane, 861 F. 2d 1033 (CA7 1988) (denial of access to counsel during lunchtime recess while defendant still on witness stand violation of the Sixth Amendment without consideration of prejudice, but error held harmless); Bova v. Dugger, 858 F. 2d 1539, 1540 (CA11 1988) (15–minute recess "sufficiently long to permit meaningful consultation between defendant and his counsel" and therefore bar on attorney–defendant discussion constitutional violation even though defendant on stand during cross–examination); Crutchfield v. Wainwright, 803 F. 2d 1103 (CA11 1986) (en banc) (6 of 12 judges hold that if defendant or counsel indicates, on the record, a desire to confer during a recess, then any denial of consultation is a per se constitutional violation; 5 judges hold that restriction on discussion with counsel regarding testimony during brief recess near end of direct examination when no objection was raised does not constitute constitutional violation; 1 judge holds that a violation may exist if defendant and counsel actually desired to confer, but then prejudice need be shown to gain postconviction relief), cert. denied, 483 U. S. 1008 (1987); Mudd v. United States, 255 U. S. App. D. C. 78, 79–83, 798 F. 2d 1509, 1510–1514 (1986) (order permitting defense counsel to speak with client about all matters other than client's testimony during weekend recess while client on stand per se Sixth Amendment violation); United States v. Romano, 736 F. 2d 1432, 1435–1439 (CA11 1984) (Sixth Amendment violation when judge barred attorney–defendant discussion only regarding defendant' s testimony during 5–day recess), vacated in part on other grounds, 755 F. 2d 1401 (CA11 1985); United States v. Vasquez, 732 F. 2d 846, 847–848 (CA11 1984) (refusing to adopt rule "that counsel may interrupt court proceedings at any time to confer with his or her client about a matter in the case," thus affirming denial of counsel' s request to consult with client during court's sidebar explanation to counsel); Stubbs v. Bordenkircher, 689 F. 2d 1205, 1206–1207 (CA4 1982) (denial of access to counsel during lunch recess while defendant on stand constitutionally impermissible, but no deprivation of right to counsel here because no showing that defendant desired to consult with attorney and would have done so but for the restriction), cert denied, 461 U. S. 907 (1983); Bailey v. Redman, 657 F. 2d 21, 22–25 (CA3 1981) (no deprivation of right to counsel from order barring defendant from discussing ongoing testimony with anyone during overnight recess because no objection and no showing that defend– «488 U. S., 278» ant would have conferred with counsel but for order), cert. denied, 454 U. S. 1153 (1982); United States v. DiLapi, 651 F. 2d 140, 147–149 (CA2 1981) (denial of access to counsel during 5–minute recess while defendant on stand Sixth Amendment violation, but nonprejudicial in this case), cert. denied, 455 U. S. 938 (1982); 651 F. 2d, at 149–151 (Mishler, J., concurring) (no Sixth Amendment right to consult with attorney during cross–examination; instead, Fifth Amendment's due process requirements should govern whether such denial of access to counsel rendered trial unfair); United States v. Conway, 632 F. 2d 641, 643–645 (CA5 1980) (denial of access to counsel during lunch recess while defendant on stand violation of right to effective assistance of counsel); United States v. Bryant, 545 F. 2d 1035, 1036 (CA6 1976) (denial of access to counsel during lunch recess while defendant on stand violation of right to counsel); United States v. Allen, 542 F. 2d 630, 632–634 (CA4 1976) ("[A] restriction on a defendant's right to consult with his attorney during a brief routine recess is constitutionally

그 사건에서의 불이익의 심리는 연방헌법 수정 제6조에 대한 위반행위가 발생했는지 여부를 판정하기 위하여 사용되었던 것이지 한 개의 시인된 위반행위의 결과들을 판정하기 위하여 사용된 것이 아니기 때문이라고 그들은 주장하였다. 더군다나, 불이익의 심리는 이 맥락에서 특별히 부적합하다고, 왜냐하면 의뢰인의 및 변호인의 양자 사이의 은밀한 논의들에 대한 재검토를 그것은 거의 불가피하게 요구할 것이기 때문이라고 그들은 추론하였다. «488 U. S., 277»

이 사건에 의하여 제기된 문제는 중요한 것일 뿐만 아니라 자주 발생하는 것이기조차 하므로,2) 사건기록 송부명령, 485 U. S. 976 (1988), 을 우리는 허가하였다.

2) 정식사실심리에서의 짧은 휴정 기간 중에 형사 피고인의 그의 또는 그녀의 변호인에게의 접근을 금지하는 명령들의 합헌 여부에 관하여 서로 다른 견해들을 Geders 판결 이래 연방법원들은 및 주 법원들은 표명해 왔다. Sanders v. Lane, 861 F. 2d 1033 (CA7 1988) (증언대에 피고인이 아직 서 있는 동안에 선언된 점심시간의 휴정 중에 변호인에게의 접근을 금지하는 것은 불이익의 증명 없이도 연방헌법 수정 제6조의 위반이라고, 그러나 그 오류는 무해한 것이라고 판시됨)을; Bova v. Dugger, 858 F. 2d 1539, 1540 (CA11 1988) (15분의 휴정은 "피고인의 및 그의 변호인의 양자 사이의 의미 있는 상담을 허용할 만큼 충분히 긴" 시간이고 따라서 변호인의 및 피고인의 둘 사이의 의논을 금지하는 것은 설령 증언대 위에서 반대신문을 피고인이 받는 도중의 휴정이라 하더라도 헌법위반이 된다)를; Crutchfield v. Wainwright, 803 F. 2d 1103 (CA11 1986) (en banc) (만약 기록에 비추어 휴정 기간 중에 대화하기를 바라는 의사를 피고인이 내지는 변호인이 표시할 경우 조금이라도 상담을 금지하는 것은 당연한(a per se) 헌법위반이 된다고 12명의 판사들 중 6명은 본다; 직접신문의 종료에 임박한 짧은 휴정 기간 중의, 증언에 관한 변호인하고의 의논을 금지하는 것은 아무런 이의제기가 없었을 경우에 헌법위반을 구성하지 않는다고 5명의 판사들은 본다; 만약 대화하기를 실제로 피고인이 및 변호인이 원하였다면 한 개의 위반이 존재할 수 있다고, 그러나 그 경우에 유죄판정 사후구제(postconviction relief)를 얻기 위하여는 불이익이 증명될 필요가 있다고 1명의 판사는 본다), cert. denied, 483 U. S. 1008 (1987)을; Mudd v. United States, 255 U. S. App. D.C. 78, 79–83, 798 F. 2d 1509, 1510–1514 (1986) (증언대에 의뢰인이 서 있는 도중에 선언된 주말의(weekend) 휴정 기간 중에 모든 사항들에 관하여 의뢰인하고 대화하도록 변호인에게 허용하면서 의뢰인의 증언에 관해서만 제외한 경우라 하더라도 그 명령은 당연히 연방헌법 수정 제6조의 위반이다)를; United States v. Romano, 736 F. 2d 1432, 1435–1439 (CA11 1984) (5일의 휴정기간 동안 오직 피고인의 증언에 관하여서만 변호사의 및 피고인의 양자간의 의논을 판사가 금지한 경우에도 연방헌법 수정 제6조의 위반이다), vacated in part on other grounds, 755 F. 2d 1401 (CA11 1985)를; United States v. Vasquez, 732 F. 2d 846, 847–848 (CA11 1984) ("변호인은 사건의 문제에 관하여 그의 또는 그녀의 의뢰인하고 대화하고자 언제든지 법원의 절차를 중지시킬 수 있다."는 규칙을 채용하기를 거부함으로써, 배심 없는 곳에서의(sidebar) 변호인에 대한 법원의 설명 도중에 의뢰인을 만나 상담하겠다는 변호인의 요청을 기각한 원심결정을 인가함)을; Stubbs v. Bordenkircher, 689 F. 2d 1205, 1206–1207 (CA4 1982) (증언대에 피고인이 있는 도중에 선언된 점심시간의 휴정기간 동안 변호인에게의 접근을 금지하는 것은 헌법적으로 허용될 수 없지만, 여기서는 변호인을 찾아 상담하기를 피고인이 원하였다는, 또는 만약 그 제약이 없었다면 피고인이 상담하였을 것이라는 점에 대한 증명이 없으므로 변호인의 조력을 받을 권리의 박탈은 없었다), cert denied, 461 U. S. 907 (1983)을; Bailey v. Redman, 657 F. 2d 21, 22–25 (CA3 1981) (진행 중의 증언에 관하여 일박의 휴정 기간 중에 아무하고도 의논하지 말도록 피고인을 금지하는 명령에 의하여 변호인의 조력을 받을 권리의 박탈은 생기지 않았는 바, 왜냐하면 아무런 이의제기도 없었기 때문이고 그 명령이 아니었다면 피고인이 변호인을 찾아 «488 U. S., 278» 상담했을 것이라는 점에 대한 증명이 없기 때문이다), cert. denied, 454 U. S. 1153 (1982)를; United States v. DiLapi, 651 F. 2d 140, 147–149 (CA2 1981) (증언대에 피고인이 있는 도중에 선언된 5분의 휴정 동안 변호인에게의 접근을 금지하는 것은 연방헌법 수정 제6조의 위반이지만, 이 사건에서는 무해하였다), cert. denied, 455 U. S. 938 (1982)를; 651 F. 2d, at 149–151 (Mishler, J., concurring) (반대신문 동안에는 변호인을 찾아 상담할 연방헌법 수정 제6조의 권리가 없다; 그보다도, 정식사실심리를 불공정하게 이 같은 접근 금지가 만들었는지 여부를 결정하는 것은 연방헌법 수정 제5조의 적법절차의 요구여야 한다)를; United States v. Conway, 632 F. 2d 641, 643–645 (CA5 1980) (증언대 위에 피고인이 있는 동안에 선포된 점심시간의 휴

U. S., 278»

II

There is merit in petitioner's argument that a showing of prejudice is not an essential component of a violation of the «488 U. S., 279» rule announced in Geders. In that case, we simply reversed the defendant's conviction without pausing to consider the extent of the actual prejudice, if any, that resulted from the defendant's denial of access to his lawyer during the overnight recess. That reversal was consistent with the view we have often expressed concerning the fundamental importance of the criminal defendant's constitutional right to be represented by counsel.[3] See, e. g., United States v. Cronic, 466 U. S., at 653-654; Chapman v. California, 386 U. S. 18, 23, n. 8 (1967); Gideon v. Wainwright, 372 U. S. 335 (1963); Glasser v. United States, 315 U. S. 60, 76 (1942).

---

impermissible," even while defendant is still on stand), cert. denied, 430 U. S. 908 (1977); Ashurst v. State, 424 So. 2d 691, 691–693 (Ala. Crim. App. 1982) (bar on defendant's access to attorney during defendant's testimony, including all breaks and recesses, violates right to counsel); State v. Mebane, 204 Conn. 585, 529 A. 2d 680 (1987) (denial of access to counsel during 21-minute recess while defendant on stand per se error), cert. denied, 484 U. S. 1046–1047 (1988); Bailey v. State, 422 A. 2d 956, 957–964 (Del. 1980) (order prohibiting defendant from discussing testimony with anyone during overnight recess, not objected to, not error, and if error, harmless); McFadden v. State, 424 So. 2d 918, 919–920 (Fla. App. 1982) (error by instructing counsel not to discuss defendant's ongoing testimony with him over holiday recess, but error held harmless because judge gave attorney ample opportunity to meet with defendant before proceeding to trial after recess); Bova v. State, 410 So. 2d 1343, 1345 (Fla. 1982) (denial of access to counsel during 15-minute break during cross-examination of defendant violation of Sixth Amendment, but harmless error); People v. Stroner, 104 Ill. App. 3d 1, 5–6, 432 N. E. 2d 348, 351 (1982) (no violation of right to counsel when judge barred defendant from discussing testimony, but permitted other contact with attorney, during 30-minute recess while defendant on stand), aff'd in part and rev'd in part on other grounds, 96 Ill. 2d 204, 449 N. E. 2d 1326 (1983); Wooten-Bey v. State, 76 Md. App. 603, 607–616, 547 A. 2d 1086, 1088–1092 (1988) (order denying defendant consultation with counsel concerning ongoing testimony during lunch «488 U. S., 279» break error, but error cured by judge's permitting discussion with counsel and opportunity for further redirect after defendant left stand); People v. Hagen, 86 App. Div. 2d 617, 446 N. Y. S. 2d 91 (1982) (Sixth Amendment violation when judge barred still-testifying defendant from discussing testimony with attorney during overnight recess).

3) See U. S. Const., Amdt. 6 ("In all criminal prosecutions, the accused shall enjoy the right …… to have the Assistance of Counsel for his defence").

«488 U. S., 278»

II

불이익에 대한 증명은 Geders 판결에서 선언된 원칙에 대한 위반의 필수적 구성요소가 아니라는 «488 U. S., 279» 청구인의 주장에는 취할 점이 있다. 일박의 휴정기간 도중의 자신의 변호인에게의 피고인의 접근 박탈로부터 발생한 실제의 불이익 — 설령 있다손 치더라도 — 의 정도를 고찰하기 위하여 멈추지 않은 채 단순히 피고인에 대한 유죄판정을 그 사건에서 우리는 파기하였다. 변호인에 의하여 대변될 형사 피고인의 헌법적 권리[3]의 기본적 중요성에 관하여 우리가 자주 피력해 온 견해에 그 파기는 부합되었다. 예컨대, United States v. Cronic, 466 U. S., at 653-654를; Chapman v. California, 386 U. S. 18, 23, n. 8 (1967)을; Gideon v. Wainwright,

정 기간 중 변호인에게의 접근을 금지하는 것은 변호인의 효과적인 조력을 받을 권리에 대한 침해이다)를; United States v. Bryant, 545 F. 2d 1035, 1036 (CA6 1976) (증언대 위에 피고인이 있는 동안에 선포된 점심시간의 휴정 기간 중 변호인에게의 접근을 금지하는 것은 변호인의 조력을 받을 권리에 대한 침해이다)를; United States v. Allen, 542 F. 2d 630, 632-634 (CA4 1976) ("[한] 개의 짧은 일상적 휴정 기간 중에 자신의 변호인을 찾아 상담할 피고인의 권리에 대한 제약은 헌법적으로 허용될 수 없"는 바, 심지어 증언대 위에 피고인이 여전히 있는 동안에도 그러하다), cert. denied, 430 U. S. 908 (1977)을; Ashurst v. State, 424 So. 2d 691, 691-693 (Ala. Crim. App. 1982) (증언 도중의 피고인에 대하여 모든 휴식 동안에 및 휴정 동안에 변호인에게의 접근을 금지하는 것은 변호인의 조력을 받을 권리를 침해한다)를; State v. Mebane, 204 Conn. 585, 529 A. 2d 680 (1987) (증언대 위에 피고인이 있는 도중에 선포된 21분의 휴정 동안 변호인에게의 접근을 금지하는 것은 당연히 오류이다), cert. denied, 484 U. S. 1046-1047 (1988)을; Bailey v. State, 422 A. 2d 956, 957-964 (Del. 1980) (피고인으로 하여금 일박의 휴정기간 중 누구하고도 증언을 의논하지 말도록 금지하는 명령은 이의제기가 없었으면 오류가 아니며, 그리고 설령 오류라 하더라도 무해하다)를; McFadden v. State, 424 So. 2d 918, 919-920 (Fla. App. 1982) (진행 중인 피고인의 증언에 관하여 휴일의 휴정 기간 중에 그에 더불어 의논하지 말도록 변호인에게 지시한 것은 오류이지만, 휴정 기간 뒤에 정식사실심리에 나아가기 이전에 피고인을 만날 충분한 기회를 변호인에게 판사가 부여했기 때문에 그 오류는 무해하였다고 판시됨)을; Bova v. State, 410 So. 2d 1343, 1345 (Fla. 1982) (피고인에 대한 반대신문 도중의 15분의 휴식기간 동안 변호인에게의 접근을 금지하는 것은 연방헌법 수정 제6조의 위반이지만, 무해한 오류이다)를; People v. Stroner, 104 Ill. App. 3d 1, 5-6, 432 N. E. 2d 348, 351 (1982) (증언대 위에 피고인이 있는 도중에 선포된 30분의 휴정 기간 중에 피고인으로 하여금 증언을 의논하지 말도록 판사가 금지하면서 변호인하고의 여타의 접촉은 허가한 경우에 변호인의 조력을 받을 권리에 대한 침해는 없었다), aff'd in part and rev'd in part on other grounds, 96 Ill. 2d 204, 449 N. E. 2d 1326 (1983)을; Wooten-Bey v. State, 76 Md. App. 603, 607-616, 547 A. 2d 1086, 1088-1092 (1988) (진행 중인 증언에 관하여 점심시간의 휴식 동안 변호인을 찾아 상담하는 것을 피고인에게 금지하는 명령은 [488 U. S. 279] 오류이지만, 증언대를 피고인이 내려온 뒤에 변호인하고의 상담을, 그리고 새로운 재주신문을 위한 기회를 판사가 허용함으로써 오류는 치유되었다)를; People v. Hagen, 86 App. Div. 2d 617, 446 N. Y. S. 2d 91 (1982) (아직 증언 중인 피고인으로 하여금 일박의 휴정 기간 중에 증언에 관하여 변호인하고 의논하지 말도록 판사가 금지하는 것은 연방헌법 수정 제6조의 위반이다)를 보라.

3) 미합중국 헌법 수정 제6조("…… 자신의 방어를 위하여 변호인의 조력을 받을 권리를 모든 형사적 절차추행에 있어서 범인으로 주장되는 사람은향유한다.")를 보라.

The disposition in Geders was also consistent with our later decision in Strickland v. Washington, 466 U. S. 668 (1984), in which we considered the standard for determining whether counsel's legal assistance to his client was so inadequate that it effectively deprived the client of the protections guaranteed by the Sixth Amendment. In passing on such claims of "'actual ineffectiveness,'" id., at 686, the "benchmark …… must be whether counsel's conduct so undermined the proper functioning of the adversarial process that the trial cannot be relied on as having produced a just result." Ibid. More specifically, a defendant must show "that counsel's performance was deficient" and that "the deficient performance prejudiced the defense." Id., at 687. Prior to our consideration of the standard for measuring the quality of the lawyer's work, however, we had expressly noted that direct governmental interference with the right to counsel is a different matter. Thus, we wrote: «488 U. S., 280»

"Government violates the right to effective assistance when it interferes in certain ways with the ability of counsel to make independent decisions about how to conduct the defense. See, e. g., Geders v. United States, 425 U. S. 80 (1976) (bar on attorney-client consultation during overnight recess); Herring v. New York, 422 U. S. 853 (1975) (bar on summation at bench trial); Brooks v. Tennessee, 406 U. S. 605, 612-613 (1972) (requirement that defendant be first defense witness); Ferguson v. Georgia, 365 U. S. 570, 593-596 (1961) (bar on direct examination of defendant). Counsel, however, can also deprive a defendant of the right to effective assistance, simply by failing to render 'adequate legal assistance,' Cuyler v. Sullivan, 446 U. S., at 344. Id., at 345-350 (actual conflict of interest adversely affecting lawyer's performance renders assistance ineffective)." Id., at 686.

372 U. S. 335 (1963)을; Glasser v. United States, 315 U. S. 60, 76 (1942)를 보라.

그 뒤 Strickland v. Washington, 466 U. S. 668 (1984)에서의 우리의 판단에도 Geders 사건에서의 결정은 부합되었는데, 의뢰인에 대한 변호인의 법적 조력이 매우 불충분하였는지 여부를, 그리하여 연방헌법 수정 제6조에 의하여 보장된 보호들을 의뢰인에게서 그것이 사실상 박탈했는지 여부를 판정하기 위한 기준을 거기서 우리는 고찰하였다. "'실제의 무의미한 조력(actual ineffectiveness),'" id., at 686, 류의 주장들을 판단함에 있어서 그 "…… 기준은 대립당사자주의 절차의 정당한 기능의 토대를 변호인의 행위가 너무나도 침식한 나머지 정당한 결과를 산출해 낸 것으로서 그 정식사실심리가 의존될 수 없는지 여부가 되지 않으면 안 된다." Ibid. 보다 구체적으로, "변호인의 변론수행이 결함 있는 것이었음"을, 그리고 "그 불충분한 변론수행이 방어에 불이익을 끼쳤음"을 피고인은 증명하지 않으면 안 된다. Id., at 687. 그러나 변호인의 업무수행의 질을 측정하기 위한 기준에 대한 우리의 고찰에 앞서서, 변호인의 조력을 받을 권리에 대한 정부의 직접적인 간섭은 한 가지 별개의 문제라는 점을 우리는 명시적으로 특별히 언급하였었다. 그리하여 우리는 이렇게 썼다: «488 U. S., 280»

"방어를 어떻게 수행할 것인지에 관한 독립적 결정들을 내릴 변호인의 능력을 어떤 방법들에 의하여 정부가 방해할 경우에 효과적인 조력을 받을 권리를 정부는 침해한다. 예컨대, Geders v. United States, 425 U. S. 80 (1976) (일박의 휴정 기간 중의 변호인 - 의뢰인 사이의 상담의 금지)를; Herring v. New York, 422 U. S. 853 (1975) (판사에 의한 정식사실심리에서의 사건개요 설명의 금지)를; Brooks v. Tennessee, 406 U. S. 605, 612-613 (1972) (피고인이 먼저 변호인측 증인이 되어야 한다는 요구)를; Ferguson v. Georgia, 365 U. S. 570, 593-596 (1961) (피고인에 대한 직접신문의 금지)를 보라. 그러나 "충분한 법적 조력(adequate legal assistance)"을 제공하지 못하는 것만으로도 효과적인 조력(effective assistance)을 받을 권리를 피고인에게서 변호인이 박탈할 수 있음은 마찬가지다. Cuyler v. Sullivan, 446 U. S., at 344. Id., at 345-350 (조력을 무의미한 것으로 변호인의 변론수행에 불리하게 영향을 끼치는 실제의 이익충돌은 만든다." Id., at 686.

Our citation of Geders in this context was intended to make clear that "[a] ctual or constructive denial of the assistance of counsel altogether," Strickland v. Washington, supra, at 692, is not subject to the kind of prejudice analysis that is appropriate in determining whether the quality of a lawyer's performance itself has been constitutionally ineffective. See Penson v. Ohio, ante, at 88; United States v. Cronic, supra, at 659, and n. 25. Thus, we cannot accept the rationale of the Court of Appeals' decision.

III

We are persuaded, however, that the underlying question whether petitioner had a constitutional right to confer with his attorney during the 15-minute break in his testimony - a question that we carefully preserved in Geders - was correctly resolved by the South Carolina Supreme Court. Admittedly, the line between the facts of Geders and the facts of this case is a thin one. It is, however, a line of constitutional dimension. Moreover, contrary to the views expressed by «488 U. S., 281» the dissenting member of the South Carolina Supreme Court, see n. 1, supra, it is not one that rests on an assumption that trial counsel will engage in unethical "coaching."

The distinction rests instead on the fact that when a defendant becomes a witness, he has no constitutional right to consult with his lawyer while he is testifying. He has an absolute right to such consultation before he begins to testify, but neither he nor his lawyer has a right to have the testimony interrupted in order to give him the benefit of counsel's advice.

The reason for the rule is one that applies to all witnesses - not just defendants. It is a common practice for a judge to instruct a witness not to discuss

이 맥락에서의 Geders 판결에 대한 우리의 인용이 명확히 하고자 의도하였던 바는, 변호사의 업무수행의 질 자체가 헌법적으로 무의미한 것이 되어 있는지 여부를 판정하는 데 적합한 그 유형의 불이익 분석(prejudice analysis)의 적용을 "[전체적으로 변호인의 조력에 대한 실제상의(actual) 또는 의제상의(constructive) 박탈이," Strickland v. Washington, supra, at 692, 받지는 않는다는 데 있었다. Penson v. Ohio, ante, at 88을; United States v. Cronic, supra, at 659, and n. 25를 보라. 따라서 항소법원 판결의 이론적 근거를 우리는 받아들일 수 없다.

III

그러나 자신의 증언 도중의 15분의 휴식 동안에 자신의 변호인을 찾아 상담할 헌법적 권리를 청구인이 가졌는지 여부라는 근원적인 문제 — Geders 판결에서 주의깊게 우리가 보전해 둔 한 가지 문제 — 가 사우스캐럴라이나주 대법원에 의하여 정확하게 해결되었다는 데 우리는 납득한다. 확실히 Geders 사건의 사실관계들의 및 이 사건의 사실관계들의 양자 사이의 구분선은 가느다란 것이다. 그러나 그것은 헌법 차원의 구분선이다. 더욱, 사우스캐럴라이나주 대법원의 반대의견 판사에 «488 U. S., 281» 의하여 표명된 견해들, see n. 1, supra, 에 반대되게, 비윤리적인 "코치행위"를 정식사실심리 변호인이 수행할 것이라는 가정에 그것은 의존하지 않는다.

피고인이 한 명의 증인이 될 경우에 증언 도중에 그의 변호인을 찾아 상담할 헌법적 권리를 그는 가지지 않는다는 사실에 오히려 그 구분은 의존한다. 증언을 시작하기 이전에는 이 같은 상담을 위한 절대적 권리를 그는 가지지만, 그러나 그에게 변호인의 조언의 이익이 부여되게 하기 위하여 증언을 중단시킬 권리를 그는도 그의 변호인은도 가지지 않는다.

그 규칙의 이유는 모든 증인들에게 — 피고인들에게만이 아니라 — 적용되는 그 이유이다. 정식사실심리가 끝날 때까지 그의 또는 그녀의 증언에 관하여 제3의 당

his or her testimony with third parties until the trial is completed.[4] Such nondiscussion orders are a corollary of the broader rule that witnesses may be sequestered to lessen the danger that their testimony will be influenced by hearing what other witnesses have to say, and to increase the likelihood that they will con- «488 U. S., 282» fine themselves to truthful statements based on their own recollections.[5] The defendant's constitutional right to confront the witnesses against him immunizes him from such physical sequestration.[6] Nevertheless, when he assumes the role of a witness, the rules that generally apply to other witnesses - rules that serve the truth-seeking function of the trial - are generally applicable to him as well. Accordingly, it is entirely appropriate for a trial judge to decide, after listening to the direct examination of any witness, whether the defendant or a nondefendant, that cross-examination is more likely to elicit truthful responses if it goes forward without allowing the witness an opportunity to consult with third parties, including his or her lawyer.

In other words, the truth-seeking function of the trial can be impeded in

4) See, e. g., Jerry Parks Equipment Co. v. Southeast Equipment Co., 817 F. 2d 340, 342–343 (CA5 1987) (improper discussion of case by defense witness with defense counsel); United States v. Greschner, 802 F. 2d 373, 375–376 (CA10 1986) (circumvention of sequestration order where "witnesses indirectly defeat its purpose by discussing testimony they have given and events in the courtroom with other witnesses who are to testify"), cert. denied, 480 U. S. 908 (1987); United States v. Johnston, 578 F. 2d 1352, 1355 (CA10) (exclusion of witnesses from courtroom a "time-honored practice designed to prevent the shaping of testimony by hearing what other witnesses say"; judge should avoid circumvention of rule by "making it clear that witnesses are not only excluded from the courtroom but also that they are not to relate to other witnesses what their testimony has been and what occurred in the courtroom"), cert. denied, 439 U. S. 931 (1978); Milanovich v. United States, 275 F. 2d 716, 720 (CA4 1960) ("[O]rdinarily, when a judge exercises his discretion to exclude witnesses from the courtroom, it would seem proper for him to take the further step of making the exclusion effective to accomplish the desired result of preventing the witnesses from comparing the testimony they are about to give. If witnesses are excluded but not cautioned against communicating during the trial, the benefit of the exclusion may be largely destroyed"), aff'd in part and set aside in part on other grounds, 365 U. S. 551 (1961).

5) See, e. g., 6 J. Wigmore, Evidence §§ 1837–1838 (J. Chadbourn rev. 1976 and Supp. 1988); Fed. Rule of Evid. 615, "Exclusion of Witnesses."

6) See U. S. Const., Amdt. 6 ("In all criminal prosecutions, the accused shall enjoy the right …… to be confronted with the witnesses against him"); see also, e. g., Coy v. Iowa, 487 U. S. 1012, 1016 (1988) ("We have never doubted …… that the Confrontation Clause guarantees the defendant a face-to-face meeting with witnesses appearing before the trier of fact").

사자들하고의 사이에서 의논하지 말도록 증인에게 판사가 지시함은 일반적 관행이다.[4] 이 같은 의논 금지명령들은 다른 증인들이 말하려는 내용을 청취함으로써 그들의 증언이 영향을 입게 될 위험을 줄이기 위하여, 그리고 그들 자신의 기억들에 터잡은 진실한 진술들에 그들 자신을 그들이 한정시킬 가능성을 증대시키기 위하여 증인들이 «488 U. S., 282» 격리될 수 있다는 보다 더 넓은 규칙의 한 가지 추론이다.[5] 자기에게 불리한 증인을 대면할 피고인의 헌법적 권리는 그 같은 신체적 격리로부터 그를 면제시킨다.[6] 그러함에도 불구하고, 한 사람의 증인의 역할을 그가 떠맡을 경우에는 여타의 증인들에게 일반적으로 적용되는 규칙들은 - 정식사실심리의 진실추구 기능에 복무하는 규칙들은 - 일반적으로 그에게도 적용이 가능하다. 따라서 그의 또는 그녀의 변호사를 포함하는 제3의 당사자들을 찾아 상담할 기회를 피고인인 증인에게든 피고인 아닌 증인에게든 어떤 증인에게 허용하지 않는 채로 나아갈 경우에 진실한 응답들을 반대신문이 도출할 가능성이 더 많은지 여부를 그 증인의 직접신문을 청취한 뒤에 정식사실심리 판사가 결정함은 완전히 적절하다.

달리 말하면, 비윤리적 "코치행위" 이외의 방법으로도 정식사실심리의 진실추구

---

4) 예컨대, Jerry Parks Equipment Co. v. Southeast Equipment Co., 817 F. 2d 340, 342–343 (CA5 1987) (사건에 관한 변호인측 증인의 및 변호인의 양자 사이의 부적절한 의논)을; United States v. Greschner, 802 F. 2d 373, 375–376 (CA10 1986) ("자신들이 한 증언에 관하여, 그리고 증언하기로 되어 있는 다른 증인들하고의 법정에서의 있었던 일에 관하여 증인들이 의논함으로써 간접적으로 격리명령의 목적을 훼손시키는" 경우에 있어서의 격리명령에 대한 우회(circumvention)), cert. denied, 480 U. S. 908 (1987); United States v. Johnston, 578 F. 2d 1352, 1355 (CA10) (증인들을 법정으로부터 퇴정시키는 조치는 "다른 증인들이 말하는 바를 들음으로써 증언을 맞추는 행위를 방지하기 위하여 고안된" 한 가지 "유서 깊은 관행"이다; "법정으로부터 그들이 배제된다는 점을뿐만 아니라 그들의 증언이 어떤 것이었는지 및 법정에서 어떤 일이 있었는지를 다른 증인들에게 그들은 말해서는 안 된다는 점을까지 명백히 함"으로써 규칙에 대한 우회를 판사는 방지해야 한다), cert. denied, 439 U. S. 931 (1978)을; Milanovich v. United States, 275 F. 2d 716, 720 (CA4 1960) ("[일]반적으로, 증인들을 법정으로부터 퇴정시키기 위하여 자신의 재량을 판사가 행사할 경우에, 그 하려고 하는 증언을 증인들로 하여금 비교하지 못하도록 방지하는 그 기대된 결과를 달성하기 위하여는 그 퇴정조치를 효과적인 것으로 만드는 추가적 조치를 취함이 적절하다고 그로서는 여겨질 것이다. 만약 증인들이 퇴정 당하면서도 정식사실심리 동안 의사를 소통하지 말도록 경고되지 않는다면 퇴정조치의 이익은 대부분 파괴될 수 있다"), aff'd in part and set aside in part on other grounds, 365 U. S. 551 (1961)을 보라.

5) 예컨대, 6 J. Wigmore, Evidence §§ 1837–1838 (J. Chadbourn rev. 1976 and Supp. 1988)을; Fed. Rule of Evid. 615, "Exclusion of Witnesses"를 보라.

6) 미합중국 헌법 수정 제6조 ("…… 자신에게 불리한 증인들을 대면할 권리 …… 를모든 형사적 절차추행에 있어서 범인으로 주장되는 사람(accused)은 향유한다.")를 보라; 아울러, 예컨대 Coy v. Iowa, 487 U. S. 1012, 1016 (1988) ("…… 사실심리자 앞에 출석하는 증인들하고의 얼굴을 맞댄(face–to–face) 회합을 피고인에게 대면조항(the Confrontation Clause)은 보장함을 우리는 의심해 본 적이 결코 없다.")를도 보라.

ways other than unethical "coaching." Cross-examination often depends for its effectiveness on the ability of counsel to punch holes in a witness' testimony at just the right time, in just the right way. Permitting a witness, including a criminal defendant, to consult with counsel after direct examination but before cross-examination grants the witness an opportunity to regroup and regain a poise and sense of strategy that the unaided witness would not possess. This is true even if we assume no deceit on the part of the witness; it is simply an empirical predicate of our system of adversary rather than inquisitorial justice that cross-examination of a witness who is uncounseled between direct examination and cross-examination is more likely to lead to the discovery of truth than is cross-examination of a witness who is given time to pause and consult with his attorney. «488 U. S., 283» "Once the defendant places himself at the very heart of the trial process, it only comports with basic fairness that the story presented on direct is measured for its accuracy and completeness by uninfluenced testimony on cross-examination." United States v. DiLapi, 651 F. 2d 140, 151 (CA2 1981) (Mishler, J., concurring), cert. denied, 455 U. S. 938 (1982).[7]

---

7) See United States v. DiLapi, 651 F. 2d, at 149–151 (Mishler, J., concurring) (emphasis in original):

"[W]e must also account for the function of cross-examination in the trial process in construing the Sixth Amendment guarantee of counsel.

"'The age-old tool for ferreting out truth in the trial process is the right to cross-examination. 'For two centuries past, the policy of the Anglo-American system of evidence has been to regard the necessity of testing by cross-examination as a vital feature of the law.'" 5 Wigmore, Evidence § 1367 (Chadbourn rev. 1974). The importance of cross-examination to the English judicial system, and its continuing importance since the inception of our judicial system in testing the facts offered by the defendant on direct, ⋯⋯ suggests that the right to assistance of counsel did not include the right to have counsel's advice on cross-examination.

"The Court has consistently acknowledged the vital role of cross-examination in the search for truth. It has recognized that the defendant's decision to take the stand, and to testify on his own behalf, places into question his credibility as a witness and that the prosecution has the *right* to test his credibility on cross-examination ⋯⋯. Once the defendant places himself at the very heart of the trial process, it only comports with basic fairness that the story presented on direct is measured for its accuracy and completeness by uninfluenced testimony on cross-examination."

Cf. 5 J. Wigmore, Evidence § 1367 (J. Chadbourn rev. 1974) (calling cross-examination "the greatest legal engine ever invented for the discovery of truth"); 4 J. Weinstein, Evidence 800[01]. (1988) (cross-examination, a "'vital feature' of the Anglo-American system," "'sheds light on the witness' perception, memory and narration,'" and "can expose inconsistencies, incompletenesses, and inaccuracies in his testimony").

기능은 방해받을 수 있다. 바로 알맞은 시점에 바로 알맞은 방법으로 증인의 증언에서 결점들을 찾을 수 있는 변호인의 능력에 자주 그 효율성을 반대신문은 의존한다. 변호인의 조력을 받지 않는 증인이라면 가지지 못할, 전략의 균형을 및 감각을 다시 모을 및 되찾을 기회를, 형사 피고인으로 하여금을 포함하여 한 명의 증인으로 하여금 직접신문 뒤에, 그러나 반대신문 이전에 변호인을 찾아 상담하도록 허용하는 것은 증인에게 부여한다. 심지어 증인 쪽에서의 속임수를 우리가 가정하지 않더라도 이것은 타당하다; 변호인의 조력을 직접신문의 및 반대신문의 둘 사이에 받지 않는 증인에 대하여 실시하는 반대신문은, 잠시 멈추어 자신의 변호인을 찾아 상담할 시간이 부여되는 증인에 대하여 실시하는 반대신문이보다도 진실의 발견에 이끌어줄 가능성이 더 많음이, 규문주의(inquisitorial) 아닌 대립당사자주의인(adversary) 우리 재판제도의 한 가지 경험적 단언(an empirical predicate)이다. «488 U. S., 283» "일단 그 자신을 정식사실심리 절차의 핵심 바로 그 자체 위에 피고인이 두게 되면, 영향을 입지 않는 반대신문에서의 증언에 의하여, 그 정확성 여부를 및 완전성 여부를 판별하기 위하여 직접신문에서 제시된 줄거리가 측량되어야 함이 기본적 공정성에 참으로 어울린다." United States v. DiLapi, 651 F. 2d 140, 151 (CA2 1981) (Mishler, J., concurring), cert. denied, 455 U. S. 938 (1982).[7]

---

7) United States v. DiLapi, 651 F. 2d, at 149–151 (미슐러(Mishler) 판사, 보충의견) (강조는 원문)을 보라:

"[변]호인에 대한 연방헌법 수정 제6조의 보장을 해석함에 있어서 정식사실심리에서의 반대신문의 기능을도 우리는 설명하지 않으면 안 된다.

"'정식사실심리 절차에서 진실을 찾아내기 위한 유서 깊은 법의 엔진(legal engine)은 반대신문의 권리이다. "지난 두 세기 동안 영미 증거제도의 정책은 반대신문에 의한 시험의 필요를 법의 지극히 중요한 한 가지 측면으로 간주하는 것이 되어 왔다."' 5 Wigmore, Evidence 1367 (Chadbourn rev. 1974). 반대신문에서 변호인의 조언을 누릴 권리를 변호인의 조력을 받을 권리가 포함하지 않았음을, 영국 사법제도에 있어서의 반대신문의 중요성은, 그리고 …… 우리 사법제도의 시작 이래로 직접신문에서 피고인에 의하여 제시된 사실관계들을 시험하는 데 있어서 반대신문이 지녀온 지속적인 중요성은 시사한다.

"진실추구에 있어서의 반대신문의 지극히 중요한 역할을 당원은 일관되게 인정해 왔다. 증언대에 서기로 하는, 그리하여 그 자신의 이익을 위하여 증언하기로 하는 피고인의 결정은 한 명의 증인으로서의 그의 신빙성을 문제삼게 함을, …… 반대신문에 의하여 그의 신빙성을 시험할 *권리(right)*를 기소 측은 가짐을 당원은 인정해 왔다. 그 자신을 정식사실심리 절차의 핵심 바로 그 자체 위에 일단 피고인이 두게 되면, 영향을 입지 않은 반대신문에서의 증언에 의하여 그 정확성 여부를 및 완전성 여부를 판별하기 위하여 직접신문에서 제시된 줄거리가 측량되어야 함이 기본적 공정성에 참으로 어울린다."

5 J. Wigmore, Evidence § 1367 (J. Chadbourn rev. 1974) ("진실발견을 위하여 지금까지 발명된 바 있는 가장 중요한 법의 엔진"이라고 반대신문을 부름); 4 J. Weinstein, Evidence 80001. (1988) ("영미 재판제도의 '한 가지 지극히 중요한 측면'"인 반대신문은 "'증인의 인식 위에, 기억 위에 및 이야기 위에 빛을 뿌리고,'" 그리하여 "그의 증언에 있어서의 모순점들을, 불일치들을, 그리고 부정확함들을 드러내줄 수 있다.") 등을 비교하라.

Thus, just as a trial judge has the unquestioned power to refuse to declare a recess at the close of direct testimony - or at any other point in the examination of a witness - we think the judge must also have the power to maintain the status quo during a brief recess in which there is a virtual certainty «488 U. S., 284» that any conversation between the witness and the lawyer would relate to the ongoing testimony. As we have said, we do not believe the defendant has a constitutional right to discuss that testimony while it is in process.

The interruption in Geders was of a different character because the normal consultation between attorney and client that occurs during an overnight recess would encompass matters that go beyond the content of the defendant's own testimony - matters that the defendant does have a constitutional right to discuss with his lawyer, such as the availability of other witnesses, trial tactics, or even the possibility of negotiating a plea bargain. It is the defendant's right to unrestricted access to his lawyer for advice on a variety of trial-related matters that is controlling in the context of a long recess. See Geders v. United States, 425 U. S., at 88. The fact that such discussions will inevitably include some consideration of the defendant's ongoing testimony does not compromise that basic right. But in a short recess in which it is appropriate to presume that nothing but the testimony will be discussed, the testifying defendant does not have a constitutional right to advice.

Our conclusion does not mean that trial judges must forbid consultation between a defendant and his counsel during such brief recesses. As a matter of discretion in individual cases, or of practice for individual trial judges, or indeed, as a matter of law in some States, it may well be appropriate to permit such consultation.[8] We merely hold that the Federal Constitution does

8) Alternatively, the judge may permit consultation between counsel and defendant during such a recess, but forbid discussion of ongoing testimony. See People v. Stroner, 104 Ill. App. 3d, at 5–6, 432 N. E. 2d, at 351 (no violation

그러므로 휴정을 선포하기를 거부할 명백한 권한을 직접증언의 종결 시점에서 ― 또는 증인에 대한 신문에 있어서의 그 밖의 어느 시점에서든 ― 정식사실심리 판사가 가지는 것하고 똑같이, 그 진행 중인 증언에 조금이라도 관련을 증인의 및 변호인의 둘 사이의 대화가 지닐 만한 실제적인 확실성이 있는 경우의 짧은 휴정 기간 중에 «488 U. S., 284» 현상(status quo)을 유지할 권한을도 그 판사는 가지지 않으면 안 된다고 우리는 생각한다. 우리가 말한 바 있듯이, 증언이 진행되고 있는 동안에 그 증언을 의논할 헌법적 권리를 피고인이 가진다고는 우리는 믿지 않는다.

피고인 자신의 증언의 내용을 넘어서는 사항들을 ― 여타의 증인들의 활용 가능성을이라든지, 또는 정식사실심리상의 전술들을이라든지, 또는 심지어 답변거래(a plea bargain)의 교섭 가능성을이라든지 등 자신의 변호인과의 사이에서 의논할 헌법적 권리를 피고인이 분명히 가지는 사항들을 ― 일박의 휴정 기간 중에 이루어지는 변호인의 및 의뢰인의 양자 사이의 일상적인 상담이 포함할 것이었기 때문에, Geders 사건에서의 중단은 성격을 달리하였다. 긴 휴정 기간의 맥락에서 지배력을 지니는 것은 정식사실심리에 관련된 다양한 사항들에 관하여 조언을 얻기 위하여 자신의 변호인에게의 무제한의 접근을 누릴 피고인의 권리이다. Geders v. United States, 425 U. S., at 88을 보라. 진행 중인 피고인의 증언에 대한 모종의 고찰을 불가피하게 이 같은 의논들이 포함할 것이라는 사실은 그 기본적 권리를 손상시키지 않는다. 그러나 증언 이외의 것은 의논되지 않을 것으로 추정하는 것이 마땅한 짧은 휴정 기간에 있어서는 조언을 들을 헌법적 권리를 증언 중인 피고인은 지니지 않는다.

이 같은 짧은 휴정 기간들 중에 피고인의 및 그의 변호인의 양자 사이의 상담을 정식사실심리 판사들이 금지하지 않으면 안 됨을 우리의 결론은 의미하지 않는다. 개개 사건들에서의 재량의 문제로서, 또는 개개 정식사실심리 판사들의 실무의 문제로서, 또는 참으로 일부 주들에 있어서의 법률문제로서, 이 같은 상담을 허용함이 적절할 것은도 당연할 것이다.[8] 다만 수 분 동안 정식사실심리를 중지시킬 충분

8) 선택적으로, 이 같은 휴정 기간 중에 변호인의 및 피고인의 양자 사이의 상담을 허용하면서도 그 진행 중인 증언에 관한 의논을 판사는 금지할 수 있다. People v. Stroner, 104 Ill. App. 3d, at 5–6, 432 N. E. 2d, at 351 (증언대 위에 피

not compel every trial judge to allow the defendant to consult with his lawyer while his testimony is in «488 U. S., 285» progress if the judge decides that there is a good reason to interrupt the trial for a few minutes.

The judgment of the Court of Appeals is

Affirmed.

---

of right to counsel when judge barred defendant from discussing testimony, but permitted other contact with attorney, during 30–minute recess while defendant on stand), aff'd in part and rev'd in part on other grounds, 96 Ill. 2d 204, 449 N. E. 2d 1326 (1983).

한 이유가 있다고 정식사실심리 판사로서 판단할 경우에는, 피고인의 증언이 «488 U. S., 285» 진행 중인 동안에 그의 변호인을 찾아 상담하게끔 피고인에게 모든 정식사실심리 판사로 하여금 허용하도록 연방헌법이 강제하는 것은 아니라는 점만을 우리는 판시한다.

항소법원의 판결주문은

인가된다.

고인이 있는 도중에 선포된 30분의 휴정 동안에 피고인더러 증언을 의논하지 말도록 금지하면서 변호인하고의 그 밖의 접촉을 판사가 허용한 경우에 변호인의 조력을 받을 권리에 대한 침해가 아니다), aff'd in part and rev'd in part on other grounds, 96 Ill. 2d 204, 449 N. E. 2d 1326 (1983)을 보라.

JUSTICE KENNEDY, concurring in part.

I join Parts I and III of the Court's opinion and the holding that petitioner was not denied his constitutional right to assistance of counsel. In view of our ruling, it is quite unnecessary to discuss whether prejudice must be shown when the right to counsel is denied. I would not address that issue, and so I decline to join Part II of the Court's opinion.

부분적으로 찬동하는 케네디(KENNEDY) 판사의 의견이다.

법원의 의견 중 Part I 및 Part III에, 그리고 청구인이 그의 변호인의 조력을 받을 헌법적 권리를 박탈당하지 않았다는 판시에 나는 가담한다. 변호인의 조력을 받을 권리가 박탈될 경우에 불이익이 증명되지 않으면 안 되는지 여부를 논의하는 것은 우리의 결정에 비추어 전혀 불필요하다. 그 문제를 나라면 중점 두어 다루지 않겠는 바, 그리하여 이 법원의 의견 중 Part II에 가담하기를 나는 거부한다.

JUSTICE MARSHALL, with whom JUSTICE BRENNAN and JUSTICE BLACKMUN join, dissenting.

In Geders v. United States, 425 U. S. 80 (1976), we held unanimously that a trial judge's order barring a defendant from conferring with his attorney during an overnight recess violated the defendant's Sixth Amendment right to the assistance of counsel. The majority holds today that when a recess is "short," unlike the "long recess" in Geders, a defendant has no such constitutional right to confer with his attorney. Ante, at 284. Because this distinction has no constitutional or logical grounding, and rests on a recondite understanding of the role of counsel in our adversary system, I dissent.

I

Contrary to the majority's holding, the Sixth Amendment forbids "*any* order barring communication between a defendant and his attorney, at least where that communication would not interfere with the orderly and expeditious progress of the trial." Geders, supra, at 92 (MARSHALL, J., concurring) (emphasis in original). This view is hardly novel; on the contrary, *every* Court of Appeals to consider this issue since Geders, including the en banc Fourth Circuit in this case, 832 F. 2d 837, 839 (1987), has concluded that a bar on «488 U. S., 286» attorney-defendant contact, even during a brief recess, is impermissible if objected to by counsel. See Sanders v. Lane, 861 F. 2d 1033, 1039 (CA7 1988) (collecting cases). With very few exceptions, the

브레넌(BRENNAN) 판사가 및 블랙먼(BLACKMUN) 판사가 가담하는 마샬(MARSHALL) 판사의 반대의견이다.

변호인의 조력을 받을 연방헌법 수정 제6조상의 피고인의 권리를 일박의 휴정기간 동안 자신의 변호인하고 대화하지 못하도록 피고인을 금지한 정식사실심리 판사의 명령이 침해했다고 Geders v. United States, 425 U. S. 80 (1976)에서 우리는 만장일치로 판시하였다. Geders 사건에서의 "긴 휴정 기간"하고는 다르게 휴정이 "짧은(short)" 것일 경우에 자신의 변호사하고 대화할 헌법적 권리를 피고인은 가지지 않는다고 오늘 다수의견은 판시한다. Ante, at 284. 헌법상의 내지는 논리상의 근거를 이 구분은 가지지 않기 때문에, 그리고 우리의 대립당사자주의 제도 내에서의 변호인의 역할에 대한 난해한 이해에 그것은 근거하기 때문에, 나는 반대한다.

I

다수의견의 판시에 반대되게, "피고인의 및 그의 변호인의 양자 사이의 의사소통을 금지하는 *어떤(any)* 명령을도, 적어도 정식사실심리의 질서 있는 신속한 진행에 그 의사소통이 방해가 되지 않는 한," 연방헌법 수정 제6조는 금지한다. Geders, supra, at 92 [마샬(MARSHALL) 판사, 보충의견] (강조는 원문). 이 견해는 결코 새로운 것이 아니다; 이에 반대되게, 만약 변호인에 의하여 이의가 제기될 경우에는 설령 짧은 휴정 기간 중이라 하더라도 변호인의 및 피고인 의 양자 사이의 접촉에 대한 금지는 허용될 수 없다고, 이 사건에서의 전체법관에 의한 «488 U. S., 286» 제4순회구항소법원, 832 F. 2d 837, 839 (1987), 은을 포함하여 Geders 판결 이래로 이 문제를 고찰한 *모든(every)* 항소법원은, 결론지어 왔다. Sanders v. Lane, 861 F. 2d 1033, 1039 (CA7 1988) (선례들을 모음)을 보라. 매우 드문 예외들이 있기는 하지만, 이 문제를

state appellate courts that have addressed this issue have agreed. The majority attempts to sidestep this point, stating that the "[f]ederal and state courts since Geders have expressed *varying views* on the constitutionality of orders barring a criminal defendant's access to his or her attorney during a trial recess." Ante, at 277, n. 2 (emphasis added). To the extent there has been disagreement in the lower courts, however, it has been limited to the separate question whether a Sixth Amendment violation predicated on a bar order should be subject to a prejudice or harmless-error analysis - the sole question on which the Court granted certiorari in this case.

In concluding that bar orders violate the Sixth Amendment, the lower courts have faithfully reflected this Court's long-expressed view that "the Assistance of Counsel" guaranteed under the Constitution perforce includes the defendant's right to confer with counsel about all aspects of his case:

"'The right to be heard would be, in many cases, of little avail if it did not comprehend the right to be heard by counsel ……. [A defendant] is unfamiliar with the rules of evidence ……. He lacks both the skill and knowledge adequately to prepare his defense, even though he [may] have a perfect one. He requires the guiding hand of counsel at every step of the proceedings against him.'" Powell v. Alabama, 287 U. S. 45, 68-69 (1932), quoted in Geders, supra, at 88-89.

See also Johnson v. Zerbst, 304 U. S. 458, 462-463 (1938); Gideon v. Wainwright, 372 U. S. 335, 343-345 (1963); United States v. Wade, 388 U. S. 218, 224 (1967); Argersinger v. Hamlin, 407 U. S. 25, 31-36 (1972); United States v. Cronic, 466 U. S. 648, 659 (1984). This long line of cases, which stands for the proposition that a defendant has the right to the aid of counsel at each critical stage of the adversary proc- «488 U. S., 287» ess, is conspicuously absent from the majority's opinion. The omission of this constitutional

중점 두어 다룬 바 있는 주 항소법원들은 이에 동의하여 왔다. 이 점을 옆으로 비켜 가고자 다수의견은 시도하는데, "[정]식사실심리에서의 짧은 휴정 기간 중에 형사 피고인의 그의 또는 그녀의 변호인에게의 접근을 금지하는 명령들의 합헌 여부에 관하여 *서로 다른 견해들*(varying views)을 연방법원들은 및 주 법원들은 표명해 왔다." 고 다수의견은 말한다. Ante, at 277, n. 2 (강조는 보태짐). 그러나 하급법원들에서 의견 불일치가 있어 온 한도 내에서, 불이익(prejudice)의 분석을 내지는 무해한 오류(harmless-error)의 분석을 한 개의 금지명령(a bar order)에 기초를 둔 연방헌법 수정 제6조에 대한 위반이 필요로 하는지 여부라는 별개의 문제에 — 이 사건에서 사건기록 송부 명령을 이 법원이 내린 근거가 된 유일한 문제에 — 그 불일치는 한정되어 왔다.

연방헌법 수정 제6조를 금지명령들이 침해한다고 결론지음에 있어서, 자신의 사건들의 모든 측면들에 관하여 변호인하고 대화할 피고인의 권리를 연방헌법 아래서 보장된 "변호인의 조력(the Assistance of Counsel)"이 필연적으로 포함한다는 당원의 오래도록 표명되어 온 견해를 하급법원들은 충실하게 반영해 왔다:

"'만약 변호인을 통하여 청문될 권리(the right to be heard by counsel)를 포함하지 않는다면 청문될 권리(the right to be heard)는 많은 경우에 쓸모가 없을 것이다 …… [피고인은] 증거규칙들에 생소하다 …… 심지어 완벽한 항변사유를 가[질 수] 있는 경우라 하더라도 자신의 항변사유를 충분히 준비할 기술을 및 지식을 모두 그는 결여하고 있다. 변호인의 이끄는 손(the guiding hand)을 자신을 겨냥한 절차들에 있어서의 모든 단계마다에서 그는 필요로 한다.'" Powell v. Alabama, 287 U. S. 45, 68-69 (1932), quoted in Geders, supra, at 88-89.

아울러 Johnson v. Zerbst, 304 U. S. 458, 462-463 (1938)을; Gideon v. Wainwright, 372 U. S. 335, 343-345 (1963)을; United States v. Wade, 388 U. S. 218, 224 (1967)을; Argersinger v. Hamlin, 407 U. S. 25, 31-36 (1972)를; United States v. Cronic, 466 U. S. 648, 659 (1984)를 보라. 변호인의 조력을 받을 권리를 대립당사자주의 절차의 중대한 단계 하나하나마다에서 피고인은 가진다는 명제를 표상하는 이 길게 줄지은 선례들은 «488 U. S., 287» 다수의견에서는 유별나게도 결여되어 있다. "[피]고인의 유죄에 관하여 증거를 채택하는 일이보다도 …… 더 중대한 단계를 상상하기는 어

legacy is particularly glaring given that "[i]t is difficult to perceive a more critical stage ······ than the taking of evidence on the defendant's guilt." Green v. Arn, 809 F. 2d 1257, 1263 (CA6 1987). Instead, after an obligatory nod of the head to the fundamental nature of the right to counsel, the majority strings together several unstated assumptions and unsupported assertions and concludes that attorney-defendant discussions during short trial recesses may be completely barred because they might disserve the trial's truth-seeking function. The majority's conclusory approach ill befits the important rights at stake in this case.

A

The majority begins its analysis by stating that a defendant "has no constitutional right to consult with his lawyer *while he is testifying*." Ante, at 281 (emphasis added). This truism is beside the point. Neither Perry nor his counsel sought to have Perry's "testimony interrupted in order to give him the benefit of counsel's advice," ibid.; nor has Perry suggested that he had a constitutional right to the interruption. This case instead involves the separate question whether a defendant has a right to talk to his lawyer *after* the trial judge has called a recess for some reason independent of the lawyer's desire to talk to the defendant or the defendant's desire to talk to his lawyer.

The majority further blurs the real issue in this case by describing the practice of not allowing defendants or lawyers to interrupt the defendant's testimony as a corollary of the "broader rule that witnesses may be sequestered." Ibid. The majority even provides a lengthy footnote which contains citations to several Court of Appeals cases discussing the purposes of witness sequestration. Ante, at 281, n. 4. The flaw in the majority's logic is that sequestra-

렵다.” Green v. Arn, 809 F. 2d 1257, 1263 (CA6 1987), 는 것을 전제할 때 이 헌법적 유산에 대한 생략은 특히나 눈에 띈다. 오히려 변호인의 조력을 받을 권리의 기본적 성격에 대하여 의무감에 따라 한 번 머리를 끄덕인 뒤에, 몇몇의 설명되지 않은 가정들을 및 근거 없는 주장들을 연결시키고서는 정식사실심리 도중의 짧은 휴정기간들 동안에는 변호인의 및 피고인의 양자 사이의 의논들이 완전히 금지되어도 좋다고, 왜냐하면 그것들은 정식사실심리의 진실추구 기능을 해치기 때문이라고 다수의견은 결론짓는다. 이 사건에서 문제가 되어 있는 중요한 권리들에 다수의견의 추단적 접근법은 어울리지 않는다.

A

“…… *증언 도중에(while he is testifying)* 그의 변호인을 찾아 상담할 헌법적 권리를” 피고인은 “가지지 않는다.”고 진술함으로써 자신의 분석을 다수의견은 시작한다. Ante, at 281 (강조는 보태짐). 이 틀에 박힌 문구는 요점을 벗어나 있다. “그에게 변호인의 조언의 이익이 부여되게 하기 위하여 증언을 중단시키고자,” ibid, 페리(Perry)는도 그의 변호인은도 추구한 바가 없다; 중단을 누릴 헌법적 권리를 자신이 가진다고 페리가 암시한 바도 없다. 그보다도, 피고인에게 말하기를 바라는 변호인의 희망으로부터 독립한, 또는 자신의 변호인에게 말하기를 바라는 피고인의 희망으로부터 독립한 어떤 이유에 따라 휴정을 정식사실심리 판사가 선포해 놓은 *뒤에(after)* 자신의 변호인에게 말할 권리를 피고인이가지는지 여부라는 별개의 문제를 이 사건은 포함한다.

더 나아가 피고인의 증언을 중단시키도록 피고인들에게나 변호인들에게 허용하지 아니하는 관행을 “증인들은 격리될 수 있다는 보다 더 넓은 규칙”의 한 가지 추론이라고 설명함으로써 이 사건에서의 진실한 쟁점을 흐릿하게 다수의견은 만든다. Ibid. 심지어 증인 격리의 목적들을 토론한 몇몇 항소법원들에서의 선례들에 대한 인용들을 포함하는 길다란 각주를 다수의견은 제공하기까지 한다. Ante, at 281, n. 4. 격리 규칙들은 피고인들에게 적용될 수 없다는 데 다수의견의 논리에 담긴 흠

tion rules are inapplicable to defendants. Defendants, as the majority later acknowledges, enjoy a constitutional right under «488 U. S., 288» the Sixth Amendment to confront the witnesses against them. Ante, at 282; see also Geders, 425 U. S., at 88.

The majority's false premise - that the issue is whether a defendant has the right to consult with his lawyer "while he is testifying" - naturally conjures up a greater-includes-the-lesser argument: Perry had no right to interrupt his testimony; he therefore had no reasonable expectation that he would be permitted to confer with counsel during any interruption provided by the trial judge. Yet, we rejected this facile argument in Geders. There, the trial judge sought to justify his bar order on the ground that it was merely an "accident" that he had called a recess during the defendant's testimony. Geders, 425 U. S., at 83. n. 1. In dismissing this notion, we did not frame the inquiry as whether *recesses* normally occur during the course of a defendant's testimony. Instead, we asked whether *consultations* normally occur during recesses called for some independent reason by the trial judge. Id., at 88; see also Sanders v. Lane, supra, at 1036, n. 1; 832 F. 2d, at 849, n. 4 (Winter, C. J., dissenting).

To the extent the majority recognizes that the dispositive fact is not a defendant's right to interrupt, but rather the legitimacy of his expectation that he may speak with his lawyer during such an interruption, it does so by grounding its holding on a general "rul[e]" forbidding attorney-witness contact between a witness' direct and cross-examination. Ante, at 282. This "rule," we are told, is based on the view "that cross-examination is more likely to elicit truthful responses if it goes forward without allowing the witness an opportunity to consult with third parties, including his or her lawyer." Ibid. This "rule" is applicable to a defendant, the majority contends, because

결은 있다. 나중에 다수의견이 시인하듯이, 자신들에게 불리한 증인들을 대면할 연방헌법 수정 제6조에 «488 U. S., 288» 기한 헌법적 권리를 피고인들은 향유한다. Ante, at 282; 아울러 Geders, 425 U. S., at 88을도 보라.

다수의견의 잘못된 전제는 — 즉, "증언 도중에" 자신의 변호인을 찾아 상담할 권리를 피고인이 가지는지 여부가 쟁점이라는 전제는 — 보다 더 작은 것을 보다 더 큰 것은 포함한다는 한 개의 주장을 당연히 마음 속에 그려낸다: 자신의 증언을 중단시킬 권리를 페리는 가지고 있지 않았다; 따라서 정식사실심리 판사에 의하여 제공된 중단 중에 조금이라도 변호인하고 대화하도록 허용될 것이라는 합리적인 기대를 그는 가지고 있지 않았다. 그러나 이 알기 쉬운 주장을 Geders 판결에서 우리는 기각하였다. 피고인의 증언 도중에 휴정을 자신이 선포하였던 것은 단순히 한 개의 "사고(accident)"였다는 이유에서 자신의 금지명령을 정당화하고자 거기서 정식사실심리 판사는 시도하였다. Geders, 425 U. S., at 83 . n. 1. 이 생각을 물리침에 있어서, 그 심리를 피고인의 증언 동안에 *휴정들이(recesses)* 일반적으로 이루어지는지 여부의 문제로 틀을 우리는 짜지 않았다. 그보다도, 정식사실심리 판사에 의하여 모종의 독립적인 이유에 따라 선포된 휴정 기간들 중에 *상담행위들이(consultations)* 일반적으로 발생하는지 여부를 우리는 물었다. Id., at 88; 아울러 Sanders v. Lane, supra, at 1036, n. 1을; 832 F. 2d, at 849, n. 4 (법원장 윈터(Winter) 판사, 반대의견)을 보라.

결정적 사실은 증언을 중지할 피고인의 권리가 아니라 오히려 이 같은 중단 도중에 자신의 변호인하고 말할 수 있다는 그의 기대의 적법성임을 다수의견이 인정하는 한도 내에서, 그렇게 다수의견이 하는 것은 변호인의 및 증인의 양자 간의 접촉을 증인의 직접신문의 및 반대신문의 양자 사이에 금지하는 한 개의 일반적 "규칙" 위에 자신의 판시를 이 법원이 근거지움에 의해서이다. Ante, at 282. "그의 또는 그녀의 변호사를 포함한 제3의 당사자들을 찾아 상담할 기회를 증인에게 허용하지 않는 채로 나아갈 경우에 진실한 응답들을 반대신문이 도출할 가능성이 더 많다."는 견해 위에 토대를 이 "규칙"은 둔 것으로 우리는 듣고 있다. Ibid. 이 "규칙"은 피고인에게 적용될 수 있다고, 왜냐하면 증언대에 피고인이 설 때 비당사자 증

when a defendant takes the stand, the rules applicable to nonparty witnesses are "generally applicable to him as well." Ibid.

The defects in this line of reasoning are manifold. In the first place, the majority cites no authority whatsoever for its «488 U. S., 289» "rule." Even if such authority exists, the presence of contrary authority undercuts any suggestion that settled practice renders unreasonable a defendant's expectation that he will be able to speak with his lawyer during a brief recess.[9] One need look no further than the facts of this case to see that the majority's "rule" is often honored in the breach. The trial judge declared at least three recesses while witnesses for the State were testifying, Tr. 213, 274, 517; two of these recesses came at the end of direct testimony but before cross-examination had begun. Id., at 213, 517. During none of these recesses did the trial judge issue a bar order. The State's witnesses thus were free to consult with anyone, including the prosecutors, during these breaks. Similarly, in nearly every case cited by the majority in its collection of post-Geders cases, ante, at 277-279, n. 2, there is no indication that witnesses for the State were barred from speaking with the prosecutor or their attorneys during trial recesses.

Even if the majority is correct that trial courts routinely bar attorney-witness contact during recesses between direct and cross-examination, its lumping together of defendants with all other witnesses would still be flawed, for it ignores the pivotal fact that the Sixth Amendment accords defendants constitutional rights above and beyond those accorded witnesses generally.[10] We

9) See, e. g., 23 C. J. S., Criminal Law § 1025 (1961); United States ex rel. Lovinger v. Circuit Court for the 19th Judicial District, 652 F. Supp. 1336, 1346 (ND Ill. 1987), aff'd, 845 F. 2d 739 (CA7 1988); Griffin v. State, 383 So. 2d 873, 878–879 (Ala. Crim. App. 1980); People v. Pendleton, 75 Ill. App. 3d 580, 594–595, 394 N. E. 2d 496, 506–507 (1979); cf. United States v. Allen, 542 F. 2d 630, 633, n. 1 (CA4 1976) ("While the sequestering of witnesses is of ancient origin the practice has never been universal, which suggests that the danger of influencing witnesses feared so much by some is not at all feared by others").

10) Likewise, the majority's equation of a defendant's discussions with his attorney with a defendant's discussions with "third parties," ante, at 282, seriously misapprehends the nature of Sixth Amendment rights.

인들에게 적용되는 규칙들은 "일반적으로 그에게도 적용이 가능하기", ibid, 때문이라고 다수의견은 주장한다.

이 계열의 추론에 담긴 흠결들은 여럿이다. 우선, 자신의 "규칙(rule)"을 뒷받침하는 아무런 근거를도 다수의견은 인용하고 있지 «488 U. S., 289» 않다. 설령 그 같은 근거가 존재한다 하더라도, 한 개의 짧은 휴정 기간 중에 자신의 변호인하고 대화할 수 있을 것이라는 피고인의 기대를 부당한 것이 되게끔 확립된 관행이 만든다는 어떤 암시를마저도 이에 상반되는 근거의 현존은 약화시킨다.[9] 휴식 기간 중에 다수의견의 "규칙"이 자주 존중되는지를 확인하기 위하여는 이 사건의 사실관계 이상의 것을 살필 필요가 없다. 적어도 세 번의 휴정을 주측 증인들이 증언하고 있는 도중에 정식사실심리 판사는 선포하였는데, Tr. 213, 274, 517; 직접신문의 종료 이후에, 그러나 반대신문이 시작되기 전에 이 휴정들 중 두 개는 나왔다. Id., at 213, 517. 금지명령을 이 휴정 기간들 중 어디서도 정식사실심리 판사는 발한 바가 전혀 없다. 이렇듯 이 휴정 기간들 동안에 검찰관들하고를 포함하여 누구하고도 자유로이 주측 증인들은 상담할 수 있었다. 마찬가지로, Geders 판결 이후의 선례들에 대한 자신의 정리작업, ante, at 277-279, n. 2, 에서 다수의견에 의하여 인용되어 있는 거의 모든 사건에 있어서, 주정식사실심리의 휴정기간들 중에 검찰관과의 사이에서 또는 자신들의 변호사하고의 사이에서 대화하지 말도록 측 증인들이 금지되었다는 점에 대한 징표는 전혀 없다.

직접신문의 및 반대신문의 양자 사이의 휴정기간들 중에 변호인의 및 증인의 양자 사이의 접촉을 정식사실심리 법원이 일반적으로 금지한다는 다수의견의 입장이 설령 옳다고 하더라도, 피고인들을 여타의 모든 증인들의 한 무더기로 보는 것은 마찬가지로 흠결이 될 것인데, 왜냐하면 일반적으로 증인들에게 부여되는 것들을 초월하는 헌법적 권리들을 피고인들에게 연방헌법 수정 제6조는 부여한다는 그

---

9) 예컨대, 23 C. J. S., Criminal Law § 1025 (1961)을; United States ex rel. Lovinger v. Circuit Court for the 19th Judicial District, 652 F. Supp. 1336, 1346 (ND Ill. 1987), aff'd, 845 F. 2d 739 (CA7 1988)을; Griffin v. State, 383 So. 2d 873, 878–879 (Ala. Crim. App. 1980); People v. Pendleton, 75 Ill. App. 3d 580, 594–595, 394 N. E. 2d 496, 506–507 (1979)를 보라; United States v. Allen, 542 F. 2d 630, 633, n. 1 (CA4 1976) ("증인들의 격리는 오래된 근원을 지닌 것이기는 하지만 그 관행은 결코 보편적이었던 적이 없는데, 어떤 사람들에 의하여서는 그토록 두려운 일로 여겨진, 증인들에게 영향력을 가할 위험은 다른 사람들에 의하여서는 전혀 두려운 일로 여겨지지 아니하였음을 이것은 시사한다.")를 비교하라.

recognized the defendant's unique «488 U. S., 290» status in Geders: "the petitioner was not simply a witness; he was also the defendant ……. A nonparty witness ordinarily has little, other than his own testimony, to discuss with trial counsel; a defendant in a criminal case must often consult with his attorney during the trial." 425 U. S., at 88; see also United States v. DiLapi, 651 F. 2d 140, 148 (CA2 1981) ("The fact that other witnesses were cautioned not to speak to anyone during recesses does not justify a prohibition upon defendant-lawyer conversations").[11] The majority, in its haste, today overlooks this axiomatic distinction.[12]

B

The most troubling aspect of the majority's opinion, however, is its assertion that allowing a defendant to speak with his attorney during a "short" recess between direct and cross-examination invariably will retard the truth-seeking function of the trial. Although this notion is described as an "empirical predicate" of our adversary system, ante, at 282, the majority provides not a shred of evidence to support it. Furthermore, the majority fails to acknowledge that, in «488 U. S., 291» Geders, we never equated the attorney-client contact which we held constitutionally mandated with the evasion of truth.

---

11) Cf. Rock v. Arkansas, 483 U. S. 44, 57–58, and n. 15 (1987); Glasser v. United States, 315 U. S. 60, 71 (1942). The trial judge did at one point recognize that defendant Perry was not like the other witnesses. The significance of this distinction escaped him, however, for he justified the bar order imposed on Perry in part on the ground that "no one is on trial but Mr. Perry ……. The 6th Amendment rights apply only to one who is on trial." App. 5. This reasoning stands the Sixth Amendment on its head.

12) The majority errs, furthermore, in assuming, ante, at 282, that defendants are subject to the same rules of cross-examination as nonparty witnesses. See generally E. Cleary, McCormick on Evidence §§ 21–26 (3d. ed. 1984) (discussing different views on permissible scope of cross-examination of defendants and nonparty witnesses); §§ 41–44 (discussing different subjects on which defendants and nonparty witnesses may be impeached); 130–140 (discussing different ways in which defendants and nonparty witnesses may invoke their self-incrimination rights while testifying); compare Fed. Rule Evid. 404(a)(1) (character evidence of the accused) with Fed. Rule Evid. 404(a)(3) (character evidence of a witness).

중추적 사실을 그것은 무시하기 때문이다.10) 피고인의 독특한 지위를 «488 U. S., 290» 우리는 Geders 판결에서 인정하였다 : "청구인은 단순히 한 명의 증인인 것만은 아니었다; 그는 피고인(defendant)이기도 하였다 ……. 그 자신의 증언을 이외에는 정식사실심리 변호인과의 사이에서 논의할 것이 비당사자 증인의 경우에는 일반적으로 거의 없다; 자신의 변호사를 정식사실심리 동안 형사사건에서의 피고인은 자주 상담하지 않으면 안 된다." 425 U. S., at 88 ; 아울러 United States v. DiLapi, 651 F. 2d 140, 148 (CA2 1981) ("피고인의 및 변호인의 양자 사이의 대화들에 대한 금지를 휴정 기간들 중에 아무하고도 말하지 말도록 여타의 증인들에게 주의가 주어진 사실은 정당화하지 않는다.")을 보라.11) 이 자명한 구분을 그 자신의 서두름 속에서 오늘 다수의견은 간과한다.12)

B

그러나 다수의견의 가장 성가신 점은 직접신문의 및 반대신문의 양자 사이의 "짧은(short)" 휴정 기간 중에 피고인으로 하여금 그의 변호인하고 대화하도록 허용하는 것이 정식사실심리의 진실추구 기능을 반드시 방해할 것이라고 그것이 주장한다는 점이다. 대립당사자주의인 우리 재판제도의 "경험적 단언(empirical predicate)," ante, at 282, 으로 비록 이 개념은 묘사되고 있음에도 불구하고 그것을 뒷받침하는 단 한 조각의 증거를도 다수의견은 제공하지 못하고 있다. 그 외에도 Geders 판결에서 헌법적으로 명령되어 있다고 «488 U. S., 291» 우리가 판시한 변호인의 및 의뢰인의 양자 사이의 접촉을 진실의 회피에 우리가 동일시한 바가 결코 없음을 다수

10) 마찬가지로, 한 명의 피고인의 자신의 변호인하고의 의논들을 한 명의 피고인의 "제3자들"하고의 의논들에 동등하게 다수의견이 여기는 것, ante, at 282, 은 연방헌법 수정 제6조상의 권리들의 성격을 중대하게 오해하는 것이다.

11) Rock v. Arkansas, 483 U. S. 44, 57–58, and n. 15 (1987)을; Glasser v. United States, 315 U. S. 60, 71 (1942)를 비교하라. 피고인 페리가 여타의 증인들에 같지 않음을 정식사실심리 판사는 한 곳에서 인정하기는 하였다. 그러나 그에게서 이 구분의 의미는 잊혀졌는데, 왜냐하면 페리에게 부과된 금지명령을, 부분적으로 "정식사실심리를 페리가 이외에는 아무가도 받고 있지 아니하다 …… 정식사실심리를 받고 있는 사람에게만 연방헌법 수정 제6조상의 권리들은 적용된다."는 이유로 그는 정당화하였기 때문이다. App. 5. 연방헌법 수정 제6조를 이 추론은 뒤집어엎는다.

12) 더 나아가 비당사자인 증인들이하고의 똑같은 반대신문 규칙들의 적용을 피고인들은 받는다고 가정하는 점에 있어서도, ante, at 282, 오류를 다수의견은 저지르고 있다. 일반적으로 E. Cleary, McCormick on Evidence §§ 21–26 (3d. ed. 1984) (피고인들에 및 비당사자 증인들에 대한 허용 가능한 반대신문의 범위에 관한 서로 다른 견해들을 논함)을; §§ 41–44 (피고인들이 및 비당사자 증인들이 탄핵될 수 있는 주제들에 있어서의 서로 다른 점들을 논함)을; §§ 130–140 (그들의 자기부죄 권리들을 증언 도중에 피고인들이 및 비당사자 증인들이 원용할 수 있는 방법들에 있어서의 서로 다른 점들을 논함)을 보라; Fed. Rule Evid. 404(a)(1) (피고인의 성격증거(character evidence of the accused))를 Fed. Rule Evid. 404(a)(3) (증인의 성격증거(character evidence of a witness))에 비교하라.

Central to our Sixth Amendment doctrine is the understanding that legal representation for the defendant at every critical stage of the adversary process *enhances* the discovery of truth because it better enables the defendant to put the State to its proof. As the author of today's majority opinion wrote for the Court earlier this Term:

"The paramount importance of vigorous representation follows from the nature of our adversarial system of justice. This system is premised on the well-tested principle that truth - as well as fairness - is 'best discovered by powerful statements on both sides of the question.' Absent representation, however, it is unlikely that a criminal defendant will be able adequately to test the government's case, for, as Justice Sutherland wrote in Powell v. Alabama, 287 U. S. 45 (1932), '[e]ven the intelligent and educated layman has small and sometimes no skill in the science of law.' Id., at 69." Penson v. Ohio, ante, at 84 (citations omitted).

Nowhere have we suggested that the Sixth Amendment right to counsel turns on what the defendant and his attorney discuss or at what point during a trial their discussion takes place. See generally Strickland v. Washington, 466 U. S. 668, 684-686 (1984); United States v. Cronic, 466 U. S., at 653-657; Polk County v. Dodson, 454 U. S. 312, 318-319 (1981); Herring v. New York, 422 U. S. 853, 857-858, 862 (1975).

With this understanding of the role of counsel in mind, it cannot persuasively be argued that the discovery of truth will be *impeded* if a defendant "regain[s] ······ a sense of strategy" during a trial recess. Ante, at 282. If that were so, a bar order issued during a 17-hour overnight recess should be sustained. Indeed, if the argument were taken to its logical extreme, a bar on *any* attorney-defendant contact, even before trial, would be justifiable. Surely

의견은 인정하지 않는다.

우리의 연방헌법 수정 제6조의 법리에 핵심이 되는 것은 진실의 발견을 대립당사자주의 절차의 모든 중대한 단계에서의 피고인을 위한 법적 대변이 *강화한다는(enhances)* 점에 대한, 왜냐하면 피고인으로 하여금 주를 더 잘 시험할 수 있게 그것은 해 주기 때문이라는 점에 대한 이해이다. 이 개정기의 이른 시기에 오늘의 다수의견의 집필자가 썼듯이:

"우리 대립당사자주의 재판제도의 성격으로부터 열정적 대변의 최고의 중요성은 도출된다. '문제가 된 쌍방 당사자들의 강력한 주장들에 의하여 진실은 — 공정성은 물론이고 — 가장 잘 발견된다.'는 그 충분히 검증된 원칙 위에 이 제도는 그 전제가 두어져 있다. 그러나 정부측 주장사실을 대변이 없이 형사 피고인이 충분히 검사할 수 있으리라는 것은 가능하지 않은데, 왜냐하면 Powell v. Alabama, 287 U. S. 45 (1932)에서 서덜랜드(SUTHERLAND) 판사가 썼듯이, '[심]지어 지성을 갖추고 교육을 받았다 하더라도 문외한은 법률과학에 있어서 지니는 숙련이 적고, 때로는 전혀 없'기 때문이다. Id., at 69." Penson v. Ohio, ante, at 84 (인용 생략).

무엇을 피고인이 및 그의 변호인이 의논하는가에, 또는 정식사실심리 도중의 어느 시점에 그들의 의논이 이루어지는가에 변호인의 조력을 받을 연방헌법 수정 제6조상의 권리가 좌우된다고 그 어디서도 우리는 시사한 적이 없다. 일반적으로 Strickland v. Washington, 466 U. S. 668, 684-686 (1984)를; United States v. Cronic, 466 U. S., at 653-657을; Polk County v. Dodson, 454 U. S. 312, 318-319 (1981)을; Herring v. New York, 422 U. S. 853, 857-858, 862 (1975)을 보라.

변호인의 역할에 대한 이 같은 이해를 마음 속에 간직한 사람에게는 정식사실심리에 있어서의 휴정 기간 중에 "전략의 …… 감각을" 피고인이 "…… 되찾[을]" 경우에 진실의 발견이 *방해받을(impeded)* 것이라는 주장은 설득력이 있을 수 없다. Ante, at 282. 만약 그것이 그러하다면, 17시간 동안의 일박의 휴정기간 동안에 대하여 발해진 금지명령은 유지되어야 할 것이다. 참으로, 논리적 극단에까지 그 주장이 이를 경우에는 변호인의 및 피고인의 양자 사이의 *모든(any)* 접촉에 대한 금지가

a prosecutor would have «488 U. S., 292» greater success "punch[ing] holes," ibid., in a defendant's testimony under such circumstances. Indeed, the prosecutor would then be assured that the defendant has not had "an opportunity to regroup and regain a poise …… that the unaided witness [does] not possess." Ibid. In other words, the prosecutor would be more likely to face the punch-drunk witness who the majority thinks contributes to the search for truth.[13)]

The majority's fears about the deleterious effects of attorney-defendant contact during trial recesses are vastly overstated. Vigorous cross-examination is certainly indispensable in discerning the trustworthiness of testimony, but I would think that a few soothing words from counsel to the agitated or nervous defendant facing the awesome power of the State might *increase* the likelihood that the defendant will state the truth on cross-examination. The value of counsel in calming such a defendant would seem especially apparent in this case given that Perry, who the majority describes as "mildly retarded," ante, at 274, was on trial for his life.[14)] «488 U. S., 293» Furthermore, to

---

13) The majority claims that its decision does not "res[t] on an assumption that trial counsel will engage in unethical coaching." Ante, at 281. Nonetheless, I am inclined to believe that the majority's fears that the defendant will "regain …… a sense of strategy" are motivated, at least in part, by an underlying suspicion that defense attorneys will fail to "respect the difference between assistance and improper influence." Geders v. United States, 425 U. S. 80, 90, n. 3 (1976). "If our adversary system is to function according to design," however, "we must assume that an attorney will observe his responsibilities to the legal system, as well as to his client." Id., at 93 (MARSHALL, J., concurring); see also United States v. Allen, 542 F. 2d, at 633 ("[A]ll but very few lawyers take seriously their obligation as officers of the court and their proper role in the administration of justice. We think the probability of improper counseling, i. e., to lie or evade or distort the truth, is negligible in most cases").

14) At trial, a psychologist and a psychiatrist testified regarding Perry's personality and mental health. They stated that Perry, then 21 years old, had an I. Q. of 86, had encountered learning difficulties in school, had dropped out by the ninth grade, and had a childlike personality. They also testified that Perry often had difficulty distinguishing reality from fantasy «488 U. S., 293» and that he suffered from "hysterical reaction," an inability to cope with stressful situations. Tr. 1048–1049, 1053–1054, 1087, 1091–1098.

One can only assume that the treatment the trial judge accorded Perry during the 15-minute recess exacerbated his sense of fright or trepidation. After the trial judge sua sponte ordered the recess, Perry's counsel attempted to confer with Perry in order to "answer his questions and also to make sure he understood his rights on cross-examination." App. 7. The bar order, however, prevented him from doing so. During the recess, Perry was "taken out of the courtroom and placed in a very small room with no window and no other person, just one chair, enclosed in about a six by six room, with no one to talk to." Tr. of Oral Arg. 8. Apparently, Perry's counsel was not even allowed to explain to Perry why they were not permitted to confer during the recess. Treatment of this sort may well have had an adverse effect on Perry's ability to retain his composure and testify truthfully on cross-examination.

정당화될 것이다. 이 같은 상황들 아래서의 피고인의 증언에서 "결점들을 «488 U. S., 292» 찾[으면서]", ibid., 더 큰 성공을 확실히 검찰관은 거두게 될 것이다. 참으로, 그 경우에 "변호인의 조력을 받지 않는 증인이라면 가지지 못[할] …… 균형 …… 을 다시 모을 및 되찾을 기회"를 피고인이 가진 바 없음을 검찰관은 보장받을 것이다. Ibid. 달리 말하면 진실의 추구에 기여한다고 다수의견이 생각하는 그 정신 차리지 못하는 증인을 검찰관은 상대할 가능성이 더 많아질 것이다.13)

정식사실심리에서의 휴정 기간들 동안의 변호인의 및 피고인의 양자 사이의 접촉의 해로운 효과들에 대한 다수의견의 염려는 대단히 과장되어 있다. 증언의 신빙성을 판별하는 데 있어서 강력한 반대신문은 확실히 불가결하지만, 그러나 반대신문에서 진실을 피고인이 진술할 가능성을, 주측의 무시무시한 권력을 상대하는 동요된 내지는 불안한 피고인에게 변호인이 해 주는 몇 마디 위로의 말은 *증대시켜 줄 것이라고*(increase) 나라면 생각하겠다. 자신의 생명을 건 정식사실심리에 "약간의 정신지체를 지닌 사람," ante, at 274, 으로 다수의견이 기술하는 페리가 놓였음을 전제할 때, 이 같은 피고인을 진정시키는 데 있어서의 변호인의 가치는 이 사건에서 특별히 명백해 보일 것이다.14) «488 U. S., 293» 더군다나, 일정한 반대신문

13) "비윤리적인 코치행위를 정식사실심리 변호인이 수행할 것이라는 가정에" 자신의 판결은 "의존하"지 않는다고 다수의견은 주장한다. Ante, at 281. 그러함에도 불구하고, "…… 전략의 …… 감각을" 피고인이 "되찾"을 것이라는 다수의견의 염려는 적어도 부분적으로는 "조력의 및 부당한 영향력의 양자 사이의 차이를" 변호인이 "준수하지" 않을 것이라는 그 근저에 놓인 의심에 의하여 발동되는 것으로 나는 믿고 싶다. Geders v. United States, 425 U. S. 80, 90, n. 3 (1976). 그러나 "만약 설계도에 따라서 우리의 대립당사자주의 제도가 기능해야 한다면, 자신의 의뢰인에 대한 책무를처럼 법 제도에 대한 자신의 책무를도 변호사는 준수할 것으로 우리는 가정하지 않으면 안 된다." Id., at 93 (마샬(MARSHALL) 판사, 보충의견); 아울러 United States v. Allen, 542 F. 2d, at 633 ("[법]원의 사관들로서의 자신들의 의무를, 그리고 재판운영에 있어서의 자신들의 올바른 역할을 매우 드문 경우를 제외하고는 모든 변호사들은 심각하게 받아들인다. 예컨대 거짓말을 하도록, 진실을 회피하거나 왜곡하도록 부당하게 조언할 개연성은 대부분의 사건들에 있어서 무시할 만하다고 우리는 생각한다.")를도 보라.

14) 정식사실심리에서 페리의 개성에 및 정신건강 상태에 대하여 심리학자 한 명이 및 정신과의사 한 명이 증언하였다. 당시 21세인 페리는 지능지수 86이고 학교에서 학습 곤란을 겪었었으며, 9학년째에 학교를 포기하였고 어린아이 같은 성격을 지녔다고 그들은 진술하였다. 현실을 및 환상을 구분하는 데 어려움을 페리는 자주 겪고 있다고, «488 U. S., 293» 그리고 긴장되는 상황들에 대처할 능력의 결여로 "히스테리컬한 반응"에 그는 빠진다고도 그들은 증언하였다. Tr. 1048-1049, 1053-1054, 1087, 1091-1098.

15분의 휴정 기간 중에 페리에게 정식사실심리 판사가 내린 조치는 그의 공포를 내지는 전율을 악화시킨 것으로 우리는 가정할 수 있을 뿐이다. 자발적으로 휴정을 정식사실심리 판사가 명령한 뒤에 "그의 질문들에 답변하기 위하여, 그리고 반대신문에서의 그의 권리들을 그가 이해하는지를도 확실히 하기 위하여" 페리하고 대화하고자 페리의 변호인은 시도하였다. App. 7. 그러나 그렇게 그가 하는 것을 그 금지명령은 저지하였다. 휴정 중에 페리는 "법정에서 옮겨져 창문이도 없고 다른 사람이도 없이 의자 한 개만 놓인 매우 작은 방에 넣어졌는데, 사방 약 6피트의 방에 갇힌 채 아무하고도 말할 사람이 없었다." Tr. of Oral Arg. 8. 언뜻 보기에 그들이 그 휴정 중에 어째서 대화가 허용되지 않는지 페리에게 설명하는 것이조차 페리의 변호인은 허용되지 않았다. 반대신문에서 자신의 침착을 유지하면서 진실되게 증언할 페리의 능력에 한 가지 불리한 영향을 이 종류의 조치가 끼쳤을 것은 당연하다.

remind a defendant that certain cross-examination questions might implicate his right against self-incrimination or relate to previously excluded evidence, or to caution a defendant to mind his demeanor at all times, is merely to brace the defendant for the "legal engine" steaming his way. Ante, at 283, n. 7, quoting 5 J. Wigmore, Evidence § 1367 (J. Chadbourn rev. 1974). I cannot accept the view that discussions of this sort necessarily threaten the trial's truth-seeking function. To the extent that they might in some circumstances, it is important to remember that truth would not be sacrificed in the name of some obscure principle - a constitutional command hangs in the balance. See Geders, 425 U. S., at 91.

Although the majority appears to believe that attorney-defendant recess discussions on any subject are inconsistent with "the discovery of truth," ante, at 282, it finds discussions regarding testimony to be particularly pernicious. This distinction finds no support in our Sixth Amendment cases. But even if it did, the majority's logic on this point would remain inscrutable. The majority distinguishes "long" recesses, such as the 17-hour recess at issue in Geders, from the "short" 15-minute recess in this case on the ground that it is "appropriate to presume," or, alternatively, that there is "a «488 U. S., 294» virtual certainty," ante, at 283, 284, that any discussion during a 15-minute recess will focus exclusively on the defendant's upcoming testimony. Once again, the majority reasons by assertion; it offers no legal or empirical authority to buttress this proposition. While this assertion might have some validity with respect to nonparty witnesses, who might have little else to discuss with the parties' attorneys, see Geders, supra, at 88, it defies common sense to argue that attorney-defendant conversations regarding "the availability of other witnesses, trial tactics, or even the possibility of negotiating a plea bargain," ante, at 284, cannot, or do not, take place during relatively brief recesses.

사항들은 그의 자기부죄 금지특권에 결부될 수 있음을 내지는 앞에서 배제된 증거에 관련이 있을 수도 있음을 피고인에게 되살려주는 것은, 또는 항상 그의 행동을 주의하도록 피고인에게 경고하는 것은 증기를 그의 길에 내뿜는 "법의 엔진(legal engine)"에 그로 하여금 단지 대비하도록 하는 것일 뿐이다. Ante, at 283, n. 7, quoting 5 J. Wigmore, Evidence 1367 (J. Chadbourn rev. 1974). 정식사실심리의 진실추구 기능을 이 종류의 의논들이 필연적으로 위협한다는 견해를 나는 받아들일 수 없다. 일정한 상황들 속에서는 위협을 그것들이 가할 수도 있는 한도 내에서, 어지간히 모호한 원칙의 이름으로는 진실이 희생되지 않으리라는 것을 기억하는 것은 중요한 바, 몹시 불안정한 상태에 한 개의 헌법적 명령이 놓여 있기 때문이다. Geders, 425 U. S., at 91을 보라.

비록 휴정 기간 중의 변호인의 및 피고인의 양자 사이의 의논들은 그 주제 여하를 불문하고 "진실의 발견"에 조화되지 않는다고 다수의견은 믿는 것으로 보임에도 불구하고, ante, at 282, 증언에 관한 의논들은 특히나 유해하다고 다수의견은 판단한다. 아무런 근거를도 우리의 연방헌법 수정 제6조 관련 선례들 안에 이 구분은 지니지 않는다. 그러나 설령 근거가 있다 하더라도, 이 쟁점에 관한 다수의견의 논리는 여전히 수수께끼 같은 것으로 남을 것이다. 가령 Geders 사건에서 문제가 되었던 17시간의 휴정 류의 "긴(long)" 휴정기간들을 이 사건에서의 "짧은(short)" 15분의 휴정으로부터 다수의견은 구분하는데, 15분의 휴정기간 도중의 대화는 어떤 것이든 오로지 피고인의 임박한 증언에만 초점이 두어질 것으로 "추정하는 것이 마땅"하다는 또는 선택적으로 그렇게 될 "실제적인 «488 U. S., 294» 확실성"이 있다는 등의 논거를 다수의견은 댄다. ante, at 283, 284. 다시 한 번 다수의견은 주장으로써 추론한다; 이 명제를 뒷받침하는 법적 내지 경험적 근거를 다수의견은 제공하지 않는다. 당사자들의 변호인들과는 의논할 것이 더는 없을 수 있는 비당사자 증인들에 관련해서는 상당한 타당성을 이 주장이 가질 수 있음에 반하여, see Geders, supra, at 88, "여타의 증인들의 활용 가능성에, 또는 정식사실심리상의 전술들에, 또는 심지어 답변거래(a plea bargain)의 교섭 가능성에," ante, at 284, 관한 변호인의 및 피고인의 양자 사이의 대화들은 비교적 짧은 휴정 기간들 중에는 발생할 수 없다고 내지는 발생하지 않는다고 주장하는 것은 상식을 무시한다.

For example, while a defendant is on the stand during direct examination, he may remember the name or address of a witness, or the location of physical evidence, which would be helpful to his defense. It would take mere seconds to convey this information to counsel. As a matter of sound trial strategy, defense counsel might believe that this new witness or evidence would have the most impact if presented directly after the defendant concluded his testimony. But under the majority's approach, defense counsel would not even learn about this witness or evidence until the defendant steps down from the stand. Alternatively, the defendant might be so discouraged by his testimony on direct examination as to conclude that he should attempt plea negotiations with the prosecution immediately, or accept an outstanding plea bargain offer. It need only take seconds for him to convey this to his lawyer, particularly if they had previously discussed the advisability of pleading guilty. This opportunity might be forever lost, however, if a bar order issues and the prosecution conducts a successful cross-examination. These are just a few examples of the tactical exchanges which defendants and their attorneys might have midtrial; there is no reason to believe such exchanges predominantly occur during overnight recesses rather than during brief recesses. Indeed, an overnight recess "may entail a deprivation of little more than the «488 U. S., 295» fifteen minutes at stake here because many attorneys will devote the vast majority of such an extended break to preparation for the next day of trial, while sending the client home to sleep, or back to jail." 832 F. 2d, at 849 (Winter, C. J., dissenting).[15]

Yet another perverse aspect of the majority's opinion is its recognition that a defendant has a "constitutional right" to discuss those "matters that go

---

15) Chief Judge Winter further observed:

"Few categories of constitutional error so undermine the adversary system as to warrant reversal without any proof of prejudice in a particular case. Denial of the assistance of counsel during a critical stage of criminal proceedings is one such category of error. Whether the deprivation of counsel spans an entire trial or but a fraction thereof, it renders suspect any result that is obtained." 832 F. 2d, at 845.

예컨대, 그의 방어에 도움이 될 증인의 이름을, 주소를 또는 신체적 증거의 소재를 직접신문을 위하여 증언대 위에 있는 동안에 피고인은 기억할 수 있다. 이 정보를 변호인에게 전달하는 데는 불과 수 초밖에 걸리지 않을 것이다. 철저한 정식사실심리 전략의 문제로서, 가장 큰 효과를 이 새로운 증인이 또는 증거가 가지려면 그의 증언을 피고인이 마치고 난 직후에 그것은 제시되어야 한다고 변호인은 믿을 수도 있다. 그러나 다수의견의 접근법 아래서는 증언대를 피고인이 내려오기까지는 이 증인에 내지는 증거에 대하여 변호인은 알지조차 못할 것이다. 다른 한 쪽에서는, 직접신문에서의 그의 증언으로 매우 낙심한 나머지, 검찰측하고의 답변거래의 교섭을 즉시 시도해야 한다고, 또는 미해결의 답변거래 제안을 받아들여야 한다고 피고인은 결론내릴 수도 있다. 이것을 변호인에게 그가 전달하는 데에는 수 초밖에 필요하지 않은데, 만약 유죄답변을 하는 일의 바람직함 여부를 그들이 이전에 의논했었다면 이것은 특히 그러하다. 그러나 만약 금지명령이 발하여 진다면, 그리고 성공적인 반대신문을 그 상태에서 검찰이 수행한다면, 이 기회는 영원히 사라져버릴 것이다. 정식사실심리 도중에 피고인들이 및 그들의 변호인들이 가질 수 있는 전술적 의견교환들의 겨우 몇 가지 사례들에 이것들은 불과하다; 짧은 휴정 기간들 중에보다는 일박의 휴정 기간들 중에 압도적으로 이 같은 의견교환들이 이루어진다고 믿을 이유는 전혀 없다. 아닌 게 아니라, 일박의 휴정 기간이 "수반하는 박탈은 여기서 문제가 되어 있는 15분의 휴정이 수반하는 «488 U. S., 295» 박탈이보다도 별로 많지 않을 수 있는 바, 왜냐하면 많은 변호인들은 의뢰인을 집에 보내 잠을 자게 한 채로, 또는 감옥에 돌려보낸 채로 이 같은 연장된 휴정들의 대부분을 다음 날의 정식사실심리의 준비에 바치려고 할 것이기 때문이다." 832 F. 2d, at 849 (법원장 윈터(Winter) 판사, 반대의견).[15]

그러나 다수의견의 또 한 가지 부당한 측면은 "피고인 자신의 증언의 내용을 넘어

15) 법원장 윈터(Winter) 판사는 더 나아가 이렇게 말하였다:
"한 개의 특정 사건에서 불이익에 대한 아무런 증명 없이 파기를 정당화할 정도로 대립당사자주의 재판제도를 그토록 손상시키는 범주들에 속하는 헌법적 오류(constitutional error)는 몇 가지가 안 된다. 변호인의 조력을 형사절차들에 있어서의 중대한 단계 동안에 박탈하는 것은 이러한 범주에 속하는 오류의 한 가지이다. 변호인의 박탈이 정식사실심리 전체에 걸치는지 아니면 그 일부에 걸치는지 여부에 상관없이, 거기서 얻어진 그 어떤 결과를도 의심스러운 것이 되도록 그것은 만든다." 832 F. 2d, at 845.

beyond the content of the defendant's own testimony." Ante, at 284. Having recognized this right, one would expect the majority to *require* trial judges to permit attorney-defendant contact during all recesses, no matter how brief, so long as trial testimony is not discussed. Instead, the majority merely suggests in a footnote that trial judges "*may* permit consultation between counsel and defendant during such a recess, but forbid discussion of ongoing testimony." Ante, at 284, n. 8 (emphasis added). If attorney-client discussions regarding matters other than testimony have constitutional stature, they surely deserve more protection than the majority offers today. It may well be that Perry and his counsel would have discussed "matters that [went] beyond the content of [Perry's] own testimony," ante, at 284; Perry was, however, denied this constitutional right. In allowing trial judges to ban *all* brief recess consultations, even those including or limited to discussions regarding nontestimonial matters, the majority needlessly fires grapeshot where, even under its own reasoning, a single bullet would have sufficed.[16] «488 U. S., 296»

II

Today's decision is regrettable in two further respects. In practical terms, the majority leaves the trial judge "to guess at whether she has committed a

16) The majority assumes that it is possible to distinguish discussions regarding trial strategy from discussions regarding testimony. I am not so sure. Assume, for example, that counsel's direct examination of the «488 U. S., 296» defendant inadvertently elicits damaging information that can be effectively neutralized on redirect only if the defendant has the opportunity to explain his direct testimony to counsel. If a recess were called, the ensuing attorney-defendant discussion would seem to be as much about trial strategy as about upcoming testimony. Without a chance to speak with the defendant, counsel will be hampered in knowing whether redirect is even advisable. The majority's failure to spell out the difference – if there is one – between testimonial and nontestimonial discussions may well "have a chilling effect on cautious attorneys, who might avoid giving advice on non-testimonial matters for fear of violating [a court order barring recess discussions of testimonial matters]." Mudd v. United States, 255 U. S. App. D. C. 78, 81, 798 F. 2d 1509, 1512 (1986).

서는 사항들"을 의논할 "헌법적 권리"를 피고인이 가짐을 그것이 인정한다는 점이다. Ante, at 284. 이 권리를 인정했으므로, 제아무리 짧을망정 모든 휴정 기간들 동안에 변호인의 및 피고인의 둘 사이의 접촉을, 정식사실심리에서의 증언이 의논되지 않는 한도 내에서, 정식사실심리 판사들더러 허용하도록 다수의견이 *요구할*(require) 것으로 누구가든 기대할 것이다. 그런데도 불구하고, 단지 "이 같은 휴정 기간 중에 변호인의 및 피고인의 양자 사이의 상담을 허용하면서도 그 진행 중인 증언에 관한 의논을" 정식사실심리 판사는 "금지할 수 *있다*(may)."는 것만을 한 개의 각주에서 넌지시 다수의견은 내비춘다. Ante, at 284, n. 8 (강조는 보태짐). 만약 헌법적 수준을 증언 이외의 사항들에 관한 변호인의 및 의뢰인의 양자 사이의 의논들이 지닌다면, 오늘 다수의견이 제공하는 것을보다는 더 큰 보호를 누릴 자격을 그것들은 지님이 확실하다. "[페리] 자신의 증언의 내용을 넘어[선] 사항들," ante, at 284, 을 페리는 및 그의 변호인은 의논했을 것이도 당연하다; 그런데도 이 헌법적 권리를 페리는 박탈당하였다. *모든*(all) 짧은 휴정 기간 중의 상담들을 — 심지어 증언 이외의 사항들에 관한 의논들을 포함하는 내지는 거기에 한정되는 것들까지를 - 금지하도록 정식사실심리 판사들에게 허용함에 있어서, 그 자신의 추론에 따르더라도 단 한 발이면 충분했을 곳에서 필요 없이 포도탄(grapeshot)을 다수의견은 쏜다.16)«488 U. S., 296»

II

그 밖에도 두 가지 점들에 있어서 오늘의 결정은 유감스럽다. 실제적으로 말하자면, 휴정 중의 의논 금지명령을 정식사실심리 여판사가 발할 때 "헌법 위반을 그

16) 정식사실심리 전략에 관한 의논들을 증언에 관한 의논들로부터 구분하는 것이 가능하다고 다수의견은 가정한다. 나는 그다지 확신이 서지 않는다. 예컨대, 불리한 정보를 피고인에 대한 변호인의 직접신문이 «488 U. S., 296» 무심코 끌어낸다고, 그런데 자신의 직접증언을 변호인에게 설명할 기회를 피고인이 가질 경우에만 그 정보는 효과적으로 중화된다고 또는 재직접신문이 행해질 수 있다고 가정하자. 만약 휴정이 선포된다면, 이에 뒤따르는 변호인의 및 피고인의 양자 사이의 의논은 다가오는 증언에 관한 것으로만큼이나 정식사실심리상의 전략에 관한 것으로 보이기도 할 것이다. 피고인을 찾아 말할 기회가 없이는, 심지어 재직접신문이 바람직한지 여부를 아는 데 있어서조차 방해를 변호인은 받을 것이다. 증언 사항들에 관한(testimonial) 의논들의 및 증언 이외 사항들에 관한(nontestimonial) 의논들의 양자 사이의 차이 – 만약 차이가 있다면 – 를 다수의견이 자세히 설명하지 않는 점은 "냉각효과(a chilling effect)를 주의 깊은 변호인들에게 끼쳐, 그들로 하여금 [증언적 사항들에 관한 휴정 중의 의논들을 금지하는 법원의 명령을] 위반하는 데 대한 두려움으로 인하여 증언 이외 사항들에 관하여 조언을 주는 것을 회피하게 할 수 있"음이도 당연하다. Mudd v. United States, 255 U. S. App. D.C. 78, 81, 798 F. 2d 1509, 1512 (1986).

constitutional violation" when she issues a recess bar order. Sanders v. Lane, 861 F. 2d, at 1037. Is it "appropriate to presume" that a 30-minute recess will involve a discussion of nontestimonial matters? How about a lunch break? Does it matter that defense counsel has promised only to discuss nontestimonial matters with his client? Does the majority's rationale encompass recesses during the defendant's direct or redirect testimony, or just those after the direct examination has concluded? These are not abstract inquiries, but the sort that have arisen, and will continue to arise, on a routine basis. See id., at 1036-1037 (collecting cases). By not even providing a practical framework in which to answer these questions, the majority ensures that defendants, even those in adjoining courtrooms, will be subject to inconsistent practices. Such inconsistency is untenable when a critical constitutional right is at stake.

The majority's standardless approach guarantees a new bout of appellate litigation during which lower courts ineluctably will issue conflicting decisions as to the point at which a "short" recess bar order becomes a constitutionally impermissible "long" recess bar order. Given that "clarification is «488 U. S., 297» feasible," United States v. Ross, 456 U. S. 798, 804 (1982), and indisputably desirable in this area of law, the majority's willingness to tolerate such ambiguity is dismaying. See United States v. Allen, 542 F. 2d 630, 633 (CA4 1976). The majority purports to draw a "line of constitutional dimension," ante, at 280, but it is one which lower courts, faced with a continuum of recess possibilities, will find impossible to discern.

Finally, today's decision marks a lapse in this Court's commitment to fundamental fairness for criminal defendants. The majority wholly ignores the trial judge's uneven imposition of bar orders. No bar order issued when recesses were called during testimony by the State's witnesses, but when a recess was called at the conclusion of Perry's direct testimony, the trial judge suddenly became concerned that witnesses might be "cured or assisted or

녀 자신이 저질렀는지 여부를" 그녀로 하여금 "추측하도록" 다수의견은 허용한다. Sanders v. Lane, 861 F. 2d, at 1037. 증언 이외 사항들에 관한 의논을 반 시간의 휴정은 포함할 것이라고 "추정하는 것이 마땅"한가? 점심시간의 휴식은 어떤가? 증언 이외의 사항들만을 자신의 의뢰인하고의 사이에서 의논하겠다고 변호인이 약속했다는 것이 문제가 되는가? 다수의견의 이론적 근거는 피고인의 직접 내지 재직접 증언 동안의 휴정 기간들을 포함하는가, 아니면 직접신문이 끝나고 난 뒤의 휴정 기간들만을 포함하는가? 이것들은 추상적인 질문들이 아니라 일상적인 토대 위에서 제기되어 왔고 계속 제기될 종류의 질문들이다. id., at 1036-1037 (선례들을 모아 놓음)을 보라. 심지어 이 문제들에 대한 답변이 담길 실제적인 틀을마저도 제공하지 아니함으로써, 피고인들 — 심지어 인접한 법정들에 있는 피고인들 — 이 겪어야 할 관행들이 앞뒤가 맞지 않는 것이 될 것임을 다수의견은 확실히 한다. 중대한 헌법적 권리가 문제인 때에 이 같은 모순은 유지될 수 없다.

한 차례의 새로운 항소심 소송을 다수의견의 기준 없는 접근법은 보장하는 바, 한 개의 "짧은" 휴정 기간 중의 금지명령이 한 개의 헌법적으로 허용될 수 없는 "긴" 휴정 기간 중의 금지명령으로 되는 지점에 관하여 불가피하게 모순되는 결정들을 그 동안 하급법원들은 내릴 것이다. 그 "명확화가 «488 U. S., 297» 가능한" 마당에, United States v. Ross, 456 U. S. 798, 804 (1982), 그리고 이 법 영역에서 그것이 명백하게 바람직한 마당에, 이 같은 애매함을 다수의견이 기꺼이 견디고자 함은 실망스럽다. United States v. Allen, 542 F. 2d 630, 633 (CA4 1976)을 보라. "헌법 차원의 구분선," ante, at 280, 을 긋고자 다수의견은 꾀하지만, 그것은 휴정 기간들의 가능한 형태들에 관한 한 개의 연속체에 직면하는 하급법원들로서는 식별이 불가능하다고 판단하게 될 구분선이다.

마지막으로 형사 피고인들을 위한 기본적 공정성에 대한 이 법원의 약속에 있어서 한 개의 배교(a lapse)를 오늘의 결정은 기록한다. 정식사실심리 판사의 균일하지 않은 금지명령들의 부과를 전적으로 다수의견은 무시한다. 주측 증인들의 증언 동안에 휴정들이 선언되었을 때는 금지명령은 발해지지 않았으나, 페리의 직접증인의 종료 때에 휴정이 선포되자 증인들이 "…… 반대신문에 나아가면서 교정을 받을, 조력을 받을, 도움을 받을" 수도 있음을 정식사실심리 판사는 갑자기 염려하게

helped approaching …… cross examination." App. 4-5. Perry's counsel objected that Perry was being unfairly singled out, but the trial judge responded that he felt compelled to act as he did to ensure, of all things, "fairness to the state." App. 5. This peculiar sense of obligation meant that Perry was removed from the courtroom and held incommunicado for the duration of the recess.[17)]

Needless to say, the due process concerns underpinning the Sixth Amendment right to counsel are designed to ensure a fair trial for the defendant, not the State. See generally Strickland v. Washington, 466 U. S., at 684-685; United «488 U. S., 298» States v. Cronic, 466 U. S., at 653-656; United States v. Morrison, 449 U. S. 361, 364 (1981). By ensuring a defendant's right to have counsel, which includes the concomitant right to communicate with counsel at every critical stage of the proceedings, see Powell v. Alabama, 287 U. S. 45, 68-69 (1932), the Constitution seeks "to minimize the imbalance in the adversary system." United States v. Ash, 413 U. S. 300, 309, (1973). The majority twice disserves this noble goal - by isolating the defendant at a time when counsel's assistance is perhaps most needed, and by ignoring the stark unfairness of according prosecution witnesses the very prerogatives denied the defendant. The Constitution does not permit this new restriction on the Sixth Amendment right to counsel. I dissent.

17) In addition to the bar order issued against Perry, the trial judge ordered Perry's wife not to speak with anyone during a recess called after she had completed her direct testimony on behalf of her husband. Defense counsel protested that "this was not done during the state's case. It is only being done on the defendant's case and it is being done without even the request of the state ……. And I again urge the Court that it appears to show some bias on the part of the Court." Tr. 904. The trial judge rebuffed the objection: "I don't apologize for it. I'm in charge of this trial and I'm going to see that it *remains fair to all parties*." Ibid. (emphasis added). «488 U. S., 299»

되었다. App. 4-5. 페리가 혼자서 퇴정당해 있는 것은 불공정하다고 이의를 페리의 변호인은 제기하였으나, 무엇보다도 "공정성을 주에게" 보장하기 위하여 그가 한 것을 하도록 자신이 강제되는 것으로 느낀다고 정식사실심리 판사는 응답하였다. App. 5. 법정으로부터 퇴정 당하여 휴정 기간 중에 외부격리 상태로 페리가 유지되었음을 이 특이한 의무감은 의미하였다.[17)]

말할 것이도 없이, 공정한 정식사실심리를 주에게가 아니라 피고인에게 보장하기 위하여 연방헌법 수정 제6조의 변호인의 조력을 받을 권리의 토대에 놓인 적법절차의 염려들은 고안되었다. 일반적으로 Strickland v. Washington, 466 U. S., at 684-685를; United «488 U. S., 298» States v. Cronic, 466 U. S., at 653-656을; United States v. Morrison, 449 U. S. 361, 364 (1981)을 보라. 변호인을 가질 피고인의 권리 - 절차들의 모든 중대한 단계에서 변호인과 의사를 소통할 동반하는 권리를 그것은 포함한다 - 를 보장함으로써, see Powell v. Alabama, 287 U. S. 45, 68-69 (1932), "대립당사자주의 제도에 있어서의 불균형을 최소화하고자" 연방헌법은 꾀한다. United States v. Ash, 413 U. S. 300, 309, (1973). 변호인의 조력이 필시 가장 요구되는 때에 피고인을 고립시킴으로써, 그리고 피고인에게는 거부된 바로 그 특권들을 검찰측 증인들에게는 부여한 그 강한 불공평을 무시함으로써, 이 고귀한 목표들을 두 번이나 다수의견은 손상시킨다. 변호인의 조력을 받을 연방헌법 수정 제6조의 권리에 대한 이 새로운 제한을 연방헌법은 허용하지 않는다. 나는 반대한다.

---

17) 페리에게 발해진 금지명령에 덧붙여, 페리의 처더러 그녀의 남편을 위한 그녀의 직접증언을 마친 뒤에 선포된 휴정 기간 중에 아무하고도 말하지 말도록 정식사실심리 판사는 명령하였다. "주측의 변론 동안에는 이것은 명령되지 않았습니다. 피고인의 변론에 대해서만 그것은 부과되고 있는데, 더구나 …… 주측의 요구가조차도 없음에도 불구하고 그것은 부과되고 있습니다. 그러므로 법원 쪽의 일종의 편견을 나타내는 것으로 그것은 보임을 법원에게 저는 거듭 주장합니다."라고 변호인은 이의하였다. Tr. 904. 이의를 정식사실심리 판사는 기각하였다: "그것에 대하여 저는 사과하지 아니하겠습니다. 이 정식사실심리를 저는 책임지고 있고 따라서 그것이 *모든 당사자들에게 계속 공정한 것이 되게(remains fair to all parties)* 저는 하고자 합니다." Ibid. (강조는 보태짐). «488 U. S., 299»

변호인의 조력을 받을 권리

Smith v. Robbins, No. (2000)

제9순회구 미합중국 항소법원에 내린 사건기록 송부명령

NO. 98-1037
변론 1999년 10월 5일
판결 2000년 1월 19일

요약해설

1. 개요

Smith v. Robbins, No. 98-1037 (2000)은 5 대 4로 판결되었다. 법원의 의견을 토마스(Thomas) 판사가 썼다. 반대의견을 스티븐스(Stevens) 판사는 냈고, 이에는 긴스버그(GINSBURG) 판사가 가담하였다. 반대의견을 수터(SOUTER) 판사는 냈으며, 이에는 스티븐스(Stevens) 판사가, 긴스버그(GINSBURG) 판사가 및 브라이어(BREYER) 판사가 가담하였다.

항소심에서 가난한 피고인을 대변하도록 지정된 변호인이 사건을 검토한 결과 항소가 무가치하다는 판단이 설 경우에 취해야 할 조치들에 관한 법률조항들을 및 선례들을 헌법적 차원에서 검토하였다. 변호인으로서 충분하고 효과적인 항소심 조력을 의뢰인에게 제공하여야 할 책무의, 그리고 무가치한 주장으로써 법원을 우롱하지 말아야 할 책무의 양자 사이의 균형점을 모색하였다.

2. 선례들

변호인이 취할 조치에 관하여 다음의 절차기준을 이 사건이 있기 이전의 판례들은 요구하고 있었다.

1) 옛 캘리포니아주 절차기준

항소가 "실익" 없음을 진술하는 최종 서면을 항소심 변호인으로 하여금 제출하고서 사임하도록, 그리고 새로운 변호인의 지정 없이 기록에 대한 검토에 따라 유죄판정을 항소법원으로 하여금 인가하도록 허용하였다. 실익 없는 항소라는 한 단락으로 된 "최소한의 결론"만을 변호인에게 요구하였다. 실제로 무가치한 항소가 아님에도 불구하고 이 같은 요청들을 허가하게 될 위험에 대비하는 데 불충분한 것으로 나중의 Anders 판결에서 판시되었다. 사건이 무가치하다는 판정이 있을 때까지 변호인을 가질 권리를, 그리고 무가치하지 않은 항소를 위한 실체적 사항에 관한 준비서면을 누릴 권리를 침해하는 것으로더 나중의 Penson 판결에서 판시되어 폐기되었다.

2) Griffin v. Illinois, 351 U. S. 12 (1956)

오심영장(writ of error)에 의한 항소심 재심리의 권리를 형사 정식사실심리에서 유죄로 판정된 모든 사람에게 부여하면서도, 항소법원에 이의사유서(a bill of exceptions)를 제공함으로써 또는 정식사실심리 판사의 인증을 받은 정식사실심리 절차들의 의사록(report)을 제공함으로써만 완전한 직접항소의 재심리는 보장될 수 있게 일리노이주법은 하고 있었는데, 정식사실심리 절차들에 대한 기록 전사등본 없이는 이 같은 서류들을 준비하는 것이 때때로 불가능하였다. 사형이 선고된 가난한 피고인들에게는 기록 전사등본이 무료로 제공되었으나, 그 밖의 모든 형사사건들에 있어서 등본을 필요로 하는 피고인들은 그들 스스로 이를 구매하지 않으면 안 되었다.

가난한 피고인들의 지위에서 기록 전사등본을 무료로 제공해 달라고 일리노이주 법원에서 무기소지 강도죄(armed robbery)로 유죄판정을 받은 Griffin 외 1명의 청구인들은 그 정식사실심리 법원에 신청하였으나, 그 신청은 기각되었다. 자신들에 대한 유죄판정의 파기를 구하는 청구를, 주 헌법상의 또는 연방헌법상의 문제들만을 대상으로 하는 일리노이주 유죄판정 사후청문법(Post-Conviction Hearing Act)에 근거하여 그들은 제기하였는데, 적법절차와 평등보호의 박탈에 단지 궁핍을 이유로 하는 완전한 항소심 재심리 부여의 거부는 해당된다고 주장하였다. 이 청구 역시 기각되었고, 청구인들의 주장에 헌법사항이 포함되어 있지 않다는 이유로 1심판결을 일리노이주 대법원은 인가하였다. 사건기록 송부명령을 내려 사건을 자신 앞에 연방대법원은 가져왔다.

원심판결을 평등보호 조항에 및 적법절차 조항에 근거하여 연방대법원은 파기하고 사건을 환송하였는데, 1215년에 마그나 카르타(Magna Charta)에서 국왕의 양보를 평등한 재판을 가난한 사람들에게와 부유한 사람들에게, 약한 사람들에게와 강한 사람들에게 다 같이 제공하고자 하는 희망이 불러냈음을 연방대법원은 상기시켰다. 형사 정식사실심리들에 있어서 가난을 이유로 피고인들을 차별할 수 없음은 종교를, 인종을, 또는 피부색을 이유로 차별할 수 없음에 같으며, 개인이 향유하는 항소의 종류가 그가 가진 돈의 양에 달려 있을 경우에는 평등한 재판은 있을 수 없다고 연방대법원은 말하였다. 이로써, 충분한 항소심 재심리를 평등하게 제공하기 위하여 빈곤한 피고인들에게 기록 전사등본들이 무료로 제공되어야 하는 것이 되었다.

3) Ellis v. United States, 356 U. S. 674 (1958) (per curiam)

항소심 변호인에게 부과된 연방 제정법상의 요구들을 다룬 사건이다. 항소가 무가치함을 실한 조사 뒤에 확신하면 사임을 변호인은 성요청할 수 있다. 있을 수 있는 항소 이유들을 변호인이 공들여서 조사했음을 납득하고 사건에 대한 변호인의 평가에 동의할 경우에 법원은 사임을 허가하고 항소의 허가를 거부할 수 있다고 판시하였다. (Ellis, supra, at 675.)

4) Douglas v. California, 372 U. S. 353 (1963)

pp. 245-248을 보라.

5) Anders 절차기준(1967)

Anders v. California, 386 U. S. 738 (1967)에서 연방대법원은, 위 (1)의 옛 캘리포니아주 절차의 위험성과 불충분성을 인정하여 이를 거부한 다음, 항소심에서 변호인의 조력을 받을 피고인의 헌법적 권리를 보호하기 위한 대안을 제시하였다: 즉, 만약 변호인이 피고인의 주장사실에 대한 성실한 조사 뒤에 그것을 전적으로 무가치한 것으로 판단하면, 그는 법원에 그렇게 알리고 사임 허가를 요청하여야 한다. 그러나 그 요청에는 항소를 뒷받침하는 것으로 주장될 수 있는 기록 안의 모든 사항을 적시하는(referring to anything in the record that might arguably support the appeal) 준비서면이 첨부되지 않으면 안 된다. 변호인의 준비서면 부본은 가난한 피고인에게 제공되어야 하며 그리고 피고인으로 하여금 그가 고르는 모든 쟁점들을 제기하도록 시간이 허용되어야 한다; 그 때에 법원 - 변호인이 아니라 - 은 그 모든 절차들에 대한 충분한 검토 뒤에, 사건이 전적으로 무가치한지 여부를 판단하는 데 나아간다. 만약 전적으로 무가치하다고 판단하면, 법원은 변호인의 사임 요청을 허가하고서, 연방의 요구들이 관련된 한도 내에서 항소를 기각할 수 있고, 또는 주 법이 요구하는 경우에는 실체적 사항들에 대한 판단에 나아갈 수 있다. 그 반대로, 만약 법적 쟁점들이 중 어느 한 가지가라도 무가치하지 않은 것으로 법원이 판단하면, 항소를 주장하게 하기 위하여 변호인의 조력을 가난한 피고인에게 법원은 제공하지 않으면 안 된다. (id., at 744.)

6) Wende 절차기준(1979)

People v. Wende, 25 Cal.3d 436, 441-442, 600 P. 2d 1071, 1074-1075 (1979)에서 확립되고 그 이후 다수의 사건들에서 준수되어 온 캘리포니아주의 새로운 절차기준이다. 항소가 무가치한 것이 될 것이라고 결론지을 경우에 기록의 인용을 덧붙인 사건의 절차적 및 사실적 경위를 요약하는 준비서면을 법원에 변호인은 제출한다. 기록을 자신이 검토했음을, 사건에 대한 자신의 평가를 자신의 의뢰인에게 설명했음을, 준비서면 사본을 의뢰인에게 제공했음을, 본인 작성의(pro se) 보충 준비서면을 제출할 권리를 의뢰인에게 고지했음을 변호인은 선언한다. 주장 가능한 쟁점들을 위하여 독자적으로 기록을 검토해 달라고 법원에 그는 요청한다. Anders 절차에서와는 달리, 항소가 무가치한 것이 될 것이라는 결론으로 자신을 자신의 검토가 이끌어 주었음을 변호인은 명시적으로 진술하지도, 사임을 허용하여 달라고 요청하지도 않는다. 사건의 실체적 사항에 대하여 묵비하는 채로, 법원이 설명을 바라는 쟁점이 있으면 어떤 점에 대해서든 자신을 이용해 주기를 바란다는 점을 그는 표명한다. Wende 준비서면을 수령하면 전체 기록에 대한 재심리를 법원은 수행하지 않으면 안 되는데, 본인 작성의 준비서면을 피고인이 제출했는지 여부는 상관이 없다. 항소를 무가치한 것으로 기록에 대한 재심리 뒤에 판단하면 원심판결을 항소법원은 인가할 수 있다. 무가치하지 않은 쟁점을 항소법원이 찾아내게 되면, 그 쟁점에 대한 설명을 항소법원은 명령한다.

7) Strickland v. Washington, 466 U. S. 668 (1984)

실체적 사항에 관한 준비서면을 제출하기를 게을리 함에 있어서 항소심 변호인이 무력했다는 피고인의 주장을 평가하기 위한 정당한 기준을 밝혔다. 항소심에서의 주장 가능한 쟁점들을 발견하지 못한 데 있어서 자신의 변호인이 객관적으로 부당하였음을 피고인은 먼저 증명하지 않으면 안 된다. 그 다음으로 불이익(prejudice)을 그는 증명할 책임이 있다. 피고인의 불이익이 추정되는 사건들의 세 가지 범주는 항소심에서의 변호인의 완전한 박탈이, 변호인의 조력에 대한 주(state)의 간섭이, 또는 변호인 쪽에서의 이익의 실제적 충돌(an actual conflict of interest)이 있는 경우이다. pp. 565-573을 보라.

8) McCoy 절차기준(1988)

Anders 절차기준에 대한 위스콘신주의 변경조치에 대하여 제기된 이의를 McCoy v. Court of Appeals of Wis., Dist. 1, 486 U. S. 429 (1988)에서 연방대법원은 기각하였다. Anders 판결과는 달리, 어째서 실익을 그 제기된 각각의 쟁점이 결여하는지를 Anders 준비서면들에서 논하도록 위스콘신주는 요구하였다. Anders 판결에 이 규칙이 어긋난다고, 그리고 자신의 고객에 대한 윤리규범상의 의무를 위반하도록 변호인에게 강요한다고 피고인은 주장하였으나, 무가치한 주장들을 법원에 제기할 권리를 항소심에서의 대변을 누릴 권리는 포함하지 않는다는 점을, "무가치한 항소를 수행하기를 거부할 의무를" 변호사는 "진다."는 점을 연방대법원은 강조하였다. Anders 판결이 목적으로 삼는 것은 단지 "가난한 피고인의 헌법적 권리들이 침해되지 않았음을 법원에게 보장하여 주는 것"임을, 그리고 이 같은 보장을 위스콘신주 절차는 충분하게 제공하였기 때문에 Anders 판결로부터의 변형에도 불구하고 헌법위반은 인정되지 않음을 연방대법원은 판시하였다.

9) Penson v. Ohio, 488 U. S. 75 (1988)

사건을 검토한 결과 무가치한 항소라고 변호인이 판단할 경우에 변호인에게 사임을 허가하고 새로운 변호인의 지정 없이 판결하도록 허용하는 옛 캘리포니아주 절차기준은 사건이 무가치한 것으로 판정될 때까지 변호인을 가질, 그리고 무가치하지 않은 항소를 위한 실체적 사항에 관한 준비서면을 누릴, Douglas v. California, 372 U. S. 353 (1963) 판결에 기한 권리에 대한 근본적인 침해를 허용하는 것이라고 판시하여 옛 캘리포니아주 절차기준을 폐기하였다.

3. 사실관계

피청구인은 캘리포니아주 법원에서 2급살인 및 중절도죄로 유죄판정을 받고 17년에서 종신형까지를 선고받았다. 그는 정식사실심리 때에 자기 스스로 자신을 대변하기를 택하였으나, 항소심에서는 지정 변호인을 제공받았다. 항소가 무가치할 것으로 결론짓고서 Wende 절차에 부합되는 준비서면을 캘리포니아주 항소법원에 그의 지정 변호인은 제출하였다. 이에 아울러 본인 작성의 보충 준비서면을 제출할 Wende 판결에 기한 자신의 권리를 피청구인은 이용하였다.

사건에 대한 변호인의 평가에 동의하면서 원심판결을 캘리포니아주 항소법원은 인가하였다. 재심리를 구하는 피청구인의 청구를 캘리포니아주 대법원은 기각하였다.

주가 허용하는 유죄판정 사후 구제수단들을 모두 거친 뒤에 인신보호영장 청구를 연방지방법원에 피청구인은 제기하였다. Anders v. California, 386 U. S., at 744 기준을 자신의 항소심 변호인의 Wende 준비서면이 준수하지 못하였기 때문에 항소심에서의 효과적인 변호인의 조력을 자신은 박탈당하였다고 주장하였다.

Anders 판결에 따라 변호인으로서 준비서면에서 제기했어야 할 쟁점들이 적어도 두 가지가 있다고, 그 쟁점들을 준비서면에 포함시키지 아니함으로써 Anders 판결의 절차기준으로부터 피청구인의 항소심 변호인이 이탈하였다고 연방지방법원은 결론지었다. 30일 이내의 새로운 항소를 피청구인에게 허용하든지, 아니면 그를 구금에서 석방하라고 캘리포니아주에게 연방지방법원은 명령하였다.

연방지방법원이 확인한 주장 가능한 두 가지 쟁점들을 변호인이 적시하지 않았었기 때문에 연방지방법원의 구제의 부여는 적절했다고 항소법원은 결론지으면서도, 연방지방법원으로 하여금 정식사실심리에서의 오류들에 관한 피청구인의 주장들을 고찰하게 하기 위하여 사건을 항소법원은 환송하였다. 사건기록 송부명령을 연방대법원은 허가하였다.

4. 쟁점

"항소를 뒷받침하는 것으로 주장될 수 있는 모든 사항을 적시"하라는 Anders v. California, 386 U. S., at 744를 항소심 지정 변호인의 Wende 준비서면이 준수하지 못한 것만으로 항소심에서의 효과적인 조력을 피고인이 박탈당한 것인지 여부가, 그리고 반사적으로 Anders 절차기준은 지정 변호인의 업무수행이 헌법적 검열에 합격할 수 있는 관문이 되는 유일한, 즉 배타적인(exclusive) 기준인지 여부가 쟁점이 되었다.

5. 토마스(THOMAS) 판사가 쓴 법원의 의견의 요지

Anders 절차기준은 가난한 형사 피고인들의 항소를 위한 연방헌법의 요구를 충족시키는 한 가지 방법일 뿐이다; 항소심에서 변호인의 조력을 받을 피고인의 권리를 충분히 보장하는 한, 다른 절차들을 주들은 채택할 수 있다. 연방헌법 수정 제14조에 캘리포니아주의 Wende 절차기준은 위반되지 않는다.

"가난한 피고인들을 위한 충분한 및 효과적인 항소심 재심리"를 부여하도록 주 절차에 대하여 연방헌법 수정 제14조의 평등보호 조항은 및 적법절차 조항은 요구한다. 항소의 실익에 관련을 지닌 한 가지 방법으로 가난한 피고인의 항소가 해결되도록 정당하게 보장하는 한, 이 같은 재심리를 주 절차는 제공하는 것이다.

이 기준을 특정의 절차가 충족하는지 여부를 판정함에 있어서는, 그 절차가 봉사해야 할 그 토대에 놓인 목표들에 — 즉 Douglas 판결에 의하여 요구되는 변호인을, 그리고 실체적 사항에 관한 준비서면을 무가치하지 않은 항소들을 제기하는 가난한 사람들로 하여금 누리도록 보장하는 데에, 그리고 무가치한 항소들에 보조금이 지급되지 않도록 그리고 불필요하게 공공자금이 낭비되지 않도록 그 자신을 주(State)로 하여금 보호할 수 있게 해 주는 데에 — 초점을 맞추는 것이 중요하다. 가난한 형사 피고인들을 위하여 충분한 및 효과적인 항소심 재심리를 제공한다고 말하기에 Wende 절차기준은 충분하다.

Justice Thomas delivered the opinion of the Court.

Not infrequently, an attorney appointed to represent an indigent defendant on appeal concludes that an appeal would be frivolous and requests that the appellate court allow him to withdraw or that the court dispose of the case without the filing of merits briefs. In Anders v. California, 386 U. S. 738 (1967), we held that, in order to protect indigent defendants' constitutional right to appellate counsel, courts must safeguard against the risk of granting such requests in cases where the appeal is not actually frivolous. We found inadequate California's procedure - which permitted appellate counsel to withdraw upon filing a conclusory letter stating that the appeal had "no merit" and permitted the appellate court to affirm the conviction upon reaching the same conclusion following a review of the record. We went on to set «528 U. S., 265» forth an acceptable procedure. California has since adopted a new procedure, which departs in some respects from the one that we delineated in Anders. The question is whether that departure is fatal. We hold that it is not. The procedure we sketched in Anders is a prophylactic one; the States are free to adopt different procedures, so long as those procedures adequately safeguard a defendant's right to appellate counsel.

I

A

Under California's new procedure, established in People v. Wende, 25 Cal.

법원의 의견을 토마스(THOMAS) 판사가 냈다.

드물지 않게, 가난한 피고인을 항소심에서 대변하도록 지정된 변호사는 항소가 무가치할 것으로 결론짓고서 자신의 사임을 허용해 달라고, 또는 실체적 사항에 관한 준비서면들의 제출 없이 사건을 처분해 달라고 항소법원에 요청한다. 항소심 변호인을 누릴 가난한 피고인들의 헌법적 권리를 보호하기 위하여, 항소가 실제로는 무가치하지 아니함에도 불구하고 이 같은 요청들을 허용하게 될 위험에 대비한 보호수단을 법원들은 강구하지 않으면 안 된다고 Anders v. California, 386 U. S. 738 (1967)에서 우리는 판시하였다. "아무런 실익"을도 항소가 지니고 있지 않음을 진술하는 최종서면을 제출하고서 사임하도록 항소심 변호인에게 허용한, 그리고 기록에 대한 재검토에 이어 동일한 결론에 이르렀음에 의거하여 유죄판정을 인가하도록 항소심 법원에게 허용한 캘리포니아주 절차기준은 불충분하다고 우리는 판단하였다. 더 나아가 한 가지 «528 U. S., 265» 받아들일 만한 절차를 우리는 설명하였다. 그 이래 한 개의 새로운 절차를 캘리포니아주는 채택하여 왔는데, Anders 판결에서 우리가 윤곽 잡았던 절차로부터 일부의 점들에 있어서 그것은 이탈한다. 문제는 그 이탈이 치명적인 것인지 여부이다. 그것은 치명적인 것이 아니라고 우리는 판시한다. 개요를 Anders 판결에서 우리가 말하였던 그 절차기준은 예방적인 절차기준이다; 항소심에서의 변호인을 누릴 피고인의 권리를 충분히 보장하는 한, 다른 절차기준들을 주들은 자유로이 채용할 수 있다.

I

A

People v. Wende, 25 Cal.3d 436, 441-442, 600 P. 2d 1071, 1074-1075 (1979)에서 확

3d 436, 441-442, 600 P. 2d 1071, 1074-1075 (1979), and followed in numerous cases since then, see, e. g., People v. Rowland, 75 Cal. App. 4th 61, 63, 88 Cal. Rptr. 2d 900, 901 (1999), counsel, upon concluding that an appeal would be frivolous, files a brief with the appellate court that summarizes the procedural and factual history of the case, with citations of the record. He also attests that he has reviewed the record, explained his evaluation of the case to his client, provided the client with a copy of the brief, and informed the client of his right to file a pro se supplemental brief. He further requests that the court independently examine the record for arguable issues. Unlike under the Anders procedure, counsel following Wende neither explicitly states that his review has led him to conclude that an appeal would be frivolous (although that is considered implicit, see Wende, 25 Cal. 3d, at 441-442, 600 P. 2d, at 1075) nor requests leave to withdraw. Instead, he is silent on the merits of the case and expresses his availability to brief any issues on which the court might desire briefing. See generally id., at 438, 441-442, 600 P. 2d, 1072, 1074-1075.

The appellate court, upon receiving a "Wende brief," must "conduct a review of the entire record," regardless of whether the defendant has filed a pro se brief. Id., at 441-442, 600 P. 2d, at 1074-1075. The California Supreme Court «528 U. S., 266» in Wende required such a thorough review notwithstanding a dissenting Justice's argument that it was unnecessary and exceeded the review that a court performs under Anders. See 25 Cal. 3d, at 444-445, 600 P. 2d, at 1077 (Clark, J., concurring in judgment and dissenting in part); see also id., at 444, 600 P. 2d, at 1076 ("The precise holding in Anders was that a 'no merit' letter …… 'was not enough.' …… Just what is 'enough' is not clear, but the majority of the court in that case did not require an appellate court to function as cocounsel"). If the appellate court, after its review of the record pursuant to Wende, also finds the appeal to be frivolous, it may

립되고 그 이후 다수의 사건들에서 준수되어 온 캘리포니아주의 새로운 절차기준 아래서는, see, e.g., People v. Rowland, 75 Cal. App. 4th 61, 63, 88 Cal. Rptr. 2d 900, 901 (1999), 항소가 무가치한 것이 될 것으로 자신이 결론지을 경우에 기록의 인용을 덧붙인 사건의 절차적 및 사실적 경위를 요약하는 준비서면을 법원에 변호인은 제출한다. 이에 아울러 기록을 자신이 검토했음을, 사건에 대한 자신의 평가를 자신의 의뢰인에게 설명했음을, 준비서면 사본을 의뢰인에게 제공했음을, 본인 작성의 보충 준비서면을 제출할 권리를 의뢰인에게 고지했음을 그는 선언한다. 더 나아가 주장 가능한 쟁점들을 위하여 독립적으로 기록을 검토해 달라고 법원에 그는 요청한다. 항소가 무가치한 것이 될 것이라는 결론으로 자신을 자신의 검토가 이끌어 주었음을 Anders 절차기준에서와는 달리 Wende 절차기준에서의 변호인은 명시적으로 진술하지도 않고 (비록 그것이 내재된 것으로 간주되더라도 마찬가지이다. Wende, 25 Cal.3d at 441–442, 600 P. 2d, at 1075를 보라), 사임을 허용하여 달라고 요청하지도 않는다. 그렇게 하기보다, 사건의 실체적 사항에 대하여 묵비하는 채로, 설명을 바라는 쟁점이 있으면 어떤 점에 대해서든 이를 설명하도록 자신을 법원이 이용해 주기를 바란다는 점을 그는 표명한다. 일반적으로 id., at 438, 441-442, 600 P. 2d, 1072, 1074-1075을 보라.

"Wende 준비서면"을 수령하면 "전체 기록에 대한 재검토를" 항소법원은 "수행"하지 않으면 안 되는데, 본인 작성의 준비서면을 피고인이 제출했는지 여부에 상관이 없다. id., at 441-442, 600 P. 2d, at 1074-1075. 이 같은 철저한 재검토는 «528 U. S., 266» 필요하지 않다는, 그리고 Anders 판결에 따라 법원이 수행하는 재검토를 그것은 넘어선다는 반대의견의 판사 한 명의 주장에도 불구하고 이를 Wende 사건에서 캘리포니아주 대법원은 요구하였다. 25 Cal.3d at 444-445, 600 P. 2d, at 1077 (클라크 판사, 판결주문에 찬동하고 의견 일부에 반대함)을; 아울러 id., at 444, 600 P. 2d, at 1076 ("Anders 판결에서의 정확한 판시는 …… '실익 없음'의 서면으로는 '충분하지 않다'는 것이었다 …… 정확하게 무엇이 '충분'한지는 명확하지 않지만, 항소법원으로 하여금 공동변호인으로서 기능하도록 그 사건에서 다수 판사들은 요구하지 않았다.")를 보라. 만약 항소를 무가치한 것으로 wende 절차기준에 따른 자신의 기록 재검토 뒤에 항소법원이 역시 판단하면, 원심판결을 항소법원은 인가할 수 있다. id., at 443, 600 P. 2d, at 1076 (다수의견)을 보라. 그러나 어떤 주장 가능한 (예

affirm. See id., at 443, 600 P. 2d, at 1076 (majority opinion). If, however, it finds an arguable (i. e., nonfrivolous) issue, it orders briefing on that issue. Id., at 442, n. 3, 600 P. 2d, at 1075, n. 3.[1]

B

In 1990, a California state-court jury convicted respondent Lee Robbins of second-degree murder (for fatally shooting his former roommate) and of grand theft of an automobile (for stealing a truck that he used to flee the State after committing the murder). Robbins was sentenced to 17 years to life. He elected to represent himself at trial, but on appeal «528 U. S., 267» he received appointed counsel. His appointed counsel, concluding that an appeal would be frivolous, filed with the California Court of Appeal a brief that complied with the Wende procedure.[2] Robbins also availed himself of his right under Wende to file a pro se supplemental brief, filing a brief in which he contended that there was insufficient evidence to support his conviction and that the prosecutor violated Brady v. Maryland, 373 U. S. 83 (1963), by failing to disclose exculpatory evidence.

The California Court of Appeal, agreeing with counsel's assessment of the case, affirmed. The court explained that it had "examined the entire record" and had, as a result, concluded both that counsel had fully complied with his

---

1) In addition to this double review and double determination of frivolity, California affords a third layer of review, through the California Appellate Projects, described in a recent opinion by the California Court of Appeal for the First District:

"[The appellate projects] are under contract to the court; their contractual duties include review of the records to assist court-appointed counsel in identifying issues to brief. If the court-appointed counsel can find no meritorious issues to raise and decides to file a Wende brief, an appellate project staff attorney reviews the record again to determine whether a Wende brief is appropriate. Thus, by the time the Wende brief is filed in the Court of Appeal, the record in the case has been reviewed *both* by the court-appointed counsel (who is presumably well qualified to handle the case) *and* by an experienced attorney on the staff of [the appellate project]." People v. Hackett, 36 Cal. App. 4th 1297, 1311, 43 Cal. Rptr. 2d 219, 228 (1995).

2) Before filing his Wende brief, counsel consulted with the California Appellate Project for the Second District Court of Appeal and received its permission to file such a brief. App. 43.

컨대 무가치하지 않은) 쟁점을 만약 항소법원이 찾아내게 되면, 그 쟁점에 대한 설명을 항소법원은 명령한다. id., at 442, n. 3, 600 P. 2d, at 1075, n. 3.[1]

B

피청구인 리 로빈스(Lee Robbins)를 2급살인(자신의 전 동거인을 쏘아 살해하였다는 점)에 대하여, 그리고 자동차 한 대의 중절도(살인을 저지른 뒤에 주를 벗어나기 위하여 트럭 한 대를 훔쳐 사용하였다는 점)에 대하여 유죄로 1990년에 캘리포니아주 법원의 배심은 판정하였다. 로빈스(Robbins)에게 17년에서 종신형까지가 선고되었다. 자기 스스로 자신을 대변하기를 정식사실심리 때 그는 택하였으나, 항소심에서는 «528 U. S., 267» 지정 변호인을 제공받았다. 그의 지정 변호인은 항소가 무가치할 것으로 결론짓고서 Wende 절차기준에 부합되는 준비서면을 캘리포니아주 항소법원에 제출하였다.[2] 이에 아울러 본인 작성의 보충 준비서면을 제출할 Wende 판결에 기한 자신의 권리를 로빈스(Robbins)는 이용하였는데, 자신에 대한 유죄판정은 증거가 충분하지 않음을, 그리고 무죄를 뒷받침하는 증거를 검찰관이 제시하지 아니함으로써 Brady v. Maryland, 373 U. S. 83 (1963)을 그가 위반하였음을 주장하는 준비서면을 로빈스(Robbins)는 제출하였다.

사건에 대한 변호인의 평가에 동의하면서 원심판결을 캘리포니아주 항소법원은 인가하였다. "전체 기록을" 자신이 "검토"하였음을, 그 결과로서 Wende 판결에 기

1) 무가치성(frivolity)에 대한 이 두 겹의 재검토를 및 두 겹의 판정을 이외에도, 캘리포니아주 제1지구 항소법원(the California Court of Appeal for the First District)의 최근의 의견 한 개에 기술된, 캘리포니아주 항소 지원사업소(the California Appellate Projects)를 통한 세 번째 겹의 재검토를 캘리포니아주는 제공한다:
"[항소 지원사업소는] 법원과의 사이에 계약이 체결되어 있다; 준비서면에 포함시켜야 할 쟁점들을 확인하는 데 있어서 법원 지정의 변호인들을 조력하기 위한 기록들의 재검토를 그들의 계약상의 의무사항들은 포함한다. 만약 제기할 실익 있는 쟁점들을 법원 지정의 변호인이 발견할 수 없으면, 그리하여 Wende 준비서면을 제출하기로 그가 결정하면, 기록을 항소 지원사업소의 자문변호사 한 명이 다시 검토하여 Wende 준비서면이 적절한지 여부를 판정한다. 이렇게 함으로써, 항소법원에 Wende 준비서면이 제출된 시점에서는 그 사건에서의 기록은 법원 지정의 변호인(그 사건을 처리할 수 있는 자격을 넉넉히 갖춘 것으로 그는 추정된다)에 의하여 및 [항소 지원사업소]의 노련한 자문 변호사에 의하여 *다 같이* 재검토 되어 있는 것이 된다." People v. Hackett, 36 Cal. App. 4th 1297, 1311, 43 Cal. Rptr. 2d 219, 228 (1995).

2) 자신의 Wende 준비서면을 제출하기에 앞서, 제2지구 관할 항소법원을 위한 캘리포니아주 항소 지원사업소에게 변호인은 상담하였고, 그 같은 준비서면을 제출하도록 허가를 변호인은 받았다. App. 43.

responsibilities under Wende and that "no arguable issues exist." App. 39. The court added that the two issues that Robbins raised in his supplemental brief had no support in the record. Ibid. The California Supreme Court denied Robbins's petition for review.

After exhausting state postconviction remedies, Robbins filed in the United States District Court for the Central District of California the instant petition for a writ of habeas corpus pursuant to 28 U. S. C. § 2254.[3] Robbins renewed his Brady claim, argued that the state trial court had erred by not allowing him to withdraw his waiver of his right to trial counsel, and added nine other claims of trial error. In addition, and most importantly for present purposes, he claimed that he had been denied effective assistance of appellate counsel because his appellate counsel's Wende brief failed to comply with Anders v. California, 368 U. S., at 744. Anders «528 U. S., 268» set forth a procedure for an appellate counsel to follow in seeking permission to withdraw from the representation when he concludes that an appeal would be frivolous; that procedure includes the requirement that counsel file a brief "referring to anything in the record that might arguably support the appeal," ibid.

The District Court agreed with Robbins's last claim, concluding that there were at least two issues that, pursuant to Anders, counsel should have raised in his brief (in a Wende brief, as noted above, counsel is not required to raise issues): first, whether the prison law library was adequate for Robbins's needs in preparing his defense after he elected to dismiss his appointed counsel and proceed pro se at trial, and, second, whether the trial court erred

3) The Antiterrorism and Effective Death Penalty Act of 1996, 110 Stat. 1214, which amended § 2254 and related provisions, does not apply to respondent's habeas petition, since he filed his petition before that Act's effective date of April 24, 1996. See Lindh v. Murphy, 521 U. S. 320 (1997).

한 책무를 변호인이 충실히 이행한 것으로, 그리고 이에 아울러 “주장 가능한 쟁점들은 존재하지 않는” 것으로 자신이 결론지은 터임을 캘리포니아주 항소법원은 설명하였다. App. 39. 그의 보충 준비서면에서 로빈스(Robbins)가 제기한 두 가지 쟁점들은 기록상 아무런 근거가 없다고 캘리포니아주 항소법원은 덧붙였다. Ibid. 재심리를 구하는 로빈스(Robbins)의 청구를 캘리포니아주 대법원은 기각하였다.

주가 허용하는 유죄판정 사후 구제수단들을 모두 다 거친 뒤에 이 사건 인신보호영장 청구를 캘리포니아주 중부지구 관할 미합중국 지방법원에 28 U. S. C. § 2254에 따라 로빈스(Robbins)는 제기하였다.[3] Brady 판결에 기한 자신의 주장을 로빈스(Robbins)는 반복하였고, 정식사실심리 변호인을 누릴 자신의 권리에 대한 포기를 철회하도록 자신에게 허용하지 아니함으로써 오류를 주(state) 정식사실심리 법원이 저질렀던 것이라고 그는 주장하였으며, 정식사실심리의 오류에 관한 그 밖의 아홉 가지의 주장들을 그는 덧붙였다. 이에 덧붙여 항소심에서의 실질적인 변호인의 조력을 자신이 박탈당하였다고 그는 주장하였다, 그리고 현재의 심리의 목적을 위하여 가장 중요한 점으로서, Anders v. California, 386 U. S., at 744를 자신의 항소심 변호인의 Wende 준비서면이 준수하지 못하였기 때문에 항소심에서의 실질적인 변호인의 조력을 자신은 박탈당한 것이라고 주장하였다. 항소가 «528 U. S., 268» 무가치하다고 항소심 변호인이 결론지을 경우에 사임의 허가를 구함에 있어서 변호인이 준수해야 할 한 가지 절차를 Anders 판결은 제시하였다; “항소를 뒷받침하는 것으로 주장될 수 있는 기록상의 모든 사항을 적시하는” 준비서면을 변호인이 제출해야 한다는 요구를 그 절차는 포함한다. ibid.

로빈스(Robbins)의 맨 끝의 주장에 연방지방법원은 동의하였는데, Anders 판결에 따라 변호인으로서 그의 준비서면에서 제기했어야 할 쟁점들이 적어도 두 가지가 있다고 연방지방법원은 결론지었다 (위에서 언급한 바처럼 쟁점들을 제기하도록 Wende 준비서면에서는 변호인은 요구되지 않는다): 즉 첫째로, 자신의 지정 변호인을 해임하고서 정식 사실심리에서 본인 스스로에 의하여 절차를 진행하기를 로빈스가 선택한 이후에 그의 방어를 준비하는 데 있어서의 그의 필요사항들을 제공하기에 감옥 법률도서관이 충분했는

3) 피청구인의 인신보호영장 청구에 § 2254 및 관련조항들을 개정한 1996년 테러방지 및 유효사형법, 110 Stat. 1214, 은 적용되지 않는 바, 왜냐하면 자신의 청구를 위 법률의 발효일인 1996년 4월 24일 이전에 그는 제기하였기 때문이다. Lindh v. Murphy, 521 U. S. 320 (1997)을 보라.

in refusing to allow him to withdraw his waiver of counsel. The District Court did not attempt to determine the likelihood that either of these two issues would have prevailed in an appeal. Rather, it simply concluded that, in the language of the Anders procedure, these issues "might arguably" have "support[ed] the appeal," App. 51, n. 6 (citing Anders), and thus that Robbins's appellate counsel, by not including them in his brief, deviated from the procedure set forth in Anders. The court concluded that such a deviation amounted to deficient performance by counsel. In addition, rather than requiring Robbins to show that he suffered prejudice from this deficient performance, the District Court applied a presumption of prejudice. App. 49. Thus, based simply on a finding that appellate counsel's brief was inadequate under Anders, the District Court ordered California to grant respondent a new appeal within 30 days or else release him from custody.

The United States Court of Appeals for the Ninth Circuit agreed with the District Court on the Anders issue. In the Ninth Circuit's view, Anders, together with Douglas v. California, 372 U. S. 353 (1963), which held that States must provide appointed counsel to indigent criminal defendants on appeal, "set forth the exclusive procedure through which ap- «528 U. S., 269» pointed counsel's performance can pass constitutional muster." 152 F. 3d 1062, 1066 (1998). Rejecting petitioner's argument that counsel's brief was sufficient because it complied with Wende, the Ninth Circuit concluded that the brief was deficient because it did not, as the Anders procedure requires, identify any legal issues that arguably could have supported the appeal. 152 F. 3d, at 1066-1067.[4] The court did not decide whether a counsel's deviation

4) In subsequent cases, the Ninth Circuit has reiterated its view that the Wende procedure is unconstitutional because it differs from the Anders procedure. See Delgado v. Lewis, 181 F. 3d 1087, 1090, 1093, stay granted pending disposition of pet. for cert., 527 U. S.1066 (1999); Davis v. Kramer, 167 F. 3d 494, 496, 497–498 (1999), cert. pending, No. 98–1427.

지 여부이고, 그리고 둘째로, 변호인에 대한 그의 포기를 취소할 수 있도록 그에게 허용하기를 거부한 데 있어서 오류를 정식사실심리 법원이 저질렀는지 여부 등이다. 항소에서 효험을 이 두 가지 쟁점들이 중 어느 한 가지가라도 거두었을 가능성을 판단하려고 연방지방법원은 시도하지 않았다. 오히려, Anders 절차기준에서 사용된 용어로 말하여 이 쟁점들은 "항소를 뒷받침하[였을] 것으로 주장될 수 있"다고, App. 51, n. 6 (Anders 판결을 인용함), 그러므로 그 쟁점들을 자신의 준비서면에 포함시키지 아니함으로써 Anders 판결에서 제시된 절차기준으로부터 로빈스(Robbins)의 항소심 변호인은 이탈하였던 것이라고 연방지방법원은 단순히 결론지었다. 변호인의 결함 있는(deficient) 변론수행에 이 같은 이탈은 해당한다고 연방지방법원은 결론지었다. 이에 더하여, 이 결함 있는 변론수행에 의하여 불이익을 입었음을 증명하도록 로빈스(Robbins)에게 요구하지 아니한 채, 불이익의 추정을 연방지방법원은 적용하였다. App. 49. 이처럼 단순히 항소심 변호인의 준비서면이 Anders 기준에 비추어 불충분하다는 판단에만 터잡아, 30일 이내의 새로운 항소를 피청구인에게 허용하든지, 아니면 그를 구금에서 석방하라고 캘리포니아주에게 연방지방법원은 명령하였다.

Anders 쟁점에 관하여 연방지방법원에 제9순회구 미합중국 항소법원은 동의하였다. 지정변호인을 항소심에서의 가난한 형사 피고인들에게 주들이 제공하지 않으면 안 된다고 판시한 Douglas v. California, 372 U. S. 353 (1963) 판결이에 더불어, "헌법적 검열을 지정 변호인의 업무수행이 통과할 수 있는 관문이 되는 «528 U. S., 269» 유일한 절차기준을 제9순회구 항소법원의 견해로는 Anders 판결은 제시하였다." 152 F.3d 1062, 1066 (1998). 변호인의 준비서면이 Wende 기준을 준수했으므로 이로써 충분했다는 청구인의 주장을 제9순회구 항소법원은 기각하면서, 항소를 뒷받침했을 수 있다고 주장될 수 있는, Anders 판결이 요구하는 법적 쟁점들을 변호인의 준비서면이 전혀 확인하지 아니하였기 때문에 그것은 결함이 있다고 제9순회구 항소법원은 결론지었다. 152 F.3d at 1066-1067.[4] 한 개의 새로운 항소를 Anders 절차기준으로부터의 변호인의 일탈이 그 자체만으로 정당화하는지 여부를 제9순

4) Wende 절차기준은 Anders 절차기준이와는 다르기 때문에 위헌이라는 자신의 견해를 뒤이은 사건들에서 제9순회구 항소법원은 반복하였다. Delgado v. Lewis, 181 F. 3d 1087, 1090, 1093, stay granted pending disposition of pet. for cert., 527 U. S.1066 (1999)를; Davis v. Kramer, 167 F. 3d 494, 496, 497–498 (1999), cert. pending, No. 98–1427를 보라.

from Anders, standing alone, would warrant a new appeal, see 152 F. 3d, at 1066-1067, but rather concluded that the District Court's award of relief was proper because counsel had failed to brief the two arguable issues that the District Court identified. The Ninth Circuit remanded, however, for the District Court to consider respondent's 11 claims of trial error. Id., at 1069. The court reasoned that if Robbins prevailed on any of these claims, it would be unnecessary to order the California Court of Appeal to grant a new direct appeal. We granted certiorari. 526 U. S. 1003 (1999).

II

A

In Anders, we reviewed an earlier California procedure for handling appeals by convicted indigents. Pursuant to that procedure, Anders's appointed appellate counsel had filed a letter stating that he had concluded that there was "no merit to the appeal," Anders, 386 U. S., at 739-740. Anders, in response, sought new counsel; the State Court of Appeal denied the request, and Anders filed a pro se appellate brief. That court then issued an opinion that reviewed the four claims in his pro se brief and affirmed, finding no error (or no prejudicial error). People v. Anders, 167 Cal. App. 2d 65, 333 P. 2d «528 U. S., 270» 854 (1959). Anders thereafter sought a writ of habeas corpus from the State Court of Appeal, which denied relief, explaining that it had again reviewed the record and had found the appeal to be "'without merit.'" Anders, 386 U. S., at 740 (quoting unreported memorandum opinion).

회구 항소법원은 판정하지 않은 채, see 152 F.3d at 1066-1067, 연방지방법원이 확인한, 주장 가능한 두 가지 쟁점들을 변호인이 적시하지 않았었기 때문에 연방지방법원의 구제의 부여는 적절했다고 제9순회구 항소법원은 결론지었다. 그러나 정식사실심리에서의 오류들에 관한 피청구인의 열한 가지 주장들을 연방지방법원으로 하여금 고찰하게 하기 위하여 사건을 제9순회구 항소법원은 환송하였다. id., at 1069. 만약 효험을 이 주장들에서 중 어느 한 가지에서라도 로빈스(Robbins)가 거둔다면, 새로운 직접항소(a direct appeal)를 부여하도록 캘리포니아주 항소법원에게 명령할 필요가 없을 것이라고 제9순회구 항소법원은 추론하였다. 사건기록 송부명령을 우리는 허가하였다. 526 U. S. 1003 (1999).

II

A

유죄판정을 받은 가난한 피고인들을 다루기 위한 더 먼저 나와 있던 캘리포니아주 절차기준 한 개를 Anders 사건에서 우리는 검토하였다. 그 절차기준에 따라 "그 항소에는 아무런 실익이 없다"고 자신이 결론지었음을 진술하는 서면을 앤더스의 항소심 지정 변호인은 제출했었다. Anders, 386 U. S., at 739-740. 이에 응하여 새로운 변호인을 앤더스는 지정받고자 하였다; 그 요청을 주 항소법원은 기각하였고, 그리하여 본인 작성의 항소심 준비서면을 앤더스는 제출하였다. 그러자 앤더스 본인 작성의 준비서면상의 네 가지 주장들을 주 항소법원은 검토하고서 아무런 오류를도(또는 아무런 파기사유인 오류를도) 인정하지 아니한 채, 원심판결을 인가하는 의견을 주 항소법원은 냈다. People v. Anders, 167 Cal. App. 2d 65, 333 P. 2d «528 U. S., 270» 854 (1959). 인신보호영장을 주 항소법원으로부터 얻고자 그 뒤로 앤더스는 시도하였으나, 기록을 자신이 검토한 결과 항소가 "실익 없는" 것임을 확인하였다고 설명하면서 구제를 주 항소법원은 거부하였다. Anders, 386 U. S., at 740 (판례집에 실리지 않은 비망록 의견을 인용함).

We held that "California's action does not comport with fair procedure and lacks that equality that is required by the Fourteenth Amendment." Id., at 741. We placed the case within a line of precedent beginning with Griffin v. Illinois, 351 U. S. 12 (1956), and continuing with Douglas, supra, that imposed constitutional constraints on States when they choose to create appellate review.[5] In finding the California procedure to have breached these constraints, we compared it to other procedures we had found invalid and to statutory requirements in the federal courts governing appeals by indigents with appointed counsel. Anders, supra, at 741-743. We relied in particular on Ellis v. United States, 356 U. S. 674 (1958) (per curiam), a case involving federal statutory requirements, and quoted the following passage from it:

"'If counsel is convinced, after conscientious investigation, that the appeal is frivolous, of course, he may ask to withdraw on that account. If the court is satisfied that counsel has diligently investigated the possible grounds of appeal, and agrees with counsel's evaluation of the case, then leave to withdraw may be allowed and leave to appeal may be denied.'" Anders, supra, at 741-742 (quoting Ellis, supra, at 675).

In Anders, neither counsel, the state appellate court on direct appeal, nor the state habeas courts had made any finding of frivolity.[6] We concluded that a finding that the appeal «528 U. S., 271» had "no merit" was not adequate, because it did not mean that the appeal was so lacking in prospects as to be "frivolous": "We cannot say that there was a finding of frivolity by either of the California courts or that counsel acted in any greater capacity

5) The Constitution does not, however, require States to create appellate review in the first place. See, e. g., Ross v. Moffitt, 417 U. S. 600, 606 (1974) (citing McKane v. Durston, 153 U. S. 684, 687 (1894)).

6) The same was true in Ellis itself. See Ellis v. United States, 249 F. 2d 478, 480–481 (CADC 1957) (Washington, J., dissenting) ("Counsel …… concluded that the rulings of the District Court were not 'so clearly erro- «528 U. S., 271» neous as to constitute probable error.' …… Where, as here, there was a fairly arguable question, counsel should have proceeded to present argument"), vacated and remanded, 356 U. S. 674 (1958) (per curiam).

"공평한 절차에 캘리포니아주의 처분은 부합되지 않으며 연방헌법 수정 제14조에 의하여 요구되는 그 평등을 그것은 결여하고 있다."고 우리는 판시하였다. id., at 741. 항소심 재심리를 창설하는 쪽을 선택한 주들 위에 헌법적 제한들을 부과한, Griffin v. Illinois, 351 U. S. 12 (1956)에서 시작된 및 Douglas, supra에서 이어진 일련의 선례의 범주 내에 사건을 우리는 위치지웠다.[5] 이 제한들에캘리포니아주 절차기준이 위반된다고 판단함에 있어서 그 절차를, 무효라고 우리가 판단한 바 있는 여타의 절차들에, 그리고 변호인을 지정받는 가난한 사람들의 연방법원들에 있어서의 항소들을 규율하는 제정법상의 요구들에 우리는 비교하였다. Anders, supra, at 741-743. 특히 연방 제정법상의 요구들을 포함하는 선례인 Ellis v. United States, 356 U. S. 674 (1958) (per curiam)에 우리는 의존하였고 다음의 구절을 그 선례로부터 우리는 인용하였다:

"만약 항소가 무가치함을 성실한 조사 뒤에 확신하면 그는 당연히 그 점을 이유로 사임을 변호인은 요청할 수 있다. 만약 있을 수 있는 항소 이유들을 변호인이 공들여서 조사했음을 법원이 납득하고 그리고 사건에 대한 변호인의 평가에 법원이 동의하면, 그 경우에 사임은 허가되고 항소는 허가가 거부될 수 있다." Anders, supra, at 741-742 (Ellis, supra, at 675를 인용함).

Anders 사건에서는 무가치성 여부에 관하여 아무런 판단을 변호인은도, 직접항소에서의 주 항소법원은도, 또는 주 인신보호영장 법원들은도 내린 바 없었다.[6] 항소가 "실익 없다"는 판단은 부적절하다고 «528 U. S., 271» 우리는 결론지었는데, 왜냐하면 항소가 "무가치한" 것이 될 만큼 전망을 결여하고 있음을 그것이 의미하는 것은 아니었기 때문이다: "캘리포니아주 법원들 어느 한 곳에 의해서라도 무가

5) 그러나 무엇보다, 항소심 재심리를 창설하도록 주들에게 연방헌법은 요구하지 않는다. 예컨대, Ross v. Moffitt, 417 U. S. 600, 606 (1974) (citing McKane v. Durston, 153 U. S. 684, 687 (1894))을 보라.

6) Ellis 판결 그 자체에서도 바로 그것은 그러하였다. Ellis v. United States, 249 F. 2d 478, 480–481 (CADC 1957) (워싱턴(Washington) 판사, 반대의견) ("연방지방법원의 결정들은 '개연성 있는 오류(probable error)를 구성할 만큼 명백하게 잘못된' 것은 아니었다고 …… 변호인은 결론지었다 …… 여기서처럼 어지간히 주장 가능한 문제가 있는 경우였으므로, 주장을 제기하는 데 변호인은 나아갔어야 하였다."), vacated and remanded, 356 U. S. 674 (1958) (per curiam)을 보라.

than merely as amicus curiae which was condemned in Ellis." 386 U. S., at 743.

Having rejected the California procedure, we proceeded, in a final, separate section, to set out what would be an acceptable procedure for treating frivolous appeals:

"[I]f counsel finds his case to be wholly frivolous, after a conscientious examination of it, he should so advise the court and request permission to withdraw. That request must, however, be accompanied by a brief referring to anything in the record that might arguably support the appeal. A copy of counsel's brief should be furnished the indigent and time allowed him to raise any points that he chooses; the court - not counsel - then proceeds, after a full examination of all the proceedings, to decide whether the case is wholly frivolous. If it so finds it may grant counsel's request to withdraw and dismiss the appeal insofar as federal requirements are concerned, or proceed to a decision on the merits, if state law so requires. On the other hand, it if finds any of the legal points arguable on their merits (and therefore not frivolous) it must, prior to decision, afford the indigent the assistance of counsel to argue the appeal." Id., at 744.

We then concluded by explaining how this procedure would be better than the California one that we had found deficient. Among other things, we thought that it would "induce the court to pursue all the more vigorously its own review because of the ready references not only to the record but also «528 U. S., 272» to the legal authorities as furnished it by counsel." Id., at 745.

치성에 관한 판정이 내려졌다고 우리는 말할 수 없으며, 또한 단지 법정의 고문으로서 행동하는 것 - 그것은 Ellis 판결에서 비난된 터이다 - 이상의 능력을 지닌 채로 변호인이 행동했다고 우리는 말할 수 없다." 386 U. S., at 743.

캘리포니아주 절차기준을 거부해 놓고 나서 무가치한 항소들을 다루기 위한 받아들일 만한 한 개의 절차를 말하는 데 맨 마지막의 독립된 한 개의 절에서 우리는 나아갔다:

"[그]것을 전적으로 무가치한 것으로 그의 주장사실에 대한 성실한 조사 뒤에 만약 변호인이 판단하면, 법원에 그렇게 알리고 사임 허가를 그는 요청하여야 한다. 그러나 그 요청에는 항소를 뒷받침하는 것으로 주장될 수 있는 기록상의 모든 사항을 적시하는 준비서면이 첨부되지 않으면 안 된다. 가난한 피고인에게는 변호인의 준비서면 부본이 제공되어야 하며 그리고 그가 고르는 모든 쟁점들을 제기하도록 그에게 시간이 허용되어야 한다; 그 때에 그 모든 절차들에 대한 충분한 검토 뒤에, 사건이 전적으로 무가치한지 여부를 판단하는 데 법원은 — 변호인은이 아니라 — 나아간다. 만약 전적으로 무가치하다고 판단하면, 변호인의 사임 요청을 허가하고서, 연방의 요구들이 관련된 한도 내에서 항소를 법원은 기각할 수 있고, 또는 주 법이 요구하는 경우에는 실체적 사항들에 대한 판단에 법원은 나아갈 수 있다. 그 반대로, 만약 법적 쟁점들이 중 어느 한 가지가라도 실체적 사항들에 관한 주장이 가능한 것으로 (따라서 무가치하지 않은 것으로) 법원이 판단하면, 판결에 앞서서 항소사유를 주장하게 하기 위하여 변호인의 조력을 가난한 피고인에게 법원은 제공하지 않으면 안 된다." id., at 744.

그리고 나서, 불충분하다고 우리가 판단한 바 있는 그 캘리포니아 절차기준이보다도 이 절차기준이 어떻게 더 나은 것이 될지를 설명함으로써 결론을 우리는 지었다. 특히, "변호인에게서 제공받는, 기록에 대한 능숙한 참조들 때문만이 아니라 법적 근거들에 대한 능숙한 참조들 때문에도 자기 자신의 재심리를 훨씬 더 정력적으로 법원으로 하여금 추구하도록" «528 U. S., 272» 그것은 "유도할 것"이라고 우리는 생각하였다. id., at 745.

B

The Ninth Circuit ruled that this final section of Anders, even though unnecessary to our holding in that case, was obligatory upon the States. We disagree. We have never so held; we read our precedents to suggest otherwise; and the Ninth Circuit's view runs contrary to our established practice of permitting the States, within the broad bounds of the Constitution, to experiment with solutions to difficult questions of policy.

In McCoy v. Court of Appeals of Wis., Dist. 1, 486 U. S. 429 (1988), we rejected a challenge to Wisconsin's variation on the Anders procedure. Wisconsin had departed from Anders by requiring Anders briefs to discuss *why* each issue raised lacked merit. The defendant argued that this rule was contrary to Anders and forced counsel to violate his ethical obligations to his client. We, however, emphasized that the right to appellate representation does not include a right to present frivolous arguments to the court, 486 U. S., at 436, and, similarly, that an attorney is "under an ethical obligation to refuse to prosecute a frivolous appeal," ibid. (footnote omitted). Anders, we explained, merely aims to "assure the court that the indigent defendant's constitutional rights have not been violated." 486 U. S., at 442. Because the Wisconsin procedure adequately provided such assurance, we found no constitutional violation, notwithstanding its variance from Anders. See 486 U. S., at 442-444. We did, in McCoy, describe the procedure at issue as going "one step further" than Anders, McCoy, supra, at 442, thus suggesting that Anders might set a mandatory minimum, but we think this description of the Wisconsin procedure questionable, since it provided less effective advocacy for an indigent - in at least one respect - than does the Anders procedure. The Wisconsin procedure, by providing for one-sided briefing by counsel against his own client's best claims, probably made a court «528 U. S., 273»

B

Anders 판결의 이 마지막 절은 비록 그 사건에서의 우리의 판시에는 불필요함에도 불구하고 주들에게는 의무적이라고 제9순회구 항소법원은 판정하였다. 이에 우리는 동의하지 않는다. 우리는 결코 그렇게 판시한 적이 없다; 우리의 선례들이 제시하는 바는 이와는 다르다고 우리는 해석한다; 그러므로 어려운 정책의 문제들에 대한 해결책들을 연방헌법의 넓은 경계선 내에서 실험하도록 주들에게 허용해 온 우리의 확립된 관행에 제9순회구 항소법원의 견해는 배치된다.

Anders 절차기준에 관한 위스콘신주의 변경조치에 대하여 제기된 이의를 McCoy v. Court of Appeals of Wis., Dist. 1, 486 U. S. 429 (1988)에서 우리는 기각하였다. 실익을 그 제기된 각각의 쟁점이 *어째서* 결여하는지를 Anders 준비서면들이 논하도록 요구함으로써 Anders 판결로부터 위스콘신주는 이탈하였다. Anders 판결에 이 규칙은 어긋난다고, 그리고 자신의 고객에 대한 윤리규범상의 의무를 변호인으로 하여금 위반하도록 그것은 강요한다고 피고인은 주장하였다. 그러나 무가치한 주장들을 법원에 제기할 권리를 항소심에서 대변을 누릴 권리는 포함하지 않음을, 486 U. S., at 436, 그리고 마찬가지로, "무가치한 항소를 수행하기를 거부할 윤리규범상의 의무를" 변호사는 "짐"을 우리는 강조하였다. ibid. (각주생략). Anders 판결이 목적으로 삼는 것은 단지 "가난한 피고인의 헌법적 권리들이 침해되지 않았음을 법원에 보장하여 주는 것"임을 우리는 설명하였다. 486 U. S., at 442. 이 같은 보장을 위스콘신주 절차기준은 충분하게 제공하였기 때문에, 헌법위반을 Anders 판결로부터의 변형에도 불구하고 우리는 인정하지 않았다. 486 U. S., at 442-444을 보라. 우리는 McCoy 판결에서 쟁점이 된 절차기준을 Anders 절차기준이 보다도 "진일보한" 것으로 설명하기는 하였고, McCoy, supra, at 442, 그리하여 한 가지 명령적인 최소한을 Anders 절차기준이 설정한 것일 수도 있음을 암시하기는 하였으나, 그러함에도 위스콘신주 절차기준에 대한 이 설명은 의문스럽다고 우리는 생각하는 바, 왜냐하면 가난한 사람을 위하여 Anders 절차기준이 제공한 것을보다도 — 적어도 한 가지 점에 있어서는 — 덜 효과적인 옹호를 그것은 제공하였기 때문이다. 의뢰인의 최선의 이익에 반하는 변호인에 의한 일방적 설명을 규정함으

more likely to rule against the indigent than if the court had simply received an Anders brief.

In Pennsylvania v. Finley, 481 U. S. 551 (1987), we explained that the Anders procedure is not "an independent constitutional command," but rather is just "a prophylactic framework" that we established to vindicate the constitutional right to appellate counsel announced in Douglas. 481 U. S., at 555. We did not say that our Anders procedure was the *only* prophylactic framework that could adequately vindicate this right; instead, by making clear that the Constitution itself does not compel the Anders procedure, we suggested otherwise. Similarly, in Penson v. Ohio, 488 U. S. 75 (1988), we described Anders as simply erecting "safeguards." 488 U. S., at 80.

It is true that in Penson we used some language suggesting that Anders is mandatory upon the States, see, 488 U. S., at 80-82, but that language was not necessary to the decision we reached. We had no reason in Penson to determine whether the Anders procedure was mandatory, because the procedure at issue clearly failed under Douglas, see infra, at 18. Further, counsel's action in Penson was closely analogous to the action of counsel that we found invalid in Anders, see Penson, supra, at 77-78, so there was no need to rely on the Anders procedure, as opposed to just the Anders holding, to find counsel's action improper. See 488 U. S., at 77 ("The question presented by this case is remarkably similar [to the one presented in Anders] and therefore requires a similar answer").

Finally, any view of the procedure we described in the last section of Anders that converted it from a suggestion into a straitjacket would contravene our established practice, rooted in federalism, of allowing the States wide discretion, subject to the minimum requirements of the Fourteenth

로써 그 가난한 사람에게 불리하게 법원이 판결할 «528 U. S., 273» 가능성을, 단지 Anders 준비서면을 그 법원이 수령하기만 했을 경우에보다도 필시 더 많게 위스콘신주 절차기준은 만들었다.

Anders 절차기준은 "독립된 헌법적 명령"이 아니라 Douglas 판결에서 선언된 항소심 변호인을 누릴 헌법적 권리를 옹호하기 위하여 우리가 설립한 "예방적 구조물"임을 Pennsylvania v. Finley, 481 U. S. 551 (1987)에서 우리는 설명하였다. 481 U. S., at 555. 우리의 Anders 절차기준은 이 권리를 충분히 옹호할 수 있는 *유일한* 예방적 구조물임을 우리는 말하지 않았다; 그보다도 Anders 절차기준을 연방헌법 자체는 강제하지 아니함을 명확히 함으로써, 다른 것을 우리는 시사하였다. 마찬가지로 단순히 "보호수단들(safeguards)"을 수립하는 것으로 Anders 판결을 Penson v. Ohio, 488 U. S. 75 (1988)에서 우리는 설명하였다. 488 U. S., at 80.

Anders 판결은 주들에게 명령적인 것임을 넌지시 비추는 어지간한 표현을 Penson 판결에서 우리가 사용한 것은 사실이지만, see 488 U. S., at 80-82, 그러나 그 표현은 우리가 도달했던 결론에 불가결한 것은 아니었다. Anders 절차기준이 명령적인지 여부를 Penson 판결에서 우리는 판단할 이유가 없었는데, 왜냐하면 Penson 판결에서 쟁점이 된 절차기준은 명백하게 Douglas 판결에 따라 결격이었기 때문이다. see infra at 18. 더군다나 Anders 판결에서 무효로 우리가 인정한 변호인의 행동(action)에 Penson 사건에서의 변호인의 행동(action)은 밀접하게 유사하였고, see Penson, supra, at 77-78, 따라서 바로 그 Anders 판결에서의 판시에 배치되는 것으로서 변호인의 행동(action)을 부당한 것으로 판정짓기 위하여는 Anders 절차기준에 의존할 필요가 없었다. 488 U. S., at 77 ("이 사건에 의하여 제기되는 문제는 [Anders 사건에서 제기된 문제에] 현저히 유사하고 따라서 한 개의 유사한 답변을 요구한다.")을 보라.

끝으로, 연방헌법 수정 제14조의 최소한의 요구에만 복종하는, 그러면서 그 어려운 정책의 문제들에 대한 해결책들을 실험하도록 광범위한 재량을 주들에게 허용하는 연방주의(federalism)에 근거를 둔 우리의 확립된 관행에, Anders 판결의 마지막 절에서 우리가 기술한 절차기준을 한 개의 제안(a suggestion)으로부터 한 개의 구속

Amendment, to experiment with solutions to difficult problems of policy. In Griffin v. Illinois, 351 U. S. 12 (1956), which we invoked as the foundational case for our holding «528 U. S., 274» in Anders, see Anders, 386 U. S., at 741, we expressly disclaimed any pretensions to rulemaking authority for the States in the area of indigent criminal appeals. We imposed no broad rule or procedure but merely held unconstitutional Illinois's requirement that indigents pay a fee to receive a trial transcript that was essential for bringing an appeal. Justice Frankfurter, who provided the necessary fifth vote for the holding in Griffin, emphasized that it was not for this Court "to tell Illinois what means are open to the indigent and must be chosen. Illinois may prescribe any means that are within the wide area of its constitutional discretion" and "may protect itself so that frivolous appeals are not subsidized and public moneys not needlessly spent." Griffin, 351 U. S., at 24 (opinion concurring in judgment). He added that while a State could not "bolt the door to equal justice," it also was not obliged to "support a wasteful abuse of the appellate process." Ibid. The Griffin plurality shared this view, explaining that the Court was not holding "that Illinois must purchase a stenographer's transcript in every case where a defendant cannot buy it. The Supreme Court [of Illinois] may find other means of affording adequate and effective appellate review to indigent defendants." Id., at 20.

In a related context, we stated this basic principle of federalism in the very Term in which we decided Anders. We emphatically reaffirmed that the Constitution "has never been thought [to] establish this Court as a rule-making organ for the promulgation of state rules of criminal procedure." Spencer v. Texas, 385 U. S. 554, 564 (1967) (citing, inter alia, Griffin, supra). Accord Medina v. California, 505 U. S. 437, 443-444, 447-448 (1992). Justice Stewart, concurring in Spencer, explained further:

복(a straitjacket)으로 변형시키는 견해는 모두 저촉될 것이다. Anders 판결에서의 우리의 판시를 위한 기초적 선례로서 우리가 원용한 Griffin v. Illinois, 351 U. S. 12 (1956)에서, «528 U. S., 274» see Anders, 386 U. S., at 741, 가난한 사람들의 형사 항소사건들 영역에서의 주들을 위한 규칙제정 권한을 우리가 지닌다는 모든 자임들(pretensions)을 명시적으로 우리는 거부하였다. 광범위한 규칙을이나 절차를 우리는 부과한 바 없으며, 단지 항소를 제기하는 데 불가결한 정식사실심리 기록 사본을 수령함에 있어서 요금을 가난한 사람들이 내야 한다는 일리노이주의 요구를 위헌으로 우리는 판시하였을 뿐이다. "가난한 피고인들에게 어떤 수단들이 열려 있는지를, 그리고 선택되지 않으면 안 되는지를 일리노이주에게 말하는 것"은 당원의 할 일이 아님을 Griffin 판결에서의 판시를 위하여 필수였던 다섯 번째 찬성표를 제공한 프랑크푸르터 판사는 강조하였다. 일리노이주는 자신의 폭넓은 헌법적 재량의 범위 내에 있는 것을이면 어떤 수단을이든 처방할 수 있고, "무의미한 항소들에 보조금이 지급되지 않도록 그리고 불필요하게 공공자금이 지출되지 않도록 자기 자신을 보호할 수 있다." Griffin, 351 U. S., at 24 (판결주문에 찬동하는 의견). 비록 "평등한 재판(equal justice)으로 통하는 문을 빗장으로" 주는 "걸어 잠글" 수 없지만, 마찬가지로 "항소심 절차의 헛된 남용을" 주가 "지원할" 의무가 있는 것은 아니라고 그는 덧붙였다. Ibid. 이 견해를 Griffin 판결의 상대다수 의견(plurality)은 공유하였는데, "속기사의 전사등본을 피고인이 구매할 수 없는 모든 사건에서 그것을 일리노이주가 구매하지 않으면 안 되"는 것으로 당원이 판시하고 있는 것은 아니라고, 그리고 "충분한 및 효과적인 항소심 재심리를 가난한 피고인들에게 제공하기 위한 여타의 수단들을 [일리노이주] 대법원은 찾아낼 수도 있다."고 그 의견은 설명하였다. Id. at 20.

이에 관련을 지닌 한 가지 맥락에서, 연방주의의 이 기본원칙을 Anders 사건을 판결한 바 있는 바로 그 용어로 우리는 말하였다. 당원을 "형사절차에 관한 주(state) 규칙들의 공포를 위한 규칙제정 기관(a rule-making organ)으로 연방헌법이 설정하는 것으로는 여겨진 적이 없"음을 우리는 강조하여 재확인하였다. Spencer v. Texas, 385 U. S. 554, 564 (1967) (citing, inter alia, Griffin, supra). Accord, Medina v. California, 505 U. S. 437, 443-444, 447-448 (1992). 스튜어트(STEWART) 판사는 Spencer 사건에서의 보충의견에서 더 설명하였다:

"If the Constitution gave me a roving commission to impose upon the criminal courts of Texas my own notions of enlightened policy, I would not join the Court's opinion ……. [But] [t]he question is whether those procedures fall below the minimum level the Fourteenth «528 U. S., 275» Amendment will tolerate. Upon that question, I am constrained to join the opinion and judgment of the Court." 385 U. S., at 569.

We have continued to reiterate this principle in recent years. See Finley, 481 U. S., at 559 (refusing to accept the premise that "when a State chooses to offer help to those seeking relief from convictions, the Federal Constitution dictates the exact form such assistance must assume"); ibid. (explaining that States have "substantial discretion to develop and implement programs to aid prisoners seeking to secure postconviction review"); Murray v. Giarratano, 492 U. S. 1, 13 (1989) (O'Connor, J., concurring) ("[N]or does it seem to me that the Constitution requires the States to follow any particular federal model in [postconviction] proceedings ……. States [have] considerable discretion"); id., at 14 (Kennedy, J., concurring in judgment) ("[J]udicial imposition of a categorical remedy …… might pretermit other responsible solutions being considered in Congress and state legislatures"). Although Finley and Murray involved postconviction proceedings (in which there is no constitutional right to counsel) rather than direct appeal, we think, as the language of Griffin suggests, that the principle is the same in both contexts. For in Griffin, as here, there was an underlying constitutional right at issue.

In short, it is more in keeping with our status as a court, and particularly with our status as a court in a federal system, to avoid imposing a single solution on the States from the top down. We should, and do, evaluate state procedures one at a time, as they come before us, see Murray, supra, at 14, while leaving "the more challenging task of crafting appropriate procedures …… to the laboratory of the States in the first instance." Cruzan v. Director,

"만약 계몽된 정책에 관한 내 자신의 관념들을 텍사스주 형사법원들에게 부과할 산만한 임무를 내게 연방헌법이 부여한다면 이 법원의 의견에 나는 가담하지 않을 것이다 …… [그러나] [문]제는 연방헌법 수정 제14조가 묵인할 최소한의 기준에 그 절차기준들이 «528 U. S., 275» 미달하는지 여부이다. 그 문제에 관하여 이 법원의 의견에와 판결주문에 가담하도록 나는 강제된다." 385 U. S., at 569.

이 원칙을 되풀이하여 말하기를 최근에 우리는 계속해 왔다. Finley, 481 U. S., at 559 ("유죄판정들로부터의 구제를 추구하는 사람들에게 도움을 제공하기를 한 개의 주가 선택할 경우에 그 같은 조력이 취해야 할 정확한 형식을 연방헌법은 명령한다."는 전제를 받아들이기를 거부함); ibid. ["유죄판정 사후검토(postconviction review)를 확보하기를 추구하는 죄수들을 조력할 프로그램들을 개발하는 데 및 이행하는 데 있어서 실질적인 재량을 주들이" 가짐을 설명함]; Murray v. Giarratano, 492 U. S. 1, 13 (1989) [오코너(O'Connor) 판사, 보충의견] ("[또]한 내게는 [유죄판정 사후]절차들에 있어서 조금이라도 특정의 연방 양식을 좇도록 주들에게 연방헌법이 요구한다고는 생각되지 않는다 …… 상당한 재량을 주들은 [지닌다]"); id., at 14 [케네디(KENNEDY) 판사, 판결주문에 찬동함] ("…… 연방의회에서와 주 입법부들에서 여타의 책임 있는 해결책들이 검토되고 있음을 [한] 개의 절대적 구제수단에 대한 사법적 강요는 간과할 수 있다.") 등을 보라. 비록 Finley 판결이 및 Murray 판결이 포함하였던 것은 직접항소(direct appeal)를이었던 것이 아니라 (변호인의 조력을 받을 헌법적 권리가 없는) 유죄판정 사후절차들을이었음에도 불구하고, Griffin 판결의 문구가 시사하는 바가 그러하듯, 두 가지 맥락들 어느 쪽에서든 원칙은 동일하다고 우리는 생각한다. 왜냐하면 Griffin 사건에서는 여기서처럼 근저에 놓인 헌법적 권리가 쟁점이 되어 있었기 때문이다.

요컨대 한 개의 법원으로서의, 특히 연방제도 내에서의 한 개의 법원으로서의 우리의 지위를 간수하기 위하여는 머리 꼭대기에서 발끝까지 한 개의 유일한 해법을 주들 위에 부과하기를 회피함이 보다 적절하다. "…… 적절한 절차들을 만들어내는 보다 더 도전적인 임무를 우선은 주들의 실험실에 맡긴 채로," 우리 앞에 주 절차들이 오는 대로 한 번에 한 개씩 이를 우리는 평가해야 하고 또 실제로 그렇게 하고 있다. Murray, supra, at 14. Cruzan v. Director, Mo. Dept. of Health, 497 U. S.

Mo. Dept. of Health, 497 U. S. 261, 292 (1990) (O'Connor, J., concurring) (citation and internal quotation marks omitted). We will not cavalierly "imped[e] the States' ability to serve as laboratories for testing solutions to novel legal problems." Arizona v. «528 U. S., 276» Evans, 514 U. S. 1, 24 (1995) (Ginsburg, J., dissenting). Accordingly, we hold that the Anders procedure is merely one method of satisfying the requirements of the Constitution for indigent criminal appeals. States may - and, we are confident, will - craft procedures that, in terms of policy, are superior to, or at least as good as, that in Anders. The Constitution erects no barrier to their doing so.[7)]

III

Having determined that California's Wende procedure is not unconstitutional merely because it diverges from the Anders procedure, we turn to consider the Wende procedure on its own merits. We think it clear that California's system does not violate the Fourteenth Amendment, for it provides "a criminal appellant pursuing a first appeal as of right [the] minimum safeguards necessary to make that appeal 'adequate and effective,'" Evitts v. Lucey, 469 U. S. 387, 392 (1985) (quoting Griffin, 351 U. S., at 20 (plurality opinion)).

A

As we have admitted on numerous occasions, "[t]he precise rationale for the Griffin and Douglas lines of cases has never been explicitly stated, some

7) States have, in fact, already been doing this to some degree. See Warner, Anders in the Fifty States: Some Appellants 'Equal Protection is More Equal Than Others', 23 Fla. St. U. L. Rev. 625, 642–662 (1996); Arizona v. Clark, 196 Ariz. 530, 536–539, 2 P. 3d 89, 95–98 (App. 1999).

261, 292 (1990) [오코너(O'CONNOR) 판사, 보충의견] (citation and internal quotation marks omitted)를 보라. "새로운 법적 문제들에 대한 해법들을 시험하기 위한 실험실들로서 복무할 주들의 능력을" 우리는 거만하게 "방해"하지 않을 것이다. Arizona v. «528 U. S., 276» Evans, 514 U. S. 1, 24 (1995) [긴스버그(GINSBURG) 판사, 반대의견]. 따라서 Anders 절차기준은 가난한 형사 피고인들의 항소사건들을 위한 연방헌법의 요구들을 충족시키는 한 가지 수단에 불과하다고 우리는 판단한다. Anders 판결에서 창안된 절차기준들이보다도 정책의 측면에서 우월한 또는 적어도 대등한 절차들을 주들은 창안해 낼 수 있고, 그리고 우리가 확신하건대, 창안해 낼 것이다. 그들이 그렇게 하는 것을 막는 어떤 장벽을도 연방헌법은 세우지 않는다.[7]

III

캘리포니아주의 Wende 절차기준이 Anders 절차기준으로부터 벗어난다는 것만으로는 위헌이 아니라고 판정하였으므로, 이제 Wende 절차기준을 그 자체의 실체적 사항에 관련하여 검토하는 데 우리는 착수한다. 연방헌법 수정 제14조에 캘리포니아주 제도가 위배되지 않음이 명백하다고 우리는 생각하는 바, 왜냐하면 "최초의 권리항소를 '충분한 및 효과적인(adequate and effective)' 것으로 만드는 데 불가결한 [그] 최소한의 보호수단들"을, 그 항소를 추구하는 형사 항소인에게 그것은 제공하기 때문이다. Evitts v. Lucey, 469 U. S. 387, 392 (1985) [quoting Griffin, 351 U. S., at 20 [상대다수(plurality) 의견]].

A

여러 기회에 우리가 시인해 왔듯이, "Griffin 및 Douglas 계열 선례들의 정확한 근본적 이유는 결코 명시적으로 표명된 적이 없는 바, 어떤 근거는 연방헌법 수정 제

7) 실제로 이것을 주들은 벌써 어느 정도는 해 오고 있는 중이다. Warner, Anders in the Fifty States: Some Appellants' Equal Protection is More Equal Than Others', 23 Fla. St. U. L. Rev. 625, 642–662 (1996)을; Arizona v. Clark, 196 Ariz. 530, 536–539, 2 P. 3d 89, 95–98 (App. 1999).를 보라.

support being derived from the Equal Protection Clause of the Fourteenth Amendment and some from the Due Process Clause of that Amendment." Evitts, supra, at 403 (quoting Ross v. Moffitt, 417 U. S. 600, 608-609 (1974) (footnote omitted)). But our case law reveals that, as a practical matter, the two clauses largely converge to require that a State's procedure "afford adequate and effective appellate review to indigent defendants," Griffin, 351 U. S., at 20 (plurality opinion). A State's procedure provides such review so long as it reasonably en- «528 U. S., 277» sures that an indigent's appeal will be resolved in a way that is related to the merit of that appeal.[8] See id., at 17-18 (plurality opinion) (state law regulating indigents' appeals bore "no rational relationship to a defendant's guilt or innocence"); id., at 22 (Frankfurter, J., concurring in judgment) (law imposed "differentiations …… that have no relation to a rational policy of criminal appeal"); Douglas, 372 U. S., at 357 (decision of first appeal "without benefit of counsel, …… no matter how meritorious [an indigent's] case may turn out to be" discriminates between rich and poor rather than between "possibly good and obviously bad cases" (internal quotation marks omitted)); Rinaldi v. Yeager, 384 U. S. 305, 310 (1966) (state appellate system must be "free of unreasoned distinctions"); Evitts, supra, at 404 (law in Griffin "decided the appeal in a way that was arbitrary with respect to the issues involved"). Compare Finley, supra, at 556 ("The equal protection guarantee …… only …… assure[s] the indigent defendant an adequate opportunity to present his claims fairly in the context of the State's appellate process" (quoting Ross, supra, at 616)), with Evitts, supra, at 405 ("[D]ue process …… [requires] States …… to offer each defendant a fair opportunity to obtain an adjudication on the merits of his appeal" (discussing Griffin and Douglas)).[9]

8) Of course, no procedure can eliminate all risk of error. E. g., Walters v. National Assn. of Radiation Survivors, 473 U. S. 305, 320–321 (1985).

9) Although we have said that an indigent must receive "substantial equality" compared to the legal assistance that a defendant with paid counsel would receive, McCoy v. Court of Appeals of Wis., Dist. 1, 486 U. S. 429, 438 (1988), we have also emphasized that "[a]bsolute equality is not required; lines can be and are drawn and we often sustain them." Douglas v. California, 372 U. S. 353, 357 (1963).

14조의 평등보호 조항으로부터 도출되기도 하고 어떤 근거는 그 수정조항의 적법절차 조항으로부터 도출되기도 한다." Evitts, supra, at 403 (quoting Ross v. Moffitt, 417 U. S. 600, 608-609 (1974) (footnote omitted)). 그러나 한 가지 실제적 문제로서, "충분한 및 효과적인 항소심의 재심리를 가난한 피고인들에게 제공할" 것을 주(a State's) 절차에 대하여 요구하는 것으로 그 두 조항들은 대체적으로 수렴됨을 우리의 판례법(case law)은 드러낸다. Griffin, 351 U. S., at 20 [상대다수(plurality) 의견]. 가난한 사람의 항소가 그 항소의 실익에 결부된 한 가지 방법으로 해결되도록 합리적으로 «528 U. S., 277» 보장하는 한, 이 같은 재심리를 한 개의 주(State's) 절차는 제공하는 것이 된다.[8] id., at 17-18 [상대다수(plurality) 의견] (가난한 사람들의 항소를 규율하는 주 법은 "피고인의 유죄에는 또는 무죄에는 아무런 논리적 관계가 없다.")를; id., at 22 [프랑크푸르터(FRANKFURTER) 판사, 판결주문에 찬성함] ("형사 항소에 관한 합리적 정책에는 관계가 없는 …… 차별화"를 법은 부과했다)를; Douglas, 372 U. S., at 357 ["[빈궁한 사람의] 주장이 제아무리 실익 있는 것으로 밝혀질 수 있을망정 …… 변호인의 이익이 부여되지 못한 상태에서의" 최초의 항소에 대한 판단은 "아마도 좋은 사건들의 및 명백히 나쁜 사건들의" 양자 사이에서가 아니라 부유한 사람의 및 빈궁한 사람의 양자 사이에서 차별을 짓는 것이다(내부 인용 표시 생략)]을; Rinaldi v. Yeager, 384 U. S. 305, 310 (1966) [주(state) 항소제도는 "불합리한 차별로부터 자유롭지" 않으면 안 된다]를; Evitts, supra, at 404 ("그 포함된 쟁점들에 관하여 자의적인 방법으로 항소를" Griffin 판결에서 판시된 법은 "판단하였다.")를 보라. Finley, supra, at 556 ["…… 단지 …… 주(State's) 항소절차의 맥락에서 자신의 주장을 공정하게 제시할 충분한 기회를 …… 평등보호의 보장은 보증할 뿐이다." (quoting Ross, supra, at 616)]을 Evitts, supra, at 405 ["…… 그의 항소의 실체적 사항에 관한 판결을 획득할 공정한 기회를 개개 피고인에게 제공하도록 주들에게 [적]법절차는[요구한다]" (discussing Griffin and Douglas)]에 비교하라.[9]

---

8) 물론, 오류의 위험을 어떤 절차는도 전부 제거할 수는 없다. E.g., Walters v. National Assn. of Radiation Survivors, 473 U. S. 305, 320-321 (1985).

9) 유료의 변호인을 지닌 피고인이 누리는 법적 조력에 비교하여 "실질적 평등(substantial equality)"을 가난한 사람은 누리지 않으면 안 된다고 우리는 말해 왔음에도 불구하고, McCoy v. Court of Appeals of Wis., Dist. 1, 486 U. S. 429, 438 (1988), "[절]대적 평등은 요구되지 않는다; 경계선들은 그어질 수 있고 그어져 있으며, 그리고 그것들을 자주 우리는 지지한다."는 점을도 우리는 강조해 왔다. Douglas v. California, 372 U. S. 353, 357 (1963).

In determining whether a particular state procedure satisfies this standard, it is important to focus on the underlying goals that the procedure should serve - to ensure that those indigents whose appeals are not frivolous receive the counsel and merits brief required by Douglas, and also to enable the «528 U. S., 278» State to "protect itself so that frivolous appeals are not subsidized and public moneys not needlessly spent," Griffin, supra, at 24 (Frankfurter, J., concurring in judgment). For although, under Douglas, indigents generally have a right to counsel on a first appeal as of right, it is equally true that this right does not include the right to bring a frivolous appeal and, concomitantly, does not include the right to counsel for bringing a frivolous appeal.[10] See McCoy, 486 U. S., at 436-438; Douglas, supra, at 357; see also United States v. Cronic, 466 U. S. 648, 656, n. 19 (1984) ("Of course, the Sixth Amendment does not require that [trial] counsel do what is impossible or unethical"); cf. Nix v. Whiteside, 475 U. S. 157, 175 (1986) (no violation of Sixth Amendment right to the effective assistance of counsel when trial counsel refuses to violate ethical duty not to assist his client in presenting perjured testimony). To put the point differently, an indigent defendant who has his appeal dismissed because it is frivolous has not been deprived of "a fair opportunity" to bring his appeal, Evitts, supra, at 405; see Finley, 481 U. S., at 556, for fairness does not require either counsel or a full appeal once it is properly determined that an appeal is frivolous. The obvious goal of Anders was to prevent this limitation on the right to appellate counsel from swallowing the right itself, see Penson, 488 U. S., at 83-84; McCoy, supra, at 444, and we do not retreat from that goal today.

---

10) This distinction gives meaning to our previous emphasis on an indigent appellant's right to "advocacy." Although an indigent whose appeal is frivolous has no right to have an advocate make his case to the appellate court, such an indigent does, in all cases, have the right to have an attorney, zealous for the indigent's interests, evaluate his case and attempt to discern nonfrivolous arguments. See Ellis, 356 U. S., at 675; Anders v. California, 386 U. S. 738, 741-743 (1967).

이 기준을 특정의 주 절차가 충족하는지 여부를 판정함에 있어서는 그 절차가 봉사해야 할 토대에 놓인 목표들에, 즉 Douglas 판결에 의하여 요구되는 변호인을 및 실체적 사항에 관한 준비서면을 무가치하지 않은 항소들을 제기하는 가난한 사람들로 하여금 누리도록 보장하는 데에, 그리고 그 동시에 "무가치한 항소들에 보조금이 지급되지 않도록 그리고 불필요하게 공공자금이 낭비되지 않도록 그들 자신을" 주들로 하여금 "보호할" 수 있게 «528 U. S., 278» 해 주는 데에, Griffin, supra, at 24 [프랑크푸르터(FRANKFURTER) 판사, 판결주문에 찬동함], 초점을 맞추는 것이 중요하다. 왜냐하면 변호인의 조력을 받을 권리를 일반적으로 최초의 권리항소(a first appeal as of right)에서 Douglas 판결에 따라 가난한 사람들은 지님에도 불구하고, 무가치한 항소를 제기할 권리를 이 권리는 포함하지 아니함이, 그리하여 부수적으로, 무가치한 항소를 제기하기 위하여 변호인의 조력을 받을 권리를 이 권리는 포함하지 아니함이, 똑같이 사실이기 때문이다.[10)] McCoy, 486 U. S., at 436-438을; Douglas, supra, at 357을 보라; 아울러 United States v. Cronic, 466 U. S. 648, 656, n. 19 (1984) ("물론 불가능한 내지는 윤리규범에 어긋나는 일을 하도록 [정식사실심리] 변호인에게 연방헌법 수정 제6조는 요구하지 않는다.")을 보라; Nix v. Whiteside, 475 U. S. 157, 175 (1986) (위증에 의한 증거를 제기함에 있어서의 자신의 의뢰인을 조력하지 말아야 할 윤리규범상의 의무를 위반하기를 정식사실심리 변호인이 거부하는 경우에는 실질적인 변호인의 조력을 받을 연방헌법 수정 제6조의 권리에 대한 침해가 없다)를 비교하라. 요점을 달리하여 표현하면, 무가치한 항소라는 이유로 항소를 기각당한 가난한 피고인은 항소를 제기할 "공정한 기회"를 박탈당한 것이 아닌 바, Evitts, supra, at 405; see Finley, 481 U. S., at 556, 왜냐하면 일단 항소가 무가치한 것으로 정당하게 판정되고 나면 공정성은 변호인을 요구하지도, 완전한 항소(a full appeal)를 요구하지도 않기 때문이다. Anders 판결의 명확한 목표는 항소심 변호인을 누릴 권리 자체를 그 권리에 대한 이 제약이 삼켜버리는 것을 방지하는 것이었으며, see Penson, 488 U. S., at 83-84; McCoy, supra, at 444, 또한 오늘 그 목표로부터 우리는 후퇴하지 않는다.

---

10) "옹호(advocacy)"를 누릴 가난한 항소인의 권리에 대한 앞에서의 우리의 강조에 의미를 이 구분은 부여한다. 비록 무가치한 항소를 제기한 가난한 사람은 변호인으로 하여금 자신의 주장을 법원에 제기하도록 만들 권리가 없음에도 불구하고, 그 같은 가난한 사람은 모든 경우에 한 명의 변호사로 하여금 그 가난한 사람의 이익들에 열중한 채로 그의 주장을 평가하여 무가치하지 않은 주장들을 식별하도록 할 권리는 있다. Ellis, 356 U. S., at 675를; Anders v. California, 386 U. S. 738, 741-743 (1967)을 보라.

B

We think the Wende procedure reasonably ensures that an indigent's appeal will be resolved in a way that is related to «528 U. S., 279» the merit of that appeal. Whatever its strengths or weaknesses as a matter of policy, we cannot say that

it fails to afford indigents the adequate and effective appellate review that the Fourteenth Amendment requires. A comparison of the Wende procedure to the procedures evaluated in our chief cases in this area makes this evident.

The Wende procedure is undoubtedly far better than those procedures we have found inadequate. Anders itself, in disapproving the former California procedure, chiefly relied on three precedents: Ellis v. United States, 356 U. S. 674 (1958) (per curiam), Eskridge v. Washington Bd. of Prison Terms and Paroles, 357 U. S. 214 (1958) (per curiam), and Lane v. Brown, 372 U. S. 477 (1963). See Anders, 386 U. S., at 741-743. Although we did not, in Anders, explain in detail why the California procedure was inadequate under each of these precedents, our particularly heavy reliance on Ellis makes clear that a significant factor was that the old California procedure did not require either counsel or the court to determine that the appeal was frivolous; instead, the procedure required only that they determine that the defendant was unlikely to prevail on appeal. Compare Anders, supra, at 741-742 ("'If counsel is convinced, after conscientious investigation, that the appeal is frivolous, of course, he may ask to withdraw ······. If the court ······ agrees with counsel's evaluation of the case, then leave to withdraw may be allowed and leave to appeal may be denied'" (quoting Ellis, supra, at 675)), with Anders, supra, at 743 ("We cannot say that there was a finding of frivolity"). See also McCoy, supra, at 437 (quoting same passage from Ellis that we quoted in Anders). This problem also appears to have been one of the flaws in the procedures at

B

가난한 사람의 항소가 그 항소의 실익에 결부된 한 가지 방법으로 해결되도록 Wende 절차기준은 정당하게 «528 U. S., 279» 보장한다고 우리는 생각한다. 정책의 문제로서의 설득력이 내지는 약점이 어떠하든, 연방헌법 수정 제14조가 요구하는 충분한 및 효과적인 항소심 재심리를 가난한 사람들에게 그것이 제공하지 못한다고 우리는 말할 수 없다. 이 영역에 있어서의 우리의 주요 선례들에서 평가된 절차기준들에 비추어 Wende 절차기준을 비교해 보는 것은 이 점을 명확히 해 준다.

불충분한 것으로 우리가 판시한 바 있는 그 절차기준들이보다도 Wende 절차기준이 훨씬 더 낫다는 데에는 의문의 여지가 없다. 이전의 캘리포니아주 절차기준을 불승인함에 있어서 세 개의 선례들에 주로 Anders 판결 자체는 의존하였다: 즉 Ellis v. United States, 356 U. S. 674 (1958) (per curiam),이고, Eskridge v. Washington Bd. of Prison Terms and Paroles, 357 U. S. 214 (1958) (per curiam)이고, Lane v. Brown, 372 U. S. 477 (1963)이다. Anders, 386 U. S., at 741-743을 보라. 비록 그 선례들 각각에 비추어 캘리포니아주 절차기준이 왜 불충분한지를 Anders 판결에서 우리는 상세하게 설명하지 않았음에도 불구하고, 항소를 무가치한 것으로 판정하도록 변호인에게도 법원에게도 옛 캘리포니아주 절차기준은 요구하지 않았다는 점이 한 가지 의미 있는 요소였음을 Ellis 판결에 대한 우리의 특별히 무거운 의존은 명백히 한다; 오히려, 항소심에서 효험을 피고인이 거둘 승산이 없다고 그들이 판정할 것만을 그 절차기준은 요구하였다. Anders, supra, at 741-742 ["'항소가 무가치함을 성실한 조사 뒤에 만약 변호인이 확신하면 …… 사임을 당연히 그는 요청할 수 있다. 만약 …… 사건에 대한 변호인의 평가에 법원이 …… 동의하면, 그 경우에 사임은 허가되고 항소는 허가가 거부될 수 있다.'" (quoting Ellis, supra, at 675)]을 Anders, supra, at 743 ("무가치성에 관한 판정이 …… 내려졌다고 우리는 말할 수 없다.")에 비교하라. 아울러 McCoy, supra, at 437 (Anders 판결에서 우리가 인용한 바 있는 바로 그 단락을 Ellis 판결로부터 인용함)를 보라. 이 문제는 Eskridge 사건에서와 Lane 사건에서 쟁점이 되었던 절차들에 있어서의 흠결사항들 중 한 가지였던 것으로도 보인다. "'중대한 내지는 불이익을 끼친 오류들'"이

issue in Eskridge and Lane. The former involved a finding only that there had been "'no grave or prejudicial errors'" at trial, Anders, supra, at 742 (quoting Eskridge, supra, at 215), and the latter, a finding only that the appeal "'would be unsuccessful,'" Anders, supra, at 743 (quoting Lane, supra, at 482). Wende, «528 U. S., 280» by contrast, requires both counsel and the court to find the appeal to be lacking in arguable issues, which is to say, frivolous. See 25 Cal. 3d, at 439, 441-442, 600 P. 2d, at 1073, 1075; see id., at 441, 600 P. 2d, at 1074 (reading Anders as finding old California procedure deficient largely "because the court itself did not make an express finding that the appeal was frivolous").

An additional problem with the old California procedure was that it apparently permitted an appellate court to allow counsel to withdraw and thereafter to decide the appeal without appointing new counsel. See Anders, supra, at 740, n. 2. We resolved any doubt on this point in Penson, where we struck down a procedure that allowed counsel to withdraw before the court had determined whether counsel's evaluation of the case was accurate, 488 U. S., at 82-83, and, in addition, allowed a court to decide the appeal without counsel even if the court found arguable issues, id., at 83 (stating that this latter flaw was the "[m]ost significan[t]" one). Thus, the Penson procedure permitted a basic violation of the Douglas right to have counsel until a case is determined to be frivolous and to receive a merits brief for a nonfrivolous appeal. See 488 U. S., at 88 ("[I]t is important to emphasize that the denial of counsel in this case left petitioner completely without representation during the appellate court's actual decisional process"); ibid. (defendant was "entirely without the assistance of counsel on appeal"). Cf. McCoy, 486 U. S., at 430-431, n. 1 (approving procedure under which appellate court first finds appeal to be frivolous and affirms, then relieves counsel). Under Wende, by contrast, Douglas violations do not occur, both because counsel does not

정식사실심리에 들어 있지 않았다는 판단만을 Eskridge 사건은 포함하였고, Anders, supra, at 742 (quoting Eskridge, supra, at 215), 또한 항소가 "'성공을 거두지 못할 것'"이라는 판단만을 Lande 사건은 포함하였다. Anders, supra, at 743 (quoting Lane, supra, at 482). 이에 대조되게 «528 U. S., 280» 주장 가능한 쟁점들을 항소가 결여한 것으로, 즉 항소가 무가치한 것으로 변호인이 및 법원이 다 같이 판정할 것을 Wende 판결은 요구한다. 25 Cal.3d at 439, 441-442, 600 P. 2d, at 1073, 1075를 보라; id., at 441, 600 P. 2d, at 1074 (주로 "항소가 무가치하다는 명시적 판정을 법원 자신이 내리지 않는다는 점 때문에" 옛 캘리포니아 절차기준을 결함 있는 것으로 판단했다고 Anders 판결을 해석함)를 보라.

옛 캘리포니아주 절차기준에서 발생하는 또 한 가지 문제는 항소심 법원으로 하여금 변호인의 사임을 허용하도록, 그리고 그 이후에는 새로운 변호인의 지정 없이 항소를 판단하도록 그 절차기준이 명백히 허용한다는 점이었다. Anders, supra, at 740, n. 2를 보라. 이 점에 관한 모든 의문을 Penson 판결에서 우리는 해소하였는데, 사건에 대한 변호인의 평가가 정확한지 여부를 법원이 판정하기 전에 변호인의 사임을 허용하는, 488 U. S., at 82-83, 그리고 이에 더하여 심지어 주장 가능한 쟁점들을 법원이 발견한 경우에조차도 변호인 없이 항소를 판단하도록 법원에게 허용하는 한 개의 절차를 거기서 우리는 폐기하였다. id., at 83 (이 후자의 흠결이 "[가]장 중요"한 것이라고 말함). 이처럼 한 개의 사건이 무가치한 것으로 판단되기까지 변호인을 가질, 그리고 무가치하지 않은 항소를 위하여는 실체적 사항에 관한 준비서면을 누릴, Douglas 판결에서 인정된 권리에 대한 기본적 침해를 Penson 사건에서 거쳐진 절차는 허용하였다. 488 U. S., at 88 ("[청]구인을 항소법원의 실제의 판결과정 동안 완전히 대변자 없는 상태로 이] 사건에서 변호인의 박탈은 놓아두었음을 강조하는 것이 중요하다.")를; ibid. ("변호인의 조력을 항소심에서 피고인은 완전히 상실하였다.")를 보라. McCoy, 486 U. S., at 430-431, n. 1 (먼저 항소법원이 항소를 무가치한 것으로 판단하여 원심판결을 인가하는, 그리고 그 뒤에 변호인을 해임하게 하는 절차를 승인함)을 참조하라. 이에 대조되게 Wende 절차기준 아래서는 Douglas 원칙에 대한 침해들은 발생하지 않는 바, 그 까닭은 사임을 변호인이 신청하지도 않을 뿐만 아니라, 주장 가능한 쟁점들을 법원이 발견할 경우에는 준비서면의 제출을 법원은

move to withdraw and because the court orders briefing if it finds arguable issues. See Wende, supra, at 442, n. 3, 600 P. 2d, at 1075, n. 3; see also, e. g., Rowland, 75 Cal. App. 3d, at 61-62, 88 Cal. Rptr. 2d, at 900-901.

In Anders, we also disapproved the old California procedure because we thought that a one paragraph letter from «528 U. S., 281» counsel stating only his "bare conclusion" that the appeal had no merit was insufficient. 386 U. S., at 742. It is unclear from our opinion in Anders how much our objection on this point was severable from our objection to the lack of a finding of frivolity, because we immediately followed our description of counsel's "no merit" letter with a discussion of Ellis, Eskridge, and Lane, and the lack of such a finding. See 386 U. S., at 742-743. In any event, the Wende brief provides more than a one-paragraph "bare conclusion." Counsel's summary of the case's procedural and factual history, with citations of the record, both ensures that a trained legal eye has searched the record for arguable issues and assists the reviewing court in its own evaluation of the case.

Finally, an additional flaw with the procedures in Eskridge and Lane was that there was only one tier of review - by the trial judge in Eskridge (who understandably had little incentive to find any error warranting an appeal) and by the public defender in Lane. See Anders, supra, at 742-743. The procedure in Douglas itself was, in part, flawed for the same reason. See Douglas, 372 U. S., at 354-355. The Wende procedure, of course, does not suffer from this flaw, for it provides at least two tiers of review.

Not only does the Wende procedure far exceed those procedures that we have found invalid, but it is also at least comparable to those procedures that we have approved. Turning first to the procedure we set out in the final sec-

요구하기 때문이다. Wende, supra, at 442, n. 3, 600 P. 2d, at 1075, n. 3을 보라; 아울러 예컨대 Rowland, 75 Cal. App. 3d at 61-62, 88 Cal. Rptr. 2d, at 900-901를도 보라.

옛 캘리포니아주 절차기준을도 Anders 판결에서 우리는 불승인하였는데, 왜냐하면 항소가 실익이 없다는 «528 U. S., 281» 그의 "휑뎅그렁한 결론(bare conclusion)"만을 진술하는, 변호인으로부터의 한 단락짜리의 서신으로는 불충분하다고 우리는 생각했기 때문이다. 386 U. S., at 742. 무가치성에 대한 판단 결여에 대한 우리의 이의로부터 이 점에 관한 우리의 이의가 얼마나 분리 가능한 것이었는지는 Anders 판결에서의 우리의 의견으로부터는 불분명한데, 왜냐하면 Ellis 판결에 대한, Eskridge 판결에 대한, Lane 판결에 대한, 그리고 이 같은 판단의 결여에 대한 토론을 "실익 없음"이라는 변호인의 서면에 관한 우리의 설명 뒤에 곧바로 우리는 이었기 때문이다. 386 U. S., at 742-743을 보라. 하여튼 한 단락짜리의 "휑뎅그렁한 결론" 이상의 것을 Wende 준비서면은 제공한다. 주장 가능한 쟁점들을 찾아 기록을 숙련된 법의 눈이 살핀 상태임을 기록의 인용들을 덧붙인, 사건의 절차적 사실적 경위에 관한 변호인의 요약은 보증하면서 이에 아울러 사건에 대한 재심리 법원 자신의 판단에 있어서 그 법원을 그것은 조력한다.

마지막으로 Eskridge 사건에 및 Lane 사건에 있어서의 또 한 개의 절차적 흠결은 단지 한 겹만의 재심리가 있었을 뿐이라는 점이다 - Eskridge 사건의 경우에는 정식 사실심리 판사에 의한 것이었고 (항소를 뒷받침하는 조금이나마의 오류를 찾아낼 동기를 그가 별로 가지고 있지 않음은 당연하였다), Lane 사건의 경우에는 국선변호인에 의한 것이었다. Anders, supra, at 742-743을 보라. Douglas 사건에서의 절차 자체는도 부분적으로는 똑 같은 이유로 오류를 지닌 것이었다. Douglas, 372 U. S., at 354-355를 보라. 이 흠결을 Wende 절차기준은 지니고 있지 않음이 당연한데, 왜냐하면 적어도 두 겹의 재심리를 그것은 제공하기 때문이다.

무효라고 우리가 판결한 절차기준들을 Wende 절차기준은 훨씬 더 능가할 뿐만 아니라, 우리가 승인한 바 있는 절차기준들에 적어도 비교할 만하기도 하다. 우선 Anders 판결의 마지막 절에서 우리가 설명한 절차기준을 보면, "'견고하고도 모진

tion of Anders, we note that it has, from the beginning, faced "'consistent and severe criticism.'" In re Sade C., 13 Cal. 4th 952, 979, n. 7, 920 P. 2d 716, 731, n. 7 (1996) (quoting Note, 67 Texas L. Rev. 181, 212 (1988)). One of the most consistent criticisms, one with which we wrestled in McCoy, is that Anders is in some tension both with counsel's ethical duty as an officer of the court (which requires him not to present frivolous arguments) and also with his duty to further his client's interests (which might not permit counsel to characterize his «528 U. S., 282» client's claims as frivolous).[11] California, through the Wende procedure, has made a good-faith effort to mitigate this problem by not requiring the Wende brief to raise legal issues and by not requiring counsel to explicitly describe the case as frivolous. See Wende, 25 Cal. 3d, at 441-442, 600 P. 2d, at 1074-1075.

Another criticism of the Anders procedure has been that it is incoherent and thus impossible to follow. Those making this criticism point to our language in Anders suggesting that an appeal could be both "wholly frivolous" and at the same time contain arguable issues, even though we also said that an issue that was arguable was "therefore not frivolous." Anders, supra, at 744.[12] In other words, the Anders procedure appears to adopt gradations of frivolity and to use two different meanings for the phrase "arguable issue." The Wende procedure attempts to resolve this problem as well, by drawing the line at frivolity and by defining arguable issues as those that are not frivo-

11) As one former public defender has explained, "an attorney confronted with the Anders situation has to do something that the Code of Professional Responsibility describes as unethical; the only choice is as to which canon he or she prefers to violate." Pengilly, Never Cry Anders : The Ethical Dilemma of Counsel Appointed to Pursue a Frivolous Criminal Appeal, 9 Crim. Justice J. 45, 64 (1986). See also, e. g., Commonwealth v. Moffett, 383 Mass. 201, 206, 418 N. E. 2d 585, 590 (1981) (Anders requires a "Janus-faced approach" by counsel); Hermann, Frivolous Criminal Appeals, 47 N. Y. U. L. Rev. 701, 711 (1972).

12) Justice Stewart, in his dissent in Anders, was the first to make this criticism of the procedure set out by the Anders majority: "[I]f the record did present any such 'arguable'issues, the appeal would not be frivolous." 386 U. S., at 746; see id., at 746, n. See also, e. g., C. Wolfram, Modern Legal Ethics 817 (1986) ("The Anders directives are confusing, if not contradictory").

비판'"에 그것이 처음부터 직면해 왔음을 우리는 특별히 언급한다. In re Sade C., 13 Cal.4th 952, 979, n. 7, 920 P. 2d 716, 731, n. 7 (1996) (quoting Note, 67 Texas L. Rev. 181, 212 (1988)). 가장 견고한 비판들 중 한 가지는 McCoy 판결에서 우리가 씨름하였던 것인데, 즉 한 명의 법원 직원으로서의 변호인의 윤리규범상의 의무 — 무가치한 주장들을 제시하지 말 것을 그에게 그것은 요구한다 — 와의 사이에서도, 그리고 그의 의뢰인의 이익들을 촉진시킬 그의 의무 - 그의 의뢰인의 주장들을 무가치한 것으로 규정짓는 것을 변호인에게 그것은 허용하지 않을 수 있다 - 와의 사이에서도 다 같이 상당한 «528 U. S., 282» 긴장 속에 Anders 판결은 있다는 점이다.[11] 법적 쟁점들을 제기하도록 Wende 준비서면에게 요구하지 아니함으로써, 그리고 사건을 무가치한 것으로 명시적으로 표명하도록 변호인에게 요구하지 아니함으로써, 이 문제를 완화하려는 선의의 노력을 Wende 절차기준을 통하여 캘리포니아주는 기울여 왔다. Wende, 25 Cal.3d at 441-442, 600 P. 2d, at 1074-1075를 보라.

Anders 절차기준에 대한 또 다른 비판은 그것이 일관성이 없다는, 그리하여 준수가 불가능하다는 점이 되어 왔다. 주장 가능한 쟁점은 "따라서 무가치하지 않은" 쟁점임을도 우리는 말하였음에도 불구하고, 한 개의 항소가 "전적으로 무가치"하면서도 그 동시에 주장 가능한 쟁점을 내포할 수 있음을 비추는 Anders 판결에서의 우리의 표현을 이 비판을 가하는 사람들은 지적한다. Anders, supra, at 744.[12] 다른 말로 표현하면, Anders 절차기준은 무가치성의 등급들을 채용하는 것으로, 그리고 "주장 가능한 쟁점(arguable issue)"에 관하여 서로 다른 두 가지의 의미를 사용하는 것으로 보인다. 무가치성에 줄을 그음으로써 그리고 주장 가능한 쟁점들을 무가치하지 않은(not frivolous) 쟁점들로 규정함으로써 이 문제를도 아울러 해소하기를 Wende

---

11) 전 국선변호인 한 분이 설명해 놓았듯이, "비윤리적 행위로 법조전문직책임규정이 기술하는 바를 Anders 상황에 봉착한 변호사는 행하여야만 한다; 유일한 선택은 어떤 법전을 위반하는 쪽을 더 낫게 그가 또는 그녀가 여기느냐일 뿐이다." Pengilly, Never Cry Anders: The Ethical Dilemma of Counsel Appointed to Pursue a Frivolous Criminal Appeal, 9 Crim.Justice J. 45, 64 (1986). 아울러, 예컨대, Commonwealth v. Moffett, 383 Mass. 201, 206, 418 N. E. 2d 585, 590 (1981) ("야누스 얼굴의 접근법"을 변호인에게 Anders 판결은 요구한다)를; Hermann, Frivolous Criminal Appeals, 47 N. Y. U. L. Rev. 701, 711 (1972)를 보라.

12) Anders 판결의 다수의견에 의하여 제시된 절차기준에 대하여 이 비판을 Anders 판결에서의 자신의 반대의견에서 최초로 스튜어트(STEWART) 판사는 가하였다: "[만]약 조금이라도 이 같은 '주장 가능한(arguable)' 쟁점들을 기록이 실제로 제시한다면, 항소는 무가치하지 않은 것이 될 것이다." 386 U. S., at 746; see id., at 746, n. 아울러 예컨대, C. Wolfram, Modern Legal Ethics 817 (1986) ("Anders 판결의 명령사항들은 모순되지는 않을지언정 혼란스럽다.")를 보라.

lous.[13] «528 U. S., 283»

Finally, the Wende procedure appears to be, in some ways, better than the one we approved in McCoy and, in other ways, worse. On balance, we cannot say that the latter, assuming arguendo that they outweigh the former, do so sufficiently to make the Wende procedure unconstitutional. The Wisconsin procedure we evaluated in McCoy, which required counsel filing an Anders brief to explain why the issues he raised in his brief lacked merit, arguably exacerbated the ethical problem already present in the Anders procedure. The Wende procedure, as we have explained, attempts to mitigate that problem. Further, it appears that in the McCoy scheme counsel discussed - and the appellate court reviewed - only the parts of the record cited by counsel in support of the "arguable" issues he raised. See 486 U. S., at 440, 442. The Wende procedure, by contrast, requires a more thorough treatment of the record by both counsel and court. See 25 Cal. 3d, at 440-441, 600 P. 2d, at 1074-1075; id., at 445, 600 P. 2d, at 1077 (Clark, J., concurring in judg- «528 U. S., 284» ment and dissenting in part). On the other hand, the McCoy procedure, unlike the Wende procedure, does assist the reviewing court by

13) See supra, at 279–280. A further criticism of Anders has been that it is unjust. More particularly, critics have claimed that, in setting out the Anders procedure, we were oblivious to the problem of scarce resources (with regard to both counsel and courts) and, as a result, crafted a rule that diverts attention from meritorious appeals of indigents and ensures poor representation for all indigents. See, e. g., Pritchard, Auc– «528 U. S., 283» tion–ing Justice: Legal and Market Mechanisms for Allocating Criminal Appellate Counsel, 34 Am. Crim. L. Rev. 1161, 1167–1168 (1997) (Anders has created a "tragedy of the commons" that, "far from guaranteeing adequate appellate representation for all criminal defendants, instead ensures that indigent criminal defendants will receive mediocre appellate representation, whether their claims are good or bad" (footnote omitted)); Pritchard, supra, at 1169 (noting Anders 's similar effect on appellate courts); Pritchard, supra, at 1162 ("[J]udicial fiat cannot cure scarcity; it merely disguises the symptoms of the disease"); Doherty, Wolf! Wolf! – The Ramifications of Frivolous Appeals, 59 J. Crim. L., C. & P. S. 1, 2 (1968) ("[T]he people who will suffer the most are the indigent prisoners who have been *unjustly* convicted; they will languish in prison while lawyers devote time and energy to hopeless causes on a first come–first served basis" (footnote omitted)). We cannot say whether the Wende procedure is better or worse than the Anders procedure in this regard (although we are aware of policy–based arguments that it is worse as to appellate courts, see People v. Williams, 59 Cal. App. 4th 1202, 1205–1206, 69 Cal. Rptr. 2d 690, 692 (1997); Brief for Retired Justice Armand Arabian et al. as Amici Curiae), but it is clear that, to the extent this criticism has merit, our holding today that the Anders procedure is not exclusive will enable States to continue to experiment with solutions to this problem.

절차기준은 시도한다.[13] «528 U. S., 283»

궁극적으로 Wende 절차기준은 McCoy 판결에서 우리가 승인한 절차기준이보다 어떤 점들에서는 더 나아 보이고 다른 점들에서는 더 나빠 보인다. 그 좋은 점이보다도 그 나쁜 점이 무겁다고 설령 논의 자체를 위하여 가정하더라도, 모든 것을 고려할 때, 그 나쁜 점이 Wende 절차기준을 위헌의 것으로 만들 만큼 충분하게 무겁다고는 우리는 말할 수 없다. Anders 절차기준에 이미 존재하는 윤리규범상의 문제를, McCoy 사건에서 우리가 평가한 위스콘신주 절차기준 — 실익을 그의 준비서면에서 제기한 쟁점들이 왜 결여하는지를 그더러 설명하도록 Anders 준비서면을 제출하는 변호인에게 그것은 요구하였다 — 는 악화시켰다는 주장이 가능하다. 우리가 설명한 바처럼 그 문제를 완화시키고자 Wende 절차기준은 시도한다. 더 나아가, McCoy 체계에서는, 기록 가운데 변호인이 제기한 "주장 가능한" 쟁점들을 뒷받침하는 것으로서 변호인에 의하여 인용된 부분들에 대해서만 변호인이 논의하였던 것으로 — 그리고 항소법원이 검토하였던 것으로 — 보인다. 486 U. S., at 440, 442를 보라. 이에 대조되게 기록에 대한 보다 더 철저한 취급을 변호인에게와 법원에게 다 같이 Wende 절차기준은 요구한다. 25 Cal.3d at 440-441, 600 P. 2d, at 1074-1075를; id., at 445, 600 P. 2d, at 1077 [클라크 (CLARK) 판사, 판결주문에 《528 U. S., 284》 찬동하고 의견 일부에 반대함]을 보라. 이에 반하여 재심리 법원을 특정의 법적 쟁점들에 향하게 함으로써 그 법원을 Wende 절차기준이와는 달리 McCoy

---

13) supra, at 279–280을 보라. Anders 판결에 대한 추가적인 비판은 그것이 불공평하다는 데 있어 왔다. 보다 구체적으로, Anders 절차기준을 제시함에 있어서 (변호인에 있어서와 법원들에 있어서 다 같이) 빈약한 자원의 문제를 우리가 망각했다고, 그리하여 그 결과로서, 가난한 사람들의 실익 있는 항소들로부터는 주의를 돌린 채로, 모든 가난한 사람들을 위한 빈약한 대변을 보장하는 한 개의 규칙을 우리가 만들어 냈다고 비판자들은 주장해 왔다. 예컨대, Pritchard, Auc– «528 U. S., 283» tioning Justice: Legal and Market Mechanisms for Allocating Criminal Appellate Counsel, 34 Am. Crim. L. Rev. 1161, 1167–1168 (1997) (Anders 판결은 "모든 형사 피고인들에게 항소심에서의 충분한 대변을 보장하는 것은 전혀 아닌 채로, 그들의 주장들이 좋든 나쁘든, 보통의 대변을 항소심에서 가난한 형사 피고인들로 하여금 받도록 보장하는 보통사람들의 비극" 한 개를 만들어냈다(각주생략))을; Pritchard, supra, at 1169 (항소법원들에게 끼치는 Anders 판결의 유사한 효과를 특별히 언급함)을; Pritchard, supra, at 1162 ("[결]핍을 사법적 명령은 치유할 수 없다; 단지 질병의 증상들을 그것은 숨길 뿐이다.")를; Doherty, Wolf! Wolf! – The Ramifications of Frivolous Appeals, 59 J. Crim. L., C. & P.S. 1, 2 (1968) ("[가]장 불이익을 입게 될 사람들은 *부당하게* 유죄판정을 받은 가난한 죄수들일 것이다; 시간을 및 에너지를 가망 없는 항소이유들에 선착순에 따라 변호인들이 투입하는 동안 감옥에서 그들은 고생할 것이다." (각주생략))을 보라. 이 점에서 Anders 절차기준이보다도 Wende 절차기준이 더 나은지 더 나쁜지 여부를 우리는 말할 수 없다 (다만, 그것은 항소법원들에게 더 나쁘다는, 정책적 측면에서의 주장들을 우리는 알고 있는 바, see People v. Williams, 59 Cal. App. 4th 1202, 1205–1206, 69 Cal. Rptr. 2d 690, 692 (1997); Brief for Retired Justice Armand Arabian et al. as Amici Curiae), 그러나 취할 점을 이 비판이 지니는 한도 내에서 Anders 절차기준은 배타적인 것이 아니라는 오늘의 우리의 판시는 주들로 하여금 이 문제의 해결방안들을 계속 실험할 수 있게 해 줄 것임이 명백하다.

directing it to particular legal issues; as to those issues, this is presumably a good thing. But it is also possible that bad judgment by the attorney in selecting the issues to raise might divert the court's attention from more meritorious, unmentioned, issues. This criticism is, of course, equally applicable to the Anders procedure. Moreover, as to the issues that counsel does raise in a McCoy brief, the one-sided briefing on why those issues are frivolous may predispose the court to reach the same conclusion. The Wende procedure reduces these risks, by omitting from the brief signals that may subtly undermine the independence and thoroughness of the second review of an indigent's case.

Our purpose is not to resolve any of these arguments. The Constitution does not resolve them, nor does it require us to do so. "We address not what is prudent or appropriate, but only what is constitutionally compelled." Cronic, 466 U. S., at 665, n. 38. It is enough to say that the Wende procedure, like the Anders and McCoy procedures, and unlike the ones in Ellis, Eskridge, Lane, Douglas, and Penson, affords adequate and effective appellate review for criminal indigents. Thus, there was no constitutional violation in this case simply because the Wende procedure was used.

IV

Since Robbins's counsel complied with a valid procedure for determining when an indigent's direct appeal is frivolous, we reverse the Ninth Circuit's judgment that the Wende procedure fails adequately to serve the constitutional principles we identified in Anders. But our reversal does not necessarily mean that Robbins's claim that his appellate counsel rendered constitutionally ineffective assistance fails. For it may be, as Robbins argues, that his

절차기준이 조력함은 사실이다; 그 쟁점들에 관하여는 이것은 아마도 좋은 일일 것이다. 그러나 제기할 쟁점들을 골라내는 데 있어서의 변호인의 그릇된 판단은 법원의 주의를 보다 실익 있는, 그러나 언급되지 않은 쟁점들로부터 돌려버릴 가능성이도 있다. 물론 Anders 절차기준에 대해서도 똑같이 이 비판은 적용가능하다. 더군다나, McCoy 준비서면에서 변호인이 실제로 제기하는 쟁점들에 관하여는, 그 쟁점들이 왜 무가치한지에 대한 일방적인 설명은 법원으로 하여금 동일한 결론에 이르기 쉽게 한다. 가난한 피고인의 사건에 대한 두 번째 심리의 독립성을 및 철저성을 부지불식간에 잠식하는 도화선들을 준비서면으로부터 배제함으로써 이 위험들을 Wende 절차기준은 감소시킨다.

우리의 목적은 조금이라도 이 같은 주장들을 결말짓는 데 있지 않다. 연방헌법은 그것들을 결말짓지 아니하며 그렇게 하도록 우리에게 요구하지도 않는다. "우리가 역점 두어 다루는 것은 무엇이 분별 있는가 및 적절한가가 아니라, 오직 무엇이 헌법적으로 강제되는가뿐이다." Cronic, 466 U. S., at 665, n. 38. Wende 절차기준은 Anders 절차기준이 및 McCoy 절차기준이와 마찬가지로, 그리고 Ellis 판결에서의, Eskridge 판결에서의, Lane 판결에서의, Douglas 판결에서의, 및 Penson 판결에서의 절차기준들이와는 달리, 가난한 형사 피고인들을 위한 충분한 및 효과적인 항소심 재심리를 제공한다고 말하는 것으로 충분하다. 따라서 Wende 절차기준이 사용되었다는 이유만으로는 이 사건에서 헌법위반은 있지 않았다.

IV

가난한 사람의 직접항소가 언제 무가치한 것이 되는지를 판정하기 위한 유효한 절차기준을 로빈스(Robbins)의 변호인은 준수하였으므로, Anders 판결에서 우리가 확인한 헌법적 원칙들을 Wende 절차기준이 충분히 수행하지 못한다는 제9순회구 항소법원의 판결주문을 우리는 파기한다. 그러나 헌법적으로 무의미한 조력을 자신의 항소심 변호인이 제공했다는 로빈스의 주장이 틀렸음을 우리의 파기가 반드시 의미하지는 않는다. 왜냐하면 로빈스(Robbins)가 주장하듯이, 그의 항소는 무가치

appeal was not frivolous and that he was thus entitled to a merits brief rather than to a Wende brief. Indeed, both the District Court and the «528 U. S., 285» Ninth Circuit found that there were two arguable issues on direct appeal. The meaning of "arguable issue" as used in the opinions below, however, is far from clear. The courts below most likely used the phrase in the unusual way that we used it in Anders - an issue arguably supporting the appeal even though the appeal was wholly frivolous. See 152 F. 3d, at 1067 (discussing arguable issues in context of requirements of Anders); App. 48 (District Court opinion) (same). Such an issue does not warrant a merits brief. But the courts below may have used the term to signify issues that were "arguable" in the more normal sense of being nonfrivolous and thus warranting a merits brief. See App. 49, and n. 3 (District Court, considering arguable issues to determine "whether Anders was violated," but also defining arguable issue as one that counsel could argue "in good faith with some potential for prevailing"). Further, the courts below, in determining whether there were arguable issues, did not address petitioner's argument that, at least with regard to the adequacy of the prison law library, Robbins waived the issue for appeal by failing to object at trial. Thus, it will be necessary on remand to clarify just how strong these two issues are.

On remand, the proper standard for evaluating Robbins's claim that appellate counsel was ineffective in neglecting to file a merits brief is that enunciated in Strickland v. Washington, 466 U. S. 668 (1984). See Smith v. Murray, 477 U. S. 527, 535-536 (1986) (applying Strickland to claim of attorney error on appeal). Respondent must first show that his counsel was objectively unreasonable, see Strickland, 466 U. S., at 687-691, in failing to find arguable issues to appeal - that is, that counsel unreasonably failed to discover nonfrivolous issues and to file a merits brief raising them. If Robbins succeeds in

하지 않았던 것일 수도, 따라서 Wende 준비서면을이 아닌 실체적 사항에 관한 준비서면을 누릴 권리를 그는 지녔던 것일 수도 있기 때문이다. 아닌 게 아니라, 직접 항소에 의하여 주장 가능한 두 가지 쟁점들이 «528 U. S., 285» 있다고 연방지방법원은 및 제9순회구 항소법원은 다 같이 판단했다. 그러나 하급심 법원들의 의견들에서 사용된 "주장 가능한 쟁점(arguable issue)"의 의미는 결코 명확하지 않다. 그 구절을 우리가 Anders 판결에서 사용했던 그 특이한 방법으로 - 즉 비록 항소가 전적으로 무가치한 것이었다 하더라도 항소를 뒷받침한다고 주장될 수 있는 쟁점이라는 의미로 - 하급심 법원들은 사용했을 가능성이 매우 높다. 152 F.3d, at 1067 (Anders 절차기준의 요구사항들의 맥락에서 주장 가능한 쟁점들을 논함)을; App. 48 (지방법원의 의견) (동일)을 보라. 실체적 사항에 관한 준비서면을 이 같은 쟁점은 보증하지 않는다. 그러나 무가치한 것이 아니라는, 따라서 실체적 사항에 관한 준비서면을 정당화한다는 보다 더 일반적 의미에서의 "주장 가능한" 쟁점들을 의미하는 것으로 그 용어를 하급법원들은 사용했을 수 있다. App. 49, and n. 3 ("Anders 절차기준에 대한 위반이 있었는지 여부"를 판정하기 위하여 주장 가능한 쟁점들을 검토하면서, 주장 가능한 쟁점들을 "효험을 거둘 상당한 가능성에 대한 선의의 믿음 속에서" 변호인이 주장할 수 있는 쟁점으로 연방지방법원은 규정함)을 보라. 더욱이, 적어도 감옥 법률도서관의 충분성에 관하여는 정식사실심리에서 이의하지 아니함으로써 항소를 위한 쟁점을 로빈스가 포기했다는 청구인의 주장을, 주장 가능한 쟁점들이 있는지 여부를 판정함에 있어서, 하급법원들은 본격적으로 다루지 않았다. 따라서 환송에 의하여 바로 이 두 가지 쟁점들이 얼마나 설득력이 있는지를 명확히 함이 필요할 것이다.

환송이 이루어질 경우에, 실체적 사항에 관한 준비서면을 제출하기를 게을리함에 있어서 항소심 변호인이 무의미했다는 로빈스의 주장을 평가하기 위한 합당한 기준은 Strickland v. Washington, 466 U. S. 668 (1984)에서 선언된 기준이다. Smith v. Murray, 477 U. S. 527, 535-536 (1986) (Strickland 판결을 항소심에서의 변호인의 오류에 대한 주장에 적용함)을 보라. 항소할 만한 주장 가능한 쟁점들을 발견하지 못한 데 있어서 자신의 변호인이 객관적으로 부당하였음을, 즉 무가치하지 않은 쟁점들을 발견하는 데에, 그리고 그것들을 제기하는 실체적 사항에 관한 준비서면을 제출하는 데에 변호인이 부당하게도 실패하였음을 피청구인은 먼저 증명하지 않으면 안 된다.

such a showing, he then has the burden of demonstrating prejudice. That is, he must show a reasonable probability that, but for his counsel's unreasonable failure to file a merits brief, he would have prevailed on his appeal. «528 U. S., 286» See 466 U. S., at 694 (defendant must show "a reasonable probability that, but for counsel's unprofessional errors, the result of the proceeding would have been different").[14)]

The applicability of Strickland's actual-prejudice prong to Robbins's claim of ineffective assistance follows from Penson, where we distinguished denial of counsel altogether on appeal, which warrants a presumption of prejudice, from mere ineffective assistance of counsel on appeal, which does not. See 488 U. S., at 88-89. The defendant in Penson faced a denial of counsel because, as we have discussed, supra, at 280, not only was an invalid state procedure followed, but that procedure was clearly invalid insofar as it denied the defendant his right to appellate counsel under Douglas, see 488 U. S., at 83, 88. Our holding in Penson was consistent with Strickland itself, where we said that we would presume prejudice when a defendant had suffered an "[a]ctual or constructive denial of the assistance of counsel altogether." 466 U. S., at 692; see also Cronic, supra, at 659, and n. 25. In other words, while we normally apply a "strong presumption of reliability" to judicial proceedings and require a defendant to overcome that presumption, Strickland, supra, at 696, when, as in Penson, there has been a complete denial of counsel, we understandably presume the opposite, see Strickland, supra, at 692.

But where, as here, the defendant has received appellate counsel who has complied with a valid state procedure for determining whether the defen-

14) The performance component need not be addressed first. "If it is easier to dispose of an ineffectiveness claim on the ground of lack of sufficient prejudice, which we expect will often be so, that course should be followed." Strickland v. Washington, 466 U. S., at 697.

Strickland, 466 U. S., at 687-691을 보라. 만약 이 같은 증명에 로빈스가 성공하면, 그 다음으로 불이익을 그는 증명할 책임이 있다. 즉, 실체적 사항에 관한 준비서면을 제출하기를 그의 변호인이 불이행하지 않았더라면 효험을 그의 항소에서 그가 거두었을 합리적 개연성을 그는 증명하지 않으면 안 된다. «528 U. S., 286» 466 U. S., at 694 ("전문적 기준들에 미달하는 변호인의 오류들이 아니었다면 절차의 결과가 달라졌을 합리적 개연성"을 피고인은 증명하지 않으면 안 된다)를 보라.[14)]

실제의 불이익이라는 Strickland 판결의 가지를 무의미한 조력에 관한 로빈스의 주장에 적용할 수 있음은 Penson 판결로부터 도출되는 바, 전체적으로 항소심 변호인의 전적인 박탈 — 불이익에 대한 추정을 그것은 단언하게 한다 — 을 단순한 항소심 변호인의 무의미한 조력 — 불이익에 대한 추정을 그것은 단언하게 하지 않는다 — 으로부터 그 사건에서 우리는 구분지었다. 488 U. S., at 88-89를 보라. 변호인의 박탈을 Penson 사건에서의 피고인은 겪었는데, 왜냐하면 우리가 논의해 온 바처럼, supra, at 280, 한 개의 무효인 주(state) 절차가 준수되었을 뿐만 아니라, 항소심 변호인의 조력을 Douglas 판결에 의거하여 받을 피고인의 권리를 부정한 한도 내에서 그 절차는 명백하게 무효이기도 하였기 때문이다. 488 U. S., at 83, 88을 보라. Penson 판결에서의 우리의 판시는 Strickland 판결 자체에 부합되었는데, "전체적으로 변호인의 조력의 실제상의 또는 의제상의 박탈을" 피고인이 겪은 경우에는 불이익을 추정할 것이라고 거기서 우리는 말하였다. 466 U. S., at 692; 아울러 Cronic, supra, at 659, and n. 25를 보라. 달리 말하면, 일반적으로 "신뢰성의 강력한 추정"을 사법적 절차에 대하여 적용하면서 그 추정을 피고인더러 극복하도록 우리는 요구하는 반면, Strickland, supra, at 696, 가령 Penson 사건에서처럼 변호인의 완전한 박탈이 있었던 경우에는 당연히 그 반대를 우리는 추정한다. Strickland, supra, at 692를 보라.

그러나 여기서처럼 피고인의 항소가 무가치한지 여부를 판정하기 위한 한 개의 유효한 주 절차를 준수한 항소심 변호인을 피고인이 가지고 있는 경우이면서, 피고

14) 변론수행 요소가 처음부터 집중적으로 다루어져야 하는 것은 아니다. "만약 무의미한 조력에 관한 주장을 충분한 불이익의 결여의 근거 위에서 더 쉽게 처분할 수 있다면 – 그것이 자주 발생할 것으로 우리는 예상한다 – 그 노선이 추구되어야 한다." Strickland v. Washington, 466 U. S., at 697.

dant's appeal is frivolous, and the State has not at any time left the defendant without counsel on appeal, there is no reason to presume that the defendant has been prejudiced. In Penson, we worried that requiring the defendant to establish prejudice would leave him "without any of the protections afforded by Anders." «528 U. S., 287» 488 U. S., at 86. Here, by contrast, counsel followed a procedure that is constitutional under Anders and our other precedents in this area, and Robbins therefore received all the procedural protection that the Constitution requires. We thus presume that the result of the proceedings on appeal is reliable, and we require Robbins to prove the presumption incorrect in his particular case. See Strickland, 466 U. S., at 694.

Further, the ineffective-assistance claim that Robbins presses does not fall within any of the three categories of cases, described in Strickland, in which we presume prejudice rather than require a defendant to demonstrate it. First, as noted, we presume prejudice in a case of denial of counsel. Second, "various kinds of state interference with counsel's assistance" can warrant a presumption of prejudice. Id., at 692; see Cronic, 466 U. S., at 659, and n. 25. Third, "prejudice is presumed when counsel is burdened by an actual conflict of interest," Strickland, 466 U. S., at 692, although in such a case we do require the defendant to show that the conflict adversely affected his counsel's performance, ibid. None of these three categories applies to a case such as Robbins's. Nor does the policy reason that we offered in Strickland for the first two categories apply here, for it is not the case that, if an attorney unreasonably chooses to follow a procedure such as Anders or Wende instead of filing a merits brief, prejudice "is so likely that case-by-case inquiry into prejudice is not worth the cost." 466 U. S., at 692; see Cronic, supra, at 658.[15] On the contrary, in most cases in which a defendant's appeal has

15) Moreover, such an error by counsel is neither "easy to identify" (since it is necessary to evaluate a defendant's case in order to find the error) nor attributable to the prosecution. See Strickland, supra, at 692.

인을 항소심에서 한 번도 변호인 없는 채로 주가 둔 적이 없는 경우에는, 불이익을 피고인이입은 것으로 추정할 이유가 없다. 불이익을 증명하도록 Penson 사건에서 피고인에게 요구하는 것이 "Anders 판결에 의하여 부여되는 보호들을 전부 결여한 상태"로 그를 남겨둘까 우리는 염려하였다. «528 U. S., 287» 488 U. S., at 86. 이에 대조되게 여기서는 Anders 판결에 비추어 그리고 이 영역에서의 우리의 다른 선례들에 비추어 합헌인 한 개의 절차를 변호인이 준수하였고, 따라서 연방헌법이 요구하는 모든 절차적 보호를 로빈스는 수령하였다. 그러므로 항소심 절차들의 결과는 신뢰할 만한 것으로 우리는 추정하며, 그리하여 이 특정의 사건에서 그 추정이 부정확함을 로빈스가 증명할 것을 우리는 요구한다. Strickland, 466 U. S., at 694를 보라.

더욱이, 불이익을 증명하라고 피고인에게 요구하기보다는 불이익을 우리가 추정하는, Strickland 판결에 기술되어 있는 세 가지 범주의 사건들에 중 어디에도, 로빈스가 강조하는 무의미한 조력에 관한 주장은 해당되지 않는다. 첫째로, 특별히 언급되어 있는 바가처럼, 변호인의 박탈의 경우에는 불이익을 우리는 추정한다. 둘째로, 불이익의 추정을 "변호인의 조력에 대한 다양한 종류의 주 간섭행위"는 보증할 수 있다. id., at 692; 또한 Cronic, 466 U. S., at 659, and n. 25를 보라. 셋째로, "실제적 이익충돌에 의하여 부담을 변호인이 질 경우에 불이익은 추정"되는 바, Strickland, 466 U. S., at 692, 다만 그의 변호인의 변론수행에 불리하게 영향을 그 충돌이 주었음을 피고인더러 증명하도록 이 같은 경우에 우리는 분명히 요구한다. ibid. 로빈스(Robbins)의 경우 류의 사건에는 이 세 가지 범주들은 어느 것이도 적용되지 않는다. 첫 두 가지 범주들을 위하여 Strickland 판결에서 우리가 제공한 정책적 이유는 또한 여기에는 적용되지 않는 바, 왜냐하면 이것은, 설령 실체적 사항에 관한 준비서면을 제출하지 아니한 채로 Anders 절차기준을이나 Wende 절차기준을 등의 절차기준을 따르기로 부당하게 변호인이 선택하더라도, 불이익의 "가능성이 매우 커서 비용에 상응하는 만큼의 가치를 불이익에 대한 사안별 조사가 지니지 않는" 사건이 아니기 때문이다. 466 U. S., at 692; see Cronic, supra, at 658.[15] 그 반

15) 더욱이, 변호인의 이 같은 오류는 "확인이 쉽지도" 않고(왜냐하면 오류를 인정하려면 피고인의 주장을 평가하는 일이 필요하기 때문이다) 검찰에게 돌릴 수도 없다. Strickland, supra, at 692를 보라.

been found, pursuant to a valid state procedure, to be frivolous, it will in fact be frivolous.

It is no harder for a court to apply Strickland in this area than it is when a defendant claims that he received ineffec- «528 U. S., 288» tive assistance of appellate counsel because his counsel, although filing a merits brief, failed to raise a particular claim. It will likely be easier to do so. In Jones v. Barnes, 463 U. S. 745 (1983), we held that appellate counsel who files a merits brief need not (and should not) raise every nonfrivolous claim, but rather may select from among them in order to maximize the likelihood of success on appeal. Notwithstanding Barnes, it is still possible to bring a Strickland claim based on counsel's failure to raise a particular claim, but it is difficult to demonstrate that counsel was incompetent. See, e. g., Gray v. Greer, 800 F. 2d 644, 646 (CA7 1986) ("Generally, only when ignored issues are clearly stronger than those presented, will the presumption of effective assistance of counsel be overcome"). With a claim that counsel erroneously failed to file a merits brief, it will be easier for a defendant-appellant to satisfy the first part of the Strickland test, for it is only necessary for him to show that a reasonably competent attorney would have found one nonfrivolous issue warranting a merits brief, rather than showing that a particular nonfrivolous issue was clearly stronger than issues that counsel did present. In both cases, however, the prejudice analysis will be the same.[16] «528 U. S., 289»

16) Federal judges are, of course, fully capable of assessing prejudice in this area, including for the very sorts of claims that Robbins has raised. See, e. g., Duhamel v. Collins, 955 F. 2d 962, 967 (CA5 1992) (defendant not prejudiced by appellate counsel's failure to challenge sufficiency of the evidence); Banks v. Reynolds, 54 F. 3d 1508, 1515–1516 (CA10 1995) (finding both parts of Strickland test satisfied where appellate counsel failed to raise claim of violation of Brady v. Maryland, 373 U. S. 83 (1963)); Cross v. United States, 893 F. 2d 1287, 1290–1291, 1292 (CA11) (rejecting challenge to appellate counsel's failure to raise claim of violation of Faretta v. California, 422 U. S. 806 (1975), by determining that there was no prejudice), cert. denied, 498 U. S. 849 (1990). Since Robbins was convicted in state court, we have no occasion to consider whether a per se prejudice approach, in lieu of Strickland 's actual-prejudice requirement, might be appropriate in the context of challenges to federal convictions where counsel was deficient in failing to file a merits brief on direct appeal. See Goeke v. Branch, 514 U. S. 115, 119 (1995) (per curiam) (distinguishing «528 U. S., 289» rules established pursuant to this Court's supervisory power to administer federal court system from constitutional rules

대로, 한 개의 유효한 주 절차에 따라서 피고인의 항소가 무가치한 것으로 확인되어 있는 사건들에서는 대부분 그것은 실제로 무가치한 것일 것이다.

Strickland 판결을 이 영역에 한 개의 범원이 적용하기란,실체적 사항에 관한 준비서면을 자신의 변호인이 제출은 하였지만 특정의 주장을 «528 U. S., 288» 제기하지 아니하였기 때문에 항소심 변호인의 무의미한 조력을 자신이 수령했다고 피고인이 주장하는 경우에보다도 더 어렵지는 않다. 그렇게 하는 것이 더 쉬울 수도 있을 것이다. Jones v. Barnes, 463 U. S. 745 (1983)에서, 실체적 사항에 관한 준비서면을 제출하는 항소심 변호인은 무가치하지 않은 주장을이라 하여 모두 제기해야 할 필요는 없음을, 그리고 모두 제기해야 하는 것은 아님을, 오히려 항소심에서의 성공 가능성을 극대화하기 위하여 그 가운데서 선별할 수 있음을 우리는 판시하였다. 특정의 주장을 변호인이 제기하지 아니한 점을 이유로 Strickland 주장을 제기하는 것은 Barnes 판결에도 불구하고 여전히 가능하지만, 변호인이 무력했음을 입증하기란 어려운 일이다. 예컨대, Gray v. Greer, 800 F. 2d 644, 646 (CA7 1986) ["일반적으로, 무시된 쟁점들이 그 제기된 쟁점들이보다도 더 설득력 있음이 명백할 경우에만 변호인의 효과적인(effective) 조력에 대한 추정은 극복될 것이다."]을 보라. 실체적 사항에 관한 준비서면을 제출하지 아니하는 오류를 변호인이 저질렀다는 주장을 지닐 경우에 Strickland 기준의 첫 번째 부분을 충족시키기가 한 명의 피고인인 항소인으로서는 더 쉬울 것인데, 왜냐하면 그로서 필요한 것은 특정의 무가치하지 않은 쟁점이 변호인이 실제로 제기한 쟁점들이보다도 명백히 더 설득력 있는 것이었음을 증명하는 일이 아니라, 단지 실체적 사항에 관한 준비서면을 정당화하여 주는 무가치하지 않은 쟁점을 합리적으로 유능한 변호인이었다면 발견했을 것임을 증명하는 일뿐이기 때문이다. 그러나 어떤 경우에 있어서든 불이익의 분석은 동일할 것이다.[16] «528 U. S., 289»

16) 물론 로빈스가 제기해 놓은 바로 그 종류의 주장들을 포함하여 이 영역에서의 불이익을 평가할 능력이 연방판사들에게는 충분하다. 예컨대, Duhamel v. Collins, 955 F. 2d 962, 967 (CA5 1992) (항소심 변호인이 증거의 충분성을 다투지 아니한 점에 의하여 불이익을 피고인은 입지 않는다)를; Banks v. Reynolds, 54 F.3d 1508, 1515–1516 (CA10 1995) (Brady v. Maryland, 373 U. S. 83 (1963) 판결에 대한 위반의 점을 항소심 변호인이 제기하지 아니하였을 경우에 Strickland 판결의 두 기준이 모두 충족된 것으로 판단함); 을Cross v. United States, 893 F. 2d 1287, 1290–1291, 1292 (CA11) (Faretta v. California, 422 U. S. 806 (1975) 판결 위반의 점에 대한 주장을 항소심 변호인이 제기하지 아니한 점을 다투는 이의를 불이익이 없었다는 판정으로써 기각함), cert. denied, 498 U. S. 849 (1990)을 보라. 유죄판정을 로빈스가 받은 것은 주 법원에서였으므로, 실체적 사항에 관한 준비서면을 직접항소에서 제출하지 아니한 결함을 변호인이 저지른 연방법원 유죄판정들에 대한 이의들의 맥락에서, Strickland 판결의 실제

In sum, Robbins must satisfy both prongs of the Strickland test in order to prevail on his claim of ineffective assistance of appellate counsel. The judgment of the Court of Appeals is reversed, and the case is remanded for further proceedings consistent with this opinion.

It is so ordered.

applicable to States); United States v. Cronic, 466 U. S. 648, 665, n. 38 (1984) (same).

요컨대, 항소심 변호인의 무의미한 조력에 관한 주장에서 효험을 거두려면 Strickland 기준의 두 개의 가닥들을 모두 로빈스는 충족시키지 않으면 안 된다. 항소법원의 판결주문은 파기되고, 사건은 이 의견에 부합되는 추후의 절차들을 위하여 환송된다.

그렇게 명한다.

적 불이익이라는 요건 대신에 당연 불이익 접근법이 적합할 수 있는지 여부를 우리는 고려할 이유가 없다. Goeke v. Branch, 514 U. S. 115, 119 (1995) (per curiam) (연방법원 제도를 «528 U. S., 289»관리할 당원의 감독권한에 따라서 수립된 규칙들을 주들에게 적용되는 헌법적 규칙들로부터 구분함)을; United States v. Cronic, 466 U. S. 648, 665, n. 38 (1984) (동일)을 보라.

Justice Stevens, with whom Justice Ginsburg joins, dissenting.

While I join Justice Souter's cogent dissent without qualification, I write separately to emphasize two points that are obscured by the Court's somewhat meandering explanation of its sharp departure from settled law.

First, despite its failure to say so directly, the Court has effectively overruled both Anders v. California, 386 U. S. 738 (1967), and Penson v. Ohio, 488 U. S. 75 (1988). Second, its unexplained rejection of the reasoning underlying our decision in McCoy v. Court of Appeals of Wis., Dist. 1, 486 U. S. 429 (1988), see ante, at 272-273, illustrates the extent of today's majority's disregard for accepted precedent.

To make my first point it is only necessary to quote the Court's new standard for determining whether a State's appellate procedure affords adequate review for indigent defendants:

"A State's procedure provides such review so long as it reasonably ensures that an indigent's appeal will be resolved in a way that is related to the merit of that appeal." Ante, at 276-277.

The California procedure reviewed in Anders and the Ohio procedure reviewed in Penson - *both* found inadequate by this Court - would easily have satisfied that standard. Yet the Court today accepts California's current procedure be- «528 U. S., 290» cause it "requires both counsel and the court to find the appeal to be lacking in arguable issues." Ante, at 280. But in defense of its position in Anders, California relied heavily on those very same

긴스버그(GINSBURG) 판사가 가담하는 스티븐스(STEVENS) 판사의 반대의견이다.

수터(SOUTER) 판사의 적절한 반대의견에 조건 없이 가담하면서도, 확립된 법으로부터의 이 법원의 급격한 결별에 대한 이 법원 자신의 얼마간 종잡을 수 없는 설명에 의하여 애매해진 요점들 두 가지를 강조하기 위해서 개별적으로 의견을 나는 쓴다.

첫째로, 직접적으로는 말하지 아니하고 있음에도 불구하고 사실상 Anders v. California, 386 U. S. 738 (1967) 판결을 및 Penson v. Ohio, 488 U. S. 75 (1988) 판결을 다 같이 이 법원은 폐기하여 버렸다. 둘째로, 일반적으로 인정된 선례에 대한 오늘의 다수의견의 무시의 정도를 McCoy v. Court of Appeals of Wis., Dist. 1, 486 U. S. 429 (1988) 판결에서의 우리의 결정의 토대에 놓인 추론에 대한 이 법원의 설명 없는 거절, see ante, at 272-273은 예증한다.

나의 첫 번째 요지를 설명하기 위하여는, 충분한 재심리를 가난한 피고인들에게 한 개의 주(state) 항소심 절차가 제공하는지 여부를 판정하는 데 사용된 이 법원의 새 기준을 인용하는 것만으로도 충분하다:

"가난한 사람의 항소가 그 항소의 실익에 결부된 한 가지 방법으로 해결되도록 합리적으로 보장하는 한, 이 같은 재심리를 한 개의 주(State's) 절차는 제공하는 것이 된다." Ante, at 276-277.

Anders 판결에서 재심리된 캘리포니아주 절차기준은, 그리고 Penson 판결에서 재심리된 오하이오주 절차기준은 ― *둘 다* 불충분한 것으로 당원에 의하여 판정되었다 ― 그 기준을 쉽게 충족시켰을 것이다. 그런데도 "주장 가능한 쟁점들을 «528 U. S., 290» 항소가 결여한 것으로 …… 변호인이 및 법원이 다 같이 판정할 것을" 캘리포니아주의 현행의 절차기준은 "요구한다."는 이유로 이를 오늘 이 법원은 받아들인다. Ante, at 280. 그러나 Anders 판결에서의 자신의 입장에 대한 옹호에 있

requirements, i. e., "the additional feature of the [State's] system where the court also reads the full record." Brief for Respondent in Anders v. California, O. T. 1966, No. 98, pp.30-31; see also id., at 12-13, 19, 23, 28-29. Our Anders decision held, however, that this "additional feature" was insufficient to safeguard the indigent appellant's rights.

To make my second point I shall draw on my own experience as a practicing lawyer and as a judge. On a good many occasions I have found that the task of writing out the reasons that support an initial opinion on a question of law - whether for the purpose of giving advice to my client or for the purpose of explaining my vote as an appellate judge - leads to a conclusion that was not previously apparent. Colleagues who shared that view of the importance of giving reasons, as opposed to merely announcing conclusions, joined the opinions that I authored in McCoy, Penson, and Nickols v. Gagnon, 454 F. 2d 467 (CA7 1971).[1] In its casual rejection of the reasoning in McCoy, the Court simply ignores this portion of the opinion:

"Wisconsin's Rule merely requires that the attorney go one step further. Instead of relying on an unexplained assumption that the attorney has discovered law or facts that completely refute the arguments identified in the «528 U. S., 291» brief, the Wisconsin court requires additional evidence of counsel's diligence. This requirement furthers the same interests that are served by the minimum requirements of Anders. Because counsel may discover previously unrecognized aspects of the law in the process of preparing a written explanation for his or her conclusion, the discussion requirement provides an additional safeguard against mistaken conclusions by counsel

1) "The danger that a busy or inexperienced lawyer might opt in favor of a one sentence letter instead of an effective brief in an individual marginal case is real, notwithstanding the dedication that typifies the profession. If, however, counsel's ultimate evaluation of the case must be supported by a written opinion 'referring to anything in the record that might arguably support the appeal,'the temptation to discharge an obligation in summary fashion is avoided, and the reviewing court is provided with meaningful assistance." Nickols, 454 F. 2d, at 470 (citation and footnotes omitted) (quoting Anders v. California, 386 U. S. 738, 744 (1967)).

어서, 바로 그 동일한 요구들에, 즉 "기록 전체를 법원이도 마찬가지로 읽는 [자신의] 제도의 부가적(additional) 측면"에 무겁게 캘리포니아주는 의존하였다. Brief for Respondent in Anders v. California, O. T. 1966, No. 98, pp.30-31; 아울러 id., at 12-13, 19, 23, 28-29를 보라. 그러나 가난한 항소인의 권리들을 보장하기에 이 "부가적 측면"은 불충분하다고 우리의 Anders 판결은 판시하였다.

나의 두 번째 요지를 설명하기 위하여, 한 명의 개업변호사로서 및 한 명의 판사로서의 내 자신의 경험에게 도움을 나는 청해야 하겠다. 조언을 나의 의뢰인에게 주기 위한 목적에서든 또는 한 명의 항소법원 판사로서의 나의 표결을 설명하기 위한 목적에서든, 한 개의 법 문제에 대한 최초의 의견을 뒷받침하는 이유들을 서술해 내는 업무는 많은 경우에 있어서 그 이전에는 명백하지 않았던 한 개의 결론으로 안내함을 나는 발견해 왔다. 단순히 결론들만을 선언하는 것에 반대되는 것으로서의 이유를 설명하는 일의 중요성에 관하여 의견을 같이 한 동료들은 McCoy 판결에서, Penson 판결에서 및 Nickols v. Gagnon, 454 F. 2d 467 (CA7 1971) 판결에서 내가 집필한 의견들에 가담하였다.[1] McCoy 판결에서의 추론에 대한 뜻밖의 거부에 있어서, 그 판결의 의견 중 이 부분을 정말로 이 법원은 무시한다:

"위스콘신주 규칙이 요구하는 것은 단지 한 걸음 더 변호인이 나아가야 한다는 것뿐이다. 준비서면에서 확인된 주장들을 완전히 논박하여 주는 법을 또는 사실관계를 변호인이 발견했다는 한 개의 설명 없는 가정에 «528 U. S., 291» 의존하기보다는 변호인의 근면성에 대한 추가적 증거를 위스콘신주 법원은 요구한다. Anders 판결의 최소한의 요구사항들에 의하여 봉사되는 바로 그 이익들을 이 요구는 촉진시킨다. 그 이전에는 인식되지 못한 법의 측면들을 그 자신의 또는 그녀 자신의 결론에 대한 서면 설명을 준비하는 과정에서 변호인은 발견할 수도 있기 때문에, 변호인인 그가 또는 그녀가 발견할 수 있는 가장 강력한 주장들이 무가치한 것들이라는 그에 또는 그녀에 의한 잘못된 결론들을 막는 추가적 보장수단을 토론의 요구는

1) "개별적 경계선상의 사건에서 실질적인 준비서면을 대신에 한 문장으로 된 서면을 바쁜 내지는 경험 없는 변호사가 선호할 위험은 그 전문직역의 특징인 헌신성에도 불구하고 실제적이다. 그러나 만약 '항소를 뒷받침하는 것으로 주장될 수 있는 기록상의 모든 사항을 적시하는' 서면의견에 의하여 사건에 대한 변호인의 궁극적 평가가 뒷받침되지 않으면 안 된다면, 의무를 약식의 방법으로 이행하려는 유혹은 회피되고, 의미 있는 조력을 심리법원은 제공받게 된다." Nickols, 454 F. 2d, at 470 (citation and footnotes omitted) (quoting Anders v. California, 386 U. S. 738, 744 (1967)).

that the strongest arguments he or she can find are frivolous. Just like the references to favorable aspects of the record required by Anders, the discussion requirement may forestall some motions to withdraw and will assist the court in passing on the soundness of the lawyer's conclusion that the appeal is frivolous." McCoy, 486 U. S., at 442; see also Penson, 488 U. S., at 81-82.

In short, "simply putting pen to paper can often shed new light on what may at first appear to be an open-and-shut issue." Id., at 82, n. 4. For this reason, the Court is quite wrong to say that requiring counsel to articulate reasons for its conclusion results in "less effective advocacy." Ante, at 272.[2)]

An appellate court that employed a law clerk to review the trial transcripts in all indigent appeals in search of arguable error could be reasonably sure that it had resolved all of those appeals "in a way that is related" to their merits. It would not, however, provide the indigent appellant with anything approaching representation by a paid attorney. Like «528 U. S., 292» California's so-called Wende procedure, it would violate the "principle of substantial equality" that was described in Anders and McCoy and has been a part of our law for decades. McCoy, 486 U. S., at 438; Anders, 386 U. S., at 744.

2) The Wende procedure at issue in this case requires a "summary of the proceedings and facts," but does not require counsel to raise any legal issues. People v. Wende, 25 Cal. 3d 436, 438, 600 P. 2d 1071, 1072 (1979); see also ante, at 265. This procedure plainly does not serve the above purpose, since it does not force counsel to "put pen to paper" regarding those things most relevant to an appeal – legal issues. Accordingly, and contrary to the Court's assertion, ante, at 280–281, this summary does not improve upon the procedure rejected in Anders – a "bare conclusion" by the attorney that an appeal is without merit. 386 U. S., at 742.

제공한다. Anders 판결에 의하여 요구된 기록상의 유리한 측면들에 대한 언급들이와 바로 마찬가지로, 토론의 요구는 사임 신청들을 상당히 막을 수 있고, 항소가 무가치하다는 변호인의 결론의 정당성을 판단하는 데 있어서 법원을 조력할 것이다." McCoy, 486 U. S., at 442; 아울러 Penson, 488 U. S., at 81-82을 보라.

요컨대, "단순히 펜을 종이에 대는 것만으로도, 처음에는 단순명쾌한 사안으로 보이던 것 위에 종종 새로운 빛을 던질 수 있다." id., at 82, n. 4. 자신의 결론의 근거들을 상세히 말하도록 변호인에게 요구하는 것은 "덜 효과적인 옹호"를 가져온다고 이 법원이 말하는 것은 이 같은 이유에서 매우 잘못이다. Ante, at 292.[2)]

가난한 사람들의 모든 항소사건들에 있어서의 주장 가능한 오류를 찾아 정식사실심리기록 전사등본을 검토하는 법원서기를 고용한 항소법원의 경우에는 실체적 사항들에 "결부된 한 가지 방법으로" 그 항소들 전부를 자신이 해결했다고 정당하게 확신할 수 있었을 것이다. 그러나 한 명의 유료의 변호인에 의한 대변에 조금이라도 근접하는 것을 가난한 항소인에게 그것은 제공하지 못할 것이다. Anders «528 U. S., 292» 판결에서와 McCoy 판결에서 설명된, 그리고 수십 년간 우리의 법의 일부가 되어 온 "실질적 평등의 원칙"에 캘리포니아주의 이른바 Wende 절차기준이 위배되듯이, 그것은 위배될 것이다. McCoy, 486 U. S., at 438; Anders, 386 U. S., at 744.

2) "절차들에 및 사실관계들에 대한" 한 개의 "요약"을 이 사건에서 쟁점이 되어 있는 Wende 절차기준은 요구하지만, 조금이라도 법적 쟁점들을 변호인더러 제기하라고 요구하지는 않는다. People v. Wende, 25 Cal.3d 436, 438, 600 P. 2d 1071, 1072 (1979); 아울러 Ante, at 265를 보라. 위 목적에 이 절차는 솔직히 기여하지 않는 바, 왜냐하면 변호인으로 하여금 항소에 가장 관련 있는 그 사항들에 관하여 – 즉 법적 쟁점들에 관하여 – "펜을 종이에 대"도록 그것은 강제하지 않기 때문이다. 따라서, 그리고 이 법원의 주장, Ante, at 280–281에 어긋나게, Anders 판결에서 거부된 바 있는 절차를 – 항소가 실익 없는 것이라는 변호인에 의한 "휑뎅그렁한 결론"을 – 이 요약은 개선해 주지 않는다. 386 U. S., at 742.

Justice Souter, with whom Justice Stevens, Justice Ginsburg, and Justice Breyer join, dissenting.

A defendant's right to representation on appeal is limited by the prohibition against frivolous litigation, and I realize that when a lawyer's corresponding obligations are at odds with each other, there is no perfect place to draw the line between them. But because I believe the procedure adopted in People v. Wende, 25 Cal. 3d 436, 600 P. 2d 1071 (1979), fails to assure representation by counsel with the adversarial character demanded by the Constitution, I respectfully dissent.

I

Although the Sixth Amendment guarantees trial counsel to a felony defendant, see Gideon v. Wainwright, 372 U. S. 335 (1963), the Constitution contains no similarly freestanding, unconditional right to counsel on appeal, there being no obligation to provide appellate review at all, see Ross v. Moffitt, 417 U. S. 600, 606 (1974). When a State elects to provide appellate review, however, the terms on which it does so are subject to constitutional notice. See, e. g., Griffin v. Illinois, 351 U. S. 12, 18 (1956); Rinaldi v. Yeager, 384 U. S. 305, 310 (1966); Evitts v. Lucey, 469 U. S. 387, 393 (1985).

In a line of cases beginning with Griffin, this Court examined appellate procedural schemes under the principle that justice may not be conditioned

스티븐스(Stevens) 판사가, 긴스버그(GINSBURG) 판사가 및 브라이어(BREYER) 판사가 가담하는 수터(SOUTER) 판사의 반대의견이다.

무가치한 소송의 금지에 의하여 항소심에서 대변을 누릴 피고인의 권리는 제한되는 바, 한 명의 변호사의 상응하는 의무들이 서로 싸울 경우에는 그들 사이에 기준선을 그을 완벽한 장소가 없음을 나는 실감한다. 그러나 연방헌법에 의하여 요구되는 대립당사자주의적 성격을 지닌 변호인의 대변을 People v. Wende, 25 Cal.3d 436, 600 P. 2d 1071 (1979)에서 채택된 절차기준은 보장하지 못한다고 나는 믿기 때문에 다수의견에 대하여 정중히 반대한다.

I

정식사실심리 변호인을 중죄 피고인에게 연방헌법 수정 제6조는 보장함에도 불구하고, see Gideon v. Wainwright, 372 U. S. 335 (1963), 변호인의 조력을 항소심에서 누릴, 이에 유사하게 그 자체의 독립구조로 서 있는 무조건의 권리를 연방헌법은 포함하고 있지 아니한 바, 왜냐하면 항소심 재심리를 제공할 의무는 아예 없기 때문이다. Ross v. Moffitt, 417 U. S. 600, 606 (1974)을 보라. 그렇지만 항소심 재심리를 제공하기로 한 개의 주가 선택할 경우에는 그렇게 주가 하는 토대가 되는 조건들은 헌법적 심사의 대상이 된다. 예컨대, Griffin v. Illinois, 351 U. S. 12, 18 (1956)을; Rinaldi v. Yeager, 384 U. S. 305, 310 (1966)을; Evitts v. Lucey, 469 U. S. 387, 393 (1985)를 보라.

항소심의 절차적 제도들을 Griffin 판결로부터 시작되는 일련의 선례들에서 지불능력에 재판이 좌우되어서는 안 된다는 원칙에 따라 당원은 검토하였다. 일반적으

on ability to pay, see generally Ross, supra, at 605-609. Even though "[a]bsolute equality is not required," Douglas v. California, 372 U. S. 353, 357 (1963), we held in Douglas that when state criminal defendants are free to retain counsel for a first appeal as of right, «528 U. S., 293» the Fourteenth Amendment[1)] requires that indigent appellants be placed on a substantially equal footing through the appointment of counsel at the State's expense. See McCoy v. Court of Appeals of Wis., Dist. 1, 486 U. S. 429, 438 (1988) (referring to "principle of substantial equality").

Two services of appellate counsel are on point here. Appellate counsel examines the trial record with an advocate's eye, identifying and weighing potential issues for appeal. This is review not by a dispassionate legal mind but by a committed representative, pledged to his client's interests, primed to attack the conviction on any ground the record may reveal. If counsel's review reveals arguable trial error, he prepares and submits a brief on the merits and argues the appeal.

The right to the first of these services, a partisan scrutiny of the record and assessment of potential issues, goes to the irreducible core of the lawyer's obligation to a litigant in an adversary system, and we have consistently held it essential to substantial equality of representation by assigned counsel. "The paramount importance of vigorous representation follows from the nature of our adversarial system of justice." Penson v. Ohio, 488 U. S. 75, 84 (1988). See, e. g., Ellis v. United States, 356 U. S. 674, 675 (1958) (per curiam); Douglas, supra, at 357-358; McCoy, supra, at 438. The right is unqualified when a defendant has retained counsel, and I can imagine no reason that it should not be so when counsel has been appointed.

1) The Griffin line of cases has roots in both due process and equal protection, see M. L. B. v. S. L. J., 519 U. S. 102, 120 (1996), but we have noted that "[m]ost decisions in this area have rested on an equal protection framework ……," Bearden v. Georgia, 461 U. S. 660, 665 (1983). See also Ross v. Moffitt, 417 U. S. 600, 611 (1974) (noting that right to appellate counsel "is more profitably considered under an equal protection analysis").

로 Ross, supra, at 605-609를 보라. 비록 "[절]대적 평등은 요구되지 아니함"에도 불구하고, Douglas v. California, 372 U. S. 353, 357 (1963), 최초의 권리항소를 위한 변호인을 주(state) 형사 피고인들이 자유로이 선임할 수 있을 경우에는 주측의 비용에 «528 U. S., 293» 기한 변호인 지정을 통하여 가난한 피고인들을 실질적으로 평등한 지위 위에 두도록 연방헌법 수정 제14조[1]가 요구함을 Douglas 판결에서 우리는 판시하였다. McCoy v. Court of Appeals of Wis., Dist. 1, 486 U. S. 429, 438 (1988) ["실질적 평등의 원칙(principle of substantial equality)"을 언급함].

항소심 변호인의 두 가지 임무들은 여기에서 쟁점이 되어 있다. 정식사실심리 기록을 옹호자의 눈으로 항소심 변호인은 검토하는 바, 항소를 위한 가능한 쟁점들을 확인하고 평가한다. 한 개의 냉정한 법적 사고력(legal mind)에 의하여가 아니라, 기록이 드러낼 수 있는 모든 근거에 의거하여 유죄판결을 공격할 준비를 갖춘, 자신의 의뢰인의 이익들을 보호하기로 맹세한 한 명의 헌신적인 대변자에 의하여 이 검토는 이루어진다. 만약 주장가능한 정식사실심리상의 오류를 변호인의 재검토가 찾아내면, 실체적 사항에 관한 준비서면을 그는 준비하여 제출하고 항소를 주장한다.

대립당사자주의 제도에 있어서 한 명의 소송당사자에 대한 변호사의 의무의 감할 수 없는(irreducible) 핵심에, 이 같은 조력들 중 첫 번째인, 기록에 대한 당파심 강한 정밀한 조사를, 그리고 가능성 있는 쟁점들에 대한 평가를 누릴 권리는 닿아 있고, 따라서 지정변호인에 의한 대변의 실질적 평등에 그것은 필수임을 우리는 일관되게 판시해 왔다. "우리 대립당사자주의 재판제도의 성격으로부터 열정적 대변의 최고의 중요성은 도출된다" Penson v. Ohio, 488 U. S. 75, 84 (1988). 예컨대, Ellis v. United States, 356 U. S. 674, 675 (1958) (per curiam); Douglas, supra, at 357-358을; McCoy, supra, at 438을 보라. 변호인을 피고인이 선임한 경우에 그 권리는 무조건의 것인 바, 변호인이 지정되어 있는 경우라 하여 그것이 그러하지 않아야 할 이유를 나는 상상할 수 없다.

---

1) 그 근거들을 적법절차에 및 평등보호에 등 양쪽에 Griffin 계열의 선례들은 두고 있으나, see M. L. B. v. S. L. J., 519 U. S. 102, 120 (1996), "… [평]등보호라는 구조물에 이 영역에서의 대부분의 판결들은 의존해 왔음"을 나는 특별히 언급한 바 있다. Bearden v. Georgia, 461 U. S. 660, 665 (1983). 아울러 Ross v. Moffitt, 417 U. S. 600, 611 (1974) ("평등보호 분석법 아래서," 항소심 변호인을 누릴 권리는 "보다 더 유익하게 고찰됨"을 특별히 언급함)을 보라.

Because the right to the second service, merits briefing, is not similarly unqualified, however, the issue we address «528 U. S., 294» today arises. The limitation on the right to a merits brief is that no one has a right to a wholly frivolous appeal, see Anders v. California, 386 U. S. 738, 742 (1967), against which the judicial system's first line of defense is its lawyers. Being officers of the court, members of the bar are bound "not to clog the courts with frivolous motions or appeals," Polk County v. Dodson, 454 U. S. 312, 323 (1981); see also McCoy, supra, at 436, and this is of course true regardless of a lawyer's retained or appointed status in a given case. The problem to which Anders responds arises when counsel views his client's appeal as frivolous, leaving him duty barred from pressing it upon a court.[2)]

The rub is that although counsel may properly refuse to brief a frivolous issue and a court may just as properly deny leave to take a frivolous appeal, there needs to be some reasonable assurance that the lawyer has not relaxed his partisan instinct prior to refusing,[3)] in which case the court's review could never compensate for the lawyer's failure of advocacy. A simple statement by counsel that an appeal has no merit, coupled with an appellate court's endorsement of counsel's conclusion, gives no affirmative indication that anyone has sought out the appellant's best arguments or championed his cause to the degree contemplated by the adversary system. Nor do such conclusions acquire any implicit per- «528 U. S., 295» suasiveness through exposure to an interested opponent's readiness to mount a challenge. The govern-

2) Anders addressed the problem as confronted by assigned counsel, though in theory it can be equally acute when counsel is retained. It is unlikely to show up in practice, however. Paying clients generally can fire a lawyer expressing unsatisfying conclusions and will often find a replacement with a keener eye for arguable issues or a duller nose for frivolous ones. As a practical matter, the States may find it too difficult or costly to prevent monied appellants from wasting their own resources, and those of the judicial system, by bringing frivolous appeals. This does not mean, however, that the States are obligated to subsidize such efforts by indigents.

3) An assurance, that is, that he has not become what is known around the Los Angeles County Jail as a "'dump-truck.'" Reply Brief for Petitioner 1.

그러나 두 번째 조력에 대한 권리는, 즉 실체적 사항에 관한 준비서면을 누릴 권리는 똑같이 무조건의 것은 아닌 까닭에, 오늘 우리가 역점을 두어 다루는 그 쟁점이 «528 U. S., 294» 생겨난다. 누구에게도 한 개의 완전히 무가치한 항소를 누릴 권리는 없다는 데 실체적 사항에 관한 준비서면을 누릴 권리에 대한 제한은 있는 바, see Anders v. California, 386 U. S. 738, 742 (1967), 이를 방지하는 사법제도의 제일선의 방어자는 그 제도의 변호사들이다. "법원들을 무가치한 신청들로써 내지는 항소들로써 괴롭히지 않아야 할" 의무를 법원의 사관들로서 법조단 구성원들은 지는 바, Polk County v. Dodson, 454 U. S. 312, 323 (1981); see also McCoy, supra, at 436, 물론 특정 사건에서 변호사가 한 명의 선임된 변호인으로서의 지위인가 지정된 변호인으로서의 지위인가에 상관없이 이것은 타당하다. 의뢰인의 항소를 무가치한 것으로 변호인이 판단할 경우에, 그리하여 그것을 법원에 밀어붙이지 말아야 할 의무를 그에게 그것이 남길 때에 Anders 판결이 응답하고 있는 그 문제는 발생한다.2)

비록 무가치한 쟁점을 제기하기를 변호인이 거부함은 정당할 수 있고 그리하여 무가치한 항소를 제기하도록 허가하기를 법원이 거절함은 또한 마찬가지로 정당할 수 있음에도 불구하고, 그의 당파심 강한 본능을 그 거부에 앞서서 변호인이 게을리 하지 않았음에 대한 상당한 정도의 합리적인 보장이 있어야 할 필요가 있다는 점이 탈인데,3) 그 경우에 법원의 재심리로는 변호인의 옹호 불이행을 결코 보상할 수가 없는 것이다. 실익을 항소가 지니고 있지 않다는 변호인의 단순한 진술 한 개는, 설령 변호인의 결론에 대한 항소법원의 승인이 결합된 경우라 하더라도, 대립당사자주의 재판제도에 의하여 예정되어 있는 정도껏의 항소인을 위한 최선의 주장들을 누군가가 추구해 놓았다는, 또는 그의 청구원인을 옹호해 놓았다는 점에 대한 아무런 단언적인 표지를도 제공하지 않는다. 이 같은 결론들은 언제든지 이의를

---

2) 지정 변호인(assigned counsel)에 의하여 봉착되는 문제를 Anders 판결은 다루었는 바, 이론상으로는 선임되는(retained) 변호인의 경우에도 그 문제는 똑같이 중대한 것일 수 있다. 그러나 그것은 실제에 있어서는 나타날 가능성이 없다. 불만족스러운 결론들을 표명하는 변호사를 수임료를 지불하는 의뢰인들은 일반적으로 해임할 수 있고 따라서 주장 가능한 쟁점들에 대한 보다 더 날카로운 눈을 지닌, 또는 무가치한 쟁점들에 대한 보다 더 둔한 코를 지닌, 한 명의 교체자를 그들은 흔히 찾아낼 것이다. 실제적 문제로서, 무가치한 항소들을 제기함으로써 그들 자신의 또는 사법제도의 자원들을 낭비하지 못하도록 돈 많은 항소인들을 저지하기란 너무 어려움을 내지는 너무 비쌈을 주들은 발견할 수 있다. 그러나 가난한 사람들에 의한 이 같은 노력들을 원조해야 할 의무가 주들에게 있음을 이것은 의미하지 않는다.

3) 한 개의 보장이라 함은 그가 로스앤젤레스 카운티 감옥 주변에서 "'덤프트럭(dumptruck)'"이라는 은어로 통하는 자가 되어 있지 않다는 점에 대한 것이다. Reply Brief for Petitioner 1.

ment is unlikely to dispute or even test counsel's evaluation; one does not berate an opponent for giving up. To guard against the possibility, then, that counsel has not done the advocate's work of looking hard for potential issues, there must be some prod to find any reclusive merit in an ostensibly unpromising case and some process to assess the lawyer's efforts after the fact. A judicial process that renders constitutional error invisible is, after all, itself an affront to the Constitution. See Penson, supra, at 81-82.

In Anders, we devised such a mechanism to ensure respect for an appellant's rights. See Penson, supra, at 80. A lawyer's request to withdraw on the ground that an appeal is frivolous "must ······ be accompanied by a brief referring to anything in the record that might arguably support the appeal." Anders, 386 U. S., at 744. This simply means that counsel must do his partisan best, short of calling black white, to flag the points that come closest to being appealable; the lawyer's job is to state the issues that give the defendant his best chances to prevail, even if the best comes up short under the rule against trifling with the court. "[T]he court - not counsel - ," we continued, "then proceeds, after a full examination of all the proceedings, to decide whether the case is wholly frivolous." Ibid.

Anders thus contemplates two reviews of the record, each of a markedly different character. First comes review by the advocate, the defendant's interested representative. His job is to identify the best issues the partisan eye can spot. Then comes judicial review from a disinterested judge, who asks two questions: whether the lawyer really did function as a committed advocate, and whether he misjudged the legitimate appealability of any issue. In reviewing the advocate's work, the court is responsible for assuring that

제기하려는 이해관계 있는 «528 U. S., 295» 상대방의 입장에의 노출을 거친다 하여 조금이라도 절대적인 설득력을 획득하는 것이도 아니다. 정부는 변호인의 평가를 다툴 내지는 또는 검사할 가능성이 없다; 상대방이 포기한다는 이유로 그를 몰아세우는 사람은 없다. 그렇다면 주장 가능한 쟁점들을 열심히 찾는 옹호자로서의 역할을 변호인이 수행하지 아니하였을 가능성에 대처하기 위하여, 표면상으로는 성공 가망이 없는 사건에 있어서 조금이라도 숨어 있는 실익을 찾아내게 하는 상당한 재촉이, 그리고 사실을 찾는 변호사의 노력들을 평가하는 상당한 절차가, 있지 않으면 안 된다. 헌법적 오류를 눈에 안 보이게 만드는 사법절차는 결국 그 자체가 연방헌법에 대한 모욕이다. Penson, supra, at 81-82를 보라.

항소인의 권리들에 대한 존중을 보장하는 한 가지 절차기준을 Anders 판결에서 우리는 고안하였다. Penson, supra, at 80을 보라. 항소가 무가치하다는 점을 이유로 하는 변호사의 사임 요청에는 "항소를 뒷받침하는 것으로 주장될 수 있는 기록상의 모든 사항을 적시하는 준비서면이 첨부되지 …… 않으면 안 된다." Anders, 386 U. S., at 744. 이것이 단순히 의미하는 바는, 항소 가능한 것에 가장 근접한 요점들을 제기하기 위하여, 검은 것을 희다고 부르는 것을 제외하고는, 자신의 당파심 강한 최선을 변호인은 다하지 않으면 안 된다는 것이다; 변호인의 직무는 효험을 거둘 최선의 가능성들을 - 법원을 가지고서 장난하는 것을 금지하는 규칙에 그 최선이라는 것이 설령 저촉되더라도 - 피고인에게 부여하는 쟁점들을 진술하는 것이다. "[그] 때에 그 모든 절차들에 대한 충분한 검토 뒤에, 사건이 전적으로 무가치한지 여부를 판단하는 데 법원은 — 변호인은이 아니라 — 나아간다."고 우리는 이어서 말하였다. Ibid.

이처럼 기록에 대한 두 번의 재검토들을 Anders 판결은 예정하는데, 그 각각의 성격은 현저히 다르다. 첫째로 변호인에 의한, 즉 피고인의 이익을 위한 대변자에 의한 재검토이다. 그의 직무는 당파심 강한 눈이 발견해 낼 수 있는 최선의 쟁점들을 확인하는 것이다. 그 다음으로는 이해관계 없는 한 명의 판사로부터의 사법적 재검토인데, 두 가지를 그는 묻는다: 즉, 한 명의 헌신적인 옹호자로서의 기능을 변호인이 실제로 수행했는지 여부이고 쟁점에 대한 적법한 항소 가능성을 그가 조금이라도 잘못 판단했는지 여부이다. 옹호자로서의 직무를 재심리함에 있어서, 최선

counsel has gone as far as advocacy will take him with the best issues undiscounted. We have repeatedly de- «528 U. S., 296» scribed the task of an appellate court in terms of this dual responsibility. "'First, [the court] must satisfy itself that the attorney has provided the client with a diligent and thorough search of the record for any arguable claim that might support the client's appeal. Second, it must determine whether counsel has correctly concluded that the appeal is frivolous.'" Penson, 488 U. S., at 83 (quoting McCoy, 486 U. S., at 442).

Griffin and Anders thus require significantly more than the abstract evaluation of the merits of conceivably appealable points. Without the assurance that assigned counsel has done his best as a partisan, his substantial equality to a lawyer retained at a defendant's expense cannot be assumed. And without the benefit of the lawyer's statement of strongest claims, the appellate panel cannot act as a reviewing court, but is relegated to an inquisitorial role.

It is owing to the importance of assuring that an adversarial, not an inquisitorial, system is at work that I disagree with the Court's statement today that our cases approve of any state procedure that "reasonably ensures that an indigent's appeal will be resolved in a way that is related to the merit of that appeal." Ante, at 276-277. A purely inquisitorial system could satisfy that criterion, and so could one that appoints counsel only if the appellate court deems it useful. But we have rejected the former and have explicitly held the latter unconstitutional, see Douglas, 372 U. S., at 355, the reason in each case being that the Constitution looks to the means as well as to the ends.[4] See Singer v. United States, 380 U. S. 24, 36 (1965) ("The Constitution recognizes an adversary system as the proper method of determining guilt ……"). See also, e. g., Penson, supra, at 87 ("A criminal appellant is entitled to a single-

4) Of course, if appellate review is not constitutionally required, States may well be able to impose nonadversarial review on all appellants. They may not, however, reserve the adversary system for those able to afford counsel.

의 쟁점들을 도외시하지 않은 채 그를 옹호 임무가 데려갈 수 있는 최대한껏 멀리까지 변호인이 나아간 터임을 확인할 책임을 법원은 진다. 이 이중적 책임의 측면에서의 «528 U. S., 296» 항소법원의 임무를 우리는 반복적으로 설명해 왔다. "첫째로, 조금이라도 의뢰인의 항소를 뒷받침하는 것으로 주장될 수 있는 쟁점을 찾기 위하여 기록에 대한 근면한 및 철저한 검토를 의뢰인에게 변호인이 제공했다는 점에 관하여 자신을 [법원은] 납득시키지 않으면 안 된다. 둘째로, 항소가 무가치하다고 변호인이 결론지은 것이 정당하였는지 여부를 법원은 판정하지 않으면 안 된다." Penson, 488 U. S., at 83 (quoting McCoy, 486 U. S., at 442).

이처럼 상상적으로 항소 가능한 쟁점들의 실익에 대한 추상적 평가를 Griffin 판결이 및 Anders 판결이 요구하는 것은 훨씬 뛰어넘는다. 한 명의 열성적인 지지자로서의 그의 최선을 지정 변호인이 다했다는 점에 대한 보증이 없다면, 피고인의 비용으로 선임된 변호사하고의 실질적 평등은 추정될 수 없다. 나아가, 가장 설득력 있는 주장들에 대한 변호인의 진술의 이익을 누리지 못한다면, 항소심 재판부는 재심리 법원으로서 기능할 수 없고 규문적(inquisitorial) 역할로 격하된다.

"가난한 사람의 항소가 그 항소의 실익에 결부된 한 가지 방법으로 해결되도록 합리적으로 보장하는 한," 어떤 주 절차이든지를 우리의 선례들이 승인한다는 오늘 이 법원의 판시에 내가 부동의하는 것은 규문주의 제도가가 아닌 대립당사자주의 제도가 작동하도록 보장하는 일의 중요성 때문이다. Ante, at 276-277. 순수하게 규문주의적인 제도라 하더라도 그 기준을 만족시킬 수 있을 것이고, 또한유익하다고 항소심 법원이 생각할 때만 변호인을 지정하는 제도는도 마찬가지로 그러할 것이다. 그러나 앞의 것은 우리가 거부해 놓은 터이고, 뒤의 것은 위헌임을 우리가 명시적으로 판시해 둔 터인 바, see Douglas, 372 U. S., at 355, 연방헌법이 살피는 것은 목적을만이 아니라 수단을까지라는 데 그 각각의 이유는 있다.[4] Singer v. United States, 380 U. S. 24, 36 (1965) ("...... 유죄를 판정하는 정당한 수단으로서 대립당사자주의 제도를 연방헌법은 인정한다.")을 보라. 아울러 예컨대, Penson, supra, at 87 ("...... 일치단결한 변호를 누릴 권

4) 만약 항소심 재심리가 헌법적으로 요구되어 있지 않으면 비당사자주의적(nonadversarial) 재심리를 모든 항소인들 위에 주들은 부과할 수 있음은 당연히 가능하다. 그러나 대립당사자주의(adversarial) 제도를, 변호인을 선임할 여유가 있는 사람들을 위하여 그들은 남겨두어서는 안 된다.

minded advocacy ······"); «528 U. S., 297» Strickland v. Washington, 466 U. S. 668, 685 (1984) ("The Sixth Amendment recognizes the right to the assistance of counsel because it envisions counsel's playing a role that is critical to the ability of the adversarial system to reach just results"); United States v. Cronic, 466 U. S. 648, 656 (1984) ("Thus, the adversarial process protected by the Sixth Amendment requires that the accused have 'counsel acting in the role of an advocate.'") (quoting Anders, supra, at 743).

II

We have not held the details of Anders to be exclusive, but it does make sense to read the case as exemplifying what substantial equality requires on behalf of indigent appellants entitled to an advocate's review and to reasonable certainty that arguable issues will be briefed on their merits. With Anders thus as a benchmark, California's Wende procedure fails to measure up. Its primary failing is in permitting counsel to refrain as a matter of course from mentioning possibly arguable issues in a no-merit brief; its second deficiency is a correlative of the first, in obliging an appellate court to search the record for arguable issues without benefit of an issue-spotting, no-merit brief to review. See 25 Cal. 3d, at 440-442, 600 P. 2d, at 1074-1075.

Although Wende assumes that counsel will act as an advocate, see id., at 441-442, 600 P. 2d, at 1075, it fails to assure, or even promote, the partisan attention that the Constitution requires. While the lawyer must summarize the procedural and factual history of the case with citations to the record, nothing in the Wende scheme requires counsel to show affirmatively, subject to

리를 형사 피고인인 항소인은지닌다.")를; «528 U. S., 297» Strickland v. Washington, 466 U. S. 668, 685 (1984) ("변호인의 조력을 받을 권리를 연방헌법 수정 제6조가 인정하는 것은 정당한 결과들을 산출할 수 있는 대립당사자주의 제도의 능력에 있어서의 결정적 역할을 변호인이 수행할 것으로 그 조항이 마음에 그리고 있기 때문이다.")를; United States v. Cronic, 466 U. S. 648, 656 (1984) ("이처럼 '한 명의 옹호자의 역할 안에서 행동하는 변호인'을 범인으로 주장되는 사람이 가질 것을 연방헌법 수정 제6조에 의하여 보장된 대립당사자주의 절차는 요구한다.") (quoting Anders, supra, at 743)을 보라.

II

Anders 판결의 세부사항들은 배타적인 것이라고 우리는 판시한 적이 없는 바, 오히려 변호인의 재심리를 누릴 권리를 지닌, 그리고 실체적 사항에 관하여 주장 가능한 쟁점들이 적시되리라는 점에 대한 정당한 확신을 누릴 권리를 지닌, 가난한 항소인들을 위하여 실질적 평등(substantial equality)이 요구하는 바를 예시하는 것으로 해석하여야만 그 판례는 이치에 제대로 닿는다. 이렇듯 Anders 절차를 기준으로 삼으면, 캘리포니아주의 Wende 절차기준은 들어맞지 않는다. 주장 가능한 쟁점들일 수 있는 것들을 실익 없음(no-merit) 준비서면에서 언급하기를 당연사항으로서 자제하도록 변호인에게 허용하는 데 어쩌면 그 첫 번째 실패는 있다; 그 두 번째 결함은 첫 번째 것의 한 가지 상관물(a correlative)인데, 재심리 대상인 쟁점을 찍어내는 실익 없음(no-merit) 준비서면의 이익을 누림이 없이, 주장 가능한 쟁점들을 찾아 기록을 조사하도록 항소법원을 의무지우는 데 그것은 있다. See 25 Cal.3d at 440-442, 600 P. 2d, at 1074-1075.

비록 한 명의 옹호자로서 변호인이 행동할 것으로 Wende 판결은 가정하고 있음에도 불구하고, see id., at 441-442, 600 P. 2d, at 1075, 연방헌법이 요구하는 그 당파심 강한 주의를 그것은 보장하지도, 또는 심지어 촉진시키지도, 않는다. 사건의 절차적 및 사실적 역사를 기록의 인용들을 덧붙여 변호인은 요약하지 않으면 안 되기는 하지만, 우리의 대립당사자주의 제도에 있어서의 항소심 대변의 핵심에 닿는 쟁

evaluation, that he has made the committed search for issues and the advocate's assessment of their merits that go to the heart of appellate representation in our adversary system. It begs the question to say that "[c]ounsel's inability to find any arguable issues may readily be inferred from his failure to raise any," id., at 442, 600 P. 2d, at 1075, and it misses the point to argue that the «528 U. S., 298» indigent appellant is adequately protected because the lawyer assigned to a case under California's assigned counsel scheme may not file a Wende brief without the approval of a supervisor. The point is the need for some affirmative and express indicator that an advocate has been at work, in the form of a product that an appellate court can specifically review.[5] Thus Anders requires counsel to flag the best issues for the sake of keeping counsel on his toes and giving focus to judicial review of his judgment. Wende on the other hand requires no indication of conceivable issues and hence nothing specifically reviewable by a court bound to preserve the system's adversary character. Wende does no more to protect the indigent's right to advocacy than the no-merit letter condemned in Anders, or the conclusory statement disapproved in Penson.

On like reasoning, Wende is deficient in relying on a judge's nonpartisan review to assure that a defendant suffers no prejudice at the hands of a lawyer who has failed to document his best effort at partisan review. Exactly because our system assumes that a lawyer committed to a client is the most dependable guardian of the client's interest, see supra, at 296-297, we have consistently rejected procedures leaving the determination of frivolousness to

5) Since the state petitioner's claims that the lawyer's unrevealing and conclusory certification has been approved by a superior are neither here nor there on my analysis, I need not evaluate assertions by amicus Delgado that there is no scheme of assigned representation uniform throughout the State, see Brief for Jesus Garcia Delgado as Amicus Curiae 8.

점들에 대한 헌신적인 수색을, 그리고 그것들의 실익에 대한 옹호자로서의 평가를 변호인이 실시했음을, 평가 여하에 따라 단언적으로 증명하도록 그에게 Wende 절차기준에 들어 있는 그 무엇은도 요구하지 않는다. "[아]무런 쟁점을도 그가 제기하지 못하였다는 점 자체로부터, 조금이라도 주장 가능한 쟁점들을 변호인이 발견할 수 없었다는 점은 곧바로 추론될 수 있다."고 말하는 것, id., at 442, 600 P. 2d, at 1075, 은 논점을 옳은 것으로 가정해 놓고 논하는 것이고, 또한 «528 U. S., 298» 캘리포니아주 국선변호 제도에 따라 지정된 변호인은 감독자의 승인 없이는 Wende 준비서면을 제출할 수 없기 때문에 가난한 항소인은 충분히 보호된다고 주장하는 것은 요점을 놓치는 것이다. 요점은 임무를 한 명의 옹호자가 수행해 왔다는 점에 대한, 한 개의 항소법원이 구체적으로 재심리할 수 있는 한 개의 결과물의 형태를 띤, 상당히 단언적이고도 명시적인 표지의 필요이다.[5] 변호인으로 하여금 빈틈없는 자세를 유지하게 하기 위하여, 그리고 그의 판단에 대한 사법적 재심리에 초점을 맞추게 하기 위하여 이처럼 최선의 쟁점들을 제기하도록 그에게 Anders 절차기준은 요구한다. 이에 반하여, 상상할 수 있는 쟁점들에 대한 지적을 Wende 절차기준은 요구하지 않으며, 따라서 그 제도의 대립당사자주의적 성격을 보전할 책임이 있는 법원에 의하여 구체적으로 재심리될 수 있는 것을 아무 것을도 Wende 절차기준은 요구하지 않는다. 옹호를 누릴 가난한 사람의 권리를 보호하기 위한답시고는, Anders 판결에서 비난된 실익 없음의 서면 이상의 것을 또는 Penson 판결에서 불승인된 추단적 진술 이상의 것을 Wende 절차기준은 하지 않는다.

유사한 추론에 비추어, 당파심 강한 재검토에 기울인 최선의 노력을 문서로써 증명해 내지 못하는 변호사의 손에 의하여 불이익을 피고인이 입지 않도록 보장한다고 하면서도 이를 위하여 판사의 당파심 없는 재심리에 의존하는 점에서 Wende 절차기준은 결격이다. 의뢰인에게 전념하는 변호사가 의뢰인의 이익들의 가장 신뢰할 만한 보호자임을 우리의 제도는 전제한다는 바로 그 점 때문에, see supra, at 296-297, 무가치성의 판정을 일차적으로 법원에, see Douglas, supra, at 355-356, 또는 변호인에 의한 추단적 선언에 이어 법원에, see Penson, 488 U. S., at 81-82, 또는

5) 변호인의 무표정한 추단적인 확인이 한 명의 상급자에 의하여 승인되어 있다는 주 청구인의 주장들은 나의 분석으로는 요점에서 벗어난 것이므로, 주 전체에 걸친 통일된 국선변호 제도가 없다는 법정의 고문 델라고 씨의 주장들, see Brief for Jesus Garcia Delgado as Amicus Curiae 8, 을 나는 평가할 필요가 없다.

the court in the first instance, see Douglas, supra, at 355-356, or to the court following a conclusory declaration by counsel, see Penson, 488 U. S., at 81-82, or to the court assisted by counsel in the role of amicus curiae, see Ellis, 356 U. S., at 675. The defect in these procedures is their entire reliance on review by a detached magistrate who does not apply the partisan scrutiny in the first instance that defendants with paid lawyers get as a matter of course. «528 U. S., 299»

It goes without saying, too, that Wende's reliance on judges to start from scratch in seeking arguable issues adds substantially to the burden on the judicial shoulders. While I have no need to decide whether this drawback of the Wende scheme is of constitutional significance, it raises questions that certainly underscore the constitutional failing of relying on judicial scrutiny uninformed by counsel's partisan analysis. In an amicus brief filed in this case, 13 retired Justices of the Supreme Court or Courts of Appeal of California have pointed out the "risk that the review of the cold record [under the Wende scheme] will be more perfunctory without the issue-spotting guidance, and associated record citations, of counsel." Brief for Retired Justice Armand Arabian et al. as Amici Curiae 5. The amici have candidly represented that "[w]hen a California appellate court receives a Wende brief, it assigns the case to a staff attorney who prepares a memorandum analyzing all possible legal issues in the case. Typically, the staff attorney then makes an oral presentation to the appellate panel ……." Id., at 6. When the responsibility of counsel is thrown onto the court, the court gives way to a staff attorney; it could not be clearer that Wende is seriously at odds with the respective obligations of counsel and the courts as contemplated by the Constitution.

법정에서의 고문(amicus curiae)의 역할로서의 변호인의 조력을 받는 법원에, see Ellis, 356 U. S., at 675, 남겨두는 절차들을 우리는 일관되게 거부해 왔다. 유료의 변호인들을 지닌 피고인들이 당연사항으로서 지니는 그 당파심 강한 정밀한 조사를 우선적으로 적용하지 아니하는 중립의 치안판사에 의한 재심리에 대한 전적인 의존에 이 같은 절차들에 있어서의 결함은 있다. «528 U. S., 299»

법원의 어깨 위의 짐을, 주장 가능한 쟁점들을 찾아 원점에서 새로이 출발하는 판사들에 대한 Wende 절차기준의 의존이 실질적으로 가중시킨다는 것은 말할 것이 없다. 헌법적 중요성을 Wende 제도의 이 약점이 지니는지 여부를 판정할 필요는 내게는 전혀 없지만, 변호인의 당파심 강한 분석에 의하여 정보를 제공받지 않는 상태에서의 사법적 조사에 의존하는 일의 헌법적 실패를, 그것이 제기하는 문제들은 분명히 나타내준다. "[Wende 제도 아래서의] 차가운 기록에 대한 재심리가, 쟁점을 찾아내는 변호인의 안내 없이, 그리고 연관된 기록에 대한 인용 없이 더욱 더 형식적인 것이 될 위험"을 이 사건에서의 법정의 고문으로서의 준비서면에서 캘리포니아주 대법원의 또는 항소법원들의 13명의 은퇴 판사들은 지적하였다. Brief for Retired Justice Armand Arabian et al. as Amici Curiae 5. "[캘]리포니아주 항소법원이 Wende 준비서면을 수령하게 되면, 그 사건에서의 가능한 모든 법적 쟁점들을 분석하는 비망록을 준비하는 직원 변호사에게 사건을 그 법원은 할당한다. 그 뒤에는 …… 구두 설명을 항소 재판부 구성원들에게 그 직원 변호사가하는 것이 전형적이다."라고 법정의 고문들은 솔직하게 말하였다. Id., at 6. 법원에 변호인의 책임이던져질 때 직원 변호사에게 법원은 밀려난다; 연방헌법에 의하여 예상된 변호인의 및 법원들의 각각의 의무들에 Wende 절차기준은 심각하게 어긋남이 이보다 더 명백할 수는 없을 것이다.

III

Unlike the Court, I reach the question of appropriate relief. With respect to respondent's Anders claim, the Court of Appeals premised its disposition on finding that two potentially meritorious issues showed that Robbins had been prejudiced by the failure of the Wende scheme to result in their litigation. I think it unnecessary to invoke such findings, however, and would hold for Robbins simply because of the failure to provide an advocate's analysis of issues as a predicate of court review. Without more, I would, in effect, require the state courts to reinstate the appeal for treatment consistent with the Anders application of Griffin. «528 U. S., 300»

It is true of course, that before relief is normally granted for want of adequate assistance of trial counsel, a defendant must show not only his lawyer's failure to represent him with reasonable competence (demonstrated here by the failure to file an advocate's issue-spotting brief), but also a "reasonable probability" that competent representation would have produced a different result in his case, see Strickland, 466 U. S., at 694. But the assumption behind Strickland 's prejudice requirement is that the defendant had a lawyer who was representing him as his advocate at least at some level, whereas that premise cannot be assumed when a defendant receives the benefit of nothing more than a Wende brief. In a Wende situation, nominal counsel is functioning merely as a friend of the court, helping the judge to grasp the structure of the record but not even purporting to highlight the record's nearest approach to supporting his client's hope to appeal. Counsel under Wende is doing less than the judge's law clerk (or a staff attorney) might do, and he is doing nothing at all in the way of advocacy. When a lawyer abandons the role of advocate and adopts that of amicus curiae, he is no longer functioning as counsel or rendering assistance within the meaning of the Sixth Amendment.

III

이 법원이와는 달리, 적절한 구제의 문제에 나는 이른다. Anders 절차기준에 대한 피청구인의 주장에 관련하여, 잠재적으로 실익 있는 두 개의 쟁점들을 다툼으로 Wende 제도가 귀결시키지 못함으로써 불이익을 로빈스가 입었음을 그 두 개의 쟁점들이 증명했다는 판단을 자신의 처분의 전제로 항소법원은 삼았다. 그러나 이 같은 판단을 원용하는 것은 불필요하다고 나는 생각하며, 그리하여 쟁점들에 대한 법원 재심리의 한 가지 기초로서 변호인의 분석을 제공하지 아니한 점만으로도 로빈스 승소로 나라면 판결할 것이다. Griffin 판결의 Anders 절차기준에의 적용에 일치되는 처리를 위하여 항소를 원상태로 돌릴 것을 주 법원들에게 나는 주저 없이 사실상 요구할 것이다. «528 U. S., 300»

정식사실심리 변호인의 충분한 조력의 결여를 이유로 하여 일반적으로 구제가 부여되려면, 자신을 대변함에 있어서 상당한 능력을 자신의 변호인이 지니지 못하였다는 점을만이 아니라(여기서는 쟁점을 찍어내는 변호인의 준비서면 한 개를 제출하지 아니함으로써 그 점은 증명되어 있다), 자신의 사건에서 다른 결과를 유능한 대변이었더라면 낳았을 "합리적 개연성"이 있었다는 점을까지를 피고인이 증명하지 않으면 안 됨은 물론 사실이다. Strickland, 466 U. S., at 694를 보라. 그러나 Strickland 판결의 불이익 요건 뒤에 있는 가정은 그를 대변한 한 명의 변호사를 자신에 대한 적어도 상당한 수준의 옹호자로서 피고인이 가졌다는 것이지만, 이에 반하여 Wende 준비서면의 이익을 밖에 피고인이 받지 못할 경우에는 그 전제는 추정될 수 없다. Wende 절차기준의 상황에서는, 명목상의 변호인은 단지 법원의 친구로서만 기능하면서 기록의 구조를 판사로 하여금 이해하도록 돕고 있을 뿐, 항소하고자 하는 자신의 의뢰인의 희망을 뒷받침하는 기록상의 가장 가까운 입구를 돋보이게 하려고조차 그는 꾀하지 않는다. Wende 사건 아래서의 변호인이 하고 있는 일은 판사의 법률서기(또는 직원변호사)가 할 수 있는 것에도 미치지 못하며, 그리하여 옹호의 점에 있어서는 전혀 아무것을도 그는 하고 있지 않다. 옹호의 역할을 포기하고 법정의 고문(amicus curiae)으로서의 역할을 변호사가 채택할 때, 그는 더 이상 변호인으로서 기능하고 있지도, 연방헌법 수정 제6조의 의미 내에서 조력을 제공하고 있지도 아니하다. Cronic, 466

See Cronic, 466 U. S., at 654-655. Since the apparently missing ingredient of the advocate's analysis goes to the very essence of the right to counsel, a lawyer who does nothing more than file a Wende brief is closer to being no counsel at all than to being subpar counsel under Strickland.

This, I think, is the answer to any suggestion that a specific assessment of prejudice need be shown in order to get relief from Wende. A complete absence of counsel is a reversible violation of the constitutional right to representation, even when there is no question that at the end of the day the smartest lawyer in the world would have watched his client being led off to prison. See Cronic, supra, at 658-659; cf. Rodriquez v. United States, 395 U. S. 327 (1969). We do not ask how the defendant would have fared if he had «528 U. S., 301» been given counsel, and we should not look to what sort of appeal might have ensued if an appellant's lawyer had flagged the points that came closest to appealable issues. Such a result is equally consistent with our cases holding a violation of due process to be complete when a defendant is denied a right to the appeal he is otherwise entitled to pursue. See Peguero v. United States, 526 U. S. 23, 30-31 (1999) (O'Connor, J., concurring); Rodriquez, supra, at 330.[6)]

This conclusion was anticipated in Penson, in which we dealt with the violation of Anders standards when counsel was allowed to withdraw without supplying the court with his best effort to identify appealable weaknesses, and prior to any judicial determination that counsel had missed nothing in finding no arguable appellate issues in the record. The appellate court in Penson subsequently identified arguable issues but thought the appointment of new counsel unnecessary after finding that any legitimately appealable

6) Although this habeas proceeding began on February 24, 1994, and is therefore not governed by the Antiterrorism and Effective Death Penalty Act of 1996 (AEDPA), see Lindh v. Murphy, 521 U. S. 320 (1997), the result should be no different in a post-AEDPA case. See infra, at 303.

U. S., at 654-655를 보라. 명백하게 결여된 옹호자의 분석이라는 요소는 변호인의 조력을 받을 권리의 본질 자체에 닿는 것이므로, Wende 준비서면을 제출하는 것을 밖에는 아무 것을도 하지 않는 변호사라면 Strickland 판결 아래서의 평균에 못 미치는 변호인임은 말할 것이도 없고, 도대체 변호인 자체가 아닌 쪽에 더 가깝다.

나의 생각으로는 이것이, 조금이라도 Wende 절차기준으로부터의 구제를 얻기 위하여는 불이익에 대한 구체적 평가가 제시될 필요가 있다는 암시에 대한 대답이다. 변호인의 완전한 결여는 대변을 누릴 헌법적 권리에 대한 파기사유에 해당하는 위반인 바, 기일 끝에 감옥에 끌려가는 자신의 의뢰인을 심지어 세상에서 가장 영리한 변호인이조차도 목도하였을 것임에 의문의 여지가 없는 경우에도 그것은 그러하다. Cronic, supra, at 658-659을 보라; Rodriquez v. United States, 395 U. S. 327 (1969)을 비교하라. 만약 피고인에게 변호인이 부여되었다면 그가 어떻게 되었을지 «528 U. S., 301» 우리는 묻지 않는 바, 그러므로 만약 주장 가능한 쟁점들에 가장 근접하는 요점들을 항소인의 변호인이 제시했더라면 이에 뒤따르는 항소가 어떤 것이었을지를 우리는 살펴서는 안 된다. 여타의 경우에라면 추구할 권리가 있었을 항소의 권리를 피고인이 박탈당할 때에는 적법절차 위반임이 완벽하다고 판시한 우리의 선례들에 그 같은 결과는 마찬가지로 부합된다. Peguero v. United States, 526 U. S. 23, 30-31 (1999) (오코너(O'CONNOR) 판사, 보충의견)을; Rodriquez, supra, at 330을 보라.[6]

Penson 판결에서 이 결론은 예상되었는데, 항소 가능한 약점들을 확인하려는 최선의 노력들을 법원에 변호인이 제공하지 아니한 채로, 그리고 기록 안의 주장 가능한 항소심 쟁점들을 발견하지 못함에 있어서 조금이라도 변호인이 빠뜨린 것이 없다는 사법적 판정 이전에, 사임하도록 변호인이 허용된 경우에 있어서의 Anders 기준의 위반을 거기서 우리는 다루었다. 이에 따라 주장 가능한 쟁점들을 Penson 사건에서의 항소법원은 확인하였으나, 합리적으로 주장 가능한 쟁점들은 모두 패소하리라고 판단하여 새로운 변호인 지정은 불필요하다고 그 항소법원은 생각하

6) 비록 이 인신보호영장 절차는 1994년 2월 24일에 시작되었음에도 불구하고, 그리하여 1996년의 테러방지 및 유효사형법(AEDPA)의 적용을 받지 아니함에도 불구하고, see Lindh v. Murphy, 521 U. S. 320 (1997), AEPDA 발효 이후의 사건에서라 하여 그 결과가 달라서는 안 된다. infra at 303을 보라.

issues would be losers. This Court recognized a presumption of prejudice without more, for purposes of both Strickland and Chapman v. California, 386 U. S. 18 (1967). See Penson, 488 U. S., at 85-86. Although the state court's failure to appoint counsel after identifying issues made Penson an egregious case, id., at 83, the failure of advocacy and consequent constructive absence of counsel was clear even at the point at which the lawyer withdrew, id., at 82, and the presumption of prejudice applicable then is applicable in this case now.

There is practical sense as well as good theory behind this presumption of prejudice, for any requirement to demonstrate prejudice specifically would often place federal judges on habeas in highly precarious positions calling for judgments that state judges are generally better qualified to «528 U. S., 302» make. Since there will have been no advocate's help in analyzing the record on the direct state appeal, and since counsel may well have been absent formally as well as constructively in any state post-conviction proceedings, the federal judge would be looking for (among other things) previously unidentified state law issues not previously waived. One could not ask for a more certain guarantee of inefficient and time consuming judicial effort.[7)]

What remains is only to say a word about the State's argument that relief in this case is barred under Teague v. Lane, 489 U. S. 288 (1989), as requiring application of a new rule of law not clearly entailed by our prior holdings. The argument seems to be that California has relied on Wende for so long that any disapproval from a federal court at this juncture is some sort of nov-

7) Since a Wende case is like a denial of counsel, it would make no more sense to give the State an option to demonstrate no prejudice under Chapman v. Calfornia, 386 U. S. 18 (1967), or Brecht v. Abrahamson, 507 U. S. 619 (1993), than it would to require a defendant to show it under Strickland v. Washington, 466 U. S. 668 (1984). The presumption of prejudice does not, however, promise relief to every California defendant whose appeal was dismissed as frivolous and against whom the statute of limitations has not run, see 28 U. S. C. § 2244(d)(1) (1994 ed., Supp. III). One submission before us claims that the Wende scheme has not supplanted Anders v. California, 386 U. S. 738 (1967) throughout California. See Brief for Jesus Garcia Delgado as Amicus Curiae 9–10. Briefs that measure up according to the standards adumbrated in Anders would of course receive standard Strickland analysis.

였다. Strickland 판결의 및 Chapman v. California, 386 U. S. 18 (1967) 판결의 등 쌍방의 목적들에 비추어 주저 없이 불이익의 추정을 당원은 인정하였다. Penson, 488 U. S., at 85-86을 보라. 비록 쟁점들을 확인하고 나서도 변호인을 지정하기를 주 법원이 불이행한 점은 Penson 판결을 한 개의 악명 높은 사건으로 만들었음에도 불구하고, id., at 83, 변호인이 사임한 시점에서조차도 옹호의 불이행은, 그리고 이에 따른 변호인의 의제상의 부존재는 명백하였고, id., at 82, 따라서 그 때에 적용 가능하였던 불이익의 추정은 지금 이 사건에서도 적용이 가능하다.

불이익에 대한 이 추정 뒤에는 훌륭한 이론이 있음은 물론이고 실제적인 의미가도 있는 바, 왜냐하면 흔히 주 판사들이라야 일반적으로 더 적임인 판단들을 요구하는 고도로 불확실한 위치에 인신보호영장 청구 사건에서의 연방판사들을, 불이익을 구체적으로 증명하라는 조금이나마의 요구는 놓아둘 것이기 «528 U. S., 302» 때문이다. 주(state)의 직접항소에 따른 기록을 분석하는 데 있어서 옹호자의 도움은 없었던 것이 되어 있게 될 것이므로, 그리고 주(state) 유죄판정 사후절차들에 있어서 형식적으로만이 아니라 의제상으로도 변호인이 부재하였던 것이 됨이 당연할 것이므로, (특히) 미리 포기된 바 없는 미확인의 주 법 문제들을 연방판사는 찾게 될 것이다. 비능률적인 및 시간을만 소모하는 사법적 노력의 보장을 이 이상으로 요구하는 경우는 있을 수 없을 것이다.[7]

남는 것은 Teague v. Lane, 489 U. S. 288 (1989)에 따라서 이 사건에서의 구제가 금지된다는 주측의 주장에 관하여 한 마디를 말하는 것뿐인데, 우리의 선례적 판시들에 의하여 명백하게 부과되지 않는 새로운 법 규칙의 적용을 그 판결은 요구한다. 그 주장은, 매우 오래도록 Wende 판결에 캘리포니아주가 의존해 왔기 때문에

7) Wende 절차 사건은 변호인 박탈에 비슷하기 때문에, Chapman v. California, 386 U. S. 18 (1967) 판결에 또는 Brecht v. Abrahamson, 507 U. S. 619 (1993) 판결에 따라 불이익의 부존재를 증명하도록 선택권을 주에게 부여하는 것이 의미가 없음은 Strickland v. Washington, 466 U. S. 668 (1984) 판결에 따라서 불이익을 증명하도록 피고인에게 요구하는 것이 의미가 없음에 마찬가지다. 그러나 항소가 무가치하다 하여 기각된, 그리고 출소기한법(the statute of limitations)의 적용을 받지 않는, 모든 캘리포니아주 피고인에게 구제를 불이익의 추정은 약속하지 않는다. 28 U. S. C. § 2244(d)(1) (1994 ed., Supp. III)을 보라. Anders v. California, 386 U. S. 738 (1967) 판결을 캘리포니아 전체에 걸쳐 Wende 제도는 대체하지 않았다고 우리 앞의 의견 한 개는 주장한다. Brief for Jesus Garcia Delgado as Amicus Curiae 9–10을 보라. 표준적인 Strickland 분석법을 Anders 판결에서 윤곽 그려진 기준들에 따른 자격 있는 준비서면들이라면 당연히 받아들일 것이다.

elty (resulting from the failure of other state defendants to reach the federal courts earlier with Wende objections). The obvious answer is that the application of Douglas and Griffin standards to meritless appeals has been subject to repeated explanation starting with Anders and echoed in McCoy and Penson. Once general rules are announced they do not become "new" again with every particular violation that may subsequently occur. See Saffle v. Parks, 494 U. S. 484, 491-492 (1990) (discussing application of the rule of Jurek v. Texas, 428 U. S. 262 (1976), «528 U. S., 303» in Penry v. Lynaugh, 492 U. S. 302 (1989)). The same point, of course, would answer any objection under the AEDPA that an Anders petitioner was seeking to go beyond "clearly established Federal law, as determined by the Supreme Court of the United States," 28 U. S. C. § 2254(d)(1) (1994 ed. Supp. III).

* * *

The Wende procedure does not assure even the most minimal assistance of counsel in an adversarial role. The Constitution demands such assurances, and I would hold Robbins entitled to an appeal that provides them.

이 국면에서 연방법원 한 곳으로부터의 불승인은 일종의 진기함이라는 데 - Wende 이의들을 지니고서 연방법원들에 더 일찍 여타의 주(state) 피고인들이 도달하지 못한 점에서 그 진기함이란 유래한다 - 있는 듯하다. Anders 판결에서 시작되어 McCoy 판결에서와 Penson 판결에서 되풀이된 반복적 설명에, 실익 없는 항소들에의 Douglas 판결 기준의 및 Griffin 판결 기준의 적용은 복종해 왔다는 것이 그 명확한 대답이다. 일단 일반원칙들이 선언되면, 그것들은 그 이후에 발생할 수 있는 모든 구체적 위반행위에 더불어 다시 "새로운" 것이 되지는 않는다. Saffle v. Parks, 494 U. S. 484, 491-492 (1990) (Jurek v. Texas, 428 U. S. 262 (1976) 규칙의 «528 U. S., 303» Penry v. Lynaugh, 492 U. S. 302 (1989)에의 적용을 논함)을 보라. "미합중국 대법원에 의하여 결정된 것으로서의 명확하게 확립된 연방법," 28 U. S. C. § 2254 (d)(1) (1994 ed. Supp. III)을, Anders 청구인이 추구하는 바가 넘어선다는 AEDPA에 기한 모든 이의에 대하여 해답을 바로 그 논점은 당연히 줄 것이다.

…… .

심지어 대립당사자주의 역할에 있어서의 변호인의 최소한의 조력을조차도 Wende 절차기준은 보장하지 않는다. 이 같은 보장들을 연방헌법은 요구하는 바, 따라서 그것들을 제공하는 항소를 누릴 권리가 로빈스에게 있다고 나라면 판시할 것이다.

변호인의 조력을 받을 권리

Glover v. United States, (2001)

제7순회구 미합중국 항소법원에 내린 사건기록 송부명령

NO. 99-8576
변론 2000년 11월 27일
판결 2001년 1월 9일

요약해설

1. 개요

Glover v. United States, No. 99-8576 (2001) 판결은 9 대 0으로 판결되었다. 법원의 의견을 케네디(KENNEDY) 판사가 썼다. 변호인의 조력이 효과적인(effective) 조력 아닌 무력한(ineffective) 조력으로 판정되기 위한 요건을 다루었다.

2. 사실관계

노동조합 부위원장 겸 평의회 의장으로서 리베이트를 통하여 그 자신의 및 공범자들의 부를 늘리고자 노동조합의 투자에 대한 통제권을 이용한 부정행위로 연방지방법원에서 두 번의 정식사실심리 끝에 유죄판정을 청구인은 받았다. 양형위원회 기준 지침에 따라 노동착취의, 자금세탁의, 탈세의 유죄판정들이 동일군으로 분류되어야 한다고 선고전 조사보고서(the presentence investigation report)는 권유하였다. 이에 연방정부는 반대하였고, 자금세탁 소인들을 여타의 범죄들과의 동일군으로 분류해서는 안 된다고 청문 끝에 연방지방법원은 결정하였다. 이 결정으로 청구인의 범죄등급은 두 단계가 높아졌고, 이에 수반되는 형량 범위의 증대를 가져왔다. 정식사실심리 법원에서 변호인단은 동일군 분류에 반대하는 연방정부의 주장들을 다투는 서면들을 제출하지도 광범위한 구두변론상의 주장들을 제기하지도 않았다. 양형기준상의 범위인 78월에서 97월 사이의 중간에 해당되는 84월의 감옥형을 청구인은 선고받았다.

분류의 문제를 항소심에서 변호인단(정식사실심리 변호인단에 동일함)은 제기하지 않았다. 일정한 상황들 아래서 자금세탁 범죄들을 여타의 소인들과의 동일군으로 분류하는 것은 정당하다고 청구인의 항소에 대한 변론 직후에 항소법원의 다른 재판부 한 곳은 판시하였다. 청구인에 대한 유죄판정을 및 형의 선고를 항소법원은 인가하였다.

자신의 형량을 바로잡고자 본인 작성의 신청(a pro se motion)을 청구인은 제기하였다. 분류의 문제를 그의 변호인단이 주장하지 아니하였으므로 그것은 무의미한 조력이었다고 그는 주장하였다. 만약 그 무의미한 조력이 아니었다면, 그의 범죄등급은 두 단계 더 낮았을 것이고 그리하여 양형기준상의 형량의 범위는 그가 받은 84월의 형기가보다도 6월에서 21월이 낮은 63월에서 78월이 되었을 것이라고 그는 주장하였다.

청구인의 신청을 연방지방법원은 기각하였는데, 형기에 있어서의 6월에서 21월 사이의 증대는 Strickland v. Washington 판결의 의미에 있어서의 불이익(prejudice)을 구성하기에 충분하지 아니하다고 판단하였다. 1심판결을 항소법원은 인가하였다. 사건기록 송부명령을 바라는 청구인의 청구를 연방대법원은 받아들였다.

3. 쟁점

연방범죄에 대한 유죄판정 뒤의 양형기준 판단에서 저질러진 오류로 인하여 최소한 6월부터 최대한 21월까지 피고인의 감옥형기가 증대된 경우 Strickland v. Washington, 466 U. S. 668 (1984) 아래서의 "불이익(prejudice)"을 피고인이 입은 것인지, 그리고 그 문제들을 정식사실심리에서와 항소심에서 그의 변호인이 제기하지 아니한 점이 무의미한 조력으로서 파기사유에 해당되는지 여부가 사건기록 송부명령 당시의 쟁점이었다.[1)]

4. 케네디(KENNEDY) 판사가 쓴 법원의 의견의 요지

양형기준상의 동일군 범죄분류에 있어서의 잘못으로 인하여 최소 6월에서 최대 21월까지 정식사실심리 법원에서의 형량이 높아졌을 경우에, 변호인이 그 범죄분

1) 실체적 사항에 관한 준비서면을 제출하기를 게을리 함에 있어서 항소심 변호인이 무의미했다는 피고인의 주장이 받아들여지려면 항소심에서의 주장 가능한 쟁점들을 발견하지 못한 데 있어서 자신의 변호인이 객관적으로 부당하였음을 피고인은 먼저 증명하여야 하고 그 다음으로는 불이익(prejudice)을 피고인은 증명하여야 한다고, 그리고 항소심에서의 변호인의 완전한 박탈이, 변호인의 조력에 대한 주(state)의 간섭이, 또는 변호인 쪽에서의 이익의 실제적 충돌(an actual conflict of interest)이 있었던 경우에는 피고인의 불이익이 추정된다고 Strickland v. Washington, 466 U. S. 668 (1984)은 판시하였다.

류에 대하여 정식사실심리에서 이의를 제기하지도, 항소심에서 그 주장을 제기하지도 않았다면, 그것은 변호인의 무의미한(ineffective) 조력이었고, 변호인의 조력을 받을 연방헌법 수정 제6조상의 권리에 대한 Strickland v. Washington, 466 U. S. 668 (1984) 아래서의 불이익(prejudice)을 이로 인하여 피고인은 입은 것이다.[2] 연방헌법 수정 제6조의 의미를 조금이라도 실제적이라고 할 수 있는 감옥형기는 그 많고 적음에 관계없이 지닌다. 무의미한 조력을, 쟁점을 주장하지 아니한 점에 있어서의 변호인의 업무수행이 구성하는지 여부를 판정함에 있어서 특정의 결정에 의하여 늘어난 만큼의 피고인의 형량 부분은 한 가지 요소가 될 수 있다. 원심판결은 파기환송 되었다.

2) 불이익을 청구인이 입지 않았다고 항소법원은 판단하였으나, 불이익을 청구인이 입었다는 점에 관하여 연방대법원에서 더 이상 연방정부는 다투지 않았다.

JUSTICE KENNEDY delivered the opinion of the Court.

The issue presented rests upon the initial assumption, which we accept for analytic purposes, that the trial court «531 U. S., 200» erred in a Sentencing Guidelines determination after petitioner's conviction of a federal offense. The legal error, petitioner alleges, increased his prison sentence by at least 6 months and perhaps by 21 months. We must decide whether this would be "prejudice" under Strickland v. Washington, 466 U. S. 668 (1984). The Government is not ready to concede error in the sentencing determination but now acknowledges that if an increased prison term did flow from an error the petitioner has established Strickland prejudice. In agreement with the Government and petitioner on this point, we reverse and remand for further proceedings.

I

In the 1980's and early 1990's, petitioner Paul Glover was the Vice President and General Counsel of the Chicago Truck Drivers, Helpers, and Warehouse Workers Union (Independent). The evidence showed Glover used his control over the union's investments to enrich himself and his co-conspirators through kickbacks. When the malfeasance was discovered, he was tried in the United States District Court for the Northern District of Illinois. His first trial ended when the jury could not agree, but a second jury convicted him.

법원의 의견을 케네디(KENNEDY) 판사가 냈다.

한 개의 연방범죄에 대하여 청구인에게 내려진 유죄판정 뒤의 양형기준(Sentencing Guidelines) 판단에서 오류를 정식사실심리 법원이 저질렀다는, 분석의 «531 U. S., 200» 목적들을 위하여 우리가받아들이는 당초의 가정에 여기에 제기된 쟁점은 달려 있다. 자신의 감옥형기를 최소한 6월까지 그리고 어쩌면 21월까지 그 법적 오류(legal error)가 더 늘렸다고 청구인은 주장한다. 이것이 Strickland v. Washington, 466 U. S. 668 (1984) 아래서의 "불이익(prejudice)"일 것인지 여부를 우리는 판단하지 않으면 안 된다. 형량결정에 있어서의 오류를 기꺼이 시인하려 하지는 않으면서도, 만약 증대된 감옥형기가 한 개의 오류에서 나온 것이 사실이라면 Strickland 판결이 말하는 불이익을 청구인이 증명한 터임을 이제는 연방정부는 인정한다. 이 점에 관하여 연방정부의 및 청구인의 견해가 일치하므로 우리는 원심판결을 파기하고 추후의 절차를 위하여 사건을 환송한다.

I

청구인 폴 글로버(Paul Glover)는 1980년대에 그리고 1990년대 초반에 시카고 트럭 운전사들의, 조수들의, 및 창고 노동자들의 (독립) 노동조합(Chicago Truck Drivers, Helpers, and Warehouse Workers Union (Independent))의 부위원장 겸 평의회 의장(General Counsel)이었다. 리베이트들(kickbacks)을 통하여 그 자신의 및 공범자들의 부를 늘리고자 노동조합의 투자에 대한 자신의 통제권을 글로버(Glover)가 이용하였음을 증거는 보여주었다. 부정행위가 적발되었을 때, 일리노이주 북부지역 관할 미합중국 지방법원에서 정식사실심리에 그는 놓였다. 합의에 배심이 이르지 못함으로써 그의 첫 번째 정식

The presentence investigation report prepared by the probation office recommended that the convictions for labor racketeering, money laundering, and tax evasion be grouped together under United States Sentencing Commission, Guidelines Manual § 3D1.2 (Nov. 1994), which allows the grouping of "counts involving substantially the same harm." The Government, insisting that the money laundering counts could not be grouped with the other counts, objected to that recommendation, and the District Court held a hearing on the matter. The money laundering counts, it ruled, should not be grouped with Glover's other offenses. The ruling, as the trial court viewed it, was in conformance with decisions in those Courts of Appeals which had refused to group money laundering counts with other counts for various reasons. «531 U. S., 201» See, e. g., United States v. Lombardi, 5 F.3d 568 (CA11993); United States v. Porter, 909 F. 2d 789 (CA4 1990); United States v. Taylor, 984 F. 2d 298 (CA9 1993); United States v. Johnson, 971 F. 2d 562 (CAlO 1992); United States v. Harper, 972 F. 2d 321 (CA11 1992).In the trial court, Glover's attorneys did not submit papers or offer extensive oral arguments contesting the no-grouping argument advanced by the Government. When the District Court decided not to group the money laundering counts with the other counts, Glover's offense level was increased by two levels, yielding a concomitant increase in the sentencing range. Glover was sentenced to 84 months in prison, which was in the middle of the Guidelines range of 78 to 97 months.

On appeal to the Seventh Circuit, Glover's counsel (the same attorneys who represented him in District Court) did not raise the grouping issue; instead, they concentrated on claims that certain testimony from his first trial should not have been admitted at his second trial and that he should not have been assessed a two-level increase for perjury at his first trial. A short time after argument on Glover's appeal, a different panel of the Seventh

사실심리는 종결되었으나, 그를 유죄로 두 번째 배심은 판정하였다. "실질적으로 동일한 법익침해를 포함하는 소인들(counts)"을 동일군으로 분류하도록 허용하는 미합중국 양형위원회 기준 지침(United States Sentencing Commission, Guidelines Manual) § D1.2 (Nov. 1994)에 따라 노동착취의, 자금세탁의, 탈세의 유죄판정들은 동일군으로 분류되어야 한다고 보호관찰 사무소에 의하여 작성된 선고전 조사보고서(the presentence investigation report)는 권유하였다. 자금세탁 소인들을 및 여타의 소인들을 함께 분류할 수 없다고 주장하여 위 권고에 연방정부는 반대하였고, 그러자 그 문제에 관하여 청문을 연방지방법원은 열었다. 자금세탁 소인들은 글로버(Glover)의 여타의 범죄들과의 동일군으로 분류되어서는 안 된다고 그 법원은 결정하였다. 정식사실심리 법원이 검토한 바로는 자금세탁 소인들을 여타의 소인들에 더불어 함께 분류하는 것을 여러 가지 이유들에 따라서 거부한 바 있는 항소법원들의 판결들에 그 결정은 부합되었다. «531 U. S., 201» 예컨대, United States v. Lombardi, 5 F. 3d 568 (CA1 1993)을; United States v. Porter, 909 F. 2d 789 (CA4 1990)을; United States v. Taylor, 984 F. 2d 298 (CA9 1993)을; United States v. Johnson, 971 F. 2d 562 (CA10 1992)를; United States v. Harper, 972 F. 2d 321 (CA11 1992)를 보라. 동일군 분류에 반대하는 연방정부의 주장들을 다투는 서면들을 정식사실심리 법원에서 글로버(Glover)의 변호인단은 제출하지도 광범위한 구두변론상의 주장들을 제기하지도 않았다. 자금세탁 소인들을 여타의 소인들과의 같은 군으로 분류하지 않기로 연방지방법원이 결정하자 글로버(Glover)의 범죄등급은 두 단계가 높아졌고, 이에 수반되는 형량 범위의 증대를 가져왔다. 84월의 감옥형을 글로버(Glover)는 선고받았는데, 양형기준상의 범위인 78월에서 97월 사이의 중간에 그것은 해당되었다.

제7순회구 항소법원에 제기한 항소에서 분류의 문제를 글로버(Glover)의 변호인단(연방지방법원에서 그를 대변한 바 있는 변호사들에 동일함)은 제기하지 않았다; 그보다도, 그의 첫 번째 정식사실심리에서 얻어진 특정의 증언은 그의 두 번째 정식사실심리에서 증거로 허용되지 말았어야 한다는 주장에, 그리고 그의 첫 번째 정식사실심리에서의 위증을 이유로 부과된 두 단계의 범죄등급 증대는 그에게 인정되지 말았어야 한다는 주장에 그들은 집중하였다. 일정한 상황들 아래서 자금세탁 범죄들을 여타의 소

Circuit held that, under some circumstances, grouping of money laundering offenses with other counts was proper under § 3D1.2. United States v. Wilson, 98 F.3d 281 (1996). A month and a half later, the Seventh Circuit rejected both of Glover's arguments and affirmed his conviction and sentence. 101 F.3d 1183 (1996).

Glover filed a pro se motion to correct his sentence under 28 U. S. C. § 2255 (1994 ed., Supp. III). The failure of his counsel to press the grouping issue, he argued, was ineffective assistance, a position confirmed, in his view, by the Court of Appeals' decision in Wilson. The performance of counsel, he contended, fell below a reasonable standard both at sentencing, when his attorneys did not with any clarity or force contest the Government's argument, and on appeal, when they did not present the issue in their briefs or call the Wilson decision to the panel's attention following the oral «531 U. S., 202» argument. He further argued that absent the ineffective assistance, his offense level would have been two levels lower, yielding a Guidelines sentencing range of 63 to 78 months. Under this theory, the 84-month sentence he received was an unlawful increase of anywhere between 6 and 21 months.

The District Court denied Glover's motion, determining that under Seventh Circuit precedent an increase of 6 to 21 months in a defendant's sentence was not significant enough to amount to prejudice for purposes of Strickland v. Washington, supra. As a result, the District Court did not decide the issue whether the performance of Glover's counsel fell below a reasonable standard of competence. On appeal to the Seventh Circuit, the Government argued only that Glover had not suffered prejudice within the meaning of Strickland. See App. to Reply Brief for Petitioner la-22a. Citing Durrive v. United States, 4 F.3d 548 (CA7 1993), the Government contended that even were the performance of Glover's counsel ineffective, the resulting additional

인들과의 동일군으로 분류하는 것은 §D1.2 아래서 정당하다고 글로버(Glover)의 항소에 대한 변론 직후에 제7순회구 항소법원의 다른 재판부 한 곳은 판시하였다. United States v. Wilson, 98 F. 3d 281 (1996). 한 달 반 뒤에 제7순회구 항소법원은 글로버(Glover)의 두 가지 주장들을 모두 배척하고 그에 대한 유죄판정을 및 형의 선고를 인가하였다. 101 F. 3d 1183 (1996).

28 U. S. C. § 2255 (1994 ed. and Supp. III)에 의거하여 자신의 형량을 바로잡고자, 본인 작성의 신청(a pro se motion)을 글로버(Glover)는 제기하였다. 분류의 문제를 그의 변호인단이 주장하지 아니하였으므로 그것은 무의미한 조력이었다고, 그의 견해로 그것은 Wilson 사건에 대한 그 항소법원의 판결에 의하여 확인된 바 있는 입장이라고 그는 주장하였다. 조금이라도 명확성을이나 설득력을 지닌 채로 연방정부의 주장을 자신의 변호인단이 다투지 아니한 터인 양형심문에서, 그리고 그 쟁점을 그들이 그들의 준비서면들에서 제기하지도, 또는 구두변론에 이어 Wilson 판결에 대한 재판부의 주의를 환기하지도 아니한 항소심에서, 변호인단의 변론수행은 합리적 기준에 다 같이 미달하였다고 그는 «531 U. S., 202» 주장하였다. 더 나아가 만약 그 무의미한 조력이 아니었다면 그의 범죄등급은 두 단계 더 낮았을 것이라고, 그리하여 양형기준상의 형량의 범위는 63월에서 78월이 되었을 것이라고 그는 주장하였다. 이 이론에 의하면 그가 받은 84월의 형기 중 6월에서 21월 사이의 어딘가는 불법적으로 증대된 부분이었다.

글로버(Glover)의 신청을 연방지방법원은 기각하였는데, 제7순회구 선례에 의하면 피고인의 형기에 있어서의 6월에서 21월 사이의 증대는 Strickland v. Washington, supra의 의미에 있어서의 불이익(prejudice)을 구성하기에 충분하지 아니하다고 연방지방법원은 판단하였다. 그 결과, 합리적 능력 기준(a reasonable standard of competence)에 글로버(Glover)의 변호인단의 변론수행이 미달하였는지 여부의 쟁점을 연방지방법원은판단하지 아니하였다. 단지 Strickland 판결의 의미 내에서의 불이익을 글로버(Glover)가 입은 바 없다고만 제7순회구 항소법원에 제기된 항소에서 연방정부는 주장하였다. App. to Reply Brief for Petitioner 1a-22a를 보라. 설령 글로버(Glover)의 변호인단의 변론수행이 무의미한 것이었다 하더라도 제7순회구 항소법원에 확립된 법에 의하면 이로 인하여 늘어난 6월에서 21월은 불이익을 구성하지 않을 것이

6 to 21 months, under the law as established in the Seventh Circuit, would not constitute prejudice. App. to Reply Brief for Petitioner 21a. The Court of Appeals affirmed, relying on that theory. 182 F.3d 921 (1999) (table). We granted Glover's petition for certiorari. 530 U. S. 1261 (2000).

II

The Government no longer puts forth the proposition that a 6- to 21-month prison term increase is not prejudice under Strickland. It now acknowledges that such a rule, without more, would be "inconsistent with this Court's cases and unworkable." Brief for United States 18.

It appears the Seventh Circuit drew the substance of its no-prejudice rule from our opinion in Lockhart v. Fretwell, 506 U. S. 364 (1993). Lockhart holds that in some circumstances a mere difference in outcome will not suffice to establish prejudice. Id., at 369. The Seventh Circuit extracted from this holding the rule at issue here, which denies relief «531 U. S., 203» when the increase in sentence is said to be not so significant as to render the outcome of sentencing unreliable or fundamentally unfair. See Durrive, supra, at 550-551. The Court explained last Term that our holding in Lockhart does not supplant the Strickland analysis. See Williams v. Taylor, 529 U. S. 362, 393 (2000) ("Cases such as Nix v. Whiteside, 475 U. S. 157 (1986), and Lockhart v. Fretwell, 506 U. S. 364 (1993), do not justify a departure from a straightforward application of Strickland when the ineffectiveness of counsel does deprive the defendant of a substantive or procedural right to which the law entitles him"); id., at 414 (opinion of O'CONNOR, J.) ("As I explained in my concurring opinion in [Lockhart], 'in the vast majority of cases …… [t]he determinative question-whether there is "a reasonable probability that, but

라고 Durrive v. United States, 4 F. 3d 548 (CA7 1993)을 인용하면서 연방정부는 주장하였다. App. to Reply Brief for Petitioner 21a. 1심판결을 그 이론에 의존하여 항소법원은 인가하였다. 182 F. 3d 921 (1999) (table). 사건기록 송부명령을 바라는 글로버(Glover)의 청구를 우리는 받아들였다. 530 U. S. 1261 (2000).

II

6월에서 21월까지의 감옥형기의 증가는 Strickland 판결 아래서의 불이익이 아니라는 명제를 연방정부는 더 이상 주장하지 않는다. 이 같은 규칙은 그것만으로도 "귀원의 선례들에 어긋나는 것일 것임을 및 작동불능의 것일 것임"을 이제 연방정부는 인정한다. Brief for United States 18.

자신의 불이익 없음 규칙(no-prejudice rule)의 요체를 Lockhart v. Fretwell, 506 U. S. 364 (1993)에서의 우리의 의견으로부터 제7순회구 항소법원은 도출한 것으로 보인다. 일정한 상황들에 있어서 결과상의 단순한 차이는 불이익을 증명하기에 충분하지 않을 것이라고 Lockhart 판결은 판시한다. id., at 369. 여기에서 문제가 된 쟁점을 이 판시로부터 제7순회구 항소법원은 «531 U. S., 203» 추출해 냈는데, 형량의 증대가 그 양형의 결과를 신뢰할 수 없는 것으로, 또는 기본적으로 불공정한 것으로 만들 만큼의 의미를 지니지 않는 것이라고 말해질 경우에는 구제를 그것은 거부한다. Durrive, supra, at 550-551을 보라. LStrickland 판결의 분석을 ockhart 판결에서의 우리의 판시는 대체하지 않는다고 지난 개정기에 당원은 설명하였다. Williams v. Taylor, 529 U. S. 362, 393 (2000) ["피고인에게 법이 부여하는 실체적 또는 절차적 권리를 피고인에게서 변호인의 무의미함이 박탈하는 경우에는 Strickland 판결의 직접적 적용으로부터의 결별을 Nix v. Whiteside, 475 U. S. 157 (1986) 판결은 및 Lockhart v. Fretwell, 506 U. S. 364 (1993) 판결은 등 선례들은 정당화하지 않는다."]를; id., at 414 (O'Connor 판사의 의견.) ("[Lockhart] 판결에서의 나의 보충의견에서 내가 설명했듯이, '…… 대다수의 사건들에서 [그] 결정적인 문제는 – "전문적 기준들에 미달하는 변호인의 오류들이 아니었다면 절차의 결과가 달라졌을 합리적 개연성"이 있는지 여부는 – 바뀌지 않는 채 남아 있다.'")를 보

for counsel's unprofessional errors, the result of the proceeding would have been different"-remains unchanged'"). The Seventh Circuit was incorrect to rely on Lockhart to deny relief to persons attacking their sentence who might show deficient performance in counsel's failure to object to an error of law affecting the calculation of a sentence because the sentence increase does not meet some baseline standard of prejudice. Authority does not suggest that a minimal amount of additional time in prison cannot constitute prejudice. Quite to the contrary, our jurisprudence suggests that any amount of actual jail time has Sixth Amendment significance. Compare Argersinger v. Hamlin, 407 U. S. 25 (1972) (holding that the assistance of counsel must be provided when a defendant is tried for a crime that results in a sentence of imprisonment), with Scott v. Illinois, 440 U. S. 367 (1979) (holding that a criminal defendant has no Sixth Amendment right to counsel when his trial does not result in a sentence of imprisonment). Our decisions on the right to jury trial in a criminal case do not suggest that there is no prejudice in the circumstances here. Those cases have limited the right to jury trial to offenses where the potential punishment was imprisonment for six months or more. See «531 U. S., 204» Argersinger, supra, at 29 (citing Duncan v. Louisiana, 391 U. S. 145 (1968)). But they do not control the question whether a showing of prejudice, in the context of a claim for ineffective assistance of counsel, requires a significant increase in a term of imprisonment.

The Seventh Circuit's rule is not well considered in any event, because there is no obvious dividing line by which to measure how much longer a sentence must be for the increase to constitute substantial prejudice. Indeed, it is not even clear if the relevant increase is to be measured in absolute terms or by some fraction of the total authorized sentence. See Martin v. United States, 109 F.3d 1177, 1183 (CA7 1996) (Rovner, J., dissenting from denial of rehearing en banc). Although the amount by which a defendant's

라. 형량의 계산에 영향을 미치는 법의 오류(error of law)에 대하여 변호인이 이의하지 아니한 데 있어서의 결함 있는 변론수행을 증명할지도 모를 그 자신들에 대한 형의 선고를 공격하는 사람들에게, 불이익의 합리적 기준을 그 형기의 증가가 충족하지 않는다는 이유로 구제를 거부하기 위하여 Lockhart 판결에 제7순회구 항소법원이 의존한 것은 정확하지 못하였다. 불이익을 감옥형기의 최소한의 증대는 구성할 수 없음을 판례는 시사하지 않는다. 이에 전혀 반대되게 연방헌법 수정 제6조의 의미를 그 양의 많고 적음을 불문하고 실제의 감옥형기는 지님을 우리의 법체계는 시사한다. Argersinger v. Hamlin, 407 U. S. 25 (1972) (구금형기를 초래하는 범죄로 정식사실심리를 받을 때 피고인에게 변호인의 조력이 제공되지 않으면 안 된다고 판시함)을 Scott v. Illinois, 440 U. S. 367 (1979) (구금형기를 그의 정식사실심리가 초래하지 아니할 경우에는 연방헌법 수정 제6조상의 변호인의 조력을 받을 권리를 형사 피고인은 지니지 않는다고 판시함)에 비교하라. 여기서의 상황들에 있어서 불이익이 없음을 형사사건에 있어서의 배심에 의한 정식사실심리를 받을 권리에 관한 우리의 판결들은 시사하지 않는다. 배심에 의한 정식사실심리를 받을 권리를 법정형(potential punishment)이 6월 이상의 구금형인 범죄들로 그 선례들은 제한해 놓았다. «531 U. S., 204» Argersinger, supra, at 29 [Duncan v. Louisiana, 391 U. S. 145 (1968)를 인용함]를 보라. 그러나 구금형기에 있어서의 중대한 증가를 변호인의 무의미한 조력에 관한 주장의 맥락에서의 불이익에 대한 증명이 요구하는지 여부의 문제를 그것들은 지배하지 않는다.

어쨌든 제7순회구 항소법원의 규칙은 훌륭하게 고찰된 것은 아닌 바, 왜냐하면 실질적인 불이익을 형기의 증대가 구성하기 위하여는 그 형기가 얼마나 더 길지 않으면 안 되는지를 측정할 명확한 구분선이 전혀 없기 때문이다. 아닌 게 아니라, 그 관련된 증대는 절대적 기간으로 측정되어야 하는지 아니면 전체적인 법정형기의 일정 부분에 의하여 측정되어야 하는지조차 명백하지 아니하다. Martin v. United States, 109 F. 3d 1177, 1183 (CA7 1996) [로브너(Rovner) 판사, 재판부 전원에 의한 재심리의 거부를 반대함]을 보라. 특정의 결정에 의하여 늘어난 만큼의 피고인의 형량

sentence is increased by a particular decision may be a factor to consider in determining whether counsel's performance in failing to argue the point constitutes ineffective assistance, under a determinate system of constrained discretion such as the Sentencing Guidelines it cannot serve as a bar to a showing of prejudice. Compare Spriggs v. Collins, 993 F. 2d 85, 88 (CA5 1993) (requiring a showing that a sentence would have been "*significantly* less harsh" under the Texas discretionary sentencing scheme), with United States v. Phillips, 210 F.3d 345 (CA5 2000) (finding prejudice under the Sentencing Guidelines when an error by counsel led to an increased sentence). We hold that the Seventh Circuit erred in engrafting this additional requirement onto the prejudice branch of the Strick land test. This is not a case where trial strategies, in retrospect, might be criticized for leading to a harsher sentence. Here we consider the sentencing calculation itself, a calculation resulting from a ruling which, if it had been error, would have been correctable on appeal. We express no opinion on the ultimate merits of Glover's claim because the question of deficient performance is not before us, but it is clear that prejudice flowed from the asserted error in sentencing. «531 U. S., 205»

III

The Government makes various arguments for alternative grounds to affirm the Court of Appeals. Among other contentions, the Government suggests that the failure of Glover's counsel to argue for grouping of the money laundering counts was not deficient; that Glover's grouping claim has no legal merit in any event; and that even if Glover had prevailed on his grouping claim, his sentence in fact would have increased as a result. Glover disputes these contentions. We need not describe the arguments in great detail,

부분은 그 쟁점을 주장하지 아니한 점에 있어서의 변호인의 변론수행이 무의미한 조력을 구성하는지 여부를 판정함에 있어서 한 가지 요소가 될 수 있음에도 불구하고, 양형기준 같은 제한적 재량이 적용되는 명확한 제도 아래서 불이익의 증명을 막는 모종의 장애물로 그것은 작용할 수 없다. Spriggs v. Collins, 993 F. 2d 85, 88 (CA5 1993) [텍사스주의 재량적 양형제도 아래서였다면 형기가 "*훨씬* 덜 가혹한(*significantly* less harsh)"]것이 되었으리라는 점에 대한 증명을 요구함]을 United States v. Phillips, 210 F. 3d 345 (CA5 2000) [한 개의 증대된 형기를 변호인에 의한 오류가 야기한 경우에 양형기준(the Sentencing Guidelines) 아래서의 불이익을 인정함]에 비교하라. 이 추가적 요구를 Strickland 기준의 불이익(prejudice) 부문에 접목함에 있어서 오류를 제7순회구 항소법원은 저질렀다고 우리는 본다. 이것은 보다 더 가혹한 형량으로 정식사실심리에서의 전략들이 이끈 것으로 반추 가운데서 비판될 수 있는 사건이 아니다. 형량의 계산 자체를 여기서 우리는 고찰하는 바, 그것은 만약 오류였다면 항소심에서 교정이 가능하였을 한 개의 결정(a ruling)으로부터 도출된 한 개의 계산이었다. 이 법원 앞에 결함 있는 변론수행의 문제는 놓여 있지 아니하므로 글로버(Glover)의 주장의 궁극적 실익에 관하여 의견을 우리는 표명하지 아니하지만, 그러나 양형심리에 있어서의 그 주장된 오류로부터 불이익이 도출되었음은 명백하다. «531 U. S., 205»

III

항소법원을 인가할 선택적 근거들을 위한 여러 가지 주장들을 연방정부는 편다. 다른 주장들이도 있지만, 자금세탁 소인들을 동일군으로 분류하여야 한다고 글로버(Glover)의 변호인단이 주장하지 않은 점은 결함 있는 것이 아니었지 않은가, 어쨌든 아무런 법적 실익을도 글로버(Glover)의 동일군 분류 주장은 가지지 않는 것이 아닌가, 그리고 설령 자신의 동일군 분류 주장에서 효험을 글로버(Glover)가 거두었다 하더라도 결과적으로 그의 실제의 형기는 증가했을 것이 아닌가 하고 연방정부는 내비춘다. 이 주장들을 글로버(Glover)는 다툰다. 그 논란들을 우리는 자세히 설명할

because despite the fact the parties have joined issue at least in part on these points, they were neither raised in nor passed upon by the Court of Appeals. In the ordinary course we do not decide questions neither raised nor resolved below. See Taylor v. Freeland & Kronz, 503 U. S. 638, 646 (1992). As a general rule, furthermore, we do not decide issues outside the questions presented by the petition for certiorari. This Court's Rule 14.1(a). Whether these issues remain open, and if so whether they have merit, are questions for the Court of Appeals or the District Court to consider and determine in the first instance.

The judgment of the Seventh Circuit is reversed. The case is remanded for further proceedings consistent with this opinion.

It is so ordered.

필요가 없는데, 왜냐하면 이 점들에 관하여 적어도 부분적으로 당사자들의 의견이 대립했다는 사실에도 불구하고, 그 문제들은 항소법원에서 제기되지도 항소법원에 의하여 판단되지도 않았기 때문이다. 일반적 과정에 있어서 하급법원에서 제기되지도 판결되지도 않은 문제들을 우리는 판단하지 않는다. Taylor v. Freeland & Kronz, 503 U. S. 638, 646 (1992)를 보라. 더군다나 한 개의 일반적 규칙으로서, 사건기록 송부명령 청구서에 의하여 제기된 문제들 밖의 쟁점들을 우리는 판단하지 않는다(당원의 규칙 14. 1(a)). 이 쟁점들이 열려 있는지 여부는, 그리고 만약 열려 있다면 실익을 그것들이 갖는지 여부는 항소법원이 또는 연방지방법원이 제1심으로서 고찰할 및 판단할 문제들이다.

제7순회구 항소법원의 판결주문은 파기되는 바이다. 이 의견에 합치되는 추후의 절차를 위하여 사건은 환송된다.

그렇게 명령되는 바이다.

판례색인

C

E

F

K

L

M

Q

R

S

T

U

V

W

Z

사항색인

ㅂ

ㅇ

ㅈ

ㅎ

■ 저/자/소/개

박 승 옥

◆ 경력

서울대학교 법과대학 졸업
대한변협 인권위원
조선대학교 법과대학 초빙객원교수
전남대학교 법학전문대학원 겸임교수
배심제도연구회 회장

◆ 저서

국제인권원칙과 한국의 행형(1993년, 공저)
법률가의 초상(2004년)
연방대법원판례에서 읽는 영미 형사법의 전통과 민주주의(2006년)
미국 연방대법원 판례시리즈 I 미란다원칙(2007년)
미국 연방대법원 판례시리즈 II 변호인의 조력을 받을 권리(2008년)
미국 연방대법원 판례시리즈 III-1 위법수집 증거배제 원칙(2009년)
미국 연방대법원 판례시리즈 III-2 위법수집 증거배제 원칙(2009년)
미국 연방대법원 판례시리즈 I 미란다원칙(개정증보판)(2010년)
미국 법률가협회 법조전문직 행동준칙 모범규정(2010년)
한국의 공익인권 소송(2010년, 공저)
미국 연방대법원 판례시리즈 IV 적법절차; 자기부죄 금지특권(2013년)
미국 연방대법원 판례시리즈 V 적법절차; 자백배제법칙, 배심제도, 이중위험금지원칙(2013년)
미국 연방대법원 판례시리즈 VI 미국 형사판례 90선(2013년)
박승옥 변호사가 말하는 사법개혁 쟁취의 길 시민배심원제 그리고 양형기준 (2018년)

미국 연방대법원 판례 시리즈 II (영문대역 및 개정판)

변호인의 조력을 받을 권리

초판 1쇄 인쇄 2018년 10월 5일
초판 1쇄 발행 2018년 10월 10일
저 자 박 승 옥
펴 낸 이 임 순 재
펴 낸 곳 (주)도서출판 한올출판사
등 록 제11-403호
주 소 서울시 마포구 모래내로 83(성산동, 한올빌딩 3층)
전 화 (02)376-4298(대표)
팩 스 (02)302-8073
홈페이지 www.hanol.co.kr
e-메일 hanol@hanol.co.kr

ISBN 979-11-5685-707-5